INVESTMENT THEORY AND APPLICATIONS

제6판

현대 투자론

장영광 · 이영주

제 6 판을 내면서

현대투자론 초판이 출간된 지도 30여 년이 가까워지고 있다. 여섯 번째 개정판을 내기까지 지난 기간 동안 자산운용의 관점에서 보면 투자환경과 자산운용의 기법에도 큰 변화가 있어 왔다.

투자환경 면에서는 몇 차례 글로벌 금융위기 속에서 세계 금융시장의 불안정성과 이에 따라 금융상품의 가격변동성이 크게 확대되면서 금융자산의 투자위험을 관리하는 것이 중차대한 과제가 되었다. 또한 주식, 채권 등 전통적 투자자산을 중심으로 한 자산운용으로는 목표수익률을 달성하는 것이 지난하게 되면서 투자자산의 범위가 헤지펀드, PEF, 실물자산 등으로 확대되는 추세이고, 분석기법과 투자관리방법도 보다 다양해지고 실효성을 높이는 복잡한 투자모형이 지속적으로 개발되고 있다.

이러한 변화는 금융산업과 연관된 전문투자자에게는 새로운 도전과 기회가 되고 있다. 이는 금융에 대한 단편적인 지식차원을 넘어서 금융시장과 금융산업의 변화, 자산관리에 대한 종합적이면서 체계적인 이해와 적용이 더욱 중요해지고 있음을 시사한다.

본 「현대투자론」 제6판은 미래 증권전문가가 되고자 하는 독자나, 현재 이 분야의 실무에 종사하는 독자들에게 투자관리에 대한 체계적인 분석 틀을 제공하고, 투자관리 실제에의 적용능력을 높이는 방향에서 많은 부분을 수정 · 보강하였다.

먼저 체제 면에서 자산운용업에서의 새로운 추세를 반영하여 통합적인 주식투자관리의 주제를 독립된 장(제15장)으로 내용을 보강하였고, 대체투자와 관련된 투자관리의 문제는 제21장에서 다루었다. 포트폴리오 관리의 주제는 종래 제Ⅱ편에서 5개 장으로 구성하였는데, 이를 '포트폴리오 이론(제Ⅱ편)'과 '자본시장이론(제Ⅲ편)'의 2개 편으로 나누고, 제Ⅲ편에서는 다요인모형의 내용을 보강하고 시장효율성의 문제는 자본시장이론의 체계와 연관지어 제Ⅲ편에서 수정하여 다루었다. 이와 함께 투자관리에 스프레드시트 EXCEL을 활용하는 예를 보강하였다. 스프레드시트는 '연습문제 해답'과 함께 신영사 홈페이지(www.shinyoungsa.co.kr)의 자료실에서 내려받을 수 있다.

주식투자의 주제를 다루는 제Ⅳ편에서는 “장기적이고 안정적으로 이익을 낼 수 있는 우량종목을 발굴하여 저렴하게 매수하여 장기투자하는 것”으로 요약할 수 있는 가치투자방법에 대한 이론 및 실제 적용과 관련하여 많은 수정·보완이 있었다. 장별로 수정·보완이 이루어진 부분을 정리하면 다음과 같다.

제1장~제4장 : 제1장에서는 통합적 관점에서 투자관리과정을 투자관리방법과 투자분석의 내용과 연계하여 단순화시켜 설명하고, 보다 구체적인 투자수익·투자위험과 관련된 이슈는 제4장에서 다루었다. 제2장 투자자산에 대한 설명에서는 간접투자상품 편을 대폭 보강하였다. 제3장에서는 새로이 바뀐 상장제도, 유통시장제도 그리고 기존 제5판 제4장에서 다루었던 증권시장지표와 관련된 내용을 보완하였다. 제4장에서는 새로운 독립된 장으로 다루면서 각 장에서 나누어 설명되던 ‘투자수익과 투자위험’과 관련된 주제를 통합하여 다루고, 부의 증식원리, 투자성과 측정의 이슈 등을 포함시켰다.

제5장~제7장 : “제Ⅱ편 포트폴리오 이론”에서는 2종목 분산투자에 대한 설명은 제5장에서, n종목에 대한 위험관리방법은 제6장에서 다루고, 투자관리 문제 해결에 스프레드시트 EXCEL을 활용하는 예는 상장주식 자료를 최근(2014.1~2017.3)의 자료로 대체하면서, 실제 상황에 적용하는 방법에 관한 내용을 보완하였다.

제8장~제10장 : “제Ⅲ편 자본시장이론”에서는 다요인모형을 독립된 장으로 다루면서 내용을 보강하고, 증권시장의 효율성에 관한 주제는 자본시장이론의 맥락에서 제10장에서 다루면서 최근의 연구결과를 추가하고, 최근의 행태재무학적 관점의 내용을 1개 절로 확대하여 보완하였다.

제11장~제15장 : “제Ⅳ편 증권분석과 주식투자”에서는 지속가능경쟁우위, 핵심성공요소, 잠재위험평가, 성장기회평가의 내용을 중심으로 가치투자의 실제에서 다루어지고 있는 “경제적 해자”의 주제와 이와 관련된 내용을 보완하였다. 가치투자관리의 체계에 따라 가치투자의 질적 분석 내용은 제11장에서, 양적 분석과 이익예측의 내용은 제12장에서, 적정가격 추정과 관련된 보통주평가모형 내용은 제13장에서 다루었다. 보통주평가모형 편에서는 상대가치평가방법의 설명체계를 바꾸고, 여러 평가모형들의 유용성과 한계점을 비교하였다. 기술적 분석의 내용은 제14장에서 다루고, 주식과 관련된 통합적 주식투자전략의 문제를 제15장에서 새로운 장으로 구성하였다.

제16장~제17장 : “제Ⅴ편 채권투자”에서는 스프레드시트 EXCEL을 활용하는 방법을 보완하고, 방어적 채권투자전략으로서 채권지수를 활용한 인덱싱전략의 내용을 추가하였다.

제18장～제20장 : "제Ⅵ편 파생상품과 위험관리"에서는 최근 선물 · 옵션시장의 새로운 제도와 현황 관련자료, 금리와 통화선물거래, 옵션의 손익구조와 최대이익, 최대손실에 대한 설명, 선물거래와 옵션거래가 위험관리에 활용될 수 있는 다양한 예제 등을 보완하였다.

제21장 : 자산운용에서 그 중요성이 높아지고 있는 대체투자에 대한 투자관리의 문제를 "제Ⅶ편 자산운용과 투자성과평정"에서 새롭게 다루고, 기관투자자의 자산운용방법을 기관투자자의 투자위험, 자산/부채 종합관리(ALM)와 연계하여 새로이 추가하였다.

본 개정판을 출간함에 있어서도 귀중한 도움을 주신 많은 분들에게 감사드린다. 우리나라 금융시장과 산업에 관한 각종 자료의 수집 · 제공뿐 아니라, 유익한 조언을 해주신 정기만 교수(한국교통대학교 경영정보학과), 김영기 박사(금융감독원 부원장보), 여환영 박사(에프앤가이드), 그리고 초판과 지금까지의 개정판 원고에 대해 다양한 조언을 주셨던 많은 대학의 교수님들께 깊이 감사드린다.

끝으로 본서의 출간이 있기까지 많은 도움을 주신 신영사의 권영섭 사장님과 좋은 편집이 되도록 수고하신 박지영 편집국장 및 편집부 직원들에게 심심한 사의를 표한다. 독자 여러분의 계속적인 조언과 성원을 바란다.

2017년 8월

차 례

PART I 투자론의 기초

제 1 장 현대 투자론의 개요

제 3 장 증권시장의 발행 · 매매제도

제 4 장 투자수익과 투자위험

PART II 포트폴리오 이론

제 5 장 분산투자원리

PART III 자본시장이론

제 8 장 자본자산가격결정모형(CAPM)

제 9 장 차익거래가격결정이론(APT)과 다요인모형

제10장 증권시장의 효율성

PART IV 증권분석과 주식투자

제11장 경제-산업-기업 분석

제12장 재무제표분석과 이익예측

제13장 보통주평가모형

제14장 기술적 분석과 투자시점 결정

제15장 주식투자관리

PART V 채권투자

제16장 채권투자분석

제19장 옵션투자전략

제20장 옵션가격결정모형

PART VII 자산운용과 투자성과평정

제21장 자산운용과 투자성과평정

제 I 편

투자론의 기초

투자론의 주된 내용은 최적투자결정을 내리기 위한 투자관리(investment management)에 관한 이론체계에 관한 것이다. 주요 투자자산들에 대한 투자가치 평가방법, 적정 시장가격의 형성문제, 투자성과를 높이기 위한 투자전략과 위험관리방법, 효과적인 금융시장제도 등이 구체적으로 다루어지는 내용이 된다.

본서 제 I 편에서는 투자관리와 관련된 서론적인 주제들을 다룬다. 제1장에서는 투자론의 기본골격이 되고 있는 주요 개념과 투자관리의 과정에 대해서 요약하고, 제2장에서는 금융(증권)시장의 메커니즘과 여러 투자자산(증권)들의 특성에 대해서 다룬다. 제3장에서는 투자의 대상이 되는 여러 증권들의 발행방법과 매매거래제도에 대해서 설명한다. 그리고 제4장에서는 투자결정의 기초가 되는 투자수익과 투자위험에 대해서 설명한다.

제 1 장

현대 투자론의 개요

본장에서는 현대 투자론의 주된 내용이 되는 주요 개념과 투자관리의 과정을 개관한다. 구체적으로 투자행위의 기본 특성과 연관지어 투자론의 핵심내용을 정리하고, 투자론의 주요 개념이 되는 투자수익과 위험, 투자관리의 과정과 투자관리방법, 투자관리를 위한 투자분석방법을 중심으로 현대 투자론의 내용을 소개한다. 다음은 본장의 학습목표로서 이해해야 할 주요 사항들이다.

- 투자대상으로서 실물자산과 금융자산의 차이
- 투자의 의의와 선택문제로서의 투자결정의 특성
- 투자수익과 위험의 측정 및 양자의 관계
- 최적투자결정을 위한 투자관리의 과제와 과정
- 투자분석방법으로서 기본적 분석, 기술적 분석, 포트폴리오 분석의 특징
- 현대 투자론의 역사적 발전
- 투자이론과 투자실제

제 1 절 투자의 의의

투자라는 말은 부동산투자든 증권투자든 투자대상에 관계없이 正의 이득을 바라면서 자금의 일부를 할애할 때 사용되고 있다. 본절에서는 투자자산을 실물자산과 금융자산, 두 가지로 구분하여 포괄적으로 적용될 수 있는 투자의 의의를 살펴보고, 모든 투자자산들에 적용할 수 있는 투자의 기본특성을 정리한다.

1. 실물자산과 금융자산

투자자의 부(富)의 증식을 가능하게 하는 수많은 투자대상(investment alternatives)은 크게 실물자산과 금융자산으로 구분해 볼 수 있다.

실물자산(physical asset)은 토지 · 건물 등의 부동산이나 기계장치 등처럼 그 자체가 미래 이익발생능력이 있는 자산을 말한다. 실물자산은 한 나라 경제의 생산능력을 좌우하는 것이 대부분이므로 실물투자의 정도는 국민경제의 물질적 부의 수준을 측정하는 척도가 되기도 한다. 실물자산에는 유형자산이 많지만, 이익발생능력이 있는 인적 자원이나 기술, 지식 등의 무형자산도 포함된다.

금융자산(financial asset)은 주식 · 채권 · 펀드 · 정기예금 등과 같은 투자자산을 말한다. 제2장에서 상세히 설명하겠지만, 금융자산은 각 금융시장별로 취급되는 다음과 같은 금융상품을 포함한다.

① 단기자금(화폐)시장상품 : 기업어음(CP), 환매조건부채권(RP), 양도성예금증서(CD), 정부의 통화안정증권 등
② 자본시장상품 : 회사채 등의 부채증권, 보통주 · 우선주 등의 지분증권
③ 예금 · 대출시장상품 : 은행 등 금융중개기관이 취급하는 정기예금
④ 외환시장상품 : 외국 통화
⑤ 파생금융상품 : 선물, 옵션

금융자산은 그 자체는 이익발생능력이 없고, 실물자산이 벌어들이는 이익에 대하여 청구권(claims)을 행사할 수 있는 자산이다. 예를 들어 채권에 투자하고 있는 사람은 당해기업의 실물자산이 벌어들이는 이익에 대하여 이자지급을 받을 권리가 있으

며, 주식에 투자하고 있는 사람은 지분에 따라 배당을 지급받을 권리를 지니게 된다.

주식 · 채권 등의 자본시장상품은 유망한 생산기회는 있지만 투자자금이 부족한 기업이나 정부가 여유자금을 보유한 투자자로부터 자금을 조달하기 위한 수단으로 발행되는 것인데, 증권거래소에 상장되어 매매거래가 되면 공개적인 투자대상이 된다.

투자자들은 금융자산과 실물자산 중에 어느 쪽에 투자를 많이 하는가? [그림 1-1]은 자산구성비를 국제비교한 것인데, 우리나라 가계는 74% 정도를 부동산 중심의 비금융자산에 투자하고 있는데, 이는 미국보다 그 투자비중이 2배 이상 높은 수준이다. 그러면 금융자산 중에서는 어떤 자산에 대한 투자비중이 높은가? [그림 1-2]에서 보는 것처럼 2012년~2016년 기간 중 은행예금 등의 현금성자산 비중이 43% 정도로 가장 높은 비중을 차지하고 있다. 반면에 위험자산이라고 할 수 있는 주식 · 채권 · 펀드에 대한 투자비중은 26% 정도의 낮은 수준을 보이고 있다. 외국에 비하여 안전자산을 선호하는 특징을 보이고 있다.[1)]

[그림 1-1] 총자산 중 비금융자산(부동산) 비중 : 국제비교

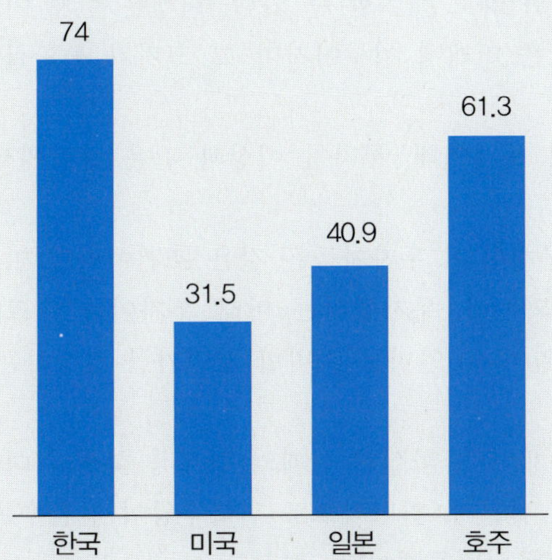

* 한국은 2016년, 외국은 2013년 기준
자료 : 통계청, 2016년 가계자산조사

[그림 1-2] 금융자산 투자비중의 추이(%)

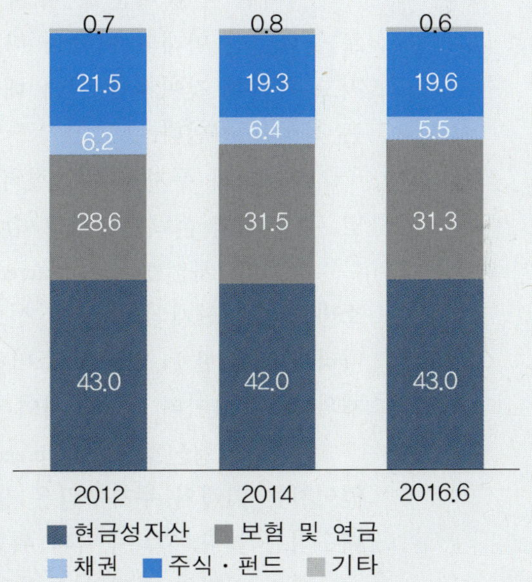

자료 : 한국은행, 조사통계월보, 자금순환동향 2016.12

1) 미국 가계의 경우는 위험자산의 비중이 52.0% 수준이다(2013년 기준). 가계가 아닌 기관투자자로서 400조원을 운용(2016년 9월말 기준)하고 있는 우리나라 국민연금의 경우는 국내주식 18.4%, 국내채권 52.5%, 해외주식 13.7%, 해외채권 4.1%, 대체투자 10.3%의 비중으로 자산운용을 하고 있다. (자료 : 국민연금 기금운용본부, 매경 2016.12.16)

2. 투자의 기본속성

투자라는 말은 투자대상이 실물자산이든 금융자산이든 관계없이 모든 투자대상에 대해서 광범위하게 사용되고 있는데, 내용면에서 보면 다음과 같은 두 가지 공통적인 특성을 지닌다.

첫째, 투자에 대한 반대급부로 얻어지는 투자수익(return)은 일정한 시간적(time) 틀 안에서 얻어진다는 점이다. 투자는 현재(오늘) 이루어지는 반면 투자수익은 현재가 아닌 미래(내일) 어느 시점에서 이루어진다. 현재가 아닌 미래의 보다 큰 이득을 위해 현재 소비의 일부를 희생(유보 또는 연기)하는 것이 투자이다.

둘째, 투자가 이루어질 때 현재의 희생은 확실(certain)하나, 미래의 투자수익은 불확실(uncertain)하다는 점이다. 정도의 차이가 있을 뿐 미래 투자수익은 기대했던 것만큼 실현이 안 될 가능성이 얼마든지 있다. 투자수익의 변동성이 큰 주식은 물론이고 정기예금이나 국공채투자의 경우도 인플레이션 등에 의해서 실질가치가 달라질 수 있으므로 불확실성이 전혀 없다고 할 수는 없다.

이러한 특성 때문에 "투자는 확실한 현재의 소비를 희생하여 이에 대한 보상으로 불확실한 미래의 이득을 바라는 행위"라고 정의할 수 있다. 희생은 현재 이루어지고 확실한 것이지만 이에 대한 보상은 미래에 이루어지며 그 크기가 불확실하다는 특성을 지닌다.

투자자의 투자결정은 결국 선택의 문제인데, 투자를 이상과 같은 관점에서 보면 두 가지의 선택문제라고 할 수 있다.

첫째, 시차선호(time preference)의 문제이다. 투자자들은 같은 조건이라면 미래의 소비보다는 현재의 소비를 선호하게 되는데, 투자행위는 미래 투자이득의 크기에 따라서 오늘(현재) 얼마를 소비하고 내일(미래) 얼마를 소비할 것인가를 결정하는, 현재와 미래 사이의 선택문제이다.

둘째, 위험선호(risk preference)의 문제이다. 확실한 현재의 경제적 희생의 대가로 얻어지는 미래의 투자수익은 불확실한 것인데, 일반적으로 위험부담이 높을수록 기대수익은 높다. 기대수익과 위험 사이의 선택문제이다.

가장 간단한 형태의 투자결정 문제는 다수의 재화가 있을 때 어느 재화에 각각 얼마씩 소비할 것인가를 선택하는 문제이다. 그러나 투자론에서 다루어지는 투자결정의 문제는 이에 더하여 시간과 위험의 측면이 고려되어야 하는 선택문제라는 점에서 특징이 있다. 투자라는 행위에는 이러한 속성이 내재되어 있으므로 투자결정의 이론에서 가장 많이 취급되는 용어는 투자수익, 시간, 투자위험이 된다. 투자대상의 투자가치를 평가하는 기준도 이들 요소로 압축된다.

제2절 투자수익과 투자위험

투자자산들에 있어 시간은 공통적으로 주어지는 것이므로 투자수익(return)과 투자위험(risk)의 차이로 그 특징을 표현하게 된다. 투자자산별로 투자가치를 평가할 때에도 주된 고려요인은 투자수익과 위험 두 요인이다. 부의 극대화를 추구하는 투자자들은 가능하면 투자수익은 높고 투자위험은 낮아 투자가치가 높은 투자대상을 찾는다.

투자가치의 기준이 되는 투자수익과 위험이 계량적으로 측정될 수만 있다면 최적투자결정의 문제는 용이해진다. 투자수익과 위험에 대한 측정이 가능하다면 많은 투자대상들 중에서 예상수익률이 동일한 것들에 대해서는 위험이 보다 작은 투자대상을 택하고, 예상위험이 동일한 투자대상들 중에서는 투자수익이 보다 큰 것을 택함으로써 많은 투자대상들을 쉽게 몇 개의 최적의 투자대상으로 압축할 수 있기 때문이다. 그러면 투자수익과 위험은 어떻게 측정되는가?

1. 투자수익의 측정

투자수익(investment return)은 본래 투자로 인한 富의 증가를 뜻하지만, 처음에 투자한 투자규모는 사람마다 다르기 때문에 투자한 양과 투자로부터 회수된 양의 상대적 비율인 투자수익률(rate of return on investment)로써 투자수익을 측정하는 것이 일반적이다.

$$\text{투자수익률}=\frac{\text{투자수익(기말의 富}-\text{기초의 富)}}{\text{투자액(기초의 富)}}$$

투자수익률의 측정은 일차적으로 대상기간을 언제로 하느냐에 따라 보유기간수익률과 기대수익률로 구분할 수 있다. 과거 일정기간 운용했던 기간을 대상으로 벌어들인 총투자수익의 정도를 투자수익률로 측정하는 것이 보유기간수익률(HPR : holding period return)[2]이고, 미래 투자하려는 기간의 예상투자수익률이 기대수익률

2) 보유기간수익률의 계산을 산술평균수익률, 기하평균수익률, 내부수익률로 측정하는 방법과 특징에 대해서는 제4장에서 설명함.

(expected rate of return)이다.

미래 투자하려는 기간의 예상투자수익률은 기말의 가격과 배당소득이 얼마가 될지 정확히 예측할 수 없으므로 미래투자수익률의 확률분포를 예상하여 이용할 수 밖에 없다. 확률분포(probability distribution)란 미래 발생가능한 상황에서의 예상수익률과 그 상황이 일어날 확률을 부여한 것인데, 투자대상으로부터 예상되는 수익성 정도는 수익률의 확률분포에서 평균적으로 기대되는 수익률, 즉 기대수익률(expected rate of return)을 계산하여 평가한다.

기대수익률은 다음과 같이 각 상황별로 발생가능한 수익률에 그 상황이 발생할 확률을 곱한 다음에 이의 합을 구하여 계산한다.

$$E(R) = \sum_{i=1}^{m} p_i \cdot r_i \tag{1.1}$$

단, $E(R)$: 기대수익률
p_i : i 상황이 일어날 확률(m 가지의 상황)
r_i : i 상황에서 발생가능한 수익률

예를 들어, 주식 A, B, C에 대한 투자수익률이 호경기, 정상, 불경기의 세 가지 상황(각각이 일어날 확률은 0.3, 0.4, 0.3)에서 〈표 1-1〉과 같이 예상된다고 하자.

주식 A, B, C의 기대수익률은 다음과 같이 계산된다.

$$E(R_A) = (0.3 \times 100\%) + (0.4 \times 15\%) + (0.3 \times -70\%) = 15\%$$
$$E(R_B) = (0.3 \times 20\%) + (0.4 \times 15\%) + (0.3 \times 10\%) = 15\%$$
$$E(R_C) = (0.3 \times 10\%) + (0.4 \times 12\%) + (0.3 \times 14\%) = 12\%$$

〈표 1-1〉 미래투자수익률의 확률분포

상 황	확률(p_i)	주식 A	주식 B	주식 C
호경기	0.3	100%	20%	10%
정 상	0.4	15	15	12
불경기	0.3	−70	10	14

2. 투자위험의 측정

한편 투자위험(risk)은 미래 투자수익의 불확실성, 즉 기대한 투자수익이 실현되지 않을 가능성, 실제결과가 기대수익과 다를 가능성을 의미한다. 미래 투자수익의 불확실성이나 변동성이 클수록 투자위험이 높은 것이다.

투자위험의 정도, 즉 투자로부터 예상되는 미래수익률의 분산도를 계량적으로 측정하는 통계량으로 범위, 분산, 표준편차, 분산계수 등이 있지만,[3] 투자위험을 측정하는 합리적인 방법으로 활용되는 것은 분산 혹은 표준편차이다.

분산(variance)은 발생가능한 수익률의 평균수익률로부터의 편차의 제곱들을 평균한 값으로 변동성의 크기를 측정한 것이고, 표준편차(standard deviation)는 분산의 제곱근이다.

$$\text{분산}(\sigma^2) = \sum_{i=1}^{m} [r_i - E(R)]^2 \cdot p_i \tag{1.2}$$

$$\text{표준편차}(\sigma) = \sqrt{\sum_{i=1}^{m} [r_i - E(R)]^2 \cdot p_i} \tag{1.3}$$

〈표 1-1〉의 예에서 주식 A, B, C의 위험(분산)은 다음과 같이 측정된다.

$$\sigma_A^2 = (1.0-0.15)^2 \cdot 0.3 + (0.15-0.15)^2 \cdot 0.4 + (-0.7-0.15)^2 \cdot 0.3 = (0.6584)^2$$
$$\sigma_B^2 = (0.2-0.15)^2 \cdot 0.3 + (0.15-0.15)^2 \cdot 0.4 + (0.1-0.15)^2 \cdot 0.3 = (0.0387)^2$$
$$\sigma_C^2 = (0.1-0.12)^2 \cdot 0.3 + (0.12-0.12)^2 \cdot 0.4 + (0.14-0.12)^2 \cdot 0.3 = (0.0155)^2$$

여기서 주식 A와 B를 비교하면 기대수익률은 15%로 동일하지만, 주식 A의 투자위험(분산)이 주식 B보다 높은 것을 알 수 있다. 따라서 주식 B가 주식 A보다 우월한 투자대상임을 알 수 있다.

이와 같이 투자대상들의 수익성을 기대수익률로 측정하고 투자위험을 표준편차(분산)로 측정하면, 투자가치를 비교 평가할 수 있게 되어 최적의 투자대상을 발견하는 기초가 된다.

---

3) 분산과 표준편차 이외의 투자위험을 계량적으로 측정하는 다른 방법에 대한 설명은 제4장 제2절 참조.

3. 기대수익과 위험의 상반관계, 시장균형가격

투자대상들의 투자가치를 결정짓는 기대수익과 위험 사이에는 어떤 관계가 존재하는가? 기대수익이 높으면 위험이 높은 상반관계(trade off)가 존재한다. 위험이 높은 투자는 그 위험에 대하여 적절한 보상을 해야 하기 때문이다. 만약 투자위험이 높은데도 기대수익률이 낮다면, 투자자들은 이러한 투자대상을 회피할 것이고, 결과적으로 시장가격은 하락하여 위험이 높으면 기대수익률이 높게 형성된다.

투자수익과 위험의 상반관계는 현실의 증권시장 통계자료에서도 확인되고 있다. 〈표 1-2〉와 [그림 1-3]은 한국증권시장(1980~2016)에서 주요 투자자산의 평균투자수익률과 위험을 비교한 것이다.

주식의 경우 투자수익은 제일 높지만 위험 또한 제일 크다. 반면에 국채의 경우는 투자수익은 낮지만 위험도 제일 적다. 이들 자료에서도 투자수익과 위험의 상반관계가 존재하고 있음을 확인할 수 있다.

투자의 기본특성과 실제의 투자자산별 투자수익률의 자료를 연계시켜 정리하면, 주요 자산들의 투자수익과 위험의 상반관계는 [그림 1-4]와 같이 나타낼 수 있다. 국공채처럼 투자위험이 없다고 볼 수 있는 무위험자산(risk-free asset)의 경우는 무위험이자율 수준의 투자수익을 얻는다. 이는 기다린 것에 대한 보상, 즉 시차보상의 성격을 지닌다.

무위험자산이 아닌 투자위험이 존재하는 자산에 투자할 경우에 투자자들은 투자의 대가로 위험을 부담하는 데 대한 보상, 즉 위험보상을 원한다. 미래에 얻어지는 투자수익은 불확실한 것이므로 적절한 위험보상이 있지 않으면 투자하지 않을 것이기 때문이다. 따라서 위험자산에 대한 기대수익률은 시차보상과 위험보상의 합

〈표 1-2〉 주요 투자자산들의 수익률과 위험 : 한국증권시장

주요 투자자산	1980년~2016년 기간		1999년~2016년 기간*	
	평균수익률(%)	위험**(%)	평균수익률(%)	위험**(%)
주식	13.11	30.37	10.49	26.87
회사채	10.64	6.42	5.18	2.08
국채	9.80	6.29	4.38	1.81
정기예금	7.41	4.07	4.02	1.57
인플레이션	4.27	2.83	2.52	1.18

* 1999년~2016년 기간은 공금리가 한 자릿수의 저금리 체제로 정착된 기간임
** 위험은 표준편차로 측정
자료 : 한국은행, 조사통계월보. 한국거래소, KRX Market, 각년호

[그림 1-3] 주요 자산들의 연간수익률 : 한국증권시장(1980~2016)

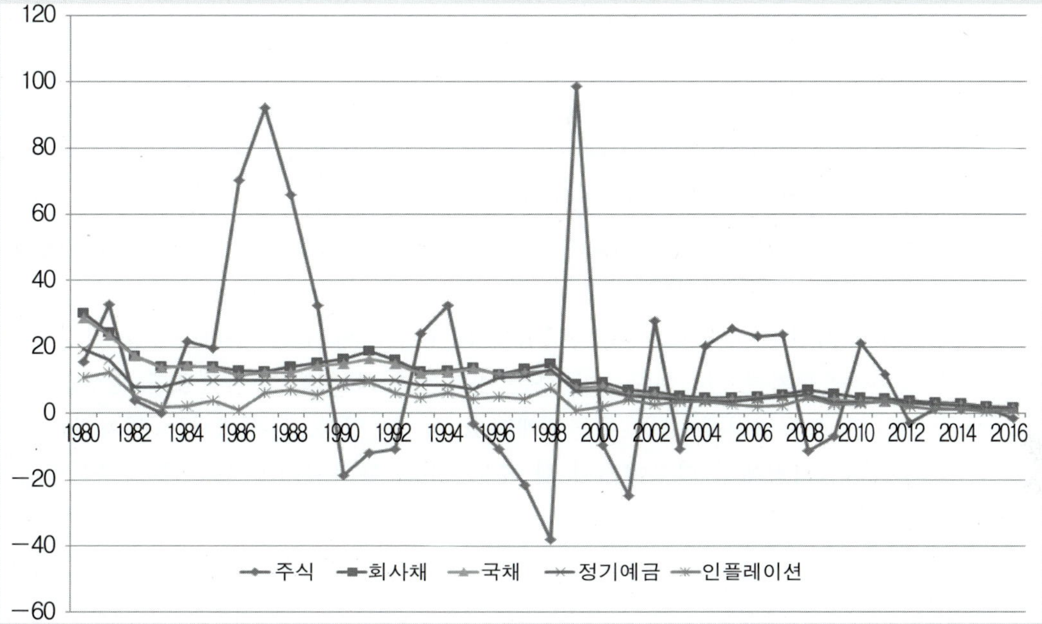

자료 : 상게서

[그림 1-4] 기대수익과 위험의 상반관계

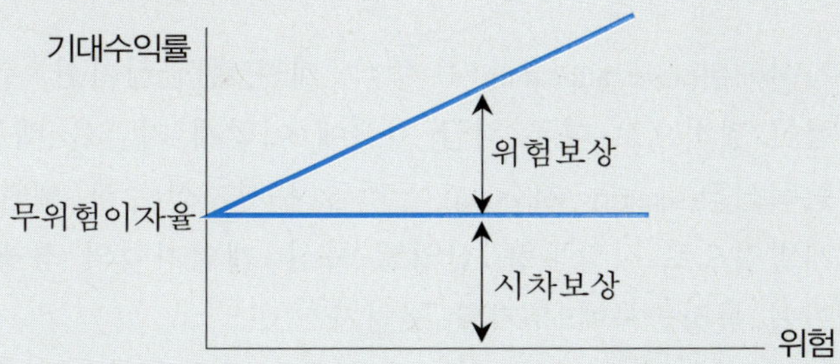

으로 결정된다.

또한 투자위험이 높을수록 더 높은 수익률을 기대하게 되므로 기대수익률은 투자위험 증가에 선형적으로 증가(비례)하는 모양을 보인다. 이처럼 위험이 큰 투자자산일수록 투자수익도 커지고 위험이 적으면 투자수익도 적어지는 것이 균형상태에 있는 자본시장에서의 가격결정기구(mechanism)의 특징이다.

제 3 절 투자관리와 투자분석

투자자가 이성적이라면 투자를 할 때 누구든지 富의 극대화(wealth maximization)를 추구한다. 그러나 제2절에서 언급한 바와 같이 자본시장이 균형상태에 있을 경우 기대수익과 위험 사이에는 상반관계가 존재하므로, 현실적인 투자목표는 일정한 위험수준에서는 투자수익을 최대화시키거나, 일정한 투자수익에서는 위험을 최소화시키는 것이 되어야 할 것이다.

그러면 구체적으로 어떤 방법에 의해서 이와 같은 투자목표를 달성할 수 있을 것인가? 투자론에서 다루고자 하는 내용은 이와 같은 투자목표를 달성하기 위한 구체적인 투자관리에 관한 이론체계라고 할 수 있다. 본절에서는 투자관리의 과제와 투자관리과정에서 다루어져야 할 주된 내용, 투자관리를 위한 투자분석방법에 대하여 설명한다.

1. 투자관리의 과제

개인투자자든 기관투자자든 투자관리에서 다루어야 할 과제는 다음의 네 가지로 압축할 수 있다.

① 자산배분(asset allocation) : 주식, 채권, 현금성자산, 부동산 등 투자수익과 위험이 질적으로 다른 각급 자산에 어떻게 자금을 배분할 것인가?

② 종목선정(security selection) : 각급 투자자산(주식, 채권 등) 내에서 구체적이고 개별적으로 시장동향, 산업별 특성, 개별기업의 경쟁력 지위 등을 감안하여 어떤 특정종목에 투자할 것인가?

③ 투자시점의 포착(timing) : 자산배분과 종목선정을 실행하는 경우 낮은 가격으로 매수하거나 높은 가격으로 매도할 수 있는 투자시점을 언제로 잡을 것인가?

④ 투자위험의 관리(risk management) : 투자수익의 변동성을 어떻게 관리할 것인가? 포트폴리오 분산투자, 포트폴리오 헤징방법 등 효과적으로 투자위험을 관리하는 방법은 무엇인가?

이 가운데서 자산배분 결정은 투자전략(investment strategy)적 성격을 지니는 의사결정으로서 투자성과에 큰 영향을 미친다. Brinson, Singer & Beebower(1991)의 연구에 의하면 특정 단일펀드의 투자성과에 영향을 미치는 요인들의 중요도는 자산배분 91.5%, 개별종목선정 2.7%, 시장타이밍 1.8%, 기타 4.0%인 것으로 분석되고 있다.[4] 또 Ibbotson and Kaplan(2000)의 연구에 의하면 서로 다른 펀드들간의 수익률 차이는 40% 정도가 자산배분 결정의 차이에서 설명되는 것으로 분석하고 있다.[5] 반면에 특정종목 선정의 문제는 투자성과에 미치는 영향이 상대적으로 낮은 것으로 평가되고 있다.

자산배분과 종목선정 중에 어느 것을 먼저 하는지에 따라 투자관리방식을 상향식 투자관리방법과 하향식 투자관리방법으로 구분할 수 있다.

상향식(bottom up) 투자관리방법은 먼저 재무적 건전도나 호재성 재료 등을 감안하여 특정 개별종목을 선택하고, 자산배분은 수동적으로 나중에 결정되도록 하는 방법이다. 그러나 이와 같은 투자관리방법은 과소평가된 종목을 발견하여 더 나은 성과를 창출할 수 있다는 장점은 있지만, 투자자의 전체 포트폴리오 구성에 대한 고려 없이 투자자의 위험성향을 고려하지 않는, 편중된 포트폴리오를 구성함으로써 최종적인 투자성과를 악화시키는 단점이 있다. 또 보다 공격적 투자관리를 할 수밖에 없어 거래비용이 많이 발생하고, 개별종목에 대한 증권분석이 틀리면 단순보유전략을 능가하는 성과를 창출하려는 노력(시간과 경제적 비용)이 무위로 돌아가는 경우가 많다.

하향식(top down) 투자관리방법은 자산배분이 먼저 이루어지고, 그 다음에 종목선정을 하는 방법이다. 투자자의 전체 포트폴리오 구성의 관점에서 자산배분을 중시하는 체계적 접근방법이 되어 투자성과를 높인다. 이 밖에도 투자자의 위험성향에 맞는 포트폴리오를 구축할 수 있게 해주는 장점이 있다. 반면에 오로지 이 방법에만 의존하면 과소평가된 종목을 발견하여 더 나은 성과를 창출할 수 있는 기회를 잃을 수도 있다는 단점이 있다.

---

4) G.P. Brinson, B.D. Singer & G.L. Beebower, "Determinants of Portfolio Performance Ⅱ : An Update," *Financial Analysts Journal* 47, No. 3(May-June 1991), pp.40～48.

5) R.G. Ibbostson & P.D. Kaplan, "Does Asset Allocation Policy Explain 40, 90, or 100 Percent of Performance?" *Financial Analysts Journal* 56, No. 1(January-February 2000), pp.26～33.

2. 투자관리의 과정

투자관리도 하나의 관리적 과정이라고 할 수 있으므로 경영관리론에서 설명하는 것처럼 설정된 투자목표를 달성하기 위한 일련의 투자계획(plan)의 수립, 매수・매도의 투자실행(do), 사후통제(see)의 활동으로 투자관리과정을 이해할 수 있다. [그림 1-5]는 전반적인 투자관리과정의 체계를 나타낸 것이다.

투자관리의 본 단계(과제)인 자산배분과 종목선정이 적절히 이루어지기 위해서는 투자계획을 명확히 수립하는 것이 필요하다. 투자계획(investment plan)은 투자자의 위험수용도, 투자기간, 기타 제약조건을 고려하여 기대수익과 위험의 투자목표를 명시적인 투자계획서로 제시하는 과정이다. 또 이를 뒷받침하기 위해서는 경제-산업-기업분석을 토대로 구체적인 자산배분 결정과 종목선정이 이루어지도록 투자분석(investment analysis)이 면밀히 행해져야 한다.

제시된 투자계획에 따라 자산배분과 종목선정의 실행(do)이 이루어지면 사후적으로는 투자목표의 달성 여부를 평가하는 통제과정(see)이 필요하다. 통제활동으로는 최초의 투자결정 이후 기업 내외적 여건변화가 발생하면 투자성과는 기대와는 다르게 진행될 수 있으므로 이를 감안하여 투자안(포트폴리오) 수정(portfolio revision)이 필요하다. 투자자를 둘러싼 환경의 변화나 위험수용도의 변화로 투자자의 투자목표에 변화가 생겼을 때도 투자안의 수정이 필요하다. 또한 실제의 투자성과가 계획했던 목표 또는 시장 전체의 평균적인 투자성과와 어느 정도 차이가 있고, 왜 차이가 발생하였는지를 평가하는 투자성과평정(performance evaluation)이 이루어져야 한다. 통제활동에서 얻어진 결론은 다음 단계의 투자계획을 수립할 때 피드백되어 활용된다.

[그림 1-5] 투자관리과정

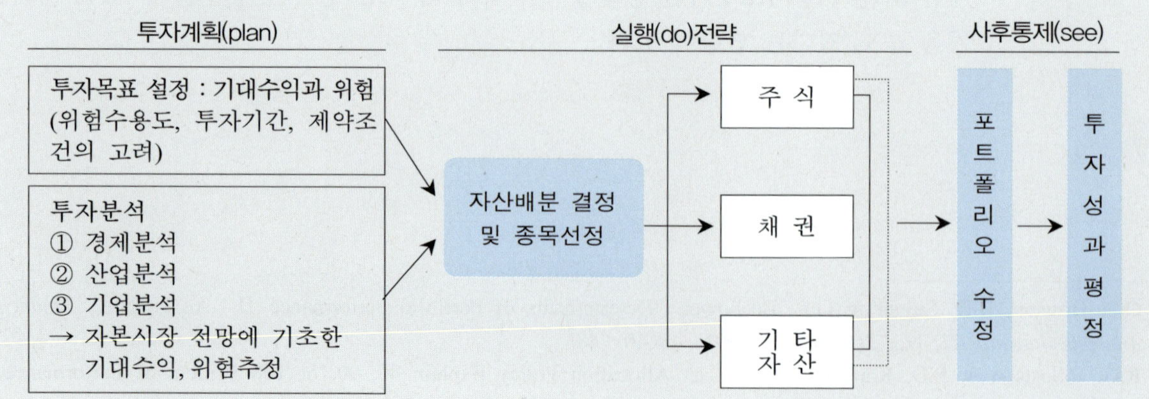

이와 같은 일련의 투자관리과정에서 제일 중요한 것은 첫 단계인 투자계획의 수립이다. 이하에서는 투자계획 수립에서 고려되어야 할 사항들을 설명한다.

(1) 투자계획의 수립

투자관리의 핵심인 자산배분과 종목선정이 적절히 이루어지기 위해서는 먼저 투자목표가 명확하게 설정되어야 하고, 이것이 문서화된 투자계획서의 작성이 필요하다.

투자목표(investment objectives)는 자산배분과 종목선정을 통하여 달성하고자 하는 목표치를 말한다. 이 달성 목표치는 투자수익(률)으로만 표현해서는 안 된다. 투자목표는 투자수익과 투자위험이 모두 고려된 목표치로 표현하는 것이 중요하다. 그러기 위해서는 그 투자자의 위험수용도, 투자기간, 여러 가지 제약조건에 대한 면밀한 점검이 필요하다.

1) 위험수용도(risk tolerance)

어느 개인의 위험수용도는 그 개인의 심리적 형성물이기 때문에 보험가입현황이나 순재산액, 소득수준, 현금보유액의 크기와 같은 개인의 현재 재무상태, 연령이나 자녀의 수와 같은 가족사항에 의해 영향을 받는다. 고소득이면서 순재산액이 많을수록 위험수용도는 높아져 고위험 투자자산에 대한 투자여력이 많아질 것이다. 투자자가 투자원본을 잃게 되는 위험상황을 얼마나 감내할 수 있는지를 평가하거나, 최악의 금융상황이 전개될 경우 예상되는 감정적인 대응을 예상하여 특정 투자자의 위험수용도를 파악할 필요가 있다.

2) 투자기간(time horizon)

투자성과를 1년 후, 5년 후처럼 언제 얻고자 하는지, 그 기간을 분명히 한다. 투자기간의 장 · 단기, 유동성 필요, 위험수용도는 상호간에 밀접한 관계를 갖는 경향이 있다. 투자기간을 길게 잡는 투자자는 중도유동성 필요가 덜하고 위험수용도가 높다. 설령 큰 손실이 발생하더라도 이를 만회할 시간적 여유가 있기 때문이다. 반면에 투자기간을 짧게 잡고 있는 투자자는 중도유동성 필요가 높고, 손실발생에 대해 민감하여 위험수용도가 낮다.

3) 기타 제약조건

위험수용도와 투자기간 이외에도 투자목표 설정에는 다음 사항들을 고려할 필요가 있다.

① 세금관계 : 면세, 종합금융소득세의 적용 여부
② 법적규제(제약) : 기관투자자의 경우 특정주식 또는 특정 금융자산에 대한 투자 제한, 특정주식에 대한 투자비율의 제한
③ 투자자금의 성격 : 일시 융통하는 단기자금인지의 여부, 새로운 자금의 중도 유입 여부
④ 유동성 필요(liquidity needs) : 빠른 기일 안에 쉽게 현금화시킬 수 있는 유동성이 높은 자산에 대한 요구는 투자자마다 다르다. 유동성 요구가 젊은 세대는 지극히 적은 반면에 퇴직에 임박한 투자자는 높다. 따라서 단기 국공채 등 유동성이 높은 자산에 대한 투자비중이 높아야 한다.
⑤ 고객의 특별한 요구사항 : 개인투자자의 개인적 선호도를 반영할 수 있다. 이를테면 사회적 책임수행이나 바람직한 지배구조의 구축 등의 관점에서 특정주식에 대한 선호 혹은 기피 의견이 있다면 이를 반영한다.

투자수익 목표와 투자위험 성향 등 투자자의 투자성향이 파악되면 체계적이고도 일관성 있는 투자관리를 수행하기 위하여 투자목표와 자산배분, 포트폴리오 구성의 방향을 제시하는 문서화된 투자계획서(policy statement)를 작성하는 것이 필요하다. 특히, 투자상담업, 투자일임업 혹은 PB영업을 하는 투자회사에서는 투자제안서를 작성하여 투자방침을 명확히 해야 한다.

투자계획서는 투자관리를 도와주는 로드맵과 같다고 할 수 있는데, 이에는 부담하고자 하는 위험의 형태, 투자목표, 투자제약을 구체적으로 명시해야 한다. 투자계획서(제안서)를 마련하는 것은 ① 현실적인 투자목표, 투자위험, 특정 금융욕구를 분명히 하고, ② 투자성과를 평가할 표준을 설정하기 위함이다. 또 ③ 제3의 자금관리자에게 업무가 이관되더라도 오해 없이 일관성 있게 관리할 수 있게 해준다.

(2) 투자분석과 자본시장 전망

제시된 투자목표를 달성하기 위한 구체적인 투자전략이 수립되려면, 이에 필요한 정보수집과 투자분석이 이루어져야 한다. 투자분석은 경제, 산업, 기업 분석으로 나누어 실시해 볼 수 있다.

① 경제분석 : 미래의 경기순환, 경제성장률, 이자율, 환율동향 등과 같은 장·단기경제예측, 기술적·사회적 환경 등의 면에서의 변화예측
② 산업분석 : 산업별 수익성, 안정성, 성장성 평가와 동향분석

③ 기업분석 : 주요 종목별로 업계 내에서의 경쟁력, 성장잠재력, 재무건전도를 평가하여 최종적으로 기대수익과 위험 추정

이러한 투자분석을 근간으로 자산배분과 종목선정의 기초가 되는 전반적인 자본시장 전망(capital market assumption)을 실시한다. 즉 주식, 채권, 현금성자산, 부동산 등으로 구분하여 과거의 수익률은 어느 정도였으며, 앞으로 주요 자산과 주요 종목으로부터 일정기간에 걸쳐 기대되는 평균기대수익률, 위험(표준편차), 공분산은 어느 정도인가? 또 인플레이션을 감안할 경우는 어떠한가를 추정한다. 최종적으로 제시된 포트폴리오안으로부터 예상되는 평균기대수익률과 위험도(표준편차)를 추정하여 제시한다.

3. 투자관리방법

투자관리의 기본방향은 적극적 투자관리와 소극적 투자관리로 나누어 볼 수 있다. 이들 두 방법의 적용은 증권시장을 효율적 시장으로 보는지, 아니면 비효율적 시장으로 보는지, 증시효율성(market efficiency)에 대한 가정에 따라 달라진다. 효율적 시장을 전제한다는 것은 모든 이용가능한 정보가 현재의 시장가격에 반영되어 있으므로(즉, 가격=가치) 잘못 평가된 증권을 식별하는 것이 어려워 결과적으로 초과수익의 여지가 없다는 입장이다. 반면에 비효율적 시장을 가정하는 것은 모든 이용가능한 정보가 현재의 시장가격에 충분히 반영되어 있지 않아 잘못 평가된 증권(mis-priced securities)을 식별하는 것이 가능하여 결과적으로 위험부담이 있더라도 초과수익의 여지가 얼마든지 있다는 입장이다.

적극적 투자관리(active investment styles)는 시장이 비효율적인 것을 전제하여 잘못 평가된 증권을 찾아, 위험부담을 감수하더라도 상당한 초과수익을 추구하려는 투자관리를 말한다. 이러한 적극적 투자관리방법의 예로는 시장에서 과소 혹은 과대 평가된 특정종목이나 특정 산업종목에 집중투자하는 방법, 증시동향을 감안하여 적절한 투자시점을 포착하는 방법을 들 수 있다.

반면에 소극적 투자관리(passive investment styles)는 시장이 효율적인 것을 가정하여 초과수익 획득보다는 투자위험의 최소화 또는 투자위험관리에 초점이 모아진다. 증권시장의 효율성을 주장하는 효율적 시장접근법(efficient market approach)이 이에 해당된다. 구체적 적용의 예로는 단순 매입보유, 인덱스펀드 투자, 평균투자법 등을 들 수 있다.

두 가지 투자관리방법의 구체적인 적용의 예는 본서 각 장별로 다루어질 것이고, 종합적으로는 제15장과 제21장에서 정리한다.

4. 투자분석방법

투자성과를 높이는 개별종목을 선정하는 데에는 투자대상들의 투자가치를 분석·평가하는 것이 가장 중요한 작업이 된다. 투자분석방법은 투자대상을 개별적으로 분석하는 개별자산접근법(asset by asset approach)과 둘 이상의 복수증권들의 결합관계에서 분석하는 포트폴리오접근법(portfolio approach)으로 분류할 수 있다.

개별자산접근법은 투자대상들을 독립적·개별적으로 분석하여 선택하는 방법으로서 증권분석(securities analysis)이라고도 하는데, 기본적 분석과 기술적 분석이 이에 속한다. 기본적 분석과 기술적 분석은 증권시장의 비효율성을 전제로 초과수익을 얻고자 하는 분석방법이라는 점에서 적극적 투자관리에 활용된다는 공통점을 지닌다. 전통적 투자분석방법(traditional approach)으로 불리기도 한다.

이하에서는 투자분석방법을 기본적 분석, 기술적 분석, 포트폴리오 분석으로 구분하여 그 특징을 설명한다.

(1) 기본적 분석

기본적 분석(fundamental analysis)은 시장에서 증권에 대한 수요와 공급에 의해서 객관적으로 결정되는 시장가격(market price)이 그 증권이 본래 지니고 있는 내재가치(intrinsic value)에 장기적으로는 접근해 가지만 단기적으로는 동일하지 않을 수 있다는 전제하에서 증권의 내재가치를 중점적으로 분석하는 방법이다. 내재가치가 추정되면 이를 시장가격과 비교함으로써 내재가치가 시장가격보다도 큰 과소평가된 증권 또는 내재가치가 시장가격보다도 작은 과대평가된 증권을 발견하고, 이에 따라 매수 또는 매도의 투자결정을 하여 초과수익을 얻고자 하는 적극적 투자관리의 분석기법이다.

그러므로 기본적 분석에서는 내재가치를 평가하는 작업이 주가 된다. 내재가치를 결정짓는 요인으로는 미래 주당이익, 배당, 재무구조, 경영진의 경영능력, 산업의 경쟁구조, 사업위험, 이자율동향 등과 같은 재무요인 혹은 경영요인 등이 있다. 분석의 기초자료는 재무제표 등의 재무정보가 많이 이용되는데, 수익성·성장성·안정성 등의 재무적 건전도가 좋은 우량증권을 선별하는 것이 주된 작업이다. 개별적으로 초과수익의 여지가 큰 투자대상을 발견하여 종목선택의 투자결정에 활용한다는 점에서 특징이 있다.

종목선정의 한 방법으로 가치투자(value investing)방법은 장기적이고 안정적으로 이익을 낼 수 있는 우량종목인 가치주를 발견, 이를 충분히 낮은 가격으로 매수하여 장기투자성과를 높이는 방법이다. 가치주를 발견하고 적정가격을 평가하는 방법은 기본적 분석의 체계를 따른다. 본서 제11장~제13장에서는 기본적 분석의 방법을 적용하여 주식에 대한 투자관리 문제를 다룬다.

(2) 기술적 분석

기술적 분석(technical analysis)은 과거의 증권가격 및 거래량의 추세와 변동패턴에 관한 역사적 정보를 이용하여 미래 증권가격의 움직임을 예측하는 분석기법이다. 이 분석기법은 과거 증권가격 움직임의 양상이 미래에도 반복된다는 가정을 하고 있고, 증권가격의 패턴을 결정짓는 증권의 수요와 공급 그 자체가 이성적 요인뿐만 아니라 비이성적 요인, 심리적 요인에 의해서도 결정됨을 전제하고 있다. 기술적 분석의 기초자료는 과거 일정기간의 증권가격이나 거래량의 추세를 도표로 나타내는 차트(chart)이다. 과거 증권가격변동의 특징적인 패턴을 차트(도표)로 추적하거나 이동평균·투자심리선과 같은 기술적 투자지표를 이용하여 투자시점을 포착하고 있다.

기술적 분석은 본래 다우 이론(Dow theory)에서 발전하였는데, 증권시장의 시황이 약세시장이나 강세시장으로 전환하는 시점과 시장동향을 미리 포착하는 등 투자시점의 결정에 활용되고 있다. 본서 제14장에서는 기술적 분석의 구체적 내용을 다룰 것이다.

이상에서 설명한 기본적 분석과 기술적 분석은 개별적으로 투자가치를 분석·평가하는 개별자산접근법에 속한다는 점 이외에도 증권시장의 비효율성을 전제로 초과수익을 얻고자 하는 분석방법이라는 점에서 적극적 투자관리에 활용되고 있다는 공통점을 지닌다. 이들 방법은 전통적 투자분석방법(traditional approach)으로 불리고 있다.

(3) 포트폴리오 분석

이상에서 설명한 기본적 분석과 기술적 분석이 초과수익을 가능하게 하는 과대, 과소 평가된 증권을 개별적으로 선별하는 방법인 반면에, 포트폴리오 분석(portfolio analysis)은 증권을 두 개 이상의 복수증권과의 결합관계에서 투자가치를 평가하여 선택하는 방법이다.

투자대상을 개별적으로 평가하는 것과 포트폴리오의 관점에서 평가하는 것은 큰 차이가 있다. 개별적으로 평가할 때에는 아무리 최우량증권이라 할지라도 포트폴리오, 즉 타 증권들과의 상관(결합)관계에서 평가하면 열등한 증권일 수 있다. 반대로 개별적으로는 열등한 증권이라 할지라도 포트폴리오 구성의 관점에서 보면 그 상관성 여하에 따라 투자가치가 높아질 수 있는 것이다.

포트폴리오 분석의 초점은 가장 바람직한 증권들의 결합이 무엇인가를 찾는 것이다. 여러 자산에 분산투자하면 투자위험이 감소하게 되는데, 포트폴리오 분석의 또 다른 초점은 투자위험 관리(risk control)에 있다. 일정한 기대수익에서 투자위험을 최소화할 수 있는 효율적 분산투자의 방법을 강구한다.

이러한 특성 때문에 포트폴리오 분석은 시장이 효율적이라는 전제하에서 출발하는 소극적 투자관리에 많이 활용된다. 증권가격에 시장이나 기업에 관한 모든 정보가 충분히 반영되어 있어 초과수익의 여지가 없는 효율적 시장이라면 분산투자나 위험통제의 방법을 이용하여 투자성과의 개선을 기대할 수 있기 때문이다.

이와 관련된 포트폴리오이론과 자본시장이론은 제5장~제10장에서 다루어질 것이다.

제 4 절 현대 투자론의 내용*

현대 투자론에서 다루어지는 주된 내용을 개관해 보는 한 방법은 투자이론의 체계가 역사적으로 어떻게 발전하여 현재에 이르렀는지를 살펴보는 것이다. 본절에서는 투자이론체계의 역사적 발전을 요약하고 현대 투자론의 내용을 본서의 구성과 연관지어 설명한다.

---

* 본절은 현대 투자론의 이론면에서의 특징을 요약한 것이므로 투자의 실제에 관하여 주로 관심이 있는 독자들은 본절을 생략하여도 무방할 것이다(본서에서 *표시되어 있는 다른 부분도 매우 이론적인 내용이 다루어지고 있으므로 투자론 이해의 정도에 따라서 생략해도 무방할 것임).

1. 현대 투자론의 역사적 발전

1950년대 이전의 전통적 투자분석은 크게 두 가지 방향에서 전개되었다고 할 수 있다. 하나는 다우 이론에 근거를 둔 기술적 분석이고, 또 하나는 증권의 내재가치를 평가하여 과대·과소평가된 투자종목을 식별해 내려는 기본적 분석이다.

이들 투자분석의 내용은 앞의 절에서 설명한 것처럼 투자시점의 포착이나 특정 종목의 선택에 관하여 분석의 틀을 제공하였다는 점에서 의의가 있다. 그러나 이들 내용은 하나의 이론체계라기보다는 다분히 직관적 판단이나 경험에 의존하고 있다는 근본적 취약점을 지닌다.

현대 투자이론의 출발은 마코위츠(Harry Markowitz)의 논문「Portfolio Selection」이 1952년에 발표된 이후 포트폴리오 선택이론이 전개되면서부터라고 할 수 있다. 마코위츠는 이 논문에서 일정한 위험하에서 최대의 기대수익률을 얻을 수 있는 효율적 프론티어를 구성하는 방법을 제시하고 있다. 그런데 이 방법은 제5장~제6장에서 검토되겠지만 계산이 매우 복잡하여 실용성이 문제되었다.

마코위츠의 포트폴리오 선택원리를 단순화시켜 현실적 적용성을 높인 것이 1963년 샤프(William Sharpe)의 단일지표모형(single index model)이다. 단일지표모형은 투자위험을 베타위험(beta risk)으로 측정하여 시장 전체 변동과의 관계에서만 분석함으로써 포트폴리오 선택모형에 투입정보를 크게 줄여준다는 장점을 지닌다. 최근 들어 소프트웨어의 발달로 포트폴리오 선택이론의 현실적 적용력이 더욱 높아지게 되었다.

한편 1960년대 중반에 들어서면서 시장균형모형에 대한 문제의식이 제기되었다. 즉 모든 사람이 포트폴리오 선택이론에 입각하여 효율적 포트폴리오를 구성하는 투자관리를 하게 되면 균형된 자본시장에서 증권의 가격결정에는 어떤 영향을 줄 것인가라는 문제를 다루기 시작하였는데, 거의 동시적으로 샤프(1964), 린트너(1965), 모신(1966)에 의해서 자본자산가격결정모형(CAPM)이 개발되었다. 이 모형은 최근까지 재무학계에서 가장 중요한 모형으로 취급되고 있고, 실무적으로도 투자성과평정, 증권가치 평가, 자본예산 결정과 자본비용 측정 등에 널리 이용되고 있다. 그러나 이 CAPM은 1970년대 중후반 롤(Richard Roll : 1977, 1978)에 의해서 이 모형에 대한 실증가능성에 대하여 회의적 비판이 가해졌다.

롤의 비판과 동시적으로 CAPM에 대한 대체모형으로서 로스(Stephen Ross : 1976)에 의해서 차익거래가격이론(APT)이 제시되었다. 이 이론은 어떤 투자자도 차익거래를 통해 새로운 부를 창출할 수 없도록 기대수익과 위험의 관계가 성립되어야 한다는 주장이다. CAPM보다도 모형의 가정상 비현실적인 면이 덜하고 보다 일반화된 모형인 것으로 평가받고 있다. 그러나 현실사회에서는 APT의 현실적 응용력에 한계점이 있어 아직까지 널리 이용되고 있는 것은 CAPM이다.

한편 1970년대에 들어 실물시장에서는 유가를 중심으로 주요 원자재 가격이 그리고 금융시장에서는 금리와 외환시세가 급격한 변동을 보이면서 효과적으로 투자위험을 헤징(risk hedging)할 수 있는 금융기법과 금융상품이 필요하게 되었다. 이러한 금융환경의 변화에 대응하여 구미의 증권시장에서는 옵션(option)과 선물계약(futures contract) 시장이 발달되면서 거래비중이 매우 높아지게 되었다. 옵션이나 선물계약 등은 파생증권(derivative securities)이라고 불리는데, 관련되는 기초자산(주식 등)의 가치에 따라 그 투자가치가 좌우되는 특징을 지닌다. 실제의 투자결정에 있어서 이들 파생증권들은 다양하게 활용되고 있다. 낮은 거래비용 때문에 포트폴리오를 수정하는 좋은 수단이 되고 있으며, 다양한 투자수익과 위험의 패턴을 만들어내는 새로운 금융상품의 개발, 금융공학(financial engineering), 그리고 투자위험을 효과적으로 헤징하는 데 이용되고 있다.

이론적 측면에 있어서 이들 파생증권의 가격결정을 설명하려는 노력이 있었는데 1973년 블랙(Fisher Black)과 숄즈(Myron Scholes)에 의해서 옵션가격결정모형(OPM)이 제시되었다. 이에 의하면 옵션 매수(매도)와 동시에 해당주식을 매도(매수)하는 경우 무위험의 헤지 포지션(hedge position)이 가능하다고 주장하고 있다. 그래서 옵션은 헤징된 투자에 대해 무위험이자수익이 얻어지도록 가격결정이 되어야만 한다는 설명이다.

이상의 포트폴리오 선택이론이나 가격결정구조의 성격을 설명하는 CAPM, OPM 등의 개발과는 별도로 1960년대 중반부터 시장효율성의 문제가 집중적으로 논의되었다. 시장효율성의 문제는 파마(Eugene Fama : 1965)에 의해서 체계적으로 정리된 바 있는데, 이 논지는 증권시장에서 잘못 평가된 증권을 식별해 내려는 수많은 전문투자자들의 노력이 있고 이들의 초과수익을 얻고자 하는 경쟁적인 노력 때문에 모든 이용가능한 정보는 증권가격에 신속 · 정확 · 충분하게 반영된다는 것이다.

이처럼 시장의 효율성이 인정된다면 어떤 형태의 증권분석에 의해서도 평균 이상의 초과수익을 올릴 수 없게 되는데, 과연 현실의 증권시장이 얼마나 효율적인가를 실증적으로 밝히는 것은 증시 이해관계자에게 지대한 영향을 미치므로 중요한 연구과제가 되어 왔다.

그간 증권가격에 반영되는 정보의 양과 질에 대하여 많은 실증적 연구가 이루어져 왔는데 상당부문의 연구에서 구미의 자본시장은 상당히 효율적인 것으로 밝혀지고 있다. 그러나 이용가능한 자료가 보완되고 통계적 기법이 세련되면서 효율적 시장가설들이 부정되는 증거들도 제시되고 있다. 그래서 현 시점에서는 증권시장이 파마의 논문이 발표되기 전에 생각되었던 것보다는 분명히 효율적이지만, 증권가격이 투자자가 이용가능한 완전정보집합을 모두 반영하는 것은 아니라고 결론내리고 있다.

따라서 초과수익을 얻고자 하는 증권분석의 노력이 전보다는 성공적이지 못할 때가 많겠지만, 증권분석의 유용성이 완전히 배제되는 것은 아니라고 말할 수 있다. 시장효율성의 문제가 투자결정에 함축하는 바가 매우 크므로 보다 세련된 연구방법을 적용하여 새로운 증거를 제시하는 것이 현대 투자이론에서 매우 중요한 과제가 되고 있다.

2. 현대 투자론의 체계와 본서의 구성

투자론에서는 최적투자결정을 위한 투자관리에 관한 이론체계에 대해서 다루고 있다. 투자관리의 일반적 과정은 제3절 [그림 1-5]에서 본 것처럼 투자결정의 준비과정으로서 최적투자안을 결정하는 것이 핵심이 된다. 이를 위해서는 ① 각종 투자대상(투자기회집단)의 식별과 투자가치의 평가, ② 선택기준의 설정, ③ 최적투자안의 선정이 필요하다.

본서 제5장~제7장에서는 먼저 개인투자자의 입장에서 이 같은 최적포트폴리오의 선택문제를 다루는데, 구체적인 최적포트폴리오의 선택과정은 [그림 1-6]의 왼쪽에 표시된 순서대로 요약될 수 있다.

[그림 1-6] 현대 투자론의 기본체계

개인투자자의 최적포트폴리오 선택	시장 전체의 균형모형
1. 투자기회집단의 평가 • 위험자산의 평가 (포트폴리오 기대수익률과 위험에 기초하여 효율적 포트폴리오 구성) ① 마코위츠선택모형(제5, 6장) ② 샤프의 단일지표모형(제7장) • 채권의 평가(제16, 17장) 2. 최적포트폴리오 선택기준 효용극대화 기준 등(제6장) 3. 최적포트폴리오 결정	균형상태에서의 자본자산의 가격결정구조 1. 자본자산가격결정모형(CAPM)(제8장) 2. 차익거래가격결정모형(APT)(제9장) 3. 옵션가격결정모형(OPM)(제20장)

시장의 효율성(제10장)

최적포트폴리오를 선택하기 위해서는 먼저 수많은 투자기회집단의 우열을 가려 효율적 포트폴리오를 구할 필요가 있다. 포트폴리오 분석에서는 포트폴리오의 기대수익률과 위험 두 모수를 기준으로 하여 이를 측정한 다음 일정한 기대수익에서는 위험이 최소이고, 일정한 위험에서는 기대수익이 최대인 효율적 포트폴리오를 구하고 있다. 그런데 효율적 포트폴리오를 구하는 데는 제5, 6장에서 설명될 마코위츠선택모형에 의할 수도 있고, 제7장에서 설명될 샤프의 단일지표모형에 의해 구할 수도 있다. 본서 제7장에서는 포트폴리오 선택모형으로서 양 모형의 장·단점이 비교될 것이다.

어느 모형에 의해서든지 효율적 포트폴리오가 구해지면 일정한 선택기준에 의해서 최종적인 최적포트폴리오를 구해야 하는데 일반적으로 효용극대화의 원칙에 입각하여 투자결정의 최적화를 시도하고 있다. 투자자의 선호체계에 대해서는 제6장에서 다루어질 것이다.

한편 현대 투자론에서 중요하게 다루는 또 한 가지 부분은 균형상태의 자본시장에서 투자자산의 가격결정구조(structure of securities price)에 관한 것이다. 즉 개인투자자들이 포트폴리오 선택이론에 따라 최적투자결정을 하게 되면 시장 전체로 볼 때 수요와 공급이 일치하게 되는 균형상태하에서 투자자산의 가격이 어떻게 결정될 것인가를 밝히는 시장균형모형에 관한 것이다. 투자자산들의 평가기준이 되는 이들 모형으로는 자본자산가격결정모형(CAPM), 차익거래가격결정이론(APT)과 다요인모형, 옵션가격결정모형(OPM) 등이 있는데, 본서에서는 제8, 9, 20장에서 이 내용을 다룬다.

현대 투자론에서 다루어지는 또 하나의 중요한 주제는 시장효율성(market efficiency)에 관한 것이다. 이용가능한 정보가 증권가격에 얼마나 충분히 반영되었는가 하는 시장효율성 문제는 각종의 투자분석방법(기본적 분석, 기술적 분석, 효율적 시장분석)의 유용성에 대한 평가를 달리하게 한다. 본서 제10장에서는 증시효율성의 개념과 실증적 분석결과를 다룬다.

이 밖에도 투자론에서는 포트폴리오를 구성하는 자산 중 투자위험이 적고 정액소득의 성격이 강한 채권투자의 평가가 다루어질 필요가 있다. 이자율의 결정구조, 채권가격의 평가, 채권투자전략에 대해서는 제16, 17장에서 다룬다.

한편 현대 투자론의 내용이라고 볼 수 없지만 전통적 투자론에 대한 이해도 필요하리라 본다. 어느 투자이론이든 강점과 약점이 있으므로 이를 모두 이해하는 것이 보다 나은 투자결정을 위해 보탬이 될 것이기 때문이다. 전통적 투자분석에 속하는 기본적 분석과 기술적 분석의 내용과 이를 이용한 투자전략에 대해서는 제11장~제15장에서 다루게 된다. 여러 가지 보통주 평가모형과 미래이익 예측방법, 투자시점포착의 기법들이 다루어질 것이다.

옵션과 선물계약 같은 파생증권의 도입은 다양한 투자수익과 위험패턴의 창출을 가능하게 하고 있는데 본서 제18장~제20장에서는 선물과 옵션의 평가와 이를 이용하여 투자위험을 헤징하거나 초과수익을 얻는 다양한 투자전략에 대해서 다룬다.

끝으로 본서의 제21장에서는 대체투자, 기관투자자의 자산운용, 투자성과평정에 대하여 다루게 될 것이다.

3. 투자이론과 투자실제

사회과학의 많은 이론들이 실제의 사회현상을 충분히 설명하지 못한다는 근거에서 이론과 현실의 갭을 이야기하는 사람이 많다. 투자이론과 투자실제 사이의 갭에 대해서도 마찬가지로 생각하는 사람이 적지 않다. 그러나 투자론에서 제시되고 있는 이론체계처럼 투자의 실제에 영향을 미치고 있는 분야도 드물다. 비록 투자론에서 제시되고 있는 모형들이나 분석기법에는 복잡하고 특정일면을 설명하려는 것이 많지만, 이들 이론체계만큼 실제의 투자관리에 널리 이용되고 있는 것도 드물다.

투자론에서 제시되는 이론체계가 현실의 투자관리의 문제에 활용되고 있는 구체적인 몇 가지 예를 들면 다음과 같다.

1) 포트폴리오 관리(portfolio management)에서의 투자목표달성에 활용된다

투자론에서는 현실투자에 도움을 주고자 하는 여러 가지 투자모형이 제시되고 있다. 즉, 가격이 잘못 매겨진 증권을 식별하여 초과수익의 여지를 발견하려는 여러 가지 증권가격 평가모형과 일정한 투자수익하에서 투자위험을 줄이는 방법을 제시하는 포트폴리오 분석모형들이 그것이다.

어느 경우에나 설명력이 높은 완벽한 특정모형이 존재하지 않는다고 해서 이들의 무용성을 주장하는 것보다는 각 모형의 강·약점을 파악하여 이들을 어떤 상황에서 어떻게 사용하는지를 이해할 필요가 있는 것이다.

2) 기관투자자들의 합리적인 자산부채관리(asset liability management)에 적극적으로 활용된다

금융기관, 연기금 등의 기관투자자들은 기관성격상 자금운용의 공공성이 강조된다. 투자론에서 다루게 되는 투자위험의 측정과 투자위험이 증권가격에 미치는 영향의 분석, 이자율변동을 초래하는 요인에 대한 분석과 미래 이자율 예측, 증권가격결정의 구조에 관한 분석 등은 이들 기관투자자들이 효율적으로 자금을 운용하는 데 크게 활용되고 있다.

예를 들어, 연기금관리자들이 약정된 퇴직금지급을 차질 없이 수행하면서 투자수익을 높이고, 때로는 이자율변동의 위험을 적절히 관리하는 데 투자이론이 활용될 수 있고, 상당한 자금을 증권에 운용하는 자산운용업에서는 운용수익률을 높이기 위해서 투자이론에서 다루어지는 투자기법을 체계적으로 적용하고 있다.

3) 새로운 금융상품의 개발에 활용된다

투자론에 대한 지식은 미래 증권가격 변동에 대한 통찰력을 높여주고, 미래 이자율 예측을 도와주므로 투자수익과 투자위험 면에서 새로운 특성을 지니는 금융상품의 개발을 가능하게 한다. 투자위험을 헤징하는 옵션이나 선물거래와 같은 파생상품의 활용과 투자보험의 개발 등이 그 예이다.

4) 가치창조경영에 활용된다

투자론에서는 다양한 가치평가모형이 다루어지고 있다. 이들 가치평가모형으로부터 기업가치 창출요인이 무엇인지 확인할 수 있어서 투자론의 주요 내용들로부터 경영관리자의 입장에서 기업가치를 제고시킬 수 있는 방안을 강구할 수 있다.

성공적인 투자관리는 다른 사람보다도 탁월한 분석능력을 지녔거나 정보를 지니고 있을 때 가능한 것이므로, 상술한 바와 같은 투자론에서 제시되는 여러 가지 이론체계에 대한 폭넓고도 깊은 이해가 필요한 것이다. 특히 근래에 들어서는 IT기술의 빠른 발전으로 인하여 정보처리능력이 급격히 증대되고 있어 사건(정보)발생과 증권가격에의 반영 사이의 갭이 갈수록 줄고 있을 뿐 아니라, 다양한 소프트웨어의 개발로 매우 정교한 증권분석모형도 쉽게 사용할 수 있게 되어 가고 있으므로 투자론에 대한 체계적인 이해의 중요성이 더욱 높아지고 있다.

주요용어

실물자산
금융자산
투자의 기본속성
시차선호
위험선호
기대수익률
투자위험의 측정
기대수익과 위험의 상반관계
투자관리의 과제
투자관리과정
상향식 투자관리
하향식 투자관리
투자목표
위험수용도
투자기간
투자계획서
자산배분
종목선정
적극적 투자관리
소극적 투자관리
개별자산접근법
포트폴리오접근법
기본적 분석
기술적 분석
포트폴리오 분석
현대투자론의 내용

연습문제

1. **[투자의 기본속성과 요구수익률]** 넓은 의미에서 투자의 기본속성을 서술하고, 두 가지 선택문제의 관점에서 '투자'를 정의하라.

2. **[실물자산과 금융자산]** 다음 중에서 실물자산에 속하는 것은 어떤 것인가?

   특허권, 영업권, 1만원권 지폐, 대학교육, 리스임차계약

3. **[투자수익과 위험의 관계]** 투자수익과 위험 사이의 상반관계에 대하여 설명하고, 우리나라 증권시장에서 각종 통계자료를 수집하여 국공채, 회사채, 보통주 등 주요 증권 사이에 상반관계가 성립하는지를 확인하라.

4. **[투자관리과정과 과제]** 투자관리의 과정에 대하여 개술하고, 투자결정의 네 가지 과제에 대하여 설명하라.

5. **[투자계획서]** 투자계획서(policy statement)의 유용성과 작성시 고려해야 할 요소들을 설명하라. 특히 투자목표 설정시에 고려되어야 할 주요 요소들을 설명하라.

6. **[투자분석방법]** 투자관리방법에는 어떤 것이 있는지를 설명하고, 투자분석방법으로서 기본적 분석, 기술적 분석, 포트폴리오 분석의 특징과 그 장·단점을 비교하라.

7. **[투자론의 역사적 발전]** 현대 투자론의 내용이 역사적으로 어떻게 발전해 왔는지를 논하고, 그 특징적인 내용에 대하여 약술하라.

제 2 장

금융시장과 투자자산

금융시장에서는 투자수익과 위험 면에서 고유한 특성을 지닌 다양한 금융상품이 거래되고 있다. 금융시장에서 발행·유통(거래)되는 여러 가지 금융상품은 자금부족주체의 입장에서 보면 자금조달수단이 되지만, 자금제공자인 투자자 입장에서 보면 富의 증식수단이 된다. 투자자의 다양한 금융수요를 충족시키기 위해서 다양한 금융상품이 공급되면서, 각 금융시장과 금융기관은 다양한 자금매개기능을 수행한다. 이 가운데 증권시장은 직접금융의 저렴한 자본조달창구의 기능을 수행하고 있으며, 투자대상으로서 다양한 증권이 거래되고 있다. 본장에서는 투자가 이루어지고 있는 대표적인 場(marketplace)으로서 금융시장과 여러 증권 등 주요 투자자산의 주된 성격을 살펴본다. 다음은 본장의 학습목표로서 이해해야 할 주요 사항들이다.

- 금융시장의 기능
- 금융시장의 종류와 주요 금융상품
- 증권제도의 특징과 증권시장 고유의 자금매개기능
- 보통주, 우선주, 회사채, 국공채, 수익증권, 파생상품의 투자대상으로서의 특성
- 뮤추얼펀드 등 간접투자상품의 투자대상으로서의 특성

제 1 절 금융시장의 기능과 종류

금융시장에서는 투자자의 금융욕구를 충족시키는 다양한 금융상품이 여러 금융기관을 통해 발행되고 거래된다. 자본시장(주식시장, 채권시장), 단기자금시장(화폐시장), 간접금융상품시장으로 나누어, 금융시장별로 그 기능과 특성에 대하여 설명한다.

1. 금융시장의 기능

금융시장(financial market)이란 자금거래가 이루어지는 조직화된 장소를 의미한다. 금융시장의 주요 기능은 [그림 2-1]의 국민경제의 순환모형에서 알 수 있듯이 자금의 공급자와 수요자 사이의 자금매개기능이다.

국민경제 내의 경제주체는 가계, 기업, 정부 부문으로 나눌 수 있다. 가계부문은 대표적인 소비주체이고, 기업부문은 대표적인 생산주체이다. 가계부문은 노동, 토지, 자본 등의 생산요소를 제공하는 대신 기업부문으로부터 그 대가로 임금, 지대, 이자 등의 요소소득을 얻는다. 이 소득의 일정부분을 기업이 생산한 재화나 서비스

[그림 2-1] 국민경제의 자금순환

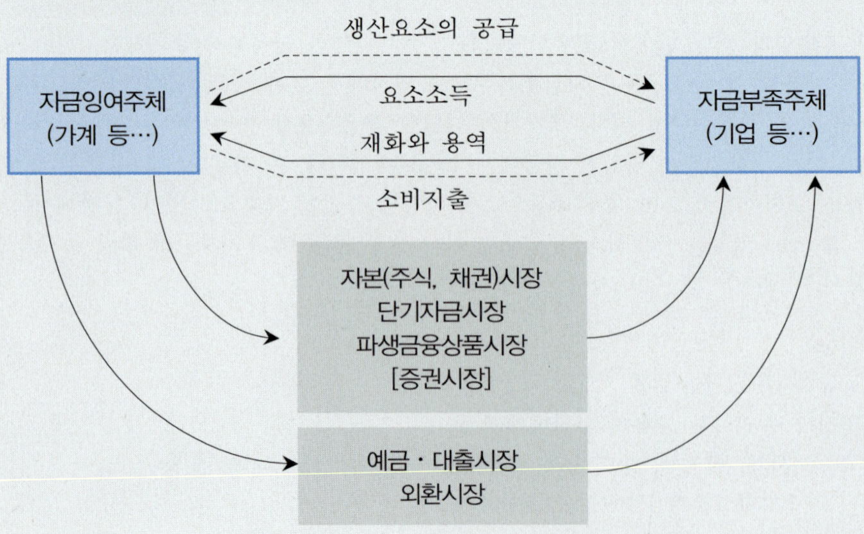

를 구매하는 소비지출로 사용한다. 기업은 이를 다시 재화나 서비스 생산에 사용한다.

이 순환과정을 자금흐름 면에서 보면, 자금잉여주체와 자금부족주체로 나누어 볼 수 있다. 자금잉여주체(surplus unit)는 가계부문처럼 소득 가운데 일부는 소비하지 않고 미래에 보다 많은 소득을 얻고자 저축하는 경제주체를 말한다. 반대로 자금부족주체(deficit unit)는 기업부문이나 정부부문처럼 소득보다 소비나 투자지출이 많기 때문에 부족자금을 외부로부터 조달해야 하는 경제주체이다. 특히 기업부문은 일정기간 동안의 영업활동의 결과 발생하는 이익 중에서 배당지급한 나머지를 기업내부에 유보하여 자체 자금수요에 충당하지만, 이와 같은 내부금융만으로는 부족하므로 외부로부터 부족자금을 조달해야 하는 대표적 자금부족주체가 된다.

국민경제의 발전을 위해서는 양질의 재화나 용역을 저렴하게 생산하고, 생산활동에 참여한 이해집단들 사이에 소득이 적절히 배분되는 실물경제의 발전이 중요하다. 그러나 실물경제의 발전은 원활한 자금흐름을 가능하게 하는 금융시장의 발전 없이는 기대할 수 없다. 자금잉여주체(가계 등의 자금공급자)의 여유자금이 자금부족주체(기업 등의 자금수요자)로 원활히 그리고 효율적으로 이전·배분되는 기능이 필요한 것이다. 금융시장은 바로 자금의 공급자와 수요자 사이에서 자금매개기능을 수행한다.

자금매개기능을 수행하는 금융시장에는 여러 형태가 존재하게 된다. 자금공급자와 자금수요자의 서로 다른 다양한 금융욕구(needs)가 다양한 금융상품을 통하여 연계되기 때문이다. 자금잉여주체의 투자자들은 투자자마다 재산증식을 위하여 투자대상을 선정할 때 원하는 투자기간, 투자규모, 기대수익, 투자위험, 세금, 유동성 요구 등이 제각기 다르다. 한편 자본조달이 필요한 경제주체(기업 등)를 보면, 이들도 사용기간, 조달규모 등의 면에서 다른 여러 가지 조달수단을 검토하게 된다. 금융시장을 통한 자금매개기능은 현실경제에서는 양자의 서로 다른 금융욕구가 충족될 수 있는 각종 금융상품을 취급하는 금융기관(financial institutions)을 통하여 수행된다.

은행, 보험회사, 증권회사, 투자금융회사 등의 금융기관들은 다양한 금융상품을 취급하면서 여러 종류의 금융시장을 통하여 자금부족주체와 자금공급주체의 금융욕구를 충족시키는 자금매개기능을 수행한다. 이 과정을 통해서 각종 금융자산의 유동성이 증가되고 거래비용이 낮아질 뿐 아니라 국민경제의 자본형성과 경제성장률 제고에도 기여하게 된다. 이 과정에서 금융상품은 자금제공자 입장에서는 금융자산(financial asset), 자금차입자 입장에서는 금융부채(financial liabilities)가 된다.

2. 금융시장의 분류

금융시장은 여러 가지 방법으로 분류된다. 금융시장을 금융상품의 기간의 장단에 따라 분류하면 단기금융시장과 장기금융시장으로 나눌 수 있다. 또 금융중개기관 경유 여부에 따라 직접금융시장과 간접금융시장으로 구분하기도 한다. 직접금융시장은 자금의 최종수요자와 최종공급자가 직접 금융자산을 발행・인도함으로써 이루어지는 자금거래시장으로서, 주식, 회사채 등 직접증권이 발행・거래되는 시장을 말한다. 간접금융시장은 은행과 같은 금융중개기관이 중간에 개입하여 예금증서와 같은 간접증권을 발행하여 수요자에게는 공급자의 기능을, 공급자에게는 수요자의 기능을 함으로써 자금매개기능을 수행하는 시장이다.

금융시장을 거래되는 상품의 성격에 따라 분류하면 [그림 2-1]의 하단에서 보는 것과 같이 자본시장을 구성하는 주식시장과 채권시장, 단기자금시장(화폐시장), 파생금융상품시장과 예금・대출시장, 외환시장 등으로 분류할 수 있다. 이들 금융시장의 주요 특징과 기능을 개관하면 다음과 같다.

1) 자본시장

주식 및 채권이 발행・거래되는 **증권시장**을 말한다.[1] 자본시장은 장기 직접금융시장으로서, 자금수요자 입장에서는 장기자금을 조달하는 창구가 되고, 투자자에게는 상대적으로 고수익・고위험 상품이 매매되는 시장이 된다. 증권회사, 금융투자회사 등이 취급하는 자본시장 관련 금융상품은 투자자산의 운용에 따르는 위험을 투자자가 부담하는 상품이다. 자산배분의 비중 면에서 보면, 주식과 채권은 특히 주요 연기금의 경우 80%를 상회하고 있다. 주식과 채권의 특성과 종류에 대해서는 다음 제2절과 제3절에서 상세히 살펴본다.

2) 단기자금시장(화폐시장)

1년 내외의 단기자금이 직접금융의 방법으로 거래되는 시장을 말한다. 금융기관, 기업, 정부 등은 일시적인 부족자금을 부채증권을 발행하여 조달하고, 투자자는 여유자금을 단기적으로 운용할 수 있는 시장이다. 관련 금융상품으로는 기업어음(CP), 환매조건부채권(RP), 양도성예금증서(CD), 정부의 통화안정증권 등이 있다.

---

1) 자본시장통합법 제9조에서는 '증권시장'을 증권의 매매를 위해 거래소가 개설하는 '유가증권시장', '코스닥시장', '파생상품시장'으로 지칭하고 있다. 금융상품은 일차적으로 원본손실 가능성이 있는 '금융투자상품'과 그 가능성이 없는 '비금융투자상품'으로 분류하고, 금융투자상품은 다시 원본초과손실가능성 여하에 따라 증권과 파생상품으로 구분하고 있다.

이들 화폐시장상품은 높은 투자수익은 기대하기 어렵지만, 쉽게 자금회수를 할 수 있어 소위 유동성위험이 적고, 원금손실의 위험이 상대적으로 적은 상품이다. 금융기관으로는 증권회사, 일반상업은행, 비은행금융기관, 정부 등이 참여한다. 유동성이 높은 **준현금성자산**(cash equivalent asset)이라는 특징 때문에 자산배분 면에서 보면 본격적인 주식이나 채권 투자를 위한 예비자금 운용의 성격으로 활용된다. 단기자금시장의 주요 금융자산에 대해서는 다음 제4절에서 설명한다.

3) 파생금융상품시장

선물 · 옵션 등의 파생상품이 거래되는 시장을 말한다. **선물계약**(futures contract)은 미래 특정시점에서 약정된 자산을 정해진 가격으로 사거나 팔기로 약속하는 의무화된 계약이고, **옵션**(option)은 약정된 자산을 약정된 가격으로 만기 또는 만기 이전에 사거나 팔 수 있는 권리의 상품이다. 선물이나 옵션에서 사거나 팔기로 약정하는 자산(기초자산)에는 금리, 통화, 주식, 상품(금, 돈육 등)이 있다. 거래가 활발한 파생상품으로는 지수옵션, 지수선물, 금리선물, 통화선물과 옵션 등이 있다.

파생금융상품은 기초자산의 가격변동에 의하여 야기되는 금리 · 주가 · 환율변동위험을 회피하거나 줄일 수 있는 **위험헤징**(risk hedging) 수단으로 이용된다. 때로는 최저한도의 손실 혹은 이윤을 보장하는 포트폴리오 보험(portfolio insurance)을 구성하거나 적은 금액으로 높은 투자수익을 올릴 수 있는 레버리지 효과를 얻기도 하고, 또 낮은 거래비용으로 포트폴리오를 효율적으로 관리할 수 있는 수단으로 활용되기도 한다. 파생상품에 대한 상세한 내용은 제18장~제20장에서 다룬다.

4) 예금 · 대출시장

은행이나 보험회사 등의 금융중개기관을 통해 예금상품 및 대출상품이 거래되는 간접금융시장을 말한다. 예금 · 대출시장은 다양한 지급결제수단을 제공하여 금융기관과 고객 간, 금융기관간, 고객과 고객 간 대차관계를 금융거래에 의해 종결시킴으로써 경제활동을 촉진시키는 기능을 수행하기도 한다. 예금 · 대출시장의 간접금융상품은 예금자산 운용에 따른 위험을 은행 등의 금융중개기관이 지는 상품이다. 정기예금상품에서 보듯이 일정한도까지는 원금보장이 되는 안정성 높은 상품이 많지만, 수익성은 낮은 상품이 주를 이룬다.

5) 외환시장

외국과의 무역 및 자본거래에 따른 국제간 자금결제를 위해 서로 다른 국가의 통화를 교환하는 시장을 말한다. 자산배분에 해외투자자산을 포함할 때에는 환위험

〈표 2-1〉 우리나라 금융시장의 규모 비교(기말잔액 기준)

(단위 : 조원, 배)

	1990년	2000년	2010년	2016년 6월
자금시장[1)]	44.3	138.8	267.5	395.9
자본시장	114.0	638.8	2,352.8	2,997.3
주식[2)]	35.0	423.6	1,112.9	1,458.3
채권[3)]	79.0	215.2	1,239.9	1,539.0
전체(C)	158.3	777.6	2,620.3	3,393.2
C/금융기관유동성 Lf(%)[4)]	79.9	82.4	122.6	104.9
C/대출금(%)[5)]	86.9	110.9	143.4	129.0
C/명목GDP(%)	82.7	124.5	223.3	211.3

주 : 1) 콜, RP, CP, CD, 표지어음, 1년 미만 통화안정증권, 재정증권 합계
2) 한국거래소의 유가증권시장과 코스닥시장의 상장주식 시가총액
3) 채권은 상장채권 기준
4) 금융기관유동성 Lf(=M2+예금취급기관의 만기 2년 이상의 유동성상품 등)
5) 자금순환표상의 대출금

자료 : 한국은행, 한국의 금융시장, 2016.12, p.7.

을 관리할 수 있는 시장이 된다.

이상에서 주요 금융시장의 특성을 개관했는데, 〈표 2-1〉은 우리나라에서 이들 금융시장의 규모가 얼마나 큰지를 비교하고 있다. 2016년 6월말 기준으로 자본시장과 단기자금시장을 합한 총규모는 3,393조원을 상회하고 있는데, 자본시장의 규모가 자금시장의 규모보다 최근 연도에는 8~9배가량 크고 그 증가율도 높다. 또한 자본시장의 규모는 금융기관유동성(Lf)과 금융기관 대출금 규모를 상회하고 있다. 이하에서는 자본시장의 고유한 기능에 대해서 살펴보고, 채권 및 주식의 특성에 대하여 살펴본다.

3. 증권제도와 증권시장의 기능

금융시장의 기능은 어떤 금융시장이냐에 따라 상이한 면도 있지만 기본적으로 관련 금융기관을 통해 다음과 같은 기능을 수행한다.

① 다양한 만기와 금액의 자금을 모아 자금수요자에게 필요한 자금을 일정기간 공급해 주는 자금매개기능을 수행한다.

② 투자자의 소비시점을 조정할 수 있게 해준다. 소득보다 더 많은 소비를 원하는 투자자는 차입을 통하여 소비시점을 앞당길 수 있고, 반대로 소득 내에서 소비가 가능하여 여유자금을 저축 또는 투자할 여력이 있는 투자자는 소비시점을 연기할 수 있도록 해준다.

③ 위험도가 상이한 다양한 금융상품이 거래됨으로써 투자자의 위험선호도에 맞추어 금융자산을 선택할 수 있는 위험배분이 가능하게 해준다. 또 차입·대출과 관련한 정보의 생산이나 파생상품을 통하여 채무불이행에 따른 위험, 투자자산의 가격변동에 따른 위험을 감소시켜 준다.

④ 유가증권은 발행기업의 미래 사업전망에 따라 증권가격이 형성된다. 전망이 좋은 회사의 가격은 올라 유리한 조건으로 자본조달을 할 수 있는 반면에, 전망이 어두운 회사의 가격은 내림으로써 불리한 조건으로 자본조달을 하게 되어, 결과적으로 자원의 효율적 배분을 높인다.

여러 금융시장 가운데 증권시장은 독특한 제도적 특징 때문에 다른 어느 금융시장보다도 위험배분과 자원의 효율적 배분 기능을 효과적으로 수행한다. 다음과 같은 증권제도의 특징 때문이다.

자금순환 면에서 볼 때 대표적인 자금수요자인 기업은 기업운용에 필요한 자금을 자기자본이나 타인자본에 의존하여 조달하게 되는데, 어느 방법이든 ① 자본비용을 최소화시키고자 하며, ② 설비증설 혹은 사업다각화 등에 필요한 대규모의 자금을, ③ 비교적 오랜 기간 동안 안정적으로 사용할 수 있는 장기성 자금으로 충당하기를 원한다.

반면에 자금공급자인 개별투자자 입장에서는 이와는 상반되는 목표를 지닌다. 개별투자자는 ① 투자대상으로부터의 투자수익이 극대화되기를 원하며, 또한 ② 소액자금으로도 투자가 가능하고 ③ 언제든지 원하는 때에 현금으로 쉽게 회수하기를 원한다. 이처럼 양자의 입장은 상충되게 마련인데, 상충되는 입장이 적절히 조정되지 않으면 민간부문의 유휴자금이 산업자금화되기 어렵다.

증권제도는 다음과 같은 세 가지 특징을 지니고 있기 때문에, 이처럼 상충되는 양자의 입장이 조화될 수 있는 제도이다.

첫째, 발행되는 유가증권에 재산권·미래이득청구권·잔여재산분배청구권·의결권의 행사에 관한 규정을 계약내용으로 명시하면, 기대수익이 극대화되기를 원하는 자금공급자와 자본비용이 최소화되기를 원하는 자금수요자의 상충되는 이해관계가 조정된다. 투자자에게는 고수익이 가능한 금융상품이, 자금수요자에게는 자본비용이 저렴한 금융수단이 될 수 있다.

둘째, 증권의 액면을 소단위 분할발행(주식의 경우 주당 500원, 5,000원 등)하면 소액투자자의 투자대상이 되며, 이것이 모아져 기업에 대규모 자금의 공급원 역할을 한다.

셋째, 언제든지 원하면 제3자에게 넘길 수 있는 자유양도성을 보장하면 투자자에게는 위험이 분산되고 환금성이 높은 투자대상이 되며, 기업에는 장기적이고 안정적으로 사용할 수 있는 금융수단이 된다.

이러한 특징 때문에 자금수급에 있어서 자금수요자와 자금공급자의 상충되는 이해관계가 적절히 조정된다. 증권시장이 한 나라 경제의 근간으로서 저렴하고 장기 안정적인 자본조달의 창구가 될 수 있는 것은 바로 이와 같은 증권제도가 갖는 장점 때문이다.

증권시장의 기능을 발행시장(primary market) 측면에서 보면, 일반투자자들의 유휴자금이 기업부문에 공급되어 장기적으로 안정성 있는 생산자금으로 전환될 때, 통화증발 없이 非인플레적 방법으로 생산자금화된다는 특징을 지닌다. 금융중개기관을 통한 간접금융의 방법과는 달리 증권시장을 통해 직접금융의 방법으로 소요자금만큼만 증권을 발행하여 직접 조달되기 때문이다.

증권시장은 기업의 자기자본조달의 유일한 창구가 됨으로써 재무구조를 개선시켜 기업의 체질과 대외경쟁력을 강화시킬 수 있는 시장이 된다. 부채차입에 따른 이자부담을 줄여 경기침체기에 야기되는 재무위험을 줄일 수 있다.[2)]

증권의 유통시장(secondary market)은 다른 어느 금융시장보다도 발행된 증권의 매매·거래가 활발하여 환금성이 가장 높다. 대규모의 자금이 필요한 기업에 장기 안정적인 자금이 저렴하게 조달될 수 있는 발행시장의 기능도 만약 투자자가 원하는 시기에 증권을 얼마든지 매도할 수 있는 발달된 유통시장이 존재하지 않는다면 기대할 수 없다. 예를 들어 어느 회사가 유상증자를 실시하고자 하더라도 적정가격으로 쉽게 현금화시킬 수 있는 시장이 존재하지 않으면 유상증자에 참여하는 투자자는 매우 적을 것이다.

유통시장에서 매매·거래가 활발하여 가격형성기능이 잘 발휘되면, 증권의 공정한 가격발견기능(price discovery)을 통하여 증권발행주체의 경영효율성을 제고시키는 역할을 기대할 수 있다. 발행된 기존 증권이 유통시장에서 계속 경쟁적으로 매매되는 과정에서 증권가격은 각 증권이 지니는 장래의 수익과 위험에 대한 적정한 평

---

2) 이 밖에도 증권시장은 많은 기업의 주식들이 공개되어 거래됨으로써 투자자로서는 분산투자를 통해 투자위험을 크게 줄일 수 있어서 결과적으로 위험보상률이 낮아지고, 기업의 자기자본비용이 절감된다. 또 공개기업이 많아지고 대주주의 소유지분이 낮아지면 주식회사제도에 있어서 소유와 경영이 분리되어 경영전문화를 통한 경영효율성의 제고를 기대할 수 있다.

가에 근거하여 결정되는데, 효율적 경영을 하는 발행주체의 증권가격은 높게 형성될 것이고, 그렇지 못한 발행주체의 증권가격은 낮게 형성될 것이다.

더욱이 유통시장에서 형성된 가격으로 새로운 증권을 발행하는 시가발행제도하에서는 효율적인 경영활동을 해온 기업들이 그렇지 못한 기업보다 유리한 조건으로 자본을 조달할 수 있기 때문에 자원의 효율적 배분과 경영의 효율성이 제고된다. 또한 투자자들은 유통시장에서 형성된 가격수준에 근거하여 미래 전망을 하게 되는데, 산업의 미래 전망에 따라 수익성과 생산성이 높고 경쟁력이 있는 부문으로 자금이 이동되므로 장기적으로 산업구조의 개선을 기대할 수도 있다.

채권시장도 마찬가지로 발행기업의 신용위험에 따라 채권수익률이 다르게 형성되면, 신용도가 좋은 기업일수록 보다 낮은 이자율로 유리하게 타인자본을 사용하게 된다. 결과적으로 채권의 유통시장에서도 공정한 가격형성기능을 통하여 자원의 효율적 배분을 기대할 수 있다.

이처럼 투자자산의 적정가격의 문제를 다루는 것은 경제의 가장 중요한 과제인 '자원의 효율적 배분문제'를 다룬다는 점에서 매우 중요하다. **투자론**의 핵심은 투자자산에 대한 가치평가를 통해 적정가격(제값)의 문제를 다루는 것이어서, 투자론을 연구하는 것은 거시경제적 관점에서도 매우 의의가 큰 것이다.

유통시장이 제 기능을 발휘하면 투자자는 보다 다양한 포트폴리오 구성이 가능해져 **위험분산투자효과**가 커진다. 파생상품(옵션, 선물 등)시장을 활용하면 투자위험을 회피하거나 가격변동위험을 유리하게 활용할 수 있고, 투자수익과 투자위험이 상이한 수많은 종목이 거래되므로 투자자의 위험선호도에 맞추어 금융자산을 관리할 수 있는 **위험배분**이 효과적으로 이루어진다.

증권의 유통시장의 발달은 투자자산에 대해 가치평가할 수 있는 정보들이 신속하게 집적·분석·분배되므로 객관적인 가치평가가 이루어지도록 하는 데 기여한다. 채권시장에서도 객관적 신용평가의 기초자료를 제공해 준다. 결과적으로 **정보시장의 발전**을 도모하게 해준다.

이하에서는 주요 투자자산(asset class)으로서 자산배분시에 높은 비중을 차지하는 주식, 채권, 단기자금(화폐시장)상품, 간접투자상품의 특징에 대하여 설명한다.

제 2 절 주식시장

자산배분과 종목선정에서 가장 많이 고려되어 왔던 투자자산은 전통적인 유가증권(securities)인 주식과 채권이다. 우리나라 금융시장에서 주식투자액은 상장잔액 기준으로는 1,458조원(2016년 6월말 기준)으로, 전체 중 43.0%의 비중을 차지한다(〈표 2-1〉 참조).

주식(stock)은 주식회사가 발행하는 소유지분증권으로서 그 투자수익은 배당과 시세차익 형태로 얻어지게 되는데, 투자성과의 변동성이 커서 고수익 · 고위험의 투자자산이라는 특성을 지닌다. 고수익을 달성하고자 하는 투자자의 자산배분 구성에서 큰 비중을 차지하게 되는 투자자산이 주식이다. 주식을 보통주와 우선주로 나누어 투자대상으로서 특성을 살펴보자.

1. 보통주

보통주(common stock)는 발행기업의 입장에서는 안정적인 자기자본조달의 수단이 되지만, 투자자 입장에서는 일정지분의 소유권을 나타내는 지분증권으로서 회사 경영에 참여할 수 있는 권리와 경제적 이익을 얻을 수 있는 권리를 갖게 된다.

보통주 투자가 높은 기대수익과 투자위험의 특성을 지니는 것은 본질적으로 보통주의 기본적 특징, 즉 잔여지분에 대해서 청구권을 행사(residual claim)한다는 점과 인수가액을 한도로 유한책임(limited liability)을 진다는 점 때문이다. 배당은 경영성과에 따라 달라지고, 재산권은 마지막으로 행사되기 때문에 위험부담이 크다. 반면에 미래이익에 대한 무제한적 참여가 가능하기 때문에 상당한 자본이득을 기대할 수 있다. 그러나 이 같은 특성도 보통주의 종류별 · 발행조건별로 조금씩 다를 수 있다.

보통주는 주권에 액면가액이 표시되어 있는지 여부에 따라 액면주식과 무액면주식으로 구분된다. 액면주식은 주권에 액면가액이 표시되어 있는 주식이며, 무액면주식은 액면가액이 표시되어 있지 않고, 주식수만 표시되어 있는 주식이다. 미국 등에서는 무액면주식의 발행이 주를 이루지만, 우리나라에서는 보편화되어 있지 않다. 액면가는 5,000원인 주식이 주를 이루다가, 최근에는 액면가 100원, 500원의 주권발행이 증가하고 있다.

주권과 주주명부에 주주의 이름 표시 여부에 따라 기명주와 무기명주로 구분된다. 기명주는 주권과 주주명부에 주주의 이름이 기재된 주식이고, 무기명주는 주주의 이름이 표시되지 않은 주식이다. 기명주는 회사가 현주주의 현황을 명확하게 파악할 수 있기 때문에 편리하나 거래될 때마다 명의를 변경해야 하는 불편함이 있다. 우리나라 상법에서는 양도인의 기명날인 없이 주식양도를 가능하게 함으로써 무기명주의 발행을 인정하고 있으며, 다만 배당이나 주주총회 및 유·무상증자 등 주주권의 권리행사자를 확정할 필요가 있을 때 회사가 「주주명부 폐쇄 및 명의개서 정지일」을 공고하고 이날 기준으로 주권을 소지한 사람의 이름으로 명의개서를 하여 주주의 권리를 행사하도록 규정하고 있다.

의결권 부여 여부에 따라 주식은 의결권주식과 무의결권주식으로 나눌 수 있다. 의결권주식은 의결권이 부여된 전형적 형태의 보통주이다. 반면에 우리나라 상법에서는 의결권이 없는 무의결권주식의 발행은 배당우선주에 대하여, 소정의 우선적 배당이 이루어지고 있는 기간에 한하여 의결권이 정지되는 것을 인정하고 있다.

2. 우선주

우선주(preferred stock)는 이익의 배당 또는 잔여재산의 분배와 같은 재산적 이익을 받는 데 있어서 사채 소유자보다는 우선순위가 낮으나 보통주 주주보다는 우선하는 주식이다. 우선주는 일반적으로 고정적 배당률을 확정해 놓지만 무배당도 가능하며, 의결권이 제한되어 있다. 따라서 우선주는 사채의 성격과 보통주의 성격이 복합된 증권이라고 할 수 있다.

우선주는 일반적으로 의결권과 추가적인 이익참여가 제한되어 있다는 점에서 사채의 단점을 지니고 있으며, 무배당의 가능성이라는 측면에서는 보통주의 단점을 지니고 있는 것으로 평가되는 경향이 있다. 이러한 측면에서 투자대상으로서 우선주는 장점보다 단점이 많다고 혹평하기도 한다. 그러나 우선주는 이 같은 투자대상으로서 단점을 보완하기 위해서 다양한 발행조건이 제시되고 있으므로 발행조건별로 투자가치를 평가해야 할 것이다.

우선주는 지급하지 못한 배당을 차기에 누적하여 지급하도록 되어 있는지의 여부에 따라 누적적 우선주와 비누적적 우선주로 구분된다. 기업의 영업실적이 좋지 못한 이유 등으로 배당을 받지 못하는 경우, 당기에 지급하지 못한 배당을 차기에 누적하여 지급하도록 되어 있는 우선주를 누적적 우선주라 하고, 다음 기로 누적되지 않는 우선주를 비누적적 우선주라 한다. 누적적 우선주의 경우 투자위험이 상대적으로 낮으므로 수익률도 낮게 된다.

우선주는 예정배당액 이외에 초과배당에 참가할 수 있는지의 여부에 따라 참가적 우선주와 비참가적 우선주로 구분된다. 비참가적 우선주는 일정한 예정배당액만을 지급받고, 예정배당액 이외에 초과배당에 참가하지 못하는 일반적 우선주이다. 반면 참가적 우선주는 경영실적이 양호하여 보통주 주주에 대한 배당액 이상의 배당을 지급할 경우 그 초과배당에 같이 참여할 수 있는 우선주이다.

이 밖에도 우선주는 의결권 부여 여부에 따라서 의결권부 우선주와 무의결권 우선주로 구분된다. 또 일정시기에 일정한 가격으로 보통주로 전환할 수 있는 권리가 부여된 옵션(option)부의 우선주인 전환우선주, 미리 정해진 상환일에 일시상환이 이루어지도록 규정된 상환우선주와 기업의 자금사정에 따라 수시로 상환할 수 있는 수의상환우선주가 있다.

우리나라에서는 그간 우선주의 대부분이 참가적·누적적이며 의결권이 있는 우선주로 발행되어 왔으나, 외환위기 이후 금융권의 자본조달수단으로 무의결권 우선주 발행 사례도 늘어나고 있다.

제3절 채권시장

채권은 우리나라 금융시장에서 주식과 비슷한 규모의 투자(2016년 6월말 잔액기준 1,539조원)가 이루어질 정도로 높은 비중을 차지하고 있다(〈표 2-1〉 참조).

채권(bond)은 채권의 발행자가 자금을 차입하고 일정기간 후에 일정조건으로 이자와 원금을 지급 상환하겠다고 약속하는 채무증서이다. 투자자 입장에서 보면 채권은 정기적으로 이자를 지급받고 만기일에는 원금을 상환받는다는 점에서 확정소득의 성격을 지닌 증권(fixed-income securities)이다.

그러나 채권투자에는 발행주체가 원리금을 지급하지 못하는 지급불능위험이 있다. 또 이자율 변동에 따라 채권가격이 변동하는 가격위험이 있고, 만기 전에 매도할 경우 일정한 시세차익(차손)이 발생할 수 있다. 채권의 투자가치는 발행주체와 종류, 발행조건에 따라 달리 평가해야 한다.

(1) 발행주체에 의한 구분

채권은 발행주체를 기준으로 국가가 발행하는 국채, 지방자치단체가 발행하는 지방채, 특별법인이 발행하는 특수채, 금융기관이 발행하는 금융채 그리고 일반회사가 발행하는 회사채로 구분할 수 있다.

국채는 국가가 재정적자를 보전할 목적이나 특정사업의 재원조달을 목적으로 발행하는 증권이다. 국채는 국회의 동의를 얻어 발행되는데, 주요 국채로는 국고채권·재정증권·국민주택채권 1종 및 2종·양곡증권·외국환 평형기금채권 등이 있다.

투자대상으로서 국채는 정부가 발권력을 가지고 원리금 지급을 보증하기 때문에 채무불이행의 위험이 거의 없는 무위험자산(risk-free asset)이라는 특징을 지닌다. 이러한 이유 때문에 거래가 활발한 국공채의 수익률을 무위험자산수익률의 기준으로 사용하기도 한다.

지방채는 시, 도, 군 등 지방자치단체가 특정사업의 재원조달, 재원 부족을 메우기 위해 발행하는 채권이다. 주요 지방채로는 도시철도채권·도로공채·지역개발공채 등이 있다. 국채와 지방채의 많은 종류는 이자소득에 대하여 면세(tax-exempt)가 되거나 차등세율이 적용되는 특징이 있다. 그러나 수익률이 제일 낮고 시장성이 낮은 국공채가 많다는 등의 결점도 있다.

특수채는 특별법에 의해 설립된 법인이 발행하는 채권이다. 주요 특수채로는 한국전력채권·LH공사채권·예금보험기금채권·부실채권정리기금채권 등이 있다. 원리금 지급을 대부분 정부가 보증하므로 국채와 비슷한 투자성격을 지닌다.

금융채는 금융기관이 발행한 채권을 지칭한다. 주요 금융채로는 통화안정증권, 산업금융채권·기업은행채권 등이 있다.

우리나라에서 발행되는 국공채, 특수채 가운데서 재정증권, 국민관리기금채권, 국민주택채권, 양곡기금증권 등은 발행이 활발하지만, 나머지는 미미한 수준에 머물고 있다. 국공채, 특수채는 방어적 투자관리에 역점을 두는 기관투자자의 주된 자산운용 대상이 되고 있다.

회사채(corporate bond)는 법률적으로 보면 회사가 일반대중으로부터 비교적 장기의 자금을 집단적·대량적으로 조달하기 위해서 채권이라는 유가증권 형태로 발행한 채무·차입증서라고 할 수 있다. 담보물이나 보증기관의 보증이 없는 회사채는 채무불이행위험이 커지므로 발행회사의 현금창출능력, 신용도에 따라서 발행금리와 유통시장에서의 수익률에 차이가 발생한다.

(2) 이표채, 할인채, 복리채

채권은 이자지급방법과 주기적 현금흐름 유무에 따라 이표채, 할인채, 복리채로 구분된다.

이표채(coupon bond)는 정기적으로 이자를 지급받고 만기에 원금을 상환받는 채권으로서 일반적으로 액면가로 발행된다. 순수할인채(pure discount bond)는 중도이자지급을 생략하는 대신 만기까지의 이자의 현재가치만큼 할인되어 액면가 이하의 가격으로 발행되는 채권이다. 복리채는 액면가로 발행되지만 중도이자지급이 생략된 이자분은 복리로 재투자되는 것을 가정하여 만기시에 원금과 함께 상환받는 채권이다. 대부분의 회사채는 이표채이지만, 국공채와 특수채 중에는 할인채와 복리채가 많다.[3)]

(3) 고정이자부사채, 금리연동부사채, 이익사채, 이익참가사채

채권은 지급이자의 변동 여부에 따라 고정이자부사채, 금리연동부사채, 수익사채, 이익참가사채로 구분된다.

고정이자부사채(fixed charge bond)는 시중이자율이 어떻게 변하더라도 약속기일에 확정된 이자를 지급하는 가장 전형적인 형태의 채권이다. 우리나라에서 발행되는 이표채의 대부분은 고정이자부사채이다. 반면에 금리연동부사채(FRN : floating rate note)는 이자율의 변동에 따라 당해사채의 이자율을 연동시켜 이자를 지급하는 사채이다.

이 밖에도 자주 발행되고 있지 않지만 일정한 확정이자를 지급하지 않고 기업의 이익수준에 따라 이자를 지급하는 이익사채(income bond)와 추가이자를 지급할 수 있는 이익참가사채(participating bond)가 있다.

(4) 무담보부사채, 담보부사채, 보증사채, 무보증사채

채권은 담보와 보증조건에 따라 여러 가지 형태로 발행된다.

무담보부사채(debenture or unsecured bond)는 담보가 설정되지 않고, 회사의 현금

---

3) 채권은 채권수익률과 액면이자율 중 어느 쪽이 큰가에 따라 채권가격이 액면가보다 높기도 하고, 낮기도 하다. 채권수익률이 액면이자율보다 작으면 액면가보다 높게 채권가격이 형성되는데, 이를 할증부채권(at premium)이라고 부르고, 반대로 채권수익률이 액면이자율보다 높으면 액면가보다 낮게 채권가격이 형성되는데, 이를 할인부채권(at discount)이라고 부른다.

창출능력, 신용도만을 기초로 하여 발행되는 사채를 말한다. 따라서 발행기업의 신용도에 따라서 수익률의 차이가 발생한다. 반대로 기업의 사채발행에 담보를 제공하는 경우 이를 담보부사채(secured bond)라고 한다. 담보부사채는 담보물의 내용에 따라 부동산담보부사채(mortgage bond), 유가증권담보부사채(collateral bond)로 구분된다.

보증사채(guaranteed bond)는 사채의 상환을 확실하게 하도록 제3자가 사채의 원리금 지급에 대하여 보증을 하는 사채를 말한다. 보증사채의 발행회사는 보증기관에 필요한 담보를 제공하고 원리금지급보증에 대한 보증료를 지급해야 한다. 반면에 무보증사채(일반사채)는 제3자의 보증 없이 발행기업의 신용으로 발행되는 사채이다. 일반적으로 무담보부사채나 무보증사채는 채권의 원리금 상환에 대한 위험부담이 있으므로 담보부사채나 보증사채보다 수익률이 높게 형성된다.

(5) 자산유동화증권

자산유동화증권(ABS : asset-backed securities)은 부동산, 매출채권, 유가증권, 주택저당채권, 신용카드매출채권 등과 같이 유동성이 낮은 자산을 신용보강 등의 과정을 통하여 유동성이 높은 구조로 바꾸어 발행된 증권이다. 자산유동화증권은 특수목적기구(SPV)를 설립한 다음, 부동산이나 매출채권과 같이 유동성이 낮거나 신용도가 낮은 자산을 기초자산으로 하여 채권을 발행하고, 신용보강 과정을 거쳐 이 기구에 기초자산의 법률적인 소유권을 양도하는 절차를 거쳐 발행된다. 이 증권의 원리금은 기초자산에서 발생하는 현금흐름으로 지급된다.

자산유동화증권은 기초자산이 주택저당채권일 경우 MBS(mortgage backed securities), 채권일 경우 CBO(collateralized bond obligation), 은행대출채권일 경우 CLO(collateralized loan obligation)로 불린다.

[그림 2-2]는 주택저당채권을 예로 하여 ABS의 기본구조를 나타낸 것이다. 20년 만기 주택저당대출을 받은 채무자는 대출약관에 따라 원리금을 지급해야 한다. 이를 대출해 준 K은행(자산보유자 originator, 자산관리자 servicer)은 만기가 길어 자금이 이에 오래 잠기고 신용위험을 안게 되므로 주택저당채권을 풀링(pooling)하여 ABS(이 경우는 MBS)를 발행함으로써 유동성을 높이고 신용위험을 줄이고자 한다. 자산보유자 K은행은 이 기초자산을 특수목적기구(SPV : special purpose vehicle) 또는 유동화전문회사(SPC)에 양도한다. SPC는 양도받은 기초자산(주택저당채권)을 담보로 발행한 ABS를 일반투자자에게 매각하고 매각대금을 자산보유자(K은행)에게 자산양도의 대가로 지급한다. SPC는 이 과정에서 기초자산을 안전하게 보관하고 투자자에게 원리금 상환 등의 세부적인 실무업무를 총괄하는 수탁기관(trustee)에 이 업무를

[그림 2-2] 자산유동화의 기본구조

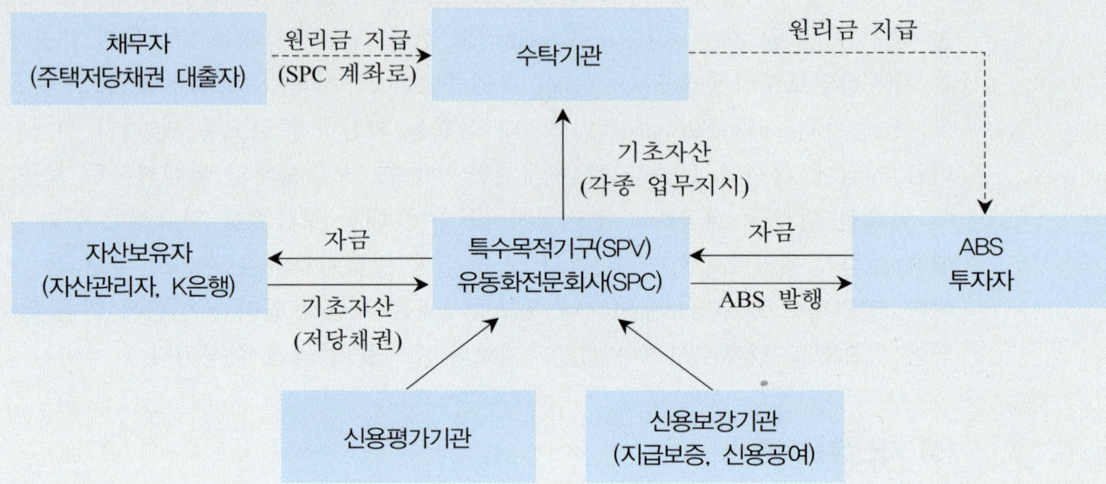

위탁할 수 있다. 본래의 주택저당채권은 신용위험이 있으므로 이를 줄여 ABS의 안전성을 높여야 투자자의 투자가 이루어질 것이다. 이를 위해 신용평가기관의 객관적인 신용평가와 신용보강기관(신용보증기금 등)에 의한 지급보증과 신용공급, 내부의 신용보강수단(선·후순위 구조화 등)으로 신용을 보강하여 투자자산으로서의 매력도를 높인다. 본 채무자로부터의 원리금 상환액과 부족할 경우의 신용보강액을 합하여 ABS투자자에게 원리금을 지급한다.

ABS는 이러한 기본구조를 지니므로 발행기관의 입장에서는 재무구조를 개선하고 조달비용을 경감시킬 수 있는 새로운 자본조달방법이 되고, 투자자 입장에서는 신용평가기관의 엄격한 평가와 신용보강을 거쳐 발행되기 때문에 투자위험이 낮아진 투자대상이 된다는 장점이 있다.

(6) 만기전액상환사채, 정기분할상환사채, 감채기금사채, 수의상환사채

채권은 원금상환방법에 따라 여러 가지 형태로 발행된다.

만기전액상환사채는 상환기간이 만료되면 사채의 총액이 일시에 상환되는 사채를 말한다. 우리나라에서 발행되는 회사채의 대부분은 이에 속한다. 정기분할상환사채는 일정한 거치기간이 지난 후부터 만기에 이르기까지 사채의 총액이 정기적으로 분할상환되는 사채를 말한다.

감채기금사채(sinking fund bond)는 사채권자의 보호를 위하여 원금상환에 필요한 기금(감채기금)을 적립해 나가는 사채를 말한다. 감채기금조항에 의해 회사는 발행된 사채의 일정부분을 매년 퇴각시키게 되므로 이 채권은 투자위험과 수익률이 낮은 경향이 있다.

수의상환사채(callable bond)는 발행회사가 이미 발행된 사채를 만기 이전에 임의적으로 상환할 수 있는 사채를 말한다. 이러한 사채는 앞으로 일반금리수준이 하락할 가능성이 있을 때 발행회사가 현재의 높은 이자를 지급함으로써 부담해야 할 손실을 줄이기 위해서, 차환하기 위한 목적으로 발행된다. 발행회사의 자금사정이 호전될 때 수시로 상환할 수 있다는 장점을 가지고 있다. 그러나 사채권자들 입장에서는 원하지 않는 시점에서 불리한 수익률로 상환당하기 때문에 발행기업은 기존사채를 액면가 이상으로 상환해 주는 것이 통례이다.

(7) 전환사채, 신주인수권부사채, 교환사채

옵션(option)권리가 부여된 사채에는 전환사채, 신주인수권부사채, 교환사채 등이 있다. 옵션부사채의 투자가치는 일반사채로서의 가치에 옵션성격의 가치가 더해지는데, 상세한 투자가치 평가방법은 제20장에서 상세히 다루어질 것이다. 이들 사채의 일반적인 특징은 다음과 같다.

전환사채(CB : convertible bond)는 사채발행시에 미리 정해진 조건에 따라서 발행회사의 보통주로 전환할 수 있는 사채를 말한다. 사채권자들은 일정한 전환비율에 따른 보통주의 주당 전환가격보다 보통주의 주가가 높을 경우에는 보통주로 전환함으로써 자본이득을 얻을 수 있다.

신주인수권부사채(BW : bond with warrants)는 회사가 신주를 발행할 때 이를 인수할 수 있는 권한이 부여된 사채를 말한다. 전환사채는 전환에 의하여 사채가 소멸되어 보통주로 전환되나, 신주인수권부사채는 사채의 형태가 그대로 존속되면서 별도의 신주를 유상으로 인수할 수 있다는 점에서 그 성격이 서로 다르다.

교환사채(exchangeable bond)는 채권발행 후 일정기간이 지나면 채권을 발행한 회사가 보유하고 있는 주식이나 다른 유가증권과 일정한 가격(교환가격)으로 교환을 청구할 수 있는 권리가 부여된 사채이다. 전환사채와 다른 점은 전환권이 행사될 때 발행회사 주식으로 전환해 주는 것이 아니라, 발행회사가 보유하고 있는 다른 상장법인의 주식이나 유가증권과 교환된다는 점이다.

제4절 단기자금(화폐)시장

단기자금시장(화폐시장)은 만기가 1년 내외의 단기성 부채증권이 거래되는 금융시장이다. 정부가 통화량 조절 목적으로 발행하는 통화안정증권, 금융기관이나 기업이 단기자금조달 목적으로 발행하는 기업어음(CP), 콜머니 · 콜론, 양도성예금증서(CD), 환매조건부채권(RP) 등이 거래되는 시장이다.

이들 금융상품은 위험은 낮고 유동성이 매우 높은 준현금성자산(cash equivalent asset)이라는 특징이 있어 자산운용의 유연성을 높여주는 역할을 한다. 따라서 일시적인 여유자금을 운용하고자 할 때 적합하다. 〈표 2-1〉에서 보듯이 우리나라 단기자금시장은 주식시장이나 채권시장의 25% 정도의 규모이다. 화폐시장 관련 상품의 주된 특징을 보면 다음과 같다.

① 통화안정증권 : 중앙은행인 한국은행이 통화량을 조절하기 위해 금융기관 또는 일반을 대상으로 발행하는 증권을 말한다. 만기는 할인채의 경우 14~546일, 이표채의 경우 2년이다. 미국의 경우는 정부 발행의 재정증권(TB : treasury bill)이 있다.

② 기업어음(CP : commercial paper) : 신용상태가 양호한 기업이 단기자금조달을 위해 발행한 융통어음을 말한다. 발행기업의 신용도에 따라 상이한 수익률로 발행된다. 만기는 최장 1년 이내이다.

③ 양도성예금증서(CD : negotiable certificates of deposit) : 정기예금에 양도성을 부여한 예금증서를 말한다. 은행의 단기자금조달 또는 은행간의 자금조절 목적으로 무기명으로 발행되는데, 확정금리로 이자를 선지급한다. 만기는 30일~1년이다.

④ 환매조건부채권(RP : repurchase agreements) : 금융기관이 단기자금조달의 목적으로 금융기관 보유의 채권을 일정기간 경과 후에 일정가격으로 다시 매수하거나 매도할 것을 조건으로 발행한 채권을 말한다. 중도환매가 가능하며 이자는 만기에 일시지급한다.

⑤ 은행인수어음(BA : bankers' acceptance) : 금융기관이 상거래에서 인수한 상업어음을 말한다. 일반적으로 수출업체가 수출상품을 선적한 후 수입업체의 대금결제 이전에 자금을 융통하기 위하여 발행하는 어음을 은행이 인수하면서 발행되는 환어음이 많다. 은행이 인수한 어음이므로 신용도가 높아 유동

성이 높다. 환어음 소지인은 만기 이전이라도 은행에 할인매각하여 대금을 조기에 회수할 수 있다. 이때 이자는 할인방식으로 선지급한다.

종합금융회사나 증권회사에서는 위의 단기금융상품을 결합하여 펀드방식으로 운용하는 MMF, CMA, MMDA를 취급한다. 은행의 수시입출금식 통장처럼 쉽게 현금화가 가능하고 은행권보다 수익률이 높은 상품이라는 특징이 있다.

① MMF(Money Market Fund) : 위에서 설명한 CD, CP, 통화안정채권 등에 투자하고 얻은 수익을 배당하는 단기금융상품이다. 정기예금상품보다 수익률이 높고, 수시입출금이 가능하지만, 실적배당 상품이기 때문에 원금의 손실가능성이 있다. 초단기 여유자금의 운용대상으로 많이 이용된다.

② CMA(Cash Management Account) : 우량어음 및 국공채 등 단기금융상품에 운용하여 얻은 수익을 돌려주는 '어음관리계좌'이다. 증권사가 취급하는 실적배당상품으로서 은행의 수시입출금통장과 같이 입출금, 급여이체 등의 기능을 갖는 것이 특징이다.

③ MMDA(Money Market Deposit Account) : CMA와 성격이 유사하지만, 은행에서 취급하는 '시장금리부 수시입출금식 예금'이고, 일정한도까지 원리금 보호가 된다는 점이 다르다.

제 5 절 간접투자상품

증권투자의 방법에는 각급 투자자산과 개별종목을 직접 선정하는 직접투자방법을 이용할 수 있지만, 특히 개인투자자는 소위 "펀드투자"라고 하는 간접투자방법을 활용할 수 있다. 이하에서는 간접투자방법으로서 수익증권펀드투자와 뮤추얼펀드투자에 대하여 설명한다.

1. 직접투자와 간접투자

증권시장에서 투자활동하는 투자주체, 즉 증권시장참가자(players)는 한국거래소의 분류에 의하면 개인투자자, 정부, 기관투자자,[4] 일반법인, 외국인의 범주로 나누고 있다. 이 분류와는 조금 다르게 자본시장통합법 제9조에서는 투자주체를 투자의 전문성 여하에 따라 일반투자자와 전문투자자로 구분하고 있다. 전문성이 없는 것으로 분류되는 일반투자자에게는 고객의 특성에 적합한 투자권유를 하도록 하고 있다.

증권투자의 방법은 중개기관이나 투자금융회사의 활용 여부에 따라 직접투자방법과 간접투자방법으로 구분된다. 직접투자방법은 투자자가 각급 투자자산과 개별종목을 직접 사거나 파는 방법인 반면에, 간접투자방법은 투자신탁회사와 같은 간접투자기구(투자금융회사)가 발행하는 수익증권펀드나 뮤추얼펀드와 같은 공모펀드에 간접적으로 투자하는 방법을 말한다.

개인(일반)투자자는 투자자금의 영세성으로 인하여 분산투자를 충분히 행할 수 없을 뿐 아니라 투자의 전문성 부족으로 체계적인 투자관리에 어려움을 겪는다. 수익증권펀드, 뮤추얼펀드를 통한 간접투자방법은 이러한 한계점을 극복하는 한 방법이 된다.

우리나라에서 공모펀드를 통한 간접투자방법으로는 신탁회사의 신탁계약에 의해 설정, 운영되는 계약형 펀드인 수익증권펀드를 매입하는 방법과 증권투자를 목적으로 하는 투자회사의 주식인 회사형 펀드, 뮤추얼펀드를 매입하는 방법이 있다.[5]

2. 수익증권펀드와 뮤추얼펀드

간접투자의 근간이 되고 있는 투자신탁제도는 각 나라마다 여러 가지 형태로 발전해 왔는데, 조직형태 면에서 보면 [그림 2-3]과 같이 크게 계약형과 회사형으로 분류할 수 있다.

먼저 계약형 투자신탁은 위탁자(투자신탁회사), 수탁자(신탁회사나 신탁은행), 수익자(일반투자자) 간에 이루어진 신탁계약에 의해서 조직되고 운영되는 형태인데,[6]

---

4) 기관투자자의 범주에는 증권회사, 보험회사, 자산운용사, 은행, 기금 및 공제회 등이 포함된다.

5) 불특정다수의 투자자에게 공개적으로 수요를 구하는 '공모펀드'(수익증권펀드와 뮤추얼펀드)와는 달리 소수의 고액투자자에게 비공개적으로 수요를 구하는 '사모펀드'에는 헤지펀드, PEF펀드 등의 대체자산이 있다. 이에 대해서는 제21장 제1절에서 설명한다.

6) 본래 계약형 투자신탁은 운영방식 면에서 단위형과 기금형으로 구분된다. 단위형(unit)은 신탁재산을 일정규모

[그림 2-3] 증권투자신탁회사의 형태

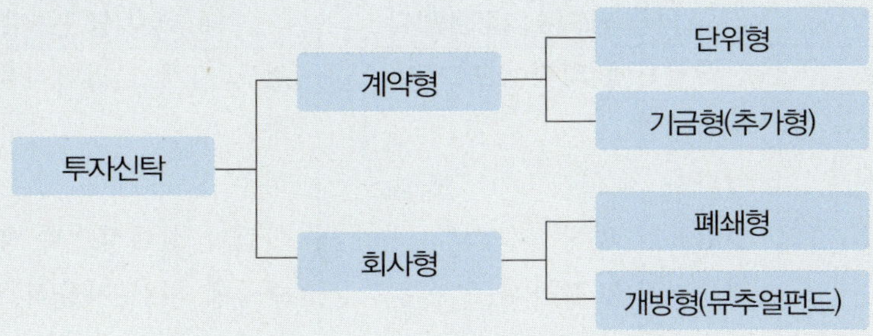

투자신탁회사가 투자자로부터 자금을 모은 다음, 그 재산을 위탁자의 지시에 따라 주식, 채권, 화폐시장펀드 등에 분산투자하면서 운용하게 하고, 그에 따른 투자수익을 투자자에게 돌려주는 간접투자기구를 말한다. 투자관리를 위탁했던 투자자는 운용자산으로부터 얻게 되는 투자수익에 대하여 금융청구권을 행사할 수 있다. 수익증권펀드 매입을 통한 간접투자방법은 이 청구권을 표시한 증서를 매입하는 것이다.

회사형 투자신탁은 증권투자를 목적으로 하는 **투자회사**(investment company)에 투자하는 것이다. 투자회사는 회사 지분(shares)을 팔아서 조달된 자금을 주식, 채권, 단기금융상품 등의 포트폴리오에 투자하는 순수 투자목적의 회사를 말한다. 투자회사의 가치는 포트폴리오가치(운용 결과 발생하는 이자, 배당, 자본이득 등의 수익)에 따라 달라지는데, 투자회사의 주주가 되는 것은 투자회사가 운용하는 포트폴리오가치에 대하여 소유지분을 갖는 것을 뜻한다.

본래 투자신탁의 한 형태로서 회사형 펀드는 운영방식 면에서 폐쇄형과 개방형으로 구분된다. 폐쇄형(closed-end)은 펀드의 소지자(주주)가 회사에 대해 직접 상환을 청구할 수 없는 형태이다. 처분을 원하면 증권시장을 통하여 투자자금을 회수하게 된다. 개방형(open-end)은 투자자의 환매요구가 있을 때 언제든지 상환에 응해 주고 회사의 기본자산을 근거로 새로이 펀드를 발행·매출할 수 있는 형태이다. 따라서 환금이 필요할 때 공개적인 증권시장을 이용할 필요가 없다.

우리나라에서는 그간 계약형 투자신탁 형태만 운용되었으나, 1998년 7월에 「증권투자회사법」이 제정되면서 회사형 중 폐쇄형 형태가 먼저 도입되었고, 회사형을

의 단위로 고정시켜 신탁기간의 만료시까지 추가설정이 허용되지 않는 하나의 독립된 형태로 운영된다. 기금형(fund)(추가형)은 처음에 설정한 신탁재산에 자금을 추가할 수도 있고, 중도에 기금에의 신규가입과 탈퇴(환불)가 언제라도 가능한 형태이다. 현재 우리나라에서 취급되고 있는 수익증권펀드는 기금형이다.

〈표 2-2〉 계약형 투자신탁과 회사형 투자신탁(뮤추얼펀드)의 차이

구 분	계약형 펀드(수익증권펀드)	회사형 펀드(뮤추얼펀드)
설립형태	신탁약관에 의한 신탁계약	펀드 자체가 법인격을 가진 주식회사
발행유가증권	수익증권	주식
투자자의 법적 지위	계약자	주주
설립규제	설립요건 엄격	설립이 상대적으로 용이
통제제도	감독기관의 감독	주주에 의한 자율적 규제
금융상품 성격	저축수단(만기 존재)	투자수단(계속기업)

뮤추얼펀드라고 부르고 있다. 그러나 미국의 투자회사법(investment company act)에서는 개방형의 펀드만을 뮤추얼펀드(mutual fund)라고 부르고 있다.

요약하면, 계약형 펀드(수익증권펀드)의 매입을 통한 간접투자는 수익증권의 계약자로서의 법적 지위를 지니는 반면에, 회사형 뮤추얼펀드를 통한 간접투자는 투자회사의 주주로서의 법적 지위를 지니면서 보유 증권의 포트폴리오가치에 대한 일정지분을 사거나 파는 것이라는 점에서 차이가 있다. 계약형 펀드(수익증권펀드)와 회사형 뮤추얼펀드를 요약 비교하면 〈표 2-2〉와 같다.

3. 운용펀드의 유형

수익증권펀드인지 뮤추얼펀드인지 관계없이 펀드의 종류는 매우 다양하다. 펀드의 종류는 편입되는 투자자산의 종류, 주식투자의 비중, 주식의 성격, 지역적 위치, 펀드에의 자금 불입방식, 펀드자금의 모집방식에 따라 〈표 2-3〉과 같이 구분할 수 있다.

이상의 분류기준에 속하는 펀드 이외에도 펀드를 구성하는 자산에 대한 운용방식의 차이와 새로운 금융욕구를 충족하고자 하는 새로운 형태의 펀드로는 다음과 같은 종류가 있다.

① 섹터펀드(sector fund) : 향후 각광받을 것으로 예상되는 특정업종에만 투자하는 펀드를 말한다. 바이오산업의 유망성을 예상하며 만들어지는 바이오펀드가 한 예이다. 이와 유사한 것으로서 스폿펀드(spot fund)는 단기간 인기 주식으로 부상할 테마주(태양광, 하이테크 등) 중심의 펀드이다.

② 액티브펀드(active fund) : 적극적이고 공격적인 종목선정과 운영방식의 펀드

〈표 2-3〉 펀드의 종류

분류기준	펀드의 종류		상품 내용
투자자산의 종류에 따른 분류	증권펀드		50% 이상이 증권에 투자
	단기금융상품펀드		CD, CP 등 단기금융상품에 투자
	파생상품펀드		옵션 선물에 투자
	부동산펀드		50% 이상을 부동산 관련 상품에 투자
	리츠(REITS)*		부동산 관련 증권에 투자하는 주식회사 성격의 뮤추얼펀드
	실물펀드		금, 석유, 선박 등 실물자산에 투자
	원자재펀드		에너지, 천연자원, 농산물, 금 등 원자재에 투자
	혼합자산펀드		증권, 부동산, 실물 등에 나누어 투자
	재간접펀드		이미 설정된 다른 펀드에 투자(Fund of Funds)
주식투자 비중에 따른 분류	주식형 펀드		60% 이상을 주식(지수선물 옵션 포함)으로 운용
	채권형 펀드		60% 이상을 채권(금리선물 포함)으로 운용
	혼합형 펀드	주식혼합형	50% 이상, 60% 미만을 주식에 운용
		채권혼합형	주식이 50% 미만이 되도록 운용
주식의 성격에 따른 분류	대형주펀드		시가총액 기준 100위 안에 드는 기업 주식으로 구성
	중소형주펀드		기업규모가 중하위권에 속하는 기업으로 구성
	가치주펀드		기업가치에 비해 저평가된 것으로 판단되는 주식으로 구성
	성장주펀드		매출액과 이익의 성장이 클 것으로 예상되는 주식으로 구성
	배당주펀드(인컴펀드)		가격상승보다는 배당을 안정적으로 많이 지급하는 주식으로 구성
	인덱스펀드		종합주가지수 등 특정지수를 추정하도록 주식을 구성
투자자산의 지역적 위치에 따른 분류	국내펀드		국내의 주식, 채권, 부동산 등에 투자하는 펀드
	해외펀드		해외의 투자자산에 투자하는 펀드
	브릭스펀드		브라질, 러시아, 인도, 중국-BRICs 국가에 투자
	특정국가(중국…)펀드		중국 등 특정국가 증권에 투자
펀드자금 불입방식에 따른 분류	거치식펀드		펀드 가입시에 목돈을 한꺼번에 넣는 펀드
	적립식펀드		적금과 같이 매월 정기적으로 자금을 넣는 펀드
	임의식펀드		투자기간, 금액을 정하지 않고 자유롭게 입출금이 가능한 펀드

* REITS : real estate investment trusts

를 말한다. 위험부담이 크더라도 시장동향 예측에 따른 탄력적인 자산배분, 단기간의 과소평가 종목의 발굴과 매매타이밍의 포착으로 잦은 교체매매를 통하여 투자수익을 높이고자 하는 방향의 운용이 특징이다.

③ 시스템펀드(system fund), 퀀트펀드(quant fund) : 시스템펀드는 액티브펀드처

럼 펀드매니저의 자의적 판단에 의존하지 않고 사전에 시장변동에 따라 자동적 · 기계적으로 매매가 이루어지도록 시스템화시켜 이에 따라 운용하는 펀드이다. 파생상품을 포함한 프로그램 매매방법을 사용하여 변동성이 최소화되도록 설계되기도 한다. 퀀트펀드는 시스템펀드처럼 펀드매니저의 자의적 판단에 의존하지 않고 계량기법을 응용한 수학적 모델을 통하여 투자대상을 발굴하는 펀드이다. 경기선행지표, 시장지표, 기업실적 등의 과거 데이터를 대입하여 고평가 혹은 저평가된 자산을 발굴하는 것이 특징이다.

④ 롱숏펀드(long short fund) : 상관성이 높은 종목간에 과소평가된 종목은 매수(롱), 과대평가된 종목은 매도(숏)하는 운용전략을 구사하는 펀드이다. 주가변동이 크지 않은 박스권 장세에서 중위험-중수익을 추구하는 펀드라는 특징을 지닌다.

⑤ 엄브렐러펀드(umbrella fund) : 하나의 펀드 약관 아래 여러 개의 하위펀드(MMF, 채권형, 주식혼합형, 공모주…)를 두고 투자자가 시장상황에 따라 탄력적으로 하위펀드 내의 다른 펀드로 자유롭게 전환할 수 있는 펀드이다.

⑥ 라이프사이클펀드(life-cycle fund), 자산배분펀드(asset allocation fund) : 라이프사이클펀드는 투자자의 생애주기에 따라 펀드에 편입되어 있는 투자자산을 자동으로 재구성해 주는 펀드이다. 젊은 나이에는 주식의 비중을 높이고, 나이가 들수록 채권의 비중을 높이는 방식이 가장 보편적 형태이다. 자산배분펀드는 이와 유사한 방법으로 자산의 비중을 변동시켜 나가되 생애주기가 아닌, 시장의 환경변화에 따라 시행하는 것이다.

⑦ 랩어카운트(wrap account) : 투자자마다의 선호에 맞도록 채권, 주식, 펀드 등의 금융상품을 담아 이를 하나의 계좌를 통하여 관리해 주는 종합자산관리계좌이다. 랩어카운트에는 일임 정도에 따라 일임형, 자문형, 펀드형의 형태가 있는데, 포함되는 자산의 종류로 보아서 펀드의 한 형태로 보기 어려운 경우도 있지만, 펀드형의 경우는 펀드상품의 하나가 된다. 펀드형의 랩어카운트는 재간접펀드(fund of funds)와 유사한 성격을 지닌다.

주요용어

자금잉여주체	자금부족주체	금융수단
금융청구권	금융상품	직접금융
간접금융	자본시장	단기자금(화폐)시장
증권제도	발행시장의 기능	유통시장의 기능
적정가격형성기능	보통주	우선주
회사채	순수할인채	국공채
자산유동화증권	수익증권펀드	계약형 투자신탁
회사형 투자신탁	뮤추얼펀드	

연습문제

1. [금융시장의 종류 (1)] 금융시장의 기능에 대하여 설명하고, 자금매개기능의 관점에서 자본시장, 단기자금(화폐)시장, 예금 · 대출시장(금융중개시장)의 차이점을 설명하라.

2. [금융시장의 종류 (2)] 직접금융시장과 간접금융시장의 차이점을 설명하라.

3. [발행 · 유통시장의 기능] 증권제도의 특성을 밝히고, 증권의 발행시장과 유통시장의 기능을 비교 · 설명하라.

4. [적정가격형성기능과 투자론의 주제] 증권의 유통시장에서의 적정가격형성기능과 투자론의 주제는 어떤 연관을 지니는지를 설명하라.

5. [증권의 특성] 투자대상으로서 국공채, 회사채, 우선주, 보통주들이 지니는 가치가 수익성, 위험, 경영참가권 면에서 어떤 차이점이 있는지를 설명하라.

6. [국공채의 특성] 투자대상으로서 국공채의 특성을 설명하라.

7. [자산유동화증권] 자산유동화증권의 특징과 기능에 대하여 설명하라.

8. [파생상품] 파생금융상품의 경제적 기능에 대해서 설명하라.

9. [단기금융상품] 단기금융시장 상품들의 주요 특징은 무엇인가? 통화안정증권, 기업어음(CP), 콜머니 · 콜론, 양도성예금증서(CD), 환매조건부채권(RP) 등의 주요 차이점들을 설명하라. 또 MMF, CMA, MMDA의 차이점을 설명하라.

10. **[수익증권과 뮤추얼펀드]** 계약형 투자신탁 수익증권펀드와 회사형 뮤추얼펀드가 어떤 차이점을 지니는지 설명하라.

11. **[펀드의 유형]** 펀드의 한 유형으로서 REITS, 재간접펀드, 가치주펀드, 적립식펀드, 섹터펀드의 차이점을 설명하라.

제 3 장

증권시장의 발행 · 매매제도

주식, 채권 등이 투자자산으로서 투자대상이 되기 위해서는 해당증권이 발행(상장)되어 매매거래가 되어야 한다. 이와 관련하여 제도적 측면에서 증권의 발행시장제도와 매매거래제도가 어떤지에 따라 증권시장의 효율성과 투자자의 부가 영향을 받는다. 구체적으로 발행시장을 통하여 증권의 신규상장, 증자로 인한 증권의 추가상장이 이루어질 때, 증권발행방법, 최초공모주의 발행가격 결정방법, 유상증자방법 등에 따라서, 그리고 유통시장에서 매매가 이루어질 때, 세부적인 매매체결규칙, 결제방법에 대한 규정, 공정거래를 위한 규제방법의 여하에 따라서 투자성과는 달라진다.

본장에서는 증시효율성과 투자자의 투자관리에 영향을 주는 구체적인 증권의 발행시장제도, 유통시장에서의 매매거래제도에 대해서 다룬다. 다음은 본장의 학습목표로서 이해해야 할 주요 사항들이다.

- 증권의 발행제도
- 유상증자시의 주주의 부
- 거래소 조직과 상장제도
- 증권매매의 방법 : 매매가격지정, 매매주문체결방법, 매매결제와 신용거래방법
- 증권거래매매에 대한 규제방법
- 증권시장지표로서의 주가지수

제 1 절 증권의 발행시장제도

증권은 먼저 기업공개가 이루어지고 증권거래소에 상장되어야 거래소시장에서 매매거래될 수 있다. 기업이나 정부가 필요한 자본을 조달하기 위하여 새로이 발행하는 유가증권이 최초의 투자자에게 이전되는 시장이 유가증권의 발행시장(primary market)인데, 발행시장제도 여하에 따라 투자자, 관련 투자금융회사에 큰 영향을 준다.

본절에서는 증권의 발행형태, 기업의 유상증자가 주주의 부에 미치는 영향에 대하여 살펴본다.

1. 증권의 발행

증권이 새로이 발행되어 일반투자자의 투자대상이 되는 경로는 증권의 발행과 모집방법에 따라서 차이가 있다. 증권의 발행방법은 발행에 따른 위험부담을 누가 지느냐에 따라서 직접발행과 간접발행으로, 발행된 증권의 수요자를 구하는 방법에 따라서 공모발행과 사모(비공모)발행으로 구분된다.

(1) 직접발행과 간접발행

증권시장을 통한 자금조달에는 계획한 금액만큼 조달하지 못할 수 있는 발행위험이 존재한다. 직접발행은 [그림 3-1]에서 보는 것처럼 발행회사가 일반공중에게 직접 증권을 매출하고 발행예정액이 전액 소화될 수 없을 때 자금조달에 차질이 생기는 발행위험을 자신이 부담하는 방법이다. 직접발행방법은 발행회사가 스스로 발행사무를 담당하는 자기모집의 방법이다.

반면에 간접발행은 증권의 발행위험이나 발행사무를 계약에 의해 제3의 인수기관이 맡는 방법이다. 간접발행을 돕는 제3의 금융기관을 인수업자(underwriter)라고 하는데, 인수업자는 발행자의 증권발행에 따른 위험(인수기간 동안의 가격하락위험, 증권판매에 따른 위험 등)을 부담할 뿐만 아니라 인수증권의 판매조직 운영 및 발행시기, 발행규모, 증권의 종류 및 발행조건 결정을 돕는 인수기능(underwriting)을 수행한다.

인수업무를 전문적으로 취급하는 기관으로는 미국의 투자은행(investment bank)을 들 수 있다. 자본시장이 발달한 미국 등에서는 증권산업이 인수업무를 주된 업무

[그림 3-1] 증권의 발행 : 직접발행과 간접발행

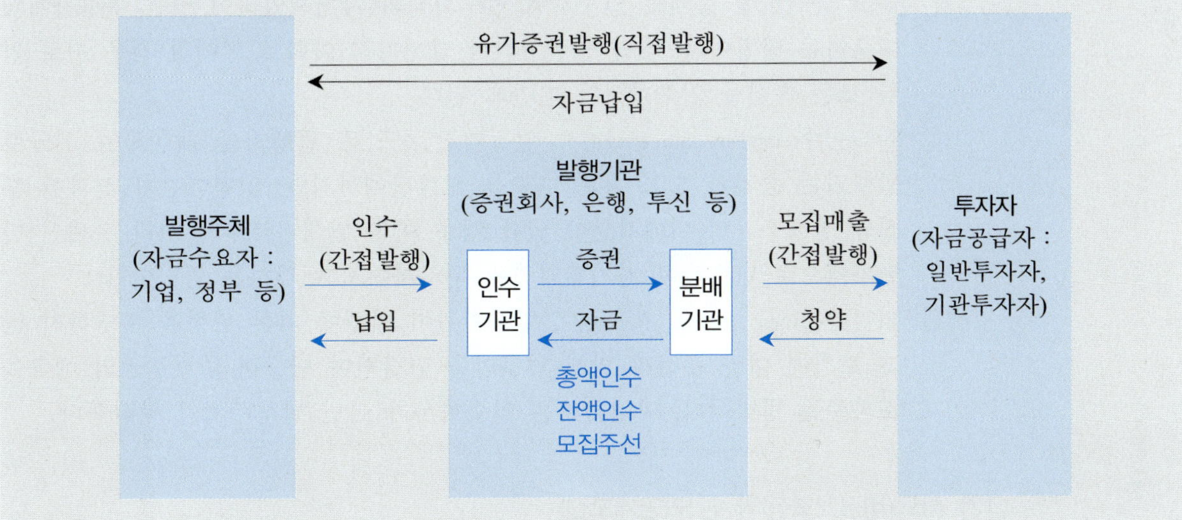

로 취급하는 투자은행을 근간으로 발전해 왔다. 인수업무의 근간은 발행회사의 증권발행업무(IPO주관, 증자/회사채 발행, 파생/신종증권 발행 등)와 관련된 위험부담기능을 발휘하는 것인데, 이것이 투자은행의 수익성의 원천이 되고 있다. 투자은행업(investment banking)은 자금조달(레버리지금융, 구조화금융, 대안투자 등), 인수합병(M&A 자문, 기업분할, 기업구조조정 등)의 영역까지 확장되고 있다.

우리나라에서는 증권회사, 은행, 투자금융회사 등에 의해서 투자은행이 하는 인수기능이 이루어지고 있다. 그러나 증권회사의 경우 인수업무를 세 가지 기본업무(위탁매매(broker)업무, 자기매매(dealer)업무, 인수(underwriter)업무)의 하나로서 취급하고 있는데,[1] 그 업무 비중이 높지 않은 편이다. 수익성이 낮은 위탁매매업무의 비중이 높고, 수익성이 높은 인수업무의 비중이 낮은 것이 우리나라 증권회사의 경쟁력을 약화시키는 주된 요인이 되고 있다.

간접발행은 증권발행과 관련된 위험부담을 어떻게 지느냐에 따라서 총액인수, 잔액인수, 위탁모집으로 나눌 수 있다.

---

1) 증권회사의 세 가지 기본업무는 다음과 같이 구분된다.
① 위탁매매(broker)업무 : 고객의 주문을 받아 증권의 매매를 대신하여 체결해 주고 그 대가로 일정한 수수료를 받는 업무, ② 자기매매(dealer)업무 : 증권회사가 자기의 계산에 의해 증권을 매매하여 매매차익의 획득을 목적으로 하는 업무, ③ 인수(underwriter)업무 : 발행시장에서 신규발행증권의 인수와 주선 기능을 수행하는 업무

① 총액인수(firm commitment) : 인수기관이 증권발행에 대한 모든 위험을 부담하고 증권발행 총액을 인수하여 인수회사의 자기책임하에 이를 투자자에게 매출하는 방법이다. 만약 증권가격이 발행가격 이하로 떨어질 경우 이로 인한 모든 손실을 인수회사가 떠안게 된다.

② 잔액인수(stand-by agreement) : 일정기간 동안은 발행자를 대신하여 신규로 발행되는 증권의 모집 혹은 매출을 위탁판매하지만, 일정기간이 경과한 후 신규 발행증권의 미매각분이 있을 경우 이를 발행자로부터 미리 정해진 발행가액으로 인수하여 자기책임하에 투자자에게 매각하는 방법이다.

③ 위탁모집(best efforts offering) : 인수기관이 발행에 따른 위험을 부담하지 않고 모집에 대한 주선과 발행 업무만을 담당하여 단순히 발행증권의 매출을 도와주는 방법이다. 미매각분은 인수회사가 아닌 발행주체가 부담한다.

(2) 사모(비공개모집)와 공모(공개모집)

발행되는 증권은 수요처를 찾아 모두 매각(소화)되어야 자금조달이 성공한다. 사모(private placement, direct placement)는 **직접모집**, **연고모집**이라고도 하는데, 발행주체가 특정 기관투자자나 소수의 투자자에게만 발행된 증권을 소화시키는 방법이다. 채권 발행시 소수의 기관투자자에게 채권을 인수시키는 경우나 주식회사가 새로 설립될 때 사모의 방법이 이용될 수 있다. 유상증자가 구주할당(주주배정방식)의 방법으로 이루어지면 사모의 방법이 된다. 사모의 방법은 발행절차가 간편하고 발행비용이 적게 드는 이점이 있으나, 발행자 스스로가 발행위험을 부담해야 한다.

반면에 공모(public offering)는 발행된 증권을 불특정 일반투자자를 대상으로 소화시키는 방법이다. 기업공개시의 주식발행방법은 이와 같은 공모방법을 이용하게 되는데, 이때 발행하는 주식은 일반투자자의 투자대상이 된다. 기업공개시 신규로 증권이 추가 발행되지만 때로는 기업공개 이전에 기업의 대주주나 정부가 이미 소유하고 있는 증권을 일반투자자에게 매각하는 경우도 포함된다. 전자의 경우를 **모집**이라고 부르고, 후자의 경우를 **매출**이라고 부른다.

일반투자자를 대상으로 공모의 방법을 사용하여 증권을 판매(distribution)하는 경우에는 발행금액의 규모와 발행위험이 큰 경우가 일반적이다. 따라서 증권의 발행사무와 발행위험을 제3의 인수전문기관에 담당시키는 간접발행의 방법을 사용하게 된다.

공모의 방법으로 발행증권의 소화가 이루어질 때 단일 인수기관 혼자서 발행위험과 사무를 처리할 수 없으므로 다수의 인수관련기관이 인수단을 구성하여 공동으로 이를 분담하게 된다. 인수업무를 총괄 · 주관하는 주간사회사(managing underwriter)가 타간사회사(증권회사 또는 투자은행)를 포함하는 인수단(underwriting syndicate)을 구성하고, 이 회사들이 해당증권을 발행자로부터 매입(이를 underwriting이라고 한다)하기 위해서 자기자본을 투자하게 된다. 인수단의 구성이 끝나면 청약취급단(판매단)이 구성되는데, 청약취급단은 자기자본 투자를 하지 않고, 판매수수료만 받고 판매서비스를 담당한다.

2. 유상증자

주식회사가 주식을 발행하는 것은 회사설립시와 유 · 무상증자의 방법으로 자본금을 증액할 경우이다. 이하에서는 유상증자가 주주의 부에 영향을 미치는 내용에 대하여 살펴본다.

(1) 유상증자 배정방식

유상증자(seasoned equity issue)는 현금으로 주금의 납입을 받고 자본금을 증가시키는 것을 말한다. 유상증자는 〈표 3-1〉에서 보는 것처럼 증자되는 물량을 어떻게 소화시키느냐에 따라서 사모(구주할당, 연고자할당)와 공모(주주우선공모, 일반공모)로 나눌 수 있다.

이 가운데서 일반공모는 일반투자자를 대상으로 공개적으로 신주를 모집하는 것이므로 자본조달 가능액이 극대화된다는 장점이 있다. 그러나 전문인수기관을 통

〈표 3-1〉 유상증자 배정방식

배정방식		내 용
사모	구주할당 (주주배정)	발행주식의 일정비율을 우리사주조합에 배정하고, 나머지 물량을 소유주식수에 비례하여 배정
	연고자할당 (제3자 배정)	주총의 특별결의가 있거나 정관에 제3자 배정이 명시되어 있을 경우 종업원, 임원 등 특정인에게 배정
공모	주주우선공모	주주와 우리사주조합에 배정한 후 권리포기로 인한 실권분을 주간사회사가 인수한 후 일반에게 공모
	일반공모	불특정다수인을 상대로 모집 혹은 매출하는 방법으로 주총의 특별결의가 있거나 정관에 주주의 신주인수권 배제에 관한 규정이 있는 경우에 한함

하여 증자물량을 소화시켜야 하므로 발행비용이 사모보다도 훨씬 많아지고, 기존 주주의 이익이 침해될 상황이 발생할 수 있다.

(2) 유상증자 신주발행가격

유상증자의 경우는 무상증자의 경우와는 달리 신주발행방법과 발행가격에 따라서 주주의 부가 영향받을 수 있다. 신주의 발행은 발행가격 기준으로 볼 때 액면가로 발행되는 액면발행과 그 주식의 현재 시가로 발행되는 시가발행 그리고 시가에서 일정한 비율을 할인하여 발행하는 시가할인발행으로 구분된다.

우리나라에서는 1984년 이전까지는 액면발행제도가 시행되었고, 1991년 6월 이후에는 기본적으로 시가발행제도를 적용하고 있다. 청약일 전 제5거래일을 기산일로 하여 이전 1개월 평균종가, 1주일 평균종가 및 기산일 종가 중 높은 가격을 기준주가로 추정하고, 일반공모시의 유상증자 발행가액은 이 기준주가에 30% 범위 내의 할인율을 적용하여 신주발행가격을 산정하고 있다.

$$\text{신주발행가격} = \text{기준주가} \times (1 - \text{할인율}) \tag{3.1}$$

시가발행제도는 현재 시장가격 기준으로 증자하는 것이므로, 전망이 밝은 기업은 높은 발행가격으로 많은 자금을 조달할 수 있고, 기업내용이 좋지 못한 기업은 낮은 발행가격으로 적은 자금밖에 조달할 수 없다. 시가발행제도하에서는 이처럼 발행시장과 유통시장의 유기적인 관련성이 높아지게 되므로 증권시장의 제 기능이 원활하게 발휘될 수 있다.

그러면 유상증자시의 발행가격에 따라 투자자의 부는 영향을 받는가? 결론적으로 유상증자가 이루어질 때 구주주의 소유지분율에 변함이 없게 증자를 받으면 발행가격에 관계없이 유상증자 전·후의 투자자의 부는 변함이 없게 된다. 이론적으로는 유상증자 전의 총시장가치(부)와 유상증자 후의 총시장가치(부)는 동일해야 하기 때문이다. 구주주 입장에서 보면 신주배정 기준일 전과 후의 주가, 즉 권리부주가와 권리락주가는 다음 관계를 갖는다. 권리락주가가 하락한 만큼 소유주식의 증가가 있게 되는 것이다.

$$\text{권리락주가} = \frac{\text{기준주가} + \text{주당납입금}(= \text{신주발행가격} \times \text{증자비율})}{1 + \text{증자비율}} \tag{3.2}$$

그러나 규정상 유상증자물량 중 일정비율의 물량이 우리사주조합에 우선배정되면, 일반에게 배분되는 증자물량은 그만큼 줄게 되므로 주주의 부는 감소하게 된다(다음 예제 참고).

예 제

(주)소망의 현 (기준)주가는 60,000원이고, 발행주식수는 100,000주이다. 이제 30%의 유상증자를 하고자 한다.

1. 발행가격이 40,000원과 50,000원인 경우 권리락주가를 구하라.
2. 이 두 가지 발행가격이 유상증자 전 · 후의 시장가치에 미치는 영향을 평가하라.
3. 유상증자 물량의 20%는 우리사주조합에 우선배정이 이루어지므로 일반에게 배분되는 증자물량은 80%가 되는 상황이다. 주주의 부에 미치는 영향을 평가하라(발행가격은 40,000원).

해설 1. 권리락주가

(1) 발행가격 40,000원 : 권리락주가 $=\dfrac{60,000+(40,000\times 0.3)}{1.3}=$ 55,385원

(2) 발행가격 50,000원 : 권리락주가 $=\dfrac{60,000+(50,000\times 0.3)}{1.3}=$ 57,693원

2. 유상증자 전 · 후의 시장가치

(1) 발행가격이 40,000원인 경우

유상증자 전의 시장가치 = 구주의 가치 + 유상증자 배정분 납입금액
= (60,000원 × 100,000주) + (40,000원 × 30,000주)
= 7,200,000,000원

유상증자 후의 시장가치 = 55,385원 × 130,000주
= 7,200,000,000원

(2) 발행가격이 50,000원인 경우

유상증자 전의 시장가치 = (60,000원 × 100,000주) + (50,000원 × 30,000주)
= 7,500,000,000원

유상증자 후의 시장가치 = 57,693원 × 130,000주
= 7,500,000,000원

3. 일반청약 유상증자물량이 80%인 경우

유상증자 후의 시장가치 = 55,385원 × 124,000주*
= 6,867,740,000원(332,260,000원 감소)

* 유상증자 후 추가되는 발행주식수는 30,000주의 80%인 24,000주임.

3. 기업공개와 상장제도

증권이 유가증권시장, 코스닥시장에서 투자대상으로서 자유롭게 거래되기 위해서는 기업공개가 이루어지고 발행증권이 상장되어야 한다. 그래야 주식의 자유양도성과 시장성이 확보되고 유통시장의 가격형성기능을 기대할 수 있다.

기업공개(going public)란 주식회사가 새로이 발행한 주식을 일반투자자로부터 균등한 조건으로 모집하거나, 이미 발행되어 대주주 소유의 주식(구주)의 일부 또는 전부를 공개시장에서 불특정다수에게 매출하여 주식소유가 분산되도록 하는 것을 뜻한다. 기업공개는 폐쇄적인 성격의 기업소유권이 일반대중에게 분산되어, 기업내용이 일반에게 알려지고 평가받아 공개적 기업이 됨을 의미한다.[2)]

거래소에서 매매거래되기 위해서는 기업공개 후 상장절차를 밟아야 한다. 상장(listing)이란 주식회사가 발행한 증권이 거래소가 정한 일정한 요건을 충족하여 유통시장에서 매매가 되도록 자격을 부여하는 것이다. 상장대상의 증권이 되는 것으로는 주권, 채권, 외국주식예탁증서(DR : depository receipt), 수익증권이 있다. 주권상장은 최초 상장하는 신규상장과 유·무상증자로 인한 신주상장이 있다. 신규상장은 공모상장과 직상장의 경우로 나뉜다. 공모상장은 기업공개과정을 거쳐 주식분산요건을 갖추어 상장하는 형태이고, 직상장은 이미 분산요건을 충족하는 기업이 바로 상장하는 형태이다.

신규상장절차는 [그림 3-2]와 같이 상장예비심사신청서 제출→상장예비심사→공모→신규상장신청서 제출의 단계를 밟는다.

[그림 3-2] 신규상장절차

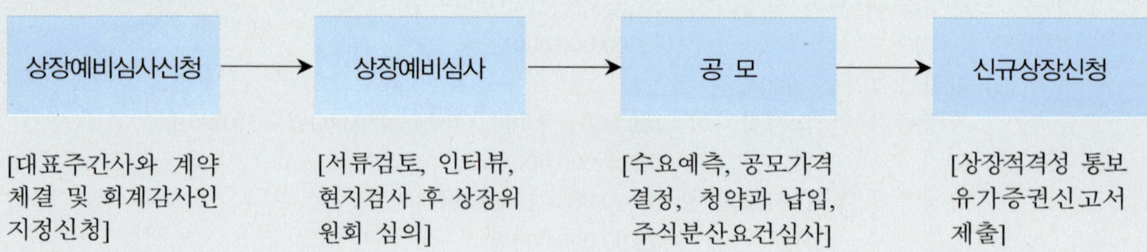

자료 : KRX, 상장심사 가이드북, 2016

2) 종전에는 상장을 전제로 기업공개를 진행하도록 하여 별도의 기업공개심사제도를 규정하였다. 그러나 기업공개를 활성화시키는 정책의 일환으로 기업공개심사제도를 폐지하고 기업공개와 상장을 분리하는 제도로 변경하였다. 상장요건을 갖추지 못한 기업이라도 공개를 추진하고 주식발행을 통한 자금조달이 가능하도록 하였다.

〈표 3-2〉 신규상장심사의 형식적 요건의 주요 내용

구 분	KRX 유가증권시장	KRX 코스닥시장
1. 영업활동기간	3년 이상	좌동
2. 자기자본, 상장주식수 등	300억원 이상, 100만주 이상	일반기업 30억원(벤처기업은 15억원) 이상), 또는 기준시가총액 90억원 이상
3. 주식분산 요건 – 일반주주 지분 – 일반주주수, 의무공모	 25% 이상 등 네 가지 요건 중 택 1 1,000명 이상, 25% 이상 공모	 30% 이상 500명 이상, 10% 이상 공모
4. 재무요건 – 매출액 – 수익성 요건 – 자기자본이익률(ROE)	 최근 3년 평균 700억원 이상, 최근 연도 1,000억원 이상 최근 연도 영업 · 세전계속사업 · 순이익 시현 및 최소금액이 30억원(3년 합계 60억원) 최근 연도 5% 이상, 최근 3년 ROE 합계가 10% 이상	 최근 사업연도 100억원 이상, 기준시가총액 300억원 이상 최근 연도 세전계속사업이익 시현(최근 연도 자본잠식 없음) ROE 10%(벤처기업 5%) 또는 당기순이익 20억원(벤처기업 10억원) 이상
5. 감사인 감사의견	최근 연도 적정의견, 직전 2사업연도 적정 또는 한정의견	최근 연도 적정의견

* 상장요건은 유가증권시장은 일반기업, 지주회사로 나누어 제시되고 있는데, 위의 요건은 일반기업의 경우임. 코스닥시장은 대형기업, 일반기업, 벤처기업, 기술성장기업으로 나누어 제시되고 있는데, 위의 요건은 일반기업의 경우임. 기타요건은 www.krx.co.kr/상장공시/IPO절차 참조.

자료 : KRX(www.krx.co.kr), 2017.7.4

이 가운데 상장예비심사는 증권거래가 일반투자자의 재산에 미치는 영향이 지대할 수 있으므로 매매거래대상인 증권이 상장요건을 갖추고 있는지를 심사하는 가장 중요한 단계이다. 거래소의 상장심사요건은 크게 형식적 심사요건과 질적 심사요건으로 구분할 수 있다.

〈표 3-2〉는 신규상장심사의 형식적 심사요건의 주요 내용을 정리한 것인데, 기업규모, 주식분산 정도, 재무내용, 감사인의 의견 등이 주된 심사내용이다. 항목별 요건은 유가증권시장, 코스닥시장 및 코넥스시장별로 차이가 나는데, 이 표에서 보는 것처럼 유가증권시장의 경우가 상장요건이 엄격하다.

형식적 심사요건에 대한 심사와 함께 주권상장이 공익과 투자자 보호를 위해 필요한지를 판단하기 위해서 질적 요소에 대한 실질심사를 한다. 평가항목은 기업의 계속성, 경영투명성 및 안정성, 투자자 보호 등이다.

1) 기업의 계속성

- **영업의 계속성**: 산업의 경쟁현황, 시장규모, 정부규제 및 대체산업 등에 비추어 상장 이후 계속성이 유지될 수 있는지 여부, 주요 제품이 속한 산업의 성장성이 기대되는지 여부, 수익창출능력 및 보유자산의 효율적 활용 여부 등
- **경영투명성**: 기업의 지배구조, 내부통제시스템, 회계처리투명성 등
- **재무안정성**: 차입금 만기구조와 회사가 보유하는 유동성을 고려한 채무상환 불이행 위험, 영업활동 현금흐름에 비추어 유동성 악화 위험 등

2) 경영안정성

- **기업의 지배구조**: 최대주주 변경, 경영진의 구성현황, 상근감사 적격성 등
- **내부통제시스템**: 내부회계관리제도 구축 및 운영, 내부통제조직 정비 등
- **회계처리투명성**: 투명하고 체계적인 회계처리시스템, 회계오류, 외부감사인 변경 등

3) 투자자 보호

- **공시투명성**: 투명한 공시시스템 구축 여부
- **소액주주 보호**: 상장 이후 주식의 유동성 확보방안, 소액주주 보호 등
- **증권시장의 건전성**: 대표주관회사의 전문성 등

거래소의 예비상장심사를 거치면 주권을 공모해야 한다. 공모를 위해서는 수요예측과 공모가격 결정이 이루어져야 한다. 수요예측(book building)이란 대표주관회사와 인수가격 결정을 위해 발행주식의 공모희망가격(밴드)을 제시하고, 이에 대한 수요상황을 기관투자자 대상으로 조사, 최종공모가격을 확정하여 물량을 배정하는 것을 말한다.

이상의 절차를 거쳐 최초로 공모되는 주식을 최초공모주(IPO : initial public offering)라고 한다. 최초공모주의 가격은 대체로 적정가격 이하로 발행(underpricing)되는 경향이 있어 실제 상장 후에는 높은 초과수익을 얻는 것으로 나타나고 있다.[3]

각 단계별 심사과정을 거쳐 상장적격성이 통보되면 유가증권신고서를 제출하여 상장이 이루어진다. 거래소의 상장법인이 되면 여러 가지 상장효과를 기대할 수 있다. 대규모의 안정적 자금조달의 용이성, 기업인지도의 제고, 주주의 이익실현 등의 경제적 효과, 주식양도소득세의 비과세 등 세제면에서의 혜택 등이다.

---

3) IPO의 발행가격결정방법 등에 대해서는 제13장 제2절 참조.

4. 발행시장을 통한 자금조달상황

증권시장을 통하여 직접금융의 방법으로 자금조달이 이루어지면 대규모의 장기적이고 안정성 있는 자금이 저렴하게 조달될 수 있다는 점에서 증권시장의 자금매개기능이 중요함을 앞장 제2절에서 강조한 바 있다.

〈표 3-3〉은 우리나라 상장기업의 증시를 통한 자금조달실적자료이다. 회사채와 주식의 자본조달 비중을 비교하면, 주식시장이 활황인 해에도 회사채에 의한 자본조달 비중이 주식보다 3배가량 높고, 주식시장 침체기에는 10배 이상 차이가 있었음을 볼 수 있다. 주식자금에 의한 자금조달에 있어서는 2012년까지는 유상증자에 의한 자본조달의 비중이 기업공개에 의한 것보다도 5~8배 높은 실적을 보여 왔다. 코스닥시장을 통한 자본조달실적은 1990년대부터 활성화되고 있지만, 유가증권시장의 평균 40% 수준을 보이고 있다.

〈표 3-3〉 유가증권시장과 코스닥시장을 통한 자금조달실적 (단위 : %, 십억원)

연도말		1990	1995	2000	2005	2007	2010	2012	2014	2016
기업공개	유가증권시장	336	580	–	452	1,934	8,904	206	3,477	4,258
	코스닥시장	–	–	2,569	850	777	1,437	261	1,188	2,193
	소 계	336	580	2,569	1,302	2,711	10,341	467	4,665	6,441
	비 율	11.52	9.26	17.88	19.24	15.34	63.14	12.33	53.72	50.25
유상증자	유가증권시장	2,582	5,584	5,789	1,877	10,480	3,139	1,356	3,158	4,730
	코스닥시장	–	–	4,575	1,637	3,812	1,224	439	584	1,516
	소 계	2,582	5,584	10,364	3,514	14,292	4,363	1,795	3,742	6,246
	비 율	88.48	89.11	72.12	51.96	80.90	26.64	84.94	43.10	48.73
기타공모	소 계	–	102	1,437	1,948	664	1,673	103	277	121
	비 율	–	1.63	10.00	28.80	3.76	10.21	2.72	3.19	0.94
주식 합계		2,918	6,266	14,370	6,764	17,666	16,376	2,364	8,683	12,808
회사채 합계		n.a	29,904	58,603	48,103	45,160	112,919	128,692	116,172	109,858

자료 : 금융감독원, 금융통계월보, 각년호, 금융통계시스템(fisis.fss.or.kr), 2017.4.10

제 2 절 매매거래제도

1. 유통시장의 조직

증권의 유통시장은 발행된 증권이 매매·거래되는 시장으로서, 제2차 시장(secondary market)이라고도 한다. 유통시장은 발행된 증권의 거래를 활발하게 하여 일차적으로 증권에 유동성(환금성)과 시장성을 높여주는 기능을 한다. 또한 원활한 거래는 공정한 가격발견기능(price discovery)을 가능하게 하여 증권발행주체의 경영효율성을 제고시키고, 자원의 최적배분을 가능하게 한다는 측면에서 중요한 경제적 역할을 하는 시장이다. 투자자에게는 유가증권을 취득하여 투자자금을 운용하거나 또는 보유 유가증권을 처분하여 투자자금을 회수하는 조직적·구체적 시장이 되므로 투자성과를 현실화시키는 시장이 되기도 한다.

증권의 매매거래가 이루어지는 유통시장은 일반적으로 거래소시장(exchange market)과 장외시장(OTC : over the counter market)으로 구분된다. 유통시장기능이 발휘될 수 있는 근간은 거래소 조직인데, 우리나라의 경우 한국거래소(KRX : Korea Exchange, www.krx.co.kr)가 대표적인 조직화된 유통시장이다. 현재 한국거래소는 〈표 3-4〉에 요약된 과정을 거치면서 발전해 왔다. 현재 우리나라에서의 증권 유통시장은 조직화된 시장으로서 한국거래소 내의 유가증권(KOSPI)시장, 코스닥(KOSDAQ)시장 및 코넥스(KONEX)시장과 조직화되지 않은 장외시장(K-OTC)으로 구분할 수 있다. 거래소에 상장된 증권의 매매는 일정한 자격을 지닌 기관을 통해서만 가능한데, 한국거래소는 일정한 자격을 갖춘 회원(투자매매업 또는 투자중개업의 인가를 받은 자)만이 참여하는 회원제로 운영되고 있다. 회원사인 투자금융회사는 거래를 행할 수 있는 구체적인 장소와 통신설비를 제공하고 전국적인 조직망을 가지고 투자자로부터 주문을 받아 경매과정을 통하여 집단적인 거래를 하게 된다.

이하에서는 유가증권시장, 코스닥시장, 코넥스시장, 장외시장(K-OTC)의 특징을 살펴본다. 〈표 3-5〉는 각 시장의 주된 특징을 요약한 것이다.[4)]

4) 자본시장법 개정(2013.8.29 시행)으로 복수의 거래소와 ATS(거래소와 유사한 다자간매매체결회사)의 설립이 허용되었고, 증권시장의 개념도 '금융투자상품시장'으로 확대되었다.

〈표 3-4〉 우리나라 증권시장의 발전과정

연 도	거래소 조직 관련 변경내용	관련법규 및 지수
1956년 3월	대한증권거래소 설립(한전 등 12개 주식상장)	(1962.1)「증권거래법」 제정(경제개발 5개년계획 시작)
1964년 1월	종합주가지수 산출개시(주가평균방식)	(1968.11)「자본시장육성에 관한 법률」 제정(공개기업 세제우대) (1972.12)「기업공개촉진법」 제정(기업공개를 통한 재무구조개선)
1977년 2월	증권관리위원회 및 증권감독원 설립	
1981년 11월	자본자유화조치(외국인전용수익증권 발행)	
1983년 1월	주가지수 산출방식을 시가총액방식으로 변경	
1987년 4월	장외시장 개설	
1992년 1월	외국인의 국내증권 직접투자 허용(일반상장법인 10%, 공적법인 8%)	
1994년 6월	주가지수선물거래 개설	코스피 200지수 산출발표
1996년 7월	코스닥시장 개설	
1997년 7월	주가지수옵션거래 개설	
1998년 5월	외국인투자한도 폐지, 뮤추얼펀드 도입	
2000년 3월	장외 제3시장 개설	(2000.7) 채권시가평가제 실시, 채권평가회사 설립허용
2001년 12월	ECN(야간거래)시장 개장	
2002년 1월	주식옵션시장 개설(1.28)	(2002.10) 상장지수펀드(ETF)시장 개설 (2003) 간접투자자산 운용업법(구 증권투자신탁업법) 제정
2005년 1월	종래 거래소, 코스닥, 선물거래소를 통합한 한국증권선물거래소 설립(1.27)	(2004.1) 통합거래소(한국증권선물거래소) 설립법 제정
2005년 7월	장외 제3시장이 프리보드로 변경 개설	(2005.6) KRX 100지수 발표 (2006.6) KRX 채권지수 발표(5.1), 섹터 ETF 상장(6.27)
2009년 2월	한국증권선물거래소가 한국거래소로 명칭변경	(2007.8) 자본시장통합법 제정 (2009.9) 한국증시 FTSE 선진국지수 편입
2013년 7월	중소기업 전용의 코넥스시장 개설	(2013.8) 자본시장법 개정
2014년 8월	장외시장은 K-OTC로 변경	
2015년 6월	가격제한폭 확대(±15% → ±30%)	(2015.7) KTOP30지수 및 코스닥 150지수 발표
2016년 8월	정규매매거래시장 30분 연장	

자료 : 한국거래소(KRX) ; 한국은행, 한국의 금융시장, 2016.12

〈표 3-5〉 유통시장의 조직

구 분	규제영역				비규제영역
	조직화된 시장			조직화되지 않은 시장	
	유가증권시장	코스닥시장	코넥스시장	장외시장(K-OTC)	기타 장외거래
거래대상	상장주식 상장채권 선물 · 옵션	코스닥 상장주식	지정주식	채권주식 (단주)	투자자간 직접거래 비상장 · 비등록 주식
참가자	거래소회원	거래소회원	협회회원	증권회사 －투자자	투자자
매매방법	경쟁매매	경쟁매매	상대매매	상대매매	상대매매
가격발견	○	○	△	△(주)	×
운영주체	한국거래소	한국거래소	한국금융투자협회	증권회사	－

(주) 채권장외거래의 경우, 부분적인 가격발견기능
자료 : 한국은행, 한국의 금융시장, 2016.12 ; 한국거래소, 주식시장 매매제도의 이해, 2016

(1) 유가증권시장

유가증권시장에서는 중대형 우량기업 중심으로 한국거래소(KRX)의 상장절차를 밟은 상장유가증권(주식, 채권, 선물, 옵션)이 경쟁매매의 방식으로 매매거래가 이루어진다. 유가증권시장은 2016년 12월말 현재 상장종목수 779사, 연간 거래대금 1,113조원(하루 평균 거래대금 6.7조원)의 규모를 보이고 있다.

KOSPI주가지수는 지난 2004년까지 400～1,000포인트 사이를 등락하다가 2005년 이후 1,000포인트 이상 시대로 진입하였고, 2007년에는 2,000포인트 시대를 열었다. 상장주식 시가총액 기준으로 보면 2000년에는 188조원, 2007년에는 952조원, 2016년말에는 1,308조원의 규모의 시장이 되었다.

(2) 코스닥시장

현재의 코스닥(KOSDAQ)시장은 미국의 NASDAQ시장을 모델로 중소형 벤처기업 중심으로 특화되어 운영되는 시장으로서,[5] 유가증권시장보다도 완화된 참여기준

5) 1997년 이전에는 비상장 유망중소기업 등에 직접금융 이용기회를 제공하고자 개설된 기존의 장외시장이 상대매매방식으로 이루어지는 등 문제점이 많았다. 1997년 4월 (주)코스닥 증권시장이 설립되어 유망중소기업, 벤처기업 등을 지원하는 독립된 조직화된 시장으로서 법제화되면서 경쟁매매시스템이 도입되었다. 2004년 8월 31일에는 오늘의 한국거래소와 합병하였다.

〈표 3-6〉 한국거래소(KRX) 상장주식 개황 (단위 : 십억원)

		2000	2003	2005	2007	2009	2012	2014	2016
회사수(사)	유가시장	704	684	702	745	770	784	773	779
	코스닥시장	604	879	918	1,022	1,028	1,005	1,061	1,152
	KRX 전체	1,308	1,563	1,620	1,767	1,798	1,789	1,905	2,129
상장자본금	유가시장	84,930	87,942	80,586	85,589	92,467	103,884	103,400	106,958
	코스닥시장	15,128	13,448	12,878	14,291	13,336	12,695	13,454	13,525
	KRX 전체	100,058	101,390	93,464	99,880	105,803	116,579	117,004	120,769
시가총액	유가시장	188,042	355,363	655,075	951,901	887,935	1,154,294	1,192,253	1,308,440
	코스닥시장	29,015	37,374	70,897	99,877	86,103	109,122	143,087	201,523
	KRX 전체	217,057	392,737	725,972	1,051,898	974,038	1,263,416	1,336,766	1,514,272
주가지수 (연말기준)	KOSPI지수	504.62	810.71	1,379.37	1,897.13	1,718.88	1,997.05	1,915.59	2,026.46
	KOSDAQ지수	525.80	448.70	701.79	704.23	513.57	496.32	542.97	631.44
거래대금	유가시장	627,133	547,509	786,258	1,362,739	1,466,274	1,196,264	975,977	1,112,669
	코스닥시장	578,490	266,383	446,378	499,516	530,962	528,028	482,731	835,519
	KRX 전체	1,205,623	813,892	1,232,636	1,863,625	1,997,236	1,724,292	1,458,804	1,948,188
회전율(%)	유가시장	387.5	571.9	503.9	344.4	408.7	338.5	192.6	233.7
	코스닥시장	847.9	894.5	1,190.6	856.7	885.2	686.6	399.4	647.9
	KRX 전체	496.1	678.8	745.4	552.0	610.8	468.8	270.3	395.8

* KRX 전체 합계액에는 코넥스시장 통계가 포함된 것임.
자료 : KRX, KRX Market 각년호

의 상장제도가 적용되고 있다.

코스닥시장은 개설된 초기 1996~1997년 기간에는 거래대금, 시가총액이 유가증권시장의 1/10 수준에 불과하였는데, 1998년과 1999년 사이에 있었던 벤처열풍으로 시가총액이 1,050% 증가, 98조 7천억원 수준으로 증가한 바 있다. IT거품이 사라진 2000~2004년 사이에는 29조~52조원 수준으로 하락하였지만, 2016년 12월말 현재는 상장회사수 1,152사, 연간 거래대금 836조원(하루 평균 거래대금 5.06조원), 시가총액 202조원의 시장규모로 확대되었다. 이는 유가증권시장에 비하여 시가총액 기준으로는 15% 수준, 거래대금 기준으로는 약 75% 수준이다.

코스닥시장은 유가증권시장보다도 개인투자자의 비중이 월등히 많아 상장주식 수회전율이 유가증권시장보다도 2배 이상 높다. 주가지수의 추이를 비교하면, KOSPI지수는 2001~2010년 기간에 4.0배 상승한 반면, KOSDAQ지수는 우량기업의 수가 적고, 불공정거래가 빈번히 발생하면서 500~730포인트 사이를 횡보하고 있다.

(3) 코넥스시장

유가증권시장이나 코스닥시장 상장요건을 충족하지 못하는 중소기업이나 기술력 있는 신생 벤처기업들은 직접금융의 기회가 없어 자금조달에 어려움을 겪는다. 이들 기업에 자금조달 기회를 넓혀주고, 사업성공에 대한 보상을 자본시장에서 얻을 수 있는 제도적 장치가 마련되면 창업성공을 통한 경제활성화에 기여할 것이다.

코넥스(KONEX : Korea New Exchange)시장은 기술력 있는 중소·벤처기업에 자금조달을 지원하고 성장기회를 제공하기 위한 목적으로 종전의 프리보드 대신 2013년 7월 1일 KRX 내에 창업초기 중소기업 전용 주식시장으로 새로이 개설되었다. 진입요건은 크게 완화되어 매출액 17억원, 자기자본 5억원 이상 등의 기준이 적용되고 있고, 상대매매방법으로 운영되고 있다

2016년 12월말 현재 상장종목수 141사(개설초기 21사), 하루 평균 거래량 61,000주, 하루 평균 거래대금 24.7억원, 시가총액 4조 3,078억원 수준으로서 2013년 개설당시보다 크게 신장하고 있다.

(4) 장외시장(K-OTC)

장외시장은 일반적으로 유가증권시장, 코스닥시장, 코넥스시장과 같이 조직화된 시장에 대한 상대적 개념으로서 일정한 장소와 시설을 갖추지 않은 비조직적인 시장을 말한다. 즉, 유가증권시장 및 코스닥시장의 호가중개시스템을 거치지 않고 이루어지는 시장을 지칭한다. 장외시장에서는 주로 상장주권의 단주(기본 거래단위 미만의 증권)와 비상장주권 및 채권이 상대매매방법으로 거래된다.

장외시장은 점두시장(over-the-counter market)과 직접거래시장(no broker market)으로 나누어진다. 전자는 증권회사의 창구에서 증권회사와 고객 간 유가증권의 상대매매거래가, 후자는 증권회사의 개입 없이 매매 당사자간의 개별적인 매매거래가 이루어지는 시장을 말한다.

2. 증권매매거래제도

거래소는 증권의 원활하고 공정한 거래를 위해 여러 시장제도를 운영하고 있다.

- 수탁제도 : 계좌개설, 수탁방법, 위탁증거금 및 수수료 등 거래수탁제도
- 매매제도 : 매매거래시간, 매매계약체결원칙, 매매거래절차 등의 제도
- 시장관리제도 : 매매거래정지, 공매도 관리 등 공정한 가격형성 관련 제도
- 청산결제제도 : 체결된 내역에 대한 투자자, 회원사, 거래소 간의 결제방법

본항에서는 이들 시장제도 중 주요한 내용을 정리한다. 먼저 증권매매거래절차는 다음과 같다. 투자자가 거래소시장을 통하여 매매거래하기 위해서는 증권회사에 매매거래계좌를 개설해야 하며, 동 계좌를 개설한 증권회사를 통하여 주문서를 제출해야 한다. 투자자가 증권회사에 매매거래의 위탁주문을 할 때에는 일정한 위탁

〈표 3-7〉 우리나라 주식유통시장별 매매거래제도 비교

	유가증권시장	코스닥시장	코넥스시장
매매거래시간	정규시장 09:00～15:30*(6시간 30분) 시간외시장 (장전) 07:30～09:00(1시간 30분) (장후) 15:40～18:00*(2시간 20분)	좌동	정규시장 09:00～15:30
매매수량단위	1주	1주	100주
호가가격단위	1～1,000원(7단계)	1～100원(5단계)	좌동
가격제한폭	전일종가 ±30%	좌동	좌동
호가종류	지정가, 시장가, 조건부지정가, 최유리지정가, 최우선지정가, 경쟁대량매매(6종류)	좌동	지정가, 시장가 (2종류)
매매체결방법 (정규시장)	접속매매(정리매매종목, 단기과열종목은 단일가매매)	좌동	단일가매매
서킷브레이커	전일 대비 주가가 10% 이상 하락하여 1분간 지속시 20분간 매매정지	좌동	미도입
양도소득세	면제	면제	대기업주식 : 20% 중소기업주식 : 10%
증권거래세**	거래세 0.15%, 농특세 0.15%	거래세 0.3%	거래세 0.5%
신용공여	가능	가능	불가능

* 호가접수시간은 매매거래시간과 동일하되, 정규시장은 08:00～15:30(7시간 30분)이고 시간외시장(장후)은 15:30～18:00(2시간 30분)임.

** 주식매도시에만 부과되며 세율은 매도금액기준

자료 : 한국거래소(KRX), 주식시장 매매제도의 이해, 2016

증거금을 내야 한다.[6)]

거래소시장에 직접 매매주문을 낼 수 있는 자는 한국거래소의 회원증권회사에 한정된다. 비회원증권회사는 회원증권회사를 통하여 주문을 해야 하고, 외국인 투자자의 주문은 금융감독원의 외국인 한도관리시스템을 경유해야 한다.

회원증권회사로부터 거래소에 제출된 주문은 거래소가 업무규정에 정한 원칙에 따라 매매체결되며, 거래소는 체결결과를 회원에게 통보하고 회원은 이를 다시 고객에게 통지해야 한다. 투자자는 매매체결분에 대하여 매매체결일 기준 3일 후까지 위탁증권회사에 매수대금 또는 매도증권을 납부해야 하고, 이를 거래소(한국예탁결제원)를 통하여 결제함으로써 매매거래가 완료된다.

구체적 증권매매거래방법은 〈표 3-7〉과 같이 요약할 수 있다. 투자자(고객)가 주문하는 데 필요한 주문가격과 거래수량의 기본단위, 매매가격의 지정방법, 매매체결방법, 결제제도는 다음과 같다.

(1) 호가, 매매수량단위

증권회사가 거래소에 자기명의로 시장에서 매매거래를 하기 위한 매도 또는 매수의 의사표시를 호가(quote)라고 하는데, 특정종목을 사거나 팔고자 할 때 제시하는 가격에는 기본단위인 호가단위(tick size)가 있다. 유가증권시장은 다음과 같이 7단계로 나누어 호가한다.[7)]

1원(주가 1,000원 미만), 5원(주가 1,000～5,000원),
10원(주가 5,000～10,000원), 50원(주가 10,000～50,000원),
100원(주가 50,000～100,000원), 500원(주가 100,000～500,000원),
1,000원(주가 500,000원 이상)

한편 거래수량의 기본단위, 즉 수량단위(round lot unit)는 거래소시장 모두 현재 주식(액면 5,000원 기준)은 1주 단위이다. 일반채권에 대해서는 액면 10만원(소액채권은 액면 1,000원) 단위로 하고 있다. 이 기본 수량단위에 미달하는 단주(odd lot)는 장

6) 증권회사가 매매거래의 위탁을 받았을 때 매수의 경우에는 현금, 매도의 경우에는 당해 매도증권 또는 현금을 각각 위탁증거금으로 징수하는데, 종전에는 최저 위탁증거금률(매수시에는 현금 40% 또는 현금 20%와 대용증권 20%)을 적용하였으나, 1998년 4월 1일 이후 각 증권회사별로 자율적으로 정하도록 변경되었다.

7) 코스닥시장과 코넥스시장은 100,000원 미만은 유가증권시장과 동일하되, 100,000원 이상의 경우는 호가단위가 100원이다.

외시장에서 별도로 거래된다.

(2) 매매가격의 지정

투자자가 경쟁매매가 이루어지는 유가증권시장과 코스닥시장에 매매거래를 위탁할 때 가격을 지정하는 방법에는 시장가주문, 지정가주문, 조건부지정가주문, 최유리지정가주문, 최우선지정가주문, 경쟁대량매매주문 등 6종류의 방법이 있다.

시장가주문(market order) 또는 성립가주문은 가격지정 없이 시장에서 형성되고 있는 가격으로 매매를 원하는 주문으로 상 · 하한가가 형성되는 경우를 제외하고는 주문 즉시 매매체결이 가능한 주문이다. 신속한 매수 · 매도를 원할 때 이용되지만 가격의 급등락이 있을 때에는 불리한 가격으로 체결될 수도 있다.

지정가주문(limit order)은 매매거래를 위탁할 때 최소한의 받아들일 수 있는 특정가격(사자주문일 때에는 일정가격 이하, 팔자주문일 때에는 일정가격 이상)을 지정하여 주문하는 것이다. 이 경우 어떤 증권을 매수하고자 할 때 제시하는 최고 매입가능가격을 bid price, 매도하고자 할 때 요구하는 최저 매도가능가격을 ask price라고 한다. 지정가주문은 원하지 않는 불리한 가격으로 주문이 체결될 가능성은 없지만 주문이 체결되지 않을 수도 있다.

조건부지정가주문(conditional limit order)은 지정가주문이 종가결정 전(15:20)까지 체결되지 않을 경우 미체결 잔량에 대해서 종가결정시에 시장가 호가로 참여하는 조건부 형태의 주문을 말한다.

최유리지정가주문은 상대방 최우선호가의 가격으로 즉시체결이 가능하도록 주문접수시점에서 매도의 경우는 가장 높은 매수주문의 가격으로, 매수의 경우는 가장 낮은 매도주문의 지정가주문가격으로 매매를 체결시키는 주문이다.

최우선지정가주문은 해당주문의 접수시점에서 자기주문 방향의 최우선호가 가격으로 지정되는 주문이다. 그래서 매도의 경우는 해당주문의 접수시점에서 가장 높은 매도주문의 가격으로, 매수의 경우는 가장 높은 매수주문의 지정가주문가격으로 매매를 체결시킨다.

경쟁대량매매주문은 대량매매제도의 한 유형으로 종목 및 수량은 지정하되 당일의 거래량가중평균가격으로 매매거래를 하고자 하는 주문유형이다. 시장충격을 최소화하도록 정규시장과는 별도의 시장에서 비공개로 매매체결이 이루어진다.

(3) 매매주문의 체결

일반적으로 증권시장의 매매체결방법은 매도 · 매수간의 경쟁관계에 따라 다음과 같이 구분된다.

- 경쟁매매 : 복수의 매도자와 복수의 매수자 간의 가격경쟁에 의한 매매거래
- 상대매매 : 매도자와 매수자 당사자 간의 가격경쟁에 의한 매매거래
- 경매(입찰매매) : 단일의 매도자와 복수의 매수자 또는 복수의 매도자와 단일의 매수자 간의 경쟁입찰에 의한 매매거래

증권시장의 일반적인 매매는 다수의 매도자와 매수자 간의 매매이므로, 균형가격을 효율적으로 찾는 방법으로 개별경쟁매매방법을 채용하고 있다.[8] 경쟁매매방법은 '복수가격에 의한 계속거래방법'과 '단일가격에 의한 집중거래방법'으로 구분된다.

계속거래방법은 가격조건이 부합하는 경우마다 개개의 가격으로 매매체결하기 때문에 복수의 가격이 형성되는 접속매매방법이다. 반면에 집중거래방법은 일정시간 동안 접수된 호가를 동일시간에 접수한 호가로 보고 매도호가와 매수호가의 합계수량이 합치하는 가격에서 형성되는 단일가매매방법이다.

우리나라에서 계속거래방법과 집중거래방법이 적용되는 시간대는 서로 상이하다. 먼저 전체적인 주문접수시간과 매매거래시간은 〈표 3-7〉의 상단에 표시된 바와 같다. 오전장과 오후장이 통합된 단일장(09:00～15:30)의 운영체제에서 정규시장과 시간외시장으로 구분되는데, 매매체결은 장중에는 계속거래방법인 접속매매를 채택하고 있지만, 예외적으로 08:00～09:00, 14:50～15:30 사이, 시가와 종가를 결정할 때에는 집중거래방법인 단일가매매방법을 적용하고 있다.[9]

복수가격에 의한 개별경쟁매매가 이루어질 때에는 다음과 같은 매매체결의 원칙에 의해서 가격, 시간, 수량 기준의 우선순위에 따라 매매거래가 체결된다.

---

8) 매매주문은 투자자의 호가주문을 대응시키는 방법으로 주문을 체결시키는 주문주도형시장(order-driven market)과 시장조성인(market maker)이 제공하는 호가에 의해 투자자가 대응함으로써 매매가 체결되는 딜러시장(quote-driven dealer market)으로 구분된다. 우리나라 시장은 주문주도형시장이다.

9) 일반적으로는 '가격우선원칙'과 '시간우선원칙'이 적용되지만, 예외적으로 시가 등이 상 · 하한가로 결정되는 경우에는 단일가매매에 참여한 상한가매수호가 또는 하한가매도호가(시장가호가 포함) 간에는 동시에 접수된 호가로 간주하여 시간상 우선순위를 배제하고 있다. 이를 동시호가(同時呼價)제도라고 하고 시가결정뿐만 아니라 Circuit Breakers 발동, 전산장애 또는 풍문 등에 의한 거래중단 후 재개시의 최초가격이 상 · 하한가로 결정되는 경우에도 적용된다. 그러나 종가결정 또는 시간외단일가매매시에는 동시호가제도를 적용하지 않는다.

① 가격우선의 원칙 : 팔자(매도)의 주문은 낮은 가격의 주문일수록 우선하고, 사자(매수)의 주문은 높은 가격의 주문일수록 우선한다.
② 시간우선의 원칙 : 동일가격의 호가에 대해서는 호가가 행해진 시간선후에 따라 먼저 접수된 호가가 나중에 접수된 호가보다 우선한다.
③ 수량우선의 원칙 : 가격과 시간이 동일할 경우에는 수량이 많은 주문이 수량이 적은 것에 우선한다.
④ 위탁매매우선의 원칙 : 고객이 주문한 위탁매매의 호가가 증권회사의 자기매매의 호가에 우선한다.

(4) 매매계약의 결제

증권의 매매거래형태는 일반적으로 결제방법과 결제기간을 기준으로 하여 청산거래와 실물거래로 구분된다. 청산거래는 매매계약의 시기와 현금 및 증권의 수도기일 사이에 일정한 시차가 있어서 결제기일 전에라도 증권의 반대매매(전매 또는 환매)를 통해 그 차금을 수수하는 거래를 말한다.

실물거래는 청산거래에 반대되는 것으로 현금거래(cash trading) 또는 즉시거래라고도 하는데, 이는 다시 매매계약체결일과 결제일의 시간적 간격에 따라 당일결제거래와 보통거래로 구분된다. 우리나라에서는 보통거래제도를 채택하고 있는데, 보통거래라 함은 매매계약을 체결한 날로부터 3일째 되는 날(다만, 한국거래소가 시장관리상 특히 필요하다고 인정하여 지정한 종목의 경우에는 14일 이내에서 한국거래소가 지정한 날)에 수도 결제하는 것을 말한다. 만약 수요일에 주식매도가 이루어졌을 경우 매매대금은 3일째 되는 날인 금요일에 받게 된다.

증권매매거래의 최종적인 체결수행은 증권대체결제제도를 통해 이루어진다. 즉, 증권의 매매가 있을 때마다 모든 거래에 대하여 증권현물과 현금을 수도(受渡)하는 대신, 여러 거래 후에 각 거래원의 계좌에서 차이가 나는 금액이나 증권, 즉 순감소액이나 순증가액만을 대체결제하는 방법으로 이루어진다. 우리나라에서는 한국예탁결제원(www.ksd.or.kr)이 대체결제기능을 수행하고 있다.[10)]

10) 한국예탁결제원은 대체결제업무 이외에 유가증권의 보관업무, 명의개서 대행업무, 배당금 및 사채원리금의 지급대행업무를 수행한다.

(5) 신용거래

실물거래(실수급)에 적정량의 투기적 요소(가수요)를 도입하면 증권에 대한 수요와 공급이 증가하여 거래가 활발해지고, 가격형성기능이 원활히 발휘될 수 있는 면이 있다. 금융기관에서 자금을 차입받아 증권투자를 하는 경우가 대표적 예이다.

신용거래(margin trading)란 실물거래(실수급)에 적당량의 투기적 요소(가수요)를 도입하는 방법인데, 개인투자자의 입장에서 신용거래는 일정금액(현금)을 대출(융자)받아 자기자금 이상으로 증권을 매입·보유하는 거래(long position)와 증권을 대출받아 이를 매도하는 거래가 있다. 후자의 경우는 공매도 또는 대주거래(short selling, short position)라고 하는데, 투자자(매도인)가 보유하고 있지 않은 증권을 매도하는 것으로 다른 제3자로부터 증권을 일정기간 동안 빌려서 팔고 일정기간이 경과한 후에 그 증권을 시장에서 매입하여 상환하는 방법이다.[11] 따라서 공매도는 증권을 빌려서 매도하는 것이므로 차입매도라고 할 수 있으며, 증권을 빌려주는 제3자의 입장에서는 대주(貸株)라고 할 수 있다. 이러한 공매도는 증권가격이 하락되리라 예상되는 상황에서 매매시세차익을 얻기 위해 이용되는 신용거래이다.[12] 신용거래에 소요되는 자금은 일반적으로 증권회사가 그 자금(신용거래융자자금)을 증권금융회사에서 차입하고 있다.[13]

신용거래를 위해서는 신용거래계좌 개설 후, 매매주문시에 매매대금에 신용거래보증금률을 곱한 금액 이상을 신용거래보증금(margin requirement)으로 증권회사에 예치해야 한다. 이를 근거로 융자에 의한 증권매수 또는 대주거래에 의한 증권매도의 신용거래를 하게 된다. 신용거래에 의해 매입된 주식은 증권회사가 담보로 보유하고 담보주식의 시장가치에서 융자금액을 차감한 잔액은 고객의 지분(equity)이 된다. 신용거래가 과다해져 증권시장이 과수요로 과열되는 상황이 되면, 수요를 진정시키기 위해 신용융자액의 축소 또는 신용거래보증금률의 인상 등의 규제방법으로 시장안정화 조치를 취하기도 한다.

---

11) 공매도는 ① 소유하지 않은 증권의 매도인 무차입공매도(naked short selling)와 ② 주식을 빌려서 매도하는 차입공매도(covered short selling)로 구분되는데, 우리나라에서는 ② 차입공매도만 인정되고 있다.

12) 주가의 급락 상황에서 주가하락을 더욱 가속화시킨다는 이유로 공매도제도 폐지의 주장이 제기되기도 한다. 공매도제도의 순기능으로는 차익거래로 파생상품과 기초자산 간 가격괴리 해소로 인한 합리적 가격결정, 정보효율성 제고, 시장의 유동성 확대, 다양한 투자전략 제공을 들 수 있다. 반면에 역기능으로는 주가변동성 확대, 시장불안시에 시세조정 수단으로의 악용가능성 등이 지적된다.

13) 유가증권의 발행과 유통을 원활히 하도록 유가증권의 인수나 매매에 필요한 자금을 융자해 주는 증권금융을 전담하는 기관으로 우리나라에는 한국증권금융주식회사(www.ksfc.co.kr)가 있다.

3. 시장관리제도와 매매규제

유통시장의 가장 중요한 역할은 증권의 매매가 원활하고 공정하게 이루어지도록 하여 공정한 가격형성기능이 발휘되도록 하는 것이다. 그러나 가격조작 등이 용이하거나 증권가격의 급등락으로 인하여 거래질서가 혼란하면 이러한 기능을 기대할 수 없다. 이러한 위험을 방지하고 선의의 투자자를 보호할 목적으로 증권거래에 관한 여러 가지 시장관리제도와 규제를 통한 가격안정화 조치가 사용되고 있다.

(1) 가격제한폭의 설정과 매매거래중단제도

가격제한폭제도는 급격한 가격변동으로 인한 거래질서의 혼란을 막기 위해 하루 동안 변동할 수 있는 최대 가격변동폭을 설정하고 이 범위 내에서만 거래가 이루어질 수 있도록 허용하는 제도이다. 전일의 종가기준으로 당일 오를 수 있는 가격폭까지 오른 시세를 상한가, 가격폭의 하한까지 떨어진 시세를 하한가라고 하는데, 유가증권시장과 코스닥시장 공히 상 · 하한가가 전일종가 ±30%로 설정되어 있다.

한편 가격제한폭이 확대됨에 따라 나타날 수 있는 시장의 과민반응을 진정시키고, 시장실패의 가능성을 최소화하기 위한 제도적 장치로서 매매거래중단제도가 있다.[14] 주식시장의 매매거래중단(circuit breakers)은 증권시장의 내 · 외적인 요인에 의한 갑작스런 주가급락에 따라 증권시장이 크게 불안정하게 되어 하루 중 지수가 일정수준 이상 급락하는 경우, 투자자들에게 냉정한 투자판단 시간을 제공하기 위하여 시장에서의 모든 매매거래를 일시적으로 중단하는 제도이다. 현재는 코스피 또는 코스닥 지수가 전일 종가 대비 8% 이상 하락한 상태가 1분 이상 지속되면 제1단계 매매중단조치로서 주식시장과 관련 파생상품시장의 모든 거래를 20분간 정지시키고, 20분이 지나면 10분간 호가를 접수하여 매매를 재개시킨다.[15]

충격완화장치로서 사이드카(side car)제도도 운영되고 있는데, 이는 선물가격(KOSPI 200지수, STAR지수)이 전일 종가 대비 5% 이상(코스닥은 6% 이상) 오르거나

14) 가격제한폭이 ±30%로 확대되면서, 매매거래중단제도 이외에도 두 가지의 변동성 완화장치가 보완되었다.
① 동적 변동성 완화장치 : 코스피 200종목은 직전가격 대비 3% 또는 코스피 일반 · 코스닥 종목은 6% 이상 가격변동시 2분간 단일가매매로 전환
② 정적 변동성 완화장치 : 전날 종가 또는 장중 새로운 단일가격 대비 10% 이상 가격변동시 2분간 단일가매매로 전환

15) 15% 이상 하락시에는 제2단계 조치, 20% 이상 하락시는 제3단계 조치(당일 장종료 조치)를 취함. KRX, 주식시장 매매제도의 이해, 2016, p.93 참조.

떨어진 상태가 1분간 지속될 때 1일 1회에 한하여 주식시장 프로그램매매 호가 효력을 5분간 정지시키는 제도이다.

(2) 불공정거래행위에 대한 규제

유통시장에서 공정한 가격형성기능이 발휘되기 위해서는 공정한 거래를 제한하는 불공정거래행위가 규제되어야 한다. 대표적인 불공정거래행위로는 내부자거래, 증권관계임직원의 매매, 시세조종, 불성실공시, 임의매매 등을 들 수 있다.

내부자거래는 직무수행과정에서 얻은, 일반인에게 공개되지 않은 정보를 이용하여 당해증권을 거래함으로써 부당하게 이득을 얻는 행위이다. 내부자의 범위에는 특정회사와 직접적인 관련이 있는 회사 임직원, 주요 주주, 관련 증권회사 임직원뿐만 아니라 업무처리과정에서 내부정보를 입수할 수 있는 관련 공무원이나 감독기관의 임직원, 회계사, 변호사, 관련 거래은행 임직원 그리고 직·간접적으로 이와 같은 내부정보를 입수한 자가 포함된다. 이들 내부자들이 합병, 영업양수도, 증자, 재해발생 등 투자자의 투자판단에 중요한 영향을 미칠 수 있는 공개되지 않은 정보를 이용하여 부당이득을 얻은 증권매매를 했을 때에는 단기매매차익 반환이나 형사처벌과 같은 방법으로 규제하고 있다.

이 밖에도 증권거래에서 투자자로 하여금 그 거래가 성황을 이루고 있는 듯이 오인하게 하거나 그릇된 판단을 하게 할 목적으로 행하는 통정매매, 가장매매와 같은 시세조종행위도 목적범적 행위로 보고 강력하게 규제하고 있다.

(3) 시장경보제도의 운영과 관리종목, 상장폐지의 지정

투기적이거나 불공정거래의 개연성이 있는 종목 또는 주가가 단기간에 비정상적으로 급등하는 종목의 경우 투자자의 주의를 환기하기 위해 시장경보제도가 운영되고 있다. 시장경보제도는 『투자주의종목→투자경고종목→투자위험종목』으로 연결되는 3단계 지정제도로 일반투자자의 추종매매를 억제하고 불공정거래의 확산을 사전에 차단하기 위한 시장관리제도이다. 최근 5일간의 주가상승률이 60% 이상이면서 당일의 주가가 최근 15일 중 최고가인 경우 단기급등지정예고종목이 되고, 10일 동안 이 상태가 해소되지 않으면 투자주의종목으로 지정된다.

상장폐지에 해당되는 사유가 발생한 종목에 대해서는 관리종목으로 지정하여 투자자의 주의를 환기시키고 있다. 관리종목 대상이 되는 것은 기업경영이 부진하거나 부도발생, 3년 연속 자본잠식, 감사의견의 부적정 또는 3년 연속 의견거절, 또

〈표 3-8〉 관리종목지정 및 상장폐지 기준

구 분	관리종목지정 기준	상장폐지 기준
영업활동정지	해당시	6개월 내 미해소
부도 · 은행거래정지	–	해당시
자본잠식	50% 이상	자본전액 잠식 또는 50% 이상 2년 계속
주식분산기준 미달*	해당시	2년 계속
불성실공시	고의 · 상습위반(1년 2회)	6개월 내 추가 1회
월평균거래량 1% 미만	3개월 계속	6개월 계속
매출액	50억원 미만	매출액 50억원 미만 1회 추가시
주가	액면가 20% 미만 30일 계속	90일 중 액면가 20% 이상 10일 계속 및 누적 20일 요건 미충족
시가총액	25억원 미만 30일 계속	90일 중 25억원 이상 10일 계속 및 누적 30일 요건 미충족

* 주식분산기준 미달 : ① 소액주주수가 200인 미만이거나 소액주주비율 10% 미만 또는 ② 최대주주 등의 소유비율이 80% 이상(공공적법인, 정부가 최대주주인 경우 제외)

자료 : 한국거래소(KRX)

는 회사정리절차 개시 등의 사유가 발생했을 경우이다. 관리종목의 대상으로 지정되기 전 상장법인의 존폐와 관련된 풍문 등으로 투자자 보호가 필요할 때에는 해당 종목에 대해 개별종목 매매거래 정지조치를 취할 수 있다. 중단사유에 대한 조회결과가 공시되고 30분이 경과하면 거래가 재개된다. 상장회사의 경영내용이 악화되어 회복될 수 없다고 판단되는 상황(영업활동 정지 6개월 이상 지속, 자본 전액잠식 또는 50% 잠식 상태 2년 이상 지속, 부도나 은행거래 정지 등의 상장폐지 요건에 해당되는 경우)이면 상장폐지 조치를 내린다. 구체적인 관리종목지정 및 상장폐지 기준은 〈표 3-8〉과 같다.

제3절 증권시장지표

1. 증권시장지표의 의의

증권시장의 전반적인 동향을 판단할 수 있는 증권시장지표들은 투자결정에 유용한 정보가 된다. 많이 이용되는 증권시장지표(stock market indicators)로는 주가지수, 거래량, 거래금액, 거래형성률과 종목수, 등락종목수, 회전율, 주가수익비율(*PER*), 주가순자산비율, 배당수익률 등이 있다. 그런데 이 가운데 주식의 주가변동을 지수로 표시한 주가지수가 대표적인 증권시장지표로 이용되고 있다. 그래서 증권시장지표와 주가지수는 거의 동의어로 쓰일 정도이다.

주가지수는 증권시장의 전반적인 동향을 판단하는 데 주로 사용되지만, 투자결정시 다음과 같은 측면에서도 이용된다.

① 주가지수는 실물경제의 상황과 전망을 잘 반영하므로 미래의 실물경제를 예측하는 선행지표(leading indicator)로서 이용된다.

② 주가지수는 평균적인 주가상승의 정도를 나타내는 것이므로 투자자의 투자성과를 평가하는 기준(bench mark)이 된다.

③ 기술적 분석에서는 과거 일정기간의 주가지수의 변동추세를 보아 미래주식시장 전반에 대해 예측할 때 사용된다.

④ 포트폴리오 분산투자 위험은 시장 전체 변동과의 관계에서 설명되는 체계적 위험이 중요한데(제5장~제8장에서 설명), 이때 시장수익률의 대용치(proxy)로서 주가지수를 사용한다.

⑤ 다양한 파생금융상품(선물, 옵션 등)의 기초자산으로 활용된다. 주가지수를 기초자산으로 하여 주가지수를 추종하는 인덱스펀드, ETF상품 등 지수상품을 만들어 투자관리에 유용하게 사용하고 있다.

⑥ 우리나라 주가지수가 글로벌지수에 편입되느냐에 따라 글로벌 포트폴리오의 한 부분을 이루게 되어 국내주식에 대한 추가적인 투자와 유동성 증가를 초래하기도 한다.

2. 주가지수의 작성방법

주가지수(stock price index)는 어느 기준시점에서의 주식시장 전체의 가격수준을 100으로 하여 비교시점에서의 가격수준을 이 100에 대한 상대치로 환산하여 표시하는 방법이다. 즉,

$$\text{주가지수} = \frac{\text{비교시점에서의 시장 전체의 주가수준}}{\text{기준시점에서의 시장 전체의 주가수준}} \times 100 \quad (3.3)$$

따라서 주가지수는 어느 특정시점에서 주식시장 전체의 주가수준을 어떤 방법으로 측정하느냐에 따라 여러 주가지수가 작성될 수 있다. 각 시점에서 주식시장 전체의 주가수준을 측정하는 것은 다음 사항에 따라 차이가 있게 된다.

① 지수산정에 포함할 채용종목의 선택
② 주가의 평균수준을 계산할 때의 가중방법

(1) 채용종목의 선택

주가지수의 산정에 포함시킬 채용종목(constitution)은 전반적인 주가움직임을 잘 대변하는 종목이어야 할 것이다. 통계학적으로는 16~32개의 종목을 무작위로 뽑으면 전체를 대표할 수 있다고 하나 그 정확성에 문제가 있을 수 있다.

미국에서 1896년부터 사용되고 있는 다우존스 산업지수(DJIA : Dow-Jones Industrial Average)의 채용종목은 NYSE에서 거래되는 주식 중 각 산업 선도기업의 주식(blue-chips) 30개이다.[16] 장기간에 걸쳐 일관성이 있는 지수로 인정되고 있지만, 채용종목이 적어서 미국 증권시장의 전반적인 동향을 엄격하게 반영하는 데에는 한계가 있을 수 있다.

반면에 채용종목이 많아지면 계산의 신속성과 경제성이 저하될 우려가 있다. 그러나 요즈음은 컴퓨터의 발달로 인하여 채용종목이 많아지는 것이 별로 문제가

16) 세계 증권시장에 가장 크게 영향을 미치고 있는 시장은 미국 증권시장이고, 미국 증권시장의 동향을 파악하는 데 가장 널리 인용되고 있는 것은 다우존스 산업지수이다. 이 지수의 연혁을 보면, 1882년 찰스 다우, 에드워드 존스, 찰스 버그스트리저 3인은 공동으로 Dow Jones & Co를 설립하고, 「Wall Street Journal」의 원형인 「Customer's Afternoon Letter」라는 신문을 창간, 동 신문에 최초로 주식시세를 게재하였으며, 다우존스 주가평균(DJA)을 1884년 최초로 발표하였다. 1896년 12개의 산업별 대표기업의 주가를 평균하여 다우존스 산업지수(DJIA)로 발전하였고, 1928년부터 지금과 같은 30종목으로 확대되었다.

되지 않고 있다. 오히려 채용종목이 많으면 시장 전체를 잘 대표할 수 있는 장점이 있게 되는데, 현재 우리나라에서 사용되고 있는 한국종합주가지수는 채용종목이 전 종목이다.

(2) 가중방법

주가의 평균수준을 계산할 때 적용하는 가중방법에 따라 주가지수는 다르게 작성된다. 가중방법에는 다음 세 가지가 있다. 이 가운데 실제로 사용되고 있는 방법은 주로 ①과 ②의 방법이다.

① 주식가격을 단순평균하는 방법
② 주식의 총시장가치에 가중하는 방법
③ 동일 가중치로 평균하는 방법

1) 주식가격 단순평균방법

주식가격 단순평균방법은 주식가격에 가중치(price-weighted average)를 주어 평균하는 방법으로서, 어느 특정시점에서의 주가평균을 구할 때 채용종목의 주가를 합한 다음 이를 종목수로 나누어 지수로 나타낸 것이다. 즉,

$$I_t = \frac{(\sum_{i=1}^{n} P_{it})/n}{(\sum_{i=1}^{n} P_{i0})/n} \times 100 \tag{3.4}$$

단, I_t : t시점에서의 주가지수
n : 채용종목수
P_{i0}, P_{it} : 기준시점(0), 비교시점(t)에서의 주식 i의 주가

〈표 3-9〉에 예시된 세 주식을 대상으로 하면 기준시점의 주가평균은 30,000원이고, 비교시점의 주가평균은 40,000원이다. 따라서 주가지수(I_t)는 133이 된다.

이처럼 주식가격에 가중하는 주가지수는 계산상의 특성 때문에 몇 가지 문제점을 지니고 있다.

첫째, 무상증자 등의 경우처럼 채용종목들의 발행주식수에 변동이 생기면 지수 작성의 일관성을 유지하기 위하여 나누어 주는 수인 제수(除數, divisor)를 수정하는

〈표 3-9〉 주식가격에 가중평균하는 지수의 작성

	기준시점(0)에서의 주가	비교시점(t)에서의 주가	
		액면분할 전	액면분할 후
주식 A	40,000원	60,000원	30,000원
주식 B	30,000	40,000	40,000
주식 C	20,000	20,000	20,000
주가평균	90,000÷3=30,000원	120,000÷3=40,000원 (분할 전 제수=3)	90,000÷n=40,000원 ∴ 새로운 제수=2.25

데, 이러한 제수수정방법은 현실과의 괴리감을 초래할 수 있다.

예를 들어, 〈표 3-9〉에서 예로 든 주식의 경우 t시점에서 주식 A가 2 : 1로 액면분할된 경우를 보자. 단순히 분할된 가격수준을 그대로 합하면 주가평균이 30,000원이 된다. 이론적으로 볼 때 주식가치는 주식분할이 있기 전의 주가평균 40,000원이 유지되어야 하므로 제수(여기서는 발행주식수)를 3으로 하지 않고, 2.25로 하면 40,000원의 주가평균을 유지하게 된다. 주식가격에 가중하여 주가지수를 작성할 때에는 이와 같이 제수를 수정하여 지수의 일관성을 유지해야 한다.

둘째, 이 지수작성방법은 단순주가에 가중하는 방법이므로 고가주식의 가격변동이 저가주식의 가격변동보다 지수에 더 큰 영향을 준다는 문제점을 지닌다.

〈표 3-10〉에서 보면 주식 A와 주식 B가 상황 1과 상황 2에서 각각 20%씩 가격이 상승하였을 경우, 각 상황에서의 지수상승은 상황 1(고가주만 상승)에서는 16% 상승, 그리고 상황 2(저가주만 상승)에서는 4% 상승으로 나타나고 있다. 고가주식의 가격변동이 지수에 큰 영향을 미치는 것을 알 수 있다.

셋째, 고가주식일 때에는 지수에 큰 영향을 미치지만 주식분할 등으로 인하여 단순주가가 하향조정되면 지수에서의 비중이 낮아지므로 지수의 일관성이 결여된다.

〈표 3-10〉 주식가격에 가중하는 주가지수 : 고가주의 영향이 크다

	기준시점(0)의 주가	비교시점(t)의 주가	
		상황 1	상황 2
주식 A	20,000원	24,000원	20,000원
주식 B	5,000	5,000	6,000
주가평균	25,000÷2=12,500원	29,000÷2=14,500원	26,000÷2=13,000원
주가지수상승률		$\frac{14,500}{12,500}\times 100=116$	$\frac{13,000}{12,500}\times 100=104$

이처럼 주식가격에 가중하는 주가지수 중에서 대표적인 것은 앞서 설명한 다우존스 산업지수(DJIA), Nikkei 225 등이 있다.

2) 시가총액 가중방법

앞에서 설명한 것처럼 주식가격에 가중하는 방법은 계산이 간단하고 편리성은 높지만, 지적한 여러 가지 문제점을 지닌다.

시가총액식 주가지수(market value weighted index)는 기업의 발행주식수에 주식의 시장가격을 곱한 총시장가치에 가중치를 주는 주가지수로서, 주식가격 가중방법지수의 문제점을 해결해 준다. 총시장가치에 가중하는 방법을 사용하는 지수로는 미국의 S&P 500지수와 NYSE지수, 한국거래소(KRX)의 종합주가지수(KOSPI) 그리고 KOSPI 200 등이 있다. 이들 지수의 계산방법은 다음과 같다.

$$I_t = \frac{\sum P_{it}\, Q_{it}}{\sum P_{i0}\, Q_{i0}} \times 100 \tag{3.5}$$

단, P_{i0}, P_{it} : 기준시점(0), 비교시점(t)에서의 주식 i의 가격

Q_{i0}, Q_{it} : 기준시점(0), 비교시점(t)에서의 주식 i의 발행주식수

I_t : 비교시점(t)에서의 주가지수

시가총액식 주가지수 작성방법을 적용하면 주식분할이나 그 외의 어떤 자본의 변화에도 자동적인 조정이 가능하다. 또한 규모가 큰 회사의 일정비율의 가격변동은 작은 회사의 그것과 그 영향이 같다. 이처럼 주식의 총시장가치로 가중치를 삼으면 경제적 비중이 높은 주식이 지수에 높게 반영된다는 장점을 지니고 있다.

〈표 3-9〉에서 주식 A, B, C의 경우 발행주식수와 총시장가치가 〈표 3-11〉과 같다면 지수의 상승률은 20%가 된다. 주식가격에 가중치를 줄 경우 지수상승률은 33%가 되는 것에 비하면 낮은 상승률이다.

〈표 3-11〉 시가총액식 주가지수

주 식	발행주식수	기준시점(0)		비교시점(t)	
		주 가	시가총액	주 가	시가총액
주식 A	100,000주	40,000원	40억원	60,000원	60억원
주식 B	200,000	30,000	60	40,000	80
주식 C	500,000	20,000	100	20,000	100

$$I_t = \frac{60억원 + 80억원 + 100억원}{40억원 + 60억원 + 100억원} \times 100 = \frac{240억원}{200억원} \times 100 = 120$$

그 이유는 주가상승이 없었던 주식 C가 단순주가는 20,000원으로 낮으나 발행주식수가 많아 시가총액은 높은 데 기인한다. 총시장가치에 가중하는 방법에서는 이처럼 규모(시가총액)가 큰 주식의 비중이 높아진다. 기업규모가 크다는 것은 증권시장에서의 경제적 비중이 높다는 것을 뜻하므로 규모에 따라 주가지수의 비중이 결정되는 시가총액법이 논리적으로 타당하다. 그러나 주식시장흐름이 중소형주는 소외되고 대형주 중심으로 진행되는 경우처럼 특정 주식군이 주도하는 장세라면 체감지수와 차이를 보일 수 있다.

시가총액식 주가지수는 주가 이외에 주식수도 반영되어 있는데, 시가총액이 크더라도 연기금 등이 다량 보유하고 있으면 거래규모가 적고 유동성이 떨어지므로 시장흐름을 적절히 반영하지 못하는 문제점을 보이는 경우가 있다. 유동주식수 시가총액식 주가지수(float-adjusted market-capitalization-weighted index)는 주식수를 상장주식수가 아닌 실제 매매가 가능한 유동주식수(대주주 소유 주식수 제외)만을 기준으로 작성하는 시가총액식 주가지수이다. 유동주식수 기준으로 주가지수를 작성하면 시장상황을 보다 잘 반영한다는 장점이 있게 된다. 한국거래소에서 발표하는 KRX 100 지수, MSCI세계지수 등은 유동주식수 시가총액식 주가지수이다.

3) 동일가중방법

이 밖에도 주가지수의 작성방법으로는 표본에 포함된 모든 주식의 중요도를 동일하게 가중하는 방법(equally weighted indexes)이 있다. 즉,

$$I_t = \frac{1}{n} \sum \frac{P_{it}}{P_{i0}} \times 100 \tag{3.6}$$

단, n : 표본에 포함된 주식의 수

〈표 3-9〉에서 예로 든 경우 동일가중치의 주가지수는 다음과 같이 구해진다.

$$I_t = \left[\left(\frac{60,000}{40,000} + \frac{40,000}{30,000} + \frac{20,000}{20,000} \right) \div 3 \right] \times 100$$
$$= [(1.5 + 1.33 + 1.0) \div 3] \times 100 \fallingdotseq 127.7$$

이 방법은 실무적으로는 별로 이용되고 있지 않지만, 포트폴리오를 구성하는데 있어서 무작위로 주식을 선택하여 모든 주식에 균등한 금액을 투자(equally weighted portfolio)하려는 투자자에게 유익한 지수가 될 수 있다. 이와 같은 지수로는 피셔(L. Fisher)가 작성한 피셔지수(Fisher Index)가 있다.

3. 우리나라 주가지수

우리나라 증권시장에서 투자지표로 사용되는 주가지수로는 한국종합주가지수(KOSPI), KOSPI 200, KOSPI계열지수, KOSDAQ지수, KOSDAQ계열지수, KRX 100, 특수지수 등이 있다.

(1) 한국종합주가지수(KOSPI)

우리나라 최초의 공식적 주가지수는 1972년 35개 시장대표종목을 대상으로 다우존스 방식의 주가평균식으로 작성되는 주가지수로 출발하였다. 따라서 발표되기 시작한 당시는 단순주가에 가중하는 주가지수(다우존스식 주가지수)가 지니는 여러 가지 단점을 지니고 있었다.

이러한 문제점을 줄이기 위해서 1983년 1월 4일부터 시가총액식 주가지수방식을 채택하게 되었다. 현행의 한국종합주가지수(KOSPI : Korea Composite Stock Price Index)는 그 기준시점을 1980년 1월 4일로 삼고, 전 종목을 채용종목으로 하는 시가총액식 주가지수로서, 다음과 같이 산정한다.

$$\text{KOSPI} = \frac{\text{비교시점의 시가총액}}{\text{기준시점의 시가총액}} \times 100 \tag{3.7}$$

만약 시가총액이 시황변동 이외의 사건으로 인하여 변동하는 사건(신규상장, 유상증자, 합병, 상장폐지, 우선주의 보통주로의 전환, 전환사채의 보통주전환 등)이 발생했을 경우에는 지수의 연속성을 위해 기준시점의 시가총액을 다음과 같이 수정한다.

$$\begin{aligned}\text{신 기준시가총액} &= \text{구 기준시가총액} \\ &\quad \times \frac{\text{변동전일의 시가총액} \pm \text{시가총액 변동액}}{\text{변동전일의 시가총액}}\end{aligned} \tag{3.8}$$

이 방법에 의하면 앞서 설명한 주식가격에 가중치를 둔 주가지수방법의 한계점이 극복되며 지수의 연속성 유지가 보다 용이하고 다른 일반 경제지표와 밀접한 연관성을 갖는다는 장점을 지니게 된다. 반면에 가격변동 이외의 상황변동으로 시가총액을 수정할 경우 배당이 포함되지 않는다는 단점이 있다. 대형주의 비중이 너무 높은 상황이 되면 체감지수와 괴리가 발생하는 한계점도 있다.

(2) KOSPI 200지수

KOSPI 200지수는 주가지수선물과 주가지수옵션 시장이 개설됨에 따라 이들 파생상품의 매매거래 대상지수를 산출하기 위해 1994년 6월부터 발표하기 시작하였다. KOSPI 200지수는 1990년 1월 3일을 기준일로 하여 상장주식 중 8개 대분류 산업별 대표 200종목을 대상으로 작성되는 유동주식수 시가총액식 지수이다. 200개의 구성종목은 상장종목 중에서 시가총액, 시장대표성, 업종대표성, 유동성을 감안하여 선정되는데, 전체시장 시가총액의 70% 정도를 차지한다. KOSPI 200지수는 선물·옵션의 대상지수로뿐만 아니라 인덱스펀드, ETF 등 다양한 금융상품에 이용되고 있다.

이 밖에도 KOSPI계열지수로 다음과 같은 지수가 작성되고 있다.

- KOSPI 50, KOSPI 100 : 유가증권시장 50종목, 100종목
- 산업별 지수 : 22개 산업지수[17)]
- 제조업지수 : 제조업 전종목
- 시가총액규모별 지수 : 대형주(100종목), 중형주(200종목), 소형주(잔여)
- 코스피 배당지수, 고배당 50지수 : 배당(배당성향, 배당수익률) 우수 50종목

(3) 코스닥지수

이상의 KOSPI나 KOSPI 계열지수는 유가증권시장에서의 주가움직임을 보기 위해서 작성되어 온 지수이다. 이와는 달리 코스닥시장이 성장하면서 코스닥시장의 주가움직임을 파악할 수 있는 지수로서 코스닥지수, 코스닥스타지수 등이 작성되고 있다.

코스닥지수(KOSDAQ Index)는 코스닥시장에 상장되어 있는 종목을 대상으로 하

17) 현재 유가증권시장의 산업분류는 기본적으로 한국표준산업분류기준에 따른 22개 업종지수가 있다. 구체적으로는 제조업(음식료품, 섬유의복, 종이목재, 화학, 의약품, 비금속, 철강금속, 기계, 전기전자, 의료정밀, 운송장비), 유통업, 전기가스업, 건설업, 운수창고, 통신업, 금융업(은행, 증권, 보험), 서비스(숙박, 교육서비스, 오락 등)로 분류하고 있다.

여 시가총액방식으로 작성되며, 1996년 7월 1일을 기준시점(주가지수=1,000)으로 하여 1997년 1월 3일부터 발표되고 있다.

코스닥스타지수(KOSTAR Index)는 기존의 '코스닥 50지수'를 대체하여, 코스닥시장에 상장된 주식 중 유동성, 경영투명성, 재무안정성 등을 감안하여 선정되는 30개 우량종목을 대상으로 작성되는 지수이다. 기준시점은 2003년 1월 2일, 기준지수는 1,000이고, 주가지수선물, 지수펀드(ETF), 인덱스펀드 등의 상품에 활용되고 있다. 이밖에도 KOSDAQ계열지수로 다음과 같은 지수가 작성되고 있다.

- 코스닥 우량기업부, 벤처기업부, 중견기업부, 기술성장기업부 지수
- 코스닥 프리미어지수 : KOSDAQ시장 우량 100종목
- 코스닥 IT지수 : KOSDAQ시장 IT기업 전종목
- 산업별 지수 : 일반업종 19개, IT업종 14개[18)]
- 시가총액규모별 지수 : 대형주(100종목), 중형주(300종목), 소형주(잔여)

(4) KRX 100지수와 특수지수

유가증권시장과 코스닥시장의 주가움직임이 모두 고려되도록 작성되고 있는 주가지수로는 KRX 100지수가 있다. KRX 100지수(Korea Exchange 100)는 유가증권시장에서 90개, 코스닥시장에서 10개의 우량종목(수익성, 안전성, 건전성 면에서 양호하고, 증권거래 유동성이 풍부한 시장 대표기업, 대상종목의 교체는 매년 6월 둘째주 금요일에 정기 조정), 총 100개 종목에 대하여 유동주식 시가총액 기준으로 작성된다. 2001년 1월 2일을 기준시점(주가지수=1,000)으로 하여 2005년 6월 1일부터 발표되기 시작했으며 상장지수펀드(ETF), 인덱스펀드 등 다양한 상품에 활용되고 있다.

이 밖에도 KRX계열지수로 15개 주요 산업별로 작성되는 섹터지수(sector index)와 다음과 같은 특수지수가 발표되고 있다.

- KTOP 30 : 다우존스지수체계에 따라 작성되는 KRX의 30개 우량종목 지수
- KRX 섹터지수 : 투자자 주요 관심부문에 대한 지수[19)]
- KRX SRI지수 : 사회책임투자(환경, 사회, 지배구조 등) 우수기업 70종목

---

18) 일반업종 19개와 IT업종 14개(통신방송서비스, 인터넷, 디지털콘텐츠, 컴퓨터서비스, 소프트웨어, 통신장비, 정보기기, 반도체, IT부품 등)로 세분되어 산업별 지수가 산출되고 있다.

19) KRX자동차, 반도체, 건강, 정보통신, 은행, 에너지화학, 철강, 필수소비재, 미디어통신, 건설, 증권, 조선, 보험, 운송, 블루칩 등으로 나뉘어 ETF, 인덱스펀드 구성에 활용되고 있다.

• KRX 배당지수 : 이익발생능력과 배당실적이 우수한 종목으로 구성
• 기업지배구조지수(KOGI) : 기업경영이 투명하고 지배구조가 우수한 종목으로 구성
• V-KOSPI 200(변동성지수) : KOSPI 200의 옵션가격을 이용하여 KOSPI 200지수의 미래 변동성을 측정하는 지수
• KOSPI 200 레버리지지수 : KOSPI 200 수익률의 2배 수익률에 연동
• KOSPI 200 인버스지수 : F-KOSPI 200 수익률과 정반대의 수익률에 연동
• F-KOSPI 200지수 : KOSPI 200선물지수
• F-USDKRW지수 : 미국달러 선물지수
• 글로벌지수 : 아시아 100지수(아세안 5개 시장 우량 100종목)

위에 소개된 지수는 한국거래소(KRX)가 발표하는 지수이지만, 투자흐름을 파악하는 데 언론사나 지수전문회사가 발표하는 다음의 주가지수를 참고하기도 한다.

• 한경다우지수 : 「한국경제신문」에서 발표하는 주가지수
• 매경지수 : 「매일경제신문」에서 발표하는 주가지수
• MKF지수 : FnGuide사가 매일경제신문사와 함께 만든 지수로서, 유가증권시장과 코스닥시장에 상장된 시가총액 상위 500개 회사로 구성

4. 글로벌 주가지수

해외 증권투자가 크게 증가하면서, 해외 주요 주식시장의 주가움직임을 파악하는 것이 매우 중요해졌다. 글로벌 포트폴리오를 구성해야 하는 투자자에게는 특정 다수국가의 주가지수를 종합하여 투자판단을 하는 것이 필요하다. 〈표 3-12〉는 주요국의 대표 주가지수이다.

여러 나라들의 지수를 상호 비교해야 할 경우, 각 국가의 주가지수는 표본선택방법, 가중치부여방법, 일관성 유지 등이 서로 다르기 때문에 비교가능성의 문제가 제기된다. 이 문제를 해결하기 위해서는 일관성 있게 작성되는 글로벌 주가지수(global equity indexes)가 필요하다.

가장 널리 이용되고 있는 글로벌 주가지수에는 MSCI지수(Morgan Stanley Capital International Indexes), FTSE지수(영국의 Financial Times와 런던증권거래소가 공동으로 작성하는 주가지수), DJ세계주가지수, EAFE(Europe, Australia and the Far East)지수 등이 있

〈표 3-12〉 주요국의 대표 주가지수

국 가	지수명*	기준일	포괄종목	작성기관
미국	DJIA	1896.5.26 =40.96	NYSE 및 나스닥 상장 30개 우량종목. 단순주가평균지수	다우존스사
	NASDAQ	1971.2.5 =100	나스닥 상장 전종목(3,206개) 시가총액식	나스닥
	S&P 500	1941～1943년 =10	NYSE, NASDAQ, AMEX 상장 500개 우량종목. 시가총액식	Standard & Poor's
	필라델피아 반도체지수(SOX)	1993.12.1 =200	Intel, TSMC 등 반도체 관련 19개 종목	필라델피아증권거래소
일본	NIKKEI 225 (日經지수)	1949.5.16 =176.21	동경거래소 1부 상장 225개 우량종목	일본경제신문사
영국	FTSE 100	1983.12.31 =1,000	런던거래소 상장 100개 시가상위 종목	FTSE(FinancialTime)와 런던거래소의 합작회사
독일	DAX 30	1987.12.31 =1,000	프랑크푸르트거래소 상장 30개 시가상위 종목	프랑크푸르트거래소
프랑스	CAC 40	1987.12.31 =1,000	Euronext Pans 상장 40개 시가상위 종목	Euronext(프랑스 주축 4개국 통합거래소)
홍콩	Hang Seng	1964.7.31 =100	홍콩거래소 상장 33개 시가상위 종목	Hang Seng Index Service Inc.(HSBC 손회사)
싱가포르	STI	1966.12.31 =100	싱가포르거래소 상장 30개 종목	Straits Times사 시가상위 종목
중국	상해종합	1990.12.19 =10	상해증시 전 상장종목	상해거래소

* DJIA(Dow Jones Industrial Average), SOX(Semiconductor Sector Index), FTSE(Financial Times Stock Exchange), DAX(Deutscher Aktienindex), CAC(Compagnies des Agents de Change), STI(Straits Times Index)

자료 : 한국은행, 한국의 금융시장, 2016.12

다. 이 중 MSCI지수와 FTSE지수는 전세계의 기관투자자나 펀드매니저의 투자방향에 지대한 영향을 주는 벤치마크지수가 되고 있다. MSCI지수와 FTSE지수는 선진국시장과 준선진국시장, 신흥국시장, 프런티어시장 등으로 분류하여 별도로 발표하고 있다.

주요용어

직접발행
간접발행
총액인수
잔액인수
위탁모집
사모(비공개모집)
공모
인수단
기업공개
최초공모주(IPO)
유상증자
시가발행제도
거래소시장
장외시장
신규상장절차와 상장요건
증권매매거래제도
지정가주문
시장가(성립가)주문
집중거래방법
계속거래방법
실물거래
보통거래
신용거래
공매도(대주거래)
내부자거래
가격제한폭
매매거래중단
시장경보제도
증권시장지표
주가지수
다우존스 산업지수
시가총액식 주가지수
한국종합주가지수(KOSPI)
KOSPI 200지수
코스닥지수
KRX 100지수
유동주식수 시가총액식 주가지수
글로벌 주가지수

연습문제

1. [증권의 발행방법 (1)] 증권의 발행방법으로서 직접발행과 간접발행의 차이점을 설명하라.

2. [증권의 발행방법 (2)] 총액인수, 잔액인수, 모집주선의 차이점을 설명하라.

3. [유상증자] 유상증자시에 이론권리락주가를 구하는 방법을 설명하고, "유상증자 전후의 투자자의 부는 변함없다"는 주장에 대하여 논평하라.

4. [유상증자와 권리락가격] (주)명륜의 발행주식수는 10,000주로서 현재시장에서 10,000원에 거래되고 있다. 이제 이 회사는 5,000주의 신주발행을 계획하고, 발행가격을 7,000원으로 하기로 하였다. (주)명륜의 이론권리락가격은 얼마인가?

5. [증권거래제도] 우리나라에서 증권유통시장의 구조가 어떤 특징을 지니는지에 대하여 설명하라. 상대매매방식으로 매매가 이루어지는 시장은 어느 시장인가?

6. [최초공모주] 기업공개시에 최초공모주(IPO)에 대한 투자를 통하여 초과수익을 얻을 수 있는 원천이 발행증권에 대한 초과수요에 있다는 주장에 대하여 논평하라.

7. [증권매매주문] 증권매매시 매매가격의 지정방법에 대하여 설명하라.

8. [증권매매제도 (1)] 집중거래방법과 계속거래방법의 차이점은 무엇인가?

9. [증권매매제도 (2)] 다수의 증권매매주문이 있을 때 주문이 체결되는 원칙은 무엇인가?

10. [증권결제제도] 우리나라에서 채택하고 있는 증권매매거래의 결제방법이 지니는 특징을 설명하라.

11. [신용거래제도] 신용거래로서 long position과 short position을 비교 · 설명하라.

12. [증권거래규제 (1)] 증권의 매매거래에 대한 규제의 의의와 방법에 대하여 설명하라. 공매도제도의 순기능과 역기능에 대하여 설명하라.

13. [증권거래규제 (2)] 관리종목, 감리종목, 상장폐지의 기준에 대하여 설명하라.

14. [유통시장의 개황] 우리나라 증권유통시장에 관련된 주요 통계에서 나타난 특징을 설명하라.

15. [주가지수의 활용] 대표적인 증권시장지표로서 주가지수는 투자결정에 어떻게 활용될 수 있는가?

16. [주가지수의 작성방법] 주가지수 작성 면에서 다우지수와 KOSPI는 어떤 차이가 있는가?

17. [주가지수의 특징] KOSPI 200지수, 코스닥지수, KRX 100지수, KTOP 30지수의 특징에 대하여 설명하라.

18. [주가지수의 계산] 다음 주식으로 주가지수가 구성되어 있다.

주 식	기초시점 주가	기말시점 주가	발행주식수
R	20,000원	22,000원	300만주
S	50,000	47,840	300
T	26,000	30,000	2,000

① 주가지수 작성방법으로서 다우존스식과 시가총액식의 특징을 비교 · 평가하라.
② 주식가격 단순평균방법의 주가지수로 계산된 주가상승률은 얼마인가?
③ 시가총액 가중방법의 주가지수로 계산된 주가상승률은 얼마인가?

제 4 장

투자수익과 투자위험

투자결정에서 가장 중요한 두 가지 고려요인은 투자자산의 투자수익과 투자위험이다. 본장에서는 투자수익과 투자위험에 관련된 내용으로, 투자수익률과 투자위험의 측정방법, 부의 증식원리 그리고 위험의 원천에 대하여 설명한다. 다음은 본장의 학습목표로서 이해해야 할 주요 사항들이다.

- 부의 증식원리
- 투자성과 평가를 위하여 측정하는 보유기간수익률의 개념
- 산술평균수익률, 기하평균수익률의 측정방법
- 미래 투자결정을 위한 기대수익률의 추정방법
- 투자위험의 측정방법
- 요구수익률, 이자율의 결정요인, 인플레이션
- 위험보상률과 위험의 원천

제 1 절 투자수익의 측정

본절에서는 투자수익과 투자위험 중에서 먼저 투자수익과 관련된 사항으로서 재산증식의 원리, 투자성과 평가에 사용되는 보유기간수익률(산술평균수익률, 기하평균수익률)의 측정방법, 미래 투자결정을 위한 기대수익률의 추정 문제를 다룬다.

1. 부(富)의 증식원리

일정기간 투자한 후 얻게 되는 부(투자수익)의 정도는 중도의 재투자수익률, 수익률의 변동성, 투자기간의 장단 여부에 따라 영향받는다.

누적된 부를 결정짓는 첫 번째 요소는 목표시점까지의 중도 재투자수익률(운용수익률) 수준이다. 목표시점에 이르기까지 투자자는 지속적으로 재투자의 기회가 있게 되는데, 전기까지 쌓인 부에 당기의 재투자수익률을 곱한 것만큼 증식효과(power of compounding)를 갖게 된다. 따라서 중도에 얼마의 재투자수익률로 증식되느냐에 따라 최종적인 부는 큰 차이를 가져온다.

〈표 4-1〉의 예에서 보는 것처럼 1,000만원을 기초에 투자했을 때 상황 A의 경우처럼 3년간에 걸친 재투자의 기회가 −30%, +20%, +20%이었다면, 1년 후의 부는 700만원, 2년 후의 누적 부는 840만원, 3년 후의 누적된 부는 1,008만원이 된다.

상황 A 3년 후의 부 : 1,000만원(1−0.30)(1+0.2)(1+0.20)=1,008만원

만약 상황 B의 경우처럼 1기와 2기에 상승할 때의 상승률은 10% 높고, 하락할 때의 하락률은 10% 낮아서, 3년간에 걸친 재투자의 기회가 +30%, −20%, +20%

〈표 4-1〉 부의 증식원리 : 재투자수익률, 수익률의 변동성, 투자기간(기초투자액 1,000만원)

	1년차	2년차	3년차	4년차	5년차	6년차	3년 후 누적된 부
상황 A	−30%	+20%	+20%	−	−	−	1,008만원
상황 B	+30%	−20%	+20%	−	−	−	1,248만원
상황 C	10%	10%	10%	−	−	−	1,331만원
상황 D	10%	10%	10%	10%	10%	10%	[6년 후 부] 1,771.6만원

이었다면, 3년 후 누적된 부는 1,248만원으로 크게 증가한다.

상황 B 3년 후의 부 : 1,000만원(1+0.30)(1−0.2)(1+0.20)=1,248만원

목표시점의 부에 영향을 미치는 두 번째 요소는 수익률의 변동성이다. 표에서의 상황 C에서 보는 것처럼 비록 낮은 수익률(3년간 지속적으로 10%)의 기회라도 수익률이 안정적이면 누적된 부가 훨씬 많을 수 있다. 재투자의 누적효과는 꾸준히 수익을 내는 상품에서 잘 나타남을 시사한다.

상황 C 3년 후의 부 : 1,000만원(1+0.10)(1+0.10)(1+0.10)=1,331만원

부의 증식 결과에 영향을 주는 세 번째 요소는 투자기간의 장단 여하이다. 동일한 수익률이더라도 기간이 길어지면, 즉 장기투자하는 경우가 부의 증식효과가 크게 나타난다. 이는 기간이 길어질수록 소위 눈사람효과(snowball effect)처럼 부가 급속적으로 증식되는 결과를 가져오기 때문이다.

상황 D는 이를 보여주는데, 동일한 10% 수익률로 3년이 아닌 6년간의 누적된 부는 3년간의 누적된 부의 2배(662만원)보다 110만원이 많은 성과를 가져온다. 만약 10% 수익률로 30년간 투자할 수 있는 경우는 누적된 부는 17,449만원(10배가 아닌 22.5배)이 된다.[1)]

요약하면, 현재 투자액이 동일한 상황이라면 ① 중도의 재투자수익률(운용수익률)이 높을수록, ② 수익률의 변동성(위험)이 적을수록, ③ 장기간 투자할수록 목표시점에서 보다 많은 부를 얻게 된다.

2. 보유기간수익률

(1) 단일기간 대 다기간 보유수익률

사람마다 투자규모가 다르므로 투자성과의 비교를 위해서는 투자한 양과 투자로부터 회수된 양의 상대적 비율인 %로 표시되는 투자수익률(rate of return)로 측정한다.

투자수익률의 측정은 일차적으로 대상기간을 언제로 하느냐에 따라 보유기간수

1) 1,000만원$(1+0.10)^3$=1,331만원, 1,000만원$(1+0.10)^6$=1,772만원, 1,000만원$(1+0.10)^{30}$=17,449만원

익률과 기대수익률로 구분할 수 있다. 보유기간수익률(*HPR* : holding period return)은 과거 일정기간 운용했던 기간을 대상으로 벌어들인 총투자수익의 정도를 투자수익률로 측정하는 것이고, 기대수익률(expected rate of return)은 미래 투자하려는 기간의 예상투자수익률이다.

보유기간수익률을 측정하는 데에는 단일기간 보유수익률과 다기간 보유수익률을 구분할 필요가 있다. 단일기간 보유수익률(one period *HPR*)은 기간의 중도에는 현금흐름이 없고 기초와 기말 한 번만 현금흐름이 있을 때의 투자수익률이다. 이의 계산은 단지 총투자수입을 기초의 투자금액으로 나누어 계산하면 되기 때문에 간단하다. 주식투자의 경우는 배당수입과 시세차익이 총투자수입을 구성할 것이며, 채권투자의 경우는 이자수입과 시세차익이 총투자수입을 구성하게 되므로 다음과 같이 측정하면 된다.

$$\text{단일기간수익률} = \frac{\text{총투자수입}}{\text{기초투자액}} = \frac{\text{배당 또는 이자} + \text{시세차익(차손)}}{\text{기초투자액}} \tag{4.1}$$

다기간 투자수익률(multi-period *HPR*)은 다기간에 걸쳐 운용되면서 기간 중도에 자금 일부의 회수, 추가적인 투자 혹은 재투자 등 현금유출입이 추가적으로 발생하는 경우의 수익률이므로 계산이 간단하지 않다.

다기간 투자수익률을 계산할 때에는 산술평균수익률, 기하평균수익률의 방법이 사용되는데, 각각 장·단점을 지니고 있으므로 사용에 주의할 필요가 있다. 이제 이들 투자수익률의 계산방법과 특징을 비교하기 위하여 다음 세 펀드매니저의 투자성

〈표 4-2〉 산술평균수익률과 기하평균수익률의 비교 (단위 : 억원)

펀드 매니저	누적부 및 수익률	투자액	1기	2기	3기	4기	5기	6기	산술평균 수익률	기하평균 수익률
A	(1) 누적부(억원)	1,000	1,500	900	1,350	810	1,215	729		−5.13%
	(2) 기간별 수익률(%)		50	−40	50	−40	50	−40	5.0%	
B	(3) 누적부(억원)	1,000	1,200	1,080	1,296	1,166	1,400	1,260		+3.92%
	(4) 기간별 수익률(%)		20	−10	20	−10	20	−10	5.0%	
C	(5) 누적부(억원)	1,000	1,045	1,092	1,141	1,193	1,246	1,302		+4.5%
	(6) 기간별 수익률(%)		4.5	4.5	4.5	4.5	4.5	4.5	4.5%	

* 펀드매니저 A, B, C 모두 기초에 1,000억원을 투자함. 6기에 걸쳐 각기의 기말에 형성된 부인 (1), (3), (5)를 식 4.1에 따라 기간별 수익률을 계산한 것이 (2), (4), (6)임.

과를 측정하는 투자수익률 계산의 문제를 살펴보기로 하자. 〈표 4-2〉에서 펀드매니저 A는 표의 (2)와 같이 50%와 −40%의 수익률을 세 번 반복하였고, 펀드매니저 B는 표의 (4)와 같이 20%와 −10%의 수익률을 세 번 반복하였으며, 펀드매니저 C는 표의 (6)에서 보는 것처럼 4.5%의 수익률을 지속적으로 기록한 점에 유의하라. 이제 산술평균수익률과 기하평균수익률의 특징을 비교해 보자.

(2) 산술평균수익률

산술평균수익률(ARR : arithmetic average rate of return)은 기간별 단일기간수익률을 모두 합한 다음 이를 관찰수(기간수)로 나누어 측정한다.

$$ARR = ({}_0r_1 + {}_1r_2 + {}_2r_3 \cdots\cdots + {}_{n-1}r_n) \div n \tag{4.2}$$

단, ${}_{n-1}r_n$: $n-1$시점과 n시점 사이의 단일기간수익률
n : 기간의 수

펀드매니저 A, B, C의 산술평균수익률은 6기에 걸친 기간별 수익률을 합하여 기간의 수 6으로 나누어 보면, 각각 5.0%, 5.0%, 4.5%로 계산된다.

유의해 볼 점은 A의 경우 6기말의 누적부가 729억원이 되어, 271만원의 손실을 기록했음에도 산술평균수익률 계산에 따르면 투자성과가 5.0%인 것으로 그릇 제시되고 있는 점이다. 이는 산술평균수익률의 계산방법이 단지 기간의 수만 고려하고 중도에 재투자됨을 무시한 결과, 최종시점 기준의 부를 고려하지 않음으로써 생기는 한계점이다.

요약하면 산술평균수익률은 기간중 부의 누적되는 과정이 고려되지 않는, 즉 복리로 증식되는 것을 감안하지 않은 방법이다. 산술평균수익률은 기간별 투자금액의 크기가 고려되지 않고 기간에만 가중치가 주어지게 되므로 시간가중평균수익률(time-weighted rate of return)이라고도 한다. 다음에 설명하는 기하평균수익률은 이러한 한계점을 제거해 준다.

(3) 기하평균수익률

기하평균수익률(GRR : geometric average rate of return)은 다음과 같이 (1+기간별 수익률)을 모두 곱하여 이의 n제곱근을 구하는 기하평균 계산방법으로 구한다.

$$GRR = \sqrt[n]{(1+{}_0r_1)(1+{}_1r_2)\cdots\cdots(1+{}_{n-1}r_n)} - 1 \tag{4.3}$$

펀드매니저 A의 기하평균수익률은 다음과 같이 −5.13%로 계산된다.

$$\begin{aligned} GRR(A) &= \sqrt[6]{(1+0.5)(1-0.4)(1+0.5)(1-0.4)(1+0.5)(1-0.4)} - 1 \\ &= -5.13\% \end{aligned}$$

기하평균수익률의 계산 결과는 기초의 부와 기말의 누적된 부로부터 계산된 복리수익률의 결과와 동일하다. 즉, 중도기간별 재투자수익률(${}_{n-1}r_n$)이 반영된 기말부가 w_n의 크기가 되었다면 기초 부(w_0)에서 기말 부(w_n)로 달라진 부의 증가율은 다음과 같이 계산될 터인데, 이는 기하평균수익률과 동일하다.[2)]

$$GRR = \sqrt[n]{w_n/w_0} - 1 = \sqrt[6]{729/1{,}000} - 1 = -5.13\% \tag{4.4}$$

마찬가지 방법으로 펀드매니저 B와 C의 기하평균수익률을 구하면 각각 +3.9%, +4.5%로 계산된다.

$$\begin{aligned} GRR(B) &= \sqrt[6]{(1+0.2)(1-0.1)(1+0.2)(1-0.1)(1+0.2)(1-0.1)} - 1 \\ &= +3.92\% \\ GRR(C) &= \sqrt[6]{(1+0.045)(1+0.045)(1+0.045)\cdots\cdots(1+0.045)} - 1 \\ &= +4.50\% \end{aligned}$$

펀드매니저 B의 경우는 펀드매니저 A(산술평균수익률은 5.0%, 기하평균수익률은 −5.13%)와 비교할 때 산술평균수익률은 5.0%로 동일하지만, 6기말에 +260만원의 수익을 낸 결과, 기하평균수익률은 +3.92%이다. 이는 두 펀드매니저의 기간별 투자수익률의 변동성 차이 때문인데, 기간수익률의 편차가 작을수록 누적부의 증가 정도는 커진 결과이다.

펀드매니저 C의 성적표는 표의 (5)에서 보는 것처럼 펀드매니저 A와 B의 평균

---

2) 여러 기간의 수익률을 합산할 때 이산(discrete)수익률과 연속(continuous)복리수익률을 사용할 수 있다. 이산수익률은 식 4.1($r_t = (P_{t+1}/P_t) - 1$)을 여러 기간에 걸쳐 측정한 단일기간수익률인 반면, 연속복리수익률은 자연대수값을 취하여 계산된 수익률, 즉 $r_t = \ln(P_{t+1}/P_t)$이다. 연속복리수익률 역시 기하평균수익률과 동일한 결과를 제시한다.

수익률 5%에 못 미치는 4.5%를, 단지 6기간 동안 지속적으로 동일하게 올렸는데, 결과적으로 6기말에 1,302만원, 순수익 302만원(기하평균수익률 4.5%)을 달성하고 있다. 꾸준히 변동성이 적은 수익률(실적)을 올리는 것, 즉 변동성관리가 투자성과에 얼마나 중요한지를 시사한다.

이처럼 산술평균수익률의 계산이 복리로 증식되는 것을 감안하지 않은 방법인 반면에, 기하평균수익률은 중도의 현금흐름이 재투자되어 증식되는 것이 반영된 결과로 최종시점의 부가 고려되는 합리적 계산방법이다. 기하평균수익률은 기간별 현금흐름의 많고 적음에 영향을 받지 않는 시간가중평균수익률이다.3)

예제

다음은 투자자 갑과 을의 2년에 걸친 투자내역이다.

(갑) : (주)동서의 주식을 첫째 해 초 10,000원에 매수하여 연말에 400원의 배당금을 받았다. 둘째 해 초에 동일 주식을 10,600원에 추가매수하여 둘째 해 말에 800원의 배당금(한 주당 400원 배당)을 받고 21,600원(한 주당 10,800원)에 매도하였다.

(을) : (주)남북의 주식에 첫째 해 초 1,000만원을 투자했는데, 1년 후 가격상승으로 2,000만원이 되었다가, 둘째 해 말에는 다시 가격하락으로 1,000만원이 되었다.

(1) 두 투자자의 1년차와 2년차의 기간별 수익률을 구하라.
(2) 2년에 걸친 이 투자에 대하여 산술평균수익률을 구하라. 이 계산방법의 특징은 무엇인가?
(3) 현재시점까지 누적된 부와 기하평균수익률을 구하라. 이 계산방법의 장점은 무엇인가?

해설 (1) 기간별 투자수익률

(갑) ${}_0r_1=(400+600)/10{,}000=10\%$, ${}_1r_2=(400+200)/10{,}600=5.66\%$

(을) ${}_0r_1=1{,}000/1{,}000=100\%$, ${}_1r_2=-1{,}000/2{,}000=-50\%$

(2) 산술평균수익률

(갑) $ARR=(10\%+5.66\%)/2=7.83\%$

(을) $ARR=[100\%+(-50\%)]/2=25\%$

---

3) ① 기하평균을 EXCEL로 계산할 때에는 [=GEOMEAN(현금흐름 영역)], 수익률(%)로 기하평균을 계산할 때에는 [=GEOMEAN((1+기간별 수익률)의 영역)−1]의 식으로 처리한다. 신영사 홈페이지 자료실의 [부록 1] EXCEL을 활용한 투자관리 스프레드시트 중 '시트(4장) 수익률 계산'을 참조할 것.
② 기간간의 금액의 크기에 차이가 큰 경우는 기간별 상이한 투자금액의 크기에 가중치를 주는 수익률 계산인 금액가중평균수익률(amount-weighted rate of return)을 사용하는 것이 타당하다. 내부수익률(*IRR*) 계산이 이에 해당되는데, 내부수익률의 의미와 계산방법에 대해서는 '제16장 채권투자분석'에서 설명한다.

* 을의 경우 최초투자액 1,000만원이 2년 후 1,000만원이 되었는데도 산술평균수익률이 25%인 이상한 결과를 얻는다.

(3) 기하평균수익률

(갑) $GRR = \sqrt[2]{(1+0.1)(1+0.0566)} - 1 = 7.81\%$

(을) $GRR = \sqrt[2]{(1+1.0)(1-0.5)} - 1 = 0.0\%$

* 을은 1,000만원의 투자원금이 2차년도 말에 1,000만원이 되었기 때문에 평균수익률이 0%라고 보는 것이 타당하다. 을의 기하평균수익률은 0.0%로 계산되는데, 이는 기하평균수익률 계산방법이 최종시점의 부가 고려되는 합리적 계산방법이기 때문이다.

3. 기대수익률

이상에서는 과거 운용수익률의 측정방법으로서 산술평균수익률과 기하평균수익률의 특징에 대하여 살펴보았다. 투자결정에서 고려하게 되는 미래 투자기간의 예상투자수익률은 기대수익률로 측정한다. 기대수익률(expected rate of return)은 제1장에서 살펴본 것처럼 투자수익률의 확률분포에서 계산한 평균적으로 기대되는 예상투자수익률을 말한다.

$$E(R) = \sum_{i=1}^{m} p_i \cdot r_i \tag{1.1}$$

단, $E(R)$: 기대수익률

p_i : i 상황이 일어날 확률(m가지의 상황)

r_i : i 상황에서 발생가능한 수익률

여기서 투자수익률의 확률분포란 미래는 발생가능상황을 확실히 예측할 수 없는 상황, 곧 위험상황이라고 할 수 있으므로 여러 가지 경제·경영지식을 동원하여 몇 가지 가능한 미래 상황별로 예상투자수익을 추정한 것이다.

[그림 4-1]은 미래에 일어날 몇 가지 상황별 시나리오를 설정하여 각 상황에서의 미래이익을 추정하고, 이에 근거하여 내재가치와 예상투자수익률을 추정한 것이다. 이 예시(주식 A)에서는 낙관, 중립, 비관의 세 가지 대내외적 경제상황(일어날 확률은 각각 0.3, 0.4, 0.3)의 시나리오별로 경제성장률, 유가, 환율 등에 대한 예측을 실시하고 이에 근거한 영업이익의 추정결과를 보여주고 있다. 예상되는 영업이익이 실현될 경우 여러 주식가치평가모형에 근거하여 내재가치를 추정하게 되는데, 이

[그림 4-1] 시나리오별 이익, 내재가치 그리고 예상투자수익률의 추정

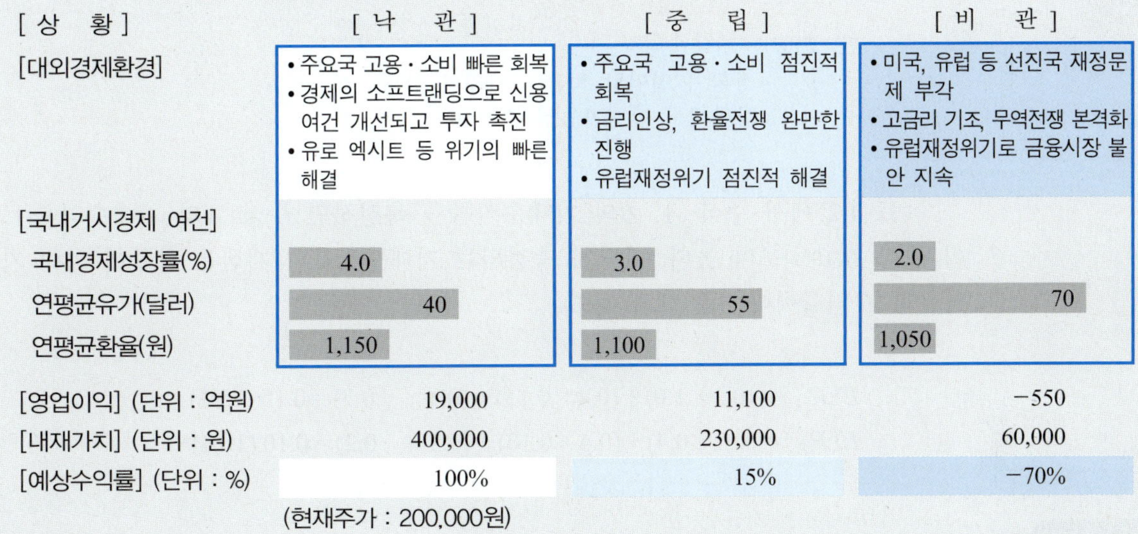

〈표 4-3〉 투자수익률의 확률분포

미래상황	확률(P_s)	수익률(%)		
		주식 A	주식 B	주식 C
낙관	0.3	100%	40%	0%
중립	0.4	15%	10%	20%
비관	0.3	−70%	−20%	40%

예에서는 상황별로 400,000원, 230,000원, 60,000원으로 추정되었다.[4] 현재의 주가가 200,000원이라면 예상투자수익률은 100%, 15%, −70%가 될 것이다. 이제 주식 B와 주식 C에 대하여 동일한 방법으로 상황별 예상투자수익률을 추정한다.

〈표 4-3〉은 최종적으로 추정된 주식 A, B, C에 대한 예상투자수익률의 확률분포이다. 그러면 이들 주식의 기대수익과 위험을 어떻게 평가해야 하는가?

먼저 기대수익의 정도는 기대수익률로 측정한다. 평균적으로 기대되는 예상투자수익률, 기대수익률(expected rate of return)은 다음 식 4.5와 같이 각 상황별로 발생 가능한 수익률에 그 상황이 발생할 확률을 곱한 다음 이를 합하여 계산한다.

4) 여러 주식가치평가모형을 적용하여 내재가치를 추정하는 방법에 대해서는 제13장에서 설명한다.

$$E(R) = \sum_{s=1}^{m} p_s \cdot r_s \tag{4.5}$$

단, $E(R)$: 기대수익률

p_s : s 상황이 일어날 확률(m가지의 상황)

r_s : s 상황에서 발생가능한 수익률

〈표 4-2〉에서 주식 A, B의 기대수익률을 측정하면 주식 A의 기대수익률(15%)이 주식 B(10%)보다 높다. 이렇게 측정되는 기대수익률의 계산은 확률에 의해 가중평균한 수익률이다(다음 예제 참조).

$$E(R_A) = (0.3 \times 1.0) + (0.4 \times 0.15) + (0.3 \times -0.7) = 0.15\ (15\%)$$

$$E(R_B) = (0.3 \times 0.4) + (0.4 \times 0.10) + (0.3 \times -0.2) = 0.10\ (10\%)$$

예 제

지금 (주)엔젤에 1,000만원을 투자하려고 하는데, 앞으로 1년간에 걸친 예상투자수익률이 100%(금액기준 2,000만원)가 될 확률이 0.5이고, 투자수익률이 −50%(금액기준 500만원)가 될 확률이 0.5이다.

(1) 기대수익률을 구하라.

(2) 기하평균수익률을 구하고, 미래 예상투자수익률을 추정하는 데 적절하지 못한 이유를 설명하라.

해설 (1) 기대수익률 $E(R) = (0.5)(100\%) + (0.5)(-50\%) = 25\%$

또는 $E(R) = \dfrac{\{0.5 \times 2{,}000 + 0.5 \times 500\}}{1{,}000} - 1 = \dfrac{1{,}250}{1{,}000} - 1 = 25\%$

(2) 기하평균수익률 $GRR = \sqrt[2]{(1+1.0)(1-0.5)} - 1 = 0.0\%$

기하평균수익률의 계산은 과거 일정기간의 누적된 부를 고려하는 투자수익률 계산에 적절하다. 미래 기대수익률을 계산하는 데에는 (1)의 계산결과에서 보는 것처럼 확률을 감안한 가중평균수익률의 계산방법을 적용하는 것이 적절하다.

제 2 절 투자위험

투자위험(risk)은 일반적으로 실제결과가 예상치와 서로 다를 가능성, 즉 실제결과가 기대수익에 못 미쳐 손실을 볼 가능성을 의미한다. 따라서 미래 예상되는 현금흐름의 변동성이 크면 투자위험이 큰 것으로 평가된다.

투자위험의 정도는 미래투자수익률의 확률분포로부터 그 분산도(dispersion)를 계산하여 측정한다. 확률분포의 분산도는 다음과 같이 측정되는 범위(range), 분산(variance), 표준편차(standard deviation), 분산계수(coefficient of variation) 등의 통계량을 이용할 수 있다.

$$\text{범위}(R): R = \text{최대치} - \text{최소치} \tag{4.6}$$

$$\text{분산}(\sigma^2): \sigma^2 = \sum_{s=1}^{m} [r_s - E(R)]^2 \cdot P_s \tag{4.7}$$

$$\text{표준편차}(\sigma): \sigma = \sqrt{\sigma^2} = \sqrt{\sum_{s=1}^{m} [r_s - E(R)]^2 \cdot P_s} \tag{4.8}$$

$$\text{분산계수}(CV): CV = \sigma / E(R) \tag{4.9}$$

범위(R)는 변동성을 측정하는 가장 간편한 방법이지만, 관찰값이 많아질수록 변동성이 큰 것으로 나타나는 한계점이 있다. 투자위험을 측정하는 보편적 방법은 분산(σ^2)과 표준편차(σ)를 사용하는 것이다. 〈표 4-3〉의 주식 A, B에 대하여 분산과 표준편차를 계산하면 다음과 같다.

$$\sigma_A^2 = (1.0-0.15)^2 \cdot 0.3 + (0.15-0.15)^2 \cdot 0.4 + (-0.7-0.15)^2 \cdot 0.3 = (0.6584)^2$$
$$\therefore \ \sigma_A = 0.6584$$
$$\sigma_B^2 = (0.4-0.10)^2 \cdot 0.3 + (0.10-0.10)^2 \cdot 0.4 + (-0.20-0.10)^2 \cdot 0.3 = (0.2324)^2$$
$$\therefore \ \sigma_B = 0.2324$$

기대수익률은 주식 A가 주식 B보다 높지만, 표준편차로 측정된 위험이 낮은 것은 주식 B이다.

분산계수(CV)는 표준편차를 기대수익률(평균값)로 나누어 계산하는데, 한 단위의 기대수익을 얻는 데 부담하는 위험의 정도를 측정한 것이 된다. 주식 A, B의 분산계수를 구해보면 각각 4.39, 2.32이다.

$$CV(A)=65.84/15=4.39$$
$$CV(B)=23.24/10=2.32$$

분산계수 기준으로 보면, 한 단위의 기대수익을 얻는 데 부담하는 위험의 정도는 주식 B가 낮다. 그러면 주식 B가 더 선호되는가? 그렇지 않다. 왜냐하면 동일한 기대수익에 대하여 부담하고자 하는 위험감내도는 투자자마다 다르기 때문이다. 이와 같은 투자자의 위험성향에 대하여는 제6장 제4절에서 살펴본다.

이상에서는 미래수익률의 확률분포로부터 투자위험을 평가하는 방법에 대하여 살펴보았다. 그런데 미래수익률의 확률분포로부터 투자위험을 평가하는 것이 이상적인 방법이지만, 미래수익률에 영향을 미치는 다수 요인에 대해 다각적인 예측작업을 해야 하는 번거로움이 있다. 미래수익률이 과거수익률의 패턴과 동일하다는 가정이 무리가 없으면 사후적으로 과거의 역사적 자료(historical data), 즉 표본자료를 이용하여 추정할 수도 있다.

〈표 4-4〉는 과거 12개월에 걸친 월간수익률 자료의 예인데, 이와 같은 과거 일정기간 동안의 표본수익률 자료로부터 표본평균수익률($\bar{r}$)을 구하여 기대수익률의 추정치로 사용하고, 표본수익률의 편차를 제곱하여 합한 값을 자유도로 나누어 구한 표본수익률의 분산(σ^2)을 측정하여 위험을 평가하는 데 사용한다.5)

〈표 4-4〉 과거 수익률 자료로부터의 기대수익과 위험의 측정

	2016									2017			평균	표준편차
	4.30	5.31	6.30	7.31	8.31	9.30	10.31	11.30	12.31	1.31	2.28	3.31		
SK하이닉스	0.0000	0.0193	0.1213	0.0599	0.0579	0.0979	0.0197	0.0453	0.0411	0.1834	−0.1397	0.0782	0.0487	0.0778
POSCO	0.0914	−0.1452	−0.0317	0.1170	0.0197	−0.0175	0.0431	0.0514	0.0316	0.0511	0.0451	0.0261	0.0235	0.0667
KOSPI	−0.0009	−0.0054	−0.0066	0.0230	0.0091	0.0044	−0.0175	−0.0124	0.0214	0.0201	0.0116	0.0323	0.0066	0.0156

5) 표본수익률의 분산은 EXCEL을 활용하여 다음과 같이 계산한다.
① 모집단자료일 때 : =VARP(수익률자료영역)
② 표본자료일 때 : =VAR(수익률자료영역), 또는 =VAR.S(수익률자료영역)
EXCEL을 활용한 실제의 예시는 신영사 홈페이지 자료실의 [부록 1]의 '시트(4장) 수익률 계산'을 참조할 것.

제 3 절 요구수익률

투자자들은 투자수익과 투자위험을 모두 고려하여 투자를 결정해야 한다. 그러면 투자위험을 감안할 때 어느 수준의 투자수익이면 만족할까? 투자수익률이 높으면 높을수록 좋을 것이다. 그러나 앞서 지적한 것처럼 현실의 투자세계에서는 투자수익과 위험 사이에는 상반관계(trade off)가 존재하므로 투자위험을 감안할 경우 최소한의 투자수익률을 투자결정의 기준으로 삼을 수밖에 없다. 본절에서는 투자결정의 기준이 되는 요구수익률의 개념과 이의 구성요소인 이자율, 위험보상률에 대하여 설명한다.

1. 요구수익률의 구성요소

투자자가 어느 특정 투자대상에 투자할 때 기대하는 최소한의 만족할 수 있는 수익률을 요구수익률(required rate of return)이라고 부른다. 최소한 만족할 수 있는 수익률은 성격(위험 등)이 유사한 다른 투자대상으로부터 얻을 수 있는 수익률은 되어야 할 것이므로 기회투자수익률을 의미하기도 한다. 요구수익률은 투자자산들의 적정한 투자가치를 평가하거나 직접 투자결정하는 비교기준이 된다. 투자자산으로부터 예상되는 기대수익률이 최소한 만족할 수 있는 요구수익률을 상회하면 과소평가된 것으로 판단되어 투자결정을 쉽게 할 수 있기 때문이다.

그러면 투자가치평가의 기준이 되는 요구수익률, 혹은 기회투자수익률은 어떻게 구성되는가?

제1장에서 투자란 확실한 현재의 소비를 희생하여 이에 대한 보상으로 불확실한 미래의 이득을 바라는 행위라고 정의했는데, 이러한 투자의 속성으로부터 최소한 만족할 수 있는 요구수익률이 얼마나 되어야 하는지를 유도해 볼 수 있다.

첫째는 시차보상이다. 현재의 소비 일부를 희생한 대가로 얻어지는 미래의 투자수익은 시간적 경과 속에서 기다려야 얻어지는 것이므로 최소한 시간적 차이에 대한 보상이 필요하기 때문이다. 만약 인플레이션이 기대되면 화폐가치는 하락할 것이므로 시차보상은 커질 것이다. 이 시차보상에 대한 가격은 구체적으로 시장이자율로 표시된다. 그래서 기다리는 데 대한 보상인 이자율수준이 높아지면 소비를 미래로 연기하여 저축하는 경향이 높아지고, 반대로 이자율이 낮아지면 오늘(현재) 소비하는 경향이 높아진다. 정기예금이나 국공채와 같은 투자대상은 이와 같은 시차

〈표 4-5〉 요구수익률의 구성요소 : 이자율, 위험보상률

투자행위의 기본속성	선택문제	요구수익률
투자수익 : ① 시간적 틀 ② 불확실성/위험	시차선호의 문제 위험선호의 문제	시차보상 : 이자율 위험보상 : 위험보상률

보상의 성격이 제일 강한 투자대상이다.

둘째는 위험보상이다. 미래에 얻어지는 투자수익은 불확실한 것이므로 적절한 위험보상이 있지 않으면 투자하지 않을 것이기 때문이다. 이와 같은 위험보상의 성격이 강한 대표적 투자대상은 주식인데, 위험보상에 대한 시장가격은 위험보상률(risk premium)로 측정할 수 있다.

이러한 관계에서 보면 투자행위의 기본속성과 선택문제, 그리고 본절에서 설명한 요구수익률의 관계는 〈표 4-5〉와 같이 정리할 수 있다.

요약하면 투자자들이 투자할 때 기대하는 최소한의 요구수익률이나 기회투자수익률의 근거가 되는 것은 정기예금이나 단기국공채와 같은 무위험자산(risk-free asset)의 이자율과 적절한 위험보상률의 합이 될 것이다.

요구수익률＝시차보상＋위험보상＝이자율(무위험자산수익률)＋위험보상률

그러면 이자율과 위험보상률에 영향을 미쳐 요구수익률을 달라지게 하는 구체적 요인들은 무엇인가? 이하에서는 이들 요인들에 대해서 살펴보기로 한다.

2. 이자율의 결정요인

요구수익률을 구성하는 이자율수준은 어떤 요인에 의해 영향받는가? 이자율 결정요인을 설명하는 대여가능자금이론과 유동성선호이론을 중심으로 살펴보자.

대여가능자금이론(loanable-funds theory)에 의하면 시중이자율은 일정기간에 걸친 대여가능자금의 수요와 공급에 의해서 결정된다고 본다. 구체적으로 대여가능자금의 공급은 소득의 일부를 저축할 수 있는 가계 등의 자금잉여주체로부터 나오게 되는데, 자금잉여주체의 자금공급은 현재소비 대 미래소비의 시차선호도 그리고 부의 수준에 좌우된다. 이자율이 높을수록 미래소비의 선호도가 높아져 자금잉여주체들은 현재소비를 줄이고 자금대여를 더 많이 하려고 할 것이다. 즉, 대여자금의 공급과 이자율수준 사이에는 [그림 4-2]의 SL선처럼 正의 관계가 성립한다.

한편 대여자금의 수요는 자신의 소득 이상으로 소비하거나 투자하기 때문에 외부로부터 자금을 차입해야 되는 자금부족주체로부터 있게 되는데, 이자율이 낮을수록 자금부족주체들은 더 많이 차입하고자 한다. 대표적인 자금부족주체인 기업의 경우 여러 투자기회가 있을 때 이자율(자본비용)이 낮을수록 자본의 한계효율이 높아지므로 자금수요가 많아지게 된다. 상대적으로 투자수익률이 높게 예상되는 투자사업이 많을 경우도 자금수요는 많아진다. 그래서 대여자금의 수요와 이자율수준 사이에는 [그림 4-2]의 DL선처럼 負의 관계가 성립한다.

결과적으로 균형이자율은 대여자금의 공급과 수요가 일치($SL=DL$)되는 i_0 수준에서 결정되고, 이때의 자금의 크기는 L_0이 된다. 이자율수준의 변동은 공급이나 수요 중 어느 한쪽이 다른 쪽보다도 많아질 때 초래된다. 즉, 자금수요가 증가하면 이자율은 상승하고 자금공급이 증가하면 이자율은 하락한다. 인플레이션이 높을 것으로 기대되는 상황에서는 자금수요를 증가시키고 자금공급은 감소시키게 되므로 이자율이 상승한다.

한편 유동성선호이론(liquidity preference theory)에 의하면 균형이자율은 일정시점에서의 자금의 수요와 공급에 의해서 결정되는데, 자금의 공급은 중앙은행의 통화공급량(시중은행에 대한 지불준비금의 통제)에 의해서 좌우되고, 자금의 수요는 국민소득과 이자율수준에 영향받는다고 본다. 왜냐하면 자금의 수요는 미래에 소비하기 위한 유동성을 확보할 목적에서 발생하는데, 소득이나 부(국민총생산)가 증가할 것으로 예상되면 유동성 목적의 자금수요가 증가하기 때문이다. 그러나 유동성 목적의 자금보유는 수익률이 영(0)이므로 기회비용이 적지 않은데, 이자율이 높아지면 기회

[그림 4-2] 이자율수준의 결정 : 대여가능자금이론

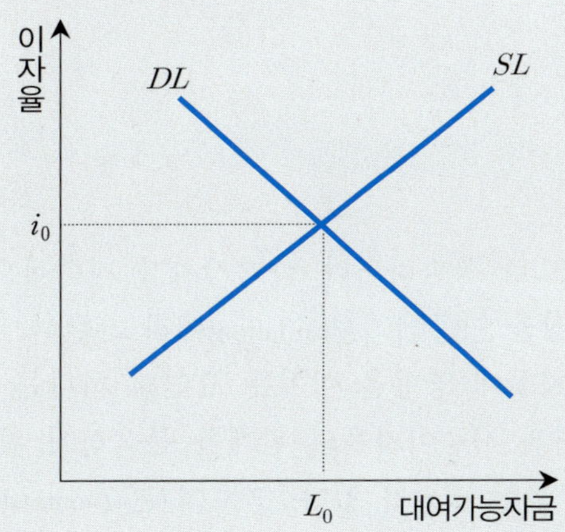

[그림 4-3] 이자율수준의 결정 : 유동성선호이론

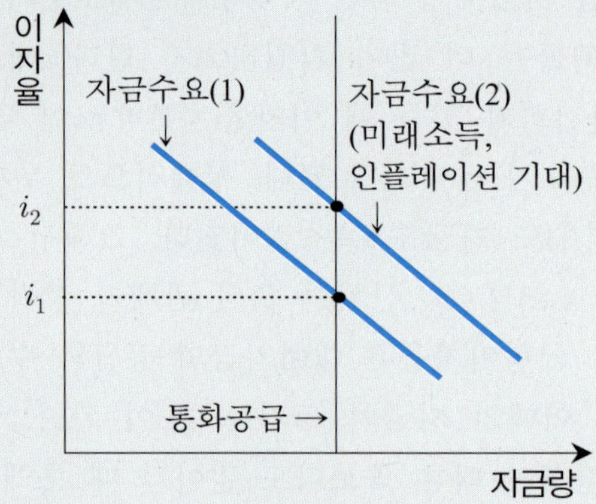

비용이 높아져서 자금수요는 감소하게 된다.

결과적으로 [그림 4-3]에서 보는 것처럼 자금수요는 국민총생산(국민소득)에 비례하고 이자율수준에 반비례하게 된다. 이에 더하여 실질구매력을 감소시키는 인플레이션이 기대되는 상황은 명목이자율을 상승시킨다. 이상에서 설명한 주장들을 종합해 보면 이자율 결정요인은 다음과 같이 요약할 수 있다.

- 투자자들의 소비에 대한 시차선호도
- 기업들이 생산기회에 대해서 갖는 자본의 한계효율
- 총국민생산(미래소득)
- 통화공급량을 결정하는 정부의 재정금융정책
- 구매력 감소를 가져오는 미래 기대인플레이션

3. 인플레이션

물가가 지속적으로 상승하거나 화폐가치가 지속적으로 하락하여 화폐의 구매력을 감소시키는 현상을 인플레이션(inflation)이라고 한다. 위에서 설명한 이자율 결정요인 중에서 시중이자율에 영향을 미치는 요인의 하나는 인플레이션이다.

인플레이션과 시중이자율의 관계를 분석하기 위해서는 명목수익률과 실질수익률의 개념을 구분할 필요가 있다. 명목이자율(nominal interest rate)은 인플레이션에 의한 화폐가치의 변동이 고려되지 않은 현금흐름으로부터 계산된 명목상의 이자율이다. 100만원을 투자했는데 명목이자율이 6%라면, 1년 후 명목상의 현금흐름은 106만원이 된다. 명목이자율은 단순히 현금흐름의 증가율이다.

반면 실질이자율(real interest rate)은 화폐가치의 변동(구매력 감소)을 고려하여 계산된 이자율을 말한다. 즉, 구매력을 감안한 현금흐름의 증가율이다. 위의 예(명목이자율이 6%)에서 물가상승률이 4%라면, 물가상승을 고려했을 때 1년 후 받게 되는 실질현금은 약 102만원이라고 할 수 있다. 실질이자율은 명목이자율에서 인플레이션율을 뺀 것만큼 작아진다.

현실의 경제에서 만약 기대인플레이션율이 높아지면 화폐가치의 하락, 구매력 감소를 보전받기를 원하게 되므로 시중이자율은 상승한다. 물가상승률이 높을 것으로 예상되는 상황에서는 자금수요가 증가하고 자금공급이 감소하므로 이자율을 상승시키는 것이다. 요약하면 향후 예상되는 물가상승률이 높아지면 투자자는 명목이자율이 높아지기를 기대하므로 명목이자율은 실질이자율과 기대인플레이션의 합으로 이루어진다고 설명할 수 있다. 이것을 피셔효과(Fisher effect)라고 부른다. 만약 실질이자율이 5%인데 기대인플레이션이 3%라면 명목이자율은 8% 정도가 될 것이다.[6]

$$\text{명목이자율}(R^N) \approx \text{실질이자율}(R^r) + \text{기대인플레이션}(C) \tag{4.10}$$

4. 위험의 원천과 위험보상률

위험이 증가하면 투자자들의 요구수익률은 증가하게 된다. 특정 투자대상이 지니는 투자위험을 감수하는 것에 대한 적절한 위험보상을 원하는 것이다. 각종 투자대상들이 지니는 투자위험의 크기와 성격은 다음과 같은 위험요인의 크기에 따라 위험보상의 정도와 요구수익률의 크기가 달라진다.

1) 영업위험

영업위험(business risk)이란 기업의 영업성격 때문에 야기되는 불확실성을 말한다. 기업이 취급하는 제품특성상 경기변동에 취약하거나 계절성을 띰으로써 매출액

---

6) 기초물가지수를 C_0, 기말물가지수를 C_1, 명목이자율을 R^N, 실질이자율을 R^r, 물가상승률을 $C(=(C_1/C_0)-1)$라고 표시하면 이 두 가지 수익률은 다음 관계가 성립한다.

$$1+R^r = \frac{C_0(1+R^N)}{C_1} = \left(\frac{1}{1+C}\right)(1+R^N), \qquad (1+R^N)=(1+R^r)(1+C) \qquad \therefore\ R^N = R^r + C + R^r \cdot C$$

위 식의 우변 마지막 항 $R^r \cdot C$의 값은 매우 작으므로 식 4.10과 같이 바꿔 쓸 수 있다.

의 변동성이 큰 경우, 산업 내 경쟁업체간에 경쟁이 치열한 경우, 고정비 부담이 크기 때문에 영업이익의 변동성이 커지는 경우 등이 영업위험이 큰 예이다.

2) 재무위험

재무위험(financial risk)이란 기업의 투자활동에 필요한 자금의 조달방법 때문에 야기되는 불확실성을 말한다. 투자자금을 자기자본보다도 타인자본으로 조달하는 비중이 커질수록 고정적인 이자지급의 부담이 많아져서 순이익흐름의 변동성이 커지고 채무불이행의 위험이 높아진다.

3) 유동성위험

유동성위험이란 환금성에 어려움이 있거나 적절한 가격수준으로 사고파는 데 있어서 불확실성이 큰 위험을 말한다.

4) 국가위험, 환위험

국가위험(country risk)이란 특정국가의 정치적 혹은 경제적 불안정과 큰 변혁으로 인하여 초래될 수 있는 불확실성을 말한다. 만약 정치적 변혁을 겪고 있는 나라라면 정치적·경제적 불안이 적지 않으므로 요구수익률이 높게 된다. 국제적으로 투자하면서 자국통화가 아닌 외국통화로 투자하면 환위험(exchange rate risk)도 부담하게 된다.

5) 포트폴리오위험

투자위험은 일차적으로 개별기업이 지니는 영업위험이나 재무위험 등에 의해서 발생한다. 그러나 개별자산의 위험은 여러 자산에 분산투자하여 포트폴리오(portfolio)를 구성하게 되면 상쇄되어 없어질 수도 있다. 예를 들어 영업성격이 매우 이질적인 기업의 증권들로 포트폴리오를 구성하면 현금흐름의 변동성이 크게 줄어 투자위험이 작아진다. 다른 투자자산과의 관계를 고려하지 않고, 독립적 상황에서 개별자산으로부터 예상되는 현금흐름의 변동성만을 고려하는 위험을 개별자산위험(stand-alone risk)이라고 부르는 반면에, 다른 자산과의 결합관계에서, 포트폴리오 구성의 관점에서 평가되는 투자위험을 포트폴리오위험(portfolio risk)이라고 한다.[7]

7) 포트폴리오위험은 제5장 제2절에서 설명하는 "공분산", "상관계수"로 측정하고, 시장위험의 정도는 제7장 제2절에서 설명되는 "β계수"로 측정한다. 이와 관련하여 투자위험의 원천을 시중금리, 환율 등 시장 전체 공통요인에 기인하여 초래되는 시장위험(market risk)과 개별기업 각각의 호재나 악재로 인하여 초래되는 기업고유위험(company specific risk)으로 구분하기도 한다. 또 시장 전체 공통의 거시적 변동요인과 연동된 체계적 위험(systematic risk)과 신제품개발의 성공이나 실패와 같이 개별기업 고유의 미시적 요인의 변동으로 인하여 발생하는 비체계적 위험(non-systematic risk)으로 구분한다.

주요용어

부의 증식원리	재투자수익률	보유기간수익률
다기간 보유수익률	산술평균수익률	기하평균수익률
시간가중평균수익률	금액가중평균수익률	연속복리수익률
수익률의 확률분포	기대수익률	분산(표준편차)
분산계수	요구수익률	이자율의 결정요인
대여가능자금이론	유동성선호이론	인플레이션
실질이자율	피셔효과	위험보상률
영업위험	재무위험	유동성위험

연습문제

1. [부의 증식원리] 목표투자시점에서 부의 크기는 어떤 요소에 의해서 영향받는가?

2. [투자수익과 위험에 관련된 주요 개념]
   ① 산술평균수익률과 기하평균수익률의 차이
   ② 요구수익률의 결정요인
   ③ 이자율 결정이론으로서 대여가능자금이론과 유동성선호이론
   ④ 위험보상률을 결정짓는 위험의 원천

3. [위험의 측정방법] 투자위험을 측정하는 방법에는 어떤 것이 있는가? 각 방법의 특징을 비교하라.

4. [다기간 보유수익률] (주)뷰티의 주식을 2년 전에 한 주에 20,000원씩 10주를 매수하였다. 1년 전에 주당 1,000원의 배당을 받았고, 주식가격은 한 주에 30,000원이 되었다. 매수 후 2년말 현재 주당 2,000원의 배당을 지급하고 주식가격은 18,000원이 되었다.
   ① 1년차와 2년차의 기간별 수익률을 구하라.
   ② 2년에 걸친 이 투자에 대하여 산술평균수익률을 구하라.
   ③ 이 투자의 현재시점까지 누적된 부와 기하평균수익률을 구하라.

5. [산술평균수익률과 기하평균수익률] 세 펀드매니저의 연차별 수익률이 다음과 같다. 각각에 대하여 산술평균수익률과 기하평균수익률을 구하라. 어느 경우가 투자성과가 제일 좋은가?

	1년차	2년차	3년차
펀드매니저 A	50%	50%	−50%
펀드매니저 B	70%	70%	−70%
펀드매니저 C	5%	5%	5%

6. **[기대수익과 위험의 추정]** (주)챠밍과 (주)바디에 대한 증권분석 결과, 다음과 같이 예상 수익률이 추정되었다.

상 황	확 률	(주)챠밍	(주)바디
호황	0.20	0.20	−0.10
정상	0.60	0.10	0.20
불황	0.20	0.00	0.50

① 두 주식에 대하여 기대수익률, 표준편차, 범위, 분산계수를 구하라.

② 위험회피형의 투자자라면 어느 주식에 투자할 것인가? 그 이유는 무엇인가?

제 Ⅱ 편

포트폴리오 이론

본 제Ⅱ편(제5장~제7장)에서는 포트폴리오 투자관리에 적용될 수 있는 포트폴리오 이론(portfolio theory)의 내용을 다룬다. 핵심내용은 투자위험을 줄이는 분산투자의 원리와 효율적 포트폴리오, 최적포트폴리오 구성방법에 관한 것이다.

포트폴리오 이론에서는 효율적 포트폴리오 구성방법으로 두 가지 접근방법을 제시하고 있다. 제5, 6장의 내용은 마코위츠가 제시한 모형으로서 구성종목들간의 모든 상관관계를 고려하여 효율적 분산투자를 시도하는 방법이다. 제7장의 내용은 샤프가 제시한 모형으로서 시장 전체를 대표하는 단일지표와의 상관관계만 고려하여 효율적 포트폴리오를 구성하는 방법에 관한 것이다.

제 5 장

분산투자원리

본장과 다음 장에서는 포트폴리오 이론에 기초하여 투자위험을 줄이는 기본원리와 효율적 분산투자의 방법에 대해서 다룬다. 특히 마코위츠가 제시한 포트폴리오 선택이론에 근거하여 일정한 위험하에서 기대수익을 극대화시키는 효율적 포트폴리오와 최적포트폴리오 구성방법에 대해서 강조한다. 제1절에서는 포트폴리오 이론에서 제시하고 있는 최적투자결정 체계를 다룬다. 제2절에서는 포트폴리오 기대수익과 위험의 측정방법에 대하여 다룰 것이며, 제3절에서는 위험자산 두 종목으로 포트폴리오를 구성할 때 투자위험을 감소시킬 수 있는 원리를 설명한다. 다음은 본장의 학습목표로서 이해해야 할 주요 사항들이다.

- 포트폴리오 이론에서 제시하고 있는 최적투자결정의 체계
- 개별자산 및 포트폴리오의 기대수익률과 위험의 측정방법
- 포트폴리오 위험의 결정요인으로서 상관관계 또는 공분산의 중요성
- 투자위험 감소의 원리와 최소분산 포트폴리오 구성방법

제 1 절 포트폴리오 분석의 의의

1. 포트폴리오 관리의 의의

투자자들은 투자자산이 한 곳에 편중됨으로써 생길 수 있는 위험을 줄이기 위하여 둘 이상의 자산에 분산투자한다. 포트폴리오(portfolio)라는 말은 "서류를 끼우는 홀더(holder)"의 의미도 있지만, 투자론에서는 자산관리와 관련하여 "하나 이상 다수의 자산이나 증권의 결합", 다수 주식으로 구성되는 "분산투자안", 주식, 채권, 부동산 등 여러 투자자산에 대한 투자비율을 결정하는 "자산배분안"의 의미로 사용된다.

포트폴리오 관리(portfolio management)란 다수의 투자자산에 분산투자하는 활동을 체계적으로 계획하고 실행하며 사후통제하는 것을 말한다. 포트폴리오 관리의 일차적 목표는 분산투자를 통한 투자위험의 감소에 있다고 할 수 있다. 그러나 투자수익과 투자위험은 상반관계(trade off)에 있으므로, 일정한 기대수익에 대해서 위험을 최소화시키거나, 일정한 위험에 대해서 기대수익을 최대화시키는 효율적 분산투자(efficient diversification)를 하는 것이 포트폴리오 관리의 궁극적 목표가 된다.

포트폴리오를 구성하여 투자위험을 관리하고자 할 때, 투자자산의 구성은 크게 두 가지 과제로 나누어 볼 수 있다. 하나는 주로 주식과 같은 위험자산(risky assets)을 중심으로 효율적 분산투자의 방법을 결정하는 것이다. 또 하나는 주식과 같이 위험이 높으나 고수익의 위험자산뿐 아니라 국공채와 같이 저수익이지만 위험이 없는 무위험자산과의 적절한 결합을 통하여 투자위험을 관리하는 것이다. 즉, 정기예금, 국공채, 회사채, 주식, 부동산 등 투자수익과 투자위험이 질적으로 상이한 각급 투자자산에의 투자비율을 포괄적으로 결정하는 자산배분(asset allocation)에 관한 것이다.

투자자산의 투자가치 평가를 포트폴리오 구성의 관점에서 시도하는 것이 포트폴리오 분석(portfolio analysis)이다. 포트폴리오 분석의 특징은 투자대상의 투자가치를 분석하는 데 있어서 제Ⅳ편에서 다루게 될 기본적 분석에서처럼 투자대상을 개별적으로 분석하는 것이 아니라 다수 증권의 포트폴리오 구성의 관점에서 분석한다는 점이다.

투자가치를 다수 증권의 포트폴리오 구성의 관점에서 분석하면 단순히 개별적으로 분석할 때와는 큰 차이를 보인다. 왜냐하면 다수의 증권 중에서 어느 특정증권이 지니는 투자위험은 나머지 타증권과의 상관관계, 결합관계에 따라 달라지기 때문이다. 개별주식으로는 최우량주식인 것들을 모아 포트폴리오를 구성한 경우라도 그 투자성과가, 개별주식으로서는 우량주식이 아닌 증권들로 구성된 포트폴리오의 투자성과보다 반드시 우월하게 나타난다고는 할 수 없다. 이를테면, 경기변동에 따라 기업의 영업실적이 반대로 나타나는 성격의 두 주식에 분산투자하면 결합변동성은 크게 줄게 된다. 그러나 비록 우량종목일지라도 동일산업 내의 두 주식에 분산투자하면 그 결합변동성은 별로 감소하지 않고, 그 투자성과가 열등하게 나타날 수도 있다. 둘 이상의 주식으로 구성되는 포트폴리오를 소유할 때에는 개별주식의 특수한 성격들이 서로 상쇄되어 위험이 얼마나 감소하는지가 투자성과에 큰 영향을 준다.

1960년대 이전의 전통적 투자론에서는 단일주식의 평가에 초점이 맞추어졌지만, 현대 포트폴리오 이론에서는 둘 이상의 주식이나 자산에 분산투자하였을 때의 투자수익과 위험에 주는 영향을 중심으로 투자결정 문제를 다룬다. 따라서 포트폴리오 분석에서는 개별주식을 독립적으로 평가하는 것은 충분하지 못한 것으로 본다. 단지 개별주식은 전체 포트폴리오의 투자수익과 위험에 얼마나 영향을 미치는가라는 관점에서만 그 의미를 지닌다.

포트폴리오 분석의 또 하나의 특징은 분석의 초점이 효율적 위험저감(risk diversification)의 방법과 최적포트폴리오 구성방법을 찾는 데 있다는 점이다. 앞서 지적한 것처럼 일정한 기대수익에 대해서 위험을 최소화시키는 효율적 분산투자의 방법을 강구하는 것이 포트폴리오 관리의 주된 목표인 만큼, 여러 투자자산에 어떻게 분산투자하는 것이 투자위험을 효율적으로 감소시키고 투자자의 만족을 극대화시키는 최적포트폴리오 구성방법인지를 찾는 것이 주된 내용이 된다. 따라서 투자위험의 통제(risk control)에 역점을 두는 방어적 투자관리에 이용되는 경우가 많다.

포트폴리오 관리에 이용되는 이론적 기초로는 두 가지 이론이 있다. 제Ⅱ편에서 다루는 포트폴리오 이론과 제Ⅲ편에서 다루는 자본시장 이론이 그것이다.

포트폴리오 이론(portfolio theory)의 핵심은 일정한 위험수준에서 기대수익을 최대화시키는 효율적 포트폴리오 구성방법, 효율적 분산투자에 관한 것이다. 이 이론은 역사적으로 볼 때 1952년 마코위츠(H. Markowitz)의 "포트폴리오 선택(Portfolio Selection)"이라는 논문이 발표되면서 발전하게 되었다.[1] 본장 제2절부터의 내용이 이에 해당된다.

마코위츠의 포트폴리오 선택모형은 이론적으로는 완벽하지만 이를 현실의 투자결정에 활용하기에는 엄청난 투입정보량이 요구되기 때문에 보다 단순화된 포트폴리오 선택모형이 필요하였다. 1960년대 들어서서 샤프(W.F. Sharpe)는 자산수익률을 하나의 공통요인인 시장수익률과의 관계에서만 설명하는 단일지표모형을 제시하여 포트폴리오 선택의 문제를 단순화시킴으로써 실용성을 높이게 되었다.[2] 제7장의 내

1) H. Markowitz, "Portfolio Selection," *Journal of Finance*, Vol. Ⅷ, No. 1(Mar. 1952).

용이 이에 관한 것이다.

투자관리에 이용되는 또 다른 이론체계의 하나는 자본시장 이론(capital market theory)이다. 자본시장 이론은 투자자산의 적정가격 결정구조에 관하여 다루고 있다. 이 이론체계는 1960년대 중반 샤프(Sharpe), 린트너(Lintner), 모신(Mossin) 등에 의해서 제시되었는데, 개인투자자들이 최적포트폴리오를 선택할 경우 시장 전체로 볼 때 균형상태에 이르면서 증권과 같은 자본자산의 가격이 투자위험을 반영하여 어떻게 결정되어야 하는가를 설명하는 자본자산가격결정모형(CAPM)이 핵심내용을 이룬다. 이에 대한 상세한 설명은 제Ⅲ편 제8장~제9장에서 다루게 될 것이다.

2. 최적투자결정의 체계

포트폴리오 이론에서는 최적포트폴리오의 선택방법을 다음 세 단계로 나누어 제시하고 있다.

① 개별자산의 투자가치를 기대수익률과 분산(표준편차)으로 측정
② 지배원리를 충족하는 효율적 포트폴리오의 선택
③ 투자자의 위험선호도에 적합한 최적포트폴리오의 선택

(1) 기대수익률과 위험의 측정

최적포트폴리오 투자결정의 첫 번째 단계는 자산(개별종목 또는 포트폴리오)의 예상수익률 자료를 추정하여, 이로부터 그 자산의 투자가치를 기대수익률과 분산(표준편차)으로 측정하는 것이다.

투자자산의 가치는 그 투자자산으로부터 예상되는 기대수익과 위험의 두 가지 요인에 의해서 결정된다고 할 수 있다. 즉,

$$V(\text{증권의 가치}) = f(\text{기대수익, 위험})$$

왜냐하면 투자자산이 지니는 가치는 그 투자대상으로부터 예상되는 투자수익에 달려 있지만, 그 기대수익은 미래에 실현되지 않을 가능성, 불확실성(위험)을 내포하

---

2) W.F. Sharpe, "A Simplified Model for Portfolio Analysis," *Management Science*(Jan. 1963), pp.277~293.

고 있으므로, 투자대상으로부터 기대되는 수익성과 이에 따르는 위험을 동시에 고려하여 투자가치를 평가해야 한다.

그런데 수많은 투자자산 중에서 최적의 투자자산이 선정되기 위해서는 기대수익과 위험이 계량적으로 측정될 필요가 있다. 이들이 계량적으로 측정되면 우열이 가려짐으로써 최적의 투자자산이 선정될 수 있기 때문이다.

기대수익과 위험이 계량적으로 측정되기 위해서는 미래 투자수익률의 확률분포를 추정해야 한다. 즉, 미래 발생가능한 몇 가지 상황과 그 상황이 일어날 확률 그리고 각 상황에서의 예상수익률을 추정해야 한다.

이제 제4장 [그림 4-1]과 〈표 4-3〉에서 설명한 방법처럼 X자동차의 예상투자수익률의 확률분포를 추정하는데, 이 회사의 주식가치에 영향을 미칠 미래의 상황(금리, 환율, 제품경쟁력 등)이 낙관 · 정상 · 비관의 상황으로 구분되고, 그것이 발생할 확률이 0.25, 0.50, 0.25로 예상된다고 하자. 또 현재의 주가는 70,000원이지만, 낙관적, 정상적, 비관적 시나리오하에서의 내재가치는 증권분석의 결과, 각각 91,000원, 77,000원, 63,000원으로 추정된다면, 각 상황에서의 예상수익률은 〈표 5-1〉과 같이 30%, 10%, −10%가 될 것이다.

〈표 5-1〉 X자동차 예상수익률의 확률분포(현주가 = 70,000원)

미래 상황	낙 관	정 상	비 관
발생확률	0.25	0.50	0.25
각 상황에서의 내재가치	91,000원	77,000원	63,000원
예상투자수익률	30%	10%	−10%

〈표 5-2〉는 주식 Y, Z에 대해서도 동일한 방법으로 예상수익률의 확률분포를 추정한 것이다. 이처럼 미래수익률의 확률분포가 추정되면 투자대상의 수익성과 위험이 기대수익률과 분산으로 측정될 수 있으므로 투자대상에 대한 계량적인 평가가 가능해진다.

〈표 5-2〉 주식 X, Y, Z의 수익률의 확률분포

미래 상황	확 률	예상수익률(r_i)		
		주식 X	주식 Y	주식 Z
비관	0.25	−0.10	0.00	0.10
정상	0.50	0.10	0.05	0.05
낙관	0.25	0.30	0.10	0.00

기대수익률(expected rate of return)은 실제의 수익률이 가질 수 있는 여러 가지 가능한 값들의 평균적인 값으로 식 5.1과 같이 구한다.

$$E(R) = \sum_{i=1}^{m} p_i r_i \tag{5.1}$$

단, $E(R)$: 개별자산의 기대수익률
p_i : 상황 i가 발생할 확률(일어날 상황은 m 가지)
r_i : 상황 i가 발생할 때의 수익률

주식 X, Y, Z의 평균적으로 예상되는 수익률, 즉 기대수익률을 식 5.1에 의하여 구하면 다음과 같이 주식 X는 10%, 주식 Y와 Z는 5%가 된다.

$$E(R_X) = (-0.10)(0.25) + (0.10)(0.50) + (0.30)(0.25) = 0.10$$
$$E(R_Y) = (0.00)(0.25) + (0.05)(0.50) + (0.10)(0.25) = 0.05$$
$$E(R_Z) = (0.10)(0.25) + (0.05)(0.50) + (0.00)(0.25) = 0.05$$

그런데 실제의 투자에서는 일정기간이 지난 후 실현되는 수익률은 이 기대수익률과 차이가 발생할 가능성을 지니고 있다. 따라서 투자대상의 평가시는 이러한 기대수익률이 실제로 실현되지 않을 가능성을 고려해야 된다. 미래 불확실한 상황에서의 수익률의 변동성(variability), 즉 기대수익률이 실현되지 않을 가능성을 위험(risk)이라고 한다. 이 위험의 크기를 계량적으로 측정하는 방법으로서 가장 널리 이용되는 방법은 분산(variance) 혹은 표준편차(standard deviation)라는 통계치를 사용하는 것이다.

수익률의 분산 혹은 표준편차는 수익률이 가질 수 있는 여러 가지 값이 기대수익률로부터 얼마나 차이가 있는가를 나타내는 것인데, 다음과 같이 정의된다. 평균으로부터의 큰 편차를 지닐수록 크게 반영되는 특징이 있다.

$$\sigma^2 = E[r - E(R)]^2 = \sum_{i=1}^{m} [r_i - E(R)]^2 \cdot p_i \tag{5.2}$$

$$\sigma = \sqrt{\sum_{i=1}^{m} [r_i - E(R)]^2 \cdot p_i} \tag{5.3}$$

단, σ^2 : 수익률의 분산
σ : 수익률의 표준편차

〈표 5-3〉 주식 X, Y, Z의 기대수익률과 표준편차

	주식 X	주식 Y	주식 Z
기대수익률 $E(R)$ 표준편차 σ	10% 14.14%	5% 3.54%	5% 3.54%

주식 X, Y, Z에 대하여 분산, 표준편차를 식 5.2, 식 5.3에 의하여 계량적으로 측정하면, 주식 X의 표준편차는 다음에서 보는 것처럼 14.14%가 되고, 주식 Y와 Z는 3.54%가 된다. 주식 Y와 Z는 서로 확률분포는 다르지만 위험은 동일한 주식임을 볼 수 있다.

$$\sigma_X^2=(-0.10-0.10)^2 0.25+(0.10-0.10)^2 0.50+(0.30-0.10)^2 0.25=0.02$$
$$\therefore \sigma_X=\sqrt{0.02}=14.14\%$$
$$\sigma_Y^2=(0.00-0.05)^2 0.25+(0.05-0.05)^2 0.50+(0.10-0.05)^2 0.25=0.00125$$
$$\therefore \sigma_Y=\sqrt{0.00125}=3.54\%$$
$$\sigma_Z^2=(0.10-0.05)^2 0.25+(0.05-0.05)^2 0.50+(0.00-0.05)^2 0.25=0.00125$$
$$\therefore \sigma_Z=\sqrt{0.00125}=3.54\%$$

이처럼 포트폴리오 이론에서는 증권의 가치가 기대수익률과 분산에 의해서 평가될 수 있다고 보는 것이다.

$$V(\text{증권의 가치})=f\left[E(R),\ \sigma^2\right] \tag{5.4}$$

이처럼 수익률의 확률분포로부터 평균·분산, 두 모수만 추정되면 투자대상의 가치를 평가할 수 있고, 투자결정의 기준으로 삼을 수 있다는 의미에서 이를 평균·분산기준(MV기준 : mean variance criterion)이라고 한다.

이상과 같이 이들 개별주식의 가치를 기대수익률과 표준편차로 평가하면 주식 X가 Y, Z보다 수익성도 높지만 위험도 크다. 반면 주식 Y와 Z는 주식 X와 비교할 때 수익성도 낮지만 위험도 작다.

투자결정의 기준으로 평균기대수익률과 분산만을 고려한다는 것은 수익률의 확률분포가 정규분포인 것을 가정한 것이다.[3] [그림 5-1]은 주식 X와 Y를 정규분포를

3) 포트폴리오 이론에서는 기본적으로 다음의 두 가지를 가정하고 있다. 즉, 증권의 투자수익률은 정규분포(normal distribution)를 이루고, 투자자는 위험회피형(risk averter)이라는 것이다. 이러한 가정은 불확실성하의

[그림 5-1] 주식 X, Y, Z의 확률분포(정규분포 가정)

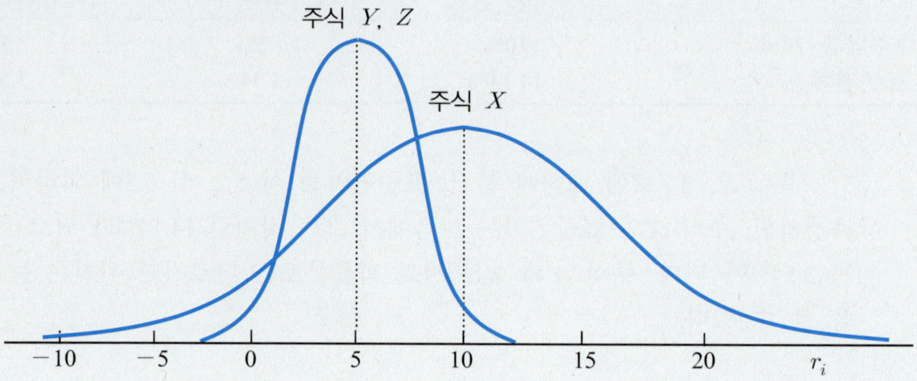

가정하여 나타낸 것이다. 여기서 표준정규분포를 적용하면 (평균)±1·(표준편차)의 구간에 있을 확률은 68.27%이다.[4] 예를 들어 주식 X의 경우(기대수익률=10%, 표준편차=14.14%) 10%±14.14%의 구간, 즉 투자수익률이 −4.14%~24.14%일 확률이 68.27%임을 뜻한다. 따라서 수익률이 −4.14% 이하로 얻어질 가능성은 약 16%(=(100%−68.27%)/2=15.865%), 즉 6번 중에 1번쯤 될 수 있음을 의미한다.

(2) 효율적 증권의 선택

최적포트폴리오를 선정해 나가는 둘째 단계는 지배원리를 적용하여 효율적 증권을 선택하는 것이다. 위에서 불확실성하에서 투자대상들의 투자가치는 결국 기대수익률과 분산(표준편차)에 의하여 평가할 수 있음을 설명하였다. 그러면 이들 두 요인을 선택기준으로 삼아 여러 증권 가운데 어떻게 최적증권을 선택하는가? 이제 투자대상으로서 〈표 5-4〉에 나타나 있는 다섯 개의 주식(이 중 주식 X, Y는 위에서 예로 든 것임)을 예로 들어보자.

투자결정에 있어서 다음과 같은 의미가 있음을 뜻한다. 증권수익률의 확률분포가 정규분포임을 가정한다는 것은 평균(mean)과 분산(variance) 두 가지 통계량을 측정하면 증권의 투자가치를 평가할 수 있게 되므로 이 두 통계량을 투자결정의 기준으로 삼을 수 있게 됨을 뜻한다.

4) 표준정규분포에 의하면 표준정규분포값(Z)은 Z=[(관찰치값−평균값) / (표준편차)]에 의해서 측정한다. 그리고 Z=1, 2, 3에 대하여 다음과 같은 신뢰도 구간을 갖는다.

(평균)±1·(표준편차) : 68.27%, (평균)±2·(표준편차) : 95.54%, (평균)±3·(표준편차) : 99.97%

개별증권 수익률의 확률분포는 비대칭(비정규)분포인 경우가 많다. 그러나 포트폴리오를 구성하면 그 수익률의 확률분포는 정규분포에 근접하기 때문에 정규분포의 가정하에서 분석한다.

〈표 5-4〉 개별주식의 기대수익률과 위험

기대수익과 위험 \ 주 식	X	Y	P	Q	R
기대수익률(%)	10	5	10	4	8
표준편차(%)	14.14	3.54	18	3.54	10

[그림 5-2] 지배원리에 의한 효율적 증권의 선택

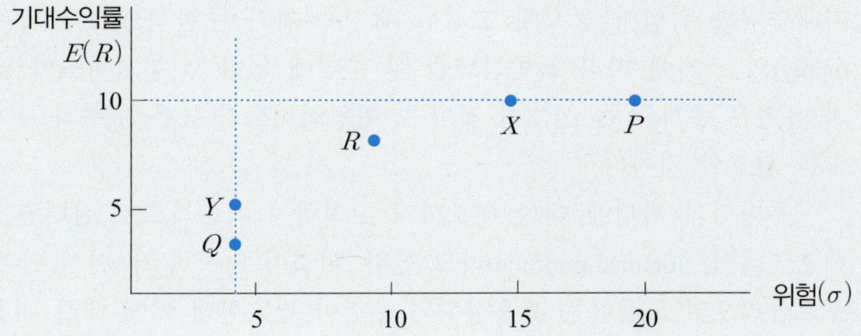

〈표 5-4〉의 각 주식의 기대수익률과 위험(표준편차)을 그림으로 나타내면 [그림 5-2]와 같다. 먼저 주식 X와 주식 P를 비교하면 기대수익률은 10%로 동일하나, 표준편차로 측정된 위험은 주식 P가 X보다 높다. 주식 X가 주식 P를 지배한다. 기대수익은 동일한데 주식 X의 위험이 낮으므로 주식 X가 더 나은 투자대상이다.

다음 주식 Y와 주식 Q를 비교하면 위험은 3.54%로 동일하나, 기대수익률은 주식 Y가 높다. 주식 Y가 주식 Q를 지배하는 우월한 투자대상이다. 한편, 주식 R은 주식 X와 주식 Y에 비교할 때 기대수익률과 위험 두 가지 요인을 고려해서는 우열이 가려지지 않는다. 그래서 다섯 개의 주식을 평균·분산기준에 근거하여 투자대상으로서 우열을 가리면 일단 주식 P, Q는 선택대상에서 제외되고, 주식 X, Y 그리고 R만이 고려대상이 된다. 이와 같은 방법으로 투자대상을 선별하는 것을 지배원리라고 한다.

즉, 지배원리(dominance principle)는 위험이 동일한 투자대상들 중에서는 기대수익이 가장 높은 것을 선택하고, 기대수익이 동일한 투자대상들 중에서는 위험이 가장 낮은 투자대상을 선택하는 방법을 말한다.

이 지배원리에 의한 증권선택방법은 개별주식에만 적용되는 것이 아니고 포트폴리오 선택에도 그대로 적용된다. 그래서 포트폴리오 기대수익과 위험이 측정되었을 때 지배원리를 만족하는 포트폴리오를 효율적 포트폴리오(efficient portfolio)라고 부른다.

(3) 최적증권의 선택

이제 지배원리를 충족시키는 효율적 증권으로 주식 X, Y, R이 선택되었는데, 우열이 가려지지 않는 이들 중에서 어느 증권을 최종적으로 선택할 것인가? 이들 효율적 증권들은 서로 지배되지 않는 증권들이므로 결국 투자자의 위험에 대한 태도, 즉 기대수익과 위험이 동시에 고려될 때 투자자가 주관적으로 느끼는 만족도인 효용(utility)의 크기에 따라 최종선택을 할 수밖에 없다. 위험회피도가 낮은 공격적 투자자 유형은 주식 X를 선호할 것이고, 위험회피도가 높은 보수적 투자자 유형은 주식 Y를 선호할 것이다.[5)]

투자자의 위험에 대한 태도까지 고려하여 최종적으로 선택된 포트폴리오를 최적포트폴리오(optimal portfolio)라고 한다. 이것이 마지막 세 번째 단계인 것이다. 최적포트폴리오의 도출에는 효용함수의 추정이 필요한데 이에 대한 내용은 제6장 제4절에서 다루기로 한다.

요약하면 투자대상들의 최적선택과정은 ① 투자대상의 투자가치를 평균·분산 기준으로 측정하고, ② 이를 근거로 하여 지배원리를 충족하는 효율적 증권을 선택한 다음, ③ 이 중에서는 투자자의 효용곡선(위험선호도)에 적합한 최적증권을 선택하는 것으로 요약할 수 있다.

---

5) 포트폴리오 이론에서는 가정하고 있는 증권의 투자수익률의 정규분포(normal distribution) 가정과 위험회피형(risk averter) 투자자의 가정 중에서 정규분포의 가정에 대해서는 앞의 (1)에서 설명하였다. 위험회피형 투자자임을 가정하면 평균·분산기준에 의해서 투자대상들간의 투자우선순위가 결정되지 않을 경우에도 선호체계의 결정이 가능하게 된다. 위험회피형의 투자자들은 일정한 포트폴리오의 위험(분산)수준에 대하여는 보다 높은 기대수익을 선호하고, 일정한 기대수익(평균)수준에 대해서는 보다 낮은 위험(분산)을 선호한다. 또한 단일증권에 투자하는 것보다 포트폴리오를 구성하여 분산투자하는 것이 일정한 투자수익에 대해서 투자위험을 최소화시키는 것임을 뜻하기도 한다.

제 2 절 포트폴리오의 기대수익과 위험

앞에서는 개별증권을 예로 들어 투자자산의 최적선택방법의 체계에 대하여 설명하였다. 이러한 투자대상의 최적선택방법은 다수의 증권으로 구성되는 포트폴리오의 최적선택에도 그대로 적용된다. 개별증권의 경우와 마찬가지로 포트폴리오 투자결정의 경우도 포트폴리오 수익률의 확률분포로부터 포트폴리오 기대수익률과 분산을 추정하여 효율적 포트폴리오와 최적포트폴리오를 결정하면 된다. 그러므로 포트폴리오 기대수익률과 위험(분산)을 추정하는 것이 관건이 된다.

그런데 문제는 포트폴리오 수익률의 확률분포는 이를 구성하고 있는 개별증권 그것의 단순한 합으로 나타나지 않는다는 점에 있다. 앞에서 예로 든 주식 X와 주식 Z로 포트폴리오를 구성할 경우 포트폴리오 수익률의 확률분포는 [그림 5-3]처럼 개별주식 X와 Z의 단순한 합이 아닌 전혀 다른 모양으로 나타날 수 있다.

일단 포트폴리오 수익률의 확률분포로부터 포트폴리오 기대수익률과 위험(분산)이 구해지면 개별증권의 경우와 마찬가지로 최적투자결정을 할 수 있으므로 이하에서는 포트폴리오 기대수익률과 위험을 측정하는 문제와 투자위험이 감소되는 원리를 살펴보기로 한다.

[그림 5-3] 포트폴리오의 확률분포 : 개별증권 확률분포의 단순한 합이 아니다

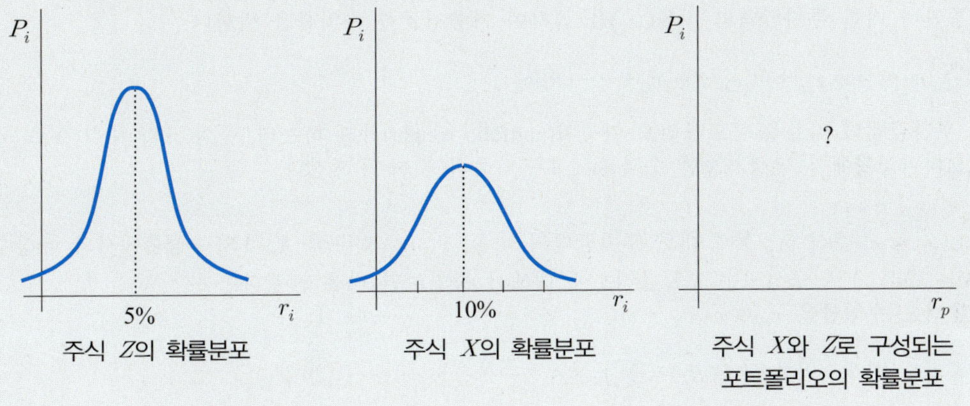

1. 포트폴리오 기대수익률

포트폴리오 기대수익률은 개별증권의 기대수익률을 구하는 방법과 마찬가지로 각 상황에서 가능한 포트폴리오 수익률에 그 상황이 일어날 확률을 곱한 다음 이를 모두 합하면 구해진다(식 5.5).[6]

$$E(R_p) = \sum_{i=1}^{m} p_i r_{pi} \tag{5.5}$$

단, $E(R_p)$: 포트폴리오의 기대수익률

p_i : i 상황이 발생할 확률(일어날 상황은 m 가지)

r_{pi} : i 상황에서의 포트폴리오 예상수익률

포트폴리오 기대수익률은 식 5.6의 공식을 이용하여 구할 수 있다. 즉, 개별증권의 기대수익률을 투자금액의 비율에 따라 가중평균하여 구하면 되는데, 주식 X와 주식 Y로 구성되는 포트폴리오 기대수익률은 식 5.7과 같이 측정된다.[7]

$$E(R_p) = \sum_{j=1}^{n} w_j E(R_j) \tag{5.6}$$

$$E(R_p) = w_X E(R_X) + w_Y E(R_Y) \tag{5.7}$$

---

6) 여기서 i 상황에서 포트폴리오의 발생가능한 수익률(r_{pi})은 개별증권 $j(j=1,\ 2\cdots n)$의 발생가능한 수익률(r_{ji})에 그 증권에 대한 투자금액의 비율(w_j)을 곱하여 가중평균한 수익률을 말한다.

$$r_{pi} = \sum_{j=1}^{n} w_j r_{ji} = w_1 r_{1i} + w_2 r_{2i} + w_3 r_{3i} + \cdots\cdots + w_n r_{ni}$$

여기서 투자금액의 비율을 포트폴리오 가중치(portfolio weight)라고 하는데, 주식 X와 주식 Y로 구성되는 포트폴리오의 i상황에서 발생가능한 수익률(r_{pi})은 다음과 같이 구해진다.

$$r_{pi} = w_X r_{Xi} + w_Y r_{Yi}$$

(단, w_X, w_Y : 주식 X, Y에 대한 투자금액의 비율, r_{Xi}, r_{Yi} : 주식 X, Y의 i 상황에서의 예상수익률)

7) 주식 X와 주식 Y로 구성되는 포트폴리오에 대해서 증명하면 다음과 같다.

포트폴리오 수익률은 $r_{pi} = w_X r_{Xi} + w_Y r_{Yi}$ ································ ①

포트폴리오 기대수익률은 $E(R_p) = \sum_{i=1}^{m} p_i \cdot r_{pi}$ ································ ②

식 ②에 식 ①을 대입하면,

$$\begin{aligned} E(R_p) &= \sum_{i=1}^{m} p_i (w_X r_{Xi} + w_Y r_{Yi}) = \sum_{i=1}^{m} p_i w_X r_{Xi} + \sum_{i=1}^{m} p_i w_Y r_{Yi} = w_X \sum_{i=1}^{m} p_i r_{Xi} + w_Y \sum_{i=1}^{m} p_i r_{Yi} \\ &= w_X E(R_X) + w_Y E(R_Y) \end{aligned}$$

단, w_j : 개별증권 j 에 대한 투자비율
$E(R_j)$: 개별증권 j 에 대한 기대수익률

예 제

〈표 5-2〉에서 예로 든 주식 X, Y, Z에 대하여 다음과 같이 투자금액을 달리하여 포트폴리오를 구성하고자 한다. 각 포트폴리오의 기대수익률을 구하라. 단, 1.에 대해서는 식 5.5와 식 5.7 두 가지 방법을 사용하여 서로의 결과를 비교하라.

1. 주식 X(50%)와 주식 Y(50%)로 포트폴리오를 구성하는 경우
2. 주식 X(50%)와 주식 Z(50%)로 포트폴리오를 구성하는 경우
3. 주식 X(20%)와 주식 Z(80%)로 포트폴리오를 구성하는 경우

해설 1. 주식 X(50%)와 주식 Y(50%)로 구성되는 포트폴리오의 기대수익률

① 식 5.5의 이용 : $E(R_p)=\sum_{i=1}^{m} p_i r_{pi},\ r_{pi}=w_X r_{Xi}+w_Y r_{Yi}$

i=불황 : $r_{pi}=(0.5\times -0.10)+(0.5\times 0.00)=-0.05$

i=정상 : $r_{pi}=(0.5\times 0.10)+(0.5\times 0.05)=0.075$

i=호황 : $r_{pi}=(0.5\times 0.30)+(0.5\times 0.10)=0.20$

$\Rightarrow E(R_p)=(-0.05\times 0.25)+(0.075\times 0.5)+(0.20\times 0.25)=7.5\%$

② 식 5.7의 이용 : $E(R_p)=\sum_{j=1}^{n} w_j E(R_j)=w_X E(R_X)+w_Y E(R_Y)$

$=(0.5\times 0.10)+(0.5\times 0.05)=7.5\%$

2. 주식 X(50%)와 주식 Z(50%)로 구성되는 포트폴리오의 기대수익률

$E(R_p)=w_X E(R_X)+w_Z E(R_Z)=(0.5\times 0.10)+(0.5\times 0.05)=7.5\%$

3. 주식 X(20%)와 주식 Z(80%)로 구성되는 포트폴리오의 기대수익률

$E(R_p)=(0.2\times 0.10)+(0.8\times 0.05)=6.0\%$

2. 포트폴리오 위험(분산)

포트폴리오 위험의 측정치인 포트폴리오의 분산은 위에서 설명한 포트폴리오 기대수익률처럼 단순히 개별증권의 분산을 가중평균한 것이 아니다. 두 개의 자산으로 구성된 포트폴리오 분산을 간단히 구하는 데는 식 5.9를 사용하고 있지만, 이 식이

도출된 배경을 이해하고, 포트폴리오 확률분포의 분산은 이를 구성하는 개별증권 분산의 단순한 합이 아님을 보기 위해서, 포트폴리오 수익률의 변동성 그 자체를 먼저 측정해 보자.

포트폴리오 분산(portfolio's variance)은 기술통계에서 분산을 구하는 방법대로 각 상황에서 얻게 되는 포트폴리오의 발생가능한 수익률(r_{pi})과 포트폴리오 기대수익률($E(R_p)$)의 편차의 자승에, 발생할 확률(p_i)을 곱하여 합하면 구해진다.

$$\sigma_p^2 = \sum_{i=1}^{m} [r_{pi} - E(R_p)]^2 \cdot p_i \tag{5.8}$$

단, σ_p^2 : 포트폴리오 분산
r_{pi} : i 상황에서의 포트폴리오 예상수익률
$E(R_p)$: 포트폴리오 기대수익률
p_i : i 상황이 발생할 확률

예 제

〈표 5-2〉에서 예로 든 주식 X, Y, Z(〈표 5-5〉, 〈표 5-6〉, 〈표 5-7〉에 다시 표시되어 있음)로 구성되는 다음과 같은 포트폴리오의 위험을 측정하고, 투자위험이 감소되는 원천이 무엇인지를 밝혀라.

1. 주식 X(50%)와 주식 Y(50%)로 포트폴리오를 구성하는 경우
2. 주식 X(50%)와 주식 Z(50%)로 포트폴리오를 구성하는 경우
3. 주식 X(20%)와 주식 Z(80%)로 포트폴리오를 구성하는 경우

해설 1. 주식 X(50%)와 주식 Y(50%)로 구성된 포트폴리오 분산(〈표 5-5〉의 ⑥란 참조)

$\sigma_p^2 = (-0.05-0.075)^2 0.25 + (0.075-0.075)^2 0.50 + (0.20-0.075)^2 0.25 = 0.0078125$

$\therefore \sigma_p = \sqrt{0.0078125} = 0.0884 = 8.84\%$

2. 주식 X(50%)와 주식 Z(50%)로 구성된 포트폴리오 분산(〈표 5-6〉의 ⑥란 참조)

$\sigma_p^2 = (0.00-0.075)^2 0.25 + (0.075-0.075)^2 0.50 + (0.15-0.075)^2 0.25 = 0.0028125$

$\therefore \sigma_p = \sqrt{0.0028125} = 0.0530 = 5.30\%$

3. 주식 X(20%)와 주식 Z(80%)로 구성된 포트폴리오 분산(〈표 5-7〉의 ⑥란 참조)

$\sigma_p^2 = (0.06-0.06)^2 0.25 + (0.06-0.06)^2 0.50 + (0.06-0.06)^2 0.25 = 0.0$

$\therefore \sigma_p = \sqrt{0.0} = 0.0\%$

〈표 5-5〉 포트폴리오의 기대수익률과 위험의 계산 : 주식 X에 50%, 주식 Y에 50% 투자하는 경우

상 황	① 확률(p_i)	② 주식 X	③ 주식 Y	④ r_{pi}	⑤ $r_{pi} \times p_i$	⑥ $[r_{pi} - E(R_p)]^2 p_i$
불황	0.25	−0.10	0.00	−0.05	−0.05×0.25	$(-0.05-0.075)^2$ 0.25
정상	0.50	0.10	0.05	0.075	0.075×0.5	$(0.075-0.075)^2$ 0.50
호황	0.25	0.30	0.10	0.20	0.20×0.25	$(0.2-0.075)^2$ 0.25
		$E(R_X)=10\%$	$E(R_Y)=5\%$		$\sum=7.5\%$ $\therefore E(R_P)=7.5\%$	$\sum=0.0078125$ $\therefore \sigma_p=\sqrt{0.0078125}$ $=8.84\%$

〈표 5-6〉 포트폴리오의 기대수익률과 위험의 계산 : 주식 X에 50%, 주식 Z에 50% 투자하는 경우

상 황	① 확률(p_i)	② 주식 X	③ 주식 Z	④ r_{pi}	⑤ $r_{pi} \times p_i$	⑥ $[r_{pi} - E(R_p)]^2 p_i$
불황	0.25	−0.10	0.10	0.00	0.00×0.25	$(0.0-0.075)^2$ 0.25
정상	0.50	0.10	0.05	0.075	0.075×0.5	$(0.075-0.075)^2$ 0.50
호황	0.25	0.30	0.00	0.15	0.15×0.25	$(0.15-0.075)^2$ 0.25
		$E(R_X)=10\%$	$E(R_Z)=5\%$		$\sum=7.5\%$ $\therefore E(R_P)=7.5\%$	$\sum=0.0028125$ $\therefore \sigma_p=\sqrt{0.0028125}$ $=5.30\%$

〈표 5-7〉 포트폴리오의 기대수익률과 위험의 계산 : 주식 X에 20%, 주식 Z에 80% 투자하는 경우

상 황	① 확률(p_i)	② 주식 X	③ 주식 Z	④ r_{pi}	⑤ $r_{pi} \times p_i$	⑥ $[r_{pi} - E(R_p)]^2 p_i$
불황	0.25	−0.10	0.10	0.06	0.06×0.25	$(0.06-0.06)^2$ 0.25
정상	0.50	0.10	0.05	0.06	0.06×0.50	$(0.06-0.06)^2$ 0.50
호황	0.25	0.30	0.00	0.06	0.06×0.25	$(0.06-0.06)^2$ 0.25
		$E(R_X)=10\%$	$E(R_Z)=5\%$		$\sum=6.0\%$ $\therefore E(R_P)=6.0\%$	$\sum=0$ $\therefore \sigma_p=0.0\%$

위의 예제의 결과에서 볼 수 있듯이 주식 X와 Y에 분산투자하는 것보다 주식 X와 Z에 분산투자하는 것이 기대수익률은 7.5%로 동일하지만, 위험(분산)은 현격하게 줄게 되어 포트폴리오 $[X+Z]$가 포트폴리오 $[X+Y]$보다 더 효율적 포트폴리오임을 알 수 있다.

[그림 5-4] 주식의 결합

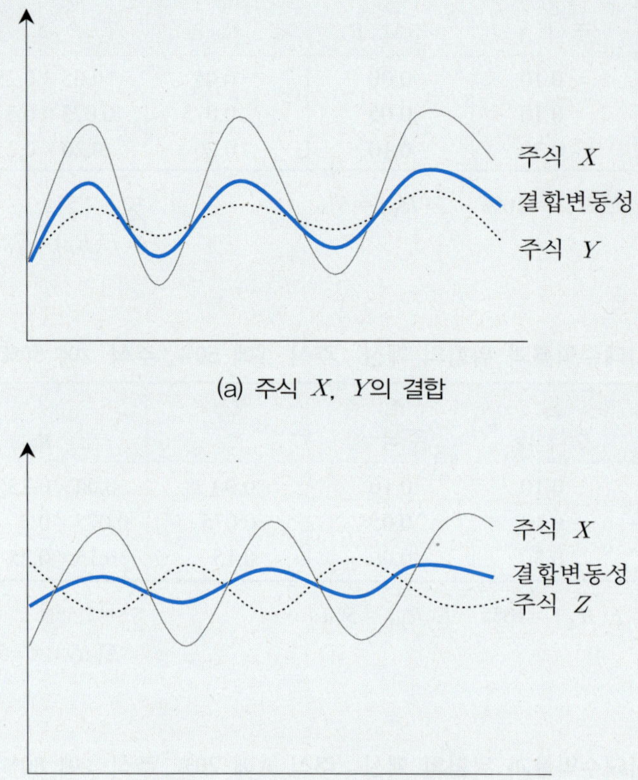

(a) 주식 X, Y의 결합

(b) 주식 X, Z의 결합

주식 X와 Z에 분산투자할 경우 발생하는 현격한 위험감소현상은 각 주식간의 상관관계에서 기인한다. 주식 X와 Y가 결합될 때에는 두 주식 모두가 같은 방향으로 수익률이 움직이므로 이 수익률의 변동성은 [그림 5-4](a)와 같이 결합수익률의 변동성은 그대로 남게 된다. 그러나 주식 X와 Z가 결합될 때에는 두 주식의 수익률변동 방향이 반대이므로 [그림 5-4](b)와 같이 개별주식의 위험은 서로 상쇄되어 결합수익률의 변동성은 크게 감소하여, 이 상쇄효과가 더 커진다. 상관관계가 적은 주식들로 포트폴리오를 구성하면 현격한 위험저감효과를 누릴 수 있음을 볼 수 있다.

위의 예제에서 위험저감효과를 가져오는 또 다른 요인은 투자금액의 비율임을 알 수 있다. 비록 동일 주식 X와 Z로 포트폴리오를 구성하지만 투자금액의 비율이 50 : 50인 경우보다 20 : 80일 때 위험이 현격히 줄 뿐 아니라, 위험 있는 주식투자이지만 마치 정기예금하는 것처럼 위험이 전혀 없는 투자성과를 기대할 수도 있게 된다.

이상에서 알 수 있는 것처럼 자산투자의 위험을 감소시키는 위험관리의 한 방법은 분산투자임을 알 수 있다. 구성자산간의 상관관계가 적은 자산들로 포트폴리오를 구성하거나 투자비율을 조정하면 투자위험이 현격히 감소하게 된다. 단일종목에 100% 자금을 투자할 때보다도 포트폴리오 분산투자시의 위험(portfolio risk)이 훨씬 감소함을 볼 수 있다.

이제 포트폴리오를 구성하는 개별증권들의 수익률이 움직이는 방향을 모두 고려하여 변동성을 측정하는 포트폴리오(주식 X와 Y로 구성된 포트폴리오) 분산을 구하는 공식을 도출하면 다음 식 5.9와 같다.[8)]

$$\sigma_p^2 = w_X^2\sigma_X^2 + w_Y^2\sigma_Y^2 + 2w_X w_Y cov(r_X, r_Y) \tag{5.9}$$

단, w_X : 주식 X에 대한 투자비율
w_Y : 주식 Y에 대한 투자비율
σ_X^2 : 주식 X의 분산
σ_Y^2 : 주식 Y의 분산
$cov(r_X, r_Y)$: 주식 X와 주식 Y 간의 공분산(이하에서는 σ_{XY}로도 표시)

위의 식에서 포트폴리오 위험(분산)은 ① 개별주식의 위험(σ_X^2, σ_Y^2), ② 각 주식에 대한 투자금액의 비율(w_X, w_Y), ③ 구성주식간의 공분산(σ_{XY})에 의해서 결정됨을 다시 확인할 수 있다.

포트폴리오 분산측정에서 특히 중요한 것은 공분산(covariance)이다. 공분산은 식 5.10과 같이 정의되는데, 포트폴리오를 구성하는 각 증권의 실제수익률과 기대수익률의 편차들을 곱한 값의 기대치로 측정된다.

$$\sigma_{XY} = E[(r_X - E(R_X))(r_Y - E(R_Y))] \tag{5.10}$$

---

8) 이 공식의 증명은 다음과 같다. $\sigma_p^2 = E(r_p - E(R_p))^2$에서,
주식 X와 주식 Y로 구성되는 포트폴리오의 경우 r_p와 $E(R_p)$은

$r_p = w_X r_X + w_Y w_Y$, $\quad E(R_p) = w_X E(R_X) + w_Y E(R_Y)$이므로,

$$\sigma_p^2 = E[w_X r_X + w_Y r_Y - w_X E(R_X) - w_Y E(R_Y)]^2 = E[w_X(r_X - E(R_X)) + w_Y(r_Y - E(R_Y))]^2$$
$$= E[w_X^2(r_X - E(R_X))^2 + w_Y^2(r_Y - E(R_Y))^2 + 2w_X w_Y(r_X - E(R_X))(r_Y - E(R_Y))]$$

그런데 $E(r_X - E(R_X))^2 = \sigma_X^2$, $E(r_Y - E(R_Y))^2 = \sigma_Y^2$, $E[(r_X - E(R_X))(r_Y - E(R_Y))] = cov(r_X, r_Y)$이므로,

$$\sigma_p^2 = w_X^2\sigma_X^2 + w_Y^2\sigma_Y^2 + 2w_X w_Y cov(r_X, r_Y)$$

증권들간의 공분산은 수익률의 움직임이 어느 정도 같은 방향인지 반대방향인지를 측정한 것이다. 만약 수익률의 움직임이 같은 방향이면 正(+)의 값을 지니고, 반대방향이면 負(−)의 값을 갖게 된다. 이렇게 하면 포트폴리오로 결합될 때 수익률의 변동성이 줄어드는 정도가 측정된다.

두 증권간의 수익률 움직임의 상관성은 상관계수(correlation coefficient)로도 측정되고 있다. 상관계수는 다음과 같이 정의된다.

$$\rho_{XY} = \frac{\sigma_{XY}}{\sigma_X \cdot \sigma_Y} \tag{5.11}$$

단, ρ_{XY} : 증권 X와 Y 사이의 상관계수
σ_{XY} : 증권 X와 Y 사이의 공분산 $cov(r_X,\ r_Y)$
σ_X : 증권 X의 표준편차, σ_Y : 증권 X의 표준편차

증권들간의 수익률의 움직임이 공분산에 의해서 측정되면 취할 수 있는 값에 제한이 없지만, 상관계수는 공분산을 각각의 표준편차의 곱으로 나누어 표준화시킨 것으로서 $-1 \leq \rho_{XY} \leq +1$의 값을 보이게 된다. $\rho_{XY} = +1$인 경우를 완전 正(+)의 상관관계, $\rho_{XY} = -1$인 경우를 완전 負(−)의 상관관계를 갖는다고 한다.

증권들간의 수익률의 움직임을 이처럼 상관계수로 측정하게 되면 증권 X와 Y의 공분산은 $\sigma_{XY} = \sigma_X \sigma_Y \rho_{XY}$이므로 포트폴리오 위험(분산)은 다음 식 5.12에 의해서도 구해진다.

$$\sigma_p^2 = w_X^2 \sigma_X^2 + w_Y^2 \sigma_Y^2 + 2 w_X w_Y \sigma_X \sigma_Y \rho_{XY} \tag{5.12}$$

예 제

〈표 5-2〉에서 예로 든 주식 X, Y, Z로 포트폴리오를 구성하고자 한다.

1. 주식 X와 Y, 주식 X와 Z 간의 공분산을 구하라.
2. 이들의 상관계수를 구하라.
3. 식 5.12에 의해서 포트폴리오 위험을 측정하고 식 5.8에 의한 결과와 비교하라.

해설 1. 주식 X와 Y, 주식 X와 Z 간의 공분산

$$cov(r_X,\ r_Y) = \sigma_{XY} = 0.25(-0.10-0.10)(0.00-0.05) + 0.5(0.10-0.10)(0.05-0.05)$$
$$+0.25(0.30-0.10)(0.10-0.05) = 0.005$$

$$cov(r_X, r_Z) = \sigma_{XZ} = 0.25(-0.10-0.10)(0.10-0.05) + 0.5(0.10-0.10)(0.05-0.05) + 0.25(0.30-0.10)(0.00-0.05) = -0.005$$

2. 주식 X와 Y, 주식 X와 Z 간의 상관계수

$$\rho_{XY} = \frac{0.005}{(0.1414)(0.0354)} = +1 \qquad \rho_{XZ} = \frac{-0.005}{(0.1414)(0.0354)} = -1$$

3. 포트폴리오 분산과 표준편차

$$\sigma_p^2 = (0.5)^2(0.1414)^2 + (0.5)^2(0.0354)^2 + 2(0.5)(0.5)(0.005) = 0.0078118$$

$$\therefore \sigma_p = \sqrt{0.0078118} = 8.84\%$$

$$\sigma_p^2 = (0.5)^2(0.1414)^2 + (0.5)^2(0.0354)^2 + 2(0.5)(0.5)(-0.005) = 0.0028118$$

$$\therefore \sigma_p = \sqrt{0.0028118} = 5.30\%$$

위의 계산은 식 5.8에 의한 계산결과와 같다.

제 3 절 투자위험 감소의 원리

앞의 절에서는 포트폴리오의 기대수익률과 위험(분산)을 측정하는 방법에 대해서 설명하였다. 그러면 이를 근거로 하여 효율적 포트폴리오(efficient portfolio)를 어떻게 구성할 것인가? 본절에서는 구성증권간의 상관관계와 투자금액의 비율을 고려하여 일정한 기대수익하에서 투자위험을 최소화시키는 원리와 최소분산 포트폴리오 구성방법에 대하여 설명한다.

1. 위험감소효과의 원천

두 개의 증권으로 구성되는 포트폴리오의 위험은 식 5.12에서 보는 바와 같이 개별증권의 분산이 주어졌을 때, 구성증권간의 상관관계와 각 증권에 대한 투자비율의 조정 여하에 따라서 달라진다.

$$\sigma_p^2 = w_X^2\sigma_X^2 + w_Y^2\sigma_Y^2 + 2w_X w_Y \sigma_X \sigma_Y \rho_{XY} \qquad (5.12)$$

이제 구성증권간의 상관관계를 나타내는 상관계수 ρ_{XY}의 크기와 투자금액의 조정에 따라서 포트폴리오 위험이 어떻게 감소하는지를 보기로 하자.

(1) 상관관계와 포트폴리오 위험

포트폴리오를 구성하는 두 증권의 수익률이 어느 정도의 상관성(degree of correlation)을 지니고 움직이는지를 측정하는 것이 상관계수이다. 상관계수는 앞의 절에서 설명한 것처럼 $-1 \leq \rho_{XY} \leq +1$의 값을 보이는데, 두 증권수익률의 상관성 정도에 따라 [그림 5-5]와 같은 몇 가지 형태로 나누어 생각할 수 있다.

①의 경우는 완전 正의 상관관계($\rho_{XY}=+1$)를 나타내는 것으로서 어느 한 증권(X)의 수익률 변동이 있었을 때 다른 증권(Y)의 수익률이 항상 일정하게 비례적으로 변동하는 관계이다. ②의 경우($0<\rho_{XY}<+1$)는 양자가 같은 방향으로 움직이는 正의 상관관계이나 정확하게 직선적인 관계가 아닌 경우이다. ③의 경우($\rho_{XY}=0$)는 아무런 상관성이 없는 경우이다. ④의 경우($-1<\rho_{XY}<0$)는 양자가 負의 상관관계를 가지나 정확한 반비례적 관계가 아닌 경우이다. ⑤의 경우($\rho_{XY}=-1$)는 정확

[그림 5-5] 구성증권간의 상관관계

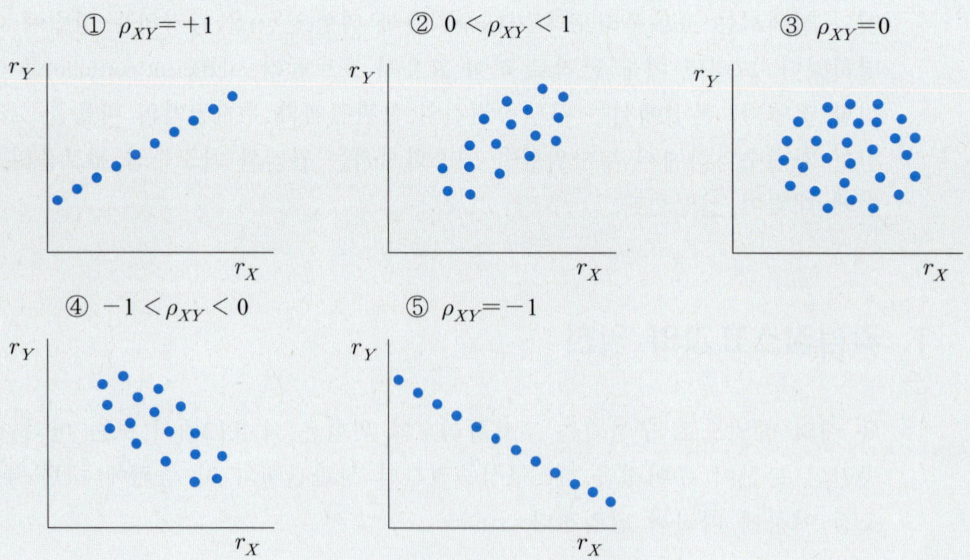

히 반비례적으로 완전 負의 상관관계인 경우를 나타낸 것이다.

이하에서는 두 증권의 상관관계가 $\rho_{XY}=+1$, $\rho_{XY}=-1$, $\rho_{XY}=0$인 경우를 중심으로 포트폴리오 위험(분산)이 얼마나 줄어드는지를 보기로 하자.

1) **상관관계가 완전 正(+)일 경우**

두 증권간의 상관관계가 완전 正의 관계에 있을 경우, 식 5.12에서 $\rho_{XY}=+1$일 경우이므로 포트폴리오 위험이 다음과 같이 표시된다.

$$\sigma_p^2=(w_X\sigma_X+w_Y\sigma_Y)^2$$
$$\therefore \sigma_p=w_X\sigma_X+w_Y\sigma_Y \qquad (5.13)$$

두 증권의 수익률이 완전 正의 상관관계를 가지고 있으면 포트폴리오 위험(표준편차)은 개별증권의 표준편차를 투자비율에 따라서 가중평균한 수준이 되어 투자위험이 감소되지 않는다. 분산투자하더라도 위험이 줄지 않는 유일한 경우이다.

2) **상관관계가 완전 負(−)일 경우**

두 증권간의 상관관계가 완전 負의 관계에 있을 경우, 즉 $\rho_{XY}=-1$일 경우의 포트폴리오 위험은 식 5.12로부터 다음과 같이 표시된다.

$$\sigma_p^2=(w_X\sigma_X-w_Y\sigma_Y)^2$$
$$\therefore \sigma_p=|w_X\sigma_X-w_Y\sigma_Y| \qquad (5.14)$$

완전 負의 관계에 있는 포트폴리오 위험은 개별증권의 표준편차에 투자비율을 곱한 것들의 절대차가 되므로 현격하게 줄어들게 된다.

3) **상관관계가 영(0)인 경우**

두 증권간의 상관관계가 0인 경우, 즉 $\rho_{XY}=0$일 경우는 식 5.12에서 $2w_Xw_Y\sigma_X\sigma_Y\rho_{XY}$ 부분이 없어지므로 다음과 같이 위험이 줄어들게 된다.

$$\sigma_p^2=w_X^2\sigma_X^2+w_Y^2\sigma_Y^2$$
$$\therefore \sigma_p=\sqrt{w_X^2\sigma_X^2+w_Y^2\sigma_Y^2} \qquad (5.15)$$

여기서 확인할 수 있는 것처럼 포트폴리오를 구성하는 개별자산간의 상관관계가 완전 正의 관계에 있는 경우만은 투자위험이 줄지 않지만, 그 밖의 경우는 분산투자를 통하여 투자위험을 줄일 수 있게 된다. 분산투자의 효과는 상관관계가 낮을수록 크게 나타난다.

(2) 투자비율과 포트폴리오 위험

포트폴리오 위험의 감소는 앞에서 설명한 것처럼 상관관계가 낮은 증권들간의 결합을 통해서도 가능하지만, 투자자금의 비율을 적절히 변경함에 의해서도 가능하다. 증권간의 상관관계가 주어졌을 때 투자비율이 달라짐에 따라 포트폴리오 위험이 변하는 것을 보기 위해서 앞의 〈표 5-2〉에서 예로 든 주식 X와 Y, 그리고 주식 X와 Z로 구성된 포트폴리오의 경우를 보기로 하자.

주식 X와 Y는 상관계수 $\rho_{XY}=+1$(공분산 $cov(r_X, r_Y)=0.005$)인 관계에 있었다. 이제 투자비율을 X에 100%, Y에 0%(X에 전액투자) 투자하는 것으로부터 시작하여 X에 대한 투자비율을 줄여가면서 80 : 20, 50 : 50, 20 : 80, 0 : 100, −20 : 120으로 조정할 경우의 포트폴리오의 기대수익률과 표준편차는 〈표 5-8〉의 ②란과 같이 계산된다.[9] 주식 X에 대한 투자비율이 줄어들고 대신 Y에 대한 투자비율이 높아질수록 포트폴리오 기대수익률과 위험이 동시에 감소함을 볼 수 있다. 분산투자의 효과가 나타나지 않음을 보게 된다.

〈표 5-8〉 포트폴리오의 기대수익률과 위험 : 투자비율이 조정될 때

① 투자금액의 비율		② $\rho_{XY}=+1$일 때		③ $\rho_{XZ}=-1$일 때		④ $\rho_{XG}=0$일 때	
w_X	w_Y	$E(R_p)$	σ_p	$E(R_p)$	σ_p	$E(R_p)$	σ_p
100%	0%	10.0%	14.1%	10.0%	14.1%	10.0%	14.1%
80	20	9.0	12.0	9.0	10.6	9.0	11.3
50	50	7.5	8.8	7.5	5.3	7.5	7.3
20	80	6.0	5.7	6.0	0.0	6.0	4.0
0	100	5.0	3.5	5.0	3.5	5.0	3.5
−20	120	4.0	1.4	4.0	7.0	4.0	5.1

9) 투자비율이 −20 : 120처럼 負의 투자비율은 공매(short sales)의 경우를 말한다. 공매는 보유하지 않고 있는 증권을 매도하는 것(제3장에서 설명)을 말하는데, 제3자로부터 그 증권을 빌렸다가 일정기간 후에 그 증권을 시장에서 다시 매수하여 상환해야 한다. 여기서는 주식 X를 20% 공매하고 그 대금으로 주식 Y를 120% 매수하는 경우의 계산이다.

한편, 주식 X와 Z로 포트폴리오를 구성하게 되면 상관계수 $\rho_{XZ}=-1$(공분산 $cov(r_X, r_Z)=-0.005$)의 관계에 있기 때문에 투자비율을 같은 방법으로 달리하게 되면 포트폴리오의 기대수익률과 위험은 〈표 5-8〉의 ③란과 같이 계산된다. 여기서 특기할 만한 점은 앞에서도 지적한 것처럼 X에 20%, Z에 80% 투자하여 얻게 되는 포트폴리오 수익률의 위험(σ_p)은 영(0)이 된다는 점이다. 어떤 상황이 벌어지든 항상 기대수익률은 6%이면서 수익률의 변동성은 없게 되어 분산투자의 효과가 가장 크게 나타난다. 이처럼 투자비율을 적절히 조정하여 포트폴리오를 구성하면 불확실성을 줄이거나 제거하는 투자전략이 가능할 수 있다.

끝으로 주식 X와 상관관계가 영(0)인 주식 G(기대수익률=5%, 표준편차=3.5%)로 포트폴리오를 구성하게 되면 투자비율에 따라 달라지는 포트폴리오의 기대수익률과 위험은 〈표 5-8〉의 ④란과 같이 계산된다. 여기서도 투자위험이 크게 줄어듦을 볼 수 있다.

2. 포트폴리오 결합선과 최소분산 포트폴리오

포트폴리오를 구성하는 증권간의 상관관계가 일정하게 주어졌을 때 투자비율의 조정에 따른 포트폴리오 기대수익률과 위험(표준편차)의 변화를 그림으로 나타낸 것이 포트폴리오 결합선(combination line)이다.

앞에서 예로 든 주식 X와 Y, 주식 X와 Z 그리고 주식 X와 G로 구성되는 포트폴리오의 경우 〈표 5-8〉에 근거하여 포트폴리오 결합선을 그리면 [그림 5-6]과 같이 표시된다. 주식 X와 Y로 포트폴리오가 구성될 때($\rho_{XY}=+1$인 경우)에는 그림에서 보는 것처럼 투자비율이 X에서 Y로 높아지면서 기대수익률과 위험이 선형적으로 줄게 된다. 반면에 주식 X와 Z로 포트폴리오($\rho_{XZ}=-1$인 경우)가 구성되면 $E(R_p)$보다 σ_p가 더 많이 감소하다가 투자비율이 $X:Z=20:80$일 때 σ_p가 최소($\sigma_p=0\%$)가 된 다음 다시 포트폴리오 위험은 커진다. 일반적으로 현실의 자본시장에서 거래되는 많은 증권들간의 상관관계는 $0<\rho_{XY}<+1$인데, 이와 같은 경우는 호 XY처럼 표시된다. 투자비율이 달라질 때 기대수익률과 위험이 이제는 선형적으로 변화하지 않고 곡선의 형태로 변화하게 되는데, w^* 되는 점에서 위험이 최소가 된다. 투자비율이 이 w^* 수준을 넘어서면 기대수익률은 감소하더라도 위험은 다시 증가하므로 비효율적 포트폴리오가 된다.

이처럼 포트폴리오 결합선에서 위험이 최소가 되는 포트폴리오를 최소분산 포트폴리오(MVP : minimum variance portfolio)라고 한다. 주식 X와 Y의 두 주식으로 이

[그림 5-6] 포트폴리오 결합선

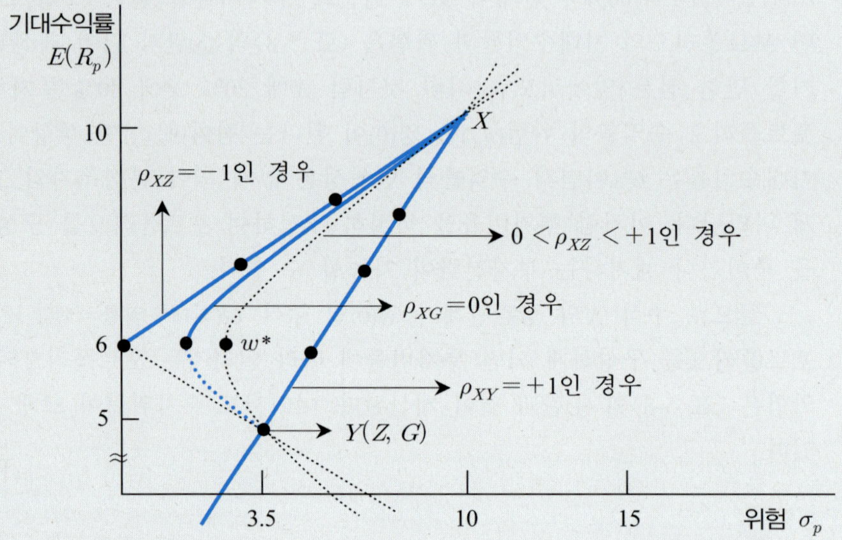

루어지는 포트폴리오 중에서 최소분산 포트폴리오는 다음 식 5.16에 의해서 구해진다.[10)]

$$w_X^* = \frac{\sigma_Y^2 - \sigma_{XY}}{\sigma_X^2 + \sigma_Y^2 - 2\sigma_{XY}} = \frac{\sigma_Y^2 - \sigma_X \sigma_Y \rho_{XY}}{\sigma_X^2 + \sigma_Y^2 - 2\sigma_X \sigma_Y \rho_{XY}} \tag{5.16}$$

즉, 주식 X에 w_X^* 만큼 투자할 때 위험이 가장 적은 포트폴리오를 얻게 된다. 예를 들어, 주식 X와 $Z(\rho_{XZ}=-1)$로 포트폴리오를 구성한다면 최소분산 포트폴리오는 $w_X^*=20\%$일 때, 즉 주식 X에 20%, 주식 Z에 80%$(=1-w_X^*)$ 투자함으로써 얻게 된다.

---

10) 이에 대한 증명은 다음과 같다. 두 종목(X, Y)의 경우 투자비율은 w_X, $1-w_X$로 표시되므로 포트폴리오 분산은

$$\sigma_p^2 = w_X^2\sigma_X^2 + (1-w_X)^2\sigma_Y^2 + 2w_X(1-w_X)\sigma_{XY} \quad \cdots\cdots ①$$

분산이 최소가 되는 투자비율(w_X)은 식 ①을 w에 대하여 편미분하여 0이 되는 값을 찾는 것이므로

$$\frac{\partial\sigma_p^2}{\partial w_X} = 2w_X\sigma_X^2 - 2\sigma_Y^2 + 2w_X\sigma_Y^2 + 2\sigma_{XY} - 4w_X\sigma_{XY} = 0 \quad \cdots\cdots ②$$

식 ②를 w_X에 대하여 정리하면 $w_X^* = \dfrac{\sigma_Y^2 - \sigma_{XY}}{\sigma_X^2 + \sigma_Y^2 - 2\sigma_{XY}}$

$$w_X^* = \frac{(0.035)^2 - (-0.005)}{(0.141)^2 + (0.035)^2 - 2(-0.005)} = 0.20$$

지금까지 두 종목으로 포트폴리오를 구성할 경우 포트폴리오의 기대수익률과 위험의 측정, 구성종목간의 상관관계, 투자비율이 달라질 때의 포트폴리오 결합선, 그리고 최소분산 포트폴리오가 어떻게 구해지는지를 설명하였다. 이제 다음 예제를 통해서 이와 같은 포트폴리오 구성문제를 종합해 보자.

예 제

주식 A와 B의 미래수익률에 관한 자료가 다음과 같이 구해졌다.

상 황	확률(p_i)	주식 $A(r_A)$	주식 $B(r_B)$
I	0.25	−6%	15%
II	0.25	22	−6
III	0.25	14	30
IV	0.25	18	25

1. 개별주식 A와 B에 대해서, 각각의 기대수익률과 위험(분산)을 구하라.
2. 두 주식간의 공분산, 상관계수를 구하라.
3. 주식 A에 대한 투자금액의 비율이 100%, 75%, 50%, 25%, 0%, −25%로 조정될 때 포트폴리오 결합선을 구하라.
4. 투자위험이 최소가 되는 최소분산 포트폴리오를 구하라.

해설 1. 주식 A와 B의 기대수익률과 분산(표준편차)

$E(R_A) = -6\%\,(0.25) + \cdots\cdots + (18\%)(0.25) = 12\%$

$E(R_B) = 15\%\,(0.25) + \cdots\cdots + 25\%\,(0.25) = 16\%$

$\sigma_A^2 = E[r_A - E(R_A)]^2 = 0.0116 \qquad \therefore \sigma_A = 10.77\%$

$\sigma_B^2 = E[r_B - E(R_B)]^2 = 0.0191 \qquad \therefore \sigma_B = 13.80\%$

2. 주식 A, B 간의 공분산, 상관계수

$cov(r_A,\ r_B) = E[(r_A - E(R_A))(r_B - E(R_B))] = -0.0030$

$\rho_{AB} = cov(r_A,\ r_B) / \sigma_A \cdot \sigma_B = -0.0030 / (0.1077)(0.1380) = -0.2018$

3. 투자비율이 달라질 때의 포트폴리오 결합선

$cov(r_A,\ r_B) = -0.0030$ 혹은 $\rho_{AB} = -0.2018$이므로 이 수치와 조정되는 투자비율의 수치를 $E(R_p)$와 σ_p을 구하는 다음 식에 대입하면 아래와 같이 구해진다.

$E(R_p) = w_A \cdot E(R_A) + w_B \cdot E(R_B)$

$$\sigma_p = \left[w_A^2\sigma_A^2 + w_B^2\sigma_B^2 + 2w_A \cdot w_B \cdot cov(r_A,\ r_B)\right]^{\frac{1}{2}}$$

주식 A에 대한 투자비율(w_A)	주식 B에 대한 투자비율(w_B)	포트폴리오 기대수익률($E(R_p)$)	포트폴리오 위험(σ_p)
100%	0%	12.0%	10.77%
75	25	13.0	8.12
50	50	14.0	7.85
25	75	15.0	10.16
0	100	16.0	13.80
−25	125	17.0	17.99

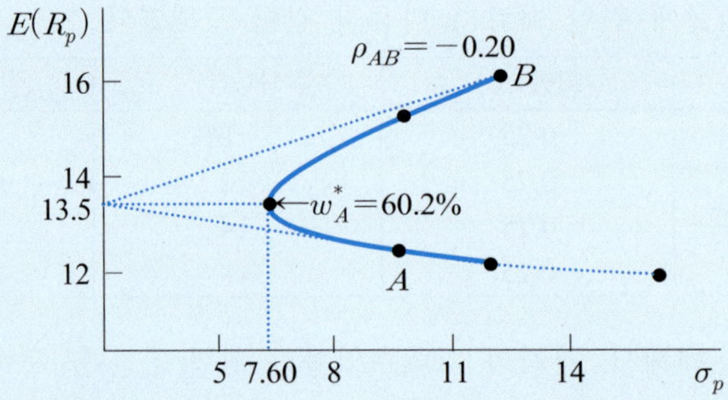

4. 최소분산 포트폴리오

$$w_A^* = \frac{\sigma_B^2 - \sigma_{AB}}{\sigma_A^2 + \sigma_B^2 - 2\sigma_{AB}} = \frac{0.01905 - (-0.0030)}{0.0116 + 0.01905 - 2(-0.0030)} = 0.602$$

주식 A에 60.2%, 주식 B에 39.8% 투자할 경우의 포트폴리오 기대수익률과 위험 :

$$E(R_p) = 13.59\% \qquad \sigma_p^2 = 0.00578\% \qquad \sigma_p = 7.605\%$$

예 제

다음은 우리나라 증권거래소에 상장되어 있는 삼성전자, 엔씨소프트, 아모레퍼시픽, SK 그리고 KOSPI의 2014. 1~2017. 3(39개월) 기간의 월간 투자수익률 자료이다. 이들 주식들의 미래 예상수익률이 과거 자료와 유사한 패턴을 보일 것이라 가정하자.

일 자	삼성전자	엔씨소프트	아모레퍼시픽	SK	종합주가지수
2014.01.31	−0.06941	−0.22465	0.01198	−0.07696	−0.03552
2014.02.28	0.05250	−0.03852	0.14849	0.14842	0.01981
2014.03.31	−0.00446	0.13222	0.07069	0.03056	0.00283
2014.04.30	0.00000	−0.06149	0.05782	−0.05500	−0.01207
2014.05.31	0.07182	−0.19607	0.08194	0.15667	0.01677
2014.06.30	−0.08758	0.07981	0.05047	0.00602	0.00363
2014.07.31	0.01576	−0.15689	0.14965	0.01194	0.03625
2014.08.31	−0.08464	−0.07312	0.17570	0.23201	−0.00366
2014.09.30	−0.04136	−0.07517	0.12545	0.13206	−0.02370
2014.10.31	0.04943	0.08887	−0.03922	0.00000	−0.02794
2014.11.30	0.03398	0.08161	0.08338	−0.08383	0.00829
2014.12.31	0.03061	0.13196	−0.11878	−0.04353	−0.03347
2015.01.31	0.02823	0.10426	0.17743	0.09595	0.01742
2015.02.28	−0.00588	−0.12368	0.07414	−0.07969	0.01857
2015.03.31	0.06006	0.01667	0.16138	0.06899	0.02743
2015.04.30	−0.02175	0.11931	0.14641	0.09041	0.04134
2015.05.31	−0.07586	−0.03736	0.03912	−0.01984	−0.00583
2015.06.30	−0.03029	0.00759	0.03407	0.10275	−0.01938
2015.07.31	−0.06770	0.10056	−0.01689	0.10137	−0.02146
2015.08.31	−0.08448	−0.00457	−0.08238	−0.12516	−0.04466
2015.09.30	0.04049	−0.14504	0.01703	−0.10125	0.01092
2015.10.31	0.19052	0.00264	−0.01967	0.09008	0.03340
2015.11.30	−0.06629	0.16054	0.06661	0.01117	−0.01865
2015.12.31	−0.01887	−0.04363	0.02690	−0.11570	−0.01551
2016.01.31	−0.09135	0.09616	−0.02195	−0.01889	−0.02543
2016.02.29	0.02406	0.02318	−0.09840	0.04960	0.00240
2016.03.31	0.10773	0.05472	0.05041	−0.10626	0.04049
2016.04.30	−0.05242	−0.10164	0.05291	0.00447	−0.00085
2016.05.31	0.03706	0.04900	0.02424	0.02208	−0.00541
2016.06.30	0.09798	−0.01889	0.03298	−0.12298	−0.00660
2016.07.31	0.07696	0.06162	−0.10626	0.02920	0.02300
2016.08.31	0.05129	0.07297	−0.00517	0.01665	0.00911
2016.09.30	−0.01367	0.09025	0.00774	0.00000	0.00440
2016.10.31	0.02533	−0.11083	−0.08026	0.05283	−0.01749
2016.11.30	0.06324	0.02796	−0.09031	0.03517	−0.01238
2016.12.31	0.03157	−0.09439	−0.02002	−0.00868	0.02144
2017.01.31	0.09066	0.20562	−0.01410	−0.05831	0.02008
2017.02.28	−0.02619	−0.10390	−0.05179	0.00690	0.01157
2017.03.31	0.06934	0.10718	−0.07054	0.11062	0.03227

1. 4주식에 대하여 기대수익률과 표준편차를 구하라.
2. 4주식 서로의 상관계수를 추정하라.
3. 2종목으로 분산투자할 경우 위험감소효과가 가장 크게 나타날 포트폴리오와 가장 작게 나타날 포트폴리오를 제시하라.

해설 1. 기대수익률과 표준편차 (월 수익률 %)

	삼성전자	엔씨소프트	아모레퍼시픽	SK
기대수익률	1.04	0.53	2.64	1.51
표준편차	6.37	10.32	8.10	8.41

2. 상관계수행렬

	삼성전자	엔씨소프트	아모레퍼시픽	SK
삼성전자	1			
엔씨소프트	0.1009	1		
아모레퍼시픽	−0.1551	−0.1649	1	
SK	−0.0046	0.0140	0.3202	1

3. 위험감소효과가 가장 큰 경우 : 엔씨소프트+아모레퍼시픽
위험감소효과가 가장 작은 경우 : 아모레퍼시픽+SK

3. 포트폴리오의 구성과 EXCEL 활용

포트폴리오 이론을 실무에서 적용하고자 할 때 맨 먼저 당면하는 문제는 방대한 계산량의 처리문제이다. 그러나 다행한 것은 많은 양의 계산문제는 EXCEL을 활용하면 쉽게 해결될 수 있다. 본서 제5장~제7장의 포트폴리오 구성문제에 대하여 EXCEL을 적용하는 예를 보임으로써 실무에서의 적응력이 제고되기를 기대한다. EXCEL적용의 주요 절차는 권말 [부록 1]에 장별로 예시하였다. 상세한 설명과 실제 EXCEL 적용 스프레드시트는 신영사 홈페이지 자료실의 [부록 1]을 참고하기 바란다.

EXCEL 5-1, 5-2, 5-3 2종목 기대수익, 위험, 공분산의 측정과 MVP 도출

앞의 예제에서 제시되었던 4주식 중에서 삼성전자와 아모레퍼시픽, 2주식에 대하여 최소분산 포트폴리오를 도출하라.

[권말부록 [EXCEL 5-1] [EXCEL 5-2] [EXCEL 5-3] 참조]
제5장 2종목 포트폴리오의 구성과 MVP 도출

① [EXCEL 5-1] 2주식 각각의 기대수익률, 분산, 표준편차, 공분산, 상관계수의 측정
② [EXCEL 5-2] 2주식 포트폴리오의 기대수익률과 위험의 측정
③ [EXCEL 5-3] 2주식 포트폴리오 결합선과 최소분산 포트폴리오의 도출

(관련 스프레드시트) [신영사 홈페이지 자료실에서 [부록 1] EXCEL을 활용한 투자관리를 다운로드받을 수 있음]
[시트 (5장)5-2 4종목 주가] [시트 (5장)5-3 4종목 수익률] [시트 (5장)5-4 2종목 기대수익 · 위험]
[시트 (5장)5-5 2종목 포트폴리오 MVP 구성]

주요용어

포트폴리오 관리
최적투자결정의 체계
평균·분산기준
효율적 포트폴리오
포트폴리오 기대수익률
상관계수
포트폴리오 결합선
포트폴리오 분석
기대수익률
정규분포
효용
포트폴리오 분산
투자비율
최소분산 포트폴리오(MVP)
포트폴리오 이론
분산
지배원리
최적포트폴리오
공분산
투자위험 감소의 원리

연습문제

1. [포트폴리오 이론] 평균·분산기준의 포트폴리오 이론이 제시하고 있는 최적투자결정방법을 설명하라.

2. [투자위험관리] 현대 포트폴리오 이론이 제시하고 있는 투자위험 감소방법의 핵심을 요약·설명하라.

3. [포트폴리오 기대수익률과 위험의 측정, 최소분산 포트폴리오의 구성] (주)사랑과 (주)소망에 대한 증권분석 결과, 다음과 같이 예상수익률이 추정되었다.

상 황	확 률	(주)사랑	(주)소망
불황	0.20	0.02	0.25
정상	0.50	0.10	0.20
호황	0.30	0.15	0.01

① 두 주식에 대하여 기대수익률과 위험(표준편차)을 구하라.
② 두 주식수익률간의 공분산과 상관계수를 구하라.
③ (주)사랑과 (주)소망에 50 : 50 투자비율로 투자한 포트폴리오의 기대수익률과 표준편차를 구하라.
④ (주)사랑과 (주)소망으로 구성되는 포트폴리오 중에서 최소분산 포트폴리오를 구하라.

4. [포트폴리오 기대수익률과 위험의 측정] 다음은 두 주식 X, Y에 관한 자료이다.

	$E(R)$	$\sigma(R)$	상관계수
X	10%	12%	$\rho_{XY}=0.2$
Y	18%	14%	

① 주식 X, Y에 동일하게 투자한 포트폴리오의 기대수익률은 얼마인가?
② 주식 X, Y에 동일하게 투자한 포트폴리오의 표준편차(위험)는 얼마인가?
③ 최소분산 포트폴리오를 구하라.

5. **[상장주식 최소분산 포트폴리오의 도출]** 교재 본문 예제에서 제시되었던 4주식 중에서 2주식을 선정(삼성전자와 아모레퍼시픽의 결합포트폴리오는 제외)하여 최소분산 포트폴리오를 도출하라.

제 6 장

효율적 포트폴리오

앞장에서는 마코위츠가 제시한 포트폴리오 선택이론의 체계와 2종목으로 결합되는 포트폴리오 구성방법을 다루었다. 본장에서는 n종목으로 확대하여 효율적 포트폴리오와 최적포트폴리오 구성방법을 다룬다. 제1절에서는 n종목의 경우 포트폴리오 기대수익과 위험 측정방법, 제2절에서는 투자종목수가 증가될 때 투자위험감소의 원리, 제3절에서는 주식과 같은 위험자산으로 효율적 포트폴리오를 구성하는 방법, 제4절에서는 투자자의 위험에 대한 태도를 반영한 최적포트폴리오 구성방법을 설명한다. 끝으로 제5절에서는 무위험자산이 포함될 경우의 최적 자산배분 문제를 다룬다. 다음은 본장의 학습목표로서 이해해야 할 주요 사항들이다.

- n종목 포트폴리오의 기대수익과 위험 측정방법
- 마코위츠가 제시한 효율적 포트폴리오의 구성
- 투자종목수가 증가할 때의 위험저감효과와 위험관리에의 함축
- 위험자산의 효율적 포트폴리오 구성
- 투자자의 위험성향을 고려한 최적포트폴리오 구성방법
- 무위험자산이 포함될 경우의 효율적 포트폴리오 구성
- 최적 자산배분의 방법

제 1 절 n종목 포트폴리오의 기대수익과 위험

앞장에서는 두 개의 주식으로 결합된 포트폴리오의 기대수익률과 위험을 측정하고, 투자위험이 감소되는 원리에 대해서 설명하였다. 그러면 세 개 이상 다수(n종목)의 주식들을 결합할 때 포트폴리오 기대수익률과 위험은 어떻게 측정되고, 분산투자효과는 어떻게 나타날 것인가?

1. n종목 포트폴리오의 결합선

다수의 주식이 결합되면 두 개의 주식으로 결합될 때보다는 복잡하겠지만, 기본적으로 두 주식의 결합관계로 생각할 수 있다. 예를 들어, 앞장의 〈표 5-2〉에서 예로 든 세 주식 X, Y, Z로 구성되는 포트폴리오의 기대수익률과 위험은 X와 Y 두 주식으로 구성된 포트폴리오를 마치 하나의 주식처럼 보고, 이를 나머지 주식 Z와의 결합관계로 보게 되면, 세 주식의 결합관계를 마치 두 주식의 결합관계로 파악할 수 있게 된다.

이 원리를 [그림 6-1]에 표시되어 있는 세 주식 X, Z, T의 결합관계를 예로 들어 살펴보기로 하자. 먼저 주식 X와 T를 결합시키면 그 투자비율의 변화에 따라 두 개 종목으로 구성되는 포트폴리오 결합선은 곡선 XET를 따라 나타날 것이다. 또 주식 T와 Z 두 주식을 결합하면 투자비율의 변화에 따라 곡선 TFZ의 포트폴리오 결합선

[그림 6-1] 다수 주식을 결합할 때의 포트폴리오 결합선과 최소분산 포트폴리오

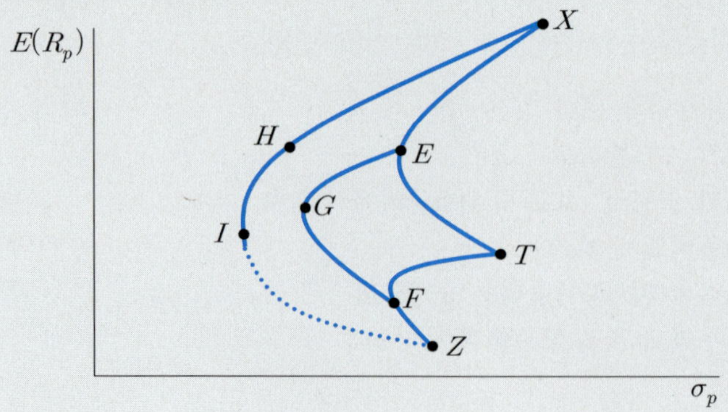

을 얻는다.

한편 X와 T의 결합 중에서 E포트폴리오 그리고 T와 Z의 결합 중 F포트폴리오를 결합시키면 새로운 포트폴리오 결합선 EGF를 얻는다. 곡선 EGF선상의 포트폴리오는 E와 F를 결합한 것이므로 결국 개별주식 X, T, Z 세 주식을 모두 결합한 셈이 된다. 이와 같은 원리로 X, T, Z를 동시에 결합시키면 곡선 $XHIZ$의 포트폴리오 결합선을 얻을 수 있다. 따라서 곡선 EGF선상의 포트폴리오보다 우월한 포트폴리오를 얻을 수 있게 된다.

결론적으로 곡선 $XHIZ$선상의 포트폴리오 결합은 주식 X, T, Z를 결합할 때 얻을 수 있는 포트폴리오 중에서는 일정한 기대수익률하에서 위험이 가장 적은 포트폴리오군이 된다. 이처럼 일정한 기대수익률에서 위험이 가장 적은 포트폴리오군을 최소분산 포트폴리오 집합(minimum variance portfolio set)이라고 부른다.

그러나 이 최소분산 포트폴리오 집합(곡선 $XHIX$) 중에서 곡선 XHI부분만이 일정한 위험(표준편차)에서 기대수익률이 보다 높기 때문에 효율적 포트폴리오 집합이 된다. 반면에 곡선 IZ부분은 동일한 위험수준에서 보다 높은 수익률의 포트폴리오 집합 XHI가 존재하므로 비효율적 포트폴리오 집합이 된다.

이처럼 최소분산 포트폴리오 집합 중에서 곡선 XHI부분처럼 동일한 위험수준에서 기대수익률이 보다 높은 포트폴리오 집합을 효율적 포트폴리오 집합(efficient portfolio set) 또는 마코위츠 효율적 투자선(Markowitz efficient frontier)이라고 부른다. 특히 이 중 포트폴리오 I는 위험이 가장 적은 포트폴리오로서 최소분산 포트폴리오(global minimum variance portfolio)라고 한다.

2. n종목 포트폴리오의 기대수익과 위험 측정

이상에서 세 종목으로 구성되는 포트폴리오의 분산투자성과가 어떻게 나타나는지를 개념적으로 설명하였다. 이를 n종목까지 확장하여 효율적 투자선을 찾기 위해서는 구체적으로 n종목으로 구성되는 포트폴리오의 기대수익과 위험의 계량적 측정이 필요하다.

이제 주식 1, 2, 3, ⋯ n으로 구성되는 포트폴리오의 기대수익률과 위험(분산) 계산을 식으로 나타내기 위해서 다음과 같이 기호를 사용하기로 하자.

$E(R_1)$, $E(R_2)$, ⋯⋯ $E(R_n)$: 주식 1, 2, ⋯ n의 기대수익률

$\sigma_1^2, \sigma_2^2, \cdots\cdots \sigma_n^2$: 주식 1, 2, … n의 분산

$\sigma_{12}, \sigma_{23}, \cdots\cdots \sigma_{n-1,\, n}$: 주식 1과 2, 2와 3, $n-1$과 n 간의 공분산

$w_1, w_2, \cdots\cdots w_n$: 주식 1, 2, … n에 대한 투자비율

주식 1과 2로 구성되는 두 종목 포트폴리오의 기대수익률과 분산은 제5장 식 5.7과 식 5.9에서 설명한 것처럼 다음과 같이 측정된다.

$$E(R_p) = w_1 E(R_1) + w_2 E(R_2) \tag{5.7}$$

$$\sigma_p^2 = w_1^2 \sigma_1^2 + w_2^2 \sigma_2^2 + 2 w_1 w_2 \sigma_{12} \tag{5.9}$$

주식 1, 2, 3으로 구성되는 세 종목 포트폴리오의 기대수익률과 분산은 마찬가지 원리로 다음과 같이 측정된다.

$$E(R_p) = w_1 E(R_1) + w_2 E(R_2) + w_3 E(R_3) \tag{6.1}$$

$$\begin{aligned} \sigma_p^2 &= var(w_1\sigma_1 + w_2\sigma_2 + w_3\sigma_3) \\ &= w_1^2\sigma_1^2 + w_2^2\sigma_2^2 + w_3^2\sigma_3^2 + 2(w_1 w_2 \sigma_{12} + w_2 w_3 \sigma_{23} + w_1 w_3 \sigma_{13}) \qquad (6.2) \\ &= \text{개별종목 고유위험} + \text{타종목과의 공분산위험} \end{aligned}$$

분산을 측정하는 관계식을 공분산행렬로 표시하면 〈표 6-1〉과 같다. 두 종목의 예(식 5.9)에서 본 것과 마찬가지로 포트폴리오를 구성하는 모든 종목(이 경우는 3종목)간의 공분산에 투자금액의 비율을 곱하여 모두 합한 것이 포트폴리오 위험(분산)으로서 〈표 6-1〉의 모든 칸을 합한 것과 같다. 이 표에서 대각선을 이루는 ①, ⑤, ⑨의 칸은 특정주식의 분산을 나타내며, 나머지 칸은 모두 다른 주식과의 공분산을 나타낸다. 결과적으로 포트폴리오 분산은 개별종목 고유위험 부분과 타종목과의 공분산위험 부분 두 가지로 나눌 수 있음을 볼 수 있다.

〈표 6-1〉 세 주식으로 구성되는 포트폴리오 위험 계산(공분산행렬)

	w_1 주식 1	w_2 주식 2	w_3 주식 3
w_1 주식 1	① $w_1 w_1 \sigma_{11} = w_1^2 \sigma_1^2$	② $w_2 w_1 \sigma_{12}$	③ $w_3 w_1 \sigma_{31}$
w_2 주식 2	④ $w_1 w_2 \sigma_{21}$	⑤ $w_2 w_2 \sigma_{22} = w_2^2 \sigma_2^2$	⑥ $w_3 w_2 \sigma_{32}$
w_3 주식 3	⑦ $w_1 w_3 \sigma_{13}$	⑧ $w_2 w_3 \sigma_{23}$	⑨ $w_3 w_3 \sigma_{33} = w_3^2 \sigma_3^2$

σ_p^2 = ①+②+…………+⑨=식 6.2

이를 확장하여 n개의 주식으로 구성되는 포트폴리오의 기대수익률과 분산을 구하면 다음과 같은데, 그 추정방법은 식 6.1 및 식 6.2와 동일한 방법이다.

$$E(R_p) = w_1 E(R_1) + w_2 E(R_2) + \cdots + w_n E(R_n) = \sum_{j=1}^{n} w_j E(R_j) \tag{6.3}$$

$$\begin{aligned}\sigma_p^2 &= w_1 w_1 \sigma_{11} + w_2 w_2 \sigma_{22} + w_3 w_3 \sigma_{33} + \cdots + w_n w_n \sigma_{nn} \\ &\quad + (w_1 w_2 \sigma_{12} + w_1 w_3 \sigma_{13} + \cdots + w_1 w_n \sigma_{1n} + w_2 w_1 \sigma_{21} + w_2 w_3 \sigma_{23} \cdots)\end{aligned} \tag{6.4}$$

포트폴리오의 기대수익률은 포트폴리오를 구성하는 개별주식의 기대수익률에 그 주식에 대한 투자비율을 곱하여 모두 합하면 구해진다(식 6.3). 한편 포트폴리오의 분산은 식 6.4에서 보는 것처럼 포트폴리오를 구성하는 개별주식 고유위험(개별주식 분산에 투자비율의 자승을 곱한 크기)과 타주식과의 공분산위험(구성 두 주식간의 공분산에 투자비율을 곱한 크기)으로 나누어 추정할 수 있다.

식 6.4의 포트폴리오 분산을 계산하는 공식은 간결하게 식 6.5와 같이 표시할 수 있다. 왜냐하면 $w_1^2 \sigma_1^2 = w_1 w_1 \sigma_{11}$, $w_n^2 \sigma_n^2 = w_n w_n \sigma_{nn}$이므로 우변의 모든 항은 공통요소로서 두 종목 투자비율(w_i, w_j)에 두 종목간의 공분산(σ_{ij})을 곱한 항으로 구성되기 때문이다.

$$\sigma_p^2 = \sum_{i=1}^{n} \sum_{j=1}^{n} w_i w_j \sigma_{ij}$$

$$\text{또는 } \sigma_p^2 = \sum_{i=1}^{n} \sum_{j=1}^{n} w_i w_j \sigma_i \sigma_j \rho_{ij} \tag{6.5}$$

단, w_i, w_j : 주식 i, j에 대한 투자비율

σ_{ij}, ρ_{ij} : 주식 i, j 간의 공분산, 상관계수

포트폴리오 분산을 이와 같이 표시할 수 있음은 공분산행렬로 나타낸 〈표 6-2〉에서도 확인할 수 있다. 〈표 6-2〉에서 ▇ 로 표시된 대각선(diagonal)상의 칸들은 $i=j$인 경우로서 동일종목간의 공분산($w_i w_i \sigma_{ii}$)을 나타내는 것이므로 결국 특정 개별주식의 분산($w_i^2 \sigma_i^2$)값을 나타낸 것이다. 즉, n종목으로 구성되는 포트폴리오 위험 중에서 개별종목의 특성에 의해서 발생되는 위험의 크기를 나타낸다. 이처럼 $i=j$인 경우의 수는 n개가 된다.

〈표 6-2〉 n종목 경우의 포트폴리오 위험 : 공분산행렬

주식 j \ 주식 i	1	2	3	4	·············	n
1	$w_1^2\sigma_1^2$	$w_2 w_1 \sigma_{21}$	$w_3 w_1 \sigma_{31}$	$w_4 w_1 \sigma_{41}$	·············	$w_n w_1 \sigma_1$
2	$w_1 w_2 \sigma_{12}$	$w_2^2\sigma_2^2$	$w_3 w_2 \sigma_{32}$	$w_4 w_2 \sigma_{42}$	·············	$w_n w_2 \sigma_{n2}$
3	$w_1 w_3 \sigma_{13}$	$w_2 w_3 \sigma_{23}$	$w_3^2\sigma_3^2$	$w_4 w_3 \sigma_{43}$	·············	$w_n w_3 \sigma_{n3}$
4	$w_1 w_4 \sigma_{14}$	$w_2 w_4 \sigma_{24}$	$w_3 w_4 \sigma_{34}$	$w_4^2\sigma_4^2$	·············	$w_n w_4 \sigma_{n4}$
⋮	⋮	⋮	⋮	⋮		⋮
n	$w_1 w_n \sigma_{1n}$	$w_2 w_n \sigma_{2n}$	$w_3 w_n \sigma_{3n}$	$w_4 w_n \sigma_{4n}$	·············	$w_n^2\sigma_n^2$

w_i : 주식 i에 대한 투자비율
σ_i : 주식 i 수익률의 표준편차
σ_j : 주식 j 수익률의 표준편차
σ_{ij} : 주식 i와 주식 j 수익률간의 공분산
ρ_{ij} : 주식 i와 주식 j 수익률간의 상관계수

반면에 ▭로 표시되지 않은 대각선 위와 아래에 있는 칸들(off-diagonal)은 $i \neq j$인 경우로서 다른 주식과의 공분산을 나타낸 것이다. 이는 포트폴리오 위험 중에서 타종목들과의 모든 상관관계, 즉 시장전반적인 요인에 의해서 발생되는 위험의 크기를 뜻한다고 할 수 있다. 이처럼 $i \neq j$인 경우의 수는 $n(n-1)$개만큼인데, 모두 2개씩(이를테면 $w_3 w_1 \sigma_{31} = w_1 w_3 \sigma_{13}$) 있으므로 실제의 개수는 $n(n-1)/2$개가 된다. 이들 모든 칸의 합은 식 6.4와 일치한다.

공분산행렬에서 모든 칸을 $i=j$인 경우와 $i \neq j$인 경우로 분류할 수 있으므로 식 6.5 포트폴리오 분산은 특정 개별주식의 분산을 표시하는 부분과 타주식과의 공분산을 나타내는 부분의 합으로 구분하여 다음과 같이 표시할 수 있다.

$$\begin{aligned}\sigma_p^2 &= \sum_{i=1}^{n}\sum_{j=1}^{n} w_i w_j \sigma_{ij} \\ &= \sum_{i=1}^{n} w_i^2 \sigma_i^2 + \sum_{\substack{i=1 \\ i \neq j}}^{n}\sum_{j=1}^{n} w_i w_j \sigma_{ij} \qquad (6.6) \\ &= \text{개별주식 고유위험} + \text{타주식과의 공분산위험}\end{aligned}$$

여기서 우변 첫째 항은 공분산행렬에서 대각선상에 위치하는 특정 개별주식의 분산부분(n개)을 표시한 것이고, 둘째 항은 대각선의 위와 아래에 위치하는 타주식과의 공분산부분($n(n-1)$개)을 표시한 것이다.

EXCEL 6-1 n종목 포트폴리오 결합선과 최소분산 포트폴리오의 도출

제5장에서 제시되었던 4주식으로 4종목 포트폴리오를 구성할 경우 4종목 포트폴리오의 기대수익률, 위험, 공분산, 최소분산 포트폴리오를 도출하라.
[권말부록 [EXCEL 6-1] n종목 포트폴리오 결합선과 최소분산 포트폴리오의 도출 참조]

관련 스프레드시트 : [시트 (6장)6-1 4종목 포트폴리오 구성]

EXCEL 6-2 분산공분산 행렬의 추정

제5장에서 제시되었던 4주식으로 4종목 포트폴리오를 구성할 경우, 분산공분산 행렬을 측정하라.
[권말부록 [EXCEL 6-2] 분산공분산 행렬의 추정 참조]

관련 스프레드시트 : [시트 (6장)6-2 분산공분산 행렬]

제2절 투자종목수와 위험분산효과

n개의 종목으로 포트폴리오를 구성하였을 때 포트폴리오의 위험(분산)이 식 6.6과 같이 표시됨을 보았다. 포트폴리오 위험은 투자종목수가 많을수록 감소하게 되는데, 종목수의 증가에 따른 위험저감효과는 구체적으로 어떻게 나타나는가?

이제 종목수 증가에 따른 분산투자효과를 분석하기 위해서 n개의 증권에 투자 가능한 금액을 균등하게 배분하여 투자를 한다고 가정하자. 즉, $w_i = w_j = \cdots = 1/n$ 이라고 하자. 그러면 포트폴리오 분산 σ_p^2은 다음과 같이 표시된다.

$$\sigma_p^2 = \sum_{i=1}^{n} w_i^2 \sigma_i^2 + \sum_{\substack{i=1 \\ i \neq j}}^{n} \sum_{j=1}^{n} w_i w_j \sigma_{ij}$$

$$= \sum_{i=1}^{n} \left(\frac{1}{n}\right)^2 \sigma_i^2 + \sum_{\substack{i=1 \\ i \neq j}}^{n} \sum_{j=1}^{n} \left(\frac{1}{n}\right)\left(\frac{1}{n}\right) \sigma_{ij}$$

$$= \left(\frac{1}{n}\right)^2 \sum_{i=1}^{n} \sigma_i^2 + \left(\frac{1}{n^2}\right) \sum_{\substack{i=1 \\ i \neq j}}^{n} \sum_{j=1}^{n} \sigma_{ij}$$

여기서 개별종목의 분산의 평균을 $\overline{\sigma^2}$, 공분산의 평균을 $\overline{\sigma_{ij}}$ 라고 표시하자. n개의 종목으로 포트폴리오가 구성될 때 분산은 n개이고, 공분산은 $n(n-1)$개이므로 우변 첫째 항에서 $\sum \sigma_i^2 = \overline{\sigma^2} \times n$이고, 둘째 항에서 $\sum\sum \sigma_{ij} = \overline{\sigma_{ij}} \times [n(n-1)]$이 된다. 따라서 위의 식을 다음과 같이 다시 쓸 수 있다.

$$\sigma_p^2 = \left(\frac{1}{n}\right)^2 \overline{\sigma^2} \cdot n + \left(\frac{1}{n^2}\right) \overline{\sigma_{ij}} \cdot n(n-1)$$

$$= \frac{1}{n} \cdot \overline{\sigma^2} + \left(1 - \frac{1}{n}\right) \cdot \overline{\sigma_{ij}} \qquad (6.7)$$

식 6.7에서 n이 증가함에 따라 우변의 첫째 항은 영(0)의 값에 가까워지고, 둘째 항은 공분산평균 $\overline{\sigma_{ij}}$에 가까워짐을 알 수 있다.

$$\lim_{n - \infty} [\frac{1}{n}(\overline{\sigma^2} - \overline{\sigma_{ij}}) + \overline{\sigma_{ij}}] = \overline{\sigma_{ij}}$$

이는 포트폴리오에 포함되는 종목수가 계속 증가할수록 개별주식으로 인한 위험이 포트폴리오 위험에 미치는 영향은 감소하고 포트폴리오 위험은 각 종목들간의 공분산의 평균에 접근해 감을 의미한다.

여기서 분산투자의 구성종목수 n을 무한대로 증가시켜도 줄어들지 않는 위험이 있음을 알 수 있다. 이는 주식시장 전반의 공통적 요인에 의해서 야기되는 위험으로서 분산불능위험(non-diversifiable risk), 체계적 위험(systematic risk)이라고 부른다. 반면에 종목수가 증가함에 따라 감소하는 위험은 기업고유요인에 의해서 야기되는 위험으로서 분산가능위험(diversifiable risk), 기업고유위험(firm-specific risk), 비체계적 위험(non-systematic risk)이라고 부른다.

이같이 투자종목의 수가 증가될 때 투자위험이 감소하는 양태는 여러 가지 실증적 자료에서도 확인할 수 있다. [그림 6-2]는 미국 뉴욕증권거래소에 상장된 주식들에 대해 동일한 투자비율로 포트폴리오를 구성하였을 때, 구성주식의 수에 따라 포트폴리오 분산이 어느 정도 저감되는지를 나타낸 것이다. 다섯 종목 정도까지는 위험분산효과가 현격함을 볼 수 있다. 구체적으로 네 종목의 경우는 단일종목의 경

[그림 6-2] 구성종목수가 포트폴리오 위험에 미치는 영향(미국의 경우)

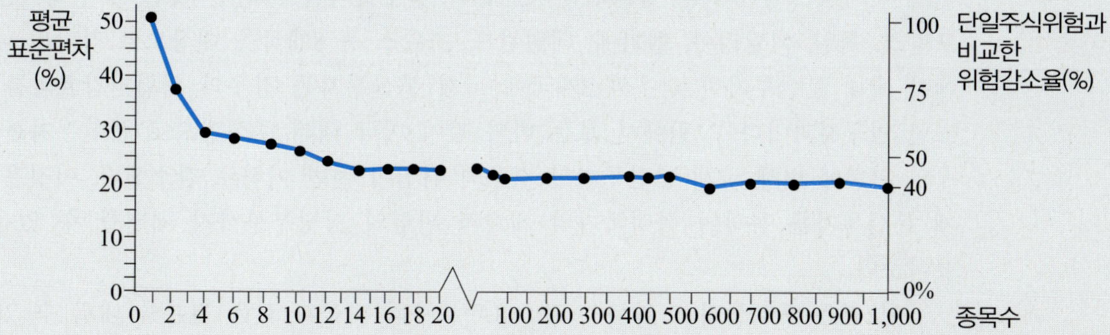

자료 : M. Statman, "How Many Stock Make a Diversified Portfolio," *Journal of Financial and Quantitative Analysis* 22(Sept. 1987).

[그림 6-3] 국제 분산투자의 위험저감효과

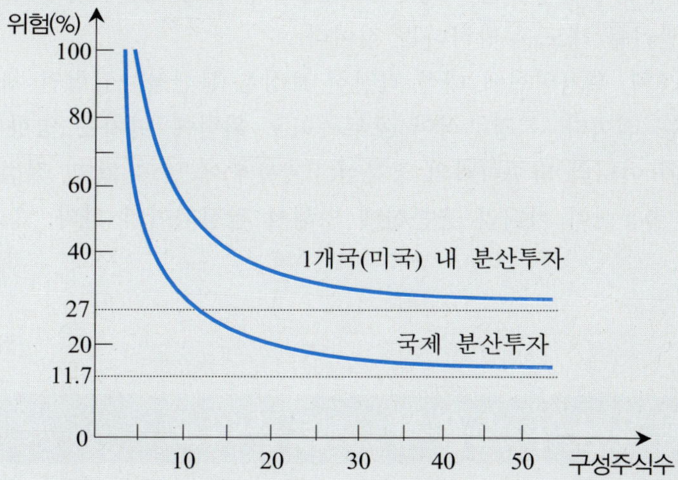

자료 : B.H. Solnik, "Why Not Diversify Internationally Rather Than Domestically?" *Financial Analysts Journal* (July/August 1974), pp.48～54.

우보다 위험이 64% 정도 감소하고, 구성주식수가 15종목 정도로 증가하면 분산가능 위험의 95% 정도까지 감소시킬 수 있게 된다.

이와 같은 분산투자를 통한 위험저감효과는 글로벌 시장에서 국제 분산투자할 경우 더욱 크게 나타난다. 사실 분산투자대상 주식을 1개국에서 여러 국가로 확대시키면 각국의 자본시장 사이에는 낮은 상관관계가 존재하기 때문에 국내 분산투자로서는 더 이상 제거할 수 없었던 체계적 위험의 일부까지도 제거할 수 있는 효과를 얻게 된다. [그림 6-3]은 솔닉(B.H. Solnik)의 연구결과를 나타낸 것인데, 미국, 영국, 프랑스, 독일, 이탈리아, 벨기에, 네덜란드, 스위스 등 8개국을 대상으로 각각의 나라에서 국내 분산투자한 경우와 8개국에 국제 분산투자한 경우의 위험저감효과를 비교한 연구결과이다. 그림에서 보는 바와 같이 미국 내의 주식만으로 분산투자한 경우의 위험에 비해 국제 분산투자할 경우의 위험이 절반 이하로 감소했다. 이것은 국제 분산투자를 통하여 특정국가의 체계적 위험의 상당부분까지 제거할 수 있음을 보여준다.

이 같은 포트폴리오 위험의 감소효과로부터 다음과 같은 결론을 내릴 수 있다.

첫째, 분산가능위험(개별기업 고유위험)의 감소효과는 구성종목수가 증가할 때 체감하여 나타나고, 15종목 내외가 되면 분산가능위험의 상당부분은 제거된다.

둘째, 여러 종목에 걸쳐 분산투자하는 경우 투자위험관리(risk management)의 주된 대상은 시장위험이지 개별종목 고유위험이 아니라는 점이다. 환원하면 분산투자의 종목수가 일정수준 이상으로 많아지게 되면 개별종목 고유위험을 거의 무시하고 투자관리를 해도 무방하다는 점이다.

셋째, 투자위험에 대한 적절한 보상은 분산불능위험인 체계적 위험에 한정해야 한다는 점이다. 특정주식이 포트폴리오 위험에 미치는 영향은 특정주식의 분산의 크기가 아니라 타주식과의 공분산(상관관계)에 달려 있고, 적절한 위험보상률은 수익률의 총분산이 아니라 공분산에 의해서 결정되어야 한다.

제3절 위험자산의 효율적 포트폴리오

1. 효율적 포트폴리오의 도출

시장에는 선택가능한 수많은 주식들이 있다. 이들의 상관관계를 고려한 결합가능성과 투자비율의 조정까지를 고려하면 헤아릴 수 없이 수많은 포트폴리오가 투자대상으로 존재한다. 이제 가능한 모든 포트폴리오의 기대수익률과 위험을 측정하여 이를 그림으로 나타내면 어떻게 될 것인가?

[그림 6-4]의 점들은 많은 주식들로 이루어지는 가능한 포트폴리오의 기대수익

[그림 6-4] 위험자산의 효율적 포트폴리오

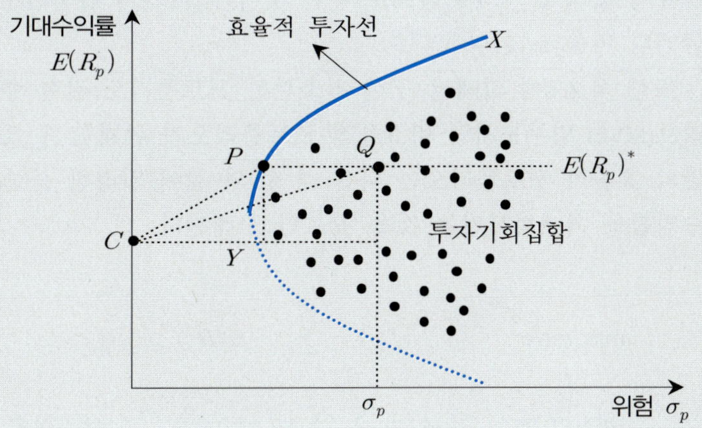

률과 위험의 조합을 나타내고 있다. 이들을 투자기회집합(investment opportunity set)이라고 한다. 이 중에서 선택대상으로 적절한 포트폴리오는 XY선상에 위치한 포트폴리오이다. 왜냐하면 XY선상의 포트폴리오는 동일한 위험에서는 가장 높은 수익률, 동일한 수익률에서는 가장 낮은 위험을 지니는 포트폴리오로서, 선택기준이 되는 지배원리를 충족시키는 포트폴리오이기 때문이다. 이들 XY선상의 포트폴리오가 효율적 투자선(efficient frontier) 또는 효율적 포트폴리오선인 것이다.

현실적으로 주식시장에 존재하는 모든 투자기회(포트폴리오)를 대상으로 효율적 투자선을 구하기 위해서는 ① 일정한 기대수익률을 가지는 투자기회 중 위험이 최소인 점이나, ② 일정한 위험수준에서 기대수익률이 최대인 점을 구하면 될 것인데, 이 해를 발견하는 방법의 하나는 2차계획법(quadratic programming)을 사용하는 것이다.

일정한 기대수익률을 가지는 투자기회 중 위험이 최소인 최소분산 포트폴리오 집합을 수식으로 표시하면 다음과 같이 정리된다.

$$\text{minimize} \qquad \sigma_p^2 = \sum_{i=1}^{n}\sum_{j=1}^{n} w_i w_j \sigma_{ij}$$

$$\text{subject to} \qquad E(R_p) = \sum_{j=1}^{n} w_j E(R_j) = k \qquad (k : \text{상수})$$

$$\sum_{j=1}^{n} w_j = 1.0 \tag{6.8}$$

이들 수식은 포트폴리오 분산을 최소화하는 것을 목적함수로 두고 일정한 기대수익률의 값 k를 제약조건으로 놓은 것이다. 여기서 결정변수(decision variables)는 투자금액의 비율 w_j이다.

또한 식 6.8에 의해서 구한 최소분산 포트폴리오 집합 중에서는 최소분산 포트폴리오(MVP) 밑부분처럼 비효율적 포트폴리오가 존재할 수 있다. 따라서 MVP 윗부분만의 효율적 포트폴리오는 다음 식 6.9와 같이 일정한 분산(l)에서 포트폴리오 기대수익률을 최대화시키는 것을 찾으면 구해진다.

$$\begin{aligned} &\text{maximize} && E(R_p) = \sum_{j=1}^{n} w_j E(R_j) \\ &\text{subject to} && \sigma_p^2 = \sum_{i=1}^{n}\sum_{j=1}^{n} w_i w_j \sigma_{ij} = l \qquad (l \text{ : 상수}) \\ & && \sum_{j=1}^{n} w_j = 1.0 \end{aligned} \tag{6.9}$$

효율적 포트폴리오를 도출하는 다른 한 방법은 다음 식 6.10과 같이 포트폴리오 목표기대수익률 $E(R_p)^*$에서 임의의 C값을 차감한 초과수익률을 포트폴리오 표준편차 σ_p로 나눈 비율인 θ값이 최대화되는 포트폴리오를 찾는 것이다.

$$\begin{aligned} &\text{maximize} && \theta = \frac{E(R_p)^* - C}{\sigma_p} \\ &\text{subject to} && \sum_{j=1}^{n} w_j = 1.0 \end{aligned} \tag{6.10}$$

일정한 목표기대수익률 $E(R_p)^*$를 달성하는 포트폴리오 중에서 가장 왼쪽에 위치하는 효율적 포트폴리오는 임의의 C값에 대하여 $[E(R_p)^* - C]$를 σ_p로 나눈 기울기가 가장 큰 것([그림 6-4]에서 Q보다 P의 기울기가 높음)이기 때문이다.

EXCEL 6-3 효율적 포트폴리오의 도출

앞에서 제시되었던 4종목 포트폴리오를 구성할 경우, 효율적 포트폴리오를 도출하라.
[권말부록 [EXCEL 6-3] 효율적 포트폴리오의 도출 참조]

관련 스프레드시트 : [시트 (6장)6-3 효율적 포트폴리오의 도출]

2. 투입정보의 추정

마코위츠의 포트폴리오 선택모형은 이상에서 설명한 바와 같이 수많은 위험자산들 가운데서 일정한 기대수익률하에서 위험을 최소화하거나, 일정한 위험하에서 기대수익률을 최대화시키는 효율적 포트폴리오를 구성하는 것이다. 따라서 이 방법을 실제의 투자결정에 활용하기 위해서는 식 6.3과 식 6.6에 관련된 투입정보를 만들어내는 것이 필요하다. 즉 n개의 자산 각각에 대하여 기대수익률 $E(R_j)$와 분산 σ_j^2을 n개만큼 추정하고, 각 자산들간의 공분산 σ_{ij}를 $n(n-1)/2$개만큼 추정하는 것이 필요하다.

이들 투입정보를 만드는 한 가지 방법은 본서 제Ⅲ편에서 소개되는 증권분석의 방법을 통하여 개별자산의 기대수익과 위험을 추정하는 것이다. 또 다른 방법은 미래 예상수익률의 분포가 과거 시계열자료의 패턴과 크게 차이나지 않을 것이라는 가정하에 과거 역사적 시계열자료로부터 이를 추정하는 것이다. 특히 분산, 공분산 자료의 생성은 과거 시계열자료를 이용하는 방법에 주로 의존하게 된다.

제4절 최적포트폴리오의 구성

효율적 투자선(효율적 포트폴리오)이 위와 같은 방법으로 찾아지면 마지막 작업은 수많은 효율적 포트폴리오 중에서 어떤 것이 투자자에게 최적의 포트폴리오인가를 찾는 것이다. 본절에서는 최적투자결정의 기초이론이 되는 '효용이론'에 대해 살펴보고, 기대효용을 극대화하는 위험자산의 최적포트폴리오(optimal portfolio) 구성방법에 대하여 설명한다.

1. 효용이론에서의 최적투자결정체계

(1) 효용함수

투자자는 기대수익이 높고 위험은 낮은 투자대상을 원한다. 그러나 현실은 그렇지 못하여 대부분의 경우는 기대수익이 높아지면 위험도 커지게 되는, 이른바 기대수

〈표 6-3〉 투자자의 위험성향(표준투자권유준칙 기준)의 분류

등 급	투자성향
1등급 (안정형)	예금 또는 적금 수준의 수익률을 기대하며, 투자원금에 손실이 발생하는 것을 원하지 않음
2등급 (안정추구형)	투자원금의 손실위험은 최소화하고, 이자소득이나 배당소득 수준의 안정적인 투자수익을 목표로 함. 다만, 수익을 위해 단기적인 손실을 수용할 수 있으며, 예·적금보다 높은 수익을 위해 자산 중 일부를 변동성 높은 상품에 투자할 의향이 있음
3등급 (위험중립형)	투자에는 그에 상응하는 투자위험이 있음을 충분히 인식하고 있으며, 예·적금보다 높은 수익을 기대할 수 있다면 일정수준의 손실위험을 감수할 수 있음
4등급 (적극투자형)	투자원금의 보전보다는 위험을 감내하더라도 높은 수준의 투자수익 실현을 추구함. 투자자금의 상당 부분을 주식, 주식형 펀드 또는 파생상품 등의 위험자산에 투자할 의향이 있음
5등급 (공격투자형)	시장평균수익률을 훨씬 넘어서는 높은 수준의 투자수익을 추구하며, 이를 위해 자산가치의 변동에 따른 손실위험을 적극 수용. 투자자금 대부분을 주식, 주식형 펀드 또는 파생상품 등의 위험자산에 투자할 의향이 있음

자료 : 금융감독원, 금융투자협회

익-위험 간의 상반관계(trade-off)가 존재한다. 투자결정을 내리는 데에는 투자수익과 투자위험 모두를 고려해야 하는데, 투자위험과 투자수익 가운데 어느 쪽을 중시하는지는 투자자마다 다르다. 기대수익이 웬만큼 높지 않으면 투자위험을 부담하지 않으려는 투자자가 있는 반면에, 약간의 높은 기대수익이 예상되더라도 상당한 위험부담을 감수하려는 투자자가 있다. 투자자의 위험성향, 즉 주관적 태도에 따라 투자자산의 선택이 다르게 된다.

금융감독원이 제정한 표준투자권유준칙(투자금융회사가 일반투자자(고객)에게 투자권유를 함에 있어 준수해야 할 구체적인 절차 및 기준 등을 제시한 것)에서는 투자자의 위험성향에 대해서 〈표 6-3〉에서처럼 5등급으로 나누어 안정형, 안정추구형, 위험중립형, 적극투자형, 공격투자형으로 구분하고 있다.

한편 투자이론에서는 효용이론에 기초하여 투자안 최적선택방법을 제시하고 있다. 본래 효용(效用)이라는 용어는 사전적 의미에서는 '사람의 욕망을 충족시킬 수 있는 재화의 능력'이라는 의미로 사용되지만, 투자이론에서의 효용(utility)이라는 용어는 '기대수익과 위험을 동시에 고려할 때 투자자가 느끼는 주관적 만족도'라는 의미로 사용된다. 그리고 효용함수(utility function)는 투자자산들의 기대수익과 위험이 주어졌을 때 위험회피도의 정도에 따라 달라지는 종합적인 만족의 정도를 지수 또는 점수(scoring system)로 나타낸 것을 말한다.

이처럼 위험감수에 대한 투자수익의 증가, 즉 위험보상(risk premium)의 정도수준

은 투자자마다 다를 터인데, 위험에 대한 투자자의 태도는 위험회피형, 위험중립형, 위험선호형 세 가지 유형으로 나누어 이들 유형의 차이를 효용함수의 차이로 구분하여 나타낼 수 있다.

이렇게 접근할 수 있는 논리적 근거는 효용함수의 점수로 표시되는 수치는 투자자들이 감지하는 위험회피의 정도까지 반영된 것으로서, 확실한 투자자산(무위험자산)으로부터 얻게 되는 투자수익, 즉 확실성등가(CE : certainty equivalent)가 되기 때문이다. 따라서 모든 투자자산의 기대수익과 위험이 동시에 고려되어 확실성등가로 요약되므로 투자안에 대한 선택우선순위(ranking)가 쉽게 그리고 일관성 있게 결정될 수 있는 것이다. 식 6.11에서 C의 값은 사람마다 다른 위험회피의 정도를 나타내는 위험회피계수인데, $E(R)$과 σ^2이 종합적으로 고려된 만족도, 효용의 크기 u는 확실성등가가 되므로 개인의 위험성향이 반영된 최적투자결정을 내릴 수 있게 해준다. 효용이론에 의하면 기대효용이 극대화(maximization of expected utility)되는 투자안이 최적의 투자안이다.

$$u = E(R) - C \cdot \sigma^2 \tag{6.11}$$

단, u : 효용의 크기, C : 위험회피계수

예 제

다음과 같은 투자대안들이 있다.

투자안	기대수익률 $E(R)$	표준편차 σ
국공채	7%	0%
주식 A	20	20
수익증권	15	10

투자자의 위험회피도 C가 2이고, 효용함수가 다음과 같다. 선택의 우선순위는 어떻게 결정될 것인가?

$$u = E(R) - 2\sigma^2$$

해설 각 투자안의 효용은 다음과 같이 계산된다.

국공채 : $u = 0.07 - 2 \times 0^2 = 0.07$

주식 A : $u = 0.2 - 2 \times (0.2)^2 = 0.12$

수익증권 : $u = 0.15 - 2 \times (0.1)^2 = 0.13$

효용의 크기는 기대수익과 위험이 동시에 고려된 확실성등가이므로 효용의 크기순으로 우월한 투자안이 된다. 즉 효용이 큰 수익증권, 주식 A, 국공채 순으로 선택의 우선순위가 결정된다.

(2) 투자자의 유형과 효용함수의 형태

이제 이들 위험회피형, 위험중립형, 위험선호형, 세 투자자 유형을 효용함수의 형태로 구분해 보자. [그림 6-5]의 (a), (b), (c)는 효용함수를 투자수익(또는 富)과 효용의 관계에서 그림(이 그림에서 수평축은 부(w)의 수준을 표시하고, 수직축은 효용(U)을 표시하며, 수평축에서 부의 증가는 곧 위험의 증가를 의미한다)으로 나타낸 것이다. 모든 유형의 투자자는 부가 증가할 때 효용(만족도)의 절대크기는 증가하지만, 한 단위 부가 증감할 때 한계효용(효용의 증가율)은 사람마다 다르게 되는데, 한계효용이 체감하는지, 체증하는지, 일정한지에 따라서 위험회피도에 차이를 보인다.

위험회피형은 [그림 6-5]의 (a)처럼 부가 증가할 때 한계효용은 체감한다. 낮은 수준의 부에서 한 단위 부의 증가($w_0 \rightarrow w_1$)가 있을 때 효용의 증가(ΔU_0)보다도 높은 부의 수준에서 동일한 부의 증가($w_2 \rightarrow w_3$)가 있을 때 효용의 증가(ΔU_2)가 낮기 때문이다. 결과적으로 원점에 대하여 오목한(concave) 형태를 보인다. 반면에 위험선호형은 [그림 6-5]의 (b)처럼 한계효용이 체증하는 모양, 즉 원점에 대하여 볼록한(convex) 형태를 보인다. 위험중립형은 한계효용이 일정하다.

공정게임(fair game)은 위험보상률(risk premium)이 영(0)일 것으로 전망되는 위험투자안을 말한다. 투자자의 위험에 대한 태도는 공정게임의 채택 여부에 의해서 구분될 수 있다. 공정게임에 대한 이해를 위해서 다음 표에 있는 위험자산 주식 X, P 또는 6% 수익률의 무위험자산 국공채 B에 투자할 수 있는 기회(투자액은 1,000만원)가 주어졌다고 하자. 국공채 B에 투자하면 60만원(=1,000만원×6%)의 확정수익이 발생하므로 위험자산 X 또는 P에 투자하게 될 때 위험감수에 대한 위험보상은 다음에 보는 것처럼 각각 40만원과 0원이 된다.

[그림 6-5] 투자자의 유형과 효용함수의 형태

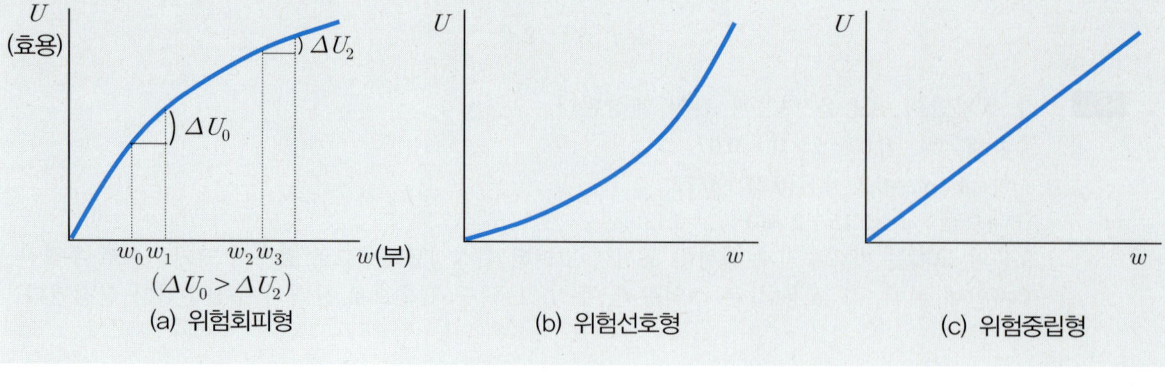

(a) 위험회피형 (b) 위험선호형 (c) 위험중립형

주식 X에 대한 위험보상=주식 X의 기대수익−무위험자산 B의 확정수익
=100만원−60만원=40만원

주식 P에 대한 위험보상=주식 P의 기대수익−무위험자산 B의 확정수익
=60만원−60만원=0원

투자자산	위험자산 주식 X		위험자산 주식 P		무위험자산 국공채 B	
확률	투자수익률	투자수익	투자수익률	투자수익	투자수익률	투자수익
0.25	−10%	−100만원	12%	120만원	6%	60만원
0.50	10	100	6	60		
0.25	30	300	0	0		
	기대수익=100만원		기대수익=60만원		확정수익=60만원	

이러한 상황에서 위험회피형의 투자자는 위험보상률이 正(+)인 주식 X에는 투자하겠지만, 위험보상이 없는 주식 P에는 투자하지 않을 것이다. 여기서 주식 P는 위험보상률(risk premium)이 영(0)인 위험투자안, 공정게임(fair game)이다.

투자자의 세 가지 유형 중에서 위험회피형(risk averter)은 이 같은 공정게임을 택하지 않을 것이다. 위험회피형은 손실로부터 잃게 될 효용의 감소가 동일한 이득으로부터 얻게 될 효용의 증가보다도 크기 때문이다.

반면에 위험선호형(risk lover)은 이 같은 공정게임을 택하려 할 것이다. 왜냐하면 위험선호형은 비록 위험보상률은 0이지만, 0.25의 확률로 12%의 높은 투자수익의 가능성이 있기 때문이다. 위험중립형(risk neutral)의 투자자는 위험으로 인한 손해에는 상관치 않고 오로지 기대수익에 준하여 투자결정을 하므로 무위험투자와 공정게임을 동일하게 인식, 즉 무차별할 것이다.

요약하면 세 가지 유형의 투자자의 특성은 기대효용(혹은 확실성등가)과 기대수익의 관계, 효용함수의 형태, 공정게임의 채택 여부면에서 다음과 같이 정리된다.

구 분 위험에 대한 태도	확실성등가(CE^{*})와 기대수익(ER)의 관계	효용함수의 형태	공정게임 채택 여부
위험회피형	$CE < ER$	오목, 체감적 증가	거절
위험선호형	$CE > ER$	볼록, 체증적 증가	채택
위험중립형	$CE = ER$	직선, 단순증가	무차별

* 확실성등가(CE)는 식 6.11에서 설명한 것처럼 위험자산수익과 동일한 효용을 가져다주는 무위험투자수익임. 예를 들어 어느 위험회피형 투자자에게 위험투자수익 100과 무위험 확정투자수익 80이 동일한 효용을 가져온다고 한다면 확실성등가는 80임.

(3) 위험회피형 투자자의 효용함수

투자이론에서는 이상적인 투자자 유형으로서 위험회피형의 투자자를 가정하고 있는데, 위험회피형 투자자의 행태를 표시하기 위해 다음과 같은 형태의 효용함수가 사용되고 있다.

2차 효용함수 : $U(w) = a + bw - cw^2$ 단, w는 부의 크기
로그(대수)효용함수 : $U(w) = \log w$
멱효용함수 : $U(w) = \sqrt{w}$

위에 제시된 효용함수들은 다음 [그림 6-6]과 같이 부(w)의 증가가 있을 때 한계효용이 체감하는 모양을 나타내기 때문에 앞에서 설명한 위험회피형의 효용함수로 사용되고 있다.

[그림 6-6] 위험회피형 투자자의 효용함수 형태

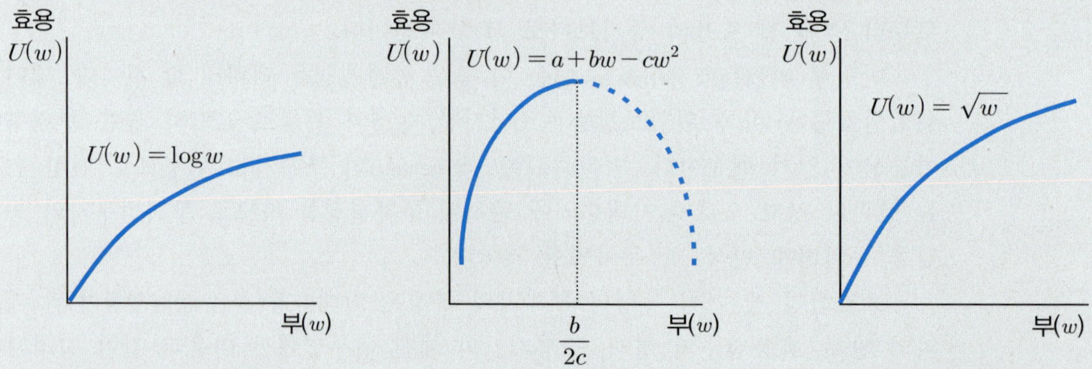

(a) 로그(대수)효용함수 (b) 2차 효용함수 (c) 멱효용함수

2. 위험자산 최적포트폴리오의 선택

(1) 무차별효용곡선

투자자의 효용함수는 [그림 6-6]과 같이 투자수익(부)과 효용의 공간에 직접 표시할 수도 있지만, 평균-분산 기준에 의하여 투자결정하는 포트폴리오 선택체계에서 보면 평균(기대수익률)과 분산(표준편차)의 공간에 효용함수를 표시하는 것이 최적증권 또는 최적포트폴리오의 선택과정을 파악하기에 훨씬 용이하다.

[그림 6-7]은 평균과 분산(표준편차)의 공간에 위험회피형의 효용함수를 나타낸 것이다. 이를 무차별효용곡선(indifferent utility curve)이라고 하는데, 이는 특정투자자에게 동일한 효용을 가져다주는 기대수익과 분산(위험)의 조합을 연결한 곡선이다. 예를 들어 $u = E(R) - C\sigma^2$의 효용함수에서 위험회피도(C)가 1인 투자자에게 있어서 다음과 같은 기대수익과 위험의 조합들은 동일한 0.08의 효용을 가져다주는 무차별효용곡선상의 투자자산들인 것이다.

기대수익률 $E(R)$	표준편차 σ	효용 $u = E(R) - C\sigma^2$
10%	14.14%	$u = 0.10 - (0.1414)^2 = 0.08$
15	26.45	$u = 0.15 - (0.2645)^2 = 0.08$
20	34.64	$u = 0.20 - (0.3464)^2 = 0.08$
25	41.23	$u = 0.25 - (0.4123)^2 = 0.08$

위험회피형 투자자의 무차별효용곡선을 표시한 [그림 6-7]은 사실 투자론에서 가정하고 있는 이성적 투자자들의 효용곡선을 나타낸 것이기도 하다. 왜냐하면 보

[그림 6-7] 위험회피형 투자자의 무차별효용곡선 형태

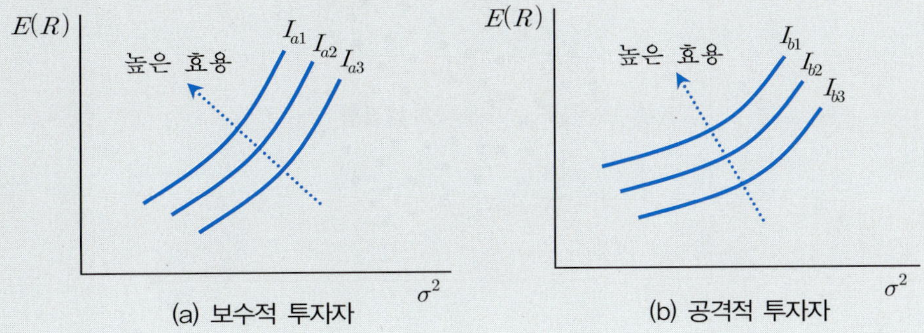

다 높은 수준에서의 위험 증가가 있을 때 투자수익의 더 큰 증가가 있지 않으면 전과 동일한 만족을 느끼지 못하는 것이 정상적 투자자이기 때문이다.

그러나 위험회피형의 투자자라도 위험회피도, 즉 위험의 증가가 있을 때 보상을 바라는 정도에는 사람마다 서로 차이가 있게 된다. 위험회피도가 클수록 무차별 효용곡선의 기울기는 가파르게 나타난다. [그림 6-7]의 (a)처럼 기울기가 가파른 경우는 극히 위험을 회피하는 보수적 투자자(more risk averse)의 예로서 일정한 위험 증가가 있을 때 보다 많은 기대수익 증가를 요구하는 경우를 나타낸다. 반면 (b)처럼 기울기가 덜 가파른 경우는 공격적 투자자(less risk averse)의 예로서 기대수익의 증가가 위험 증가에 미치지 못하더라도 만족하는 경우를 나타낸다.

(2) 위험자산의 최적포트폴리오의 선택

수많은 투자자산들 중에서 일차적으로 지배원리를 만족하는 자산이 효율적인 투자자산이었다. 이들 중에서 최종적으로 어느 증권을 선택할 것인가의 문제는 이들 무차별효용곡선과 만나는 증권을 찾으면 된다.

최종적으로 [그림 6-8]에서 효용곡선 d와 같은 모양을 갖는 소극적 투자자는 P_d의 포트폴리오를 최적포트폴리오로 선택할 것이다. 반면에 효용곡선 e와 같은 모양을 갖는 적극적 투자자에게는 P_e의 포트폴리오가 효용을 극대화하는 최적포트폴리오가 된다.

이상에서 설명한 최적포트폴리오 구성방법이 실무적으로 적용될 수 있기 위해

[그림 6-8] 위험자산의 최적포트폴리오

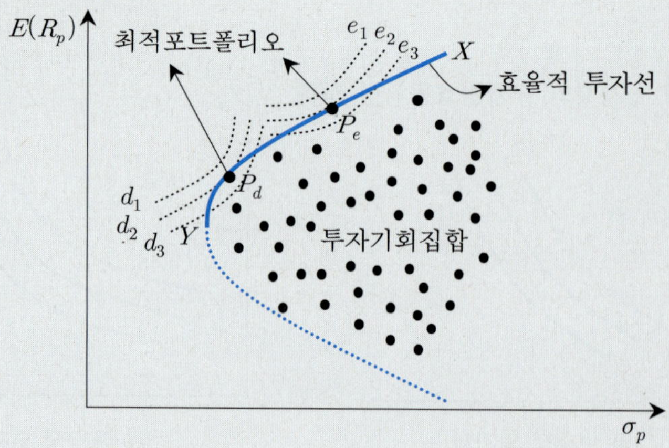

〈표 6-4〉 설문 : "나는 얼마나 위험회피형인가?"

1. 다음 9개의 질문에 대한 답으로서 a, b, c 중에서 본인의 성향을 가장 잘 나타내는 것에 표하시오.
   (1) 특정주식 매수 60일 후 주가가 20% 하락하였다. 해당기업의 경영내용에 근본적인 변화가 없다면 어떻게 할 것인가?
   a. 더 하락할 것을 염려하여 매도한다(손절매).
   b. 주가가 회복되기를 기다린다.
   c. 싸다고 판단하여 더 매수한다.
   (2) (1)과 같은 상황이되, 최초 목표투자기간이 3년이면 어떻게 할 것인가?
   a. 매도한다. b. 기다린다. c. 더 매수한다.
   (3) (1)과 같은 상황이되, 최초 목표투자기간이 5년이면 어떻게 할 것인가?
   a. 매도한다. b. 기다린다. c. 더 매수한다.
   (4) (1)과 같은 상황이되, 최초 목표투자기간이 8년이면 어떻게 할 것인가?
   a. 매도한다. b. 기다린다. c. 더 매수한다.
   (5) 특정주식을 매수한 1달 후, 주가가 25% 상승하였다. 해당기업의 경영내용에 변화가 없다면 어떻게 할 것인가?
   a. 매도하여 이익을 실현시킨다.
   b. 더 오를 것을 기대하여 매도시점을 미룬다.
   c. 더 오를 것을 기대하여 더 매수한다.
   (6) 10년 후에 있게 될 퇴직에 대비하여 투자하는 경우 어떤 투자대상에 투자할 것인가?
   a. MMF와 같은 유동성이 높은 금융상품
   b. 채권형(안정형) 펀드와 주식형(성장형) 펀드에 50 : 50 투자
   c. 장기적으로 주가변동폭은 크지만 주가상승이 크리라 예상되는 성장주에 투자
   (7) 큰 상을 수여받는다고 할 때 다음 중 어떤 상을 선호하는가?
   a. 현금 400만원 b. 현금 1,000만원을 받을 확률이 50%
   c. 현금 3,000만원을 받을 확률이 20%
   (8) 매우 좋은 투자기회가 생겼는데, 이에 대해 투자하려면 자기자본만으로 부족하다. 대출을 받아 투자하겠는가?
   a. 절대로 하지 않는다. b. 할지도 모르겠다. c. 물론 한다.
   (9) 당신이 근무하는 회사가 종업원들에게 자사주 청약을 받고 있다. 3년 후 기업공개할 예정인데, 그때는 지금의 청약가격보다도 10배 정도 상승할 것으로 전망된다. 중도처분은 불가하다고 할 경우 얼마만큼 청약에 응할 것인가?
   a. 전혀 청약하지 않는다. b. 2개월치의 봉급 c. 4개월치의 봉급
2. 점수산정 : 자신의 점수=(답 a. 체크개수×1점)+(답 b. 체크개수×2점)+(답 c. 체크개수×3점)
3. 판정 : 9~15점 : 보수적 투자자
   16~21점 : 중립적 투자자
   22~27점 : 공격적 투자자
4. 설문조사 점수 대비 위험회피계수(C) 도출의 한 예

위험성향	점 수	위험회피 계수	위험성향	점 수	위험회피 계수	위험성향	점 수	위험회피 계수
공	26~27	1	중	20~21	4	보	14~15	7
격	24~25	2	용	18~19	5	수	12~13	8
적	22~23	3	적	16~17	6	적	9~11	9

서는 식 6.11과 같은 효용함수와 위험회피계수(C)가 추정되어야 한다. 실무에서 활용하는 한 방법은 〈표 6-4〉에 소개하는 것과 같은 설문조사를 통하여 위험회피성향을 측정하는 것이다. a, b, c에 답한 개수가 나오면, 자산의 점수는 [(답 a. 체크개수×1점)+(답 b. 체크개수×2점)+(답 c. 체크개수×3점)]을 계산하여 산정하고, 최종 판정은 (9~15점) 구간은 보수적 투자자, (16~21점) 구간은 중립적 투자자, (22~27점) 구간은 공격적 투자자로 구분한다.

제 5 절 무위험자산과 최적 자산배분

투자관리의 핵심 중 한 가지는 주식, 회사채, 국공채, 부동산 등 투자수익과 투자위험이 질적으로 상이한 각급 투자자산에 투자자금을 포괄적으로 어떻게 배분할 것인가를 결정하는 자산배분(asset allocation)의 문제이다. 자산배분의 문제는 주식과 같은 위험자산 및 국공채와 같은 무위험자산에의 투자비율의 결정문제로 압축할 수 있다.

앞의 절에서는 수익률의 변동성이 큰 주식과 같은 위험자산(risky assets)만으로 포트폴리오를 구성할 때의 최적투자결정의 문제를 살펴보았는데, 본절에서는 정기예금이나 단기국공채와 같은 위험이 없는 무위험자산(risk-free asset)에도 투자자금의 일부를 할애하여 자산배분을 시도하는 경우의 최적 자산배분, 최적포트폴리오의 구성문제를 다룬다.

1. 무위험자산이 포함될 때의 효율적 포트폴리오

무위험자산(risk-free asset)은 어떠한 상황에서도 확정된 수익이 보장되어 수익률의 변동이 없기 때문에 그 위험(수익률의 표준편차)이 영(0)인 투자자산을 말한다. 즉,

$$E(R_f) = R_f, \quad \sigma(R_f) = 0$$

단, $E(R_f)$, $\sigma(R_f)$: 무위험자산의 기대수익률과 표준편차

R_f : 무위험이자율(risk-free rate)

일반적으로 정기예금이나 국공채와 같은 투자대상들이 무위험자산으로 인식되고 있다. 물론 이러한 자산들도 엄밀한 의미에서 보면 위험이 없는 것은 아니다. 정기예금도 인플레이션하에서는 실질투자수익률이 달라지므로 실질수익이 확정되어 있다고 할 수 없으며, 국공채는 이자율변동에 따라 채권가격이 변동하는 이자율변동위험을 지니고 있다.

그럼에도 불구하고 이러한 투자자산들은 명목수익률이 확정되어 있고, 만기가 짧은 단기국공채는 이자율변동위험이 매우 적다고 할 수 있으며, 특히 지급불능위험이 없으므로 통상적으로 이들 투자자산들을 무위험자산으로 취급하고 있다.

무위험자산이 포트폴리오 구성에 포함될 때 최적투자결정의 문제를 해결하기 위해서 먼저 분석해야 할 일은 무위험자산이 포함될 때 포트폴리오의 기대수익률과 위험이 어떻게 달라지는가를 파악하는 것이다.

먼저 위험자산 포트폴리오는 수많은 투자기회집단이 있지만 이론적으로 보면 앞의 제3절 [그림 6-4]의 호 XY상에 나타나 있는 효율적 포트폴리오가 투자대상으로 고려될 것이다. 이제 이들 위험자산으로 구성된 효율적 포트폴리오의 하나인 A에 투자자금 w를 투자하고 무위험자산(기대수익률이 무위험이자율 R_f이고, 위험이 0인 투자자산)에 나머지 투자자금 $[1-w]$를 투자할 경우의 기대수익률과 위험(표준편차)을 구해보면 식 6.12 및 식 6.13과 같이 표시된다. 왜냐하면 이 포트폴리오는 두 자산으로 구성되는 경우이므로 식 5.7과 식 5.9를 그대로 이용할 수 있기 때문이다.

$$E(R_p) = w\,E(R_A) + (1-w)\,R_f = R_f + w\,[E(R_A) - R_f] \tag{6.12}$$

$$\sigma_p^2 = w^2\sigma_A^2 + (1-w)^2\sigma_{R_f}^2 + 2w(1-w)\sigma_{AR_f} = w^2\sigma_A^2$$ [1)]

$$\therefore \sigma_p = w\sigma_A \tag{6.13}$$

단, R_f : 무위험이자율
$E(R_A)$: 위험자산 주식포트폴리오 A의 기대수익률
σ_A^2 : 위험자산 주식포트폴리오 A의 분산
w : 위험자산 주식포트폴리오 A에의 투자비율
$1-w$: 무위험자산에 대한 투자비율
σ_{AR_f} : 주식포트폴리오 A 수익률과 무위험이자율 간의 공분산

1) 무위험자산의 표준편차 $\sigma_{R_f}=0$이고, 무위험자산과 주식포트폴리오의 공분산 σ_{AR_f}는 0이기 때문이다.

2. 자산배분선(CAL)

이제 식 6.13에서 $w=\sigma_p/\sigma_A$이므로 이를 식 6.12에 대입해 보면 투자금액의 비율에 관계없이 이 두 펀드 포트폴리오(two-fund portfolio : 무위험자산과 위험자산인 주식으로 구성되는 포트폴리오)의 기대수익률은 다음 식 6.14처럼 위험(표준편차)에 선형적으로 비례하는 관계에 있음을 알 수 있다.[2)]

$$E(R_p)=R_f+\frac{E(R_A)-R_f}{\sigma_A}\sigma_p \tag{6.14}$$

환언하면 무위험자산과 주식포트폴리오로 두 펀드 포트폴리오를 구성할 때 기대되는 투자기회집합(investment opportunity set)은 [그림 6-9]에 나타난 선 $R_f a$처럼 절편이 R_f이고 기울기가 $[E(R_A)-R_f]/\sigma_A$인 직선 위에 옴을 알 수 있다. 여기서 무위험자산이 포함될 때의 투자기회선인 $R_f a$(또는 $R_f MN$)선을 자산배분선(CAL : capital allocation line)이라고도 부른다.

[그림 6-9] 무위험자산이 포함될 때의 투자기회 : 자산배분선(CAL)

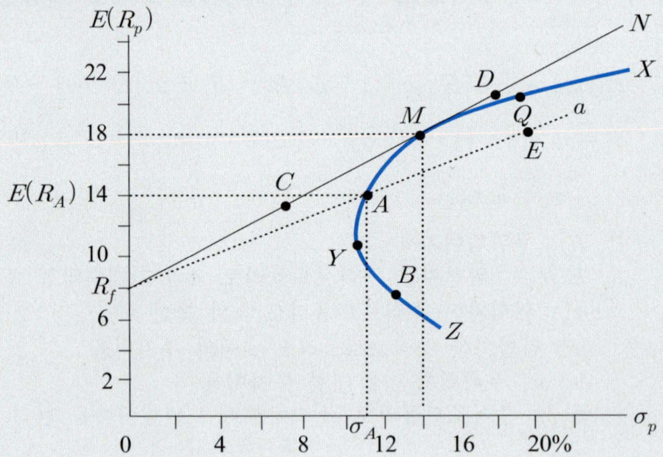

2) 투자금액의 비율(w)의 변화에 관계없이 기대수익률과 표준편차의 한계변화율이 일정함은 다음 방법으로 알 수 있다. 즉 식 6.12와 식 6.13을 w로 편미분하여 나누어보면 다음과 같이 상수항이 된다. 투자비율(w)에 관계없이 기울기가 일정하므로 직선임이 증명된다.

$$\frac{\partial E(R_p)}{\partial w}\bigg/\frac{\partial \sigma_p}{\partial w}=[E(R_A)-R_f]/\sigma_A$$

무위험자산을 포함시켜 포트폴리오를 구성할 경우 얻게 되는 투자기회선 $R_f a$와 관련하여 강조할 사실은 이처럼 두 펀드에 분산투자하는 것이 위험자산 주식만으로 포트폴리오를 구성하는 것보다도 기대되는 투자성과가 월등히 우수하다는 점이다. 왜냐하면 주식만으로 구성되는 효율적 포트폴리오는 호 YA와 같은 포트폴리오인데, $R_f a$선상의 포트폴리오가 YA선상의 포트폴리오보다 같은 기대수익률에서는 위험이 낮으며, 같은 위험수준에서는 기대수익률이 높은 새로운 효율적 포트폴리오가 되기 때문이다.

마찬가지 논리로 R_f에서 호 XY에 접선을 그었을 때 표시되는 투자선 $R_f MN$이 $R_f a$보다 더 효율적이다. 이때 포트폴리오 M은 위험자산 포트폴리오 중에서 $[E(R_p)-R_f]/\sigma_p$의 비율이 가장 큰 값을 가지는 포트폴리오로서 위험자산 중에서는 유일하게 효율적 포트폴리오가 된다. 포트폴리오 A나 Q 등은 더 이상 효율적인 포트폴리오가 되지 못한다. 따라서 $R_f MN$은 투자자금의 일부를 무위험자산펀드(R_f)에 투자하고 나머지를 주식포트폴리오 M에 투자할 때 가장 효율적인 포트폴리오의 기대수익률과 표준편차의 관계가 표시된 것이다.

또 한 가지 중요한 사실은 $R_f a$선상이나 $R_f MN$선상의 포트폴리오는 투자금액의 비율이 어떻게 조정되더라도 이러한 포트폴리오는 투자위험(σ_A)을 한 단위 증가시킬 때 얻게 되는 위험보상률($E(R_A)-R_f$)이 항상 일정하다는 점이다. 이때의 비율, 즉 직선 $R_f a$, $R_f MN$의 기울기를 총변동성보수율($RVAR$: reward-to-variability ratio)이라고도 부르는데 이 비율은 항상 일정한 것이다. $R_f MN$선상에 있는 포트폴리오가 $RVAR$비율이 가장 크다.

$$RVAR = \frac{E(R_p) - R_f}{\sigma_p} \tag{6.15}$$

$R_f MN$선상의 포트폴리오는 무위험자산펀드와 위험자산 M펀드의 두 펀드로 구성되는 것인데, 이들 두 펀드에 얼마씩 투자하는 것이 최적인가는 투자자 개인들의 주관적인 위험성향에 달려 있다. 점 M은 투자자금 전부를 주식펀드에 투자하고 무위험자산에는 전혀 투자하지 않은 경우(공격적 투자자 유형)이고 점 B는 전액을 무위험자산에 투자한 경우이다. 그리고 점 C는 두 펀드에 50%씩 투자한 경우(방어적 투자자 유형)이다. 반면에 점 D는 본래의 투자자금에 R_f 수준의 이자율로 차입한 자금을 더하여 주식펀드에 100% 이상을 투자한 경우이다. $R_f M$선상의 포트폴리오는 투자자가 금융기관에 자금을 빌려준 것과 다름이 없으므로 대출포트폴리오(lending portfolio)라고 부르고, MN선상의 포트폴리오는 차입자금을 더하여 M포트

폴리오를 구성하는 경우이므로 차입포트폴리오(borrowing portfolio)라고 부른다.

결론적으로 중요한 사실은 주식과 같은 위험자산만으로 포트폴리오를 구성하는 것보다도 무위험자산을 포트폴리오에 포함시켜 자산을 배분하는 것이 훨씬 우월한 투자성과를 기대하게 한다는 점이다. 환언하면 무위험자산을 포함시키는 것이 한 단위 위험부담에 대한 투자수익의 증가가 극대화된다는 점이다. 이 같은 논리적 근거 때문에 실제의 자산운용에서 먼저 무위험자산펀드와 주식펀드의 두 펀드로 나누어 포트폴리오 구성을 검토하는 것은 타당성을 지닌다.

EXCEL 6-4 시장포트폴리오의 구성

앞에서 제시되었던 4종목 포트폴리오 이외에 연 6.0%(월 0.5%)의 무위험자산이 존재한다.
시장포트폴리오를 도출하라.
[권말부록 [EXCEL 6-4] 시장포트폴리오의 구성 참조]

관련 스프레드시트 : [시트 (6장)6-4 시장포트폴리오의 구성]

3. 최적 자산배분

이상에서 무위험자산을 포함시킬 경우 효율적 포트폴리오의 구성문제를 살펴보았다. 궁극적으로 $R_f MN$선상의 모든 점들이 가장 높은 총변동성보수율을 가져다주는 효율적 포트폴리오였다. 그러면 최종적으로 $R_f MN$상의 어느 점을 선택하여 두 펀드에 투자자금을 배분하는 것이 최적이겠는가?

이에 대한 해답은 결국 투자자의 위험회피도에 달려 있다. 위험회피도가 높은 투자자일수록 주식펀드에 대한 투자비율을 줄이고 무위험자산에 대한 투자비율을 높일 것이다. 이론적으로 이야기하면 투자자의 위험회피도를 나타내는 무차별효용곡선과 투자기회선 $R_f MN$이 접하는 점의 포트폴리오가 만족을 극대화시키는 최적 포트폴리오가 된다.

위험회피도가 낮은 공격적 투자자는 [그림 6-10]에서 e_1, e_2, e_3 등으로 표시되는 무차별효용곡선과 투자기회선 $R_f MN$이 접하는 e를 최적포트폴리오로 선택할 것이다. 왜냐하면 $R_f MN$에서 효용을 가장 극대화시켜 주는 포트폴리오가 e이기 때문이다. 이러한 유형의 투자자는 무위험이자율 R_f 수준으로 자금을 차입하여 주식펀드 M에 투자하는 차입포트폴리오를 구성할 것이다. 반면에 상대적으로 위험회피도가 높은 보수적 투자자는 d_1, d_2, d_3 등으로 표시되는 무차별효용곡선과 투자기

[그림 6-10] 무위험자산을 포함할 경우의 최적포트폴리오 선택

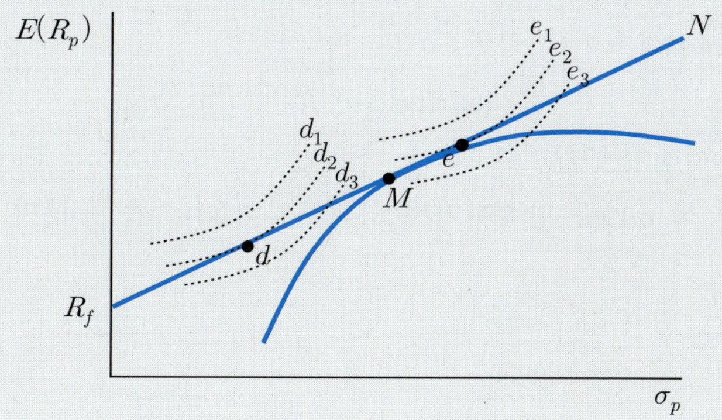

회선 $R_f MN$이 접하는 d를 최적포트폴리오로 선택할 것이다.

이제 무위험자산이 포함될 때 투자자의 만족을 극대화시키는 최적포트폴리오 구성의 문제를 두 가지로 나누어 살펴보기로 한다. 하나는 방어적 투자관리의 일환으로 단순히 무위험자산펀드와 이미 주어진 주식펀드([그림 6-9]의 A펀드와 같은 위험자산펀드)에 자산배분하는 경우이고, 다른 하나는 먼저 위험자산 포트폴리오 중에서 가장 효율적 포트폴리오([그림 6-9]의 M포트폴리오)를 발견한 다음 이 두 펀드에 대한 최적 자산배분비율을 찾는 것이다.

(1) 단순 두 펀드에 대한 최적 자산배분

투자자의 효용함수는 기대수익률과 분산의 상반관계로 표시되는 식 6.16과 같이 표시된다고 가정하자. 이제 주어진 위험자산펀드 A와 함께 무위험자산펀드 R_f를 포트폴리오 구성에 포함시키면 포트폴리오의 기대수익률과 위험은 각각 식 6.17과 식 6.18로 표시된다.

$$u = E(R) - C\sigma^2 \tag{6.16}$$

단, C : 위험회피계수

$$E(R_p) = R_f + w\,[E(R_A) - R_f] \tag{6.17}$$

$$\sigma_p^2 = w^2\sigma_A^2 \tag{6.18}$$

단, w : 위험포트폴리오 A에 대한 투자비중

따라서 만족을 극대화시키는 조건식은 식 6.19와 같이 표시된다.

$$\max,\ u = E(R) - C\sigma^2 = R_f + w\,[E(R_A) - R_f] - C\,w^2\sigma_A^2 \tag{6.19}$$

이제 식 6.19를 만족시키는 최적투자비율(w^*)을 구하면 다음과 같다.[3]

$$w^* = \frac{E(R_A) - R_f}{2C\sigma_A^2} \tag{6.20}$$

이 결과에서 보면 위험자산(주식펀드)에 대한 최적투자비율은 투자자의 위험회피도(C)와 위험자산의 위험(분산 σ_A^2)에 반비례하고, 위험자산에 대한 위험보상률($E(R_A) - R_f$)에 비례하는 것을 확인할 수 있다.

예 제

지금 투자기회로는 앞의 예제와 마찬가지로 무위험이자율이 8%인 무위험자산과 기대수익률이 16%이고 표준편차가 12%인 주식펀드 A가 있다. 투자자의 효용함수는 $u = E(R) - C\sigma^2$으로 표시되는데, 위험회피계수 C는 10이라고 한다.

1. 위험자산인 주식펀드 A에 얼마 투자하는 것이 이 투자자의 만족을 극대화시키겠는가?
2. 최적포트폴리오를 구성할 경우의 기대수익률과 위험은 얼마인가?

해설 1. 위험자산에 대한 최적투자비율 : 식 6.20에 의해서 구하면,

$$w^* = \frac{E(R_A) - R_f}{2C\sigma_A^2} = \frac{0.16 - 0.08}{2(10)(0.12)^2} \fallingdotseq 0.278$$

주식펀드 A에 27.8% 투자하고, 무위험자산에 72.2% 투자한다.

2. 최적포트폴리오의 기대수익률과 위험

$$E(R_p) = R_f + w\,[E(R_A) - R_f] = 0.08 + (0.278)(0.08) = 0.10224(10.224\%)$$

$$\sigma_p = w\,\sigma_A = (0.278)(0.12) = 0.0336(3.36\%)$$

---

3) 식 6.16에서 만족을 극대화시키는 최적투자비율을 찾는 것은 식 6.19를 w에 대하여 미분하여 0이 되는 w값을 구하면 된다. 이 식을 w에 대하여 미분하면 $E(R_A) - R_f - 2w\,C\sigma_A^2$를 얻으므로 최적투자비율 w^*은 식 6.20과 같다.

(2) 위험자산의 효율적 포트폴리오 구성과 두 펀드의 최적 자산배분

앞에서는 위험자산펀드가 주어진 것으로 가정하여 두 펀드와 최적포트폴리오 구성 문제를 살펴보았다. 그러나 투자성과를 높이기 위해서는 주어진 펀드 A를 단순히 편입시키는 것보다도 수많은 위험자산들로 구성되는 포트폴리오 중에서 가장 효율적 포트폴리오([그림 6-9]에서 M)를 직접 발견한 다음, 이 위험자산의 효율적 포트폴리오가 무위험자산이 포함될 때 차지하는 최적투자비율을 구하는 것이 필요하다.

이제 문제를 간단히 위험자산으로 X, Y 두 자산이 있고, 무위험자산으로는 R_f 수익률의 국공채가 있다고 가정해 보자. [그림 6-9]에서 M포트폴리오는 총변동성보수율($RVAR$)이 가장 큰 포트폴리오였다. 따라서 식 6.21을 극대화시키는 것이 목적함수가 될 것이다.

$$\max.\ RVAR = \frac{E(R_p) - R_f}{\sigma_p} \tag{6.21}$$

한편 위험자산 X와 Y로 구성되는 포트폴리오의 기대수익률과 분산은 각각 식 6.22와 식 6.23으로 표시될 수 있으므로, 이를 식 6.21에 각각 대입한 다음 최적 조건식을 찾으면 최적투자비율은 식 6.24와 같이 구해진다.[4)]

$$E(R_p) = w_X E(R_X) + w_Y E(R_Y) \tag{6.22}$$

$$\sigma_p = [w_X^2 \sigma_X^2 + w_Y^2 \sigma_Y^2 + 2 w_X w_Y \sigma_{XY}]^{\frac{1}{2}} \tag{6.23}$$

$$w_X^* = \frac{[E(R_X) - R_f]\sigma_Y^2 - [E(R_Y) - R_f]\sigma_{XY}}{[E(R_X) - R_f]\sigma_Y^2 + [E(R_Y) - R_f]\sigma_X^2 - [E(R_X) - R_f + E(R_Y) - R_f]\sigma_{XY}} \tag{6.24}$$

$$w_Y^* = 1 - w_X^*$$

위험자산들에 대한 최적투자비율이 식 6.24와 같이 구해지면 이 위험자산의 효율적 포트폴리오와 무위험자산 두 펀드에 대한 최적투자비율을 찾는 것은 앞의 (1)에서 설명한 절차에 따르면 된다. 그래서 효용함수가 식 6.16과 같이 표시된다면 두

4) 자산 Y에 대한 투자비율은 $1-w_X$로 표시할 수 있으므로 w_Y를 $1-w_X$로 대체한 다음, $RVAR$을 w_X에 대하여 편미분하여 그 값이 0이 되는 w_X를 찾으면 식 6.24가 도출된다.

펀드에 대한 최적투자비율은 식 6.20에 의해서 구해지게 된다.

예제

지금 투자대상으로서 기대수익과 위험이 다음과 같이 예상되는 주식 X와 Y가 있고, 이자율이 5%인 무위험자산이 있다.

$$E(R_X)=8\% \qquad E(R_Y)=13\%$$

$$\sigma_X=12\% \qquad \sigma_Y=20\% \qquad \sigma_{XY}=0.0072$$

1. 이제 세 자산에 투자하는 것을 전제로 하였을 때, 주식 X와 Y로 구성되는 포트폴리오 가운데서 가장 효율적인 포트폴리오를 구성하고자 한다. 주식 X, Y의 구성비율을 계산하고 또한 이 포트폴리오의 기대수익과 위험을 계산하라.
2. 1.에서 구한 위험자산의 효율적 포트폴리오와 무위험자산을 결합시켜 포트폴리오를 구성하고자 한다. 투자자의 효용함수가 다음과 같이 표시되고 위험회피계수가 10인 투자자가 있다면 최적포트폴리오는 어떻게 구성되는가?

   $u=E(R)-C\sigma^2$ (단, C : 위험회피계수)

해설 1. 위험자산의 효율적 포트폴리오는 총변동성보수율($RVAR$)이 가장 큰 것이므로 식 6.24에 의해서 구하면 다음과 같다.

$$\text{max. } RVAR=\frac{E(R_p)-R_f}{\sigma_p}$$

$$E(R_p)=0.08w_X+0.13w_Y \qquad \sigma_p=[(0.12)^2w_X^2+(0.2)^2w_Y^2+2w_Xw_Y0.0072]^{\frac{1}{2}}$$

$$w_X^*=\frac{(0.08-0.05)(0.2)^2-(0.13-0.05)0.0072}{(0.08-0.05)(0.2)^2+(0.13-0.05)(0.12)^2-(0.08-0.05+0.13-0.05)0.0072}=0.40$$

$$w_Y^*=1-w_X^*=0.6$$

이 효율적 포트폴리오의 기대수익률과 표준편차를 계산하기 위하여 식 6.22와 식 6.23에 대입하면

$$E(R_p)=11\% \qquad \sigma_p=14.2\%$$

[* EXCEL에 의해서 효율적 포트폴리오 구성방법은 참고로 신영사 홈페이지 자료실의 [부록 1] 중 "시장포트폴리오의 구성"에서 제시한다]

2. 위에서 도출한 $E(R_p)$, σ_p를 두 펀드에 대한 최적투자비율을 구하는 식 6.20에 대입하면 주식포트폴리오에 대한 투자비율은 14.9%이다.

$$w_X^*=\frac{E(R_p)-R_f}{2\,C\sigma_p^2}=\frac{0.11-0.05}{2(10)(0.142)^2}=0.149$$

따라서 최종적인 최적투자비율은 다음 그림과 같이 무위험자산에 대한 투자비율은 85.1%이고 주식 X에 대한 투자비율(w_X^*)은 5.96%(=0.149×0.4), 주식 Y에 대한 투자비율(w_Y^*)은 8.94%(=0.149×0.6)가 된다.

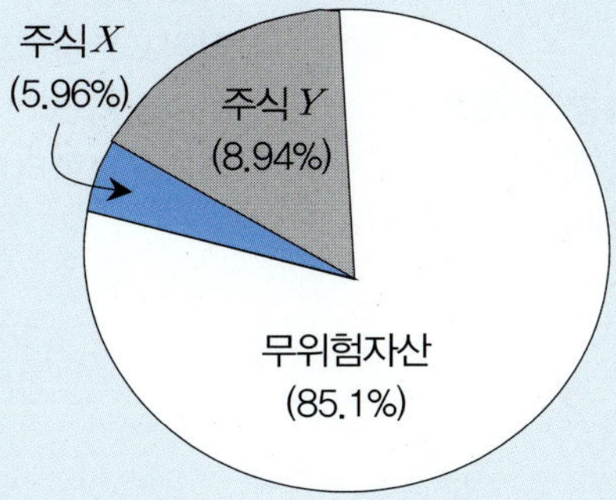

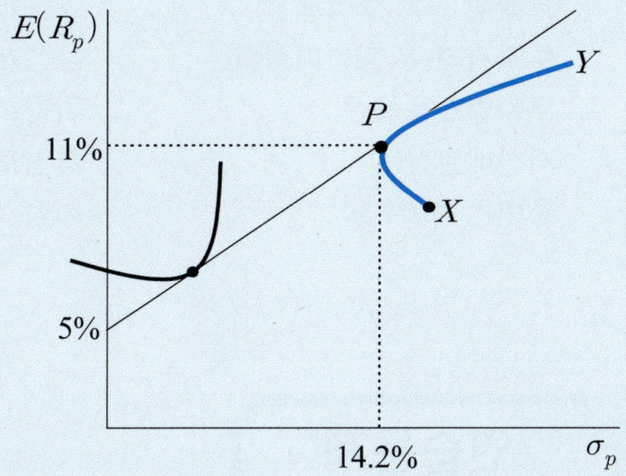

EXCEL 6-5 최적 자산배분안의 도출

위의 예제에서는 공식을 이용하여 자산배분안이 제시되고 있다. EXCEL을 활용하여 제시된 자료와 효용함수에 근거한 최적 자산배분안을 제시하라.

[권말부록 [EXCEL 6-5] 최적 자산배분안의 도출 참조]

관련 스프레드시트 : [시트 (6장)6-5 최적 자산배분안의 도출]

주요용어

n종목 포트폴리오 기대수익률	n종목 포트폴리오 분산	n종목 포트폴리오 결합선
최소분산 포트폴리오	체계적 위험	분산불능위험
분산가능위험	위험분산효과	국제 분산투자
효율적 포트폴리오	효용함수	확실성등가
투자자의 위험회피성향	공정게임	최적포트폴리오
무차별효용곡선	위험회피성향의 측정	무위험자산
자산배분선(CAL)	차입포트폴리오	대출포트폴리오
총변동성보수율	최적 자산배분	

연습문제

1. [마코위츠모형의 특징] 마코위츠모형에 의하여 200개의 주식으로 포트폴리오를 구성하려고 한다. 포트폴리오의 기대수익률, 분산, 공분산을 계산할 때, 각각의 계산량은 얼마나 되는가?

2. [투자위험 감소의 원리] 상당히 많은 종목으로 분산투자할 때 투자위험이 감소하는 특징을 설명하라.

3. [효율적 포트폴리오의 구성] 효율적 포트폴리오와 최적포트폴리오를 구성함에 있어서 무위험자산이 존재하지 않는 경우와 존재하는 경우 어떻게 다른지를 비교 설명하라.

4. [3종목 포트폴리오 기대수익률과 위험의 측정] 투자기회로서 다음과 같은 수익률의 확률분포를 가지는 증권 1, 2, 3이 있다.

시장여건	확 률	증권 1	증권 2	증권 3
양 호	1/4	16%	4%	20%
평 균	1/2	12	6	14
불 량	1/4	8	8	8

증권 1, 2, 3에 동일 비중으로 투자하는 포트폴리오의 기대수익률과 위험(분산)을 측정하라.

5. [효용함수와 최적투자결정] 다음과 같은 특성을 지닌 투자안들이 있다.

투자안	기대수익률($E(R)$)	표준편차(σ)
1	24%	35%
2	21	16
3	15	50
4	12	30

한편 투자자의 효용함수는 다음과 같다.

$u = E(R) - 0.1 A\sigma^2$

① 위의 효용함수에서 A는 무엇을 나타내는가?

② $A=4$인 위험회피형 투자자에게 있어서 최적투자안은 어느 것인가?

6. [무위험자산 포함시의 자산배분] 다음과 같은 성장형 G펀드와 안정형 S펀드가 있다.

펀 드	기대수익률	표준편차	상관계수
성장형 G펀드	22%	32%	0.15
안정형 S펀드	13	23	

① 이 두 펀드로 포트폴리오를 구성하는 경우 최소분산 포트폴리오를 구성하라.

② 이제 9% 수익률의 무위험증권 국공채 G펀드도 포트폴리오 구성에 편입할 것을 검토하고 있다. 이 경우 투자기회선을 그림으로 나타내고, 효율적 포트폴리오를 구성하라.

③ ②에서 구해진 포트폴리오의 총변동성보수율($RVAR$)은 얼마인가?

7. [n종목 구성 효율적 포트폴리오와 시장포트폴리오 도출] 신영사 홈페이지 자료실의 [부록 1] 중에서 '(5장~7장) 실습용 16종목 주가자료' 시트에는 16개 주식의 주가자료가 제시되어 있다. 이 가운데 제6장 본문 설명에서 예시한 4종목을 제외한 또 다른 4종목 주식을 선택하여 효율적 포트폴리오를 도출하라. 또 무위험자산수익률이 연 6%인 것을 가정하여 시장포트폴리오를 도출하라.

제 7 장

단일지표모형

앞의 제5, 6장에서 설명한 분산투자의 원리는 1952년 마코위츠(H. Markowitz)가 제시한 분산투자의 원리에 관한 것이다. 이 방법을 이용하면 이론적으로는 가장 완벽한 효율적 투자선이 찾아진다. 그러나 이 모형이 지니는 문제점은 이 모형에의 투입정보량이 엄청나게 많기 때문에 현실적인 적용이 쉽지 않다는 점이다. 샤프(W.F. Sharpe)는 포트폴리오 선택모형에의 투입정보량을 크게 줄임으로써 현실적 응용력이 높은 단일지표모형(single index model)을 제시한 바 있다. 단일지표모형은 마코위츠모형처럼 포트폴리오를 구성하는 모든 개별주식들 서로간의 공분산을 모두 고려하는 대신에 이를 단순화시켜 시장 전체의 움직임을 대표하는 단일시장지표와 개별주식간의 공분산만을 고려하여 계산량을 줄이고 있다. 본장의 핵심은 단일지표모형을 이용하여 효율적 포트폴리오를 구성하는 방법에 관한 것이다. 다음은 본장의 학습목표로서 이해해야 할 주요 사항들이다.

- 샤프의 단일지표모형의 필요성
- 증권특성선에서의 베타(β), 알파(α), 잔차수익률(ϵ)의 의미와 측정방법
- 단일지표모형에 의한 포트폴리오 위험측정방법
- 체계적 위험과 비체계적 위험의 구분
- 마코위츠의 완전공분산모형과 샤프의 단일지표모형의 비교
- 인덱스펀드 구성과 ETF

제 1 절 단일지표모형의 필요성

앞장에서 설명한 포트폴리오 선택이론은 마코위츠모형, 완전공분산모형이라고 한다. 그 이유는 효율적 포트폴리오 구성시에 구성종목 모두간의 공분산을 고려하기 때문이다. 즉, 적절한 위험측정치로서 식 7.1과 같이 분산을 측정하는데, 이를 위해서는 모든 종목 서로간의 공분산을 계산해야 한다.

$$\sigma_p^2 = \sum_{i=1}^{n} \sum_{j=1}^{n} w_i w_j \sigma_{ij} \tag{7.1}$$

구체적으로 마코위츠모형에 의하면 n종목으로 포트폴리오를 구성할 때, 계산에 필요한 정보량은 제6장 〈표 6-2〉의 n종목 공분산행렬에서 보는 것과 같이 다음과 같다.

개별주식의 기대수익률	n 개
개별주식의 분산	n 개
개별주식간의 공분산	$\frac{n(n-1)}{2}$ 개

예를 들어, 약 1,000종목으로 구성되는 포트폴리오 위험을 구하기 위해서는 1,000개의 분산과 (1,000×999)÷2=499,500개의 공분산 계산이 필요하다. 더욱이 최종적인 효율적 포트폴리오(투자선)를 구하기 위해서는 투자비율(w_i, w_j)이 달라질 때 얻게 되는 수많은 가능한 포트폴리오를 고려해야 하기 때문에 그 계산량은 상상을 초월하는 방대한 양이 된다.

그래서 마코위츠모형은 이론적으로는 공분산매트릭스만 정확히 추정된다면 효율적 투자선을 찾아내는 가장 완벽한 방법이지만, 현실적으로 적용하기 어려운 기술적 문제점을 지니고 있다. 현실적으로 적용가능한 효율적 분산투자의 방법을 강구하기 위해서 보다 단순한 다른 방법이 필요한 이유가 여기에 있다. 마코위츠모형의 기술적 문제점을 해결하고자 한 것이 바로 샤프의 단일지표모형이다.[1)]

단일지표모형(single index model)은 n 종목의 개별주식들간의 모든 공분산을 고려

1) W.F. Sharpe, "A Simplified Model for Portfolio Analysis," *Management Science*(Jan. 1963), pp.277～293.

하는 대신에 어느 특정 개별주식과 시장 전체의 움직임을 나타내는 단일시장지표(single market index) 간의 공분산만을 고려한 단순화된 모형이다. 이러한 의미에서 단순시장모형(simplified market model) 또는 시장모형(market model)이라고도 부른다. 이하에서 이 모형의 가정과 의미를 자세히 살펴보기로 한다.

제 2 절 증권특성선

현실적으로 유용성이 높은 포트폴리오 구성방법을 제시하기 위해서 단일지표모형에서는 주식수익률의 움직임에 대한 몇 가지 가정을 내세우고 있다.

1. 투자수익률 변동의 두 원천

단일지표모형에서는 주식투자수익의 변동이 기본적으로 두 가지 원천에 의해서 초래된다는 것을 전제로 하고 있다. 그 하나는 시장 전체 공통요인(common factor)의 변동에 연관된 부분이고 다른 하나는 시장 전체와 연관되지 않고 개별기업 고유요인(company-specific factor)에 의해서 발생되는 부분이다. 즉,

개별주식 가격변동=시장 전체(공통요인)에 연관된 가격변동 (7.2)
+개별기업 고유요인에 연관된 가격변동

이 가정은 일정기간에 있어서 어느 개별주식의 투자수익률에 영향을 주는 사건에는 두 가지 유형이 있음을 뜻한다.

첫째, 모든 종목에 영향을 주는 거시적 사건(macro event)으로서, 기대하지 못했던 인플레이션, 공금리의 변화, 정국의 불안정, 석유와 같은 주요 원자재 가격의 변화 등의 사건이다. 이와 같은 유형의 사건은 그 영향력이 광범위하여 정도의 차이만 있을 뿐이지 거의 모든 증권에 영향을 미친다. 결과적으로 주가의 전반적인 수준에 변동을 초래하여 시장 전체의 수익률 변동을 가져온다. 개별주식의 가격변동은 이와 같은 시장 전체의 공통적인 요인에 대하여 민감도의 차이가 있을 뿐 시장공통요

인과 연관되어 있다.

둘째, 모든 종목에 전반적인 영향을 주지 않는 특정기업의 미시적 사건(micro event)이다. 예를 들어, 특정기업의 신제품개발, 제품의 갑작스런 진부화, 노사분규, 공장의 화재와 조업중단, 핵심인물의 이직이나 변고 등의 사건을 말한다. 이와 같은 미시적 사건은 특정종목에만 영향을 주는 사건이므로, 시장 전체(포트폴리오) 수익률에는 영향을 미치지 않고 그 특정 개별종목의 투자수익률 변동만을 초래한다.

이처럼 증권수익률의 변동을 이분법적으로 구분할 수 있고, 전자의 시장공통요인은 종합주가지수와 같은 시장지표(market index)로 나타낼 수 있다고 가정하여 이 개념을 직선식으로 표시한 것이 단일지표모형, 시장모형이다.2)

2. 증권특성선

단일지표모형은 일반적으로 식 7.3과 같이 표시되는데, 주식 j의 수익률이 단 하나의 공통요인인 시장수익률과 선형적인 관계를 갖는 것으로 표시된다.

$$R_{jt} = \alpha_j + \beta_j R_{mt} + \epsilon_{jt} \tag{7.3}$$

단, R_{jt} : 주식 j의 t시점에서의 수익률(확률변수)
R_{mt} : 시장지표의 t시점에서의 수익률(확률변수)
α_j : 회귀계수(절편)
β_j : 회귀계수(기울기)
ϵ_{jt} : 잔차항(확률변수)

단일지표모형을 그림으로 나타내면 [그림 7-1]과 같다. 이 그림의 각 점들은 수직축에 어느 개별주식 j의 수익률(R_j)을 종속변수로, 그리고 수평축에 시장 전체 수익률을 대표하는 시장지표(종합주가지수)의 수익률(R_m)을 독립변수로 하여 대응시킨 것이다.

여기서 R_j를 R_m에 관하여 회귀분석(regression)하면 [그림 7-1]에서 보는 것처럼 양자 사이의 관계를 잘 나타내는 다음과 같은 직선식을 구할 수 있다.3)

2) 단일지표모형에서 투자수익률이 상기한 두 가지 사건에 의해서만 결정된다고 가정하는 것은 이 외의 제3의 유형의 사건이 존재하지 않음을 가정한 것이다. 이를테면 제3의 요인으로서 산업적 사건(industry event)이 있을 수 있다. 산업적 요인은 시장 전체에 전반적으로 영향을 주지는 않지만, 동종산업 내의 많은 기업들에 영향을 주는 공통요인인데, 시장모형에서는 이를 미시적 사건으로 보고 잔차항에 포함되는 것으로 가정하고 있다.

3) 각 점들과 직선의 거리(편차)의 합이 최소가 되도록 α_i와 β_j을 추정하는 최소자승법을 이용한다. 구체적인 추

[그림 7-1] 단일지표모형 : 증권특성선

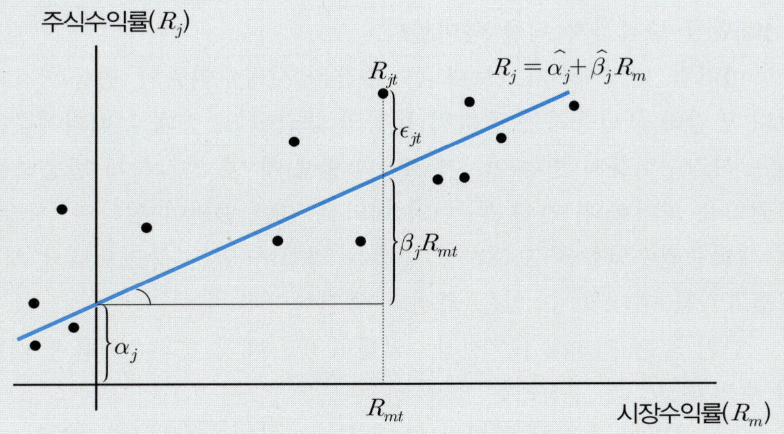

$$R_j = \widehat{\alpha_j} + \widehat{\beta_j}\, R_m \qquad (7.4)$$

단, ^는 회귀계수 추정치

이 회귀분석에서 추정되는 회귀계수들은 주식의 수익률과 위험에 관한 여러 가지 특성을 나타내므로 식 7.4를 증권특성선(CL : characteristic line)이라고 부른다.

식 7.3으로 표시되는 단일지표모형의 가정은 [그림 7-1]에서의 회귀분석에서 보다 잘 이해될 수 있다. 특정주식 j의 특정시점 t에서의 수익률 R_{jt}의 한 부분은 시장수익률의 움직임에 따라 변동하는 $\beta_j R_{mt}$로 구성되어 있다. 여기서 중요한 기울기 β_j는 시장수익률의 변동 ΔR_m에 대한 특정 주식수익률의 변동 ΔR_j의 비율을 측정한 것인데, 이 베타계수는 시장수익률의 변동에 대한 주식 j의 수익률의 평균적인 민감도(average sensitivity to market movement)를 나타낸다. 즉, 시장 전체의 수익률에 영향을 주는 거시적 사건이 발생했을 때 특정주식이 이에 대하여 얼마나 민감하게 반응하는가 하는 것은 기업마다 다른데, 이를 계량적으로 측정한 것이 β계수이다.

예를 들어 다음 3항의 끝에 제시되어 있는 [예제]에서 삼성전자와 엔씨소프트의 수익률 자료로부터 증권특성선의 기울기, 즉 베타계수를 측정했을 때 삼성전자의 베타계수는 1.60이고, 엔씨소프트의 베타계수는 0.13이다. 이는 시장수익률 R_m이

정방법은 다음 절에서 설명할 것이다. 또한 식 7.4는 사후적 모형인데 이를 사전적 모형으로 바꾸면 증권특성선은 다음과 같이 표시할 수 있다.

$$E(R_j) = \alpha_j + \beta_j E(R_m) \qquad (7.4\text{-}1)$$

10%만큼 증감할 경우 삼성전자 수익률은 평균적으로 시장수익률의 1.60배(16.0%)만큼 증감하는 성향을 보이고, 엔씨소프트 수익률은 평균적으로 시장수익률의 0.13배(1.3%)만큼 증감하게 됨을 의미한다.

이처럼 베타계수가 1보다 큰 증권은 시장수익률의 변동(거시적 사건의 발생)에 보다 민감하게 반응하는 공격적 특성의 증권이고, 반대로 베타계수가 1보다 작은 증권은 시장수익률의 변동(거시적 사건의 발생)에 덜 민감하게 반응하는 방어적 특성의 증권임을 의미한다. 만약 부(−)의 베타를 지닌 증권이 있다면, 시장수익률이 하락할 때 개별증권수익률은 오히려 상승하는 경향이 있는 증권으로서 시장위험에 대하여 보험효과를 기대할 수 있는 특성의 증권이다.

한편 절편 알파(α_j)는 시장수익률이 0일 때의 초과수익률을 나타낸다. 특정주식의 수익률 R_{jt}를 구성하는 다른 한 부분은 [그림 7-1]에서 주식 j 수익률의 증권특성선으로부터의 수직적 거리로 측정되는 잔차 ϵ_{jt} 부분이다. 잔차 ϵ_{jt}는 시장 전체의 변동과는 관계없이 특정기업의 특유한 미시적 사건에 의해서 영향받는 주식수익률의 변동을 측정한 것이다. 이 잔차(residual) ϵ_{jt}는 t 기간중 주식 j의 실제수익률 R_{jt}와 t 기간중 시장수익률 R_{mt}에 기초하여 구해지는 추정기대수익률 $\widehat{R_{jt}}$의 차를 구하여 측정한다.

$$\epsilon_{jt} = R_{jt} - \widehat{R_{jt}} = R_{jt} - (\widehat{\alpha}_j + \widehat{\beta}_j R_{mt}) \tag{7.5}$$

단, ϵ_{jt} : t 기간중 주식 j 수익률의 잔차
R_{jt} : t 기간중 주식 j의 실제수익률
$\widehat{R_{jt}}$: t 기간중 주식 j의 증권특성선에 의해서 추정된 기대수익률

여기서 추정기대수익률 $\widehat{R_{jt}}$는 R_{jt} 중에서 시장 전체의 변동에 의하여 설명될 수 있는 부분이고, 잔차 ϵ_{jt}는 시장변동에 기인하지 않는 주식수익률의 변동을 나타낸다.

이상에서 단일지표모형에서 추정되는 α_j, β_j, ϵ_j는 투자결정에 중요한 의미가 있음을 보았다. 그러나 주의할 점은 단일지표모형의 이용에는 몇 가지 가정이 충족되어야 한다. 가장 중요한 것은 어느 두 주식 j와 k의 잔차수익률 사이의 공분산은 0, 즉 $cov(\epsilon_j, \epsilon_k)=0$이라는 가정이다.[4] 환언하면 어느 특정 주식 j에 영향을 주는 미시적 사건은 다른 주식 k에는 영향을 주지 않는다는 가정이다. 이 가정은 특정 개별주식의 변동성이 오로지 하나의 공통요인인 시장요인(R_m)과의 관계에 의

4) 이 가정 이외에도 회귀분석이 이루어지는 데 필요한 가정으로서 $E(\epsilon_j)=0$, $cov(\epsilon_j, R_m)=0$의 가정이 필요하다.

해서만 설명됨을 뜻한다. 따라서 이 가정에 의하면 개별주식 j와 k의 공분산 σ_{jk}도 시장요인과의 관계에서 추정될 수 있는데, 구체적으로 시장수익률의 분산에 각각의 베타를 곱하여 구해진다.[5)]

$$\sigma_{jk} = \beta_j \beta_k \sigma_m^2 \tag{7.6}$$

3. 베타계수와 잔차분산의 추정

앞에서는 단일지표모형의 가정과 증권특성선의 기울기인 베타계수, 알파, 잔차분산의 의미를 설명하였다. 그러면 실제로 주가수익률 자료로부터 이들을 어떻게 추정하는가?

이제 [그림 7-1]에서 주식 j의 수익률(R_j)과 시장수익률(R_m)을 대응시킬 때 이들 양자의 관계를 가장 잘 대표하는 직선(best fitted line), 즉 증권특성선은 그림의 모든 점들로부터의 거리(편차)의 합을 최소로 하는 최소자승법(OLS : ordinary least square)을 이용하여 추정하는데, 구체적으로 기울기(β_j)와 절편(α_j)은 다음과 같이 구해진다.[6)]

$$\hat{\beta}_j = \frac{\sum [R_{jt} - E(R_j)][R_{mt} - E(R_m)]}{[R_{mt} - E(R_m)]^2} = \frac{\sigma_{jm}}{\sigma_m^2} \qquad (7.7)^{7)}$$

---

5) $\sigma_{jk} = E[(R_j - E(R_j))(E_k - E(R_k))]$

$= E[(\alpha_j + \beta_j R_m + \epsilon_j) - (\alpha_j + \beta_j E(R_m))] \cdot [(\alpha_k + \beta_k R_m + \epsilon_k) - (\alpha_k + \beta_k E(R_m))]$

$= E[\beta_j (R_m - E(R_m)) + \epsilon_j][\beta_k (R_m - E(R_m)) + \epsilon_k]$

$= \beta_j \beta_k E[R_m - E(R_m)]^2 + \beta_j E[\epsilon_k (R_m - E(R_m))] + \beta_k E[\epsilon_j (R_m - E(R_m))] + E(\epsilon_j, \epsilon_k)$

가정에서 우변 마지막 3개 항은 0이므로, $\sigma_{jk} = \beta_j \beta_k \sigma_m^2$

6) 본서에서는 증권특성선의 α, β, ϵ 추정방법을 가격변화율에 근거한 총투자수익률 기준으로 설명한다. 또 다른 추정방법으로는 초과수익률 기준으로 측정하는 방법이 있다. 즉, 다음과 같이 R_j와 R_m에서 무위험이자율을 차감한 초과수익률을 기준으로 회귀방정식을 구하는 것이다.

$R_j - R_f = \alpha_j + \beta_j (R_m - R_f) + \epsilon_j$

이 방법으로 추정하게 되면 다음 장에서 설명하는 CAPM과 유사한 모형이 되면서 CAPM에서 예측되는 기대수익률과 실제수익률의 차이인 초과수익률(α)을 동시에 구할 수 있다는 장점이 있다.

7) 과거 일정기간 동안의 역사적 자료인 표본자료를 이용할 경우는 분산과 공분산을 구할 때 추정오차를 줄이고 불편추정치(unbiased estimator)를 구하기 위하여 $N-1$로 나누어 준다. 미래 예상수익률 자료라면 확률만 고려하면 될 것이다.

$$\hat{\alpha}_j = \overline{R}_j - \hat{\beta}_j \overline{R}_m \tag{7.8}$$

단, $\overline{R_j}$: 주식 j의 평균수익률

$\overline{R_m}$: 시장수익률의 평균

한편 주식수익률의 변동 중에서 시장 전체와 연동되지 않은 위험은 증권특성선으로부터의 잔차분산(residual variance)으로 측정된다. 먼저 주식 j의 t시점에서의 잔차(residuals)는 증권특성선으로부터 수직적 거리이므로 다음과 같이 측정된다.

$$\epsilon_{jt} = R_{jt} - (\hat{\alpha}_j + \hat{\beta}_j R_{mt}) \tag{7.9}$$

단, ϵ_{jt} : 주식 j의 t시점에서의 잔차

R_{jt} : 주식 j의 t시점에서의 실제수익률

$\hat{\alpha}_j$: 증권특성선의 절편 추정치

$\hat{\beta}_j$: 증권특성선의 기울기 추정치

R_{mt} : 시장수익률의 t시점에서의 실제수익률

이 식의 우변 괄호 안은 증권특성선이 상술한 방법에 의해서 추정되었을 때 t시점에서의 시장수익률이 R_{mt}일 경우 기대되는 주식 j의 기대수익률이다. 따라서 잔차 ϵ_{jt}는 실제수익률과 기대수익률의 차이를 측정한 것이 된다.

최종적으로 잔차분산은 위와 같이 개별기간에 대해서 측정된 잔차를 자승하여 모든 기간을 합한 것으로 다음 식과 같이 추정한다.[8)]

$$\sigma^2(\epsilon_j) = \frac{\sum_{t=1}^{N} \epsilon_{jt}^2}{N-2} \tag{7.10}$$

8) 수익률의 분산을 구할 때에는 기대치로부터의 편차의 자승의 합을 $N-1$로 나누었는데, 여기서 잔차의 자승의 합을 $N-2$로 나눈 것은 이 계산에 추정치(estimates)가 두 개이기 때문이다. 즉, 수익률 분산 계산에는 추정치가 기대수익률 하나이지만, 잔차분산의 계산에는 증권특성선의 기울기와 절편, 두 가지가 추정치로 이용되고 있다.

EXCEL 7-1, 7-2 증권특성선의 도출

어느 특정 주식수익률과 시장수익률의 관계는 본래 미래의 수익률 예측자료에 근거하여 추정되어야 한다. 그러나 이는 매우 어려운 작업이기도 하고 과거 수익률의 패턴이 미래에도 계속된다는 가정하에 미래의 사전적 자료(ex ante data)를 대신하여 과거의 사후적 자료(ex post data)를 이용하는 경우가 많다. 제5장에서 제시되었던 삼성전자, 엔씨소프트, 한국종합주가지수(KOSPI)의 월간 투자수익률 자료를 이용하여 다음 사항을 추정하라.

1. 삼성전자와 엔씨소프트의 β, α를 추정하라.
2. 증권특성선을 제시하라.
3. 2016년 6월 삼성전자의 잔차 $\sigma^2(\epsilon_j)$을 추정하고, 이의 의미를 설명하라.
4. 삼성전자의 총위험 중 체계적 위험의 비중은 얼마인가?

[권말부록 [EXCEL 7-1, 7-2] 증권특성선의 도출 (1)(2) 참조]

관련 스프레드시트 : [시트 (7장)7-1, 7-2 증권특성선의 도출 (1)(2)]

제 3 절 단일지표모형에 의한 포트폴리오 선택

앞절에서는 단순화된 단일지표모형의 의미와 가정 그리고 추정방법을 설명하였다. 본절에서는 실용적인 포트폴리오 선택방법으로 활용되고 있는 단일지표모형에서의 베타계수가 포트폴리오 위험측정의 새로운 방법이 되고, 포트폴리오 선택기준으로 간편하게 쓰일 수 있는 원리, 그리고 단일지표모형을 마코위츠모형과 비교할 때의 유용성과 한계점을 다룬다.

1. 단일지표모형에 의한 포트폴리오 분산의 측정

(1) 체계적 위험과 비체계적 위험

주식투자수익률의 움직임이 시장 전체의 공통요인과 개별기업의 특유요인 이 두 가지 원천에 의해서 영향받는다고 가정하면, 앞서 제시한 식 7.3의 단일지표모형과 식 7.4-1의 증권특성선을 내세울 수 있다.

$$R_j = \alpha_j + \beta_j \cdot R_m + \epsilon_j \tag{7.3}$$

$$E(R_j) = \alpha_j + \beta_j \cdot E(R_m) \tag{7.4-1}$$

이제 단일지표모형에서 수익률의 변동성을 나타내는 분산을 구하기 위해서 본래의 분산을 측정하는 식 5.2에 식 7.3과 식 7.4-1을 대입해 보면 식 7.11의 관계식을 얻게 된다.[9)]

$$\sigma^2(R_j) = E[R_j - E(R_j)]^2 \tag{5.2}$$

$$\sigma^2(R_j) = \beta_j^2\sigma_m^2 + \sigma^2(\epsilon_j) \tag{7.11}$$

단, $\sigma^2(R_j)$: 증권수익률의 분산

β_j : 시장모형에서 추정되는 기울기, 베타계수

$\sigma^2(\epsilon_j)$: 잔차항의 분산

이 식은 증권수익률의 분산을 베타와의 관계에서 표현한 것으로, 우변 첫째항 $\beta_j^2\sigma_m^2$을 투자의 체계적 위험(systematic risk)이라고 부른다. $\beta_j^2\sigma_m^2$의 크기는 개별주식의 위험 중에서 시장 전체와 연동된 위험의 크기를 측정한 것으로서 개별주식 수익률의 총변동 중에서 증권특성선상을 따라 움직이는 수익률 변동부분인 것이다.[10)]

식 7.11의 우변 둘째항 $\sigma^2(\epsilon_j)$는 잔차분산 혹은 비체계적 위험(residual variance, unsystematic risk)이라고 부른다. 잔차분산 $\sigma^2(\epsilon_j)$는 시장 전체 변동에 연동되지 않는

---

9) 이에 대한 증명은 다음과 같다. 식 5.2에 식 7.3과 식 7.4-1을 직접 대입하면,

$$\sigma^2(R_j) = E[(R_j - E(R_j)]^2 = E\{\alpha_j + \beta_j \cdot R_m + \epsilon_j - [\alpha_j + \beta_j \cdot E(R_m)]\}^2$$

$$= E\{\beta_j [R_m - E(R_m)] + \epsilon_j\}^2 = \beta_j^2 E[R_m - E(R_{m)}]^2 + E(\epsilon_j)^2 + 2 \cdot \beta_j[(R_m - E(R_m)) \cdot \epsilon_j]$$

여기서 $E(\epsilon_j) = 0$이기 때문에 우변의 둘째항은 다음과 같다. $E(\epsilon_j)^2 = E(\epsilon_j - E(\epsilon_j))^2 = \sigma^2(\epsilon_j)$

우변의 셋째항은 다음과 같이 잔차항과 시장수익률 간의 공분산에 β를 곱한 것과 같다.

즉, $2\beta_j E\{[R_m - E(R_m)][\epsilon_j - E(\epsilon_j)]\} = 2\beta_j \cdot cov(R_m \cdot \epsilon_j)$

가정에 의하여 $cov(R_m \cdot \epsilon_j) = 0$이므로 셋째항은 소거되고 식 7.11 $\sigma^2(R_j) = \beta_j^2\sigma_m^2 + \sigma^2(\epsilon_j)$의 관계가 성립한다.

10) 특정증권의 총위험 중에서 체계적 위험이 차지하는 비중은 투자결정에 중요한 정보가 된다. 이 비율의 측정은 앞의 제2절 증권특성선의 도출시에 이용한 회귀분석의 결과를 활용할 수 있다. 왜냐하면 본래 회귀분석에서 회귀방정식의 설명력을 보기 위해서 구하는 결정계수(R^2)는 독립변수에 의해 설명되는 변동의 크기를 총변동의 크기로 나누어 측정되는 것인데, 설명되는 변동의 크기는 다음과 같이 (기울기)^2 · (독립변수의 분산)으로 구해지기 때문이다.

$$R^2 = \frac{\text{설명되는 변동}}{\text{총변동}} = \frac{(\text{기울기})^2 \cdot (\text{독립변수의 분산})}{\text{총분산}} = \frac{\beta_j^2 \cdot \sigma_m^2}{\sigma_j^2} = \frac{\text{체계적 위험}}{\text{총위험}}$$

주식 j의 고유한 특성의 위험으로서, 개별주식의 수익률 총변동 중에서 증권특성선으로부터의 편차의 크기로 측정되는 수익률 변동부분이다.

(2) 포트폴리오 분산의 측정

단일지표모형에 의할 때 개별주식의 분산(위험)이 체계적 위험과 비체계적 위험으로 나누어 측정되고, 베타와의 관계에서 측정할 수 있음을 보았다.

이 같은 관계는 개별주식뿐 아니라 포트폴리오의 경우에도 그대로 성립하므로 다음 관계식과 같이 포트폴리오 분산을 표시할 수 있게 된다.

$$\sigma^2(R_p) = \beta_p^2 \sigma_m^2 + \sigma^2(\epsilon_p) \tag{7.12}$$

우변의 첫째항은 시장공통요인에 연동된 포트폴리오의 체계적 위험이고, 둘째항은 개별포트폴리오 특유요인으로 인한 비체계적 위험이다.

여기서 포트폴리오 베타(β_p)는 포트폴리오를 구성하는 개별주식의 베타계수(β_j)를 그 주식에 대한 투자비율(w_j)에 따라 가중평균하면 구해진다.

$$\beta_p = \sum_{j=1}^{n} w_j \beta_j \tag{7.13}$$

예를 들어, $\beta_A = 1.5$인 주식 A에 60%, $\beta_B = 0.8$인 주식 B에 40%씩 투자할 경우, 두 주식 A, B로서 구성되는 포트폴리오 베타(β_p)는 다음과 같이 1.22가 된다.

$$\beta_p = w_A \cdot \beta_A + w_B \cdot \beta_B = (1.5 \times 0.6) + (0.8 \times 0.4) = 1.22$$

한편 포트폴리오 잔차분산은 아래 식 7.14처럼 개별주식의 잔차분산에 그 증권에 대한 투자비율의 자승을 곱하면 측정된다.

$$\sigma^2(\epsilon_p) = \sum_{j=1}^{n} w_j^2 \sigma^2(\epsilon_j) \tag{7.14}$$

예 제

A전자와 B바이오의 증권특성선 도출과 관련하여 회귀분석에서 다음과 같은 결과를 얻었다.

- A전자 : 기울기(β계수)=1.192, 절편(α)=0.0026, 결정계수(R^2)=0.335,
  A전자 수익률의 분산(σ_j^2)=0.00378, 시장수익률의 분산(σ_m^2)=0.0009
- B바이오 : 기울기(β계수)=0.581, 절편(α)=0.0304, 결정계수(R^2)=0.0441

① A전자의 총위험을 분해하고, 체계적 위험의 비중을 평가하라.
② 단일지표모형이 타당하다고 가정할 때, A전자와 B바이오 간의 공분산을 구하라.

해설 ① $\sigma_j^2=\beta_j^2\sigma_m^2+\sigma^2(\epsilon_j)$의 관계에서 총위험을 분해

- 총위험(σ_j^2)=0.00378
- 체계적 위험($\beta_j^2\sigma_m^2$)=$(1.192)^2$ · (0.0009)=0.00128
- 비체계적 위험($\sigma^2(\epsilon_j)$)=0.00378−0.00128=0.0025
- 체계적 위험의 비중=0.00128/0.00378=0.339=결정계수(R^2)의 값(각주 10) 참조)

② 단일지표모형의 가정이 타당하다면, 두 증권간의 공분산은 $\sigma_{ij}=\beta_i\beta_j\sigma_m^2$
A전자와 B바이오 두 주식간의 공분산 : σ_{ij}=1.192 · 0.581 · 0.0009=0.000623

(3) 단일지표모형과 포트폴리오 선택

이상의 설명을 종합하여 포트폴리오 베타 β_p, 식 7.13($\beta_p=\sum_{j=1}^{n}w_j\beta_j$)과 포트폴리오 잔차분산 $\sigma^2(\epsilon_p)$, 식 7.14($\sigma^2(\epsilon_p)=\sum_{j=1}^{n}w_j^2\sigma^2(\epsilon_j)$)를 식 7.12에 대입하면 단일지표모형에 의한 포트폴리오 분산 $\sigma^2(R_p)$을 측정하는 식 7.15를 얻는다.

$$\sigma^2(R_p)=\beta_p^2\sigma^2(R_m)+\sigma^2(\epsilon_p) \tag{7.12}$$

$$\sigma^2(R_p)=(\sum_{j=1}^{n}w_j\beta_j)^2\sigma^2(R_m)+\sum_{j=1}^{n}w_j^2\sigma^2(\epsilon_j) \tag{7.15}$$

단일지표모형에 의해 포트폴리오 분산 $\sigma^2(R_p)$을 구하는 식 7.15는 앞장에서 설명한 마코위츠모형과 함께 최소분산 포트폴리오(MVP)를 찾아낼 때 위험의 측정치로 사용할 수 있다.

식 7.15에 의해서 포트폴리오 위험이 측정되면 계산량이 현격히 줄어든다는 장

점이 있다. 왜냐하면 식 7.15의 단일지표모형이 사용되면 n개의 베타계수와 n개의 잔차분산, 그리고 한 개의 시장수익률 분산만 계산하면 되기 때문이다. 따라서 마코위츠모형에 의할 때 n개의 분산과 $n(n-1)/2$개의 공분산 계산이 요구되었던 것과 비교하면 실용성 면에서 월등한 장점이 있게 된다. 예를 들어 1,000종목으로 포트폴리오를 구성할 때 마코위츠모형에 의한다면 499,500개의 공분산 계산이 요구되었지만, 단일지표모형에 의한다면 한 개의 시장수익률 분산과 1,000개의 베타계수, 1,000개의 잔차분산만 계산하면 된다.

2. 단일지표모형의 유용성과 문제점

위에서의 설명을 종합하여 단일지표모형에 의한 포트폴리오 선택방법과 마코위츠모형에 의한 선택방법을 비교하면 〈표 7-1〉과 같다.

마코위츠모형이나 샤프의 단일지표모형은 모두 투자자가 효율적 분산투자를 하는데 필요로 하는 최소분산 포트폴리오의 구성에 도움이 되는 모형들이다. 두 모형의 차이는 최소분산 포트폴리오를 찾는 과정에서 포트폴리오 분산을 측정하는 방법에 있다.

단일지표모형의 장점은 포트폴리오 분산의 계산량이 현격히 줄어들어 현실적인 유용성이 높아진다는 점이다. 이처럼 계산량이 크게 줄어드는 것은 방대한 증권분

〈표 7-1〉 단일지표모형과 마코위츠모형의 비교

	샤프의 단일지표모형	마코위츠모형
① 평균수익률	$E(R_j)=\alpha_j+\beta_j E(R_m)$	$E(R_j)=\sum p_i r_i$
② 개별주식의 분산	$\sigma^2(R_j)=\beta_j^2\sigma_m^2+\sigma^2(\epsilon_j)$	$\sigma^2(R_j)=E[R_j-E(R_j)]^2$
③ 증권 i와 j 간의 공분산	$\sigma_{ij}=\beta_i\beta_j\sigma_m^2$	$\sigma_{ij}=E[(R_i-E(R_i))(R_j-E(R_j))]$
④ 포트폴리오의 분산	$\sigma_p^2=\beta_p^2\sigma_m^2+\sigma^2(\epsilon_p)$ $=[\sum w_j\beta_j]^2\sigma_m^2+\sum w_j^2\sigma^2(\epsilon_j)$	$\sigma_p^2=\sum_{i=1}^{n}\sum_{j=1}^{n}w_i w_j\sigma_{ij}$ $=\sum_{i=1}^{n}w_i^2\sigma_i^2+\sum_{i=1}^{n}\sum_{\substack{j=1\\ i\neq j}}^{n}w_i w_j\sigma_{ij}$
⑤ 포트폴리오의 잔차분산	$\sigma^2(\epsilon_p)=\sum w_j^2\sigma^2(\epsilon_j)$ $\epsilon_{jt}=R_{jt}-(\hat{\alpha}_j+\hat{\beta}_j R_{mt})$	$\sigma^2(\epsilon_p)=\sum w_j^2\sigma^2(\epsilon_j)$ $+\sum_{i=1}^{n}\sum_{\substack{j=1\\ i\neq j}}^{n}w_i w_j cov(\epsilon_i,\ \epsilon_j)^*$

* 시장모형의 가정 $cov(\epsilon_i,\ \epsilon_j)=0$이 전제되지 않을 경우의 잔차분산임.

석의 작업을 소수로 압축하여 할 수 있다는 점에서 유용성이 크다.

그러나 단일지표모형의 문제점은 이 모형의 가정에 있다. 마코위츠모형은 증권수익률의 형성과정이나 주식들간의 공분산에 관한 일체의 가정을 필요로 하지 않는다. 따라서 계산의 정확성 면에서 완벽하다. 그러나 단일지표모형에서는 서로 다른 증권들의 잔차간에는 상관성이 전혀 없다, 즉 $cov(\epsilon_j, \epsilon_k)=0$이라는 가정을 하고 있다. 따라서 이 가정이 얼마나 현실적으로 무리가 없느냐 하는 점이 문제가 된다. 현실적으로 여러 증권들의 잔차간의 공분산은 어느 정도의 正(+) 혹은 負(−)의 상관성이 있을 수 있다. 예를 들어, 현대자동차(주)의 잔차위험은 이 기업에 대한 부품 납품업체와 판매업자들의 잔차위험과는 正의 상관관계, 즉 $cov(\epsilon_j, \epsilon_k)>0$인 경향이 있다.

반면에 경쟁업체의 잔차위험과는 負의 상관관계 즉, $cov(\epsilon_j, \epsilon_k)<0$인 경향이 있다. 이 같은 증권들간의 잔차분산은 시장 전체 공통요인에 의해서 야기되는 것이 아닌 것으로서, 특정 종목군 내의 증권들간에 나타날 수 있는 것이므로 $cov(\epsilon_j, \epsilon_k)=0$이라는 가정이 비현실적일 때가 있을 수 있다. 따라서 계산상의 유용성을 상쇄할 정도로 잔차분산간의 상관성이 높다면 투자결정모형으로서 단일지표모형이 갖는 의의는 그만큼 줄어든다고 말할 수 있다.

단일지표모형에 대한 실증적 연구들은 잔차항간의 공분산이 가정과는 달리 0이 아니다($cov(\epsilon_j, \epsilon_k)\neq 0$)라는 증거를 제시하고 있다.[11] 이는 공통요인으로서 단일지표(single index)인 시장지표 하나만을 포함시키는 것은 주식수익률의 움직임을 충분히 설명하지 못하는 면이 있음을 암시한다. 이와 같은 단일지표모형의 단점을 보완하는 한 방법으로 다요인모형의 이용이 고려될 수 있다. 즉, 주식수익률의 변동을 다음 식 7.16과 같이 k개의 다수공통요인(multi-common factor)과의 공분산 관계에서 설명하는 다요인모형(multi-index model)을 설정하는 것이다. 다요인모형에서는 주식수익률이 시장포트폴리오 이외에도 경제의 산업생산성장률, 물가상승률, 통화량증가율, 유가변화율 등 다수의 공통요인의 변화에 따라 민감하게 변동한다고 설명한다. 이에 대한 상세한 내용은 제9장 제2절에서 다루기로 한다.

$$R_j = \alpha_j + \beta_{j1}F_1 + \beta_{j2}F_2 + \beta_{j3}F_3 + \cdots + \beta_{jk}F_k + \epsilon_j \tag{7.16}$$

단, F_k : 공통요인 k(k는 요인의 수)

11) 잔차의 상관성을 연구한 대표적 실증적 연구로는 다음 연구를 참조할 것.
F. Black, M.C. Jensen & M. Scholes, "The Capital Asset Pricing Model : Some Empirical Tests," in M.C. Jensen ed., *Studies in Theory of Capital Markets*, New York : Praeger, 1972.
이 연구결과에 의하면 각 포트폴리오에 구성된 종목수가 매우 큼에도 불구하고 포트폴리오 잔차분산이 0에 가깝다고 할 수 없을 정도로 작지는 않았다. 즉 잔차간의 공분산이 $cov(\epsilon_i, \epsilon_k)>0$인 경향이 있음을 나타내었다.

β_{jk} : 주식 j의 k공통요인에 대한 민감도
α_j : 요인 이외의 요소에 의해 결정되는 수익률
ϵ_j : 잔차항

예 제

주식 A, B에 대한 자료가 다음과 같고, 시장수익률의 분산 σ_m^2은 0.40, 주식 A, B 잔차간의 공분산 $cov(\epsilon_A, \epsilon_B)$은 0.10이다.

주 식	베타(β_j)	잔차분산($\sigma^2(\epsilon_j)$)
A	0.875	0.10
B	1.125	0.15

위의 자료를 이용하여 단일지표모형의 가정하에서

1. 주식 A와 B의 분산과 양 주식간의 공분산 $cov(R_A, R_B)$를 구하라.
2. 주식 A와 B에 50%씩 균등한 금액을 투자한 포트폴리오의 베타, 잔차분산과 분산을 구하라.
3. 단일지표모형의 가정이 전제되지 않을 경우 이 포트폴리오 잔차분산, 분산을 구하고, 2.의 결과와 비교하라.

해설

1. 주식 A와 B의 분산과 공분산

$$\sigma^2(R_A) = \beta_A^2\sigma_m^2 + \sigma^2(\epsilon_A) = (0.875)^2(0.40) + 0.10 = 0.40625$$

$$\sigma^2(R_B) = \beta_B^2\sigma_m^2 + \sigma^2(\epsilon_B) = (1.125)^2(0.40) + 0.15 = 0.65625$$

$$cov(R_A, R_B) = \beta_A\beta_B\sigma_m^2 = (0.875)(1.125)(0.40) = 0.3938$$

2. 단일지표모형에 의한 포트폴리오의 베타, 잔차분산과 분산

$$\beta_p = \sum_{j=1}^{n} w_j\beta_j = \left(\frac{1}{2}\right)(0.875) + \left(\frac{1}{2}\right)(1.125) = 1.0$$

$$\sigma^2(\epsilon_p) = \sum_{j=1}^{n} w_j^2\sigma^2(\epsilon_j) = \left(\frac{1}{2}\right)^2(0.1) + \left(\frac{1}{2}\right)^2(0.15) = 0.0625$$

$$\sigma_p^2 = \beta_p^2\sigma_m^2 + \sigma^2(\epsilon_p) = (1.0)^2(0.40) + 0.0625 = 0.4625$$

3. 단일지표의 가정이 전제되지 않을 경우 포트폴리오의 잔차분산과 분산

$$\sigma^2(\epsilon_p) = \sum w_j^2\sigma^2(\epsilon_j) + \sum\sum w_i w_j cov(\epsilon_i, \epsilon_j)$$

$$= \left(\frac{1}{2}\right)^2(0.1) + \left(\frac{1}{2}\right)^2(0.15) + 2\left(\frac{1}{2}\right)\left(\frac{1}{2}\right)(0.10) = 0.1125$$

$$cov(R_A, R_B) = \beta_A\beta_B\sigma_m^2 + cov(\epsilon_A, \epsilon_B) = 0.3938 + 0.1 = 0.4938$$

$$\sigma_p^2 = \sum_{i=1}^{2}\sum_{j=1}^{2} w_i w_j cov(R_i,\ R_j)$$
$$= \left(\frac{1}{2}\right)^2(0.4063) + \left(\frac{1}{2}\right)^2(0.6563) + 2(0.5)(0.5)(0.4938) = 0.5125$$

⇒ 2.의 $\sigma^2(\epsilon_p)$와 차이가 있는 것은 단일지표모형의 가정처럼 $cov(\epsilon_A,\ \epsilon_B)=0$이 아니고 $cov(\epsilon_A,\ \epsilon_B) \neq 0$이기 때문이다.

제 4 절 단일지표모형의 응용

단일지표모형은 모형의 편의성과 단순성 때문에 인덱스펀드, 상장지수펀드 구성 등 여러 가지 실용적 투자관리에 활용되고 있다.

1. 인덱스(지수)펀드, 상장지수펀드(ETF)

많은 자산운용기관에서는 시장평균수익률 정도를 확보하고자 하는 투자관리를 모색한다. 인덱스펀드(index fund)는 종합주가지수 수익률 정도의 시장 전체의 평균적 수익률을 얻는 것을 목표로 하는 펀드를 말한다. 시장평균수익률을 확보하는 원시적인 방법으로는 종합주가지수에 편입되는 수많은 종목으로 펀드를 구성하는 방법이 있으나, 수많은 종목을 일정기간마다 사고파는 데 거래비용이나 관리비용이 엄청나게 소요되므로 거의 불가능해진다. 뿐만 아니라, 개별종목 시가총액 구성비율이 수시로 바뀌므로 엄밀한 의미에서 시장평균수익률을 확보하는 것이 불가능하다.

따라서 보다 간편한 방법이 요구되는데, 그 한 방법은 종목의 수를 줄이면서 그 포트폴리오의 베타(β_p)가 1이 되도록 하는 것이다. 포트폴리오의 베타(β_p)가 1이 되면 시황변동이 있더라도 평균적으로는 종합주가지수의 수익률을 추적할 수 있기 때문이다. 그러나 포트폴리오 베타가 1이더라도 포트폴리오 잔차분산이 크면 시장평균수익률은 추적하지 못할 가능성, 추적오차가 커진다. 따라서 우수한 인덱스펀드를 만드는 데 더욱 중요한 것은 포트폴리오 잔차분산($\sigma^2(\epsilon_p)$)이 가능한 한 최소가 되도록 하는 것이다. 잔차분산이 최소화될수록 시장평균수익률을 정확히 추적할 수 있을 확률이 높아지기 때문이다.

요약하면 인덱스펀드의 구성은 다음 식들의 관계를 충족시키는 포트폴리오 투자결정의 문제가 된다.

$$\begin{aligned} \text{minimize} \quad & \sigma^2(\epsilon_p) = \sum w_j^2 \sigma^2(\epsilon_j) \\ \text{s.t} \quad & \beta_p = \sum w_j \beta_j = 1.0, \qquad \sum w_j = 1.0 \end{aligned} \tag{7.17}$$

인덱스펀드와 같이 시장평균수익률을 확보하는 다른 투자방법은 ETF투자와 파생상품이용방법이 있다.[12] 인덱스펀드는 간접투자상품이지만, 상장지수펀드(ETF : exchange traded fund)는 시장지수뿐 아니라 특정 주가지수와 연동되는 수익률을 얻을 수 있도록 설계된 지수연동형 펀드(index fund)로서, 지수를 구성하는 종목(현물주식 바스켓)에 대한 직접투자대상으로 설계된 상품이다. 〈표 7-2〉에서 보는 것처럼 개별주식에 투자하는 경우에는 시장위험뿐 아니라 개별기업 고유위험까지 감수해야 하지만, ETF는 인덱스펀드처럼 시장위험만 감수하게 된다. 그러나 인덱스펀드와 다르게 거래소에서 주식처럼 거래되면서 거래세가 면제되어 거래비용이 가장 저렴하고, 시장조성자가 있어 유동성이 높으며, 신용거래가 가능하다는 장점이 있다. 이 밖에도 투자전략적인 면에서 *NAV*(순자산가치) 대비 가격괴리가 작은 장점이 있고, 선물·

〈표 7-2〉 인덱스펀드, ETF, 개별주식투자의 비교

구 분	인덱스펀드	ETF	개별주식투자
투자성격	지수움직임에 연동된 수익증권, 뮤추얼펀드에 대한 간접투자	지수를 구성하는 종목(주식 바스켓)에 대한 직접투자	특정 개별종목 하나에만 직접투자
투자위험	개별종목위험 분산제거, 시장위험만 감수	개별종목위험 분산제거, 시장위험만 감수	개별기업·산업·시장위험을 그대로 감수
거래비용	판매·운용보수료(1.5% 내외) 지급	거래세(0.3%) 면제, 매매수수료만 부담, 낮은 거래비용	거래세 부담
유동성	낮음	높음	높음
신용거래	불가능	가능	가능
투자관리의 다양성	*NAV*와의 가격괴리가 큼	*NAV*와의 가격차이가 작음, 선물옵션과 연계 위험관리	극히 제한적

12) 시장평균수익률을 확보하기 위하여 파생상품을 이용하는 방법은 제18장에서 소개되겠지만, 구체적으로 지수선물을 매수하고 국공채에 투자하는 포트폴리오를 구성하는 것이다.

옵션과 연계된 차익거래, 위험관리에 다양하게 적용될 수 있다.[13)]

2. 베타계수의 예측과 추정베타의 조정기법

단일지표모형은 앞절에서 지적한 한계점에도 불구하고 현실적으로 투자결정에 많이 활용되고 있다. 단일지표모형이 투자결정에 보다 유용하게 활용되기 위해서는 이 모형에의 투입정보인 베타계수의 추정과 예측이 정확할 필요가 있다.

(1) 역사적 베타의 불안정성

베타계수를 투자결정에 활용할 때 과거 자료를 이용하여 측정한 역사적 베타(historical beta)를 그대로 이용하는 경우가 많다. 그러나 과거 일정기간 동안의 일별(혹은 주별, 월별) 주식수익률과 시장수익률의 역사적 자료를 회귀시켜 얻게 되는 추정베타는 미래 예측기간의 베타로서는 예측오차가 적지 않을 수 있다.

과거 기간과는 다르게 기업의 특성(제품믹스, 재무구조 등)이 변하여 주식수익률의 시장 전체에 대한 민감도, 즉 베타계수도 달라질 수 있기 때문이다. 실제로 여러 기간을 구분하여 측정한 베타는 불안정하게 변동하는 것이 일반적이다.

이와 같은 베타(β) 추정의 예측오차를 줄이는 방법에는 두 가지가 있다. 한 방법은 개별종목을 대상으로 하지 않고 포트폴리오의 구성종목수를 증가시켜 포트폴리오 베타를 추정하는 것이다. 또 한 가지 방법은 다음에 소개하는 계량적 베타수정기법을 이용하는 것이다.

(2) 추정베타의 조정기법

1) 연속기간에서의 β관계식 추정

블룸(E. Blume)은 $t-1$ 기간에서의 베타추정치(β_{t-1})와 다음 t 기간에서의 베타추정치(β_t) 사이에는 체계적인 관계가 성립한다고 보고, 연속적인 기간에서의 β계수

13) 〈표 7-2〉에 정리되어 있는 여러 가지 장점 이외에 ETF는 1주당 가격이 [주가지수×100]의 가격으로, 10주 단위로 거래되므로 소액자금(KOSPI 200지수가 100이면 1만원)으로도 시장 전체에 대한 직접투자효과(특히 분산투자효과)를 얻을 수 있는 장점이 있다. 이를 반영하여 2017년 3월말 기준 상장종목수 266개, 순자산총액 240,540억원, 일평균거래대금 6,748억원으로 성장하고 있다. 개인투자자의 비중은 37.2%에 달하고 거래대금이 가장 많은 종목들은 KODEX 200, KODEX 레버리지, TIGER 200, KODEX 인버스 등이다. (자료 : KRX, KRX Market 2017년 봄호)

의 관계식을 구하여 미래 일정기간의 베타추정에 이용하는 수정기법을 제시하였다. 이를테면, $t-1$ 기간에서의 12개월간의 표본 β추정치와 t 기간에서의 12개월간의 표본 β추정치의 관계를 먼저 측정하여 미래 β 예측에 이용하는 것이다.

$$\beta_t = \widehat{\alpha_0} + \widehat{\alpha_1}\beta_{t-1} \tag{7.18}$$

이제 미래 $t+1$ 기간에서의 β를 예측하는 것은 식 7.18에서 추정된 β_t 와 β_{t-1}의 관계가 여러 기간에 걸쳐 불변한다는 가정에서 다음 식을 통해서 행해진다.

$$\beta_{t+1} = \widehat{\alpha_0} + \widehat{\alpha_1}\widehat{\beta_t} \tag{7.19}$$

이러한 논거에서 블룸은 연속적인 기간에서의 β는 시장베타의 평균값인 1을 중심으로 수렴(converge)해 가는 경향이 있다는 것을 밝히고 있다.[14] 추정베타계수의 1에의 회귀성 주장과 실증적 증거에 대해서는 몇 가지 설명이 뒷받침되고 있다. 설립된 지 얼마 되지 않은 기업들은 기술이나 경영방식에 있어서 위험이 많은 전략을

[그림 7-2] 연속된 두 기간에서의 β 관계

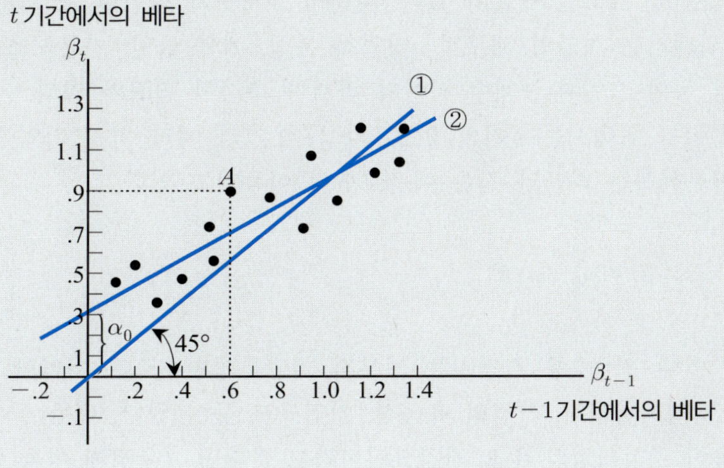

14) E. Blume, "On the Assessment of Risk," *Journal of Finance* VI, No. 1(Mar. 1971). 블룸은 연속되는 두 기간 β 간의 회귀분석식 식 7.18을 통하여 다음과 같은 실증적인 관계식 식 7.20을 제시하였다.
$\beta_{j,2}=0.343+0.677\beta_{j,1}$ (단, $\beta_{j,1}$: 1기간(1948~54)의 주식 j의 β, $\beta_{j,2}$: 2기간(1955~61)의 주식 j의 β)

택하거나 단일업종에서의 전문화를 시도하지만 기업연륜이 더해질수록 경영다각화를 시도함으로써 사업위험을 낮추고자 한다. 결과적으로 다른 중견기업처럼 사업위험이 경제 평균수준인 전형적 기업이 되기 때문에 이를 반영한 베타계수는 1에 수렴하여 가는 경향이 있다는 것이다.

이러한 베타계수의 1에의 회귀성을 감안하여 증권전문기관에서도 베타의 예측능력을 높이고자 시도하고 있다. 대표적인 예는 메릴 · 린치(Merrill Lynch)의 조정베타(adjusted beta)로서 시계열자료로부터 추정된 표본베타에 2/3의 가중치를 주고 평균베타인 1에 1/3의 가중치를 주어 사용하고 있다.

$$\text{조정베타} = \text{표본베타}\left(\frac{2}{3}\right) + 1\left(\frac{1}{3}\right)$$

2) 기본적 베타의 추정

위에서 설명한 β 조정기법들은 과거 수익률 자료를 이용한 역사적 베타를 부분적으로 수정하는 기법이라는 특징을 지니고 있다. 그러나 역사적 베타나 이에 대한 부분적인 수정기법은 기업의 특성변화를 신속하게 반영하지 못한다는 약점을 지닌다. 기업의 기업규모, 비용구조, 자본구조, 제품라인 등 기업특성(firm characteristics)이 크게 달라지면 β 계수는 달라질 것이므로, 미래 β 추정이 정확하기 위해서 이와 같은 측면을 고려할 필요가 있다. 따라서 β 계수가 적절한 포트폴리오 선택기준이 되기 위해서는 기업의 재무적 · 영업적 특성, 예를 들면, 자본구조 · 자본집약도 · 제품특성 등의 요인과 β 계수 사이의 관계가 추정될 필요가 있다.

이를 위해서는 t 기의 $\beta(\beta_t)$ 와 $t-1$ 기의 여러 가지 기업특성변수(X_n)를 다중회귀분석하는 다음과 같은 예측모형이 이용되고 있다.

$$\beta_t = a_0 + a_1 X_{1,\,t-1} + a_2 X_{2,\,t-1} + \cdots + a_n X_{n,\,t-1} + \epsilon_{jt} \qquad (7.20)$$

이때 β 계수를 결정짓는 기본적 기업특성변수로는 이익의 안정성, 재무레버리지, 영업레버리지, 기업의 유동성, 기업규모 등이 있다. 예를 들어, 기업규모와 부채비율이 주식위험의 주요 결정요인이라고 본다면 β 추정에 이들 변수를 $t-1$ 기의 베타(β_{t-1})와 함께 독립변수로 취급하여 다음과 같은 다중회귀식을 추정하는 것이다.

$$\beta_t = \widehat{\alpha_0} + \widehat{\alpha_1}\beta_{t-1} + \widehat{\alpha_2}\,SIZE_{t-1} + \widehat{\alpha_3}\,DEBT_{t-1}$$

단, $SIZE_{t-1}$: $t-1$기간에서의 기업규모
β_{t-1} : $t-1$기간에서의 역사적 β
$DEBT_{t-1}$: $t-1$ 기간에서의 부채비율

이처럼 β의 결정요인이 되리라 보는 기업특성변수를 고려하여 추정된 β를 기본적 베타(fundamental beta)라고 부른다.[15]

15) 기본적 베타를 추정하는 절차를 다루는 연구로는 Barr Rosenberg(1974) 참조.
B. Rosenberg, "Extra-Market Components of Covariance Among Security Returns," *Journal of Financial and Quantitative Analysis*(Mar. 1974) ; B. Rosenberg & J. Guy, "Beta and Investment Fundamental," *Financial Analysts Journal*(July～Aug. 1976).
한편, 기본적 베타를 결정짓는 기업특성변수를 찾는 대표적 실증연구로는 다음 참조.
W.H. Beaver, P. Kettler & M. Scholes, "The Association between Market-Determined and Accounting-Determined Risk Measures," *The Accounting Review*(Oct. 1970), pp.654～682 ; R. Pettit & W. Westerfield, "A Model of Capital Asset Risk," *Journal of Financial and Quantitative Analysis*(Dec. 1972).
이들 연구에서는 회계이익의 변동성, 배당성향, 회계베타, 부채비율, 성장률, 자산규모, 유동성 등의 재무변수들을 조사하고 있는데, 의미 있는 기업특성변수로는 회계이익의 변동성 배당성향, 회계베타, 부채비율의 변수가 제시되고 있다.

주요용어

완전공분산모형	단일지표모형	시장모형
증권특성선	베타계수	잔차분산
체계적 위험	비체계적 위험	포트폴리오 베타
인덱스펀드	상장지수펀드(ETF)	다요인모형
역사적 베타	조정베타	기본적 베타

연습문제

1. [체계적 위험과 비체계적 위험] 투자위험으로서 체계적 위험과 비체계적 위험을 비교 설명하고, 이의 측정방법을 제시하라.

2. [모형의 비교] 포트폴리오 선택모형으로서 단일지표모형은 마코위츠모형에 비하여 어떤 장단점과 특성을 지니는가?

3. [단일지표모형에 의한 계산량] 100개 주식을 이용하여 평균-분산기준의 효율적 포트폴리오를 구성하고자 한다.
   ① 마코위츠모형에 의해서 효율적 포트폴리오를 찾으려면 얼마나 많은 기대수익률, 분산, 공분산의 투입정보가 필요한가?
   ② 단일지표모형에 의해서 시도한다면 어떻게 달라지는가?

4. [단일지표모형에 의한 기대수익률, 위험의 측정] 주식 A, B에 대한 자료가 다음과 같고, 시장지수의 표준편차는 26%이다. 단일지표모형이 성립한다고 가정한다.

주 식	기대수익률(%)	베 타	잔차분산
A	14	0.6	$(32)^2$
B	25	1.3	$(37)^2$

   ① 두 주식의 표준편차는 각각 얼마인가?
   ② 다음과 같은 투자비율로 포트폴리오를 구성하려고 한다.
   주식 A : 0.33　　주식 B : 0.38　　국공채 : 0.29(R_f =9%)
   이 포트폴리오의 기대수익률, 표준편차, 베타, 비체계적 위험을 구하라.

5. [체계적 위험과 비체계적 위험의 측정] 다음 자료에 나타난 증권 A와 B에 1/2씩 투자하여 포트폴리오를 구성하였다.

증 권	β_1	잔차분산	분산 $\sigma^2(R_i)$
A	0.5	0.04	0.0625
B	1.5	0.08	0.2825

① 포트폴리오 베타(β)는 얼마인가?

② 단순시장모형의 가정하에서 포트폴리오의 잔차분산을 구하라.

③ 단순시장모형의 가정하에서 포트폴리오의 분산을 구하라.

④ 시장수익률의 분산 σ_m^2이 0.0016이라고 가정하고, 다음 표의 공란(베타, 체계적 위험, 비체계적 위험)을 완성하라.

증권 i	분 산 (σ_i^2)	증권 i와 시장수익률의 상관관계(ρ_{im})	베 타 (β_i)	체계적 위험	비체계적 위험
$i=1$	0.006	0.9			
$i=2$	0.006	0.3			
$i=3$	0.006	0.0			

6. [베타추정의 문제점]

① β(베타)를 추정할 때 과거 수익률 자료(역사적 정보)를 이용하여 추정하는 방법을 설명하고, 이와 같은 추정방법이 지니는 문제점에 대해서 논하라.

② 베타의 불안정성은 왜 초래되는가?

③ 기본적 베타(fundamental beta)란 무엇인가?

제 Ⅲ 편

자본시장이론

앞의 제Ⅱ편(제5장~제7장)에서는 포트폴리오 투자관리에 적용될 수 있는 포트폴리오 이론(portfolio theory)의 내용을 다루었다. 핵심내용은 투자위험을 줄이는 분산투자의 원리와 효율적 포트폴리오, 최적포트폴리오 구성방법에 관한 것이다. 효율적 포트폴리오를 구성하는 접근방법으로서 마코위츠모형과 단일지표모형에 대하여 비교・설명하였다.

본 제Ⅲ편(제8장~제10장)에서는 자본시장이론(capital market theory)에 관한 내용인 자산의 가격결정모형과 시장효율성의 주제에 대하여 다룬다. 개별투자자들이 제Ⅱ편(제5장~제7장)에서 다룬 방법으로 효율적 분산투자를 시도한다면 '시장 전체(market aggregation)로 볼 때 균형된 자본시장에서 투자자산의 적정가격이 위험을 반영하여 어떻게 형성되어야 하는가?'라는 주제이다. 균형시장에서의 적정가격 결정구조(structure of securities prices)의 문제를 다루는 자산가격결정모형의 하나인 자본자산가격결정모형(CAPM)은 제8장에서, 그리고 차익거래가격결정이론(APT)과 다요인모형에 대해서는 제9장에서 다룬다. 그리고 제10장에서는 여러 가지 형태의 정보와 관련된 증권의 가격행태에 관한 시장효율성의 문제를 다룬다.

제 8 장

자본자산가격결정모형(CAPM)

본장에서는 현대 자본시장이론을 중심으로 균형상태에 있는 시장 전체로 볼 때의 증권가격결정의 원리, 투자위험과 관련한 증권가격의 구조(structure of securities prices)의 문제를 다루는 대표적 모형인 CAPM에 대하여 살펴본다. 다음은 본장의 학습목표로서 이해해야 할 주요 사항들이다.

- 자본자산가격결정모형(CAPM)의 의의와 가정
- 자본시장선(CML)에서 위험과 기대수익의 관계
- 시장포트폴리오의 의의
- 증권시장선(SML)에서 β 위험의 의미와 측정
- 증권시장선(SML)에서 위험과 기대수익의 관계
- 투자위험을 감안한 최소한의 요구수익률 측정방법
- CML과 SML의 관계와 차이점
- CAPM의 실제 투자결정의 활용
- CAPM 가정의 현실화
- CAPM에 대한 실증적 검증

제 1 절 CAPM의 의의와 가정

자본자산가격결정모형(CAPM : capital asset pricing model)이란 자본시장이 균형상태를 이룰 때 자본자산의 위험을 감안할 경우의 적정가격 수준, 즉 위험과 기대수익의 관계를 밝히는 모형을 말한다.

여기서 자본자산(capital asset)이란 주식, 회사채 등의 유가증권처럼 미래의 수익에 대해 청구권(claim)을 가지는 자산을 말한다. 또한 균형상태(equilibrium condition)라는 것은 이들 자본자산이 거래되는 자본시장에서 수요와 공급이 일치되도록 가격이 형성된 상태를 말한다. 그러므로 CAPM은 개별투자자들이 제5장~제7장에서 설명한 방법대로 효율적 분산투자를 하고 시장 전체가 균형상태에 있을 때, 증권과 같은 자본자산의 균형가격이 위험을 반영하여 어떻게 결정되는가를 예측하는 모형이라고 할 수 있다.

CAPM은 문헌적으로 보면 샤프(W.F. Sharpe : 1964), 린트너(J. Lintner : 1965), 모신(J. Mossin : 1965)에 의해서 거의 같은 시기에 독자적으로 제시되었다.[1)] 자본자산의 위험과 수익률 사이에 존재하는 균형관계를 설명하는 이들 이론모형은 최근까지 현실의 증권시장에서 증권의 가격결정구조를 설명하는 데 있어서 매우 유용한 것으로 인식되고 있다.

먼저 CAPM을 이해하는 데는 이 모형의 도출에 필요한 여러 가지 가정에 주의할 필요가 있다. 이들 가정은 비현실적인 면이 있지만, 위험과 기대수익의 명확한 관계규명을 위해서 필요한 것들이다. CAPM의 가정을 요약하면 다음과 같다.

1) 가정 I : 평균-분산기준의 가정

투자자는 기대수익과 분산기준에 의해서 포트폴리오를 선택한다. 환언하면 마코위츠모형에 의해서 포트폴리오를 선택하고 투자결정을 내릴 때 유일한 투자기준은 기대수익과 분산뿐이라는 가정이다.

---

1) W. Sharpe, "Capital Asset Prices : A Theory of Market Equilibrium under Conditions of Risk," *Journal of Finance*(Sep. 1964) ; J. Lintner, "The Valuation of Risky Assets and the Selection of Risky Investments in Stock Portfolios and Capital Budgets," *Review of Economics and Statistics*(Feb. 1965) ; J. Lintner, "Security Prices, Risk and Maximal Gains from Diversification," *Journal of Finance*(Dec. 1965) ; J. Mossin, "Equilibrium in a Capital Asset Market," *Econometrica*(Oct. 1966).

[그림 8-1] 수익률의 정규분포 가정

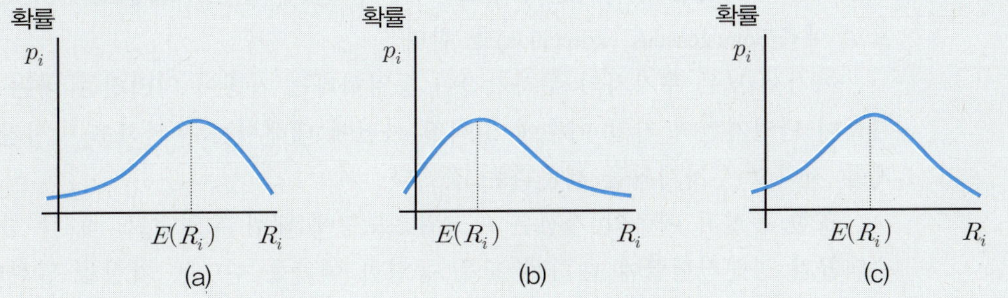

CAPM에서 평균과 분산기준으로 투자결정한다고 가정하는 것은 사실 포트폴리오 수익률의 확률분포가 [그림 8-1]의 (c)와 같이 완전 좌우대칭인 정규분포(normal distribution)인 것으로 가정하는 것이다. 정규분포는 분포의 특성이 평균과 분산 이외에는 모든 면에서 동일한 분포이므로 정규분포의 가정을 하면 수익률분포의 기대수익률과 분산만을 기준으로 하여 포트폴리오를 선택할 수 있게 된다.

물론 실제 수익률의 확률분포는 [그림 8-1]의 (a)처럼 높은 기대수익에 높은 분산을 가진 왼쪽으로 꼬리가 난 분포를 그릴 수도 있고, 또 (b)처럼 (a)와 반대되는 모양을 그릴 수도 있다. 수익률분포는 투자원금이 전액 잠식되더라도 최소수익률은 －100%이지만, 최대수익률은 얼마든지 큰 값을 취할 수 있으므로 오른쪽으로 꼬리가 난 분포([그림 8-1]에서 (b)의 경우)를 보일 가능성이 높다. 특히 연간 수익률 자료처럼 기간이 길어지면 더욱 그렇다. 그러나 월별 혹은 일별 수익률 자료처럼 기간이 짧아질수록 가능한 수익률의 값이 그다지 크지 않게 되므로 정규분포와 그다지 차이가 나지 않는다. 설령 개별주식의 분포가 비정규분포일지라도 이들 주식을 잘 분산투자된 포트폴리오로 묶으면 중심극한정리(central limit theorem)에 의해서 정규분포에 접근해간다.[2] 따라서 우리가 관심을 갖는 것은 이제 개별주식보다는 포트폴리오이므로 정규분포의 가정은 현실적으로도 별 무리가 없는 가정이 되는 것이다.[3]

---

2) 모집단의 분포가 정규분포가 아니더라도 표본의 크기 n이 충분히 클 때에는 임의의 모집단으로부터 추출한 표본의 평균은 그 분포가 정규분포에 근접한다는 사실을 말한다.

즉, 표본평균 $\overline{X}$는 n이 크면 근사적으로 정규분포 $N\left(\mu, \dfrac{\sigma^2}{n}\right)$을 따른다.

3) 평균-분산기준에 근거하여 투자결정할 수 있음은 정규분포의 가정 이외에도 효용함수가 2차효용함수임을 가정하고 있다.

2) 가정 Ⅱ : 동질적 미래예측의 가정

모든 투자자는 투자기간이 같고 미래 증권수익률의 확률분포에 대하여 동질적으로 예측(homogeneous expectation)을 한다.

여기서 모든 투자자의 투자기간이 동일하다는 가정이 의미하는 바는 모든 투자자들이 단일기간의 기말 이후에 벌어질 사건에 대해서는 무시하고 미시안적 투자시계를 지니고 투자계획을 세운다는 것이다.

또한 동질적 예측의 가정은 마코위츠모형에 대한 투입정보, 즉 각 증권의 기대수익률과 공분산행렬에 대하여 모두 동일한 예측을 한다는 가정을 말한다. 환언하면 모든 투자자에게 동일한 투자기회집합이 주어져 있다는 것을 의미한다. 이 가정은 세 번째 가정에서 내세우는 “증권에 관한 정보는 자본시장에서 신속히 전달된다”는 가정과 일맥상통한다고 할 수 있다.

3) 가정 Ⅲ : 완전시장의 가정

개인투자자는 자본시장에서 가격순응자(price taker)이고, 자본과 정보의 흐름에는 마찰이 없어 거래비용과 세금이 존재하지 않는다.

완전시장(perfect market)을 가정하는 것은 먼저 시장에서 수많은 투자자가 거래하고 어느 개인투자자의 富는 전체에 비하여 매우 적기 때문에 개인투자자는 증권가격에 영향을 미치지 못하는 가격순응자인 것을 전제하는 것이다. 또한 자본시장에서 자본과 정보의 자유로운 흐름을 막는 장애물이 없어서 증권을 사고팔 때 발생하는 거래비용과 배당 · 이자 · 자본소득에 대한 세금이 없으며, 자본시장에서의 정보는 어느 누구에게나 자유롭게 전달된다는 가정을 뜻한다. 이 가정에는 공매에 대한 제한이 없다는 것도 포함된다.

4) 가정 Ⅳ : 무위험자산의 존재 가정

투자대상으로는 공개적으로 거래되고 있는 금융자산에 한정하고, 투자위험이 전혀 없는 무위험자산(risk-free asset)이 존재하며 모든 투자자들은 무위험이자율 수준으로 얼마든지 자금을 차입하거나 빌려줄 수 있다.

5) 가정 Ⅴ : 균형시장의 가정

자본시장이 수요와 공급이 일치하는 균형상태에 있다.

이들 가정은 비현실적이지만 이 같은 가정들을 내세우는 것은 일차적으로 위험이 기대수익에 미치는 영향을 정확히 포착하기 위한 것이다. 예를 들어 거래비용이나 세금의 존재, 정보의 왜곡된 배분과 흐름으로 인한 시장의 비효율성의 존재를 인정할 경우 기대수익과 위험의 관계를 정확히 파악하지 못하는 문제점을 배제하기 위함이다.

다행스러운 것은 현실적 측면을 감안하여 이들 가정을 완화하더라도 CAPM의 기본구조는 유지된다는 점이다. 본장 제5절에서 현실적으로 존재하는 거래비용, 세금, 이질적 예측, 상이한 이자율 등을 전제하더라도 CAPM의 기본골격이 유지됨을 보게 될 것이다.

자본시장이 균형상태를 이룰 때 자본자산의 기대수익과 위험의 관계를 밝히는 모형으로는 다음에 설명하는 자본시장선(CML)과 증권시장선(SML)이 있다.

제 2 절 자본시장선

1. 자본시장선의 의의

자본시장선(CML : capital market line)은 개인투자자들이 투자대상으로서 위험이 있는 주식뿐만 아니라 무위험자산도 포함시키고 완전분산투자를 할 경우, 균형된 자본시장에서 효율적 포트폴리오의 기대수익과 위험의 선형관계를 표시한 것이다. [그림 8-2]에서 $R_f MN$ 직선으로 표시되는 기대수익과 위험의 관계가 자본시장선을 나타내는데, 이제 그 의미를 살펴보기 위하여 먼저 무위험자산도 투자대상으로 포함시킬 경우의 효율적 포트폴리오에 대해서 알아보자.

앞의 제6장에서는 효율적 포트폴리오를 구성하는 방법에 대하여 두 가지로 나누어 살펴본 바 있다. 하나는 주식과 같은 위험자산만으로 포트폴리오를 구성할 경우로서 마코위츠모형에 의해서 일정한 기대수익하에서 위험을 최소화시키는 효율적 투자선(efficient frontier)을 찾아내는 것이었다. [그림 8-2]는 제6장의 [그림 6-9]와 동일한 그림인데, 호 XAY가 위험자산만으로 구성되는 효율적 포트폴리오이다.

다른 하나는 투자대상으로서 위험이 있는 주식뿐만 아니라 위험이 없는 정기예금이나 국공채($E(R_f)=R_f$, $\sigma(R_f)=0$)에도 투자하여 효율적 포트폴리오를 구성하는 경우이다. 제6장 제5절에서 얻은 결론은 무위험자산이 존재하고 무위험이자율로 무제한적으로 차입이 가능하다고 가정(가정 Ⅳ)할 때 이 같은 무위험자산을 포트폴리

[그림 8-2] 자본시장선(CML)

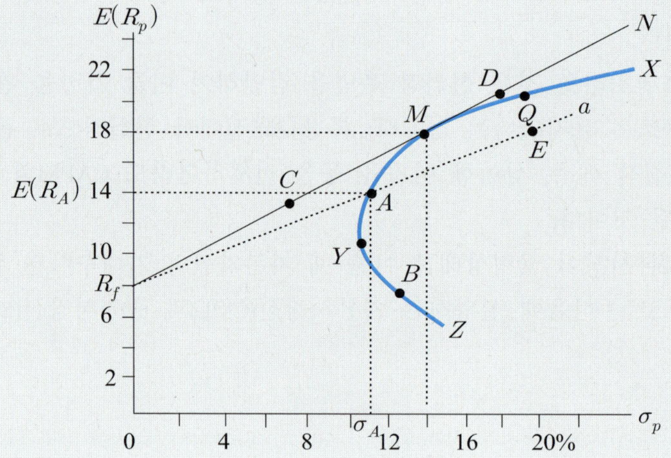

오에 편입시키는 것이 더욱 우월한 투자성과를 가능하게 한다는 점이었다. 이를테면 위험자산만으로 포트폴리오가 구성될 때에는 호 XAY상의 A, Q 등이 모두 효율적 포트폴리오이지만, 무위험자산도 포함되면 이들은 더 이상 효율적인 투자대상이 되지 못한다. R_f에서 호 XAY에 접선을 그어서 얻어지는 R_fMN이 호 XY를 지배하는 새로운 효율적 포트폴리오가 되었기 때문이다. 이 새로운 효율적 포트폴리오는 총변동성보수율($RVAR=[E(R_p)-R_f]/\sigma_p$)을 가장 극대화시키는 포트폴리오이다.

이들 R_fMN상의 새로운 효율적 포트폴리오는 투자자금의 일부를 무위험자산에 투자하고 나머지 자금은 위험자산인 포트폴리오 M에 투자할 경우가 표시된 것이다. 여기서 포트폴리오 M을 시장포트폴리오(market portfolio)라고 하는데, 위험자산으로서는 유일하게 효율적인 투자대상이므로 모든 투자자들이 이 시장포트폴리오에 투자하려고 할 것이다. 결과적으로 시장에 존재하는 모든 투자자산을 포함하게 된다. 즉 완전분산투자된 위험자산의 효율적 포트폴리오가 시장포트폴리오인 것이다.

이러한 방법으로 투자자들이 투자자금을 무위험자산과 완전분산투자된 위험자산의 효율적 포트폴리오 M에 나누어 투자하게 될 때 자본시장이 균형상태에 이르게 되면 이 효율적 포트폴리오의 기대수익과 위험 사이에는 일정한 선형적인 관계가 성립한다. 이 관계가 표시된 것이 자본시장선(CML : capital market line)이다.

이 자본시장선은 식 8.1과 같이 효율적 포트폴리오의 기대수익률 $E(R_p)$가 표준편차 σ_p에 선형적으로 비례하는 직선식으로 표시된다.[4)]

$$E(R_p) = R_f + \frac{E(R_m) - R_f}{\sigma_m}\sigma_p \qquad (8.1)$$

단, $E(R_m)$: 시장포트폴리오의 기대수익률
　σ_m : 시장포트폴리오의 표준편차

여기서 기울기 $[E(R_m) - R_f]/\sigma_m$은 시장에서 위험 1단위에 대한 위험보상(market risk premium)의 정도를 나타낸 것으로서 위험의 균형가격(equilibrium price of risk)이라고 부른다. 균형시장에서는 어느 투자자들에게나 이 위험보상이 동일하다.

자본시장선 $R_f MN$에서 $R_f M$상의 점들과 MN상의 점들은 제6장 제5절에서 설명한 것처럼 구별할 필요가 있다. $R_f M$상의 점들은 투자자금 일부를 포트폴리오 M에, 나머지 투자자금은 R_f에 투자할 경우의 대출포트폴리오(lending portfolio)이다. 반면에 MN상의 점들은 무위험자산의 이자율 수준으로 자금을 차입하여 이 차입자금과 본래의 자기투자자금을 합하여 위험자산인 시장포트폴리오 M을 사들이는 경우의 차입포트폴리오(borrowing portfolio)이다.

2. 시장포트폴리오

자본시장선에서 밝히고 있는 기대수익과 위험의 관계를 보다 잘 이해하기 위해서는 시장포트폴리오 M의 특성을 규명해 볼 필요가 있다. 시장포트폴리오 M의 성격은 다음과 같이 요약할 수 있다.

첫째, 시장포트폴리오 M은 위험자산 포트폴리오(마코위츠의 효율적 프론티어) 중에서 유일하게 효율적인 포트폴리오이다. 시장포트폴리오 M은 제6장에서 설명하였던 총변동성보수율($RVAR$)인 $(E(R_p) - R_f)/\sigma_p$가 극대화되는 포트폴리오였다.

둘째, 시장포트폴리오는 이성적 투자자라면 자신들의 위험선호도와 관계없이 모두 동일하게 선택하게 되는 효율적 위험자산이다.

이 같은 투자결정의 원리를 토빈은 분리정리로써 설명하고 있다. 토빈(J. Tobin)의 분리정리(Tobin's separation theorem)란 위험자산들의 효율적 결합은 개별투자자들의 위험선호도에 관계없이 항상 일정하며, 위험선호도에 따라 변하는 것은 단지 무위험자산과 시장포트폴리오 M에 대한 각각의 투자비율뿐이다. 따라서 최적포트폴

4) $E(R_p)$와 σ_p로 표시되는 평면에서 무위험자산의 좌표는 (0, R_f), 시장포트폴리오의 좌표는(σ_m, $E(R_m)$)으로 표시된다. 따라서 이 두 점의 좌표를 잇는 직선식을 구하면 식 8.1이 유도된다.

리오의 구성은 두 단계로 분리되어 이루어지게 되는데, 첫째 단계에서는 위험선호도와 관계없이 시장포트폴리오 M에 투자하는 것이고, 둘째 단계는 투자자들이 자신의 위험선호도를 고려하여 무위험자산과 시장포트폴리오에 대한 투자비율을 결정하는 것이다. 결과적으로 투자결정과 자본조달결정은 서로 별개의 문제가 된다. 왜냐하면 위험자산에 대한 투자결정 문제는 오직 시장포트폴리오 M만이 유일하게 모든 투자자에게 효율적인 포트폴리오이기 때문에 개별투자자의 위험선호도와 관계없이 M을 구성하는 것으로 해결되고, 다만 무위험자산에 대한 투자비율, 즉 자본조달 문제는 개별투자자의 위험선호도에 따라서 결정되기 때문이다.

셋째, 시장포트폴리오는 모든 위험자산을 포함하는 완전분산투자된 포트폴리오로서 시가총액의 구성비율대로 구성된다.

투자자들이 위험자산들의 기대수익과 위험에 대하여 동질적 예측(가정 II)을 하게 되면 최적포트폴리오를 구성하는 개별주식에 대한 투자비율을 모두 동일하게 유지하게 된다. 그래서 균형상태하에서는 개별주식에 대한 투자비율(w_j)은 시장 전체 주식의 총시장가치에 대해서 개별주식의 총시장가치(=개별주식가격×발행주식수)의 비율대로 구성된다.

$$w_j = \frac{\text{개별주식 } j\text{의 총시장가치}}{\text{시장 전체 주식의 총시장가치}} \tag{8.2}$$

만약 이와 같은 비율대로 구성되지 않으면 특정주식에 대하여 초과수요나 초과공급이 있음을 의미하게 되어 해당주식의 가격이 상승하거나 하락하게 된다. 결과적으로 시장이 균형상태하에서는 시가총액의 비율대로 구성된다.

예를 들어, 지금 주식시장 전체에 A, B, C 세 주식만이 있는데, 이들의 시장가격, 발행주식수, 총시장가치가 다음과 같다고 하자.

	시장가격	발행주식수	총시장가치	구성비율
주식 A	50,000원	100,000주	50억원	50%
주식 B	6,000원	500,000주	30억원	30%
주식 C	10,000원	200,000주	20억원	20%
			100억원	100%

시장포트폴리오는 A, B, C 세 주식에 대해 투자비율이 시가총액구성비율인 50 : 30 : 20으로 이루어질 때 구성되며 이러한 경우에만 시장이 균형상태가 된다.

마찬가지 논리로 시장포트폴리오는 거래대상의 모든 위험자산(주식 등)을 포함하게 된다. 만약 포함되지 않는 주식이 있다면 이러한 주식은 수요가 없음을 의미하므로 가격이 하락하게 될 것이다. 가격이 상당한 수준으로 하락하게 되면 다시 수요가 증가하게 되므로 투자대상으로 포함된다. 따라서 시장포트폴리오는 모든 위험자산을 포함하는 완전분산투자된 효율적 포트폴리오인 것이다.

넷째, 시장포트폴리오의 특성을 가장 잘 나타내는 현실적인 대용물로서 종합주가지수를 들 수 있다. 이상에서 설명한 것과 같은 특성을 지닌 시장포트폴리오는 엄격한 의미에서 볼 때 현실의 자본시장에서는 발견하기가 어렵다. 그런데 종합주가지수는 시장포트폴리오의 변화양상을 비교적 가깝게 나타내 주고 있으므로, 흔히 이를 대용치(proxy)로 이용하고 있다.5)

제 3 절 증권시장선

앞에서 설명한 자본시장선(CML)은 무위험자산도 투자대상에 포함시켜 완전분산투자하였을 때 가장 효율적인 포트폴리오들의 기대수익률과 위험(표준편차)의 선형적 관계를 나타낸 것이었다. 그래서 자본시장선은 완전히 분산투자가 되지 않은 비효율적 포트폴리오나 개별주식의 기대수익률과 위험의 관계는 설명하지 못하고 있다. 예를 들면 [그림 8-2]에서 B, E와 같은 비효율적 투자대상의 기대수익률과 위험의 관계는 자본시장선으로 설명되지 못한다.

본절에서 설명하는 증권시장선(SML : security market line)은 비효율적인 투자대상까지 포함한 모든 투자자산의 기대수익과 위험의 관계를 나타낸 것이다. CAPM의 핵심이 되는 증권시장선을 도출하기 위해서 먼저 개별증권의 위험이 어떻게 평가되는지를 살펴보고 증권시장선을 도출해 보기로 하자.

---

5) 시장포트폴리오의 기대수익률 $E(R_m)$과 분산 σ_m^2은 여러 기간에 걸친 종합주가지수 시계열자료로부터 계산되는 수익률의 평균과 분산을 구하여 사용하고 있다. 주식시장의 평균기대수익률은 명목 GNP성장률에 근접하는 경향이 있으므로 $E(R_m)$의 추정치로서 기대명목 GNP성장률을 사용하는 경향이 있다.

1. 개별증권의 위험

개별투자자의 궁극적인 관심은 최종적인 효율적 포트폴리오의 구성에 있다. 따라서 개별증권의 위험을 평가할 때에는 그 효율적 포트폴리오의 분산에 대한 개별증권의 기여도에 근거해야 할 것이다. 모든 투자자들은 앞의 절에서 설명한 것처럼 효율적 포트폴리오를 구성할 때 위험자산으로는 시장포트폴리오를 구성하려 할 것이므로 개별주식의 위험은 그 주식이 시장포트폴리오의 위험에 어떤 영향을 주는가에 달려 있다.

시장포트폴리오의 분산 σ_m^2은 식 8.3과 같이 표시되는데, 시장포트폴리오의 위험에 미치는 개별주식의 영향은 [그림 8-3]에서 잘 이해될 수 있다.

$$\sigma_m^2 = \sum_{i=1}^{n}\sum_{j=1}^{n} w_i w_j \sigma_{ij} \tag{8.3}$$

예를 들어 개별주식 1이 차지하는 부분은 [그림 8-3]의 오른쪽 제일 위쪽에서 보는 것처럼 $w_1\sigma_{1m}$이다. 이처럼 포트폴리오의 위험 중에서 개별주식 j의 영향(기여도)은 $w_j\sigma_{jm}$으로 표시할 수 있다. 즉 주식 j가 포트폴리오 위험에 미치는 영향은

[그림 8-3] 포트폴리오 위험에서 차지하는 개별주식의 기여도

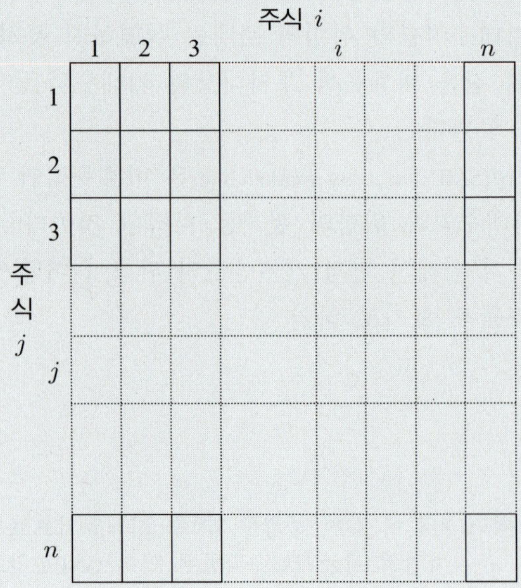

주식 1의 기여도 $= w_1\sum_{i=1}^{n} w_i\sigma_{1i} = w_1\sigma_{1m}$

주식 2의 기여도 $= w_2\sum_{i=1}^{n} w_i\sigma_{2i} = w_2\sigma_{2m}$

주식 3의 기여도 $= w_3\sum_{i=1}^{n} w_i\sigma_{3i} = w_3\sigma_{3m}$

⋮ ⋮

주식 j의 기여도 $= w_j\sum_{i=1}^{n} w_i\sigma_{ji} = w_j\sigma_{jm}$

⋮ ⋮

주식 n의 기여도 $= w_n\sum_{i=1}^{n} w_i\sigma_{ni} = w_n\sigma_{nm}$

시장총위험 $= \sum_{i=1}^{n}\sum_{j=1}^{n} w_i w_j\sigma_{ij} = \sigma_m^2$

[(개별주식 j에의 투자비율)×(개별주식 j와 시장포트폴리오의 공분산)]으로 표시된다. 그러므로 시장포트폴리오 위험 σ_m^2 중에서 개별주식 j가 차지하는 비율은 다음과 같다.

$$\text{주식 } j\text{가 시장포트폴리오 위험에서 차지하는 비율} = \frac{w_j \sigma_{jm}}{\sigma_m^2} = w_j \frac{\sigma_{jm}}{\sigma_m^2} = w_j \cdot \beta_j \tag{8.4}$$

이 식에서 σ_{jm} / σ_m^2 부분은 제7장 단일지표모형에서 설명한 베타(β)계수(시장 전체 수익률변동에 대한 개별주식 수익률변동의 민감도)이다. 따라서 포트폴리오 위험에 대해 개별주식이 기여하는 정도는 그 주식의 β계수에 투자금액 비율을 곱한 것이 된다. 또한 σ_{jm} / σ_m^2 부분에서 σ_m^2은 모든 주식에 대해서 동일하게 주어지는 것이므로 특정주식의 위험은 시장포트폴리오와의 공분산 σ_{jm}에 의해서도 측정될 수 있다.

결국 베타(β)계수는 시장포트폴리오와의 공분산 σ_{jm}을 σ_m^2으로 나누어 표준화시킨 것으로서, 개별주식의 위험이 시장포트폴리오 위험에 미치는 영향을 적절하게 측정하고 있는 위험척도가 된다. 실제로 공분산 σ_{jm}보다도 β계수가 직관적으로 쉽게 이해할 수 있으므로 많은 경우 β계수를 개별주식 위험의 척도로 이용하고 있다.

β계수가 적절한 위험척도인 것은 시장포트폴리오의 구성을 전제로 한 것은 아니다. 비록 투자자가 시장포트폴리오를 구성하지 않더라도 잘 분산투자된 포트폴리오를 구성하게 되면 이러한 포트폴리오는 시장포트폴리오와 상관관계가 높기 때문에 β계수는 유용한 위험 측정치가 되는 것이다.

개별주식의 위험이 β계수로 측정되어야 한다는 점은 제7장 단일지표모형에서도 볼 수 있다. 단순시장모형에 의하면 어느 주식이든 분산(총위험)은 두 가지 부분, 즉 체계적 위험($\beta_j^2 \sigma_m^2$) 부분과 비체계적 위험인 잔차분산($\sigma^2(\epsilon_j)$) 부분으로 나누어지는데, 투자자에게 중요한 위험은 β계수로 대표되는 체계적 위험뿐이다. 왜냐하면 잔차분산은 분산투자의 종목수가 많아질 때 사라지고 체계적 위험만이 포트폴리오 분산에 기여하기 때문이다. 따라서 분산가능한 잔차분산은 자본자산의 가격결정 혹은 기대수익률 결정에 아무런 영향을 미치지 않게 된다. 오로지 체계적 위험을 나타내는 β계수만이 가격결정에 반영되어야 하는 것이다.

2. 증권시장선 : 기대수익과 β 계수의 관계

β계수가 개별증권 위험의 적절한 척도이고, 체계적 위험을 나타내는 β계수만이 가격결정에 반영되어야 한다면, β계수와 증권의 기대수익률 사이에는 어떤 관계가 성립하는가?

(1) 개별증권의 적정가격 결정구조

시장포트폴리오가 효율적이라면 베타와 기대수익률 사이에는 선형관계가 성립한다. 즉, 베타(체계적 위험지수)가 높을수록 기대수익률이 높아지는 선형관계가 성립한다. 왜냐하면 이러한 선형적 관계가 성립하지 않으면 차익거래(arbitrage)가 발생하여 추가적인 위험부담 없이 초과수익을 누릴 수 있기 때문이다.

베타계수와 기대수익률 간에 이 같은 선형적 관계가 성립하는 것은 앞절에서 설명한 자본시장선(CML)으로부터 도출해 볼 수 있다. [그림 8-4]의 (a)에서 CML은 위험자산의 포트폴리오에서 가장 효율적인 시장포트폴리오 M과 무위험자산의 결합으로 이루어지는 새로운 효율적 투자선을 나타낸 것이다. CML은 기대수익률 $E(R)$과 표준편차 σ의 공간에서 양자의 선형적 관계로 표시되었다. 이 직선은 R_f에서 위험자산만으로 구성되는 최소분산 포트폴리오에 그은 접선이었는데, 절편은 R_f이고 기울기는 $[E(R_m) - R_f]/\sigma_m$이었다. 그래서 이 CML상에 오는 것은 완전분산투자된 효율적 포트폴리오뿐이었다.

[그림 8-4] 증권시장선의 도출

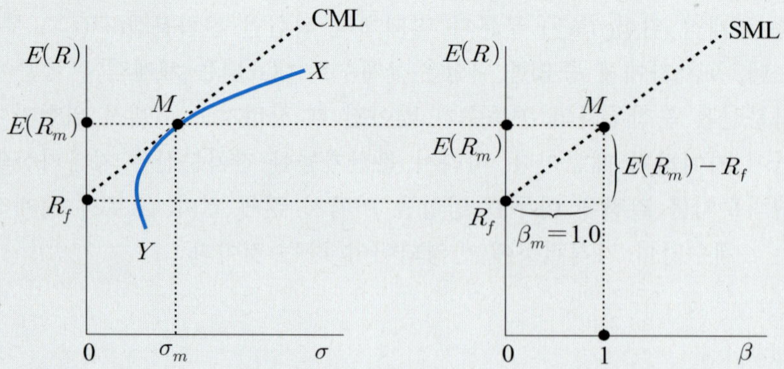

(a) 자본시장선 (b) 증권시장선

반면에 [그림 8-4]의 (b)에서 증권시장선(SML)상에 위치하는 것은 효율적이든 비효율적이든 모든 포트폴리오뿐만 아니라 개별주식들도 표시된다는 점에서 차이가 있다. 또한 SML은 기대수익률 $E(R)$과 베타계수 β의 공간에서 직선으로 표시되는데, 이때의 절편은 무위험자산의 β가 영이므로 R_f가 될 것이고, 기울기인 시장포트폴리오의 베타(β_m)는 1, 높이는 $[E(R_m)-R_f]$이므로 $[E(R_m)-R_f]/1.0$, 즉 $E(R_m)-R_f$가 된다. 이렇게 도출된 식 8.5를 증권시장선(SML : security market line)이라고 부른다.[6]

$$E(R_j)=R_f+[E(R_m)-R_f]\beta_j \tag{8.5}$$

단, $E(R_j)$: 주식 j의 기대수익률
R_f : 무위험자산의 수익률
$E(R_m)$: 시장포트폴리오의 기대수익률
β_j : 주식 j의 베타계수$(=\sigma_{jm}/\sigma_m^2)$

이 증권시장선이 의미하는 바는 ① 균형된 자본시장에서 자본자산의 기대수익률(가격)을 결정짓는 적절한 위험요인은 β계수로 대표되는 체계적 위험이고, ② 이 체계적 위험이 높으면 기대수익률도 높고, 체계적 위험이 낮으면 기대수익률도 낮은 선형관계가 성립한다는 것이다.

균형상태에서는 어느 주식(주식 A, $B\cdots$)이나 시장포트폴리오 M이나 다음 관계에서 보는 것과 같이 체계적 위험 한 단위 부담하는 것에 대한 초과수익의 비율인 체계적위험보수율($RVOL$: reward to volatility ratio)이 동일해야 한다.

$$\frac{E(R_A)-R_f}{\beta_A}=\frac{E(R_B)-R_f}{\beta_B}=\frac{E(R_M)-R_f}{\beta_M} \qquad (\beta_M=1.0) \tag{8.6}$$

또한 증권시장선은 투자자산의 위험보상률(risk premium)이 어떻게 결정되어야 하는지를 잘 나타내 주고 있다. 증권시장선은 기본적으로 투자자산의 균형수익률이 무위험자산수익률(R_f)에 적절한 위험보상률을 합하여 결정된다는 것을 보여주고 있는데, 이를 식 8.7과 같이 초과수익 형태로 표시하면 위험보상의 크기가 어떻게 구성되는지 잘 알 수 있다.

---

6) CAPM 도출에 대한 보다 엄격한 수학적 증명은 본장 [보론] 참조.

$$E(R_j)-R_f=[E(R_m)-R_f]\cdot\beta_j=\frac{E(R_m)-R_f}{\sigma_m^2}\cdot\sigma_{jm} \tag{8.7}$$

이 식에서 위험보상률(risk premium)은 두 가지 부분으로 구성되고 있다. 첫 부분 $[E(R_m)-R_f]$는 시장위험보상률(market risk premium)로서, $[E(R_m)-R_f]/\sigma_m^2$는 시장위험의 한 단위에 대해서 모든 종목에 공통적으로 적용되는 평균적인 위험보상의 크기이다.

위험보상률을 결정짓는 다른 부분은 특정증권의 체계적 위험을 나타내는 β계수, 또는 공분산 σ_{jm}이다. 그래서 특정 개별증권의 위험보상률(security risk premium)은 평균적인 시장위험보상률에 개별증권의 체계적 위험(β_j)을 곱하여 구해진다.

(2) 포트폴리오 베타와 기대수익률

개별주식의 기대수익률이 그 주식의 베타계수에 선형적으로 비례한다는 식 8.5의 관계식은 비단 개별주식뿐 아니라 포트폴리오에도 그대로 적용된다. 따라서 포트폴리오의 기대수익률은 다음과 같이 표시할 수 있다.

$$E(R_p)=R_f+[E(R_m)-R_f]\cdot\beta_p \tag{8.8}$$

단, β_p : 포트폴리오 베타계수$(=\sum_{j=1}^{n}w_j\beta_j)$

시장포트폴리오처럼 모든 주식에 대한 베타의 가중평균은 1이 된다.[7] 따라서 어느 주식이 평균적인 위험정도만 지니고 있다면 베타(β)계수는 1이 될 것이고, 위험보상률 또한 시장평균적인 위험보상률 수준이 될 것이다.

예 제

시장포트폴리오의 기대수익률과 표준편차는 각각 15%와 20%이다. 그리고 무위험이자율은 7%이다. 지금 베타계수가 1.20인 주식 A와 베타계수가 0.80인 주식 B에 각각 70 : 30로 투자하여 포트폴리오를 구성하고자 한다.

---

7) $\sigma_m^2=\sum_{j=1}^{n}w_j\cdot cov(R_j,\ R_m)$에서 양변을 σ_m^2으로 나누면, $\frac{\sigma_m^2}{\sigma_m^2}=1.00=\sum_{j=1}^{n}w_j\cdot\frac{cov(R_j,\ R_m)}{\sigma_m^2}=\sum_{j=1}^{n}w_j\beta_j$

1. 이 자료에 근거할 때 증권시장선은 어떻게 표시되는가?
2. 주식 A와 B로 구성되는 포트폴리오에 대한 위험보상률과 기대수익률은 얼마인가?

해설 1. 증권시장선

$$E(R_j) = R_f + [E(R_m) - R_f] \cdot \beta_j = 0.07 + 0.08\beta_j$$

2. 포트폴리오의 위험보상률

- 포트폴리오의 베타 $\beta_p = \sum_{j=1}^{n} w_j \beta_j = 1.20(0.7) + 0.80(0.30) = 1.08$
- 위험보상률 $E(R_p) - R_f = [E(R_m) - R_f] \cdot \beta_p = 0.08(1.08) = 8.64\%$
- 포트폴리오 기대수익률 $E(R_p) = R_f + [E(R_m) - R_f] \cdot \beta_p = 0.07 + 0.0864 = 15.64\%$

3. CML과 SML의 관계

이상에서 투자자산의 가격결정구조를 설명하는 자본시장선(CML)과 증권시장선(SML)에 대하여 설명하였다. 이제 이들 두 모형의 차이점을 살펴보자.

먼저 표면적으로 볼 때 시장균형모형으로서 CML은 $E(R)$, σ공간에 표시되고, SML은 $E(R)$, β공간에 표시된다는 점에서 차이가 있다. CML상에는 완전분산투자된 효율적 포트폴리오가 표시되기 때문에 표준편차(σ)의 함수로서 기대수익률이 표시된다. 반면에 SML상에는 비효율적 포트폴리오나 개별주식도 표시되기 때문에 시장 전체에 대한 개별주식 위험의 기여도를 나타내는 베타계수(β)의 함수로서 기대수익률이 표시된다는 점에서 차이가 있다.

개별투자자들이 자본시장에서 무위험자산 이자율로 차입이나 대출을 받고 동시에 시장포트폴리오에 투자함으로써 얻게 되는 최상의 포트폴리오는 CML상에 표시된다. 따라서 효율적 포트폴리오만이 CML상에 모두 위치하게 된다. 개별증권은 CML상의 오른쪽 아래에 위치하게 된다. 왜냐하면 개별증권은 잔차분산을 지니고 있기 때문이다. 반면에 잔차분산을 갖는 이러한 비효율적인 개별증권은 CML상에 위치하지는 않지만 SML상에는 위치한다.

이러한 측면을 이해하기 위해서 [그림 8-5]에서 A, B 두 주식을 비교해 보자.

[그림 8-5] CML($E(R)$, σ공간)에서의 개별주식의 위치와 등베타선

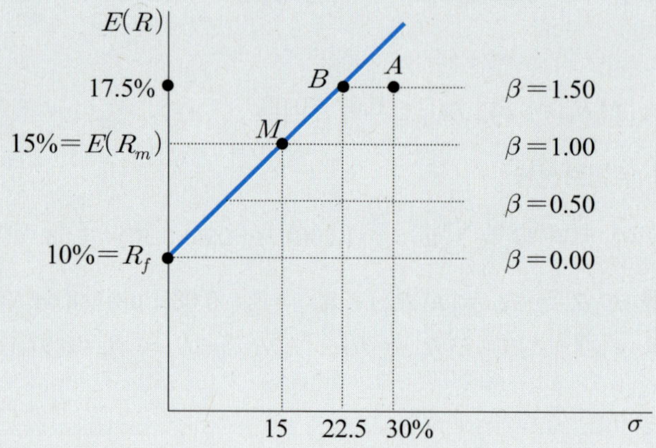

지금 시장관계자료와 주식 A, B의 자료가 다음과 같다고 가정하자(주식 A, B는 베타가 동일하지만 주식 B의 위험이 낮다는 점에 유의할 필요가 있다).

$$\begin{cases} \text{시장포트폴리오 기대수익률 } E(R_m)=15\% \\ \text{시장포트폴리오 표준편차 } \sigma_m=15\% \text{ (분산}=0.0225) \\ \text{무위험이자율 } R_f=10\% \end{cases}$$

	수익률의 표준편차(σ_j)	분산(σ_j^2)	베타(β_j)
주식 A	30%	0.09	1.5
주식 B	22.5%	0.0506	1.5

주식 A에 대한 균형기대수익률을 SML에서 구하면 17.5%가 된다.

$$\begin{aligned} E(R_A) &= R_f + [E(R_m) - R_f] \cdot \beta_A \\ &= 0.10 + (0.15 - 0.10)1.50 = 0.175 \end{aligned}$$

한편 주식 B는 베타가 1.50로서 주식 A와 동일하지만 총위험(표준편차)이 적은 것이 특징인데, 주식 B의 기대수익률에는 어떤 변화가 일어날 것인가?

결론적으로 주식 B의 기대수익률에는 변화가 오지 않는다. 왜냐하면, 베타가 동일하기 때문이다. 기대수익률에 영향을 주는 유일한 특성은 베타(β), 즉 주식의 체계적 위험척도뿐인 것이다.

$$E(R_B)=0.10+(0.15-0.10)1.50=0.175$$

그러면 위험 면에서 주식 A와 B는 어떤 특성을 지니는가? 먼저 주식 A의 위험(분산)을 체계적 위험과 비체계적 위험(잔차분산)으로 구분하면 다음과 같이 표시할 수 있는데 잔차분산을 역으로 구하면 0.0394가 됨을 알 수 있다.

$$\begin{aligned}\sigma_A^2 &= \beta_A^2\sigma_m^2+\sigma^2(\epsilon_A)\\ 0.0900 &= (1.50)^2(0.0225)+\sigma^2(\epsilon_A)\\ &= 0.0506+0.0394\end{aligned}$$

차이점을 보기 위해서 주식 B의 위험(분산 0.0506)도 체계적 위험과 비체계적 위험으로 나누어 보면, 체계적 위험은 0.0506이고 잔차분산은 영(0)임을 알 수 있다.

$$\begin{aligned}\sigma_B^2 &= \beta_B^2\sigma_m^2+\sigma^2(\epsilon_B)\\ 0.506 &= (1.50)^2(0.0225)+\sigma^2(\epsilon_B)\\ &= 0.0506+0.00\end{aligned}$$

결국 주식 B가 비체계적 위험이 영(0)이어서 총위험이 낮지만, 체계적 위험은 두 주식이 동일하기 때문에 균형기대수익률은 동일하다. 따라서 CML공간에 이들을 표시하면 [그림 8-5]에서 보는 것처럼 $\beta=1.50$으로 표시된 수평선에 놓이게 된다. 이처럼 베타가 동일하면 동일한 수평선상에 놓이게 되는데, 이 수평선을 등베타선(iso-beta line)이라고 부른다. 만약 베타가 0.50이라면 [그림 8-5]에서 $\beta=0.50$이라고 표시된 수평선상에 놓이게 된다. 등베타선상의 어느 점에 위치하느냐는 비체계적 위험(잔차분산)의 크기에 달려 있다. 주식 A처럼 잔차분산이 커질수록 오른쪽 편에 위치하게 된다. 반면에 잔차분산이 0인 주식 B는 정확히 CML상에 놓이게 된다.

결론적으로 SML이 의미하는 바는 균형시장에서 자산의 가격이 결정될 때 투자위험이 고려되기는 하되 그 자산의 총위험이 아니라 시장수익률과의 상관관계, β계수 크기에 따라서 결정되어야 함을 뜻한다.

제4절 CAPM의 투자결정에의 이용

CAPM은 균형상태에서 위험과 적정가격(수익률)의 관계를 설명하고 있으므로 투자결정에 유용하게 사용되고 있다. 이하에서는 CAPM에서의 균형가격형성의 원리를 설명하고, CAPM이 투자결정에 어떻게 활용되는지를 다룬다.

1. CAPM에서의 균형가격의 형성

균형가격은 시장에서 수요·공급이 일치되어 증권가격의 상승을 가져오는 사고자 하는 압력이나, 하락을 가져오는 팔고자 하는 압력이 없는 상태에서 결정된다. 만일 어느 증권의 기대수익률이 너무 높거나 낮아 가격형성이 잘못되어 있으면 사거나 팔고자 하는 압력이 즉시 작용하여 가격은 균형상태 수준으로 돌아오게 된다.

시장에서의 비균형가격이 어떻게 균형가격으로 돌아오는지를 이해하기 위해서 먼저 증권의 시장가격과 기대수익률의 관계를 표시하면 다음과 같다.

$$E(R) = \frac{E(P_1) + E(D)}{P_0} - 1 \tag{8.9}$$

단, $E(R)$: 기대수익률
P_0 : 기초 시장가격
$E(P_1)$: 기말 기대시장가격
$E(D)$: 기간중 기대배당금

증권시장에서는 특정증권의 기대수익과 배당에 대한 예상을 토대로 가격이 결정되고 이에 따라 기대수익률이 계산된다. 기초 시장가격이 상승하면 기대수익률은 하락하는 것이다.

이와 같은 균형가격의 형성과정을 [그림 8-6]의 SML에서 살펴보기로 하자. 시장이 균형상태에 있으면 자산의 기대수익률은 체계적 위험에 선형적으로 비례하므로 정확히 SML상에 있도록 결정되어야 한다. 만약 시장이 불균형 상태이어서 [그림 8-6]에서의 U와 같은 주식이 존재한다면, 이 상태는 오래 계속되지 못한다. 왜냐하면 주식 U의 체계적 위험(β_U)수준에서는 U' 수준의 기대수익률이 적절한데, 이보

[그림 8-6] 증권시장선과 균형가격의 형성

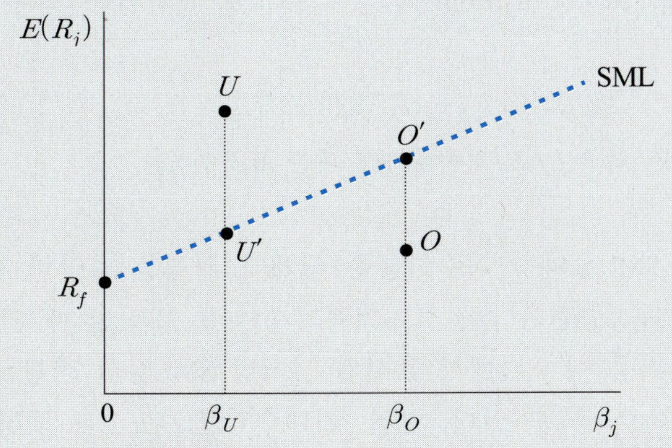

다 높은 수익률을 기대할 수 있으므로 이성적인 투자자라면 이와 같은 과소평가(under-priced)된 주식은 매수하려고 할 것이기 때문이다. 매수하고자 하는 압력이 높게 작용하면 가격은 상승하고 기대수익률은 하락하여 결국 U' 수준이 될 것이다.

반대로 주식 O와 같이 그 체계적 위험(β_0)수준에서의 기대수익률보다도 낮은 수익률이 예상되는 주식이 존재한다면, 이는 과대평가(over-priced)된 주식이므로 이러한 주식은 팔려고 할 것이다. 매도하고자 하는 압력이 높게 작용하면 가격은 하락하고 기대수익률은 O' 수준으로 상승 회복하게 될 것이다.

2. CAPM의 투자결정에의 이용

$E(R_j) = R_f + [E(R_m) - R_f]\beta_j$의 관계로 표현되는 CAPM은 균형상태에서 위험과 적정가격(수익률)의 관계를 설명하고 있으므로 주식과 같은 위험자산에 대한 투자결정 문제에 활용될 수 있다. 구체적으로는 특정증권의 요구수익률 추정과 과소・과대평가의 여부, 자기자본비용의 추정, 자본예산, 주가변동요인분석, 투자성과평정 등에 이용되고 있다.

(1) 요구수익률의 추정과 증권의 과소・과대평가 여부

증권시장선(SML)은 투자위험 가운데 체계적 위험만이 위험보상에 반영되어야 하고, 균형시장에서의 투자자산의 기대수익률은 이 체계적 위험척도인 β의 크기에 따라 선형적으로 결정된다는 것을 나타낸 것이다. 따라서 위험증권에 대한 요구수익률(RRR : required rate of return) 추정에 SML로 계산되는 기대수익률을 이용할 수 있다.

$$k_j = RRR_j = R_f + [E(R_m) - R_f] \cdot \beta_j \qquad (8.10)$$

단, $k_j(=RRR)$: 주식 j에 대한 요구수익률

또한 SML상의 기대수익률은 체계적 위험을 감안한 적정균형수익률의 의미가 있으므로 특정증권의 과소·과대평가 여부를 판단할 때 기준으로 쓰일 수 있다. 구체적으로 다음 식 8.11에서 표시된 것처럼 SML상의 적정균형수익률은 최소한의 요구수익률(k)로 볼 수 있다. 한편, 기대수익률($E(R_j)$)은 해당주식에 대한 증권분석이나 과거 시계열자료의 분석에서 추정할 수 있다. 이제 양자의 차이, 초과수익 알파(α)를 구하면 과소평가 혹은 과대평가 여부를 판단할 수 있다. 이 α가 양이면 과소평가, 음이면 과대평가된 자산이다.

$$\alpha = E(R_j) - k_j \qquad (8.11)$$

단, α : 과소평가(+), 과대평가(−)의 크기
$E(R_j)$: 증권분석이나 시계열분석 결과 추정된 기대수익률
k_j : SML상에서 추정된 요구수익률(RRR)

앞의 [그림 8-6]에 표시된 주식들을 예로 들면 주식 U는 체계적 위험 β_U를 감안할 때 적정균형수익률(U') 이상의 수익률이 예상되는 주식이므로 과소평가된 투자대상이다. 반면에 주식 O는 체계적 위험 β_0를 감안할 때 적정균형수익률(O') 이하의 수익률이 예상되므로 과대평가되었다고 할 수 있다.

예 제

다음은 증권분석의 결과 얻은 주식회사 J의 수익률(R_j)과 시장수익률(R_m)에 대한 예상자료이다. 무위험이자율(R_f)은 6%이다.

상 황	확 률	R_m	R_j
I	0.2	0.20	0.50
II	0.3	0.05	0.00
III	0.4	0.15	0.20
IV	0.1	−0.15	−0.30

1. 증권시장선(SML)을 도출하라.
2. J주식에 대한 기대수익률과 요구수익률(RRR)을 구하라.
3. J주식이 과소평가되었는지, 과대평가되었는지를 평가하라.

해설 1. 증권시장선의 도출 : $E(R_j)=R_f+[E(R_m)-R_f]\cdot\beta_j$

R_m자료로부터 $E(R_m)=0.20(0.2)+0.05(0.3)+0.15(0.4)+(-0.15)(0.1)=0.10$

$\therefore\ E(R_j)=0.06+[0.10-0.06]\beta_j=0.06+0.04\beta_j$

2. i) J주식의 기대수익률

$E(R_j)=0.50(0.2)+0.00(0.3)+0.20(0.4)-0.30(0.1)=0.15$

ii) J주식에 대한 요구수익률

$k(=RRR)=0.06+0.04\beta_j$에서

$\beta_j=\dfrac{\sigma_{jm}}{\sigma_m^2}$이므로 β를 구하기 위해서 σ_{jm}과 σ_m^2을 추정하면,

$$\sigma_{jm}=(0.20-0.10)(0.50-0.15)0.2+(0.05-0.10)(0.00-0.15)0.3$$
$$+(0.15-0.10)(0.20-0.15)0.4+(-0.15-0.10)(-0.30-0.15)0.1=0.0215$$

$$\sigma_m^2=(0.20-0.10)^2 0.2+(0.05-0.10)^2 0.3+(0.15-0.10)^2 0.4+(-0.15-0.10)^2 0.1=0.01$$

$$\therefore\ \beta_j=\frac{\sigma_{jm}}{\sigma_m^2}=\frac{0.0215}{0.01}=2.15$$

따라서 J주식 요구수익률(RRR) $k=0.06+0.04(2.15)=0.146$

3. $\alpha=E(R_j)-k_j$

$=0.15-0.146=0.004>0$

요구수익률이 14.6%로서 기대수익률 15%보다 낮으므로 과소평가

예 제

다음 자료는 B사 주식의 수익률과 시장수익률에 관한 과거 일정기간의 자료이다(무위험이자율 $R_f=6.6\%$). 미래 투자기간의 예상수익률도 과거추세와 같을 것으로 판단하고 있다.

월	시장수익률(R_{mt})	B사 수익률(R_{Bt})
1	0.12	0.05
2	−0.03	−0.05
3	0.27	0.25
4	0.12	0.15
5	−0.03	−0.10
6	0.27	0.30

이 자료로부터 1. 증권시장선, 2. B주식에 대한 요구수익률, 3. 과소 또는 과대 평가되었는지를 평가하라.

해설 1. 증권시장선의 도출

$$E(R_m)=\frac{1}{6}\sum R_{mt}=0.12$$

$$\therefore\ E(R_B)=0.066+[0.12-0.066]\beta_B=0.066+0.054\beta_B$$

2. i) B주식에 대한 기대수익률

$$E(R_B)=\frac{1}{6}\sum R_{Bt}=0.10$$

ii) B주식 요구수익률의 추정 $k_B=0.066+0.054\beta_B$

$$\sigma_{Bm}=\frac{\sum[(R_B-E(R_B))(R_m-E(R_m))]}{6-1}=\frac{0.105}{5}=0.021$$

$$\sigma_m^2=\frac{\sum[R_m-E(R_m)]^2}{6-1}=\frac{0.09}{5}=0.018$$

$$\therefore\ \beta_B=\frac{\sigma_{Bm}}{\sigma_m^2}=\frac{0.021}{0.018}=1.1667$$

$$\therefore\ k_B=0.066+0.054(1.1667)=0.129$$

3. $\alpha=E(R_B)-k_B=0.10-0.129=-0.029<0$

요구수익률이 12.9%인데 평균적 기대수익률은 10%이므로 과대평가

(2) 자기자본비용과 주식의 내재가치 추정

SML상에서 β에 선형적으로 표시되는 특정주식의 요구수익률은 한편으로 균형된 시장에서 주주의 기회투자수익률을 의미하고, 기업입장에서는 자기자본비용을 의미한다. 따라서 SML을 자기자본비용 추정에 다음과 같이 이용할 수 있다.

$$k_e=E(R_j)=R_f+[E(R_m)-R_f]\beta_j$$

앞의 J기업에 관한 예제에서 J주식의 자기자본비용은 14.6%가 된다.

이처럼 SML상에 표시되는 요구수익률을 자기자본비용 내지 주주들의 기회투자수익률(k_e)로 이용할 수 있으면 주식의 내재가치 추정에 활용할 수 있다. 주식의 내재가치를 추정하는 평가모형에 대해서는 제13장에서 상술하겠지만, 배당의 정률성장모형에서는 주식의 이익·배당흐름이 매년 g%만큼 계속적으로 성장할 경우

주식의 이론적 가치를 다음 식과 같이 추정한다. 따라서 이 식의 분모의 할인율(k_e)에 SML식으로 추정된 자기자본비용(주주의 기회투자수익률)을 대입하면 주식가치를 추정할 수 있다.

$$S_0 = \frac{d_1}{k_e - g}$$

단, S_0 : 주식의 내재가치
d_1 : 차기의 주당배당금
k_e : 주주의 기회투자수익률(자기자본비용)
g : 이익·배당의 성장률(매년 일정하다고 가정)

예 제

A주식의 차기 배당금(d_1)이 2,000원, 연간 성장률이 10%로 일정하리라고 예상되고 있다. 한편 무위험이자율(R_f)은 8%, 시장포트폴리오의 기대수익률과 분산은 각각 18%, 0.02, A주식과 시장포트폴리오의 공분산(σ_{Am})은 0.03이다. A주식의 요구수익률과 내재가치는 얼마인가?

해설

1. A주식의 요구수익률 : $k_e = 0.08 + (0.18 - 0.08)\dfrac{0.03}{0.02} = 0.23$

2. A주식의 내재가치 : $S_0 = \dfrac{d_1}{k_e - g} = \dfrac{2,000}{0.23 - 0.10} = 15,385$원

(3) 투자성과평정

투자자 자신이나 펀드매니저들에 대한 투자성과를 평가하는 것은 포트폴리오 관리활동의 중요한 부분이다. 투자성과를 평가할 때에는 부담했던 위험수준도 동시에 고려되어야 하는데, CML이나 SML은 포트폴리오 위험수준에 상응하는 적정수익률을 나타내므로 이들은 투자성과평정(performance evaluation)의 기준이 되고 있다. 투자성과평가지표로는 다음 지표를 많이 사용한다.

$$\text{샤프지수}[RVAR] = \frac{\overline{R_p} - \overline{R_f}}{\sigma_p}$$

$$\text{트레이너지수}[RVOL] = \frac{\overline{R_p} - \overline{R_f}}{\beta_p}$$

젠센지수 $\alpha_p = \overline{R_p} - [\overline{R_f} + (\overline{R_m} - \overline{R_f})\beta_p]$

단, $\overline{R_p} - \overline{R_f}$: 초과수익률(포트폴리오 실제 운용수익률 $\overline{R_p}$와 무위험이자율 $\overline{R_f}$의 차이)

σ_p : 포트폴리오 수익률의 표준편차

β_p : 포트폴리오 베타

샤프지수는 총위험 1단위에 대한 초과수익률의 비율로, 트레이너지수는 체계적 위험 1단위에 대한 초과수익률의 비율로, 젠센지수는 실현수익률과 체계적 위험을 고려한 기대수익률의 절대적 차이로 투자성과를 평가한다. 이에 대한 상세한 내용은 제21장에서 다루기로 한다.[8)]

(4) 요구수익률의 결정요인과 주가변화

SML모형에서 보면 증권의 요구수익률 결정요인은 무위험이자율, 시장위험보상률, 베타계수(체계적 위험의 척도)이다. 따라서 특정기업의 위험의 변화, 시장과 경제 상황의 변화가 있게 되면 요구수익률은 달라지고 주가는 변화하게 된다. 요구수익률의 변화를 SML과 연관지어 설명하면, 다음과 같이 세 가지 경우로 나누어 볼 수 있다.

첫째, 개별기업의 영업위험, 재무위험의 변화가 있으면 β의 크기가 달라지고 요구수익률이 달라진다. 이를테면 경기변동에 민감한 제품의 매출액구성비가 높아지거나, 부채의존도가 높아지면 체계적 위험이 높아져 요구수익률이 상승한다. 이 경우는 SML상의 이동으로 나타나게 된다([그림 8-7]).

[그림 8-7] 요구수익률의 변화와 SML상의 이동

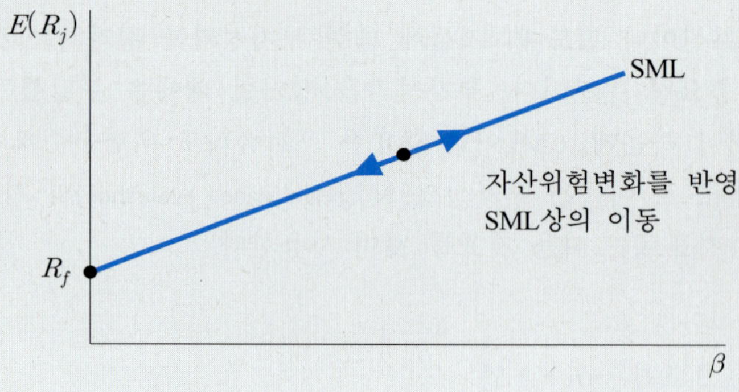

---

8) 샤프지수는 제6장과 본장에서 설명한 총변동성보수율($RVAR$)과 같고, 트레이너지수는 체계적위험보수율($RVOL$)과 동일하다.

[그림 8-8] 이자율 변동과 SML 절편의 이동

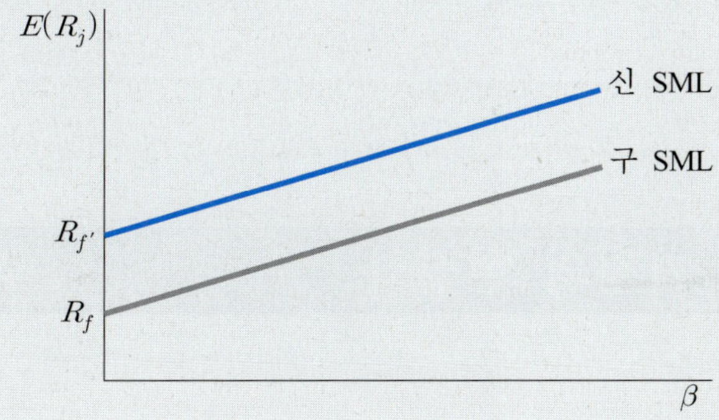

[그림 8-9] 시장위험보상률의 변화와 SML의 기울기

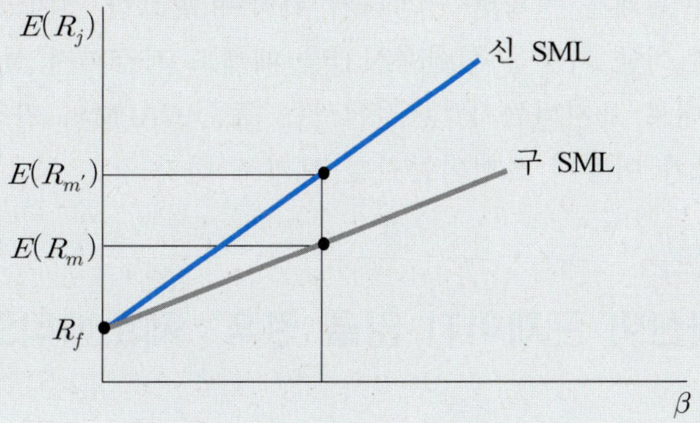

둘째, 경제의 무위험이자율이 상승하거나 하락하면 요구수익률도 상승하거나 하락한다. 따라서 실질금리와 변동을 초래하는 시중자금 수급의 변동요인이나 기대인플레이션의 증감이 예상되면 요구수익률은 변동한다. 결국 무위험이자율의 변동에 의한 요구수익률의 변동은 SML 절편의 이동으로 표현된다([그림 8-8]).

셋째, 시장위험의 증감으로 시장위험보상률(market risk premium) $[E(R_m)-R_f]$의 크기가 달라지면 요구수익률의 변동을 초래한다. 투자자들이 한 단위 위험부담에 대해 요구하는 투자수익의 정도는 경제 전반의 불확실성이 높아지거나 낮아지면 영향을 받는다. 시장위험보상률의 변동은 회사채 신용등급 AAA 수익률과 BBB 수익률의 차이인 수익률스프레드(yield spreads)의 변동과 상관성이 매우 높은 것으로 알려져 있다. 미국시장의 시장위험보상률은 과거 시계열자료에 근거할 때 평균적으로 5% 안팎의 수준을 보여 왔다. 이 같은 요인에 의한 요구수익률의 변동은 결국 SML

기울기의 변동으로 표현된다([그림 8-9]). 기울기가 높아지면 β계수가 큰 주식의 요구수익률의 상승폭이 보다 크다.

제 5 절 CAPM 가정의 현실화*

지금까지 CAPM을 설명하는 데는 여러 가지 비현실적 가정들을 내세웠다. 평균-분산기준의 가정, 동질적 미래예측의 가정, 무위험자산 존재의 가정, 완전시장의 가정 등이 그것이다. 이들 가정들은 비현실적이지만 자본자산의 가격결정구조, 즉 위험과 기대수익의 관계를 명확히 규정하기 위하여 필요한 것이었다.

그러면 이들 가정을 현실화시켰을 때에도 지금까지 설명한 표준 CAPM의 기본골격이 그대로 유지되는가? 본절에서는 표준 CAPM의 가정을 현실화하였을 때 가격결정구조가 어떻게 표현되는지를 보기로 하자.

1. 무위험자산이 존재하지 않을 경우 : 제로베타모형

현실의 자본시장에는 엄격한 의미에서 무위험자산이 존재하지 않는다. 국공채의 경우도 지급불능위험은 없다고 하더라도 인플레이션으로 인하여 실질수익률이 달라지는 위험을 지니고 있다. 만약 무위험자산이 존재하지 않는다면 지금까지의 표준 CAPM에서 설명하는 가격결정의 메카니즘은 그대로 유지될 것인가?

결론부터 말하면 무위험자산이 존재하지 않더라도 효율적인 시장포트폴리오만 존재한다면 CAPM의 기본구조는 그대로 유지된다. 이하에서 이를 살펴보자.

모든 투자자들이 기대수익과 표준편차(또는 분산) 기준으로 투자한다면 이용가능한 최소분산 포트폴리오는 [그림 8-10]의 곡선으로 표시된 부분으로 나타날 것이다. 블랙(F. Black)에 의하면 ① 효율적 포트폴리오를 결합시켜 얻게 되는 포트폴리오 또한 효율적 투자선상에 오게 되고, ② 효율적 투자선상의 모든 포트폴리오는 이 투자선의 하반부에 상관관계가 영(0)인 짝 포트폴리오(companion portfolio)를 지니게 되는데, 이 포트폴리오를 제로베타 포트폴리오(zero beta portfolio)라고 부른다.[9]

제로베타 포트폴리오는 시장수익률과의 공분산이 영이고, 체계적 위험(β) 또한

[그림 8-10] 제로베타형 SML

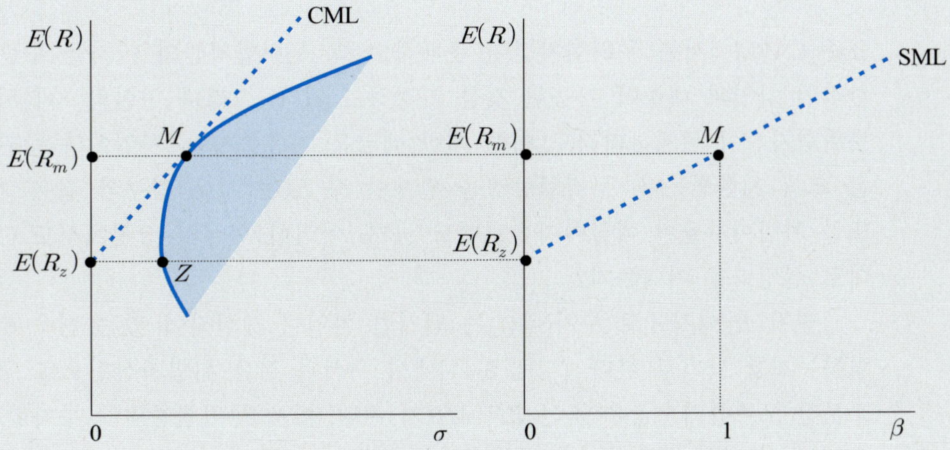

영으로 같지만 잔차분산이 영이 아닌 양(+)의 값을 가지는 포트폴리오이다. 제로베타 포트폴리오의 기대수익률을 $E(R_Z)$라고 표시하고 [그림 8-10]처럼 $E(R)$, β공간에 표시하면 Z가 제로베타 포트폴리오이다.

그런데 이를 $E(R)$, β공간에 표시하면, 체계적 위험이 모두 같으므로 기대수익률은 $E(R_Z)$로 모두 같아야 한다. [그림 8-10]의 오른쪽 그림은 이를 나타낸 것인데, 절편 $E(R_Z)$를 통과하고 기울기가 $E(R_m)-E(R_Z)$인 제로베타형 SML이 유도된다.

$$E(R_j) = E(R_Z) + [E(R_m) - E(R_Z)]\beta_j \tag{8.12}$$

이때 절편 $E(R_Z)$는 R_f보다 높기 때문에 기울기 $E(R_m)-E(R_Z)$는 표준 SML의 기울기보다 완만하게 된다. 이 모형은 추정된 $E(R_Z)$와 β_j 두 요인에 의해 자산의 균형기대수익률이 결정되므로 2요인 CAPM(two factor CAPM)이라고 부른다. 식 8.12에서도 CAPM의 기본구조가 그대로 유지됨을 볼 수 있다.

9) F. Black, "Capital Market Equilibrium with Restricted Borrowing," *Journal of Business*(July 1972).

2. 차입이 제한된 경우

표준 CAPM에서는 무위험자산이 존재하고 그 무위험자산의 이자율 수준으로 무제한적인 차입과 대출이 가능한 것을 가정하고 있다. 그러나 현실의 자본시장은 설령 무위험자산이 존재하더라도 이에 대한 예금은 자유롭지만, 차입이나 증권발행(공매)은 크게 제한받는다. 무위험증권을 발행할 수 있는 것은 정부와 같은 기관뿐이다. 또한 차입이자율이 예금이자율보다도 높다. 이러한 현실의 상황에서도 CAPM은 그대로 설명력을 지니는가?

먼저 R_f 이자율로 투자(예금)는 되지만 차입이 제한되어 있는 경우 CAPM이 성립하는지를 보기로 한다. [그림 8-11]에서 주식과 같은 위험자산만으로 구성되는 최소분산 포트폴리오군은 곡선 $ZP'ME$가 된다. 이제 무위험증권에 투자할 수 있다면 ZP'는 더 이상 효율적이지 못하다. I와 같은 무차별효용곡선을 가지는 방어적 투자자는 무위험증권(R_f)에 일부자금을 투자하고, 위험증권으로 결합된 포트폴리오로서 기울기인 $[E(R_p)-R_f]/\sigma_p$가 가장 큰 값을 가지는 포트폴리오 P'(R_f에서 접선을 그었을 때 만나는 점)에 나머지 자금을 투자하여 D와 같은 최적포트폴리오를 구성하고자 할 것이다.

투자자들이 무차별효용곡선 I'처럼 비교적 공격적 투자자라면 R_f 이자율로는 차입이 가능하지 못하므로 위험증권만으로 구성된 포트폴리오를 구성해야만 되는데 P'점 윗부분(예를 들어 포트폴리오 E)이 선택대상이 될 것이다. 이때 시장포트폴

[그림 8-11] 차입이 제한되어 있을 때의 CAPM

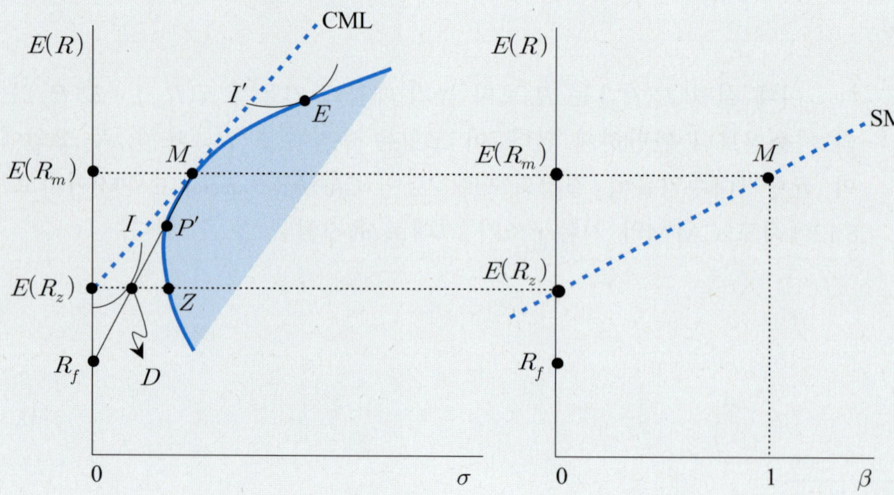

[그림 8-12] 차입과 대여이자율이 상이할 때의 CML과 SML

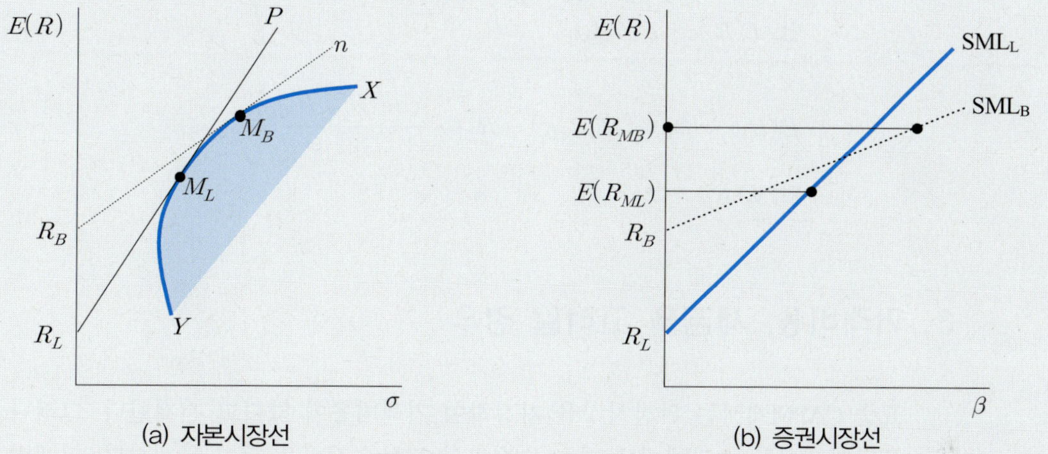

리오 M은 P'점 상위에 위치하게 되므로 효율적이다. 따라서 베타계수와 기대수익률은 선형관계로 표시되고, 이때 절편은 $E(R_Z)$, 기울기는 $E(R_m)-E(R_Z)$인 제로베타형 SML이 그대로 성립될 수 있음을 볼 수 있다.

다음으로 차입에는 제약이 없지만 대여(예금)이자율 R_L이 차입이자율 R_B보다 낮은 경우(복수이자율이 존재하는 경우)에 CAPM이 어떤 형태를 보이는지를 보자.

[그림 8-12](a)에서 차입이나 대여의 기회가 전혀 없다면 최소분산 포트폴리오는 YM_LM_BX가 된다. 그러나 이자율이 R_L인 무위험자산이 존재하게 되면 R_L과 M_L(M_L은 R_L에서 위험자산의 효율적 프론티어에 그은 접점) 사이의 포트폴리오가 YM_L보다도 더 효율적이기 때문에 방어적 투자자들에게는 R_LM_L이 최적포트폴리오가 된다.

한편 R_L보다 높은 R_B의 이자율로 차입이 가능하다면 M_B라는 포트폴리오가 구해진다. M_B는 R_B와 위험자산의 효율적 프론티어의 접점이다. 위험자산을 대상으로 하면 M_BX가 효율적이었으나, R_B의 이자율로 차입이 가능하면 M_Bn의 포트폴리오가 M_BX를 지배하므로, M_Bn포트폴리오가 공격적 투자자들의 최적포트폴리오가 된다.

차입이나 대여 어느 쪽도 이용하지 않는 투자자, 즉 자기자금만으로 위험자산 포트폴리오에 투자하는 투자자는 곡선 M_LM_B 사이의 포트폴리오를 선택할 것이다.

그래서 복수이자율이 존재할 경우는 CML이 두 선으로 대별되는데 [그림 8-12](a)에서 $R_LM_LM_Bn$이 된다. 마찬가지로 SML도 다음과 같이 두 개(식 8.13과 식 8.14)가 도출된다. 이를 그림으로 나타낸 것이 [그림 8-12](b)이다.

$$E(R_j) = R_B + [E(R_{MB}) - R_B] \cdot \frac{cov(R_j,\ R_{MB})}{\sigma^2_{MB}} \tag{8.13}$$

단, $E(R_j) > E(R_{MB})$

$$E(R_j) = R_L + [E(R_{ML}) - R_L] \cdot \frac{cov(R_j,\ R_{ML})}{\sigma^2_{ML}} \tag{8.14}$$

단, $E(R_j) > E(R_{ML})$

3. 거래비용, 세금을 고려할 경우

표준 CAPM에서는 완전시장을 가정하여 거래비용이 없다고 전제한다. 그러나 실제의 증권거래에는 증권매매에 따른 수수료와 정보수집비용 등이 발생한다. 거래비용이 존재할 때의 CML과 SML은 [그림 8-13]에서 보는 바와 같이 띠 모양을 갖게 된다.

[그림 8-13]에서 실선표시는 거래비용이 없다고 할 때의 CML, SML이다. [그림 8-13](b)에서 거래비용이 없다고 가정하면 증권 O는 과대평가된 것이고, 증권 U는 과소평가된 것이다. 그러나 실제의 거래비용을 고려해 보면 투자수익률이 점선범위까지 확대되어 주식 O나 주식 U의 거래를 통한 이득은 거래비용보다 적으므로 실제로 거래가 이루어지지 않는다. 이러한 상황에서는 CML과 SML은 띠모양을 하게 되고 그 폭도 거래비용이 클수록 커지게 된다.

표준 CAPM에서는 또한 세금이 없다는 가정을 하고 있다. 그러나 대부분의 투

[그림 8-13] 거래비용이 존재할 경우의 CML과 SML

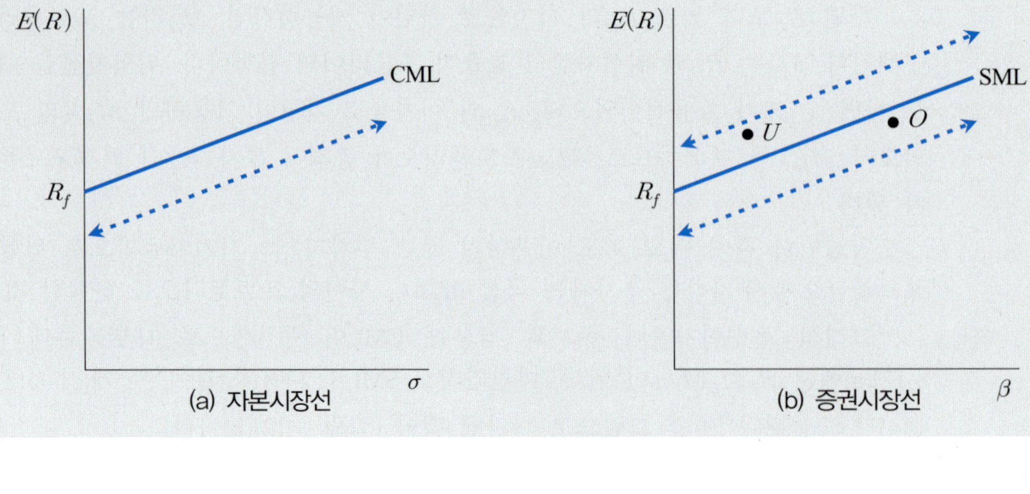

[그림 8-14] 세금이 존재할 경우의 CML과 SML

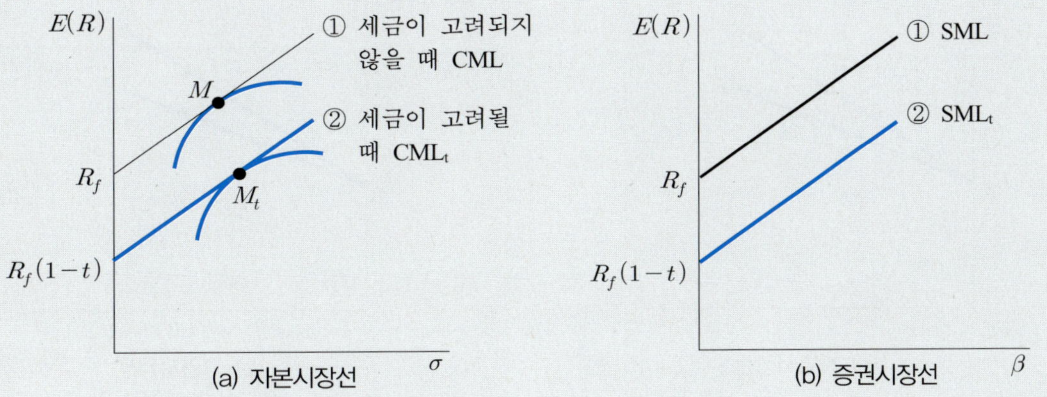

자자들은 배당소득 또는 자본소득(매매차익)에 대해 세금을 지불해야 한다. 이때 각 소득에 대한 세율에 차이가 나고 누진세율이 적용될 수도 있다. 이러한 세부적인 세율이 고려된다면 각 투자자에게 고유한 CML과 SML이 존재하게 될 것이고, 균형상태는 쉽게 형성되지 않을 것이다.

다만 간단하게 누구에게나 세율이 t수준으로 동일하다고 가정하여 세금을 고려하면 CML과 SML은 [그림 8-14]와 같게 된다. 세금을 고려하지 않을 때에는 ①의 모양을 그리겠지만, 세금이 존재하면 $(1-t)$만큼 하향조정이 되어 ②의 모양을 그리게 될 것이다. 또한 무위험이자율은 세금이 고려되지 않을 때에는 R_f이나, 세금이 고려되면 $R_f(1-t)$이다. 세금이 고려될 때의 CML은 $R_f(1-t)$와 M_t를 연결하는 직선이 되며 새로운 시장포트폴리오는 M_t가 된다. 또한 SML은 다음과 같이 표시할 수 있다.

$$E(R_j)(1-t) = R_f(1-t) + [E(R_{mt}) + R_f(1-t)]\frac{cov[R_j(1-t),\ R_{mt}]}{\sigma_{mt}^2} \tag{8.15}$$

4. 미래예측의 이질성과 다기간투자

표준 CAPM에서 중요한 가정의 하나는 모든 투자자들이 미래수익률분포에 대해 동질적 예측(homogeneous expectation)을 한다는 것이다. 그러나 현실적으로 각 투자자들은 이용하는 정보의 내용과 시기가 상이하고 해석능력에 차이가 있으므로 미래증권

[그림 8-15] 이질적 예측이 이루어질 경우의 CML과 SML

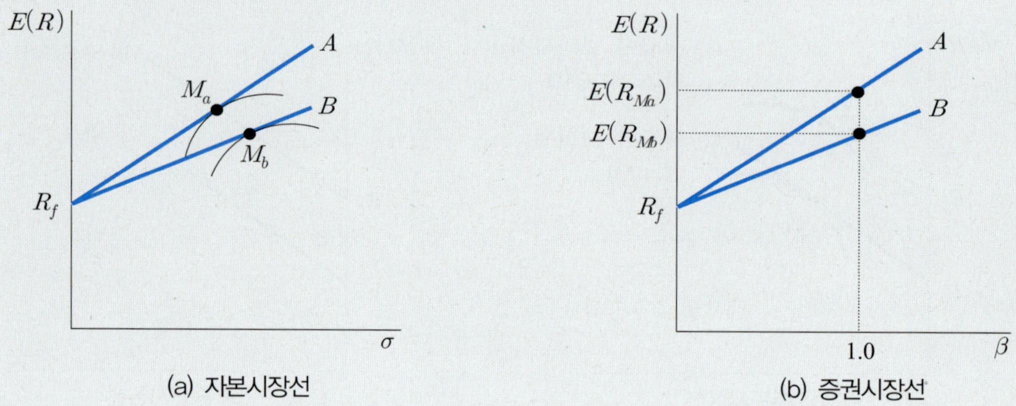

의 수익과 위험에 대하여 서로 이질적 예측(heterogeneous expectation)을 하게 된다.

투자자마다 이질적으로 예측을 하게 되면 시장포트폴리오도 각 투자자에 따라 상이해질 것이기 때문에 각 투자자에게 고유한 CML과 SML이 수없이 존재하게 된다.

지금 A집단의 투자자와 B집단의 투자자가 어느 한 주식에 대하여 서로 다른 예측을 하고 있다고 가정하면 CML와 SML은 [그림 8-15]와 같이 나타날 것이다. A집단은 M_a를 시장포트폴리오로, B집단은 M_b를 시장포트폴리오로 간주하고 있기 때문에 각 집단(투자자)은 각 주식의 균형가격을 서로 다르게 평가할 것이다. 만약 집단간의 기대의 차이가 크다면 시장의 균형상태는 단기적으로는 쉽게 이루어질 수 없을 것이다. 또한 표준 CAPM에서는 투자자들이 미시안적 투자시계를 가지고 단일기간에 걸쳐 투자하는 것을 가정하고 있다. 그러나 현실의 투자자는 다기간에 걸쳐 투자하면서 소비와 투자패턴을 조정하게 되는데, 파마(E. Fama)는 이 점을 고려하여 다기간(multi-period) CAPM을 도출한 바 있다.[10] 파마에 의하면 투자자의 위험선호도와 무위험이자율, 투자자산의 확률분포가 변화하지 않는 한 단일기간 CAPM이 그대로 유효한 것으로 밝히고 있다.

10) E.F. Fama, "Multiperiod Consumption-Investment Decisions," *American Economic Review* 60(1970).

5. 유동성 등 : 평균-분산 이외의 요인

표준 CAPM에서는 투자자들이 평균-분산기준에 따라 투자결정한다는 가정을 하였다. 그러나 현실의 투자자들은 평균-분산기준 이외의 다른 요인까지도 고려하여 투자결정을 한다. 예를 들어, 세율의 차이 때문에 투자소득으로서 배당보다도 자본이득을 선호할 수도 있고, 인플레이션이 증권가격에 미치는 영향을 고려할 수도 있다. 또한 유동성(liquidity)을 고려하기도 하고 투자수익률의 비대칭도(skewness)까지 고려하기도 한다.

이 가운데 근래 많은 관심을 모으고 있는 것은 유동성 요인이다. 여기서 유동성이란 증권을 원하는 시기에 적절한 가격으로 처분하여 현금화시킬 수 있는 능력을 말한다. 현실적으로 유동성 부족으로 높은 프리미엄을 지급해야 하는 경우를 많이 볼 수 있다. 비공개법인이 크게 할인된 가격(미국의 경우는 30% 정도)으로 거래되는 예는 유동성 부족 프리미엄의 대표적 예이다.

아미드 · 멘델슨(Y. Amihud & H. Mendelson)은 투자자산의 기대수익률 결정요인으로서 유동성 요인을 체계적으로 분석한 바 있는데, 이들은 유동성 부족 프리미엄(illiquidity premium)의 크기가 위험보상률과 거의 같은 수준일 정도로 중요하다고 주장하고, 유동성 프리미엄을 고려하는 CAPM으로서 다음 식 8.16을 제시하고 있다.[11)]

$$E(R_j) - R_f = [E(R_m) - R_f] \cdot \beta_j + f(C_j) \tag{8.16}$$

단, $f(C_j)$: 유동성 부족 프리미엄에 영향을 주는 거래비용의 함수

이 유동성 부족 프리미엄은 특히 거래비용의 상각기간이 짧은 단기투자자에게 높고, 거래비용의 증가함수이지만 체감하는 것으로 주장하고 있다. 이들은 실증적 분석도 시도하고 있는데 유동성 부족의 정도를 증권매수 · 매도의 호가차이(bid-ask spread)로 측정할 때 유동성 부족이 없는 주식과 비교해서 유동성 부족이 심한 주식이 연간 8% 정도의 유동성 부족 프리미엄을 지급하는 것으로 분석하고 있다([그림 8-16]). 한편 아디트(F.D. Arditti)는 평균-분산 이외의 요인으로서 비대칭도를 강조하고 있다.[12)] 이에 의하면 투자자들은 보다 높은 기대수익률과 보다 낮은 분산(위험),

---

11) Y. Amihud & H. Mendelson, "Asset Pricing and the Bid-Ask Spread," *Journal of Financial Economics* 17(1986), pp.223～249.

12) 투자자들의 선택기준으로 평균-분산 이외에 비대칭도까지 포함되고 있다는 실증적 증거를 제시하는 논문으로는 다음을 참조. F.D. Arditti, "Risk and Required Rate of Return on Equity," *Journal of Finance*, Vol. 22(Mar. 1967), pp.19～36.

[그림 8-16] 유동성 부족 프리미엄

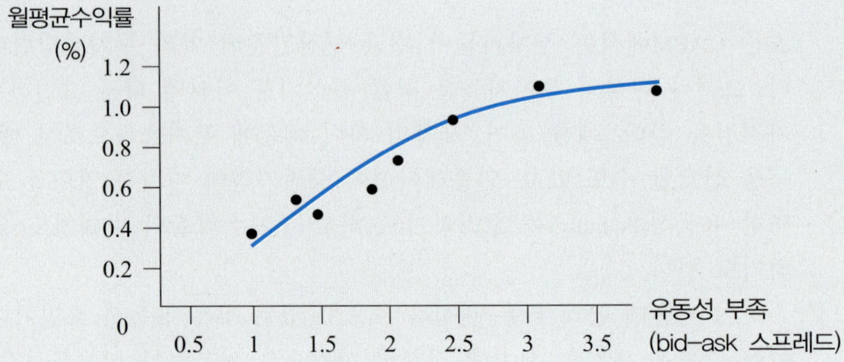

그리고 오른쪽으로 꼬리가 난 비대칭도를 선호하게 되므로 균형조건을 나타내는 관계식은 3차원의 공간(면)의 형태를 보인다고 주장하고 있다. 세 개 이상의 요인이 고려되면 복잡해지겠지만 평균-분산의 두 요인만이 고려될 때의 증권시장선과 같은 시장균형의 관계식을 도출할 수 있는 것이다.

제6절 CAPM의 실증적 검증*

자본시장에서 자본자산의 가격결정 원리를 설명하는 이론체계로서 CAPM은 얼마나 현실적인 설명력을 지니는가? 특히 CAPM은 이론구성상 현실을 단순화시키고 있어 비현실적인 가정이 문제가 되고 있다. 중요한 점은 이와 같은 현실의 단순화 때문에 생기는 손실이 어느 정도인지를 보기 위해서는 모형(CAPM)이 예측하는 바와 실제 현실에서 관찰되는 현상의 갭이 어느 정도인지를 밝히는 실증분석이 필요하다.

1. CAPM 실증분석상의 논점

CAPM에 대한 실증분석이 의미 있기 위해서는 실증분석의 설계가 잘 될 필요가 있다. 실증분석상 당면하는 첫 번째 문제는 CAPM은 본래 미래의 사전 기대치(ex-ante expectation)로 표현된 것인데, 어떻게 사후적으로 실증분석하느냐의 문제이다. 환언하면 표준 CAPM은 다음 식처럼 모든 변수가 미래 기대치로서 표시되어 있다. 베타계수도 증권의 미래베타인 것이다.

$$E(R_j) = R_f + [E(R_m) - R_f]\beta_j$$

그러나 이들 기대치에 대한 자료를 모두 얻어내는 것은 사실 불가능하므로 CAPM의 모든 실증분석은 사후적(ex-post)으로 이들 변수들의 관찰치를 사용하고 있다. 따라서 사후적 관찰치를 사용하여 사전적 기대모형을 검증할 수 있느냐 하는 논리적인 문제점이 제기될 수 있다. 그러나 미래 기대치란 장기간 걸쳐 보면 대체적으로 과거 평균치와 같아지므로 실제 사건의 관찰치를 기대치 대용물로 사용하는 것이 큰 무리가 없게 된다는 근거에서 실증분석을 시도해 볼 수 있다.

한편 단일지표모형과 사전적 CAPM의 관계에서 보면 증권수익률은 다음과 같이 표시된다.13)

$$\widetilde{R}_t = \widetilde{R}_f + (\widetilde{R}_{mt} - R_f)\beta_j + \tilde{\epsilon}_{jt} \qquad \text{(여기서 ~는 확률변수)} \qquad (8.17)$$

따라서 사후적 자료를 이 식에 대입할 수 있으므로 사전적 CAPM을 검증하는 한 방법이 된다. 이 식에서는 다음의 세 가지 가정이 있음에 주의해야 한다.

① 모든 기간에서 시장모형은 성립한다.
② 모든 기간에서 CAPM은 성립한다.
③ 모든 기간에서 베타(β)는 안정적이다.

결국 사후적 자료를 가지고 이 모형을 검증한다면 이들 세 가지 가정을 동시에 검증하는 셈이 된다.

---

13) 단일지표모형은 $\widetilde{R}_{jt} = \alpha_j + \beta_j \widetilde{R}_{mt} + \tilde{\epsilon}_{jt}$ (~은 확률변수) …………… ①
j증권수익률의 기대치는 $E(R_j) = \alpha_j + \beta_j E(R_m)$ ……………………… ②
②를 ①에 대입하면 $\widetilde{R}_{jt} = E(R_j) + [\widetilde{R}_{mt} - E(R_m)]\beta_j + \tilde{\epsilon}_{jt}$ ………… ③
③에 다시 표준 CAPM인 $E(R_j) = R_f + [E(R_m) - R_f]\beta_j$를 대입하면 식 8.17이 성립한다.

2. 실증분석방법

그간 CAPM에 대한 수많은 실증분석이 이루어져 왔는데 본절에서는 먼저 CAPM의 실증분석에서 검증되어야 할 검증가설과 검증방법을 소개하고, 대표적인 검증결과를 소개하기로 한다.

(1) CAPM의 실증분석에서 검증되어야 할 가설

시장균형모형으로서 CAPM이 얼마나 타당한 모형인지를 보기 위해서 검증해야 할 가설들은 앞의 절에서 설명한 CAPM의 결론이 될 것이다. 즉,

① 위험(베타계수)이 높으면 수익률이 높아야 한다.
② 수익률과 β의 관계는 선형적이다. 즉, 한 단위 베타의 증가가 있으면 수익률도 비례적으로 증가해야 한다.
③ 비체계적 위험인 잔차분산에 대해서는 위험보상(추가적인 투자수익)이 없다.

한편 CAPM이라는 균형모형이 항상 성립하기 위해서는 페어게임(fair game) 원칙이 성립되어야 한다. 즉, 개별증권 혹은 포트폴리오 수익률과 균형수익률의 편차는 순전히 무작위(random)적인 것이어서, 이 편차를 이용하여 초과수익을 얻을 수 없어야 한다.

이 밖에도 표준 CAPM이 성립하는지는 구체적으로 SML의 절편이 R_f, 그리고 기울기가 $E(R_m) - R_f$와 같은지를 실증분석함으로써 가능할 것이다. 반면 2요인 CAPM에서는 절편이 R_Z, 기울기가 $E(R_m) - E(R_Z)$와 같은지를 검증하는 것이 될 것이다.

(2) 검증방법

CAPM에 대한 검증에 가장 많이 사용되는 방법은 2단계 회귀분석방법(two stage regression)이다.

첫째 단계에는 시계열자료를 이용하여 β계수를 추정하는 시계열회귀분석(first pass time-series regression)을 행한다. 즉, 다음과 같이 일정기간 동안의 개별증권의 수익률자료와 시장지수를 회귀분석하는 것이다.

$$R_{jt} = \alpha_j + \beta_j R_{mt} + \epsilon_{jt} \quad (8.18)$$

둘째 단계에서는 첫째 단계에서 구해진 증권 j의 베타 β_j, 잔차분산 $\sigma^2(\epsilon_j)$와 투자수익률 $\overline{R}_j$의 관계를 횡단면회귀분석(second pass cross-sectional regression)하는 것이다.

$$\overline{R}_j = \alpha_1 + \alpha_2 \beta_j + \alpha_3 \sigma^2(\epsilon_j) + \mu_j \quad (8.19)$$

단, $\sigma^2(\epsilon_j)$: 첫째 단계에서 얻어진 증권 j의 잔차분산
μ_j : 잔차항

그래서 CAPM을 검증하는 것은 이 식에서 다음 관계가 성립하는지를 밝히는 것이 된다.

$$a_1 = R_f \text{ 혹은 } R_Z$$
$$a_2 = \overline{R}_m - R_f \text{ 혹은 } \overline{R}_m - \overline{R}_Z$$
$$a_3 = 0$$

3. 주요 실증분석결과

(1) 샤프 · 쿠퍼의 실증연구[14)]

베타계수와 증권수익률 간에 正의 선형관계가 있음을 실증적으로 밝힌 연구로서 비교적 간단한 형태로는 샤프 · 쿠퍼(W.F. Sharpe & G.M. Cooper : 1972)의 연구가 있다.

샤프와 쿠퍼는 1931년부터 1967년 기간에 걸쳐 NYSE에 상장된 모든 주식을 대상으로 이들의 60개월에 걸친 투자수익률 자료로부터 개별증권의 β를 구한 다음 β 크기순으로 10개 그룹 포트폴리오로 나누었다. 그 다음 각 포트폴리오마다 균등하게 투자자금을 배분하였을 때의 포트폴리오 β와 평균수익을 구하였다. [그림 8-17]은 그들의 연구결과로서 베타가 높을수록 투자수익이 높은 正의 상관관계를 나타내고 있다.[15)]

14) W.F. Sharpe & G.M. Cooper, "Risk-Return Class of New York Stock Exchange Common Stocks, 1931～1967," *Financial Analysts Journal* 28(Mar.～Apr. 1972), pp.46～52.

[그림 8-17] CAPM의 검증 (샤프 · 쿠퍼의 연구)

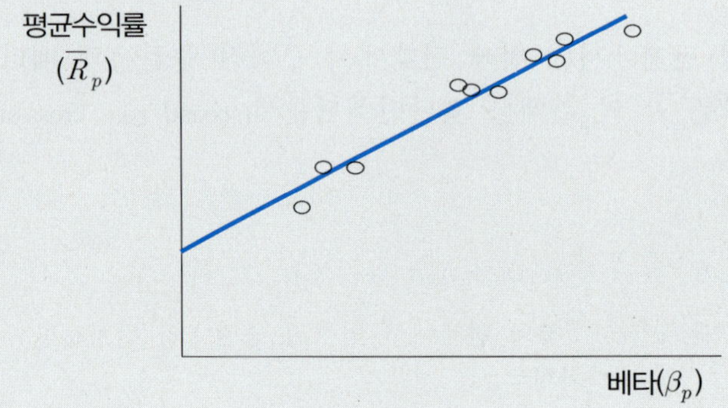

(2) 블랙 · 젠센 · 숄즈의 검증(시계열검증)

CAPM에 대한 실증적 연구는 많이 이루어졌지만, 1970년대 초 이전에는 여러 가지 방법론상의 문제점을 지니고 있는 것으로 지적되었다.

가장 중요한 문제점은 제1단계의 시계열회귀분석에 의한 개별주식의 베타측정이 측정오차(measurement error)를 지님으로써 2단계의 횡단면회귀분석에서의 SML 추정시 추정 기울기가 이론적 기울기보다도 낮게 추정되는 편의(bias)를 갖게 되는 점(변수오차의 문제점)이었다. 또 하나의 문제점은 잔차분산과 베타계수 사이에 상관관계가 존재함으로써 베타계수가 높은 주식일수록 비체계적 위험이 높으며 결과적으로 비체계적 위험의 크기가 과대계상되는 점이었다.

이러한 SML 추정상의 문제점은 몇 가지 시도로 줄일 수 있다. 하나는 개별주식을 대상으로 하지 않고 포트폴리오를 구성함으로써 베타측정의 오차를 줄이고 포트폴리오 베타의 분포도 가급적 넓게 흩어지도록 구성하는 것이다. 또 하나는 하위기간을 달리하여 포트폴리오 베타를 추정함으로써 진정한 베타측정의 가능성을 높이는 것이다.

블랙 · 젠센 · 숄즈(BJS : F. Black, M. Jensen, M. Scholes : 1972)는 이러한 측면에서 연구방법을 개선하고자 하였다.[16] 이들은 1926년부터 1965년 기간에 NYSE에서 거래되는 모든 주식을 대상으로 다음 식으로 시계열검증을 시도한 바 있다. 만약

15) 이들 양자의 순위상관계수는 0.93으로서 1% 수준에서 통계적 유의성이 있는 것으로 평가되고 있는데, 양자의 관계를 나타내는 선형함수식은 $\overline{R}_p = 5.54 + 12.75\beta_p$ 로 제시되고 있다.

16) F. Black, M.C. Jensen & M. Scholes, "The Capital Asset Pricing Model : Some Empirical Test," in Jensen ed., *Studies in the Theory of Capital Markets*(New York : Praeger, 1972).

CAPM이 설명력이 있으면 절편 회귀계수 α_j는 영(0)이어야 할 것이므로 이를 집중적으로 검증하였다.[17)]

$$R_{jt} - R_{ft} = \alpha_j + \beta_j (R_{mt} - R_{ft}) + \epsilon_{jt}$$

이들의 연구설계에서 특기할 만한 점은 다음과 같이 세 개의 하위기간으로 나누어 포트폴리오를 구성하여 SML을 추정함으로써 기존의 연구방법상의 문제점을 줄이고자 한 점이다. BJS는 이와 같은 방법으로 35년간에 걸쳐 매년 포트폴리오를 재구성하여 이렇게 형성된 포트폴리오 수익률과 시장지수를 회귀시켜 절편, 기울기, 상관계수 등을 계산하였다.

이 연구결과에서 특기할 점은 절편이 영(0)과 차이가 나며, $\beta>1$인 경우는 절편이 負(−)이고, $\beta<1$인 경우는 절편이 正(+)인 점이다. 이와 같은 결과는 표준 CAPM보다도 2요인 CAPM이 설명력이 더 있음을 반증하는 것이다.[18)]

하위기간 Ⅰ (표본 포트폴리오 구성)	하위기간 Ⅱ (1단계 회귀분석)	하위기간 Ⅲ (2단계 회귀분석)
모든 개별주식의 5년간의 수익률과 시장지수수익률을 대응시켜 베타를 계산하고, 이 베타의 크기순으로 10개 그룹의 포트폴리오(각 그룹 50개 주식)를 구성	Ⅰ에서 구성된 포트폴리오의 베타를 두 번째 기간의 5년간 시계열자료를 가지고 재추정하여 진정한 베타로 삼음.	포트폴리오의 평균수익률을 Ⅲ의 기간의 자료로부터 구하여 Ⅱ에서 추정된 β와 회귀분석함으로써 SML 추정

한편 이들은 앞에서 구해진 포트폴리오 수익률과 β자료를 가지고 횡단면 검증을 초과수익형으로 회귀분석하여 다음과 같은 SML 결과를 제시하고 있다.[19)]

$$\overline{R}_j - R_f = 0.00359 + 0.01080\beta_j \qquad R^2 = 0.98$$

---

17) 개별증권 β를 이용하면 잔차항(ϵ_{it}, ϵ_{jt})간에 독립적이지 못하기 때문에 $\alpha_j=0$인지를 검증할 수 없다. 그러나 포트폴리오 β를 구해서 이용하면 잔차항간의 독립성이 인정되므로 $\alpha_j=0$인지에 대한 검증이 가능해진다.

18) 제로베타 CAPM $R_{jt} = \overline{R}_Z + [R_{mt} - R_Z]\beta_j$에서 $\overline{R}_Z$를 중심으로 정리하면 $R_{jt} = \overline{R}_Z(1-\beta_j) + \beta_j R_{mt}$이다. 그런데 실증모형은 $R_{jt} = \alpha_j + R_f(1-\beta_j) + \beta_j R_{mt}$이므로 결국 $\alpha_j = (R_Z - R_f)(1-\beta_j)$이어야 한다. 그런데 $\overline{R}_Z > R_f$이므로 $\beta_j < 1$이면 $\alpha_j > 0$, 반대로 $\beta_j > 1$이면 $\alpha_j < 0$이 된다.

19) 여기서 추정된 SML식의 기울기 0.01080은 월간 수익률 자료를 이용한 것이므로 연간으로 환산하면 기울기(시장위험보상률)는 12.3724%가 된다.

(3) 파마와 맥베드의 검증[20]

파마 · 맥베드(F&M ; E.F. Fama & J. Macbeth : 1973)는 BJS가 사용한 동일한 기초자료 및 유사한 연구방법을 이용하여 CAPM을 검증하였다.

파마 · 맥베드가 검증하고자 하는 식은 다음과 같다.

$$\widetilde{R}_{jt} = \hat{\gamma}_{0t} + \hat{\gamma}_{1t}\beta_j + \hat{\gamma}_{2t}\beta_j^2 + \hat{\gamma}_{3t}S_{ej} + \mu_{jt} \tag{8.20}$$

이 식을 통해서 CAPM에 관련된 주요 가설들의 검증이 가능하게 된다. 즉, CAPM에 의하면 검증하는 바는 다음과 같다.

① $E(\hat{r}_{3t})=0$, 즉 잔차위험(S_{ej})은 수익률에 영향을 주지 않는다.
② $E(\hat{r}_{2t})=0$, 즉 증권시장선은 비선형적이 아니다.
③ $E(\hat{r}_{1t})>0$, 즉 자본시장에서 체계적 위험, 베타에 대한 위험보상의 가격은 正(+)이다.

구체적인 검증절차는 두 단계로 나누어지고 있다. 첫 단계에서는 BJS 방법처럼 기간별 시계열자료를 이용하여 베타계수를 구하고 그 크기에 따라 20그룹(1/20씩)의 포트폴리오를 구성하여 포트폴리오 β를 구한다. 둘째 단계는 앞에서 구해진 포트폴리오 베타(β_p)를 기준으로 하여 식 8.20의 검증식에서 매월마다 추정된 회귀변수들의 변화 정도를 감안하여 통계적 검증을 시도하는 것이다.

예를 들면, 일차적으로 1926년부터 1929년 기간에 걸쳐 NYSE에 상장된 모든 주식에 대하여 동일가중치의 시장포트폴리오와 개별주식 수익률을 회귀시켜 β를 구한 다음, 이를 β크기의 순에 따라 20개 그룹의 포트폴리오로 분류한다. 각 포트폴리오의 β_p는 그 다음 기간인 1930년부터 1934년 기간에 걸쳐 수익률과 시장지수를 회귀시켜 추정한 다음, 이 추정 β_p를 근거로 1935년부터 1938년 기간(48개월)의 다음 달 기대되는 포트폴리오 수익률을 구한다. 즉 1935년 1월의 포트폴리오 수익률($r_{p,j35}$)은 다음 관계식에 의해서 예측되는데, 여기서 $\widehat{\beta}_p$는 1930년부터 1934년 기간의 시계열자료에서 추정된 포트폴리오 베타이다.

20) E.F. Fama & J. Macbeth, "Risk, Return and Equilibrium : Empirical Test," *Journal of Political Economy* 71(May ~June 1973), pp.607~636.

$$\hat{r}_{p,j35} = \alpha_0 + \alpha_1 \widehat{\beta}_p + \epsilon_{p,j35} \tag{8.21}$$

끝으로 각 월에 대해서 포트폴리오 월별 수익률과 β_p를 대응시켜 월별 증권시장선(SML)을 추정한다.

이와 같은 방법으로 주식 β의 추정, 포트폴리오 구성, 월별 증권시장선의 추정을 1935년부터 1968년 사이의 하부기간 동안 9번 반복하여 총 390개의 $\hat{\gamma}_0$, $\hat{\gamma}_1$, $\hat{\gamma}_2$, $\hat{\gamma}_3$를 추정하였다. 끝으로 이들 회귀계수의 평균치들과 표준편차를 구하여 처음에 세운 가설을 검증하였다.

F&M 검증결과는 다음 식으로 요약된다(식 아래의 숫자들은 각 계수의 평균치이고, *표시는 평균이 0과 다르다는 것을 90% 이상 신뢰할 수 있는 경우이다).

$$\hat{\gamma}_{p,t} = \underset{0.0020}{\gamma_{0,t}} + \underset{0.0114^*}{\gamma_{1,t}\widehat{\beta}_p} + \underset{-0.0026}{\gamma_{2,t}\beta_p^2} + \underset{0.0516}{\gamma_{3,t}\widetilde{S}_{e,p}} + \mu_{p,t} \tag{8.22}$$

이 결과는 표준 CAPM이 예상되는 바와 완전히 일치하는 것은 아니다. 그러나 자본시장에서의 체계적 위험에 대한 위험보상가격은 正(+)이고, β와 증권수익률은 선형관계에 있으며, 잔차분산은 기대수익률에 영향을 주지 않음을 보여주고 있다.

한편 F&M은 식 8.22의 검증결과에 따라서 통계적으로 0인 변수를 제거한 후 다음의 식에 의해서 또다시 검증하였다.

$$\hat{\gamma}_{pt} = \gamma_{0t} + \gamma_{1t}\widehat{\beta}_p + \mu_{pt} \tag{8.23}$$

그 결과 절편($\hat{\gamma}_0$)은 R_f보다 크고 기울기($\hat{\gamma}_1$)는 $(\overline{R}_m - R_f)$보다 작게 나타났다. 이처럼 절편이 R_f보다 큰 결과는 2요인 CAPM이 보다 설명력이 있음을 반증하는 결과로 해석할 수 있다.

4. CAPM의 검증가능성에 대한 Roll의 비판

지금까지 시장균형모형으로서의 CAPM에 대한 주요 실증분석 결과를 소개하였다. 그러나 CAPM은 결코 검증될 수 없다는 주장이 롤(R. Roll)에 의해서 제시된 바 있다.[21] 롤의 주장을 요약하면 다음과 같다.

롤에 의하면 CAPM은 시장포트폴리오의 효율성을 전제로 전개된 것이므로 사후적 자료에 의한 CAPM의 검증은 곧 시장포트폴리오가 사후적으로 효율적이냐에 달려 있다. 왜냐하면 사후적으로 평균-분산기준으로 효율적 포트폴리오가 시장포트폴리오로 선택된다면, 이 시장지표를 이용하여 구해진 베타와 이의 함수로 표시되는 기대수익률의 관계, 즉 증권시장선(SML) $\overline{R}_j = \overline{R}_Z + (\overline{R}_p - \overline{R}_Z)\beta_{jp}$는 언제나 수학적으로 성립하기 때문이다. 즉, 베타가 어느 효율적 포트폴리오를 사용하여 계산되기만 하면 자산의 수익률은 정확히 베타의 선형함수로 표시된다는 것이다. 반대로 베타를 구하는 데 사용된 포트폴리오가 효율적이지 못하다면 수익률은 베타의 선형함수가 아닌 것이 수학적으로 증명된다. 결과적으로 기대수익률과 베타의 선형적 관계를 밝히는 것은 독립적으로 검증될 사안이 아니다.

예를 들어, [그림 8-18]에서 포트폴리오 M_1과 M_2는 최소분산의 효율적 포트폴리오 집합(minimum variance efficient set)이지만 진정한 시장포트폴리오가 아니다. 이제 시장지표의 대용물(surrogate)로 효율적 투자선상의 포트폴리오 M_1을 이용할 경우에는 모든 주식들은 SML_1상에 놓이게 된다. 그러나 시장지표의 대용물로 포트폴리오 M_2를 이용할 경우에는 모든 주식들은 SML_2상에 놓이게 된다. 이때 개별주식 A의 베타(β)는 시장지표를 어느 것으로 이용하느냐에 따라 β_{A1}으로 계산될 수도 있고 β_{A2}로도 계산될 수 있다.

이처럼 개별주식의 베타는 시장지표의 대용물로 무엇을 이용하였는가에 따라서

[그림 8-18] 시장지표 대용물의 선택과 증권시장선(SML)

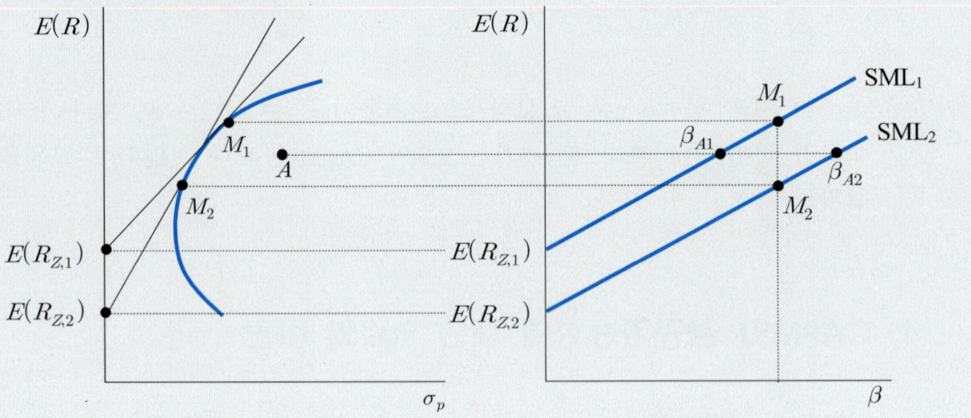

21) R. Roll, "A Critique of the Asset Pricing Theory's Tests : Part Ⅰ : On Past and Potential Testability of the Theory," *Journal of Financial Economics* 4, No. 2(Mar. 1977), pp.129～176.

달라지고, 그 시장지표의 대용물이 효율적 포트폴리오인 한에서는 개별주식의 기대수익률과 베타의 관계가 수학적 관계에서 SML_1, SML_2처럼 직선으로 표시된다.[22] 결국 시장포트폴리오의 대용물로 선택된 시장지표가 사후적으로 효율적이면 그 사후적 자료에 관련하여 CAPM은 수학적으로 항상 성립하게 되는 것이다.

따라서 사후적 자료에 의해 CAPM을 검증한 결과 모든 주식이 SML상에 있다고 하더라도 이는 단순히 진정한 의미의 시장포트폴리오의 대용물로 이용된 시장지표가 사후적으로 효율적이라는 것을 말해 줄 뿐 그것 자체로 CAPM이 성립한다는 것을 뜻하지 않는다. 반대로 CAPM 검증결과 많은 주식들이 SML상에 놓여 있지 않는 것으로 밝혀진다면, 이는 이용된 시장포트폴리오가 효율적이지 못한 데 기인할 수 있으므로 CAPM이 성립하지 않는다고 결론 지을 수는 없다.

따라서 롤에 의하면 CAPM을 검증하는 유일한 방법은 궁극적으로 선택된 시장지표가 진정한 시장포트폴리오인지 여부를 밝히는 것이 된다.

그러나 진정한 시장포트폴리오를 발견하는 것은 사실상 불가능하다. 왜냐하면 진정한 시장포트폴리오는 주식뿐만 아니라 채권, 부동산, 인적 자산 등 모든 자본자산을 포함하는 것이기 때문이다. 따라서 진정한 시장포트폴리오를 모르기 때문에 사후적 자료에 의한 CAPM의 검증이 불가능해진다.

결론적으로 롤에 의하면 지금까지의 CAPM에 대한 대부분의 실증적 검증들은 이와 같은 수학적 계산결과만을 이야기하는 반복어(tautology)일 뿐이지, 엄격한 의미에서 CAPM을 지지하거나 반대하는 증거를 제공하지 못한다고 비판하고 있다.

---

22) CAPM의 타당성 문제는 시장의 정보효율성을 평가하는 기준과 관련하여 중요한 문제가 되고 있다. 즉, 강형 효율적 시장가설(strong-form EMH)에서는 투자신탁의 투자성과를 가지고 이 가설을 검증하는데, 이때 투자성과 기준으로 SML을 사용하기도 한다. 따라서 시장지수로서 무엇이 사용되었느냐에 따라서 투자성과의 평가결과가 달라질 수 있다. 이에 대한 상세한 설명은 제10장 제2절 3항 (3) 참조.

보론 CAPM(SML)의 유도

비효율적인 개별증권의 기대수익률과 위험의 관계를 보기 위해서 [그림 A8-1]에서 개별증권 j와 시장포트폴리오 M의 관계를 보기로 하자. 이 그림에서 $R_f M$을 잇는 직선은 무위험자산이 존재하고 무위험이자율(R_f) 수준으로 차입과 대출이 가능할 경우 얻게 되는 완전분산투자된 효율적 포트폴리오인 자본시장선(CML)을 나타낸다.

이제 시장포트폴리오 M과 비효율적인 개별증권 j를 결합하여 새로운 포트폴리오를 만드는데, 이때 개별증권 j에의 투자비율을 w, 시장포트폴리오 M에 대한 투자비율을 나머지 $(1-w)$라고 하자. 그러면 이 포트폴리오의 기대수익률 $E(R_p)$와 위험 σ_p는 두 자산의 결합으로 생각할 수 있으므로 다음과 같이 표시된다.

$$E(R_p) = wE(R_j) + (1-w)E(R_m) \tag{A8.1}$$

$$\sigma_p = [w^2\sigma_j^2 + (1-w)^2\sigma_m^2 + 2w(1-w)\sigma_{jm}]^{1/2} \tag{A8.2}$$

식 A8.1과 식 A8.2를 w에 관해 미분하여 $w=0$ 부근(전액을 시장포트폴리오에 투자하는 경우)에서 평가하면 다음과 같다.

$$\left.\frac{dE(R_p)}{dw}\right|_{w=0} = E(R_j) - E(R_m) \tag{A8.3}$$

[그림 A8-1] SML(증권시장선)의 유도

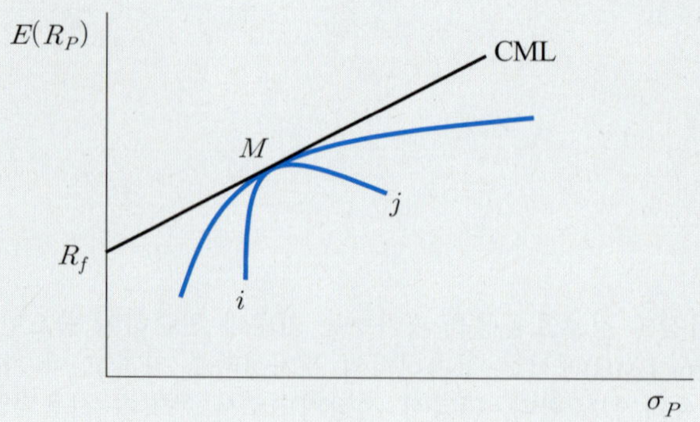

$$\left.\frac{d\sigma_p}{dw}\right|_{w=0} = \left.\frac{2w\sigma_j - 2\sigma_m^2 + 2w\sigma_m^2 + 2\sigma_{jm} - 4w\sigma_{jm}}{2\sqrt{w^2\sigma_j^2 + (1-w)^2\sigma_m^2 + 2w(1-w)\sigma_{jm}}}\right|_{w=0} = \frac{\sigma_{jm} - \sigma_m^2}{\sigma_m} \quad \text{(A8.4)}$$

식 A8.3을 식 A8.4로 나누어 $w=0$ 부근에서 $E(R_p)$의 σ_p에 대한 한계대체율(marginal rate of substitution)인 $\frac{dE(R_p)}{d\sigma_p}$를 구하면,

$$\frac{dE(R_p)}{d\sigma_p} = \frac{dE(R_p)/dw}{d\sigma_p/dw} = \frac{E(R_j) - E(R_m)}{(\sigma_{jm} - \sigma_m^2)/\sigma_m} \quad \text{(A8.5)}$$

한편, 투자자들은 자본시장선(CML)상을 따라 투자를 결정하게 되는데, CML상의 $E(R_p)$의 σ_p에 대한 한계대체율$\left(\frac{dE(R_p)}{d\sigma_p}\right)$은 곧 CML의 기울기가 된다. 따라서 다음 관계가 성립한다.

$$\frac{dE(R_p)}{d\sigma_p} = \frac{E(R_m) - R_f}{\sigma_m} \quad \text{(A8.6)}$$

식 A8.6(CML의 기울기)과 식 A8.5(한계대체율)는 같아야 하므로 다음과 같이 놓을 수 있다.

$$\frac{E(R_j) - E(R_m)}{(\sigma_{jm} - \sigma_m^2)/\sigma_m} = \frac{E(R_m) - R_f}{\sigma_m} \quad \text{(A8.7)}$$

식 A8.7을 전개하여 $E(R_j)$에 관하여 풀면

$$E(R_j) = R_f + [E(R_m) - R_f]\frac{\sigma_{jm}}{\sigma_m^2} \quad \text{(A8.8)}$$

식 A8.8에서 $\frac{\sigma_{jm}}{\sigma_m^2}$은 증권 j수익률이 시장포트폴리오 M의 수익률에 얼마나 민감하게 변동하느냐를 나타내는 체계적 위험척도인 β_j이다. 식 A8.8을 β_j에 대하여 표시하면 다음의 증권시장선(SML)을 얻는다.

$$E(R_j) = R_f + [E(R_m) - R_f]\beta_j \quad \text{(A8.9)}$$

주요용어

자본자산가격결정모형
CAPM의 가정
평균-분산기준
동질적 예측
완전시장
자본시장선(CML)
시장포트폴리오
차입포트폴리오
토빈의 분리정리
위험보상률
증권시장선(SML)
균형가격
적정균형수익률
등베타선
초과수익률
제로베타 포트폴리오
유동성 부족 프리미엄
CAPM의 검증
2단계 회귀분석
시장지표

연습문제

1. [CAPM의 개념정리] CAPM의 의의와 기본가정에 대하여 설명하라.

2. [CML과 SML의 비교] 자본시장선(CML)과 증권시장선(SML)의 의의를 설명하고, 시장균형모형으로서 양자를 비교하라.

3. [SML] 만약 무위험이자율은 변화가 없고, 시장기대수익률만 증가한다면, 증권시장선에는 어떤 영향이 있겠는가?

4. [SML과 요구수익률 추정] 다음 자료에 근거하여 답하라. 주식 A와 시장수익률자료는 다음과 같다. 무위험이자율(R_f)=6%

주 식	기대수익률	위 험(σ)	상관계수
A	14%	12%	$\rho_{AM}=0.8$
시장지수수익률	12%	10%	

① 주식 A의 베타는 얼마인가?
② 주식 A의 요구수익률은 얼마인가?

5. [CAPM 종합] 아래에 주어진 자료에 근거하여 물음에 답하라.

주식 j	주식 j와 M의 상관계수(ρ_{im})	j수익률의 표준편차(σ_j)
1	0.3	0.4
2	0.8	0.3

시장기대수익률 $E(R_m)=0.11$ 무위험이자율 $R_f=0.06$
시장수익률의 분산 $\sigma_m^2=0.25$

① 주식 1과 주식 2의 베타(β_j)를 구하라.
② 주식 1에 60%, 주식 2에 40% 투자하여 구성되는 포트폴리오의 베타(β_p)를 구하라.
③ CAPM에 의하면 주식 1과 주식 2의 균형기대수익률은 얼마인가?
④ ②에서 구성된 포트폴리오의 균형기대수익률을 계산하라.
⑤ 주어진 자료로부터 SML을 도출하고 이를 그림으로 표시하라. 주식 1과 2 그리고 ②의 포트폴리오는 어디에 위치하는가?
⑥ 주식 1과 2의 증권특성선(CL)을 그림으로 표시하라.

6. [CML과 SML의 관계] 다음 그림을 보고 물음에 답하라.

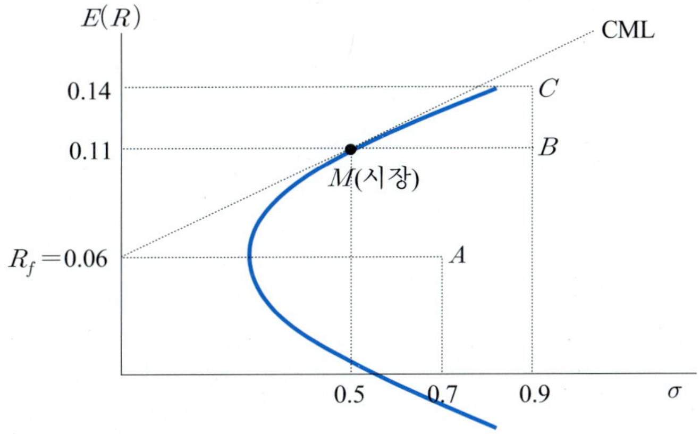

① 주식 A, B, C의 베타(β_j)는 얼마인가?
② 주식 A, B, C의 잔차분산($\sigma^2(\epsilon_j)$)은 얼마인가?
③ 주식 A에 20%, 주식 C에 80% 투자하여 구성되는 포트폴리오의 베타(β_p)와 포트폴리오의 균형기대수익률을 구하라.
④ "주식 B와 C는 동일한 표준편차(σ_j)를 가지므로 투자위험이 동일하다"는 주장이 있다. 이 주장에 대하여 논평하라.

7. [CAPM의 현실화] 무위험이자율로 무제한적 차입과 대출이 가능하다고 전제될 경우의 CAPM과 무위험자산이 존재하지 않는다고 전제될 경우의 CAPM을 비교·설명하라.

8. [CAPM의 검증] CAPM의 대표적인 실증분석방법과 실증분석할 때 대두되는 문제점을 설명하고, CAPM의 검증가능성에 대한 롤(R. Roll)의 비판내용을 소개하고 자신의 견해를 밝혀라.

제 9 장

차익거래가격결정이론(APT)과 다요인모형

앞장에서 다룬 자본자산가격결정모형(CAPM)은 투자결정에 다각적으로 활용되지만, 그 검증가능성에 문제점이 지적되어왔다. 또한 시장효율성에 반하는 증거가 될 수 있는 '시장의 이례적 현상'에 대한 보다 설명력 있는 이론의 제시가 필요하였다. 이러한 배경하에 차익거래가격결정이론(APT)과 다요인모형(multifactor model)이 제시되었다. 본장 제1절에서는 APT의 기초가 되는 차익거래와 요인모형의 개념, 그리고 APT의 도출과 모형의 특징에 대하여 설명하고, 제2절에서는 다요인모형과 Fama-French의 3요인모형 등에 대하여 설명한다. 다음은 본장의 학습목표로서 이해해야 할 주요 사항들이다.

- APT와 다요인모형이 제시된 배경
- 차익거래가격결정이론(APT)의 기초가 되는 차익거래, 요인모형의 의의
- 자산가격결정모형의 하나로서 APT의 특징
- APT와 CAPM의 관계와 장단점
- APT 검증상의 문제점과 주요 검증결과
- 다요인모형에서 제시되고 있는 증권수익률에 영향을 미치는 거시경제적 주요 위험요인들
- 다요인모형에서 개별증권특성과 연관된 주요 위험요인들

제 1 절 차익거래가격결정이론(APT)

1. APT의 특징

앞장에서 설명한 자본자산가격결정모형(CAPM)은 자본자산의 기대수익률이 단일공통요인인 시장포트폴리오와의 민감도로 측정되는 체계적 위험요인(β계수)에 선형적으로 비례함을 보여주는 시장균형모형이었다. 이 CAPM은 현대자본시장이론의 핵심이 되는 한 부분으로서 투자결정에도 유용하게 활용되고 있음은 앞장에서 설명한 바와 같다.

그러나 앞에서 지적한 바와 같이 CAPM은 시장포트폴리오의 대용지표가 효율적이면 성립하게 되는데, 진정한 의미에서의 시장포트폴리오가 현실적으로 구성될 수 없기 때문에 CAPM의 실증적 검증은 현실적으로 불가능하다. 이와 같은 회의적 견해가 롤(R. Roll)에 의해서 제기되면서 CAPM의 현실적 타당성이 많은 비판을 받게 되었다.[1)]

또한 시장효율성에 관한 실증연구에서도 β계수로 표현되는 체계적 위험요인 이외에도 기업규모, *PBR* 등의 위험요인이 초과수익률을 가져온다는 '시장의 이례적 현상(market anomalies)'이 제시되면서 재무학자들은 CAPM의 대체모형을 제시하고자 하였다.[2)] 이와 같은 배경에서 본장 제1절에서 설명될 APT, 제2절에서 설명될 다요인모형과 Fama-French의 3요인모형 등이 제시되었다.

먼저 검증가능한 대안의 시장균형모형으로서 차익거래가격결정이론(APT : arbitrage pricing theory)은 1976년 로스(S.A. Ross)에 의해서 제시되었다.[3)] APT는 증권수익률이 단일의 공통요인인 시장포트폴리오 수익률과의 선형함수로서 표시된다는 CAPM과는 달리 다수의 공통요인(지수)과의 선형함수로 표시됨을 나타내는 보다 일반화된 시장균형모형이라는 특징을 지닌다.

먼저 시장균형모형으로서 APT의 특징을 요약하면 다음과 같다.

---

1) R. Roll, "A Critique of the Asset Pricing Theory's Tests," *Journal of Financial Economics*(Mar. 1977), pp.129~176.

2) 초과수익을 가능하게 할 수 있는 시장의 이례적 현상(market anomalies)으로서 기업규모, *PER*, *PBR* 등에 대한 설명과 실증적 증거에 관해서는 제10장 시장효율성 편에서 설명함.

3) S.A. Ross, "The Arbitrage Theory of Capital Asset Pricing," *Journal of Economic Theory*(Dec. 1976).

① 균형상태의 시장에서는 추가적인 위험부담 없이 차익거래에 의한 초과이익의 실현이 불가능하다는 논리에서 기대수익과 위험의 관계를 설명한다는 점이다.
② CAPM에서처럼 관찰할 수 없는 이론적 시장포트폴리오에 의존하지 않고, 현실적으로 관찰가능하고 충분히 분산투자된 포트폴리오를 구성하여 균형가격결정원리를 설명한다는 점이다.
③ 증권수익률의 움직임을 단일공통요인보다는 다수공통요인과의 선형관계에서 표시한다는 점이다.

2. 차익거래와 요인모형

APT의 핵심은 시장이 균형상태를 이루면 추가적인 위험부담 없이 차익거래이익(arbitrage profit : 재정이익)의 실현이 불가능하다는 논리와 자산수익률이 다수공통위험요인과의 관계에서 설명된다는 점이다. 이하에서는 먼저 APT 도출의 기초가 되는 차익거래와 요인모형에 대하여 살펴본다.

본래 차익거래(arbitrage) 혹은 재정거래란 상품시장에서 동일한 상품은 서로 다른 가격으로 판매될 수 없기 때문에, 만약 상이한 가격으로 거래되고 있다면 싼 것을 매수하고 동시에 비싼 것을 매각하여 일물일가의 법칙(law of one price)이 성립할 때까지 초과이익을 취하고자 하는 계속적인 활동을 말한다.

증권의 경우도 일물일가의 법칙이 성립하므로 균형상태의 시장에서는 위험수준이 동일한 증권들은 동일한 기대수익률을 가져야 한다. 만약 위험수준은 동일한데 두 증권의 기대수익률이 다르게 형성되어 있으면, 부의 극대화를 추구하는 투자자들은 기대수익률이 낮은 증권을 공매(short sales)하는 동시에 그 매도대금으로 기대수익률이 높은 증권에 투자함으로써 위험부담 없이 초과수익을 획득할 수 있게 된다. 이러한 차익거래행위는 초과수익이 더 이상 발생하지 않는 상태(no arbitrage condition)에 이르기까지 계속되어 수요와 공급이 일치되는 균형상태에 이르면 위험수준이 동일한 두 증권의 기대수익률은 같게 된다.

요인모형(factor model)이란 자산수익률이 GNP성장률, 이자율, 유가 등 공통요인의 영향을 받아서 변동한다고 보는 수익생성모형이다.

투자자는 특정주식 j에 투자하고자 할 때 주가변화를 초래하는 정보에 근거하여 기대수익률 $E(R_j)$를 형성한다. 그러나 실제로 발생한 정보는 투자자 예상과 다른 기대치 못한 정보가 발생하여 주식 j의 수익률 변동을 가져온다.

따라서 주식 j의 다음 기에 얻게 되는 실현수익률 R_j는 두 가지로 분해하여 볼 수 있다. 한 가지는 현재시점의 예상되는 각종 정보에 근거한 주식 j에 대한 기대수익률 $E(R_j)$이며, 또 한 가지는 다음 기에 예상치 못한 새로이 발생하는 정보에 의해 형성되는 기대치 못한 수익률 U_j이다. 결국 주식 j의 다음 기 실현수익률은 다음과 같이 표시할 수 있다.

$$R_j = E(R_j) + U_j \tag{9.1}$$

단, R_j : 주식 j의 특정 기의 실현수익률
$E(R_j)$: 주식 j의 기대수익률
U_j : 주식 j의 기대치 못한 수익률

여기서 기대치 못한 정보에 의해서 야기되는 수익률 U_j는 시장에 있는 모든 자산에 공통적으로 영향을 미치는 공통요인들의 예상치 못한 변동과 주식 j에만 영향을 미치는 기업고유요인의 예상치 못한 변동에 의해 발생하는 부분으로 나눌 수 있다. 공통요인의 예상치 못한 변동에 따른 위험을 체계적 위험(systematic risk)이라 하고, 고유요인의 예상치 못한 변동에 따른 위험을 비체계적 위험(non-systematic risk)이라 부른다.

따라서 식 9.1의 기대치 못한 수익률 U_j는 다시 체계적 위험에 기인한 부분(S_j)과 비체계적 위험에 기인한 부분(E_j)으로 나누어 식 9.2처럼 표시할 수 있다.

$$R_j = E(R_j) + U_j = E(R_j) + S_j + \epsilon_j \tag{9.2}$$

단, S_j : 공통요인 변동(체계적 위험)에 따른 주식 j의 수익률 변동
ϵ_j : 기업고유요인 변동(비체계적 위험)에 따른 주식 j의 수익률 변동[4]

이제 체계적 위험에 따른 주식 j의 수익률 변동의 정도는 공통요인의 예상치 못한 변동(F)에 대한 주식 j의 수익률의 민감도를 측정한 베타계수(β_j)로 추정될 수 있다.[5] 제7장에서 시장수익률 변동에 대한 특정주식의 수익률의 민감도 정도를 베타계수로 추정한 것과 동일한 설명체계이다. 따라서 식 9.2는 식 9.3과 같이 표시할 수 있다.

---

4) ϵ_j는 주식 j에만 영향을 미치는 고유요인의 변동에 의해 발생하는 것으로 시장의 다른 주식들에는 영향을 미치지 않는 것으로 가정한다. 즉 $cov(\epsilon_i, \epsilon_j)=0$, 단 $i \neq j$

5) 공통요인의 예상치 못한 변동(F)은 실현된 값에서 기대값의 차이로 추정한다.

$$R_j = E(R_j) + \beta_j F + \epsilon_j \tag{9.3}$$

단, F : 공통요인의 예상치 못한 변동(확률변수)
　β_j : 주식 j의 공통요인 F에 대한 민감도(베타계수)

예를 들어 GNP성장률이 공통요인으로 영향을 주고, 주식 j의 GNP성장률의 예상치 못한 변동에 대한 민감도가 1.5라고 한다면 주식 j의 수익률은 다음과 같이 표시할 수 있다.

$$R_j = E(R_j) + 1.5F + \epsilon_j$$

이제 식 9.3에서 주식 j의 위험의 크기인 분산을 표시하면 다음과 같게 된다. 제7장에서 보았던 것처럼 자산 j의 총위험(σ_j)은 체계적 위험($\beta_j^2\sigma_F^2$)과 비체계적 위험($\sigma^2(\epsilon_j)$)으로 구분하여 측정할 수 있다.

$$\sigma_j^2 = \beta_j^2\sigma_F^2 + \sigma^2(\epsilon_j) \tag{9.4}$$

예 제

주식 j에 대해 현재시점의 각종 정보에 근거한 예상기대수익률 $E(R_j)$는 10%이고, 공통요인인 GNP성장률(G), 이자율(I), 유가(L)에 대한 자료와 주식 j의 이에 대한 민감도 β계수는 다음과 같다. 한편 주식 j의 기업고유요인에 따른 수익률 변동 ϵ_j는 6%이다. 주식 j의 실현수익률은 얼마인가?

공통요인	실현된 값	기대값	β계수
G	7%	5%	1.2
I	5	4	−1.5
L	10	12	−0.5

해설 실현수익률 $R_j = E(R_j) + S_j + \epsilon_j = E(R_j) + \beta_G F_G + \beta_I F_I + \beta_L F_L + \epsilon_j$

공통요인의 예상치 못한 변동(실현된 값−기대값)의 계산

$F_G = 7\% - 5\% = 2\%$, $F_I = 5\% - 4\% = 1\%$, $F_L = 10\% - 12\% = -2\%$

따라서 $R_j = 10\% + (1.2)(2\%) + (-1.5)(1\%) + (-0.5)(-2\%) + 6\%$
$= 10\% + 1.9\% + 6\% = 17.9\%$

이상에서는 공통요인이 하나인 경우를 살펴보았는데, 공통요인을 다수의 공통요인(예를 들어 경제성장률의 변화, 기대인플레이션의 변화, 유가변화 등)으로 확대하여, 자산수익률의 생성과정을 k가지의 공통요인을 갖는 모형으로 일반화하여 표시하면 다음과 같다.

$$R_j = E(R_j) + \beta_{j1} F_1 + \beta_{j2} F_2 + \cdots + \beta_{jk} F_k + \epsilon_j \tag{9.5}$$

단, $E(R_j)$: 주식 j의 기대수익률

β_{j1} 및 β_{j2} : 공통요인 F_1 및 F_2에 대한 민감도

β_{jk} : 주식 j수익률의 k공통요인에 대한 베타계수

F_k : 공통요인 k의 예상치 못한 변동, $k=1, 2, \cdots, k$

(F_k =공통요인의 실현된 값−공통요인에 대한 기대값)

ϵ_j : 주식 j의 기업고유요인에 기인하는 수익률 변동

3. APT의 도출

APT는 추가적인 위험부담 없이 차익거래이익(arbitrage profit : 재정이익)의 실현이 불가능하다는 논리와 자산수익률이 다수공통위험요인과의 관계에서 설명된다는 점을 살펴보았는데, 이 외에도 CAPM에서처럼 관찰이 가능하지 않은 시장포트폴리오 대신에 관찰이 가능한 충분히 분산투자된 포트폴리오(well-diversified portfolio)의 구성에 기초하고 있다.

증권수익률이 식 9.5의 모형에 따라서 형성된다고 할 때 차익거래의 실현이 불가능한 균형상태의 시장에서 자산의 기대수익률과 위험 사이에는 어떤 관계가 존재하는가?

이제 추가적인 투자 없이, 추가적 위험부담 없이, 포트폴리오를 구성해 보기로 하자. 균형상태라고 하면 일물일가의 법칙에 의해서 이러한 포트폴리오는 초과이익을 얻는 것이 불가능해야 한다. 이를 식으로 표시하면 다음과 같다.

① $\sum_{j=1}^{n} w_j = 0$: 추가적 투자가 없다(no net investment).

② $\sum_{j=1}^{n} w_j \beta_{jk} = 0$: 추가적 위험부담이 없다(no net risk).

③ $E(R_p) = \sum_{j=1}^{n} w_j E(R_j) = 0$: 초과기대수익률은 0이어야 한다(no net return).

이는 다음과 같은 의미를 지닌다. 이제 투자자가 어느 개별종목의 투자비중이 매우 적도록 충분히 분산투자된 포트폴리오를 구성하면 잔차분산 $\sigma^2(\epsilon_p)$는 영(0)에 가까워지게 된다($\sigma^2(\epsilon_p)=0$). 이렇게 되면 공통요인에 대한 민감도를 나타내는 체계적인 위험 β_{p1}, β_{p2} $\cdots$ β_{pk}만이 중요하게 된다.

그러면 체계적 위험 β_{pk}만이 수익률의 움직임에 영향을 미친다면, 균형상태에서 자산의 기대수익률과 체계적 위험 β_{pk} 사이에는 어떠한 관계가 성립하는가?

균형상태에서는 동일한 체계적 위험 β_{pk}(k요인에 대한 민감도)에 대해서 동일한 기대수익률이 형성되어야 할 것이다. 만약 동일한 β_{pk}에 대하여 상이한 수익률이 기대된다면, 투자자들은 수익률이 낮은 것을 공매하고 그 자금으로 수익률이 높은 것을 매입(차익거래)하여 추가적인 투자자금 없이($\sum_{j=1}^{n} w_j=0$)[6] 그리고 전혀 위험부담 없이($\sum_{j=1}^{n} w_j \beta_{jk}=0$) 초과이익을 획득할 수 있을 것이다.

예를 들어 [그림 9-1]에 나타나 있는 것처럼 무위험이자율이 6%이고, 공통요인 1에 대한 민감도 β_1이 1.2인 잘 분산투자된 포트폴리오 A의 기대수익률은 12%이고, β_1이 0.6인 포트폴리오 D의 기대수익률은 8%라고 가정하면 차익(재정)거래기회가 존재함을 알 수 있다.[7] 왜냐하면 포트폴리오 $A(\beta=1.2)$와 무위험자산($\beta=0$)에 각각 50%씩 투자하여 만들어지는 포트폴리오 C의 β는 D와 마찬가지로 동일하게 0.6인데, 포트폴리오의 기대수익률 $E(R_C)$는 포트폴리오 D의 8%보다 높은 9%가 되기 때문이다.

$$\begin{aligned}\beta_C &= 1.2\times(0.5)+0\times(0.5)=0.6\\ E(R_C) &= E(R_A)\times(0.5)+E(R_f)\times(0.5)\\ &= 12\times(0.5)+6\times(0.5)=9\%>E(R_D)=8\%\end{aligned}$$

만약 2억원의 포트폴리오 가치를 유지한다고 하면 다음과 같은 차익거래를 통하여 400만원의 차익거래이익을 얻을 수 있다.

---

6) 여기서 영(0)의 순투자(zero investment portfolio)란 투자자가 자기 자신의 투자자금을 전혀 사용하지 않는 것을 말하는데, 어느 한 증권을 공매하거나 무위험이자율로 차입한 자금으로 다른 증권을 매수하는 경우처럼 자기자금의 순투자가 없는 것을 말한다.

7) 이 예에서 요인모형은 다음과 같이 표시된다.

$R_A=E(R_A)+\beta_A\cdot F=12\%+1.2F$, $\quad R_D=E(R_D)+\beta_D\cdot F=8\%+0.6F$

한편 두 포트폴리오 각각의 공통요인 한 단위 민감도에 대한 위험프리미엄은 다음과 같다.

포트폴리오 A : $(12-6)/1.2=5\%$, $\quad$ 포트폴리오 D : $(8-6)/0.6=3.33\%$

[그림 9-1] 기대수익률과 체계적 위험의 관계 : 차익거래기회

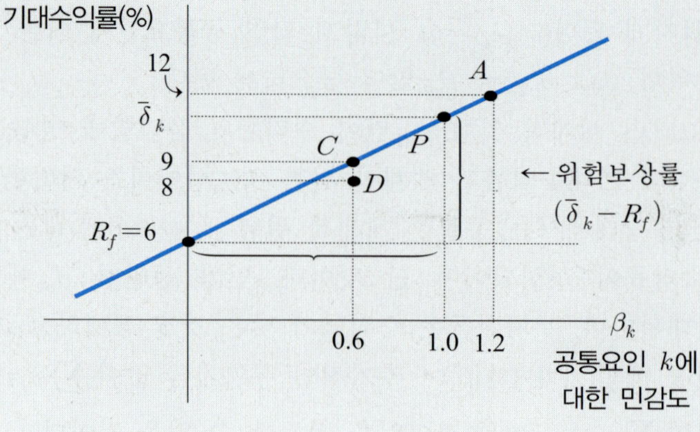

무위험차익거래 : 포트폴리오 D 공매+포트폴리오 C 매수

포트폴리오 D의 공매	$-(8\%+0.6F)\times$2억원
포트폴리오 C의 매수	$(12\%+1.2F)\times$1억원
무위험자산의 매수	$(6\%+0.0F)\times$1억원
차익거래이익	$2\%\times$2억원=400만원

이처럼 기대수익률(8%)이 낮은 포트폴리오 D를 공매한 자금으로 기대수익률(9%)이 높은 포트폴리오 C에 투자하면 무위험의 초과이익을 얻을 수 있게 된다.

결론적으로 차익(재정)거래기회가 존재하지 않는 균형상태에서의 기대수익률은 체계적 위험(β)의 크기에 선형으로 비례하여 $R_f A$선상에 놓이게 된다. 차익거래 가능성이 해소되는 상황은 $R_f A$상인데, 다음 식 9.6과 같이 k공통요인 1단위의 체계적 위험에 대한 위험보상률이 λ_k(상수)로 동일하게 될 때이다.

$$\frac{E(R_{Ak})-R_f}{\beta_{Ak}}=\frac{E(R_{Ck})-R_f}{\beta_{Ck}}=\frac{E(R_{Pk})-R_f}{\beta_{Pk}}=\lambda_k(\text{상수}) \tag{9.6}$$

단, λ_k : k공통요인 1단위의 체계적 위험(β)에 대한 위험보상률

여기서 k요인에 대한 위험보상률(λ_k, 요인가격이라고 함)은 k요인에 연관된 위험을 감수하는 데에 대한 대가를 의미한다. 요인포트폴리오인 경우는 식 9.6에서 분모가 1이므로 다음 식 9.7로 나타낼 수 있다.

$$\lambda_k = E(R_{pk}) - R_f \tag{9.7}$$

이제 식 9.6에서 $E(R_{pk}) - R_f = \lambda_k \cdot \beta_{Pk}$의 관계식으로부터 충분히 분산투자된 포트폴리오 P의 경우 공통요인 k에 대하여 다음과 같은 균형식이 성립함을 알 수 있다.

$$E(R_p) = R_f + \lambda \cdot \beta_p \tag{9.8}$$

이와 같은 논리를 다수의 공통요인에 대해 적용할 수 있다. 자산의 위험 중에서 여러 공통요인에 대한 민감도를 나타내는 베타계수(체계적 위험)만이 적절한 위험이므로 자산 j의 균형기대수익률은 무위험이자율과 자산 j의 각 요인에 노출된 위험보상률을 모두 합한 것이 될 것이다. 여기서 k요인에 대한 위험보상률(λ_k : risk premium for exposure to common factor)은 k요인에 연관된 위험을 감수하는 데에 대한 대가로서, 요인가격(factor price)이라고 부른다. 이 λ_k는 각 요인에 대한 위험보상률 $(E(R_{jk}) - R_f)$에 자산 j의 각 요인 베타계수(β_{jk})를 곱한 것이 된다.

자산 j의 k요인에 노출된 위험보상률(λ_k)
　　$= k$요인에 대한 위험보상률×자산 j의 k요인에 대한 베타계수

따라서 자산 j의 균형기대수익률은 다음과 같이 무위험이자율(R_f)에 더하여 각 k요인에 대한 위험보상률에 자산 j의 k요인에 대한 베타계수를 곱한 것을 모두 합한 것이 된다.[8)]

$$\begin{aligned} E(R_j) = R_f &+ [E(R_{F1}) - R_f]\beta_{j1} + [E(R_{F2}) - R_f]\beta_{j2} + \cdots\cdots \\ &+ [E(R_{Fk}) - R_f]\beta_{jk} \end{aligned} \tag{9.9}$$

단, λ_k : 요인 k에 대한 위험보상초과이익률($= E(R_{Fk}) - R_f$), 요인가격
$E(R_{Fk})$: 요인 k에 대한 체계적 위험이 1이고, 그 이외의 요인에 대한 체계적 위험은 0인 요인포트폴리오의 기대수익률
β_k : 자산 j의 k공통요인에 대한 민감도(다요인모형에서의 기울기)

8) 간단히 2요인모형에서 설명하면, 차익거래기회가 존재하지 않기 위해서는 $E(R_{F1})$, $E(R_{F2})$, R_f의 수익률이 기대되는 자산에 β_{p1}, β_{p2}, $(1-\beta_{p1}-\beta_{p2})$의 비율로 투자해야 한다. 이 비율을 유지할 경우 체계적 위험이 0이 되기 때문이다. 이 경우 포트폴리오 기대수익률은 다음과 같은데, 이 식이 2요인 APT이다.

$$\begin{aligned} E(R_p) &= \beta_{p1} \cdot E(R_{F1}) + \beta_{p2} \cdot E(R_{F2}) + (1-\beta_{p1}-\beta_{p2}) \cdot R_f \\ &= R_f + [E(R_{F1}) - R_f]\beta_{p1} + [E(R_{F2}) - R_f]\beta_{p2} \end{aligned}$$

식 9.9는 k 요인으로 일반화하였을 경우의 APT인데, 현실적으로 무위험자산이 존재하지 않은 현실을 고려하면, 충분히 분산투자된 포트폴리오로서 모든 공통요인에 대한 민감도(베타계수)가 0인 포트폴리오를 무위험자산 대신 사용할 수 있다. 이러한 포트폴리오의 기대수익률을 λ_0 라고 하면, 식 9.9의 k 요인 APT는 다음 식 9.10과 같이 표시된다.9)

$$E(R_j) = \lambda_0 + \lambda_1 \beta_{j1} + \lambda_2 \beta_{j2} + \cdots\cdots + \lambda_k \beta_{jk} \quad (9.10)$$

결론적으로 APT는 증권수익률이 다요인모형에 따라서 형성된다고 가정하였을 때 시장균형하에서의 증권기대수익률은 증권 j 수익률의 공통요인(F_k)에 대한 민감도(β_k)의 선형함수로 표시됨을 보여주고 있다.

이상에서 살펴본 것처럼 APT의 장점은 CAPM은 사실상 공통요인이 하나인 경우에 해당하는 시장균형모형인 반면에, APT는 다수의 공통요인으로 자산의 기대수익률을 설명하려는 보다 일반화된 시장균형모형이라는 점이다. 이 밖에도 ① CAPM에서는 확률분포가 정규분포이고, 투자자의 선호도가 2차효용함수로 표시됨을 가정하고 있지만, APT는 확률분포나 효용함수에 대하여 특별한 가정을 하고 있지 않은 점, ② CAPM에서는 진정한 시장포트폴리오의 확인을 가정하지만, APT에서는 어떠한 자산의 부분집합(subset)에 대해서도 적용가능한 점이다.

반면에 APT의 단점은 APT에 대한 실증분석 결과 얻게 되는 몇 개의 공통요인을 찾을 때 그것의 경제적 의미에 대하여 설명이 어렵고, 실제의 투자결정에 대한 적용가능성이 CAPM보다 떨어진다는 점이다.

예제

무위험이자율이 12%인 상황에서, 두 가지의 공통요인, GNP성장률(요인 1)과 이자율(요인 2)의 기대수익률이 각각 $E(R_{F1}) = 15\%$, $E(R_{F2}) = 17\%$이다.

한편 충분히 분산투자된 포트폴리오 p가 있는데, 두 공통요인 F_1과 F_2에 대한 베타계수가 각각 $\beta_{p1} = 0.6$, $\beta_{p2} = 1.4$이다. 그리고 이 포트폴리오 p의 기대수익률이 17%이다.

---

9) APT가 성립되기 어려운 경우는 다음과 같이 차익거래가 용이하지 않는 경우이다.
① 포트폴리오 구성을 위한 거래비용이 많이 소요되는 경우(공통요인이 많을수록 거래비용은 증가할 것이다)
② 주식, 선물 등 원하는 만기와 금액의 상품이 존재하지 않을 경우
③ 공매가 어려울 경우
④ 무위험 차입 또는 대출이 어렵거나 금리차가 있을 경우

1. 요인포트폴리오 1, 2의 요인모형과 요인 1, 2에 대한 위험프리미엄을 제시하라.
2. 포트폴리오 p의 요인모형과 포트폴리오 p에 대한 위험프리미엄을 구하라.
3. 균형상태에서의 포트폴리오 p의 기대수익률을 구하라.
4. 무위험차익거래가 가능하면 그 방법을 제시하라(포트폴리오 p의 시장가치=1억원).

해설

1. 요인포트폴리오 1, 2의 요인모형과 요인 1, 2에 대한 위험프리미엄
   요인포트폴리오 1 : $R_{F1} = E(R_{F1}) + 1 \cdot F_1 + 0 \cdot F_2 = 0.15 + 1 \cdot F_1$
   요인포트폴리오 2 : $R_{F2} = E(R_{F2}) + 0 \cdot F_1 + 1 \cdot F_2 = 0.17 + 1 \cdot F_2$
   요인 1에 대한 프리미엄 : $\lambda_1 = E(R_{F1}) - R_f = 0.15 - 0.12 = 0.03$
   요인 2에 대한 프리미엄 : $\lambda_2 = E(R_{F2}) - R_f = 0.17 - 0.12 = 0.05$

2. 포트폴리오 p의 요인모형과 포트폴리오 p에 대한 위험프리미엄
   - 포트폴리오 p의 요인모형 : $R_p = E(R_p) + 0.6F_1 + 1.4F_2$
   - 공통요인 F_1과 F_2에 대해 1단위의 체계적 위험을 부담함으로써 투자자들이 얻는 위험프리미엄은 각각 3%, 5%이므로 포트폴리오 위험프리미엄은 이 값에 베타값을 곱한 것의 합이 될 것임.
   $\lambda_1\beta_{p1} + \lambda_2\beta_{p1} = (0.6)(0.03) + (1.4)(0.05) = 0.018 + 0.07 = 0.088$

3. 균형상태에서의 포트폴리오 p의 기대수익률
   $$E(R_p) = R_f + [E(R_{F1}) - R_f]\beta_{p1} + [E(R_{F2}) - R_f]\beta_{p2}$$
   $$= R_f + \lambda_1\beta_{p1} + \lambda_2\beta_{p2} = 0.12 + (0.03)(0.6) + (0.05)(1.4) = 0.208$$

4. 무위험차익거래방법
   - 각 요인에 대한 체계적 위험을 감안할 때의 균형기대수익률보다 p의 기대수익률이 낮으므로 과대평가
   - 기본적으로 p를 공매하고 요인포트폴리오를 매수, 차액은 차입 또는 예금
   - 위험이 통제되어 차익거래이익이 발생하는 투자비율, 즉 요인포트폴리오의 매수(매도) 금액과 차입(예금)금액은 β_{p1}, β_{p2}, $1-\beta_{p1}-\beta_{p2}$ 비율임(이에 대해서는 각주 8) 참조)

차익거래포트폴리오의 투자성과

거래내용	투자액	투자위험	투자이익
• 포트폴리오 p 공매	+1억원	$-[0.17+0.6F_1+1.4F_2]\times$1억원	
• 요인포트폴리오 1의 매수	−6천만원①	$[0.15+1.0F_1+0.0F_2]\times$6천만원	
• 요인포트폴리오 2의 매수	−1억4천만원②	$[0.17+0.0F_1+1.0F_2]\times$1.4억원	
• 무위험이자율로 차입	+1억원③	$-[0.12+0.0F_1+0.0F_2]\times$1억원	
• 차익거래포트폴리오	0	$[0.038+0.0F_1+0.0F_2]\times$2억원	760만원

주) ① $\beta_{p1}\times$1억원, ② $\beta_{p2}\times$1억원, ③ $(1-\beta_{p1}-\beta_{p2})\times$1억원

4. APT의 추정과 검증*

이상에서 살펴본 것처럼 APT는 이론적으로 볼 때 CAPM에 비교하여 보다 일반화된 자산가격결정모형으로 볼 수 있다. 그러나 APT가 현실적으로 실증적 검증이 뒷받침되는 유용성이 있는 모형인가? APT에 대한 실증적 검증이 이루어질 때 초점은 다음 두 가지라고 할 수 있다.

① 현실적으로 증권수익률의 움직임을 설명하는 공통요인의 수는 몇 개인가?
② APT에서 제시하는 것처럼 균형기대수익률과 공통요인의 체계적 위험의 선형적 관계는 성립하는가?

APT를 검증하기 위해서는 먼저 의미 있는 공통요인을 찾은 다음 이들 공통요인과 상관관계가 높은 포트폴리오를 구성하고 이 포트폴리오의 평균수익률과 공통요인 위험보상률의 관계를 조사하는 작업이 필요하다.

가장 큰 어려움은 APT의 자본자산가격결정구조에는 기대수익에 영향을 미치는 경제 또는 기업특성변수들이 구체적으로 명시되어 있지 않다는 점이다. CAPM에서는 시장포트폴리오에 대해서 명확히 정의되고 있지만, APT에서는 요인 k, 즉 F_k의 집합에 대해서 정의되고 있지 않다. 따라서 CAPM에서는 베타의 추정이 용이하지만 APT는 그렇지 못하다. 환언하면 식 9.10의 APT를 검증하기 위해서는 β_{jk}의 추정치를 얻어야 하는데, F_k에 대한 적절한 정의가 내려져 있지 않기 때문에 β_{jk}의 추정에 근본적인 어려움이 있는 것이다.

공통요인 F_k와 요인베타 β_{jk}를 동시에 추정하는 방법이 강구될 수 있는데, 이러한 결과에 근접시키는 가장 적합한 통계적 방법이 요인분석(factor analysis)이다. 요인분석은 수익률잔차의 공분산이 가능한 한 작도록 F_k와 β_{jk}의 특정집합을 결정해 주는 기법이 되므로 APT의 추정과 검증에는 이 요인분석기법이 이용되고 있다.[10)]

요인분석을 이용하는 APT의 검증은 보통 두 단계로 나누어져 행해진다. 첫째 단계에서는 표본증권의 시계열자료를 수집하여 이들 시계열자료로부터 공분산행렬(covariance matrix)을 작성한 다음, 요인분석을 적용하여 식 9.11 다요인모형의 공통요인 F_k의 수와 개별증권의 민감도 β_{jk}를 동시에 추정한다.

$$R_{jt} = a_j + \beta_{j1}F_1 + \beta_{j2}F_2 + \cdots + \beta_{jk}F_k + \epsilon_j \tag{9.11}$$

10) 요인분석에서는 F_k를 요인(factor), 이에 대한 민감도를 나타내는 β_{jk}는 요인부하(factor loading)라고 한다.

둘째 단계에서는 횡단면회귀분석을 통하여 앞에서 추정된 개별증권의 민감도 β_{jk}가 독립변수로서 개별증권의 기대수익률의 변화를 어느 정도 선형관계(linear relationship)로 설명할 수 있는지를 검토하고, 또한 식 9.10 APT에서 위험보상의 크기를 추정하여 이 모형의 설명력을 평가한다.

$$E(R_j) = \lambda_0 + \lambda_1\beta_{j1} + \lambda_2\beta_{j2} + \cdots + \lambda_k\beta_{jk} \tag{9.12}$$

롤과 로스(R. Roll & S.A. Ross)는 위의 절차에 의해서 1962년 7월에서 1972년 12월까지 일별자료를 사용하여 APT를 검증한 바 있는데, 균형수익률을 설명하는 공통요인의 수는 3~4개 정도이고, APT의 타당성은 지지된다고 주장하고 있다.[11)]

반면에 레인가눔과 콘웨이(M. Reinganum & D. Conway)는 요인분석에 의해서 확인되고 있는 10여개의 공통요인들 중에서 오로지 시장지수만이 의미 있는 공통요인이라고 밝히면서 APT의 현실적 유효성에 대해서 비판적 견해를 지니고 있다.[12)]

이 밖에도 APT에 대한 실증적 연구결과가 많이 있지만 여러 가지 방법론상의 문제점을 안고 있는 것이 지적되고 있다. 그중 한 가지는 대부분의 APT 실증연구가 증권수익률의 평균과 공분산, 공통요인들의 요인구조 그리고 공통요인에 대한 체계적 위험(β_{jk})이 시간의 경과에도 불구하고 안정적이라는 가정을 하고 있는데, 이 같은 가정의 타당성에 대해서 충분한 검토가 부족하다는 점이다. 또한 표본그룹의 크기가 증가하면 요인의 수도 증가한다는 점, 공통요인들이 모든 표본집단에 대해서 동일한 순서로 추출된다는 보장이 없다는 점(표본마다 요인의 중요도가 달라지는 점),[13)] 요인분석에서 얻어지는 요인들의 부호는 논리적 의미가 없으며 공통요인의 체계적 위험(β_{jk})과 위험보상률(λ_k)의 크기(scaling)는 자의적이라는 점 등이 해결해야 할 연구과제로 지적되고 있다.

요약하면 APT의 검증을 위해서는 공통요인 F_k와 공통요인에 대한 민감도 β_{jk}의 동시 추정이 요구되는데, 앞에서 설명한 요인분석에 의해서 이들을 추정하여 공통요인 몇 개가 찾아지더라도, 또한 방법론적 문제점은 접어두더라도 이들 요인들이 과연 실제적으로 어떠한 경제적 의미를 갖는 요인들인지 설명이 거의 불가능하

---

11) R. Roll & S.A. Ross, "An Empirical Investigation of the Arbitrage Pricing Theory," *Journal of Finance* 35, No. 5 (Dec. 1980), pp.1073~1103.

12) M. Reinganum & D. Conway, "Cross Validation Tests of the APT," *Journal of Business and Economics Statistics* 6(Jan. 1988).

13) Dhrymes, Friend & Gultekin(1982)의 연구에 의하면 15개 증권으로 구성된 소그룹에서는 요인의 수가 세 개였고, 60개 증권으로 구성된 소그룹에서는 요인의 수가 일곱 개로 증가하였다.

다. 결과적으로 증권가격의 변동에 대한 의미 있는 설명이 어렵기 때문에 실제의 투자결정에 실용적이지 못하다는 점이다.

5. APT와 CAPM의 비교

앞에서 유도된 APT(식 9.10)를 다시 쓰면 다음과 같다.

$$\begin{aligned} E(R_j) &= R_f + \lambda_1 \beta_{j1} + \lambda_2 \beta_{j2} + \cdots + \lambda_k \beta_{jk} \\ &= R_f + [E(R_{F1}) - R_f]\beta_{j1} + [E(R_{F2}) - R_f]\beta_{j2} \\ &\quad + \cdots + [E(R_{Fk}) - R_f]\beta_{jk} \end{aligned} \tag{9.10}$$

이 APT는 증권수익률의 움직임이 k개의 공통요인과 연동되어 형성되는 것으로 전제할 때 차익거래가 사라진 균형기대수익률은 각 증권이 지니는 k공통요인에 대한 체계적 위험(베타계수)에 선형적으로 비례함을 나타내는 것이었다. 여기서 여러 요인 중 어느 한 k요인과의 민감도(체계적 위험)가 1이고, 그 이외의 요인에 대한 민감도는 0인 자산(요인포트폴리오)을 구성할 때 이 자산의 기대수익률을 $E(R_{Fk})$라고 하면, k요인에 노출되는 위험의 대가 λ_k(요인가격)는 기대수익률 $E(R_{Fk})$에서 무위험이자율 R_f를 차감한 것이다.

이제 모든 증권의 수익률이 한 개의 공통요인인 시장포트폴리오 M에 의해서 설명된다고 가정하면 그 관계는 다음과 같이 표시된다.

$$E(R_j) = R_f + [E(R_{Fm}) - R_f]\beta_{jm} \tag{9.13}$$

여기서 $E(R_{Fm})$은 시장포트폴리오 공통요인과의 민감도가 1이고 다른 요인과의 민감도가 0인 자산의 기대수익률인데, 시장에는 시장포트폴리오 이외의 공통요인이 없는 것으로 가정하였으므로 결국 시장포트폴리오의 기대수익률 $E(R_m)$ 그 자체가 된다. 그리고 베타계수 β_{jm}은 증권 j의 유일한 공통요인 시장포트폴리오와의 민감도이므로 증권 j의 베타 β_j로 표시할 수 있다. 따라서 식 9.12는 다음의 CAPM이 된다.

$$E(R_j) = R_f + [E(R_m) - R_f]\beta_j \tag{9.14}$$

결국 CAPM은 APT에서 체계적 위험의 원천이 하나라고 보는 특별한 경우로 해석할 수 있다.

이상에서 살펴본 것처럼 시장균형모형으로서 APT는 몇 가지 장점을 지닌다고 볼 수 있다. 가장 중요한 것은 앞서 지적한 것처럼 APT는 CAPM과 비교할 때 단일 공통요인이 아니라 다수의 공통요인에 의해서 증권의 기대수익률이 설명되는, 보다 일반화된 시장균형모형이라는 점이다.

CAPM에서는 평균 · 분산기준의 지배원리에 기초하여 효율적 포트폴리오의 구성을 시도한다. 이때 균형가격 형성에는 수많은 투자자들의 시장 참여를 전제한다. 그러나 APT에서는 차익거래의 논리에 기초하여 차익포트폴리오를 구성하는데, 균형상태의 회복에는 많은 수의 투자자를 필요로 하지 않는다. 이러한 면에서 APT의 가격결정과정은 CAPM의 그것에 비해 제약을 덜 받는다.

APT는 CAPM과 비교할 때 내세우고 있는 가정면에서도 몇 가지 강점(robustness)이 있는 것으로 평가되고 있다. 비록 CAPM의 경우와 마찬가지로 APT도 완전자본시장과 투자자의 동질적 예측의 가정하에서 도출되었지만 다음과 같은 강점을 지닌다.

첫째, CAPM에서는 투자대상수익률의 확률분포가 정규분포인 것을 가정하고 또 투자자의 선호도가 2차효용함수로 표시됨을 가정하고 있다. 그러나 APT는 확률분포나 효용함수에 대하여 특별한 가정을 하고 있지 않다.

둘째, CAPM에서 핵심적인 역할을 하는 시장포트폴리오는 투자자의 최적투자대상으로 고려되는데, 진정한 시장포트폴리오의 확인은 현실적으로 불가능하다. 그러나 APT에서는 모든 자산을 고려할 필요가 없이 어떠한 자산의 부분집합(subset)에 대해서도 적용가능하므로, 시장포트폴리오에 관한 논쟁을 피할 수 있다. 따라서 CAPM의 검증가능한 대안으로 제시될 수 있다.

셋째, CAPM에서와는 달리 APT는 무위험자산에 대하여 아무런 가정을 필요로 하지 않으며, 투자기간을 다기간까지 쉽게 확장할 수 있다.

이상의 내용으로 보아 APT가 CAPM보다 일반화된 모형으로 평가되고 있다. 그러나 APT는 몇 가지 한계점을 보인다. APT는 4항에서 설명한 바와 같이 실증분석시 통계적 요인분석기법의 적용결과 얻게 되는 몇 개의 공통요인들이 지니는 경제적 의미가 무엇인지를 설명하기 어렵다는 근본적 문제점과 통계적 기법으로서 요인분석이 지니는 문제점이 있다. 실제의 투자결정에 현실적으로 경제적 의미가 담긴 정보를 제공하느냐 하는 점에서는 CAPM에 비해 취약한 것으로 평가되고 있다.

제2절 다요인모형

APT의 검증상의 한계점을 극복하는 대체적 모형 제시가 여러 방향에서 시도되어 왔다. 그러한 노력의 하나는 자산수익률을 결정짓는 거시경제적 위험요인이나 증권특성변수를 사전에 가상적으로 설정하여 β_{jk}를 추정하는 방법이다. 본절에서는 이러한 대체모형으로서 거시경제적 다수공통위험요인을 명시한 다요인모형(multi-factor model)과 미시경제적 증권특성변수를 명시한 Fama & French의 3요인모형 등을 설명한다.

1. 다요인모형

제7장에서 설명한 단일지표모형은 공통요인으로서 시장지표 하나만을 포함시키고 있기 때문에 증권수익률의 움직임을 충분히 설명하지 못하는 면이 있다. 모형에 다수공통요인을 포함시킴으로써 설명력을 높이는 것이 가능할 수 있다.

다요인모형(multi-index model) 또는 다지표모형은 증권수익률의 변동을 두 개 이상의 공통요인과의 공분산 관계에서 파악하는 모형이다. 이를테면 증권수익률의 변동을 단일지표모형에서처럼 시장포트폴리오라는 단일공통요인(single index) 이외에도 경제의 산업생산성장률, 인플레이션율, 통화량증가율, 유가변화율 등 다수의 공통요인과의 관계에서 설명할 수 있다.

이제 어느 증권 j의 수익률(R_j)이 k개의 다수공통요인(multi-common factor)과의 공분산 관계에서 설명될 수 있다고 보면, 그 관계는 다음과 같은 다요인모형으로 표시할 수 있다.

$$R_j = \alpha_j + \beta_{j1} F_1 + \beta_{j2} F_2 + \beta_{j3} F_3 + \cdots + \beta_{jk} F_k + \epsilon_j \tag{9.15}$$

단, F_k : 공통요인 k(k는 요인의 수)의 예상치 못한 변동
β_{jk} : 주식 j의 k공통요인에 대한 민감도
α_j : 요인 이외의 요소에 의해 결정되는 수익률
ϵ_j : 잔차항

여기서 β_{jk}는 주식 j의 k공통요인의 예상치 못한 변동에 대한 민감도를 측정한 것으로서 단일지표모형에서 베타(β)계수의 의미와 동일하다. 만약 F_1, F_2가 예상치 못한 금리변동, 예상치 못한 유가변동이라는 공통위험요인이라면 β_{j1}, β_{j2}는

이들 공통위험요인에 대한 민감도를 측정한 것이 된다.

APT는 앞의 제1절에서 살펴본 바와 같이 통계적 요인분석기법의 적용결과로 얻게 되는 몇 개의 공통요인들이 구체적으로 어떤 경제적 의미가 있는지를 설명할 수 없다는 근본적 문제점이 있었다. 이 한계점을 극복하는 한 방법은 다수공통위험요인을 사전에 명시하고 다요인모형(식 9.15)을 적용하여 증권수익률의 변동을 설명하는 것이다. 환언하면 식 9.9의 APT에서 공통요인 F_k인 것으로 가정되는 몇 가지 주요 거시경제변수들을 사전에 명시한 다음, 요인포트폴리오를 구성, 각 주식의 요인포트폴리오에 대한 민감도(β_{jk})를 구하고, 주식 또는 포트폴리오 수익률을 이 β_{jk}와의 관계에서 회귀분석을 하는 것이다. 이러한 접근방법의 특징 때문에 거시경제적 위험요인모형(macroeconomic-based risk factor model)이라고 부르기도 한다.

첸·롤·로스(Chen, Roll & Ross)는 다음 식 9.16에 포함된 거시경제변수들이 증권수익률에 영향을 미친다는 다요인모형을 제시하고 있다.[14)]

$$R_{jt} = \alpha_j + [b_{j1} R_{Mt} + b_{j2} MP_2 + b_{j3} DEI_t + b_{j4} UI_t + b_{j5} UPR_t + b_{j6} UTS_t] + \epsilon_{jt} \tag{9.16}$$

단, R_M : 시가총액가중 NYSE 주가지수수익률
MP : 미국 산업생산 월간 성장률
DEI : 미국 소비자물가지수로 측정된 인플레이션 변화율
UI : 인플레이션의 기대치 못한 변동(실제와 기대 인플레이션의 차이)
UPR : 채권 신용위험스프레드의 기대치 못한 변화율
(중급(Baa)회사채수익률과 장기국공채수익률의 차이)
UTS : yield curve의 기대치 못한 변화율(장기와 단기 국공채수익률의 차이)

이 가운데서 가장 설명력 있는 거시경제적 위험요인으로 인플레이션, 신용위험변수를 제시하고 있는데, 이의 중요도는 기간마다 상이하지만, 이 거시경제변수들이 포함되면 주가지수수익률의 설명력은 떨어진다고 주장하고 있다.

버마이스터·롤·로스(Burmeister, Roll & Ross)는 다요인모형에 포함된 거시경제변수들의 예측력을 실증분석한 바 있다. 이들은 다요인모형에 다음 다섯 가지 거시경제적 위험요인변수들을 포함시키고 있다.[15)]

① 신뢰도위험(confidence risk) : 추가위험 노출로 인한 투자자의 투자계획 변경

14) N. Chen, R. Roll & S.A. Ross, "Economic Forces and the Stock Market," *Journal of Business* 59(1986).
15) E. Burmeister, R. Roll & S.A. Ross, "A Practitioner's Guide to Arbitrage Pricing Model," *Research Foundation of the Institute of Charted Financial Analysts*(1984).

② 투자기간위험(time horizon risk) : 불확실성 증가로 인한 목표투자기간의 단축
③ 인플레이션위험(inflation risk) : 장단기 기대치 못한 인플레이션
④ 경기순환위험(business cycle risk) : 경기사이클의 갑작스런 단축 혹은 연장
⑤ 마켓타이밍위험(market timing risk) : 위의 네 가지 위험으로 설명되지 않는 주가지수 변동위험

이 모형에서는 이들 각 위험요인에 대한 위험보상률(risk premium)을 측정하여 제시하고 있는데, 투자결정에는 개별증권마다의 상이한 민감도를 측정하여 포트폴리오 구성에 활용하고 있다. 예를 들어 소비재제품이나 중소형회사들은 경기순환위험이나 신뢰도위험에 더 노출되는 특성이 있는데, 개별증권의 민감도와 이들 위험요인에 대한 위험보상률을 고려하여, 변화하는 투자환경에 대응하는 포트폴리오 구성 변경에 활용하는 것이다.

2. Fama & French의 3요인모형

거시경제적 공통위험요인 대신 미시적 접근방법으로서 시장수익률 이상의 초과수익률을 가져오는 개별증권특성을 나타내는 위험요인을 찾는 시도를 할 수 있다.

미시경제적 위험요인모형(microeconomic-based risk factor model), 증권특성접근법(characteristics-based approach)이라고 부르기도 하는 이 방법에 의하면, 증권수익률에 영향을 미치는 다수의 증권특성치들을 사전에 명시하고, 이들 특성치에 대한 민감도로서 β_{jk} 와 위험가격인 λ 를 추정한다. 결국 적절한 증권특성변수만 명시될 수 있다면 APT의 검증절차도 CAPM의 검증방법과 유사하게 시도해 볼 수 있다. 이러한 접근방법으로 샤프(W. Sharpe)의 연구와 Fama & French(이하 F&M으로 표시)의 3요인모형, 카하르트(Carhart)의 4요인모형을 살펴본다.

샤프(W. Sharpe)는 최초로 이와 같은 방법으로 검증을 시도하였는데, 엄격한 경제이론에 근거하기보다는 다분히 자의적인 기준에 의해서 다음의 증권특성변수들이 증권의 균형수익률에 영향을 준다고 실증분석하고 있다.[16)]

① 시장베타(S&P지수에 대한 증권수익률의 민감도)
② 배당수익률
③ 기업의 규모(주식의 시장가치)

16) W. Sharpe, "Factors in NYSE Security Returns," *Journal of Portfolio Management* 19(Sep. 1982), pp.5～19.

④ 채권베타(장기채권에 대한 베타)
⑤ 과거의 알파값
⑥ 여덟 개 부문의 산업분류

증권의 특성변수들을 포함한 다요인모형을 체계적으로 제시한 연구로는 Fama & French의 3요인모형을 들 수 있다.[17] 다음 식 9.17에서 보는 것처럼 시장초과수익률변수 이외에 기업규모변수(*SMB*), 가치주변수(*HML*)가 포함되고 있다.

$$(R_{jt} - RFR_t) = \alpha_j + b_{j1}(R_{Mt} - RFR_t) + b_{j2}SMB_t + b_{j3}HML_t + \epsilon_{jt} \quad (9.17)$$

단, RFR_t : 무위험이자율
R_{Mt} : 시장포트폴리오 수익률
$(R_{Mt} - RFR_t)$: 시장포트폴리오 위험프리미엄
SMB : 시가총액기준 소형주 포트폴리오와 대형주 포트폴리오의 수익률 차이
HML : 장부가치 대 시장가치비율(BM : 주당순자산배율PBR의 역수)기준으로 고BM(저PBR)과 저BM(고PBR) 포트폴리오의 수익률 차이

시장효율성에 관한 실증연구 문헌에 의하면 초과수익을 가능하게 하는 시장의 이례적 현상(market anomalies)으로 기업규모효과(size effect), 주가수익배율효과(*PER* effect), 주당순자산배율효과(*PBR* effect) 등이 제시되어 왔다.[18] F&M의 3요인모형에는 이들 증권특성변수가 포함되고 있는 것이다.

F&M의 연구에서 만약 기업규모변수(*SMB*)와 가치주변수(*HML*)를 제외시키면 제7장에서 설명한 시장포트폴리오에 의해서만 자산수익률을 설명하는 단일지표모형이 된다. F&M의 연구결과를 〈표 9-1〉에서 보면 표본(1963년~1991년) 포트폴리오를 저*PBR*에서 고*PBR*그룹으로 5분위 포트폴리오로 분류했을 때, 기업규모변수(*SMB*)와 가치주변수(*HML*)가 포함되지 않는 (1) 단일지표모형보다 (2) 다요인모형의 설명력이 크게 높아짐을 보이고 있다.

특기할 점은 (1) 단일지표모형에서는 저*PER*과 고*PER* 포트폴리오간의 β값에 상

17) E.F. Fama & K.R. French, "Common Risk Factors in the Returns on Stocks and Bonds," *Journal of Financial Economics* 33(Jan. 1993), pp.3~56.

18) 시장의 이례적 현상에 대한 상세한 논의는 제10장 제3절 참조. 이에 의하면 소형주 포트폴리오 수익률이 대형주 포트폴리오 수익률보다 위험조정 수익률이 높은 기업규모효과(size effect)가 존재하는 것으로 보고하고 있다. 또 *PER* 또는 *PBR*이 낮은 가치주(value stock) 포트폴리오 수익률이 *PER* 또는 *PBR*이 높은 성장주(growth stock) 포트폴리오 수익률보다 높다는 *PER*효과, *PBR*효과를 제시하고 있다. 여기서 *PER*은 주가를 주당이익으로 나눈 주가수익배율이고, *PBR*은 주가를 주당순자산(또는 자기자본 장부가치를 시장가치)으로 나눈 주당순자산배율이다. 이를 시장가치 대 장부가치(M/B)비율이라고도 한다. *BM*비율은 장부가치 대 시장가치비율이므로 *PBR*(M/B)의 역수인 셈이다. 따라서 초과수익률 여부에 대한 것은 반대로 해석해야 한다.

〈표 9-1〉 다요인모형에서 위험요인의 추정

5분위 포트폴리오	상수항	(1) 단일지표모형 시장수익률	*SMB*	*HML*	R^2
최저*PER*	0.46 (3.69)	0.94 (34.73)	–	–	0.78
최고*PER*	−0.20 (−2.35)	1.10 (57.42)	–	–	0.91
5분위 포트폴리오	**상수항**	**(2) 다요인모형 시장초과수익률**	***SMB***	***HML***	R^2
최저*PER*	0.08 (1.01)	1.03 (51.56)	0.24 (8.34)	0.67 (19.62)	0.91
최고*PER*	0.04 (0.70)	0.99 (66.78)	−0.01 (−0.55)	−0.50 (−19.73)	0.96

* ( ) 안은 t 통계량
자료 : E.F. Fama & K.R. French, 상게서

당한 차이가 있지만, (2) 다요인모형에서는 이 차이가 별로 없음을 보여주고 있는데, 이는 단일지표모형에서의 시장포트폴리오는 단순한 대용치 역할을 함을 암시한다. (3) 다요인모형에서는 저*PER*포트폴리오가 고*BM*포트폴리오의 경향이 높고, 소형주 포트폴리오의 경향이 있다는 점이다. 카하르트(Carhart)는 F&M의 3요인모형에 네 번째 공통위험요인으로 가격모멘텀요인(price momentum factor)을 추가하여 다음 식 9.18의 4요인모형을 제시하고 있다.[19]

$$(R_{jt} - RFR_t) = \alpha_j + b_{j1}(R_{Mt} - RFR_t) + b_{j2}SMB_t + b_{j3}HML_t + b_{j4}MOM_t + \epsilon_{jt} \tag{9.18}$$

단, MOM : 가격모멘텀요인(전년도 최고성과 포트폴리오 수익률에서 최저성과 포트폴리오 수익률의 차이)

카하르트(Carhart)는 주식수익률의 시계열 추세에서 발견되는 '시장의 이례적 현상'인 수익률 지속효과(momentum effect)를 실증분석하면서 식 9.18의 4요인모형을 제시하고 있다. 여기서 가격모멘텀요인이란 과거 일정기간 동안 양(+) 또는 음(−)의 수익률을 기록한 주식은 다음 기에도 지속적으로 양(+) 또는 음(−)의 수익률을 내는 경향이 있다는 설명이다. 이 연구에 의하면 3요인모형보다 4요인모형이 설명력을 15% 정도 높이고 있다고 주장하고 있다.

19) M.M. Carhart, "On Persistence in Mutual Fund Performance," *Journal of Finance* 52(Mar. 1997), pp.57~82.

주요용어

차익거래가격결정이론(APT)	차익(재정)거래	일물일가의 법칙
차익거래포트폴리오	단일요인모형	충분히 분산투자된 포트폴리오
공통요인	요인가격	요인포트폴리오
요인부하	요인분석	CAPM과 APT의 비교
다요인모형	거시경제적 위험요인모형	미시경제적 위험요인모형
Fama & French의 3요인모형	Carhart의 4요인모형	

연습문제

1. [기초개념] APT의 기초가 되는 요인모형과 차익포트폴리오에 대해서 설명하라. 또 자산가격결정모형의 하나로서 APT의 특징에 대하여 설명하라.

2. [APT와 CAPM의 비교] APT와 CAPM의 관계를 설명하고, 시장균형모형으로서 양 모형을 비교 · 평가하라.

3. [APT에 대한 검증]
   ① APT를 실증분석하는 데 어려움은 무엇인가?
   ② APT에 대한 실증분석결과 증권수익률에 영향을 주는 공통요인으로는 어떤 것이 있는지를 제시하라.

4. [차익거래] 단일요인(시장지수)만이 존재하는 상황에서 다음과 같은 잘 분산된 포트폴리오 "동서"와 "남북"이 있다.

포트폴리오	기대수익률	베 타
동 서	21%	1.0
남 북	9%	0.0

지금 베타가 2/3인 포트폴리오 "서북"의 기대수익률이 18%라고 한다. 차익거래기회가 존재하는가? 어떠한 차익거래전략을 구사할 수 있는가?

5. [APT에 의한 가격평가] 증권수익률이 APT에서 설명하는 것처럼 움직인다고 가정하자. 다음은 3공통요인과 주식 j의 요인베타 그리고 요인에 대한 위험보상률(요인가격)에 대한 자료이다.

요 인	주식 j의 요인베타	요인위험보상률
인플레이션	1.2	6%
산 업 생 산	0.5	8
유 가	0.3	3

① 무위험이자율이 6%일 때, 차익거래가 사라지는 균형기대수익률은 얼마인가?

② 만약 3공통요인에 대한 기대치와 실제결과가 아래와 같이 나타났다면 주식 j의 기대수익률은 어떻게 변화하겠는가?

요 인	기대변화율	실제변화율
인플레이션	5%	4%
산 업 생 산	3	6
유 가	2	0

6. [APT와 차익거래] 잘 분산투자된 포트폴리오 X, Y, Z의 기대수익률과 공통요인 1과 2에 대한 민감도가 다음과 같다.

포트폴리오	기대수익률	β_{j1}	β_{j2}
X	10%	0.3	0.2
Y	15	1.0	0.6
Z	14	0.5	1.0

① 차익(재정)거래기회가 사라진 균형상태에서 무위험이자율과 공통요인 1과 2에 대한 위험보상률은 얼마인가?

② 균형기대수익률과 공통요인 1, 2에 대한 민감도(베타계수) 사이에는 어떠한 관계가 성립하는가?

③ 포트폴리오 X, Y, Z에 각각 1/3씩 투자하여 얻게 되는 포트폴리오를 Q라고 할 때 Q의 기대수익률 $E(R_p)$와 1, 2요인에 대한 민감도 β_{p1}, β_{p2}는 얼마인가?

④ 포트폴리오 S의 기대수익률 $E(R_p)$는 15%이고, 체계적 위험은 $\beta_{p1}=0.6$, $\beta_{p2}=0.6$이다. ③의 포트폴리오 Q와 비교할 때 시장에서 차익(재정)거래기회가 존재하는가? 존재한다면 100만원의 자금을 이용하는 차익거래의 과정을 밝히라.

7. [다요인모형]

① 다요인모형으로서 거시경제적 위험요인모형과 미시경제적 위험요인모형의 차이는 무엇인가?

② Fama & French의 3요인모형과 Carhart의 4요인모형의 차이는 무엇인가?

제 10 장 증권시장의 효율성

'투자정보'는 투자성과를 좌우하는 결정적인 요소의 하나이다. 관련 투자정보가 현 증권가격에 반영되었는지의 여부에 따라서 초과수익 획득 여부가 달라지기 때문이다. 이러한 중요성 때문에 증권시장의 효율성 문제에 대하여 많은 실증적 연구가 이루어져 왔다. 시장이 효율적이라는 주장이 뒷받침되는 증거도 많이 제시되고 있지만, 한편에서는 이에 대해 의문을 던져 주는 실증적 증거도 제시되고 있다. 본장에서는 여러 가지 형태의 정보와 증권가격의 관계를 다루는 효율적시장 이론의 주요 개념과 실증적 증거에 대하여 다룬다. 다음은 본장의 학습목표로서 이해해야 할 주요 사항들이다.

- 효율적시장 가설의 의의와 형태
- 효율적시장이 되는 메커니즘과 효율적시장의 특성
- 효율적시장에서 증권분석의 유용성
- 약형 EMH의 검증방법, 주요 검증결과, 주말효과, 1월효과 등의 이례적 현상
- 준강형 EMH의 검증방법과 주요 검증결과
- *PER*효과, *PBR*효과, 기업규모효과 등 시장의 이례적 현상
- 강형 EMH의 검증방법과 주요 검증결과
- 행태재무학에서 주장하는 주된 내용과 주장의 논거

제 1 절 효율적시장의 개념

현대 자본시장이론에서 가장 중요하게 취급되는 두 가지 이론이 있다. 하나는 본서 제Ⅱ, Ⅲ편에서 설명한 바 있는 포트폴리오 이론과 CAPM과 같은 시장균형모형(market equilibrium model)에 관한 것이고, 또 하나는 본장에서 설명하고자 하는 증권시장에서의 증권가격 행태와 관련된 효율적시장 이론(efficient market theory)이다.

제8장에서 설명된 CAPM과 같은 시장균형모형은 시장이 균형상태에 있을 때 자산의 기대수익과 위험의 관계를 밝히는 모형으로서 자본자산의 가격구조(price structure)를 설명하는 이론들이다. 반면에 본장에서 다루는 효율적시장 이론은 기대수익과 위험 간의 구조적 관계를 다루기보다는 시장이 증권가격을 얼마나 정확하게 결정하는가의 문제를 집중적으로 다루고 있다. 구체적으로는 여러 가지 형태의 정보와 증권가격의 관계를 다루는 증권의 가격행태(price behavior)에 관한 이론이다. 본 절에서는 효율적시장 가설(EMH)과 효율적시장의 특성에 대하여 설명한다.

1. 효율적시장과 정보효율성

효율적시장(efficient market)이란 본래 전통적인 경제학에서는 사회 전체의 효용이 극대화되도록 자원의 배분이 효율적으로 이루어지는 시장의 의미로 사용되어 왔다. 이같이 자원의 배분이 효율적으로 이루어지는 완전시장(perfect market)이 실현되기 위해서는 배분효율성과 운영효율성이 전제되어야 한다고 보고 있다.[1)]

배분효율성(allocational efficiency)이란 자산에 대한 수요와 공급이 원활히 이루어져 균형가격이 형성되고 이 가격이 경제 전체로는 자원의 효율적 배분을 가능하게 하는 것을 말한다. 이를테면 투자에 따른 불확실성(위험과 비용)을 고려한 후 가장 높은 한계수익을 얻을 수 있는 기업들에 자금이 공급되고, 비효율적인 경영이 이루어지는 기업들은 시장에서 도태되도록 시장가격이 이를 반영하여 자원의 효율적 배분이 이루어진다.

운영효율성(operational efficiency)이란 증권시장 운영의 제도적 측면에서 마찰이

1) 완전시장의 필요조건으로 다음 사항을 들 수 있다. ① 시장참여자는 모두 가격순응자(price taker)이다. 즉, 완전경쟁이 이루어져 소수의 참여자가 가격형성에 영향을 줄 수 없다. ② 거래비용, 세금 등 시장마찰요인이 없다. ③ 모든 정보는 아무런 장애 없이 그리고 아무런 비용 없이 동시에 투자자에게 전달된다.

적어 거래 또는 자원의 이전이 원활하게 이루어지는 내부효율성(internal efficiency)을 말한다. 원활한 거래가 이루어지기 위해서는 거래비용(transaction cost)이 최소화되어야 하고, 원하는 시점에 적정가격에 신속히 사고팔 수 있는 유동성(liquidity)이 높아야 한다. 증권거래가 이루어질 때 수수료·증권거래세 등 거래비용이 많이 발생하고, 가격제한폭이 좁게 설정되어 있으며, 소수에 의해서 수요·공급이 영향받을 정도로 증권소유가 과점되어 있으면 증권거래가 원활히 이루어지지 않는다. 원활한 매매가 이루어지는 데 마찰이 생겨 운영효율성이 발휘되지 못하면 적정가격형성기능을 기대할 수 없다.

그러나 효율적시장 이론에서 의미하는 증권시장의 효율성은 이와는 다르게, 좁은 의미에서 정보효율성(informational efficiency)을 가리킨다. 즉, 증권가격이 이용가능한 모든 정보를 신속·정확·충분히 반영하는 시장의 의미로 사용된다. 따라서 효율적시장 이론에서 말하는 시장효율성이 되는 조건은 앞에서 설명한 경제학에서의 완전시장보다 덜 제한적이다. 증권거래에서 어느 정도의 거래비용이나 시장의 마찰요인이 있더라도 시장은 정보효율적시장이 될 수 있기 때문이다.

2. 효율적시장 가설(EMH)의 형태

시장이 정보효율적시장이어서 증권가격에 특정정보가 신속하고 정확하며 충분히 반영되면, 그 정보를 이용해서는 초과수익을 얻을 수 없게 된다. 이처럼 증권가격이 이용가능한 모든 정보를 신속·정확·충분하게 반영하고 있어 그 정보로는 초과수익을 얻을 수 없다는 주장을 효율적시장 가설(EMH : efficient market hypothesis)이라고 한다.

그러나 증권시장의 효율성의 문제는 엄격하게 시장이 효율적이냐 아니면 비효율적이냐로 구분될 수 없는 상대적인 것이다. 즉, 증권시장의 효율성은 증권가격이 어떤 종류의 정보를 신속히 반영하고 있느냐에 따라 효율성의 정도를 상대적으로 평가해야 한다.

증권가격에 반영되는 이용가능한 모든 정보집합(information sets)은 [그림 10-1]과 같이 구분해 볼 수 있다. 한가운데 가장 작은 원은 증권가격의 과거 역사적 움직임을 분석함으로써 얻어낼 수 있는 역사적 정보집합을 나타낸다. 두 번째 큰 원은 특정기업의 이익발표나 합병발표와 같은 공개적으로 이용가능한 정보집합을 나타낸다. 따라서 내부정보나 사적 정보는 제외된 집합이 된다. 가장 큰 원은 내부정보까지 포함한 모든 이용가능한 정보를 나타낸다. 이 정보집합에는 특정기업과 당해산업,

[그림 10-1] 특정증권에 관련된 이용가능한 세 가지 정보집합

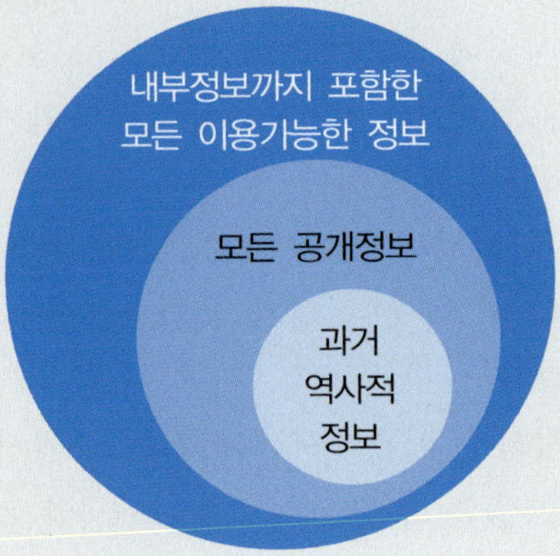

국내외경제에 관한 공개적으로 이용가능한 정보뿐만 아니라 특정 투자자들에 의해서만 사적으로 수집된 비공개 내부정보까지도 포함된다.

효율적시장 가설(EMH)은 이상의 세 가지 종류의 정보집합 중에서 어떤 정보가 증권가격에 반영되었는가, 환언하면 투자자가 어떤 정보를 이용하여 초과수익을 얻을 수 있는가에 따라 증권시장의 효율성에 상대적 차이가 있다고 보고, 다음과 같이 약형, 준강형, 강형으로 효율적시장 가설의 세 가지 형태로 구분해 볼 수 있다.[2)]

(1) 약형 효율적시장 가설

약형 효율적시장 가설(weak-form EMH)이란 현재의 주가는 과거 주가변동의 양상, 거래량의 추세에 관한 정보 등 과거의 역사적 정보를 완전히 반영하고 있으므로 어떤 투자자도 과거 주가변동의 형태와 이를 바탕으로 한 투자전략으로는 초과수익을 얻을 수 없다는 주장이다.

이 가설은 여러 기간에 걸친 일련의 연속적인 주가는 독립적으로, 무작위적인 행태를 보임을 뜻한다. 따라서 현실의 증권시장이 약형 효율적시장인지를 보기 위해 과거 시계열상의 연속적인 주가변동은 상관관계가 있는지의 여부를 밝히는 데 초점이 모아지고 있다.

2) 효율적시장 가설의 세 가지 형태를 처음 제시한 사람은 Fama(1970)이다. E.F. Fama, “Efficient Capital Markets : A Review of Theory and Empirical Work,” *Journal of Finance*(May 1970).

(2) 준강형 효율적시장 가설

준강형 효율적시장 가설(semi-strong form EMH)이란 현재의 주가는 공개적으로 이용가능한 모든 정보(all publicly available information)를 완전히 반영하고 있으므로, 투자자들은 공표된 어떠한 정보나 이에 바탕을 둔 투자전략으로는 초과수익을 달성할 수 없다는 주장이다. 여기서 공개적으로 이용가능한 정보(공표정보)란 과거의 주가나 거래량 같은 역사적 정보뿐만 아니라 기업의 회계정보(순이익 등) 발표, 취급제품 관련 주요 공시사항, 공표된 정부의 경제정책, 경쟁업체의 공시사항, 기업의 배당이나 유·무상증자 또는 합병계획과 같은 사건발표 등의 정보가 포함된다.

이 가설에 의하면 투자자는 어떠한 정보가 공표된 다음에는 그 정보를 활용해도 평균 이상의 수익을 올릴 수 없게 된다는 것이다. 이에 대한 실증적 검증은 어떤 정보가 공표되는 시점을 전후로 한 주가변동을 관찰하여 특정사건의 공표에 대한 주가조정의 속도를 분석하고 있다.

(3) 강형 효율적시장 가설

강형 효율적시장 가설(strong form EMH)이란 일반에게 공개된 정보뿐만 아니라 공개되지 않은 내밀한 정보(private or inside information)까지도 주가에 반영되어 있으므로 투자자는 어떠한 정보에 의해서도 초과수익을 얻을 수 없다는 주장이다.

이에 대한 실증적 검증은 내부정보를 사전에 밝히는 것이 불가능하므로 일반적으로 주가에 충분히 반영되지 않은 정보에 접근할 수 있는 개인이나 집단(예를 들어, 자산운용회사 등의 전문투자자그룹)의 초과수익 달성 여부를 조사하고 있다.

3. 효율적시장에서의 증권분석

현실의 증권시장이 이상에서 설명한 효율적시장이라고 신봉하는 입장에서 보면, 과소·과대평가된 증권을 식별해내려는 증권분석가의 노력과 투자자들이 이에 대한 대가를 지불하는 행동은 무의미할 수 있다. 초과수익을 얻고자 하는 여러 가지 형태의 투자분석기법이나 투자전략이 아무런 쓸모가 없다는 결론이 나올 수 있다.

투자분석방법으로서 기술적 분석은 주가가 어떤 특정형태를 취하면서 움직인다는 것을 가정하여 차트분석 등을 통해서 과거의 시계열 주가움직임으로부터 미래 주가를 예측하는 작업을 시도한다. 그러나 증권시장이 약형 효율적이어서 과거 역사적 정보가 주가에 반영되고, 그래서 과거 주가변동과 미래 주가변동이 독립적일 것이므로, 기술적 분석에 의해서는 초과수익을 획득할 수 없게 된다.

기본적 분석은 주식의 내재가치에 영향을 미치는 기업의 미래이익이나 배당, 성장성, 재무구조, 사업전망과 위험 등의 요인들을 예측하여 과소평가 또는 과대평가된 주식을 식별해냄으로써 초과수익을 획득하려는 시도이다. 그러나 증권시장이 준강형 효율적이라면 다수 투자자의 경쟁적 정보입수와 분석활동으로 인하여 주가는 내재가치에 관한 정보를 충분히 반영할 것이다. 기본적 분석에 의하여 우량기업이 발견되었더라도 많은 사람이 이를 알고 있으면 이미 높은 주가가 형성되어 초과수익의 여지가 없게 된다. 효율적시장에서는 우량기업을 발견하는 것만으로는 부족하고, 동일한 정보에 기초하더라도 다른 사람의 추정보다도 더 정확한 것이 필요하다. 그렇지 않으면 공개적 정보에 기초한 투자전략을 수립하는 기본적 분석가들의 노력이 무용지물이 된다. 하물며, 시장이 강형 효율적이라면 증권가격은 내부정보까지 포함하는 모든 정보를 반영하게 되므로, 과거의 역사적 정보나 공개적 정보를 근거로 투자전략을 수립하는 증권분석가의 기능은 유용성이 인정되기 힘들다.

이렇게 어떤 증권분석기법으로도 초과수익을 체계적으로 얻지 못하는 시장이라면, 현실적으로 과대·과소평가된 증권을 발견하려는 노력이나 이를 자문하는 증권분석가 또는 투자금융회사, 자산운용사가 성업하고 있는 현실을 어떻게 설명할 것인가?[3] 효율적시장 이론과 증권분석이론은 서로 모순되는 것인가? 증권분석의 유용성을 믿는 입장에서는 나름대로의 반론을 제시하고 있다.

효율적시장과 증권분석의 유용성의 관계는 증권시장이 실제로 효율적시장이 되어가는 과정을 이해하면 모순되는 주장이 아님을 알 수 있다. 효율적시장이 존재할 수 있는 것은 오히려 많은 투자자들이 시장효율성을 불신하여 초과수익을 얻고자 하는 노력으로 경쟁적으로 정보를 입수·분석하기 때문이다. 시장이 비효율적이라고 믿고 다양하고 깊이 있는 증권분석이 경쟁적으로 시도될수록 결과적으로 증권가격에 관련 정보가 신속하게 반영되어 효율적시장이 되어가는 것이다. 사실 증권분석은 시장이 효율적으로 되어가는 데 유용할 뿐만 아니라, 시장효율성 유지에 핵심적인 역할을 한다는 하나의 역설(paradox)이 존재한다.

현실의 증권시장이 효율적시장으로 판명이 되더라도 증권분석가의 기능, 즉 잘못 평가된 증권을 식별해내는 기능, 일반에게 알려지지 않은 정보의 발굴 및 새로운

---

3) 비록 효율적 시장이더라도 증권전문기관이 대행하는 포트폴리오 관리는 필요하다. 왜냐하면 분산투자가 이루어지더라도 대부분 비체계적 위험이 남아 있으므로, 이에 대한 투자관리가 필요하기 때문이다. 뿐만 아니라 투자자에게 적용되는 소득세율, 개인별 위험선호도, 노후생활계획 등이 다르므로 이 같은 개인별 필요를 맞추는 포트폴리오 관리가 필요한 것이다.

분석기법의 개발기능 등이 필요하다. 오히려 독창성·민첩성을 살려 다른 사람들이 분석하지 못한 가치를 발견해 나가는 증권분석의 질적 향상 노력이 성공할수록 시장은 효율적이게 된다.

4. 효율적시장의 특성

시장의 효율성 정도에 따라서 특정정보를 이용한 초과수익 획득가능성이 달라지기 때문에 현실의 증권시장이 얼마나 효율적인가를 밝히는 실증분석이 중요하다. 다음 절에서는 과연 현실의 증권시장이 얼마나 효율적인지를 실증분석한 연구결과를 정리하게 되는데, 본항에서는 이의 전 단계로 먼저 만약 시장이 효율적시장이라면 어떤 행태적 특성을 보일 것인지를 고찰해 보기로 한다.

증권시장이 정보효율적시장이 되어가는 데 다음의 세 가지 요인이 영향을 미친다고 할 수 있다.

① 증권분석가들의 경쟁적인 정보입수와 분석활동의 수준
② 증권가격에 대해 평가를 내리는 시장참여자의 수
③ 기업에 의해서 공시되는 정보의 양과 질, 거래에 대한 규제

이 가운데서 증권시장을 효율적으로 만드는 가장 중요한 원천은 증권시장에서의 경쟁이라고 할 수 있다. 현실적으로 효율적시장이 성립된다면, 그것은 증권시장에서 독립적으로 투자수익을 극대화시킬 목적하에서 증권정보를 경쟁적으로 입수하여 분석하려는 수많은 증권전문가들이 존재하기 때문이다. 이들 수많은 증권전문가들의 경쟁적인 정보입수와 분석활동으로 인하여 새로운 정보가 발생할 때마다 증권가격은 단시간 내에 조정되는 것이다.

물론 증권분석가들의 경쟁적인 정보입수와 분석활동에는 현실적으로 정보탐색비용이 발생한다. 현재의 시장가격을 기초로 하여 예상되는 초과수익이 정보탐색비용을 보전하지 못할 것으로 판단하면 초과수익을 얻고자 하는 경쟁적 활동은 중단될 것이다.

시장이 효율적시장이라면 다음과 같은 행태적 특성을 보일 것이다.

(1) 주가의 무작위적 변화(random walk)

효율적시장에서의 연속적인 증권가격 변동은 무작위적(random)이어야 한다. 즉, 과거시점의 가격변화와 현재시점의 변화는 상관관계가 없어야 한다. 왜냐하면 과거의 정보는 증권가격에 이미 반영되어 있고 미래의 주식가격은 미래의 새로운 정보에 달려 있는데, 그 새로운 정보는 언제 어디서 발표될 것인지 누구도 예측할 수 없을 정도(unpredictable)로 무작위적(random)이고 독립적(independent)으로 발생되고, 발생되면 수많은 증권분석가들의 경쟁적인 활동에 의해서 즉각적으로 평가되어 가격조정이 이루어지기 때문이다. 따라서 증권시장이 효율적이라면 오늘의 증권가격 변화는 과거에 발생한 주가변화와 완전히 무관하다. 한번 상승하기 시작한 주가가 계속 상승추세를 보이는 것처럼 연속적인 주가움직임에 종속성이나 상관성이 통계적으로 의미 있을 정도로 존재한다면 비효율적시장이다.

국내총생산(GDP)과 같이 경기변동에 따라 달라지는 시계열지표의 경우, GDP증가율이 높으면 지속적으로 주가상승(즉, 연속 주가움직임에 높은 상관성)의 추세를 보일 것으로 생각할 수 있지만 그렇지 않음에 주의할 필요가 있다. 주가는 GDP 변화에 반응하는 것이 아니라 GDP 변화에 대한 시장의 예측오차(forecasting error)에만 반응하기 때문이다. 만약 효율적시장에서 순환적 패턴이 발견되면 예측모형에 이러한 요소가 고려되어 미래예측치가 발표되는데, 이와 같은 예측정보는 즉시 주가에 반영된다. 그래서 나중에 예측치대로 공표되면 주가의 변화는 없겠지만, 예측한 것과 다른 상황이 발생하면 주가는 이에 반응한다.

(2) 새로운 정보에 대한 신속 · 정확한 주가반응

효율적시장에서의 증권가격은 증권의 가치평가에 관련된 새로운 정보가 발생하면 이에 대해 신속하고 정확하게 반응한다. 증권시장에는 매일 수많은 정보가 유입된다. 특정기업 관련정보뿐만 아니라 일반경제상황, 국내정치, 국제관계, 노사분규, 원자재난 등 증권가치 평가에 적절한 정보가 전파되면서 증권가격에 영향을 끼친다.

증권시장이 효율적이라면 시장에 정보가 전파되자마자 증권가격은 이들 정보에 신속하게 반응한다. 효율적시장에서는 정보수집처리과정이 신속하기 때문이다. 또한 시장가격이 새로운 정보에 편의 없이(unbiased) 반응해야 한다. 즉 [그림 10-2]의 ①의 경우처럼 새로운 정보에 대한 가격반응은 그 정보가 증권가치에 대해 지니는 진정한 의미에 대해 신속하고 정확해야 한다. ②의 경우처럼 지연된 반응(delayed reaction)을 보인다든지, ③의 경우처럼 과잉반응(overreaction)을 보인 다음에 추후 수

[그림 10-2] 새로운 정보발생에 대한 주가반응의 형태

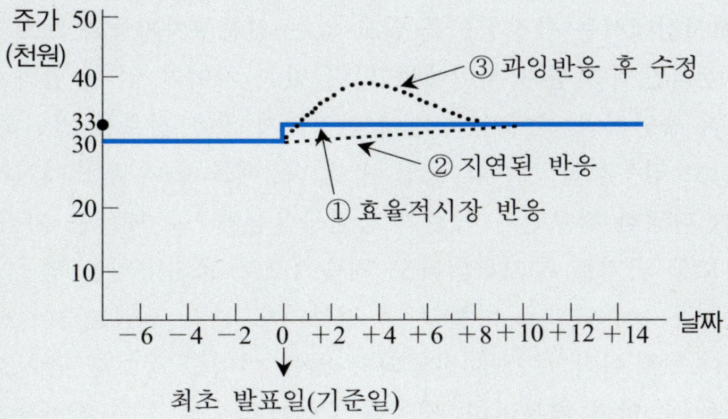

정되는 형태를 보인다면 효율적시장이라고 볼 수 없다.

(3) 성공적인 투자전략의 부재

이용가능한 정보에 기초한 투자전략이나 거래규칙을 수립하여 미래 투자에 적용했을 때 효율적시장에서는 평균투자수익률 이상의 투자성과를 지속적으로 획득할 수 없다. 시장이 효율적이라면 이용가능한 특정정보에 기초한 투자전략이 세워졌을 때 그 투자전략은 한순간 유효할지 모른다. 그러나 이 투자전략의 내용과 정보가치가 신속하게 알려지고, 모든 투자자들이 이를 모방하게 되므로 곧 이 투자전략의 정보가치와 초과수익이 사라진다. 지속적으로 평균 이상의 투자수익을 얻는 것이 불가능해지는 것이다. 결국 특정 투자전략에 대한 주가움직임은 자기파괴적(self-destructive)인 형태를 보이게 된다.

예를 들어 시장이 기업의 이익보고서와 같은 공표된 새로운 정보에 느리게 반응한다고 가정해 보자. 당해연도에 주당이익(EPS) 증가가 제일 높은 상위 10여개 기업에 투자하는 전략을 세웠을 때 이 전략이 과연 적정수준 이상의 투자성과를 가져올 것인가? 시장이 효율적이라면 이와 같은 투자전략은 모방될 것이므로 설령 한두 번은 성공할 수 있어도, 그 정보가치는 곧 소멸되어 실패할 것이다.

(4) 전문투자자의 보통수준의 투자성과

효율적시장에서는 특정정보를 알고 있는 전문투자자들과 모르고 있는 일반투자자들의 평균적인 투자성과 사이에는 의미 있는 차이가 없다. 만약 성과차이가 존재한다면 전혀 우연적인 것이며, 주가에 반영되지 않은 정보를 발견하는 능력 면에서도 체계적이고 영속적인 차이를 보일 수 없다. 예를 들어 펀드매니저와 같은 전문투자자 그룹이 다양한 정보원과 탁월한 증권분석능력으로 때로는 아직 주가에 반영되지 않은 정보를 근거로 투자하더라도 지속적으로 초과수익을 얻을 수 없다. 효율적시장에서는 주가에 영향을 미칠 사적 정보라도 관련 경영능력이 사전에 시장에서 평가될 것이므로 아직 주가에 반영되지 않는 어떠한 정보를 근거로 투자해도 초과수익을 얻을 수 없기 때문이다. 정보원이 상대적으로 적은 일반투자자의 경영성과와 체계적인 차이를 보일 수 없다.

제2절 효율적시장 가설의 검증

앞의 절에서는 효율적시장의 가설과 특성을 중심으로 시장효율성의 개념적인 측면을 살펴보았다. 본절에서는 EMH에 대한 실증분석 결과를 정리한다.

그간 시장효율성에 대한 수많은 실증적 분석이 행해져 왔는데 시장효율성을 지지하는 연구결과도 많은 반면에, 시장이 비효율적이라는 증거도 나오고 있다. 본절에서는 효율적시장 가설의 형태(약형, 준강형, 강형 EMH)별로 구분하여 그 검증방법과 주요 실증적 연구결과를 살펴본다.

1. 약형 EMH에 대한 검증

약형(weak-form) EMH에 의하면 과거의 역사적 정보를 이용해서는 초과수익을 누릴 수 없다. 이 가설에 대한 검증은 연속적인 주가움직임이 무작위적인지를 규명하는 것이다. 환언하면 과거 일정기간 동안의 증권가격의 자료에서 체계적인 움직임이 존재하는지를 밝히는 작업이 된다. 이 같은 연구는 주로 주가의 시계열적인 예측가능성을 검증하는 것이므로 근래에는 주식수익률의 예측가능성(predictability in stock market returns)이라는 주제로 여러 가지 연구가 이루어지고 있다.[4)]

이 분야에 대한 많은 실증연구결과들은 EMH를 지지하는 증거들을 제시하고 있지만, 단기수익률과 장기수익률의 예측가능성은 서로 다른 일면이 있는 것으로 주장되고 있다. 또한 주가의 시계열 움직임에 있어서 초과수익의 가능성이 있는 이례적 현상으로서 1월효과, 주말효과 등이 제시되고 있다.

(1) 검증방법

현실의 증권시장에서 연속적인 주가가 무작위적으로 변동하는지를 보는 검증방법으로는 시계열 상관분석과 연(連, run)의 검증방법이 주로 쓰이고 있다.

1) 시계열 상관분석

효율적시장에서 주가가 순수한 랜덤워크(random walk)를 따른다는 것은 통계적 의미에서 주가변동의 확률분포가 언제나 완전히 일정한 것을 뜻한다. 즉, $t+1$일에 예상되는 주가변동은 t일의 주가변동과 무관함을 의미한다. 따라서 주가변동의 무작위성을 검증하는 한 방법은 과거의 주가변동과 미래의 주가변동 사이의 시계열 상관관계(studies of serial correlation)가 존재하는지를 밝히는 것이다.

이제 t일(어제)의 주가변동을 수평축에 표시하고, $t+1$일(오늘)의 주가변동을 수직축에 표시해 보면 [그림 10-3] 및 [그림 10-4]와 같은 두 가지 형태의 그림을 얻을 수 있다.

[그림 10-3]은 t일(어제)의 주가변동과 $t+1$일(오늘)의 주가변동 사이에 正(+)의 시계열 상관관계가 있는 경우를 나타낸 것이다. 正의 시계열 상관관계가 존재하는 경우는 t일에서의 주가변동이 A'점에 표시(증가하는 경우)되는 수준이었을 때 $t+1$일에서의 주가변동은 A와 같은 확률분포를 보일 것이다. 마찬가지로 t일에서의 주가변동이 B'점에 표시(감소되는 경우)되는 수준이었다면 $t+1$일에서의 주가변동은 B와 같은 확률분포를 보일 것이다. 이처럼 연속적인 주가변동에 시계열 상관관계가 존재하는 것으로 나타나면 증권시장은 비효율적이라고 할 수 있다.

반대로 [그림 10-4]는 연속적인 시계열상의 주가변동에 있어 서로 상관관계가 없는 경우를 나타낸 것이다. 현재($t+1$)시점에서 기대되는 주가변동이 과거(t)시점 주가변동과 전적으로 상관관계가 없는 경우로서 시장이 효율적이라면 이와 같은 모

4) E.F. Fama, "Efficient Capital Markets : II," *Journal of Finance* 46(Dec. 1991).

[그림 10-3] 비효율적시장에서의 연속적 주가변동

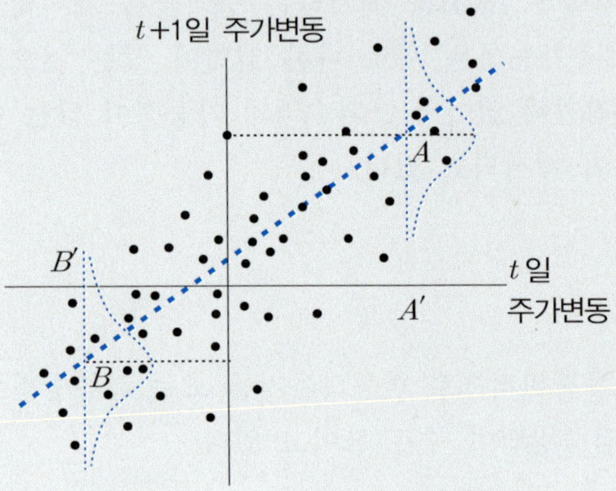

[그림 10-4] 효율적시장에서의 연속적 주가변동

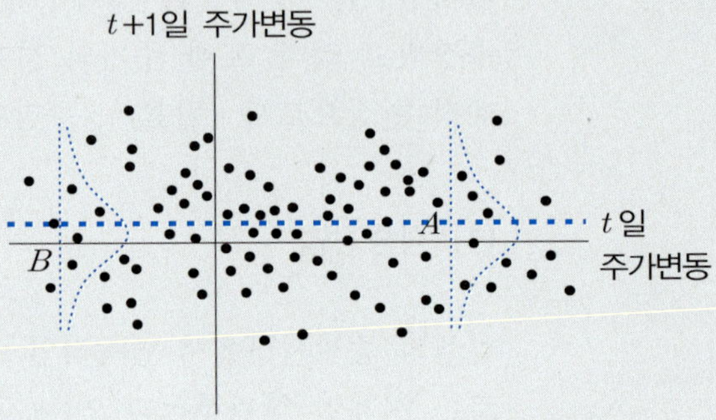

양을 보일 것이다.

이와 같은 시계열 상관분석은 위의 예처럼 t시점과 $t+1$시점 사이의 시차(time lag)가 1시점인 연속적인 주가변동뿐만 아니라 시차가 2시점 이상인 경우와 장기투자수익률의 경우도 마찬가지로 분석이 될 수 있다. 그래서 효율적시장이라면 현재의 주가변동은 과거의 어느 특정시점에서 발생했던 주가변동과 상관관계가 없는 것이다.

주가변동의 시계열 상관분석은 식 10.1과 같이 수학적 관계식으로 표시하여 분석하면 더욱 엄격한 평가가 이루어질 수 있다.

$$P_t - P_{t-1} = a + b(P_{t-1-T} - P_{t-2-T}) + e \tag{10.1}$$

단, P_t : t시점의 가격
P_{t-1} : $t-1$시점의 가격
T : 시차(time lag)
a : 전기 가격변동과 연관이 없는 기대가격변화
(대부분 증권이 正의 수익률을 가지므로 $a > 0$)
b : 전기와 차기 주가변동 사이의 관계, 시계열 상관계수
e : 확률적 오차항(과거 주가변동과 관계없는 현재 주가변동을 반영)

식 10.1을 추정하는 과정에서 b의 회귀계수가 얻어지면 시계열 상관성이 존재하는지 또는 독립성이 존재하는지를 판단할 수 있게 된다.

2) 연의 검증

주가변동과 시계열이 무작위적인지 아니면 어떤 추세를 지니는지를 보는 단순한 형태의 검증방법으로 연의 검증(run test)이 있다. 위에서 설명한 상관관계분석이 한두 개의 극단적인 관찰치(outliers)에 의해서 연구결과가 크게 영향받는다는 약점을 보완해 주는 방법이기도 하다. 상관관계분석은 장·단기수익률에 관계없이 분석될 수 있는 반면에 연의 검증방법은 주로 단기수익률 자료에 대한 검증에 이용된다.

연(連, run)이란 동일한 부호(sign)를 갖는 가격변동들의 연속을 말한다. 이제 가격상승은 (+)로 표시하고 가격하락은 (−)로 표시했을 때, 가격변동이 + + − − + +로 나타난다면 세 개의 연을 갖는 주가변동이다. 이러한 연의 모양이 + + + − − −처럼 (+)나 (−)가 계속적으로 나타난다면 이는 과거 주가변동이 미래 주가변동이 관계가 있음을 나타내므로 시장의 비효율성을 의미한다. 반대로 연의 모양이 + − + − − +처럼 부호가 섞여 무작위로 나타나는 경우는 미래 주가변동이 과거 주가변동과 상관성이 없다는 것을 암시한다. 최종적으로 통계적 유의성은 무작위적인 경우의 이론적인 연의 수와 관찰된 실제의 연의 수가 통계적으로 의미 있는 차이를 보이는지를 검증하여 판단한다.

(2) 주요 검증결과

1) 단기수익률의 시계열 상관관계

일일이나 주간 변동과 같은 단기수익률 자료의 연속적 움직임은 대체적으로 시계열 상관성이 낮은 것으로 보고되고 있다.

파마(E.F. Fama)는 시계열 상관분석방법을 이용하여 다우존스 산업평균지수에 사용되는 30개 주식에 대하여 1957년부터 1962년까지 1,400개의 일일 주가변동자료를 가지고 1일부터 10일까지의 시차(즉, $T=0, 1, 2 \cdots 10$)를 갖는 시계열 상관계수를 측정한 바 있다. 이 결과에 의하면 평균 3%의 시계열 상관성이 있는 것으로 추정되었으나, 이 결과는 통계적 유의성이 있는 수준이 아니어서, 연속적인 주가변동에는 독립성이 존재한다고 결론짓고 시장의 효율성을 주장하였다.[5]

파마는 연의 분석방법에 의해서도 이를 검증하고 있는데, 마찬가지로 과거 주가움직임에 담긴 정보로는 초과수익기회가 없는 것으로 결론짓고 있다.

이와 유사한 최근의 연구로는 콘라드·카울(J. Conrad & G. Kaul)[6]과 로·맥킨레

5) E.F. Fama, "The Behavior of Stock Market Prices," *Journal of Business*, Vo1. 38, No. 1(Jan. 1965), pp.34~80.
6) J. Conrad & G. Kaul, "Time-Variation in Expected Returns," *Journal of Business* 61(Oct. 1988), pp.409~425.

이(A.W. Lo & A.C. MacKinlay)의 연구들이 있다.[7] 이들의 연구는 NYSE 주식들의 주별자료를 가지고 단기수익률의 상관관계를 조사하였는데, 파마의 그것과 거의 동일하게 약간의 正의 상관관계를 발견하였지만, 결론적으로 주가변동의 랜덤워크 가설을 지지하고 있다.

2) 장기수익률의 시계열 상관관계분석과 과잉반응가설

단기수익률의 상관관계분석 결과와 다르게 수년간에 걸친 장기수익률(long-horizon return)의 상관관계에 대한 최근의 연구는 負의 시계열 상관관계를 지니는 것이라고 밝히고 있다.[8]

이러한 연구결과는 새로운 뉴스에 주가가 과잉반응한다는 과잉반응가설(overreaction hypothesis) 또는 유행가설(fads hypothesis)에 기초하고 있다. 호재에 대한 과잉반응으로 인하여 일정기간 주가가 상승하여 正(+)의 상관관계를 보였다면, 그 다음의 일정기간은 이 과잉반응에 대한 수정으로 주가가 일정기간 하락하여 負(−)의 상관관계를 나타낸다는 것이다. 결과적으로 장기간에 걸친 투자수익률의 움직임은 負(−)의 시계열 상관관계를 보이고, 주식의 내재가치(평균수익률)를 중심으로 지나친 변동성(excessive volatility)을 보인다는 것이다.

포터바・서머즈(J. Poterba & L. Summers)는 이 가설을 뒷받침하는 실증분석결과를 제시하고 있는데,[9] 이에 의하면 장기적 주가움직임은 큰 변동성을 보이면서 평균수익률에 반전(mean reversion)하는 패턴을 보이고, 장기시계열 상관계수는 負(−)인 것으로 밝히고 있다.

드봉・텔러(W. De Bondt & R. Thaler)[10]는 주가의 과잉반응가설에 대한 검증결과를 [그림 10-5]와 같이 제시하고 있다. 과거 3년간 투자수익률이 가장 저조하였던 패자포트폴리오(loser portfolio)는 다음 36개월 동안 20% 정도의 누적초과수익을 거두고, 반대로 투자수익률이 가장 양호하였던 승자포트폴리오(winner portfolio)는 −7%의 누적초과수익을 보이는 것으로 나타나고 있다. 이러한 현상은 투자자들의 과민반응 때문에 발생하는 것이라고 주장하고 있다.

---

7) A.W. Lo & A.C. MacKinlay, "Stock Market Prices Do Not Follow Random Walks : Evidence from a Simple Specification Test," *Review of Financial Studies* 1(1988), pp.41∼66.

8) E.F. Fama & K.R. French, "Permanent and Temporary Components of Stock Prices," *Journal of Political Economy* 96(Apr. 1988), pp.246∼273.

9) J. Poterba & L. Summers, "Mean Reversion in Stock Prices : Evidence and Implications," *Journal of Financial Economics* 22(Oct. 1988), pp.27∼59.

10) W.F.M. De Bondt & R. Thaler, "Does the Stock Market Overreact?" *Journal of Finance* 40(1985), pp.793∼805.

[그림 10-5] 과잉반응 투자전략의 초과수익

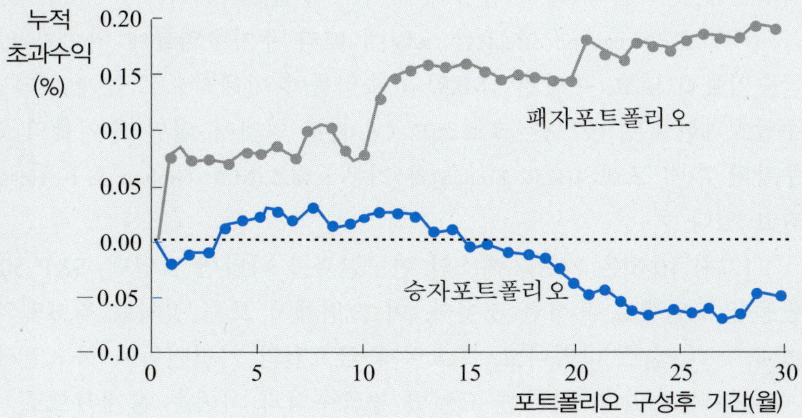

한편 제가디쉬(N. Jegadeesh),[11] 레만(B. Lehman),[12] 초프라 · 래코니쇼크 · 리터(N. Chopra, J. Lakonishok & J. Ritter)[13] 등에 의하면 3~12개월 정도의 기간에서는 지속효과(momentum effect)를 보이지만, 수년간에 걸친 장기기간에서는 투자성과가 저조했던 주식들은 다음 일정기간 동안 역전되어 투자성과가 양호해지는 경향이 매우 높다고 밝히고 있다. 이 같은 규칙적인 역전효과(reversal effect)가 존재한다는 것은 초과수익 기회를 제공하는 것이 되므로 시장의 비효율성을 암시하는 증거가 될 수 있다.

그러나 이러한 연구결과는 해석상 유행가설을 지지하는 것으로 볼 수 없는 일면이 있다. 왜냐하면 장기수익률이 이러한 패턴을 보이는 것은 시장 전체의 위험보상률(market risk premium)이 장기간에 걸쳐 변화하는 데 기인하는 것으로 해석할 수도 있기 때문이다. 위험보상률의 변동에 의한 할인율의 변동이 초래되어 주가가 이에 대해서 정상적으로 반응하는 것인데, 때로는 과잉반응과 수정의 과정으로 잘못 이해될 수 있다는 것이다. 또한 장기수익률에 대한 연구는 표본관찰수가 상대적으로 적기 때문에 통계적 한계점을 지니고 있다.

3) 주말효과

효율적시장 가설(EMH)이 대두된 이후, 이 이론과는 실증적으로 상반되는 몇 가

---

11) N. Jegadeesh, "Evidence of Predictable Behavior of Security Returns," *Journal of Finance* 45(Sep. 1990), pp.881~898.

12) B. Lehman, "Fads, Martingales and Market Efficiency," *Quarterly Journal of Economics* 105(Feb. 1990), pp.1~28.

13) N. Chopra, J. Lakonishok & J.R. Ritter, "Measuring Abnormal Performance : Do Stocks Overreact?" *Journal of Financial Economics* 31(1992), pp.235~268.

지 시장의 이례적 현상(market anomalies)이 발견되고 있다. 이 중에서 주가변동의 무작위성에 반하는 이례적 현상의 하나가 주말효과이다.

주말효과(weekend effect)란 요일에 따라 주가수익률에 차이가 있어 월요일의 평균수익률이 낮고, 주말인 금요일의 수익률이 이례적으로 높게 나타난다는 주장이다. 주말효과현상은 1973년 크로스(F. Cross)에 의해서 일별 수익률의 분포가 다르다고 주장된 후[14] 프렌치(K.R. French)와 기본・헤스(M.R. Gibbon & P. Hess)에 의해서 검증되고 있다.[15]

[그림 10-6]은 기본・헤스의 연구결과를 나타낸 것인데, S&P 500지수의 평균 % 변동을 요일별로 표시한 것이다. 이 그림에서 보는 것처럼 월요일의 주가변동은 負(연율 −33.5%)로 나타나고, 수요일과 금요일의 가격변동이 목요일과 화요일보다 크게 나타나고 있다. 이러한 요일별 평균수익의 차이는 통계적으로 유의적인 것으로 나타나고 있다.

프렌치의 연구도 마찬가지 결론인데, 주가변동의 무작위성을 부정하고 한 주의 특정한 요일에 어떤 종속성이 존재하여 초과수익기회가 있을 수 있음을 보여주는 증거가 되고 있다.

주말효과가 검증되고 있다는 점은 주식의 매수와 매도 시점을 결정할 때 주말효과를 고려해 볼 수 있음을 뜻하기도 한다. 즉, 매매를 할 수밖에 없는 투자자라면

[그림 10-6] 요일별 주가변동(Gibbon & Hess의 연구)

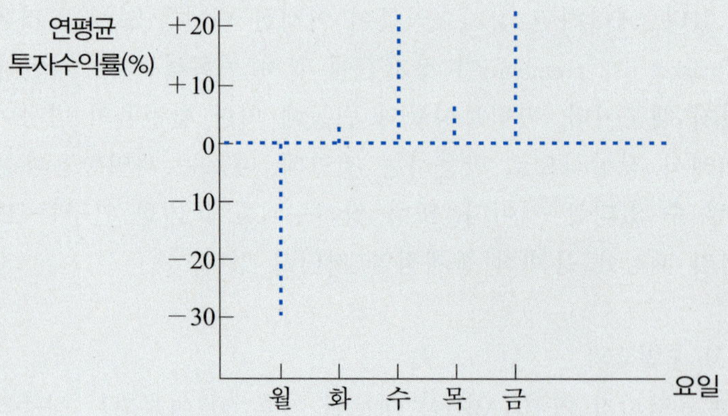

14) F. Cross, "The Behavior of Stock Prices on Friday and Mondays," *Financial Analysts Journal*, Vol. 19(Nov-Dec. 1973).

15) K.R. French, "Stock Returns and the Weekend Effect," *Journal of Financial Economics*(March 1980) ; M.R. Gibbons & P. Hess, "Day of the Week Effects and Asset Returns," *Journal of Business*(Oct. 1981).

화요일 또는 금요일에 매수하기로 한 계획을 월요일로 바꾸고, 한편으로 월요일에 매도하기로 한 계획은 이전 금요일(주말)로 앞당기는 것이 하나의 투자전략이 될 수 있음을 암시한다.

4) 1월효과

로제프 · 키니(M.S. Rozeff & W.R. Kinney)는 1월의 평균투자수익률이 다른 달보다 높은 1월효과(January effect)를 발견하고, 이를 시장 비효율성의 증거로 제시한 바 있다.[16] 이 연구에 의하면 1904년부터 1974년까지 주식시장의 1월 평균수익률은 3.48%였다. 그러나 다른 월의 평균수익률은 0.68%에 불과했다.[17]

1월효과는 브라운 · 클레이던 · 마시(P. Brown, A.W. Kleidon & T.A. Marsh)와 케임(D.B. Keim)의 연구에 의해서도 확인되고 있다.[18] 케임은 1월효과의 대부분이 1월의 개장 초 5일간의 거래기간 동안에 나타난다고 밝히고 있다.

1월효과에 관한 연구결과 중 특기할 만한 또 한 가지는 1월효과가 소규모기업에 두드러지게 나타나는 경향이 있다는 점이다.[19] [그림 10-7]은 걸티킨(M.N. Gultekin)의 연구결과로서 1월효과와 기업규모효과(size effect)가 동시에 나타난다는 결과를 제시하고 있다. 여기서 소규모기업이 보다 높은 투자수익률을 나타내는 경향이 있고, 이 경향은 1월에 두드러지게 나타나는 것을 볼 수 있다. 이와 같은 결과는 1월초에 주식시장에 대규모 자금이 유입되면 이 자금유입이 거래가 활발한 대규모기업에 의해서는 쉽게 흡수되나, 발행주식이 적은 소규모기업의 주가는 크게 영향받기 때문인 것으로 풀이되고 있다.

걸티킨(M.N. Gultekin)은 1월효과는 미국의 주식시장에 한정되어 나타나는 것이 아니고 주요국 주식시장 대부분이 이 같은 현상을 나타내고 있다는 실증분석결과를 제시하고 있다.[20]

이와 같은 1월효과가 발생하는 원인을 설명하는 주장으로는 세금효과(tax effect)

---

16) M.S. Rozeff & W.R. Kinney, "Capital Market Seasonality : The Case of Stock Returns," *Journal of Financial Economics*(Nov. 1976).

17) 이 밖에도 월별효과에 대한 실증연구로 월 전반부 수익률이 월 후반부 수익률보다 크다는 '월중효과', 월말과 월초에 주가가 상승하는 '월전환효과'에 대한 실증분석도 있다.

18) P. Brown, A.W. Kleidon & T.A. Marsh, "New Evidence on the Nature of Size Related Anomalies in Stock Prices," *Journal of Financial Economics*(June 1983) ; D.B. Keim, "Size Related Anomalies and Stock Return Seasonality : Further Empirical Evidence," *Journal of Financial Economics*(June 1983).

19) 기업규모효과(소기업효과)에 대한 자세한 설명은 다음 2항 참조. 이러한 의미에서 이 효과는 사실 small-firm-in-January effect라고 부르기도 한다.

20) M.N. Gultekin & B.N. Gultekin, "Stock Market Seasonality : International Evidence," *Journal of Financial Economics*(Dec. 1983).

[그림 10-7] 월별 · 기업규모별 포트폴리오의 평균비정상초과수익(Gultekin & Gultekin의 연구)

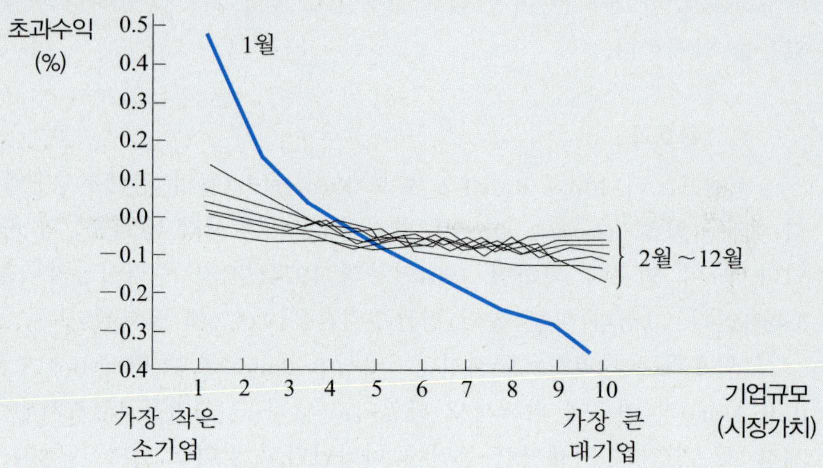

가설과 기관투자자거래가설 그리고 정보가설이 있다. 이 가운데 설득력 있게 받아들여지고 있는 세금효과가설은 연중에 시세차손을 보고 있는 투자자가 이를 현실화시켜 세금혜택을 보고자 연말에 매도하고(tax loss selling) 다음 연도 초에 매수함으로써 1월초에 대규모자금이 주식시장에 유입되어 주가에 상승압력을 가져온다는 주장이다.[21] 이러한 의미에서 연말효과(year-end effect)라고도 한다.

세금가설은 1월달의 높은 正의 초과수익에 대칭될 만큼 12월달에 높은 負의 투자수익이 존재하지 않는다는 점에서 비판될 수 있다. 그러나 레인가눔(M.R. Reinganum)은 세금가설을 지지하는 근거로서 소규모기업으로서 주가가 가장 많이 하락한 기업이 1월달 높은 초과수익을 보이는 반면에 대기업으로서 주가가 크게 하락한 기업은 그렇지 않은 증거를 제시하고 있다.[22] 이러한 원인에 대한 어떠한 설명이 가능해지더라도 이처럼 초과수익의 여지가 사라지지 않는 증거가 제시된다는 것은 시장효율성(특히 주가변동의 무작위성, 약형 EMH)을 부정하는 한 예가 된다.

5) 필터기법

기술적 분석에 기초한 투자전략 중에서 비정상적 초과수익이 가능하다고 보아

---

21) 기관투자자거래가설은 증권산업의 보상시스템 때문에 기관의 자금관리자(fund managers)는 높은 보너스를 받기 위해 연말 전체 매도하여 수익을 동결시키고 연초에 다시 매수한다는 주장이다. 정보가설은 연초에 정보의 불확실성이 높아 주가조정이 일어난다는 주장이다.

22) M.R. Reinganum, "The Anomalies, Stock Market Behavior of Small Firms in January : Empirical Tests for Tax-loss Effects," *Journal of Financial Economics* 12(June 1983).

[그림 10-8] 필터기법

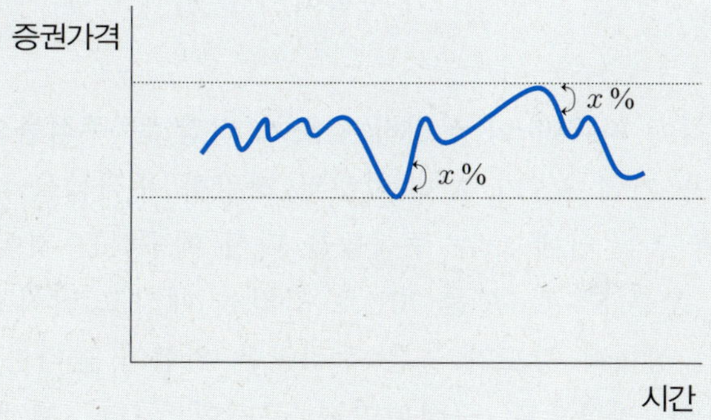

널리 사용되고 있는 기법 중의 하나가 필터기법이다.

필터기법(filter rules)은 증권가격이 일정한 고점과 저점 사이에서 등락을 거듭한다는 것을 전제로 한 것인데, 만약 증권가격이 저점으로부터 일정비율(x%)만큼 상승하면 그 증권을 매수하고, 고점으로부터 일정비율(x%)만큼 하락하면 매도하는 투자기법이다. 이때 증권의 매수와 매도를 결정하는 일정한 가격폭이나 일정비율(x%)을 필터(filter)라고 한다([그림 10-8] 참조). 만약 시장이 효율적이어서 주가변동이 랜덤워크를 따른다면, 이 필터기법은 단순한 매수 · 보유전략 이상의 초과수익을 실현할 수 없다.

파마 · 블룸(E. Fama & M. Blume)에 의하면 0.5%의 필터가 적용될 때만 필터기법의 수익률이 약간 크고, 1%와 1.5%의 필터의 경우에는 단순매수 · 보유전략이 우월하였다.[23] 필터기법에 의한 투자성과가 나은 경우에도 거래비용을 보상할 정도로 큰 초과수익이 아니므로 항상 초과수익을 보장하는 성공적인 투자전략이 될 수 없다고 보고 있다. 이 연구는 약형 효율적시장 가설이 지지되는 증거로 볼 수 있다.

6) 상대적 강도법칙

증권에 대한 과거 가격정보를 결합하여 증권을 선택하는 투자기법으로 상대적 강도(relative strength)법칙이 있다. 레비(R. Levy)는 상대적 강도(RS)를 현재 주식가격(P_{jt})을 과거 27주간의 평균주가($\overline{P}_{jt}$)로 나누어 구하고 있다.[24] 즉,

---

23) E. Fama & M. Blume, "Filter Rules and Stock Market Trading," *Journal of Business* 44, No. 3(July 1971), pp.289～298.

24) R. Levy, "Relative Strength as a Criterion for Investment Selection," *Journal of Finance* 22(Dec. 1967), pp.595～610.

$$\text{상대적 강도}(RS)=\frac{t\text{ 시점에서 증권 }j\text{의 주식가격}(P_{jt})}{t\text{ 시점에서 증권 }j\text{의 과거 27주 주가평균}(\overline{P}_{jt})}$$

이 법칙에 따르면 이 상대적 강도가 가장 큰 주식들의 X%를 균등하게 매수하였다가 다음 기에 RS가 K% 이하로 하락한 주식들을 매도하고, 매도한 자금으로 RS가 상위 X% 안에 드는 주식들을 다시 매수하는 것이다. 가장 투자성과가 높았던 법칙은 X를 5%로, K를 70%로 잡았을 때라고 밝히고 있다.

이처럼 상대적 강도가 높은 주식군은 위험이 높다는 점과 단일주식이 아닌 여러 증권들의 집합으로 구성된다는 특징이 있다. 젠센 · 베닝톤(M. Jensen & G. Bennington)은 상대적 강도에 기준한 투자전략을 평가한 바 있는데,[25] 거래비용을 감안하고 위험에 대한 조정을 하여 투자수익률을 측정하면 평균투자수익률에 못 미치는 것으로 나타나고 있다.

2. 준강형 EMH에 관한 검증

준강형 효율적시장 가설(semi-strong form EMH)에 의하면 증권가격은 공개적으로 이용가능한 정보에 신속 · 정확 · 충분히 반응해야 한다. 이에 대한 검증은 기업의 이익이나 배당, 합병과 같은 공시정보의 발표가 있을 때, 이 정보가 주가에 얼마나 신속히 반영되는지, 그 주가조정의 속도를 검증하는 방법이 사용된다.

또한 효율적시장에서는 남보다 우월한 투자성과를 가져오는 투자전략이나 거래규칙(trading rules)이 존재할 수 없다. 어떤 거래규칙이 과거 어느 시점에서 유용했던 적이 있을지 모르지만 이 거래규칙의 유용성도 곧 알려지게 될 것이므로, 그러한 거래규칙이 현재의 효율적시장에서 우수한 성과를 일관성 있게 창출할 수 있는지는 의문이다. 따라서 시장효율성을 평가하는 한 방법으로 공개된 투자전략을 사용했을 때 과연 남보다 높은 성공적인 투자성과를 얻을 수 있는지를 밝히는 것이다.

특정사건의 공시정보에 대한 주가반응의 속도와 초과수익의 존재유무를 밝히는 대표적인 검증방법으로 사건연구방법이 쓰이고 있다. 이하에서는 사건연구방법의 내용을 설명하고, 공시정보에 대한 주가반응과 투자전략의 성공 여부를 검증하였던 주요 연구결과를 소개한다.

---

25) M. Jensen & G. Bennington, "Random Walks and Technical Theories : Some Additional Evidence," *Journal of Finance*, xxv, No. 2(May 1970), pp.469～482.

(1) 사건연구방법*

특정사건(기업의 이익, 배당, 주식분할 등)의 발표일 전후의 초과수익을 측정하는 사건연구(event study)의 핵심은 그 정보효과가 반영되었던 기간의 실제투자수익률과 그와 같은 정보효과가 발생하지 않았다고 가정할 경우의 정상기대수익률의 차이인 비정상초과수익(abnormal return)을 구하여 평가한다. 이렇게 측정되는 비정상초과수익은 곧 잔차이므로 잔차분석(residual analysis)방법이라고도 한다.

비정상초과수익＝실제투자수익률－정상기대수익률

1) 사건연구의 절차

사건연구의 첫 번째 단계는 분석하는 그 특정사건이 발생하지 않았다고 가정할 경우의 기대수익률을 추정하는 것이다. 기대수익률을 추정하는 기준모형(benchmark model)은 일반적으로 제7, 8장에서 설명한 시장모형(증권특성선) 또는 CAPM(증권시장선)에 의해서 구하고 있다. 여기서는 증권특성선에 의한 추정방법을 설명한다.

증권특성선을 추정하는 방법은 제7장에서 설명한 바와 같다. 다만 주의할 것은 일별이나 주별, 월별 투자수익률을 사용할 때 그 특정사건의 정보효과가 반영되지 않은 사건 전 기간(pre-event period)의 자료를 사용해야 한다는 점이다. 예를 들어, 사건일(정보발표일)을 0으로 표시할 때 정보효과가 사건 전 10일부터 사건 후 10일까지(−10에서 +10) 반영된다고 보면 정보효과가 발생하기 이전의 일정기간, 이를테면 70일 전부터 11일 전까지(−70에서 −11)의 일별 투자수익률 자료를 이용하여 증권특성선(절편과 기울기 추정치 $\hat{\alpha}_j$, $\hat{\beta}_j$)을 추정한다.

$$R_{jt} = \hat{\alpha}_j + \hat{\beta}_j R_{mt} + e_j$$

단, t : 사건 전 기간

둘째 단계는 추정된 증권특성선에 정보효과가 반영된 기간(사건기간 : event period) t일의 시장수익률(R_{mt})을 대입하여 정보효과가 없었을 경우를 가정한 기대수익률을 식 10.2와 같이 구한다. 증권특성선은 측정일의 주식투자수익률의 기대치를 나타내기 때문이다.

$$E(R_j / R_{mt}) = \hat{\alpha}_j + \hat{\beta}_j R_{mt} \tag{10.2}$$

단, t : 사건기간

셋째 단계는 정보효과가 발생하는 기간(사건기간)의 실제투자수익률에서 식 10.2에서 구해진 기대수익률의 차이(잔차), 곧 비정상초과수익($ER_{j,t}$: abnormal excess return)을 측정한다.

$$ER_{j,t} = R_{j,t} - E(R_j / R_{mt}) \tag{10.3}$$

단, t : 사건기간

넷째 단계는 그 사건에 대한 주가의 전반적 반응을 측정하기 위해 사건기간 내의 일정기간(누적시점 T : 위 예의 경우 -10일부터 $+10$일까지)의 연속되는 반응치(식 10.3)를 누적시킨 누적초과수익률($CER_{j,T}$: cumulative excess return)을 측정한다.

$$CER_{j,T} = \sum_{t=t-1}^{T} ER_{j,t} \tag{10.4}$$

다섯째 단계는 이와 같은 특정사건을 경험한 수많은 표본주식으로 포트폴리오를 구성하여 평균적인 초과수익, 즉 누적평균초과수익($CAER_T$: cumulative average excess return)을 측정한다. 식 10.4까지 구한 개별주식들의 초과수익은 다양한 형태의 다른 정보에 의해서 영향을 받을 수 있기 때문에 공통적인 사건경험을 한 주식들로 포트폴리오를 구성하는 것이다.

$$CAER_T = \frac{\sum_{j=1}^{M} CER_{j,T}}{M} \tag{10.5}$$

단, M : 공통적인 사건경험을 한 주식수

이렇게 측정되는 누적평균초과수익($CAER_T$)의 변동은 사건공표일에 접근함에 따라 보이는 특정사건에 대한 주가반응의 조정속도와 정확성을 나타내게 된다. 정보발표가 주식의 시장가치에 대한 긍정적 사건이고, 시장이 준강형 효율적이라고 하면 누적평균초과수익은 [그림 10-9]와 같은 형태로 나타날 것이다. 이 그림에서 보는 것처럼 정보발표시점(t_0)까지는 누적평균초과수익이 0과 유의적인 차이를 보이지 않는다. 그러나 정보발표시점에서는 대부분의 주식이 正(+)의 초과수익을 보인다. 그리고 누적평균초과수익은 정보발표시점 이후에는 변화하지 않는 모양을 나타낸다.[26]

[그림 10-9] 준강형 효율적시장에서 새로운 정보에 대한 주가반응

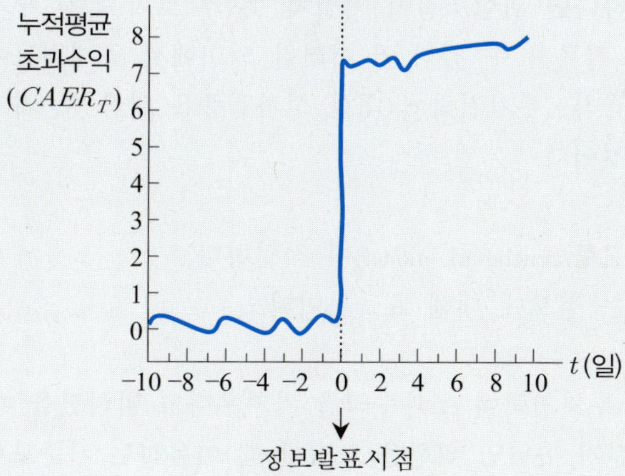

[그림 10-10] 강형 효율적시장에서 새로운 정보에 대한 주가반응

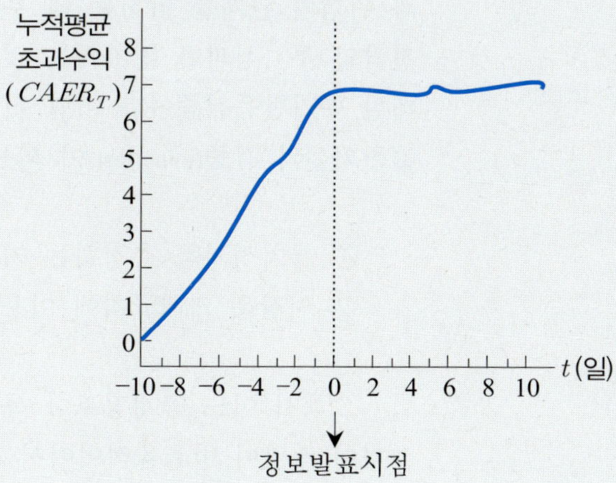

한편 시장이 강형 효율적이고 사건과 관련된 정보가 발표 전에 누설된다면, 누적평균초과수익은 [그림 10-10]과 같은 형태로 나타난다. 여기서 보는 것처럼 누적평균초과수익은 준강형 효율적시장과는 다르게 정보발표 전부터 점진적으로 증가한다. 정보가 누설되지 않았다면 준강형 효율적시장과 같이 정보발표시점에서만 $CAER_T$의 실질적 증가가 이루어지고, 정보발표 후의 $CAER_T$의 변화는 더 이상 없게 된다. 정보발표 전의 $CAER_T$의 증가는 표본주식의 초과수익($ER_{j,t}$)을 평균한 것이므로, 어느 개별주식이 내부정보의 누설을 즉각적으로 반영한다 하더라도 $CAER_T$의 점진적 증가는 나타나게 된다.

2) 사건연구시의 유의점

새로운 공개정보에 의해서 초과수익의 획득이 가능한지를 분석하거나 어느 투자전략의 투자성과가 성공적이었는가를 보는 데 있어서 먼저 검토해야 할 것은 투자위험을 고려하였을 때 적정수익률 이상의 초과수익을 획득할 수 있는지의 여부이다. 따라서 위험을 감안한 적정수익률을 구하는 데 무엇을 기준으로 삼는가가 매우 중요하다.

적정수익률을 구하는 기준으로서 대부분의 연구에서처럼 만약 CAPM을 이용한다면 적정기대수익률을 베타계수의 선형함수로 표시되는 증권시장선(SML)을 이용

---

26) 표본기업이 정보발표 후 다른 사건과 연관이 없다면 대략 표본기업의 반은 (+)의 잔차를 갖고, 나머지 반은 (−)의 잔차를 갖기 때문이다.

하여 구하기도 하는데, 이는 CAPM이 적정한 시장균형모형임을 가정한 것이다. 그런데 검증에 사용되는 실제의 SML이 만약 CAPM에서 설명하는 이론적인 기대수익과 위험의 관계를 밝히는 데 부족하다면 위험조정이 적절치 못함으로써 특정 투자전략의 투자성과를 평가하는 것이 잘못될 수 있다.[27] 이러한 의미에서 공개정보에 대한 주가반응검증이나 어떤 거래규칙·투자전략에 대한 성과검증은 다음 두 가지 결합가설의 검증(joint test)이 되는 것이다.

① 투자성과를 측정하는 기준모형(benchmark model)이 적절하다.
② 시장은 거래규칙에 이용되는 정보에 대해 효율적이다.

그래서 어느 공개정보나 특정 투자전략이 초과수익을 가져온다고 밝혀졌을 때, 그것이 시장이 비효율적이어서 그런지 아니면 위험을 조정할 때 이용하는 기준모형이 적절치 못하여 그런지를 판단해야 한다. 대개 사용되는 기준모형은 여러 가지 가정하에서 성립하므로 초과수익의 근원이 적절치 못한 기준모형에 근거할 때가 많으므로 최종적 결론을 내릴 때 주의할 필요가 있다.

이 밖에도 과거 자료를 이용하여 어느 투자전략의 투자성과가 성공적이었는가를 모의실험하는 데는 다음의 몇 가지 사항에 주의할 필요가 있다.

첫째, 증권을 사고파는 시점에서 실제로 이용가능한 정보에만 기초하여 투자전략을 세워야 한다는 점이다. 예를 들어, 전년도와 비교하여 주당이익의 증가가 가장 높은 주식군에 투자하는 투자전략의 성공 여부를 모의실험할 때에는 그러한 주식들을 매수하는 시점에서 주당이익에 관한 정보가 이용가능해야 한다. 이를테면 2015년과 2016년 사이의 주당이익의 증가가 가장 큰 주식들을 찾아 2017년 1월초에 투자하는 전략의 투자성과를 측정하면 편의가 발생한다. 왜냐하면, 2016년의 영업성과 자료는 사실 2017년 3월에 가서야 이용가능해지기 때문이다. 효율적시장에서조차도 회계이익에 대한 주가반응은 3월이 되어야 있을 것이기 때문에 그 이전에는 초과수익이 발생할 수 있다. 2017년초에 투자한 것을 가정하였다면 사실 그 시점(연초)에는 이용가능하지 않은 정보에 기초하여 투자한 것이기 때문이다. 따라서 어느 투자전략의 성공 여부를 평가하기 위해서는 실제로 그 전략의 근거로 하고 있는 정보가 이용가능한 시점을 기준시점으로 삼아야 한다.

둘째, 어느 투자전략의 성공 여부를 실험할 때 정보를 입수·처리하는 정보비용과 거래비용을 고려해야 한다는 점이다. 위에서 예로 든 투자전략을 모의실험할

27) 기준모형으로서 CAPM의 문제점에 대해서는 제8장 제6절 4항과 본장 다음 항을 참조.

때에는 보통 매년 말에 정기적으로 그 포트폴리오를 완전히 재구성함을 전제로 하기 때문에, 전기의 투자안을 매도하고 차기의 투자안을 매수하는 경우 두 번의 거래수수료를 지불해야 한다. 이러한 거래비용은 어떤 투자전략으로부터 얻을 수 있는 초과수익을 상쇄할 수 있는 수준이 되기도 한다.

끝으로 어느 투자전략으로부터의 초과수익이 존재한다면 그 초과수익이 우연에 의한 것인지, 아니면 시장의 체계적 비효율성(systematic inefficiency)에 기인하는 것인지를 보기 위해서 초과수익 크기에 대한 통계적 유의성을 검토해야 한다. 또한 초과수익이 위험증가에 대한 단순한 보상에 그치는 정도인지도 검토할 필요가 있다.

(2) 새로운 정보에 대한 주가반응에 관한 주요 검증결과

1) 주식분할발표에 대한 주가반응(FFJR의 연구)

증시 속담에 "소문에 사고 발표에 팔아라"라는 말이 있다. 무상증자, 액면분할 등의 사건과 관련하여 발표가 있기 전까지 주가는 상승추세를 보이다가, 막상 그 같은 발표가 있은 직후로는 초과수익을 얻기 힘들다는 뜻이다. 주식시장에서 새로운 공시정보의 발표가 있을 때, 이에 대한 주가반응은 이 속담과 비슷한 반응을 보일 경우가 많은 것으로 알려져 있다.

파마 · 피셔 · 젠센 · 롤(FFJR : E.F. Fama, L. Fisher, M.C. Jensen & R. Roll)은 위에서 설명한 사건연구의 방법을 최초로 이용하여 주식분할에 대한 주가반응을 연구한 바 있다.[28] 이들은 1929~1959년 사이 뉴욕증권거래소(NYSE)에서 주식분할한 주식들의 월별 수익률자료를 가지고 주가반응을 검증한 바 있다. 본래 주식분할이라는 것은 발행주식수만을 증가시키는 사건이기 때문에 분할 후의 주가는 이론적으로 볼 때 분할비율에 따라 감소하여 총시장가치에는 영향을 주지 않는다. 그러나 주식분할한 주식의 80% 정도가 사후적으로 배당성향을 증가시키고, 또 배당성향의 증가는 기업의 미래 이익발생능력이 개선되었음을 암시하므로 주식분할의 발표는 주가에 영향을 미칠 정보내용(information content)을 담고 있다고 할 수 있다.

[그림 10-11]은 주식분할을 한 전체표본을 대상으로 주가반응을 분석한 것이다. 누적평균초과수익이 주식분할 발표시점 29개월 전부터 상승하나, 발표 후에는 거의 변화가 없다. 일단은 주식분할의 발표에 주가가 효율적으로 반응한다고 생각할 수 있다.

---

28) E.F. Fama, L. Fisher, M.C. Jensen & R. Roll, "The Adjustment of Stock Prices to New Information," *International Economic Review*(Feb. 1969).

[그림 10-11] 주식분할에 대한 주가반응(전체표본대상)

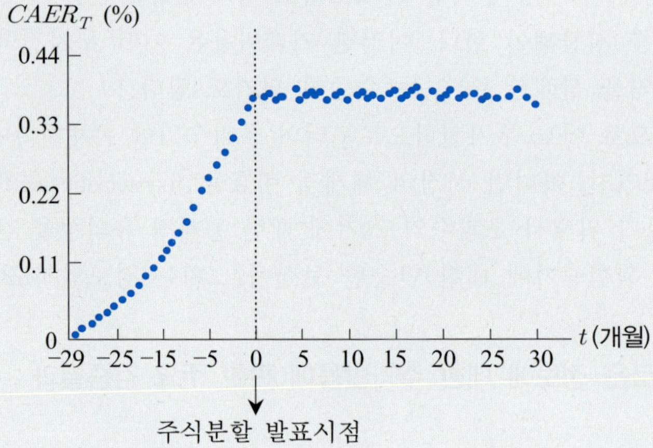

[그림 10-12] 배당증가가 있었던 주식분할 표본기업의 주가반응

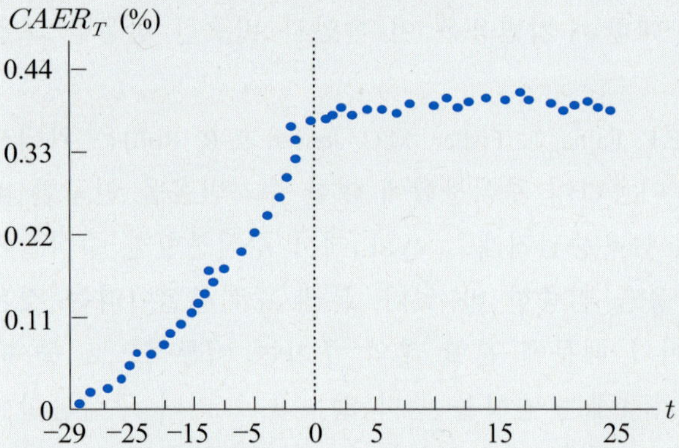

[그림 10-13] 배당감소가 있었던 주식분할 표본기업의 주가반응

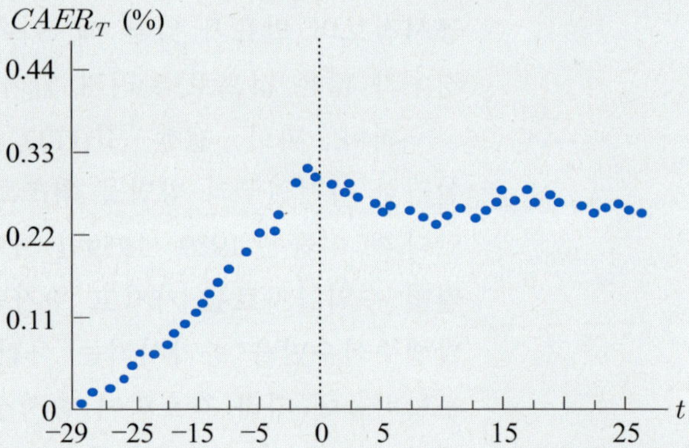

그러나 주식분할이 정보내용이 있는 사건으로 간주되는 것은 주식분할기업이 배당증가로 이어질 가능성이 높다는 점에 있으므로, 엄밀하게 이 정보에 대한 주가반응의 정확도를 알아보기 위해서는 전체표본을 사후적으로 배당증가가 뒤따르는 표본과 배당감소가 뒤따르는 표본으로 분석할 필요가 있다.

[그림 10-12]는 주식분할 후 배당증가가 뒤따르는 표본기업의 주가반응을 나타낸 것인데 발표 후에도 누적평균초과수익이 계속해서 약간 증가함을 보여주고 있다. 반면에 [그림 10-13]은 배당감소를 한 표본기업의 주가반응을 나타낸 것인데, 발표시점까지는 배당증가의 선도지표로서 주식분할의 정보가 주가상승을 수반하나 결과

적으로 배당증가로 나타나지 않으면 누적평균잔차가 분할 전 수준으로 점점 후퇴함을 볼 수 있다.

이 실증분석결과에 근거하여 FFJR은 주식분할의 새로운 정보만을 가지고는 초과수익을 얻을 수 없고, 주식분할이 기업의 미래배당 증가와 관련된 내적 정보에 의하지 않고서는 초과수익을 얻을 수 없으므로 시장은 주식분할이라는 공개적인 정보에 대하여 준강형 효율적시장이라고 결론짓고 있다.

2) 분기별 이익보고에 대한 주가반응(RJL의 연구)

증권가격을 결정하는 중요한 정보 중의 하나가 발행기업의 연간이익이다. 즉, 증권시장이 효율적이라면 증권가격은 기업의 수익력을 충분히 그리고 합리적으로 반영해야 할 것이다.

렌들만・존스・라타네(RJL : R.J. Rendleman, C.P. Jones & H.A. Latané)는 회계이익 공표에 대한 주가반응을 연구한 바 있다.[29] RJL은 분기별 이익보고서의 특성에 따라 기업을 10개군으로 분류하였다. 즉, 과거 분기의 EPS를 근거로 하여 차기 EPS를 추정(예측)한 다음, 이 예측치와 차기 실제 EPS를 비교하여, 실제이익이 예측치 이상인 5개 기업군의 집단, 실제이익이 예측치 이하인 5개 기업군의 집단 등 두 개의 집단으로 나누었다.

[그림 10-14]는 이익발표 전후의 각 군의 누적평균초과수익을 나타낸 것이다. 이 결과에서 보면 기업의 이익발표가 있기 20일 전부터 초과수익은 상승하기 시작한다. 이것은 아마 사전 내부정보의 누설로 설명될 수 있다. 또한 공시에 임박해서는 즉각적이고 상당한 반응이 있음을 볼 수 있다. 이러한 측면에서는 시장효율성과 일치한다고 할 수 있다.

그러나 이익수치가 극단적으로 좋거나 나쁜 경우에 사건발표 후 90일까지 지연된 주가반응을 보인다. 만약 투자자가 발표일에 10군의 주식을 구입했다면, 이익발표로 인하여 8%까지의 초과수익을 얻을 수 있다. 반대로 1군의 주식을 구입했다면 오히려 손실을 얻게 된다.

이러한 결과는 주가에 일부 내부정보가 포함되어 있음을 나타내는 것이다. 그러나 주가에는 이익보고서가 발표된 후 90일이 되어야 비로소 공개적 정보가 충분히 반영됨을 뜻한다. 그러므로 이 결과는 준강형 효율적시장 가설과 일치하지 않는 증거가 된다.

---

29) R.J. Rendleman, C.P. Jones & H.A. Latané, "Empirical Anomalies Based on Unexpected Earnings and the Importance of Risk Adjustments," *Journal of Financial Economics*(Nov. 1982).

[그림 10-14] 기간별 이익보고에 대한 주가반응(RJL의 연구)

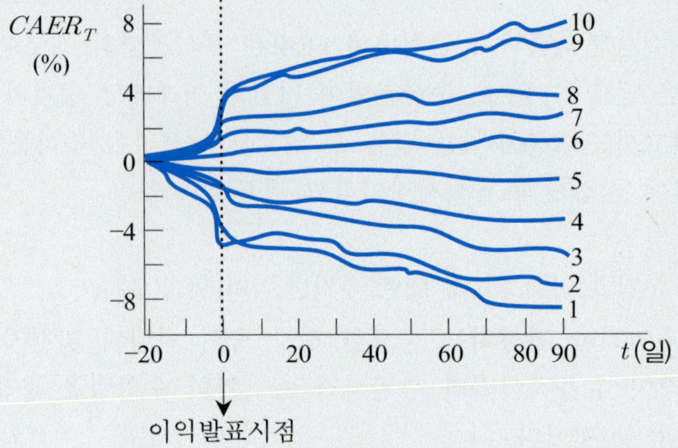

(10기업군 : 실제이익 > 예측치인 기업 중 가장 큰 차이를 보인 기업군
1기업군 : 실제이익 < 예측치인 기업 중 가장 큰 차이를 보인 기업군)

시장효율성을 지지하는 주가반응에 대한 실증연구가 많이 있지만, RJL의 연구는 가장 포괄적인 최근의 연구로서, 적어도 분기별 이익발표에 대한 시장반응은 효율적이라고 결론지을 수 없다는 실증결과이다.

(3) 투자전략과 관련된 이례적 현상

효율적시장에서는 초과수익을 가져다주는 성공적인 투자전략이나 거래규칙이 존재하기 어렵다. 그러한 투자전략이 순간적으로는 가능하지만, 정보의 자기파괴적인 성격 때문에 조만간 성공적 투자전략으로서의 유용성을 상실하게 될 것이기 때문이다. 이에 대한 실증적 증거는 어느 기간에서나 또 어느 증권에 대해서나 비정상초과수익을 가져오는 투자전략은 존재하지 않는다는 증거가 주로 제시되고 있다.

그러나 저PER(주가수익비율), 소규모기업, 저PER의 포트폴리오 구성전략 등은 초과수익이 가능한 투자전략이 될 수 있다는 실증적 증거가 제시되면서, 시장효율성에 대해 의문을 제기하는 시장의 이례적 현상으로 논란이 계속되고 있다.

1) 저PER효과

저PER주식이 고PER주식보다 투자수익률이 높다는 생각에서 증권실무계에서는 저PER포트폴리오 구성전략이 시도되어 왔다.[30] 저PER주식에 대한 투자전략이 상대적으로 높은 투자성과를 가져오는지를 가장 체계적으로 실증분석한 작업으로 바수(S. Basu)의 연구를 들 수 있다.[31] 바수는 1957년 4월부터 1971년 3월까지의 기간중에 *PER*의 크기에 따른 투자성과를 분석한 바 있다. 즉, 표본주식들을 *PER* 크기에 따라 5그룹(A, B, C, D, E 그룹)으로 나누고, *PER*이 가장 높은 주식군 20%는 A그룹에, *PER*이 가장 낮은 주식군 20%는 E그룹에 분류한 다음, 매년초 포트폴리오를 재구성하면서 투자수익률을 비교하였다.

[그림 10-15]는 각 *PER* 포트폴리오의 수익률을 나타낸 것인데, 고*PER*주식에서 저*PER*주식으로 갈수록 투자수익률이 증가하는 것을 보여준다. 위험이 조정된 투자성과를 비교하기 위해서 젠센의 성과지수[32]로 측정비교한 것이 [그림 10-16]이다. 여기서도 저*PER*주식일수록 투자성과가 높은 것을 볼 수 있다.

바수는 이와 같은 성과차이의 측정에는 거래비용과 자본이득에 대한 세금까지 고려된 것이므로, 저*PER*주식의 투자전략(거래규칙)이 성립함을 뜻하고 따라서 준강형 효율적시장 가설이 부정된다고 주장하고 있다.

그러나 다음에 소개하는 몇 가지 연구는 *PER*효과보다는 기업규모효과 때문에 초과수익의 여지가 발생한다고 보고 있다.

[그림 10-15] 각 *PER*주식군의 성과차이 (Basu의 연구)

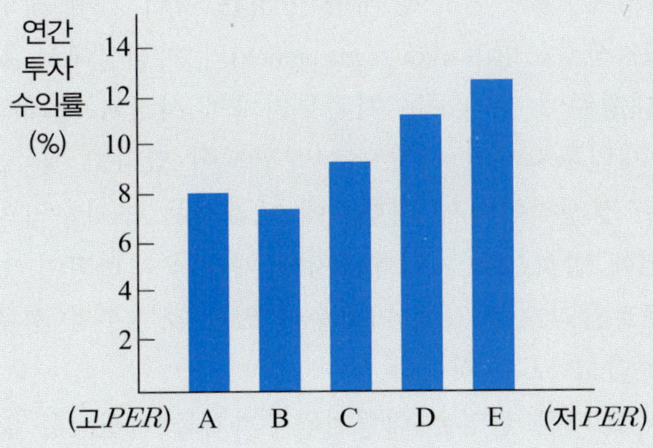

[그림 10-16] 젠센지수로 위험이 조정된 성과차이 (Basu의 연구)

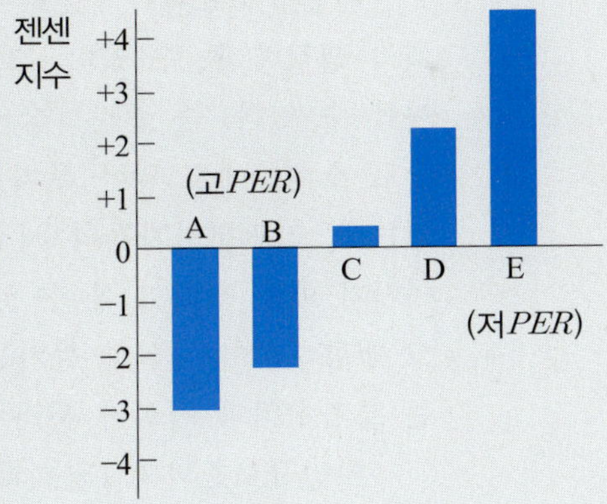

30) *PER*에 대한 상세한 설명은 본서 제13장 제4절 참조.

31) S. Basu, "The Investment Performance of Common Stocks in Relation to Their Price-Earning Ratios," *Journal of Finance*(June 1977).

32) Jensen의 성과지수에 대해서는 제21장 참조, 초과수익(α_{jt})은 $\alpha_{jt}=(R_{jt}-R_{ft})-[(R_{mt}-R_{ft})\beta_i]$로 측정된 것임.

2) 기업규모효과, 소외기업효과

반즈(R.W. Banz)와 레인가눔(M.R. Reinganum)은 바수가 밝힌 이례적 현상은 기업규모효과(size effect, small-cap effect) 때문에 발생하는 것이라고 반박하였다.[33] 이들에 의하면 대형주의 위험추정치(이를테면 β계수)에는 관련정보가 모두 반영된 것으로 확신할 수 있지만 소형주의 위험추정치는 정보부족으로 확신이 덜 서는 일면이 있으므로 소형주에는 추가적인 위험보상이 필요하다는 것이다. 또한 소형주는 거래물량이 적은 탓으로 상대적으로 높은 거래비용이 소요되는 일면이 있다는 것이다. 따라서 소형주는 보다 높은 투자수익률을 요구하게 된다. 그런데 소형주들의 PER은 낮은 경향이 있으므로 저PER주식의 높은 투자수익률은 상기한 소형주의 추가적인 위험요인과 거래비용을 감안하여 조정되어야 한다는 것이다.[34]

기업규모효과와 PER효과에 대한 논쟁은 초과수익을 가능하게 하는 1월효과(앞의 1항에서 설명)가 주로 소규모기업 주식의 투자성과에 기인한다는 증거의 제시로 더욱 복잡한 일면을 보이고 있다. 종합적으로 보면 기업규모효과의 존재에 대한 증거가 보다 강력하게 제시되고 있는 셈인데, 초과수익의 여지를 보이는 것은 시장의 비효율성에 기인한다기보다는 위험조정의 시장균형모형이 적절치 못한 데 기인하는 것이고, PER은 다만 위험을 나타내는 하나의 대용지수일 가능성이 높다고 볼 수 있다. 시장균형모형은 위험요인으로서 β계수뿐만 아니라 기업규모 등의 요인들이 보완되어야 할 필요가 있다는 것이다.

기업규모효과나 1월효과가 사라지지 않는 이유에 대한 설명은 여러 가지 방향에서 생각해 볼 수 있다. 그중 하나는 시장분할(market segmentation)의 가능성에서 찾아볼 수 있다. 즉 증권시장은 주로 대형주에 투자하는 기관투자자의 시장과 상대적으로 소형주에도 많은 투자를 하는 개인투자자의 시장으로 분할되어 있다고 볼 수 있는데, 기관투자자들의 시장은 매우 경쟁적이어서 대형주에 대해서는 초과수익의 여지가 매우 적다고 볼 수 있다. 반면에 법적으로 기관투자자의 매수가 제한되어 있고 대량주문이 사실상 불가능하여 포트폴리오 편입에 어려움이 있는 소형주의 경우는 초과수익의 기회가 사라지지 않는다고 보는 것이다.

기업규모효과와 1월효과에 대한 또 다른 설명은 대형기관투자자들이 관심을 갖

---

33) R.W. Banz, "The Relationship Between Return and Market Value of Common Stocks," *Journal of Financial Economics*(March 1981) ; M.R. Reinganum, "Misspecification of Capital Asset Pricing : Empirical Anomalies Based on Earnings Yields and Market Values," *Journal of Financial Economics* 9(Sep. 1981), pp.19～46.

34) 이와 같은 반박에 대해서 바수는 다시 기업규모(총시장가치기준)와 PER을 동시에 고려한 포트폴리오를 구성하여 새로운 연구결과를 발표한 바 있다. 이에 대해서는 다음 논문 참조. S. Basu, "The Relationship Between Earnings Yield, Market Value and Return for NYSE Common Stocks," *Journal of Financial Economics* (June 1983).

지 않는 소형주는 이용정보가 많지 않기 때문에 위험도가 높아지므로 더 높은 투자수익률을 요구하게 된다는 것이다. 이른바 소외기업효과(neglected-firm effect) 때문에 초과수익이 발생한다는 것이다. 아벨(A. Arbel)은 실증분석을 통하여 이를 밝히고 있는데, 경제관련 신문에 자주 보도가 되고 기관투자자가 관심을 갖고 있는 대형주보다는 이들의 관심으로부터 소외된 주식들이 투자수익률이 높은 증거를 제시하고 있다.[35]

또 다른 설명은 유동성 효과(liquidity effects)에서 찾아볼 수 있다. 이 설명은 유동성이 부족한 소형주나 소외기업주식은 유동성이 풍부한 대형주보다도 높은 거래비용을 수반하므로 투자자들은 높은 투자수익률을 요구한다는 것이다.[36] 그러나 이 주장은 소형주의 초과수익이 왜 1월중에 집중되는지에 대해서는 설명하지 못하고 있다.

3) 저*PBR*효과

주식의 시장가격을 주당순자산(장부가치)으로 나눈 *PBR*(주당순자산비율)에 기초하여 저*PBR*포트폴리오를 구성하면 초과수익이 일관성 있게 나타난다는 많은 실증연구결과가 제시되어 왔다.[37]

데이비스 · 파마 · 프렌치(J.L. Davis, E.F. Fama & K.R. French) 그리고 래코니쇼크 · 슈라이퍼 · 비쉬니(J. Lakonishok, A. Schleifer & R. Vishny) 등은 이 같은 사실을 실증적으로 밝히고 있는데,[38] 〈표 10-1〉은 이 결과를 요약한 것이다. 즉 파마 · 프렌치는 *PBR*의 크기에 따라 10개 그룹으로 분류하여 1963년 7월부터 1990년 12월까지의 월간투자수익률을 비교하였는데, *PBR*이 낮을수록 투자수익률이 높음(*PBR*이 가장 낮은 그룹은 월 1.65%의 투자수익률을 보인 반면에 *PBR*이 가장 높은 그룹은 월 0.64%의 투자수익률)을 보여주고 있다([그림 10-17] 참조). 기업규모면에서 보면 소형주일수록 높은 투자수익률을 보이고 있다.

이 같은 증거는 시장의 비효율성을 뒷받침한다고 해석할 수도 있고, *PBR*과 β계수의 상관성이 없다는 점에서 보면 *PBR*이 균형기대수익률에 영향을 미치는 위험요인의 대용변수임을 암시한다고 할 수 있다.

---

35) A. Arbel, "Generic Stocks : An Old Product in a New Package," *Journal of Portfolio Management*(Summer 1985).

36) Y. Amihud & H. Mendelson, "Liquidity, Asset Prices, and Financial Policy," *Financial Analysts Journal* 47 (Nov/Dec. 1991), pp.56～66.

37) 저*PBR*주식이나 저*PBR*주식을 가치주(value stocks)라고 부르는데, 가치주가 초과수익을 가져오는 효과라는 의미에서 value effect라고도 한다.

38) J.L. Davis, E.F. Fama & K.R. French, "Characteristics, Covariances, and Average Returns : 1928 to 1997," *Journal of Finance*, Vol. 55, No. 1(February 2000), pp.389～406 ; E.F. Fama & K.R. French, "The Cross Section of Expected Stock Returns," *Journal of Finance*(June 1992) ; "Size and Book-to-Market Factors in Earnings and Returns," *Journal of Finance*(Mar. 1995), pp.131～155 ; J. Lakonishok, A. Schleifer & R.W. Vishny, "Contrarian Investment, Extrapolation, and Risk," *Journal of Finance*(Dec. 1994), pp.1541～1578.

〈표 10-1〉 B/M비율(PBR의 역수)과 기업규모 포트폴리오의 투자성과(월수익률 %)

	전 체	B/M 저	2	3	4	5	6	7	8	9	B/M 고
전체	1.23	0.64	0.98	1.06	1.17	1.24	1.26	1.39	1.40	1.50	1.63
소형주	1.47	0.70	1.14	1.20	1.43	1.56	1.51	1.70	1.71	1.82	1.92
ME-2	1.22	0.43	1.05	0.96	1.19	1.33	1.19	1.58	1.28	1.43	1.79
ME-3	1.22	0.56	0.88	1.23	0.95	1.36	1.30	1.30	1.40	1.54	1.60
ME-4	1.19	0.39	0.72	1.06	1.36	1.13	1.21	1.34	1.59	1.51	1.47
ME-5	1.24	0.88	0.65	1.08	1.47	1.13	1.43	1.44	1.26	1.52	1.49
ME-6	1.15	0.70	0.98	1.14	1.23	0.94	1.27	1.19	1.19	1.24	1.50
ME-7	1.07	0.95	1.00	0.99	0.83	0.99	1.13	0.99	1.16	1.10	1.47
ME-8	1.08	0.66	1.13	0.91	0.95	0.99	1.01	1.15	1.05	1.29	1.55
ME-9	0.95	0.44	0.89	0.92	1.00	1.05	0.93	0.82	1.11	1.04	1.22
대형주	0.89	0.93	0.88	0.84	0.71	0.79	0.83	0.81	0.96	0.97	1.18

[그림 10-17] PBR그룹의 성과차이

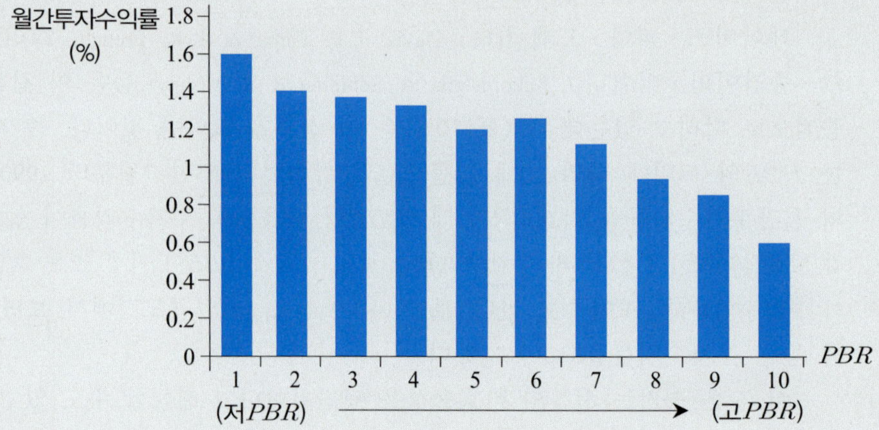

3. 강형 EMH에 대한 검증

강형 효율적시장 가설(strong-form EMH)에 의하면 시장에서 이용할 수 있는 과거의 역사적 정보나 공개적으로 이용가능한 정보뿐만 아니라 비공개적 내부정보(inside information)까지도 증권가격에 신속하게 반영되므로, 어떠한 유형의 정보를 이용하더라도 비정상적 초과수익을 실현할 수 없다. 이하에서는 강형 EMH를 검증하는 방법과 주요 검증결과를 살펴본다.

(1) 검증방법

현실의 증권시장이 내부정보까지도 신속하게 반영할 정도로 효율적인지를 검증하는 것은 앞에서 소개한 실증분석과는 달리 지극히 어려운 작업이 된다. 왜냐하면, 비공개적 내부정보를 이용하여 불법적으로 투자하는 사람을 정확히 밝혀내는 일이 용이하지 않기 때문이다. 그래서 간접적인 방법을 사용하여 검증하게 된다.

간접적인 방법의 하나는 대주주나 임원 등 기업의 내부자들이 소유지분을 늘리거나 줄이는 것을 공식적으로 보고한 날짜를 기준으로 투자수익률의 변동을 분석하는 것이다. 즉 내부자의 매수·매도에 따라서 즉시로 투자결정을 내렸을 때 초과수익의 여지가 있는지를 분석하는 것이다.

또 하나의 방법은 통상 비공개적 정보에 쉽게 접근할 수 있고 독점적 정보를 많이 소유하고 있는 특정한 전문투자자집단, 이를테면 자산운용사, 뮤추얼펀드와 같은 기관들이 비정상적 초과수익을 실현하고 있는지를 검증하는 것이다. 즉, 내부정보의 독점적 이용이 비교적 용이한 전문가집단의 투자성과가 일반투자자의 평균투자수익률을 상회하면 강형 EMH가 기각되는 것으로 볼 수 있고, 그렇지 못하면 지지되는 것으로 판단하는 방법이다.

이처럼 특정그룹의 투자성과를 평가할 때 사용하는 성과평가지수(performance evaluation index)는 제21장에서 상술하게 되겠지만 다음 세 가지의 평가척도들이다.

샤프지수 : $\dfrac{R_P - R_f}{\sigma_P}$

트레이너지수 : $\dfrac{R_P - R_f}{\beta_P}$

젠센지수 : $\alpha_P = (R_P - R_f) - \left[(R_m - R_f) \cdot \beta_P\right]$

단, R_P : 포트폴리오 투자수익률
R_f : 무위험이자율
σ_P : 포트폴리오 수익률의 표준편차
β_P : 포트폴리오의 베타계수(체계적 위험추정치)
α_P : 포트폴리오의 비정상초과수익

이들 평가척도는 CAPM을 기준모형으로 하여 포트폴리오의 투자위험을 감안한 초과수익의 정도를 측정하는 것인데, 추정된 자본시장선(CML)이나 증권시장선(SML) 상의 수익률은 평균투자수익률 정도를 의미하므로 기울기보다 높은지 아니면 낮은

지 혹은 위에 위치하는지 아니면 아래에 위치하는지에 따라서 초과수익의 여지가 가능한 비효율적시장인지를 판단하게 된다.

(2) 주요 검증결과

1) 내부자의 소유지분 변동

내부자정보를 이용하여 초과수익의 획득이 가능한지에 대한 최초의 실증연구의 하나로 자페(J. Jaffe)는 대주주의 소유지분 변동 전후의 투자수익률의 변동을 조사한 바 있다.[39] 이 연구는 직접 미국 SEC로부터 1960년대 861개의 내부거래자 거래자료를 수집하여, 내부자의 집중적인 주식 매수·매도 이후에 주가가 상승·하락하는 경향을 확인하고 있다.

그러나 내부자의 소유지분 변동의 공식적 발표일을 기준으로 하여 분석한 세현(H.N. Seyhun)의 연구에 의하면 내부자의 주식매수에 대한 공식발표 이후에도 주가는 오르는 경향이 있지만 거래비용을 상쇄할 정도로 크지는 않다고 밝히고 있다.[40]

2) 뮤추얼펀드의 투자성과

만약 시장에서 균형모형으로서 CAPM이 성립하고 강형 효율적이라면 이용가능한 모든 정보를 근거로 하여 베타(β)와 기대수익을 추정할 경우 모든 증권이 증권시장선(SML)상에 위치해야 한다. 만약 증권시장선 밖에 놓이는 증권이 존재한다면 이는 불완전한 정보에 기초하여 β와 기대수익을 추정하였기 때문이다. 어떤 투자자그룹의 투자성과를 측정하였을 때 증권시장선의 위나 아래에 위치하는 경우가 있을 수 있지만, 이는 우연에 의한 것이어야지 통계적 유의성을 지녀서는 안 된다.

젠센은 1955년부터 1964년까지의 뮤추얼펀드 115개의 투자성과를 증권시장선과 비교하여 평가하였다.[41] 즉, 증권시장선상에서 측정되는 기대수익률과 뮤추얼펀드의 투자수익률의 차이를 식 10.6과 같이 측정하였다.

$$\alpha_{jt} = (R_{jt} - R_{ft}) - [(R_{mt} - R_{ft})\beta_j] \tag{10.6}$$

39) J.F. Jaffe, "Special Information and Insider Trading," *Journal of Business* 47(July 1974).

40) H.N. Seyhun, "Insiders' Profits, Costs of Trading and Market Efficiency," *Journal of Financial Economics* 16(1986).

41) M.C. Jensen, "Risk, the Pricing of Capital Assets, and the Evaluation of Investment Performance," *Journal of Business*(April 1969).

단, α_{jt} : 뮤추얼펀드 j의 t기에서의 비정상초과수익(성과척도)
R_{jt} : 뮤추얼펀드 j의 t기 수익률
R_{ft} : 무위험자산의 t기 수익률
R_{mt} : 시장포트폴리오의 t기 수익률(S&P 500지수)
β_j : 뮤추얼펀드의 체계적 위험에 대한 추정치(10년간의 뮤추얼펀드 수익률과 S&P 500지수를 회귀하여 β계수 계산)

이렇게 측정되는 성과차이(α_{jt})가 正(+)으로 나타나면 뮤추얼펀드의 위험조정 후 투자성과가 비정상적 초과수익을 얻는 것을 의미하는 것으로 시장이 비효율적임을 뜻하게 된다.

젠센이 비교기준으로 추정한 증권시장선은 미국 국공채수익률(R_f)과 시장포트폴리오의 대용치로서 S&P 500지수(M)를 연결하여 도출한 것이다. 이렇게 추정된 증권시장선상에 위치하는 투자성과는 아무런 정보를 이용하지 않고, 단지 S&P 500 포트폴리오와 국공채에 분산투자함으로써 얻어지는 투자성과이다. 반면 이 증권시장선과 개별 뮤추얼펀드의 투자성과(X, Y, Z, + 점들로 표시)의 수직거리는 비공개적 정보에 접근할 수 있는 뮤추얼펀드의 투자성과를 표시한 것이다. 따라서 비공개적 정보에 의해 초과수익을 얻을 수 있다면 뮤추얼펀드의 투자성과는 증권시장선 위에 위치해야 한다.

그런데 [그림 10-18]에 나타난 결과를 보면 증권시장선의 위보다도 아래에 보다 많은 뮤추얼펀드가 위치하고 있다. 정확히 이야기하면, 연구조사비 · 관리비 · 수수료 등 뮤추얼펀드의 제 비용을 차감한 후의 투자수익은 연간 −1.1%임을 기록하고 있다. 이 결과는 전문투자자그룹인 뮤추얼펀드 등이 아무런 정보를 이용하지 않는 일반투자자의 단순 매수 · 보유전략과 투자성과가 다를 바가 없음을 뜻하는 것이다.

[그림 10-18] 뮤추얼펀드의 투자성과(1945~1964) : 젠센지수에 의한 측정(제 비용을 계상하지 않을 경우)

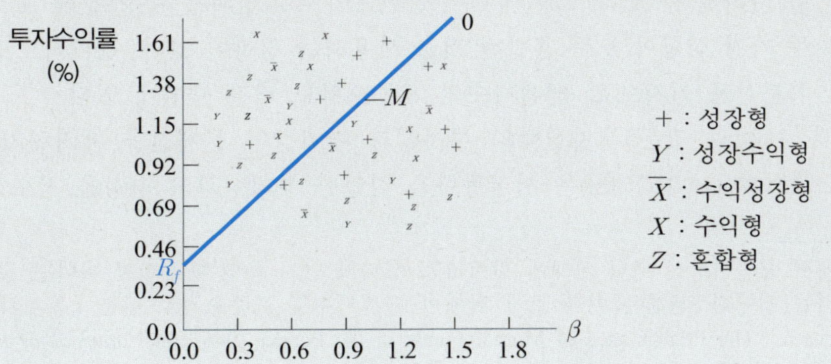

이와 같은 결과는 수수료 등 제 비용은 차감하지 않고 계산한 투자성과 측정에서도 비슷하다. 즉, 제 비용을 공제하지 않고 계산하면 연간 −0.4%의 초과수익을 기록하고 있다. 이는 뮤추얼펀드가 제 비용도 보충해 주지 못함을 나타내는 증거로서 뮤추얼펀드가 과소평가된 주식을 발견하기 위해서 지출하는 제 비용이 정당화될 수 없음을 뜻한다.

이와 같은 결과는 평균적으로 보아 뮤추얼펀드 전체의 투자성과가 일반투자자보다 못함을 의미할지는 몰라도 투자성과가 계속적으로 탁월한 뮤추얼펀드 산업 내의 개별 펀드매니저마저 존재할 수 없음을 뜻하는 것은 아니다. 뮤추얼펀드 내에는 투자성과가 계속적으로 탁월한 펀드매니저와 열등한 펀드매니저가 있는데, 그룹 전체로서의 투자성과가 평균화되는 과정에서 서로 상쇄되어 나타날 수 있는 것이다.

이와 같은 가능성을 보기 위해서 젠센은 계속적으로 투자성과가 탁월한 개별 펀드매니저가 존재하는지를 실증분석한 바 있다.[42] 이 결과에 의하면 통계적 유의성(유의수준을 5%로 두는 경우)이 있는 正(+)의 초과수익의 젠센지수는 불과 1건이었고, 負(−)의 젠센지수는 14건에 달하였다. 이 결과 역시 강형 EMH가 지지되는 증거로서 제시되고 있다.

한편 시장상황을 감안하여 투자성과를 평가한 연구로 콘・젠(S.J. Kon & F.C. Jen)의 연구가 있다. 대부분의 뮤추얼펀드에서는 포트폴리오 관리를 위해서 시장의 미래동향 예측을 실시한다. 앞으로 시장이 강세시장일 것으로 예상되면 β계수가 큰 증권을 많이 편입하여 공격적 투자관리의 입장을 취한다. 반대로 시장이 약세시장일 것으로 예상되면 β계수가 작은 증권을 많이 편입하여 방어적 투자관리의 입장을 취한다.

기간이 강세국면인지 약세국면인지에 따라 [그림 10-19]에서 보는 것처럼 포트폴리오 수익률의 시장수익률에 대한 민감도(포트폴리오 베타), 즉 증권특성선의 측정이 다르다. 호황국면에서는 ○ 표시처럼 나타날 수 있고, 불황국면에서는 × 표시처럼 나타날 수 있다. 그런데 뮤추얼펀드의 투자성과를 측정할 때 포트폴리오 β는 이 두 가지 상황이 모두 혼합된 것을 사용하는 경향이 있다. 결과적으로 투자성과의 잔차분산은 커지므로, 젠센지수의 표준오차도 커질 수밖에 없다.

이와 같은 투자신탁의 투자성과 평가상의 문제점을 제거하기 위하여 콘・젠(S.J. Kon & F.C. Jen)은 시장동향을 감안한 투자성과의 평정을 시도하였다.[43] 즉, 시

42) [그림 10-18]에서 증권시장선 위나 아래에 위치하는 성과가 단지 우연 때문인지 아니면 통계적 유의성이 있는지를 검증하는 것이다. 젠센은 이를 보기 위해서 젠센지수를 표준오차로 나눈 t통계치를 가지고 검증하였다. M.C. Jensen, "The Performance of Mutual Funds in the Period 1945~64," *Journal of Finance*(May 1968).

43) S.J. Kon & F.C. Jen, "Investment Performance of Mutual Funds : An Empirical Investigation of Timing,

[그림 10-19] 시장동향의 변화와 포트폴리오 증권특성선의 추정

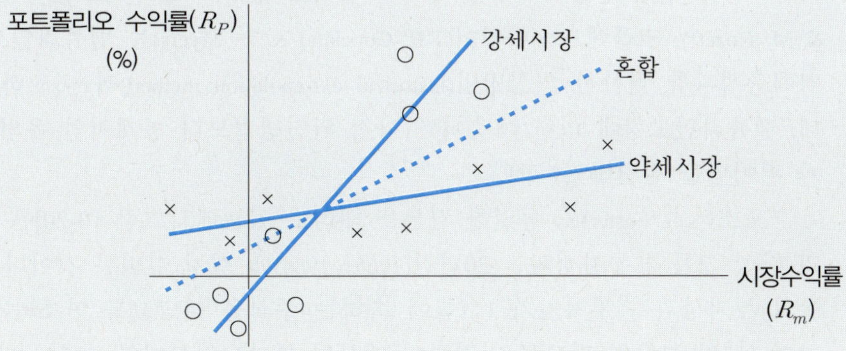

장동향에 따라 증권특성선을 별도로 추정하여, 이를 근거로 젠센지수를 측정한 다음 펀드매니저가 각각의 공격적이거나 방어적 투자관리를 취했을 때 초과수익이 가능한 투자성과를 보이고 있는지를 검증하였다.

이처럼 별도의 증권특성선에 근거하여 뮤추얼펀드의 젠센지수를 측정하면, 상당한 수의 뮤추얼펀드가 통계적으로 유의성 있는 높은 +의 초과수익을 획득하고 있는 것으로 밝혀지고 있다. 콘·젠의 검증결과는 전문투자자그룹인 뮤추얼펀드가 일반투자자보다 뛰어난 투자성과를 거두고 있음을 나타내고 있는 것으로서 강형 EMH가 지지되지 않는 증거가 되고 있다.

3) 밸류라인모형에 대한 평가

과대 또는 과소 평가된 증권을 식별하고자 하는 증권전문가그룹의 투자결정모형의 하나로서 밸류라인모형(Value Line Investment Survey Model)이 있다.[44] 이 모형은 투자종목들의 주가상승의 가능성을 예상할 때 상대적 이익과 상대적 주가수준의 비교(최근 12개월의 이익과 주식가격을 같은 기간 전 종목의 평균이익과 평균가격으로 나눈 것), 주당이익변화율의 크기(earning momentum), 실제이익과 예상이익의 차이(earning surprise factor) 등 주식의 기본적인 요인들을 고려하여 투자성과를 다섯 집단으로 분류하는 순위시스템이다.

과연 이 투자모형이 과대 또는 과소 평가된 증권을 잘 식별하는 능력이 있는지에 대해서 여러 실증연구가 시도된 바 있다. 1973년 블랙(F. Black)은 이 예측능력을

Selectivity and Market Efficiency," *Journal of Business*(April 1979).

44) 밸류라인모형에서 제시하고 있는 구체적인 투자결정방법은 본장 [보론] 참조.

CAPM에 의한 위험조정수익률과 비교하여 평가하였는데, 블랙은 비교적 밸류라인의 순위시스템이 성공적이라는 평가를 내리고 있다.45) 또한 브라운・로제프(R. Brown & M. Rozeff), 코플랜드・마이어(T.E. Copeland & D. Myers)는 밸류라인모형에 의한 이익예측성과를 역사적 외삽방법(historical extrapolation method)과 비교하여 조사하였는데, 밸류라인모형에 의한 예측이 역사적 외연방법보다 통계적인 유의수준에서 성과가 뛰어남을 발견하였다.46)

포스터(G. Foster)도 동일한 결론을 내리고 있는데, [그림 10-20]은 이 순위시스템의 다섯 그룹의 투자성과를 20년간(1965~1984)에 걸쳐 살펴본 것이다.47) 여기서 1그룹의 투자성과는 투자자가 1그룹에 속하는 주식을 해당그룹 연초의 가격으로 매수하여 1년간 보유한 것으로 가정하여 계산된 투자수익률이다. 1년이 지나 1그룹에 속하는 주식들에 변화가 있으면 최상위그룹(1그룹)을 다시 구성하여 투자수익률을 계

[그림 10-20] 밸류라인모형에 의한 투자성과(1965~1984)
(1그룹 : 투자성과가 최상인 그룹, 5그룹 : 투자성과가 최하인 그룹)

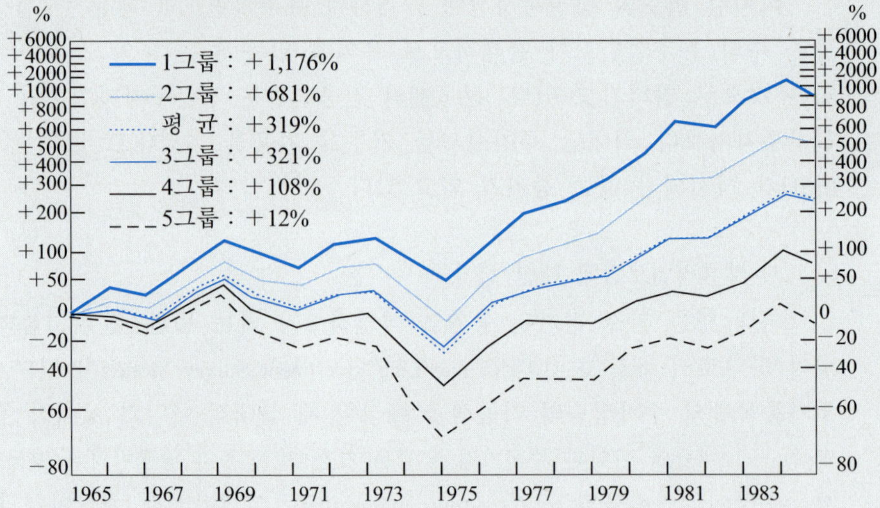

45) F. Black, "Yes Virginia, There is Hope : Tests of the Value Line Ranking System," *Financial Analysts Journal* (Sep.-Oct. 1973), pp.10~14.

46) R. Brown & M. Rozeff, "The Superiority of Analyst Forecasts as Measures of Expectations : Evidence from Earnings," *Journal of Finance*(March 1978), pp.1~16 ; T.E. Copeland & D. Myers, "The Value Line Enigma (1965~1978) : A Case Study of Performance Evaluation Issues," *Journal of Financial Economics*(Nov. 1982), pp.289~321.

47) G. Foster, *Financial Statement Analysis*, 2nd ed., Prentice-Hall, Inc., 1986, p.433.

산한 것이다. 다른 그룹도 마찬가지이다. 그림에서 보는 것처럼 1그룹의 가격상승률이 가장 크고 5그룹의 가격하락률이 가장 크다. 이는 밸류라인모형이 과대 혹은 과소 평가된 증권을 잘 식별하는 일면이 있다는 증거로 제시되고 있다.

이같이 밸류라인시스템이 계속적으로 투자성과가 좋은 것은 소규모기업 주식들의 순위변동에 기인하는 것으로 분석되고 있는데,[48] 여하튼 분석능력 여하에 따라서 초과수익의 여지가 남아 있음을 암시한다고 할 수 있다.

(3) 강형 EMH 검증상의 문제점

이상에서 강형 EMH가 지지되거나 기각되는 몇 가지 실증적 결과를 살펴보았다. 이 같은 강형 EMH의 검증에는 문제가 될 수 있는 몇 가지 가능성이 있다.

첫째는 뮤추얼펀드와 같은 기관은 비교적 대규모 금융기관인 관계로 포트폴리오 관리가 관료주의적 절차에 의해서 좌절되는 경향이 있어 투자성과의 엄격한 측정이 매우 어렵다는 점이다. 즉, 비록 개별 펀드매니저가 탁월한 투자성과를 가져오는 투자대상을 발견해 낼 수 있는 능력이 있더라도 이 의견이 반영되는 데 시간이 걸리기 때문에 최종적인 투자성과에는 별다른 영향을 미치지 못한다는 것이다.

둘째는 전문투자자그룹의 투자성과를 평가하는 작업은 이들 전체를 평균적으로 평가하는 것보다 투자성과가 우수한 개별 펀드매니저가 한 기간에 걸쳐서뿐만 아니라 여러 기간에 걸쳐 계속적으로 우수한지를 평가하는 것이 효과적인데, 이 작업이 매우 어렵다는 점이다.

강형 EMH의 검증에서 무엇보다도 가장 큰 문제가 되는 점은 투자성과를 측정하는 기준(benchmark)으로서 시장균형모형의 문제점이다. 비록 투자성과가 탁월해도 투자성과를 측정하는 기준모형이 정교하지 못하면 평가가 적절히 이루어질 수 없는 것이다. 제8장에서 설명한 것처럼 증권시장선(SML)이 위험이 조정된 균형기대수익률의 추정에 이용된다면 이는 시장포트폴리오의 대용치로서 어떤 시장지수가 선택되느냐에 따라서 투자성과의 측정이 민감하게 달라짐을 의미한다. 특히 성과측정에 사용되는 젠센지수는 시장포트폴리오의 대용치와 이에 대용되는 최소분산 포트폴리오의 특성에 따라 달라질 수 있다.

---

48) S.E. Stickel, "The Effect of Value Line Investment Survey Rank Changes of Common Stock Prices," *Journal of Financial Economics* 14(1985).

제3절 행태재무학

전통적인 재무이론(standard finance theory)은 시장참여자들이 합리적 기대에 따라 행동한다는 합리적 기대가설과 이윤극대화 목표의 가정에 기초하고 있다. 앞에서 설명한 효율적시장 이론도 이 연장선에서 제시되고 있는 자본시장이론이다. 주식가격에 영향을 미칠 수 있는 정보가 공개되자마자 즉각적으로 주가에 반영된다는 주장도 시장의 합리성을 가정한 이론인 것이다.

이와는 전혀 다르게 1990년대 이후 새롭게 제시되고 있는 행태재무학에서는 인간이 지니는 여러 가지 심리적 특성이 가져오는 오류가 시장의 이례적 현상을 초래한다고 설명한다. 본절에서는 행태재무학의 주요 내용을 살펴본다.

1. 행태재무학의 관점

행태재무학(behavioral finance)은 인간의 여러 가지 심리적 특성이 투자자 개인이나 그룹, 애널리스트, 펀드매니저의 의사결정에 영향을 미친다고 본다. 전통적 재무이론은 인간의 심리적 행태에 대한 고려가 없기 때문에 불완전한 이론이라고 보는 것이다. 앞의 절에서 소개된 시장의 이례적 현상(anomalies)도 투자자들이 가지는 여러 가지 심리적 특성의 결과로 나타나는 투자편의 때문에 생긴다고 본다. 시장에서 자산가격이 적정히 형성되지 못하는 이른바 '자산가격의 에러현상'도 심리적 요인들이 반영된 결과로 해석한다.

행태재무학에서는 투자성과에 부정적인 영향을 미치는 투자편의(investment bias)를 초래하는 투자자들의 심리적 특성상의 오류를 투자정보처리상의 오류, 행태적 편의, 차익거래를 할 수 없는 현실적인 한계 등으로 설명하고 있다.

① 투자정보처리상의 오류(errors in information processing) : 과대확신의 오류, 확증편의의 오류, 예측오류, 보수주의적 오류, 일반화 오류

② 행태적 편의(behavioral bias) : 쏠림현상의 오류, 손실·후회 회피의 오류, 부의 감소에 대한 위험추구의 오류

③ 차익거래를 할 수 없는 현실적 한계(limits to arbitrage)

1) 과대확신(overconfidence)의 오류

자신의 분석능력은 평균 이상이라고 믿는 오류를 말한다. 대부분의 운전자들은 자신이 평균 이상의 운전을 하는 것으로 과신한다는 통계처럼, 투자자들은 과대확신하는 오류를 범한다. 주식투자자 대다수가 과거 수십 년간의 시장평균수익률을 상회할 수 있을 것으로 답한다는 통계 역시 이러한 과대확신 오류의 다른 예이다.

2) 확증편의(confirmation bias)의 오류

자신들의 주장을 뒷받침하는 정보만을 찾는 오류를 말한다. 세프린(H. Shefrin)은 "애널리스트들은 성장회사의 성장률을 과대추정하고, 이들 회사의 희소식은 과장하며, 나쁜 소식은 축소하거나 무시하는 경향이 있다"고 인간의 확증편의의 행태를 설명하고 있다.[49] 자신들의 주장을 뒷받침하는 정보만을 찾는 경향이 있어, 세간에 유망회사로 알려진 종목은 과대평가되는 경향이 있는 것도 확증편의를 반증한 것이다.

3) 쏠림현상(herd mentality), 군중심리의 오류

역사에는 폭등 후 폭락하는 수없는 버블의 경험이 있고 이 '버블'의 역사는 반복되고 있다. 이는 쏠림현상, 군중심리에 기인하는바, 잘못된 투자결정을 하게 되는 치명적 심리적 오류이다. 시장에는 군중심리에 쉽게 뇌동하거나, 특정보도나 대다수 사람들의 심리변화에 편승하여 잘못된 투자결정을 하게 되는 다수의 노이즈 트레이더(noise traders : 특정정보가 없는 비전문가)들이 있는데, 이들의 쏠림현상 때문에 시장의 변동성이 커진다고 본다. 애널리스트들의 가치평가도 결국 그 종목의 기본적 가치와 투자자 심리가 동시에 고려되어 이루어지는 쏠림의 혼합투자(fusion investing)라고 보고 있다.

4) 예측오류, 보수주의적 오류(conservatism bias)

카네만 · 트버스키(D. Kahneman & A. Tversky)는 심리실험을 통하여 투자자들은 미래예측시 이전 기간보다는 최근의 경험에 더 높은 가중치를 주는 예측오류(forecasting error)를 범하는 경우가 많은 성향을 설명한 바 있다.[50] 제2절에서 설명한 PER효과가 나타나는 것은 최근 실적치에 높은 가중치를 주는 예측오류 때문일 수 있다.

---

49) H. Shefrin, "Behavioral Corporate Finance," *Journal of Applied Corporate Finance* 14, No. 3(Fall 2001), pp.113～124.

50) D. Kahneman & A. Tversky, "On the Psychology of Prediction," *Psychology Review* 80(1973), pp.237～251.

이와 관련하여 투자자들은 자신의 예측과 다른 상황이 전개될 경우 이에 대한 늦은 반응(수정)이나 바꾸지 않으려는 보수주의적 오류(conservatism bias), 자신의 믿음을 뒷받침하고자 표본수가 적음에도 불구하고 이를 일반화시키는 오류(sample size neglect, representativeness bias)를 범하는 심리적 편견이 있다고 설명한다.

5) 손실 · 후회 회피(loss, regret avoidance)의 오류

세프린 · 스타트맨(H. Shefrin & M. Statman)과 스콧 · 스텀프 · 엑수(J. Scott, Stumpp & P. Xu)는 투자자들은 손실을 본 '패자' 종목은 장기간 보유하고, 반대로 시세차익을 내는 '승자' 종목은 너무 쉽게 이익을 실현하는 경향(mental accounting bias)임을 설명하고 있다.[51]

투자자들은 투자이익에 대해서는 위험회피형의 성향을 보이고, 손실에 대해서는 위험선호형의 성향을 보이는 틀짜기(framing) 성향의 행태적 편의를 지닌다는 설명이다. 투자자들은 후회를 최소화하는 방향으로 의사결정을 내리는 오류의 성향이 있어, 이득을 볼 가능성에 기뻐하는 것보다도 손실가능성에 더 큰 심리적 부담(distressed)을 느낀다고 보는 것이다.

6) 부의 감소에 대한 위험추구의 오류

카네만 · 트버스키(D. Kahneman & A. Tversky)는 위험회피형을 가정한 효용이론을 수정하여 전망이론(prospect theory)을 제시하고 있다.[52] 전통적 효용이론에서는 [그림 10-21](a)처럼 부가 증가할 때 만족도(+효용)는 체감하는, 원점에 대해 오목한 효용곡선을 보인다고 설명하고 있다. 그러나 이들의 전망이론에 의하면 '손실회피(loss aversion)'의 성향은 부의 절대수준에 좌우되는 것이 아니라 현재의 부의 수준에서의 변화에 좌우된다고 설명한다. [그림 10-21](b)는 이를 나타낸 것인데, 부가 감소하는 영역(0의 왼쪽)에서는 위험회피가 아니라 위험추구형의 행태를 보인 결과, 효용곡선이 원점에 대하여 볼록한 모양을 보인다고 설명한다. 이러한 심리적 편의는 더 큰 손실을 유발할 수 있다.

---

51) H. Shefrin & M. Statman, "The Disposition to Sell Winners Too Early and Ride Losers Too Long: Theory and Evidence," *Journal of Finance* 40(July 1995). pp.777～790 ; J. Scott, M. Stumpp, & P. Xu, "Behavioral Bias Valuation and Active Management," *Financial Analysts Journal* 55, No. 4(July-August 1999), pp.49～57.

52) D. Kahneman & A. Tversky, "Prospect Theory: An Analysis of Decision under Risk," *Econometrica* 47(1979), pp.263～291.

[그림 10-21] 전통적 효용이론에서의 효용곡선과 전망이론에서의 효용곡선

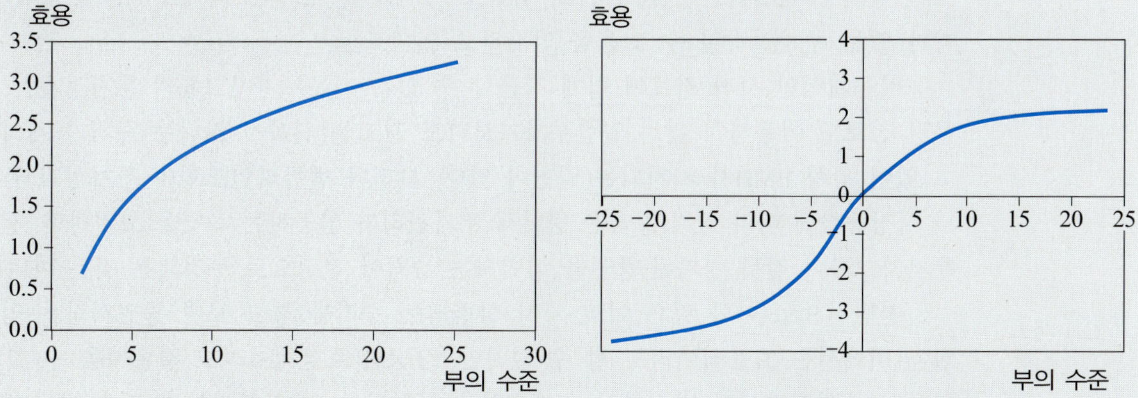

(a) 전통적 효용이론에서의 효용곡선 (b) 전망이론에서의 효용곡선

7) 차익거래를 할 수 없는 현실적 한계

투자자들의 이러한 비합리적 행태가 나타나면 이 실수를 역이용하려는 합리적 투자자의 차익거래가 나타날 수 있다. 그러나 비합리적 행태를 역이용하는 차익거래를 막는 현실의 제약이 있기 때문에 이러한 오류나 편의가 지속될 수밖에 없다. 예를 들어 펀드매니저들이 투자자(고객)의 정서를 무시할 경우 받을지도 모르는 직업상의 불이익 감수의 위험을 피하려는 현실적 측면이나, 공매 등을 이용하여 차익거래를 하는 데에는 적지 않은 거래비용이 발생하는 현실적 측면이 존재한다.

2. "시장효율성"에 대한 제 논쟁의 요약과 결론

본장에서는 현실의 증권시장이 시장효율성에 일치하는 여러 가지 특성을 보이고 있다는 실증연구결과와 그렇지 않을 수 있다는 이례적 현상을 소개하였다.

미래 증권가격의 변동이 그 전기의 가격변동과 독립적인가를 밝히는 대부분의 약형 EMH에 대한 실증분석결과는 대체로 연속적인 시계열상의 주가변동이 무작위적임을 보여주고 있다. 그러나 장기수익률의 시계열적 움직임에서의 반전현상, 1월효과가 대부분의 나라에서 나타나고 있는 점, 주말효과의 존재는 이에 반하는 증거로 제시될 수 있다. 주식분할, 기업이익, 합병 발표 등의 공개적인 정보에 대해서는 증권가격이 신속·정확하게 반응하는 것으로 대부분 검증되고 있다. 또 많은 연구에서는 비정상적인 초과수익을 가져다주는 어떤 투자전략이나 거래규칙이 존재하지

않음이 밝혀지고 있다. 다만 소규모기업의 주식이나 저PBR, 저PER주식 포트폴리오 구성의 투자전략은 거래수수료, 위험조정, 세금을 모두 고려해도 초과수익의 여지가 있는 투자전략일 수 있음을 암시하고 있다.

비공개적인 사적 정보에 쉽게 접근할 수 있는 전문투자자그룹의 투자성과는 아무런 정보도 이용하지 않는 일반투자자보다도 결코 탁월하지 않다는 증거가 제시되고 있어 강형 EMH가 지지되는 일면이 있다. 그러나 밸류라인모형의 투자성과의 예나 시장동향에 따라 공격적 혹은 방어적 투자관리가 성공하는 측면을 고려하면, 전문투자자그룹이 잘못 평가된 증권을 식별하는 능력이 전적으로 부정되는 것은 아니다.

전반적으로 이와 같은 여러 가지 상반되는 증거를 놓고 보면 증권시장은 엄격한 의미에서는 효율적이라고 할 수 없지만, 상당히 효율적이라고 결론지을 수 있다. 현실의 증권시장에서 비정상적 초과수익을 획득하는 일이 불가능한 것은 아니지만, 결코 쉽지는 않다는 증거로 해석할 수 있을 것이다. 남보다 상당히 다른 민첩성이나 창의성 없이는 초과수익의 여지가 매우 적음을 시사한다고 할 수 있다.

한편 이례적 현상이 나타나는 것을 행태재무학에서는 인간이 지니는 과대확신의 오류, 확증편의의 오류, 일반화 오류, 손실·후회 회피의 오류, 쏠림현상의 오류 등 심리적 편의 때문인 것으로 설명한다. 시장에서는 이러한 비이성적인 거래로 인한 가격에러가 지속되거나 증폭되는 위험이 상존하게 되고, 투자자들은 이러한 위험을 피할 수 없는 위험으로 인식할 수밖에 없기 때문에 자산가격의 에러가 상당기간 지속될 수 있다고 본다. 이러한 자산가격 에러의 존재는 무위험차익거래에 의해서 사라질 수 없는 것이다. 본장 제2절 이하에서 소개한 장기수익률의 역전효과, 지속현상, 규모효과, PER효과, B/M효과 등의 가치주효과 등은 심리적 요인들이 반영된 자산가격의 에러현상으로 설명할 수 있다.

보론 밸류라인모형

증권실무계에서 과대 또는 과소 평가된 증권을 잘 식별하는 모형으로 인정받고 있는 것 중의 하나는 밸류라인모형(Value Line Investment Survey Model)이다. 이 모형은 약 1,700여 종목의 주식을 대상으로 다음에 소개하는 여러 가지 요인들을 고려하여 투자의 우선순위를 정하는 것이 특징이다.

(1) 상대적 이익과 상대적 가격수준 및 가격동인

'상대적 이익과 상대적 가격수준'은 최근 12개월의 이익과 주식가격을 같은 기간 전 종목의 평균이익과 평균가격으로 나눈 것이다. 그래서 어떤 주식의 '상대적 이익'이 과거 10년간에 걸쳐 가장 높으면 이익순위 10, 가장 낮으면 이익순위 1이 된다. '상대적 가격'도 마찬가지로 평가하여 '가격순위'를 매긴다.

그래서 '이익순위'가 '가격순위'보다 높으면 높을수록 과소평가된 정도가 큰 것으로 평가한다.

한편 이 외에도 주가동향을 예측하기 위해서 최근 10주간의 평균 상대적 가격을 52주의 평균 상대적 가격으로 나누어 가격동인(price momentum factor)을 평가한다. 이상의 이익순위, 가격순위, 가격동인을 고려하여 점수를 부여하는데 포함종목이 1,700개이면 순위점수는 1,700까지 있게 된다.

(2) 이익동인

두 번째 순위화 작업은 특정증권의 분기별 주당이익(EPS)의 변화율을 전 종목의 변화율로 나눈 이익동인(earnings momentum factor)에 따라 순위를 매기는 것을 말한다. 이익동인을 삼분하여 분기 주당이익의 변화가 가장 큰 1/3에 대해서는 1,200, 그 다음 1/3인 보통 변화에 대해서는 800, 가장 낮은 변화 1/3에 대해서는 400점을 매긴다. 이때 특정분기의 주당이익에 영향을 준 특별요인, 즉 노사분규, 회계처리방법의 변경, 세제특혜, 기타 비경상적 수익과 비용 등이 있으면 이를 조정한다.

(3) 충격이익발표동인

분기별 이익이 예상과 상당히 다르게 발표되면 주가는 급격한 변화를 보이는 것이 일반적이다. 밸류라인 순위시스템은 이 같은 예상 밖 충격 이익발표동인(earnings surprise factor)을 다음과 같이 점수에 반영하고 있다.

실제이익과 예상이익의 차이	점 수
−30% 이상	−400
−15%∼−29%	−200
−14%∼+14%	0
+15%∼+29%	+200
+30% 이상	+400

(4) 분석자판단요인

순위시스템에 분석자의 주관적인 판단이 요구되는 질적 요인(analyst judgement factor)을 포함시킬 때도 있다. 이러한 요인으로는 재고, 주문율, 조업도, 경쟁적 요인, 노사문제, 제품의 질 등을 들 수 있다. 이들 요인이 포함될 때에는 전체에서 차지하는 비중은 20% 정도였다.

최종적으로 각 주식을 상기한 네 가지 요인에 근거하여 분류한 다음, 개별순위를 합하여 추천순위를 다음과 같이 다섯 그룹으로 나눈다.

최상위 100 : 1순위 그룹
다 음 300 : 2순위 그룹
중 간 900 : 3순위 그룹
다 음 300 : 4순위 그룹
최하위 100 : 5순위 그룹

주요용어

배분효율성	운영효율성	정보효율성
효율적시장 가설(EMH)	약형 효율적시장 가설	준강형 효율적시장 가설
강형 효율적시장 가설	효율적시장의 특성	주식수익률의 예측가능성
시계열 상관관계	연(run)	과잉반응가설
주말효과	1월효과	필터(filter)기법
상대적 강도	사건연구	기업규모효과
*PER*효과	*PBR*효과	소외기업효과
유동성 효과	밸류라인모형	행태재무학
과대확신의 오류	확증편의의 오류	손실·후회 회피의 오류
부의 감소에 대한 위험추구의 오류		

연습문제

1. [시장효율성의 개념 (1)] 증권시장의 효율성 여부가 논란이 되고 있는 이유는 무엇인가? 또 증권시장에서 모든 투자자가 동일하게 방어적 투자전략을 시도한다면 증권시장의 효율성에는 어떤 일이 벌어지는가?

2. [시장효율성의 개념 (2)] 투자자 갑과 을이 논쟁을 하고 있다.
갑은 "증권시장은 효율적이다. 왜냐하면 매우 낮은 거래비용으로 거래를 체결할 수 있기 때문이다"라고 주장하고 있다.
을은 "증권시장은 비효율적이다. 왜냐하면 증권시장에는 평균 이상의 초과수익을 얻을 수 있는 투자자가 얼마든지 있기 때문이다"라고 주장하고 있다.
두 사람이 언급하고 있는 시장효율성 개념의 차이에 대하여 논평하라.

3. [효율적시장 가설] 약형 EMH가 지지된다면 강형 EMH도 지지되는가? 반대로 강형 EMH가 지지된다면 약형 EMH도 지지되는가?

4. [EMH 검증 (1)] 효율적 증권시장의 특성을 설명하고, 각 특성을 검증하기 위한 검증방법과 구체적인 실증분석의 예를 설명하라.

5. [EMH 검증 (2)] "효율적시장에서는 오늘의 주가와 내일의 주가는 아무런 체계적인 관계가 없다"고 한다. 우리나라 증권시장의 자료를 근거로 할 때 이 주장의 타당성을 밝히고, 그 대답에 대한 논리적인 근거를 설명하라.

6. [시장효율성의 개념 (3)] 다음 논점에 대하여 의견을 제시하라.
   ① 증권시장에서는 초과수익을 가능하게 하는 투자전략이 존재할 수 없다.
   ② 연속적 주가움직임에 시계열 상관성이 존재한다면 준강형 EMH를 부정하는 것이 아니다.
   ③ '확증편의의 오류'는 "투자이익에 대해서는 위험회피형의 성향을 보이고, 손실에 대해서는 위험선호형의 성향을 보이는 편의"를 말한다.

7. [EMH 검증 (3)] 실증분석결과 특정정보의 공시일 이후에도 누적초과수익($CAER$)이 하락하는 추세를 보였다고 하자. 이 결과는 시장이 효율적임을 부정하는가?

8. [EMH 검증 (4)] 소망투자신탁(주)의 안정 · 성장 혼합펀드 3호는 과거 10년간의 실적 중에서 9년이나 종합주가지수 투자수익률보다 우수한 투자성과를 보였다. 이는 시장효율성을 기각하는 증거인가? 각자의 견해를 제시하라.

9. [EMH 검증 (5)] 시장효율성의 검증은 두 가지 가설의 결합검증(joint test)이라고 한다. 이 의미를 설명하고, 또한 이로 인해 생기는 검증상의 어려움을 설명하라.

10. [EMH 검증 (6)] 효율적시장 가설을 검증함에 있어서 결과를 왜곡시킬 수 있는 문제점에는 어떤 것이 있으며 어떻게 하면 그 문제점을 개선할 수 있는가에 대해 설명하라.

11. [행태재무학]
   ① 시장효율성에 대한 연구와 관련하여 "행태재무학"에서 주장하는 주된 내용과 그 주장의 논거는 무엇인가?
   ② 1987년 10월 19일 미국 증권시장에서 23%나 주가가 대폭락한 사건은 시장효율성을 부정하는 한 증거가 되는가?

제 Ⅳ 편

증권분석과 주식투자

앞의 제Ⅱ편에서는 포트폴리오 이론에 기초하여 최적 자산배분(asset allocation)의 문제를 다루었다. 각급 투자자산의 투자수익과 위험을 감안한 효율적 분산투자, 최적포트폴리오를 구성하는 문제는 투자관리에서 핵심을 이루는 과제의 하나이다.

투자관리에서의 또 하나의 핵심적인 과제는 종목선정(security selection)의 문제이다. 즉, 보통주, 채권 등 각급 투자자산 내에서 어떤 특정자산에 투자하여 투자목표를 달성할 것인가의 문제가 투자성과를 좌우하는 또 다른 중요한 과제가 된다. 이와 함께 적절한 투자시점(investment timing)을 결정하는 것도 투자성과를 좌우하는 중요한 과제의 하나이다.

본 제Ⅳ편에서는 보통주에 대한 증권분석의 방법과 구체적인 개별종목 선정의 문제, 투자시점 결정의 문제 그리고 통합적인 주식투자관리 문제를 다룬다. 먼저 제11장에서는 경제-산업-기업 분석체계하에서 시도되는 증권분석방법에 대해서 설명하고, 제12장에서는 보통주에 대한 재무분석방법과 보통주 이익의 예측방법에 대하여 다룬다. 제13장에서는 보통주의 투자가치를 평가하는 여러 가지 보통주 가치평가모형(valuation model)에 대하여 살펴본다. 제14장에서는 기술적 분석의 관점에서 투자시점 결정방법에 대하여, 그리고 제15장에서는 통합적인 관점에서 주식투자관리의 문제를 설명한다.

제 11 장

경제-산업-기업 분석

주식투자의 핵심은 주식의 내재가치를 평가하여 과소 또는 과대 평가된 종목을 식별해내는 것이다. 내재가치를 평가하기 위해서는 먼저 보통주의 투자가치를 원천적으로 결정짓는 요인에 대한 분석이 필요하다. 이들 요인들은 국민경제적 · 산업적 · 기업적 요인으로 나누어 볼 수 있다. 본장에서는 경제-산업-기업 분석의 증권분석 체계에 따라 기업의 미래이익, 내재가치에 영향을 미치는 기본적 요인들에 대하여 살펴본다. 다음은 본장의 학습목표로서 이해해야 할 주요 사항들이다.

- 기업의 미래이익과 주가에 영향을 주는 거시경제변수들
- GDP, 이자율, 인플레이션, 환율, 경기순환 등의 요인과 주식가격의 관계
- 산업의 유망성을 결정짓는 산업적 요인과 산업분석의 체계
- 기업의 미래 경영성과에 영향을 주는 지속가능경쟁우위, 핵심역량 등 기업적 요인

제1절 기본적 분석의 체계

투자결정을 위한 투자분석(증권분석)방법은 기본적 분석, 기술적 분석, 포트폴리오 분석 방법으로 나누어 볼 수 있음을 제1장 제3절에서 설명한 바 있다.

이들 증권분석방법 가운데서 기본적 분석(fundamental analysis)의 주된 특징은 시장에서 과소 또는 과대 평가된 증권을 찾기 위해서 개별종목 중심으로 내재가치(intrinsic value)를 분석하여 구체적인 종목선택(asset selection)의 결정에 활용한다는 점이다. 따라서 기본적 분석은 증권의 내재가치를 결정짓는 요인들이라고 볼 수 있는 주당이익 또는 배당, 지속가능경쟁우위, 성장성, 사업위험 등을 평가하고, 이에 근거한 미래이익의 예측을 통해 적정주가를 추정하는 작업이 핵심이 된다.

주식가치를 결정짓는 기업의 미래이익은 일차적으로 그 기업이 취급하는 제품들의 판매량, 판매가격, 제반원가에 의해서 결정된다.

이익＝매출액－원가(비용)
＝(판매량×판매단가)－f(판매량 또는 생산량)

이들 요소에 영향을 미치는 원천적 요인들은 [그림 11-1]과 같이 경제-산업-기업적 요인으로 분류할 수 있다. 주식가치를 결정짓는 제반 위험도(할인율)도 마찬가지로 경제-산업-기업적 요인에 의해서 영향받는다.

기업의 이익흐름을 좌우하는 원천적 요인으로서 국민경제적 요인은 그 나라

[그림 11-1] 기업의 미래 이익, 위험에 영향을 미치는 요인(경제-산업-기업 분석체계)

• 미래이익 : 판매량, 판매가격, 비용
• 할인율 : 이자율, 영업위험, 재무위험

GDP성장률, 1인당 국민소득, 환율, 인플레이션, 이자율수준, 경제의 경기순환 국면, 글로벌 경제상황 등을 말한다. 이러한 국민경제적 요인들은 그 기업의 매출액과 매출원가에 영향을 주어 궁극적으로 특정기업의 이익흐름에 영향을 미친다. 이 요인들은 채권, 주식, 부동산 등 여러 가지 투자자산에 대한 투자비율을 결정하는 자산배분결정시에 주요 고려요인이 되기도 한다.

산업적 요인은 특정기업이 속하는 당해산업의 수요성장률, 시장규모, 경쟁치열도, 비용구조, 수요의 대체가능성 등의 요인을 말한다. 이 요인들은 당해산업의 유망성을 다르게 하고, 궁극적으로는 특정기업의 이익흐름에 영향을 주게 된다. 그래서 주식 중에서 어떤 업종이 유망한지를 판단하는 기준이 되기도 한다.

기업적 요인이란 개별기업마다 다른 경쟁우위 유지능력, 자산이용의 효율성, 재무효율성 등을 말한다. 비록 유망한 산업 내에 진출하고 있더라도 어떤 특정기업의 종목이 투자가치가 더 높은가를 판단하여 유망종목을 선택해야 하는데, 종목선정의 기준이 되기도 한다.

요약하면 기본적 분석의 목적인 과소 또는 과대 평가된 증권을 식별해내기 위해서는 당해주식의 미래 이익흐름과 그 위험도를 추정할 필요가 있는데, 이를 위해서는 이의 원천적인 요인이 되는 경제-산업-기업적 요인들을 다각적으로 고려해야 한다. 이러한 측면에서 기본적 분석에서는 경제-산업-기업 분석체계(economy-industry-company analysis framework)에 따라 증권분석을 행한다.

기본적 분석을 적용한 대표적인 주식투자방법은 가치투자(value investing)방법이다. 가치투자방법은 [그림 11-2]와 같은 투자흐름과정으로 요약할 수 있다. 핵심은

[그림 11-2] 가치투자의 흐름도

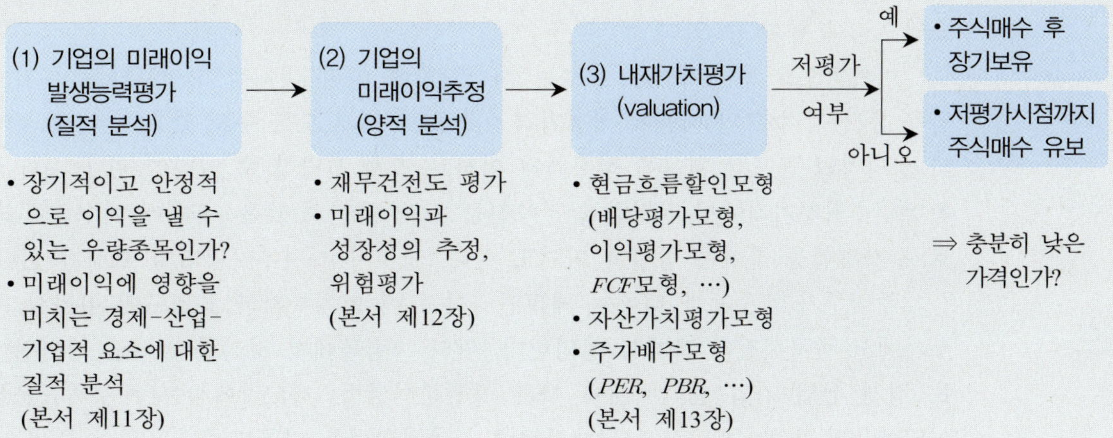

[그림 11-3] 가치투자의 특징

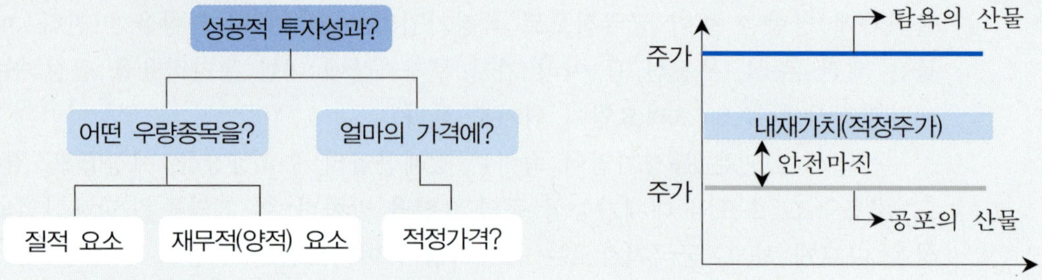

장기적이고 안정적으로 이익을 낼 수 있는 우량종목을 충분히 낮은 가격으로 매수하여 장기투자성과를 높이는 방법이라고 할 수 있다.

먼저 '우량종목'은 위에서 살펴본 경제-산업-기업 분석체계에 따라 질적 요소와 재무적(양적) 요소를 고려하여 장기적이고 안정적으로 이익을 낼 수 있는 산업과 개별종목을 찾는다. '충분히 낮은 가격'인지에 대한 평가는 먼저 '적정가격'이 평가되어야 할 것이다. 분석대상 종목의 내재가치가 현재의 시장가격보다 높은지 또는 낮은지에 따라 저평가 내지 고평가 여부가 평가되는데, '적정가격' 추정은 [그림 11-2]의 (3)단계에서 보는 것처럼, 여러 방법의 "보통주평가모형"(제13장에서 설명됨)을 적용한다. 증권의 적정가격은 해당기업의 미래 기대이익과 투자위험을 반영하는 할인율에 의해서 결정되므로 [그림 11-2]의 (2)단계처럼 보통주의 미래 주당이익과 위험도가 계량적으로 추정되어야 한다. 기업의 미래이익은 그 기업이 취급하는 제품들의 판매량, 판매가격, 제반원가에 의해서 결정되는데, 이들 요소에 영향을 미치는 원천적 요인들은 [그림 11-1]과 [그림 11-2]의 (1)단계와 같이 경제-산업-기업적 요인으로 분류할 수 있다.

마지막으로 증권가격은 때로는 시장상황에 따라 내재적 요인보다는 투자자의 탐욕 등 심리적 요인 때문에 적정가격 이상으로 크게 오를 수도 있고, 반대로 투자자의 심리적인 공포감 때문에 적정가격 이하로 크게 하락할 수 있다([그림 11-3]의 오른쪽 그림). 적정가격에서 일정한 안전마진을 두면 '충분히 낮은 가격'에 매수하게 되므로 투자위험을 줄이는 방법이 되기도 한다. 이것이 가치투자방법의 요체가 된다.

주식투자의 주제를 다루는 제Ⅳ편에서는 이 가치투자의 흐름도에 따라서 주식투자에서 종목선정의 문제를 설명한다. 위의 그림들에서 정리한 것처럼 제11장에서는 경제-산업-기업 분석체계에 따른 증권분석방법, 제12장에서는 재무제표분석과 이익예측의 방법, 제13장에서는 적정주가 추정방법을 다룬다.

제2절 경제분석

주식시장의 동향 혹은 주식투자수익률은 국민경제의 총체적 활동수준과 상관성이 매우 높다.[1] 증권분석에서의 경제분석(economy analysis)의 초점은 미래 한 나라 국민경제의 총체적 활동수준과 경기변동의 방향을 예측하고, 주요 거시경제변수들이 특정기업의 미래 이익흐름과 위험, 그리고 궁극적으로는 주식가격에 미치는 영향을 평가하는 것이다. 본절에서는 경제분석을 행할 때 고려되는 국내총생산, 이자율, 환율 등의 주요 거시경제변수들, 정부의 재정금융정책, 경기순환에 대해서 설명한다.

1. 주요 거시경제변수

주가에 큰 영향을 미치는 거시경제변수로는 국내총생산, 이자율, 인플레이션, 환율, 인구통계적 요인 등을 들 수 있다.

(1) 국내총생산

국내총생산(GDP : gross domestic product)은 한 나라의 일정기간 동안 경제활동에 의해서 창출된 최종 재화와 용역의 시장가치로서, 그 나라의 경제력, 국민소득 평가의 기초가 되고 있다. 국민경제의 흐름을 일관성 있게 체계적으로 나타내므로 경제동향을 분석하는 대표적인 도구가 되고 있으며, 결과적으로 주식가격의 움직임과 깊은 연관성을 지니게 된다.

GDP는 한 나라의 경제성장률을 측정하는 데 사용되는데, 불변가격으로 측정된 GDP의 전년도 대비 금년도의 증가율로 측정한다.[2] GDP성장률과 함께 1인당 국민소득, 실업률 등의 거시경제변수는 구매력을 좌우하는 경제변수가 된다. 경제성장률

---

1) 주가에 영향을 미치는 요인으로서 국민경제적 요인의 중요성에 대한 실증연구로서, 킹(B.F. King)에 의하면 주가변동의 약 50%는 주가지수에 영향을 미치는 시장요인에 의하여 영향받고, 약 13%는 산업요인에 의해서 영향받는다고 밝히고 있다. B.F. King, "Market and Industry Factors in Stock Price Behavior," *Journal of Business* 39(Jun. 1966), pp.139～190.

2) GDP가 내외국인들이 국내에서 만들어낸 부를 측정한 것인 반면에, GNP(gross national product)는 내국인들이 국내외에서 창출한 부를 측정한 것이다. 경제활동의 수준을 측정할 때 제조부문으로 범위를 좁혀서 산업생산(industrial production)지수를 사용하기도 한다.

이 높으면 일반적으로 기업의 매출과 이익이 신장되고 결과적으로 주식시장은 활황 국면을 보인다.

생산물시장(실물경제)과 증권시장(금융경제)은 유기적 관계를 가지면서 성장하게 된다. 이론적으로 보면 장기적으로는 금융경제 성장의 척도인 연평균 주가상승률은 실물경제 성장의 척도인 명목GDP성장률에 접근할 것으로 기대할 수 있다.

주가상승률＝명목GDP성장률＝실질GDP성장률＋물가상승률

개별주식의 주가상승은 그 기업의 미래이익성장률에 의해서 좌우되는데, 기업이익의 성장을 국민경제 전체로 확대해 보면 명목GDP성장률만큼 이론적 주가의 상승을 기대할 수 있다.

GDP성장률 예측을 위해서는 GDP의 구성항목이 되는 민간소비, 정부소비, 기업의 설비투자, 수출부문별로 그 성장률 추이를 살펴볼 필요가 있다. 견실한 경제의 성장이란 민간부문의 소비와 기업의 설비투자가 주도하는 성장이다. 민간소비와 기업의 설비투자가 부진하여 경제의 침체가 지속되면 정부가 재정확대를 통해 정부지출을 늘리게 되므로 이러한 구성항목들의 추이를 분석하는 것이 필요하다.

(2) 이자율

투자결정시 가장 중요하게 고려되는 거시경제변수의 하나는 시중이자율이다. 이자율이 경제에 미치는 영향은 다양하게 나타나는데, 이자율과 유가증권의 가격은 기본적으로 반비례의 관계에 있다. 자산가치는 미래현금흐름을 요구수익률로 할인한 현재가치라고 할 수 있는데, 요구수익률은 이자율과 위험보상률에 의해 좌우된다. 요구수익률의 가장 중요한 구성요소인 이자율(할인율)이 상승하면 증권가격은 하락한다. 실제로 시중이자율이 높아지면 이는 저축수단의 상대적 수익률이 높아짐을 의미하므로 주식이나 채권의 유망성이 떨어진다. 이처럼 이자율은 자산의 상대가격에 영향을 미친다.

이자율이 기업부문에 미치는 영향은 금융비용과 실물투자 수준, 그리고 기업이익의 변동성에 미치는 영향으로 나누어 볼 수 있다. 이자율이 상승하면 이는 기업의 금융비용 상승으로 이어지고, 이는 곧 자본의 한계생산성을 하락시키는 결과를 가져오므로 기업의 설비투자는 위축된다. 이자율 상승은 타인자본 의존도가 높은 기업에서는 고정비 증가로 이어지므로 경기상황이나 성장전망에 따라서 이익의 변동성이 커진다.

이자율이 가계부문에 미치는 영향은 자산효과, 대체효과, 소득효과로 구분해 볼 수 있는데, 저금리 상황을 기준으로 설명하면 다음과 같다.

- 자산효과 : 자산가치 증가로 소비지출이 증가하는 효과
- 대체효과 : 저축에 대한 보상이 감소함에 따라 저축보다 소비를 늘리는 효과
- 소득효과 : 이자소득 수령액이 감소함에 따라 소비를 줄이는 효과

이처럼 저금리는 자산효과와 대체효과를 통해 소비를 촉진시키지만, 소득효과에 의해 소비위축을 유발하는 양면성이 있으므로 어느 효과가 더 큰 상황인지를 판단해야 한다.

이자율 결정요인에 대해서는 제4장 제3절에서 대여가능자금이론과 유동성선호이론 중심으로 설명한 바 있다. ① 투자자들의 소비에 대한 시차선호도, ② 기업들이 생산기회에 대해서 갖는 자본의 한계효율, ③ 총국민생산(미래소득), ④ 통화공급량을 결정하는 정부의 재정금융정책, ⑤ 구매력 감소를 가져오는 미래 기대인플레이션 등 시중자금에 대한 수요와 공급에 영향을 미치는 요인들 중심으로 이자율 변동 추이를 분석하는 것이 필요하다.

(3) 인플레이션과 디플레이션

인플레이션(inflation)이란 물가가 지속적으로 상승하거나 화폐가치가 지속적으로 하락하여 화폐의 구매력을 감소시키는 현상을 말한다. 유가 등 주요 원자재 가격의 상승으로 전반적인 물가가 오르면 동일금액으로 살 수 있는 구매량이 줄게 되어 실질구매력의 감소현상이 초래되는 것이다.

인플레이션은 일반적으로 공급보다 수요가 많은 초과수요 혹은 경기과열 상황에서 주요 원자재 가격이 상승함으로써 초래된다. 때로는 통화팽창, 환율 요인에 의해서 야기되기도 한다. 1929~1932년의 경제대공황 시기를 제외하면 2차 세계대전 이후는 지속적인 인플레이션 추세를 보이는 이른바 '원자재 슈퍼사이클'을 보여왔다([그림 11-4] 참조).[3]

인플레이션이 진행되면 금리, 부동산 등 대체투자자산의 가격, 소비지출, 기업

---

3) '슈퍼사이클(super cycle)'은 20년 이상의 장기적인 가격상승 추세를 말한다. 원자재 1차 슈퍼사이클은 20세기 초반 미국 경제성장에 따른 수요 확대로, 2차는 세계대전 이후 재건 수요로, 3차는 오일쇼크에 따른 공급 부족으로, 4차는 글로벌 원자재 수요의 3분의 1의 비중을 차지하는 중국과 신흥국의 경제발전으로 인한 수요 확대로 나타난 것이었다.

[그림 11-4] 원자재 슈퍼사이클

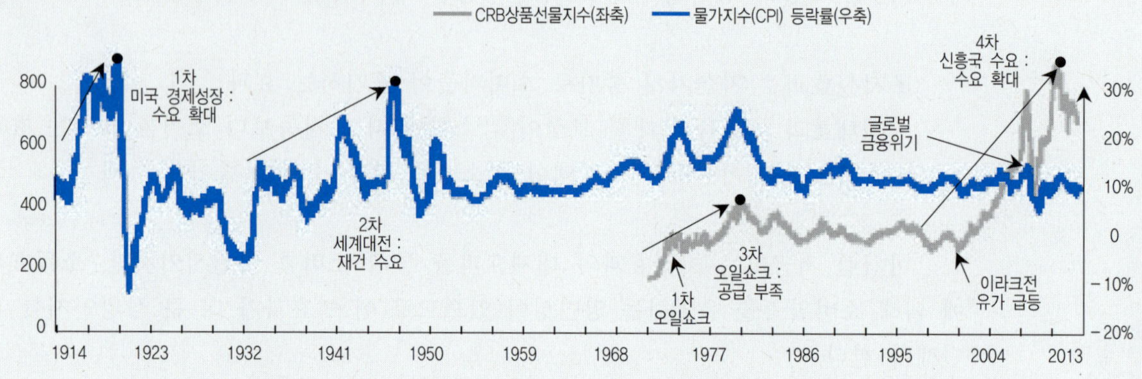

* 주1 : 상품지수의 데이터 기간이 짧아 과거 추이는 미국물가지수(CPI) 등락률로 대체
주2 : 2000년 이후 CRB(Commodity Research Bureau)지수와 미국 CPI 등락률의 움직임이 일치하지 않은 이유는 최근 상품가격변화가 신흥국(중국, 인도 등) 수요와 관련되기 때문임
자료 : 매경이코노미, 2013.8.28~9.3, 하나금융경영연구소

의 실물투자에 적지 않은 영향을 미친다. 무엇보다도 인플레이션하에서 투자자들의 관심은 명목수익률보다는 화폐가치의 변동이 감안된 실질수익률에 있다. 인플레이션하에 투자자들은 명목수익률이 실질수익률에 기대인플레이션을 합한 값수준으로 보전받기를 원한다(제4장 제3절 피셔효과 참조).[4)]

현실 경제의 인플레이션과 주식수익률의 관계에서 중요한 것은 주식투자가 물가상승률만큼 명목투자수익률에서 보전받는가, 즉 인플레이션 헤지(inflation hedge)능력이 있는가이다. 1970년대 이전만 하더라도 투자대상으로서 주식은 인플레이션 헤지능력이 있는 것으로 인식되어 왔지만, 그 이후 세계 각국이 오일쇼크 등 높은 인플레이션을 경험하면서, 인플레이션하에서는 실질투자수익률이 하락하는 상황을 경험하고 있다. 그 이유는 다음과 같은 측면에서 찾아볼 수 있다.

첫째, 인플레이션 환경하에서는 회계적으로 비용은 과소계상, 이익은 과대계상되어 법인세의 추가적인 부담, 즉 현금유출을 초래하기 때문이다. 예를 들어 역사적 취득원가 기준으로 추정되는 감가상각비는 과소평가될 수밖에 없기 때문에 이익이 과대계상되고 이는 법인세 부담의 증가로 이어져 주주의 부가 유출되는 결과를 초래한다.

---

4) 인플레이션에 대한 사전적 예상은 기대수익률에 반영되겠지만, 사후적으로 인플레이션이 투자자산의 가치에 미치는 영향은 실질인플레이션(real inflation)이 기대인플레이션(expected inflation)과 어느 정도 차이가 발생하는가에 달려 있다.

[그림 11-5] 인플레이션, 투자기회와 자본비용의 관계

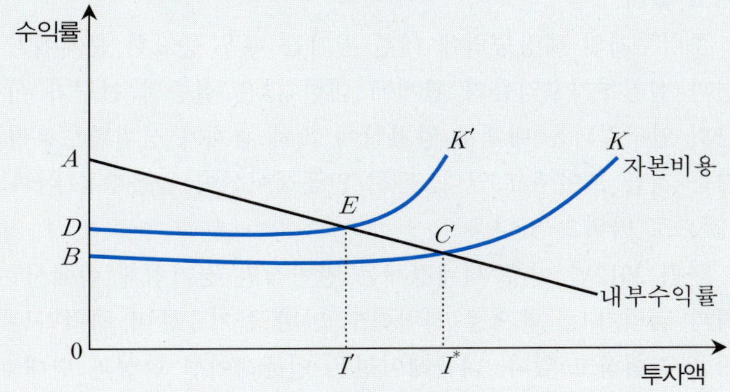

둘째, 인플레이션으로 인한 명목이자율의 상승은 기업의 자본비용을 상승시켜 기업으로 하여금 수익성 있는 사업의 투자규모를 축소시키고, 이는 증권가격의 하락으로 이어지기 때문이다. 이를 [그림 11-5]에서 보면, 인플레이션으로 인하여 자본비용 K가 K'로 상승하면 수익성 있는 투자기회가 줄어 최적투자액은 I^*에서 I'로 줄게 되고 투자로 인한 수익은 ABC에서 ADE로 줄게 된다. 이러한 과정은 재투자 의욕의 감소, 기업의 성장률 둔화로 이어지고 나아가 국민경제를 침체시키는 악순환을 초래하기도 한다.

셋째, 인플레이션은 또 다른 형태의 세금이 되어 개인투자자의 납세 후 실질투자수익률을 낮추기 때문이다. 예를 들어, 인플레이션이 없는 경우의 투자수익률이 10%일 때 자본소득세율을 20%로 가정하면, 납세 후 투자수익률은 10%×(1−0.2)=8.0%가 된다. 이때에는 인플레이션이 없으므로 납세 후 명목투자수익률과 실질투자수익률이 같다. 그러나 물가상승률이 5%이고 이를 보전하도록 명목수익률이 15%가 되었다면 납세 후 명목투자수익률은 15%×(1−0.2)=12%이지만, 인플레이션이 감안된 납세 후 실질수익률은 12%−5%=7%가 된다.

이처럼 인플레이션은 투자자의 납세 후 실질투자수익률을 감소시키고 결과적으로 투자자의 투자의욕을 줄이기도 한다. 이는 민간부문의 부가 정부부문으로 이전되는 것으로서, 인플레이션이 높을수록 이와 같은 부의 이전효과는 확대된다.

인플레이션과 주식수익률의 관계에 대한 실증분석에 의하면, 높은 인플레이션율하에서는 양자는 (−)의 상관관계를 갖지만, 낮은 인플레이션율하에서는 양자는 (+)의 상관관계가 있는 것으로 나타나고 있다. 그러나 인플레이션이 개별종목에 미치는 영향은 상이하다. 원자재, 인프라, 부동산 관련 산업과 시장지배적 사업을 영위

하는 기업들은 인플레이션하에서 상대적으로 높은 수익률을 나타내는 종목으로 분석되고 있다.

주식투자의 헤징능력에 대한 평가는 매우 중요한 문제이기 때문에 그간 인플레이션과 실질투자수익률의 관계에 대한 많은 실증적 연구가 이루어져온 바가 있다. 최근의 연구결과는 대체로 양자간에 負의 관계가 성립함으로써 헤징수단이 되지 못한다는 것을 보여주고 있다. 특히 인플레이션이 높을수록 이와 같은 관계가 성립하는 것으로 밝히고 있다.[5]

한편 2012년 이후 세계경제는 전반적인 경기침체 속에서 유가 등 주요 원자재 가격과 금리가 큰 폭으로 하락하고 일반 물가수준이 하락하는 디플레이션(deflation) 상황을 경험하고 있다. 디플레이션은 인플레이션 현상과 반대로 통상적으로 초과공급, 소비지출과 생산의 감소 그리고 실업의 증가 현상이 수반되는 경기침체의 경제상황에서 경험된다. 주요 원자재 가격의 하락은 제품원가(또는 수입물가) 하락으로 인한 기업수익성 개선, 경기개선으로만 이어지는 것이 아니다. 상황에 따라서는 교역국가의 경기침체로 인한 수출둔화, 국내 저물가로 인한 경제성장 둔화, 경기침체로 나타나기도 한다. [그림 11-6]은 유가하락이 가져올 수 있는 두 가지 상반된 시나리오를 정리한 것이다.

[그림 11-6] 유가하락의 긍정적 · 부정적 시나리오

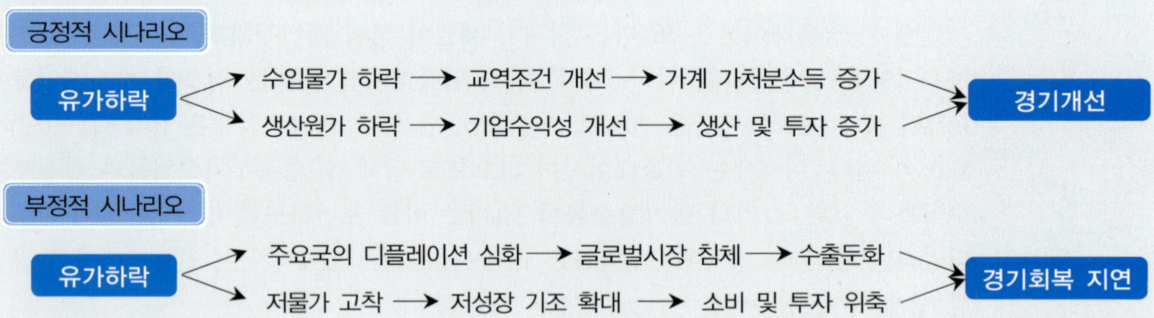

자료 : 한국경제, 2015.1.8

5) 주식투자가 인플레이션 헤징수단이 될 수 없다고 결론을 내린 연구로는 E. Fama & G. Schwert, "Asset Returns and Inflation," *Journal of Financial Economics*(Nov. 1977) ; M. Firth "The Relationship between Stock Market Returns and Rates of Inflations," *Journal of Finance*(June 1979) ; G. Schwert, "The Adjustment of Stock Prices to Information about Inflations," *Journal of Finance*(March 1981) 등 이 외에 다수이며, 헤징수단이 될 수 있다고 결론을 내린 연구로는 L. Bernard & T. Frecka, "Commodity Contracts and Common Stocks as Hedge against Relative Consumer Price Risk," *Journal of Financial and Quantitative Analysis*(June 1987) 등 소수이다.

(4) 환 율

경제의 글로벌화가 진전되면서 주요국의 경제위기는 다른 나라에도 쉽게 전이되어 그 나라 경제에 큰 충격을 주는 상황이 되기도 한다. 2008년 미국발 금융위기, 2011년 유럽발 재정위기는 세계경제를 악화시키고, 이는 다시 금융과 재정 위기를 불러오는 악순환을 초래하였다. 우리나라처럼 대외의존도가 높은 경제에서는 그로 인한 충격이 적지 않다.

대외거래에서는 자국통화의 타국통화에 대한 교환비율인 환율에 따라 기업의 수익성이 크게 영향받게 된다. 일반적으로 환율이 상승(자국 통화가치의 하락)하면 자국 소비자들이 외국수입품에 대해서 지불하는 대가는 늘게 되지만, 반대로 타국 소비자들은 동일한 구매에 대해서 전보다 적은 소비지출을 하게 된다. 결과적으로 환율상승은 수입을 감소시키고 수출을 증가시키는 경향이 있다. 따라서 환율이 상승하면 단기적으로는 수출비중이 높은 기업은 대외경쟁력 및 채산성이 개선되는 효과가 있다.

반면에 환율은 인플레이션율에도 영향을 미치는데, 만약 환율이 상승하면 수입품의 원가를 상승시키므로 제품가격이 오르고 인플레이션율이 상승한다. 특히 외화표시 부채가 큰 기업은 급격한 환율상승으로 인하여 상당한 환차손을 안게 된다.

환율변동이 외국인의 국내 주식시장에 대한 투자자금의 유출입에 미치는 영향은 다른 경제상황과 연관 지어 판단할 부분이다. 환율상승으로 인하여 수출기업의 수익성 개선효과가 크면, 외국인 투자자금의 순유입을 기대할 수 있다. 그러나 환율이 크게 고평가된 상황에서 환율상승은 통화가치 하락을 예상한 외국자금의 유출이 적지 않을 것이다.

한편 무역에서 수출과 수입 사이에 불균형인 무역적자나 흑자가 발생하는 것은 환율의 움직임에 따라 영향을 받기도 하지만, 반대로 이는 환율의 움직임에 영향을 미치게 되므로 기업수익성을 좌우하는 한 요인이 된다. 이를테면 계속적인 무역적자는 무역결제시 자국통화에 대한 수요보다도 타국통화에 대한 수요가 많은 것을 뜻하므로 자국통화의 가치를 하락(환율상승)시키고 결과적으로 제품가격과 인플레이션율에 영향을 주어 기업수익성에 부정적 영향을 미친다.

환율과 주가의 관계는 대체적으로 환율이 하락(원화값 상승)할 때에는 주식시장이 강세를 보이는, 부(−)의 상관관계가 있는 것으로 알려지고 있다. 환율은 직접적으로는 외환시장에서 수요 · 공급에 의해 결정되지만, 국제수지, 물가, 금리 등의 복합적인 요인과 연계되어 있으므로 그 영향을 다각적으로 평가해야 한다.

(5) 인구통계적 요인

인구통계적 요인(demographics)은 인구증가율, 인구구조상 소득과 연령분포의 변화, 저출산과 고령화 등의 요인을 말한다. 라이프스타일의 변화, 기술변화, 인구통계적 변화 등의 요인은 실물경제 및 주식시장 전반과 특정산업, 특정기업에 상당한 영향을 주게 되는데, 이 중에서 인구통계적 요인은 주식시장 전반과 특정산업에 광범위한 영향을 주는 요소이다.

인구구조상 35~55세의 연령층은 그 나라 경제의 소비·저축·투자, 사회보장, 의료 활동의 중심축이 된다. 인구구조상 이 연령층의 비중이 높으면 경제가 활성화되고 이는 주식시장의 활황으로 이어질 가능성이 높다. 반대로 고령화 인구가 크게 늘면 이는 생산가능인구의 감소(demographic onus)로 이어지고, 소비가 크게 줄어드는 등 경제전반의 위축현상이 가속화된다.

이러한 측면에서 인구비중이 높은 종전(2차 세계대전, 한국전쟁) 후 베이비붐 세대(baby boomer)가 어느 연령층에 있는지는 그 나라 경제와 주식시장에 적지 않게 영향을 미친다. 이 베이비붐 세대가 40~50대의 경제의 중심세대를 이루고 있는지, 아니면 은퇴세대가 되는지가 금융시장 전반에 큰 영향을 미치는 것이다. 한국에서의 베이비붐 세대는 1955년~1963년 사이에 출생한 세대로 2012년 기준으로 한국은 14.6%의 비중을 차지하고 있는데, 이 베이비붐 세대의 은퇴가 2010년부터 본격화되고 있다. 더욱이 한국에서 인구의 고령화가 빠르게 진행되어, 2018년에는 65세 이상의 인구의 비중이 14% 이상인 '고령사회'에 진입함으로써 인구구조의 변화가 금융시장에 미치는 영향이 클 것으로 예상하고 있다.

베이비붐 세대의 은퇴가 금융시장에 미치는 영향에 대해서는 상반되는 두 견해가 있다. 한 견해는 은퇴인구가 많아지면 증권가격 상승에 긍정적 영향을 미친다는 견해이다. 연령대에 따라 주택을 중심으로 한 부동산과 주식, 채권 등 금융자산에 대한 수요가 달라지고, 이에 따라 주택가격과 금융자산 가격이 크게 영향받는다. 40대 이전에는 주택수요가 많고, 50대 이후에는 유동성이 높은 금융자산 투자를 선호하게 되므로 은퇴인구가 많아지면 증권가격 상승을 가져온다는 견해이다. 실제로 미국에서는 베이비붐 세대의 영향으로 1960년대 중반부터 1980년대 초까지는 주택가격 상승이 지속되었고, 1990년대 이후는 주가상승이 지속되었다.

다른 견해는 연령 증가에 따라 위험회피 성향이 높아질 뿐 아니라 가계부채가 많은 경제상황이라면 은퇴 후에 생활자금 확보를 위해 보유중인 금융자산을 매각할 것이므로 금융자산 가격에 부정적 영향을 미친다고 보는 것이다.

2. 정부의 경제정책

정부는 적정한 경제운용을 위하여 국내생산과 소비, 이자율, 물가, 환율 등에 영향을 주는 여러 가지 경제정책을 실시한다. 관련되는 정부의 경제정책은 재정정책과 금융정책으로 나눌 수 있다.

(1) 재정정책

정부의 재정정책은 경제의 수요측면에 영향을 줌으로써 경기활성화를 촉진시키거나 과열경기를 진정시키는 데 사용되는 정부지출 및 세제(稅制)와 관련된 정책을 말한다. 정부는 수요를 진작시키기 위해 사회간접자본에 대한 투자를 크게 늘리는 등 적자예산을 편성하여 세출을 증가시키고, 세율을 인하하기도 한다. 반면에 정부의 차입을 증가시키는 재정적자는 상대적으로 민간부문의 차입기회를 감소(crowd out)시킴으로써 이자율을 상승시키는 작용을 할 수 있으므로 경제에 미치는 순효과는 상반되게 나타날 수도 있다.

(2) 금융정책

금융정책은 시중통화량의 조절을 통하여 이자율에 영향을 줌으로써 궁극적으로 총수요(투자수요, 소비수요), 물가, 경상수지에 영향을 주는 것을 목표로 하고 있다. 금융정책의 수단으로는 국채의 매각과 매입, 시중은행의 지불준비금의 변경, 기준금리의 변경 등이 이용된다.

통화정책의 파급효과는 〈표 11-1〉과 같이 금리(신용)경로, 자산가격경로, 환율경

〈표 11-1〉 통화정책의 파급효과 : 통화공급 증가의 예

파급경로	과 정	기대하는 긍정적 효과*	우려되는 부정적 효과*
금리(신용)경로	금융기관 장단기 여수신 금리 → 은행 대출·예금 → 소비·투자	총수요증가(경기회복)	부실대출 증가
자산가격경로	시중유동성 → 주가·부동산 가격 → 소비·투자	총수요증가(경기회복)	물가불안 자산버블 형성
환율경로	금리 → 환율 → 단기 수출·수입	경상수지 개선 (수출회복)	외국자본 유출증가

* 기대하는 긍정적 효과, 우려되는 부정적 효과는 통화확대, 금리인하의 예임.

로로 나누어 정리해 볼 수 있다. 통화공급의 증가를 예로 든다면, 이는 시중이자율을 하락시킴(금리효과)으로써 투자와 소비 수요를 증가시켜 경기회복으로 이어지는 측면이 있다. 또 통화공급을 늘리면 시중유동성이 증가되어 주가, 부동산 등 자산가격이 상승하고 이에 따른 소득증가효과로 경기회복에 기여할 수 있다. 그러나 통화팽창이 부실대출 증가, 자산가격의 버블 형성으로 이어진다면 경기회복은 지연되고, 물가불안으로 나타나 그 효과가 상쇄될 수도 있다.

통화정책은 환율에도 영향을 미친다. 통화확대로 금리가 낮아지면 환율상승(통화가치 하락)으로 단기적으로 수출은 증가하고 수입은 감소하여 경상수지 개선에 긍정적 영향을 미칠 수 있다. 그러나 통화가치 하락으로 외국자본이 유출되는 상황이 초래될 수 있다.

이상에서 살펴본 것처럼 정부의 **통화(금리)정책-물가(성장)정책-환율정책**은 연계되어 있고, 그 효과는 기대하는 긍정적 효과가 나타날 수도 있고 우려되는 부정적 효과가 나타날 수도 있다. 2009년 이후 각국은 경기회복을 위해 [그림 11-7]에서 보는 것처럼 주요국 중심으로 경쟁적으로 금리인하, 통화의 양적완화정책을 실행하고 있는데, 이 효과는 각국의 경제상황에 따라서 금리경로, 자산가격경로, 환율경로를 거치면서 물가, 수출, 경기에 미치는 효과가 서로 다르게 나타나고 있다.

[그림 11-7] 주요국 기준금리 추이

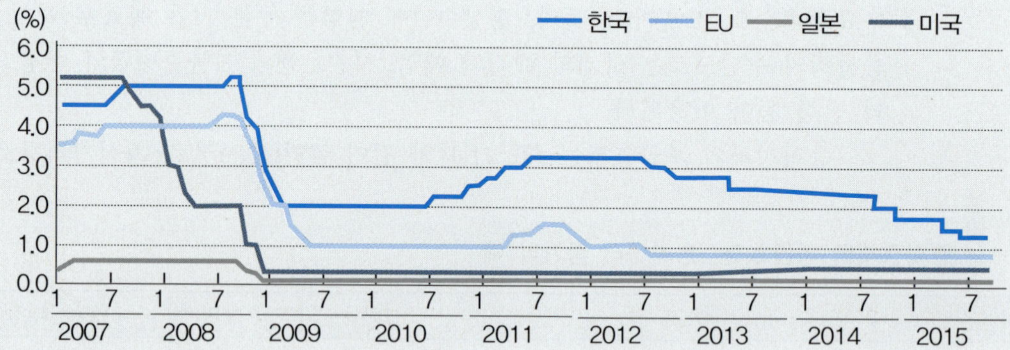

자료 : BOK ; Bloomberg

3. 경기순환과 경기지표

기업성과는 경기순환사이클의 어떤 국면이냐에 따라 적지 않게 영향받으므로 이를 반영하는 주가는 경기순환과 일정한 관계를 지니면서 변동하는 경향이 있다. 주가 동향을 예측하려는 시도에 도움을 줄 수 있는 경기순환 예측과 경기지표에 대하여 설명한다.

(1) 경기순환

경기순환(business cycle)이란 한 나라 국민경제 전체의 활동수준이 반복적인 규칙성을 지니고 변동하는 경향을 말한다. 일반적으로 경기순환의 국면은 [그림 11-8]에서와 같이 「호황과 불황」 또는 「확장과 수축」으로 2분할 수 있고, 세분하면 「회복→활황→후퇴→침체」의 4개 국면으로 나누어 볼 수도 있다.

경기순환의 유형으로는 기업의 재고증감과 관련이 있다고 보는 단기순환, 설비투자의 변동과 관련이 있다고 보는 중기순환, 획기적인 기술혁신에 의해서 발생된다고 보는 장기순환 등으로 구분하기도 한다. 이와 같은 경기순환을 초래하는 원인에 대해서는 여러 가지 학설이 있지만, 경제의 수급불균형이 주된 경기순환의 원인이라고 설명할 수 있다.

국민경제의 수급불균형은 기본적으로 총수요의 변화와 생산주체의 공급변화에 의해서 초래된다고 설명할 수 있다. 총수요의 변화를 가져오는 요인은 세율의 인하, 통화량의 증가, 정부지출의 증가, 수출수요의 증가 등과 같은 수요충격요인(demand shock)이다. 생산주체의 공급변화를 초래하는 요인은 원유가의 상승, 농작물의 흉작,

[그림 11-8] 경기순환의 국면

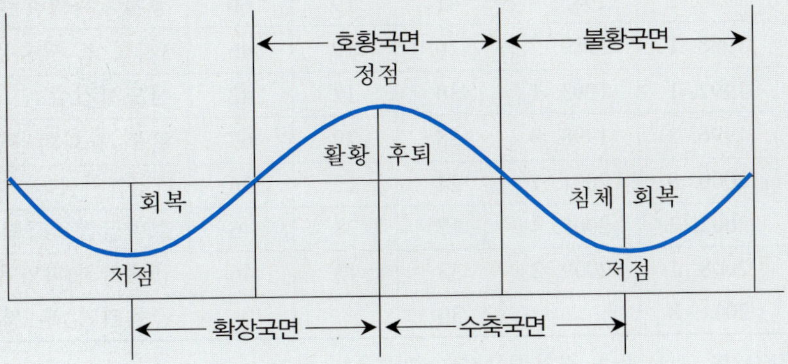

노동인구구성의 변화, 임금변화 등의 요인처럼 기업의 비용함수나 생산함수의 변화를 초래하여 생산능력과 제품원가에 영향을 주는 공급충격요인(supply shock)이다.

한 나라의 경제는 수요충격요인과 공급충격요인이 국민소득·물가·고용·통화량·이자율 등에 영향을 미치고 상호작용하면서 경기순환의 각 국면은 여러 가지 특성을 보이는데, 경기순환의 각 국면은 다음과 같이 요약할 수 있다.

경기회복이 시작되기 전에는 매출액과 재고는 불황수준에 머물러 있고 상당한 초과설비능력이 존재하게 된다. 경기후퇴가 계속됨에 따라 경기를 회복시키고자 하는 통화당국의 주도에 의해서 신용조건이 완화되고 이자율이 하락한다. 이러한 조건하에서는 경기가 침체기임에도 불구하고 주택경기가 여건이 개선된 만큼 되살아나고, 경기진작을 위한 정부지출 증가는 경제운영에 강력한 지주역할을 하며, 주식시장도 어느 정도 폭락사태를 겪고 난 후 안정되어 곧 회복하기 시작한다. 곧이어 소비자는 최악의 상태가 끝났다고 인식하고 긴축생활을 완화한다. 그래서 새로운 경기회복이 시작되면 매출액이 증가하고, 이익에 대한 기대가 호전됨에 따라 경영자는 생산증대계획을 세우기 시작하여 작업시간과 고용을 늘린다. 이에 따라 근로자의 소득이 증가하고 개인의 소비지출이 늘어난다. 기업은 매출액과 이익이 증가함에 따라 생산시설을 확장한다. 이러한 자본재의 구입은 자본재산업에 더 많은 고용기회와 수입의 기회를 제공하고 근로자에 의한 소비를 창출한다. 이와 같은 경제활동의 확장상황은 계속 누적된다.

이러한 상황이 계속되면 노동력, 기계 그리고 원재료가 최대한으로 이용되면서

〈표 11-2〉 경기순환사이클

순 환	저 점	정 점	저 점	확 장	수 축	주 기	비 고
1	1972. 3	1974. 2	1975. 6	23	16	39	1973년 제1차 석유파동
2	1975. 6	1979. 2	1980. 9	44	19	63	중동건설붐, 제2차 석유파동
3	1980. 9	1984. 2	1985. 9	41	19	60	정치·사회혼란/탈피
4	1985. 9	1988. 1	1989. 7	26	19	45	3저현상, 서울올림픽
5	1989. 7	1992. 1	1993. 1	30	12	42	신도시건설
6	1993. 1	1996. 3	1998. 8	38	29	67	일부 중화학공업 활황
7	1998. 8	2000. 8	2001. 7	24	12	36	IT붐, 저금리, 내수증가
8	2001. 7	2002.12	2005. 4	17	28	45	소비급등·급락
9	2005. 4	2008. 1	2009. 2	33	13	46	규제완화/과잉유동성, 금리인상
10	2009. 2	2011. 8		30			금융위기 후 저금리

자료 : 국가통계포털(KOSIS : kosis.kr/), 경기종합지수, 2016.12, p.17

시설조업도는 최고조에 달한다. 이들 생산요소에 대한 수요는 가격과 임금에 상승 압박을 가한다. 경영자는 재고와 매출채권, 시설투자에 필요한 소요자금 조달을 위해 차입을 증가한다. 이로 인해 이자율이 상승하고 비용이 판매가격보다 빠른 속도로 상승하게 되어 영업수지가 악화된다. 이는 생산능력이 잠재적 수요를 넘어섰다는 것을 의미하므로 경영자는 공장설비에 대한 주문을 줄이고 재고비율을 감소시키며 근로자수를 줄인다. 소비자는 수입이 감소함에 따라 내구재의 구입을 억제한다. 이와 같은 경제수축의 누적된 과정은 경기후퇴의 방향으로 움직인다.

그간 우리나라에서의 경기순환은 〈표 11-2〉에서 보는 것처럼 1972년부터 최근까지 10번의 단기순환을 거친 것으로 분석되고 있다. 이 기간 동안 우리나라에서 경기순환사이클은 경기확장국면은 31개월, 경기수축국면은 18개월, 1순환사이클은 49개월인 것으로 보고되고 있다. 이는 미국의 1순환사이클이 69.7개월인 것과 비교하면 짧은 편이다.

(2) 주가의 경기순환에의 선행성

주가는 경기변동이 있기 수개월 전부터 이를 반영하므로 앞으로 전개될 경기순환사이클을 예측하여 주가동향을 예측하려는 시도를 하게 된다.

증시의 약세시장에 뒤이어 경기후퇴가 일어나고 또 강세시장에 뒤이어 경기회복이 있게 된다. 따라서 경기후퇴 또는 경제성장의 둔화가 예측된다면 경기후퇴에 수개월 앞서서 증권시장의 침체가 선행될 가능성이 높다. 또한 반대로 경기회복이 예측된다면 이에 앞서서 증권시장이 강세시장으로 전환될 것으로 판단할 수 있다. 결국 주가동향 예측에는 경기예측이 필수적임을 시사한다.

우리나라 주식시장에서 주식지수 등락률과 실물경제의 흐름을 나타내는 경기선행과 동행 지수의 증감률 관계를 실증분석하면 주식가격의 움직임이 경기의 움직임에 3개월 정도 선행하고 있음을 보여주고 있다.[6)]

(3) 경기종합지수

미래 경기흐름의 예측에는 공식적으로 발표되는 경기종합지수와 이를 구성하는 선행지표 등을 참고할 수 있다. 경기종합지수(composite indexes of business indicators)는

6) 김영재, "경제금융환경변화와 증권시장의 위상," KRX, KRX Market, 2010.10; 국가통계포털(KOSIS : kosis.kr/), 경기종합지수, 2016.

〈표 11-3〉 경기종합지수의 구성지표

[A : 경기선행지표(9개)]

경제부문	지표명	내 용	작성기관
고용	구인구직비율	(신규구인인원÷신규구직자수)×100	한국고용정보원
생산	재고순환지표	생산자제품제조업출하 전년동월비 −생산자제품제조업재고 전년동월비	통계청
소비	소비자기대지수	경기・생활형편・소비지출전망 CSI를 평균	한국은행
투자	기계류내수 출하지수	설비용기계류에 해당하는 99개 품목 (선박 제외)	통계청
	건설수주액(실질)		통계청
대외	수출입물가비율	(수출물가지수÷수입물가지수)×100	한국은행
	국제원자재가격지수 (역계열)	CRB지수(월평균)×기준환율(월평균)	CRB, 서울외국환중개(주)
금융	코스피지수	월평균 주가지수	한국거래소
	장단기 금리차	국고채유통수익률(월평균) −무담보콜금리(1일물, 중개거래, 월평균)	한국은행

[B : 경기동행지표(7개)]

경제부문	지표명	내 용	작성기관
고용	비농림어업 취업자수	취업자수−농림어업취업자수	통계청
생산	광공업 생산지수	광업, 제조업, 전기・가스업(대표품목 633개)	통계청
	서비스업 생산지수	도소매업 제외	통계청
소비	소매판매액지수	소매업, 자동차판매 중 승용차	통계청
	내수출하지수	광업, 제조업, 전기・가스업(내수용)	통계청
투자	건설기성액(실질)		통계청
대외	수입액(실질)	수입액(CIF)÷수입물가지수	관세청

[C : 경기후행지표(5개)]

경제부문	지표명	내 용	작성기관
고용	상용근로자수		통계청
생산	생산자제품 재고지수	광업・제조업(대표품목 519개)	통계청
소비	도시가계 소비지출(실질)	도시가계소비지출÷소비자물가지수	통계청
대외	소비재 수입액(실질)	소비재수입액÷소비재수입물가지수	관세청
금융	회사채 유통수익률	잔존기간 3년물의 보증부 사채 단순평균수익률	금융투자협회

국민경제의 각 부문을 대표하고 경기를 잘 반영하는 경제지표로서 경기와의 시차정도(cyclical timing)에 따라서 경기선행지표(leading indicator), 경기동행지표(coincident indicator), 경기후행지표(lagging indicator)로 구성된다. 2012년 개편된 통계청 발표의 경기종합지수는 〈표 11-3〉에서 보는 것처럼 고용, 생산, 소비, 투자, 대외, 금융 등 각 부문에서 선정된 선행지표 9개, 동행지표 7개, 후행지표 5개로 작성되는데, 각 구성지표들에 대하여 전월 대비 증감률을 계산하고 이를 가중평균하여 경기종합지수를 산출하게 된다. 전월 대비 증감률이 정(+)인 경우는 경기상승, 부(−)인 경우는 경기하강을 의미한다. 그 증감률의 크기에 따라 경기변동의 국면, 전환점과 속도, 진폭을 측정한다.

(4) 기업실사지수

미래 경기흐름을 예측하는 다른 방법으로 설문조사를 실시하는 방법이 있다. 정부부문, 기업부문, 가계부문에서의 핵심의사결정자들에게 다음과 같은 내용에 대하여 관계자의 정부지출이나 민간소비지출, 기업의 투자계획에 대한 설문조사를 실시하여 경기변동의 방향을 예측하는 것이다.

- 정부부문 : 중앙정부 및 지방자치단체의 예산, 중점사업과 지출계획
- 기업부문 : 설비투자계획, 내구재에 대한 신규주문계획, 비주거용건설계약, 주거용건설계획(분양계획, 주택자금융자), 재고투자
- 가계부문 : 내구재에 대한 소비자의 구매의사, 소비자금융, 주택구입계획, 소비재에 대한 구매계획

실사조사 가운데서 가장 자주 실시되고 경기동향을 잘 반영하는 것으로 알려진 것은 기업실사조사이다. 이는 기업가에게 경기(상승, 보합, 하락)에 대한 판단이나 전망에 대하여 실사조사하거나 구체적인 설비투자계획 등에 대하여 조사하는 방법이다. 기업실사조사의 결과를 기간간 상호비교가 용이하도록 계량화한 것이 기업실사지수(*BSI* : business survey index)인데, 식 11.1과 같이 계산한다. 지수의 값이 기준치 100을 경기전환점으로 보고, 이 지수가 100을 초과할 때 경기상승국면으로, 그리고 100 미만일 때 경기하강국면으로 판단한다.

$$BSI = \frac{(\text{상승응답업체수} - \text{하락응답업체수})}{\text{전체응답업체수}} \times 100 + 100 \quad (11.1)$$

그러나 *BSI*는 경기변동의 방향을 파악하는 데 도움이 되나, 경기변동의 속도나 진폭은 판단할 수 없으며, 지수 자체를 호・불황의 정도로 해석해서는 안 된다는 점에 주의가 필요하다. 또한 *BSI*는 응답자가 호황에서는 낙관적으로, 불황에서는 비관적으로 지나치게 민감한 반응을 보이는 경향이 있으므로 실제의 경기상황보다도 과대 또는 과소 예측된다는 한계점이 있다.

제3절 산업분석

기업이 "장기적이고 안정적으로 이익을 낼 수 있는지"는 그 기업이 속해 있는 산업의 특성에 따라 영향받는 바가 적지 않다. 경쟁의 치열도나 경기변동에 대한 취약성 등의 산업적 요인들이 경영성과를 크게 좌우하며, 이에 따라 산업간의 주식투자수익률에 있어서도 뚜렷한 차이를 보이게 된다.

산업분석(industry analysis)은 어떤 산업이 유망한지를 평가하는 것이 목적으로서, 산업간분석과 산업내분석을 포함한다. 즉, 여러 산업을 서로 비교・분석하는 산업간분석(inter-industry analysis)은 주식투자의 경우 여러 산업 중에서 어떤 업종이 경쟁력이 높고 유망한 것인지에 대한 평가기준을 마련해 준다. 그리고 산업내분석(intra-industry analysis)은 구조적 분석을 통하여 특정산업 내에서 어떤 경쟁업체가 더욱 유망한 것인지에 대한 비교기준을 제공해 준다.

본절에서는 먼저 산업분류의 문제를 다루고, 산업분석의 이론적 틀로서 산업의 경쟁구조 분석, 산업수명주기이론, 산업의 수요공급 분석에 대하여 설명한다.

1. 산업분류

다양한 산업들은 일반적으로 한국표준산업분류기준에 의해 분류되고 있다.[7] 우리나

7) 한국표준산업분류기준에 대해서는 통계청(www.kostat.go.kr)과 한국거래소(www.krx.co.kr)-지수-KRX지수 산업

라 유가증권시장에서의 산업분류도 기본적으로 한국표준산업분류기준에 따라 20개 대분류, 63개 중분류로 나누는데, 대분류는 다음과 같이 구분하고 있다.

- 제조업(음식료, 섬유 의복, 종이목재출판, 화학, 고무 플라스틱, 비금속, 철강금속, 기계, 전기전자, 의료정밀, 운송장비, 기타제조)
- 어업 · 광업, 유통업, 전기가스업, 건설업, 운수창고, 통신업
- 금융업(은행, 증권, 보험)
- 서비스(전문기술, 숙박, 교육서비스, 오락 등)

특정지수를 추종하도록 설계된 상장지수펀드(ETF)에는 투자자들이 선호하는 유망산업별로 섹터ETF를 만들고 있다.[8] 다음은 주요 금융사들이 제시하고 있는 산업별 ETF의 예이다.

건설기계 금융 에너지화학 경기민감 IT 조선운송 철강소재 경기방어
헬스케어 미디어통신 반도체 자동차 생활소비재 소프트웨어

산업분석의 핵심은 어떤 산업이 장기적으로 성장성이 있으면서 안정적으로 이익을 낼 수 있는 산업인지를 밝히는 것이다. 이를 위해서 한국은행이나 한국산업은행에서 발표하고 있는 주요 산업의 수익성, 성장성 등의 관련지표를 참고할 수 있다.[9] 그러나 과거 일정기간 일시적으로 수익성이 좋다고 해서 미래의 유망한 산업은 결코 아니다. 근래 들어서 기술혁신의 속도가 빨라지면서 이른바 차세대 성장동력산업들이 부각되고 있는데, 이들 산업 역시 투자자 입장에서 유망산업으로 단정짓기에는 점검해야 할 여러 부분이 있다. 이러한 측면에서 본격적인 산업분석에 앞서 다음과 같은 점을 염두에 둘 필요가 있다.

- 당해산업이 과거에 어떻게 전개되어 왔는지를 이해하는 것이 필요하다. 경쟁구조, 영업환경을 평가하는 데 도움을 주기 때문이다.
- 사업의 수익성은 궁극적으로는 산업평균에 수렴해 간다. 왜냐하면 장기간 산업평균을 상회하기 어렵기 때문이다.

분류 참조. 이러한 산업분류는 산업 또는 부문별 로테이션 전략(sector rotation strategy : 경기정점에서는 자원관련 산업→후퇴기에는 제약 · 생활소비재산업→저점에서는 자본재산업→회복기에는 내구재산업)에 활용된다.

8) ETF는 주가지수수익률을 추정하도록 설계되어 있는데, 그 가운데 산업별 ETF는 특정산업의 지수수익률을 추적하도록 설계된 상장지수펀드이다. ETF에 대한 상세한 설명은 제7장 제4절 참조.

9) 한국은행에서 발표하는 '기업경영분석' 자료와 한국산업은행의 '재무분석' 자료.

- 산업에서 최상과 최악의 기업을 비교함으로써 당해산업의 좋고 나쁨에 대한 대체적인 구도를 확인할 수 있다. 예를 들어 산업 전체의 $ROIC$(투하자본이익률)의 분포가 변동성이 큰 것으로 나타나면 경쟁이 치열함을, 안정적인 분포를 보이면 덜 경쟁적임을 암시한다.
- 대체적인 산업분석에서 고려할 요소로는 산업을 움직이는 핵심요인, 주요 경쟁방식, 산업의 경기변동성, 수요의 변동성, 가격인상 흡수능력, 평균 현금순환기간, 긍정적 또는 부정적인 산업동향의 변화가 있을 때, 그것이 일시적인지 또는 구조적인지의 여부 등이다.

2. 산업의 경쟁구조 분석

기업이 속해 있는 당해산업의 경쟁강도는 산업의 성장성, 수익성 그리고 위험에 큰 차이를 초래하는 구조적 요인에 영향받는다. 일반적으로 기업이 속해 있는 산업의 경쟁강도가 치열하고 구조적으로 취약한 산업이면, 경영성과가 전반적으로 불량한 경향이 있다. 따라서 기업의 장기적인 수익성과 위험도를 예측하기 위해서는 산업의 경쟁강도를 결정짓는 구조적 요인에 대한 분석이 중요하다.

포터(M.E. Porter)는 특정산업의 경쟁강도가 [그림 11-9]에 예시된 다섯 가지의 구조적 경쟁요인들에 의해 좌우된다고 보고 있다. 즉, 이들 다섯 가지 구조적 경쟁요인들—진입장벽, 기존 경쟁기업간의 경쟁강도, 대체가능성, 구매자의 교섭력, 공급자의 교섭력—의 총체적인 힘에 의해서 그 산업에서 기대할 수 있는 궁극적인 이윤잠재력이 결정된다고 보고 있다.[10]

(1) 진입장벽

진입장벽(barriers to entry)이란 신규진입을 막는 장애요인으로, 특정산업에 새로 진출하고자 하는 기업들의 진입을 어렵게 만드는 장벽을 말한다. 따라서 진입장벽이 구축되어 있는 당해산업에 이미 진출하고 있는 기업들은 수익성이 높고 영업위험이 적다. 반대로 진입장벽이 낮거나 없는 산업 내의 기업들은 수익성이 저조하고 여러 가지 위험이 높다. 다음은 진입장벽이 높은 경우의 예이다.

---

10) 이에 대한 상세한 설명은 다음을 참조. 장영광, 『경영분석』, 무역경영사, 2017, 제8장 ; M.E. Porter, "Industry Structure and Competitive Strategy : Keys to Profitability," *Financial Analysts Journal*(July-Aug. 1980).

[그림 11-9] 산업의 경쟁강도를 결정짓는 구조적 요인

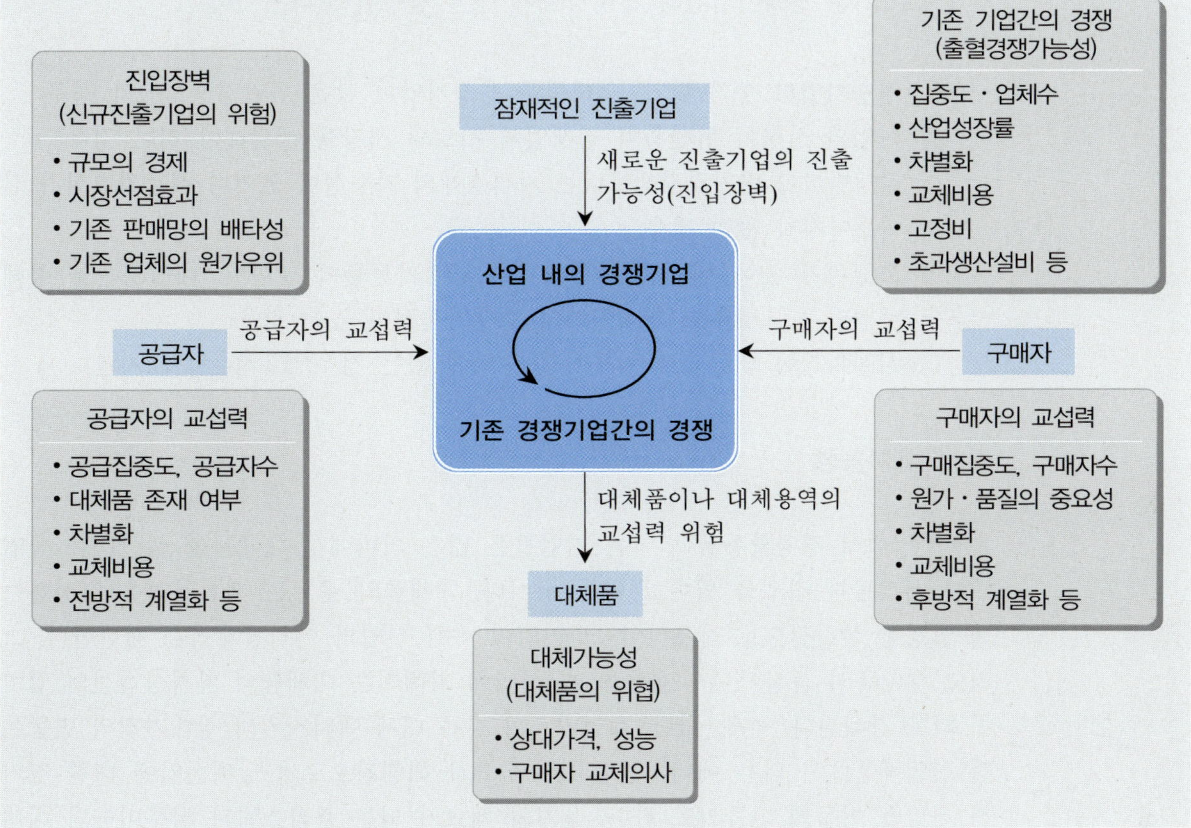

① 규모의 경제가 잘 나타나는 경우(예 : 자동차, 석유화학…)

② 제품차별화가 잘 이루어지는 경우(예 : 화장품, 제약…)

③ 진출에 소요자본이 막대한 경우(예 : 자동차, 조선…)

④ 기존 판매망이 견고한 경우(예 : 병원기구, 맥주…)

⑤ 기존 진출업체의 절대 비용우위(cost advantage)가 큰 경우(예 : 반도체, 항공제조, 석유화학…)

⑥ 정부의 규제가 많은 경우(예 : 금융업, 카지노…)

(2) 기존 경쟁기업간의 경쟁강도

특정산업 내의 기존 경쟁기업들은 가격경쟁, 대고객서비스의 강화나 품질보증 등 여러 가지 방법을 통하여 시장에서 유리한 위치를 차지하기 위한 경쟁을 벌인다. 출

혈경쟁의 가능성이 높은 산업은 구조적으로 취약한 산업이다. 다음의 경우는 출혈경쟁으로 기존 경쟁기업간의 경쟁강도가 높은 경향이 있다.

① 경쟁기업의 수가 많거나, 대등한 경쟁기업이 많은 완전경쟁시장의 경우
② 산업의 성장이 완만하여 경쟁업체 서로의 시장을 쟁탈해야 하는 경우
③ 경쟁방식이 비가격경쟁보다는 가격경쟁의 가능성이 높거나 제품차별화가 잘 이루어지지 않는 경우
④ 고정비가 높은 비중을 차지하거나 공장가동률이 낮아서, 대량생산을 통해 생산단가를 낮추고 가격인하의 경쟁가능성이 높은 경우
⑤ 시설확장이 대규모로 이루어질 수밖에 없는 경우(예 : 석유화학, 시멘트…)

(3) 대체가능성

특정산업에서 경영활동을 벌이는 기업들은 넓은 의미에서 대체품을 생산하는 산업내의 기업들과 경쟁을 벌이고 있는 셈이다. 대체품의 존재는 제품가격을 결정하는데 일정한 상한선으로 작용하여 그 기업이 속한 산업의 이익잠재력을 제한한다. 그리고 대체품의 품질이 우수할수록 그 산업에 가해지는 대체품의 가격상한선의 압력이 더욱 강해진다. 석유, 석탄, 셰일가스와 같은 대체 에너지원의 상대가격의 변동은 각 산업제품에서 다른 에너지산업으로 수요가 대체됨으로써 당해산업에 대한 장기적 전망을 어둡게 만들기도 한다. 용기의 재료가 되는 플라스틱과 알루미늄의 대체관계도 마찬가지이다.

(4) 구매자의 교섭력

구매자(최종소비자나 중간단계의 생산・판매업)들은 구매가격을 인하시키거나 품질향상 및 서비스 향상을 요구하고 공급업체들을 서로 경쟁시키는 방법 등으로 구매대상산업과의 경쟁을 벌인다. 이러한 행위는 모두 그 산업의 수익성을 감소시키는 결과를 초래한다. 구매자산업과 공급자산업의 관계에서 어느 쪽이 가격결정, 품질조건, 결제조건 등에 있어서 교섭력(bargaining power)이 강한지에 따라서 당해산업의 수익성은 구조적으로 영향받을 수밖에 없다. 다음과 같은 경우는 구매자집단(산업)의 교섭력이 강력하다고 볼 수 있다.

① 구매자의 집중도가 공급자의 집중도에 비하여 높을 경우

② 제품이 규격화되어 있거나 제품차별화가 거의 되어 있지 않을 경우
③ 구매자의 후방적 계열화(backward integration) 가능성이 높을 경우(예 : 맥주업의 병유리 제조업으로의 수직적 계열화 가능성)

(5) 공급자의 교섭력

공급자(산업)는 매출 공급가격의 인상이나 제품 및 서비스의 질을 하락시키는 위협 등으로 교섭력을 강화시킬 수 있는데, 그만큼 상대방 산업의 이익잠재력은 잠식된다. 특히 구매업자가 코스트 상승분을 제품가격 인상으로 흡수할 수 없는 경우에는 공급자의 교섭력이 크게 강화된다. 공급자의 교섭력을 강화시키는 여건은 다음과 같이 구매자들을 강력하게 만드는 경우와 반대의 상황이 될 것이다.

① 몇 개 안 되는 소수기업에 의해 공급능력이 제한되어 있고, 또한 구매자산업보다 집중되어 있을 경우
② 공급자의 제품이 차별화되어 있거나 전환비용(switching cost)이 소요될 경우
③ 공급자에게 전방적 계열화(forward integration)의 가능성이 높을 경우

산업구조분석에서 주의할 점은 앞에서 설명한 이들 경쟁요인들은 특정산업의 경쟁강도와 수익성을 결정짓는 데 모든 요소가 작용하지 않는다는 점이다. 실제로는 이 중 소수 몇 개의 요소가 지배적인 영향을 미친다. 예를 들어, 특정산업의 시장에서 매우 확고한 기반을 다져 놓은 기업이라 할지라도 품질이 우수하고 값이 저렴한 대체품이 등장하면 그 산업의 수익률은 저하되고 말 것이다. 분석가가 해야 할 일은 산업의 경쟁강도에 영향을 미치는 장기적이고 구조적인, 소수 몇 개의 산업적 요소를 찾아내는 것이다.

3. 산업수명주기이론과 차세대 성장산업

어느 제품이든 시간이 경과함에 따라 당해산업의 경쟁상태, 제품의 기술, 소비자의 기호 등이 변하기 때문에 당해산업의 이윤잠재력이나 사업위험도가 달라진다. 이렇듯 새로운 경쟁상황의 전개와 같은 여건변화가 특정제품의 수익성과 위험에 미치는 영향은 몇 단계로 나누어 분석할 수 있다. 이러한 관점의 학설이 산업(제품)수명주기(PLC : product life cycle)이론이다.

[그림 11-10] 산업수명주기이론

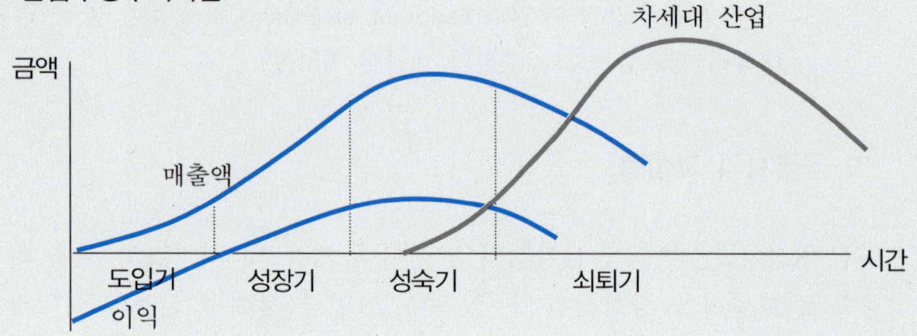

일반적으로 산업수명주기는 [그림 11-10]에 나타나 있는 것처럼 도입기, 성장기, 성숙기, 쇠퇴기 등 4단계로 나누어 볼 수 있다. 각 단계별로 제품경영관리기능, 경쟁, 사업위험, 제품 마진, 수익성, 핵심성공요소 면에서의 특징은 〈표 11-4〉와 같이 요약될 수 있는데, 분석대상기업의 산업이 어느 단계에 있는지를 확인하여 산업의 유망성을 평가할 수 있다.

산업수명주기이론은 산업전개의 대체적인 방향에 대해서 설명해 줄 뿐이지 특정산업의 수명주기가 언제 시작해서 언제 다음의 단계로 넘어가는지에 대한 설명은 하지 못한다는 한계점을 가지고 있다. 더욱이 산업수명주기 형태는 기업의 마케팅 전략에 따라 연장될 수 있으므로 제품의 판매는 어떤 필연적인 주기에 의해서 이루어지지 않는 측면도 있다. 그리고 산업수명주기이론이 시장 전체에서 발생하는 상황에 관한 분석이라기보다는 특정된 하나의 제품에 대한 분석이므로 시장 전체에서 발생하는 상황을 동시에 분석하지 못하는 한계점도 지니고 있다.

이와 관련하여 산업수명주기분석에서 고려해야 할 부분은 이른바 '차세대 성장동력산업'에 대한 전망과 평가이다. 개별기업이 주도적으로 미래 성장산업을 발굴하려고 노력하지만, 정부차원에서도 경제의 견실한 성장을 위하여 성장동력산업을 발굴하고 육성·지원한다. 유망 기술과 산업을 소수의 몇 개로 선정할 때에는 미래의 시장성(세계 시장규모), 산업간 파급효과, 글로벌 경쟁력 등이 고려기준이 된다.[11)]

---

11) 정부는 2016년 미래 성장을 주도할 다음의 13개 산업을 선정하고 약 4조원의 정부예산을 지원하기로 하였다. 미래를 주도할 산업군에 어떤 산업이 포함되는지 참고할 수 있다.
① 첨단소재 가공시스템 ② 자율주행 자동차 ③ 무인항공기시스템 ④ 웨어러블 디바이스
⑤ 국민안전 건강로봇 ⑥ 플라스틱 화학소재 ⑦ 미래산업 티타늄소재 ⑧ 생체모사 디바이스
⑨ Well-life 건강관리 ⑩ 가상훈련시스템 ⑪ 극한 해양플랜트 ⑫ CO_2발전시스템
⑬ 직류송배전시스
(자료 : 산업통상자원부)

〈표 11-4〉 산업수명주기(PLC)상 단계별 특징

특징 \ 단계	도입기	성장기	성숙기	쇠퇴기
제품	• 제품설계와 개발이 중요 • 품질 열악, 제품 표준화가 안 됨	• 제품기술 및 기능상 차별화되기 시작함 • 디자인과 품질향상이 계속됨	• 품질이 최고수준, 제품의 변화가 줄어듦 • 차별화가 적어지고 제품은 표준화됨	• 차별화가 거의 없음 • 품질이 저하됨
마케팅	• 판매에 대한 광고비율이 높고, 마케팅비용(A/S 등)이 많이 발생	• A/S비율이 낮아지지만 여전히 높음 • 기술적 차별화가 되지 않는 제품은 광고와 유통부문이 중요	• 시장세분화가 가속화되고, 제품라인이 많아짐 • 라이프사이클을 늘리려 제품다양화 시도 • 포장·서비스가 중요해지고 광고경쟁 치열	• 광고 및 마케팅 활동을 하지 않음 • 마케팅비용 감소
제조 및 유통	• 소규모 생산 • 가동률이 낮고 생산원가가 높음 • 협소한 판매망을 이용	• 조업도가 높음, 과소설비의 문제대두 • 대량생산체제 • 대량유통채널구축, 유통경로확보 경쟁치열	• 조업도가 점차 낮아짐, 부분적 설비과잉 발생 • 제품이 다양해져 물적 유통비용이 많이 발생 • 대량유통체제	• 조업도가 현저히 낮아짐 • 과잉설비 • 유통경로 축소
경쟁 및 사업위험	• 소수기업의 참여 • 사업위험이 높음	• 신규업체 참여로 경쟁업체 증가 • 성장률이 높아지면서 사업위험 감소	• 치열한 가격경쟁 • 개별상표가 증가하고 일부는 철수 • 업계 재편성 시작됨	• 철수기업 증가 • 경쟁 크게 감소
제품마진 및 수익성	• 높은 가격과 높은 마진 • 낮은 수익성	• 수익성이 높아짐 • 가격은 높은 수준이나 낮아지기 시작함	• 가격하락 • 마진·수익성 감소 • 유통업체 마진도 감소	• 낮은 가격과 낮은 마진 • 가격 지속적 하락
핵심 성공요소	• 제품혁신	• 대량생산을 위한 제품 디자인	• 규모의 경제를 통한 비용감소	• 생산시설 합리화, 비용통제

2010년대 중반 이후 세계경제를 주도할 것으로 보는, 각국이 주목하는 유망기술분야가 다음과 같이 제시되고 있다.

① 바이오 건강 : 바이오 의학기술, 디지털 병원
② 에너지 : 재생에너지, 스마트그리드, 식물성 대체연료
③ 운송, 무인화 : 무인자동차, 무인항공기, 무인잠수정, 로봇, 미래형 초고속열차
④ 인지개발 : 지능, 감정을 컴퓨터로 구현하는 지능구현기술
⑤ 지능인프라 : IT기술로 사회인프라를 효율적으로 운영하는 기술로서, 교통혼잡 등 사회적 비용의 절감효과가 기대되는 분야

증권분석가 입장에서는 이들 산업이 언제 본격적으로 시장수요를 확대하면서 상당기간 동안 안정적인 수익성을 가져다줄 수 있을지를 판단해야 할 것이다.[12)]

4. 산업의 수요와 공급 분석

특정산업 제품에 대한 수요가 공급을 압도하면 관련 기업의 수익성은 전반적으로 양호할 것이다. 반대로 공급이 수요를 압도하면 전반적으로 양호하지 못할 것이다. 수요와 공급 요인이 시장상황을 설명하는 기본적 요인이 되므로 특정산업의 특성과 미래 유망성을 평가·예측할 때 수요와 공급 요인 중심으로 분석할 수 있다.

(1) 수요요인

당해 산업제품에 대한 수요기반이 넓고, 신규 수요증가가능성이 국내외적으로 높으면 당연히 당해산업의 미래 전망은 밝다. 모든 산업에 걸쳐 전개되고 있는 글로벌화, 정보화, 서비스화의 동향과 함께 분석대상 산업의 수요가 안정적으로 확대될 것인지 축소될 것인지를 다음과 같은 측면에서 검토한다.

① 제품수요의 경기변동성 : 당해산업의 제품에 대한 수요기반, 매출과 이익의 성장성처럼 시장규모도 중요하지만 수요의 안정성에 가장 크게 영향을 미치는 제품수요의 경기순환에 대한 민감도 역시 중요한 수요요인이다. 가격이 소비자구매의 주요 고려요인인지의 여부와 가격수준에의 수요민감도를 분석하면 제품수요의 경기변동성, 즉 경기침체기에 고객이 구매를 장기간 미루는 경향(cyclical)이 있는지, 아니면 경기에 민감하지 않은 경향(recession-resistant)이 있는지를 파악하는 데 도움을 준다.

---

12) 전설적인 투자자로 알려진 피터 린치(Peter Lynch)는 "고성장산업만이 유망산업인가? 산업의 수요가 둔화되고, 산업수명사이클상의 성숙기에 있는 산업 내의 기업은 유망종목이 될 수 없는가?"라는 의문을 제기한다. 피터 린치는 역설적으로 "저성장산업에서 우량기업을 찾아라!"라고 조언한다. 그는 비록 저성장산업에 속해 있지만 펀더멘털이 뛰어난 기업을 발굴할 수 있으면 높은 수익률을 올릴 수 있다고 말한다. 그가 설명하는 '저성장산업 속의 우량기업들'이란 ① 틈새시장의 강자, ② 저비용 구조, ③ 승자독식의 기업을 가리킨다. 저성장산업이지만 특화된 시장에서 안정적 이익을 지속적으로 올리고 있으면 고성장산업이지만 레드오션(red ocean)에서 고전하는 기업보다 훨씬 낫다. 전체 산업의 수요는 부족하지만, 또 그 안에서 타이트한 수급 상황이 지속되더라도 틈새시장의 강자이거나, 기존 산업을 벗어나 새로운 성장동력의 발굴을 통해 블루오션(blue ocean)에서 변신하고 있는 기업이 우량종목이라는 주장이다.

② 제품수요의 항구성(permanence) : 기술변화속도, 구매자집단의 크기와 소득수준(1인당 국민소득과의 상관성), 정부지원이나 규제 여부는 제품수요가 장기간 지속될 수 있는지에 영향을 미치는 요소들이다.

③ 국내외 수요의 확대가능성 : 고령화 등 인구구조의 변화, 소득구조의 변화, 라이프스타일의 변화, 가치관의 변화, 개성화 · 다양화 · 고급화 등 수요구조의 변화, 산업관련 기술의 변화 등의 요인으로 인해 신규수요가 증가될 가능성을 평가한다. 또 글로벌시장에서의 신규수요, 세계 수요의 질적 변화를 고려할 경우의 해외시장의 수요확대가능성을 평가한다.

(2) 공급요인

공급업체간에 경쟁구조의 기본특성상 출혈경쟁가능성이 매우 높거나, 공급과잉 상황이면 수익성이 저조할 것이다. 공급측면에서 당해산업이 얼마나 유망하고 호전가능성이 있는지에 대한 평가는 다음과 같은 측면에서 분석될 수 있다.

① 산업의 주된 경쟁방법 : 경쟁방법은 가격경쟁과 비가격경쟁으로 구분할 수 있는데, 가격이 주된 경쟁수단인 산업은 출혈경쟁으로 이어지기 쉽다.

② 공급능력과 조업도수준, 비용구조 : 산업 전체의 현재와 미래 공급능력이 초과공급 상태이거나 고정비가 높은 비중을 차지하면 가격인하전략을 추진할 가능성이 높아지므로 수익성이 악화된다.

③ 공급자의 구성과 공급집중도 : 독과점 구조이면 선두업체의 가격결정력(price leadership)으로 안정적 수익구조를 추구하지만, 다수 선두업체간의 경쟁력이 대등한 구조에서는 수익구조는 불안정할 수밖에 없다.

④ 기타 : 이 밖에도 대체품의 가격수준, 산업수명주기상의 위치 등의 요소도 산업 전반의 수익성에 영향을 주는 요소가 된다.

제 4 절 기업분석

특정기업의 미래 이익과 성장은 앞의 제2, 3절에서 설명한 거시경제적 요인과 산업적 요인에 의해서도 영향받지만, 당해기업의 경쟁력이나 재무적 건전도와 같은 기업적 요인에 의해서 결정되는 바도 크다.

뿐만 아니라 포트폴리오 구성의 맥락에서 볼 때 산업분석을 통하여 장기적으로 유망한 업종(산업)이 판별되었으면 마지막 단계로 종목선택을 위하여 해당업종 내에서 우량기업을 선별하는 기업분석(company analysis)이 필요하다. 특정종목에 대한 기업분석은 지속가능 경쟁우위 평가, 핵심역량 평가, 잠재위험요소 분석으로 나누어 살펴본다.

1. 지속가능 경쟁우위 평가

(1) 경영전략

유망산업일지라도 경쟁업체별로 미래전망은 크게 차이가 나게 된다. 분석대상기업이 당해산업 내 경쟁업체와 비교하여 얼마나 경쟁력이 있는지, 그 경쟁우위가 향후 상당기간 동안 지속가능한지의 여부에 달려 있다.

미래 경영성과에 영향을 주는 기업적 요인 중에서 중요한 것은 경쟁우위를 확보하기 위해 기업이 추구하는 경영전략의 유형과 그 유효성이다. 경영전략은 시장의 수요변화와 같은 외부환경변화에 대응하여 기업 내부의 모든 자원을 효과적으로 배분하는 활동인데, 경영전략의 유형을 포터(Michael Porter)는 다음과 같이 구분하고 있다.[13)]

① 비용우위전략(overall cost leadership) : 전체 사업부문에 걸쳐 생산·유통 등에서 규모의 경제를 추구하거나 철저한 원가통제를 통하여 비용구조면에서 경쟁우위를 확보하는 전략

② 차별화전략(differentiation) : 제품 또는 서비스 면에서 경쟁업체와 차별되게

---

13) M.E. Porter, *Competitive Strategy : Techniques for Analyzing Industries and Competitors*, Free Press, 1980.

품질, 광고, 애프터서비스 등에서 경쟁우위를 확보하는 전략
③ 특화전략(focus) : 당해산업의 전시장 중에서 세분화된 특정시장에서의 비용우위나 차별화전략으로 경쟁우위를 확보하는 전략

기업이 추구하는 경영전략은 모두 성공하는 것이 아니다. 기업의 타 경영정책과 내적인 일관성을 유지해야 하고, 환경변화를 충분히 감안한 것(environmental fit)이어야 하며, 기업이 보유하고 있는 제 자원으로 지원가능한 것(resource fit)이어야 한다. 따라서 필요한 자원과 기술, 조직면에서의 성공요건을 갖추는 것이 성공의 필요조건이다.

가치투자에서는 세분화된 틈새시장에서 특화전략의 성공은 비록 저성장산업이라도 양호한 투자성과를 가져오는 지름길이라고 본다. 저성장산업이지만 특화된 시장에서 안정적 이익을 지속적으로 올리면 고성장산업이지만 출혈경쟁을 벌이는 산업에서 고전하는 기업보다 훨씬 유망하다. 제4장 제1절에서 설명한 것처럼 수익률이 낮지만 꾸준한 수익률을 올리는 것이 장기성과를 좋게 하는 지름길이 되기 때문이다.

(2) 지속가능 경쟁우위의 평가

유망종목의 요건은 높은 이익창출보다도 장기적으로 안정적으로 이익을 내는 능력이다. 이러한 측면에서 지속가능 경쟁우위능력을 평가한다.

산업 내 경쟁지위(competitive position within the industry)를 평가하는 일차적인 지표는 시장점유율과 상대적 성장률이다. 실증분석에 의하면 시장점유율과 기업수익성 간에는 正(+)의 상관관계가 있는 것으로 제시되고 있는데, 시장점유율이 가장 높은 선두주자 기업일수록 원가가 낮거나 제품의 질이 좋을 가능성이 높으므로 수익성이 양호한 경향이 있다. 또 경쟁업체와 비교하여 상대적 성장률이 높으면 시장에서의 지배력이 높아진다. 그러나 이들 지표는 현 시점에서의 경쟁력을 평가하는 척도는 되지만 장기적으로 지속가능한 경쟁우위인지를 평가하는 데 사용하는 것은 한계가 있다. 과거의 높은 성장률이 미래에도 지속되리라는 보장이 없고, 빠른 성장은 치열한 경쟁을 불러오기 때문이다. 경쟁우위는 쉽게 소멸할 수 있으므로 경쟁업체가 쉽게 모방(copy)할 수 없는 경쟁우위이어야 한다.

따라서 우량종목 선정의 기준은 '지속가능 경쟁우위'(sustainable competitive advantage)이어야 한다. 그리고 그 원천이 무엇인지를 분석하는 것이 중요하다. 가치투자의 실제에서는 이와 유사한 개념으로 '경제적 해자'라는 용어를 사용한다. 경제

적 해자(economic moats)란 매우 좋은 기업의 성과가 지속되도록 하는 특성으로서, 경쟁기업과의 관계에서 지속적으로 경쟁우위를 유지하게 만드는 난공불락의 방어망을 의미한다. 다음 항목은 지속가능 경쟁우위, 경제적 해자의 원천이 되는 요소들이다.[14)]

① 실질적인 제품차별성(real product differentiation) : 경쟁업체보다 지속적인 제품개선, 앞서 가는 기술혁신을 하는 기업은 제품품질의 우수성이나 독창성으로 인해 안정적 마진을 확보할 수 있다. 고객이 가격보다는 제품의 품질을 더 중요시할 정도로 품질의 차별성이 확보되면 고객을 잃지 않으면서 가격을 올릴 수 있는 능력이 증대되어 소위 가격결정력(pricing power)이 높아진다. 이러한 측면에서 당해기업의 신제품개발능력(R&D에 대한 투자비율이 평가지표), 산업 내 기술적 리더십, 특허권, 영업권 등의 독점권 보유 유무를 평가하는 것이 도움이 된다. 상당한 R&D비용 지출이 이루어지지 않으면 우위의 지속성 유지가 쉽지 않은 면과 특허기간의 만료시기, 새로운 기술혁신의 동향에 주목할 필요가 있다.

② 인지된 제품차별성(perceived product differentiation) : 실질적인 품질의 우수성과 별개로 소비자에게 강력한 상표충성도, 즉 브랜드파워(brand power)나 명성이 각인되어 있으면 가격결정력을 높여 지속적인 성장과 안정적 수익성 확보를 가능하게 하는 요인이 된다. 그러나 상표충성도가 유지되기 위해서는 지속적인 광고에 대한 투자와 마케팅전략의 일관성 유지가 필요조건이다. 예를 들어 할인판매를 한 적이 없는 명품브랜드가 세일을 시작하면 고객충성도는 급격히 떨어질 것이다.

③ 비용우위(cost advantage) : 같은 제품을 보다 낮은 비용으로 생산·판매할 수 있는 경우는 규모의 경제, 원료의 독점이나 저가 공급, 유리한 입지조건, 정부의 특혜, 자동화, 비용통제의 효율성, 높은 조업도, 월등히 많은 누적된 경험(숙련도 향상으로 경험곡선상의 우위), 인터넷을 통한 재고비용과 점포운영비용의 절감 등의 원천을 들 수 있다. 경쟁업체에 비해 낮은 원가에 지속적으로 생산할 수 있으면 가격을 인하시킬 수 있는 능력, 즉 가격경쟁력이 높아지므로 이는 강력한 경제적 해자가 된다.

④ 높은 전환비용(switching costs) 창출 : 전환비용은 타사 제품으로 교체할 경우

14) P. Dorsey, *The Five Rules for Successful Stock Investing - Morningstar's Guide*, Morningstar, 2004; R.G. Hagstrom, *The Warren Buffet Way*, Wiley, 2005.

의 불편, 학습훈련 필요성 등 때문에 교체를 망설이게 하는 비용을 말한다. 소비자들이 비록 동일한 품질에 낮은 가격이더라도 타 업체로 교체하지 못하는 예는 의료장비업이나 정보제공업체 등에서 볼 수 있는데, 높은 교체비용이 발생하도록 만들고 있으면 이는 고객이탈을 방지하는 것(locking in customers)이 되므로 경제적 해자로 강력하게 작용한다.

⑤ 네트워크 경제(network economies)와 높은 진입(성공)장벽 구축 : 경영환경이 온라인 혹은 모바일화하면서 네트워크상에서 고객의 선점은 고객을 장기간 확보할 수 있을 뿐 아니라 이용자가 확산되는 데에서 오는 경제성을 누리게 한다. 강력한 네트워크로 일정기간 동안 경쟁을 차단하거나 배제(locking out competitors)할 수 있는 장치가 있으면 높은 수익성을 지속할 수 있다.

⑥ 사업모델(business model)의 안정성 : 사업모델은 사업가치를 성공적으로 창출하게 하는 업의 방식이다. 기업이 상당한 매출을 올리고 이익을 지속적으로 창출할 수 있는지는 기본적으로 사업모델이 어떤지에 달려 있다. 기술변화가 매우 빠른 사업에서 종종 보는 것처럼 사업모델 자체가 와해되면 단기간에 경쟁우위를 잃고 만다. 반대로 종전과는 전혀 다른 창의적인 사업방식으로 성장성이 높고 안정적인 이익획득이 가능한 경우도 있다. 환경변화에 사업모델의 타당성과 항구성이 영향받는지를 수시로 점검할 필요가 있다.

위에서 제시된 경쟁우위요소는 장기간 유지가 쉽지 않다. 글로벌 경쟁 압박에 놓이게 되고, 기술혁신으로 라이프사이클이 단축되기 때문이다. 따라서 모방(copy)하기 쉽지 않은 경영자원을 동원하는 것이 필요한데, 자금력이나 시설투자를 이용한 우위력은 모방이 쉽지만, 특허, 최적의 입지, 독특한 기업문화, 브랜드파워, 학력수준이 높은 종업원, 기업문화, 효율적 생산프로세스 등의 요인은 모방되기 쉽지 않은 요소이다.[15]

경쟁우위와 주가의 관계에서 유의할 점은 주가상승은 경쟁우위가 이미 형성된 후가 아니라 경쟁우위가 형성되는 초기 단계일 때 이루어진다는 점이다.

(3) 복합기업의 성장잠재력

다수의 사업을 벌이고 있는 복합기업(multi-business firm)은 사업위험이 다수 사업에 분산되어 있으므로 경영의 안정성에 기여할 수 있다. 사업 종류가 많을수록 환경의

15) 장세진, 『글로벌경쟁시대의 경영전략』(제6판), 박영사, 2010, p.238.

좋고 나쁨이 서로 상쇄되어 결합변동성이 크게 감소할 수 있기 때문이다. 그러나 기업의 자원이 핵심역량의 부문에 집중되지 못하는 데에서 오는 낭비요소가 적지 않을 수 있다.

복합기업에서는 성장잠재력도 제품포트폴리오의 관점에서 평가해야 한다. 여러 사업(제품)라인들이 성장잠재력이 있는 시장에서 얼마나 경쟁력이 있는지는 먼저 사업(제품)라인별로 매출액구성의 비중, 시장점유율, 성장률, 마진, 경기순환성, 시장의 안전성 등의 요소들을 분석하여 기업 전체의 성장잠재력과 수익의 안정성을 평가하고 향후 추진할 사업모델의 타당성과 항구성을 평가하는 것이 필요하다.

기업의 경영자원에는 제약이 있으므로 여러 제품라인 또는 사업단위들이 현금자원의 효율적 배분이라는 관점에서 경쟁력 있는 사업단위에 집중적으로 사용되고 있는지 아니면 분산되어 자원이 낭비되고 있는지를 평가하는 것이 필요하다. BCG(보스턴 컨설팅그룹)의 제품포트폴리오분석(PPM : product portfolio management)은 이를 평가할 수 있는 분석체계를 제시해 주는데, 먼저 시장수요성장률과 상대적 시장점유율, 두 가지 변수를 기준으로 전략사업단위(SBU : strategic business unit)별로 현금창출 사업단위인지, 중점투자대상의 사업단위인지를 평가한다. Cash Cow(수요성장률은 평균 이하이지만 선두주자), Star(수요성장률은 평균 이상이면서 선두주자), Question Mark(수요성장률은 평균 이상이지만 후발주자), Dog(수요성장률은 평균 이하이면서 후발주자)로 사업단위를 구분한 다음, Cash Cow 사업단위에서 창출하는 현금으로 선별된 소수 Question Mark 사업단위에 집중투자하여 Star 사업단위로 만들 수 있는지를 평가한다.[16)]

2. 핵심역량 평가

'지속가능 경쟁우위'요소와 함께 '핵심역량' 중심으로 분석대상기업이 우량종목인지를 판단해 볼 수 있다. 핵심역량(core competence)이란 고객에게 가치를 높이거나 그 가치가 전달되는 과정을 경쟁업체에 비하여 더 효율적으로 할 수 있는 특정한 방법의 능력을 말한다.

핵심역량을 앞서 설명한 경쟁우위의 경영전략을 실행할 수 있는 경영자원이나 기능별 경영관리, 가치사슬 기준별로 정리해 보면 〈표 11-5〉와 같다.

핵심역량을 포터(M.E. Porter)가 제시한 가치사슬이라는 개념([그림 11-11])으로 분석할 수 있다. 여기서 가치사슬(value chain)이란 구매, 생산, 물류, 마케팅, A/S의

16) BCG의 PPM에 대한 보다 상세한 설명은 경영전략 관련 서적을 참조할 것.

〈표 11-5〉 경영자원과 경영관리기능별 핵심역량

[경영자원]

경영자원	핵심역량
물적자원	공장 설비의 규모, 위치, 원자재 획득
금융자원	차입능력, 내부자금의 크기, 자금동원 및 투자능력
기술자원	특허권, 저작권 등의 독점권, 기술인력
무형자산	브랜드, 소비자 신뢰도, 명성, 기업문화
인적자원	우수인력, 교육훈련, 종업원들의 충성도와 사기, 조직의 유연성

[경영관리기능]

기능별 분야	핵심역량
생산	생산기술의 우수성, 제조공정의 효율성과 유연성, 품질관리
연구개발	신제품개발능력, 신제품개발속도, 모방능력
마케팅	디자인능력, 브랜드파워, 고품질 명성, 시장변화에 대한 빠른 대응
판매와 유통	판매촉진의 효과성, 물류의 효율성과 신속성, 서비스의 품질
경영정보	MIS시스템과 네트워크의 효율성
경영조직 및 경영관리	사업단위/기능 간 통합과 조정능력, 전략적 통제, 재무시스템의 효과성, M&A 능력, 경영진의 리더십, 보상시스템, 효과적인 의사소통과 통제, 환경변화에 대한 유연성

[그림 11-11] 가치사슬과 핵심역량

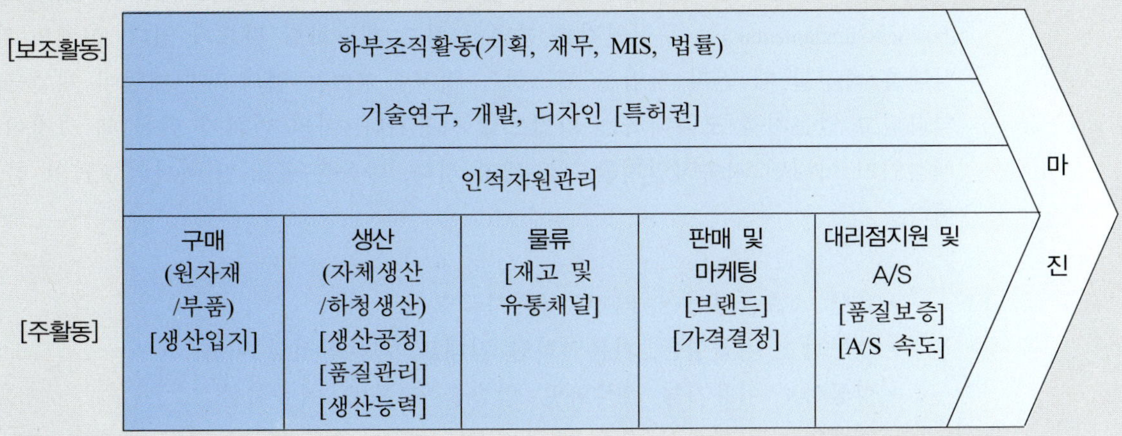

자료 : Michael Porter, 상게서

주활동과 이를 지원하는 보조활동(기획 · 재무 등의 하부조직활동, 인적자원관리활동, 기술연구 · 개발활동)이 체인처럼 연결되어 마진을 창출하는 기업경영의 체계를 말한다. 가치사슬로 보면 기업의 마진을 높이는 핵심역량이 어느 부문에서 창출되는지를 분명히 할 수 있다는 장점이 있다.

핵심역량평가의 중심이 되는 것은 최고경영진에 대한 평가이다. 'CEO주가'라는 말이 있듯이 기업의 최고경영진은 전략적 의사결정의 주체로서 과거의 기업성과와 장기성장의 주역이라고 할 수 있으므로 경영자에 대한 분석은 중요하다. 경영진의 능력은 다음과 같은 측면에서 평가할 수 있다.

① 경쟁력 유지능력(매출액성장률, 시장점유율의 유지와 그 안정성)
② 시설확장능력
③ 이익률(마진) 유지능력
④ 생산효율 유지능력
⑤ 자금조달능력, 금융기관과의 관계
⑥ 종업원, 노동조합과의 관계
⑦ 현대적 관리기법의 적용능력
⑧ 정부와의 관계
⑨ 연구개발, 신제품개발 능력
⑩ 후계자 양성능력

핵심역량은 이를 지표화한 핵심성과지표(KPI : key performance index)로 평가하기도 한다. KPI 적용에는 사업가치를 성공적으로 창출하는 근본 요인인 업(業)의 근본(business fundamentals)이 무엇인지를 분명히 하고 계량화할 필요가 있다. 신체의 건강상태를 측정할 때 먼저 혈압을 체크하는 것처럼 KPI는 업의 펀더멘털이 개선 또는 악화되고 있는지를 모니터하는 방법으로 사용된다. 이의 변화가 있을 때 그것이 일시적인지 아니면 지속적인지를 판단해야 한다. 다음은 주요 업에서의 KPI의 한 예이다.

- 은행 : 효율성비율, ROA, 평균자금코스트
- 부동산 : 비공실률, 기본면적당 임대료, 기본면적당 비용
- 항공사 : 이용가능 좌석마일, 탑승률, 교통량, 여유시설
- 소매업 : 경쟁상점 매출, 기본면적당 매출, 고객 1인당 평균 매출
- 인터넷회사 : 이동률, 트래픽

- 매체 : 구독자수, 구독자당 평균 수입과 비용, 해약률
- 카드회사 : 순손실률, 손실상각률, 부실률, 지급률
- 호텔 : 비공실률, 객실당 수입, 평균 숙박료

3. 잠재위험요소 평가와 SWOT분석

기업이 경쟁우위를 유지해 왔더라도 이를 잃을 수도 있는 상황이 기업 내외적으로 갑자기 벌어지기도 한다. 분석기업이 당면할 수도 있는 중요 위험요소의 종류와 위험의 발생빈도, 그 수준에 따른 영향 등에 대하여 다각적인 분석이 있어야 한다. 다음은 분석가가 점검해야 할 잠재적 위험요소들이다.

- 초과생산능력 또는 과잉공급 상황 국면으로의 갑작스러운 전환
- 새로운 기술의 출현(변화)으로 원가경쟁력 상실
- 특허만료, 관련 법률/규제 변화
- R&D 실패, 상품화 또는 사업개발 실패, M&A 실패, 빠른 제품진부화, 신제품 출시의 지연
- 새로운 경쟁자의 출현
- 브랜드파워의 약화
- 공급자(산업)의 영향력 증대, 소수 고객(업체)에의 과도한 의존
- 편중된 지역 분포의 제약
- 경영지배권(지배구조)의 불안정성, 노사관계의 악화

잠재위험요인에 대한 예측은 분석자에 따라 낙관적 성향인지 또는 비관적 성향인지에 따라 중요 요인을 간과하거나 반대로 과장할 수 있다. 이와 같은 주관성의 문제를 줄이는 한 방법은 보험회사의 관점에서 잠재위험요인이 발생하는 빈도와 나쁜 상황의 심각성, 그것이 초래할 재무적 비용을 평가하는 것이다.[17]

이상에서 설명한 여러 가지 측면에서의 분석과 평가는 SWOT분석으로 요약하여 투자대상으로서의 매력도에 대한 종합적인 결론을 내릴 수 있다. SWOT분석은 경쟁업체와 비교할 때의 내부능력 면에서의 강점(strength)과 약점(weakness), 그리고 환경변화 면에서의 기회(opportunity)와 위협(threat)을 분석하는 것이다. 경제와 산업분석을 통하여 파악된 경쟁구조, 고객, 공급자에 대한 분석은 OT분석에 반영하고,

17) M. Shearn, *The Investment Checklist(The Art of In-Depth Research)*, Wiley, 2012.

[그림 11-12] 삼성전자에 대한 SWOT분석

강점(Strength)	기회(Opportunity)
• 휴대폰, TV, DRAM, 디스플레이 부문 세계시장 선도 • 반도체부문의 차별적인 원가경쟁력 • 높은 기술력, 세계 2위 특허권 보유 • 프리미엄 제품(브랜드)의 이미지 • 부품–완성품 간의 안정적 수급관계	• 신흥시장에서의 높은 수요성장률 • 신규 스마트시장의 성장잠재력 • IoT, 차량 인포테인먼트 분야에서의 신규수요 • 정보기기의 고용량으로 새로운 성장동력 부상
약점(Weakness)	**위협(Threat)**
• 성장성이 높은 저가시장에서의 경쟁열위 • 취약한 지배구조 • 적대적 M&A 가능성	• 높은 경기변동성의 제품에 글로벌 경제침체의 부정적 영향 • 중국업체들의 저가 공세 및 경쟁상황 악화 • 백색가전, 휴대폰 시장은 성숙단계 진입

경쟁업체와 비교한 핵심역량에 대한 분석은 SW분석에 요약한다. [그림 11-12]는 그 한 예로서 삼성전자에 대한 SWOT분석내용을 제시한 것이다.

주요용어

경제-산업-기업 분석체계
이자율 결정요인
인플레이션
인구통계적 요인
수요충격요인
경기종합지수
산업수명주기이론
경제적 해자
잠재위험요소
가치투자
자산효과
디플레이션
재정정책
공급충격요인
기업실사조사
산업의 수요와 공급 분석
핵심역량
SWOT분석
GDP성장률
소득효과
환율
금융정책
경기순환
산업의 경쟁구조 분석
지속가능 경쟁우위
핵심성과지표

연습문제

1. [경제-산업-기업 분석체계] 기본적 분석에서 '경제-산업-기업'의 증권분석체계를 중요시하는 이유는 무엇인가?

2. [GDP와 주가] 이론적으로 볼 때 일정기간 동안의 주가상승률은 명목GDP성장률에 접근할 것으로 기대할 수 있는 근거는 무엇인가?

3. [거시경제변수와 주가] 주가에 영향을 주는 거시경제변수로서 GDP, 환율, 금리, 인플레이션 등을 들 수 있다. 이들 변수와 주가의 관계에 대하여 설명하라.

4. [이자율과 주가] 고금리 상황이 가계부문에 미치는 영향을 분석하고자 하는데, 자산효과, 대체효과, 소득효과란 무엇인가?

5. [인플레이션과 주가] 인플레이션에 대한 증권의 헤징능력을 평가할 수 있는 방법을 제시하고, 주식투자가 과연 인플레이션 헤징 역할을 할 수 있는가에 대해서 논하라.

6. [인구통계적 특성과 주가] 인구구조상 고령화가 심화될 경우 이러한 현상이 금융시장에 미치는 영향을 평가하라.

7. [경기순환과 주가] ① 경기순환과정에서 영향을 미치는 공급충격요인, 수요충격요인이란 무엇인가? 경기순환의 과정을 밝히고 각 국면에서의 특성에 대하여 설명하라. ② "주가는 경기변동에 선행한다"는 주장에 대하여 논평하라.

8. [경기예측] 경기를 예측하는 방법에 대하여 설명하라. 경기예측의 한 방법으로 사용되는 경기종합지수의 구성내역을 밝히고, 경기순환예측에 어떻게 활용되는지를 설명하라.

9. [산업분석의 체계)] 보통주 이익예측에서 산업분석의 중요성을 설명하고, 특정산업의 구조적 강·약점을 평가할 수 있는 분석체계를 제시하라.

10. [산업분석과 PLC] 산업분석을 위한 산업수명주기이론의 내용을 소개하고, 이 이론의 유용성과 한계점에 대하여 논하라.

11. [산업분석]
① 특정산업에서 경쟁의 심화를 결정짓는 요인은 무엇인가?
② 비용구조면에서 고정비의 비중이 높을 때 특정산업이나 특정기업의 경쟁력에 미치는 영향에 대하여 설명하라.

12. [기업분석] 다음 사항을 설명하라.
① 특정기업의 지속가능 경쟁우위(경제적 해자의 원천)를 평가할 때의 고려요소
② 경쟁업체와 비교한 핵심역량
③ 잠재위험요소
④ SWOT분석

13. [종합적인 경제-산업-기업 분석] 상장회사 중 한 회사를 선정하여 다음 사항을 분석하라.
① 해당기업의 미래이익과 주가에 영향을 미칠 경제변수들을 제시하라.
② 해당기업에 속해 있는 산업의 유망성을 세 가지 산업분석의 방법을 적용하여 평가하라.
③ 해당기업의 지속가능 경쟁우위(경제적 해자의 원천), 경쟁업체와 비교한 핵심역량, 잠재위험요소에 대하여 분석·평가하라.
④ 해당기업에 대하여 SWOT분석 결과를 제시하라.

제 12 장

재무제표분석과 이익예측

다음 제13장에서는 보통주의 내재가치를 평가하는 제반 모형에 대하여 다룬다. 이를 위해서는 미래이익, 성장률, 위험 등 투입정보를 추정하는 것이 필요하다. 앞의 제11장에서 다룬 것은 이들 내재가치를 결정짓는 질적인 측면에서 국민경제적 · 산업적 · 기업적 요인들에 관한 것이다. 본장의 내용은 내재가치 결정요인에 대하여 계량적 예측치를 얻는 방법에 관한 것이다. 구체적으로 재무적 건전도를 평가하는 재무제표분석이 우량종목 선정에 활용될 수 있는 측면과 구체적인 이익예측방법, 위험평가방법에 대하여 다룬다. 다음은 본장의 학습목표로서 이해해야 할 주요 사항들이다.

- 우량종목 선정의 기준이 될 수 있는 재무제표분석의 체계와 방법
- 재무제표분석의 한계점
- *ROE*, *ROIC* 변동원인분석, 현금창출능력분석, 재무제표의 질에 대한 평가
- 시계열자료를 이용한 이익예측의 방법
- 추정손익계산서 작성을 통한 이익예측의 방법, 정상적 주당이익의 개념
- 성장기회의 평가와 성장률 추정방법
- 위험평가와 요구수익률 추정방법

제 1 절 재무제표분석

가치투자의 관점에서 볼 때, 재무제표에 기초하여 재무건전도를 평가하는 것은 종목선정에 중요한 의미가 있다. 첫째, 우량종목을 선정하는 데 제11장에서 다룬 질적인 측면만의 분석에는 한계가 있기 때문이다. 재무건전도 분석은 질적 분석을 보강해 준다. 둘째, 장기투자를 전제로 하는 가치투자방법에서 위험관리의 중요한 수단이 되기 때문이다. 가치투자방법에서는 장기투자기간 동안 투자대상기업의 증권가격이 언젠가는 내재가치로 회복되는 것을 가정하고 있는데, 재무건전도가 극도로 악화되어 회복되지 못하고, 부실기업 내지 상장폐지의 상황이 되면 소기의 투자목표를 달성할 수 없다.

특정기업의 재무건전도 평가는 일차적으로 재무제표에 의존하게 된다. 손익계산서, 재무상태표 등의 재무제표는 몇 가지 한계점을 갖고 있음에도 불구하고 기업의 경영성과와 재무상태를 체계적으로 전달해 주는 정보원이 되기 때문이다. 본절에서는 기업의 재무건전도를 평가하는 전통적 분석방법인 재무비율분석, 이익창출능력의 원천을 평가하는 ROE, $ROIC$ 변동원인분석, FCF와 현금창출능력분석, 재무제표의 질에 대한 평가에 대하여 설명한다.

1. 재무비율분석

기업의 재무건전도를 평가하는 실용적 방법은 재무비율분석이다. 재무상태표와 손익계산서에서 두 항목을 대응시켜 비율로 계산하면 기업의 경영내용에 대한 다양한 정보를 얻어낼 수 있다. 〈표 12-1〉은 재무비율을 투자론의 두 가지 핵심개념인 투자수익과 투자위험에 관한 정보를 제공하는 비율군으로 분류하여 그 계산방법과 정보내용을 요약한 것이다.

(1) 수익성비율과 활동성비율

투자수익과 관련된 정보를 얻을 수 있는 재무비율은 수익성비율과 활동성비율이다. 먼저 수익성비율은 기업의 이익창출능력을 평가할 수 있는 재무비율인데, 기본적으로 투자이익(영업이익, 순이익 등)을 투하자본(총자본, 자기자본, 매출액 등)으로 나눈

ROI(return on investment)로 측정한다.

$$ROI(\text{투자이익률}) = \frac{\text{투자이익(영업이익, 순이익…)}}{\text{투하자본(총자본, 자기자본, 매출액…)}}$$

〈표 12-1〉 주요 재무비율의 정보내용

<table>
<tr><th colspan="3">주요 재무비율</th><th>계산방법</th><th>정보내용</th></tr>
<tr><td rowspan="9">기업 수익력 평가 비율</td><td rowspan="5">수익성 비율</td><td>• 자기자본순이익률(ROE)</td><td>$\frac{\text{순이익}}{\text{자기자본}}$</td><td>주주의 지분에 대한 자본사용의 효율성</td></tr>
<tr><td>• 총자본영업이익률(ROA)</td><td>$\frac{\text{영업이익}}{\text{총자본}}$</td><td>타인자본의존도에 관계없이 영업활동상의 이익창출능력</td></tr>
<tr><td>• 매출액영업이익률(ROS)</td><td>$\frac{\text{영업이익}}{\text{매출액}}$</td><td>매출액 대비 영업활동상의 비용효율성</td></tr>
<tr><td>• 매출액순이익률(ROS)</td><td>$\frac{\text{순이익}}{\text{매출액}}$</td><td>매출에 대한 순마진의 크기, 재무효율성을 측정</td></tr>
<tr><td>• 투하자본 세후 영업이익률($ROIC$)</td><td>$\frac{\text{영업이익}(1-\text{법인세율})}{\text{투하자본}(=\text{총자산}-\text{영업외자산})}$</td><td>영업활동에 투여된 자산에 대한 영업활동에서의 이익발생능력</td></tr>
<tr><td rowspan="4">활동성 비율</td><td>• 매출채권회전율</td><td>$\frac{\text{매출액}}{\text{매출채권}}$</td><td>매출채권의 현금화속도, 효율적 이용도</td></tr>
<tr><td>• 매출채권 평균회수기간</td><td>$\frac{\text{매출채권}}{\text{매출액}} \times 365$</td><td>매출채권의 현금화속도, 효율적 이용도를 날짜수로 측정</td></tr>
<tr><td>• 재고자산회전율</td><td>$\frac{\text{매출원가}}{\text{재고자산}}$</td><td>재고자산의 현금화속도, 재고자산 투자의 적정성</td></tr>
<tr><td>• 총자산회전율</td><td>$\frac{\text{매출액}}{\text{총자산}}$</td><td>총자산이 수익창출에 이용되는 투자효율성</td></tr>
<tr><td rowspan="6">기업 위험 평가 비율</td><td rowspan="3">안전성 비율</td><td>• 부채비율(B/S)</td><td>$\frac{\text{총부채}}{\text{자기자본}}$</td><td>부채의존도(재무구조의 건전성)</td></tr>
<tr><td>• 이자보상비율</td><td>$\frac{\text{영업이익}+\text{감가상각비}}{\text{지급이자}}$</td><td>이자지급능력</td></tr>
<tr><td>• 현금흐름보상비율</td><td>$\frac{\text{영업이익}+\text{금융비용}+\text{감가상각비}}{\text{금융비용}+\text{당기상환요부채액}/(1-t)}$</td><td>원리금상환능력</td></tr>
<tr><td rowspan="3">유동성 비율</td><td>• 유동비율</td><td>$\frac{\text{유동자산}}{\text{유동부채}}$</td><td>단기채무에 대한 변제능력</td></tr>
<tr><td>• 당좌비율</td><td>$\frac{\text{당좌자산}}{\text{유동부채}}$</td><td>재고자산의 유동성이 의문시될 경우 단기유동성을 측정</td></tr>
<tr><td>• 주당현금흐름</td><td>$\frac{\text{순이익}+\text{감가상각비}}{\text{발행주식수}}$</td><td>기업활동으로부터의 자금창출능력</td></tr>
</table>

투자이익 항목과 투하자본 항목 중 어떤 항목으로 대응하는지에 따라 〈표 12-1〉에 정리된 의미의 자기자본순이익률(*ROE*), 총자본영업이익률(*ROA*), 매출액영업이익률/매출액순이익률(*ROS*) 등이 사용된다.

수익성분석에서 영업이익률과 순이익률의 구분은 중요하다. 투자이익을 영업이익으로 측정하면 핵심영업활동(생산, 판매, 관리 활동)의 성과에 한정하여 이익발생능력을 평가하는 것인 반면에, 순이익으로 측정하면 재무(영업외)활동까지 포함하여 평가하는 것이다.

이러한 차이 때문에 **매출액영업이익률**은 경쟁업체간의 경쟁력을 평가할 때 적절하다. 이와 함께 매출액영업이익률(영업마진)의 절대적 수준뿐 아니라 이의 안정적 유지여부는 제11장에서 설명한 경제적 해자가 구축되고 있는지를 판단하는 한 방법이 된다. 매출액순이익률은 비록 동종업체가 아니더라도 재무효율성까지 감안한 총괄적인 경영성과를 비교하는 데 적절하다.

한편 기업의 총자산 중에서 투자자산, 단기금융상품 등의 비영업자산을 제외하고 그 기업의 영영활동에 직접 사용되고 있는 자본을 투하자본(invested capital)이라고 하는데, 이 투하자본과 세후영업이익을 대응시킨 **투하자본 세후영업이익률**(*ROIC*)은 핵심영업활동에서의 이익창출능력을 평가하는 데 사용된다.[1)]

활동성비율은 기업이 투자하고 있는 **자산의 이용(투자)효율성**에 관한 정보를 제공해 준다. 매출액을 매출채권, 재고자산, 총자산 등의 자산으로 나누어 구해지는 회전율로 표시하여 측정한다.

$$\text{활동성비율} = \frac{\text{매출액}}{\text{특정자산(매출채권, 재고자산, 총자산 등)}} = \text{○○자산회전율}$$

활동성비율은 일차적으로 이들 자산 1단위를 투자하여 몇 배의 매출을 올리는지를 뜻한다. 또한 자산에 묶인 자금이 얼마 만에 현금화되는지를 보여준다. 매출액이 100억원인데 매출채권이 25억원이면 매출채권회전율은 4회전이 되는데, 매출채권 1원 투자에 대해서 4원의 매출을 올리는 것을 의미한다. 회수기간으로 표시하면

1) 재무건전도 평가에 관한 보다 상세한 설명은 장영광, 『경영분석』(제5판), 무역경영사, 2017, 제3, 4장 참조. 자본제공자에게는 *ROIC*는 영업활동에의 투하자본이용의 효율성을 직접 평가하는 비율로서 매출액이익률보다도 더 의미가 있다. 예를 들어 A사는 순이익 100,000원, 매출액 1,000만원, 투하자본 100만원이고, B사는 순이익 500,000원, 매출액 500만원, 투하자본 1,000만원이라고 하자. 매출액순이익률은 A사 1%, B사 10%이지만, *ROIC*는 A사 10%, B사 5%이다. A사는 매출액과 대비한 수익성은 저조하지만, 투하자본과 대비한 수익성은 양호하다. 투하자본 대비 수익성을 중시하는 자본제공자에게는 A사의 이익발생능력이 우월하다.

약 90일 만에 매출채권이 한 번 현금화됨을 뜻한다.

(2) 레버리지비율과 유동성비율

투자위험 관련 재무비율에는 레버리지비율과 유동성비율이 있다. 레버리지비율은 부채차입과 관련하여 안전성, 지급능력에 관한 정보를 나타낸다. 부채를 자기자본으로 나누어 부채의존도를 측정하는 부채비율(B/S, 또는 D/E)이 높으면 지급불능, 파산가능성이 높아질 뿐 아니라 고정적인 지급이자의 부담으로 이익의 변동성이 커지는 위험성도 높아진다. 지급불능의 상황이 가져오는 위험을 평가하기 위해서는 이자지급능력이나 원리금상환능력을 평가할 수 있는 비율로서 〈표 12-1〉의 안정성비율 중 이자보상비율, 현금흐름보상률이 지속적으로 낮아지고 있는지를 체크할 필요가 있다.

무부채 혹은 낮은 부채차입의 이점은 파산위험이 낮은 점 이외에도 유리한 사업기회가 있을 때 이에 대한 투자여력, 재무적 융통성을 갖게 된다는 점이다. 기업이 부채차입을 늘리고 있으면 그 용도(손실보전, 기업인수, 특별배당, 신제품개발 등)가 무엇인지를 파악할 필요가 있다. 또 부채상환의 만기구조, 추가적인 부채차입여력 그리고 리스, 지급보증/제품보증, 구매계약, 연금채무 등 부외부채(Off-Balance Sheet Debt)가 주는 재무적 부담을 평가해야 한다.

투자위험 평가와 관련하여 기업의 고정비 발생 수준을 감안한 레버리지분석(leverage analysis)을 병행하는 것이 도움을 준다. 고정비는 고정적 인건비, 감가상각비, 임차료 등의 영업고정비 및 지급이자와 같은 재무고정비로 구분된다. 이들 고정비가 많은 비용구조이면 이익의 변동성이 커지는 이른바 손익확대효과(leverage effect)가 발생한다.

유동성비율은 단기채무에 대한 지급능력, 단기에 현금화시킬 수 있는 능력에 대한 정보를 준다. 유동성에 대한 평가는 유동자산을 유동부채로 나눈 유동비율로 측정하지만, 재고자산을 현금화하는 데 문제가 있는 사업이나 상황이면 이를 제외한 당좌자산과 대비한 당좌비율로 지급능력을 평가하는 것이 적절하다. 유동자산에서 유동부채를 차감한 것을 순운전자본(net working capital)이라고 하는데, 운전자본을 과다하게 보유하는 것은 지급능력(유동성)을 높이지만, 수익성에는 부정적 영향을 미친다. 이러한 관점에서 현금이 과다하게 잠겨 있는 유동자산의 현금화 속도를 파악하는 것이 필요하다.

특정정보를 파악할 수 있는 재무비율이 계산되면 기업간 상호비교분석과 기간간 추세분석 등의 경영분석기법을 활용하여 기업의 재무적 강약점을 평가한다.

〈표 12-2〉 삼성전자의 연결재무상태표와 연결손익계산서 (단위 : 십억원)

항 목	삼성전자			
	2012	2013	2014	2015
Ⅰ. 유동자산	87,269.0	110,760.3	115,146.0	124,814.7
1. 당좌자산	61,309.5	79,483.5	86,511.9	96,661.0
현금 및 현금성자산	18,791.5	16,284.8	16,840.8	22,636.7
단기금융상품	18,656.8	38,210.2	44,976.5	48,856.3
매출채권	23,861.2	24,988.5	24,694.6	25,168.0
2. 재고자산	17,747.4	19,134.9	17,317.5	18,811.8
3. 기타유동자산	8,212.1	12,141.9	11,316.6	9,341.8
Ⅱ. 비유동자산	93,802.6	103,314.7	115,276.9	117,364.8
1. 유형자산	68,484.7	75,496.4	80,873.0	86,477.1
2. 무형자산	3,729.7	3,980.6	4,785.5	5,396.3
3. 투자자산	8,785.5	6,422.3	5,232.5	5,276.3
4. 장기금융자산	5,229.2	6,238.4	12,667.5	8,332.5
5. 기타비유동자산	7,573.5	11,177.0	11,718.4	11,882.5
자산총계	181,071.6	214,075.0	230,423.0	242,179.5
Ⅰ. 유동부채	46,933.0	51,315.4	52,013.9	50,502.9
1. 매입채무	9,489.1	8,437.1	7,914.7	6,187.3
2. 단기차입금	8,443.8	6,438.5	8,029.3	11,155.4
3. 미지급금	7,400.2	9,196.6	10,318.4	8,864.4
4. 기타유동부채	21,599.9	27,243.2	25,751.5	24,295.8
Ⅱ. 비유동부채	12,658.3	12,743.6	10,320.9	12,616.8
1. 사채	1,829.4	1,311.1	1,355.9	1,230.4
2. 장기차입금	3,623.0	985.1	101.7	266.5
3. 기타비유동부채	7,205.9	10,447.4	8,863.3	11,119.9
부채총계	59,591.4	64,059.0	62,334.8	63,119.7
Ⅲ. 자본				
[지배주주지분]	117,094.1	144,442.6	162,181.7	172,876.8
1. 자본금	897.5	897.5	897.5	897.5
2. 자본잉여금	4,403.9	4,403.9	4,403.9	4,403.9
3. 이익잉여금	119,985.7	148,600.3	169,529.6	185,132.0
4 기타포괄손익누계액	-1,364.2	-3,422.2	-4,154.2	-3,964.5
5. 기타자본	-6,828.8	-6,776.7	-8,495.1	-13,592.1
[비지배주주지분]	4,386.2	5,573.4	5,906.5	6,183.0
자본총계	121,480.2	150,016.0	168,088.2	179,069.8
부채 및 자본총계	181,071.6	214,075.0	230,423.0	242,179.5

항 목	삼성전자			
	2012	2013	2014	2015
Ⅰ. 매출액	201,103.6	228,692.7	206,206.0	200,653.5
(매출액증가율)		0.137	-0.098	-0.027
Ⅱ. 매출원가	126,651.9	137,696.3	128,278.8	123,482.1
Ⅲ. 매출총이익	74,451.7	90,996.4	77,927.2	77,171.4
Ⅳ. 판매비와 관리비	45,402.3	54,211.3	52,902.1	50,757.9
Ⅴ. 영업이익	29,049.3	36,785.0	25,025.1	26,413.4
Ⅵ. 영업외수익	10,376.2	10,948.4	12,403.7	13,302.7
금융수익	7,836.6	8,014.7	8,259.8	10,514.9
지분법이익	986.6	504.1	342.5	1,101.9
기타수익	1,553.0	2,429.6	3,801.4	1,685.9
Ⅶ. 영업외비용	9,510.5	9,369.0	9,553.7	13,755.2
금융비용	7,934.5	7,755.0	7,294.0	10,031.8
기타비용	1,576.0	1,614.0	2,259.7	3,723.4
(영업외수지)	865.7	1,579.4	2,850.0	-452.5
Ⅷ. 법인세비용차감전 계속사업이익	29,915.0	38,364.3	27,875.0	25,961.0
Ⅸ. 법인세비용	6,069.7	7,889.5	4,480.7	6,900.9
Ⅹ. 계속사업이익	23,845.3	30,474.8	23,394.4	19,060.1
Ⅺ. 중단사업이익	0.0	0.0	0.0	0.0
Ⅻ. 당기순이익	23,845.3	30,474.8	23,394.4	19,060.1
(지배주주)당기순이익	23,185.4	29,821.2	23,082.5	18,694.6
(비지배주주)당기순이익	659.9	653.5	311.9	365.5
XIII. 총포괄이익	22,128.2	29,467.9	21,400.9	19,136.2
(지배주주)총포괄이익	21,499.3	28,837.6	20,990.7	18,804.2
(비지배주주)총포괄이익	628.9	630.3	410.2	332.0
EPS(주당이익 : 원)	154,020	197,841	153,105	126,305
감가상각비	22,759.6	23,804.8	18,053.4	20,930.9
EBITDA	51,808.9	60,589.8	43,078.5	47,344.3

〈표 12-3〉 삼성전자의 주요 재무비율

재무비율		2013	2014	2015	산업평균(2015)
수익성	총자산영업이익률(%)	18.6	11.3	11.2	6.1
	총자산순이익률	15.4	10.5	8.1	5.0
	자기자본순이익률	22.4	14.7	11.0	7.5
	매출액영업이익률	16.1	12.1	13.2	6.9
	매출액순이익률	13.3	11.3	9.5	5.7
활동성	매출채권회전율(회)	9.4	8.3	8.0	6.2
	평균회수기간(일)	39.0	44.0	45.4	56.3
	재고자산회전율(회)	7.5	7.0	6.8	15.7
	비유동자산회전율(회)	2.3	1.9	1.7	1.5
	총자산회전율(회)	1.2	0.9	0.8	0.9
	자기자본회전율(회)	1.7	1.3	1.2	1.3
유동성	유동비율(%)	201.6	218.6	234.1	169.2
	당좌비율(%)	143.3	160.6	178.7	145.5
	방어기간비율(일)	134.3	167.5	192.3	—
	현금사정비율(배)	0.9	1.1	1.3	—
레버리지	부채비율(D/E장부가치기준, %)	45.5	39.7	36.1	49.3
	자기자본비율(%)	68.7	71.6	73.5	67.0
	차입금의존도(%)	5.7	4.1	4.7	14.2
	이자보상비율(배)	4.7	3.4	2.6	10.7
	비유동비율(%)	61.5	55.6	54.2	88.5
	비유동장기적합률(%)	56.2	51.8	50.8	78.1

* 산업평균(2015)은 한국은행, 기업경영분석(2015)에서 발췌한 C26 전자산업(대기업)의 관련 재무비율임.

상호비교분석은 산업평균비율이나 경쟁업체비율과 상호비교하여 재무건전도가 양호한지, 불량한지를 평가하는 것을 말한다. 반면에 추세분석은 특정 재무비율의 과거 수년간의 증감추세를 분석하여 재무건전도가 개선되고 있는지 악화되고 있는지를 평가하는 것이다.

〈표 12-2〉는 삼성전자의 재무제표인데, 이로부터 주요 재무비율을 계산하면 〈표 12-3〉과 같다. 삼성전자는 수익성, 활동성, 레버리지(안정성), 유동성 등 대부분의 지표에서 산업평균과 비교하면 양호한 편이다. 이 기간에서의 추세분석에서는 수익성과 활동성은 다소 악화되는 면을 보이고 있지만, 유동성과 안정성은 개선되고 있음을 보여주고 있다.

2. *ROE*, *ROIC* 변동원인분석

자기자본순이익률(*ROE* : return on equity)은 순이익을 자기자본으로 나누어, 주주의 몫에 대한 순수한 이익발생능력을 나타내는 재무비율이다. 주주 입장에서의 대표적인 수익성지표의 성격을 지니는데, 가치투자의 실제에서는 우량종목의 최소 기준으로 *ROE* 15% 이상의 조건을 제시하기도 한다.[2)]

자기자본순이익률(*ROE*)을 증권분석에서 중요시하는 다른 이유는, *ROE*를 기업경영의 핵심내용을 나타내는 세 가지 지표로 나누어 이익발생능력의 원천, 수익성의 변동원인을 분석할 수 있기 때문이다. 즉, 다음과 같이 원가통제의 효율성을 나타내는 매출액순이익률, 자산이용의 효율성을 나타내는 총자산회전율 그리고 자본조달의 안전성 정도를 나타내는 부채비율의 결합관계에서 이를 분석할 수 있다.

$$\text{자기자본순이익률} = \frac{\text{순이익}}{\text{자기자본}}$$

$$= \left(\frac{\text{순이익}}{\text{매출액}}\right) \times \left(\frac{\text{매출액}}{\text{총자산}}\right) \times \left(1 + \frac{\text{부채}}{\text{자기자본}}\right) \qquad (12.1)$$

$$= (\text{매출액순이익률}) \times (\text{총자산회전율}) \times \{1 + (\text{부채비율})\}$$

↓ [원가통제의 효율성] ↓ [자산이용의 효율성] ↓ [자본조달의 안전성]

이와 같은 *ROE*분석을 Du Pont system 분석이라고도 하는데, *ROE*를 이들 세 가지 재무비율의 결합관계에서 분석하면서 경쟁기업과 상호비교하거나 과거 수년간의 추세분석을 하면, 이익창출능력의 원천과 수익성 변동원인을 평가할 수 있다. 예를 들어 A사와 B사에 대하여 *ROE*구성요소가 다음과 같다고 하자.

	ROE		(매출액순이익률)		(총자산회전율)		(1+부채비율)
A사 :	20%	=	2%	×	5.0회전	×	(1+1.0)
B사 :	20%	=	20%	×	0.5회전	×	(1+1.0)

2) P. Dorsey, *The Five Rules for Successful Stock Investing - Morningstar's Guide*, Morningstar, 2004; R.G. Hagstrom, *The Warren Buffet Way*, Wiley, 2005.

A사와 B사의 자료를 보게 되면 양사 모두 자기자본순이익률(ROE)이 20%로 동일하지만, A사의 이익발생능력은 자산이용의 효율성이 매우 높은 데 기인하고, 반면에 B사의 그것은 높은 마진에 기인함을 알 수 있다.

ROE 변동원인분석을 다음과 같이 세 부분으로 나누어 실시하면 더 상세한 변동원인이 어디에 있는지를 파악할 수 있다.[3)]

① 매출액순이익률의 변동원인은 [개별비용항목/매출액]을 추정, 비용이 과다(과소)하게 발생하는 비용항목을 적출하여 비용효율성 변동원인을 분석
② 총자본회전율의 변동원인은 [개별자산항목/매출액] 또는 개별자산회전율을 추정, 과다(과소)투자를 유발하는 자산항목을 적출하여 자산투자효율성의 변동원인을 분석
③ 부채레버리지의 변동원인은 [단기/장기부채/총자본]을 추정, 자본조달의 안정성을 위협하는 단기부채의 의존도를 평가. 높은 ROE가 높은 레버리지에 기인하는 것은 바람직하지 못한 경우가 많으므로 이러한 가능성을 분석

〈표 12-1〉의 수익성비율에서 투하자본 세후영업이익률($ROIC$)은 투하자본과 세후영업이익을 대응시킨 수익성비율로서 핵심영업활동에서의 이익창출능력을 평가하는 데 유용하다. 이 $ROIC$도 ROE원인분석방법과 유사한 방법으로 매출액을 매개로 하여 분해하면 다음과 같이 비용효율성을 나타내는 영업마진과 자산투자효율성을 나타내는 투하자산회전율로 나누어 원인을 분석할 수 있다.

$$ROIC = \frac{NOPLAT(\text{세후영업이익})}{IC}$$

$$= \frac{\text{영업이익}}{\text{매출액}} \times \frac{\text{매출액}}{\text{투하자본}} \times (1 - \text{법인세율}) \qquad (12.2)$$

(영업마진) (자산회전율)
(비용효율성) (자산투자효율성)

---

3) 부채레버리지가 ROE에 미치는 영향은 다음 관계식에서 분석할 수 있다.

$$ROE = [ROA + (ROA - i)\frac{B}{S}](1-t)$$

단, ROA : 총자산영업이익률, i : 평균차입이자율, B/S : 부채비율, t : 법인세율

부채레버리지(B/S)가 ROE 증가에 기여하기 위해서는 $ROA > i$의 조건이 필요하다. 상세한 내용은 장영광, 『경영분석』(제5판), 무역경영사, 2017, p.155 참조.

ROIC 원인분석체계에 의하면 *ROIC*를 높이기 위해서는 영업마진(비용효율성)과 자산회전율(자산투자효율성)의 제고가 필요한데, 영업마진과 자산회전율을 높이는 기본방향은 다음과 같이 요약할 수 있다. 경제적 해자 구축가능성도 이들 요소에 근거하여 평가할 수 있다.[4)]

① 영업이익마진 증대
- 지배적 시장위치에서 고품질 · 고마진의 고가격 전략 구사
- 강력한 비용절감으로 제품원가의 경쟁우위 제고

② 자산투자효율성 증대
- 현금순환이 빠르도록 매출채권과 재고자산에 대한 효율적 관리
- 한계투자수익률이 낮은 사업의 과감한 처분

3. *FCF*와 현금창출능력분석

재무비율분석에서 수익성이 양호한 것으로 분석되더라도 이는 현금창출능력이 양호함을 의미하는 것이 아니다. 회계이익은 현금흐름과 상이하기 때문이다.

기업의 현금창출능력은 잉여현금흐름 기준으로 평가할 수 있다. 잉여현금흐름(*FCF* : free cashflow)은 '영업활동 현금흐름'에서 미래를 위한 투자소요액까지 차감한 현금흐름을 말한다.[5)]

$$FCF = \text{세후영업현금흐름} - \text{투하자본증감액(비유동자산과 순운전자본 증감액)} \tag{12.3}$$

단, 세후영업현금흐름 = 영업이익(1 − 법인세율) + 감가상각비

$$\text{투하자본증가액}(\Delta IC) = \Delta\text{영업비유동자산} + \Delta\text{(영업관련)순운전자본}$$
$$= \Delta\text{영업비유동자산} + (\Delta\text{매출채권} + \Delta\text{재고자산} - \Delta\text{무이자유동부채})$$

---

4) Pat Dorsey는 상게서에서 가치투자의 지표로서 *ROIC*를 종합적인 산업 유망성을 평가하는 데 유용한 지표로 제시하고 있다. 미국에서는 *ROIC* 20% 이상(유망산업군)인 산업으로는 소프트웨어, 제약, 의료장비업, 10~20% 산업군으로는 호텔, 냉동식품, 출판, 식료품, 드럭스토어, 5% 이하(불황산업군)로는 항공업으로 분석하고 있다. 사용상의 유의점으로 다음 사항을 지적하고 있다. *ROIC*는 투자자본과 이익의 연계성이 떨어지는 사업(지식기반산업, 자금관리업, 정보서비스, 비자본집약산업)의 경우 유용성이 떨어진다는 점이다. 그리고 고성장사업은 투자가 많이 필요하기 때문에 성장기업과 성장둔화기업의 비교시에는 저성장사업의 *ROIC*가 높게 표시된다는 점이다. 지속적으로 재투자가 필요한 사업의 경우도 *ROIC*가 낮은 경향이 있다.

5) *FCF*에 대한 상세한 설명은 제13장 참조.

기업이 핵심경영활동, 즉 생산 · 판매 · 관리의 주된 영업활동에서 벌어들인 현금흐름이 영업현금흐름(operating cashflow)인데, 이를 납세 후 기준으로 측정한 것이 세후영업현금흐름이다. 이와 같은 세후영업현금흐름을 차년도 이후에도 지속적으로 창출할 수 있기 위해서는 영업활동과 관련된 비유동자산과 순운전자본에 대한 자산투자가 필요하다. *FCF*는 세후영업현금흐름에서 신규투자액, 즉 투하자본(*IC* : invested capital, 순운전자본투자액과 비유동자산투자액)까지 차감한 현금흐름이다. 이 *FCF*는 미래를 위한 투자소요액까지 차감하고 채권자와 주주들이 자신의 몫으로 분배받을 수 있는 최종적인 현금흐름, 현재의 기업경영을 유지하는 데 필요한 재투자를 한 후 남는 현금의 크기가 된다.

(+)의 *FCF*는 확장에 필요한 자금을 외부금융에 의존하지 않고 조달 여력이 있음을 의미하고, (−)의 *FCF*는 차입이나 주식발행을 해야 함을 의미한다. *FCF*가 많은 것으로 측정되면 이는 세후영업현금흐름이 많은 데 기인할 수도 있고, 미래를 위한 투자소요액이 적은 데 기인할 수도 있다. 이 중 투자소요액이 적은 데에 기인할 경우는 그 해석에 주의가 필요하다. 필요한 시설투자를 연기하여 *FCF*가 많은 것은 긍정적으로 평가되기 어렵다. 반대로 *FCF*가 적은 것이 투자소요액이 많은 데에 기인하면 그 이유가 사업의 특성상 그런지 시설투자가 해당연도에 집중되어 그런지를 파악할 필요가 있다. 후자의 경우는 투자소요액이 지속적으로 많게 되는지를 판단해야 한다. 항공업의 예처럼 지속적으로 사업유지에 필요한 자본지출을 많이 필요로 하는 사업은 *ROIC*가 높지 못하다.[6] 가치투자의 실제에서는 *FCF* 대 매출액의 비율 5% 이상을 우량기업의 조건으로 제시하기도 한다. 투자결정에서 *FCF*를 활용하는 방법은 [그림 12-1]과 같이 *FCF*를 *ROE*와 연관지어, 고*FCF*-고

[그림 12-1] *FCF*-*ROE* 분석

	저*ROE*	고*ROE*
고*FCF*		낮은 사업위험군
저*FCF*	높은 사업위험군	

6) 미래 사업유지에 필요한 자본지출액 규모의 추정이 어려우면 감가상각비를 근사치로 삼아 추정할 수 있다. 감가상각비는 현상유지하는 경우의 투자소요액에 상응하는 금액이 되기 때문이다.

ROE 사업은 낮은 사업위험군으로, 저FCF-저ROE 사업은 높은 사업위험군으로 분류하는 것이다.

4. 재무제표의 질에 대한 평가

재무제표로부터 계산되는 다양한 재무비율은 기업의 수익성, 효율성, 안정성 등을 평가할 수 있는 유용한 정보를 제공해 준다는 점에서 재무제표는 재무건전도를 평가하는 기초자료로서 그 유용성이 널리 인정되고 있다.

그러나 재무제표는 그 자체가 신빙성이 있어야 할 뿐 아니라 특정거래나 경제적 사건에 대하여 다양한 회계처리방법이 적용되고 있기 때문에 기업간의 상호비교가능성(comparability)에 한계가 있을 수 있고, 통일성(uniformity)이 결여될 수도 있다. 투자정보로서 재무제표의 유용성을 높이기 위해서는 다음과 같은 관점에서 재무제표의 질, 구체적으로는 이익의 질과 자산·부채의 질을 평가할 필요가 있다.

(1) 이익의 질

① 얼마나 보수적인 회계처리(conservative accounting)를 했는지를 평가한다. 회계처리방법에 따라 매출은 과대계상, 비용은 과소계상되기도 한다. 고객에게 제품이 인도되기 전에 매출을 조기 인식한다든지, 비용지출을 수년간에 걸쳐 상각하는 자본화 방식을 취하여 비용발생을 이연시키는 등의 예는 영업성과를 과대 위장하는 결과를 가져온다. 다음은 이익추정에서 보수적 회계처리를 하는 예이다.[7)]

- 불량 매출채권을 과감하게 대손처리
- 내용수명을 늘리는 방법으로 감가상각비를 인위적으로 줄이지 않거나, 초기에 감가상각을 많이 계상하는 가속상각의 회계처리

7) 공격적 회계처리는 매출채권, 감가상각비, 영업권, 특별이익 등에 대한 회계처리를 이와 반대되게 회계처리하는 것이다. 이 밖에도 공격적 회계(때로는 회계조작)를 발견하는 방법은 다음과 같다.
① 현금흐름이 감소하는 데 순이익이 증가하는 경우 : 신용완화로 매출은 늘지만 현금은 회수되지 않거나(매출채권의 미회수) 연금회계처리 등 비현금성항목의 회계로 순이익이 증가하는 예이다.
② 일회성항목이 많은 경우 : 잘못된 결정으로 인한 손실을 구조조정을 통해 일시에 상각시키는 예이다.
③ 기업인수가 많은 경우
④ 핵심영업활동에서 창출되는 영업이익증가와 구분하여 금융투자수입 등 투자이익의 증가가 많은 경우

- 영업권이나 무형자산에 대한 조기 상각 또는 비용처리
- 이익유연화를 위해 광고비, 연구개발비, 수선유지비 등과 같은 임의적 비용항목을 줄이지 않음
- 특별이익이나 비현금이익항목 계상의 억제

② 다년간 반복될 수 있는 반복적 이익(recurring earnings)인지, 아니면 일회성의 비반복적, 일시적 이익(transitory earning)인지를 판단하여 이익의 지속가능성을 평가한다. 합병차익이나 환율변동으로 인한 기대하지 않은 외환차익 등과 같은 비반복적, 일회성의 이익이 많으면 이익의 질이 높다고 할 수 없다.

③ 기업이 지출하는 비용은 강제적 비용(compulsory expenses)과 재량적 비용(discretionary expenses)으로 나눌 수 있는데, 기업의 장기수익력과 밀접한 관계가 있는 재량적 비용지출의 크기와 지출시기에 주의하여 분석할 필요가 있다. 강제적 비용은 재료비나 인건비처럼 정상적인 영업활동을 하면서 지출해야만 하는 비용을 말하고, 재량적 비용은 경영자의 재량적 판단으로 지출을 연기할 수도 있고 당장 집행할 수도 있는 비용을 말한다. 재량적 비용항목으로는 고정설비투자로 발생하는 감가상각비, 수선비, 연구개발비, 인력개발비 등이 있다. 기업이 재량적 비용항목의 지출을 미루면 단기실적은 상대적으로 높게 보일지 모르지만, 장기실적은 그 반대로 나타날 가능성이 높다. 그 기업의 미래 장기수익력 증가와 밀접한 관계가 있는 것은 이 재량적 비용항목이므로, 재량적 비용항목이 적절히 지출되고 있는지를 분석하여 이익의 질을 평가할 필요가 있다.

(2) 자산 · 부채의 질

① 기업이 보유한 자산들의 시장가치가 장부가치와 얼마나 차이가 나는지를 평가해야 한다. 우수한 인적자원과 영업권, 상표권, 특허권 등 무형자산이 많을수록 시장가치가 장부가치를 상회하게 된다. 반대로 구형설비이거나 기술적으로 진부화된 비유동자산, 오래된 재고자산, 수익창출능력을 상실한 자산이 많을수록 장부가치는 과대계상된다.

② 재고자산의 은폐가능성, 매출채권의 회수가능성, 비유동자산에 대한 자산재평가의 실시시기 등을 고려하여 자산의 질을 평가해야 한다.

③ 부채상환의 강제성과 상환기일, 관계회사에 대한 채무보증 등 부외부채(off balance-sheet)의 정도, 추가적인 부채차입여력 면에서 부채의 질을 평가한다.

제2절 이익예측

1. 이익예측의 의의

가치투자는 '장기적이고 안정적으로 이익을 낼 수 있는 우량종목을 충분히 낮은 가격으로 매수하여 장기투자성과를 높이는 투자관리방법'임을 제11장에서 설명한 바 있다. 우량종목이 되기 위한 질적 측면에 대해서는 제11장에서, 재무적 측면에 대해서는 본 제12장의 제1절에서 살펴보았다. 다음 단계는 적정가격 추정(제13장의 주제)에 필요한 미래이익의 예측치를 추정하는 것인데, 이하에서는 이 주제를 다룬다.

적정가격을 결정하는 가장 중요한 요소는 기업의 미래이익이다. 미래이익에 대한 예측력에 따라 증권의 내재가치 추정치가 달라지고 결과적으로 과대평가 혹은 과소평가된 종목의 식별능력도 영향을 받는다.

현대 자본시장이론에서는 시장평균 정도의 예측력으로는 초과수익을 얻기 힘들다고 본다. 왜냐하면 이용가능한 정보가 신속·정확하게 주가에 반영되는 효율적시장에서는 이익의 시장평균 예측치는 이미 주가에 반영되어 있으므로, 시장평균보다도 더 잘 예측할 수 있어야 초과수익을 얻을 수 있기 때문이다.[8] 특히, 미래이익의 변화의 방향과 크기를 시장평균보다도 정확히 예측할 수 있을 때, 초과수익이 가능하다. 이는 증권분석에서 정확한 이익예측이 얼마나 중요한지를 말해준다.

이익예측의 신뢰성도 높아야 한다. 이익예측의 신뢰성을 높이기 위해서는 정상적 주당이익에 근거한 추정이 필요하다. 정상적 주당이익(normalized *EPS*)이란 그 기업이 정상적인 상황에서의 영업활동으로부터 기대할 수 있는 주당이익을 말한다. 정상적 주당이익은 앞의 절에서 설명한 '이익의 질'을 고려한 주당이익이기도 하다. 즉, ① 일회성이 아닌 상당기간 동안 지속적이고 반복적으로 벌어들일 수 있는 지속가능이익, ② 수익을 과대계상, 비용을 과소계상하지 않는 보수적 회계처리방법 기준의 이익, ③ 기업의 미래 장기수익력 증가와 밀접한 관계가 있는 재량적 비용지출액을 포함하여 추정하는 것이 이익예측의 신뢰성을 높인다.

---

8) 효율적시장에서 주가는 예측오차(=실제이익−예상이익)에 반응한다. 예상치 못하게 적자에서 흑자로 전환(턴어라운드)하거나 저성장에서 고성장기업으로 바뀔 때처럼 이익변화가 클수록 주가변동이 크다.

2. 이익예측방법

기업의 미래이익을 예측하는 방법으로는 시계열예측방법, 추정손익계산서상의 개별 항목추정법, 시장점유율-마진율의 이용법을 통한 예측방법 등을 들 수 있다.

(1) 시계열예측방법

시계열예측방법(time-series forecasting)은 과거 일정기간 동안의 시계열자료로부터 체계적인 패턴을 찾아냄으로써 미래이익을 예측하는 방법이다. 가장 쉽게 이용되는 시계열예측방법은 기계적 외삽법(mechanical extrapolation)으로, 내년도의 이익예측치를 과거추세의 연장선상에서 구하는 것이다. 이 예측방법은 가장 간편한 방법이지만, 단순한 추세의 연장선상에서 예측치를 추정하기 때문에 이익의 구성부문에서 항구적인 부문과 일시적인 부문을 구분하고 있지 않다. 따라서 예측오차가 크게 발생할 수 있다.

신뢰성 있는 이익예측이 되기 위해서는 과거이익의 시계열자료로부터 항구적 이익부분을 분리시켜 이를 예측치로 삼는 것이 타당하다. 시계열자료로부터 항구적 이익을 분리시켜 이익을 예측하는 방법으로 평균회귀모형, 마팅겔모형, 서브마팅겔모형 등이 있다.

평균회귀모형(mean reverting model)은 과거 일정기간 동안의 평균이익을 구하여 이를 미래이익으로 예측하는 방법이다. 즉,

$$E(E_{t+1}) = \frac{1}{t}(E_t + E_{t-1} + \cdots\cdots + E_2 + E_1) \tag{12.4}$$

단, $E(E_{t+1})$: 차기연도 이익의 기대치

E_t : 과거 t기의 실제이익

이같이 추정하는 논리는 t기에 실적이 좋은 기업은 $t+1$기에는 실적이 좋지 못한 경향이 있다는 사실에 근거하고 있다. 많은 기업들은 높은 경쟁 때문에 계속적으로 양호한 영업실적을 보일 수 없다는 논리에 근거한 추정방법이다. 예를 들어, 대체적으로 2,000원의 주당이익을 기록했던 기업이 최근 연도에 2,500원의 주당이익을 올렸으면 500원의 이익은 반복되지 않을 일시적 이익부분으로 간주하는 것이다. 이 모형은 성장기회가 극히 적은 기업의 이익예측에 적합한 면이 있다.

마팅겔모형(martingale model)은 최근 연도의 이익을 차기연도의 이익예측치로 보

는 방법이다. 즉,

$$E(E_{t+1}) = E_t \tag{12.5}$$

이러한 관점의 예측은 차기연도 이익이 최근 연도의 이익수준에서 일정수준으로 상승할 확률과 하락할 확률이 동일하다는 논리에 근거하고 있다. 앞의 예의 경우 500원의 이익증가를 항구적인 증가로 보고 차기연도의 이익을 2,500원으로 예측하는 것이다. 이 모형을 랜덤워크모형(random walk model)이라고도 한다.

서브마팅겔모형(submartingale model)은 최근 연도의 이익에 성장추세를 감안하여 차기연도의 이익을 예측하는 방법이다. 즉,

$$E(E_{t+1}) = E_t + d \tag{12.6}$$

단, d : 성장추세가 감안된 이익증가액

(2) 추정손익계산서상 작성법

1) 매출액 예측

추정재무제표 작성을 통한 이익예측방법의 시작은 매출액이 적절히 예측되었다는 전제하에서 진행된다. 개별항목 추정에 있어서 재무제표를 구성하는 주요 항목들이 매출액에 비례한다고 가정한, 매출액기준 예측(sales driven forecast)방법인 것이다. 그만큼 매출액 예측이 중요하다.

매출액 예측은 제11장에서 설명한 예측기간 동안 그 기업의 경영성과에 영향 미칠 주요 경제변수(환율, 이자율, 경제성장률 등)의 동향, 당해산업의 경쟁구조, 그 기업 비즈니스모델의 적정성과 항구성, 그리고 기업의 경제적 해자의 구축정도 및 경쟁우위에 대한 분석을 토대로, 주요 사업부문별 또는 제품별 각각에 대하여 예측하는 것이 필요하다.

매출액, 주요 비용항목 그리고 영업마진을 추정할 때에는 질적 측면을 충분히 고려하는 것이 중요하다. 질적인 측면에서 많은 요소를 고려할 수 있지만, 핵심적인 부분은 예측기간 동안 기업의 경쟁우위(competitive advantage)유지능력이다. 이러한 질적 요소에 대한 종합적인 평가와 함께, 앞에서 설명한 시계열예측방법 등의 계량적 방법을 적용하여 매출액 예측을 행한다. 매출액 예측의 결과는 매출액증가율로 요약되는 것이 후속 예측작업에 도움이 된다.

2) 주요 비용, 이익 항목의 추정

손익계산서를 구성하는 개별항목을 추정하는 방법으로는 매출액백분율법, 회귀분석법, 예산비용법을 이용할 수 있다.

매출액백분율법(percent of sales method)은 매출액 예측이 상기 요소들을 고려하여 여러 가지 방법(추세분석, 인과모형에 의한 예측, 새로운 경제동향과 산업동향의 고려)에 의해서 이루어지면, 재무제표의 각 구성항목을 매출액 대비 백분율로 표시하고, 이 매출액구성비가 계속 유지될 것으로 가정하여 다음과 같이 예측하는 방법이다.

$$\text{매출액에 비례하는 비용의 추정치} = \text{추정매출액} \times \frac{\text{관련비용항목}}{\text{매출액}} \tag{12.7}$$

$$\text{추정영업이익} = \text{추정매출액} \times \frac{\text{영업이익}}{\text{매출액}} \tag{12.8}$$

$$\text{추정순이익} = \text{추정매출액} \times \frac{\text{순이익}}{\text{매출액}} \tag{12.9}$$

매출액백분율법은 매출액 대비 매출구성항목의 비율이 과거의 역사적 관계가 유지될 것으로 가정하는 것이므로, 추정매출액에 매출액이익률을 곱하여 추정순이익 또는 추정영업이익을 구할 때, 회계이익은 지속가능영업이익 또는 지속가능순이익 기준이어야 한다. 회귀분석법(regression analysis)에 의한 예측방법은 주요 비용항목과 이익항목이 매출액과의 선형적 관계가 과거의 관계처럼 유지될 것으로 가정하여 다음과 같이 회귀분석에 의하여 그 관계를 추정하는 것이다.

$$\text{매출원가 구성항목} = a + b(\text{매출액})$$
$$\text{판매관리비 구성항목} = a + b(\text{매출액})$$

예산비용법(budget expense method)은 재량적 지출항목처럼 매출액과의 역사적 비율관계가 유지되지 않는 비용항목들에 대해서는 경영계획이나 목표치를 고려하여 추정하는 방법이다. 예를 들어 감가상각비나 광고비와 같은 비용항목은 기업의 시설투자결정이나 광고전략에 좌우되고 매출액에 비례하지 않는 경우가 많다. 또한 기술혁신이나 국제화와 같은 기업환경의 변화로 인하여 마진율이 달라질 것으로 예상되면, 이를 개별적으로 고려하는 것이 합리적이다.

이상에서 소개한 예측방법으로, 주요 비용과 이익 항목을 추정하는 방법을 손익계산서의 양식에 따라서 표시하면, 〈표 12-4〉와 같이 정리할 수 있다.

〈표 12-4〉 추정손익계산서에 의한 이익예측

항목		추정방법
매출액 (−)매출원가	·········	(판매단가×판매수량) : 거시경제동향, 산업동향, 기업 내부의 핵심역량, 경영전략, 공장 확장계획 등 장기경영계획을 고려하여 매출액과 매출원가항목 추정, 역사적 관계가 유지되는 경우는 매출액백분율법, 회귀분석법 이용
(매출총이익) (−)판매비와 관리비	·········	판매예산·관리비예산을 감안하여 추정, 역사적 관계가 유지되는 경우는 매출액백분율법, 회귀분석법 이용
(영업이익)	·········	역사적 관계가 유지되는 경우는 (추정매출액×매출액영업이익률)
(−)이자지급액	·········	(자금소요액=주식발행+부채차입) (이자지급액=부채차입×평균이자율)
(±)기타영업외수익(비용)		
(세전 계속사업이익)		
(−)법인세비용	·········	(법인세비용전순이익×법인세율)
(±)중단사업이익(손실)		
(법인세비용후순이익)	·········	역사적 관계가 유지되는 경우는 (추정매출액×매출액순이익률)
(주당이익 *EPS*)	·········	{추정 보통주이익÷(기발행주식수+신규발행주식수)}

(3) 시장점유율 – 마진율의 이용법

앞서 설명한 추정손익계산서의 작성에 의한 이익예측은 번거롭고 많은 작업을 요한다는 단점이 있다. 이익예측의 간편한 방법 한 가지는 매출액 예측을 전제로 하여, 이에 예상되는 시장점유율과 마진율을 곱하여 곧바로 이익추정치를 구하는 것이다.

식 12.10에서 보는 것처럼 연구기관이나 업계의 자료(기준연도의 산업 전체의 매출액과 성장률자료)에 근거하여 산업 전체의 매출액추정치를 얻은 다음 여기에 그 기업의 과거추세, 시장상황, 마케팅능력을 감안하여 예상 시장점유율을 곱하면, 미래 t기에 예상되는 매출액추정치를 구할 수 있게 된다.

이제 이 매출액추정치에 그 기업의 경영력과 과거패턴 등을 감안하여 매출액영업이익률 또는 순이익률을 곱하면 구하고자 하는 이익예측치를 얻게 된다.

$$E_t = S_0(1+g)^t \cdot SOM_t \cdot M_t \tag{12.10}$$

단, E_t : t기의 순이익, S_0 : 산업의 당기 매출액
g : 산업의 수요성장률, SOM_t : t기의 시장점유율
M_t : t기의 매출액순이익률

② 만약 경쟁의 심화로 인하여 2017년의 주당이익이 2,346원이 될 것으로 전망된다면, 2016년 대비 연간 성장률은 얼마로 예상할 수 있는가?

해설

① $g=\sqrt[5]{\dfrac{2,011}{1,000}}-1=\sqrt[5]{2.011}-1=15.0\%$

② $g=\sqrt[2]{\dfrac{2,346}{2,011}}-1=\sqrt[2]{1.167}-1=8.0\%$

(2) 지속가능성장률의 추정

성장에는 내부금융과 외부금융을 통한 자금의 뒷받침이 필요하다. 외부로부터의 자금조달이 얼마든지 가능하다면 매우 높은 성장률도 가능하지만, 그렇지 않다면 달성할 수 있는 성장률에는 한계가 있다. 내부자금으로 하는 경우가 부채나 증자 등 외부자금으로 하는 기업보다 지속가능한 성장을 가능하게 한다.

지속가능성장률(sustainable growth rate)은 외부자금조달이 여의치 못한 경우 내부자금만으로 성장할 수 있는 최소한의 달성가능한 성장률을 말한다. 외부금융 없이 내부자금만 가지고 성장에 필요한 재원을 조달하는 경우 성장률(g)은 사내유보율(f)에 재투자수익률(r)을 곱한 것이 된다. 여기서 재투자수익률(r)은 외부금융이 없는 경우의 투자수익률이므로 자기자본순이익률(ROE)을 사용할 수 있다. 즉,

$$
\begin{aligned}
g &= f \cdot r = f \cdot ROE \\
&= (\text{사내유보율}) \times (\text{자기자본순이익률}) \\
&= \left(\frac{\Delta\,\text{유보이익}}{\text{순이익}}\right) \times \left(\frac{\text{순이익}}{\text{자기자본}}\right) = \left(\frac{\Delta\,\text{유보이익}}{\text{자기자본}}\right) \\
&= \text{주주지분증가율}
\end{aligned}
\tag{12.12}
$$

결국 지속가능성장률은 재투자율과 같고, 유보이익만큼 자기자본도 증가할 것이므로 자기자본(주주지분)증가율을 뜻하게 된다.

한편 자기자본순이익률(ROE)은 비율분석에서 설명한 것처럼 매출액순이익률, 총자산회전율, 부채레버리지와의 결합관계로 표시될 수 있으므로, 이들 요인들을 추정하여 지속가능성장률을 예측할 수 있다.

$$\text{성장률}(g) = \left(\frac{\text{순이익}}{\text{매출액}}\right) \times \left(\frac{\text{매출액}}{\text{총자본}}\right) \times \left(\frac{\text{총자본}}{\text{자기자본}}\right) \times \left(\frac{\text{유보이익}}{\text{순이익}}\right) \tag{12.13}$$

이처럼 미래성장률을 계량화시켜 예측할 때 주의할 것은 산업수명주기, 산업의 경쟁구조의 변화뿐만 아니라 그 기업의 영업성격의 구조적 변화와 같은 질적인 측면도 충분히 고려해야 한다는 점이다.

지속가능성장률을 구하는 다른 방법은 유보자금의 증가로 자기자본이 많아지면, 부채비율을 동일하게 유지할 경우 추가적인 부채차입 여력이 생기는 것을 감안하는 것이다.

이제 자산투자증가액은 사내유보자금과 부채차입의 합이므로 차기 매출액 S_1, 매출액증가액 ΔS, 매출액이익률 M, 사내유보율 f, 부채비율(B/S) L, 자산투자 대 매출액비율(총자산회전율의 역수)을 T라고 표시하면 다음 관계가 성립한다.

$$g = \frac{M \times f \times (1+L)}{T - \{M \times f \times (1+L)\}} \tag{12.14}$$

이 관계식은 제1절에서 설명한 것처럼 기업의 경영내용을 가장 잘 나타내는 매출액순이익률 · 총자본회전율 · 부채비율과의 관계에서 기업의 성장률을 추정하는 것이므로, 성장률과 기업성과 변수 사이의 관계를 보는 유용한 면이 있다.

예 제

다음은 미래성장률을 추정하기 위해서 얻은 지난 5년간에 걸친 기초자료로서 *ROE*분석 자료이다.

연 도	*ROE*(%)		매출액순이익률(%)		총자산회전율(회)		재무레버리지($1+B/S$)
2012	29.2	=	6.6	×	1.5	×	2.95
2013	45.0	=	7.7	×	1.7	×	3.44
2014	40.3	=	8.0	×	1.6	×	3.15
2015	21.8	=	6.9	×	1.4	×	2.26
2016	21.0	=	7.4	×	1.3	×	2.18

이 회사가 그간 산업평균을 크게 상회하는 *ROE*를 이룩할 수 있었던 요인 중의 하나는 이익의 모두를 사내유보(배당성향=0)시켰기 때문이다.

지난 5년간의 실적과 향후 산업전망, 경쟁상황의 변화, 회사의 경쟁력, 재무전략 등을 감안할 때, 주요 재무변수에 대하여 다음과 같이 예상하였다. 이 상태는 앞으로 지속가능한 것으로 보고, (주)소망의 지속가능성장률을 추정하고자 한다.

사내유보율=80% 매출액순이익률=6.0%
총자산회전율=1.2회전 재무레버리지=2.00(부채비율=100%)

(1) 이 회사의 ROE를 구하라. 내부금융만으로 성장하는 경우 지속가능성장률은 얼마인가?
(2) 부채비율을 동일하게 유지하여 추가적인 부채차입 여력이 생기는 것을 감안한 지속가능성장률을 추정하라.

해설 (1) ROE=(매출액순이익률)×(총자산회전율)×(재무레버리지)
=(0.06)×(1.2)×(1+1.0)=0.144(14.4%)
g=(사내유보율)×(ROE)=(0.8)×(14.4%)=11.52%

(2) 부채차입 여력이 생기는 것을 감안한 지속가능성장률

$$g=\frac{M\times f\times(1+L)}{T-\{M\times f\times(1+L)\}}=\frac{0.06\times0.8\times2.0}{0.833-(0.06\times0.8\times2.0)}=\frac{0.096}{0.737}=0.130(13.0\%)$$

(여기서 $T=1/1.2=0.833$)

주요용어

재무제표분석 / 수익성비율 / 활동성비율
안정성비율 / 유동성비율 / 상호비교분석
ROE 분석 / *ROIC* 분석 / 잉여현금흐름(*FCF*)
재무제표의 질 / 이익예측방법 / 정상적 주당이익
지속가능이익 / 시계열예측방법 / 기계적 외삽법
평균회귀모형 / 마팅겔모형 / 랜덤워크모형
서브마팅겔모형 / 추정손익계산서상 작성법 / 매출액백분율법
지속가능성장률

연습문제

1. [가치투자와 재무분석] 가치투자방법에서 재무건전도에 대한 분석이 중요한 이유는 무엇인가?

2. [주요 재무지표] 특정기업의 재무적 건전도를 평가할 수 있는 주요 재무지표와 이들의 의미에 대해서 설명하라.

3. [*ROE* 원인분석] *ROE*, *ROIC*의 변동원인을 분석할 수 있는 체계를 제시하라.

4. [재무제표분석] 재무제표분석에 대한 질적 분석의 중요성과 내용에 대하여 설명하라.

5. [시계열예측모형] 이익예측의 방법으로서 평균회귀모형, 마팅겔모형, 서브마팅겔모형을 비교·설명하라.

6. [이익예측] (주)동서의 지난 7년간의 주당이익은 다음과 같았다. 증권분석결과 내년도 성장률은 10%로 예상된다. (단위 : 원)

900	1,100	1,200	800	1,080	1,160	1,000

이 기업의 내년도 주당이익을 예측하고자 한다. 이익예측모형으로서 평균회귀모형, 마팅겔모형(랜덤워크모형), 서브마팅겔모형에 의한 내년도 이익의 추정치를 제시하라.

7. [추정손익계산서와 이익예측]
① 매출액 예측방법에 대하여 설명하라.
② 추정손익계산서 작성에 의한 이익예측방법에 대하여 설명하라.

8. [정상적 주당이익] 정상적 주당이익 추정시 고려해야 할 요소에 대하여 설명하라.

9. [성장률 예측]
   ① 성장률의 계량적 예측방법에 대하여 설명하라.
   ② 2012년 주당이익은 2,000원이었는데, 2017년의 주당이익은 3,800원이었다. 이러한 성장추세가 계속되리라고 전망된다면 이 기업의 성장률은 얼마로 예상되는가?

10. [재무분석과 지속가능성장률]
    (주)소망은 주당순이익 중 40%를 배당해 왔다. 지난 수년간의 실적과 향후 전망을 토대로 한 주요 재무변수에 대한 예상은 다음과 같다. 이 상태는 앞으로 지속가능한 것으로 보고 있다.

매출액순이익률=4.0%	총자산회전율=3.0회전	부채비율=100%

   ① *ROE*를 구하고, 내부금융만으로 성장하는 경우 지속가능성장률을 추정하라.
   ② 부채비율을 동일하게 유지하여 추가적인 부채차입 여력이 생기는 것을 감안한 지속가능성장률을 추정하라.

11. [애널리스트의 이익예측] 제11장에서 선정한 상장회사에 대하여 내년도의 추정재무제표를 작성하고, 내년도의 주당이익을 추정하라. 이를 위해서 기준이 되는 매출액 예측, 개별항목 추정의 근거를 제시하라. 매출액백분율법에 의한 추정과 큰 차이가 있는 부분이 있다면 차이가 나는 이유를 설명하라.

제 13 장

보통주평가모형

앞의 제11장에서는 보통주 이익과 주가에 영향을 미치는 국민경제-산업-기업적 요소에 대해서, 제12장에서는 재무제표분석과 보통주 미래이익 예측방법에 대하여 살펴보았다. 본장에서는 추정된 미래이익과 성장률 추정치에 기초하여 적정주가를 평가하는 제반 평가모형에 대하여 다룬다. 구체적으로 수익가치를 기준으로 투자가치를 평가하는 배당평가모형, 이익평가모형, *FCF*모형, 그리고 상대가치평가모형으로서 *PER*, *PBR* 등에 대해서 설명한다. 다음은 본장의 학습목표로서 이해해야 할 주요 사항들이다.

- 전통적 *DCF*모형(배당평가모형과 이익평가모형)에 근거한 보통주 가치평가방법
- 공모주식의 발행가격 추정방법
- 잉여현금흐름(*FCF*)모형, 주주잉여현금흐름(*FCFE*)모형을 이용한 보통주 가치평가방법
- *PER*, *PBR*, *PSR*, *EV*/*EBITDA* 등 주가배수를 활용한 상대가치평가방법

제 1 절 보통주평가모형들

제Ⅳ편(제11장~제15장)에서는 가치투자(value investment)의 관점에서 주식투자의 문제를 다루고 있다. 가치투자의 과정은 "장기적이고 안정적으로 이익을 낼 수 있는 우량종목을 발굴하여 충분히 낮은 가격으로 매수하는 것"으로 요약할 수 있다. 이 과정을 단계별 흐름도로 나타낸 것이 제11장 [그림 11-1]이었는데, 주요 단계는 다음과 같이 요약된다.

1단계 : 경제-산업-기업 분석(미래 이익발생능력에 영향을 미치는 요인 분석)
2단계 : 미래이익 예측과 성장률 추정(가치평가에 필요한 투입정보의 추정)
3단계 : 내재가치의 평가(2단계에서 추정된 예측치를 토대로 적정주가 도출)

1단계의 내용 중 질적 측면에 대해서는 제11장에서, 재무적 측면에 대해서는 제12장 제1절에서 다루었다. 2단계의 내용은 제12장 제2~3절에서 살펴보았다. 이제 이를 토대로 3단계의 내재가치를 평가하는 방법에 대해 살펴보고자 한다.

과대 혹은 과소 평가된 보통주를 찾기 위해서 보통주의 내재가치를 추정하는 모형은 다음과 같이 나누어 볼 수 있다.

(1) 현금흐름할인(*DCF*)모형에 의한 절대가치평가방법
  1) 전통적 *DCF*모형
    ① 배당평가모형 : 정률성장모형, 제로성장모형, 고속성장모형
    ② 이익평가모형
  2) 잉여현금흐름(*FCF*)모형, 주주잉여현금흐름(*FCFE*)모형
(2) 주가배수를 활용한 상대가치평가방법 : *PER*, *PBR*, *PSR*, *EV/EBITDA*

주식가치는 그 기업이 미래 주주들에게 얼마나 많은 투자수익을 가져다주느냐에 의해서 결정된다고 할 수 있다. 따라서 그 기업이 미래 벌어들이는 현금흐름의 크기가 중요한데, 미래현금흐름은 불확실성이 내포되어 있으므로, 주식가치를 추정할 수 있는 한 방법은 투자로 인한 미래현금흐름을 위험도가 반영된 적절한 할인율로 할인한 현재가치(*DCF* : discounted cashflow)를 추정하여 평가할 수 있다.

이와 같은 주식평가모형으로는 배당평가모형, 이익평가모형과 같은 전통적

*DCF*모형과 영업현금흐름에 기초한 *FCF*모형을 들 수 있다. 전통적 *DCF*모형에 대해서는 다음 제2절에서 설명한다. 그리고 *FCF*모형, 주주잉여현금흐름(*FCFE*)모형에 대해서는 제3절에서 다룬다.

그러나 투자로 인한 미래현금흐름의 현재가치를 구하는 *DCF*모형은 절대가치 평가법이지만, 실용적이지 못할 때가 많다. 실용적인 주식평가모형으로 실무에서 널리 이용되고 있는 것이 *PER*, *PBR*, *PSR* 등의 주가배수(multiples)를 활용한 상대가치평가방법이다. 이에 대해서는 제4절에서 다룬다.

제2절 전통적 *DCF* 주식평가모형

본절에서는 현금흐름할인(*DCF*)모형의 특징을 설명하기 위해 먼저 수익가치와 자산가치의 개념을 대비하여 살펴보고, 전통적 *DCF*모형으로 분류되는 배당평가모형(정률성장모형, 제로성장모형, 고속성장모형)과 이익평가모형에 대하여 설명한다.

1. 수익가치와 자산가치

(1) 수익가치

주식가치는 기본적으로 미래 주주들에게 돌아올 투자수익인 현금흐름의 크기와 그 현금흐름의 불확실성에 의해서 좌우된다고 할 수 있다. 그런데 미래 기간별 예상되는 투자수입은 현재가 아닌 미래의 서로 상이한 시점에서 발생하고, 또한 불확실성의 정도가 다른 현금흐름이다. 따라서 현재시점의 투자액과 미래시점의 투자수입을 비교평가하기 위해서는 현금흐름의 시간적 차이를 조정하는 것과 미래투자수입의 불확실한 정도를 반영시키는 두 가지 작업이 필요하다.

이 두 가지 작업을 통하여 어느 증권이 가지는 내재가치를 추정하는 방법은 미래투자수입에 대해 그 발생시점과 불확실성이 반영된 요구수익률로 할인한 현재가치(present value)를 구하여 추정한다. 이러한 의미에서 현금흐름할인(*DCF* : discounted cashflow)법이라고 부른다. 이제 미래 t기에서의 투자수입(현금흐름)이 CF_t 만큼 예상되고, 이들 현금흐름에 대한 적절한 할인율을 r 이라고 하면 투자가치(PV_0)는 다음 식과 같이 추정된다.

$$PV_0 = \frac{CF_1}{(1+r)} + \frac{CF_2}{(1+r)^2} + \cdots\cdots + \frac{CF_t}{(1+r)^t}$$

위의 식에 따라 현재가치(DCF)를 구하여 보통주가 지니는 내재가치를 평가하는 절차를 요약하면 다음과 같다.

① 미래 기간별 주당이익을 예측하고 배당성향을 고려한 주당배당을 추정하여 주식투자자에게 돌아오는 기간별 투자수입을 추정한다.
② 이 현금흐름은 불확실하므로 그 불확실성을 반영한 요구수익률을 추정한다.
③ 기간별 현금흐름을 요구수익률로 할인하여 현재가치를 구한다.

이러한 DCF방법은 그 기업이 미래 계속적으로 영업함을 가정한, 소위 계속기업(going concern)의 가정에 기초한 평가방법이다. 그 기업의 미래 이익발생능력의 척도라고 볼 수 있는 주당이익이나 주당배당, 즉 수익가치에 기초한 평가방법이라는 특징이 있다.

다음 제2절과 제3절에서 설명하는 배당평가모형, 이익평가모형 그리고 잉여현금흐름(FCF)모형은 이와 같은 특징의 현금흐름(DCF)모형들이다.

(2) 자산가치

주주들이 투자가치를 부여할 수 있는 다른 방법의 하나는 위의 (1)에서 설명한 미래 이익발생능력에 따라 초래되는 수익가치가 아니라, 주식회사가 현시점에서 청산(liquidation)하는 것을 전제로 평가하는 것이다. 현시점에서 청산을 전제하면 주주들에게 귀속되는 자산가치에 근거하여 평가할 수 있다. 왜냐하면 주식회사가 청산하게 되는 상황이 되면 재산권 행사의 우선순위에 있어서 채권자들의 몫, 곧 채무가 먼저 변제되고 주주들에게는 잔여재산이 돌아가기 때문이다.

주주에게 돌아갈 잔여재산(순자산가치)의 크기를 재무상태표상에서 추정한다면 기업의 총자산 중 채권자의 몫인 총부채를 차감한 순자산(net worth)이 된다. 따라서 순자산(=총자산−총부채)을 발행주식수로 나눈 주당순자산가치를 계산하여 보통주 한 주에 귀속될 주식가치로 평가하고 있다. 이를 주당장부가치(BPS : book value per share)라고도 한다.

$$주당순자산가치 = \frac{총자산 - 총부채}{발행주식수} \tag{13.1}$$

이처럼 일정한 회계적 기준에 의하여 작성된 재무상태표로부터 보통주 주주에게 귀속될 자산가치를 추정하는 것은 기업의 청산을 전제로 한 청산가치(liquidation value)에 근거한 것이다. 따라서 시장가치 기준으로 측정된 청산가치라면 주식내재가치의 하한가격이 될 수 있다.

그러나 이 평가방법은 역사적 취득원가회계 등 일정한 회계적 관행에 의해서 장부가치 기준으로 순자산가치가 추정되면 실제의 주가와 큰 차이를 보일 수 있는 문제점이 있다. 주당순자산가치는 근본적으로 미래의 수익발생능력(계속기업가치)을 반영한 것이 아니기 때문이다. 더욱이 자산가치는 개별자산의 단순한 합계에 지나지 않기 때문에 기업의 원천적 수익력을 평가할 수 없다는 한계점이 있다.

이러한 이유 때문에 주관적이기는 하지만 미래 수익력에 근거한 내재가치 추정방법이 중요시되고 있는 것이다. 증권시장에서 증권의 내재가치는 실제의 수요와 공급의 균형을 통한 가격기구를 통하여 객관화되는 과정을 거치므로 다음 항에서 설명하게 되는 평가모형들이 의미를 지니게 된다.[1)]

주당순자산가치의 한계점을 보완하는 한 방법은 순자산의 대체원가(replacement cost)를 추정하는 것이다. 실제로 순자산의 대체원가는 주식의 시장가치와 크게 차이나는 경우가 많지 않은 것으로 받아들여지고 있다. 만약 양자간에 큰 차이를 보이게 되면 기업인수의 표적이 되거나, 새로운 기업들이 당해산업에 진입함으로써 시장가치에 변화가 초래되기 때문이다. 이 양자를 비율(주식의 시장가격÷실물자산의 대체원가)로 표시한 것을 '토빈의 q'라고 하는데, 이 비율이 1과 얼마나 괴리가 있는지가 바로 이러한 측면을 나타나게 된다.

---

1) 배당평가모형이나 이익평가모형처럼 미래 수익력에 근거한 내재가치 추정방법은 미래배당이나 미래 특정시점의 매도가격 그리고 요구수익률 추정이 필요한데, 이들에 대한 추정은 상당한 예측오차를 수반할 수 있다. 이러한 측면은 자산가치에 근거한 추정방법을 선호하게 만든다.

2. 배당평가모형

미래 이익발생능력, 즉 수익가치에 근거하면 주식투자자가 부여할 투자가치(value of equity)인 미래투자수입은 투자기간중에 지급받는 배당의 크기와 매도시점에서의 처분가격이다. 따라서 이 미래배당투자수입(d_t)과 매도가격(P_n)을 주식투자자의 요구수익률(k_e)로 할인하여 식 13.2처럼 현재가치를 추정하면 보통주의 내재가치가 구해진다.

$$S_0 = \frac{d_1}{(1+k_e)^1} + \frac{d_2}{(1+k_e)^2} + \cdots\cdots + \frac{d_n}{(1+k_e)^n} + \frac{P_n}{(1+k_e)^n} \tag{13.2}$$

단, S_0 : 현재시점에서의 주식의 이론적 가치
d_t : t 기에서의 배당수입
k_e : 주식투자자들의 요구수익률
P_n : n 시점에서의 매도가격

여기서 n 년도 매도가격 P_n 은 $(n+1)$년도 이후의 배당수입에 대한 현재가치이다.

$$P_n = \frac{d_{n+1}}{(1+k_e)^1} + \frac{d_{n+2}}{(1+k_e)^2} + \cdots\cdots + \frac{d_\infty}{(1+k_e)^\infty}$$

따라서 주식의 내재가치는 식 13.3처럼 영속적인 배당수입에 대한 현재가치라고 할 수 있다.

$$\begin{aligned} S_0 &= \frac{d_1}{(1+k_e)^1} + \frac{d_2}{(1+k_e)^2} + \cdots\cdots + \frac{d_n}{(1+k_e)^n} + \frac{d_{n+1}}{(1+k_e)^{n+1}} + \cdots\cdots \\ &= \sum_{t=1}^{\infty} \frac{d_t}{(1+k_e)^t} \end{aligned} \tag{13.3}$$

결국 식 13.3에서 보는 것처럼 증권의 내재가치는 영속적인 미래배당흐름을 요구수익률로 할인한 현재가치로 표시되는데, 이를 배당평가모형(dividend valuation model)이라고 한다.

예 제

주식 ABC의 금년도 주당이익(EPS_0)은 6,000원이고 배당성향은 40%(d_0 =2,400원)이다. 주식투자자의 요구수익률(기회투자수익률)은 12%이다. 증권분석가들은 배당성향이 40%로 유지될 것으로 예상하고, 1년 후의 주당배당(d_1)=2,580원, 2년 후의 주당배당(d_2)=2,760원, 3년 후의 주당배당(d_3)=2,850원, 그리고 3년말의 주가는 50,475원 수준이 될 것으로 예상하고 있다. 이 주식의 이론적 가치를 구하라.

해설

$$S_0 = \frac{2,580}{(1.12)} + \frac{2,760}{(1.12)^2} + \frac{2,850}{(1.12)^3} + \frac{50,475}{(1.12)^3} = 42,459\text{원}$$

식 13.3의 배당평가모형은 미래배당흐름의 성장률에 대한 가정에 따라서 정률성장모형, 제로성장모형, 다단계(고속)성장모형으로 나누어 볼 수 있다.

(1) 정률성장모형

미래배당흐름이 매년 일정하게 성장한다고 가정하면, 식 13.3의 배당평가모형은 현실적인 응용성이 높아진다. 만약 기업의 이익과 배당이 매년 g%만큼 일정하게 계속적으로 성장하고, 요구수익률(k_e)이 일정하다고 가정하면, 주식의 내재가치는 다음과 같이 표시된다.

$$\begin{aligned} S_0 &= \frac{d_0(1+g)}{(1+k_e)} + \frac{d_0(1+g)^2}{(1+k_e)^2} + \frac{d_0(1+g)^3}{(1+k_e)^3} + \cdots\cdots + \frac{d_0(1+g)^\infty}{(1+k_e)^\infty} \\ &= \sum_{t=1}^{\infty} \frac{d_0(1+g)^t}{(1+k_e)^t} \end{aligned} \tag{13.4}$$

여기서 만일 k가 g보다 크다(즉 $k > g$)고 가정하면, 식 13.4는 등비가 $(1+g)/(1+k)$인 무한등비수열이므로 이의 합을 내면 내재가치는 식 13.5와 같다.

$$S_0 = \frac{d_1}{k_e - g} = \frac{d_0(1+g)}{k_e - g} \tag{13.5}$$

식 13.5는 기업의 이익과 배당이 매년 g%만큼 일정하게 성장한다고 가정할 경우의 주식의 이론가치를 나타낸 것으로서 정률성장모형(constant growth model) 또는 고든(Myron J. Gordon)모형이라고 한다. 이 모형에 의하면 ① 기대배당이 클수록, ② 요구수익률이 낮을수록, ③ 배당의 기대성장률이 높을수록 주식가치는 커진다.

이 정률성장모형은 배당흐름이 매년 일정한 비율로 지속적으로 성장한다는 가정 이외에도 다음과 같은 가정을 하고 있으므로 이 모형의 이용에 주의할 필요가 있다.

① 성장에 필요한 자금을 내부자금만으로 조달(internal financing)한다.
② 투자자금의 생산활동을 통한 재투자수익률(r)이 항상 일정하다.
③ 사내유보율(f)과 배당성향($1-f$) 또한 일정하다.
④ 결과적으로 내부금융만으로 성장할 경우의 성장률($g=f\cdot r$)도 변함없다.
⑤ 요구수익률(할인율, k_e)이 일정하며, $k_e>g$이다.

여기서 추가적인 주식발행 없이 가능한 성장률(g)을 제12장에서 설명한 것처럼 지속가능성장률(sustainable growth rate)이라고 하는데, 이는 사내유보율(f)과 재투자수익률(r)의 곱($f\cdot r$)으로 추정한다.[2] 여기서 재투자수익률은 자기자본순이익률(ROE)로 측정할 수 있다.

$$\begin{aligned}\text{지속가능성장률 } g &= (\text{사내유보율})\cdot(\text{재투자수익률}) \\ &= f\cdot r = f\cdot ROE \end{aligned} \tag{13.6}$$

따라서 식 13.5의 정률성장모형은 다음과 같이 추정할 수 있다.

$$S_0=\frac{d_0(1+g)}{k_e-g}=\frac{E_0(1-f)(1+g)}{k_e-f\cdot r} \tag{13.7}$$

단, E_0 : 0기에서의 주당이익

2) $g=f\cdot r$이 성립되는 것은 다음과 같이 증명된다. 지금 E_t : t시점의 이익, I_{t-1} : $t-1$시점의 투자액, r : 재투자수익률, f : 사내유보율이라고 표시하면, t시점의 이익 E_t는 $E_t=E_{t-1}+r\cdot I_{t-1}$과 같이 표시된다.
여기서 내부자금만 가지고 투자자금을 조달하면, 투자액 $I_{t-1}=f\cdot E_{t-1}$이 된다.
따라서 $E_t=E_{t-1}+r\cdot f\cdot E_{t-1}=E_{t-1}(1+f\cdot r)$이다. 결과적으로 이익성장률 $g=\dfrac{E_t}{E_{t-1}}-1=f\cdot r$이 된다.
성장률 g가 요구수익률 k보다 크면, 이 모형을 적용할 수 없다. 어느 기업의 지속가능성장률이 매우 높은 수준을 장기간 유지하기 어려운 것이 현실이므로 미래예측시 이를 감안할 필요가 있다. 장기적 지속가능성장률로 그 나라 경제의 GDP성장률을 참고하기도 한다.

예 제

XYZ회사의 지난 6년간의 주당순이익, 주당배당금, 배당성향, *ROE* 추이가 다음과 같다. 향후 이 회사의 배당성향, *ROE*수준은 과거 평균수준이 영구적으로 지속될 것으로 예상하고 있다. 최근 1,400원의 배당금(d_0)을 지급했고, 요구수익률은 15%이다.

	2011	2012	2013	2014	2015	2016	평 균
EPS(원)	1,580	1,040	1,440	1,860	2,220	2,400	1,757
DPS(원)	920	600	820	1,280	1,320	1,400	1,057
배당성향(%)	58	58	57	69	60	58	60
ROE(%)	23	19	22	27	29	30	25

① 주어진 예상치에 근거하면, 지속가능성장률은 얼마인가?
② 이 주식의 내재가치는 얼마인가?

해설 ① 주어진 예상치, 배당성향=60% (사내유보율=40%), *ROE*=25%에 근거하면, 지속가능성장률 $g=f \cdot ROE=(0.4)(25\%)=10\%$
② 정률성장모형에 의해서 내재가치를 추정하면,

$$S_0=\frac{d_1}{k_e-g}=\frac{1,400(1+0.10)}{0.15-0.10}=\frac{1,540}{0.05}=30,800\text{원}$$

(2) 제로성장모형

기업이 어느 정도의 성장이 없이 현상유지만 하는 경우, 즉 배당이 당기의 수준(d_0)을 유지하며, 요구수익률 또한 일정하게 유지될 것으로 예상되는 제로성장기업이라면 식 13.5에서 $g=0$인 경우이므로 내재가치는 다음과 같이 구해진다. 이를 제로성장모형(zero growth model)이라고 한다.

$$S_0=\frac{d_0}{k_e} \tag{13.8}$$

(3) 다단계성장모형

미래배당흐름의 성장률이 항상 일정하다고 가정하는 정률성장모형은 비현실적일 때가 많다. 기업의 성장률은 많은 기업들에서 보는 것처럼 처음 수년간은 매우 높은 성장률을 기록하다가 점차 유망한 투자기회를 찾는 것이 어려워지면서 둔화된다.

따라서 배당평가모형에 이처럼 몇 단계의 성장률 변화를 반영시키면 평가모형의 설명력이 높아질 것이다. 이처럼 몇 단계의 성장률 변화를 감안한 평가모형을 다단계 성장모형(고속성장모형 : multi-stage growth or supernormal model)이라고 한다.

이제 기업성장이 두 단계로 나뉘어 초기 n년 동안은 g_1% 만큼 고속성장하고, 그 이후에는 평균성장률 g_2% 수준으로 일정하게 계속 성장한다고 가정하면 그 평가모형은 다음처럼 표시된다.

$$S_0 = \sum_{t=1}^{n} \frac{d_0(1+g_1)^t}{(1+k_e)^t} + \sum_{t=n+1}^{\infty} \frac{d_0(1+g_1)^n(1+g_2)^{t-n}}{(1+k_e)^t} \tag{13.9}$$

여기서 $n+1$년 이후 g_2%의 정률로 성장하는 기간에 대한 가치는 식 13.5(정률성장모형)에 의해서 구할 수 있으므로 식 13.9는 다음과 같이 표시된다.

$$S_0 = \frac{d_0(1+g_1)}{k_e - g_1}\left[1 - \left(\frac{1+g_1}{1+k_e}\right)^n\right] + \frac{d_0(1+g_1)^n(1+g_2)}{(1+k_e)^n(k_e-g_2)} \tag{13.10}$$

예 제

ABC주식의 최근 주당이익은 7,200원이고, 주당배당이 3,840원이며, 요구수익률(k)이 9%이다. 앞으로 처음 3년간의 성장률은 20%이고, 그 이후로는 4%로 일정하게 성장할 것으로 전망되는 경우에 이 주식의 이론적 가치를 구하라.

해설

• 4년차 이후 4%의 성장률이 지속될 경우 4년초 시점의 가치는 다음과 같이 구해진다.
4년말 예상배당금 $= 3{,}840(1+0.2)^3(1+0.04) = 6{,}901$원

4년초 시점의 주식가치(정률성장모형을 적용) $= \dfrac{d_4}{(k-g)} = \dfrac{6{,}901}{(0.09-0.04)} = 138{,}019$원 (①)

• 처음 3년 20% 고속성장하는 경우의 배당금 $3{,}840(1.2)^t$을 계산하여 이의 현재가치를 계산하고 ①의 결과의 현재가치를 포함시키면 내재가치는 다음과 같이 구해진다.

$$S_0 = \sum_{t=1}^{3} \frac{3{,}840(1+0.2)^t}{(1+0.09)^t} + \frac{(3{,}840)(1+0.2)^3(1+0.04)}{(1+0.09)^3(0.09-0.04)}$$
$$= \frac{4{,}608}{(1.09)} + \frac{5{,}530}{(1.09)^2} + \frac{6{,}636}{(1.09)^3} + \frac{138{,}019}{(1.09)^3}$$
$$= 120{,}582\text{원}$$

(4) 민감도분석과 배당평가모형의 적용

식 13.5, 13.7의 배당평가모형에서 보면 주식가치가 미래 주당이익, 배당성향(사내유보율)과 재투자수익률이 반영된 성장률, 위험도가 반영된 요구수익률과 같은 기본적 변수(fundamentals)에 의해서 결정됨을 확인할 수 있다.

주식가치는 이 변수들 중에서 배당의 성장률(g)과 요구수익률(k)의 변화에 민감하다. [그림 13-1]의 (a)는 주식가치의 성장률에 대한 민감도를, (b)는 주식가치의 요구수익률에 대한 민감도를 나타낸 것이다. 이 그림에서 확인할 수 있는 것처럼, 배당평가모형에 의하여 추정된 주식가치는 낮은 요구수익률 수준(10% 정도 이하), 높은 성장률 수준(15% 정도 이상)에서는 추정오차가 클 수 있음을 암시한다.

배당평가모형의 가정과 민감도분석의 결과로부터 유추하면, 가치평가모형으로서 배당평가모형은 다음과 같은 경우에는 적용에 적절하지 않은 면이 있다.

첫째, 배당성향의 변동성이 큰 기업들에 적절하지 못하다. 예를 들어 앞의 예제에서의 ABC회사(배당성향이 60% 내외)와 다음의 VAR회사 중에서, 배당성향(주당이익 대 주당배당의 비율)의 변동성이 큰 VAR회사는 ABC회사보다도 배당평가모형의 적용이 적절하지 못하다.

		2011	2012	2013	2014	2015	2016
VAR회사	*EPS*	2,620	3,720	780	1,760	3,160	8,520
	DPS	2,000	2,000	2,000	2,000	2,000	2,000
	배당성향	76%	54%	256%	114%	63%	23%

[그림 13-1] 성장률과 요구수익률 변화에 따른 주식가치의 민감도(d_1 =2,544원, k =20%(a), g =5%(b)인 경우)

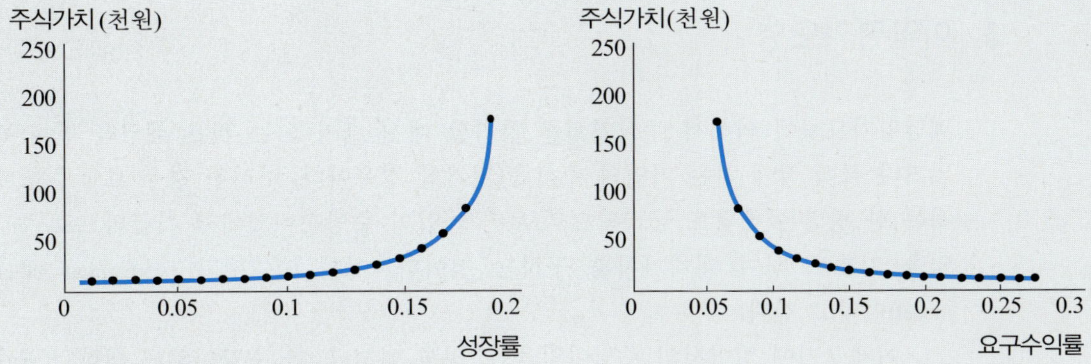

(a) 주식가치의 성장률에 대한 민감도 (b) 주식가치의 요구수익률에 대한 민감도

둘째, 배당모형은 성장이 둔화된 성숙단계에 있는 기업에 적절한 반면에, 기대성장률이 그 나라 경제의 GDP경제성장률보다도 크게 높은 경우는 그 높은 성장률을 유지(sustainable)하기 어렵기 때문에 적용이 적절하지 못한 면이 있다. 고성장 신생기업의 경우는 2단계(3단계) 고속성장모형을 적용하는 것이 바람직하다.

내재가치 추정에 사용되고 있는 기대성장률이 지속가능성장률 수준 이상인지는 현재의 주식가격으로부터 역으로 유추된 내재성장률(implied growth rate)을 계산하여 판단할 수 있다(다음 예제 참조).

예 제

(주)나눔의 현재 주당배당은 4,000원인데, 영구적으로 매년 5%씩 증가할 것으로 예상된다. 한편 이 주식에 대한 요구수익률은 12%이고, 현재 주가는 90,000원이다.

① 이 주식의 내재가치는 얼마인가?
② 현재의 주가가 정당화될 수 있는 성장률인 내재성장률을 구하고, 그 의미를 설명하라.

해설

① $S_0 = \dfrac{d_1}{k_e - g} = \dfrac{4,000(1.05)}{0.12 - 0.05} = 60,000$원

② 내재성장률 추정 : $90,000 = \dfrac{4,000(1+g)}{0.12-g}$ 여기서 g를 구하면, $g = 7.23\%$

현재 주가 90,000원 수준이 정당화되기 위해서는 이 회사의 배당이 영구적으로 매년 7.23%씩 성장해야 한다. 과연 이 회사가 이 수준의 성장을 지속할 수 있을지를 평가해야 한다.

3. 이익평가모형

배당평가모형에 의해서 주식가치를 평가할 때 문제가 되는 것은 배당을 전혀 하지 않거나 극히 적게 하는 기업의 주식을 평가할 경우이다. 이러한 경우 보통주를 평가하는 한 방법은 배당도 궁극적으로 보면 기업의 주당순이익에서 지급되므로 주당이익을 기초로 하여 내재가치를 구하는 것이다. 이를 이익평가모형(earning valuation model)이라고 한다.

이제 t기에 있어서의 주당이익을 E_t라고 하고 k_e를 주당이익에 대한 요구수익률이라고 하면 현재시점의 주식가치는 다음과 같이 표시할 수 있다.

$$S_0 = \frac{E_1}{(1+k_e)^1} + \frac{E_2}{(1+k_e)^2} + \cdots + \frac{E_n}{(1+k_e)^n} + \cdots = \sum_{t=1}^{\infty} \frac{E_t}{(1+k_e)^t} \quad (13.11)$$

단, E_t : t기의 주당이익
k_e : 주당이익에 대한 요구수익률

(1) 성장기회가 없는 경우

가장 간단한 이익평가모형은 성장이 없는 것으로 보고, 평균적인 주당이익수준이 매기에 일정하다고 가정하는 것이다. 이제 매기의 이익흐름이 평균적으로 E수준이라고 하고 이에 대한 요구수익률을 k_e 라고 하면, 이론적인 주식가치는 다음과 같이 표시된다.

$$S_0 = \frac{E}{(1+k_e)} + \frac{E}{(1+k_e)^2} + \cdots + \frac{E}{(1+k_e)^n} + \cdots \infty = \frac{E}{k_e} \quad (13.12)$$

이 모형에서 매기의 주당이익이 E수준에 머물 것으로 가정한 것은 사실 기업의 재투자수익률(r)이 요구수익률(k_e)과 동일한 수준이어서 실질적으로 성장기회가 없는 것을 가정한 것이다.

(2) 성장기회를 고려할 경우

그러나 기업의 재투자수익률이 요구수익률을 상회함으로써 일정한 성장기회를 기대할 수 있는 경우에는 이론적 주식가치는 상승하게 된다.

이제 식 13.5의 정률성장모형을 성장기회가 없는 경우의 현재가치 부분과 미래 성장기회의 현재가치 부분으로 구분해 보면, 식 13.13과 같은 성장기회가 고려된 이익성장모형이 도출된다.

$$\begin{aligned} S_0 &= \text{성장기회가 없는 경우의 현재가치} + \text{미래 성장기회의 현재가치} \\ &= \frac{E_1}{k_e} + \frac{E_1}{k_e}\left[\frac{f(r-k_e)}{k_e - f \cdot r}\right] \end{aligned} \quad (13.13)$$

단, S_0 : 이론적 주식가치, f : 사내유보율
E_1 : 기말 예상 주당이익, r : 재투자수익률
k_e : 주주의 요구수익률

이 모형에서 앞의 부분(E_1/k_e)은 주당이익을 모두 배당하여 재투자하지 않음으로써 성장기회가 없는 경우의 현재가치를 나타낸다. 뒤의 부분은 이익의 일부를 사내유보시켜 요구수익률을 상회하는 재투자수익률을 가져오는 성장기회의 현재가치($PVGO$: present value of growth opportunity)를 나타낸다.

이 모형에서 보면, 주식가치를 결정짓는 변수가 E_1, f, r, g, k_e 임을 확인할 수 있는데, $r > k_e$ 인 기업이 사내유보율을 높일 때 $PVGO$가 증가하여 주식가치가 높아짐을 보여주고 있다.

예 제

지금 A, B사 모두 기말주당이익(E_1)은 1,000원이 예상된다. 그러나 A사는 재투자수익률과 요구수익률이 12.5%로 동일하고, 이익의 전부를 배당 지급한다. 반면에 B사는 재투자수익률이 15%, 사내유보율이 60%로서 이익의 성장기회를 가지고 있다.

① A사의 주식가치는 얼마인가?
② B사의 성장률과 주식가치는 얼마인가? 성장기회의 현재가치는 얼마인가?
③ 만약 A사가 B사처럼 이익의 60%를 사내유보(배당성향 40%)시킨다면 성장률은 얼마이고, 주식가치는 어떻게 달라지는가?

해설 ① A사는 $k_e = r = 12.5\%$로서 성장기회가 없으므로

$$S_0 = \frac{E_1}{k_e} = \frac{1{,}000}{0.125} = 8{,}000\text{원}$$

② B사의 성장률 : $g = f \cdot r = 0.6 \times 0.15 = 0.09$

주식가치 S_0 =성장기회가 없는 경우의 현재가치+성장기회로부터의 현재가치

$$= \frac{E_1}{k_e} + \frac{E_1}{k_e}\left[\frac{f(r-k_e)}{k_e - f \cdot r}\right] = 8{,}000 + 8{,}000\left[\frac{0.6(0.15-0.125)}{0.125-0.09}\right]$$

$$= 8{,}000 + 3{,}429 = 11{,}429\text{원}$$

성장기회의 현재가치($PVGO$) : 3,429원

③ A사가 사내유보율을 높일 경우 성장률 : $g = f \cdot r = (0.6)(0.125) = 0.075$

그러나 기대배당 $d_1 = E_1(1-f) = 1{,}000(0.4) = 400$원

$$\therefore\ S_0 = \frac{d_1}{k-g} = \frac{400}{0.125-0.075} = 8{,}000\text{원}$$

$k = r$인 경우는 사내유보율을 높이더라도 주식가치에 변함이 없다.

4. 공모주식 발행가격의 결정

신규 상장기업의 최초공모주식(IPO : initial public offerings)이 얼마의 가격으로 발행되어야 하는지는 증권투자자, 투자금융회사, 발행회사, 증권감독기관 모두에게 있어서 중요한 문제이다. 너무 높은 가격으로 발행되면 공모물량이 소화되지 못하여 자본조달에 차질을 볼 수 있고 그로 인해 금융회사는 적지 않은 자금부담을 질 수 있다. 만약 낮은 가격으로 발행하면 반대의 상황이 될 것이다.

그간의 조사에 의하면 최초공모주식의 가격은 대체로 적정가격 이하로 발행(underpricing)되는 경향이 있어, 많은 나라에서 공모주 투자자들은 적지 않은 초과수익을 얻는 것으로 나타나고 있다. 우리나라 또한 최초공모주식의 투자수익이 상당한 것으로 알려져 있다. 최초공모주식의 초과수익이 가능한 것은 신규 발행증권에 대한 수요가 공급보다 많다는 점, 발행회사가 공모주식의 미매각에 따른 발행위험을 축소하려는 경향에 기인하는 것으로 분석되고 있다.

공모가격의 결정은 우리나라의 경우 IPO 발행회사와 대표주간회사가 기관투자자들을 대상으로 공모희망가격(밴드)을 제시하고 물량을 100% 소화시킬 수 있다고 판단되는 공모가격의 수준을 조사하는 수요예측(book building)방법을 통하여 이루어진다.[3] 공모희망가격 제시를 위한 가치평가방법은 제4절에서 설명하는 상대가치평가방법과 기존의 「유가증권 인수업무에 관한 규정」에서 제시하고 있는 본질가치(자산가치와 수익가치의 가중평균)를 추정하는 평가방법이 사용된다.

공모가격 추정의 근간이 되는 수익가치, 자산가치, 상대가치 추정방법은 식 13.14, 13.15, 13.16, 13.17과 같다. 이 평가방법들은 앞의 항에서 설명한 여러 가지 주식평가모형을 활용하고 있는데, 코스닥시장에서 등록 후 최초 매매기준 가격결정 시에 한 기준으로도 활용되고 있다.[4]

본질가치는 식 13.15, 13.16과 같이 먼저 자산가치와 수익가치를 구한 다음, 이들에 0.4와 0.6의 가중치를 주어 식 13.14와 같이 추정한다.

$$\text{본질가치} = \text{자산가치}(0.4) + \text{수익가치}(0.6) \tag{13.14}$$

---

3) 신규상장절차는 제3장 제2절에서 설명한 것처럼 상장예비심사신청 → 상장예비심사 → 공모 → 신규상장신청의 순으로 진행되는데, 공모의 단계에서 수요예측을 실시하고 공모가격을 결정한다.

4) 이 공모가격 추정방법은 상장법인이 비상장법인과 합병할 때 적용하는 '비상장법인의 합병가액 산정기준'이기도 하다. 우리나라 IPO에서는 주로 *PER*, *EV*/*EBITA* 등의 주가배수법(제4절에서 설명)이 사용되지만, 상대가치방법으로서 한계점이 있다. 본질가치 추정방법은 이를 보완해 준다.

여기서 자산가치와 수익가치는 다음과 같이 추정된다.

$$1주당\ 자산가치=\frac{순자산}{발행주식수} \tag{13.15}$$

단, 순자산=최근 사업연도의 총자산−(실질가치가 없는 무형비유동자산
+부채총계+법인세+임원상여금+배당금+퇴직급여충당금 …)

$$1주당\ 수익가치=\frac{주당추정이익}{자본환원율} \tag{13.16}$$

단, 주당추정이익 : [추정경상이익+유상증자추정이익−(우선주배당조정액
−법인세)]÷발행주식총수
추정경상이익 : 기업의 향후 2년간의 추정재무제표 작성에 의하여 산출
(향후 1차년도에 3, 2차년도에 2의 가중치 부여)
유상증자추정이익 : 공모예정금액에 정기예금이자율을 곱한 금액
자본환원율 : 분석 당시 금융기관의 1년만기 정기예금이자율의 1.5배

여기서 추정하고 있는 자산가치는 제2절 1항에서 설명한 주당순자산가치(식 13.1)와 같은 내용이다. 또 수익가치는 제2절 3항에서 설명한 '성장기회가 없는 경우의 이익평가모형'(식 13.12)과 유사한 내용이다.

최종 사정가액은 아래와 같이 구해지는 상대가치의 30% 할인가액과 유사회사 주가의 평균치 중에서 적은 것도 고려한다.

$$1주당\ 상대가치=유사회사의\ 주가\times\left[\frac{발행회사의\ 주당경상이익}{유사회사의\ 주당경상이익}+\frac{발행회사의\ 주당순자산}{유사회사의\ 주당순자산}\right]\div 2 \tag{13.17}$$

단, 유사회사의 주가 : 분석기준일의 전일 소급 1개월간의 종가의 산술평균주가와 분석기준일 전일의 종가 중 낮은 것을 기준으로 함. 상대가치가 유사회사 주가평균을 상회하면 유사회사 주가평균을 기준
유사회사 : 발행회사의 업종, 자본금 규모, 매출액 등을 전반적으로 감안하여 상장법인 중에서 유사한 회사를 주간사가 선정

제3절 FCF 평가모형

앞의 제2절에서 설명한 전통적 DCF평가모형(배당할인모형 또는 이익평가모형)은 주식가치평가에 여러 가지 제약이 있다. 이들 모형은 기본적으로 순이익기준의 평가여서, 재무구조, 배당정책 등에 의해서 영향받는다는 한계점을 지닌다. 뿐만 아니라 이들 모형의 성장률에 대한 가정(요구수익률 > 성장률)이 매우 제한적이어서 적용할 수 없는 경우가 많다. 또 주주에게 배분되는 가치의 크기를 표시할 뿐, 가치창출의 원천이 무엇인지를 보여주지 못하고 있다.

이러한 한계점을 줄이는 평가모형으로서 DCF법의 다른 형태인 FCF모형을 사용할 수 있다. FCF모형은 국내외 증권전문가 그룹(애널리스트, M&A분석가 등)에서 심층적 가치평가방법으로 활용되는 모형이다. 본절에서는 FCF모형의 기본체계, 특징과 장점, 주주잉여현금흐름($FCFE$)모형에 의한 평가방법에 대하여 살펴본다.

1. 잉여현금흐름(FCF)모형의 기본체계

잉여현금흐름(FCF : free cashflow)모형에서는 미래 t기에서의 현금흐름을 FCF로 추정하고 이를 가중평균자본비용($WACC$)으로 할인하여 먼저 기업전체가치(V_0)를 구한다. 여기서 분자의 현금흐름은 주주에게 직접 돌아가는 배당흐름(d)이 아니고 주주와 채권자 모두에게 돌아가는 FCF라는 점, 그리고 분모의 할인율이 자기자본비용(k_e)이 아니고 가중평균자본비용($WACC$)인 점에서 앞서 설명한 배당(또는 이익)평가모형과 차이가 있다. 적정 주식가치(S_0)는 이렇게 구해지는 기업전체가치(V_0)에서 부채가치(B_0)를 차감하여 자기자본가치를 구한 다음, 이를 발행주식수로 나누어 추정한다.

$$V_0 = \sum_{t=1}^{\infty} \frac{FCF_t}{(1+WACC)^t} \tag{13.18}$$

$$\text{주당주식가치}(S_0) = \frac{(V_0 - B_0)}{\text{발행주식수}} \tag{13.19}$$

이 모형에서 가장 중요한 측정대상인 잉여현금흐름(FCF : free cashflow)은 제12

장에서 설명한 것처럼 본업활동에서 창출해낸 세후영업이익에서 신규투자액(투하자본 증가액)을 차감한 현금흐름을 말한다. 이 모형은 자산운용의 관점에서 영업이익 기준의 현금흐름에 근거하여 주식가치를 평가하는 모형이다.

$$\text{잉여현금흐름}(FCF)=\text{세후영업이익}-\Delta\text{영업투하자본} \tag{13.20}$$

여기서 세후영업이익(*NOPLAT* : net operating profit less adjusted tax)은 기업의 핵심 영업활동(생산 · 판매 · 관리)에서 벌어들인 경영성과치인 영업이익(*EBIT*)을 납세 후 기준으로 측정한 금액이다. 즉, *NOPLAT*는 *EBIT*(이자법인세 차감전 이익)에서 조정된 세금을 차감한 것이다. 간단하게 세전영업이익에 (1－법인세율)을 곱하여 계산하기도 한다.

영업투하자본(*IC* : invested capital)은 기업이 영업이익을 벌어들이기 위해 기업의 핵심경영활동, 즉 생산 · 판매 · 관리 등의 영업활동에 투하된 자금을 의미하는데, 다음과 같이 측정한다.

$$\begin{aligned}\text{영업투하자본}&=\text{영업관련 비유동자산}+(\text{영업관련) 순운전자본}\\&=\text{영업비유동자산(순액)}+(\text{적정수준의 현금}\cdot\text{예금}\\&\quad+\text{매출채권}+\text{재고자산}-\text{무이자발생 유동부채})\end{aligned} \tag{13.21}$$

영업투하자본(*IC*)을 측정하기 위해서는 기업의 자산을 영업(본업)과 직접 관련된 영업자산과 그렇지 않은 영업외자산으로 구분해야 한다. 여기서 영업외자산(non-operating assets)이란 영업활동에 직접 투여되지 않은 자산으로서, 비유동자산 중에서는 투자자산(투자부동산, 출자금, 관계회사주식 등), 건설중인 자산, 이연자산 등을 말하며, 유동자산 중에서는 시장성유가증권, 적정수준 이상의 예금 등을 말한다. 그러나 이와 같은 영업외유동자산을 제외한 자산의 금액이 모두 영업활동에 투자되었다고 볼 수는 없다. 왜냐하면 유동부채 중에서 외상매입금, 미지급금 등의 항목과 같은 무이자발생부채는 투하자본의 부담을 줄여주기 때문이다. 따라서 영업관련 순운전자본을 추정할 때에는 적정수준의 현금 · 예금, 매출채권, 재고자산을 합한 다음, 무이자발생 유동부채를 차감한다.

따라서 식 13.20과 식 13.21을 정리하면, *FCF* 추정은 다음과 같이 요약된다.[5)]

---

5) *FCF*를 측정할 때, 실제는 처음 두 항의 계산이 [세후영업현금흐름－Δ영업총비유동자산]의 계산인데, 이는 [{*EBIT*(1－법인세율)+감가상각비}－{영업비유동자산투자(순액)+감가상각비}]이므로, 감가상각비 부분이 소거

$$FCF = NOPLAT(\text{세후영업이익}) \\ -\Delta IC(\text{영업투하자본(영업비유동자산+영업순운전자본)의 순증가액}) \\ = EBIT(1-\text{법인세율}) - \Delta[\text{영업비유동자산}+(\text{적정수준의 현금·예금} \\ +\text{매출채권}+\text{재고자산}-\text{무이자발생 유동부채})] \quad (13.22)$$

분모에 할인율로 사용되는 가중평균자본비용($WACC$)은 다음 식과 같이 원천별 자본비용에 그 자본조달원의 조달비중에 따라 가중한 것이다.[6)]

$$WACC = k_d(1-t) \cdot \frac{B}{B+S} + k_e \cdot \frac{S}{B+S} \quad (13.23)$$

단, k_d : 세전부채비용, k_e : 자기자본비용
S : 자기자본의 시장가치, B : 부채의 시장가치
t : 법인세율

이제 기업의 FCF가 매년 g%만큼 정률적으로, 영구적으로 성장한다면 배당의 정률성장모형과 마찬가지 방법으로 다음과 같이 추정할 수 있다.

$$V_0 = \frac{FCF_1}{WACC - g} \quad (13.24)$$

[비교 : 배당의 정률성장모형 $S_0 = \dfrac{d_1}{k_e - g}$]

2. 2단계 FCF 모형

기업의 FCF가 매년 g%만큼 정률적으로, 영구적으로 성장한다는 가정은 현실적이지 못한 면이 있다. 대부분의 기업은 처음 수년간은 높은 성장률을 보이다가 일정기간 이후에는 성장률이 둔화되는 것이 일반적이다. 또 실무적으로 미래의 FCF를 무한정으로 예측할 수 없다. 현실적인 방법은 미래현금흐름을 발생시키는 기간을 예측기간과 예측기간 이후의 기간, 2단계로 나누어 예측해 보는 것이다. 즉, 일정한 예측기간(예를 들어 5년)을 설정하여 그 기간 동안의 FCF는 매기마다 추정하고, 예측

되어 $NOPLAT - \Delta$영업비유동자산(순액)으로 계산한 것이다.

6) 가중평균자본비용의 상세한 추정방법은 장영광·송교직, 『현대재무관리』, 신영사, 2014, 제8장 참조.

기간 이후(예를 들어 5년 이후)의 FCF는 잔존가치로 압축하여 추정하는 것이다.

이와 같이 예측기간과 예측기간 이후의 기간, 2단계로 구분하여 FCF모형을 적용한다면, 그 가치평가 체계는 다음과 같이 표시할 수 있다.

$$V_0 = \sum_{t=1}^{n} \frac{FCF_t}{(1+WACC)^t} + \frac{CV_n}{(1+WACC)^n} + \text{영업외가치} \qquad (13.25)$$

$$\text{주당주식가치}(S_0) = \frac{(V_0 - B_0)}{\text{발행주식수}} \qquad (13.26)$$

미래 예측기간 t기간에 걸친 잉여현금흐름(FCF_t)을 추정하여, 이것을 가중평균자본비용($WACC$)으로 할인한 현재가치를 구하는 것은 앞에서 설명한 것과 같다. 2단계 모형에서는 이것에 추가하여, 잔존가치와 영업외가치를 추정해야 한다.

잔존가치(CV : continuing value)는 명시적 예측기간 이후 현금흐름의 현재가치로서 존속가치라고도 부른다. 예측기간 이후에 FCF가 g_c%만큼 정률로 성장한다고 가정하면 주식의 정률배당성장모형에서와 같이 n시점의 잔존가치를 다음과 같이 추정할 수 있다.

$$CV_n = \frac{FCF_{n+1}}{WACC - g_c} \qquad (13.27)$$

이 밖에도 잔존가치 추정방법으로는 예측기간 끝 시점에서 예상되는 자산의 대체원가나 청산가치를 잔존가치로 보는 방법, PER 등 주가배수를 이용하는 방법 등을 적용할 수 있다.

영업외가치(non-operating value)는 기업의 핵심경영활동 이외의 부문에서 지니고 있는 가치를 말한다. 기업전체가치(V_0)를 추정하는 최종단계에서 영업외가치가 더해지는 이유는 예측기간의 FCF의 현재가치와 잔존가치의 현재가치는 기업의 본업(영업)활동에 한정하여 창출되는 가치만을 측정했기 때문이다. 그러나 영업가치를 추정하는 단계에서 제외되었던 장·단기 금융자산, 투자자산 등도 기업가치를 구성하는 중요한 부문이다. 따라서 영업가치를 추정할 때 제외되었던 영업외자산(non-operating assets)을 합하여 기업전체가치 추정에 포함되도록 해야만 한다.

이제 식 13.25에서 보는 것처럼 예측기간의 현재가치뿐만 아니라 예측기간 이후의 잔존가치(CV_n)를 $WACC$로 할인한 현재가치 그리고 영업외가치를 모두 합산하여 기업전체가치(V_0)를 추정한다.

기업전체가치(V_0 : firm value)가 추정되었으면 부채가치(B_0 : debt value)를 차감하여 자기자본가치(equity value)를 구한다. 부채가치는 주주입장에서 볼 때, 기업이 창출한 가치에 대해서 청구권을 보통주주보다도 먼저 행사하게 되는 채권자지분을 말한다. 회사채, 차입금 시장가치, 우선주 시장가치, 비지배주주지분(minority interests), 운영리스, 스톡옵션 등이 이에 해당된다.

최종적으로 주당주식가치(적정주가)는 식 13.19와 같이 기업전체가치(V_0)에서 부채가치(B_0)를 차감한 자기자본가치를 발행주식수로 나누어 추정하게 된다.

3. 잉여현금흐름(FCF)모형의 특징과 장점

이상에서 살펴본 바와 같이 FCF모형은 주주에게 직접 돌아오는 배당이나 이익흐름에 근거하여 주식가치를 추정하는 전통적 주식평가방법과 달리 영업흐름접근법으로서, FCF는 그 특징을 다음과 같이 요약할 수 있다.

① 핵심경영활동인 생산・판매・관리의 주된 영업활동에서 창출된 영업이익과 직접 연관된 영업현금흐름이다. 따라서 기업의 부채의존도, 자본조달방법(재무활동)에 영향받지 않는 현금흐름이다.

② 미래 가치창출에 필요한 신규투자액까지 차감한 현금흐름이다. 신규투자액인 투하자본증가액(Δ영업순운전자본＋Δ영업비유동자산)은 차년도 이후에 부가가치창출력을 유지하기 위한 금액이다.

③ 신규투자액(투하자본증가액)까지 차감하고, 자본제공자인 채권자에게 이자를 지급하며 주주들에게 배당할 수 있는, 배분의 원천이 되는 현금흐름이다.

FCF모형은 다음과 같은 장점이 있다.

- 영업현금흐름은 배당정책 등에 영향을 받지 않는다. 배당을 지급하지 않는 기업에도 가치평가가 가능하다.
- 영업현금흐름은 재무구조(부채비율)의 차이에 영향을 받지 않는다.
- 가치창출의 구체적 원천이 $ROIC$(영업마진, 투하자본회전율), $WACC$, g 중심으로 명시적으로 제시되고 있다.
- 영업현금흐름에 근거한 가치평가방법은 전체 기업에서 특정부문이나 특정 사

업부의 가치를 부문별로 추정할 수 있는 유연성이 있다.

- 실증적으로 영업현금흐름은 무엇보다도 주가와 더 높은 상관관계를 보인다.

한편 FCF모형은 다른 모형과 비교할 때 다음과 같은 한계점이 있다.

- 추정해야 할 투입정보가 많다. 특히 $WACC$ 추정시 자기자본비용 추정 이외에도 부채비용과 자본구성비의 추정에 기술적 난점이 있다.
- 전체 기업가치 중 잔존가치가 큰 비중을 차지하는데, 잔존가치는 예측기간 이후의 FCF성장률에 민감하다.
- 다년간 투자를 많이 하는 기업은 투자소요액이 세후영업이익보다 많아 FCF가 (−)를 보인다. 이러한 경우 장기간 추정이 필요한데, 예측기간이 길어지면 추정오차가 커진다.

예 제

(주)소망의 최근 세전영업이익은 2,000억원, 투하자본(영업비유동자산과 영업운전자본 순투자액)은 740억원이었다. 이 회사가 발행한 세전부채비용은 6.0%이며 주식에 대한 요구수익률은 12%이다. 또 목표부채비율(B/S)은 100%이다. 법인세율은 30%이고 FCF는 매년 6%씩 영구적으로 증가할 것으로 예상된다. 한편 부채의 시장가치는 3,314억원, 보통주 발행주식수는 300백만주이다.

① 이 회사의 금년 FCF_0는 얼마인가?
② 이 회사의 $WACC$는 얼마인가?
③ 이 회사의 기업가치와 주식가치는 얼마인가?

해설 ① $FCF_0 = NOPLAT - \Delta IC = 2{,}000\text{억원}(1-0.3) - 740\text{억원} = 660\text{억원}$

② $$WACC = k_d(1-t)\left(\frac{B}{B+S}\right) + k_e\left(\frac{S}{B+S}\right) = 6.0\%(1-0.3)\left(\frac{1}{2}\right) + 12.0\%\left(\frac{1}{2}\right)$$
$$= 2.1\% + 6\% = 8.1\%$$

③ $$V_0 = \frac{FCF_1}{WACC - g} = \frac{660\text{억원}(1.06)}{0.081 - 0.06} = 33{,}314\text{억원}$$

$$S_0 = \frac{V_0 - B_0}{\text{발행주식수}} = \frac{33{,}314\text{억원} - 3{,}314\text{억원}}{300\text{백만주}} = \frac{30{,}000\text{억원}}{300\text{백만주}} = 10{,}000\text{원}$$

4. 주주잉여현금흐름($FCFE$)에 의한 평가

(1) 주주잉여현금흐름($FCFE$)모형

이상에서 설명한 FCF모형에서 FCF는 기업 전체에 귀속되는 잉여현금흐름($FCFF$: free cash-flow to the firm)이고, 할인율은 가중평균자본비용($WACC$)이었다.

이와는 달리 잉여현금흐름을 '주주에게 돌아가는 잉여현금흐름($FCFE$: free cash-flow to equity)' 기준으로 추정하고, 할인율은 자기자본비용(k_e)을 적용하여 주식가치(S_0)를 평가할 수 있다. 이것이 주주잉여현금흐름($FCFE$)모형이다.

$$S_0 = \sum_{t=1}^{\infty} \frac{FCFE_t}{(1+k_e)^t} \tag{13.28}$$

분자의 주주에게 돌아가는 현금흐름인 주주잉여현금흐름($FCFE$)은 순이익기준의 현금흐름에서 투하자본증가액을 차감하고, 추가적으로 신규 부채차입액과 부채상환액을 차감하여 추정한다.[7]

$$\begin{aligned} FCFE = & \text{세후순이익}(NI) + \text{비현금항목}(NCC) \\ & - \Delta\text{투하자본(영업비유동자산} + \text{영업순운전자본)} \\ & + \text{신규 부채차입액} - \text{기존부채상환액} \end{aligned} \tag{13.29}$$

최종적으로 주식가치를 추정할 때 $FCFE$를 할인하는 할인율로는 자기자본비용(k_e)을 사용한다. 이제 기업의 $FCFE$가 매년 g%만큼 정률적으로, 영구적으로 성장한다면 영구연금의 정률성장의 경우이므로 주식가치를 다음 식 13.30과 같이 추정할 수 있다.

---

7) 이상의 관계를 고려하면, FCF와 $FCFE$를 도출하는 방법은 다음과 같다.

① 당기순이익(NI)으로부터 FCF 도출

FCF=순이익(NI)+감가상각비 등의 비현금항목(NCC)+이자지급액(I)$(1-t)$
−(Δ영업비유동자산(FA)+Δ영업순운전자본(WC))

② FCF에서 $FCFE$ 도출

$FCFE = FCF - I(1-t)$+신규부채차입액($Debt$)−기존부채상환액(Rep)

$$S_0 = \frac{FCFE_1}{k_e - g} \tag{13.30}$$

만약 미래현금흐름의 발생기간을 예측기간과 예측 후 기간, 2단계로 구분하는 것이 더 적절한 경우이면, 다음 식 13.31에 의해서 추정할 수 있다.

$$S_0 = \sum_{t=1}^{n} \frac{FCFE_t}{(1+k_e)^t} + \frac{CVE_n}{(1+k_e)^n} + EQ_0 \tag{13.31}$$

단, $FCFE$: 주주잉여현금흐름, k_e : 자기자본비용
CVE_n : n시점의 자기자본의 잔존가치, EQ_0 : 기초 자기자본

(2) 초과이익모형(RIM)

기업가치는 그 기업의 세후영업이익($NOPLAT$)이 자본비용액($WACC$)을 상회할 때 창출된다. 경제적 부가가치(EVA : economic value added)는 세후영업이익($NOPLAT$)과 자본비용액($WACC$)의 차이를 말한다. EVA는 다음과 같이 투하자본세후영업이익률($ROIC = NOPLAT / IC$)과 자본비용률($WACC$)의 차이에 투하자본(IC)을 곱하여 구하기도 한다.

$$\begin{aligned} EVA &= \text{세후영업이익}(NOPLAT) - \text{자본비용액} \\ &= ROIC \cdot IC - WACC \cdot IC \\ &= IC \cdot (ROIC - WACC) \end{aligned} \tag{13.32}$$

단, EVA : 경제적 부가가치
$NOPLAT$: 세후영업이익(net operating profit less adjusted tax)
즉, 영업이익에서 영업이익기준 법인세를 차감한 것
$WACC$: 자본비용률(%)
IC : 투하자본(invested capital = 영업비유동자산 + 영업순운전자본)
$ROIC$: 투하자본 세후영업이익률($= NOPLAT / IC$)

EVA는 기업 전체 관점에서의 가치창출액을 측정해 준다. 이와 유사한 개념으로 주주 입장에서의 가치창출의 크기는 다음과 같이 초과이익(RI : residual income 또는 ER : excess return)으로 측정한다. 여기서 초과이익(RI)은 기초 자기자본(EQ_0)에 자기자본순이익률(ROE)과 자기자본비용(k_e)의 차이를 곱하여 추정한다.

$$RI = EQ_0 \cdot (ROE - k_e) \tag{13.33}$$

초과이익모형(RIM : residual income model)에서 주식가치는 초과이익의 현재가치가 되므로 다음 식 13.34와 같이 추정한다.

$$S_0 = \sum_{t=1}^{n} \frac{RI_t}{(1+k_e)^t} + \frac{CVE_n}{(1+k_e)^n} + EQ_0 \tag{13.34}$$

단, RI : 초과이익($= EQ_0 \cdot (ROE - k_e)$), EQ_0 : 기초 자기자본
CVE_n : n시점의 자기자본의 잔존가치, ROE : 자기자본순이익률
k_e : 자기자본비용

예 제

다음은 (주)투게더의 최근 재무제표이다. 영업투하자본은 총자산과 같고, 부채는 전부 이자지급 금융부채임을 가정한다. 또 이 회사는 현재 수준에서 성장하지 않는다고 가정한다. (단위 : 억원)

재무상태표(2017.12.30)

유동자산	500	부채	1,000
비유동자산	1,500	자기자본	1,000
총자산	2,000	부채 및 자본	2,000

손익계산서(2017.1.1~12.31)

매출액	2,000	
매출원가	1,600	
영업이익($EBIT$)	400	
이자비용	100	($k_d = 10\%$)
세전순이익(EBT)	300	
법인세	90	($t_c = 30\%$)
세후순이익(EAT)	210	($k_e = 15\%$)
배당금	105	

한편 이 회사의 부채비용은 10%, 자기자본비용은 15%, 목표부채비율(B/S)은 100%, 법인세율은 30%, 배당성향은 50%이다. 그리고 2017년 1년간의 투하자본 증가액은 271.8억원이다.

(1) 이 회사의 $ROIC$, $WACC$ 그리고 EVA를 구하라.
(2) 이 회사의 자기자본순이익률(ROE)과 초과이익(RI)을 구하라.

해설 (1) 영업이익$(1-t_c)$=400억원$(1-0.3)$=280억원, 영업투하자본=2,000억원

$ROIC$=280억원/2,000억원=14%

$$WACC = k_d(1-t) \cdot \left(\frac{B}{B+S}\right) + k_e \cdot \left(\frac{S}{B+S}\right)$$
$$= 10\%(1-0.3)(1/2) + 15\%(1/2) = 11\%$$

EVA = 세후영업이익($NOPLAT$) − 자본비용액 또는 $EVA = IC \cdot (ROIC - WACC)$
EVA = 280억원 − [100억원(1 − 0.3) + 1,000억원(0.15)] = 60억원
또는 EVA = 2,000억원(14% − 11%) = 60억원

(2) ROE = 210억원/1,000억원 = 21%, $k_e = 15\%$
초과이익(RI) = 순이익 − 자기자본비용액(금액), 또는 $RI = EQ_0 \cdot (ROE - k_e)$
RI = 210억원 − 1,000억원(0.15) = 60억원
또는 RI = 1,000억원(21% − 15%) = 60억원

제 4 절 주가배수평가모형

앞절에서 설명한 DCF평가모형은 미래 기대현금흐름과 적정한 할인율의 추정을 전제로 주식의 내재가치를 추정하는 방법이었다. 그러나 이 방법은 절대가치평가방법으로서 많은 장점이 있지만, 미래현금흐름을 예측하고 적정한 할인율을 추정하는 과정에서 주관적인 판단으로 인해 추정오류가 발생하기 쉬운 점 등 실용적이지 못한 면이 있다.

오래전부터 증권실무에서는 실용적인 한 방법으로 PER(주가수익비율), PBR(주당순자산비율) 등 주가배수를 활용한 주식평가방법을 많이 사용하고 있다. 주가배수(multiples)는 주가를 주당이익, 주당순자산 등 가치변수로 나누어 계산하는데, 주가가 주당이익, 주당순자산 등의 가치변수 몇 배 수준에 와 있는지, 주식 한 주로 기업의 이익, 자산 등 가치척도를 얼마나 구매할 수 있는지를 나타낸다.

$$\text{주가배수} = \frac{\text{주가(Price)}}{\text{가치변수(주당이익, 주당순자산}\cdots)} \tag{13.35}$$

주식가격은 기업마다 차이를 보이는데, 주가배수는 결국 가치변수로 나누어 주가를 표준화(standardizing)시킨 결과가 되어, 적절한 비교대상과 이들 배수를 비교하면, 상대적으로 주가가 높은 수준인지 또는 낮은 수준인지를 평가할 수 있게 된다. 이러한 의미에서 상대가치평가방법(relative valuation model)이라고 한다.[8]

본절에서는 PER, PBR, PSR, $EV/EBITDA$ 등 주가배수의 의의와 가치평가에의 활용법을 설명한다.

1. PER, PBR, PSR, $EV/EBITDA$

(1) 주가수익비율(PER)

주가수익비율(PER : price earning ratio)은 주가를 주당순이익으로 나눈 것이다.

$$PER = \frac{\text{주가(Price)}}{\text{주당순이익}(EPS)} \tag{13.36}$$

PER은 일차적으로 기업이 벌어들이고 있는 한 단위의 이익에 대해 증권시장의 투자자들이 얼마의 대가를 지불하고 있는가를 뜻한다. 기업의 단위당 이익발생능력(수익가치)에 대한 상대적 주가수준을 나타낸 것이다. 주당이익에 비하여 주가가 몇 배인지를 나타낸다는 의미에서 이익승수(earnings multiples)라고도 한다.

예를 들어, L전자(주)의 경우 주당이익이 2,000원, 현재의 주가는 40,000원이고, 동종산업으로서 B전자(주)의 경우 주당이익이 4,000원, 현재의 주가가 40,000원이라면 PER은 L전자(주)가 20배수, B전자(주)가 10배수가 된다. 1원의 이익발생능력에 대해서 투자자들이 20배, 10배의 대가를 지불하고 있음을 뜻한다.

그러면 왜 B전자(주)의 주당이익은 L전자(주)보다 높은데 주가는 같아 PER이 낮은가? 주당이익 1원은 명목상 화폐가치로 볼 때 똑같겠지만, 주가배수가 다른 것은 PER이 이익의 질(earning quality)의 차이를 반영하기 때문이다.

구체적으로 각 주식들간에 PER이 차이나는 원인(cross-sectional difference)은 다음과 같이 이익의 질적 차이를 가져오는 요인들에 의해서 설명될 수 있다.

① 기업의 미래성장률의 차이
② 영업위험, 재무위험의 차이
③ 회계처리방법(이익추정의 일관성, 보수성, 예측가능성)의 차이
④ 기업의 이익발생능력(시장에서의 경쟁적 지위, 경영자 능력)의 차이

---
8) 가치투자에서는 주가배수가 낮은 주식을 가치주(value stock), 높은 주식을 성장주(growth stock)라고 부른다.

〈표 13-1〉 한국 주식시장에서 *PER*과 *PBR*의 추이

	2005	2006	2007	2008	2009	2010	2011	2012	2013	2014	2015	2016
PER	10.95	10.54	15.29	8.48	16.94	16.73	10.19	11.68	11.73	11.65	12.60	12.76
PBR	1.80	1.58	1.81	1.00	1.49	1.65	1.27	1.35	1.28	1.12	1.16	1.00

* 대상 : KRX100 구성주식, 실적치 기준
PER=구성종목 보통주의 시가총액 합계 / 구성종목의 당기순이익 합계
PBR=구성종목 보통주의 시가총액 합계 / 구성종목 보통주의 순자산 합계
자료 : www.krx.co.kr, 주식통계, 투자지표 2017년 여름호

이처럼 *PER*은 그 기업의 이익발생능력에 대한 질적 평가, 투자자의 신뢰도지수(confidence index)를 나타낸 것으로 해석할 수 있다. 앞에서 본 예의 경우 L전자(주)가 미래성장률, 투자위험, 회계이익이 과대계상되는 정도 등의 면에서 이익의 질에 대한 신뢰도가 B전자(주)보다 높다고 해석할 수 있다. 〈표 13-1〉에 유가증권시장 KRX100 주식의 지난 10년간의 *PER* 추이가 제시되어 있는데, 평균 12.4배 수준이었다. 선진 증시의 *PER*보다 낮은 이유에 대해서도 같은 관점에서 분석할 수 있다.

각 주식들간에 *PER*이 차이나는 가장 큰 원인은 각 기업의 미래성장률의 차이라고 할 수 있다. 기대성장률의 차이가 *PER*수준에 적절히 반영되고 있는지를 판단할 수 있는 방법은 *PER*을 기대성장률로 나누어 측정한 *PEG*(*PER* to growth rate)를 비교해 보는 것이다. 이러한 측면 때문에 *PEG*는 인터넷 · 게임 · 바이오 등 성장산업의 주식평가에 그 유용성이 높다.

$$PEG = \frac{PER}{\text{기대성장률}}$$

만약 A기업의 *PER*이 20배수, 기대성장률이 10%이고, B기업의 *PER*이 30배수, 기대성장률이 20%라면, B기업이 기대성장률을 감안하면 과소평가되었다고 판단할 수 있다. 이처럼 기대성장률을 감안하여 *PER*을 비교하는 것은 기대성장률이 높은데 *PER*이 낮으면 저평가, 기대성장률이 낮은데 *PER*이 높으면 고평가된 것으로 보는 것이다.

가치평가방법의 하나로 *PER*의 변화를 상대적으로 비교하는 상대적 *PER*평가방법을 적용해 볼 수 있다. 즉, 개별증권의 *PER*과 증시 전체의 평균*PER* 혹은 산업평균 *PER*을 상호 비교하여 주가 상승 혹은 하락의 상대적 변화 정도를 평가하는 것이다. 또한 현재의 *PER*과 과거의 일정기간의 평균*PER*을 상호 비교함으로써 주가의 상대적 회복수준을 평가하기도 한다.

주가수익비율(PER)의 역수를 E/P비율(earning yield)이라고 한다. PER은 E/P비율을 구하여 일드갭분석에 활용하기도 한다. 주가는 그 주식에 대한 투자액이고, 주당이익은 종국에는 주주에게 귀속되는 투자이익이라고 할 수 있으므로 E/P비율은 주식의 기대수익률이라고 할 수 있다. E/P로 측정된 주식의 기대수익률과 국고채수익률(3년만기)의 차이를 일드갭(yield gap)이라고 한다. 일드갭은 위험자산 주식과 안전자산 국고채 간의 상대적 매력도를 평가하는 방법이 된다. 만약 일드갭이 커지면, 상대적으로 주식의 기대수익률이 높으므로 과소평가된 것으로 판단할 수 있다. E/P비율은 고성장기업의 경우 주식투자수익률로는 과소계상되는 면이 있으므로 적용에 유의할 필요가 있다.

(2) 주당순자산비율(PBR)

주당순자산비율(PBR : price to book value ratio)은 주가를 자기자본의 주당장부가치인 주당순자산(BPS=보통주 자본총계 / 발행주식수)으로 나눈 비율이다.

$$PBR = \frac{\text{주가(Price)}}{\text{주당순자산}(BPS)} = \frac{\text{자기자본 시장가치(Market value)}}{\text{자기자본 장부가치(Book value)}} \tag{13.37}$$

여기서 순자산(보통주 자본총계)은 총자산에서 보통주보다 우선권이 주어지는 선순위 지분증권(senior claims)인 부채와 우선주를 차감한 금액이다. PER이 수익가치에 대비한 상대적 주가수준을 나타내는 지표인 반면에, PBR은 자산가치에 대비한 상대적 주가수준을 측정한 지표라는 데 근본적인 차이점이 있다. 또한 PER이 주가와 수익의 flow관계를 나타내는 데 비하여, PBR은 주가와 순자산의 stock관계를 나타내는 지표가 된다는 점에서 차이가 있다.

이 식의 분자 분모에 발행주식수를 곱하면, 자기자본의 시가총액과 자기자본의 장부가치의 비율이 되는데, 이처럼 총액기준으로 표시한 비율은 M/B비율이라고도 한다. 결국 PBR은 분자에 시장가치를, 분모에 장부가치를 대응시킨 것이므로 보통주의 주당가치를 평가함에 있어서 자기자본의 시장가치와 장부가치의 괴리의 정도를 평가하는 자기자본평가지표(equity valuation index)인 것이다.

만약 재무상태표상에 보통주 1주에 귀속되는 주당순자산가치(장부가치)가 실질가치를 정확히 반영하게 되면 PBR은 1이 되어야 할 것이다. 그러나 대부분 기업들의 PBR은 주가(시장가치)와 주당순자산(장부가치)이 같지 않으므로 1이 아니다. 기업간 PBR에 차이를 보이는 것은 기업마다의 주당순자산의 질적 차이, 즉 제품시

[그림 13-2] *ROE-PBR* **분석**

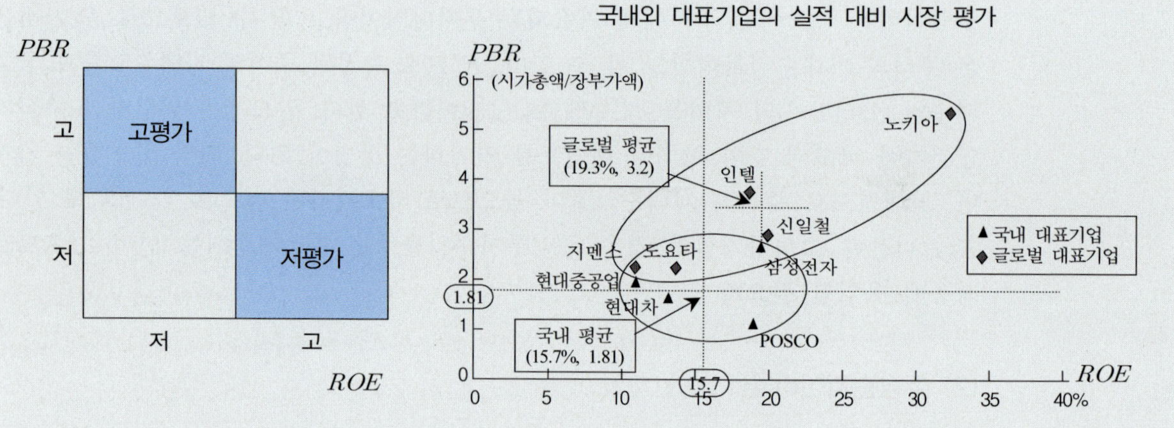

장에서의 경쟁상황, 현금창출능력, 주요 자산들에 대한 효율적 이용도, 자산의 노후화 정도 등이 다르기 때문이다. 〈표 13-1〉에서 유가증권시장 KRX100 주식의 지난 10년간의 *PBR* 추이를 보면 평균 1.4배 수준이었다.

*PBR*이 투자지표로서 중요도가 높아지고 있는 이유는 ① 투자전략적으로 *PBR*(*M*/*B* 비율)이 낮은 포트폴리오일수록 초과수익이 크다는 여러 실증분석결과가 제시되고 있는 점, ② 고주가 시대에서는 *PER*이 높아지고 그 변동성이 커지면서 투자지표로서의 유효성이 떨어진 반면에 *PBR*은 그렇지 않은 점, ③ 인플레이션 경제하에서와 산업에 따라서는 자산가치가 중요한 점 때문이다.

*PBR*의 결정요인의 하나는 다음 항 '가치평가모형에서의 주가배수 결정요인'에서 설명되겠지만 *ROE*인 것으로 분석되고 있다. *ROE*와 *PBR*을 [그림 13-2]와 같이 연계시켜 고*ROE*·저*PBR* 주식은 저평가된 것으로, 저*ROE*·고*PBR* 주식은 고평가된 것으로 판단할 수 있다. 재무비율로는 *PBR*을 *ROE*로 나눈 *PBV*비율을 사용하여 분석할 수 있다.

(3) 주가매출액비율(*PSR*)

주가매출액비율(*PSR* : price sales ratio)은 주가를 주당매출액으로 나눈 것으로, 기업의 외형적 척도인 주당매출액에 비교한 상대적 주가수준을 평가하는 지표이다.

$$\frac{P}{S}=\frac{\text{주가}}{\text{매출액}\div\text{발행주식수}} \tag{13.38}$$

IT주식 중에는 처음 수년간 이익을 내지 못하여 수익가치를 평가할 수 없는 경우가 많다. 또 이들 기업은 우수한 인적자원은 많지만 비유동자산 투자가 작아 자산가치를 평가하기가 어렵기도 하다. 따라서 앞에서 소개한 수익가치평가모형이나 PER모형 또는 PBR모형을 적용하기 어렵다. 또 경제가 극도로 악화되어 대부분 주식의 수익가치와 자산가치가 크게 하락한 상황에서는 PER모형이나 PBR모형은 가치평가모형으로서의 유용성이 떨어지는 면이 있다. PSR과 다음에 설명하는 $EV/EBITDA$, $PCFR$ 등의 주가배수는 이러한 면을 보완하는 가치평가모형으로 사용되고 있다.

(4) $EV/EBITDA$, $PCFR$

기업도산이 크게 증가할 정도로 경제상황이 악화되는 기간에서는 현금흐름의 중요성이 더욱 높아진다. 또한 주가수준이 극도로 낮아진 상황이어서 주당이익, 주당순자산, 주당매출액에 기초한 상대가치평가가 별다른 의미가 없는 것으로 지적되곤 한다. $EV/EBITDA$, $PCFR$ 비율은 이러한 상황에서 특히 유용성이 높아지는 것으로 알려져 있다.

$EV/EBITDA$비율은 다음과 같이 기업전체가치(EV : enterprise value)를 $EBITDA$ (earning before interest, tax, depreciation & amortization)로 나눈 것이다.

$$\frac{EV}{EBITDA}=\frac{\text{기업가치}}{\text{이자}\cdot\text{세금}\cdot\text{감가상각비 차감전 이익}} \tag{13.39}$$

단, EV(기업가치) : 주식의 시가총액(=주가×발행주식수)
+순차입금(=총차입금−현금・투자유가증권)
$EBITDA$: 이자비용, 법인세비용, 유・무형자산 감가상각 차감전 순이익

EV는 기업전체가치로서 기업이 벌어들이는 현금흐름에 대해 지분을 주장할 수 있는 보통주 주주, 우선주 주주, 채권자의 시장가치를 합하여 계산한다. 구체적으로 주식의 시가총액(=주가×발행주식수), 우선주 시장가치, 순차입금(=총차입금−현금・투자유가증권)을 합한 금액이다.

$EBITDA$는 세전영업이익($EBIT$) 수준에 비현금성비용 항목인 감가상각비를

합한 것이므로 결국 세전기준 영업현금흐름을 측정한 것이다. 따라서 $EV/EBITDA$ 비율은 현금흐름의 크기를 감안할 경우 기업가치가 상대적으로 얼마나 높은지를 측정한 것이다.

현금흐름 기준의 다른 주가배수로서 $PCFR$비율은 다음과 같이 주가를 주당현금흐름으로 나눈 것이다.

$$\frac{P}{CF} = \frac{\text{주가}}{\text{주당현금흐름}} \tag{13.40}$$

단, 주당현금흐름(CF) : [당기순이익＋현금유출 없는 비용(감가상각비 등) －현금유입 없는 수익] / 발행주식수

여기서 주당현금흐름(CF)은 일반적으로 당기순이익(NI)에 감가상각비와 같은 비현금성항목(NCC : non-cash charges)을 가감하여 측정한다.

2. 주가배수를 이용한 적정주가의 추정

주가배수에 가치변수를 곱하면 주가가 추정되는 관계에 근거하여 내재가치를 추정할 수 있다.

$$P(\text{주가}) = \text{주가배수}(PER,\ PBR,\ PSR\ \cdots) \times \text{가치변수}(\text{주당이익, 주당순자산, 주당매출액}\cdots) \tag{13.41}$$

이때 적용하는 주가배수는 현재의 실제 주가배수가 아니라, 정상적 상황에서 기대되는 적정주가배수(normalized multiples)이다. 현재의 실제 주가배수는 과소 또는 과대하게 형성될 수 있어서 정상적 상황에서 기대되는 적정주가배수가 아닐 수 있다고 가정하는 것이다. 그래서 적정주가는 적정PER, 적정PBR, 적정PSR에 주당이익, 주당순자산, 주당매출액을 각각 곱하여 추정한다.[9)]

$$P^*(\text{적정주가}) = \frac{P^*}{E}(\text{적정주가수익비율}) \times E(\text{주당이익}) \tag{13.42}$$

---

9) 주당이익에 PER을 곱할 때, 추정하고자 하는 적정주가가 미래 n시점의 주가(P_n^*)라면 주당이익은 n시점의 주당이익($E_n = E_0(1+g)^n$)을 적용한다.

$$P^*(\text{적정주가})=\frac{P^*}{B}(\text{적정주당순자산비율})\times B(\text{주당순자산}) \tag{13.43}$$

$$P^*(\text{적정주가})=\frac{P^*}{S}(\text{적정주가매출액비율})\times S(\text{주당매출액}) \tag{13.44}$$

단, P^* : 특정시점의 적정주가, E : 특정시점의 주당이익
B : 특정시점의 주당순자산, S : 특정시점의 주당매출액
P^*/E : 적정 PER, P^*/B : 적정 PBR
P^*/S : 적정 PSR

주가배수를 이용하여 적정주가를 추정할 경우 분석의 요체가 되는 것은 적정주가배수를 추정하는 것이다. 적정주가배수는 두 가지 방향에서 추정해 볼 수 있다. 비교기업(comparable firms)의 주가배수를 적용하는 방법과 가치평가모형에서 적정주가배수 결정요인을 도출하는 방법이다.

(1) 비교기업 주가배수의 적용

유사기업의 주가배수를 적정주가배수로 참조할 때에는 구체적으로 다음과 같은 방법을 적용해 볼 수 있다.

① 주관적으로 영업과 재무적 특성이 유사한 기업들의 주가배수를 이용
② 동종산업 또는 주요 경쟁업체의 평균주가배수를 이용
③ 당해기업의 과거 수년간의 평균주가배수를 이용

예를 들어, 삼성전자의 적정주가를 주가배수모형을 적용하여 추정한다면, 전자업 전체의 평균주가배수나, 전자업 내의 주요 경쟁업체의 평균주가배수를 적정주가배수로 대용하는 것이다. 또는 삼성전자의 과거 수년간의 주가배수에 회귀할 것으로 가정하여 삼성전자 과거 수년간의 평균주가배수를 이용할 수 있다.

(2) 가치평가모형에서 주가배수 결정요인 도출

주식의 이론적 가격이 배당평가모형에 의해서 잘 설명된다고 보고 이 모형으로 부터 주가배수 결정요인을 도출할 수 있다. 이를 내재적 주가배수(intrinsic multiples)라고 부르기도 한다. 때로는 듀퐁시스템(ROE)분석에서 결정요인을 도출하기도 한다.

[적정 PER의 결정요인]

$$\frac{P^*}{E}=\frac{\text{배당성향}(1-f)}{\text{요구수익률}(k)-\text{성장률}(g)}=\frac{1-f}{k-f\cdot r} \qquad (13.45)^{10)}$$

단, f : 사내유보율, $1-f$: 배당성향, r : 재투자수익률(ROE)

[적정 PBR의 결정요인]

$$PBR=\frac{\text{자기자본 시장가치}}{\text{자기자본 장부가치}}$$

$$=\frac{\text{순이익}}{\text{자기자본 장부가치}}\times\frac{\text{자기자본 시장가치}\div\text{발행주식수}}{\text{순이익}\div\text{발행주식수}}$$

$$=(\text{자기자본순이익률 }ROE)\times(P/E) \qquad (13.46)$$

$$=\frac{\text{순이익}}{\text{매출액}}\times\frac{\text{매출액}}{\text{총자본}}\times\frac{\text{총자본}}{\text{자기자본}}\times(P/E)$$

$$=(\text{마진})\times(\text{활동성})\times(\text{부채레버리지})\times(\text{이익승수})$$

$$PBR(M/B)=ROE\times(P/E)=\frac{ROE\times(1-f)}{k-g}$$

$$=\frac{ROE-f\cdot ROE}{k-g}=\frac{ROE-g}{k-g} \qquad (13.47)^{11)}$$

[적정 PSR의 결정요인]

$$\frac{P}{S}=\frac{M\times(1-f)(1+g)}{k-g} \qquad (13.48)^{12)}$$

단, M : 매출액순이익률(=순이익/매출액)

---

10) 정률성장모형 $P_0=\dfrac{d_1}{k-g}=\dfrac{E_1(1-f)}{k-g}=\dfrac{E_1(1-f)}{k-f\cdot r}$의 관계에서 P^*/E를 구하면 식 13.45를 얻는다.
적정 PER을 구하는 다른 한 방법은 이들 g, $1-f$, k변수와 PER의 선형적 관계를 회귀분석한 결과를 이용하는 것이다. 예를 들어 $P/E=8.2+1.50g+6.7(1-f)-0.20\sigma$와 같은 회귀분석 결과의 추정식을 예측(predicted) PER 추정에 이용한다. 또 정률성장모형이나 FCF모형에 의해 추정된 이론주가(내재가치)를 주당이익으로 나눈 기본적(fundamental) PER을 이용하기도 한다.

11) 식 13.45에서 이론적 PER은 $(1-f)/(k-g)$이고 $g=f\cdot ROE$이므로 적정 PBR(또는 M/B비율)은 식 13.47의 관계에서 평가될 수 있다.

12) 주당이익(E_0)=주당매출액(S)×매출액순이익률(M)이므로 $P_0=\dfrac{E_0(1-f)(1+g)}{k-g}=\dfrac{S\times M\times(1-f)(1+g)}{k-g}$의 관계에서 식 13.48을 얻는다. 식 13.48에서 PSR은 마진(매출액순이익률)수준에 따라 크게 영향받음을 알 수 있다. [그림 13-2]와 유사한 방법으로 매출액순이익률과 P/S 기준으로 고마진 · 저 P/S 주식은 상대적으로 저평가된 것으로, 저마진 · 고 P/S 주식은 상대적으로 고평가된 것으로 판단할 수 있다.

3. 주가배수모형의 유용성과 한계점

개별 주가배수의 유용성과 사용상의 유의점을 정리하면 〈표 13-2〉와 같다.

가치평가모형으로서 주가배수모형의 유용성은 먼저 주가배수가 모두 간단한 회계정보를 이용하여 쉽게 계산할 수 있다는 점이다. 앞에서 설명한 바와 같이 단순히 주당이익 등과 비교하여 적정주가수준을 추정하거나 수익가치, 자산가치를 감안하여 상대적 주가수준을 평가할 때 매우 유용하게 사용될 수 있다. 배당할인모형, *FCF*모형, *RIM*모형 등에서와 같이 자본비용이나 잔존가치의 추정이 필요하지 않다.

그간 증권투자의 실제에서도 시장이 비효율적인 것을 전제하여 저*PER*주식의 포트폴리오가 투자수익이 높다고 보고, *PER*의 크기에 기초한 투자전략이 구사되기도 하였다. 이와 같은 측면은 학계의 실증분석의 연구결과에 의해서 뒷받침되고 있는데, 저*PER*주식, 저*PBR*주식일수록 투자수익률이 높은 것을 실증적으로 보이고 있다(제10장 제2절 참조).

반면에 주가배수모형의 공통적 한계점은 기본적으로 상대가치평가방법이라는 점이다. 이를테면, 과열된 시장 상황에서는 대부분 주식의 주가배수(*PER* 등)는 높은 수준일 터인데, 이 높아진 주가배수를 적정주가배수의 기준으로 삼을 경우 주가배

〈표 13-2〉 주가배수모형의 유용성과 유의점 비교

주가배수모형	기본모형	유용성	유의점
*PER*모형	$P^* = \frac{P^*}{E} \times EPS$	• 간단한 회계정보를 이용	• 주당이익 추정은 회계처리방법에 따라 달라짐 • 주가자료, 주당이익 측정의 문제 • 경기변동에 취약한 기업, (−)의 이익예상기업에 적용이 어려움
*PBR*모형	$P^* = \frac{P^*}{B} \times BPS$	• 간단한 회계정보를 이용 • (−)이익기업에 적용가능 • 비유동자산이 많거나, 자산가치가 높은 기업에 유용	• 주당순자산 추정은 회계처리방법(R&D회계)에 따라 차이 • 자산으로 잡히지 않는 자산항목이 많은 경우 적용 곤란
*PSR*모형	$P^* = \frac{P^*}{S} \times SPS$	• (−)이익, 자산가치가 문제되는 기업에 적용가능 • 회계처리방법에 적게 영향	• 매출액은 기본적으로 기업성과 추정치가 아님 • 비용구조차이를 반영하지 못함
EV/*EBITDA* *PCFR*	$P^* = \frac{P^*}{CF} \times CFPS$	• 현금흐름은 조작이 쉽지 않음 • (−)이익기업에 적용가능 • 영업이익기준 *CF*는 재무구조 차이가 문제되지 않음	• 운전자본투자, 자본지출액이 많은 경우 왜곡 여지가 있음

수가 산업평균보다 낮다는 이유로 과소평가 판정을 내리는 오류를 범할 수 있다. 침체된 시장에서는 이와 반대되는 오류를 범할 수 있다. 각 주가배수별로 유용성과 한계점을 정리하면 다음과 같다.

(1) *PER*의 유용성과 한계점

*PER*의 계산상의 문제점을 이해하고 계산방법을 개선하면 주가예측의 신뢰성을 높일 수 있다. 다음은 *PER*을 계산하는 데 야기될 수 있는 문제점과 *PER*의 유용성을 높이는 방법들이다.

1) 분자의 주가자료 시점의 선택

*PER*만이 아니고 다른 주가배수도 마찬가지이지만, 분자의 주가자료를 대응시킬 때, 특정일의 종가를 사용하거나 이익발표 직전 일정기간 동안의 평균주가를 사용하는 방법이 있다. 후자의 방법이 분모의 주당이익 정보내용을 적절히 반영한다는 장점이 있다.

2) 분모의 주당이익자료의 선택

공식 발표 *PER*은 최근(과거) 사업연도의 주당이익자료를 사용하여 계산한다. 그러나 차기의 예측된 주당이익을 이용할 수 있다. 최근 주당이익을 사용한 *PER*을 실적*PER*(trailing *PER*)이라고 하고, 예측된(또는 차기) 주당이익을 이용한 *PER*을 기대*PER*(forward *PER*)이라고 한다. 주가는 미래의 예상이익을 반영한 것이기 때문에 기대*PER*을 이용하는 것이 논리적으로 합당한 면이 있다. 분석기간의 *EPS*가 음(−)이거나 매우 작은 수준의 *EPS*이면 *PER*의 신뢰성이 떨어진다.

3) 지속가능이익 기준의 *PER*

제12장에서 논의한 것처럼 주당이익(*EPS*)은 비반복적 부분과 반복적, 지속가능한 부분으로 나누어 볼 수 있는데, 일시적 손익을 제외시킨 지속가능 주당이익(persistent EPS) 기준의 지속가능*PER*을 적용하는 것이 더 예측력이 있다.

4) 발행주식수 계산의 문제

보통 현재 발행주식수를 기준으로 하지만, 전환증권의 발행이 있으면 주식으로 전환될 경우 발행주식수의 증가가 있게 된다. 주당이익을 희석화(diluted)시킬 주식수를 포함시키는 것이 합리적이다.[13)]

5) 경기순환기업의 *PER*, 부실기업의 *PER*의 적용

*PER*의 크기는 분자보다는 분모(주당이익)의 크기에 따라 민감하게 변동하는 경향이 있는데, 경기순환에 취약한 기업의 *PER*이나 매우 적은 이익을 낸 부실기업의 *PER*은 그만큼 변동성이 커서 *PER*의 신뢰성이 떨어진다고 할 수 있다. 실제로 *PER*은 경기 역행적 성격이 있음이 지적되고 있다. 즉, 경기저점에서는 *EPS*가 위축되어 높은 *PER*로 나타나는 반면에, 경기고점에서는 *EPS*가 커짐에 따라 낮은 *PER*로 나타나는 면이 있다.[14)]

(2) *PBR*의 유용성과 한계점

PBR 계산에 필요한 회계정보도 재무상태표에서 쉽게 계산할 수 있으며, 부(−)의 *EPS* 기업에도 적용이 가능하다는 장점이 있다. 또 유동자산이 많은 산업에 유용하고, 계속기업의 가정이 필요치 않다. 실증적 연구결과에서도 *PBR*은 주식의 장기 평균수익률의 차이를 잘 설명하고 있는 것으로 알려져 있다.

반면에 몇 가지 한계점이 있으므로 사용상에 주의를 요한다. 주당순자산 추정에서 인적자본과 같은 항목처럼 재무상태표에 포함되지 않는 자산항목이 있을 수 있는 점, 주식가치는 보유자산의 질적 차이보다는 비즈니스 모델의 차이에 의해서 더 영향받는다는 점, R&D회계처리처럼 회계처리방법에 따라 자산의 크기가 크게 영향받을 가능성이 있는 점, 역사적 취득원가기준의 회계처리로 인플레이션하에서는 장부가치와 시장가치의 괴리가 클 수 있다는 문제점 등을 지적할 수 있다.

(3) *PSR*의 유용성과 한계점

*PSR*은 분모의 매출액 측정이 회계처리방법에 가장 덜 영향받으며 왜곡이나 조작가능성이 상대적으로 낮다는 점, 負(−)의 이익을 낸 기업에도 적용가능하다는 점, *PER*모형 등으로는 가치평가가 쉽지 않은 성숙기업, 경기순환기업, 적자기업의 평가에 적절하다는 점에서 그 유용성이 있다. 특히 기술주의 경우는 초기에 외형의 성장이나 빠른 시장점유 확보가 장기적 이익창출로 이어진다는 가정에서 주당매출액을 중시한다.

---

13) 전환을 감안하지 않은 *EPS*를 Basic *EPS*, 희석화되는 것을 감안한 *EPS*를 Diluted *EPS*라고 부른다.

14) 이와 같이 *PER*과 이익성장률의 음(−)의 상관관계를 몰로도브스키 효과(Molodovsky Effect)라고 한다. 경기변동에 따른 *PER*의 변동성문제를 해결하는 방법으로는 ① 역사적 평균*EPS*를 사용하는 방법, ② $EPS = ROE$(자기자본순이익률)$\times BPS$(주당순자산)의 관계를 이용하여 평균*ROE*를 적용하는 방법이 사용될 수 있다.

반면에 한계점으로는 주당이익이나 현금흐름 사정이 불량하더라도 높은 매출액 성장을 달성하는 기업이 얼마든지 존재할 수 있다는 점, 기업간의 비용구조의 차이를 반영하지 못한다는 점, 매출액 인식의 회계방법에 따라 약간의 왜곡 여지가 남을 수 있다는 점 등을 들 수 있다.

(4) *EV*/*EBITDA*의 유용성과 한계점

EV/*EBITDA*의 장점은 부(−)의 *EBITDA* 기업은 별로 없다는 점, 자본구조에 차이가 있는 기업들을 서로 비교할 수 있다는 점, 감가상각방법 등의 회계처리방법과 영업외적 요인에 의해서 별로 영향을 받지 않는다는 점, 철강업 등 자본집약산업에 유용성이 높다는 점이다.

반면에 단점으로는 운전자본의 급증시에 실제의 현금사정과 다르게 현금흐름을 과대계상할 수 있다는 점, 자본적 지출액과 감가상각비의 크기가 동일하지 않으면 현금흐름정보가 왜곡될 수 있다는 점을 들 수 있다.15)

예제

(1) 다음은 글로벌 자동차회사들의 *PER*이다. 한편 현대차의 과거 5년간의 평균*PER*은 9.4이고, 예상 주당이익은 21,000원이다. 현대차의 적정주가를 얼마로 추정할 수 있는가?

	도요타	혼 다	포 드	현대차	평 균
PER	13.7	10.5	9.8	9.2	10.8

(2) 다음은 2014년 6월말 기준의 주요국의 *PER*과 한국 증시의 기대*PER* 및 실적*PER* 자료이다. 한국증시의 기대*PER*과 실적*PER*의 이와 같은 괴리는 어떤 상황에서 발생하는가?

	미 국	일 본	중 국	한국 기대	한국 실적
PER	13.7	10.5	9.8	10.7	16.9

해설 (1) ① 산업평균을 이용할 경우 : $P_0^* = P^*/E \times E_1 = 10.8 \times 21,000 = 226,800$원

② 과거평균을 이용할 경우 : $P_0^* = P^*/E \times E_1 = 9.4 \times 21,000 = 197,400$원

(2) 기대*PER*과 실적*PER*의 괴리는 전반적인 기업실적이 안 좋은 상황에서 좋아질 것으로 예상되는 상황이나 애널리스트들이 미래를 너무 낙관적으로 예측할 때 발생한다.

---

15) *FCF*(잉여현금흐름)에는 시설투자와 운전자본투자 모두가 고려되고 있으므로 이러한 단점 없이 현금흐름을 보다 적절히 측정하는 평가모형이 된다.

본장에서는 주식의 적정가격을 추정할 수 있는 모형으로서 전통적 *DCF*모형(배당평가모형, 이익평가모형), *FCF*모형, *PER*, *PBR* 등의 주가배수모형(상대가치평가모형)에 대하여 설명하였다. 그러면 어느 가치평가모형이 보다 유효한 모형인가? 어느 모형을 적용할 것인지는 다음과 같은 선택기준을 고려할 필요가 있다.

① 평가대상기업의 특성에 보다 부합하는 모형을 선택한다.
② 주어진 자료의 이용가능성과 질을 고려한다.
③ 모형의 특징과 장단점을 고려하여 평가목적에 부합한 모형을 선택한다.

본장에서 설명한 제반 평가모형의 장단점을 정리하면 〈표 13-3〉과 같다.

〈표 13-3〉 제반 주식가치평가모형의 장단점 비교

종 류	기본모형	장 점	단 점
배당평가모형	$S_0 = \sum_{t=1}^{\infty} \frac{d_t}{(1+k_e)^t}$	• 추정이 간편	• 무배당기업에 적용불가 • 배당의 변동성이 큼 • 가정(내부금융의 가정 등)의 비현실성
이익평가모형	$S_0 = \sum_{t=1}^{\infty} \frac{E_t}{(1+k_e)^t}$	• 추정이 간편	• *EPS*는 회계처리방법에 따라 달라짐 • 재무구조차이에 영향을 받음 • 가정(내부금융의 가정 등)의 비현실성
*FCF*평가모형	$V_0 = \sum_{t=1}^{\infty} \frac{FCF_t}{(1+WACC)^t}$	• 회계처리방법 선택에 영향받지 않음 • 재무구조와 배당정책 차이에 영향받지 않음	• 추정이 복잡함 • 잔존가치의 비중이 높음
*FCFE*평가모형	$S_0 = \sum_{t=1}^{\infty} \frac{FCFE_t}{(1+k_e)^t}$	• 부채비용을 고려하지 않아도 됨	• 재무구조와 배당정책 차이에 영향받음
[주가배수모형] *PER*모형 *PBR*모형 *PSR*모형 *EV*/*EBITDA* *PCFR*	P_0^*=적정주가배수 ×가치변수(주당순이익, 주당순자산…)	• 간단한 회계정보를 이용 • 적정주가 추정이 간편 • 자본비용, 잔존가치 추정이 불필요 • 간단하면서 주식수익률의 설명력이 높음 * 개별 주가배수의 유용성은 〈표 13-2〉 참조	• 상대가치방법의 한계(비교기준의 적정주가배수와 상대적으로 높은지, 낮은지를 보고 과대·과소 평가 판단) • 가치변수 추정은 회계처리방법에 따라 달라짐 * 개별 주가배수의 유의점은 〈표 13-2〉 참조

주요용어

계속기업가치	수익가치	청산가치
자산가치	배당평가모형	정률성장모형
다단계(고속)성장모형	이익평가모형	성장기회의 현재가치
주당순자산가치	토빈의 q	최초공모주식가치
잉여현금흐름(FCF)모형	세후영업이익	영업투하자본
존속가치	자본비용	영업외가치
주주잉여현금흐름($FCFE$)	주가배수모형	주가수익비율(PER)
상대적 PER	PEG	주당순자산비율(PBR)
주가매출액비율(PSR)	$EV/EBITDA$ 비율	$PCFR$비율
실적PER	기대PER	

연습문제

1. [가치평가모형] 가치평가모형의 종류를 제시하고 각 모형의 특징과 장단점을 설명하라.

2. [DCF모형에 의한 주식의 내재가치 추정]
   ① A사는 지난해 주당 1,000원을 배당금으로 지불하였고 앞으로 이익의 30%를 배당금으로 지불하고자 한다. 새로운 투자사업에 대한 ROE를 10%라고 하자. 만약 주식에 대한 요구수익률이 13%라고 한다면 주식의 내재가치는 얼마인가?
   ② 전년도에 2,000원 배당을 지불한 주식이 있다. 다음 연도 배당은 10% 더 증가할 것이고, 주식은 다음 연도 말에 40,000원에 거래될 것이라고 예상되고 있다. 무위험이자율이 8%이고, 시장수익률은 13%이며, 주식의 베타는 1.2이다. 주식의 내재가치는 얼마인가?
   ③ 이익보유율이 60%인 기업을 분석하고 있다. 이 기업의 ROE는 15%이고 이 기업의 주식에 대한 베타는 1.2이다. 명목무위험이자율이 8%이고 기대시장수익률이 13%일 때, 만약 다음 해의 주당순이익이 3,000원이라면 이 주식의 가치는 얼마인가?
   ④ 다음 내용에 기초하여 차기연도 주가를 추정하라.

차기연도 EPS	3,500원	배당성향	60%
ROE	15%	요구수익률	13%

3. [공모주식가격의 추정] 명륜전자(주)는 기업공개를 통하여 50만주를 공모하려고 하는데, 그 발행가격을 산정하고 있다. 다음의 자료는 최근 명륜전자(주)의 재무상태표이고, 향후 2년간의 추정손익계산서(I/S)에 의하면 배당가능액은 2년 평균 45억원으로 예상되며, 「유가증권인수업무규정」에서 제시되고 있는 공모가격추정방법에 의해서 공모가격을 추정하고자 한다.

대차대조표

명륜전자(주)			2016.12.31
유 동 자 산	300억	유 동 부 채	200억
고 정 자 산	300억	고 정 부 채	100억
		자 본 금	200억*
		유 보 이 익	100억
총 자 산	600억	부채 및 자본	600억

* 기존발행주식총수=100만주

1년만기 정기예금금리를 10%라고 가정할 때 명륜전자가 150억원을 추가적으로 공모할 경우 ① 수익가치, ② 자산가치, ③ 최종적으로 발행가격을 추정하라.

4. [자본비용 추정] (주)AAA에서는 다음과 같이 주식과 회사채를 발행하여 자본을 조달하고자 한다. ① 자기자본비용, ② 부채비용, ③ *WACC*를 추정하라.

(주식관련자료)	• 발행주식수=500만주	• 주가=80,000원
	• 베타계수=1.15	• 시장위험보상률=9%
	• 무위험이자율=5%	
(회사채관련자료)	• 액면금액=100,000원(1백만 단위, 총 1,000억원)	
	• 회사채신용등급(BBB+)프리미엄=3%	• 무위험이자율=5%
	• 채권가격=110,000원	• 법인세율=30%

5. [*FCF*모형과 적정주가] (주)BBB에서는 향후 3년간 다음과 같은 세전영업이익과 영업투하자본이 발생할 것으로 예상된다.

	1년차	2년차	3년차
세전영업이익	900억원	1,000억원	1,100억원
영업투하자본	500	550	600

한편 4년차 이후의 *FCF*는 향후 3년간 *FCF* 평균에서 연 2% 성장할 것으로 기대한다. 한편 시장성 유가증권, 투자자산 등 영업외자산은 300억원, 이자지급부채는 500억원을 보유하고 있다. 세전부채비용은 7.5%, 유효법인세율은 20%, 자기자본비용은 12%, 목표부채비율(부채 대 자기자본)은 200%이다. 이 회사는 100,000주를 발행하고 있다. 이 주식의 적정가격은 얼마인가?

6. **[EVA모형과 RIM모형]**

① 경제적 부가가치(EVA)의 의의와 측정방법에 대하여 설명하라.

② 초과이익모형으로서 EVA모형과 RIM모형의 유사점과 차이점을 설명하라. 또 각 모형의 결정요인을 제시하라.

7. **[EVA와 초과이익(RI)]** 다음은 (주)CCC의 최근 재무관련 자료이다. 영업투하자본은 총자산과 같다고 가정한다.

매출액=1,000억원	총자산회전율=1.0회
영업이익=200억원	목표부채비율(B/S)=200%
순이익=100억원	배당성향=40%
법인세율=30%	부채비용=15%
자기자본비용=20%	

① 기업의 성과지표로 경제적 부가가치(EVA)를 사용하는 것의 의의는 무엇인가?

② (주)CCC의 EVA를 구하라.

③ (주)CCC의 초과이익(RI)을 구하라.

8. **[FCF모형의 실제 사례 적용]**

① 제12장에 제시된 삼성전자 재무제표에 기초하여 이 기간의 투하자본(IC)과 투하자본증가액(ΔIC), $NOPLAT$, FCF, 가중평균자본비용($WACC$), 잔존가치를 추정하라.

② 2017년~2019년의 추정재무제표를 작성하고 FCF모형에 의한 적정주가를 제시하라.

9. **[주가배수모형의 비교]** 투자지표로서 PER, PBR, PSR, $EV/EBITDA$의 특징, 차이점, 장단점을 비교하라.

10. **[적정PER의 추정]** A기업에 대한 분석결과 다음과 같은 추정치를 얻었다. 배당성향=50%, $k=14\%$, $g=5\%$. 이후 배당성향이 40%, k는 12%로 그리고 g는 7%로 바뀔 것으로 예상된다. 적정이익승수를 추정하라.

11. **[적정주가배수의 추정]** 주가배수모형을 이용하여 적정주가를 추정할 때, 적정(내재적) 주가배수를 추정하는 것이 관건이다. 배당할인모형(DDM)을 이용하여 적정PER, PBR, PSR을 추정하는 방법을 설명하라.

12. **[주가배수모형에 의한 적정주가 추정]** (주)DDD사의 현재 주가는 36,000원이고 주당이익은 6,000원이다. (주)DDD사는 매년 10%의 성장을 계속하고, 40%의 배당성향을 유지할 것으로 전망된다. 또 투자자들의 요구수익률은 15%이고 내년도 주당이익은 6,600원으로 예상된다. 한편, 동종산업 내의 경쟁업체 평균PER은 9배이고 과거 5년간의 평균PER은 10배였다. (주)DDD사의 1년 후 주가를 얼마로 예측할 수 있는가?

제 14 장

기술적 분석과 투자시점 결정

자산배분결정(제Ⅱ, Ⅲ편)과 종목선택(제Ⅳ편)의 과제는 경기순환이나 시장동향을 잘 감안하여 적절한 투자시점을 포착할 때 더욱 효과적으로 해결될 수 있기 때문에 투자시점 결정(investment timing) 역시 중요한 투자관리 과제가 된다.

과거 일정기간의 주가나 거래량의 움직임으로부터 체계적인 패턴을 추적하여 주식시장의 전환점을 예측하려는 증권분석방법이 기술적 분석(technical analysis)인데, 본장에서는 기술적 분석에 근거하여 투자시점을 포착하려는 여러 가지 기법을 다룬다. 제1절에서는 기술적 분석을 다른 투자분석과 비교할 때의 특징을 정리하고, 기술적 분석의 효시라고 할 수 있는 다우이론에 대해서 살펴본다. 제2절과 제3절에서는 일반시장분석과 주가도표분석에 대해서 설명한다. 다음은 본장의 학습목표로서 이해해야 할 주요 사항들이다.

- 기술적 분석의 가정과 특징
- 강세시장과 약세시장으로의 전환점을 예측하는 다우이론
- 주가와 거래량의 관계
- 차트분석을 통하여 주가변동의 패턴을 찾는 방법
- 이동평균선분석, 상대적 강도분석 등을 이용하여 투자시점을 포착하는 방법

제 1 절 기술적 분석

본절에서는 적절한 투자시점을 결정하는 방법으로 활용되는 기술적 분석의 특징과 가정, 기술적 분석의 효시라고 할 수 있는 다우이론 그리고 장기적 주가변동의 패턴을 설명하는 엘리엇 파동이론에 관하여 살펴본다.

1. 기술적 분석의 특징

기술적 분석(technical analysis)은 과거 일정기간의 주가나 거래량의 체계적인 움직임을 발견하여 주가변동의 반복되는 패턴을 찾음으로써 미래 증권가격을 예측하려는 방법이다. 기술적 분석의 핵심은 주가변동의 반복되는 패턴이나, 주가변동과 다른 시장자료 사이의 반복되는 상호관계를 찾음으로써 투자시점을 포착하는 것이다.

기술적 분석은 다우이론(Dow theory)이 제시되면서 체계화되었다. 기술적 분석에서 시도되는 투자시점 포착의 방법은 크게 두 가지로 나누어 볼 수 있다. 하나는 증권시장 전체가 앞으로 강세시장이 될 것인지 약세시장이 될 것인지의 전환시점을 예측하는 일반시장분석(general market analysis)이고, 또 하나는 주가도표에 의해서 특정주식 선정에 이용하는 주가도표분석(price charts analysis)이다.

제11장~제13장에서 설명한 기본적 분석은 주식의 내재가치를 추정하기 위하여 경제동향, 산업구조, 기업특성요인 등 경제적·재무적 요인 등을 분석하는 것이 특징이다. 그러나 기술적 분석은 내재가치를 결정짓는 기본요인들을 고려하지 않고, 다만 과거의 주가동향, 시장동향, 거래량의 움직임에 관한 자료를 기초로 하여 미래 주가를 예측하고자 하는 기법이다.

기술적 분석은 구체적으로 다음과 같은 기본가정에서 출발하고 있다.

① 주가에는 시장이나 기업에 관한 모든 것이 반영되는데, 이 주가는 수요와 공급에 의해서만 결정된다.

② 주식에 대한 수요·공급은 이성적 요인뿐만 아니라 비이성적·심리적 요인 등을 포함한 복합적 요인에 의해서 이루어진다.

③ 수요·공급 요인에 대한 주가반응은 서서히 이루어지며, 주가의 움직임은 장기적으로 특정한 추세를 형성하면서 변화한다.

④ 수요 · 공급의 변화는 변화의 원인에 관계없이 주가가 움직이는 양상(패턴)을 봄으로써 알아낼 수 있으며 도표(chart)에 의해서 추적될 수 있다.
⑤ 도표에 나타나는 여러 가지 패턴은 스스로 반복하는 경향이 있다.

기술적 분석의 핵심은 증권정보의 파급효과가 즉각적이지 못하고 완만하여 일정기간 이를 소화시키면서 주가가 조정되는데, 이 조정기간의 주가움직임은 같은 방향으로 움직이기 때문에 추세형성기간의 시발점을 잘 파악하면 성공적인 투자를 할 수 있다는 점이다. 그래서 단기투자자들에게 많이 이용되고 있으며 투자시점의 포착과 증권시장의 전환점 예측에 도움을 준다.

이 분석방법의 대부분의 기법은 도표(차트)를 통해 분석하는 것이다. 이러한 점에서 기술적 분석에 의해서 증권분석을 시도하는 사람들을 차티스트(chartist)라고 부른다. 기술적 분석은 시장에는 잘못 평가된 증권이 존재한다는 가정과 증권을 개별적으로 분석한다는 점에서는 기본적 분석과는 유사한 면이 있다.

기술적 분석의 장점은 기본적 분석이 지니는 단점, 즉 ① 주로 재무제표에 근거한 평가가 불충분하다, ② 회계처리방법의 다양성 때문에 상호비교 · 기간비교가 어렵다, ③ 주가는 이성적 요인뿐만 아니라 심리적 요인에 의해서도 결정된다는 점을 어느 정도 극복할 수 있다는 점이다.

그러나 단점으로는 ① 주가에 영향을 미치는 정보나 심리적 요인이 미래에도 반복적일 수 없다, ② 설령 예측이 어느 정도 가능하더라도 일정한 추세의 시작과 끝이 어떻게 이루어지는지 알 수 없다, ③ 추세는 사실이 알려진 후에 사후적으로 확인할 수 있다, ④ 결론적으로 논리적인 타당성이 결여되어 있다는 점 등이 지적되고 있다.

2. 다우이론

기술적 분석이 시도된 것은 1800년대 후반까지 거슬러 올라갈 정도로 오랜 역사를 지니고 있다. 그러나 이 분석방법이 체계적으로 시도된 것은 월스트리트 저널지의 편집장이었던 찰스 다우(Charles H. Dow)에 의해서이다.

본래 다우이론(Dow theory)은 증권시장의 장기추세를 확인하여 강세시장(bull market)이나 약세시장(bear market)으로 전환하는 시기를 예측하는 것이 주목적이었다. 이를 위해서 다우는 1900년 12월 19일자 월스트리트 저널지 사설에서 주가변동을 다음의 세 가지로 구분한 바 있다([그림 14-1] 참조).

[그림 14-1] 주가변동의 추세 : 주변동, 부변동, 일일변동

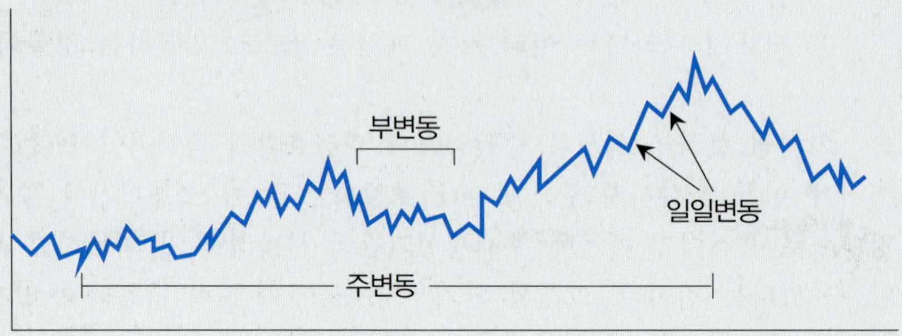

① 주변동(major or primary movements) : 1~10년에 걸친 증시의 장기 추세

② 2차변동 · 부변동(secondary or intermediate movements) : 보통 2주 내지 수개월 에 걸친 중기 추세

③ 일일변동(daily or minor movements) : 매일매일의 주가움직임

본래의 다우이론은 단기변동은 고려하지 않고, 지금까지의 부(중기)변동들의 변화양상을 분석하여 장기(주)변동으로 바뀌는 시기를 알리는 신호를 포착하는 데 있었다. 이러한 주변동의 전환을 알려주는 신호는 [그림 14-2]에 표시된 것과 같은 불임점(abortive point)으로 보고 있다.

[그림 14-2] 주가변동의 전환점 발견

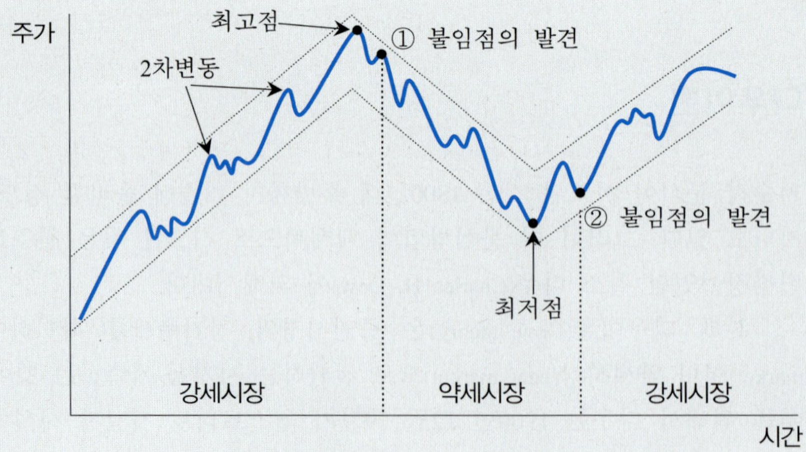

주변동이 상승추세에서 하락추세로 전환되는 경우의 불임점은 그림에서 ①의 경우처럼 2차변동의 최고점이 선행하는 최고점보다 낮을 때이다. 반대로 주변동이 하락추세에서 상승추세로 전환되는 경우의 불임점은 그림에서 ②의 경우처럼 2차변동의 최저점이 선행하는 최저점보다 높을 때이다. 한편 다우이론에 의하면 주변동의 진행은 강세시장과 약세시장이 다음과 같은 세 가지 국면을 계속하면서 주가변동을 보이므로 적절한 투자시점의 포착이 필요하다고 주장하고 있다.

(1) 강세시장의 3국면

1) 제1국면

강세시장의 초기단계에서는 일반투자자의 실망매물이 이어지지만 선견지명이 있는 소수의 투자자들에 의해서 주도되는 매수가 증가하면서 거래량이 점차 증가하게 된다. 이를 매집국면(accumulation phase)이라고도 한다.

2) 제2국면

기업의 영업환경 및 수익성이 개선됨에 따라 주가는 완만한 상승세를 보이며 거래량도 증가한다. 기술적 분석에 따라 주식투자를 하는 사람에게 있어 가장 많은 투자수익을 가능하게 하여 주는 국면이기도 하다.

3) 제3국면

기업의 영업환경 및 실적이 양호하고 일반투자자들이 주식매수에 대거 참여함에 따라 주가신장이 두드러지는 국면이다. 마지막 국면에서는 시장이 과열현상을 보이게 되며 투기적 동기에 의한 주식투자가 시장에 만연하고 불안심리가 형성된다. 이 같은 투자심리 때문에 팔려는 압력이 서서히 작용하여 주가가 더 올라갈 수 없는 저항선(resistance levels)이 형성된다.

(2) 약세시장의 3국면

1) 제1국면

강세장세의 제3국면 마지막 단계에서 선견지명이 있는 몇몇 투자자들만이 기업수익의 악화를 예견하고 매도를 증가시킨다. 거래량은 감소하는 경향이 있으나 여전히 높은 수준에 있으며 일반투자자의 매매도 활발하다. 이를 분산국면(distribution phase)이라고도 한다.

2) 제2국면

매수자는 감소하는 반면 매도자들은 매도를 서두르기 때문에 주가는 급격히 하락하며 거래량도 우려할 정도까지 감소하는 양상을 보인다. 이를 공황국면(panic phase)이라고도 하며 이후 주가는 중기하락추세가 상당기간 동안 지속되거나 보합국면이 나타나 제3국면으로 발전하게 된다.

3) 제3국면

제2국면에서 주식을 미처 처분하지 못한 투자자들의 투매가 특징적이며 기업수익성 악화 등 좋지 못한 소식이 만연한다. 시간이 경과함에 따라 주가의 낙폭은 적어지나 실망매물이 증가함에 따라 하락추세는 지속된다. 또한 최종단계까지 보유하고 있던 우량주식을 매도하는 단계이기도 하다. 그러나 일부 투자자 그룹 사이에서 매수를 시작하면서 주가가 더 이상 떨어질 수 없는 지지선(support levels)을 형성한다.

다우이론을 실제 적용하는 데는 몇 가지 문제점이 지적되고 있다. 주변동과 부변동의 구분이 명확하지 못하고 투자위험이 전혀 고려되고 있지 못하다는 점이다. 또한 사후적으로 주가자료를 얻어야 동향분석이 가능하므로 엄격한 의미에서 사전예측방법으로는 한계가 있다. 그러나 증권 실제에 있어서는 이를 응용한 수많은 컴퓨터 소프트웨어 패키지가 개발되어 실무에 널리 적용되고 있는 분석방법임을 부인할 수 없다.

3. 엘리엇 파동이론

엘리엇(Eliot)은 장기간의 주가변동은 일정한 법칙하에 반복적으로 움직인다는 사실을 발표한 바 있다. 엘리엇이 발견한 반복적 가격변동은 5번의 상승파동과 3번의 하락파동으로 구성된다.

엘리엇 파동이론에 의하면 [그림 14-3]에 제시된 것처럼 한 번의 가격움직임에는 모두 8번의 상하파동이 존재하는데, 1번, 3번, 5번은 상승파동이며, 2번과 4번 파동은 조정파동이다. 1번에서 5번까지 상승국면이 끝나고 하락국면이 시작되면 이 파동들은 다시 3개의 a, b, c 파동으로 이어진다. a, c 파동은 하락파동이며 b파동은 조정파동이다.

한편 각각의 파동은 충격파동과 조정파동으로 구성되는데, 충격파동은 전체적인 시장의 움직임과 같은 방향으로 형성되는 파동이다. 1번, 3번, 5번, a파동 그리고 c파동은 충격파동에 속한다. 반면에 조정파동은 이러한 움직임을 거스르는 방향으로 형성되는 파동으로서, 2번, 4번과 b파동이 이에 속한다.

[그림 14-3] 엘리엇 파동이론

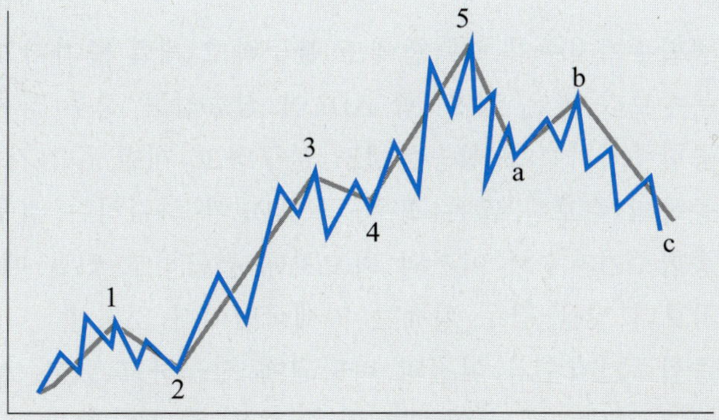

제2절 시장동향분석

미래 주식시장의 전반적인 동향을 예측하려는 투자기법에는 앞에서 설명한 다우이론 이외에도 여러 가지가 있다. 시장이 강세인지 약세인지를 예측하는 그 밖의 일반 시장동향분석(general market analysis)의 방법에는 ADL분석, 투자심리선 분석, 거래량 분석, 수요·공급분석, 반대의견의 이론 등이 있다.

1. ADL 분석

시장의 폭(breadth-of-market)이란 증권시장을 상승세 또는 하락세로 이끄는 시장 내부세력의 강도를 말한다.

내부세력의 강도를 측정하는 대표적인 방법은 등락선(ADL : advance decline line)을 그리는 것인데, 등락선(ADL)은 매일매일의 상승종목수에서 하락종목수를 차감한 등락차를 누계하여 선도표로 그린 것이다. 이 ADL이 하락하게 되면 시장내부세력이 약화(약세시장)되고 있음을 뜻하고, 상승하게 되면 시장내부세력이 강화(강세시장)되고 있음을 암시한다.

ADL을 분석하는 방법은 다음과 같다.

① 종합주가지수가 하락함에도 불구하고 개별 주가가 오른 종목수가 내려간 종목수보다 많은 경우, 즉 ADL이 상승하는 경우 장세는 상승국면이다.
② 종합주가지수가 상승함에도 불구하고 개별 주가가 내린 종목의 수가 오른 종목의 수보다 많은 경우, 즉 ADL이 하락하는 경우 장세는 하강국면이다.
③ 종합주가지수가 이전의 최고치에 접근하고 있을 때 ADL이 그 이전의 최고치보다 낮을 경우 장세는 약세국면이다.
④ 종합주가지수가 이전의 바닥권에 접근하고 있고, ADL이 그 이전의 바닥권보다 상당수준 상회하고 있을 경우 장세는 강세국면이다.
⑤ 종합주가지수와 ADL이 모두 하락할 경우 장세는 대폭 하락할 가능성이 높다.
⑥ 종합주가지수 및 ADL이 모두 상승할 경우 장세는 대폭 상승할 가능성이 높다.

2. 투자심리선 분석

주식시장은 투자심리에 의해서 과열 또는 침체를 보이는 경우가 많다. 투자심리선(psychological line)은 투자심리의 변화를 일정기간 동안 파악하여 과열상황인가 침체상황인가를 파악하여 지표화한 것이다. 작성방법은 최근 10일(또는 12일) 동안 전일대비 상승일수를 누계하여 10(또는 12)으로 나누어 %로 나타낸다.

$$\text{투자심리선} = \frac{\text{10일(또는 12일) 동안 주가상승일수}}{\text{10(또는 12)}} \times 100 \tag{14.1}$$

투자심리선이 50%를 중심으로 75% 이상이면 과열상태로 보고, 25% 이하이면 침체상태로 보며, 25~75% 사이는 정상으로 본다.

3. 거래량분석

증권의 수요와 공급은 일차적으로 거래량에 의해서 측정된다. 따라서 거래량이 주가에 선행한다고 할 수 있으므로 거래량 동향분석을 통하여 미래 시장동향이나 특정주식의 주가예측에 활용할 수 있다.

주가와 거래량의 상관관계에 대하여 다음과 같은 원리가 제시되고 있다.

① 내리막 시장에서의 거래량 증가는 주가의 지속적인 하락을 의미한다.
② 오르막 시장에서의 거래량 증가는 주가의 지속적인 상승을 의미한다.
③ 내리막 시장에서의 거래량 감소는 상향국면으로의 전환을 암시한다.
④ 오르막 시장에서의 거래량 감소는 하향국면으로의 전환을 암시한다.

(1) 거래량이동평균선

거래량이동평균선을 구하여 매매신호를 찾아내는 데 이용할 수 있다. 6일 이동평균선의 예는 최근 6일간의 거래량합계를 거래일 6으로 나누어 이동평균을 구한 것이다. 즉,

$$\text{거래량(거래대금) 6일 이동평균} = \frac{V_1 + V_2 + \cdots\cdots + V_6}{6} \tag{14.2}$$

단, V_1 : 최근 6일 전의 거래량(거래대금)
V_6 : 1일 전의 거래량(거래대금)

매입시점은 거래량이동평균선의 기준기간이 짧은 이동평균선이 긴 이동평균선을 상향돌파하는 경우이고, 하향돌파하면 매도시점이 된다. 거래량분석에서는 6일 이동평균선이 25일 이동평균선을 상향돌파하면 거래량을 증가시키는 추세이고, 반대로 하향돌파하면 거래량을 감소시키는 추세이다. 또 단기가 중기를 돌파하는 것보다 중기가 장기를 돌파하는 때가 더욱 강력한 매매시점이 된다.

[그림 14-4] 거래량이동평균선

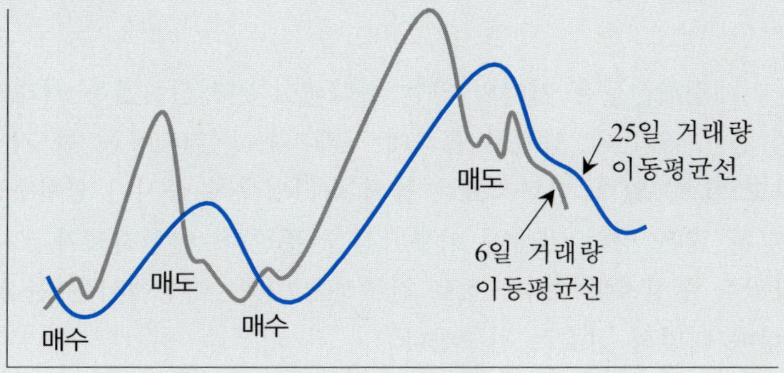

(2) OBV지표

OBV(on balance volume)지표는 주가가 상승한 날의 거래량에서 주가가 하락한 날의 거래량을 차감하여 이를 누적적으로 집계하여 구한 것이다. 이 지표를 통해 증권에 대한 매집과 분산 활동에 관한 정보가 얻어진다고 본다.

실제의 증권시장은 침체된 시장일지라도 시장의 내부활동을 살펴보면, 한쪽에서는 다가올 강세시장에 대비하여 조금씩 매도물량을 흡수하여 축적해 가는 매집활동이 진행되는 경우가 많다. 이러한 투자형태는 강세시장에서도 마찬가지여서 시장이 천장수준에 접근해감에 따라 그동안 큰 폭의 차익을 획득한 매물들이 크게 늘어난 수요를 조금씩 충족시켜 가면서 처분되는 분산활동이 나타난다.

OBV지표는 주가가 뚜렷한 등락을 보이지 않고 정체되어 있을 때도 시장이 매집단계 혹은 분산단계 전환에 있는지를 판단하여 향후 주가의 방향을 예측하는 데 활용하기도 한다.

(3) 번한지표

거래량의 변화를 감안하여 시장동향을 예측하는 데 이용되는 지표로는 거래량회전율과 거래성립률이 기본적인 지표로 쓰이며, 이 두 가지 지표를 동시에 판별할 수 있게 응용된 번한지표가 이용되고 있다. 이들 지표는 다음과 같이 계산된다.

$$\text{거래량회전율} = \frac{\text{당일의 거래량} \times \text{연간 입회일수}}{\text{전체 상장주식수}} \times 100 \tag{14.3}$$

$$\text{거래성립률} = \frac{\text{거래성립종목수}}{\text{전체 상장종목수}} \times 100 \tag{14.4}$$

$$\text{번한지표} = \text{거래량회전율} \times \text{거래성립률} \tag{14.5}$$

거래량회전율은 거래의 양을 나타내고 거래성립률은 거래의 질을 나타내는 지표로 볼 수 있는데, 양자를 곱하여 구해지는 번한지표는 두 가지 측면이 모두 반영된다고 할 수 있다. 번한지표는 높게 나타날수록 증시가 활황을 보여 대부분의 종목에 걸쳐 많은 양의 거래가 이루어짐을 뜻한다. 번한지표가 5% 이하에서는 주가가 바닥권을 형성하여 매수신호로 간주하고, 30% 이상에서는 천장권을 형성하는 경우가 많아 과열의 신호로 간주한다.

[그림 14-5] 지수 · 거래량 상관곡선(역시계곡선)

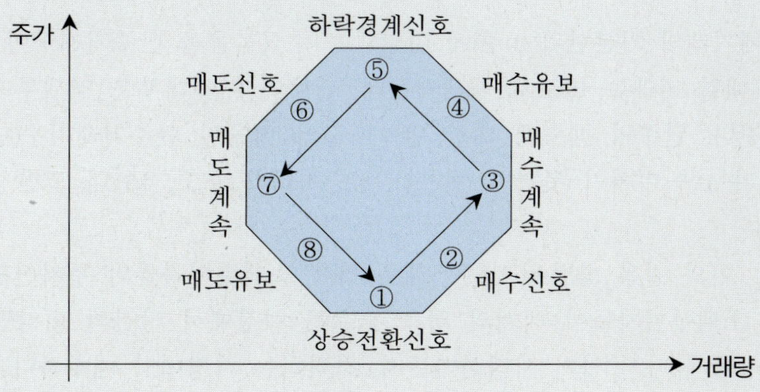

(4) 지수 · 거래량 상관곡선(역시계곡선)

일반적으로 주가가 상승하기 전에 거래량이 먼저 증가하게 되고, 반대로 주가가 하락하기에 앞서서 거래량이 감소하기 시작한다. 이처럼 주가와 거래량의 상관관계가 매우 높다. 지수 · 거래량 상관곡선(역시계곡선)은 주가와 거래량의 관계를 [그림 14-5]처럼 나타내어 주가예측에 활용하는 것으로서, 주가(종축표시)와 거래량(횡축표시)의 이동평균선(통상적으로 25일 이동평균선)의 교차점을 선으로 연결하여 구성한다. 미래 주가는 이 곡선이 시계의 반대방향으로 좌회전한다고 보고 예측한다. 이러한 의미에서 역시계곡선이라고도 한다.

4. 반대의견의 이론

매매시점을 포착하는 기술적 분석기법의 하나로 반대의견의 이론(theory of contrary opinion)이 있다. "보통투자자들이 장세를 비관할 때 매수해야 하고, 낙관하고 있을 때 팔아야 한다"는 주장인데 일반투자자들은 그릇된 투자판단을 하는 경향이 있으므로 일반투자자들과 반대로 투자결정하는 것이 유리하다는 논리이다. 이와 같은 주장은 일반투자자들이 대부분 주가가 높을 때 매수하고 주가가 낮을 때 매도하는 경향이 있다는 투자심리를 감안한 증권가의 경험담에서 나온 것이다. 이와 같은 내용의 주장에는 단주거래량, 공매비율, 투자자문기관의 의견 등에 나타나고 있다.

(1) 단주거래량(odd-lot trading)

매매거래의 기본단위(10주)에 미달되는 주식묶음을 단주거래량이라고 한다. 이 단주에 대한 거래는 별도로 행해지는데, 단주거래는 대부분 영세투자자들에 의해서 행해진다. 단주의 매수에 대한 단주매출의 비율인 단주거래지수(단주매수량/단주매도량)가 1에 미치지 못하면 주가가 상승하리라 보고, 1보다 크면 주가가 하락하리라 본다.

이와 같은 방법은 단주거래를 하는 소액투자자들의 투자판단과 실천이 미숙하여 소액투자자들이 대개의 경우 오르는 시장에서 약간의 이익만 보고서 처분하고 천장에서 다시 사기 시작한다든지, 하락하는 시장에서 매수하다가 바닥에서 당황하여 다시 매도하는 경향이 있다는 가정에서 사용되고 있다.

(2) 공매(short sales)비율

공매(제3장 제2절)는 주가가 하락할 것으로 예상하는 투자자들에 의해서 시도된다. 그런데 일정기간 경과 후 공매된 주식은 그 투자자가 재매수하여 커버해야 하므로 잠재적 수요가 증가될 것을 의미한다.

그래서 역으로 공매이자율이나 공매비율(=공매량÷매수 평균거래량)의 증가추세는 강세국면으로 간주하고, 이 비율의 하락추세는 약세국면으로 간주하는 기법이 이용되기도 한다.

(3) 투자자문기관의 의견

투자자문기관들은 자문요청자들에게 반대되는 예상 자문을 하는 경향이 있다는 조사를 근거로 대다수 투자자문기관의 강세 예상은 약세로의 전환으로, 약세 예상은 강세로의 전환으로 예측하는 것이다. 이처럼 투자자문기관의 의견들이 반대되는 예상을 하는 경향이 있다고 보는 근거는 대부분 투자자문기관들이 추세예측자이기보다는 추세추종자이기 때문인 것으로 해석할 수 있다.

제3절 주가도표분석

매매시점 포착에 활용될 수 있는 주가도표(price chart)분석은 크게 둘로 나누어 볼 수 있다. 하나는 다우이론에서처럼 추세선을 중심으로 분석하는 추세분석(trend analysis)이고, 다른 하나는 가격움직임의 체계적인 「패턴」을 발견하여 주가동향을 예측하려는 패턴분석(pattern analysis) 또는 모형분석이다.

1. 도표의 종류

기술적 분석에서 많이 활용되고 있는 도표로는 선형도표, 캔들차트(봉형도표), 점수도표 등이 있다.

선형도표(line chart)는 매일매일의 종가를 직선으로 연결한 도표이다. 개별주식의 종가뿐만 아니라 매일매일의 주가지수를 직선으로 연결하여 시장추세를 보기도 한다([그림 14-6](a)).

캔들차트(candle chart)는 봉형도표(bar chart)라고도 하는데, 일정기간 동안의 시가, 종가, 고가, 저가를 막대모양의 캔들(봉)에 모두 표시하고, 시가와 종가를 비교하여 그 결과에 따라 색깔로 구분하여 나타낸 도표이다. 시가에 비하여 종가가 하락한 경우의 날은 청색 혹은 흑색의 음선(black candle)으로 표시하여 음봉이라고 부르고, 시가에 비하여 종가가 상승한 경우의 날은 붉은색 혹은 백색의 양선(white candle)으로 표시하여 양봉이라고 부른다. 캔들차트는 상승장에서는 양봉이 많아지고 하락장에

[그림 14-6] 선형도표, 봉형도표

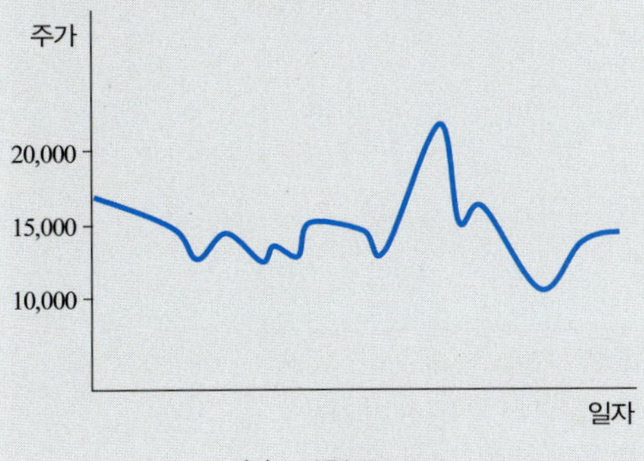

(a) 선형도표

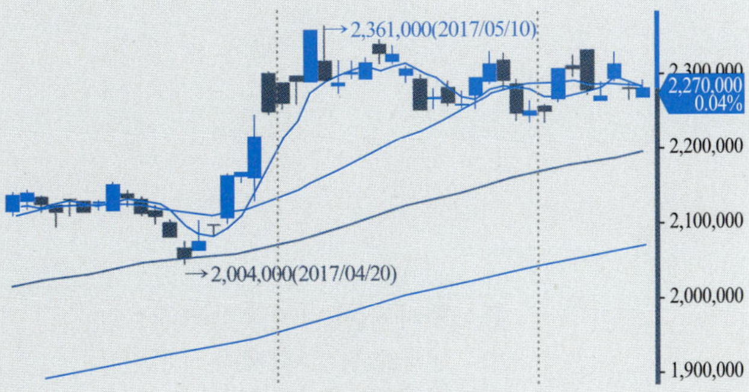

(b) 캔들차트

서는 음봉이 많아지게 된다. 봉의 길이까지 고려하면 시장의 방향성을 알 수 있는데, 양봉이면서 봉의 길이가 길면 강한 상승장을, 반대로 음봉이면서 봉의 길이가 길면 강한 하락장으로의 전환을 의미한다([그림 14-6](b)).

점수도표(point and figure chart)는 매일매일의 주가변화를 그대로 나타내는 것이 아니라 가격변동의 일정한 폭(예를 들어 500원, 1,000원)을 정해 놓고, 주가가 이 기준폭 이상으로 변동할 때마다 일정한 기호(보통 계속적인 상승은 ×, 하락은 ○표시)로서 가격변동의 방향과 크기를 그려나가는 것이다.

봉형도표에 의한 분석은 특정한 패턴이 발견되더라도 시발점의 선택이 상당히 주관적이라는 결점을 지니고 있는데, 점수도표분석은 시간적 요소를 제거시켜 주는 대신에 추세의 전환점을 발견하고 주가가 어느 수준까지 변동할 것인지 그 목표가격까지 예측할 수 있게 해준다는 특징을 지니고 있다.

2. 패턴분석

도표분석의 목적은 적절한 매매시간을 예측하는 것으로서, 여러 가지 수준에서 예상되는 수요(매수세력)의 강도와 공급(매도세력)의 압력을 파악함으로써 주가동향을 예측하는 데 있다. 패턴분석(pattern analysis)은 주가변동 중에서 시세의 천장권이나 바닥권에서 일어나는 전형적인 패턴을 찾아냄으로써 주가흐름이 상승국면인지 하락국면인지의 전환시점을 포착하는 방법이다.

[그림 14-7] 주가변동원인 : 시장에너지의 축적과 분산

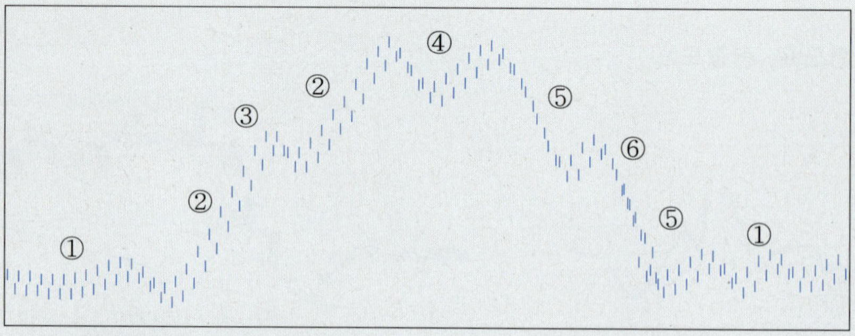

①: 主바닥(에너지축적기간) ②: 뚜렷한 상승추세
③: 상승조정영역(재축적기간) ④: 主천장(에너지분산기간)
⑤: 뚜렷한 하락추세 ⑥: 하향조정영역(재분산기간)

[그림 14-8] 주가도표의 패턴분석

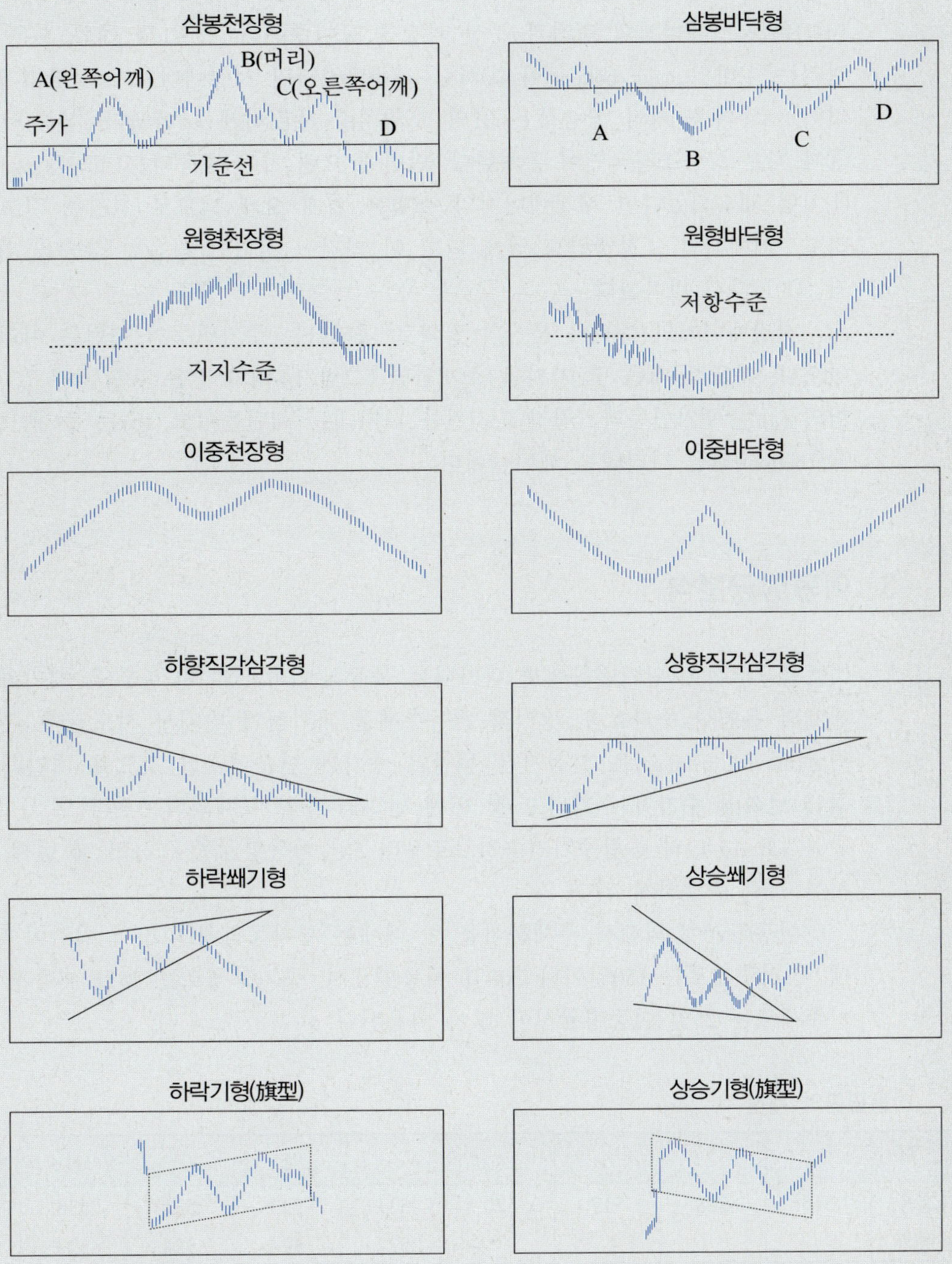

(a) 주가가 천장임을 암시하는 패턴 (b) 주가가 바닥임을 암시하는 패턴

기술적 분석가들은 주가의 상승·하락을 예측하는 근거를 시장에너지의 축적과 분산으로 설명하고 결과적으로 나타나는 여러 가지 패턴을 제시하고 있다. [그림 14-7]은 시장에너지의 축적과 분산 과정을 보여주는데, 먼저 몇 개월 혹은 몇 년이 걸리는 主바닥(major bottom)이 ①처럼 전개되었다면 시장에너지가 상당기간 축적된 것이므로 다음 기의 상승폭은 ②의 모양처럼 뚜렷하게 나타낸다. 상승국면에서도 ③과 같은 상승조정국면이 존재한다. 반면에 오랜 기간 계속되는 主천장(major top)이 ④처럼 계속되었다면 시장에너지의 소멸은 쉽게 오게 되므로 천장이 길고 클수록 하향추세에서의 조정국면도 있게 되고 이 기간이 지나면 다음번 상승을 위한 主바닥 ①이 다시 반복된다.

시장에너지의 축적과 분산의 결과로 나타나는 주가변동의 패턴은 여러 가지가 있으나, 대표적 패턴 몇 가지를 소개하면 [그림 14-8]과 같은 유형들이 있다. 이 그림의 (a)는 주가변동의 「천장」(top)권을 나타내는 패턴들이고, (b)는 주가변동의 「바닥」(bottom)권을 나타내는 패턴들이다.

3. 이동평균분석

이동평균분석은 단기변동에서 나타나는 불규칙성(비정상적인 변동)을 제거하고 시장 전체의 유연한 주가흐름, 장기적 변동추세를 파악하기 위해서 시도된다. 본래 이동평균(moving average)은 일정기간 동안의 주가를 단순평균한 것으로 매일매일 가장 최근 날짜의 주가가 추가되고 첫 번째 날짜의 주가가 제외되는 방식으로 계산된다. 만약 〈표 14-1〉의 종합주가지수자료로부터 5일 이동평균을 구하면 세 번째 행에 표시한 것과 동일하게 된다.

이동평균에 의해서 추세분석을 할 때에는 투자목적에 따라서 기간이 달라지는데, 장기추세로는 150일이나 200일 이동평균선, 중기추세로는 75일 이동평균선, 단기추세로는 25일 이동평균선이 많이 이용된다.

〈표 14-1〉 이동평균의 계산

구분 \ 일자	1	2	3	4	5	6	7	8	9
종합주가지수	515	528	517	520	531	523	531	538	540
5일 이동평균					522	524	524	529	533

5일의 이동평균=(515+528+517+520+531)÷5=522
6일의 이동평균=(528+517+520+531+523)÷5=524

[그림 14-9] 이동평균선 분석

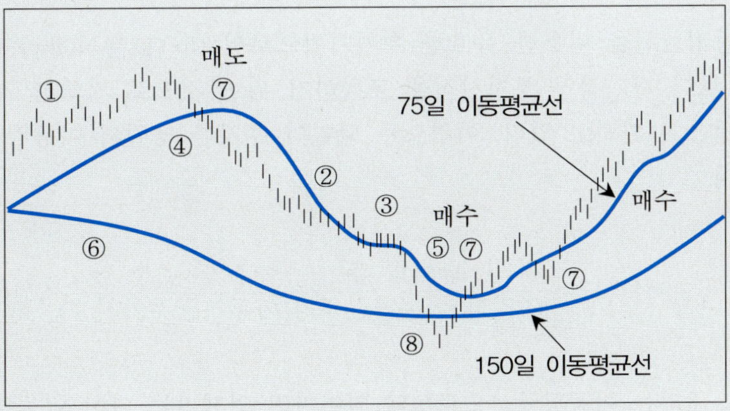

이동평균선을 이용하여 주가동향을 예측할 때에는 [그림 14-9]에서 보는 것처럼 주가변동에서 다음과 같은 여러 가지 기본성질을 파악하는 것이 필요하다.

① 강세시장에서는 주가가 이동평균선 위에서 파동을 거듭하면서 상승한다.
② 약세시장에서는 주가가 이동평균선 아래에서 파동을 거듭하면서 하락한다.
③ 아직 방향이 결정되지 않은 경우의 주가는 이동평균선과 밀착하여 파동을 거듭하다가 방향을 결정하여 이동평균선을 이탈한다.
④ 주가가 상승하고 있는 이동평균선을 하향돌파하면 조만간 반전하락한다.
⑤ 주가가 하락하고 있는 이동평균선을 상향돌파하면 조만간 반전상승한다.
⑥ 주가가 이동평균선으로부터 크게 떨어져 있으면 회귀변화가 일어난다.
⑦ 주가가 이동평균선을 돌파할 때에는 매입·매도신호이다.
⑧ 주가가 장기이동평균선을 돌파하면 주추세의 반전을 기대할 수 있다.

한편 중·장기 이동평균선을 이용하여 주가를 예측할 때에는 골든크로스와 데드크로스를 확인하는 것이 도움을 준다. 골든크로스(golden cross)는 중기 이동평균선(75일)이 장기 이동평균선(150일 또는 200일)을 아래에서부터 위로 뚫고 올라갈 때 발생하며, 증시는 강세시장으로 전환한다고 본다. 데드크로스(dead cross)는 중기 이동평균선이 장기 이동평균선을 위에서부터 아래로 뚫고 내려갈 때 발생하며, 증시는 약세시장으로 전환한다고 본다.

4. 이격도분석

이동평균선을 이용한 유효한 투자기법으로서 이격도분석(disparity)이 있다. 이 분석은 보다 단기적인 투자시점을 포착하기 위한 것으로 지행성 지표인 이동평균선의 결점을 보완하고 있다. 이격도는 당일의 주가를 당일의 이동평균치로 나누어 계산한다.

$$\text{이격도} = \frac{\text{당일의 주가(종합주가지수)}}{\text{당일의 이동평균주가(이동평균주가지수)}} \times 100 \tag{14.6}$$

주가는 이동평균선으로부터 멀어지면 언젠가는 다시 이동평균선으로 되돌아오려는 경향이 있다. 즉 주가가 이동평균선보다 높아 괴리도가 커지면 다시 이동평균선으로 하향하게 되고, 낮으면 다시 이동평균선으로 상향하려는 특성을 지닌다. 이러한 주가와 이동평균선의 괴리도를 측정하여 지표화한 것이 이격도이다.

증권시장이 상승국면에 있을 경우는 25・75일의 이격도가 98% 수준이면 매수시점으로 보고, 25일의 이격도가 106%, 75일의 이격도가 110%가 넘으면 매도시점으로 본다. 반면에 증권시장이 하락국면에 있을 경우는 25일 이격도가 92%, 75일 이격도가 88% 수준이면 매수시점으로 보고, 25일 이격도가 102%, 75일 이격도가 104% 수준이면 매도시점으로 본다.

5. 상대적 강도분석

상대적 강도(relative strength)란 강세시장이나 약세시장에서 어떤 주식의 가격이 시장 전체의 움직임이나 다른 주식의 가격에 비하여 상대적으로 민감하게 변동(상승 혹은 하락)하는 정도를 말한다. 상대적 강도가 높은 주식은 강세시장에서는 다른 주식이나 시장 전체보다 빠른 속도로 상승하고, 약세시장에서는 보다 빠른 속도로 하락한다.

상대적 강도를 측정하는 한 방법은 일정기간의 특정주식의 주가변동률을 동종산업(지수)의 변동률로 나눈 것과 시장 전체(지수)의 주가변동률로 나눈 것을 서로 비교하는 것이다. 강세시장이 예상되면 상대적 강도가 높은 주식에 대한 매수전략이 유효한 것으로 보는 것이다.

이와 같은 상대적 강도의 개념은 제7장에서 설명한 체계적 위험의 척도인 베타(β)계수와 유사한 의미를 갖고 있다. 즉, 상대적 강도가 큰 주식은 베타가 1.0보다 큰 주식과 비슷한 성격을 지닐 것이다. 증권실무에서는 베타계수 대신에 이 상대적 강도가 자주 쓰이기도 한다. 상대적 강도를 측정하는 또 다른 한 가지 방법은 다음과 같이 RSI(relative strength index)를 계산하는 것이다.

$$RSI = \frac{\text{14일간 상승폭 합계}}{\text{14일간 상승폭 합계} + \text{14일간 하락폭 합계}} \times 100 \tag{14.7}$$

만약 14일 동안 주가가 오르기만 했다면 RSI값은 100으로 계산되고, 반대로 내리기만 했다면 RSI값은 0의 값으로 계산된다. RSI값이 70 이상일 때에는 과열국면신호로서 매도시점, 30 이하일 때에는 침체국면신호로서 매수시점으로 본다.

주요용어

기술적 분석	다우이론	주변동, 부변동
시장동향분석	엘리엇 파동이론	등락선(ADL)
투자심리선	거래량분석	OBV지표
번한지표	지수 · 거래량 상관곡선	반대의견의 이론
주가도표분석	패턴분석	이동평균분석
골든크로스	데드크로스	이격도분석
상대적 강도		

연습문제

1. [기술적 분석의 의의] 기술적 분석방법의 특징, 가정, 유용성, 한계점에 대하여 설명하라.

2. [다우이론과 투자시점] 다우이론에 의하여 투자시점을 포착하는 방법에 대해 설명하라.

3. [기술적 분석의 특징] 기술적 분석에서는 "주가움직임에 더 상승할 수 없는 저항선이 있다"고 말한다. 시장의 모든 참여자들이 저항선을 믿고 있을 때 어떤 상황이 발생할 것인가를 염두에 두면서 이 같은 주장에 대하여 논평하라.

4. [주가와 거래량] 기술적 분석에서 제시하고 있는 주가와 거래량의 관계를 설명하라.

5. [차트분석]
   ① 기술적 분석에서는 주가변동의 원인을 시장에너지의 축적과 분산으로 설명하고 있는데, 그 구체적 내용을 요약하라.
   ② 차트분석상 주가가 천장 또는 바닥임을 암시하는 주가변동의 패턴을 제시하라.

6. [기술적 지표] 투자시점 포착방법으로서 이동평균선 분석, 상대적 강도분석, 반대의견의 이론에 대해서 설명하라.

제 15 장

주식투자관리

제5장~제9장에서는 포트폴리오 이론에 기초하여 각급 투자자산에 대한 최적 자산배분과 효율적인 분산투자를 위한 위험관리방법에 관하여, 제10장에서는 투자관리의 방향을 좌우하는 시장효율성의 문제를 다루었다. 그리고 제11장~제13장에서는 기본적 분석에서 제시하고 있는 초과수익의 여지가 있는 주식투자 종목선정방법에 대하여, 제14장에서는 기술적 분석에서 제시하고 있는 투자시점 포착방법(investment timing)에 대하여 정리하였다.

이제 본장에서는 지금까지 다룬 내용을 통합하여 전략적 관점에서 주식투자관리(investment management)의 문제를 정리한다. 다음은 본장의 학습목표로서 이해해야 할 주요 사항들이다.

- 소극적 투자관리방법과 적극적 투자관리방법의 차이점
- 소극적 투자관리방법의 특징과 구체적 방법
- 적극적 투자관리방법의 특징과 구체적 방법
- 자산배분방법

제 1 절 소극적 투자관리와 적극적 투자관리

통합적 투자관리과정은 제1장([그림 1-5])에서 제시된 것처럼 '투자계획(투자목표 설정, 투자분석)－투자실행(자산배분결정, 종목선정)－사후통제'라는 일련의 과정으로 설명할 수 있다.

설정된 투자목표를 달성하기 위한 자산배분과 종목선정의 문제는 투자성과에 가장 큰 영향을 미치는 핵심 주제이다. 이와 관련된 투자결정의 주제가 투자관리(investment management)이다. 투자관리방법은 소극적 투자관리방법과 적극적 투자관리방법으로 나누어 볼 수 있다.

소극적 투자관리방법과 적극적 투자관리방법의 차이는 다음 관계식으로 표현할 수 있다. 총실현수익률은 무위험이자율에 적정 위험보상률을 합한 기대수익률에 초과수익 알파(α)를 더한 것이라고 할 수 있다.[1] 즉, 최종적인 투자성과는 통상적으로 위험이 반영된 적정 기대수익률 수준을 얻게 되지만 투자관리방법 여하에 따라서 때로는 그 이상이나 이하의 초과수익률이 가감된 수익률을 얻게 된다고 표현할 수 있다.

$$\begin{aligned}\text{총실현수익률} &= [\text{기대수익률}] + [\alpha] \\ &= [\text{무위험이자율} + \text{위험보상률}] + [\alpha]\end{aligned}$$

소극적 투자관리(passive portfolio management)는 투자에서 초과수익 α를 얻고자 하는 시도 대신에 투자위험에 상응하는 시장 전체 평균수준의 투자수익을 얻거나 특정 시장지수를 추종하는 투자관리방법이다. 소극적 투자관리방법의 기초는 제10장에서 설명한 효율적시장 가설(EMH)이다. 효율적시장(market efficiency)을 전제한다는 것은 모든 이용가능한 정보가 현재의 시장가격에 반영되어 있으므로(즉, 가격＝가치) 잘못 평가된 증권을 식별하는 것이 어려워 결과적으로 초과수익의 여지가 없다는 입장이다. 따라서 구체적 종목에 대한 증권분석이나 독자적 판단을 하지 않고, 시장 전체의 일반적 예측을 그대로 받아들여 투자관리를 하는 것이다. 결과적으로 정보비용이 최소화되고, 빈번한 매매 결정을 줄임으로써 거래비용도 최소화시키는 투자관리방법이다.

---

1) F.K. Reilly & K.C. Brown, *Analysis of Investments & Management of Portfolio*, 10th. ed., 2010, Ch.15, pp.504.

소극적 투자관리방법으로는 단순한 매수·보유전략, 인덱스(지수)펀드 투자법, 평균투자법 등이 있다. 제2절에서 이들 방법에 대하여 설명할 것이다.

적극적 투자관리(active management)는 일정한 위험수준에 상응하는 기대수익 이상의 투자수익을 얻기 위한 투자전략을 행사하는 것으로서, 가격이 잘못 평가되었다고 보는 증권을 찾아내어, 위험부담을 감수하더라도 상당한 초과수익 α를 추구하려는 투자관리를 말한다. 이를 보통 "beat the market" 전략이라고 한다. 적극적 투자관리방법으로 운용한다는 것은 증시가 비효율적인 것을 전제로, 투자자의 독자적인 증권분석과 예측이 시장 전체의 대체적인 견해(예측)보다 정확하다는 판단에 근거하여 초과수익 α를 추구하는 것이므로 위험부담뿐 아니라 적지 않은 정보수집·분석비용과 거래비용이 소요된다.

적극적 투자관리방법으로는 과소 혹은 과대평가된 특정종목이나 특정 산업종목에 집중투자하는 방법, 역투자/지속투자법, 시장의 이례적 현상을 이용한 투자전략법 등을 들 수 있다. 제3절에서 이들 방법에 대하여 살펴본다.

제2절 소극적 투자관리방법

초과수익 α를 얻고자 하는 시도 대신에 투자위험에 상응하는 시장 전체 평균수준의 투자수익을 얻거나 특정 시장지수를 추종하고자 하는 소극적 투자관리방법에는 단순매수·보유전략, 인덱스(지수)펀드 투자전략, 평균투자법 등이 있다.

1. 단순매수·보유전략

단순매수·보유전략(naive buy-and-hold strategy)은 특정 우량증권이나 포트폴리오를 선택하고자 하는 의도적인 노력 없이 단순히 무작위적으로 선택한 증권을 매수하여 장기 보유하는 투자전략이다. 이 전략은 무작위적(random)으로 포트폴리오를 구성하고 분산투자의 종목수를 증가시키면 증권시장 전체의 평균적인 기대수익률을 얻을 수 있다는 포트폴리오 이론(본서 제Ⅱ편)에 근거를 두고 있다. 이때 부담하게 되는 위험은 보유하는 포트폴리오 구성증권의 수에 따라 달라지는데, 종목의 수가 많아지면 시장 전체의 평균적 위험, 즉 체계적 위험만 부담하게 된다. 그러나 분산투자 종목의 수가 많아지면 거래비용이 증가한다는 문제점이 발생한다.

2. 인덱스(지수)펀드 투자전략

가장 순수한 의미에서의 소극적 투자관리는 인덱스(지수)펀드를 직접 구성하거나 투자회사가 판매하는 인덱스펀드에 투자하는 것이다. 통상적으로 시장 전체 평균수준이나 추종하고자 하는 특정지수의 투자성과를 얻는 것을 목표로 한다.

인덱스펀드를 구성할 때 중요한 것은 추적오차와 거래비용을 최소화시키는 것이다. 추적오차(tracking error)는 추종하고자 하는 벤치마크지수 수익률(R_{bt})과 실제 운용한 포트폴리오 수익률(R_{pt})의 차이 Δ_t(식 15.1)의 표준편차 $\sigma(\Delta_t)$로 측정한다.

$$\Delta_t = R_{pt} - R_{bt} \tag{15.1}$$

자산운용회사, 투자회사, 연기금 등에서 직접 인덱스 포트폴리오(index portfolio)를 구성하고자 할 때 활용되는 방법에는 완전복제법, 표본복제법, 최적화 계량모형 구성방법 등이 있다.

완전복제법(full replication)은 추종하고자 하는 벤치마크지수(bench mark index)에 포함되어 있는 모든 종목을 포함시키고, 지수와 동일한 투자비율대로 포트폴리오를 구성하는 방법이다. 만약 KOSPI 수익률을 추종하고자 하면 KOSPI에 포함된 모든 종목을 시가총액의 구성비율대로 투자하는 방법이다. 최초 완전복제시는 추적오차가 없겠지만, 시간이 경과하면서 시세변동이나 배당수입 등의 현금유입이 있게 되면 투자비율의 구성비가 달라지므로 추적오차가 발생할 수밖에 없다. 또 수많은 종목의 거래에 따른 거래비용이 적지 않게 된다. 이 거래비용 때문에 추종 목표지수의 성과보다 다소 저조할 수 있다.

표본복제법(sampling)은 벤치마크지수(bench mark index)에 포함되어 있는 종목 중에서 구성비가 높고, 대표성(베타, 산업분류 등)이 있는 표본종목만으로 인덱스 포트폴리오를 구성하는 방법이다. 결과적으로 완전복제방법보다는 거래비용이 적게 발생하는 반면에 추적오차는 증가하게 된다.

예 제

PP자산운용사에서는 A벤치마크지수를 추종하는 PP인덱스펀드를, QQ자산운용사에서는 B벤치마크지수를 추종하는 QQ인덱스펀드를 구성, 운용하고 있다. 다음 자료는 두 인덱스펀드의 분기별 운용수익률, 벤치마크시장지수의 수익률, 수익률 차이를 보여주고 있다. 추적오차를 추정하고 두 인덱스펀드를 평가하라(수익률 단위 : %).

기 간	2015 1/4	2015 2/4	2015 3/4	2015 4/4	2016 1/4	2016 2/4	2016 3/4	2016 4/4
PP인덱스펀드	−0.8	8.9	3.2	1.5	1.2	11.2	−3.6	2.3
A벤치마크지수	0.6	8.1	2.8	0.4	2.2	10.1	−4.6	2.7
차이 Δ_t	−1.4	0.8	0.4	1.1	−1.0	1.1	1.0	−0.4
QQ인덱스펀드	0.4	−0.8	0.0	1.5	−0.3	−3.7	2.4	0.3
B벤치마크지수	0.1	−0.5	0.2	1.6	−0.1	−4.0	2.0	0.2
차이 Δ_t	0.3	−0.3	−0.2	−0.1	−0.2	0.3	0.4	0.1

해설 (1) PP펀드의 추적오차

차이 Δ_t의 평균$=[-1.4+0.8+\cdots\cdots+1.0-0.4]\div 8=0.2\%$

이의 표준편차 $\sigma=\sqrt{(-1.4-0.2)^2+(0.8-0.2)^2+\cdots\cdots+(-0.4-0.2)^2}\div\sqrt{(8-1)}=1.0\%$

(2) QQ펀드의 추적오차

차이 Δ_t의 평균$=[0.3-0.3-0.2+\cdots\cdots+0.1]\div 8=0.0375\%$

이의 표준편차 $\sigma=\sqrt{(-1.4-0.0375)^2+(0.8-0.0375)^2+\cdots\cdots+(-0.4-0.0375)^2}$
$\div\sqrt{(8-1)}=0.272\%$

⇒ QQ펀드의 추적오차가 PP펀드보다 훨씬 작다.

최적화 이차계량모형에 의한 인덱스구성법(quadratic optimization)은 소수종목으로 복제할 때 2차 최적화 계량모형을 활용하여 최적의 투자비율을 찾아내는 방법이다. 제7장 제4절에서 설명한 인덱스 구성방법과 동일한 방법으로 다음 식들의 관계를 충족시키는 포트폴리오 구성비를 도출한다. 즉, 벤치마크지수 수익률과 j 개별자산 수익률의 관계에서 추정된 기울기(민감도) b_j를 투자비율 w_j에 가중평균한 포트폴리오 베타 b_p가 '1'이 되도록 하되, 잔차분산(추적오차) $\sigma^2(\epsilon_p)$을 최소화되도록 하는 최적투자비율의 해를 찾는 것이다.

$$\text{minimize} \quad \sigma^2(\epsilon_p)=\sum w_j^2\sigma^2(\epsilon_j)$$

$$\text{s.t} \quad b_p=\sum w_j b_j=1.0, \qquad \sum w_j=1.0 \tag{15.2}$$

이 방법을 적용하기 위해서는 구성종목들의 가격변화율과 상관관계에 관한 과거 일정기간의 투입정보가 필요하다.

개인투자자 입장에서는 위에 소개한 방법과 같이 인덱스 포트폴리오를 직접 구성하기 어렵다. 투자회사들이 만들어 파는 인덱스펀드나 상장지수펀드에 투자할 수밖에 없다.

우리나라 투자회사들이 판매하는 인덱스펀드에는 KOSPI지수, KOSPI 200지수, KOSDAQ 등 시장전체지수[2]를 추종하는 인덱스펀드, KODI(배당지수)·KOGI(기업지배구조지수)에 연동된 지수펀드, 자동차·반도체 등 특정 산업지수를 추종하는 산업섹터 인덱스펀드, 투자스타일로 구분되는 가치주펀드·성장주펀드 등이 있다.

인덱스(지수)펀드(index fund)는 특정지수를 추종할 수 있는 대표적인 소극적 투자관리방법으로서 여러 장단점을 지닌다. 벤치마크지수가 종합주가지수인 경우는 개인투자자로서는 할 수 없는 폭넓은 분산투자를 하는 효과를 누리고 시장위험만 감수하게 된다. 투자성과 면에서는 시장평균수준을 얻게 하는 효과적인 방법이 된다. 그러나 단점은 거래일 종가기준으로 정산이 된다는 점, 공매를 할 수 없다는 점, 거래비용(관리비용)이 상대적으로 적지 않다는 점이다.

인덱스펀드와 같이 시장평균수익률(또는 특정지수 수익률)을 확보하는 다른 투자방법은 상장지수펀드(ETF : Exchange-Traded Funds)에 투자하는 것이다. 인덱스펀드는 간접투자상품이지만, ETF는 제7장 〈표 7-2〉에서 설명한 것처럼 시장지수 또는 특정지수를 구성하는 종목들(현물주식바스켓)이 직접투자대상이 되는 상품으로 설계되어 있다. 따라서 주식처럼 거래되면서 거래세가 면제되어 거래비용이 저렴하고, 시장조성자가 있어 유동성이 높으며, 신용거래가 가능하다는 장점이 있다.

3. 평균투자법

평균투자법(dollar cost averaging)은 주가의 등락에 관계없이 정기적으로 일정금액을 주식에 계속 투자하는, 정기적립식의 투자방법이다. 펀드의 경우는 적립식 펀드에 투자하는 것이다. 〈표 15-1〉에서 보는 것처럼 평균투자법에 의하면 주가(또는 펀드가격)가 하락할 경우 상대적으로 많은 수량을 살 수 있어 평균매수가격은 낮아지게 된다. 매기에 3백만원씩 정기적으로 매입하는데 각기의 매수가격이 15만원, 5만원, 10

2) 이들 지수의 특징에 대해서는 제3장 제3절 참조. 해외의 인덱스펀드 구성의 대상이 되는 지수로는 다음과 같은 지수가 있다. 미국시장의 경우 : DJIA, NYSE Composite, S&P 500, Russell 3000, Wilshire 5000. 아시아시장의 경우 : NIKEI 225, H-Share. 글로벌지수의 경우 : MSCI, MSCI Merging Markets, FTSE 등

〈표 15-1〉 평균투자법의 평균매입단가 하락효과

기 간	투자액(원)	매입 주식가격(원)	매입 주식수(주)
1	3,000,000	150,000	20
2	3,000,000	50,000	60
3	3,000,000	100,000	30
총투자액	9,000,000		
단순 평균단가		100,000	
총보유주식수			110

보유주식의 시장가치＝100,000원×110주＝11,000,000원, 평균매입단가(시가총액/보유주식수)≃82,000원

만원이었다면 매기의 매입 주식수는 20주, 60주, 30주, 총 110주가 되어 평균매입단가는 보유주식의 시장가치 11,000,000원을 110주로 나누면 최근 매입가격 100,000원이 아닌 82,000원이 된다. 이처럼 낮아진 가격으로 매입한 주식(펀드)을 주가상승기에 매도하면 적지 않은 자본이득을 얻을 수 있다. 그러나 이 방법은 주가가 하향추세일 때에는 효과가 있지만, 상향추세일 때에는 전혀 그렇지 못하다.

제3절 적극적 투자관리방법

일정한 위험수준에 상응하는 기대수익 이상의 초과수익 α를 얻기 위하여 사용해 볼 수 있는 적극적 투자관리방법들은 다음과 같이 정리해 볼 수 있다.

- 기본적 분석방법의 적용 : 소수종목, 특정산업 집중투자방법, 섹터 로테이션 전략
- 기술적 분석방법의 적용 : 역투자전략, 주가모멘텀전략
- 시장의 이례적 현상의 적용 : 시계열 이례현상, 이익모멘텀 이례현상, 기업특성상의 이례현상, 가치주 이례현상

이하에서는 이들의 구체적 방법에 대하여 살펴본다.

1. 소수종목, 특정산업 집중투자

제11장~제13장에서 설명된 기본적 분석에서는 개별종목의 내재가치를 추정하여 시장가격이 잘못 형성된 증권들(mis-priced securities)을 선정해냄으로써 초과수익을 높이는 종목선정을 탐색한다. 초과수익 여지가 높은 과소평가된 종목의 발굴은 시장 전체의 동향분석보다는 개별종목의 수익 및 성장 전망과 내재가치 평가에 기초하여 초과수익의 여지가 큰 종목이나 산업에 집중투자를 시도할 수 있다. 즉, 상향식(bottom up)의 방향으로 진행할 수 있다.

반대로 하향식(top-down)의 방향으로 시장 전체의 동향과 이와 연동된 산업분석에 기초하여 초과수익의 가능성을 모색할 수 있다. 섹터 로테이션 전략(sector rotation strategy)은 [그림 15-1]에 예시된 것처럼 실물경제의 경기순환에 따라 주요 산업별, 경제섹터별로 수익전망이 크게 상이한 측면을 감안하여 집중투자의 산업(섹터)을 로테이션해 가는 전략이다. 만약 실물경제의 본격적인 회복이 예상되면 선제적으로 계절성 소비재, 에너지산업, 내구재 관련산업에 대한 투자비중을 늘리고, 경기정점

[그림 15-1] 경기순환과 주요 산업별 상대적 성과차이

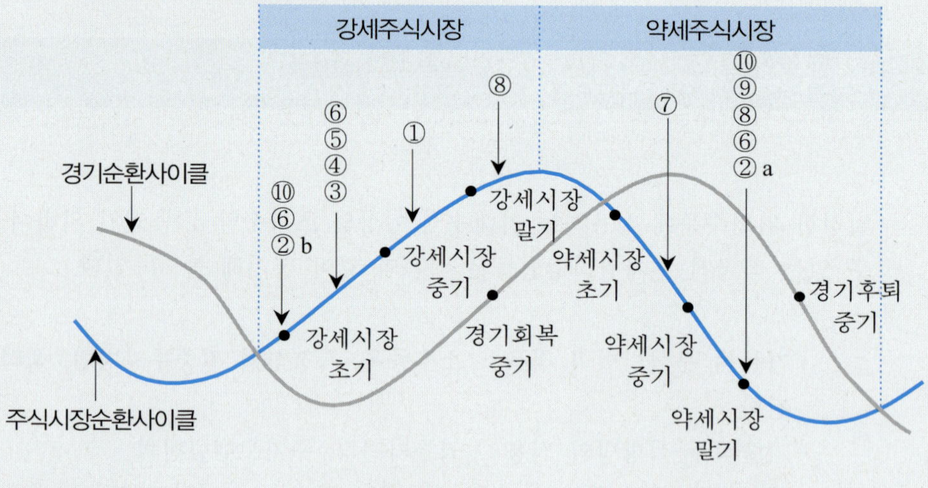

①=자본재 ②a=생활소비재 b=기타 소비재
③=계절성 소비재 ④=단기금융업 ⑤=내구재 중 기술집약산업
⑥=에너지 ⑦=제약 ⑧=금융
⑨=섬유 ⑩=물류 ⑪=공공산업

자료 : Cohen, et al., *ibid*., p. 222.

에서는 자원 관련산업 그리고 본격적인 경기후퇴가 예상되면 생활소비재산업, 금융업으로, 경기저점에서는 자본재산업으로 투자비중을 높이는 로테이션을 해 나가는 것이다.[3)]

포트폴리오 이론(제7장)에서는 베타(β)계수의 추정에 근거하여 강세시장이 예상될 때에는 위험(β계수)이 큰 종목의 주가상승률이 높고, 약세시장이 예상될 때에는 β계수가 낮은 종목이 주가하락률이 적을 확률이 높다고 설명한다. 이에 기초하여 강세시장이 예상될 때에는 β계수가 큰 공격적 증권의 투자비중을 높이고, 약세시장이 예상될 때에는 β계수가 낮은 방어적 증권의 투자비중을 높이는 투자전략을 구사해 볼 수 있다.

적극적 투자관리를 시도하면서 위험부담이 커지더라도 초과수익의 가능성을 더 높이는 자금배분전략으로 소위 130/30전략을 시도할 수 있다. 130/30전략은 과소평가된 종목이나 다음 경기사이클에 유망한 산업(섹터)에 130%의 롱포지션을 취하고, 반대로 과대평가된 종목이나 지난 경기사이클에 실적이 좋았던 산업(섹터)에 30%의 숏포지션을 취하여 투자수익을 극대화시키는 전략이다. 결국 부채레버리지를 이용하여 위험은 증가하지만 기대수익을 높이는 투자전략이다.

2. 역투자전략, 주가모멘텀전략

기술적 분석(제14장)은 과거 수익률에 대한 시계열 분석을 통하여 반복적 혹은 규칙적 패턴을 발견, 이를 주가예측에 활용하는 증권분석방법이다.

역투자전략(contrarian investment strategy)이란 대다수 투자자들의 예상과 반대되는 투자전략을 구사하여 투자성과를 높이는 전략이다. 이를테면 대다수 투자자들이 주가약세를 예상하면 매수전략을, 반대로 주가강세를 예상하면 매도전략을 구사하는 것이다.

과거 주가수익률에 대한 시계열상의 주가행태분석 가운데 제10장(시장효율성)에서 설명한 주가의 과잉반응(역전)현상에 근거하여 역투자전략을 시도해 볼 수 있다. 즉, 과거 수년간 주가하락이 큰 종목에 대해서는 매수를 늘리고, 주가상승이 큰 종목에 대해서는 매도를 늘리는 역투자전략이 가능하다. 제10장에서 [그림 10-5]와 관련하여 설명한 바와 같이, 드봉・텔러(W. De Bondt & R. Thaler)는 과잉반응(역전)현

---

3) J.B. Cohen, E.D. Zinbarg & A. Zeikel, *Investment Analysis and Portfolio Management*, 5th ed., Irwin, 1987, pp.216~218. 로테이션 전략은 경기순환에 대응하는 산업간 투자자금 이동뿐 아니라 가치주와 성장주, 대형주와 소형주 간의 섹터간 자금이동도 포함한다.

상(over-reaction)으로 인하여 과거 3년간 투자수익률이 가장 저조하였던 패자포트폴리오(loser portfolio)는 다음 36개월 동안 20% 정도의 누적초과수익을 거두고, 반대로 투자수익률이 가장 양호하였던 승자포트폴리오(winner portfolio)는 −7%의 누적초과수익을 보인다는 주가의 과잉반응(주가반전)가설에 대한 검증결과를 보고하고 있다.[4)]

이와는 반대되는 투자전략으로서, 과거의 주가움직임의 추세는 미래에도 지속된다는 주가모멘텀전략(price momentum strategy)을 구사할 수 있다. 이 또한 제10장에서 설명한 바처럼 과거 수개월간 주가상승이 큰 주식은 다음 일정기간 동안 상승추세가 지속되고, 반대로 과거 수개월간 주가하락이 큰 주식은 다음 일정기간 동안 하락추세가 지속된다는 주가지속효과(momentum effect)에 관한 실증적 증거에 기초한 전략이다.[5)]

3. 시장의 이례적 현상을 이용한 투자전략

효율적시장에서는 여러 가지 형태의 증권정보 혹은 특정 투자전략이 지니는 정보내용은 증권가격에 신속히 반영되므로 초과수익을 계속적으로 가능하게 하는 투자전략을 강구하는 것이 결코 쉽지 않다.

그러나 그간 이루어진 대다수의 시장효율성에 대한 실증적 검증결과는 제10장 제2절에서 살펴본 것처럼 다음과 같은 시장의 이례적 현상(market anomalies)을 보고하고 있다.

① 주말효과, 1월효과와 같은 달력효과
② 예상외이익(=실제이익−기대이익) 발표효과와 같은 이익모멘텀효과
③ 저PER효과, 저PBR효과, 기업규모효과와 같은 기업특성변수효과

이들 이례적 현상은 초과수익의 가능성을 암시하는 것으로서 면밀한 분석과 민첩한 투자결정을 통하여 초과수익을 얻고자 하는 적극적 투자관리에 활용될 수 있음을 암시한다.

주말효과나 1월효과를 감안한 달력효과를 이용한 투자전략이 구사될 수 있다. 즉, 주말효과를 감안하여 월요일에 매수하여 금요일에 매도하는 전략이나, 1월효과

4) W.F.M. De Bondt & R. Thaler, "Does the Stock Market Overreact?" *Journal of Finance* 40(1985), pp.793～805.
5) L. Chan, N. Jegadeesh & J. Lakonishok, "The Profitability of Momentum Strategy," *Financial Analyst Journal* 55(Nov/Dec. 1999), pp.80～90.

를 감안하여 12월 매수하고 1월에 매도하는 전략을 구사할 수 있는데, 이 전략은 단기간에 걸친 전략일 뿐 아니라 거래비용이 적지 않게 발생한다는 점에서 유효한 투자전략이 될 수 있는지는 논란의 여지가 있다.

주가를 결정짓는 주된 요소는 기업이 미래 벌어들이는 주당이익(EPS)이다. 미래 주당이익 예측방법은 제12장에서 소개한 것과 같이 시계열 예측방법, 회귀분석법, 추정재무제표에 의한 예측방법 등 여러 가지 방법으로 시도될 수 있는데, 시장의 예측치보다도 실제치가 크게 높을 가능성이 있는 주식은 이익모멘텀효과(earning momentum effect)로 인하여 초과수익을 가능하게 한다.

저PER효과, 저PBR효과, 기업규모효과와 같은 기업특성변수효과에 기초하여, 저PER, 저PBR, 소형주 중심의 주식 포트폴리오를 구성하는 투자전략은 제10장에서 살펴본 것처럼 많은 실증연구결과가 초과수익의 가능성이 있는 분야로 제시하고 있다.

4. 가치투자전략 대 성장투자전략

자산운용업의 실제에서는 투자전략의 유형이나 투자스타일을 '가치주 투자전략'인지 '성장주 투자전략'인지로 구분하여 추구하는 투자전략의 유효성을 평가한다. 가치투자(value-oriented investing)와 성장투자(growth-oriented investing), 각각의 특징은 쉽게 구분되기 어려운 면이 있지만, 주가수익비율(P/E, PER)(제13장에서 설명)을 기준으로 구분해 보면 다음과 같다.

$$P/E = \frac{\text{현주가}(\text{price})}{\text{주당이익}(EPS)}$$

가치투자에서는 현재의 주당이익이나 그 성장성은 부차적인 문제로 보고, P/E의 분자인 주가가 저평가되었는지에 초점을 맞춘다. 주당이익의 증가가 없어도 기업내용이 개선되면서 정상보다 낮은 현재의 P/E가 회복되는 것을 가정한다.

성장투자에서는 P/E의 분모인 EPS 성장과 이의 결정요소에 초점을 맞추고 EPS 성장이 높을 것으로 예상되는 주식에 관심을 갖는다. 현재의 P/E가 유지되고 EPS의 성장에 의해서 주가는 상승할 것으로 가정한다.

해당되는 주식의 범주를 가치주와 성장주로 구분한다면, 가치주(value stock)는 주가배수(P/B, P/E 등)가 낮은 주식군과 시세차익보다는 안정적인 배당수익률이 기대되는 주식군, 규제산업 주식군이 해당된다. 반면에 성장주(growth stock)는 높은 수익성과 높은 *EPS* 성장이 기대되는 주식군, 고주가이고 바이오 기술주 등의 주식군이 해당된다고 할 수 있다. 이러한 측면에서 성장주 투자전략은 이익모멘텀전략과 유사한 면을 지닌다.

가치투자전략과 성장투자전략 중 어느 쪽이 더 좋은 투자성과를 보이는지에 대해서는 여러 실증적 증거가 제시되고 있다. 카파울(Capaul)·롤리(Rowley)·샤프(Sharpe)의 연구(1993)[6]는 대체로 가치투자전략이 연평균 3.3%의 더 높은 성과를 보인다는 실증연구결과를 제시하고 있다. 챈(Chan)·래코니쇼크(Lakonishok)의 연구(2004)[7]도 이와 유사한 결과를 보이고 있다. 그러나 이는 모든 기간에 걸쳐 일관성 있게 나타나는 결과는 아니다. 2008년과 같이 경기위기시에는 성장투자전략이 우수하게 나타나는 면을 보이기도 하였다.

스타일분석(style analysis)에서는 가치주와 성장주의 구분에 더하여 대형주와 소형주의 구분 등 여러 가지 투자스타일을 추가하여 투자전략의 성과를 비교하기도 한다. [그림 15-2]는 가치주, 중간주(blend), 성장주에 대한 투자와 시가총액 기준으로 대형주, 중형주, 소형주 투자에 대한 투자조합으로 아홉 가지 스타일의 매트릭스를 보여주고 있다.

스타일분석은 펀드 등 자산운용의 투자전략 목표 설정과 투자성과 평가에 유용하게 사용되기도 한다.

[그림 15-2] 스타일분석 매트릭스

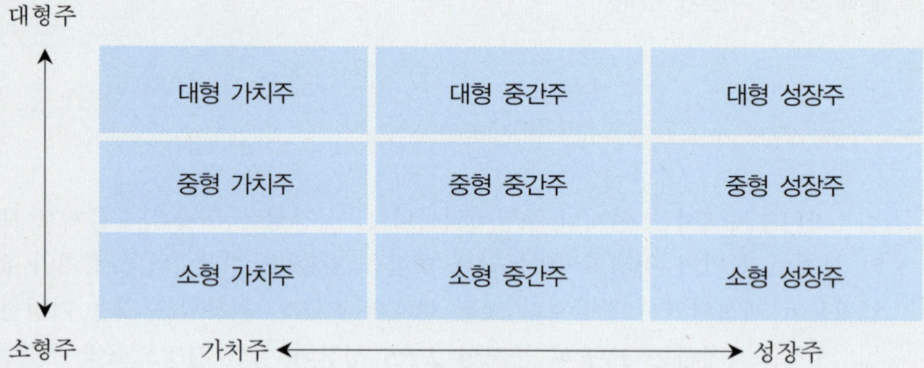

---

6) C. Capaul, I. Rowley & W.F. Sharpe, "International Value and Growth Stock Return," *Financial Analyst Journal* 49(Jan/Feb. 1993), pp.27～36.

7) L. Chan & J. Lakonishok, "Value and Growth Investing : Review and Update," *Financial Analyst Journal* 60(Jan/Feb. 2004), pp.71～86.

5. 트레이너–블랙모형(Treynor–Black Model)

가격이 잘못 형성되었다고 판단되는 소수의 증권들에 투자하게 되면 초과수익의 가능성은 높지만, 분산투자가 잘 이루어지지 않은 탓으로 투자위험 또한 높게 된다. 따라서 적극적 투자관리의 과제는 적절한 소수종목의 선택으로 초과수익을 획득하면서도 적절한 분산투자로서 분산가능위험을 가급적 줄이는 것이다. 즉, 초과수익의 획득과 비체계적 분산가능위험의 감소, 양자간에 적절한 균형 내지 최적화를 이루는 것이다.

트레이너 · 블랙(J. Treynor & F. Black)은 이 양자간에 최적화를 기할 수 있는 종목선택, 포트폴리오 구성방법을 제시하고 있는데, 이를 요약하면 다음과 같다.[8)]

① 증권분석을 통하여 과소평가 혹은 과대평가된 소수의 주식들을 선별한다.

② 소극적 투자관리의 대상이 되는 주식시장지수펀드의 수익률을 최소한의 수익률로 보고 시장예측에 근거하여 이 시장지수펀드의 기대수익률 $E(R_m)$과 표준편차 σ_m, 무위험자산수익률 R_f를 추정한다.

③ ①에서 선별된 소수의 개별증권들에 대하여 기대수익률 $E(R_j)$, 베타 β_j, 잔차분산(비체계적 위험) $\sigma^2(\epsilon_j)$을 추정한다.

④ 이들 개별종목의 초과수익 알파(α_j)는 기대수익률에서 요구수익률의 차이로 추정하는데, 요구수익률은 증권시장선($k = R_f + (E(R_m) - R_f) \cdot \beta_j$)에서 구한다.

⑤ 소수종목으로 구성되는 포트폴리오의 초과수익 α_p, 베타 β_p, 잔차분산 $\sigma^2(\epsilon_p)$을 계산한다.

⑥ 초과수익의 가능성과 분산가능위험의 감소 간에 균형을 이룰 수 있는 각 종목에 대한 최적투자비율의 결정은 다음의 정보비율(information ratio), 즉 초과수익(과소 · 과대평가된 크기) 대 잔차분산의 비율에 근거한다.

$$\text{정보비율} = \frac{\text{초과수익}}{\text{잔차분산(비체계적 위험)}} = \frac{\alpha}{\sigma^2(\epsilon)} \qquad (15.3)$$

그래서 각 종목에 대한 최적투자비율은 개별종목들의 정보비율의 합에 대한 개별종목 j 정보비율의 비로써 결정한다. 즉,

8) J. Treynor & F. Black, "How to Use Security Analysis to Improve Portfolio Selection," *Journal of Business*(Jan. 1973).

$$\text{최적투자비율} = \frac{\alpha_j / \sigma^2(\epsilon_j)}{\sum_{j=1}^{n} \frac{\alpha_j}{\sigma^2(\epsilon_j)}} = \frac{\text{개별종목 } j\text{의 정보비율}}{\text{포트폴리오 정보비율의 합}} \tag{15.4}$$

이 식에 의하면 비체계적 위험에 비하여 과소·과대평가된 크기(초과수익)가 큰 종목일수록 투자비율의 절대값이 높게 구성되는 특징을 지닌다.

예 제

KK투자자문(주)에서는 다각적인 증권분석을 통하여 주식시장펀드의 기대수익률, 표준편차, 무위험자산수익률을 각각 15%, 20%, 8%로 추정하고 있다. 한편 초과수익의 여지가 있는 세 종목의 초과수익의 크기, 베타, 비체계적 위험에 대한 추정자료는 다음과 같다.

종 목	초과수익(α)	베 타(β)	비체계적 위험($\sigma(\epsilon)$)
A	7%	1.6	45%
B	−5%	1.0	32%
C	3%	0.5	26%

이 세 종목으로 구성되는 포트폴리오의 초과수익률을 크게 하면서 분산가능 비체계적 위험은 작게 하는 최적투자비율과 이 포트폴리오의 초과수익률, 베타, 비체계적 위험을 구하라.

해설 1. 개별종목들의 정보비율과 최적투자비율의 계산

종 목	$\alpha_j/\sigma^2(\epsilon_j)$	$\frac{\alpha_j}{\sigma^2(\epsilon_j)} \Big/ \sum_{j=1}^{3} \frac{\alpha_j}{\sigma^2(\epsilon_j)}$
A	$0.07/(0.45)^2 =$ 0.3457	$0.3457/0.3012 =$ 1.1477
B	$-0.05/(0.32)^2 =$ −0.4883	$-0.4883/0.3012 =$ −1.6212
C	$0.03/(0.26)^2 =$ 0.4438	$0.4438/0.3012 =$ 1.4735
합 계	0.3012	1.0000

2. 최적투자비율에 의한 포트폴리오의 초과수익률, 베타, 비체계적 위험

초과수익률 : $\alpha_p = 1.1477 \times 0.07 + (-1.6212) \times (-0.05) + 1.4735 \times 0.03 = 20.56\%$

베타계수 : $\beta_p = 1.1477 \times 1.6 + (-1.6212) \times (1.0) + 1.4735 \times 0.5 = 0.9519$

비체계적 위험 : $\sigma^2(\epsilon_p) = 1.1477^2 \times (0.45)^2 + (-1.6212)^2 \times (0.32)^2 + 1.4735^2 \times (0.26)^2$
$= 68.26\%$

3. 종목 B와 같이 과대평가(負의 초과수익)된 주식을 공매(short position)함으로써 전체 포트폴리오의 초과수익률은 증가되고 베타계수는 감소하고 있다.

제4절 자산배분

실제 자산운용에서는 주식만으로 포트폴리오를 구성하지는 않는다. 채권, 무위험자산도 포함된 균형 포트폴리오를 구성함으로써 투자위험과 투자수익 모두가 반영된 투자성과를 개선하려고 한다. 본절에서는 앞의 제11장~제13장에서 다룬 주식과 제16장~제17장에서 다루게 되는 채권, 두 가지 전통적인 증권으로 구성되는 자산배분(asset allocation)의 문제를 다룬다.

주식, 채권 등 각급 투자자산에의 투자비율을 어떻게 결정하는 것이 최적의 자산배분방법(asset allocation)인가? 주요 자산배분방법의 특징과 구체적 내용을 살펴보자.

1. 자산배분방법의 유형

자산배분방법은 정책적 자산배분, 동적 자산배분, 전술적 자산배분방법으로 나누어 볼 수 있다.

정책적 자산배분(policy asset allocation)은 장기적 관점에서 수익제고와 위험통제의 이상적 혼합을 고려하여 정상적이라고 보는 자산배분(예를 들어 주식 대 채권 60 : 40)안을 정책적으로 마련하는 것을 말한다.

전략적 자산배분(strategic asset allocation)은 장기적인 관점에서 시장상황의 변동이나 투자자의 위험수용도의 변화에 대응하여 자산믹스(asset mix)를 변경하여 포트폴리오 수익률의 확률분포의 모양(투자위험 축소 등)을 재구성해 나가는 것을 말한다. 동적(dynamic) 자산배분이라고도 한다.[9]

전술적 자산배분(tactical asset allocation)은 단기나 중기적으로 자본시장의 상황변동이 있을 때 주식이나 채권의 상대적 매력도의 기회와 변화 정도를 예상하여, 이를 적극적으로 자산배분비율 변경에 적용함으로써 투자성과를 제고해 나가는 것을 말한다. 전술적 자산배분에서는 계량적 분석방법을 사용하여 각급 자산별로 기대수익률, 표준편차 등 객관적 척도를 도출하여 자산별 상대적 매력도를 평가하는 접근방

9) 파생상품을 활용하는 '동적 자산배분방법'은 제19장에서 설명하는 합성 풋(방어 풋과 같은 효과를 얻기 위해 보유주식을 헤지비율만큼 매도하여 그 자금으로 무위험증권을 매수하는 전략)과 같은 포트폴리오 인슈런스 전략이다. 이 방법에 의하면 주가상승시는 상승의 이득을 확보하지만 하락시는 일정수준의 손실을 막는 방법이므로 포트폴리오의 하방 위험과 경제적 잉여의 변동성을 줄여준다.

법을 취한다. 구체적 분석수단으로는 가치접근법과 경기순환적 접근법이 있다.

가치접근법은 주식 대 회사채, 주식 대 국공채, 회사채 대 국공채의 위험보상률(risk premium)의 변동추이를 분석하여 이 위험보상률이 역사적으로 볼 때의 평균적 스프레드 이상 또는 이하로 벌어지는지를 분석하여 서로 다른 자산에로의 이동을 시도하는 것이다.

경기순환적 접근법은 주가의 실물경기에의 선행성과 같은 경기순환적 측면을 고려하여 자산 이동을 검토하는 것이다.

직관적 판단에 따라서 기계적으로 자산배분을 하는 방법으로는 전통적으로 포뮬러 플랜 방법이 사용되었다. 포뮬러 플랜(formula plan) 또는 비율계획법(ratio plan)은 공격적 투자수단인 주식과 방어적 투자수단인 채권 사이에서 경기변동 또는 주식시장 상황에 따라 투자자금을 번갈아 로테이션하는 방법으로서, 주가가 낮을 때 주식을 매수하고 주가가 높을 때 매도하도록 운용하는 것이다. 포뮬러 플랜에는 불변금액법, 불변비율법, 변동비율법이 있다.

- 불변금액법(constant dollar plan) : 주식가격변동에 관계없이 주식에 투자한 금액을 언제나 일정하게 유지하는 방법이다. 주가가 상승하면 미리 결정된 일정금액 이상의 주식을 매도하여 채권을 사들이며, 주가가 하락할 때에는 채권을 매도하고 주식을 매수하여 주식에 투자한 금액을 언제나 일정하게 유지하는 방법이다. 이 방법의 결점은 ① 주식에 대한 일정금액을 정하는 것이 임의적이고, ② 단기적 주가변동에만 이용가능하며, ③ 빈번히 거래수수료를 부담해야 한다는 데 있다.
- 불변비율법(constant ratio plan) : 앞의 방법과 유사한데, 다만 채권과 주식에 투자된 금액의 비율을 언제나 일정하게 하는 방법이다. 가령 60 : 40의 비율로 유지한다면 주가나 채권의 시장가격변화에 관계없이 이 비율을 유지하는 방법이다. 그래서 주가가 채권가격보다 상대적으로 많이 오르면 주식에 대한 투자비율을 60%로 유지하도록 주식을 매도하고 채권을 매수하는 것이다.

  이 방법의 결점 또한 마찬가지로 최적비율을 정하는 것이 임의적이고 빈번한 거래수수료를 부담해야 한다는 데 있다.
- 변동비율법(variable ratio plan) : 앞의 불변비율법처럼 주식과 채권에 대한 투자비율을 일정하게 두지 않고, 주가변화의 예측에 따라서 적절히 비율을 변동시켜 가면서 투자하는 방법이다. 주가가 높으면 앞으로 하락을 예상할 수 있으므로 주식에 대한 투자비율을 낮추고, 주가가 낮으면 앞으로 상승을 예상할 수 있으므로 주식에 대한 투자비율을 높이는 방법이다.

[그림 15-3] 포뮬러 플랜에 의한 자산배분

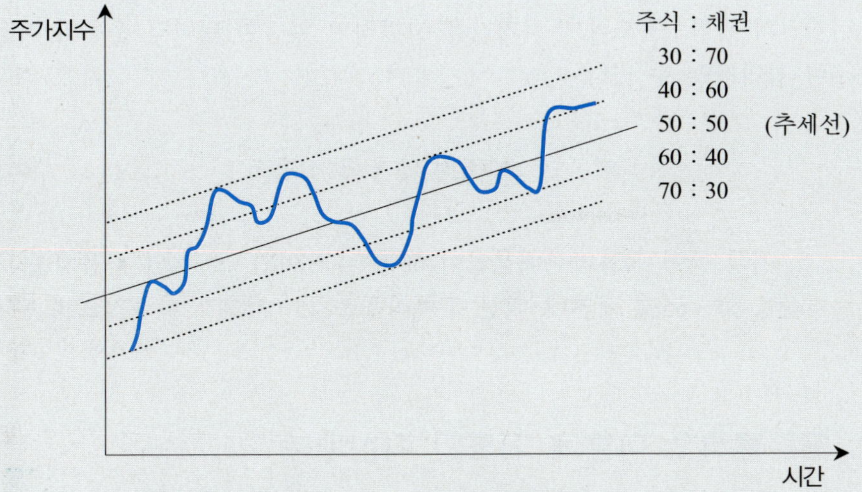

양자간의 투자비율을 언제·어떻게 변동시킬 것인가를 알기 위해서는 주식시장의 동향을 예측할 수 있어야 하는데, 대체적인 추세선(trend line)을 중심으로 몇 개의 범위 구간을 설정하여 비율을 변동시키는 방법이 일반적이다. 이를테면 주가가 [그림 15-3]과 같은 추세선을 보인다면, 주가지수가 추세선의 중앙수준에 올 경우는 주식 대 채권의 비율을 50 : 50으로 하고, 주가지수가 추세선 위로 한 단계씩 상승하게 되면 40 : 60, 30 : 70의 비율로 주식에 대한 투자비율을 줄여나가는 것이다. 반대로 주가지수의 변화가 추세선 아래로 내려가게 되면 60 : 40, 70 : 30의 비율로 주식에 대한 투자비율을 증가시켜 나가는 것이다. 이 방법 또한 주가가 낮을 때 주식매수를 늘리고 주가가 높을 때 주식매도를 늘린다는 원리를 활용한 것이다.

변동비율법은 정확한 주가지수의 추세선 예측이 전제되고 있는데, 이 방법의 결점은 추세선을 예측하기 힘들다는 점과 변동비율의 설정이 너무 주관적이라는 점 그리고 잦은 매매거래로 인한 거래비용의 증가를 들 수 있다.[10)]

---

10) 여기서 소개되는 자산배분방법은 현물시장에서 주식의 매도(매수) 또는 회사채나 국공채의 매수(매도)의 자금이동을 수행하게 된다. 따라서 현물시장에서의 거래비용이 적지 않게 소요되고, 포트폴리오 매니저에게 관리의 번거로움을 주게 된다. 이러한 문제점을 줄일 수 있는 자산배분방법은 제18장에서 설명되는 파생상품을 이용하는 것인데, 구체적으로 선물시장을 이용하여 자산투자의 비율을 조정하는 것이다. 지수선물을 매수하면 주식에 대한 투자비중을 높이는 결과가 되고, 반대로 지수선물을 매도하면 주식에 대한 투자비중을

투자회사가 조사한 바에 의하면 많은 경우 자산배분의 비율에 있어 주식과 채권에 대한 자산배분안을 60 : 40로 정하는 것으로 알려져 있다. 이에 더하여 투자자 개인의 위험수용도와 투자기간을 고려하여 일정한 탄력적 운용의 허용치를 두는 것이 합리적일 수 있다.

목표자산배분안±탄력적 운용의 허용치

예를 들어 목표자산배분안이 60% : 40%이면, ±5%의 허용치를 두어, 주식투자 비율을 55~65%, 채권에 대한 투자비율을 45~35%로 탄력적으로 운용하는 것이다.

2. 포트폴리오 이론에 기초한 자산배분

최적의 자산배분모형을 구축하는 데 사용되는 모형으로는 본서 제Ⅱ편에서 설명한 마코위츠(Markowitz) 포트폴리오 모형이 활용될 수 있다. 제5, 6장에서는 개별증권들의 결합이 가져오는 포트폴리오 결합 중에서 일정한 기대수익률하에서 위험을 최소화시키는 효율적 포트폴리오의 도출에 관해 설명하였다. 이제 이 방법을 개별증권의 결합 대신 각급 자산의 결합 문제로 처리하면 동일한 방법으로 최적 자산배분안을 도출할 수 있다.

이제 투입정보로서 주요 자산(주식, 회사채, 국공채 등)에 대한 기대수익률, 표준편차, 서로간의 공분산(상관계수)을 예측자료 또는 과거 역사적 자료를 가지고 추정하였다면, 제5, 6장에서 설명한 방법을 적용하여 이하에 설명하는 방법과 같이 최적의 자산배분비율을 결정한다.

(1) 주식과 회사채의 2개 자산인 경우의 자산배분결정

제5장 제3절과 제6장 제3절에서 "개별주식 X와 주식 Y의 결합 최소분산 포트폴리오의 도출과 효율적(최적) 포트폴리오 도출방법"에 대해 설명한 바 있다. 이제 개별주식 X와 주식 Y 대신 [그림 15-4]에서 보는 것처럼 두 자산[주식형(지수 또는 펀드) S

낮추는 결과가 된다. 지수선물계약을 이용하는 것은 ① 거래비용의 절감, ② 신속한 거래 수행, ③ 포트폴리오 매니저 관리의 효율성 제고 등의 장점이 있다. 그러나 지수선물시장이 과대 또는 과소 평가되어 있다면, 현물시장을 이용하는 것보다도 비싸게 매수하거나 싸게 매도하는 불리한 점이 있을 수 있다.

[그림 15-4] 2자산(주식+회사채)의 효율적 포트폴리오

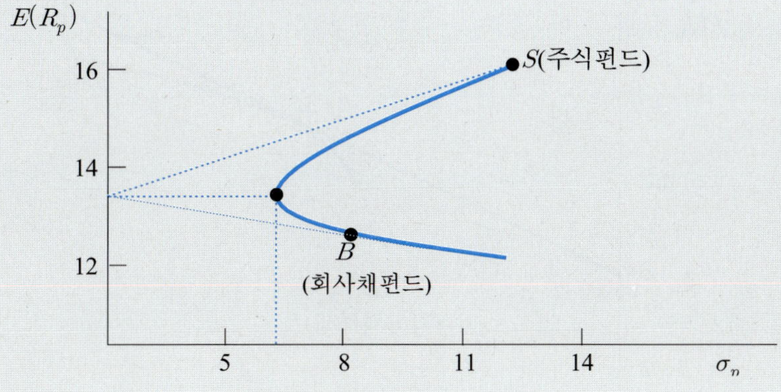

와 회사채형(지수 또는 펀드) B]의 결합 문제로 보고 동일하게 자산배분안을 도출한다. 위험이 최소가 되는 '주식형'에 대한 최적투자비율 w_S^*은 다음과 같이 결정된다(제5장 제3절, 제6장 제3절 참조).

$$w_S^* = \frac{\sigma_B^2 - \sigma_{SB}}{\sigma_S^2 + \sigma_B^2 - 2\sigma_{SB}} = \frac{\sigma_B^2 - \sigma_S\sigma_B\rho_{SB}}{\sigma_S^2 + \sigma_B^2 - 2\sigma_S\sigma_B\rho_{SB}}$$

단, σ_S : 주식형 S의 표준편차

σ_B : 채권형 B의 표준편차

σ_{SB} : 주식형 S와 채권형 B 사이의 공분산 $cov(r_S, r_B)$

ρ_{SB} : 주식형 S와 채권형 B 사이의 상관계수

(2) 주식, 회사채, 국공채 3개 자산인 경우의 자산배분결정

제6장 제5절의 "무위험자산이 포함될 때의 포트폴리오 기대수익률과 위험, 효율적(최적) 포트폴리오 도출방법"의 설명에서는 개별주식 X, 주식 Y, 국공채 R_f로 구성되는 효율적(최적) 포트폴리오 도출방법에 관하여 다루었다. 이제 개별주식 대신 [그림 15-5]에서 보는 것처럼 주식(지수 또는 펀드) S와 회사채(지수 또는 펀드) B, 그리고 국공채 R_f의 결합 문제로 보고, 동일하게 접근하면 3개 자산인 경우의 최적 자산배분안을 도출할 수 있다. 효율적 포트폴리오 M을 구성하는 주식형에 대한 최적투자비율 w_S^*은 다음과 같이 구해진다(제6장 제5절 참조).

[그림 15-5] 3자산(주식+회사채+국공채)의 효율적 포트폴리오

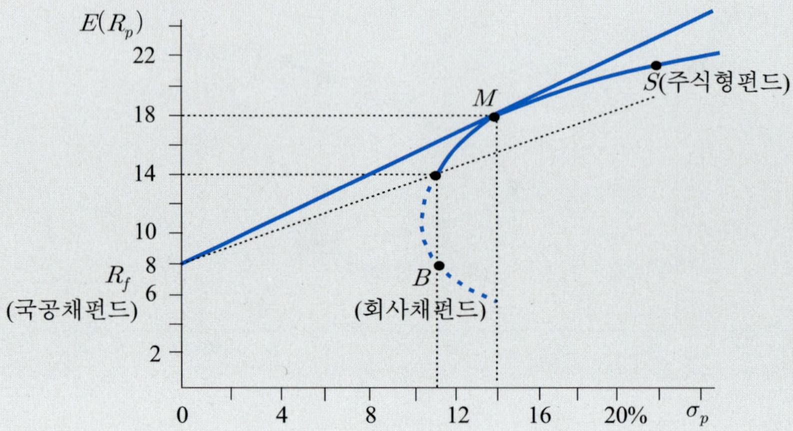

$$w_S^* = \frac{[E(R_S) - R_f]\sigma_B^2 - [E(R_B) - R_f]\sigma_{SB}}{[E(R_S) - R_f]\sigma_B^2 + [E(R_B) - R_f]\sigma_S^2 - [E(R_S) - R_f + E(R_B) - R_f]\sigma_{SB}}$$

단, $E(R_S)$: 주식형 S의 기대수익률

$E(R_B)$: 채권형 B의 기대수익률

R_f : 무위험이자율

σ_S : 주식형 S의 표준편차

σ_B : 채권형 B의 표준편차

σ_{SB} : 주식형 S와 채권형 B 사이의 공분산

주요용어

소극적 투자관리	적극적 투자관리	초과수익 알파(α)
단순매수·보유전략	인덱스펀드 투자전략	평균투자법
완전복제법	표본복제법	최적화모형에 의한 인덱스구성법
추적오차	섹터 로테이션 전략	130/30전략
역투자전략, 주가모멘텀전략	시장의 이례적 현상	가치투자전략 대 성장투자전략
이익모멘텀효과	트레이너-블랙모형	정보비율
전략적(동태적) 자산배분	정책적 자산배분	전술적 자산배분
포뮬러 플랜	자산배분 최적화모형	변동비율법

연습문제

1. [투자관리방법] 소극적 투자관리방법과 적극적 투자관리방법의 차이점에 대하여 설명하라.

2. [소극적 투자관리] 소극적 투자관리의 가정은 무엇인가? 적용되고 있는 주요 투자방법에 대하여 설명하라.

3. [인덱스펀드] 인덱스펀드 구성방법에 대하여 설명하라. 성공적인 인덱스펀드 구성에서 관건이 되는 것은 무엇인가? 개인투자자 입장에서 인덱스펀드투자와 상장지수펀드(ETF)를 비교할 때의 장단점은 무엇인가?

4. [적극적 투자관리] 역투자전략과 주가모멘텀전략의 특징과 차이점은 무엇인가?

5. [가치투자와 성장투자] 가치투자전략과 성장투자전략의 특징과 차이점은 무엇인가? 가치주와 성장주의 범주에는 어떤 주식이 포함되는가? 실증분석결과에 의하면 어느 전략의 투자성과가 양호한가?

6. [시장의 이례적 현상] 시장의 이례적 현상을 이용한 적극적 투자전략에는 어떤 것이 있는가? 각각의 유효성을 평가하라.

7. [자산배분전략] 정책적 자산배분, 전략적 자산배분, 전술적 자산배분 전략의 차이점에 대하여 설명하라. 포뮬러 플랜과는 어떤 차이점이 있는가?

8. [트레이너-블랙모형] AA자산운용에서는 초과수익의 여지가 있는 세 종목의 초과수익의 크기, 베타, 비체계적 위험을 다음과 같이 추정하고 있다. 한편 시장펀드의 기대수익률, 표준편차, 무위험자산수익률을 각각 10%, 14%, 3%로 추정하고 있다.

종 목	초과수익(α)	베 타(β)	비체계적 위험($\sigma(\epsilon)$)
X	−3%	1.0	20%
Y	5	1.4	30
Z	2	0.6	18

이 세 종목으로 구성되는 포트폴리오의 초과수익률을 크게 하면서 분산가능 비체계적 위험은 작게 하는 최적투자비율을 구하라. 또 이 포트폴리오의 초과수익률, 베타, 비체계적 위험을 구하라.

9. [자산배분안의 구성] 다음과 같은 주식형 S펀드와 회사채형 B펀드, 국공채형 RF펀드가 있다.

펀 드	기대수익률	표준편차	공분산
주식형 S펀드	12%	18%	0.09
회사채형 B펀드	6	12	
국공채형 RF펀드	3	0	

① 주식형 S펀드와 회사채형 B펀드에 나누어 자산배분하려고 한다. 두 펀드 결합의 위험을 최소로 하는 자산배분안을 제시하라.

② 이제 주식형 S펀드와 회사채형 B펀드 이외에 국공채 RF펀드도 포함하여 자산배분하려고 한다. 최상의 투자성과를 기대할 수 있는 자산배분안을 제시하라.

제 V 편

채권투자

채권은 자산운용사, 보험회사, 연기금과 같은 기관투자자들의 포트폴리오 구성에서 매우 높은 비중을 차지하고 있다. 채권은 주식보다는 투자위험이 낮지만, 채권투자 역시 채무불이행위험, 금리변동에 의한 채권가격변동위험 등 여러 가지 투자위험에 노출되어 있다. 기관투자자들이 이자율변동에 적절히 대응하지 못하면 정해진 부채상환에 응하지 못할 수도 있으며, 반대로 이자율변동에 적극적으로 대처하면 주식투자에 못지않은 투자성과를 올릴 수도 있다. 본 제 V 편에서는 채권투자에 대하여 다룬다.

제16장에서는 채권가격평가방법, 채권수익률의 측정방법 그리고 채권의 만기, 발행주체의 지급불능위험 등 채권수익률에 영향을 미치는 요인들에 대한 분석을 중심으로 채권투자분석의 내용을 설명한다. 제17장에서는 통제불가능한 이자율변동위험에 대응하여 투자위험을 줄이거나 이를 유리하게 이용하는 채권투자전략에 대하여 다룬다.

제 16 장

채권투자분석

전형적인 채권은 정기적으로 이자를 지급하고 만기일이 되면 원금을 상환하는 확정소득증권이라는 특성을 지닌다. 이러한 이유 때문에 비교적 안정적 투자대상으로 인식되는 경향이 있다. 그러나 채권투자 역시 채무불이행위험, 이자율변동으로 인한 가격변동위험 등의 투자위험을 안게 된다. 채권은 자산운용사, 보험회사, 연기금조합과 같은 기관투자자들의 포트폴리오 구성에서 매우 높은 비중을 차지하면서 그 중요성이 강조되고 있다.

본장에서는 채권투자관리의 기초가 되는 채권가격평가방법, 채권수익률에 영향을 미치는 요인들에 대한 분석을 다룬다. 특히 채권의 만기, 발행주체의 지급불능위험과 채권수익률의 관계에 대해서 설명한다. 다음은 본장의 학습목표로서 이해해야 할 주요 사항들이다.

- 채권의 이론가격을 평가하는 방법
- 채권가격과 채권수익률의 관계, 채권의 가격위험
- 채권수익률의 계산방법과 만기수익률
- 채권투자에서 재투자위험
- 채권수익률의 결정요인
- 채권수익률과 만기의 관계(기간구조)
- 지급불능위험, 채권수익률 스프레드와 결정요인

제 1 절 채권가격평가모형

채권에 대한 투자결정은 두 가지 방법에 의해서 이루어진다고 할 수 있다. 하나는 채권의 이론적 가격을 추정한 다음, 이를 실제가격과 비교하여 과소 혹은 과대 평가 여부를 평가하는 방법이다. 다른 방법은 채권수익률을 구하여 이를 적정채권수익률과 비교하는 방법이다. 전자의 방법은 본절에서 그리고 후자의 방법은 다음 절에서 살펴보기로 한다.

1. 채권의 이론적 가격

채권은 발행자 입장에서 보면 자본조달수단의 하나로서 채권소지자에게 정해진 이자와 원금을 정해진 시간에 지급하기로 약속하고 발행하는 채무・차입증서이다. 채권투자자 입장에서는 계약에 따라 정기적으로 이자를 지급받고 만기일에는 원금을 상환받는 확정소득증권(fixed-income securities)의 성격을 지닌 투자대상이다.

채권은 제2장에서 살펴본 것처럼 그 종류가 다양하다. 발행주체에 따라 국공채, 회사채, 특수채, 금융채로 나누어 볼 수 있으며, 발행가격이나 이자지급방법에 따라서는 할인채, 복리채, 이표채 등으로 나눌 수 있고, 만기에 따라서는 단기채, 중기채, 장기채 등으로 나눌 수 있다. 따라서 채권의 투자가치를 평가하는 일이 용이하지 않다. 여기서는 먼저 정기적으로 이자를 지급하고 만기에 원금을 일시 상환하는 전형적인 채권을 중심으로 채권의 투자가치를 평가하는 방법에 대해서 살펴보기로 하자.

다른 투자대상의 평가도 마찬가지이지만, 증권의 이론적 가치는 보유기간 동안 투자자가 얻게 되는 투자수입(현금흐름)을 투자자의 기회투자수익률(요구수익률)로 할인한 현재가치로 추정할 수 있다. 채권의 이론적 가치(B_0)는, 발행자가 채무이행을 다한다면 채권투자자가 투자가치를 부여할 수 있는 현금흐름, 즉 정기적인 이자수입액과 만기에서의 원금이므로, 이를 채권투자자의 요구수익률로 할인한 현재가치라고 볼 수 있다. 이를 식으로 표시하면 다음과 같다.

$$B_0 = \frac{C}{(1+r)} + \frac{C}{(1+r)^2} + \cdots\cdots + \frac{C}{(1+r)^n} + \frac{F}{(1+r)^n}$$
$$= \sum_{t=1}^{n} \frac{C}{(1+r)^t} + \frac{F}{(1+r)^n} \qquad (16.1)$$

단, C : 이자지급액＝액면가×액면이자율(c)
F : 액면가액
n : 만기(maturity date)
r : 채권투자자의 요구수익률

식 16.1(채권가격평가모형)에서 보는 것처럼 채권의 이론가격(B_0)은 발행자가 채무이행을 다한다면 일차적으로 액면이자율(이자지급액 C), 액면가액(F), 만기(n), 채권의 요구수익률(r)에 의해서 결정됨을 알 수 있다. 이 중 액면이자율(C)과 액면가액(F)은 원금이 상환될 때까지 고정불변적인 반면에, 만기(n)와 채권수익률(r)은 가변적인 것이다. 만기(n)는 시간이 흐름에 따라서 발행 이후 점차 짧아지는 것이고, 채권수익률(r)은 공금리 수준, 만기차이 혹은 원리금 지급불능의 위험정도에 따라 변하기 때문이다.

예 제

다음 채권들의 가격을 추정하라(현가계수와 연금현가계수는 본서 〈부록〉에 있는 표를 이용할 것).[1)]

1. 회사채 X : 액면가 10,000원, 액면이자율은 연 10%로 이자후급, 만기 5년으로서 유사한 채권에 대한 시장채권수익률은 13%
2. 국공채 Y : 액면가 100,000원, 만기 5년의 할인채(중도이자지급을 생략하는 대신 만기까지의 이자를 현재시점에서 할인하여 발행되는 채권)로서 유사한 국공채에 대한 시장수익률은 12%

해설 1. 회사채 X의 가격

$$B_0 = \frac{1,000}{(1.13)} + \frac{1,000}{(1.13)^2} + \cdots\cdots + \frac{1,000}{(1.13)^5} + \frac{10,000}{(1.13)^5}$$

＝1,000(13%, 5년 연금현가계수)＋10,000(13%, 5년 현가계수)

＝1,000(3.5172)＋10,000(0.5428)＝8,945원

2. 국공채 Y의 가격

$$B_0 = \frac{100,000}{(1.12)^5}$$

＝100,000(12%, 5년 현가계수)＝100,000(0.5674)＝56,740원

---

1) EXCEL을 이용한 채권가격의 추정(〈부록 1〉 EXCEL을 활용한 투자관리 [EXCEL 16-1], 시트 '(16장) 채권가격 수익률 추정' 참조)
(1) PRICE함수 이용 : [＝PRICE(채권매입일, 채권만기일, 표면이자율, 만기수익률, 원금반환율, 연이자지급횟수)]
(2) NPV함수 이용 : [＝NPV(할인율(만기수익률), 기간별 현금흐름영역)]

2. 채권가격과 채권수익률의 관계

채권의 이론적 가치를 결정짓는 요소들 중에서 가장 중요한 것은 채권수익률(r)이다. 그러면 채권수익률과 채권가격은 어떤 관계를 지니는가?

이제 채권수익률과 채권가격의 관계를 보기 위하여 액면가(F)=10,000원, 연 15% 이자후급(지급이자 C=연 1,500원), 만기(n)=3년인 채권을 예로 들어보자. 공금리 변동 등의 이유 때문에 채권시장에서의 채권수익률이 ① 15%인 경우, ② 10%인 경우, ③ 20%인 경우가 되었다면, 이 세 가지 각각의 경우에 대하여 채권의 이론적 가격은 식 16.1을 이용하여 구하면 다음과 같다.

[액면가=10,000원, 액면이자율=15%, 채권의 만기=3년]

① 채권수익률이 15%인 경우

$$B_0 = \frac{1,500}{(1.15)} + \frac{1,500}{(1.15)^2} + \frac{1,500}{(1.15)^3} + \frac{10,000}{(1.15)^3}$$
$$= 1,500(2.283) + 10,000(0.658) = 10,000\text{원}$$

② 채권수익률이 10%로 하락하였을 경우

$$B_0 = \frac{1,500}{(1.10)} + \frac{1,500}{(1.10)^2} + \frac{1,500}{(1.10)^3} + \frac{10,000}{(1.10)^3}$$
$$= 1,500(2.487) + 10,000(0.751) = 11,241\text{원}$$

③ 채권수익률이 20%로 상승하였을 경우

$$B_0 = \frac{1,500}{(1.20)} + \frac{1,500}{(1.20)^2} + \frac{1,500}{(1.20)^3} + \frac{10,000}{(1.20)^3}$$
$$= 1,500(2.106) + 10,000(0.579) = 8,949\text{원}$$

이 예에서 보듯이 채권가격은 채권수익률과 액면이자율 중 어느 쪽이 큰가에 따라 다음과 같이 결정됨을 볼 수 있다.

채권수익률(r) = 액면이자율(c) : 액면가 수준의 채권가격(at par)
채권수익률(r) < 액면이자율(c) : 액면가보다 높은 채권가격(at premium)
채권수익률(r) > 액면이자율(c) : 액면가보다 낮은 채권가격(at discount)

이 관계에서 몇 가지 사실을 확인할 수 있다. 첫째는 채권가격과 채권수익률은 반비례관계에 있다는 점이다. 채권투자에서 할인율이 되는 채권수익률이 상승하면

[그림 16-1] 채권가격과 채권수익률의 관계(액면가=10,000원, 액면이자율=15%인 채권)

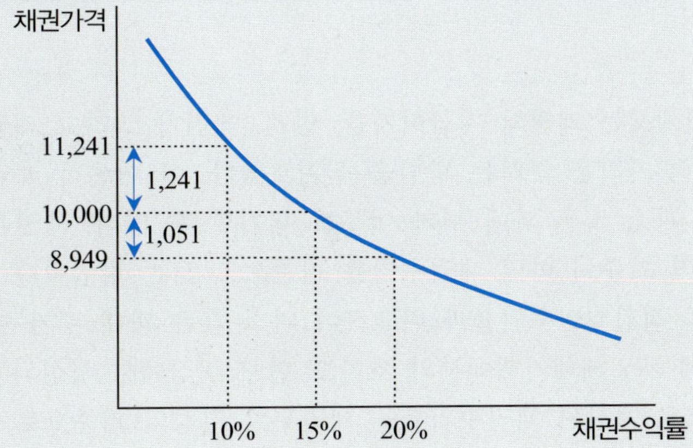

〈표 16-1〉 만기가 길어질 경우 채권수익률과 채권가격의 관계

채권수익률	만기 3년 채권의 가격	만기 5년 채권의 가격
r=15%일 때	10,000원	10,000원
r=10%로 하락할 경우	11,241	11,897
r=20%로 상승할 경우	8,949	8,507

채권가격은 하락하고, 채권수익률이 하락하면 채권가격은 상승한다. [그림 16-1]에서 보는 것처럼 원점에 대해서 볼록한(convex) 모양으로 움직이며, 채권수익률이 높은 수준보다 낮은 수준에서 일정한 채권수익률 변동에 대한 채권가격의 변동폭이 크다.

둘째는 채권수익률이 변동할 때 채권가격의 변동폭은 채권의 만기가 길어질수록 커진다는 점이다. 앞의 채권의 예에서 다른 발행조건(액면가 10,000원, 액면이자율 10%)은 동일한데 만기가 5년인 채권이 있다면, 채권수익률이 15%, 10%, 20%로 변동할 때 채권가격은 〈표 16-1〉과 같이 3년 만기인 채권보다 더 큰 폭으로 변동한다.

셋째는 [그림 16-1]과 〈표 16-1〉에서 보면 수익률 하락으로 인한 가격상승폭은 동일한 크기의 수익률 상승으로 인한 가격하락폭보다 크다는 점이다.

요약하면, 채권가격은 채권수익률의 변동에 대하여 반대방향으로 움직이는데, 일정한 폭의 채권수익률 변동이 있을 때 만기가 긴 채권, 즉 장기채일수록 가격변동폭이 커진다. 또한 동일한 채권수익률의 변동이 있을 때 하락할 경우가 상승할 때보다 가격변동폭이 크다. 이것이 채권투자의 가격위험(price risk)의 특성이다.

제 2 절 채권수익률

앞의 절에서는 채권의 지급이자율, 만기, 액면가 그리고 채권수익률이 주어지면 채권의 이론가격을 구하는 방법을 살펴보았다. 이 이론적 채권가격과 실제가격을 비교하면 과소 혹은 과대 평가 여부를 평가할 수 있다. 채권투자결정의 다른 방법은 채권가격 기준이 아닌 채권수익률 기준으로 하는 방법이다. 즉, 채권수익률을 구하여 이를 적정채권수익률과 비교하여 과소 혹은 과대 평가 여부를 판단하는 방법이다. 실제 채권매매거래에서의 호가도 현재 시장에서 형성되어 있는 채권가격으로부터 역으로 계산된 채권수익률을 채권투자 결정의 기준으로 삼고 있다.

1. 채권수익률의 계산과 의미

채권수익률(bond yield)은 금융시장에서 그 채권에 대한 수요·공급에 의해서 결정되는 하나의 유통금리체계라고도 할 수 있는데, 실제의 계산에는 아래에서 설명하는 만기수익률을 채권수익률로 사용하고 있다. 그러나 만기수익률 이외에도 다음과 같은 여러 가지 수익률 개념이 사용되고 있으므로 이들의 차이를 엄격히 구분하여 사용해야 한다.

(1) 명목수익률

명목수익률(nominal yield)은 이자지급액을 액면가로 나눈 것으로서 결국 액면이자율과 같은 것이다. 기업이 액면가 기준으로 채권을 발행한 경우는 기업의 명시적 타인자본비용을 구성하게 되는데, 이러한 의미에서 발행자수익률이라고도 한다. 이는 인플레이션 상황에서 사용되는 명목상의 투자수익률(nominal return)과 구분해야 한다.

(2) 경상수익률

경상수익률(current yield)은 채권투자시의 경상수입인 이자지급액을 투자액인 매수가격으로 나눈 것으로서 직접이율이라고도 부르는데, 채권투자수익률 중에서 시세차익수익률을 제외하고 이자수입 부분의 투자수익률을 계산한 것이다. 단기채권 투자자의 투자수익률을 계산할 때 사용되기도 한다. 채권이 액면가 이상으로 할증발행되었거나 액면가 이하로 할인발행된 경우 발행주체의 자본비용 계산의 기준이 되기도 한다.

(3) 만기수익률

1) 만기수익률의 의미

만기수익률(YTM : yield to maturity)이란 채권을 현재가격으로 매수하여 만기일까지 보유한다고 가정할 경우 기대되는 약속수익률(promised yield)을 말한다. 채권을 현재가격으로 매수하여 만기일 이전에 매도할 수도 있지만 만기일까지 계속 보유한다고 가정하고, 또한 지급불능의 상황이 되지 않는다면 만기일까지의 현금흐름은 정기적으로 지급받는 이자수입과 만기일에서의 원금상환으로 구성된다. 만기수익률은 이들 현금흐름에 대하여 화폐의 시간적 가치를 고려하여 계산되는 기대수익률을 말한다. 따라서 만기수익률은 다음 식 16.2로 표시되는 것처럼 채권투자로부터의 현금흐름(이자와 원금)의 현재가치와 현재의 채권시장가격을 일치시켜주는 할인율, 즉 내부수익률(IRR : internal rate of return)을 가리킨다.[2)]

$$P_0 = \frac{C}{(1+r)} + \frac{C}{(1+r)^2} + \cdots + \frac{C}{(1+r)^n} + \frac{F}{(1+r)^n} \tag{16.2}$$

단, P_0 : 채권의 현재 시장가격
r : 내부수익률(IRR)=만기수익률(YTM)

채권시장에서 보편적으로 이용되는 채권수익률은 이처럼 계산되는 내부수익률인 만기수익률을 지칭한다. 따라서 만기수익률은 채권의 만기까지의 이자수입뿐 아니라 시세차익(차손) 크기 그리고 발생시점까지 고려한 예상수익률이다.[3)]

---

2) 내부수익률은 현금유출액의 현재가치와 현금유입액의 현재가치를 일치시켜 주는 할인율로서, 서로 상이한 시점에서 발생하는 현금흐름의 크기와 화폐의 시간가치가 고려된 평균투자수익률이다.

$$\frac{CI_1}{(1+r)} + \frac{CI_2}{(1+r)^2} + \cdots + \frac{CI_n}{(1+r)^n} = \frac{CO_1}{(1+r)} + \frac{CO_2}{(1+r)^2} + \cdots + \frac{CO_n}{(1+r)^n}$$

단, r : 내부수익률(IRR), CI_n : n시점의 현금유입액, CO_n : n시점의 현금유출액

내부수익률 계산은 기간별 상이한 투자금액의 크기에 가중치가 주어져 수익률이 계산되므로 금액가중평균수익률(amount-weighted rate of return)이라고도 한다. 기간별로 투자금액이 크게 상이한 경우의 투자수익률 계산에 유용하다.

3) 만기수익률, 액면이자율, 경상수익률 그리고 채권가격은 다음 관계가 성립한다.

2) 만기수익률의 계산방법

만기수익률을 계산하는 데는 다음의 방법이 사용되고 있다.

① 시행착오법 : 만기수익률은 그 채권의 내부수익률이므로 내부수익률을 구할 때 시도하는 것처럼 시행착오법(trial and error method)에 의해서 구하게 된다. 즉, 식 16.2의 우변의 현재가치가 좌변의 시장가격과 같게 되는 할인율을 시행착오적으로 찾아 구한다.

② 채권수익률표 이용법 : 채권은 발행될 때부터 원금과 정기적인 이자지급액의 크기가 확정되어 있으므로 사전적으로 〈표 16-2〉와 같은 채권수익률표(bond yield tables)의 작성이 가능하다. 따라서 발행이자율과 만기, 현재가격만

〈표 16-2〉 채권수익률표 예시(액면이자율 8%인 채권)

	만 기			만기(년)					
가 격	1	2	가 격	3	4	5	6	7	10
85	25.98	17.18	80	16.75	14.80	13.56	12.89	12.35	11.40
85½	25.31	16.84	81	16.25	14.42	13.33	12.61	12.10	11.21
86	24.64	16.50	82	15.76	14.03	13.01	12.33	11.86	11.01
86½	23.97	16.17	83	15.27	13.66	12.70	12.06	11.61	10.82
87	23.31	15.84	84	14.80	13.28	12.39	11.80	11.38	10.64
87½	22.66	15.51	85	14.33	12.92	12.08	11.53	11.14	10.45
88	22.02	15.18	86	13.86	12.56	11.78	11.27	10.91	10.27
88½	21.37	14.86	87	13.40	12.20	11.49	11.02	10.68	10.09
89	20.74	14.53	88	12.95	11.85	11.20	10.77	10.46	9.92
89½	20.11	14.21	89	12.51	11.51	10.91	10.52	10.24	9.75
90	19.48	13.90	90	12.07	11.17	10.63	10.27	10.02	9.58
90½	18.86	13.58	90½	11.86	11.00	10.49	10.15	9.91	9.49
⋮	⋮	⋮	⋮	⋮	⋮	⋮	⋮	⋮	⋮
99¾	8.27	8.14	99¾	8.10	8.07	8.06	8.05	8.05	8.04
100	8.00	8.00	100	8.00	8.00	8.00	8.00	8.00	8.00
100¼	7.74	7.86	100¼	7.90	7.93	7.94	7.95	7.95	7.96

채권가격	관 계
액면가 가격	액면이자율＝경상수익률＝만기수익률
할인부(액면가 이하)	액면이자율＜경상수익률＜만기수익률
할증부(액면가 이상)	액면이자율＞경상수익률＞만기수익률

확인되면 이 표로부터 만기수익률을 구할 수 있게 된다. 예를 들어 액면가 10,000원, 만기 5년, 연 8%의 이자지급의 회사채가 현재 8,400원에 시장가격이 형성되어 있으면 만기수익률은 12.39%가 된다(〈표 16-2〉에서 표시).

③ 근사법 : 만기수익률을 구하는 데 시행착오법을 사용하면 시간이 많이 소요되고 번거롭다는 단점을 지닌다. 또 채권수익률표도 이용할 수 없는 경우 개략적으로 만기수익률을 구하는 방법이 근사법이다. 근사법은 식 16.3과 같이 연평균 투자수입을 평균투자액으로 나누어 구하는 방법이다. 즉, 평균투자액은 채권가격과 원금의 합을 2로 나눈 금액만큼 채권에 평균적으로 투자되어 있는 것으로 간주하고, 연평균 투자수입은 연평균 이자수입과 연평균매매차익의 합으로 보고 계산한다.

$$r = \frac{\text{연평균 투자수입}}{\text{평균투자액}} = \frac{C + (F - P_0)/n}{(P_0 + F) \div 2} \tag{16.3}$$

④ EXCEL함수의 이용 : MS Office의 EXCEL 프로그램의 활용은 복잡한 계산문제의 해를 신속히 찾아준다. 다음과 같은 EXCEL 함수식을 지정하여 채권수익률을 쉽게 구할 수 있다.[4)]

㉠ [=IRR(현금흐름영역, 근사치수익률)]

㉡ [=RATE(기간, 정기불입액, 현재가치, 미래가치, 지급시점, 추정값)]

(여기서 기간은 총이자지급횟수, 정기불입액은 이자수령액(+), 현재가치는 채권의 현재가격, 미래가치는 액면가(원금), 지급시점은 현금흐름의 시점이 기말이면 0, 기초이면 1 처리를 의미한다)

예 제

액면가(F)=10,000원, 액면이자율(c)=연 6%, 만기 3년, 이자후급인 회사채가 있다. 현재의 시장가격 9,600원에 매수하려고 한다. 이 채권의 (1) 명목수익률과 (2) 경상수익률을 구하라.
(3) 시행착오법, 근사법, EXCEL 이용법을 적용하여 만기수익률을 구하라.

해설 (1) 명목수익률 : 600/10,000=6%
(2) 경상수익률 : 600/9,600=6.25%

4) 채권수익률을 구하는 데 EXCEL을 활용하는 구체적 예는 본서 끝의 〈부록 1〉 [EXCEL 16-2], 시트 '(16장) 채권가격 수익률 추정' 참조.

(3) 만기수익률

① 시행착오법 : 아래 식에서 우변의 현재가치가 9,600원이 되는 할인율을 시행착오에 의하여 구하면 $r=7.54\%$.

$$9{,}600=\frac{600}{(1+r)}+\frac{600}{(1+r)^2}+\frac{600}{(1+r)^3}+\frac{10{,}000}{(1+r)^3} \quad\Rightarrow\quad r=7.54\%$$

② 근사법 : 식 16.3에 의해서 근사법으로 구하면 7.48%가 된다.

$$r=\frac{600+(10{,}000-9{,}600)\div 3}{(9{,}600+10{,}000)\div 2}=\frac{600+133}{9{,}800}\fallingdotseq 7.48\%$$

시행착오법에 의해서 정확히 구하는 것과 큰 차가 없음을 볼 수 있다. 시행착오법에 의하여 내부수익률을 구할 때에도 먼저 근사법에 의해서 개략치를 구하게 되면 근접한 내부수익률이 어느 범위인지를 파악할 수 있으므로 많은 시간이 절약된다.

③ EXCEL : [=RATE(기간, 정기불입액, 현재가치, 미래가치, 지급시점, 추정값)]에 해당되는 값을 대입하면, 즉 [=RATE(3, 600, −9,600, 10,000, 0, 0.1)] 처리하면, $r=7.54\%$

3) 채권투자의 재투자위험

일반적으로 투자수익률을 계산하는 방법에는 사후적으로 계산하는 실현수익률과 사전적으로 계산하는 예상수익률이 있다. 실현수익률(realized return)은 과거 일정기간 동안 보유하였던 기간의 보유기간수익률(holding period return)을 의미한다. 예를 들어 3년 전에 100만원 투자하여 3년 지난 현시점에 그 부가 160만원이 되었다면 3년 보유기간에 걸친 실현수익률은 다음과 같이 16.96%가 된다.

$$\text{실현수익률} = \sqrt[3]{1{,}600{,}000/1{,}000{,}000}-1 = 16.96\%$$

이와 달리 예상수익률은 불확실한 상황하에서 앞으로 기대되는 약정수익률(promised yield)을 말한다. 채권투자시에 이용되는 만기수익률은 그 수익률이 틀림없이 얻어지거나 실현되는 실현수익률이 아니고, 예상수익률, 약정수익률이라는 점에 유의할 필요가 있다. 만기수익률은 중도에 발생하는 현금흐름(이자수입)을 만기수익률과 동일한 수준으로 재투자되었을 때만이 얻어질 수 있는 수익률이다. 만기수익률의 계산은 중도에 발생하는 현금흐름이 동일한 수익률의 투자기회에 계속적으로 재투자된다는 재투자가정(reinvestment assumption)에 기초하고 있기 때문이다.

이 재투자가정에 대한 이해를 돕기 위해서 앞의 예제에서 만기수익률이 7.54%인 채권을 예로 들기로 하자.

0시점에서 9,600원을 투자하여 3년 후에 누적된 부, 즉 총투자수익(total return)이

[그림 16-2] 만기수익률의 재투자가정과 재투자위험

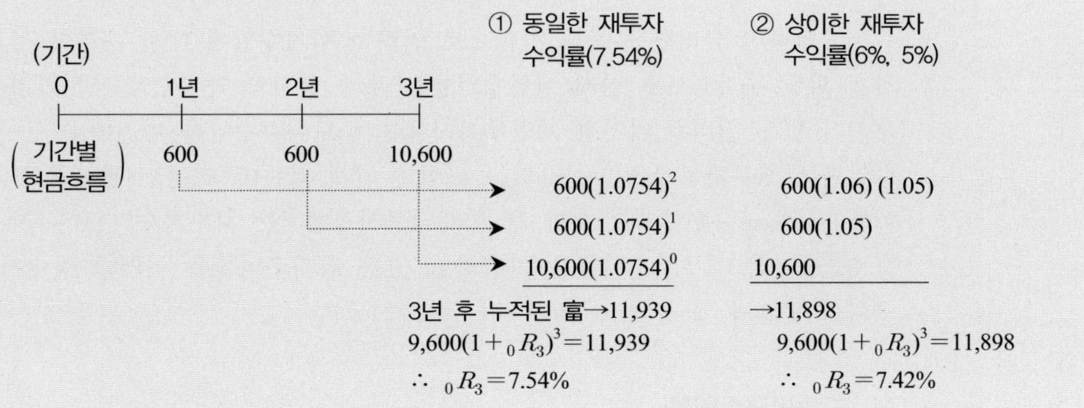

11,939원이 되었다면 이 경우의 실현수익률은 다음과 같이 7.54%가 된다.

$$\text{실현수익률} = \sqrt[3]{11,939/9,600} - 1 = 7.54\%$$

그런데 3년 후 총투자수익 11,939원은 [그림 16-2]와 다음에서 보는 것처럼 매년 600원의 이자수입이 있을 때마다 잔여기간 동안 만기수익률인 7.54% 수준의 다른 투자기회에 계속적으로 재투자하였을 때 얻어지게 되어 있다.

$$600(1.0754)^2 + 600(1.0754)^1 + 10,600(1.0754)^0 = 11,939\text{원}$$

그러나 만약 재투자수익률이 3년에 걸쳐 동일하게 7.54%가 아니고 1년 후에 6%가 되고, 2년 후에는 5%가 된다면, 재투자되어 증식된 부의 총액은 [그림 16-2]와 다음에서 보는 것처럼 11,898원이 된다.

$$600(1.06)(1.05) + 600(1.05) + 10,600 = 11,898\text{원}$$

따라서 실현된 수익률은 7.54%가 아니고 다음 계산처럼 7.42%가 된다.

$$\text{실현수익률} = \sqrt[3]{11,898/9,600} - 1 = 7.42\%$$

위에서 살펴본 것처럼 채권의 투자성과는 재투자수익률에 따라 크게 영향받는다.[5)]

요약하면 금리변동 등의 사건으로 인하여 이자수입에 대한 재투자수익률이 변하게 되면 결과적으로 실제 실현수익률은 투자 당시의 약속수익률인 만기수익률과 차이가 있게 된다.[6)] 이처럼 채권투자시에는 중도이자수입을 채권매수 당시와 다른 수익률에 재투자하게 될 수도 있는 위험을 안게 되는데, 이를 채권투자의 재투자위험(reinvestment risk)이라고 한다. 현실의 금융시장에서는 재투자수익률이 수시로 변하므로, 동일한 재투자수익률을 가정하고 있는 만기수익률은 이러한 점에서 사용에 주의할 필요가 있다.

(4) 기하평균수익률

채권투자는 만기가 서로 다른 투자대상에 투자하게 되므로 채권투자성과를 평가할 때 장기수익률과 기간별 단기수익률의 관계를 밝히는 것이 필요하다. 기하평균수익률(geometric rate of return)은 기간별 (단기)채권수익률과 장기채권수익률의 관계를 밝히는 데 사용된다. 장기수익률은 기간별 (단기)수익률의 기하평균에 의해서 구해지기 때문이다. 다음 예제에서 보는 것처럼 1기간 25.7%, 2기간 13.6%의 수익률을 보인 경우, 2년 장기수익률은 19.5%이다. 또한 기하평균수익률은 기간별 현금흐름을 상이한 이자율에 재투자한다고 가정할 경우의 채권수익률 계산에도 이용한다. 제4장에서 설명한 것처럼 기하평균의 결과는 누적된 부의 크기를 보여주므로 부의 증식률을 적절히 측정하는 수익률이 되기도 한다.[7)]

---

5) 예상되는 재투자수익률하에서 최종적인 투자성과를 평가할 수 있는 방법이 필요한데, 총투자수익이 실현수익률을 측정하는 기준이 된다. **총투자수익**(total return)은 예상되는 재투자수익률하에서 투자기간 끝에 예상되는 누적된 富를 말한다. 이를 투자기간말 수평수익(horizon return)이라고도 하는데 다음과 같이 측정된다.
   ① 기간중 총이자수입과 예상되는 특정 재투자수익률하에서의 이자에 대한 재투자 이자수입을 합하여 이자관련 투자수입을 계산한다.
   ② 투자기간말 예상매도가격은 그 이후의 원리금수입을 채권 매도시점에서 예상되는 시장수익률로 잔여기간을 할인한 현재가치를 구하여 계산한다.
   ③ ①과 ②의 계산결과치를 합하여 총투자수익(total return)을 구한다.
   ④ 실현수익률을 다음과 같이 추정한다. 실현수익률 $= \sqrt[h]{\text{총투자수익}/\text{최초매수가격}} - 1$ (단, h : 투자기간)

6) 실현수익률과 약속수익률(만기수익률)이 사후적으로 볼 때 일치하는 경우는 ① 금리수준에 변동이 없고, ② 채무불이행위험이 없고, ③ 중도상환위험이 없을 경우이다.

7) EXCEL을 이용한 기하평균수익률의 추정방법 : [=GEOMEAN((1+기간수익률), (1+기간수익률)……))−1]. 금액기준의 추정은 [=GEOMEAN(현금흐름영역)]. 〈부록 1〉 [EXCEL 16-2], 시트 '(16장) 채권가격 수익률 추정' 참조.

예 제

중도이자지급이 없는 어느 순수할인채권의 가격이 각 시점에서 다음과 같았다.

$t_0 = 70{,}000$원, $t_1 = 88{,}000$원, $t_2 = 100{,}000$원

甲과 乙은 단기투자전략(rollover strategy)을 구사하는 투자자인데, 甲은 0시점에서 70,000원에 매수하여 1시점에서 88,000원에 매도하고, 乙은 1시점에서 88,000원에 매수하여 2시점에서 100,000원에 매도하였다. 한편 丙은 장기매수보유전략(buy and hold strategy)을 구사하는 투자자로서 0시점에서 이 채권을 70,000원에 매수하여 2시점에서 100,000원에 매도하였다. 투자자 甲과 乙의 기간별 (단기)수익률과 2년간 장기투자한 丙의 연평균수익률과 비교하라.

해설

甲의 단일기간수익률 ${}_0r_1 = \frac{88{,}000}{70{,}000} - 1 = 0.257$

乙의 단일기간수익률 ${}_1r_2 = \frac{100{,}000}{88{,}000} - 1 = 0.136$

丙(장기투자자)의 연평균 투자수익률 ${}_0R_2 = \sqrt[2]{(1.257)(1.136)} - 1 = 0.195$[8]

또는 ${}_0R_2 = \sqrt[2]{\frac{100{,}000}{70{,}000}} - 1 = 0.195$

이제 현시점으로부터 t시점까지의 장기(연평균)수익률을 ${}_0R_t$라고 하고, ${}_{t-1}r_t$를 $t-1$시점에서 t시점까지의 단일기간(단기)수익률이라고 하면, 양자 사이에는 다음과 같은 기하평균의 관계가 성립해야 할 것이다. 왜냐하면 1년마다 사고파는 단기투자자의 각 기간별 수익률은 2년 이상 장기간에 걸쳐 투자한 장기투자자의 연평균 투자수익률과 같아야 하기 때문이다.[9]

$$(1 + {}_0R_t)^t = (1 + {}_0r_1)(1 + {}_1r_2)(1 + {}_2r_3)\cdots\cdots(1 + {}_{t-1}r_t)$$

$$\therefore {}_0R_t = \sqrt[t]{(1 + {}_0r_1)(1 + {}_1r_2)\cdots\cdots(1 + {}_{t-1}r_t)} - 1 \qquad (16.4)$$

단, ${}_0R_t$: 현재(0)시점에서 t년 후에 만기되는 채권의 장기(연평균)수익률(이자율)

${}_{t-1}r_t$: 미래 $t-1$시점과 t시점 사이의 단기수익률(이자율)

---

8) 기하평균수익률은 복리에 의한 수익률 계산으로서, 단리에 의한 수익률 계산인 단순평균수익률$\left[r = \left(\frac{P_n}{P_0} - 1\right) \div n\right]$과 큰 차가 생긴다. 이 예제의 경우 단순평균수익률은 $r = \left[\left(\frac{100{,}000}{70{,}000}\right) - 1\right] \div 2 = 21.4\%$가 된다.

9) 단일기간수익률$({}_{t-1}r_t) = \frac{(P_t - P_{t-1}) + C_t}{P_{t-1}} = \frac{P_t + C_t}{P_{t-1}} - 1$ (단, P_{t-1}=기초($t-1$시점)가격, P_t=기말(t시점)가격)

(5) 현물이자율과 선물이자율

선물거래에서는 미래 이자율을 계산할 때 현물이자율과 선물이자율을 구분하고 있다. 양자의 관계는 앞서 설명한 장기수익률과 기간별 단기수익률의 관계와 유사하다.

현물이자율(spot interest rates)은 본래 투자자에게 현금흐름이 단 한 번 있게 되는 경우의 이자율로서 현물거래에서 계약과 계약의 실행이 동일시점에서 모두 이루어지는 경우의 이자율을 가리킨다. 예를 들어, 순수할인채권처럼 현재시점(t_0)에서 일정한 가격으로 매수하여 2년 후, 3년 후, 일정기간(n)이 경과한 후 한 번만의 투자수입(원금상환)이 있게 되는 경우 이 기간의 장기수익률이 현물이자율이다. 따라서 앞에서 설명한 장기수익률($_0R_n$)과 비슷한 개념이다.

반면에 선도이자율(forward interest rates)은 미래 특정기간 동안의 기간별 이자율로서 선물거래에서는 계약하는 시점과 계약을 실행하는 시점이 서로 상이할 경우 적용되는 이자율을 말한다. 예를 들어 현시점에서 보는 1년 후의 선물이자율은 1년 후에 차입하여 2년 후에 상환하는 대출계약(선물계약)을 지금 체결할 때 적용하는 이자율을 말한다.[10] 일반적으로 선물이자율은 계약은 현재 체결하되 $n-1$시점에서 차입하고 n시점에서 상환하여 계약을 이행하는 경우 적용하는 이자율($_{n-1}r_n$)을 가리킨다. 따라서 현시점에서의 현물이자율($_0R_n$)과 선물이자율($_{n-1}r_n$)의 관계도 기본적으로는 식 16.4에 의해서 분석할 수 있다.

한편 채권의 이론적 가격도 미래 기간별 단기이자율, 선물이자율($_{n-1}r_n$)이 예측된다면 다음과 같이 추정할 수 있다.

$$B_0 = \frac{C}{(1+{_0r_1})} + \frac{C}{(1+{_0r_1})(1+{_1r_2})} + \frac{C}{(1+{_0r_1})(1+{_1r_2})(1+{_2r_3})} + \cdots + \frac{C+F}{(1+{_0r_1})(1+{_1r_2})\cdots(1+{_{n-1}r_n})} \tag{16.5}$$

이상에서 여러 가지 채권수익률에 대해서 설명하였는데, 이 중에서 채권유통시장에서 투자결정의 기준으로 삼는 것은 전술한 것처럼 만기수익률이다. 채권의 만기, 위험, 발행조건 등의 특성이 같으면 균형상태에서 채권의 만기수익률은 동일하게 될 것이고, 이것이 채권의 시장수익률이 된다. 따라서 동일한 성격의 채권수익률

10) 1년 후의 현물이자율($_1R_2$)은 1년 후에 차입계약을 체결하면서 바로 대출을 받는 경우 그해에 적용하는 이자율이다. 따라서 미래의 현물이자율(future spot rates)과 선물이자율은 명확히 구분할 필요가 있다.

(만기수익률)을 발견하여 이것으로 현재가치를 구하는 할인율로 사용하면 식 16.1에 의하여 채권의 이론가격을 구할 수 있다.

2. 채권수익률의 결정요인

채권수익률이 주어지면 채권가격이 이론적으로 평가될 수 있음을 보았다. 그러면 채권수익률은 어떤 요인들에 의해서 결정되는가?

채권수익률은 크게 보면 시중금리와 같은 기업외적 요인과 채권의 만기, 발행주체의 지급불능위험과 같은 기업내적 요인 등 두 가지 요인에 의해서 결정된다.

(1) 기업외적 요인 : 시중금리

채권수익률에 가장 큰 영향을 미치는 기업외적 요인은 시중금리이다. 시중금리의 결정요인에 대해서는 제4장 제3절에서 설명한 바 있다. 이들 주장을 종합해 보면 시중금리는 다음 요인들에 의해서 기본적으로 영향받는다.

- 투자자들의 소비에 대한 시차선호도
- 기업들이 생산기회에 대해서 갖는 자본의 한계효율
- 총국민생산(미래소득)
- 통화공급량을 결정하는 정부의 재정금융정책
- 구매력감소를 가져오는 미래 기대인플레이션

일반 가계 등의 소득이 증가하고 저축여력이 커지면 자금공급이 늘게 되어 시중금리는 하락하게 된다. 반면에 기업부문의 생산투자기회가 많으면 자금수요가 늘게 되어 시중금리는 상승하게 된다. 인플레이션이 높을 것으로 기대되면 자금수요가 증가하고 자금공급은 감소하므로 시중금리는 상승하게 된다. 정부가 재정금융정책상 통화량을 증가(감소)시키는 것에 따라 시중금리는 하락(상승)하기도 한다. 이처럼 이들 요인들에 의해서 시중금리가 변동하면 채권가격은 이와 반대방향으로 움직이게 되는 것이다.

(2) 기업내적 요인

채권수익률은 채권의 만기와 같은 발행조건이나 발행주체가 지니는 지급불능위험과 같은 기업내적 요인들에 의해서도 영향을 받는다.

1) 채권의 만기

채권의 만기, 즉 장기채권인지 단기채권인지에 따라 채권수익률은 달라질 수 있다. 왜냐하면 장기채일수록 제1절에서 설명한 것처럼 채권가격변동위험이 크고 유동성위험이 커지기 때문이다. 미래이자율이 상승할 것으로 예상되면 장기수익률에 이 같은 예상이 반영될 것이므로 만기 차이에 따라 채권수익률에 차이가 있을 수 있다. 채권분석에서는 채권의 만기와 채권수익률의 관계를 기간구조라고 부르고 있는데, 이에 대해서는 제3절에서 상술하기로 한다.

2) 발행주체의 위험

채권의 발행주체인 기업의 현금흐름의 변동성이 크고 원리금 지급능력이 의문시된다면 채권투자자의 요구수익률은 높아질 것이다. 이 밖에도 채권의 면세조건, 수의상환조건, 전환조건 등 채권의 발행조건과 채권의 시장성에 따라 투자자의 요구수익률이 달라지므로 이들 요인 또한 채권수익률에 영향을 주게 된다. 채권분석에서는 채권의 발행조건, 발행주체가 지니는 위험수준에 따라 수익률에 체계적 차이가 나는 것을 위험구조라고 부르는데, 이에 대해서는 제4절에서 상술하기로 한다.

요약하면 채권수익률은 상기한 시중금리의 변동과 같은 기업외적 요인과 채권 발행주체의 지급불능위험, 채권의 만기와 같은 기업내적 요인의 변화에 의하여 달라지게 되므로, 채권투자자의 요구수익률은 다음 식과 같이 결정된다고 표현할 수 있다.

채권투자자의 요구수익률＝시중금리＋만기프리미엄＋지급불능위험프리미엄

채권수익률의 변동과 역의 관계에 있는 채권가격의 변동도 이들 요인과의 관계에서 분석되어야 한다.

제3절 채권수익률의 기간구조

채권수익률의 차이를 가져오는 기업내적 요인의 하나는 채권의 만기이다. 채권만기의 장·단기 여부에 따라서 채권수익률에 차이가 나는 이유에 대해서는 여러 가지 이론이 있다. 본절에서는 채권의 만기와 채권수익률의 관계를 설명하는 이론들을 설명한다.

1. 기간구조와 수익률곡선

채권수익률의 기간구조(term structure of bond yield)란 어느 일정시점에서 채권의 다른 조건(발행조건, 과세조건, 위험 등)은 모두 동일하고 만기만 상이한 채권들의 채권수익률과 만기의 관계를 말한다. 예를 들어 한국산업은행에서 발행하는 금융채권에는 만기가 각기 다른 채권들이 많은데, 이들 채권들은 발행주체가 동일하고 발행조건이 같지만, 채권수익률이 같지 않다. 만기 이외의 다른 조건은 동일하므로 채권수익률에 차이가 나는 이유는 만기의 차이 때문이라고 볼 수 있다.

〈표 16-3〉은 우리나라 채권시장에서 주요 채권별 만기별 수익률 추이를 보여준

〈표 16-3〉 주요 채권별 만기별 수익률 추이 (단위 : %)

	2000	2002	2004	2006	2008	2010	2012	2014	2015	2016
예금은행 수신금리	7.01	4.73	3.75	4.41	5.71	3.19	3.43	2.43	1.74	1.48
통안채 364일	6.83	4.99	3.31	4.95	3.25	3.03	3.14	2.44	1.70	1.44
통안채 2년	6.87	5.12	3.32	4.99	3.50	3.67	3.16	2.53	1.76	1.45
국고채 3년	6.70	5.11	3.28	4.92	3.41	3.72	3.13	2.59	1.79	1.44
국고채 5년	6.91	5.34	3.39	5.00	3.77	4.31	3.24	2.84	1.97	1.53
국고채 10년	7.21	5.61	3.81	5.06	4.22	4.77	3.45	3.18	2.30	1.75
회사채 3년(AA^-)	8.13	5.68	3.72	5.29	7.72	4.66	3.77	2.98	2.08	1.89
회사채 3년(BBB^-)	11.82	9.08	8.13	8.08	12.02	10.68	9.34	8.71	8.00	7.93

(주) 1. 월별 만기수익률의 평균
2. 회사채 3년(AA^-)의 경우, 2000년 10월 이전에는 A^+ 등급기준 자료임.
자료 : 금융투자협회(www.kofiabond.or.kr), 한국은행 조사통계월보 각년호.

[그림 16-3] 수익률곡선

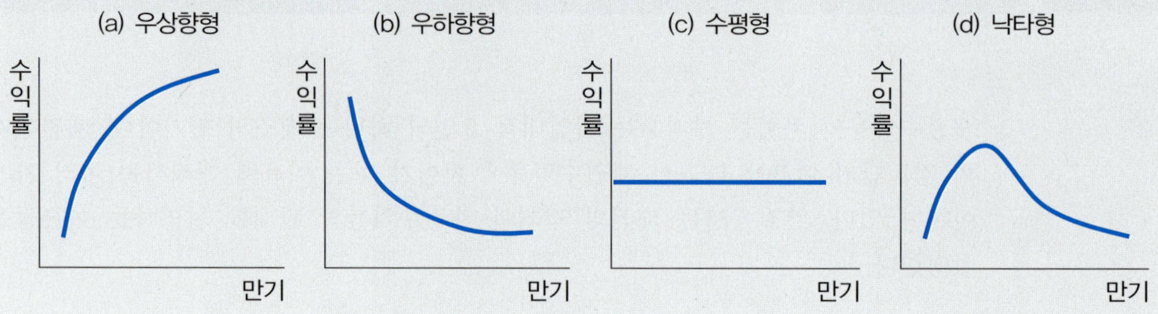

다. 국고채 3년, 5년, 10년 만기채들은 발행조건, 발행위험이 동일하고 만기만 차이가 있는데 수익률의 차이를 보이고 있다. 이 수익률의 차이는 만기로 인한 것이다.

기간구조는 흔히 그림으로 표현하여 분석하는데, 채권들의 만기와 채권수익률의 관계를 그림으로 나타낸 것을 수익률곡선(yield curve)이라고 한다. 일반적으로 횡축에 만기를 표시하고 종축에 만기수익률을 표시하여 특정시점을 기준으로 만기까지의 기간의 차이에 따라 달라지는 채권수익률의 차이를 분석하고 있다.

[그림 16-3]은 수익률곡선의 예를 보여주고 있는데, 어느 시점에서 분석되느냐에 따라 우상향형, 우하향형, 수평형, 낙타형 등 상이한 패턴으로 표시된다. 역사적으로 볼 때 수익률곡선은 이자율이 낮을 때 우상향하고, 이자율이 높을 때 우하향하는 경향이 많았는데, 우상향의 모양을 보일 때가 두 배 정도 많았다.

2. 기간구조 설명이론

그러면 모든 조건은 동일하고 단지 만기만 상이할 뿐인데 채권수익률이 차이를 보이는 현상이 일어나는 이유는 무엇일까? 수익률곡선이 이처럼 우하향하거나 우상향하는 등의 형태를 보이는 것에 대한 설명으로 다음과 같은 세 가지의 기간구조 이론이 제시되고 있다.

① 기대이론 : 장기이자율은 미래 기간별 단기이자율의 움직임에 대한 투자자의 기대에 따라 결정된다는 이론이다.

② 유동성프리미엄이론 : 장기채권은 단기채권보다도 유동성이 낮고 투자위험이 높으므로, 이에 대한 적절한 프리미엄이 지불되어 장기채권일수록 수익

률이 높게 형성된다는 이론이다.

③ 시장분할이론 : 채권시장은 만기를 서로 다르게 선호하는 몇 개의 하부시장으로 구성되는데, 채권수익률은 이들 하부시장에서의 수요·공급에 의하여 결정된다는 이론이다.

(1) 기대이론

장기채의 만기수익률은 투자자(시장)의 미래 기간별 단기수익률(이자율)에 대한 기대에 의해서 결정된다는 것이 기대이론(expectation theory)이다. 즉 수익률곡선은 시장에서 앞으로 기간별 단기이자율이 상승할 것으로 기대될 때에는 만기가 길수록 상승세를 보이고, 반대로 기간별 이자율이 하락할 것으로 예상될 때에는 만기가 길수록 낮은 수익률을 보일 것이다.

기대이론에 의한 장기이자율과 단기이자율 간의 관계는 다음과 같이 기하평균의 관계에서 설명할 수 있다. 시장에서 단기이자율이 시간이 경과할수록 상승할 것으로 기대되면 만기가 더 긴 장기채일수록 기대수익률이 높게 형성될 것이다.

$$(1+{}_0R_n)^n=(1+{}_0r_1)(1+{}_1r_2)\cdots\cdots(1+{}_{n-1}r_n) \tag{16.6}$$

단, ${}_0R_n$: 만기가 n년인 장기채권의 연평균수익률

${}_{n-1}r_n$: 특정연도 $n-1$에서 n시점까지의 기간별 수익률

이 관계식은 n년이 될 때까지 매년 사고파는 단기투자자의 투자수익률과 현재 매입하여 만기 n시점까지 장기 보유하는 투자자의 연평균 기대수익률이 계산상 동일함을 의미한다. 기대이론에서는 어떠한 만기의 채권에 투자하더라도 위험에 관계없이 모든 채권의 그 보유기간 동안의 연평균 기대수익률은 동일하게 됨을 가정하고 있다.

예 제

지금(2016년 12월) 증권전문가들이 향후 3년간에 걸쳐 각 연도별 이자율 수준을 다음과 같이 예측하고 있다. 이 자료로부터 장기채의 만기수익률(${}_0R_n$)을 계산하라.

첫째 해(2017년)의 이자율(${}_0r_1$) = 3%
둘째 해(2018년)의 이자율(${}_1r_2$) = 7%
셋째 해(2019년)의 이자율(${}_2r_3$) = 10%

해설 1년 만기 채권의 수익률 : ${}_0R_1 = {}_0r_1 = 3\%$
2년 만기 장기채의 수익률 : ${}_0R_2 = \sqrt[2]{(1+0.03)(1+0.07)} - 1 = 4.98\%$
3년 만기 장기채의 수익률 : ${}_0R_3 = \sqrt[3]{(1+0.03)(1+0.07)(1+0.10)} - 1 = 6.63\%$[11)]

이 관계식에서 확인할 수 있는 것처럼, 향후 단기이자율이 더욱 상승할 것으로 예상되면, 이러한 기대가 반영되어 만기가 더 긴 장기채수익률일수록 수익률은 더 높게 형성된다. 반대로 더욱 하락할 것으로 예상되면, 만기가 더 긴 장기채수익률일수록 수익률은 더 낮게 형성된다.

(2) 유동성프리미엄이론

기대이론에서는 투자자는 위험중립적이라고 가정하고, 단기채와 장기채 간에 완전대체관계가 있어 기대수익률에 차이가 없다고 본다. 그러나 장기채일수록 이자율변동으로 인한 가격변동폭이 크고 원리금 지급불능위험이 높아지게 된다. 또한 일반적인 투자자는 위험중립적이 아니고 위험회피형이므로 장기채 투자자는 더 높은 불확실성에 대하여 적정한 위험보상을 요구할 것이다.

[그림 16-4] 유동성프리미엄이론

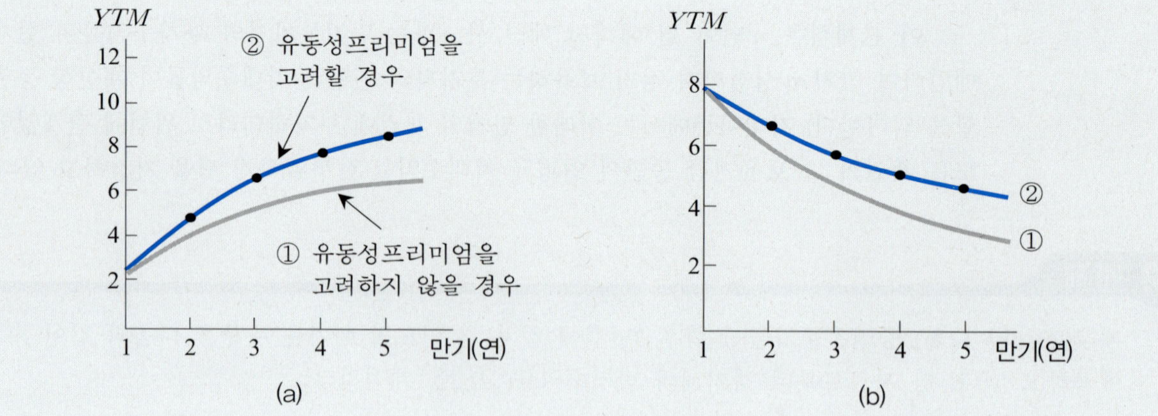

11) 만기수익률을 기하평균에 의하지 않고 산술평균에 의하여 계산해도 오차가 크지 않다. 예를 들어, 3년 만기 채권의 만기수익률을 산술평균에 의해서 구하면, $r = (4\% + 7\% + 9\%) \div 3 = 6.67\%$

유동성프리미엄이론(liquidity premium theory)은 장기채일수록 미래수익의 불확실성이 커지므로 투자자는 유동성프리미엄을 요구하게 되어 장기채의 수익률이 단기채의 수익률보다도 높아진다는 이론이다. 투자자는 위험을 회피하고 유동성을 선호하므로 단기채에 대한 초과수요가 존재하고, 자금을 조달하는 기업은 장기자금을 원하므로 장기채의 초과공급이 있게 되어 유동성프리미엄은 장기로 갈수록 커진다고 보고 있다(식 16.7).

$$ {}_0R_n = \sqrt[n]{(1+{}_0r_1)(1+{}_1r_2+L_2)\cdots\cdots(1+{}_{n-1}r_n+L_n)} - 1 \tag{16.7} $$

단, L_n : n시점 이자율에 대한 유동성프리미엄

$L_1 < L_2 < L_3 \cdots\cdots < L_n$

앞의 예제에서 2년 만기채에 대해서는 2%의 프리미엄, 3년 이상의 만기채에 대해서는 3% 프리미엄이 요구된다고 가정하면 기대이론하에서보다 다음과 같이 장기채의 만기수익률은 더욱 높아지게 된다.

$$ {}_0R_2 = \sqrt[2]{(1.03)(1.09)} - 1 = 5.96\% $$
$$ {}_0R_3 = \sqrt[3]{(1.03)(1.09)(1.13)} - 1 = 8.25\% $$

(3) 시장분할이론

채권시장에서의 많은 투자자들은 영업특성, 관계법규, 만기선호도 때문에 수익률에 차이가 나더라도 만기가 다른 채권으로 쉽게 이동하지 못하는 구조적 경직성을 가질 수 있다. 시장분할이론(market segmentation theory)은 구조적으로 경직되어 있는 채권시장이 채권만기에 대한 선호도에 따라 서로 다른 몇 개의 하부시장으로 구성되는데, 채권수익률은 [그림 16-5]와 같이 이들 각 하부시장에서의 수요공급의 원리에 의해서 결정된다는 주장이다. 이 이론은 완전한 위험회피형 투자자를 가정하고 시장의 불완전성을 전제하고 있다는 점에서 기대이론과는 극단적인 대조를 이루고 있다.

앞에서 설명한 기간구조에 대한 이론은 실제의 채권포트폴리오의 만기구성시에 참고가 되는 몇 가지 투자전략적 시사점을 지니고 있다.

첫째, 적절한 만기구성을 위해서 미래 기간별 이자율 동향을 고려해야 한다는 점이다. 이를 근간으로 장기채수익률 움직임의 방향을 예측할 수 있기 때문이다.

둘째, 장기채일수록 가격변동위험 등 투자위험이 증가하므로 만기 증가에 따른

[그림 16-5] 시장분할이론

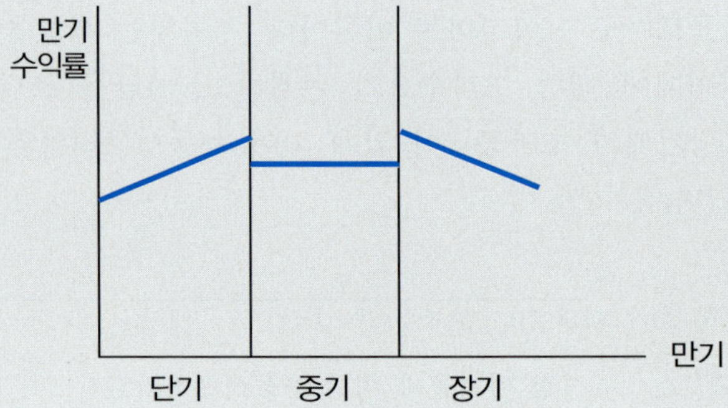

위험보상률을 적절히 고려해야 한다는 점이다.

셋째, 만기가 다른 채권들의 각 시장에서의 수요와 공급 동향을 고려해야 한다는 점이다.

이 가운데서 가장 중요한 것은 미래 기간별 이자율을 예측하여 채권포트폴리오 구성에 이용하는 것이다. 미래 기간별 이자율을 예측하는 방법은 여러 가지가 있으나, 기간구조를 설명하는 기대이론이나 유동성프리미엄이론의 내용이 타당하고 채권시장이 효율적이라고 가정하면, 기간구조(수익률곡선)로부터 묵시적 미래 기간별 이자율(implied forward rate)을 예측할 수 있다.

사실 앞의 항에서의 기간구조에 관한 이론의 설명에서는 미래 기간별 이자율 $({}_{n-1}r_n)$이 확실하게 예측되었다는 가정하에서 이를 토대로 장기채의 수익률$({}_0R_n)$을 구하였다. 그러나 현실의 채권시장에서는 미래 기간별 이자율 예측이 어렵고, 오히려 이용가능한 것은 장기채의 만기수익률 자료이다.

즉, 채권시장에서 실제로 거래되는 만기가 다른 수많은 종류의 채권의 만기수익률이 계산되어 있으므로 [그림 16-6]과 같은 수익률곡선을 그릴 수 있다. 이 그림으로부터 만기가 다른 장기채권의 만기수익률이 다음과 같이 추정된다면, 이 장기채의 만기수익률 자료로부터 각 기간별 단기채수익률을 구할 수 있다.

만기(n)	만기수익률(YTM)
1년 만기채	10%
2년 만기채	12%
3년 만기채	13%

[그림 16-6] 수익률곡선의 이자율 예측에의 이용

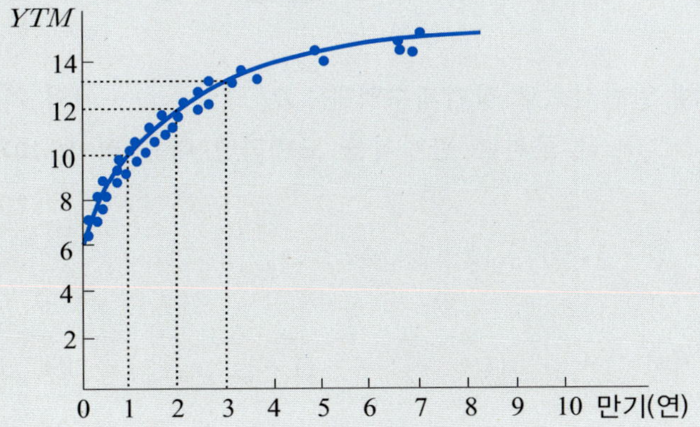

먼저 2년 만기채의 수익률과 첫째 해, 둘째 해의 기간별 수익률과의 관계는 식 16.6에서 설명한 것처럼 다음과 같이 표시된다.

$$(1+{}_0R_2)^2=(1+{}_0r_1)(1+{}_1r_2)$$

여기서 우리가 알 수 있는 수익률은 수익률곡선으로부터 얻은 장기채수익률 ${}_0R_2=12\%$, ${}_0R_1(={}_0r_1)=10\%$이고, 우리가 모르는 것(예측하고자 하는 것)은 둘째 해 기간별 단기채수익률 ${}_1r_2$이다. 즉,

$$(1+0.12)^2=(1+0.1)(1+{}_1r_2)$$

따라서 둘째 해 기간별 수익률(implied forward rate)은 다음과 같이 구해진다.

$${}_1r_2=\frac{(1+{}_0R_2)^2}{(1+{}_0R_1)^1}-1=\frac{(1.12)^2}{(1.10)^1}-1=14.04\%$$

마찬가지 방법으로 셋째 해 기간별 수익률은 다음과 같다.

$$(1+{}_0R_3)^3=(1+{}_0r_1)(1+{}_1r_2)(1+{}_2r_3)=(1+{}_0R_2)(1+{}_2r_3)$$

$$\therefore\ {}_2r_3 = \frac{(1+{}_0R_3)^3}{(1+{}_0R_2)^2} - 1 = \frac{(1.13)^3}{(1.12)^2} - 1 = 15.03\%$$

이제 일반적으로 장기채수익률 ${}_0R_n$, ${}_0R_{n-1}$ ……의 자료로부터 기간별 단기채수익률 ${}_{n-1}r_n$ 을 구하는 관계식을 도출하면 다음 식 16.10과 같다. 왜냐하면

$$(1+{}_0R_n)^n = (1+{}_0r_1)(1+{}_1r_2)\cdots\cdots(1+{}_{n-2}r_{n-1})(1+{}_{n-1}r_n) \qquad (16.8)$$

여기서 $(1+{}_0r_1)(1+{}_1r_2)\cdots\cdots(1+{}_{n-2}r_{n-1}) = (1+{}_0R_{n-1})^{n-1}$ 이므로,

$$(1+{}_0R_n)^n = (1+{}_0R_{n-1})^{n-1}(1+{}_{n-1}r_n) \qquad (16.9)$$

$$\therefore\ \text{미래 기간별 이자율}\ {}_{n-1}r_n = \frac{(1+{}_0R_n)^n}{(1+{}_0R_{n-1})^{n-1}} - 1 \qquad (16.10)$$

결국 미래 n시점에서의 기간별 이자율(${}_{n-1}r_n$)은 식 16.10에서 보는 것처럼 n만기 장기채수익률의 n승을 $n-1$만기 장기채수익률의 $n-1$승으로 나누어 1을 뺀 값이 된다.

이처럼 장기채수익률에서 기간별 단기수익률을 구하는 방식은 기대이론에 근거한 것이나, 만기별로 유동성프리미엄이 주어지면 유동성프리미엄이론에 근거한 미래 이자율 예측도 가능해진다.

제 4 절 채권수익률의 위험구조

채권은 만기까지의 이자와 원금상환액이 계약에 의해 확정되어 있는 확정수익증권(fixed-income securities)이지만, 채권투자의 경우도 위험이 없는 것은 아니다. 채권발행기업의 영업실적이 악화되어 원리금 지급불능의 상황이 나타날 수 있다. 본절에서는 채권의 발행주체가 지니고 있는 위험수준이나 발행조건으로 인한 불확실성에 따라 나타나는 채권수익률의 차이(위험구조)에 대해서 살펴보기로 한다.

1. 채권의 위험과 수익률 스프레드

채권의 발행조건이나 발행주체가 지니고 있는 위험수준 때문에 채권수익률에 체계적 차이가 나는 것을 채권수익률의 위험구조(risk structure)라고 한다. 또 채권의 위험에 따라 생기는 채권수익률의 차이를 수익률 차 또는 수익률 스프레드(yield spread), 신용스프레드라고 부른다.

수익률 스프레드는 만기가 같은 채권들 사이의 수익률의 차이로 측정된다. 예를 들어, 3년 만기 국고채 수익률이 4.92%, 3년 만기 AA^-등급의 회사채 수익률이 5.29%, BBB^-등급의 회사채 수익률이 8.08%이면, 수익률의 차이 0.37%와 3.16%는 각 신용등급의 회사채가 지니는 위험수준이 수익률에 반영된 것이다.

〈표 16-3〉에서 2016년 3년 만기 국고채 수익률, 회사채 AA^-등급의 수익률, 회사채 BBB^-등급의 수익률은 각각 1.44%, 1.89%, 7.93%인데, 수익률 차이 0.45%, 6.04%는 신용위험의 차이가 반영된 것이다. [그림 16-7]은 2005~2016년 한국채권시장에서 국고채와 AA^-신용등급 회사채의 수익률 추이를 보여주고 있다. 경제의 불확실성에 따라 스프레드가 확대 혹은 축소되는 것을 볼 수 있다.

수익률 스프레드는 구체적으로 살펴보면 [그림 16-8]에서 보는 것처럼 지급불능프리미엄(default premium)과 위험프리미엄(risk premium)으로 나눌 수 있다. 전자는 채무불이행의 가능성에 대한 위험프리미엄이고, 후자는 기대수익의 불확실성에 대한 위험프리미엄이라고 할 수 있다.

[그림 16-7] 한국채권시장에서 회사채 신용스프레드 추이

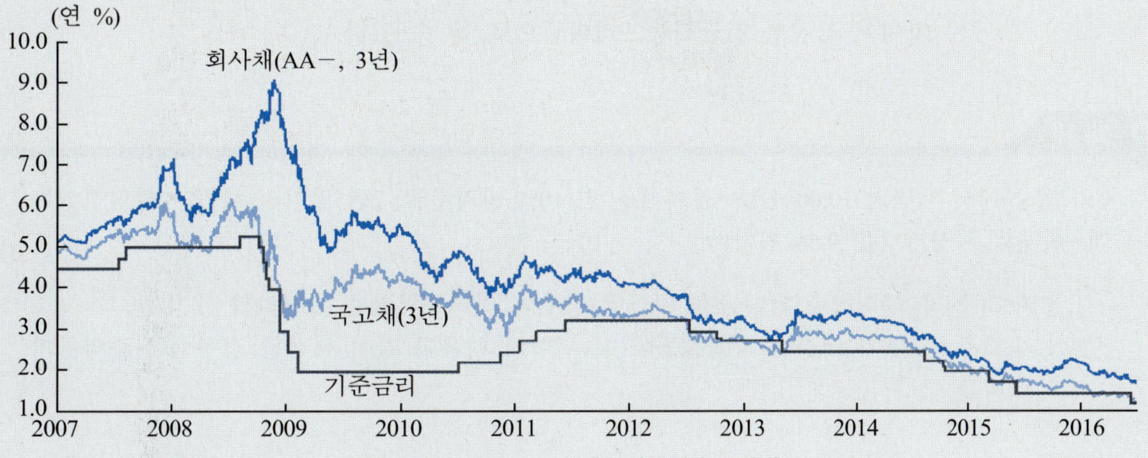

자료 : 한국은행, 한국의 금융시장, 2016.12 ; 금융감독원, 금융통계월보, 2017.3

[그림 16-8] 채권수익률의 위험구조

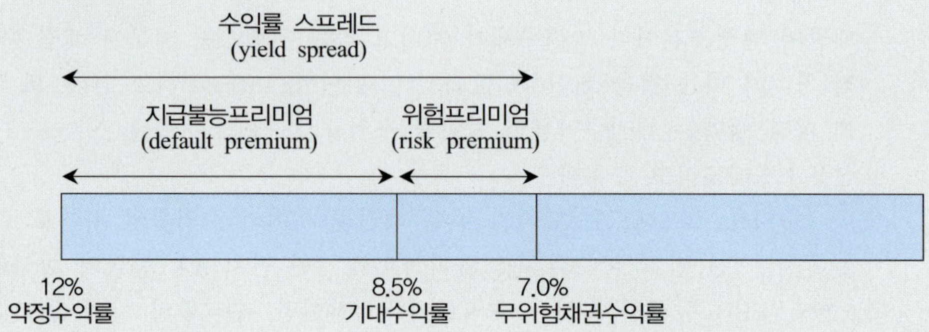

구체적으로 지급불능프리미엄으로 구성되는 수익률 스프레드는 해당채권의 발행주체가 채무이행을 다할 경우의 약속수익률(promised yield)에서 채무불이행의 가능성을 고려한 경우의 기대수익률(expected return)의 차이로 측정될 수 있다.

수익률스프레드(지급불능프리미엄) = 채무이행시의 약정수익률
−채무불이행시의 기대수익률

채권발행기업이 채권약정(원리금 지급의무)을 그대로 이행한다면 당초의 약속수익률을 얻게 될 것이지만, 약속수익률이 그대로 실현되는 것은 아니다. 채권발행기업의 영업실적이 악화되어 채무를 이행하지 못한다면, 채권투자자에게 돌아오는 현금흐름이 줄게 되어 예상되는 실현될 수익률의 기대치는 약속수익률보다 낮게 된다. 이 차이가 적정한 지급불능프리미엄으로 볼 수 있다.

예 제

C카드(주)에서 액면가 10,000원, 쿠폰이자율 연 10% 이자후급, 2년 만기의 채권을 발행하였는데, 현재의 시장가격은 9,662원이다.

1. C카드(주)가 약속대로 원리금을 지급할 경우의 약속수익률을 계산하라.
2. C카드(주)가 만기 이전에 지급불능이 될 위험이 다음과 같이 예상될 경우 실현수익률의 기대치를 구하라.

상 황	확 률
1년 이내 파산	0.01
2년 이내 파산	0.02
2년 이후 원금의 90% 지급	0.07
약속이행	0.90

3. 채무불이행위험으로 인한 수익률 스프레드를 구하라.

해설 1. 발행기업이 약정대로 원리금을 지급하면 약속수익률은 12%가 된다.

$$9{,}662 = \frac{1{,}000}{(1+r)} + \frac{11{,}000}{(1+r)^2} \qquad r = 12\%$$

이 경우는 약속수익률과 실현될 수익률이 일치하게 된다.

2. 발행기업이 만기 이전에 지급불능이 될 위험을 고려하면 각 상황별 실현될 수익률은 다음과 같다.

① 1년 이내 파산하는 경우 실현될 수익률

$$9{,}662 = \frac{0}{(1+r)} + \frac{0}{(1+r)^2} \qquad r = -100\%$$

② 1년 후 2년 이내 파산하는 경우 실현될 수익률

$$9{,}662 = \frac{1{,}000}{(1+r)} + \frac{0}{(1+r)^2} \qquad r \fallingdotseq -90\%$$

③ 2년 후에 부분적인 지급불능(원금의 90%만 상환)인 경우 실현될 수익률

$$9{,}662 = \frac{1{,}000}{(1+r)} + \frac{10{,}000}{(1+r)^2} \qquad r \fallingdotseq 7\%$$

따라서 채무불이행의 가능성을 고려한 실현될 수익률의 기대치는 다음과 같이 8.5%가 된다.

$$E(R) = (-100\%)(0.01) + (-90\%)(0.02) + (7\%)(0.07) + (12\%)(0.90) = 8.5\%$$

3. C카드(주)의 채무불이행위험으로 인한 수익률 스프레드(지급불능프리미엄)는 약속수익률 12%에서 실현될 수익률의 기대치 8.5%의 차이인 3.5%라고 할 수 있다.

한편 위험프리미엄은 지급불능위험을 지닌 채권의 기대수익의 변동성에 대한 프리미엄을 말한다. 구체적으로 위험채권의 기대수익률에서 동일한 만기의 무위험채권(default-free bond)의 채권수익률을 차감한 차이로 측정된다.

예를 들어 채무불이행의 가능성을 고려한 기대수익률이 8.5%였는데, 이와 동일한 만기를 지닌 무위험채권(국공채)의 수익률이 5.0%라면 위험프리미엄은 3.5%가 된다.

2. 수익률 스프레드의 원인

이와 같은 수익률 차(스프레드)를 가져오는 구체적인 위험의 원천으로서 채권의 발행주체 혹은 발행조건과 관련된 것으로는 다음에 설명하는 지급불능위험, 미래현금흐름의 불확실성, 수의상환위험, 유동성위험, 과세조건 등이 있다.12)

1) 지급불능위험

지급불능위험(default risk)이란 채권의 발행기업이 원금이나 이자를 약속대로 지급하지 못하게 될 가능성을 말한다. 채무와 관련하여 담보나 보증, 감채기금적립 여하에 따라서 채무불이행으로 인한 손실가능성은 달라진다. 만약 채무불이행의 가능성이 높아지면 채권의 기대수익률은 약속수익률보다도 낮게 된다.13)

2) 미래현금흐름의 불확실성

비록 발행기업이 지급불능의 상황까지 가지 않더라도 경기변동에 취약하거나 계절성을 띠는 기업이라면 현금흐름의 변동성이 높아져 채무자로서의 신용도는 낮아진다.

3) 수의상환위험

채권의 발행조건에는 발행자가 채권의 만기가 도래하기 전에 일정한 가격으로 원금을 상환할 수 있는 권리를 갖는다는 수의상환조건(call provision)을 명시할 수 있다. 채권에 수의상환 가능성이 인정되면 채권소유자에게는 원래의 채권계약에 따라 예상되는 투자수익을 실현하지 못할 가능성이 있으므로 실현될 기대수익률과 약속수익률 사이에는 차이가 있게 된다.14)

---

12) 여기서 다루는 채권의 위험은 발행주체, 발행조건과 관련된 기업내적 요인에 의한 위험으로만 한정하고 있다. 이자율변동위험, 인플레이션위험 그리고 이들에 의한 가격변동위험과 같은 위험은 본절의 분석에서는 제외시키고 있다.

13) 지급불능위험 때문에 생기는 수익률 스프레드는 경제의 불확실성이 커질수록 커지는 경향이 있다. 불황의 상황이 될수록 지급채권의 채무불이행 가능성이 높아지기 때문이다. 증권분석가 중에는 수익률 스프레드가 커지는 신호가 나타나면 경제의 불확실성이 커지는 것으로 예측하기도 한다.

14) 수의상환수익률(YTC : yield to call)을 구하는 방법은 만기수익률을 구하는 방법과 동일하게 계산하되, 만기 대신에 수의상환까지의 기간으로, 만기금액 대신 수의상환금액으로 대체하여 내부수익률을 계산하면 된다. EXCEL을 이용할 경우는 [=RATE(수의상환기간, 기간중 이자수령액, 현재가격, 수의상환금액, 지급시점(0 또는 1), 추정값)]으로 구한다.

4) 유동성위험

유동성위험이란 시장성(marketability)이 낮아 채권을 적절한 가격으로 단시일에 매도할 수 없는 위험으로서 환금성위험을 말한다. 우리나라의 도로채권 등 국공채 가운데는 환금성이 낮아 적정가격 이하로 팔리고 있는 채권이 많은데, 이와 같이 유동성위험 때문에 기대수익률이 낮아지는 경우가 있다.

5) 과세조건

채권수익률은 만기가 같더라도 세금과 관련된 조건(tax status)의 차이 때문에 수익률에 차이가 있게 된다. 이를테면 이표채 투자로부터의 이자소득에 대해서는 높은 이자소득세가 부과되나 할인채의 경우는 면세(또는 낮은 자본소득세 부과)되므로 납세 후 투자수익률에는 차이가 날 수 있다. 이 같은 과세조건의 차이가 수익률 스프레드를 가져오기도 한다.

3. 채권의 등급평정

(1) 채권등급평정의 의의

투자자 입장에서 보면 무보증채권과 같은 일반채권은 담보부채권이나 보증채권과는 달리 원리금 지급이 불확실하므로 채권발행주체의 원리금 지급능력을 적절히 평가할 필요가 있다. 더욱이 신용도의 차이만큼 채권수익률의 차이에 반영되고 있는지를 잘 판단하는 것은 채권투자에 있어서 초과수익의 여지를 가능하게 하므로 채권발행주체의 신용도와 채권자보호능력을 평가하는 것은 매우 중요한 작업이 된다.

채권등급평정(bond ratings)이란 채권발행주체가 지니는 신용도를 원리금 지급능력에 따라 등급을 매기는 것을 말한다. 구체적으로 채권의 원리금이 약정대로 상환될 확실성의 정도, 즉 채무불이행의 발생가능성 및 채무불이행에 따른 손실의 정도를 중립적 위치에서 객관적으로 평가하고 그 평가결과를 간략한 기호로 표시하는 것을 말한다.

(2) 채권등급평정의 기준

여러 가지 지급불능에 관련된 질적·재무적 측면을 감안하여 채권을 평정하는 작업은 개인투자자에게는 매우 어려운 일이다. 따라서 권위 있는 신용조사기관에 의해서 채권의 등급평정이 이루어지고 있다.

채권등급평정은 미국에서 Moody's Investors Service에 의해서 1909년부터 실시되기 시작하였는데, 지금은 Fitch Investors Service, Moody's Investors Service, Standard & Poor's Corporation 등의 기관에 의해서 행해지고 있다.

이들 기관의 등급은 〈표 16-4〉에 나타난 것과 같은 평정기준에 의해서 최상급 AAA등급에서 최하급 C, D등급까지 크게 9~10등급으로 나눈 후 S&P사는 각 등급에서 +, −를 부여하고, Moody's는 1, 2, 3 기호를 부여하여 등급화를 세분화시키고 있다. 어느 기관이든 BBB(Baa) 등급 이상을 원리금 상환능력면에서 위험이 적은 투자적격의 채권, 우량채권(investment grade bonds)으로 분류하고, BB 이하는 불량채권

〈표 16-4〉 채권등급기준

구 분	평정기준	S&P 등급	Moody's 등급	주요 기업*
AAA	원리금 지급능력이 최고 수준	AAA	Aaa	국민은행, 삼성전자, 포스코, 한국전력공사, 농협은행, 한국남부발전 등 59사
AA	원리금 지급확실성이 매우 높지만 AAA 증권에 비해 다소 열등함	AA^+ AA AA^-	Aa1 Aa2 Aa3	제일기획, 호텔롯데, 대신증권, CJ, 현대백화점, 카카오 등 135사
A	원리금 지급확실성은 높지만 장래 환경변화에 따라 다소 영향을 받기 쉬운 면이 있음	A^+ A A^-	A1 A2 A3	두산중공업, 한라홀딩스, 한미약품, 하이트진로, 태광실업 등 120사
BBB	원리금 지급확실성은 인정되지만 장래 환경변화에 따라 저하될 가능성을 내포하고 있음	BBB^+ BBB BBB^-	Baa1 Baa2 Baa3	대한항공, 아시아나항공, 한진, 한화건설 등 45사
BB	원리금 지급능력에 문제가 없으나 장래의 안전성은 보장할 수 없는 투기적인 면이 있음	BB^+ BB BB^-	Ba1 Ba2 Ba3	동국제강, 쌍방울, 신성약품 등 23사
B	원리금 지급능력에 문제가 있고 투기적인 면이 강함	B	B	에이티이엔에이, 파루 등 18사
CCC	채무불이행이 발생할 위험요소를 내포하고 있음	CCC	Caa	대우조선해양 등 2사
CC	채무불이행이 발생할 위험이 큼	CC	Ca	
C	현재 이자지급이 연기되고 있고 채무불이행의 위험이 매우 높음	C	C	
D	원금 또는 이자가 지급불능상태에 있음	D		

자료 : S&P's Bond Guide, Moody's Bond Record ; 주요 기업 자료는 한국기업평가(주)(Korearating.com) 2017.7.19 기준

〈표 16-5〉 Moody's의 신용등급전이행렬의 예

최초등급	1년 후의 등급(%)							
	Aaa	Aa	A	Baa	Ba	B	Caa	Default
Aaa	93.40	5.94	0.64	0.00	0.02	0.00	0.00	0.00
Aa	1.61	90.55	7.46	0.26	0.09	0.01	0.00	0.00
A	0.07	2.28	92.44	4.63	0.45	0.12	0.01	0.02
Baa	0.05	0.26	5.51	88.48	4.76	0.71	0.08	0.15
Ba	0.02	0.05	0.42	5.16	86.91	5.91	0.24	1.29
B	0.00	0.04	0.13	0.54	6.35	84.22	1.91	6.81
Caa	0.00	0.00	0.00	0.62	2.05	4.08	69.20	24.06

(speculative grade bonds, junk bonds)으로 평가하고 있다.

우리나라에서의 회사채에 대한 채권등급결정도 〈표 16-4〉와 비슷한 기준을 설정하여 한국기업평가(주), 한국신용평가(주), 한국신용정보(주) 등에 의해서 이루어지고 있다. 일반사채, 신주인수권부사채, 전환사채의 발행가능법인은 이 같은 등급기준으로 평정등급이 A급 이상인 법인에 한정하고 있다.

한편 신용등급은 시간의 흐름에 따라 변화할 수 있고, 최종적으로 지급불능의 상황이 될 확률이 다르게 나타날 수 있다. 이러한 변화의 확률을 표로 나타낸 것을 신용전이행렬(credit transition matrix)이라고 하는데, 〈표 16-5〉는 Moody's가 제시한 한 예이다. 예를 들어 신용등급이 Baa인 채권이 1년 후에 그대로 Baa 등급을 유지할 확률은 88.48%이고, Ba로 등급이 떨어질 확률은 4.76%이며, A로 등급이 오를 확률은 5.51%이고, Baa 채권의 부도확률은 0.15%임을 보여주고 있다.

(3) 채권등급평정의 평가요소

채권등급평정의 핵심은 특정채권의 만기일까지의 원리금 적기 상환의 확실성 정도를 평가하여 등급화하는 것이다. 따라서 채권등급평정에서 고려되는 평가요소는 원리금 적기 상환의 확실성 정도를 평가할 수 있는 항목들이 된다.

특정채권의 원리금 적기 상환의 확실성 정도는 외부여건 변화에 대한 발행기업의 채권보호력에 달려 있으므로 [그림 16-9]에 요약된 것처럼 발행기업의 영업위험, 재무위험 그리고 채권의 발행조건에 의해 결정된다고 볼 수 있다. 이들 세 가지 평가항목에 관련되는 구체적인 검토사항은 다음과 같이 요약된다.

[그림 16-9] 채권등급평정시의 주요 평가항목의 체계

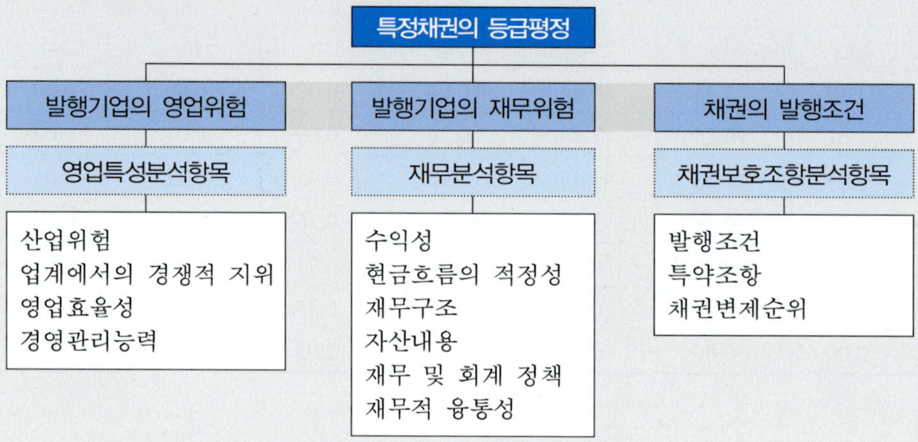

1) 발행기업의 영업특성분석항목

① 산업위험 : 산업의 일반적 특성(산업의 수요특성, 자본·노동집약도, 기술요구수준, 기본거래관행), 산업의 성장성, 경기변동성, 산업경쟁의 특성, 주요 자원조달상의 특성, 정부의 규제 및 지원 정책, 국민경제에서의 중요성

② 업계에서의 경쟁적 지위 : 시장점유율, 시장지배력, 판매기반, 매출구성

③ 영업효율성 : 원가구조, 마진유지능력, 생산설비의 우수성, 원자재 조달의 안정성과 이용효율성, 노동력 확보의 안정성과 이용효율성, 기술수준

④ 경영관리능력 : 최고경영자의 경영능력과 경영관, 경영지위의 계속성, 업적에의 기여도, 계획과 통제능력, 조직관리능력, 위기관리능력

2) 발행기업의 재무분석항목

① 상환능력, 현금흐름의 적정성 : 이자보상비율, 고정금융비용보상률, 현금흐름/총부채비율, 순현금흐름/차입금비율, 유동비율, 당좌비율

② 재무구조 : 부채비율, 차입금의존도, 고정부채구성비율, 고정장기적합률

③ 수익력 : 매출액 영업이익률, 총자본경상이익률, 사업부문별 수익성

④ 자산내용 : 자산구성, 자산의 노후도, 재평가실시 여부, 담보제공 여부, 부외자산 및 부채

⑤ 재무 및 회계정책 : 감사의견, 회계방침, 재무정책

⑥ 재무적 융통성 : 자금사용계획의 융통성, 외부자금조달의 대체수단, 자산처분, 타법인보증

3) 채권보호조항분석항목

① 발행조건 : 발행목적, 발행규모, 만기 및 원리금 상환방법, 감채기금(sinking fund)

② 특약조항 : 채무(부채차입)제한 조항, 담보제공제한, 배당제한

③ 변제우선순위 : 담보설정 유무, 담보부 채무간의 담보설정순위, 무담보채무 간의 계약상 선순위 혹은 후순위 여부

주요용어

채권가격평가모형 / 채권가격과 채권수익률의 관계 / 채권가격위험
채권수익률 / 경상수익률(직접이율) / 만기수익률
재투자가정과 재투자위험 / 기하평균수익률 / 약속수익률
실현수익률 / 현물이자율 / 선물이자율
채권수익률의 결정요인 / 기간구조 / 수익률곡선
기대이론 / 묵시적 미래 기간별 이자율 / 유동성프리미엄이론
시장분할이론 / 위험구조 / 수익률 스프레드
회사채 신용등급전이 / 지급불능프리미엄 / 위험프리미엄
채권등급평정

연습문제

1. [채권가격위험] 채권수익률과 채권가격의 관계를 중심으로 채권투자의 가격위험의 특징을 설명하라.

2. [채권가격과 채권수익률의 계산] 다음의 네 종류의 채권은 모두 액면가가 100,000원인 순수할인채(중도이자지급 없는 채권)이다. 채권 A, B에 대해서는 채권가격을, 채권 C, D에 대해서는 만기수익률을 계산하라.

채 권	현재가격	만 기	만기수익률(YTM)
A	?	10년	8%
B	?	10년	5%
C	90,000원	5년	?
D	85,000원	5년	?

3. [채권가격의 계산] 액면가 100,000원, 액면이자율 연 10% 이자후급, 만기 5년의 채권이 있다. 만기수익률이 12%라면 이 채권의 이론적 가격은 얼마인가?

4. [만기수익률의 계산] 액면가(F)가 10,000원, 액면이자율이 연 10%, 만기가 5년인 채권이 9,000원에 팔리고 있다. 이 채권의 만기수익률을 근사치, EXCEL로 추정한 값을 제시하라.

5. [기하평균수익률의 계산] 이근면 씨는 지난 3년간 연도별로 다음과 같은 수익률을 올렸다. ① 산술평균수익률과 ② 연간기하평균수익률을 EXCEL로 추정한 값을 제시하라.

2014년	2015년	2016년
22%	−25%	11%

6. [액면이자율, 경상수익률, 만기수익률의 관계] 액면가 이하로 팔리고 있는 이표채가 있다. 액면이자율, 경상수익률, 만기수익률에 대하여 수익률이 높은 순서대로 밝혀라.

7. [경상수익률, 만기수익률, 실현수익률의 계산] (주)소망이 발행한 회사채(액면가 10,000원, 만기 5년, 액면이자율 7%, 연 1회 이자후급)가 현재 9,600원에 거래되고 있다.
   ① 이 회사채의 ⓐ 경상수익률, ⓑ 만기수익률을 구하라.
   ② 홍길동 씨는 이 채권에 투자한 후 3년이 경과하였다. 그간의 이자수입에 대한 재투자수익률은 6%였다. 현재 이 채권은 만기수익률이 7%로 거래되고 있다. 실현수익률은 얼마인가?

8. [채권의 재투자위험] 채권의 만기수익률의 의미를 설명하고, 채권투자에서 재투자위험의 성격을 밝히라.

9. [채권수익률의 기간구조]
   ① 채권수익률의 결정요인에 대하여 설명하라.
   ② 채권수익률의 기간구조에 관한 세 가지 이론을 제시하고 이들 이론이 투자결정에서 의미하는 바를 설명하라. 또 이들 주장의 한계점에 대해서 논하라.

10. [미래 기간별 이자율의 예측] 수익률곡선으로부터 서로 다른 만기를 가지는 채권들의 만기수익률(YTM)이 다음과 같이 표시되었다.

    1년채 $YTM = 8\%$ 　 2년채 $YTM = 10\%$ 　 3년채 $YTM = 11\%$

   ① 기간구조를 설명하는 기대가설을 가정할 때, 미래 기간별 단기(2년째, 3년째)이자율을 계산하라.
   ② 1년 후에 3년채의 수익률은 얼마가 될 것인가?
   ③ 1년 이상의 장기채에 대해서는 유동성프리미엄이 일률적으로 1%가 적용되고 있다고 할 경우 미래 기간별 단기이자율을 구하라.

11. [채권의 등급평정] 채권의 등급평정에서 고려되는 주된 평가요소에 대하여 설명하라.

제 17 장

채권투자전략

앞장에서는 채권의 만기나 지급불능위험과 같은 채권수익률에 영향을 주는 내적 요인을 중심으로 채권평가의 문제를 살펴보았다. 이들 내적 요인은 채권포트폴리오를 구성하여 분산투자할 경우 투자위험을 감소시킬 수 있는 비체계적 위험이다.

그러나 시중이자율변동으로 인하여 야기되는 채권투자위험은 회피할 수 없는 체계적 위험으로서 채권투자성과를 좌우하는 결정적 요인이다. 따라서 통제불가능한 이자율변동에 대처하여 투자위험을 줄이거나 이를 유리하게 이용하는 것이 채권투자전략의 핵심이 된다. 특히 채권투자의 비중이 높은 기관투자자에게는 이자율변동에 적절히 대처하는 채권투자관리가 매우 중요하다.

본장에서는 이자율변동위험과 관련된 채권포트폴리오의 구성전략과 관리방법에 관하여 다룬다. 다음은 본장의 학습목표로서 이해해야 할 주요 사항들이다.

- 이자율위험과 채권투자성과
- 채권가격정리
- 채권투자위험의 측정
- 듀레이션의 의미와 채권투자관리 및 채권면역전략에의 활용방법
- 자산·부채종합관리(ALM)의 의미와 방법
- 적극적 채권투자전략의 방법

제 1 절 채권투자의 위험과 측정

채권투자성과를 결정짓는 가장 중요한 요소는 이자율변동위험이다. 물론 앞의 제16장에서 설명한 것처럼 채권투자성과는 채권의 만기나 지급불능위험과 같은 기업내적 요인에 의해서도 영향받지만, 이자율변동위험은 채권투자에서 분산불능의 체계적 위험의 원천이 되기 때문에 이에 대한 위험관리가 매우 중요하다.

이러한 이유 때문에 기업외적 요인인 시중이자율변동과 채권가격변동의 관계를 이해하는 것이 성공적인 채권투자전략의 핵심을 이룬다. 본절에서는 채권가격과 이자율의 관계를 중심으로 채권투자위험의 성격과 이를 계량적으로 측정하는 채권가격의 탄력성, 듀레이션에 대해서 설명한다.

1. 이자율변동과 채권투자위험의 성격

채권투자관리의 어려움은 제16장의 제2절 '채권수익률'에서 언급한 것처럼 이자율변동으로 인하여 사후적인 채권투자성과(실현수익률)가 채권매수 당시의 약속수익률과 일치되기 어려운 데 있다. 별도의 채권투자관리를 시도하지 않으면 매수 당시의 약속수익률이 실제의 실현수익률과 차이가 발생할 수밖에 없는 이유는 다음과 같다.

채권투자성과를 구성하는 요소로는 〈표 17-1〉에서 보는 것처럼 이자수입, 이자에 대한 재투자수입, 처분가격으로 구분할 수 있다. 이 가운데 이자수입은 확정이자부채권의 경우 채권계약의 성격상 이자율변동이 있더라도 달라지지 않는다. 그러나 이자에 대한 재투자수입과 처분가격은 이자율변동에 대하여 상반되게 나타난다.

이자율변동이 이자에 대한 재투자수입에 미치는 효과를 재투자수입효과(income effect)라고 하는데, 이 효과는 정(+)의 방향으로 나타난다. 이자율변동으로 인하여

〈표 17-1〉 약속수익률과 실현수익률이 차이나는 원인

채권투자성과	이자율 상승시	이자율 하락시	투자위험
이자수입	불변	불변	
이자의 재투자수입	+	−	재투자위험
처분가격(시세차익)	−	+	가격위험

재투자수입이 달라지는 투자위험을 재투자위험(reinvestment risk)이라고 한다.

반면에 이자율변동이 채권가격에 미치는 효과는 자본효과(capital effect)라고 하는데, 이 효과는 제16장에서 살펴본 것처럼 이자율이 상승(하락)하면 채권가격은 하락(상승)하는, 부(−)의 방향으로 나타난다. 이자율변동으로 인하여 채권가격이 변동하는 투자위험을 가격위험(price risk)이라고 한다.

이자율변동에 따라서 나타나는 이자수입의 재투자수입효과와 자본효과가 상반되는 방향으로 나타나고, 그 크기가 같지 않기 때문에 약속수익률과 실현수익률은 차이가 있게 된다.

채권투자에 있어서 재투자위험(reinvestment risk)의 크기를 좌우하는 것은 만기와 액면이자율 수준이다. 만기가 길수록 채권투자의 누적투자수익(total return) 중에서 이자에 대한 이자수입(재투자수입)이 차지하는 비중이 커진다. 즉 장기채일수록 재투자위험이 높다. 또한 액면이자율이 높을수록 채권의 누적투자수익은 이자의 재투자수입금에 크게 영향받는다. 반면에 할인채의 경우 만기까지 보유할 경우는 재투자위험이 없다.

매수 당시의 약정수익률을 끝까지 확보할 수 있기 위해서는 채권을 만기까지 보유해야 하며, 중도이자수입은 동일한 만기수익률 수준으로 재투자가 이루어져야 한다는 두 가지 조건이 충족되어야 한다.

만약 재투자수익률이 매수 당시와 다르면 어떻게 되는가? 실현수익률은 약속수익률과 차이가 있게 되는 재투자위험을 안게 된다. 다음 예제를 통해서 재투자수익률이 채권투자성과에 미치는 영향을 보자.

예 제

투자기간(investment horizon)을 5년으로 잡고 있는 채권투자자가 있다. 다음과 같은 특성을 지닌 채권(신용등급이 같음)에 투자할 경우 감수하게 되는 채권투자의 위험에 대하여 설명하라.

채권종류	액면이자율	만 기	만기수익률
A	12%	12년	9.5%
B	6%	3년	8.5%

해설 1. 채권 *A*의 경우 만기수익률이 높지만 채권의 만기가 7년 더 남았으므로 5년 후의 투자성과는 다음 두 가지 위험에 영향받는다.

① 가격위험 : 5년 후의 7년만기 동급 채권의 시장수익률이 얼마냐에 따라서 매도가격이 좌우되므로, 이에 따른 시세차익 또는 시세차손이 발생하게 된다.

② 재투자위험 : 채권 *A*는 액면이자율도 높으므로 5년간에 걸친 재투자수익률의 크기에 따라서 이자에 대한 이자수입의 크기가 크게 영향받는다.

2. 채권 B의 경우 채권의 만기가 투자기간보다 2년 짧으므로 5년 후의 투자성과는 다음에 좌우된다.
   ① 가격위험 : 3년만기까지 보유하여 원금을 상환받으므로 가격위험은 제거된다.
   ② 재투자위험 : 3년 후에 받은 현금을 얼마의 재투자수익률에 다시 재투자하느냐에 따라 투자성과가 크게 달라진다.

2. 채권가격정리

채권투자위험 중 가격위험의 특성은 채권가격정리를 통해서 잘 이해할 수 있다. 채권가격정리(bond price theorem)는 이자율변동이 있을 때 채권의 만기와 지급이자율 수준에 따라서 채권가격이 어떻게 변동하는지 그 관계를 나타낸 것으로, 채권투자 전략의 논리적 근거가 된다.

이하에서는 말킬(B. Malkiel)의 다섯 가지 채권가격정리를 중심으로 채권가격변동에 영향을 주는 요인들을 설명하고 투자전략적 의미를 살펴본다.[1)]

1) 기본관계 : 채권가격은 이자율(만기수익률)에 반비례한다

이자율이 오르면 채권투자자의 요구수익률, 즉 채권할인율이 높아지므로 채권의 현재가치는 하락하게 된다. 앞장 제1절에서 예로 든 채권(액면가(F)=10,000원, 만기(n)=3년, 쿠폰이자율(c)=15%)의 경우 이자율이 10%로 하락하면 채권가격은 11,241원으로 상승하고, 이자율이 20%로 상승하면 채권가격은 8,949원으로 하락한다(〈표 17-2〉의 넷째 줄 참조). [그림 17-1]은 이를 나타낸 것인데, 채권가격과 이자율이 반비례의 관계에 있음을 보여준다.

이와 같은 관계는 투자전략적 의미에서 이자율이 하락될 것으로 전망되면 채권투자(매수)를 늘리고, 상승할 것 같으면 공매의 방법을 사용하는 것이 유리함을 뜻한다.

2) 만기의 영향 Ⅰ : 만기가 긴 채권(장기채)일수록 일정한 이자율변동에 대한 가격변동이 크다

〈표 17-2〉와 [그림 17-1]에서 보는 것처럼 3년채보다는 5년채의 경우가 5% 이자율증감에 따른 가격변동폭이 크다. 이 관계를 위의 정리 1)과 함께 투자전략적으로 고려하면 이자율 하락시에는 장기채권에 대한 투자를 증가시켜 시세차익을 극대화

---

1) B. Malkiel, "Expectations, Bond Prices and the Term Structure of Interest Rates," *Quarterly Journal of Economics*, Vol. 76, No. 2(May 1962), pp.197∼218.

〈표 17-2〉 채권가격과 만기, 액면이자율, 채권수익률의 관계(F=10,000원)

만 기	액면 이자율	채권수익률 r=15%일 때의 채권가격	채권수익률 r=10%		채권수익률 r=20%	
			채권가격	가격변동률	채권가격	가격변동률
3년	0%	6,575	7,513	+14.3%	5,787	−12.0%
	5	7,717	8,757	+13.5	6,840	−11.4
	10	8,858	10,000	+12.9	7,894	−10.9
	15	10,000	11,241	+12.4	8,949	−10.5
	20	11,142	12,487	+12.1	10,000	−10.0
5년	0	4,972	6,209	+24.9	4,019	−19.2
	5	6,648	8,105	+22.0	5,514	−17.1
	10	8,324	10,000	+20.1	7,009	−15.8
	15	10,000	11,897	+19.0	8,507	−15.0
	20	11,676	13,791	+18.1	10,000	−14.4

[그림 17-1] 채권가격과 이자율의 관계 (액면가=10,000원, 액면이자율=15% 기준)

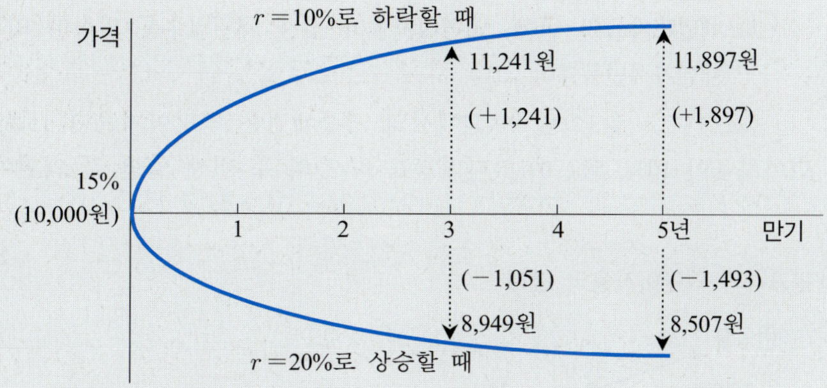

시키고, 이자율 상승시에는 단기채의 잦은 교체로 직접이율을 높이는 것이 유리함을 뜻한다.

3) 만기의 영향 II : 이자율변동에 따른 채권가격변동폭은 만기가 길수록 증가하나, 그 증감률은 체감한다

다시 〈표 17-2〉와 [그림 17-1]에서 볼 수 있는 것처럼 만기가 길어질수록 일정한 이자율변동에 대한 가격변동폭은 커지지만, 그 증감률은 체감한다. 이는 투자전

략적으로 시세차익을 높이는 데 있어서 만기가 너무 긴 장기채권의 효익은 적어짐을 뜻한다.

4) 이자율변동폭의 영향 : 이자율의 하락으로 인한 가격상승폭이 같은 폭의 이자율 상승으로 인한 가격하락폭보다도 크다

이자율(만기수익률)의 변동이 매우 작은 폭일 때에는 상승시나 하락시나 관계없이 가격변동률은 거의 동일하다. 그러나 이자율변동이 매우 큰 폭일 때에는 가격변동률이 동일하게 되지 않는데, 이자율의 하락으로 인한 가격상승폭이 같은 폭의 이자율 상승으로 인한 가격하락폭보다도 크다. 이자율과 채권가격의 볼록성(convexity) 관계 때문에 이자율의 절대수준이 낮은 상황인 경우가 높은 상황인 경우보다도 일정한 이자율변동에 대한 가격변동률이 크다.

〈표 17-2〉와 [그림 17-1]에서 보듯이 3년채의 경우 이자율이 15%에서 5%만큼 하락하여 채권가격이 상승한 폭 1,241원은 이자율이 15%에서 똑같은 5%만큼 상승하여 채권가격이 하락한 폭 1,051원보다도 크다. 이는 이자율 하락시에 채권투자성과가 더욱 크게 나타나고 더욱 많은 양의 채권매수가 유리함을 뜻한다.

5) 액면이자율의 영향 : 액면이자율이 낮은 채권일수록 일정한 이자율변동에 따른 채권가격변동률이 크다

〈표 17-2〉 및 [그림 17-1]에서의 기준채권은 액면이자율이 15%였으나 만약 액면이자율이 10%, 5%, 0%였다면 〈표 17-2〉의 두 번째 열인 각 액면이자율에서 보는

[그림 17-2] 채권가격과 액면이자율의 관계

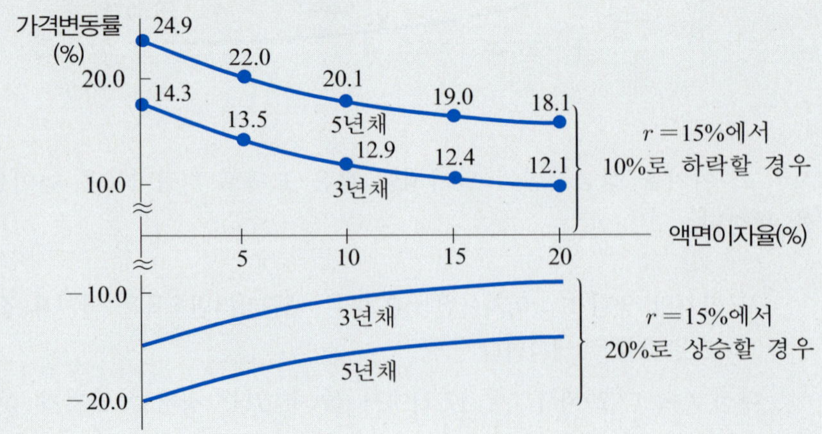

것처럼 일정한 이자율변동에 따른 가격변동폭은 커진다. [그림 17-2]는 이를 그림으로 나타낸 것이다. 이는 액면이자율이 낮은 채권일수록 투자위험은 높지만 매매차익은 커짐을 뜻한다. 결국 순수할인채권(pure discount bond)의 경우가 가격변동폭이 제일 크다.

요약하면, 채권가격은 이자율변동에 반비례하는데, 채권의 만기가 길어질수록 그리고 액면이자율이 낮을수록 가격변동폭이 크게 된다. 즉 일정한 조건하에서는 이자율변동이 있을 때 장기할인채가 채권가격변동이 가장 크다.

3. 가격변동위험의 측정

이자율변동과 채권가격변동의 관계, 즉 채권의 가격변동성(price volatility)은 앞의 2항에서 설명한 '채권가격정리'에 의해서 개념적으로 이해될 수 있지만, 보다 정교한 채권포트폴리오 관리를 위해서는 양자의 관계에 대한 계량적 분석이 필요하다. 이제 채권투자의 가격변동위험을 계량적으로 측정할 수 있는 가격탄력성, 듀레이션에 대하여 살펴보기로 한다.

(1) 채권의 가격탄력성

채권의 가격탄력성(yield elasticity)은 이자율변화에 따른 채권가격변동의 민감도를 측정한 것으로 다음 식 17.1과 같이 채권가격변화율에 대한 이자율변화율의 상대비율로 측정할 수 있다.[2)]

$$el_{it} = \frac{\text{채권가격변화율(\%)}}{\text{이자율변화율(\%)}} = \frac{\Delta P / P_0}{\Delta r / r_0} \tag{17.1}$$

단, el_{it} : t 시점에서 i 채권의 가격탄력성, r_0 : 기준시점의 이자율
Δr : 이자율변화율, P_0 : 기준시점의 채권가격
ΔP : 채권가격의 증감액

2) 채권의 가격변동성을 계량적으로 분석할 때 금액 기준(price value of a basis point)으로 측정할 수도 있고, 변화율 기준(percentage price change)으로 측정할 수도 있다. 이자율변화율로 측정할 때 식 17.1처럼 % 기준으로 변화율을 측정할 수도 있지만, 때로는 $\Delta(1+$이자율%) 기준으로 변화율을 측정하기도 한다. 이를 식 17.1과 구분하기 위해서 이후로는 다음과 같이 다른 기호(ϵ_{it})로 표시하기로 한다.

$$\epsilon_{it} = \frac{\Delta P / P_0}{\Delta(1+r)/(1+r_0)}$$

구체적으로 채권의 가격탄력성은 점탄력성(point elasticity)과 호탄력성(arc elasticity) 두 가지로 구할 수 있다. 먼저 계산이 편리한 호탄력성으로 구해보면 식 17.2와 같다. 호탄력성은 이 식에서 보는 것처럼 가격변화율을 구할 때 기준가격 대신에 기초나 기말의 평균가격을 사용하여 평균적 변화율을 계산한다는 점에 특징이 있다.

$$\epsilon_{it} = \frac{P_e - P_0}{\frac{1}{2}(P_e + P_0)} \div \frac{(1+r_e)-(1+r_0)}{\frac{1}{2}(1+r_e+1+r_0)}$$

$$= \frac{P_e - P_0}{\frac{1}{2}(P_e + P_0)} \div \frac{r_e - r_0}{1+\frac{1}{2}(r_e + r_0)} \quad (17.2)$$

단, P_e : 변화된 기말가격
P_0 : 기초가격
r_e : 변화된 기말이자율
r_0 : 기초이자율

예 제

액면가(F)=10,000원, 만기(n)=3년, 액면이자율(c)=12%인 채권이 있다. 시장이자율이 현재 8%에서 10%로 올랐다면 이 채권의 가격(호)탄력성은 얼마인가?

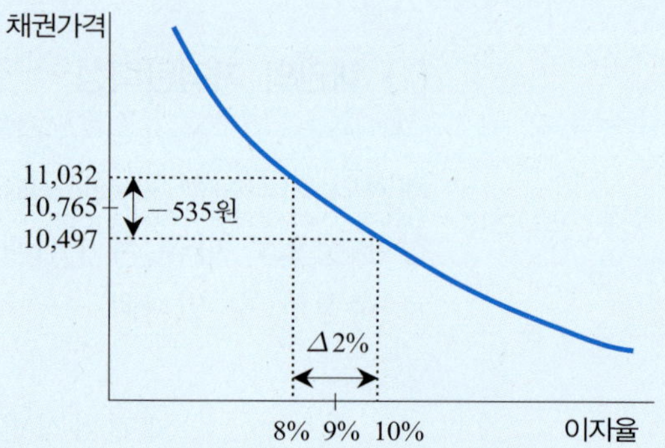

해설 시장이자율이 8%일 때의 채권가격

$$P_0 = \frac{1,200}{(1.08)} + \frac{1,200}{(1.08)^2} + \frac{11,200}{(1.08)^3} = 11,032원$$

시장이자율이 10%로 상승하였을 때의 채권가격

$$P_e = \frac{1,200}{(1.10)} + \frac{1,200}{(1.10)^2} + \frac{11,200}{(1,10)^3} = 10,497원$$

따라서 호탄력성은 다음과 같다.

$$\epsilon_{it} = \frac{10,497 - 11,032}{\frac{1}{2}(10,497 + 11,032)} \div \frac{0.10 - 0.08}{1 + \frac{1}{2}(0.10 + 0.08)} = -2.7$$

위의 오른쪽 그림이 이 채권의 가격탄력성의 특징을 보여주고 있다. 이 채권은 한 단위의 이자율변동이 있을 때 2.7배의 가격변동이 있는 채권임을 뜻한다.

(2) 듀레이션

이자율과 채권가격의 관계를 분석할 수 있고, 채권의 가격변동성을 측정할 수 있는 또 하나의 방법은 듀레이션을 이용하는 것이다.

1) 듀레이션의 의의

듀레이션(duration)은 채권투자의 투자수입(이자수입 및 원금상환)의 현재가치와 그 현금흐름의 유입시기를 고려한, 투자원금의 가중평균회수기간을 말한다. 환언하면 채권의 원금뿐만 아니라 이자수입까지 고려하여 상환기간을 현재가치로 표시한 것이 듀레이션이다. 이러한 의미에서 평균상환기간이라고도 부른다.

채권의 표면적 만기는 오로지 채권의 원금상환만을 고려한 것이고 이자지급은 고려하지 않은 것이다. 채권투자수입은 원금과 이자수입 두 가지로 구성되므로 원금뿐만 아니라 이자지급의 크기와 그 시기 그리고 화폐의 시간가치까지 고려하는 것이 상환기간을 정확히 표시하는 방법이다. 예를 들어, 연 9% 이자지급의 5년만기 A채권과 연 12% 이자지급의 5년만기 B채권이 있을 때 평면적인 만기는 5년으로 동일하지만, B채권이 A채권보다도 많은 이자수입에 의해서 투자액이 더 빨리 회수된다.

결국 듀레이션은 각 기간에 들어오는 현금흐름(이자수입과 원금)의 현재가치에 가중하여 투자원금의 만기를 표시한 가중평균만기(weighted average term to maturity)라고 할 수 있다.

앞의 2항 '채권가격정리'에서 만기가 긴 장기채일수록 그리고 액면이자율이 낮은 채권일수록 일정한 이자율변동이 있을 때 가격변동이 커짐을 설명하였는데, 듀레이션은 만기와 액면이자율 두 가지를 동시에 고려하여 가격변동성을 계량적으로 측정하는데 이용되고 있다. 뿐만 아니라 제2절 1항 '채권면역전략' 설명의 기초가 된다.

2) 듀레이션의 계산

듀레이션은 1938년 맥콜리(F.R. Macaulay)에 의해서 개발된 개념인데, 다음 식 17.3과 같이 만기까지의 각 기간에, 채권 만기 내의 각 기간에 들어오는 현금흐름의 현재가치가 채권가격에 대하여 차지하는 비율(가중치)을 곱하여 구한 가중평균만기(평균상환기간)를 계산한 것이다.[3] 여기서 가중치는 기간별 현금흐름의 현재가치를 채권가격으로 나눈 비율이다.

3) 이 듀레이션은 Macaulay's Duration으로서 내부수익률이 기간중 동일함을 가정한 것이다. 기간별로 내부수익률이 동일하지 않은 것을 전제로 한 것은 Fisher-Weil Duration(1971), Cox, Ingersoll, Ross Duration(1979)이 있다. 그러나 Macaulay 듀레이션이 간편하고 현실적 유용성이 높으므로 이를 주로 사용하고 있다.

$$dur = \sum(\text{만기까지의 각 기간}) \cdot (\text{가중치}^*)$$
$$= 1\times(\text{가중치}) + 2\times(\text{가중치}) + 3\times(\text{가중치}) + \cdots + n\times(\text{가중치})$$
$$= 1\times\frac{C/(1+r)}{P} + 2\times\frac{C/(1+r)^2}{P} + \cdots + n\times\frac{(C+P_n)/(1+r)^n}{P}$$
$$= \sum_{t=1}^{n}(t)\cdot\frac{C_t/(1+r)^t}{P} \qquad (17.3)$$

단, dur : 채권의 듀레이션(평균상환기간)
t : 이자나 원금의 현금흐름이 있는 시점
n : 만기
C_t : t시점에서의 현금흐름
r : 채권수익률(이자율)
P : 채권의 현재가치(가격)
* 가중치 : (기간별 현금흐름 C_t의 현재가치)÷(채권가격 P)

예 제

앞에서 예로 든 채권의 경우(F=10,000원, C=12%, n=3년, r=8%)에 대하여 듀레이션을 계산하라.

해설

① (기간)연	② C_t	③ 현재가치계수	④ 현재가치	⑤ 구성비(가중치)	①×⑤
1	1,200	0.926	1,111[20]	0.10072	0.10072
2	1,200	0.857	1,028[40]	0.09322	0.18644
3	11,200	0.794	8,892[80]	0.80606	2.41818
			11,032[40]	1.0	Σ=2.70

또는, $dur = (1\text{년})\times\frac{1{,}200/(1.08)}{11{,}032} + (2\text{년})\times\frac{1{,}200/(1.08)^2}{11{,}032} + (3\text{년})\times\frac{11{,}200/(1.08)^3}{11{,}032}$

≒2.70(년)

* EXCEL로 계산하는 방법은 =DURATION(매입일, 만기일, 표면이자율, 만기수익률, 지불횟수, 날짜계산기준). 〈부록 1〉 [EXCEL 17-1], 시트 '(17장) 듀레이션 추정' 참조.

위에서 예로 든 채권은 표면적 만기가 3년인 채권이지만, 기간중 이자지급까지 포함한 현금흐름을 현재가치화하여 표시하면, 투자액(채권가격)이 회수되는 평균상환기간은 약 2.7년인 채권인 것이다. 투자로 인한 전체적인 현금흐름 중에서 1년차 현금흐름이 차지하는 비중은 0.10072, 2년차와 3년차에 차지하는 비중은 각각

[그림 17-3] 듀레이션(dur)과 만기(n)의 관계

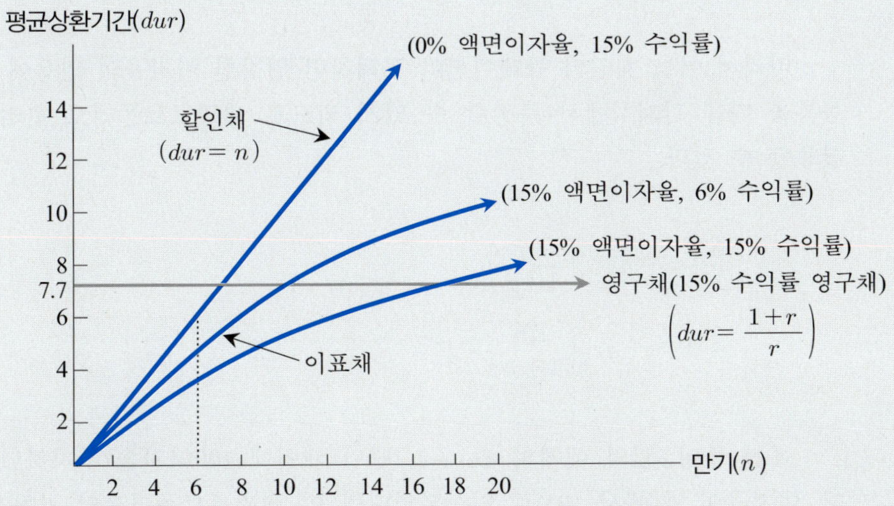

0.09322, 0.80606이므로 가중평균상환기간은 2.70년이 된다.

만약 이 채권이 중도에 이자지급이 없는 순수할인채권이라면 듀레이션은 그대로 3년이 된다. 1년차와 2년차에는 현금흐름이 없으므로 가중치가 전혀 주어지지 않고 모든 가중치가 3년차에 주어지기 때문이다. 결과적으로 중도이자지급이 없는 순수할인채권의 경우는 표면적 만기와 듀레이션이 동일하게 된다.

그러나 이자지급을 하는 이표채의 경우는 위의 예제에서 보는 것처럼 듀레이션이 표면적 만기보다도 작다. 일반적으로 만기가 긴 채권이 듀레이션도 길지만, 액면이자율이 높으면 듀레이션은 짧아진다. 듀레이션은 만기와 액면이자율을 동시에 고려한 상환기간이다.

[그림 17-3]은 액면이자율이 각기 상이한 채권들의 듀레이션과 만기의 관계를 나타낸 것이다. 여기서 할인채의 듀레이션은 45° 대각선에 표시되는데, 이는 할인채의 듀레이션이 항상 만기와 동일함을 뜻한다. 한편 영구채의 듀레이션은 만기에 관계없이 일정하며, 보편적인 이표채의 듀레이션은 만기가 길어짐에 따라 증가는 하나, 그 증감률은 체감하는 패턴을 보인다.

3) 듀레이션과 가격탄력성의 관계

식 17.3에 의해서 계산되는 듀레이션은 채권의 가격탄력성과 다음과 같은 관계가 성립한다.

$$el_{it} \cong \frac{\Delta P/P_0}{\Delta r/r} = -dur_{it}\left(\frac{r}{1+r}\right) \quad (17.4)$$[4]

따라서 어느 채권의 듀레이션이 구해지면 일정한 이자율의 변동에 대한 가격변동폭을 다음 관계식에서 측정할 수 있게 되므로 채권포트폴리오 관리에 유용하게 활용할 수 있다.

$$\frac{\Delta P}{P_0} = -dur_{it}\left(\frac{\Delta r}{1+r}\right)$$

$$\Delta P = -dur_{it}\left(\frac{\Delta r}{1+r}\right) \cdot P_0 \quad (17.5)$$

예를 들어, 앞의 예제의 $dur = 2.7$년인 채권에 100억원을 투자하였다고 가정할 때, 이자율이 8%에서 10%로 인상되었다면 이 채권포트폴리오의 가치는 다음과 같이 약 5억원 정도가 감소하게 된다.

$$\Delta P = -(2.7)\left(\frac{0.02}{1.08}\right)(100\text{억원}) \fallingdotseq -5\text{억원}$$

한편 식 17.3으로 구한 dur을 $1+r$로 나눈 값을 수정듀레이션(dur^m으로 표시)이라고 한다(앞의 예제에서의 채권은 수정듀레이션 dur^m이 2.5년이 된다). 따라서 채권의 가격변동폭을 수정듀레이션을 사용하여 표시하면 다음과 같다.

$$\Delta P = -dur^m \cdot \Delta r \cdot P_0 \quad (17.6)$$

식 17.6에서 볼 수 있는 것처럼 듀레이션이 큰 채권일수록 일정한 이자율변동에 대한 가격변동폭은 커지게 된다. 그런데 다른 조건(만기)이 일정할 경우 듀레이션이 제일 큰 것은 순수할인채권이므로 순수할인채권의 경우가 일정한 이자율변동에 대한 가격변동폭이 제일 크다.[5]

4) 이에 대한 증명은 본장 [보론 1]을 참조할 것. 만약 채권의 가격탄력성을 본장 각주 2)에서 정의내린 것처럼 $\epsilon = \frac{\Delta P/P_0}{\Delta(1+r)/(1+r_0)}$으로 측정한다면 가격탄력성과 듀레이션은 다음 관계를 지닌다. $\epsilon \cong -dur$

5) 채권가격의 변동성과 이자율변동의 관계를 볼록성(convexity)관계로 분석하는 것은 본장 [보론 2]를 참조할 것.

4) 듀레이션의 채권투자전략에의 활용

이자율변동위험은 채권투자의 위험 가운데서 채권투자성과를 좌우하는 가장 결정적인 위험인데, 이에 대응하는 채권투자전략은 다음과 같이 나눌 수 있다.

① 방어적 투자전략 : 이자율변동위험을 최소화시키거나 제거시킴으로써 채권투자위험을 극소화시키는 전략을 말한다. 다음 절에서 설명하는 채권면역전략은 듀레이션을 활용하는 방어적 투자전략이다.

② 적극적 투자전략 : 미래이자율 예측을 전제로 하여 이자율변동이 채권가격에 미치는 영향을 유리하게 이용하거나 또는 수익률 차를 획득하여 채권투자수익을 극대화하고자 하는 전략을 말한다. 제3절에서 적극적 투자전략에 대해 설명한다.

제 2 절 방어적 채권투자전략

1. 채권면역전략

(1) 채권면역전략의 의의

앞의 제1절 1항에서 살펴본 것처럼 별도의 투자관리를 시도하지 않으면, 이자율변동에 따라서 나타나는 이자수입의 재투자수입효과(재투자위험)와 채권가격이 변동하는 자본효과(가격위험)가 서로 반대방향으로 그 크기가 같지 않게 나타난다. 결과적으로 매수 당시의 약속수익률이 실현되지 못하게 된다. 따라서 이자율변동에 따른 채권가격변동위험을 줄이지 않으면, 특히 상당한 자금을 채권투자에 운용하는 기관투자자는 자금운용에 큰 차질을 빚게 된다. 채권투자의 위험을 최소로 줄이고자 하는 방어적 투자전략으로는 채권면역전략이 주가 되고 있다.

채권면역전략(bond immunization strategy)은 이자율변동으로 인하여 상반되게 나타나는 이자수입의 재투자수입효과와 자본효과를 동일하게 중화시켜 이자율변동위험을 제거시키는 채권투자전략을 말한다. 결국 시장이자율의 불리한 변동이 있더라도 채권매수 당시의 예상 또는 목표 수익률을 실현시키는 투자방법인 것이다. 이러한 의미에서 채권면역전략은 방어적 투자전략에 속한다고 할 수 있다.

(2) 채권면역의 방법

1) 캐시매칭

이자율변동위험을 제거시키는 가장 원시적인 방법은 캐시매칭(cash matching)을 들 수 있다. 이 방법은 목표시점에서 원하는 부(현금)를 틀림없이 회수할 수 있도록 순수할인채권이나 복리채에 투자하는 것이다. 예를 들어 2년 후에 121억원의 富를 확보하고자 하는데 현재 10% 수익률의 2년만기 순수할인채가 1단위당 100,000원에 팔리고 있으면 이에 100,000단위 투자하는 것이다. 순수할인채는 중도현금흐름에 대한 재투자위험이 없으므로 면역이 된다.

그러나 이 캐시매칭방법의 한계점은 자금스케줄과 기간이 일치하는 할인채가 별로 존재하지 않기 때문에 현실적으로 이용하기 어렵다는 점이다. 그렇지만 다음에 설명하는 듀레이션을 이용하는 면역전략을 사용하면 이러한 제약을 받지 않는다.

2) 듀레이션을 이용한 채권면역전략

듀레이션을 이용하여 이자율변동위험을 제거시키는 채권면역전략은 구체적으로 투자자가 정하는 목표투자기간과 동일한 듀레이션을 가진 채권에 투자하는 것이다. 예를 들어, 어느 채권투자자가 2.7년 후에 자금이 필요한데 그때까지 이자율변동위험을 제거하고 싶으면 듀레이션이 2.7년인 채권(앞의 제1절에서 예로 든 채권)에 투자하면 된다.

이제 투자자의 목표투자기간과 동일한 듀레이션을 가진 채권에 투자하게 되면 이자율변화에 관계없이 채권매수 당시에 예상했던 부가 실현되는지를 보기 위해서 앞의 제1절에서 예로 든 채권(액면가=10,000원, 액면이자율=연 12%, 만기=3년, 채권수익률=8%)을 살펴보기로 하자. 예상했던 부가 확보되었는지에 대한 평가는 앞의 제1절 1항에서 설명한 총투자수익(total return)기준, 즉 투자기간 끝에서의 누적된 富 기준으로 살펴볼 수 있다. 먼저 채권수익률이 그대로 8%가 유지된다면 2.7년 후의 투자자의 富는 다음과 같이 이자관련소득 2,634원과 2.7년에서의 매도대금 10,944원을 합하여 13,578원이 된다.[6]

---

6) 일반적으로 이자소득과 이의 재투자수입금 부분은 다음과 같이 계산한다.

$$C\left[\frac{(1+r)^n-1}{r}\right]$$

이자소득 부분은 nC이므로 이자 재투자수입금(interest-on-interest)은 다음과 같이 분리 계산할 수 있다.

$$C\left[\frac{(1+r)^n-1}{r}\right]-nC$$

① 이자소득과 이의 재투자수입(이자수입이 있을 때마다 남은 기간 재투자수익률 8%로 재투자)

$1{,}200(1.08)^{1.7}+1{,}200(1.08)^{0.7}=1{,}368+1{,}266=2{,}634$원

② 2.7년 시점에서의 매도대금(8%로 할인)

$11{,}200/(1.08)^{3-2.7}=10{,}944$원

∴ 2.7년 후의 총투자수익＝①＋②＝2,634＋10,944＝13,578원

만약 금리변동이 있어서 채권수익률이 8%에서 10%로 인상되었을 경우 2.7년 후의 투자자의 富가 변함이 없는지를 다음에서 보면, 이자관련소득 2,694원과 2.7년에서의 매도대금 10,884원이 되어 총투자수익은 13,578원으로 동일하게 된다.

① 이자소득과 이의 재투자수입(이자수입이 있을 때마다 남은 기간 재투자수익률 10%로 재투자)

$1{,}200(1.10)^{1.7}+1{,}200(1.10)^{0.7}=1{,}411+1{,}283=2{,}694$원

② 2.7년 시점에서의 매도대금(10%로 할인)

$11{,}200/(1.10)^{3-2.7}=10{,}884$원

∴ 2.7년 후의 총투자수익＝①＋②＝2,694＋10,884＝13,578원 : 불변

채권수익률이 8%에서 10%로 상승하게 되면 매도대금이 60원 줄어드는 자본손실이 발생하지만, 이자수입의 재투자수입은 60원 증가하는 재투자소득증가효과가 발생하여 결국 양자의 효과는 서로 중화된다. 결과적으로 시장이자율이 8%를 그대로 유지할 경우의 富와 시장이자율이 변동되었을 경우(여기서는 10%로 변동한 예를 들었지만, 어떤 수준으로 변동하여도 마찬가지임)의 富는 동일하게 되어 이자율변동위험을 제거시키는 채권면역이 가능하게 된다.

이처럼 채권포트폴리오를 구성할 때 투자자의 목표투자기간과 일치하는 듀레이션을 가지는 채권에 투자하면 시장이자율이 얼마로 변하더라도 목표기간에 가서 채권을 처분하게 될 때 당초의 목표수익률을 그대로 확보할 수 있게 된다.

(3) 자산 · 부채종합관리(ALM)에의 응용

보험회사, 연금조합 그 밖의 여러 금융기관과 같은 기관투자자는 수입금의 상당부분을 채권 등의 유가증권에 투자운용하여 투자수익을 높이고자 노력한다. 이때 이들 기관들의 자산(채권 등)운용자금의 원천은 고객(이용자)들로부터 나온 것이므로

언젠가는 갚아야 할 부채인 것이다. 따라서 갚아야 할 부채의 상환일정과 금액을 적절히 고려하여 여러 유가증권 등에 운용해야 한다. 이처럼 갚아야 할 부채의 금액 그리고 상환일정과 연계시켜 자산운용의 효율적 관리를 도모하는 것을 자산·부채 종합관리(ALM : asset liability management)라고 한다.

듀레이션의 개념은 앞에서 설명한 것처럼 채권면역에 이용되기도 하지만, 나아가서는 자산·부채종합관리에도 활용되고 있다. 기관투자자의 자산포트폴리오 중에서 채권이 차지하는 비중은 높아지고 있는데, 이들 기관이 이자율변동위험에 적절히 대처하지 못하면 채무의 만기(상환일정)가 도래할 때 자금부족이 발생할 수도 있다. 이러한 측면에서 이자율변동에 대처하여 부채에 자산운용을 연계시키는 합리적인 채권포트폴리오 관리의 중요성이 높아지고 있다.

이제 듀레이션이 ALM에 활용되는 예를 보기 위하여 다음과 같이 자산·부채를 가지고 있는 금융기관의 예를 들어보자.

	자 산	부 채
자산(또는 부채)가액	500억원	500억원
수익률(이자율)	10%	8%
듀레이션	5.0년	3.0년

이 금융기관은 고객들로부터의 예금(부채)에 대하여 8%의 이자를 지급하고 있는데 듀레이션은 3.0년이다. 이 자금을 10%의 수익률이 있고 듀레이션이 5.0년인 대출자금(자산)에 운용하고 있다. 이제 정부의 1% 금리인상으로 예금과 대출 금리를 동시에 1%씩 올려 9%, 11%로 인상시켰다면 이 금융기관의 부채와 자산에 미치는 영향은 어떠한가?

식 17.5를 이용하면 자산과 부채 가치의 변화액이 다음과 같음을 알 수 있다.

$$\varDelta \text{자산} = -5.0\left(\frac{0.01}{1.10}\right)500\text{억원} \fallingdotseq -22.73\text{억원}$$

$$\varDelta \text{부채} = -3.0\left(\frac{0.01}{1.08}\right)500\text{억원} \fallingdotseq -13.89\text{억원}$$

결국 1%의 이자율 상승으로 인하여 자산가액의 감소가 부채가액의 그것보다 크므로 자산운용에 큰 차질이 있음을 알 수 있다. 자산가액의 감소를 최소한 부채가액의 감소수준으로 줄이기 위해서는 자산(대출)의 듀레이션을 3.06년으로 줄이는 조치가 필요한 것이다.7) 일반적으로는 이자율 상승시에는 부채의 듀레이션이 자산의 듀레이션보다 크도록 하는 것이 유리하고, 이자율 하락시에는 반대의 경우가 유리하다.

이제 다른 한 예로 10년 후에 1,931억원을 상환해야 할 부채(연금지급)를 가지고 있는 연금조합이 있다. 현재의 시장수익률은 10%이므로 이 부채의 현재가치는 745억원($=1{,}931/(1.10)^{10}$)이다. 따라서 시장수익률이 10% 수준으로 계속 머문다면 현재 745억원의 자금을 10% 수익률의 자산에 투자하면 부채상환에 차질이 없게 된다. 그러나 시장수익률은 변동할 수밖에 없으므로 745억원을 지금 투자하여 10년 후에 1,931억원의 자금을 마련하지 못할 경우도 있다. 그러면 어떻게 해야 상환자금 1,931억원을 만들 수 있는가?

이에 대한 답은 목표투자기간이 10년이므로 듀레이션이 10년인 채권에 자산운용하는 것이다. 이를테면 액면가가 1,000원이고 지급이자율 연 7% 이자후급, 만기 20년, 시장수익률 10%, 시장가격이 745원인 채권의 듀레이션은 10년인데, 이러한 채권에 투자운용하는 것이다.

$$dur = 1\times\frac{70/(1.1)}{745} + 2\times\frac{70/(1.1)^2}{745} + 3\times\frac{70/(1.1)^3}{745} + \cdots + 20\times\frac{70+1{,}000/(1.1)^{20}}{745}$$

$$= 10.0\text{년}$$

이제 자산·부채종합관리에 맥콜리의 듀레이션을 활용하였을 때 이자율변동위험으로부터 면역이 되는지를 보면 〈표 17-3〉에 요약된 바와 같다. 이 채권에 1억 단위, 즉 745억원 투자하였을 때 시장수익률이 현재처럼 10%에 머물러 있는 경우는 물론이고, 만약 시장수익률이 예를 들어 4%로 크게 하락하거나, 또는 16%로 크게 상승할 경우도 상반되는 이자수입의 재투자수입효과와 자본효과가 중화되어 갚아야 할 자금 1,931억원을 차질 없이 마련하게 된다. 엄격히 이야기하면 시장수익률이 상승 또는 하락 어느 경우든지 자산가치가 부채가치를 약간씩 상회하게 되므로 차질 없이 자산운용을 부채와 연계시켜 관리할 수 있게 된다.

---

7) 자산가액의 감소를 부채가액의 감소 수준(13.89억원)으로 줄이는 dur 수준은 다음과 같이 구해진다.

$$-dur\left(\frac{0.01}{1.10}\right)500\text{억원} \fallingdotseq -13.89\text{억원} \qquad \text{여기서, } dur=3.06\text{년}$$

〈표 17-3〉 듀레이션을 이용한 자산 · 부채종합관리(ALM) (단위 : 억원)

시장수익률	자산가치			부채가치
	이자+이자의 재투자수입	매각대금	계	
① 10%인 경우	$70(1.1)^9+70(1.1)^8+\cdots+70(1.1)^0$ $=1{,}115$	$70(1.1)^{-1}+70(1.1)^{-2}+\cdots+70(1.1)^{-10}$ $+1{,}000(1.1)^{-10}=816$	1,931	1,931
② 4%인 경우	$70(1.04)^9+70(1.04)^8+\cdots+70(1.04)^0$ $=842$	$70(1.04)^{-1}+70(1.04)^{-2}+\cdots+70(1.04)^{-10}$ $+1{,}000(1.04)^{-10}=1{,}243$	2,085	1,931
③ 16%인 경우	$70(1.16)^9+70(1.16)^8+\cdots+70(1.16)^0$ $=1{,}492$	$70(1.16)^{-1}+70(1.16)^{-2}+\cdots+70(1.16)^{-10}$ $+1{,}000(1.16)^{-10}=565$	2,057	1,931

(4) 채권포트폴리오의 수익률과 포트폴리오의 듀레이션

듀레이션을 이용하여 채권면역전략을 수립할 때 어려움의 하나는 목표투자기간과 같은 듀레이션을 갖는 채권을 찾는 것이 용이하지 않다는 점이다. 그러나 내부수익률이 동일한 채권들 사이에는 다음과 같이 듀레이션의 가법성이 성립하므로 여러 가지 채권을 결합시켜 원하는 듀레이션의 채권포트폴리오를 구성할 수 있다.

$$dur_p = W_A \cdot dur_A + W_B \cdot dur_B$$

단, dur_p : 채권포트폴리오의 듀레이션
W_A, W_B : 채권 A와 B에 대한 투자비율
dur_A, dur_B : 채권 A와 B의 듀레이션

예를 들어, 어느 투자자가 4년이 목표투자기간인데 채권시장에 듀레이션이 3년과 5년인 채권만이 존재한다고 하자. 이들 두 채권에 50 : 50의 비율로 투자하면 4년의 듀레이션(=0.5×3년+0.5×5년)을 갖는 포트폴리오를 구성하게 된다.

그러나 채권포트폴리오를 구성하는 채권들의 내부수익률이 동일하지 않으면 먼저 채권포트폴리오의 내부수익률을 구한 다음 이에 준하여 포트폴리오의 듀레이션을 계산해야 한다.

이때 주의할 점은 채권포트폴리오의 내부수익률은 개별채권의 내부수익률을 투자금액의 비율에 따라 가중평균하여 구한 것이 아니라는 점이다. 지금 10% 수익률의 30년채 A가 있고, 20% 수익률의 30년채 B가 있을 때, 채권 A와 B에 50 : 50의 비율로 투자하여 구성되는 포트폴리오의 수익률은 15%가 아니다. 왜냐하면 주식과는 달리 채권은 만기가 서로 상이하므로 가중평균하여 포트폴리오 수익률을 구하면

잘못된 계산이 되기 때문이다.

채권포트폴리오의 내부수익률을 구하는 올바른 방법은 포트폴리오를 구성하였을 때 풀링(pooling)된 현금유출입에 대해 시행착오법에 의해서 포트폴리오의 내부수익률을 구하는 것이다. 그리고 채권포트폴리오의 듀레이션은 이렇게 구한 내부수익률을 이용하여 기간별 현금흐름의 현재가치를 구한 다음 이에 따라 가중한 가중평균만기를 구하면 된다.

예 제

중도현금지급이 없는 복리채 A, B가 있는데 모두 현재가격은 10,000원이다. 채권 A는 1년 후에 11,000원을 상환해 주는 1년 만기채이고, 채권 B는 7년 후에 14,070원을 상환해 주는 7년 만기채이다.

1. 채권 A와 B의 수익률과 듀레이션을 구하고, 이제 20,000원을 투자하여 채권 A와 B 한 단위씩을 매수하였을 때, 이 채권포트폴리오의 내부수익률을 구하라.
2. 이 채권포트폴리오의 듀레이션을 구하라.

해설

1. 채권 A의 내부수익률 $r_A = \dfrac{11,000}{10,000} - 1 = 10\%$

   채권 B의 내부수익률 $r_B = \sqrt[7]{\dfrac{14,070}{10,000}} - 1 = 5\%$

   채권 A와 B는 중도현금지급이 없는 복리채이므로 듀레이션은 표면적 만기와 동일한 1년과 7년이다.

   채권포트폴리오의 내부수익률은 다음의 풀링된 현금유출입으로부터 직접 구한 내부수익률이다.

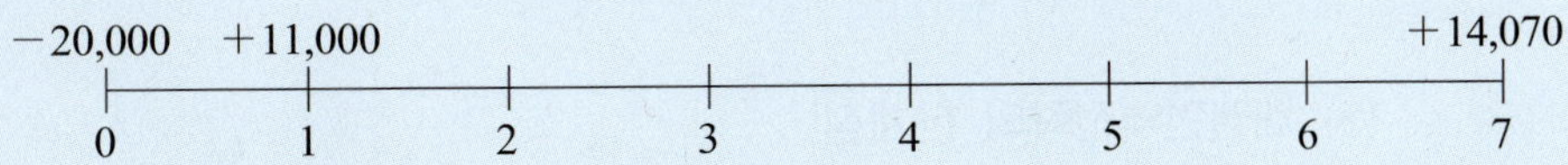

   $$20,000 = \frac{11,000}{(1+r)} + \frac{14,070}{(1+r)^7}$$

   시행착오법에 의하여 내부수익률을 구하면

   $r = 5.634\%$ (10%와 5%를 투자금액의 비율에 따라 가중평균한 7.5%가 아님)

2. 채권포트폴리오의 듀레이션

   $$dur = 1 \times \frac{11,000/(1.05634)}{20,000} + 7 \times \frac{14,070/(1.05634)^7}{20,000} \fallingdotseq 3.87\text{년}$$

[그림 17-4] 채권포트폴리오의 듀레이션

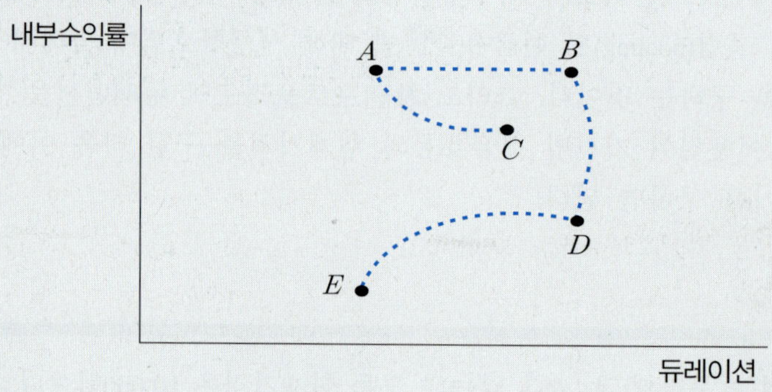

위의 예제에서 보는 것처럼 내부수익률이 동일하지 않은 두 채권으로 구성되는 포트폴리오의 듀레이션은 가법성이 적용되지 않는다. 일반적으로 내부수익률과 듀레이션이 서로 다른 두 채권으로 포트폴리오를 구성하였을 때 얻어지는 포트폴리오의 듀레이션은 [그림 17-4]와 같이 표시된다.

이 그림에서 채권 A와 B의 결합처럼 내부수익률이 동일한 경우는 투자금액의 비율에 따라 가중평균한 것이 되지만, 채권 A와 C의 관계처럼 어느 한쪽이 내부수익률은 크지만 듀레이션이 적으면 포트폴리오의 듀레이션은 가중평균한 것보다 작은 값이 된다. 그러나 채권 D와 E의 관계처럼 어느 한쪽이 내부수익률과 듀레이션 모두 크면 포트폴리오의 듀레이션은 가중평균한 것보다 큰 값이 된다. 끝으로 채권 B와 D의 관계처럼 비록 듀레이션은 동일할지라도 내부수익률이 다르면 포트폴리오의 듀레이션은 조금 큰 값을 가지게 된다.

(5) 채권면역전략의 한계점

이상에서 설명한 채권면역전략은 이자율변동위험을 제거시키는 투자기법으로서 이용이 확산되고 있지만, 일반적인 적용에 현실적인 문제점들이 없는 것은 아니다.

첫째, 채권면역전략에서는 채권의 지급불능위험이나 중도수의상환위험은 없다고 가정하고 이자율변동위험에만 국한하고 있으나, 사실 채권투자의 경우 지급불능위험 등을 배제할 수 없으므로 목표투자기간에 이르러 목표했던 부가 형성되지 않을 가능성이 있다는 점이다.

둘째, 채권면역전략은 수익률곡선이 수평적이거나 변동되더라도 동일한 수익률곡선모양(parallel shift)을 하는 것으로 가정하고 있다는 점이다. 그러나 현실은 그렇지 못하므로 완벽한 면역이 이루어지기 힘들다. 사실 완벽하게 이자율변동위험을 제거시키기 위해서는 이자율이 변경될 때마다 모든 채권의 듀레이션이 조금씩 변하므로 채권포트폴리오를 재면역(reimmunization)시켜야 한다는 불편이 따른다. 포트폴리오 재구성에 따르는 거래비용의 증가 또한 문제점의 하나가 되고 있다.

이러한 문제점에도 불구하고 앞서 지적한 것처럼 캐시매칭의 방법보다도 현실적 적용력이 높고, 상대적으로 평가할 때 이자율변동위험을 제거하는 효율적인 투자관리방법이라고 할 수 있다.

2. 그 밖의 방어적 채권투자전략

듀레이션을 이용한 채권면역전략과는 다르게 전통적으로 간편하게 이용되어 온 채권투자전략으로 사다리형 만기구성전략, 바벨형 만기구성전략, 인덱싱전략이 있다.

(1) 사다리형 만기구성전략

사다리형 만기(laddered maturity)구성전략은 보유채권의 최장만기를 정해두고 이 기간 안에 각 만기별 채권을 균등하게 보유하는 전략을 말한다. 예를 들어, 최장만기로 10년이 설정되었다면 1년, 2년 …… 10년 만기의 채권을 모두 균등하게 보유하는 전략이다. 이자율변동이 단기채와 장기채에 미치는 영향이 대조적이므로, 이 전략은 각 만기별 채권을 균등하게 보유함으로써 채권투자의 위험을 평준화시키는 전략이라고 할 수 있다.

이 전략의 장점은 관리가 용이하고 금리예측이 필요하지 않다는 점이다. 한편 단점은 이자율동향을 고려하지 않고 자동적으로 재투자가 이루어지므로 상대적으로 낮은 채권투자수익률을 거두게 된다는 점이다. 이 전략의 변형된 형태로는 평균적으로는 각 만기별 채권을 균등하게 보유하되 이자율이 하락할 것으로 예상되면 장기채의 비중을 조금 높이는 장기채 주력형의 만기구성을 시도하고, 반대로 이자율이 상승할 것으로 예상되면 단기채의 비중을 조금 높이는 단기채 주력형의 만기구성을 시도하는 것이다.

(2) 바벨형 만기구성전략

바벨형 만기(barbell maturity)구성전략은 아령 모양처럼 채권포트폴리오에서 중기채는 제외시키고 단기채와 장기채 두 가지만으로 만기를 구성하는 전략이다. 투자특성이 모호한 중기채를 포트폴리오에서 제외시키고 단기채와 장기채만으로 구성하면, 수익성은 낮지만 유동성이 높고 위험이 낮은 단기채의 장점과 반대로 위험은 높지만 수익률이 높은 장기채의 장점이 더 잘 중화되어 유동성과 수익성이 동시에 확보될 수 있는 이점이 있다.

이 전략은 사다리형 만기구성전략보다도 투자성과가 좋은 방법이기는 하지만, 관리가 복잡해지고 수수료비용 등 지출이 잦다는 단점이 있다. 경기변동, 금리변동을 감안하여 단기채와 장기채의 비율을 변화시킴으로써 투자수익을 좀더 높이고자 할 때에는 정확한 금리예측이 전제가 되어야 한다.

(3) 인덱싱전략

인덱싱(indexing)전략은 채권지수(bond index)를 구성하는 채권포트폴리오의 성과를 복제하는 전략이다. 주식시장의 인덱스펀드(제7장 참조)가 상장주식 전체에 투자하여 시장평균수익률을 추적하는 것처럼 채권시장의 인덱스펀드, ETF에 대한 투자는 채권 전체의 시장평균수익률을 추적하는 전략이다.[8)]

인덱싱전략의 기준이 되는 채권지수(bond index)는 주식투자에서의 주가지수의 역할처럼 채권시장의 전반적인 가격흐름에 대한 정보를 제공해 주고 채권투자성과의 기준(benchmark), 자산배분의 기초로 활용된다. 현재 우리나라에서 작성되고 있는 채권지수에는 KRX채권지수, KIS채권지수, NICE채권지수, KOFIA채권지수 등이 있다. 이 가운데 KRX채권지수는 다음과 같이 작성된다.[9)]

- 산출시점 : 2006년 3월 1일. 100을 기준지수로 하여 산출
- 채권가격 : 채권평가회사 3사의 평균가격을 모두 지수산출에 적용
- 편입종목 : 상장채권 9,000여 종목으로 구성. 제외되는 종목은 신용평가회사로부터 BB+ 이하인 종목, 채권의 잔존만기가 3개월 미만인 종목, 주권관련채권, 물가연동채권, 옵션부채권 등

8) 채권지수는 주가지수처럼 지수산정이 용이하지 않다. 그 이유는 ① 주식의 종류는 제한적인 반면, 채권지수는 발행사별, 채권유형별, 신용등급에 따라 종류가 많고 다양한 점, ② 주식은 만기가 존재하지 않지만 채권은 개별 채권의 만기도래, 중도상환, 신규발행 등의 요인으로 종목의 편출입이 수시로 발생하는 점, ③ 주식은 유동성이 풍부해서 시장가격을 수시로 파악할 수 있으나, 채권의 경우는 거래가 활발하지 않아 가격산정이 어려운 채권이 많다는 점, ④ 주가지수는 자본손익만 반영하지만, 채권은 주요 수익원이 이자수익이어서 금리변동에 따른 자본손익과 함께 작성(결과적으로 지수가 지속적으로 상승하는 구조)해야 하는 점이다.

9) 한국거래소(KRX), 한국의 채권시장, 2015.2, p.367.

- 가중치 : 시가총액(=발행잔액×시가/10,000)
- 만기별 구분체계
  - 대구분 : 3개월~1년, 1~2년, 2~3년, 3~5년, 5~10년, 10년 이상(6종)
  - 중구분 : 3~6개월, 6개월~1년, 1년~1년 6개월 등(13종)
  - 세구분 : 3~6개월, 6~9개월, 9개월~1년 등(19종)
- 발행자별 구분체계
  - 대구분 : 국공채, 금융채, 회사채(3종)
  - 중구분 : 국채, 지방채, 특수채, 통안채, 은행채, 기타 금융채 등(9종)
  - 소구분 : 국고채, 국민주택 1·2·3종, 서울도시철도공채, 지역개발채 등(33종)
  - 세구분 : 은행채 AAA, 회사채(무보증) A+, ABS BBB- 등(63종)
- 수익원천별 지수 : 채권투자수익은 이자수입, 이자의 재투자수익, 가격상승하락으로 인한 자본손익으로 이루어지는데, 이자의 재투자수익은 재투자수익률을 콜금리, 제로금리를 기준으로 하는 콜 재투자지수, 제로 재투자지수 두 가지(총 5개 지수)
  - 순가격지수(clean price index) : 경과이자를 제거한 자본손익지수
  - 시장가격지수(gross price index) : 자본손익에 경과이자를 포함한 가격지수
  - 재투자지수 : 콜 재투자지수, 제로 재투자지수(2종)
  - 총수익지수(total return index) : 자본손익, 경과이자수익, 이자의 재투자수익 모두를 포함한 지수

국고채지수가 개발되면서 일반투자자의 채권ETF 투자가 가능해졌다. 종전에는 국고채의 매매가 국채전문유통시장에서 10억원 단위, 장외에서 100억원 단위로 이루어져 일반인은 참여하기 매우 어려웠지만, 채권ETF의 출시로 1좌당 5만원~10만원 수준의 소액으로도 국고채에 투자할 수 있게 되었기 때문이다. 뿐만 아니라 소액의 채권ETF 투자를 통해 분산투자효과, 안정적인 수익원의 확보, 거래비용의 절감, 환금성의 확보 등의 효과를 누릴 수 있게 되었다.

제 3 절 적극적 채권투자전략

채권투자에서 적극적 투자전략(active or aggressive bond portfolio strategy)은 채권시장이 효율적이지 못하다는 가정하에서 위험부담을 하더라도 초과수익의 여지가 큰 종목에 투자하거나 이자율변동을 유리하게 이용할 수 있는 투자시점을 포착하여 채권투자수익을 극대화시키고자 하는 전략이다. 이 전략은 이자율예측에 의한 채권포트폴리오 구성전략, 수익률곡선타기전략, 상황적합적 면역전략 그리고 채권교체전략으로 나누어 볼 수 있다.

1. 이자율예측에 의한 채권포트폴리오 구성전략

일정 투자기간에 걸친 운용수익률을 높이기 위해서는 기말에서의 시장이자율을 정확히 예측하는 것이 관건이 된다. 왜냐하면 단일기간에 걸친 채권투자의 운용수익률은 기간중의 이자수입과 기말에서의 처분가격에 달려 있는데, 기말 처분가격은 그 시점에서의 시장이자율이 얼마냐에 따라서 좌우되기 때문이다. 이자율과 채권가격은 반비례 관계에 있으므로 미래이자율이 하락할 것으로 예상되면 시세차익이 가능하지만, 이자율이 상승할 것으로 예상되면 그렇지 못하다.

따라서 기본적으로 "채권가격정리"에서 설명한 것처럼 장기채일수록 그리고 쿠폰이자율이 낮을수록 일정한 이자율변동에 대한 채권가격변동이 커지므로, 투자전략적으로 이자율의 하락이 예상되면 장기채 또는 할인채에 대한 투자가 위험부담이 커지지만 보다 큰 시세차익을 기대할 수 있다.

반대로 이자율 상승이 예상되면 채권가격이 하락할 것이므로 단기채권으로 자주 교체하여 수익률 상승의 위험부담을 줄이며 직접이율을 높여 나가는 방법이 유리한 것이다.

미래이자율을 예측하기 위해서는 이자율 움직임과 유기적 관계가 있는 경기동향, 물가, 시중자금의 수급상황 등 경제상황의 추이와 정부의 재정금융정책 등 주요정책의 동향을 고려할 필요가 있다.

2. 수익률곡선타기전략

채권의 수익률곡선(yield curve)을 분석하면 채권의 만기의 차이로 인하여 생기는 채권수익률의 차이를 알 수 있음은 앞장의 기간구조편에서 설명한 바 있다. 한편 미래 특정시점에서의 수익률곡선을 예상하여 현재시점의 그것과 비교하면 앞으로 시간이 경과함에 따라 수익률변동이 어떤 방향으로 일어나는지를 예상할 수 있게 된다. 이처럼 두 시점간에 수익률변동이 있을 때 이로 인한 채권가격변동은 두 부분에 의해서 이루어진다고 할 수 있다. 하나는 순수 수익률변동에 의한 것(yield change effect)이고 다른 하나는 단지 시간의 경과에 따른 것(time effect)이다.

채권가격변동효과=순수 수익률변동효과+시간경과효과

이를테면 2년 전과 현재시점에서의 수익률곡선이 똑같은 모양을 그리고 있다면, 이때의 수익률변동은 단지 2년이라는 시간의 경과에 의한 것이라고 할 수 있다. [그림 17-5]는 이에 대한 한 예를 나타낸 것이다.

2015년 6월 1일 기준의 수익률곡선이 ①의 곡선처럼 우상향의 모양을 나타냈는데, 2년 후인 2017년 6월 1일 기준의 수익률곡선도 똑같이 ①의 곡선으로 표시되었다고 하자. 이 상황에서 어느 투자자가 만기가 4년 남은 채권을 수익률이 13.5%

[그림 17-5] 수익률곡선타기전략

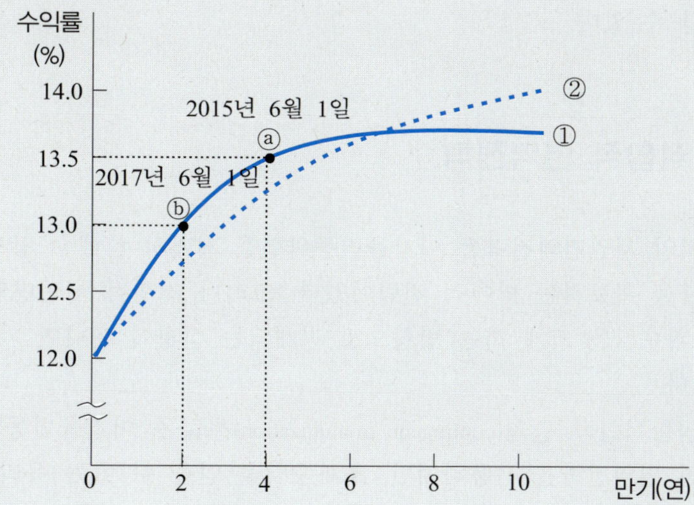

(ⓐ점)일 때 매수하였을 경우 2년 후에는 잔존기간이 2년이 되는 채권이므로 수익률은 13.0%(ⓑ점)까지 떨어지게 된다. 따라서 투자자는 0.5%의 수익률하락에 따른 시세차익과 그간의 경과이자를 투자수익으로 얻게 된다. 이때의 시세차익부분은 금리수준의 변동에 의한 것이 아니고 시간경과, 즉 잔존기간이 짧아짐에 따라 얻게 된 것이다. 이와 같이 잔존기간이 짧아지면서 수익률이 저하되어 채권가격이 상승하는 정도는 2년 후 수익률곡선이 ②의 모양처럼 순수 수익률변동효과도 함께 있어 2년채 수익률이 13.0%보다 적게 될 경우 더욱 크게 나타난다.

이처럼 수익률곡선상에서 채권의 잔존기간이 짧아지면서 수익률하락으로 인한 채권가격상승을 유리하게 이용하는 전략이 수익률곡선타기(riding yield curve)전략이다. 이 전략은 이미 보유하고 있는 채권의 만기가 시간경과에 따라 짧아질 때 이 기간 동안의 이자수입뿐만 아니라 수익률이 낮아짐으로 인하여 발생하는 가격상승효과까지 얻고자 하는 전략인 셈인데, [그림 17-5]와 같이 수익률곡선이 상승하는 모양을 보일 때 유효하다.

이 전략에서 유의할 점은 시간경과에 따른 수익률하락의 크기는 장기채와 단기채 사이에 큰 차이가 있다는 점이다. 장기채의 만기가 짧아지면서 나타나는 수익률하락효과(이를 shoulder effect라고 한다)보다 단기채의 만기가 짧아지면서 나타나는 수익률하락효과(이를 rolling effect라고 한다)가 크다.

따라서 투자전략적으로 보면 2, 3년 안팎의 단기채를 이용하는 것이 유리한 면이 있다. 예를 들어 투자기간을 1년으로 잡은 투자자의 경우 적극적 투자자라면 우상향의 수익률곡선이 예상될 경우 1년만기의 채권에 투자하는 것보다도 2, 3년 만기의 채권에 투자하였다가 1년 후에 매도하는 편이 가격상승까지 흡수할 수 있으므로 유리할 수 있다.

3. 상황적합적 면역전략

전형적인 채권면역전략은 이자율변동위험을 제거하여 매수 당시의 목표 또는 약속수익률을 확보하는 방어적 전략이었다. 그러나 전형적 채권면역전략은 이자율변동이 초과수익을 크게 하는 방향으로 전개되는 상황이 된다면 기회비용이 높을 수밖에 없다.

상황적합적 면역(contingent immunization)전략은 이자율변동의 상황이 유리하지 않으면 면역전략을 사용하지만, 초과수익을 얻을 수 있는 유리한 상황으로 전개되면 적극적으로 채권포트폴리오를 관리해 나가는 전략을 말한다. 따라서 방어적 전략과 적극적 전략이 혼합된 전략이라고 할 수 있다.

상황적합적 면역전략에서는 상황전개에 따라 초과수익을 높이기 위해서 두 가지 전략적 변수를 완화시켜야 한다. 즉, 전형적 면역전략에서는 목표투자수익률과 목표투자기간이 고정되어 있으나, 상황적합적 면역전략에서는 최초의 목표투자수익률에서 약간 낮은 투자수익률을 허용하고, 투자자금을 회수하는 목표투자기간에도 일정기간의 범위 내에서 약간의 융통성을 부여한다.

[그림 17-6]은 상황적합적 면역전략의 한 예를 나타낸 것이다. 지금 시장의 채권수익률이 12%인데, 5년 후에 176억원이 필요하다. 또 목표투자수익률을 최저 11%까지 낮출 수 있고, 목표투자기간도 4~6년 사이로 융통성 있게 잡을 수 있다고 하자.

5년 후에 176억원의 목표 부를 확보하기 위해서 필요한 현재의 투자소요액은 시장수익률에 따라 달라지게 된다. 시장수익률이 12%이면 100억원, 11%이면 약 105억원, 10%이면 109억원, 13%이면 96억원 등이 필요하게 된다. 따라서 시장수익률의 변동에 따라서 투자소요액을 조금씩 조절해 나간다.

이처럼 상황적합적 면역전략은 당초의 목표투자수익률보다 약간 낮은 수익률을 최저치로 설정한 다음, 시장수익률이 하락하여 시장수익률 변동에 따른 운용수익률이 최저목표수익률을 상회하는 상황에서는 그때그때의 시장수익률에 적극적으로 운용하고, 반대로 시장수익률이 상승하여 운용수익률이 최저목표수익률을 하회하면 전형적 면역전략을 구사하여 최저목표수익률을 확보하도록 하는 탄력적 운용전략이다.

[그림 17-6] 상황적합적 면역전략

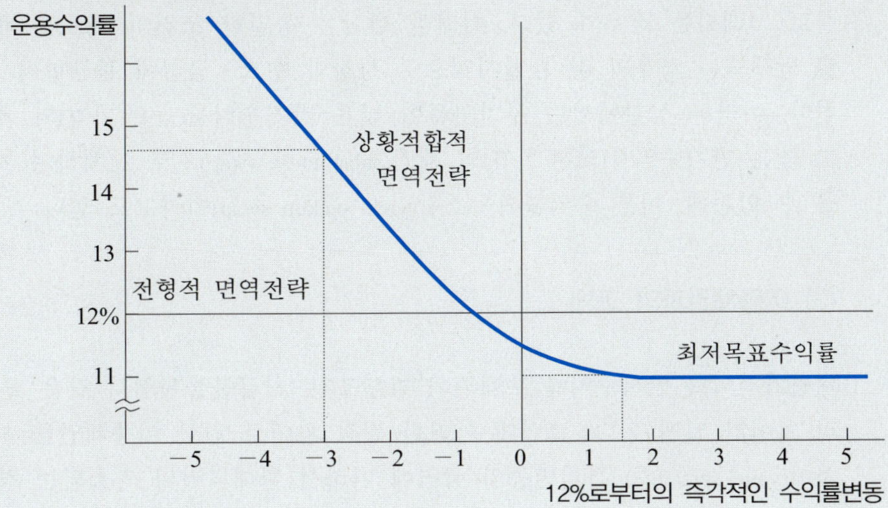

4. 채권스왑

채권스왑(bond swap)은 채권의 수익률, 만기, 세금관계, 앞으로의 시장이자율변동 등 채권가격에 영향을 주는 요인들을 고려하여 현재 보유하고 있는 채권을 수익성이 더 좋다고 판단되는 새로운 채권으로 교체하는 것을 말한다. 채권스왑은 초과수익을 가능하게 하는 특별한 정보를 근거로 하여 위험감수를 하면서 일종의 투기적 목적에서 시도되는 것으로서 적극적 채권투자전략에 속한다. 채권교체에는 다음과 같은 전략들이 있다.

(1) 이자율예상스왑

이자율예상스왑(interest rate anticipation swap)은 미래이자율변동을 예측하여 앞에서 설명한 채권가격변동이론을 이용하여 매매차익을 얻고자 하는 스왑이다. 만약 미래이자율이 하락할 것으로 예상된다면 만기가 짧거나 액면이자율이 높은 채권을 매도하고 장기채나 액면이자율이 낮은 채권으로 교체함으로써 자본이득을 높일 수 있다. 반대로 미래이자율이 상승할 것으로 예상되면 단기채의 잦은 교체로 자본손실을 최소화할 수 있다.

(2) 동종채권과의 교체

일시적으로 동일한 위험과 만기를 갖는 동종채권들이 서로 다른 가격과 만기수익률로 거래되는 경우가 있다. 이러한 현상은 동일한 조건의 새로운 채권이 대량으로 발행되는 경우와 같이 일시적으로 시장의 수요·공급에 불균형이 생길 때 발생한다. 이러한 상황에서는 투자자들이 낮은 만기수익률(높은 가격)의 채권을 매도하고 높은 만기수익률(낮은 가격)의 채권(substitution swap)으로 교체하여 자본이득을 얻을 수 있는데, 이를 수익률획득스왑(yield pickup swap)이라고도 한다.

(3) 이종채권과의 교체

채권가격이나 만기수익률은 채권의 발행조건, 지급불능위험과 같은 질적 차이에 따라 차이가 있게 된다. 그런데 이러한 질적 차이로 인한 이종채권들 사이의 수익률 차이(yield spread)는 경기변동의 국면에 따라서 확대되거나 축소되는 경향이 있는데, 이 시점을 파악하여 교체매매를 계속함으로써 초과수익을 누릴 수 있다.

[그림 17-7] 이종채권과의 스왑

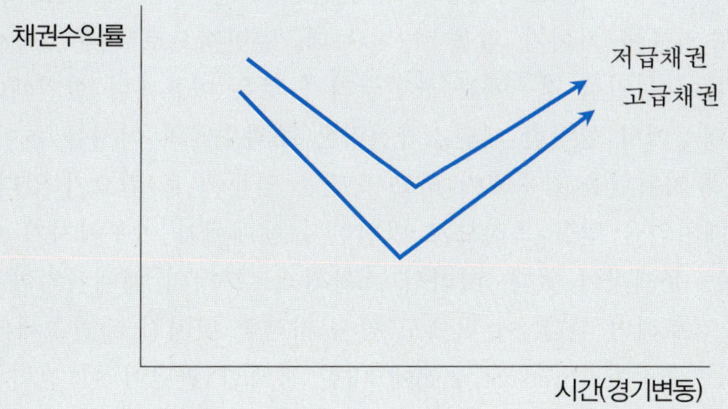

[그림 17-7]에서 보는 것처럼 일반적으로 경기국면이 호황에서 불황으로 전환할 때에는 이자율 하락과 함께 수익률스프레드가 커지는 경향이 있다. 이처럼 수익률스프레드가 확대될 것으로 예상되는 상황에서는 수익률이 높은 저급채권에서 수익률이 낮은 고급(장기)채권으로 스왑하는 것이 유리하다. 왜냐하면 불황이 되면서 이자율이 하락하면 장기채로서 수익률이 낮은 고급(낮은 위험)채권의 경우가 가격상승효과가 크기 때문이다. 반대로 수익률스프레드가 축소될 것으로 예상되는 상황에서는 수익률이 낮은 채권에서 높은 채권으로 스왑하는 것이 유리하게 된다. 이 같은 교체매매를 질적 스왑(quality swap)이라고도 한다.

이와 같은 스왑거래는 채권가격이 일정기간이 지나면 본래의 가치로 환원된다는 것을 가정한 것인데, 이 기간을 조정기간(workout time)이라고 부른다. 따라서 채권스왑이 성공적이기 위해서는 투자채권의 만기를 잘 고려하여 조정기간에 대한 예상을 잘할 필요가 있다.

(4) 세금스왑

채권투자소득이 있을 때 적용세율은 소득의 종류와 그 수준 그리고 개인인가 법인인가에 따라서 달라지므로 세금을 고려한 납세 후 투자수익률에는 차이가 있을 수 있다. 세금스왑(tax swap)은 세금관계를 감안하여 납세 후 투자수익률을 높이도록 투자채권을 교체하는 것을 말한다.

과세채권(taxable bond)과 비과세채권(tax-exempt bond) 간에는 납세 후 기준으로 투자수익률을 비교할 때 차이가 있을 수 있는데, 특히 한계세율이 높은 투자자나 기관투자자의 경우 비과세채권에 투자하여 세금절약효과를 얻을 수 있다. 또한 이자소득세율과 자본소득세율이 상이하므로 할인채인지 이표채인지에 따라 납세 후 투자수익률에 차이가 있을 수 있는데, 일반적으로 자본소득세율이 낮으므로 세전 수익률이 동일한 경우에는 표면금리가 낮은 이표채나 할인채가 유리하게 된다.

이상에서 설명한 채권스왑전략은 초과수익의 여지를 높이는 방법이 되지만 상당한 투자위험을 감수해야 하는 측면을 염두에 둘 필요가 있다. 또한 채권스왑은 단기매매차익을 얻을 목적으로 빈번한 교체매매가 이루어지기 때문에 거래비용이 증대되는 문제점이 있다. 따라서 스왑거래로부터의 매매차익이 거래비용을 상회하는지를 검토해야 한다. 이 밖에도 앞서 지적한 것처럼 채권교체의 효과가 유효하게 나타나는 조정기간(workout time)에 대한 정확한 판단이 이 전략의 성공에 필수적임을 유념할 필요가 있다.

보론 1 듀레이션과 이자율탄력성의 관계*

채권의 가격은 식 A17.1처럼 표시된다.

$$
\begin{aligned}
P_0 &= \sum_{t=1}^{n} \frac{C}{(1+r)^t} + \frac{F}{(1+r)^n} \\
&= \frac{C}{(1+r)} + \frac{C}{(1+r)^2} + \cdots + \frac{C}{(1+r)^n} + \frac{F}{(1+r)^n}
\end{aligned}
\tag{A17.1}
$$

이자율변동에 대한 채권가격변동률을 보기 위해 식 A17.1을 r에 대해 편미분하면,

$$
\frac{\partial P_0}{\partial r} = \frac{-1}{(1+r)}\left\{\frac{C}{(1+r)} + \frac{2C}{(1+r)^2} + \cdots + \frac{nC}{(1+r)^n} + \frac{nF}{(1+r)^n}\right\} \tag{A17.2}
$$

식 A17.2의 양변에 $(1+r)$을 곱하면

$$
\begin{aligned}
&\frac{\partial P_0}{\partial r} \times (1+r) \\
&\quad = -\left\{\frac{C}{(1+r)} + \frac{2C}{(1+r)^2} + \cdots + \frac{nC}{(1+r)^n} + \frac{nF}{(1+r)^n}\right\}
\end{aligned}
\tag{A17.3}
$$

식 A17.3을 식 A17.1로 나누면 우변은 듀레이션(D)을 나타내므로 다음과 같이 표시할 수 있다.

$$
\frac{\partial P_0}{P_0} \cdot \frac{(1+r)}{\partial r} = -D \tag{A17.4}
$$

식 A17.4의 분자, 분모에 $\dfrac{\partial r}{r}$을 곱하면,

$$\frac{\frac{\partial P_0}{P_0}}{\frac{\partial r}{r}} \cdot \frac{(1+r)}{r} = -D \qquad \text{(A17.5)}$$

식 A17.5의 좌변 첫 항은 채권가격의 이자율탄력성(el_{it})이므로 다음 관계식을 얻는다.

$$\therefore \; el_{it} = -D\left(\frac{r}{1+r}\right) \qquad \text{(A17.6)}$$

보론 2 채권의 볼록성관계*

1. 볼록성의 의의

본문의 제1절에서 이자율위험의 특성을 채권가격정리, 채권가격의 탄력성, 듀레이션의 개념을 이용하여 설명하였다. 특히 듀레이션을 이용하여 채권가격의 변동성을 측정하는 것은 이자율변화가 극히 작을 때에는 채권가격의 변동성을 비교적 정확하게 측정하게 된다. [그림 A17-1]에서 보면 이자율이 r^* 에서 r_2 나 r_3 수준으로 작게 변동하면 가격변동성은 큰 오차 없이 측정된다.

그러나 이자율변화가 클 때에는 측정오차가 크게 된다. 다시 [그림 A17-1]에서 보듯이 이자율이 r^* 에서 r_1 이나 r_4 수준으로 크게 변동하면 듀레이션에 근거한 가격변동성 측정은 ①이나 ② 정도의 큰 측정오차를 보이게 된다. 그 이유는 듀레이션에 의한 가격변동성은 r^* 에서의 기울기(직선)로 측정되는 것이지만, 실제의 가격과 이자율의 관계는 직선형이 아닌 볼록한 형태의 곡선으로 그려지는 볼록성 관계(convex relationship)를 지니게 되기 때문이다. 따라서 보다 정확한 추정을 위해서는 듀레이션을 수정할 필요가 있게 된다.

[그림 A17-1] 채권가격과 이자율의 볼록성 관계

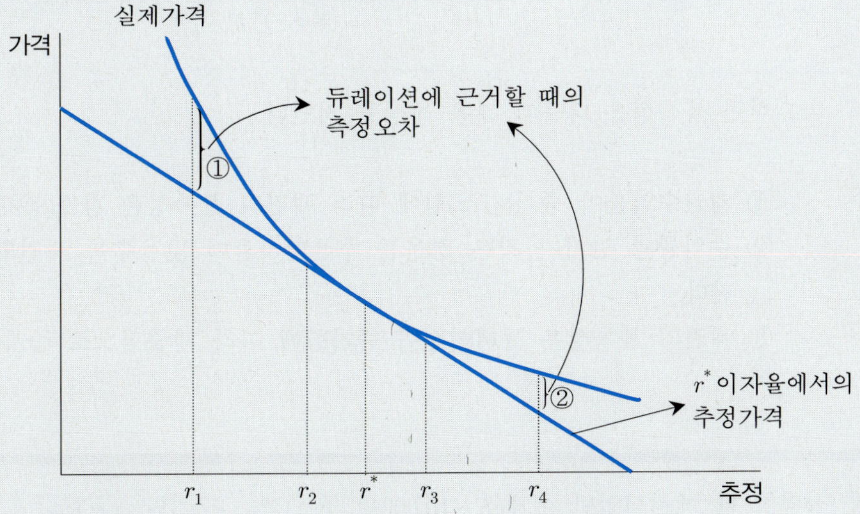

2. 볼록성을 감안한 가격변동성의 측정

이자율변동에 대한 채권가격변동성을 측정할 때 볼록성 관계를 감안하여 추정하는 것은 이자율변화에 따른 듀레이션의 변화율을 측정하는 것이 된다.[10)]

듀레이션을 이용한 가격변동률은 제1절의 식 17.5와 같이 측정하였는데, 이 값에 식 A17.8로 측정되는 볼록성조정률(convexity adjustment)을 더하여 보다 정확한 가격변동률($\Delta P^C / P$)을 추정하게 된다. 식 A17.8에서의 볼록성은 식 A17.9에 의해서 추정하게 된다.

$$\frac{\Delta P^C}{P} = -\,dur^m \cdot \Delta r + \text{볼록성조정률} \qquad \text{(A17.7)}$$

단, $\dfrac{\Delta P^C}{P}$: 볼록성을 감안한 가격변동률

• 볼록성조정률$=0.5$(볼록성)(이자율변화)^2 (A17.8)

10) 곡선의 볼록성 정도는 이자율변화율에 대한 듀레이션의 변화율을 측정하는 것이므로 가격탄력성에 대한 2차도함수를 가격으로 나누어 추정하게 되는데, 최종결과로 얻어진 것이 식 17.5, 식 A17.8, 식 A17.9이다.

$$\bullet \text{ 볼록성} = \frac{\dfrac{1(2)C}{(1+r)^1} + \dfrac{2(3)C}{(1+r)^2} + \cdots \dfrac{n(n+1)C}{(1+r)^n} + \dfrac{n(n+1)F}{(1+r)^n}}{(1+r)^2 P} \qquad \text{(A17.9)}$$

한편 볼록성은 다음과 같은 특성을 지닌다.

① 채권수익률이 증가(감소)함에 따라 채권의 볼록성은 감소(증가)한다.
② 수익률과 만기가 같은 경우는 쿠폰이자율이 낮을수록 채권의 볼록성은 커진다.
③ 채권의 볼록성은 듀레이션이 증가함에 따라 체증적으로 증가한다.

예 제

듀레이션을 설명할 때 제시되었던 예제(F=10,000원, c=12%, n=3년, r=8%, dur=2.70년, dur^m=2.5년)의 채권이 있다. 이자율은 8%에서 10%로 상승할 것으로 예상된다.

(1) 볼록성과 볼록성조정률을 구하라.
(2) 볼록성을 감안하지 않은 것과 감안한 것의 가격변동률을 비교하라.

해설 (1) 볼록성의 계산

① 기간(t)	② CF_t	③ 현재가치계수	④ 현재가치	⑤$t(t+1)$ 현재가치
1	1,200	0.926	$1,111^{20}$	$1(2)1,111^{20}=\ 2,222^{40}$
2	1,200	0.857	$1,028^{40}$	$2(3)1,028^{40}=\ 6,170^{40}$
3	11,200	0.794	$8,892^{80}$	$3(4)8,892^{80}=106,713^{60}$
			$11,032^{40}$	$115,106^{40}$

$$\text{따라서 볼록성} = \frac{115,106^{40}}{(1.08)^2\ 11,032^{40}} = \frac{115,106^{40}}{12,868^{19}} = 8.945$$

볼록성조정률의 계산 : 식 A17.8에 의해서
볼록성조정률$=0.5(8.945)(0.02)^2=0.00179=0.179\%$

(2) 볼록성을 감안하지 않은 가격변동률$=-dur^m \cdot \Delta r=-(2.5)(0.02)=-5\%$

$$\text{볼록성을 감안한 가격변동률 } \left(\frac{\Delta P^C}{P}\right) = -(2.5)(0.02)+0.00179=-0.05+0.00179$$
$$=-0.04821 \fallingdotseq -4.82\%$$

주요용어

이자율변동위험
총투자수익
채권의 가격탄력성
방어적 채권투자전략
자산 · 부채종합관리
적극적 채권투자전략
채권스왑
세금스왑
재투자위험
채권가격정리
듀레이션
채권면역전략
채권포트폴리오 수익률
수익률곡선타기전략
이자율예상스왑
가격위험
볼록성
수정듀레이션
캐시매칭
채권포트폴리오 듀레이션
상황적합적 면역전략
질적 스왑

연습문제

1. [채권가격정리, 채권투자의 위험] 채권가격정리에 대하여 설명하라. 또 채권투자성과를 좌우하는 요인들을 제시하고, 채권투자성과의 변동성을 초래하는 투자위험에 대해서 설명하라.

2. [채권면역전략의 내용] 채권면역전략을 통하여 이자율변동위험을 제거하는 구체적인 방법에 대하여 설명하라. 또 자산 · 부채종합관리에 어떻게 활용될 수 있는지를 설명하라.

3. [채권가격의 변동성 측정방법] 다음과 같은 채권 A와 B가 있다. 이자는 반기마다 후급하는 채권이다.

	액면이자율	만기수익률	만 기	액면가	현재가격
채권 A	8%	8%	2년	100,000원	100,000원
채권 B	9%	8%	5년	100,000원	104,055원

① 두 채권에 대해서 채권수익률이 1% 상승하였을 때의 채권가격탄력성, 맥콜리의 듀레이션을 측정하라.
② 맥콜리의 듀레이션을 이용하여 다시 이자율이 1% 증가하였을 때의 채권가격변동액을 추정하라.

4. [듀레이션에 영향을 주는 요인] 다음과 같은 특성의 채권이 있을 때, 이들을 듀레이션이 큰 것부터 차례로 나열하라.

채 권	액면이자율(%)	만기(연)	만기수익률(%)
A	15	20	10
B	15	15	10
C	0	20	10
D	8	20	10
E	15	15	15

5. [듀레이션과 채권가격변동성의 측정] 다음과 같은 특징을 지니는 채권이 있다.

액면가=10,000원	지급이자(연후급)=600원
내부수익률=7%	만기=3년

① 이 채권의 Macaulay 듀레이션을 EXCEL을 활용하여 구하라.
② 내부수익률이 6.5%로 하락할 경우 이 채권의 가치는 얼마나 변동하게 되는가?

6. [채권포트폴리오 수익률과 듀레이션] 다음과 같은 채권 한 단위씩으로 포트폴리오를 구성하고 있다.

	액면이자(연)	액면가	내부수익률	만 기
채권 1	850원	10,000원	10%	2년
채권 2	0원	10,000원	9%	1년

① 이 채권포트폴리오의 내부수익률을 구하라.
② 이 채권포트폴리오의 듀레이션을 구하라.

7. [적극적 채권투자전략] 채권포트폴리오 운용에 있어서 이자율예측은 매우 중요하다. 미래이자율을 예측할 때 고려해야 할 측면들을 설명하라.

8. [채권스왑] 채권스왑거래의 방법을 설명하고, 스왑거래가 가지고 있는 문제점을 제시하라.

제 VI 편

파생상품과 위험관리

본편에서 다루게 되는 선물거래와 옵션투자는 불확실한 금융환경하에서 투자위험을 헤징하는 주요 수단으로뿐만 아니라 투자자가 원하는 다양한 투자수익과 위험의 패턴을 창출할 수 있는 좋은 방법으로서 효과적인 포트폴리오 관리에 핵심적인 방편으로 이용되고 있다. 이를 반영하듯이 옵션이나 선물거래와 같은 파생금융상품의 거래가 주요국에서는 주식 등 현물 기초자산의 거래를 상회할 정도가 되었다.

우리나라에서도 1996년 5월 지수선물시장이, 1997년 7월 지수옵션시장이 개설된 이후 짧은 시간 안에 파생상품 거래량이 급증하고 있다. 최근에 들어서는 채권·통화 등 여타 선물거래도 활성화되고 있고, 파생상품을 이용한 투자관리가 투자성과에 결정적인 영향을 미치는 투자전략의 주요 수단으로 자리를 잡아가면서 본격적인 파생금융상품시대가 열리고 있다.

제 **18** 장

선물거래와 위험헤징

상품시장에서 주요 원자재의 가격이, 금융시장에서는 이자율, 환율, 채권가격, 주식가격이 심한 급등락을 보이는 상황이 자주 나타나면서, 투자위험관리가 중차대한 과제가 되고 있다. 본장에서 다루는 선물거래는 가격변동에 따른 위험을 헤징(risk hedging)하는 주요 수단이 되고 있다. 우리나라에서도 1996년 5월 3일 이후 주가지수선물 KOSPI 200이 개설되고 있고, 선물거래소에서는 금 · 국채 · 미국달러선물 등에 대한 선물거래도 이루어지고 있다. 실제로 포트폴리오 관리의 측면에서 볼 때 선물거래는 체계적 위험까지 제거해 줄 수 있는 수단을 제공해 줄 뿐 아니라, 선물거래의 이용은 포트폴리오의 투자수익과 위험의 특성을 효과적으로 조정할 수 있는 방편이 된다. 본장에서는 선물거래를 이용한 투자관리방법에 대하여 다룬다. 다음은 본장의 학습목표로서 이해해야 할 주요 사항들이다.

- 선물거래와 선도거래의 차이점
- 선물거래제도의 특징과 선물시장의 경제적 기능
- 우리나라 주가지수선물제도의 특징
- 선물거래를 이용한 위험헤징방법과 베이시스 위험
- 주가지수선물거래에서 헤지비율을 결정하는 방법
- 주가지수선물거래를 이용하여 체계적 위험을 통제하는 방법
- 선물투기전략의 방법
- 선물가격과 현물가격의 관계(현물 · 선물등가이론)

제 1 절 선물거래의 의의와 종류

본절에서는 먼저 선물거래의 특징에 대하여 설명한다. 선물거래는 선도거래로부터 발전했는데, 이들의 차이점을 2항에서 살펴보고, 3항에서는 선물거래의 종류에 대하여 설명한다.

1. 선물거래의 의의

모든 상거래에서는 거래 쌍방이 상품을 건네주고 받으면서 현금을 지급하고 받아 결제한다. 이때 두 행위가 시간적으로 동시에 이루어지는지, 아니면 시간적 차이를 두고 이루어지는지에 따라 현금거래와 선물거래로 구분된다.

현금거래, 즉시거래(cash 또는 spot trade)는 현장에서 상품을 건네주고 받으면서 동시에 현금을 결제하는 거래이다. 반면에, 선물거래는 상품을 사고팔기로 하는 계약은 지금 체결하고, 실제로 상품의 인수도와 현금결제는 미래 특정시점에서 하는 거래이다. 예를 들어 4개월 후 밀을 수확하게 되는 밀 농가와 이를 원료로 사용하고자 하는 제분업자가 4개월 후에 밀을 인수도하면서 대금을 결제하기로 하고, 그 계약을 오늘 체결하는 것은 선물거래의 한 형태이다.

이처럼 선물계약거래(futures contract)는 특정자산을 미래 특정시점에서 약정된 가격과 조건으로 사거나 팔기로 약속하는 의무화된(obliged) 계약거래를 말한다.

계약은 오늘 체결하지만, 상품의 인수도와 대금결제는 미래 특정시점에서 하는 이러한 형태의 거래는 위에서 예로 든 밀 농가와 제분업자의 관계뿐 아니라 조선회사와 해운회사, 원유회사와 정유회사 사이 등 많은 거래에서도 볼 수 있는데, 쌍방 모두 가격변동위험을 안고 있다. 밀 농가에서는 가격하락위험을, 제분업자는 가격상승위험을 염려한다. 4개월 후 밀의 가격이 급락하면 밀 농가의 수입은 크게 감소하고, 밀의 시장가격이 오르면 제분업자의 이익은 크게 줄어드는 위험이 있다. 또 석유가격의 급등락이 지속되는 상황에서 원유회사는 가격하락위험을, 정유회사는 가격상승위험을 염려한다.

그런데 4개월 후에 현물 인수도와 대금결제할 것을 오늘 계약하면서 매수가격 및 매도가격을 미리 정하면, 미래의 가격을 오늘 고정(lock-in)하는 결과가 되므로 관련된 위험을 부분적으로 줄이는 효과가 생긴다. 거래 쌍방 모두가 가격이 불리한 방

	노출된 위험	현 재	미래 특정시점
밀 농가(원유회사)	가격하락위험	매도계약(매도가격 오늘 확정)	현물(밀, 원유) 인도
제분업자(정유회사)	가격상승위험	매수계약(매수가격 오늘 확정)	대금지급 결제

향으로 움직이는 데서 오는 위험을 줄일 수 있게 된다.

이러한 거래에서는 상품의 인수도와 대금결제과정에서 분쟁의 소지가 발생할 수 있다. 따라서 그 계약사항이 반드시 이행되도록 의무화시키는 거래가 되어야 한다. 선물계약거래의 중요한 특징은 **의무화된 계약거래**라는 점에 있다. 어떠한 상황이 되든지, 밀 농가는 미래 약정시점에서 약정된 조건(가격)으로 밀(현물)을 인도해야 하는 의무를 지니며, 제분업자는 현금을 지급해야 하는 의무를 지닌다.

선물거래와 다음 장에서 설명하는 **옵션거래**는 특정자산을 미래 특정시점에서 약정된 가격과 조건으로 사거나 팔기로 약속하는 거래라는 점에서 유사하다. 그러나 옵션계약은 상황이 유리할 때 권리(rights)를 행사할 수 있는 계약이어서 기본적으로 강제성이 없는 반면에, 선물계약은 계약사항을 반드시 이행해야 하는 의무(obligation)를 지닌다는 점에서 근본적으로 차이가 있다.

2. 선도거래와 선물거래

특정자산을 미래 특정시점에서 약정된 가격과 조건으로 사거나 팔기로 약속하는 의무화된 계약거래로서, 오늘날 개설되고 있는 선물계약거래는 역사적으로 보면, 선도계약거래의 형태로부터 시작되었다.[1)]

본래 선도거래(forward contract)는 **계약자 쌍방의 사적 합의**에 의해서, **비표준화된 거래절차**(주문방법, 매매성립, 가격표시방법, 결제방법)와 매매 쌍방의 **개인신용도**에 **근거**하여, **비공개적인 점두거래**(over-the-counter market)**방식**으로, 그리고 무엇보다 **만기일에만 결제가 허용되는** 거래로 시작되었다. 만약 밀 농가 'A'와 제분업자 'B'가 사적으로 밀을 수확하게 되는 4개월 후에 밀을 인수도하면서 대금을 결제하기로 하는 계약을 오늘 체결하면 이 계약거래는 선도거래이다. 계약거래가 이처럼 비표준화된 거래절차, **계약자 쌍방의 사적 합의** 그리고 **개인신용도**에 근거하여 이루어지

1) 선도거래나 선물거래는 현물거래처럼 당장 현물이 오고 가는 거래가 아니라 특정자산을 미래 특정시점에서 약정된 가격과 조건으로 사거나 팔기로 약속하는 의무화된 계약거래라는 특징을 지닌다. '계약'을 사고파는 거래인 것이다. 엄격한 의미에서 선도계약거래, 선물계약거래라고 표현해야 하나 여기서는 간단히 줄여 선도거래, 선물거래로 표현한다.

면 결과적으로 계약의무의 불이행과 그로 인한 분쟁의 소지가 항상 있게 된다. 더욱이 만기일이 되어야 결제가 이루어지기 때문에 기회손실 등 추가적인 가격변동위험을 회피할 수 없다. 예를 들어 계약가격보다 만기시점에서의 가격이 더 크게 상승하면 매도자(밀 농가와 같은 입장)는 비싸게 팔 수 있는 기회를 잃은 결과가 되므로 손해를 보고, 반대로 가격이 하락하면 매수자(제분업자와 같은 입장)는 싸게 살 수 있는 기회를 잃어 손해를 보게 된다.

이러한 선도거래의 문제점을 해결하는 제도로서 만들어진 것이 선물거래이다. 선물거래(futures contract)는 일정기간 후에 일정량의 특정상품을 미리 정한 가격에 사거나 팔기로 계약하고, 이 계약에 따라 만기일에 약정대금을 수수하고 현물을 실제 인수 혹은 인도하는 계약거래를 하되, 거래가 조직화된 거래소를 통하여 표준화된 거래절차에 따라 이루어지도록 하고, 계약의 만기일 이전이라도 반대매매(reverse trading)를 하여 가격차이만큼의 금액만 결제함으로써 그 계약을 이행하게 되는 거래형태이다.

밀 농가 'A'와 제분업자 'B'가 계약자 쌍방의 사적 합의와 개인신용도, 비표준화된 거래절차에 근거하여 이행하는 것이 아니라 조직화된 선물거래소를 통하여 그 표준화된 거래절차에 따르며 계약의 이행을 선물청산소가 보증하는 방법으로, 그리고 4개월 이전 아무 때나 결제하도록 하는 계약거래라면 이는 선물거래이다. 따라서

〈표 18-1〉 선도거래와 선물거래의 차이점

	선도거래	선물거래
① 거래의 표준화 여부	계약자 쌍방의 사적 합의에 의해서 계약조건을 임의로 정하는 비표준화된 계약	공식거래소에서만 거래되며 거래절차(주문방법, 매매성립, 가격표시방법, 결제방법)가 명시되어 있는 표준화된 계약
② 계약의무이행의 보증 여부	계약자 쌍방의 직접거래로, 계약당사자의 신용에 의존	계약의 이행이 청산소에 의해 보증되므로 청산위험이 없음
③ 청산방법	만기일에만 결제	일일정산결제*
④ 계약이행시점과 위험관리의 유효성	만기일에 현물인수도하고 대금결제. 따라서 기회손실 등 추가적인 가격변동위험을 회피할 수 없음	만기일 이전이라도 반대매매에 의해서 청산할 수 있음. 따라서 선물계약은 자신이 원하는 시기에 가격변동위험을 헤징할 수 있는 수단이 보다 다양함
⑤ 가격결정방법과 규제 여부	점두거래에 의존. 매매당사자간의 직접 가격결정. 가격결정시 하한·상한의 제한이 없음	공개적인 호가방식(open outcry)에 의해 이루어져 가격결정이 경쟁적이고 효율적임. 시장의 유동성이 상대적으로 높음. 투기적 요소에 대한 가격변동제한과 각종 규제가 뒤따름

* 이에 대해서는 '제2절 선물거래제도와 기능'에서 상세히 설명

〈표 18-1〉의 양자의 차이점 비교에서 보듯이 선물거래의 장점은 ① 조직화된 공식 거래소를 통한 표준화된 거래절차에 의해서 그리고 계약의 이행을 청산소가 보증함으로써 분쟁의 소지나 청산위험이 없다는 점, ② 공개적인 호가방식으로 거래가 이루어져 경쟁적이고 효율적인 가격결정이 이루어지고 유동성이 높다는 점, ③ 만기 이전에라도 결제하여 위험회피가 수시로 이루어질 수 있다는 점이다.

3. 선물거래의 종류

선물거래는 〈표 18-2〉에서 보는 바와 같이 선물거래의 대상에 따라 상품선물거래와 금융선물거래로 나눌 수 있다.

상품선물거래(commodity futures)는 옥수수 · 밀 · 콩 등의 농축산물, 동 · 알루미늄 등의 금속, 원유 · 천연가스 등의 에너지를 거래대상으로 하는 선물거래이다.

금융선물거래(financial futures)는 채권, 주요국 통화, 주가지수 등 금융상품을 거래대상으로 하는 선물거래이다.

선도거래와 선물거래를 역사적으로 보면, 초기에는 농축산물을 대상으로 하는 선도거래가 주를 이루었다. 미국의 경우 조직적인 선도거래는 1691년 뉴욕에 상품거래소가 개설되면서부터 이루어졌고, 거래가 본격화된 것은 1800년대에 들어서서 주요 곡물이나 가축 등의 수급불균형이 크게 발생한 후부터이다. 주요 농산물이 과잉생산되는 해에는 매우 낮은 가격으로 팔아야 하는 농산물 생산업자(농가)가 큰 손

〈표 18-2〉 선물거래의 종류

선물거래	상품선물거래	농축산물	밀, 대두, 옥수수, 커피, 코코아, 면, 설탕, 쌀, 소, 돈육 등
		금 속	동, 알루미늄, 금, 은, 플래티늄 등
		에 너 지	원유, 벙커시유, 천연가스, 가솔린, 프로판가스, CRB지수(농축산물, 금속, 에너지 종합지수), 날씨 등
	금융선물거래	금리선물	유로달러, T-Bond, T-Note, T-Bill, CD, LIBOR, EULIBOR
		통화선물	미국「달러」, 영국「파운드」, 일본「엔」, 유럽「유로」등
		주가지수	S&P 500, NYSE지수, DJ산업지수, Nasdaq 100지수, FTSE지수, 일본 Nikkei 225지수, 한국 KOSPI 200지수 등
		선물옵션	

해를 보게 되고, 작황이 나쁜 해에는 급등한 가격으로 원료를 구매해야 하는 농산물 가공업자나 소비자가 큰 손해를 경험하게 되면서 가격안정을 기하는 방편으로 선도계약의 이용이 크게 증가하게 되었다.

선물거래 형태로 조직화된 거래가 이루어지기 시작한 것은 1848년 미국에서 시카고거래소(CBOT : Chicago Board of Trade)가 설치되면서부터이다. 선물거래는 1970년대 이전까지는 주로 농산물, 금속, 에너지 등 상품선물에 국한되었다. 그러나 1970년대 이후 급격한 환율변동과 금리변동을 경험하면서 상품선물거래방식이 금융자산에도 적용되어 금융선물거래가 발달하게 되었다. 1982년 이후에는 주가지수를 대상으로 하는 선물거래로 확장되고 있다.

제2절 선물거래제도와 기능

본절에서는 선물시장의 구성, 조직화된 거래소와 청산소, 증거금과 일일정산제도 중심으로 선물거래의 제도적 측면과 기능에 대하여 살펴본다.

1. 선물시장의 구성

선물시장은 크게 보면 투자자, 선물거래소, 선물중개회사, 청산소로 구성되어 있다고 할 수 있다. 이 가운데 투자자는 헤저와 투기자 그리고 차익거래자로 구분되어 참여하게 된다.

헤저(hedger)는 현물보유자나 실수요자 입장처럼 불리한 가격변동의 위험으로부터 기초자산의 가치를 보호하려는 목적에서 선물시장을 이용하는 투자자들이다. 반면에 투기자(speculator)는 실수요자가 아닌 입장에서 현물시장에서의 포지션에 관계없이 위험부담을 안으면서 선물가격변동 그 자체를 유리하게 이용하려는 투자자들이다. 한편 차익거래자(arbitragers)는 현물시장과 선물시장에서의 가격차이를 노리고 무위험이익(arbitrage profit)을 달성하려는 투자자들이다.

이러한 헤저와 투기자 그리고 차익거래자에 의하여 선물계약에 대한 수요와 공급이 발생하기 때문에 투자자 입장에 따라서 선물계약은 투자위험을 회피하는 수단이 되기도 하고, 그 과정에서 적극적으로 이익을 얻을 수 있는 투기의 수단이 되기도 한다.

선물거래는 계약을 사고파는 거래이다. 어떤 형태의 투자자이든 매수자(수요자)와 매도자(공급자)가 있게 되는데, 선물거래에서는 선물계약의 매수포지션을 long position, 선물계약의 매도포지션을 short position이라고 부른다.

2. 조직화된 거래소와 선물청산소

앞에서 선도거래가 매매 쌍방의 개인신용에 근거한 비공식적 사적거래로서 분쟁의 소지가 있는 반면에 선물거래는 조직화된 거래소와 청산소를 통해서 거래와 결제가 이루어짐으로써 공신력 있게 청산위험 없이 거래가 완결될 수 있음을 지적하였다. 선물거래는 장외거래가 인정되지 않고 지정된 장내 거래소에서만 거래가 가능한데, 선물거래소는 조직화된 거래소로서 독자적인 거래규칙하에 시장참여자간의 공정하고 질서 있는 거래를 보장해 준다. 선물거래소 내에서 선물거래를 성립시켜 주는 역할은 거래소 회원에 의해서 수행된다.

앞서 설명한 것처럼 선물거래는 미국에서 1848년 시카고거래소(CBOT : Chicago Board of Trade)가 설치되면서 조직적으로 이루어지게 되었는데, 현재는 2007년 시카고상품거래소(CBOT)와 뉴욕상업거래소(NYMEX)를 흡수합병한 시카고상업거래소(CME : Chicago Mercantile Exchange) 내에서 이루어지고 있다. 우리나라에서는 1996년 주가지수선물거래가 시작되었는데, 제도적으로는 1999년 설립된 한국선물거래소가 한국증권선물거래소에 편입되고 2009년 한국거래소(KRX)로 체제가 바뀌면서 현재는 KRX를 통하여 선물거래가 이루어지고 있다.

선물거래가 지니는 중요한 특성의 하나는 선물계약의 결제방식인 청산거래제도(clearing mechanism)에 있다고 할 수 있다. 선물거래 특유의 청산기능은 선물청산소에 의해 수행되는데, 선물청산소(clearing house)는 선물계약의 이행을 보증하기 위하여 매매 쌍방을 대신하여 실질적인 거래당사자가 되어 청산기능을 수행하는 기관이다. 청산소는 모든 매도측 청산회원에 대해서는 매수측이 되고, 모든 매수측 청산회원에 대해서는 매도측이 되어 상품과 현금의 인수도를 보증하는 청산기능을 수행함으로써 원활한 선물거래를 위한 안전기구로서의 역할을 수행한다. 외국의 경우 거래소와 별도의 청산소를 설치하여 운영하고 있지만 우리나라는 청산소를 별도로 두지 않고 한국거래소가 청산소의 역할을 하고 있다.

3. 증거금 및 일일정산제도

청산소의 청산업무는 증거금(margin)제도와 일일정산제도에 기초하고 있다.

일반 선물투자자는 먼저 계좌를 개설하고 정해진 예탁금을 납입한다. 선물거래는 미래 인수도 시점이 되어야 손익을 알 수 있고 손실을 보는 상황이 언제든지 발생할 수 있으므로 반드시 결제를 이행하겠다는 계약금 성격의 증거금(선물계약금액의 일정 %)을 내야 한다.

계약이행보증의 역할을 하는 일반투자자의 위탁증거금에는 개시증거금, 유지증거금, 추가증거금이 있다. 개시(주문)증거금(initial margin)은 거래 개시 때 납부하는 최초증거금이다. 거래계약액의 일정비율(일반적으로 5~15%, KOSPI 200지수선물의 경우는 7.5%)의 해당금액을 개시 때 예치한다. 유지증거금(maintenance margin)은 개시 이후 선물거래하는 동안 선물거래의 이행을 보증하는 데 필요한 최소수준의 증거금이다. 유지증거금은 보통 개시증거금의 60~70% 수준에서 결정된다. KOSPI 200지수선물의 경우 유지증거금은 개시증거금의 2/3(계약금액의 5%)로 정하고 있다.[2)]

투자자의 증거금 잔고가 유지증거금 수준 이하로 내려가면 추가증거금 납부를 요구받는데, 이 요구를 증거금요구(margin call)라 하고, 증거금요구에 의해 납부되는 증거금을 추가(변동)증거금(variation margin)이라 한다.

선물가격이 변동함에 따라 증거금 잔고가 추가증거금 납부가 필요한 수준까지

[그림 18-1] 일일정산과 증거금 납부 및 인출

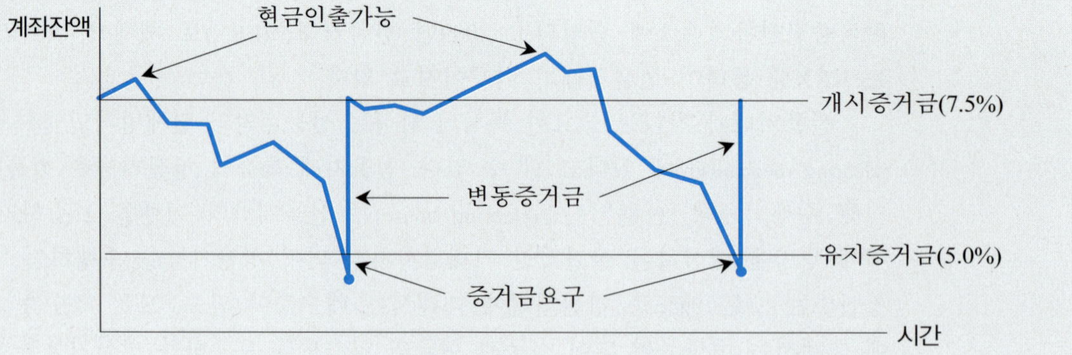

2) KRX에서는 고객이 증권회사/선물회사에 납부하는 증거금에 대하여 개시(주문)증거금은 '위탁증거금', 유지증거금은 '유지위탁증거금'으로 규정하고 있다. 그리고 회원사가 거래소에 내는 증거금은 '거래증거금'으로 구분하고 있다. 증거금률은 선물상품의 거래가격과 변동성을 감안하여 차등화시키고 있다(〈표 18-3〉 참조).

내려갔는지 반대로 충분한지를 판단하기 위해서는 매일매일의 손익이 발생할 때마다 이를 증거금 증감에 반영(marking to market)하여 증거금계정을 정산해야 한다. 이를 일일정산제도(daily settlement)라고 한다. 일일정산에 의해 차익이 발생하면 기초증거금을 초과하는 부분은 수시로 인출할 수 있다. 반면에 차손이 발생하여 계좌에 있는 금액이 유지증거금 수준을 밑돌게 되면 개시증거금 수준으로 현금을 예탁해야 하는 증거금요구를 받는다([그림 18-1] 참조). 이처럼 선물계약자의 실제 거래에 관계없이 청산소에서 매일마다 정산하는 방법은 그 정산결과가 일정기간에 걸친 실제 투자손익과 일치하므로 아무런 문제를 야기하지 않는다. 선물계약은 일일정산하는 제도라는 점에서 만기일에만 정산하는 선도계약과 차이가 있다.

4. 선물거래 종결방법

선물포지션을 종결하는 방법(closing out positions)에는 두 가지가 있다. 한 방법은 만기시에 실물인수도 또는 현금결제를 하여 계약의무의 이행을 다하는 것이다.

다른 방법은 실물인수도일 이전이라도 언제든지 반대매매(offset 혹은 reversing trades)를 통해 본인의 선물포지션을 청산(마감)하는 것이다. 즉, 선물계약매수자의 입장에 있는 투자자가 중도에 실물인수의 의무에서 벗어나고 싶으면 선물계약을 매도(short position)하고, 선물계약매도자의 입장에 있었다면 선물계약을 매수(long position)하면 된다. 우리나라 시장에서는 전자를 '환매', 후자를 '전매'라고 부르기도 한다. 반대매매를 하게 되면 양쪽의 의무가 상쇄되므로 이행할 의무가 사라지고, 양자의 차익 또는 차손만 결제하면 청산된다.

선물계약에서 반대매매를 하지 않고 매수포지션(선물계약 매수 입장)이나 매도포지션(선물계약 매도 입장) 어느 한쪽 포지션을 계속 견지하고 있는 계약의 수를 미결제약정수량(open interest)이라고 한다. 어느 매매 일방의 매수포지션은 상대방이 매도포지션에 있음을 전제로 하기 때문에 매수포지션과 매도포지션 한 쌍이 미결제약정수량 한 개가 된다. 일반적으로 계약만기일이 다가오면 반대매매가 대부분 이루어지므로 미결제약정수량은 크게 감소한다. 실제의 선물거래에서 만기일에 상품인수도(주가지수선물은 현금인도)로 이어지는 예는 전체의 3% 미만인 것으로 알려져 있다. 이 경우도 대부분 농축산물, 금속, 통화선물에서 나타난다.

5. KRX의 선물거래제도

우리나라에서의 선물거래는 1996년 5월 3일 KOSPI 200지수선물이 개설되면서 시작되었다. 2000년부터는 선물거래소가 개설되면서 달러선물, 국채선물에까지 확장되었고, 2005년 1월 27일 이후에는 통합 증권선물거래소가 출범하면서 모든 선물거래는 한국거래소(KRX) 내의 선물시장에서 거래되고 있다. 2008년 5월 6일부터는 개별주식 선물거래가 가능하게 되었는데, 2017년 7월 현재 KRX에서는 다음과 같은 선물상품이 거래되고 있다. 〈표 18-3〉은 이 가운데 주요 금융선물의 현황과 제도를 요약한 것이다.

- 주가지수 상품 : KOSPI 200지수선물, 코스닥 150지수선물, KOSPI 200 에너지/화학섹터지수선물, KOSPI 200 정보기술섹터지수선물, KOSPI 200 금융섹터지수선물, KOSPI 200 경기소비재섹터지수선물, KOSPI 200 생활소비재섹터지수선물, KOSPI 헬스케어섹터지수선물, KOSPI 200 변동성지수선물 등
- 금리상품 : 3년국채선물, 5년국채선물, 10년국채선물
- 통화상품 : 미국달러선물, 엔선물, 유로선물

〈표 18-3〉 우리나라 금융선물 관련 주요 상품의 현황과 제도

상품구분	선 물	기초자산	결제월	최종거래일	개시증거금	유지증거금	호가가격	거래승수(1계약금액)
주가지수	KOSPI 200선물(1996.5.30)* 코스닥 150선물(2015.11)	KOSPI 200지수 코스닥 150지수***	분기월 4개	두 번째 목요일	7.5% 9.0%	5.0% 6.0%	0.05P 0.10P	지수×25만원** 지수×1만원
주식선물	132개 주식(유가증권시장 113개, 코스닥시장 19개)	주권****	분기월 4개 기타월 2개	지수선물과 동일	차등	차등	0.05P	주식선물가격×10(거래승수)
금리	장기 3년국채(1999.9.29) 장기 5년국채(2003.8.22) 장기 10년국채(2008.2.25)	국고채	분기월 4개	결제월 세 번째 화요일	0.55% 1.35% 2.55%	0.5% 0.9% 1.7%	0.01P	액면 1억원
통화	미국 달러(1999.4.23) 일본 엔(2006.5.26) 유로(2006.5.26)	미국 달러 일본 엔 유로	분기월 4개 및 최근 연속 6개월	결제월 세 번째 월요일	3.9% 4.5% 5.4%	2.6% 3.0% 3.6%	0.1원	US $10,000 유로 : 10만원

자료 : www.krx.co.kr.(기준일은 2017.7.20)

* ( )은 상장일

** 파생상품시장 활성화 차원에서 2015.7.20 도입된 미니 KOSPI 200선물은 거래승수가 10만원임

*** 스타지수선물의 거래가 전무하면서 2015년 11월부터 개설

**** 증거금률은 주식마다 변동성을 감안하여 차등화되어 있음

- 일반상품선물 : 금선물, 미니금선물, 돈육선물
- 기초주권상품(주식)선물 : 삼성전자, SK하이닉스, 현대차, 기아차, LG전자, LG디스플레이, POSCO, 한국전력, KB금융지주, 하나금융지주 등의 주식선물

이 가운데 가장 활성화되고 있는 선물거래는 KOSPI 200지수선물이다. 이 지수선물의 기초자산이 되고 있는 KOSPI 200지수는 제3장 제3절에서 설명한 것처럼 거래소시장의 주요 우량종목 200개(전체의 약 70% 정도의 비중)를 대상으로 작성되고 있는 시가총액식 주가지수(기준시점 1990년 1월 3일)이다. 거래종목은 3개월 단위의 3월, 6월, 9월, 12월물의 4종목이다. 만기일은 각 결제월의 두 번째 목요일이고, 1계약의 크기는 [KOSPI 200지수×25만원]이다. 만약 지수가 300이라면 1계약금액은 7,500만원이다. 개시증거금은 위탁금액(주문가격×주문수량×25만원)의 7.5%, 유지증거금은 위탁금액의 5%이다. 최소 호가단위(tick)는 0.05(금액으로 환산하면 0.05×25만원=12,500원)이어서 지수가 300.00, 300.05, 300.10처럼 호가가 제시된다. 거래시간은 09:00~15:45이고, 투자자 보호제도로서는 가격제한폭제도와 사이드카(side car)제도(제3장 제2절)가 운영되고 있다.[3)]

우리나라 KOSPI 200지수선물거래 현황은 〈표 18-4〉에서 보는 것처럼 2011년까지는 세계 6위권 안의 거래규모가 될 정도였고 국내 현물시장의 거래보다 지수선물거래가 6~7배가량 많은 수준이었다. 그러나 파생상품시장에 대한 규제로 인하여 2012년 이후는 크게 줄고 있다.

〈표 18-4〉 KOSPI 200지수선물 연도별 거래 추이 (단위 : 거래량은 천 계약, 거래대금은 천억원)

구 분 \ 연 도		2000	2002	2004	2006	2008	2010	2012	2014	2016
거래량	총	19,667	42,868	55,609	44,606	66,434	85,815	62,431	38,057	33,926
	일평균	80	176	223	189	270	346	252	155	138
일평균거래대금		36	82	120	165	254	396	320	199	171

자료 : KRX Market 2017년 봄호

3) 매매거래 중단제도(circuit breakers)는 주가지수(코스피 또는 코스닥지수)가 직전 거래일의 종가보다 8%/15%/20% 이상 하락한 상태가 1분간 지속되어 주식시장의 매매거래가 20분간 중단되는 경우 모든 선물거래를 20분간 중단(각 단계별 1일 1회)하는 제도이다. 프로그램 매매 체결지연제도(side car)는 직전 매매거래일의 거래량이 가장 많은 종목의 가격이 전일 종가 대비 5% 이상 변동하여 1분간 지속되는 경우 프로그램 매매 호가의 효력을 5분간 정지(1일 1회)하는 제도이다.

6. 선물시장의 경제적 기능

선물거래는 이상에서 설명한 것처럼 기본적으로 투자위험의 헤징과 투기의 기능을 수행하는데, 경제적 기능을 정리하면 다음과 같다.

첫째, 자산가격 변동으로 인한 위험을 헤징(hedging)하거나 위험을 다른 사람에게 이전시키는 위험이전(risk transfer)기능이다. 투자자는 현물포지션과 반대되는 선물거래를 계약함으로써 가격하락시에 현물시장에서 입는 손실을 선물시장에서 보전하고, 가격상승시에는 현물에서 얻는 이익으로 선물시장에서의 손실을 보전함으로써 가격변동의 위험으로부터 벗어날 수 있다. 이와 같은 가격보험기능, 위험회피기능은 보다 큰 이익을 얻을 가능성을 기대하면서 적극적인 선물포지션을 취하는 투기자에게로 위험이 이전됨으로써 가능하게 된다.

둘째, 미래의 자산가격에 관한 정보제공기능, 즉 가격예시(price discovery)기능이다. 특정상품의 미래가격에 대한 시장참여자들의 집약적 예상이 가격으로 표시된 것이 선물가격이므로 미래 현물가격 추정의 한 기준이 된다.

셋째, 자금의 효율적 관리, 즉 유동성 증가기능이다. 선물거래시 소요자금은 시장과 상품의 종류에 따라 다르지만, 현물가격의 약 5~10% 정도면 가능하므로 기업자금이 원활히 순환하는 데, 그리고 현물시장에서 유동성을 증가시키는 데 도움이 된다. 또한 선물시장을 이용하면 재고유지가 필요하지 않고, 미래시점에서 필요한 원자재 등을 유리하게 확보할 수 있으므로 경영관리의 효율성을 높인다.

넷째, 적은 투자자금으로 높은 투자수익을 거둘 수 있는 레버리지 기능이다. 선물거래시 필요한 위탁증거금률은 현물거래보다 매우 낮으므로 높은 투자수익률을 거둘 수 있다. KOSPI 200지수선물의 경우 위탁증거금률이 7.5%이므로 현물거래보다도 약 13배가량 손익이 확대되어 나타난다.[4)]

4) 선물거래에서 투자액은 실질적으로 영이라고 할 수 있다. 비록 예치하는 초기증거금에 대해 이자지급이 거의 이루어지지 않지만, 현금 대신 T-bill과 같은 증권예치도 허용하므로 예치한 증권에 지급되는 이자수익을 올릴 수 있기 때문이다.

거래비용 면에서도 주식현물의 거래비용보다 훨씬 저렴하다. 2017년 6월 현재 주식의 거래비용으로는 거래소에 0.002276%, 증권예탁결제원에 0.001066%, 주식매도시의 거래세 0.3%를 납부해야 한다. 반면에 지수선물의 거래비용은 거래소에 0.00021%를 내면 된다. 매수시 기준으로 약 15배 정도 저렴하다.

제3절 선물거래전략

선물시장에서의 투자전략은 그 목적에 따라서 크게 헤징전략, 투기전략, 차익거래전략으로 구분할 수 있다. 본절에서는 선물거래로 인하여 기대할 수 있는 이득에 대하여 살펴본 다음 상품선물, 주가지수선물을 중심으로 헤징투자전략, 투기전략방법에 대하여 살펴본다. 차익거래전략에 대해서는 다음 절에서 설명한다.

1. 선물거래의 이득

선물계약은 미래 특정일에 계약의 매수자와 매도자, 쌍방이 합의한 가격(선물가격)으로 특정상품을 인수도하고 동시에 대금을 결제하기로 약속하는 계약으로서, 계약내용에는 인도될 모든 물건의 품질, 규격, 최소거래단위와 수량 등을 정확하게 명시하여 표준화된 거래가 가능하도록 만들어져 있다. 따라서 매매 쌍방이 협상하는 것은 표준화된 특정물건에 대한 선물가격(futures price)뿐이다.

선물가격도 수요와 공급의 법칙에 따라 결정된다. 만일 매수포지션(long position)의 호가가 매도포지션(short position)의 호가보다 높으면 선물가격은 오를 것이다. 반대이면 선물가격은 하락하게 된다. 매수포지션과 매도포지션을 각각 선물매수, 선물매도라고 부르기도 하지만, 현물시장에서의 매수와 매도처럼 현금수수가 바로 이루어지는 것이 아니다. 앞서 지적한 것처럼 매수·매도라는 말이 붙고 있지만 증거금 예치 이외에는 현금이 수반되는 투자가 이루어지는 것이 아닌 것이다. 단지 매수 또는 매도 '계약'을 체결했을 뿐이다.

선물계약 매수는 앞으로 상품가격이 상승함으로써 이득을 보고자 하는 투자자에 의해서 이루어지며, 선물계약 매도는 반대로 상품가격이 하락함으로써 이득을 보고자 하는 투자자에 의해서 이루어진다. 따라서 선물거래로 인한 이득은 전적으로 미래 특정시점(상품 인도·인수시점)에서의 상품의 현물가격(spot price at maturity) 수준에 달려 있다.

이제 현재시점에서의 선물계약가격(약정가격)을 F_0라고 하고, 만기시점에서의 현물가격을 S_T라고 하면 선물거래 두 포지션의 이득은 다음과 같게 된다.

$$\text{선물계약 매수이득} = S_T - F_0$$

선물계약 매도이득 $= F_0 - S_T$

따라서 [그림 18-2]에서 보는 것처럼 만기가 되었을 때 $S_T > F_0$의 상황이 되면 선물계약 매수자는 이익을 실현하지만, 선물계약 매도자는 손실을 경험하게 된다. 만약 $S_T < F_0$의 상황이 되면 반대의 입장이 된다. 이때 선물거래로 인하여 매수자와 매도자가 얻게 되는 이익과 손실의 크기는 정확히 똑같으므로 선물계약거래는 제로 섬(zero sum)게임이라고 할 수 있다. 결국 양자의 이익과 손실이 상쇄되므로 선물시장은 현물시장에 영향을 주지 않게 된다.

[그림 18-2] 선물계약거래의 손익구조

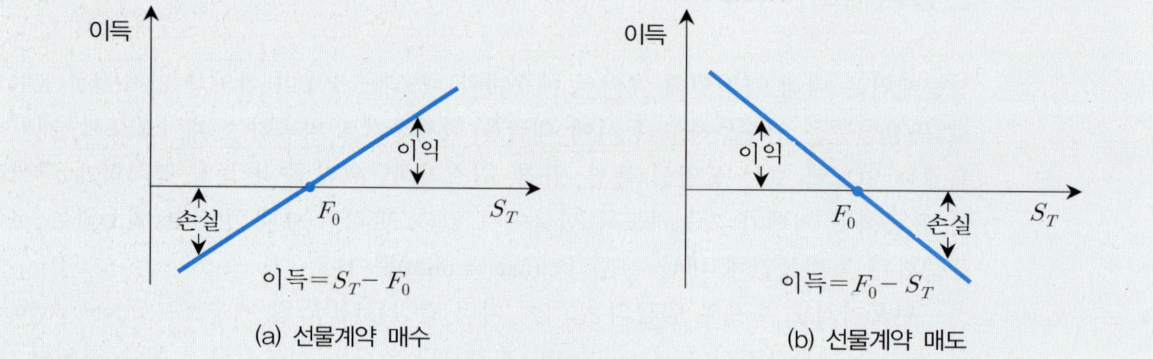

예 제

다음은 KOSPI 200지수선물의 2017년 6월 16일 시세표이다. (단위 : 포인트, 천주, 계약)

구 분	이론가	종 가	등 락	시 가	고 가	저 가	거래량	미결제량
KOSPI 200	–	**306.79**	+0.10	306.97	307.40	305.82	8.784	–
2017년 9월	307.67	307.35	+0.35	307.10	308.00	306.50	150,110	256,380
2017년 12월	308.70	308.00	+0.35	307.55	308.60	307.40	560	30,706
2018년 3월	305.38	304.50	+0.35	304.50	304.50	304.50	1	7,204
2018년 6월	306.21	304.55	–	304.55	304.55	304.55	–	4,296

① 현재의 KOSPI 200의 현물가격은 306.79이다. A씨는 주가상승을 예상하여 9월물 10계약을 307.35에 오늘 매수하였다. 만기일인 9월 10일(목)까지 보유하였는데, 만약 만기일의 현물가격이 317.35가 되었다면 얼마의 이익 혹은 손실이 발생하는가?

② ①의 예에서 만기일의 현물가격이 303.35라면 얼마의 이익 혹은 손실이 발생하는가?
③ B씨는 주가하락을 예상하여 12월물 10계약을 307.35에 오늘 매도하였다. 만기일인 12월 10일(목) 현물가격이 293.35가 되었다면, 만기까지 보유한 B씨의 이익 혹은 손실은 얼마인가?

해설 ① 10계약을 307.35에 매수, 만기일 현물가격 317.35
선물계약 매수이득 $= S_T - F_0 =$ (317.35 − 307.35) × 25만원 × 10계약 = +2,500만원 (이익)
② 10계약을 307.35에 매수, 만기일 현물가격 303.35
선물계약 매수이득 $= S_T - F_0 =$ (303.35 − 307.35) × 25만원 × 10계약 = −1,000만원 (손실)
③ 10계약을 307.35에 매도, 만기일 현물가격 293.35
선물계약 매도이득 $= F_0 - S_T =$ (307.35 − 293.35) × 25만원 × 10계약 = +3,500만원 (이익)

2. 헤징전략

(1) 헤징의 의의와 일반적 방법

헤징(hedging)은 본래 가격변동위험으로부터 투자자산의 가치를 보전하는 것을 말한다. 선물거래는 미래의 가격을 현재시점에서 고정(lock-in)시키는 계약거래이므로, 기초자산의 가격이 상승 또는 하락 어느 방향으로 움직이든지 방향성에 관계없이 가격변동위험을 제거하는 헤징방법으로 이용될 수 있다.

선물계약거래를 이용하는 전통적 헤징방법(traditional hedging)은 현물시장에서의 포지션과 반대되는 포지션을 선물시장에서 취하는 것이다. 구체적으로 선물거래에 의한 헤징은 선물시장의 포지션에 따라서 매수헤징과 매도헤징으로 구분된다.

매수헤징(long hedging)은 선물계약을 매수함으로써 현물의 포트폴리오 가치를 보전하는 것을 말한다. 매수헤징이 필요한 투자자는 가격상승위험을 염려하는 투자자들일 것이다. 이를테면 실수요자나 현물확보가 필요한 제조업체, 중간상(앞의 예에서 제분업자)의 입장처럼 현물시장에서 현물가격의 상승이 예상되지만 당장의 자금사정 등으로 인해 지금 매수할 수 없거나 작황 등의 이유로 일정기간 이후에나 매수할 수 있는 상황이라면 그는 가격상승으로 인한 기회손실을 보게 된다. 이 경우 기회손실을 막는 방법은 현물을 매수하는 대신 선물시장에서 선물계약을 매수하는 매수헤징전략을 사용하는 것이다.

예상대로 현물가격이 상승하면 현물을 구입하지 못하여 발생한 현물구입가격의 상승분에 해당하는 기회손실이 있지만, 선물가격의 상승으로 이익이 발생되어 서로의 손익이 상쇄된다. 반대로 예상이 빗나가 현물가격이 하락하면 선물가격도 하락하므로 선물거래에서는 손실을 보지만, 현물시장에서의 가격하락으로 기회이익이 있게 된다. 이처럼 현물시장의 포지션과 반대방향으로 선물시장에서 포지션을 취하면 현물시장에서의 손실(이득)과 선물시장에서의 이득(손실)이 상쇄되어 가격변동위험에 대한 헤지가 가능해진다.

반대로 매도헤징(short hedging)은 선물계약을 매도하여 가격변동위험을 제거하는 것을 말한다. 매도헤징이 필요한 투자자는 가격하락위험을 염려하는 현물보유자 혹은 보유예정자들(앞의 예에서 밀 농가)인데, 현물시장에서 가격하락이 예상되는데도 현물이 아직 확보되어 있지 않거나 보유하고 있는 현물을 자금스케줄 등의 이유 때문에 지금 매도할 수 없는 경우이다. 이러한 상황에서는 현재시점에서 선물시장에서 선물계약을 매도하고 미래 원하는 시점에서 현물을 계획대로 매도하면 가격변동의 방향에 관계없이 투자가치가 보전된다.

예상대로 가격이 하락하면 현물시장에서는 기회손실을 보겠지만 선물시장에서는 현재보다는 비싼 가격으로 매도할 수 있게 되므로 이익을 보게 된다. 만약 예상과 반대로 가격이 상승하면 현물시장에서의 기회이익은 선물시장에서의 손실을 보전하게 된다.

(2) 상품선물의 헤징전략 예

이제 상품선물거래의 한 예로서 밀 농가와 제분업자가 밀 가격변동위험을 헤징하기 위해서 선물거래를 어떻게 활용할 수 있는지를 보기로 하자.

1) 매수헤징의 예

제분업자의 입장에서는 원료가 되는 밀 가격의 상승을 염려한다. 〈표 18-5〉의 예처럼 12월 20일 현재 현물시장에서 밀은 부셸당 $\$8^{00}$ 이지만 4개월 후(다음 해 4월 20일) 밀 100,000부셸을 매수할 계획을 가지고 있다고 하자. 별다른 대책을 마련하고 있지 않은 상황에서 예상대로 현물(밀)의 가격이 상승하면 비싸게 사야 되므로 큰 기회손실을 입게 될 것이다. 이러한 상황에서 가격상승위험을 헤징하는 방법은 선물시장에서 "밀"선물계약을 매수(부셸당 $\$8^{10}$ 가격)하는 것이다.

만약 4개월 후 예상대로 현물가격은 $\$8^{20}$, 선물가격은 $\$8^{30}$ 으로 상승했다면, 현물시장에서는 부셸당 $\$0^{20}$ 비싸게 매수한 결과가 되므로 총 20,000달러의 기회손실을 입게 된다. 그러나 선물시장에서는 부셸당 $\$0^{20}$ 비싼 가격으로 선물매도계약을

〈표 18-5〉 **매수헤징의 예(제분업자가 원료인 "밀"가격 상승을 우려 : 100,000부셸 매수계획)**

일자 / 시장	12월 20일		4월 20일			
	포지션	각 시장가격	① 가격상승시	이익/손실	② 가격하락시	이익/손실
현물 시장	4개월 후 "밀" 구입예정	$\$8^{00}$/부셸	$\$8^{20}$/부셸 밀 매수	$-\$0^{20}$/부셸 $20,000 손실	$\$7^{60}$/부셸 밀 매수	$+\$0^{40}$/부셸 $40,000 이익
선물 시장	"밀"선물계약 매수	$\$8^{10}$/부셸	$\$8^{30}$/부셸 계약매도	$+\$0^{20}$/부셸 $20,000 이익	$\$7^{70}$/부셸 계약매도	$-\$0^{40}$/부셸 $40,000 손실
	베이시스	$\$0^{10}$	$\$0^{10}$	순효과=0	$\$0^{10}$	순효과=0

하여 청산(동일한 상품에 대해 매수포지션과 매도포지션을 가지고 있으므로 차액만 결제) 할 수 있으므로 총 20,000달러의 이익이 발생한다. 현물시장에서의 기회손실을 선물시장에서 같은 크기의 이익으로 보전하여 가격변동위험을 피할 수 있게 된다.

위의 예에서 예상과는 반대로 4개월 후 현물시장의 "밀"가격이 $\$7^{60}$으로, 선물가격은 $\$7^{70}$으로 하락했다면, 현물시장에서는 현물을 내린 가격으로 사게 된 결과가 되므로 총 40,000달러(부셸당 $\$0^{40}$)의 기회이익이 발생하고, 반대로 선물시장에서는 내린 가격으로 선물매도계약을 하여 청산하게 되므로 총 40,000달러(부셸당 $\$0^{40}$)의 손실이 발생한다. 상황이 예상과 정반대로 나타나더라도 현물시장의 기회이익이 선물시장의 손실을 보전하게 되어 가격변동위험을 부담하지 않게 된다.

2) 매도헤징의 예

밀 농가의 입장에서는 작물인 밀 가격이 하락할 것을 염려한다. 12월 20일 현재(현물가격 부셸당 $\$8^{00}$) 예상대로 4개월 후 수확시(수확량 10,000부셸) 밀 가격이 하락하면, 밀 농가에서는 기회손실을 입게 될 것이다. 이러한 상황에서 가격하락위험을 헤징하는 방법은 선물시장에서 "밀"선물계약을 매도(선물가격 $\$8^{10}$)하는 것이다.

〈표 18-6〉에서 보는 것처럼 4개월 후 예상대로 현물가격은 $\$7^{80}$, 선물가격은 $\$7^{94}$으로 하락했다면, 현물시장에서는 내린 가격으로 매도한 결과가 되어 총 2,000달러(부셸당 $\$0^{20}$)의 기회손실을 입게 된다. 그러나 선물시장에서는 낮은 선물가격으로 선물계약을 매수하여 청산하게 되면 총 1,600달러(부셸당 $\$0^{16}$)의 이익을 얻게 된다. 완전하게 헤징이 되지는 않았지만 현물시장에서의 기회손실을 선물거래에서의 이익으로 대부분 보전하게 된다(완전헤징이 되지 못한 이유는 다음 항에서 설명함).

만약 위의 예에서 예상과는 반대로 4개월 후 밀 가격이 현물가격은 $\$8^{40}$, 선물가격은 $\$8^{44}$으로 상승했다면, 현물시장에서는 현물을 오른 가격으로 팔게 된 결과가 되므로 총 4,000달러(부셸당 $\$0^{40}$)의 기회이익이 발생하고, 반대로 선물시장에서는 오

〈표 18-6〉 매도헤징의 예(밀 농가가 "밀"가격 하락을 우려 : 10,000부셸 매도계획)

일자 시장	12월 20일		4월 20일			
	포지션	각 시장가격	① 가격하락시	이익/손실	② 가격상승시	이익/손실
현물 시장	4개월 후 "밀" 매도예정	$\$8^{\underline{00}}$/부셸	$\$7^{\underline{80}}$/부셸 밀 매도	$-\$0^{\underline{20}}$/부셸 $2,000 손실	$\$8^{\underline{40}}$/부셸 밀 매도	$+\$0^{\underline{40}}$/부셸 $4,000 이익
선물 시장	"밀"선물계약 매도	$\$8^{\underline{10}}$/부셸	$\$7^{\underline{94}}$/부셸 계약매수	$+\$0^{\underline{16}}$/부셸 $1,600 이익	$\$8^{\underline{44}}$/부셸 계약매수	$-\$0^{\underline{34}}$/부셸 $3,400 손실
	베이시스	$\$0^{\underline{10}}$	$\$0^{\underline{14}}$	$400 손실	$\$0^{\underline{04}}$	$600 이익

른 가격으로 선물계약을 매수하여 청산하게 되면 총 3,400달러(부셸당 $\$0^{\underline{34}}$)의 손실이 발생한다. 이 경우도 완전헤징이 되지 못했지만 예상과는 반대되는 상황이 전개되더라도 선물거래의 손실을 현물시장의 기회이익으로 대부분 보전하여 가격변동위험을 줄이게 된다.

(3) 베이시스 위험

위의 제분업자와 밀 농가의 선물거래 예에서 보았듯이 〈표 18-5〉의 경우는 완전헤징이 되고, 〈표 18-6〉의 경우는 불완전헤징이 되고 있다. 이는 각 시점에서의 현물가격과 선물가격의 차이가 동일하게 유지되느냐 안 되느냐에 따라서 차이가 난 것이다. 이 현물가격과 선물가격의 차이($S_T - F_T$)를 베이시스(basis)라고 부른다.

베이시스＝현물가격－선물가격

만기일에서 베이시스는 두 가격이 일치되어야 하므로 영(0)이 된다(이를 수렴정리(convergence property)라고 한다). 만약 그렇지 못하면 동일 날짜인 만기일 당일 차익거래가 발생할 것이기 때문이다. 그러나 만기일 이전에는 두 가격에 차이가 존재하여 베이시스가 영(0)이 되지 않는다.

위에서 설명한 것처럼 현물시장에서의 포지션과 반대되는 포지션을 선물시장에서 취하여 헤징하고자 할 때에, 현시점에서의 베이시스($S_0 - F_0$)와 미래 특정시점(T)에서의 베이시스($S_T - F_T$)가 동일하다면, 즉 베이시스가 두 시점에서 동일하다면 완전헤징(perfect hedging)이 가능하다. 그러나 실제의 선물거래시에는 두 시점에서의 베이시스가 동일하게 되지 않는 베이시스 위험(basis risk)이 있게 된다. 결과적으로 선물시장이나 현물시장 어느 한쪽에서 약간의 이익이나 손실이 발생하는 불완전헤징

(imperfect hedging)이 된다.

그러면 베이시스가 동일하지 않고 축소 또는 확대될 때, 헤징으로 인한 약간의 이익과 손실은 구체적으로 어떻게 나타나는가? 이제 선물가격이 현물가격보다 높은 정상적 시장($b<0$인 시장)을 가정하고, 기초시점의 베이시스(b_0)와 T시점의 베이시스(b_T)를 다음과 같이 표시하기로 하자.

$$b_0 = S_0 - F_0$$
$$b_T = S_T - F_T$$

베이시스에 변화가 없는 경우, 즉 $b_0 = b_T$ 인 경우는 완전헤징이 되지만, 변화가 있는 경우, 즉 $b_0 \neq b_T$ 인 경우는 불완전헤징이 되는데, 현물포지션과 반대되는 선물포지션을 취했을 때의 이득(π)은 다음과 같이 측정된다.

$$\pi = -b_0 + b_T \quad (b<0\text{인 가정})$$

먼저 매도헤징의 경우 이득(손실)은 $(S_T - S_0) - (F_T - F_0)$의 크기에 달려 있는데, 베이시스가 축소되면 이익이 발생하고 베이시스가 확대되면 손실이 발생한다. 반면 매수헤징의 경우 이득(손실)은 $-(S_T - S_0) + (F_T - F_0)$의 크기에 달려 있는데, 베이시스가 축소되면 손실이 발생하고 베이시스가 확대되면 이익이 발생한다.[5]

결국 선물거래를 이용하여 위험을 관리하는 방법은 현물의 가격위험(price risk)을 선물의 베이시스 위험(basis risk)으로 대체하는 셈이 된다.

3. 주가지수선물에 의한 헤징

(1) 주식투자위험의 헤징

주가지수선물계약(stock index futures contract)은 특정 주가지수를 기초자산으로 하여 일정기간 후에 주가지수의 가치에 상당하는 금액을 인수도하기로 약정하는 계약이

5) 매도헤징의 경우 $(S_T - S_0) - (F_T - F_0) = (S_T - F_T) - (S_0 - F_0)$의 관계에서 $(S_T - F_T)$가 $(S_0 - F_0)$보다 작은 경우, 즉 베이시스가 축소되면 이득이 발생한다. 현물가격이 선물가격보다 큰 시장(백워데이션시장)에서는 베이시스가 축소될 때에는 매수헤징이 유리하며, 베이시스가 감소할 경우에는 매도헤징이 유리하다.

다. 이 선물거래는 대상물이 실재하지 않는 것이기 때문에 처음부터 실물인도를 전제하지 않은 계약이라는 특징을 지닌다. 만기일이 되면 청산거래나 현금결제로 거래를 종결시킨다.

주가지수선물거래에 이용되는 지수에는 S&P 500, NYSE 종합, Nikkei 225, KOSPI 200 등이 있다. S&P 500, NYSE 종합지수의 1거래 계약단위는 [주가지수×500달러]이고, 한국의 KOSPI 200은 [주가지수×25만원]이 1거래 단위이다.

현물시장에서의 특정주식의 주가상승(하락)으로 인한 위험을 헤지하고자 하면 주가지수선물거래를 이용한 매도헤징과 매수헤징을 통하여 할 수 있다.

주가지수선물계약의 매도헤징(short hedging)은 다른 선물과 마찬가지로 주식가격(지수)의 하락을 염려하는 상황에서 현물시장에서 현재 매도하지 못하고 일정기간 후에야 매도할 수밖에 없다면, 현물의 매도 대신 지수선물시장에서 매도포지션을 취하는 헤징이다. 반대로 매수헤징(long hedging)은 주식가격(지수)의 상승을 염려하는 상황에서 현재는 현물(주식)을 매수하지 못하고 일정기간 후에 매수할 수밖에 없다면 현물의 매수 대신 지수선물시장에서 매수포지션을 취하여 헤징하는 것이다.

예를 들어 〈표 18-7〉에서 보는 것처럼 현물시장에서 특정주식 A가 현재 시장가격 50,000원에 거래되고 있는데, 2개월 후에 60,000원으로 상승할 것으로 예상된다고 하자. 주식 A에 10,000주(5억원)를 투자하려는 투자자가 사정상 현재 매수하지 못하고 2개월 후에 예상가격 60,000원에 10,000주를 매수(6억원)한다면 기회손실 1억원이 발생한다. 이 상황에서 위험을 헤징하는 방법은 선물시장에서 KOSPI 200지수선물 4단위를 현재의 지수 250에 매수, 즉 5억원(지수 250×25만원×8단위)어치 매수포지션을 취하면 된다.

〈표 18-7〉 주가지수선물을 이용한 매수(롱)헤징

시 장	5월 3일		7월 3일			
	포지션	각 시장가격	① 가격상승시	이익/손실	② 가격하락시	이익/손실
현물시장	2개월 후 매수예정	50,000원 (매수했다면 50,000원×10,000주 =5억원 소요)	60,000원×10,000주 =6억원어치 매수	−1억원	40,000원×10,000주 =4억원어치 매수	+1억원
선물시장	주가지수 선물매수	지수 250에 8단위 매수(지수 250 ×25만원×8단위 =5억원 매수계약)	지수 300에 8단위 매도(지수 300 ×25만원×8단위 =6억원 매도계약)	+1억원	지수 200에 8단위 매도(지수 200 ×25만원×8단위 =4억원 매도계약)	−1억원
			(순효과=0)		(순효과=0)	

2개월 후 지수가 300이 되어 이 지수에 매도, 즉 6억원(지수 300×25만원×8단위) 어치를 매도하면 1억원의 이익이 실현된다. 선물시장을 이용한 1억원의 이익은 현물시장에서의 기회손실 1억원을 정확하게 보전해 준다(이러한 완전헤징은 특정주식의 가격상승률과 지수의 상승률이 같기 때문에 나타난 것이다. 상이한 경우의 헤징방법은 다음 항에서 설명함).

만약 이 투자자가 예상했던 것과 반대로 주가와 지수가 모두 하락하더라도 현물시장에서의 기회이익과 선물시장에서의 손실이 같게 되어 위험이 헤징된다.

(2) 헤지비율의 결정

선물거래를 이용하여 위험을 헤징하고자 하면, 헤징해야 할 현물포지션의 크기에 대하여 취해야 할 선물포지션의 크기의 비율인 헤지비율(hedge ratio)을 결정해야 한다. 헤지비율은 현물거래에서의 손실(이익)과 선물거래에서의 이익(손실)이 정확하게 상쇄될 수 있는 비율이 된다.

현물가격 변화율을 선물가격 변화율로 나눈 계약의 수만큼 선물포지션을 취해야 위험이 헤지되므로 헤지비율(h)은 다음과 같이 측정된다.

$$h = \frac{\text{현물가격의 변동률}}{\text{선물가격의 변동률}}$$

만약 가격변화율이 같으면 현물포지션과 같은 규모의 선물포지션을 취하면 될 것이다. 헤지포지션으로부터 얻게 되는 이익(π)은 식 18.1과 같이 나타낼 수 있으므로 완전헤지, 즉 $\pi=0$이 되는 필요한 선물계약의 수(헤지비율 h)는 식 18.2에 의해서 구할 수 있다.

$$\pi = \Delta S + \Delta F \cdot h \tag{18.1}$$

$$h = -\frac{\Delta S}{\Delta F} \tag{18.2}$$

단, ΔS : 현물가격의 변동액
ΔF : 선물가격의 변동액

예를 들어 투자자가 10억원의 밀 현물을 보유하고 있는데, 이를 헤지하고자 할 때 가격변화율이 같은 밀 선물계약의 가격이 5천만원이라면 선물계약 20단위(=10억원/5천만원)를 매도하면 된다.

선물거래에 의한 위험헤징이 효과적으로 되기 위해서는 매수헤징과 매도헤징은 헤지하고자 하는 현물의 양, 만기, 물리적 특징들이 선물계약의 조건들과 정확히 맞아떨어져야 한다. 만일 어느 하나라도 현물과 선물 간에 차이가 있다면 원하는 헤징효과를 거두기가 어려워진다. 현실세계에서 단순하게 매수, 매도 헤징이 적용되는 사례는 극히 드물기 때문에 보다 다양한 헤징전략이 요구된다.

현물기간(투자기간)이 선물계약의 만기보다 길 경우 고려할 수 있는 방법으로 스트립헤징과 롤링헤징이 있다.

스트립헤징(strip hedging)이란 만기를 순차적으로 달리하는 일련의 선물계약을 매수(매도)하고, 이후 현물인도가 요구될 때마다 선물계약의 만기가 가장 가까운 근월물을 반대매매하여 선물계약을 청산하는 방법이다. 롤링헤징(rolling hedging)이란 근월물의 선물계약만으로 전체 현물을 헤지하고, 이후 현물이 요구될 때마다 당해 선물계약을 반대매매로 청산하고 남아 있는 현물양만큼을 다음 만기의 선물계약으로 헤지하는 것이다.

경우에 따라서 헤지대상인 현물에 대한 선물이 존재하지 않거나 선물의 유동성이 적고 가격 상관관계가 높지 않아 헤징효과를 거두지 못할 때가 있다. 즉, 선물거래에 의해서 위험을 헤징하고자 할 때 당면할 수 있는 어려움의 한 가지는 상품종류에 따라서는 적절한 선물계약이 거래되지 않는 경우이다.

예를 들어 알루미늄의 원료가 되는 보크사이트를 채광하는 광산업자가 선물거래에 의해 가격변동위험을 제거하고 싶을 때 보크사이트 선물이 없으므로 헤징이 불가능하다. 이러한 경우 보크사이트 가격과 알루미늄 가격은 상관관계가 매우 높으므로 거래되고 있는 알루미늄 선물을 이용하면 근접한 헤징효과를 얻게 된다. 이처럼 가격 상관관계가 높은 유사한 다른 상품을 이용하여 선물헤징을 하는 것을 교차헤징(cross-hedging)이라고 한다.

금융선물거래에서 교차헤징은 주로 금리상품이나 주가지수선물거래에서 이용된다. 금리현물의 상품이 매우 다양한 반면 금리선물은 몇몇 유동성이 높은 상품에 한정되기 때문이다. 마찬가지로 주식현물도 매우 다양하기 때문에 모든 주식선물을 거래할 수 없고, 주식 전체를 대표하는 주가지수를 이용하여 교차헤징함으로써 근접한 헤지효과를 얻을 수 있다.

(3) 지수선물의 최적 헤지비율과 최적 선물계약건수

주가지수선물거래를 이용하여 주식(현물)투자위험을 헤징하고자 할 때 어느 정도의 지수선물계약을 사거나 팔아야 할 것인가?[6)]

헤지에 필요한 지수선물계약의 크기, 헤지비율(h)은 일반적으로는 식 18.2와 같이 구할 수 있는데, 현물 주식을 지수선물로 헤지하고자 하는 경우에는 기본적으로 양자의 변동률이 동일하지 않으므로 주식(현물)포트폴리오 가치의 변동률(ΔR_S)에 대한 지수선물가치의 변동률(ΔR_F)의 상대적 비율을 구해야 한다. 만약 보유 현물 주식포트폴리오의 변동률이 20%일 때, 이의 헤징에 사용되는 지수선물의 변동률이 10%라면, 헤지비율은 2가 되므로 지수선물 2단위를 매도헤징하면 된다.

$$h = \frac{\text{주식(현물)포트폴리오 가치의 변동률 } \Delta R_S}{\text{지수선물가치의 변동률 } \Delta R_F} \tag{18.3}$$

그런데 현물 주식가치와 지수선물가치, 양자의 변동률의 상대적 비율인 헤지비율은 다음 식 18.4와 같이 과거 일정기간의 주식포트폴리오 수익률(R_S)을 선물지수 수익률(R_F)에 회귀시켜 추정한 기울기 값(β_{SF})이 된다. 양자의 관계에서 기울기는 $\Delta R_S / \Delta R_F$의 비율이 되기 때문이다.

$$R_S = \alpha + \beta_{SF} R_F + \epsilon \tag{18.4}$$

단, R_S : 주식포트폴리오의 수익률
R_F : 지수선물의 수익률
β_{SF} : 지수선물에 대한 주식포트폴리오의 민감도(β)$=\Delta R_S / \Delta R_F$
α, ϵ : 절편과 오차항

식 18.4에서 기울기 $\beta_{SF}(=\Delta R_S / \Delta R_F)$는 어떻게 추정하는가? 제7장 단일지표모형에서 증권특성선의 기울기 β는 $\Delta R_j / \Delta R_M$의 비율인데, 이는 σ_{jM}을 σ_M^2으로 나누어 추정하였다.[7)] 마찬가지로 [그림 18-3]에서 보는 것처럼 기울기 $\beta_{SF}(=\Delta R_S / \Delta R_F)$는 양자간의 공분산 σ_{SF}를 지수선물수익률의 분산 σ_F^2로 나누어 구할 수 있다. 즉, 지수선물의 **최적 헤지비율**(h)은 다음 식 18.5와 같이 표시된다.

---

6) 지수선물계약을 할 때 결정해야 할 또 하나의 일은 어느 지수선물을 이용할 것인가이다. 우리나라에서는 아직 KOSPI 200지수를 주로 이용하므로 이 문제는 다루지 않고 있다. 그러나 미국의 경우 S&P 500, NYSE, Value-Line지수 등 지수선물이 다수 존재하므로 이들 중 하나를 선택해야 하고, 최적 헤지비율을 측정할 때에도 교차민감도를 고려해야 한다.

7) 제7장의 [그림 7-1] 증권특성선 참고

[그림 18-3] 지수선물거래에서 헤지비율의 결정

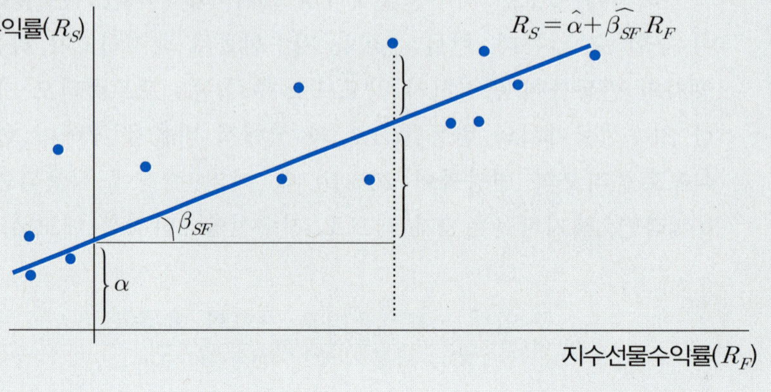

$$h = -\beta_{SF} = -\frac{\sigma_{SF}}{\sigma_F^2} \tag{18.5}$$

마지막으로 KOSPI 200지수선물의 경우 1거래 단위는 [지수×25만원]이므로 이를 감안하여 주가지수선물에서 취해야 하는 포지션의 크기, 즉 지수선물의 계약단위수(또는 계약건수) (N_F)를 계산해야 한다. 지수선물 포트폴리오의 총가치는 [선물지수가격×선물계약단위수×25만원]이 되므로, 주식(현물)투자위험을 헤지하기 위하여 매수 또는 매도해야 할 최적의 지수선물계약의 단위수인 최적 선물계약단위수(N_F^*)는 식 18.6과 같이 구할 수 있다.[8)]

---

8) 현물 주식포트폴리오와 지수선물로 구성되는 포트폴리오의 수익률은 다음과 같이 표시할 수 있다.

$$R_P = \frac{\Delta V_S + D + h \cdot \Delta V_F}{V_S} = \frac{\Delta V_S + D}{V_S} + h \cdot \frac{V_F}{V_S} \cdot \frac{\Delta V_F}{V_F} = R_S + h \cdot \frac{V_F}{V_S} \cdot R_F$$

단, R_P : 주식포트폴리오와 주가지수선물로 구성되는 전체 포트폴리오의 수익률

V_S : 주식포트폴리오 가치, V_F : 주가지수선물 가치, D : 배당액

앞의 관계는 베타(β)로 표시할 때도 그대로 성립하므로 다음과 같이 표시할 수 있다.

$$\beta_P = \beta_S + h \cdot \frac{V_F}{V_S} \cdot \beta_F \qquad \therefore \text{ 헤지비율 } h = \frac{V_S(\beta_P - \beta_S)}{V_F \cdot \beta_F}$$

전체 포트폴리오 수익률은 헤지되어 순효과가 0이 되도록 하는 것이므로 $\beta_P = 0$으로 통제($\beta_F = 1$로 가정)하고자 하는 것이다. $\beta_P = 0$, $\beta_F = 1$의 경우 최적 선물계약단위수 N_F는 다음과 같이 구해진다.

$$N_F = -\beta_S \cdot \frac{V_S}{V_F} = -(\text{주식베타}) \cdot \frac{\text{주식포트폴리오가치}}{\text{주가지수선물가치}}$$

$$N_F^* = -\beta_{SF} \cdot \frac{V_S}{V_F} \tag{18.6}$$

단, N_F^* : 최적의 지수선물계약의 단위수
V_S : 현물 주식포트폴리오 가치
V_F : 지수선물의 1거래 단위의 가치(=지수선물가격×25만원)
β_{SF} : 주식포트폴리오와 지수선물 간의 베타

예 제

국민연금을 관리하는 펀드매니저 A씨는 KOSPI 200지수선물을 이용하여 그가 관리하는 300억원에 상당하는 주식포트폴리오를 6개월간 헤지하고자 한다. 분석자료에 의하면, KOSPI 200지수선물의 분산(σ_F^2)은 0.5, KOSPI200지수와 현물 주식포트폴리오의 공분산(σ_{SF})은 0.733이었다. KOSPI 200지수의 거래단위는 'KOSPI 200선물지수×25만원'이며, 현재 KOSPI 200의 선물지수는 220이다. 최적 헤지비율을 구하고, 완전헤지가 가능한 선물계약단위수를 구하라.

해설 ① 최적 헤지비율

$$h^* = -\frac{0.733}{0.5} = -1.466$$

② 최적 선물계약단위수(계약건수)

$$N_F^* = -1.466 \times \frac{300\text{억원}}{220 \times 25\text{만원}} = -800\text{계약단위}$$

현재 A씨는 현물 주식포트폴리오 300억원어치를 보유하고 있으므로 이를 헤지하려면 KOSPI 200지수선물 800계약단위를 매도해야 한다.

(4) 지수선물에 의한 체계적 위험의 통제

주식(현물)투자시에 시장에 노출된 위험을 변경하고자 할 때에는 베타를 조정하는 방법을 사용한다. 강세장이 예상되면 고β주식, 약세장이 예상되면 저β주식으로 포트폴리오를 재구성할 수 있다. 그러나 이러한 방법은 빈번한 거래로 인하여 상당한 거래비용을 발생시킨다. 반면 지수선물거래를 이용하면 현물 주식포트폴리오를 교체하지 않아도 되므로 거래비용을 줄이면서 체계적 위험을 통제할 수 있다.

예를 들어 주가지수선물을 매도하면 체계적 위험(베타)은 낮아지고 주가지수선물을 매수하면 체계적 위험(베타)은 높아진다. 이처럼 개별주식을 직접 매수·매도하지 않고 주가지수선물시장을 이용함으로써 체계적 위험을 헤지하거나 통제할 수

있게 된다. 이제 목표베타계수를 β^*라고 하면, 헤징(체계적 위험통제)에 필요한 구체적인 매도(숏)와 매수(롱) 포지션을 구하는 방법은 식 18.7과 같다. 목표 β^*에서 기존의 β를 차감한 수치에 V_S/V_F를 곱하면 필요한 포지션 변동단위수가 구해진다. (+)값이면 필요한 롱포지션 수가 되고, (−)값이면 필요한 숏포지션 수가 된다.

$$\text{포지션 변동수} = (\beta^* - \beta)\frac{V_S}{V_F} \tag{18.7}$$

목표베타계수 β^*를 0으로 통제하는 것은 완전헤징하는 것을 목표로 하는 것으로서, 식 18.6과 일치하게 된다.

예 제

지금 펀드매니저 B씨는 다음 주식들로 포트폴리오를 구성하고 있다. 특기할 것은 주식포트폴리오의 가중 베타는 1.2이고, 3월 31일 현재 KOSPI 200지수는 351.00이며, 지수선물은 360.00에 거래되고 있다. 지수선물의 거래단위는 '지수×25만원'이다.

주 식	보유주식수	3월 31일 주가	시가총액	개별β
A	100,000주	30,000원	30억원	1.8
B	200,000	60,000	120	1.4
C	200,000	45,000	90	1.2
D	50,000	120,000	60	0.5
			300억원	β_S=1.2

지금 B씨는 지수하락을 예상하고 체계적 위험을 줄이고자 하는데, 주식현물의 매수·매도를 통하여 체계적 위험을 조정하지 않고, 선물거래를 통하여 이를 하고자 한다.

① 어떻게 선물거래를 시도하면 체계적 위험을 통제할 수 있는가?

② 1개월 후 주식포트폴리오 가치는 10% 하락했고, 선물지수는 324.00으로 하락했다면 순이익(손실)은 얼마인가?

③ ①에서와 같이 선물거래를 한 2개월 후 지수선물이 270.00이 되었다. 지수 상승을 예상하여 β_S=1.35로 포트폴리오를 변경하려면, 선물포지션이 어떻게 달라져야 하는가?

해설 ① 최적 선물계약건수

$$N_F^* = -\beta_S \cdot \frac{V_S}{V_F} = -1.2 \times \frac{300\text{억원}}{360.00 \times 25\text{만원}} = -4.0$$

지수선물을 4단위 매도하면 체계적 위험을 회피할 수 있다($\beta^*=0$으로 조정).

②

	3월 31일	4월 30일	결 과
현물	300억원의 현물보유	10% 하락한 270억원에 매도	30억원 손실
선물	360.00포인트에 선물 4계약 매도 (4×360.00×25만원=360억원 매도계약)	324.00포인트에 선물 4계약 매수 (4×324.00×25만원=324억원 매수계약)	36억원 이익
순효과			6억원 순이익

③ 포지션 변동수$=(1.35-0)\times\dfrac{300\text{억원}}{270.00\times25\text{만원}}=6$단위

지수선물 3단위에 대하여 매수포지션 주문을 낸다.

4. 금리선물과 통화선물에 의한 헤징

(1) 금리(채권)선물거래

금리선물거래는 금리변동에 따른 금융자산의 가격변동위험을 헤지하고자 하거나 이를 유리하게 이용할 목적으로 채권상품을 대상으로 하는 선물거래이다.

우리나라에서 금리선물거래는 3년국채선물 중심으로 이루어지기 시작하여 5년국채선물, 10년국채선물, 통안증권선물로 확대되고 있다. 시장개설(1999년) 초기에는 거래가 부진했으나, 금리의 급등락이 이어지면서 그 거래가 늘고 있어, 금리상품의 연총계약수가 2006년 10,344천 계약(1계약금액은 가격×100만원)에서 2016년에는 40,540천 계약이 될 정도로 활발해지고 있다. 지수선물은 개인투자자의 거래가 높은 반면에, 국채선물거래는 은행, 자산운용사 등 기관투자자의 헤지거래 중심(매매비중 80% 상회)으로 이루어지고 있다.

그러면 위험관리차원에서 채권투자자가 보유기간 동안의 이자율변동으로 인한 가격변동위험을 제거하기 위해서 채권선물계약을 어떻게 이용할 수 있는가?

만약 일정기간 후 보유채권을 매도하려고 계획하고 있는 투자자가 금리상승(보유채권의 가격하락)이 예상될 경우 이자율변동위험을 헤징하는 방법은 현물시장의 매수(보유)포지션과 반대되게 채권선물시장에서 매도포지션, 즉 숏 헤징하는 것이다. 채권현물과 채권선물 매도계약으로 포트폴리오를 구성하면 채권가격의 하락이나 상승에 영향받지 않고 이 포트폴리오의 가치는 보전된다. 왜냐하면 현물시장에서의 손실(이득)과 선물시장에서의 이득(손실)이 상쇄되기 때문이다. 이러한 원리는 상품선

물거래나 주가지수선물거래에서 설명한 바와 같다.

반대로 금리하락이 예상되는데 자금사정상 현재 현물채권을 매수할 수 없는 입장일 때에는 선물시장에서 선물 매수포지션을 취하면 된다. 어떤 상황이 되든지 두 시장에서의 이득과 손실이 상쇄되어 포트폴리오의 가치는 보전된다.

금리선물을 이용하여 금리변동으로 인한 위험을 헤징하는 데 있어서 결정해야 할 일은 채권(현물)포트폴리오의 위험을 헤지하기 위해서 얼마의 채권선물계약을 매수 또는 매도해야 하는지를 결정하는 것이다.[9]

완전헤징을 위해서는 운용채권포트폴리오 시장가치의 변화액이 선물포지션변화액의 부(−)의 수가 되어야 한다. 선물계약을 매도하려고 하기 때문에 변화는 반대 부호가 되겠지만 절대크기는 동일해야 한다. 즉,

운용채권포트폴리오 가치의 변화액 = −선물포지션의 변화액

평균 만기수익률의 변화를 동반하는 운용채권포트폴리오 변화액은 제17장 제2절에서 설명한 것처럼 다음 식과 같이 표시할 수 있다.

$$\begin{aligned}&\text{운용채권포트폴리오 가치의 변화액}\\&\quad=\underbrace{\text{포트폴리오 듀레이션}\times(1+\text{포트폴리오 수익률의 변화율})}_{\text{채권포트폴리오 가치의 변화율}}\\&\quad\times\text{채권포트폴리오의 시장가치}\end{aligned}\tag{18.8}$$

여기서 포트폴리오의 듀레이션(duration)은 개략적으로 [1+포트폴리오 만기수익률의 변화율]에 대한 포트폴리오 가치변화율의 비율의 절대치와 동일하다(제17장 제2절 참조 : $dur=(\Delta P/P_0)\div(\Delta(1+r)/1+r_0)$). 그러므로 [1+포트폴리오의 수익률의 변화]에 이 듀레이션을 곱하면 운용포트폴리오 가치의 변화율을 얻는다.

마찬가지로 선물계약포지션의 변화액은 다음과 같이 계산된다.

$$\begin{aligned}&\text{금리선물계약 포지션의 변화액}\\&\quad=\underbrace{\text{선물계약 기초채권의 듀레이션}\times(1+\text{기초채권 수익률의 변화율})}_{\text{선물계약에 의해 관리되는 채권의 시장가치변화율}}\\&\quad\times\text{선물포지션 크기}\end{aligned}\tag{18.9}$$

9) R. Haugen, *Modern Investment Theory*, Prentice-Hall, 1996, pp. 440∼441.

두 식의 우변을 일치시켜 선물포지션에 대해 정리하면 다음과 같다.

$$\text{금리선물포지션 크기} = (\text{듀레이션비율}) \times (\text{수익률변화비율}) \times (\text{운용포트폴리오 가치}) \quad (18.10)$$

단, 듀레이션비율 = 선물계약에 의해 관리되는 기초채권의 듀레이션 ÷ 운용채권포트폴리오의 듀레이션

수익률변화비율 = 선물계약에 의해 관리되는 기초채권의 (1 + 수익률변화) ÷ 운용채권포트폴리오의 (1 + 수익률변화)

장기채권수익률은 단기채권수익률보다 변동이 크므로, 선물계약하에서 인도될 것으로 기대되는 채권보다 포트폴리오의 듀레이션이 짧다면, 수익률변화비율은 1보다 클 것이다. 수익률변화비율은 과거 자료를 이용하여 채권포트폴리오의 수익률과 선물계약의 기초증권수익률 간의 관계를 관찰함으로써 추정한다.

예를 들어, 운용채권포트폴리오의 듀레이션이 5년, 선물계약의 기초증권 듀레이션이 3년, 수익률변화비율의 추정치가 1.30, 그리고 채권포트폴리오의 시장가치가 30억원이라면, 선물포지션은 23.4억원(=(3/5)×1.30×30억원)이 된다. 즉, 시장가치로 23.4억원의 채권을 관리(통제)할 수 있을 정도로 충분한 선물계약을 매도해야 이자율 변동위험을 헤지할 수 있게 된다.

(2) 통화선물거래

통화선물거래는 환율변동으로 인한 위험을 헤지하거나 이를 유리하게 이용할 목적으로 주요국 통화를 대상으로 하는 선물거래이다.

우리나라에서 통화선물거래는 2006년부터 엔선물과 유로선물 거래도 가능해졌지만, 미국달러선물이 약 80%의 높은 비중을 차지하고 있다. 글로벌 금융위기 이후 외환시장에서 환율의 급등락이 이어지면서 환헤지 목적의 통화선물거래는 크게 늘고 있는데, 미국달러선물거래는 2006년 3,105천 계약(1계약 금액은 환율(가격)×5만원)에서 2016년 64,078천 계약으로 크게 늘고 있다. 통화선물거래도 금리선물거래처럼 기관투자자 중심(매매비중 90% 내외)으로 이루어지고 있다.

통화선물거래를 이용하여 환율변동위험을 헤징하는 방법은 다른 선물거래와 동일하다. 수출입업자가 외국통화로 결제해야 하는 상황에서 거래약정 외국통화의 시세가 오를 것으로 예상되면 통화선물시장에서 해당통화의 선물을 매수하고, 반대로 떨어질 것으로 예상되면 통화선물을 매도하는 거래를 하면 된다.

매수헤징의 상황에서 만약 해당통화의 시세가 예상대로 상승하면 현물시장에서

는 기회손실이 발생하나, 선물시장에서는 이익을 얻게 되어 두 시장에서의 손실과 이익이 전부 또는 상당부분 상쇄된다. 반대로 통화시세가 하락할 경우 현물시장의 기회이익과 선물시장에서의 손실이 상쇄되어 환율변동위험이 헤징된다.

5. 선물투기전략

선물거래는 현물포지션 보유 여부에 관계없이 선물가격 자체의 변동을 유리하게 이용하여 이익을 얻고자 하는 투기자(speculator)에 의해서 여러 방법으로 이용된다. 많이 사용되는 투기전략인 포지션 트레이드와 스프레드전략에 대해서는 본항에서, 차익거래전략에 대해서는 제4절 2항에서 설명한다.

(1) 포지션 트레이드

전형적인 투기전략은 선물가격이 상승할 것으로 예상하면 매수(롱)포지션을 취하고, 선물가격이 하락할 것으로 예상하면 매도(숏)포지션을 취하는 것이다. 이를 포지션 트레이드(position trade)[10]라고 하는데, 선물가격이 예상대로 상승 또는 하락하면 상당한 거래이익을 얻을 수 있지만, 선물가격이 예상과 반대로 하락 또는 상승하면 큰 손실을 보는 위험을 안게 된다.

〈표 18-8〉은 선물가격이 상승할 것으로 기대하는 투기자가 KOSPI 200지수선물을 이용하여 매수포지션을 취한 상황을 설명하고 있다. 현물포지션이 없는 사람이 5월 4일 현재(지수 345) 4개월 후 KOSPI 200선물지수가 상승할 것을 예상하여 매수

〈표 18-8〉 매수포지션을 통한 투기전략(KOSPI 200지수선물)

현 재 (5월 4일)	예 측 (9월 3일)	실 제(9월 3일)	
		상승한 경우	하락한 경우
• 현재 345 10단위 매수계약	• 390으로 상승할 것으로 예상	• 390으로 상승 • 10단위 매도 • (390－345)×250,000×5 ＝1.125억원(이익)	• 300으로 하락 • 10단위 매도 • (300－345)×250,000×5 ＝－1.125억원(손실)

10) 투기거래시 시간적 차이 면에서 선물포지션 보유기간에 따라 30분 내외의 단기투자자(scalper), 장마감시까지 포지션을 청산하는 당일거래자(day trader) 그리고 익일로 포지션을 이월하는 포지션거래자(position trader)로 분류된다.

포지션(10단위)을 취했는데, 9월 3일에 실제로 KOSPI 200이 예측했던 대로 345포인트로 상승했다면 그는 1.125억원의 이득을 실현할 수 있게 된다. 그러나 만일 예상과 달리 KOSPI 200이 30포인트 하락했다면 그는 1.125억원의 손실을 감수해야만 한다.

이처럼 포지션 트레이드 전략은 예상이 정확히 맞아떨어질 때에는 고수익을 올릴 수 있지만, 예측이 부정확했을 경우에는 큰 손실을 각오해야만 한다.

(2) 스프레드전략

스프레드(spread)란 서로 연관된 선물포지션의 가격차이를 의미한다. 스프레드는 구성방식에 따라 시장내 스프레드와 시장간 스프레드로 나누어진다.

시장내 스프레드란 동일한 현물에 대해서 계약만기가 서로 다른 선물간의 가격차이로서 시간 스프레드(time spread)라고도 한다. 예컨대 밀의 7월 선물과 9월 선물 가격은 밀접하게 연관되어 있는데, 양자의 가격차이가 바로 시장내 스프레드이다. 시장간 스프레드는 대상 현물이 서로 다르지만 연관성이 있는 선물들로서 만기가 같은 선물간의 가격차이이다.

예를 들어 9월의 KOSPI 200지수가 상승할 것으로 예측하고 있지만, 만약에 있을지 모를 지수하락 가능성을 염두에 두어 시장내 스프레드전략을 수립하기로 하였다고 하자. 이를 위해 5월 4일에 9월물 10단위의 매수계약을 체결하는 동시에 12월

〈표 18-9〉 시장내 스프레드를 이용한 투기전략

<table>
<tr><td>5월 4일</td><td colspan="2">KOSPI 200선물 9월물을 지수 230에 10단위 매수계약
KOSPI 200선물 12월물을 지수 235에 10단위 매도계약</td></tr>
<tr><td>9월 3일</td><td>예측이 맞는 경우 : 상승한 경우</td><td>예측이 틀린 경우 : 하락한 경우</td></tr>
<tr><td>9월 3일</td><td>9월물을 지수 260에 10단위 매도계약
12월물을 지수 262에 10단위 매수계약</td><td>9월물을 지수 200에 10단위 매도계약
12월물을 지수 208에 10단위 매수계약</td></tr>
<tr><td>거래 결과</td><td>　　9월물　12월물
매도　260　235
매수　−230　−262
　　+30　−27
이득 : −67,500,000+75,000,000
(지수차이×25만원×10단위)</td><td>　　9월물　12월물
매도　200　235
매수　−230　−208
　　−30　+27
이득 : +67,500,000−75,000,000
(지수차이×25만원×10단위)</td></tr>
<tr><td>총이득</td><td>+7,500,000</td><td>−7,500,000</td></tr>
</table>

물 10단위에 대한 매도계약을 체결하였을 경우, 〈표 18-9〉는 이 결과를 나타내고 있다. 〈표 18-9〉에서 보듯이 투기자는 자신의 예측이 적중했을 경우나 예측이 빗나갔을 경우 모두 단순 포지션 트레이드보다 적은 이득/손실을 얻는 보수적 투기전략이다.

이와 같이 스프레드전략은 만기가 상이한 선물의 가격차인 시장내 스프레드나 만기는 동일하지만 대상상품이 상이한 것에서 기인하는 가격차인 시장간 스프레드를 자신에게 보다 유리하게 이용하여 초과수익을 얻고자 하는 투기전략이다.

이러한 선물시장에서의 투기전략은 현물시장에서의 투기전략에 비하여 몇 가지 유리한 점을 지니고 있다. 한 가지는 선물계약거래에서는 거래비용이 훨씬 적다는 점이고, 또 한 가지는 적은 투자액(KOSPI 200지수선물의 경우 약정대금의 7.5% 정도에 해당되는 증거금)으로 상대적으로 높은 투자수익을 얻게 되는 레버리지 효과가 있다는 점이다. 이러한 이유 때문에 직접적인 주식, 채권에 대한 현물투기 대신 선물투기를 선호하게 된다.

제 4 절 선물가격의 결정이론

위험헤징전략과 투기전략으로 활용되는 선물거래 투자전략에 대하여 설명하였는데, 이러한 선물의 적정가격은 어떻게 평가할 수 있을까? 이를 이용한 차익거래전략은 어떻게 구사할 수 있는가? 본절에서는 이들 주제에 관하여 살펴본다.

1. 선물가격이론

(1) 현물 · 선물등가이론

현시점에서의 선물가격(F_0)과 현물가격(S_0)은 어떤 관계를 지니는가? 양자의 관계는 선물을 이용한 투자전략, 특히 차익거래전략을 이해하는 데 기초가 되는데, 먼저 보관비용의 관계(cost-of-carry relationship)에서 살펴보자.

미래 특정시점(T)에서 특정현물을 확보하는 방법은 두 가지이다. 한 가지는 현물을 지금 확보하여 그 특정시점까지 재고로 보관하는 방법이다. 또 한 가지는 선물시장에서 선물계약을 체결하는 것이다.

전자의 경우 발생되는 비용은 특정시점까지 재고로 보관하는 보관비용으로서, 지금의 현물가격(S_0)에 이자율(R_f)을 곱한 것만큼의 기회비용이 추가적으로 발생한다. 때로는 기간중 배당수입(D)과 같은 현금유입액이 있게 되면 비용이 절감되므로, 현물보관의 경우 비용은 $S_0(1+R_f)-D$가 된다.

한편 후자(선물 이용)의 경우 재고비용이 소요되지 않고 발생되는 비용은 오로지 선물가격(F_0)만이다. 전자의 경우와 후자의 경우는 그 비용의 크기가 같아야 하므로 다음 식 18.11의 관계가 성립하는데, 이를 현물 · 선물등가이론(spot-futures parity theorem)이라고 한다.

$$F_0 = S_0(1+R_f)-D \tag{18.11}$$

만기일에 가까울수록 선물가격은 현물가격에 수렴해 갈 것이다(선물가격의 수렴정리). 식 18.11에서 배당수익률(D/S_0)을 d라고 하면 이 관계를 식 18.12와 같이 표시할 수 있고, 이를 우리나라 KOSPI 200지수선물거래에 적용하면 지수선물의 이론가격을 식 18.13과 같이 추정할 수 있다.

$$F_0 = S_0(1+R_f)-D = S_0(1+R_f-d) \tag{18.12}$$

단, d : 배당수익률($=D/S_0$)

$$\text{지수선물이론가격} = \text{KOSPI 200} \times \left\{1+\text{금리}\times\frac{\text{잔존기간}}{365}-\text{배당수익률}\right\} \tag{18.13}$$

다음 2항에서는 차익거래전략을 설명하게 된다. 이를 위해서는 먼저 선물가격의 저평가 또는 고평가 여부를 판단해야 하는데, 이론선물가격을 식 18.12, 식 18.13에 의해서 추정하여 차익거래에 활용하게 된다.

이상에서의 설명은 단일기간을 기준으로 살펴본 것이지만, 다기간(multiperiod)에도 그대로 적용된다. 계약의 만기일이 길어질수록 보관비용이 많아지므로 선물가격과 현물가격의 차이는 더 커지게 된다. 그래서 계약기간을 T기까지 연장하면 다음 관계가 성립한다.

$$F_0 = S_0(1+R_f-d)^T \tag{18.14}$$

이 같은 등가관계는 주식현물과 주가지수선물가격의 관계로 설명하였지만, 그 밖의 다른 상품선물에도 그 논리적 관계가 그대로 적용된다.

(2) 만기가 상이한 계약의 선물가격관계

만기가 서로 다른 선물계약들의 선물가격의 차이, 즉 스프레드(spread)는 어느 정도 되어야 할 것인가? 이 경우도 위에서 설명한 등가관계로 살펴볼 수 있다. $d=0$인 상품도 많고 대부분 $R_f > d$이므로 식 18.11에서 보면 만기가 길어질수록 선물가격은 커진다. 이제 F_1, F_2, … F_T를 1, 2 … T시점에서 인도하게 되는 선물가격이라고 표시하면 F_1, F_2는 식 18.13으로부터 다음 관계가 성립함을 알 수 있다.

$$F_1 = S_0(1+R_f-d)^1$$
$$F_2 = S_0(1+R_f-d)^2$$

따라서 F_2 / F_1의 비율은 다음과 같다.

$$F_2 / F_1 = (1+R_f-d)^{2-1}$$

그러므로 스프레드에 대한 등가관계는 다음 식과 같이 표시할 수 있다.

$$F_2 = F_1(1+R_f-d)^{2-1} \tag{18.15}$$

식 18.11과 식 18.15를 비교하면 S_0 대신 F_1이 들어가 있는 것이 다를 뿐이다. 그 시점에서 인도할 선물의 가격(F_2)은 F_1에 비하여 1기간에 걸쳐 인도가 늦추어지므로 보관비용이 절약되나 배당수익률만큼의 수입이 적어지는 대가를 치르게 된다.

따라서 인도를 늦추어 절약되는 순 코스트는 R_f-d만큼이 되므로 식 18.15의 관계가 성립한다. 이처럼 현물의 인도와 현금의 결제를 늦추는 선물계약의 가격은 기간이 길어질수록 늦추는 것에 대한 비용이 비례적으로 증가하게 된다. 이 관계가 성립하지 않으면 마찬가지로 차익거래기회가 발생하게 된다.

(3) 선도가격과 선물가격

위에서 설명한 현물·선물등가이론은 선물계약을 만기일에 인도하는 것을 전제로 하여 유도된 관계식이므로 이 등가관계는 선도계약에도 그대로 적용된다.

그런데 실제의 선물계약 결제는 매일정산(marking to market)을 하고 있으므로 만기일까지 이자율의 변화가 있다면 만기 일시결제식의 선도계약과 매일정산식의 선물계약 가격 간에 약간의 차이가 있을 수 있다. 환언하면 선물계약 결제는 매일마다 정산한 것의 누적 합계와 만기시 가격(S_T)에서 선물계약 매수가격(F_0)을 차감한 금액이 같다는 가정하에서 매일정산을 하고 있으나, 기간중 이자율이 증감하면 현금흐름에 약간의 차이가 발생할 수 있다.

이를테면 이자율이 오르면 선물계약 매수의 경우가 매일정산시에 유출입으로 잡히는 현금흐름이 높은 이자율로 재투자될 수 있으므로, 선물계약 매수자는 이 같은 이점에 대하여 프리미엄, 즉 높은 선물가격을 지급하려 할 것이다. 따라서 이자율과 선물가격변동 간에 정의 상관관계가 있을 때에는 선물가격이 선도가격보다도 약간 비싸게 된다. 그러나 이자율과 선물가격변동 간에 부의 상관관계가 있으면 선물가격이 선도가격보다도 싸게 된다.

현실적으로 보면 이자율과 선물가격변동 사이에 상관관계가 작기 때문에 선물가격과 선도가격 간에는 차이가 별로 없다. 따라서 선도가격의 경우도 위에서 설명한 현물가격과의 등가관계에서 평가될 수 있다.

2. 차익거래전략

앞절에서는 선물거래의 투기전략으로 포지션 트레이드와 스프레드전략에 대하여 살펴보았는데, 세 번째 투기전략으로 차익거래전략을 구사해 볼 수 있다.

본래 차익거래(arbitrage)전략은 동일한 상품에 대하여 어느 한쪽 가격이 불합리하게 형성된 것으로 간주하고, 과소평가된 것을 매수하고 과대평가된 것을 매도하는 전략을 말한다. 선물거래를 이용한 차익거래전략은 선물가격과 현물가격 간 차이가 적정수준을 초과할 경우 선물과 현물 중 상대적으로 고평가된 것을 매도하고 저평가된 것을 매수한 후 양자간 가격의 차이가 해소 또는 역전되었을 때 청산거래(반대매매)를 함으로써 무위험차익을 얻는 차익거래를 구사하는 것이다.

차익거래는 현물포지션을 기준으로 매수차익거래 및 매도차익거래로 구분된다([그림 18-4]). 매수차익거래는 선물가격이 이론가격보다 고평가된 경우 고평가된 선

[그림 18-4] 매수차익거래 및 매도차익거래

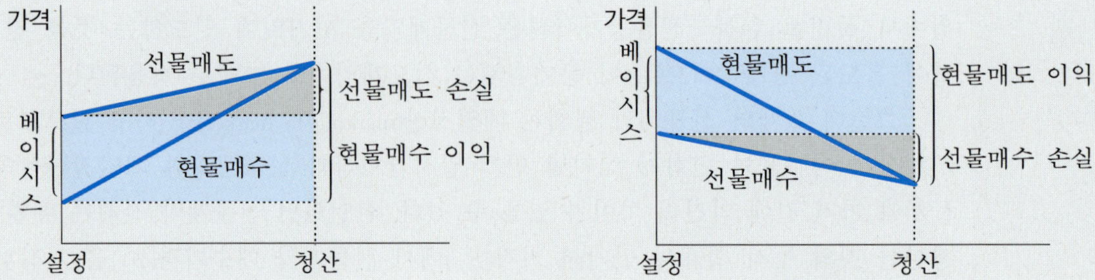

(a) 매수차익거래 손익 (b) 매도차익거래 손익

물을 매도함과 동시에 저평가된 현물을 매수하는 거래이며, 매도차익거래는 선물가격이 이론가격 수준보다 저평가된 경우 저평가된 선물을 매수함과 동시에 고평가된 현물을 매도하는 거래이다. KOSPI 200지수선물을 이용한 차익거래에 있어 현물은 KOSPI 200 구성종목 basket이나 KOSPI 200 구성종목 중 시가총액상위 30개 종목 내외로 구성할 수 있다.

구체적으로 실제선물가격이 이론가격보다도 높을 경우, 〈표 18-10〉에서 보는 것 같이 ① S_0 만큼 자금을 차입하여, ② 주식을 매수하고, ③ 선물계약을 매도하는

〈표 18-10〉 '실제선물가격 > 이론선물가격'인 경우

차익거래전략	기초현금흐름	기말현금흐름
① S_0 차입	S_0	$-S_0(1+R_f)$
② S_0 상당의 주식매수	$-S_0$	S_T+D
③ 선물계약매도	0	F_0-S_T
계	0	$F_0-S_0(1+R_f)+D$

〈표 18-11〉 '실제선물가격 < 이론선물가격'인 경우

차익거래전략	기초현금흐름	기말현금흐름
① S_0 금액예금	$-S_0$	$S_0(1+R_f)$
② S_0 상당의 주식공매	S_0	$-(S_T+D)$
③ 선물계약매수	0	S_T-F_0
계	0	$S_0(1+R_f)-D-F_0$

차익거래전략을 사용할 수 있다. 기초투자액이 영(0)이면서 기말에 正(+)의 확실한 투자수익을 얻게 되므로 무위험의 초과수익을 얻게 된다. 시장이 정상적으로 기능하면 이러한 차익기회가 사라질 때까지 차익거래는 계속될 것이다. 만약 실제선물가격이 이론선물가격보다도 낮다면, 〈표 18-11〉과 같은 차익전략을 구사할 수 있다. 결국 식 18.11(KOSPI 200의 경우는 식 18.13)의 관계가 성립하게 된다.

[그림 18-5]는 우리나라 KOSPI 200지수선물과 종합주가지수(현물)의 추이를 보여주고 있다. 현물가격이 더 높은 상황이 지속되고 있는데, 이론선물가격과 선물가격의 차이인 괴리율은 축소되거나 확대되므로 차익거래기회를 판단할 수 있는 기초자료가 된다.[11]

[그림 18-5] KOSPI 200선물가격*과 KOSPI지수

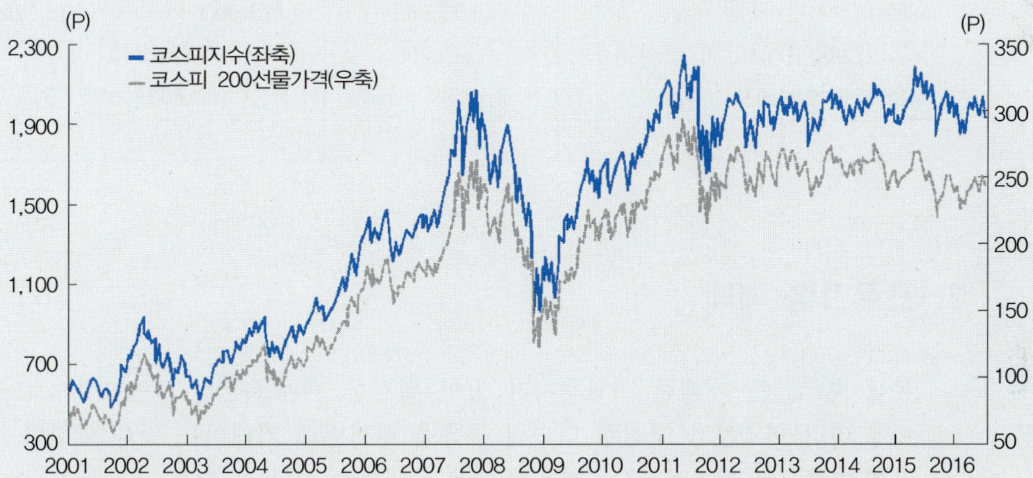

* 최근월물 기준
자료 : 한국은행, 우리나라의 금융시장, 2016.12, p.306

11) 우리나라 지수선물시장에서는 평균적으로 선물의 실제가격이 이론가격보다 낮다. 양자의 차이는 다음과 같은 방법으로 괴리율로 측정한다.

괴리율(%)=[(선물가격−선물이론가격)/선물이론가격]×100

이와 관련된 일자별 괴리율에 대한 통계는 www.krx.co.kr/파생상품/파생상품통계/Basis괴리율을 참조할 것.

예 제

(주)선현의 현재 주식가격(S_0)은 12,000원이고 1년 후 배당금(D)은 240원이 확실한데, 이를 기초자산으로 하는 주식선물이 거래되고 있다. 무위험이자율은 연 6%라고 한다.

① 이론선물가격은 얼마인가?
② 만약 실제선물가격이 12,600원이라면 어떤 현상이 벌어지는가?

해설 ① 현물 · 선물등가이론(식 18.11)을 이용하면 이론선물가격은
$F_0 = S_0(1+R_f) - D = 12{,}000(1+0.06) - 240 = 12{,}480$원

② 실제선물가격이 12,600원이라면 선물가격이 과대평가되어 있으므로 다음과 같이 차익거래가 가능하여 120원의 무위험의 초과수익을 얻게 된다.

차익거래전략	기초현금흐름	기말현금흐름
① 12,000원 차입	+12,000	−12,000(1+0.06)=−12,720
② 12,000원 상당의 주식매수	−12,000	S_T+240
③ 선물계약매도	0	12,600−S_T
계	0	120원

3. 프로그램 매매

본래 프로그램 매매란 기관투자자 등이 일정한 매매조건을 프로그램으로 정하고, 이에 따라 바스켓을 구성한 다수의 종목을 한꺼번에 거래하는 것을 말한다. 현물시장을 기준으로 현물을 사는 경우를 프로그램 매수, 현물을 파는 경우를 프로그램 매도라고 부르고 있다.

실제로 "꼬리인 선물시장이 몸통인 현물시장을 뒤흔드는 'wag the dog' 현상"이 발생하기도 한다. 선물시장과 현물증권시장의 연계성이 높아지는 상황이 자주 나타나고 있는 것이다. 특히 선물시장에서 개인투자자의 비중이 높아지면서, 개인이 선물을 사면 선물가격이 올라 프로그램 매수세가 유입됨에 따라 현물시장이 강세로 마감되고, 역으로 개인이 선물을 팔면 주가가 떨어지는 일이 자주 발생한다. 이에 따라 선물과 현물의 가격차를 이용한 프로그램 매매 비중이 높아지기도 한다.

프로그램 매매는 크게 '차익거래'와 '비차익거래'로 대별되는데, 차익거래는 선물시장과 연계되어 현물가격과 선물가격의 차이(베이시스)가 일시적으로 비정상적인 수준이 되었을 때 이루어진다. 구체적으로 '현물가격<선물가격'일 때에는 차익을

[그림 18-6] 프로그램 매매 개요

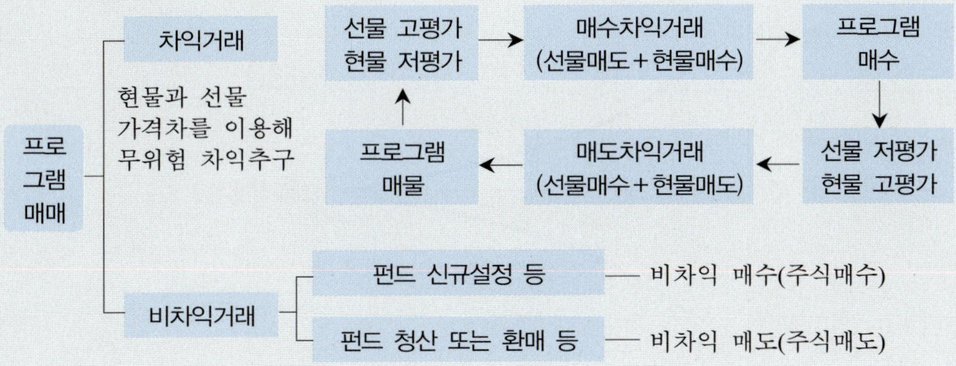

얻기 위해 '현물매수+선물매도'의 프로그램 매수(현물매수차익거래)를 하게 된다. 비정상적으로 벌어졌던 베이시스가 선물가격의 하락으로 낮아지게 되면 주가가 오르든 내리든 관계없이 무위험차익이 얻어진다. 반대로 '현물가격>선물가격'일 때에는 '현물매도+선물매수'의 프로그램 매도(현물매도차익거래)를 하여 차익을 얻게 된다.

4. 선물가격과 기대현물가격의 관계

이상에서 선물가격과 현재시점의 현물가격의 관계 및 차익거래전략에 대해 살펴보았다. 선물가격결정이론에서 논란이 많은 다른 한 가지는 선물가격과 미래 특정시점에서의 현물가격의 관계에 대한 것이다. 만기인도일에서의 선물가격(F_T)과 현물가격(S_T)은 당연히 동일하겠지만 만기 이전에는 다를 수 있는데, 미래 특정시점에서의 기대현물가격 $E(S_T)$ 보다도 그 이전 각 시점에서의 선물가격 F_0가 낮은지, 높은지 아니면 동일한지에 대해서는 기대가설, 정상적 백워데이션, 콘탱고가설, 현대 포트폴리오 이론 등 여러 주장들이 있다.

기대가설(expectations hypothesis)에 의하면 선물가격(F_0)은 미래 특정시점의 기대현물가격 $E(S_T)$ 와 동일, 즉 $F_0 = E(S_T)$ 의 관계에 있는 것으로 본다. 선물거래에 있어서 매도포지션의 기대이익은 $F_0 - E(S_T)$이고 매수포지션의 기대이익은 $E(S_T) - F_0$인데, 기대가설에서는 $F_0 = E(S_T)$ 의 관계를 전제하므로 어느 포지션이든지 기대이익은 영(0)이 된다.

이 설명은 미래에 불확실성이 없고, 투자자들이 위험중립적이라는 것을 가정하고 있다. 만약 미래시점의 상품가격을 확실히 알 수 있다면 그 시점에서 인도하기로

[그림 18-7] 선물가격과 기대현물가격의 관계

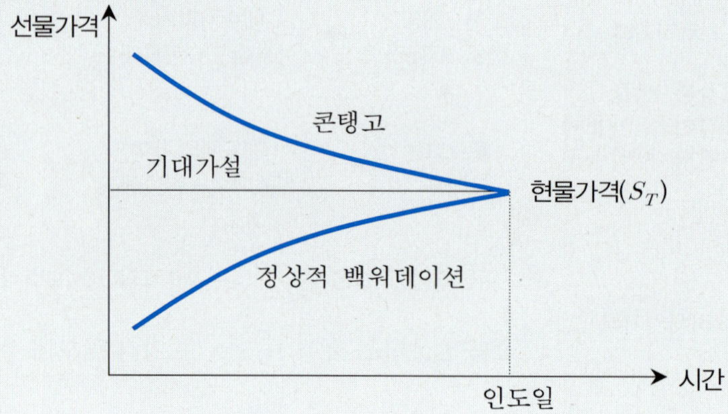

하는 선물계약가격과 그 시점의 현물가격은 동일하게 형성될 것이다. 그러나 이 주장은 선물계약이 지니는 위험보상률을 고려하지 않은 문제점을 지닌다.

영국의 경제학자 케인스(J.M. Keynes)와 힉스(J. Hicks)는 선물가격결정에 대해서 정상적 백워데이션(normal backwardation) 가설을 주장했는데, 이는 [그림 18-7]에서 보는 것처럼 선물가격은 미래의 기대현물가격보다 낮게 형성($F_0 < E(S_T)$)되었다가 만기인 도일에 접근하면서 선물가격과 기대현물가격은 접근($F_0 \cong E(S_T)$)해 간다고 보는 것이다.

이 주장의 근거로는 선물계약을 매수하는 투기자들은 $E(S_T) > F_0$의 관계에 있는 선물가격이 되어야 이익이 기대되므로 시장참여의 유인을 갖게 되고, 선물계약매도의 헤저들은 자신들의 위험헤징에 대한 대가지급으로 F_0가 $E(S_T)$보다 낮은 것을 받아들일 것이므로 $E(S_T) > F_0$의 관계가 성립한다고 보는 것이다.

위의 주장과는 반대로 콘탱고(contango)가설은 선물가격은 항상 미래기대현물가격보다도 크다($F_0 > E(S_T)$)라는 주장이다. 선물계약에서는 정상적 백워데이션의 설명과는 달리 매수헤저가 위험헤징에 대한 보상을 더 지급하려고 할 것으로 본다. 왜냐하면 위험을 헤징하고자 할 때 밀 농가와 같은 매도헤저보다도 제분업자와 같은 매수헤저가 현재시점에서 미래인수도가격을 고정시키고자 하는 바람이 더 강하기 때문이다.

현대 포트폴리오 이론에서는 위의 세 가지 주장을 종합적으로 고려하면서 포트폴리오 구성의 관점에서 선물계약이 체계적 위험에 미치는 영향에 따라서 선물가격이 결정된다고 본다. 상품가격이 正의 체계적 위험($k > R_f$인 경우)을 지니고 있으면, 다시 말해 선물계약의 포트폴리오 편입으로 체계적 위험이 증가하면, 선물가격은 기대현물가격보다도 낮게 형성되어야 할 것이다.

반대로 선물계약으로 체계적 위험이 감소하게 되는 포트폴리오 구성의 투자자는 F_0가 $E(S_T)$보다 작을 때라도 위험감소에 대한 대가를 지급하면서 선물매도계약을 이용하게 된다. 결과적으로 負의 체계적 위험을 지닌 자산처럼 $k < R_f$인 경우는 선물가격(F_0)이 기대현물가격($E(S_T)$)보다 커야 된다.

주요용어

선도거래	선물거래	상품선물거래
금융선물거래	통화선물	금리선물
주가지수선물	헤저	투기자
선물청산소	개시증거금	유지증거금
일일정산제도	반대매매	미결제약정수량
롱포지션	숏포지션	선물가격
현물가격	매도헤징	매수헤징
베이시스 위험	수렴정리	완전헤징
불완전헤징	선물헤지비율	스트립헤징, 롤링헤징
교차헤징	최적 선물계약단위	포지션 트레이드
선물차익거래전략	선물스프레드전략	현물·선물등가이론
보관비용	기대가설	정상적 백워데이션
콘탱고	선물가격의 포트폴리오 이론	

연습문제

1. [선물거래의 개념] 선물거래와 옵션거래의 차이점, 선도계약과 선물계약의 차이점을 설명하라.

2. [선물거래제도] 선물거래의 결제제도와 증거금제도의 특징에 대하여 설명하라.

3. [선물을 이용한 헤징전략] 선물거래를 이용하여 위험을 관리하고자 할 때 어떤 입장과 어느 상황에서 매수(long)헤징과 매도(short)헤징이 이용되는가?

4. [베이시스 위험] 선물거래에서 베이시스 위험이란 무엇인가?

5. [KOSPI 200지수선물] 우리나라 주가지수선물거래제도의 주된 특징에 대하여 설명하라. 또 우리나라 KOSPI 200지수선물의 이론가격을 구하는 방법을 제시하라.

6. [상품선물헤징의 손익] 12월 20일 현재 현물시장에서 밀은 1포대 3kg에 8,000원이다. (주)JC에서는 원료가 되는 밀을 4개월 후(다음 해 4월 20일) 100,000포대를 매수할 계획을 가지고 있다. 선물시장에서는 "밀"선물(4월 만기)이 1포대에 8,100원이다. 4개월 후 현물가격은 8,200원, 선물가격은 8,400원으로 상승하였다. 이 상황에서 (주)JC가 매수헤징을 했다면 얼마의 순손실 또는 순이익을 보았는가?

7. **[지수선물과 체계적 위험 통제]** 2017년 3월 1일 현재 2억원 상당의 주식포트폴리오를 보유하고 있는데, 12월물 주가지수선물을 이용하여 포트폴리오의 체계적 위험을 관리하고자 한다. 현재 KOSPI 200선물지수가 300이고 보유중인 주식포트폴리오의 베타가 1.5이다.
   ① KOSPI 200주가지수선물과 주식포트폴리오를 결합해서 최소분산 포트폴리오를 구성하기 위해서는 12월 KOSPI 300주가지수선물을 어떻게 이용해야 하는가?
   ② 향후 주가가 상승할 것으로 예상하고 포트폴리오의 베타를 3.0으로 증가시키려고 한다. 12월물 KOSPI 200주가지수선물을 어떻게 이용해야 하는가?

8. **[지수선물과 헤지비율, 체계적 위험 통제]** 펀드매니저 갑은 200억원의 포트폴리오를 운용하고 있는데, 단기적으로 주가하락을 염려하고 있다. 이 위험을 헤징하기 위하여 KOSPI 200 지수선물계약을 이용하고자 한다. 관련자료는 다음과 같다.

(7월 31일)	KOSPI 200=296.00	KOSPI 200지수선물=300.00
	주식포트폴리오의 KOSPI 200지수와의 민감도(β)=1.2	

   ① 7월 31일 현재의 베이시스는 얼마인가?
   ② 위험을 헤지하기 위한 헤지비율과 최적 선물계약단위를 구하고, 구체적인 헤징방법을 제시하라.
   ③ 1개월 후(8월 31일) 다음과 같이 가격이 변화하였다.
   KOSPI 200지수=290.00 KOSPI 200지수선물=295.00
   헤징결과를 볼 때 얼마만큼의 순이익 또는 순손실이 발생하였는지를 보이라.
   ④ 장기적으로 주가상승을 예상하고 있어 주식포트폴리오의 베타를 1.5로 높이고자 한다. 선물거래의 포지션을 어떻게 변경하면 가능한가?

9. **[차익거래전략]**
   (1) (주)좋은기술의 주식가격은 100,000원이다. 이 주식을 기초자산으로 하는 만기 6개월인 선물이 선물시장에서 110,000원에 거래되고 있다. 이 주식은 배당지급이 없으며 거래비용은 없고, 무위험이자율은 연 10%이다. 1년은 360일로 가정한다.
   ① 선물의 이론적 가격을 구하라.
   ② 구사될 수 있는 차익거래전략은 무엇이고, 차익거래이익은 얼마인가?
   (2) 현재 KOSPI 200은 225포인트이고, 만기 3개월의 지수선물이 228포인트에 거래되고 있다. KOSPI 200 구성주식들의 배당지수의 합계는 0.625이고, 이자율은 연 10%이다. 1년은 360일로 가정한다. 이 상황에서 구사될 수 있는 차익거래전략은 무엇이고, 차익거래이익은 얼마인가?

10. **[현물 · 선물등가이론]** (주)물산의 현재 주식가격은 50,000원, 1년 후 배당금은 2,000원, 무위험이자율은 연 10%이다.
   ① 이론적인 선물가격은 얼마인가?
   ② 만약 실제선물가격이 ①의 이론가격과 달리 48,000원이라면 차익거래전략은 무엇인가?

제 19 장

옵션투자전략

우리나라에서도 1997년 7월 옵션거래가 시작된 이후, 옵션거래량이 한때는 세계 1위를 기록할 정도가 되었고, 옵션거래는 투자관리를 위하여 필수적으로 알아야 할 거래방법이 되었다. 옵션투자가 포트폴리오 관리에 중요한 역할을 하는 이유는 기초자산과 결합하여 다양한 옵션전략을 구사하면 원하는 형태의 투자수익과 위험패턴을 창출할 수 있으며, 특히 투자위험을 헤징(hedging)할 수 있는 좋은 수단이 되기 때문이다. 본장에서는 옵션거래의 특성과 거래제도, 옵션을 이용한 주요 투자전략 등에 대하여 다룬다. 다음은 본장의 학습목표로서 이해해야 할 주요 사항들이다.

- 옵션계약의 의의와 옵션의 종류
- 옵션거래제도의 특징
- 콜 옵션과 풋 옵션의 이득패턴
- 옵션을 이용한 헤징전략방법, 포트폴리오 보험방법
- 옵션을 이용한 스프레드 전략, 컴비네이션 전략
- 풋과 콜의 관계를 밝히는 풋·콜 등가이론과 투자전략적 함축

제 1 절 옵션계약의 의의와 거래제도

본절에서는 옵션계약과 관련된 제도적인 내용을 검토한다. 먼저 콜 옵션과 풋 옵션의 특성이 무엇인지 살펴보고, 이어서 실제의 옵션거래가 어떻게 이루어지며 또 옵션거래의 종류에는 어떤 것이 있는지를 살펴본다.

1. 옵션계약의 의의

(1) 옵션계약의 특성

옵션계약(option contract)은 옵션의 보유자에게 약정된 가격으로 지정된 날짜 혹은 그 이전에 특정자산을 매수하거나 매도할 수 있는 권리를 부여한 계약이다. 옵션계약의 주된 대상(기초자산)이 주식인 **주식옵션**(stock option)은 특정주식을 약정된 가격으로 지정된 날짜 혹은 그 이전에 사거나 팔 권리를 부여한 계약을 말한다. 이 옵션계약은 기본적으로 콜 옵션과 풋 옵션 두 가지가 있다.

콜 옵션(call option)은 매수할 수 있는 권리를 부여한 것이고, 풋 옵션(put option)은 매도할 수 있는 권리를 부여한 것이다. 옵션계약에서 미리 정해진 약정된 가격을 행사가격(exercise or strike price), 지정된 기간을 만기일(expiration date), 대상이 되는 자산을 기초자산(underlying asset)이라고 부른다.

옵션의 중요한 특징은 옵션 매수자에게 어떠한 투자행위를 할 수 있는 권리를 부여한다는 점이다. 따라서 상황이 유리하면 권리를 행사하겠지만, 상황이 불리하면 행사하지 않아도 된다. 상황전개에 따라서 다른 사람보다도 싸게 매수하거나 비싸게 팔 수 있는 권리행사가 보장되어 있으므로 이 권리는 일정한 가치를 지니게 되고, 이 권리(옵션)를 매수하는 데에는 일정한 대가로서 프리미엄이 주어져야 할 것이다. 이러한 권리에 대한 프리미엄이 옵션가격(price of the option)이다.

예를 들어 지금 S바이오 주식에 대하여 행사가격이 30,000원이고 3월 후에 만기가 되는 **콜 옵션**이 있다고 하자. 만약 S바이오 주식가격이 28,000원이면 시장가격이 권리행사가격보다도 낮으므로 이 콜 옵션의 보유자는 매수할 수 있는 자신의 권리를 행사하지 못할 것이다. 콜 옵션을 행사하여 주식을 매수하는 것보다도 그 주식을 시장에서 직접 매수하는 것이 유리하기 때문이다. 그러나 이 주가가 상승하여

30,000원 이상이 되면 이득(만약 주가가 35,000원이면 5,000원의 이득)이 발생한다. 시장가격보다도 낮은 행사가격으로 살 수 있는 권리를 행사하거나, 그 권리를 일정한 프리미엄(옵션의 시장가격)을 받고서 다른 사람에게 팔아넘길 수 있게 된다.

이번에는 동일주식에 대하여 행사가격이 30,000원이고 3월 후에 만기가 되는 풋 옵션이 있다고 하자. 만약 S바이오의 주식가격이 권리행사가격보다도 높은 33,000원이면 이 풋 옵션의 보유자는 매도할 수 있는 자신의 권리를 행사하지 못할 것이다. 풋 옵션을 행사하여 주식을 매도하는 것보다도 그 주식을 시장에서 직접 매도하는 것이 유리하기 때문이다. 그러나 이 주가가 하락하여 30,000원 이하가 되면 이득(만약 주가가 25,000원이면 5,000원의 이득)이 발생한다. 시장가격보다도 높은 행사가격으로 팔 수 있는 권리를 행사하거나, 그 권리를 일정한 프리미엄(옵션의 시장가격)을 받고서 다른 사람에게 팔아넘길 수 있게 된다.

이처럼 옵션과 앞의 제18장에서 설명한 선물계약은 기초자산(본원적 증권)의 가격변화에 따라서 그 가치가 달라지므로 파생증권(derivative securities)이라고 부른다. 또한 옵션은 만기일까지 기초자산의 시장가격 수준에 따라서 권리행사 여부가 결정되므로 상황조건부 청구권계약(contingent claim contracts)이라고도 불린다.

옵션거래에서는 시장가격 수준에 따라서 권리행사가 가능한지, 가능하지 못한지를 표현하는 몇 가지 용어가 사용된다. 내가격(in the money) 옵션의 상황은 당장 옵션행사를 하면 이득이 발생하는 상황을 말한다. 반대로 외가격(out of the money) 옵션의 상황은 이득이 발생하지 않으므로 매수나 매도 등의 권리행사를 할 수 없는 경우를 가리킨다. 그리고 등가격(at the money) 옵션의 상황은 행사가격과 기초자산의 시장가격이 같은 상황을 가리킨다. 콜 옵션과 풋 옵션 각각에 대하여 이 세 가지 상황은 다음과 같이 정리할 수 있다.

상 황	콜 옵션	풋 옵션
내가격	행사가격 < (기초자산)시장가격	행사가격 > (기초자산)시장가격
외가격	행사가격 > (기초자산)시장가격	행사가격 < (기초자산)시장가격
등가격	행사가격 = (기초자산)시장가격	행사가격 = (기초자산)시장가격

(2) 옵션거래의 구조

옵션거래도 거래 쌍방, 즉 매수자와 매도자가 있어서 거래가 형성될 터인데, 옵션거래는 옵션 매수자와 매도자 사이에 무엇을 사고파는 거래인가? [그림 19-1]에서 보

[그림 19-1] 옵션거래의 구조

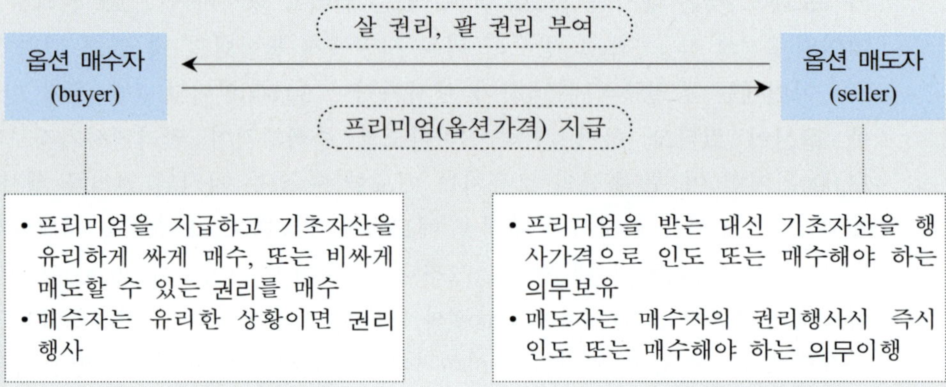

는 것처럼 옵션거래란 매도자(seller)는 매수자(buyer)에게 권리(싸게 살 권리, 비싸게 팔 권리)를 제공하고, 매수자는 그 대가로 프리미엄(옵션가격)을 지급하는 거래이다.

콜 옵션의 경우 콜 옵션 매수자(purchaser)가 유리한 상황이 되어 매수하는 권리를 행사하고자 하면, 콜 옵션의 매도자 혹은 발행자(seller or writer)는 이에 응하여 기초자산을 매도해야 하는 의무를 이행해야 한다.

이때 콜 옵션의 매수자는 권리행사를 할 수 있는 유리한 상황에서 특정자산을 싸게 살 수 있는 권리를 확보하는 대신, 그 대가로 매도자에게 프리미엄(옵션가격)을 지불한다. 반면에 콜 옵션의 매도자 혹은 발행자는 상대방인 매수자가 매수할 권리를 행사하면 불리한 상황에서 주식을 인도해야 하는 의무를 지니는데, 시장가격보다도 낮은 가격에 주식을 인도함으로써 보게 되는 손해의 가능성에 대한 보상의 성격으로 프리미엄(옵션가격)을 받는다.

풋 옵션의 경우, 풋 옵션의 매수자는 기초자산을 시장가격보다 비싼 가격으로 유리하게 매도할 수 있는 권리를 얻게 되는 대신 그 대가로 프리미엄을 지급한다. 반면에 풋 옵션의 매도자(혹은 발행자)는 매수자가 높은 행사가격으로 매도할 권리를 행사하고자 하면 기초자산을 매수해야 하는 의무를 지니는데, 기초자산을 시장가격보다 비싼 가격으로 불리하게 매수해야 하는 불이익의 가능성에 대한 대가로 프리미엄(옵션가격)을 지급받는다.

(3) 옵션거래와 선물거래의 차이점

옵션거래는 이상에서 설명한 것과 같은 특성을 지니므로 앞장에서 설명한 선물거래

〈표 19-1〉 옵션거래와 선물거래의 차이점

구 분	옵션거래	선물거래
거래대상	대상자산을 매도 · 매수할 수 있는 권리	대상자산 자체
권리 · 의무	매수자 : 프리미엄(옵션가격) 지급 후에는 권리만 보유 매도자 : 프리미엄 수령 후에는 의무만 부담	매수자 : 권리(대상물의 수령권)와 의무(대금지급의무) 보유 매도자 : 권리(대금수령권)와 의무 (대상물 인도의무) 보유
위험구조	매수자 : 위험이 프리미엄에 한정 매도자 : 위험 무한정(다만, 프리미엄만큼 위험 감소)	매수자 : 위험 무한정 매도자 : 위험 무한정
증거금 납부	의무를 부담하는 매도자만 납부 매수자는 구입비용(프리미엄) 지급	매도자와 매수자 모두 납부 별도의 구입비용이 없음

와 비교할 때, 권리 · 의무, 위험구조, 증거금납부 등의 면에서 〈표 19-1〉과 같은 차이점을 지니고 있다. 특기할 사항은 투자위험 면에서 선물계약거래의 경우 매수자와 매도자 모두 무한정의 위험을 부담하지만, 옵션계약거래의 경우 옵션 매수자는 프리미엄에 한정하여 위험을 부담하고, 옵션 매도자는 무한정으로 위험을 부담하게 된다는 점이다.

2. 옵션계약의 종류

옵션은 옵션권리의 행사가 만기일 이전에 가능한지 여부에 따라서 유러피언 옵션과 아메리칸 옵션으로 구분된다. 유러피언 옵션(European option)은 만기일이 되어야 옵션의 권리를 행사할 수 있는 반면에 아메리칸 옵션(American option)은 만기일 이전 언제라도 권리행사가 가능한 옵션을 말한다.[1)] 아메리칸 옵션이 유러피언 옵션보다도 권리행사의 폭이 넓으므로 옵션가치가 보다 높다.

옵션의 이러한 구분은 기초자산의 종류에 대한 구분은 아니다. 기초자산에 따라 옵션계약을 분류하면 다음과 같은 종류가 있다.

- 지수옵션(index options) : 주가지수를 기초자산으로 하여 약정된 조건으로 사거나 팔 수 있는 권리가 부여된 옵션을 말한다. 거래량이 비교적 많은 지수옵

1) 유러피언과 아메리칸의 구분이 옵션거래소가 위치한 지역에 따라 명명되는 것이 아니라는 점에 유념할 필요가 있다. 북미의 옵션거래소에서도 유러피언 옵션이 거래된다. 예를 들어 S&P 500 옵션이 유러피언 옵션이다.

션으로는 미국의 S&P 100지수(S&P의 100개 주식으로 구성되는 주가지수), S&P 500지수, 영국의 FTSE 100지수(영국의 Financial Times Share Exchange 주가지수), 일본의 Nikkei 225지수, 우리나라의 KOSPI 200지수를 기초자산으로 하는 지수옵션 등이 있다. 지수옵션은 주식옵션과 달리 현물이 존재하지 않는 것이므로 콜 매도자가 지수를 인도하거나 풋 매도자가 지수를 매수할 필요가 없다. 대신에 지수의 시장가격과 행사가격의 차이만큼을 현금결제하면 된다.

- 주식옵션(stock option) : 개별주식을 기초자산으로 하는 옵션계약이다. 우리나라에서는 2017년 3월말 현재 삼성전자, SK하이닉스, 현대차, LG전자, LG디스플레이, POSCO, 한국전력 등 50개 종목이 상장되어 있다.
- 주식워런트증권(ELW : equity linked warrants) : ELW는 유동성 부족의 문제점을 지닌 주식옵션의 대안으로서 2005년 12월초부터 상장되어 거래가 시작되었는데, 주식옵션과 상품특성이 유사하다. 거래활성화를 위하여 유동성공급자(liquidity provider) 선정 의무화장치 등의 제도가 가미된 것이다(〈표 19-2〉 참조). 주식옵션은 발행주체가 일반투자자로서 콜, 풋 매수·매도 모두 가능한 반면에 ELW는 증권회사가 발행주체가 되고 콜, 풋 매수만 가능하다. 계약기간은 주식옵션은 6개월 이하의 단기상품인 반면에 ELW는 3개월에서 3년까지 다양하다. 주식옵션은 거래소가 결제이행을 보증하지만, ELW는 증권회사가 결제하게 되므로 증권회사의 신용위험이 존재한다. ELW는 증권계좌로 거래가 가능하도록 되어 있고, 기본예탁금(최소 1,500만원)이 필요한 옵션투자와는 달리 기본예탁금이 필요 없으며, 소액으로 투자가 가능하다.

〈표 19-2〉 주식워런트증권(ELW)과 주식옵션 비교

구 분	ELW	개별주식옵션
발행주체	증권회사	옵션 매도자(일반투자자)
권리유형	콜, 풋 매수만 가능	콜, 풋 매수·매도 모두 가능
상품특성/규제법	유가증권	파생상품
거래시장	현물주식시장	옵션시장
매매 및 결제 방식	주식거래와 동일	옵션거래와 동일 (거래 뒤 가격변동에 따라 적정준비금 유지)
유동성 제공	유동성 공급자 존재	시장수급에 의존
위험관리	감독기관이 발행자 신용위험 규제	결제기관이 결제이행 보증
대상종목	KOSPI 100종목 및 주식 바스켓	20개 종목
계약기간	3개월~3년	6개월 이하

- 선물옵션(futures options) : 약정된 조건으로 특정 선물계약을 사거나 팔 수 있는 권리가 부여된 옵션이다. 따라서 선물옵션 매수자가 선물옵션을 행사하면 약정된 행사가격으로 선물계약을 매수할 수 있게 되는 반면에, 선물옵션 매도자는 선물계약(현물이 아님)의 현재가격과 행사가격의 차이에 해당되는 금액을 지불하게 된다.
- 통화옵션(currency options) : 특정 외국통화를 약정된 조건하에서 자국통화로 사거나 팔 수 있는 권리가 부여된 옵션이다. 우리나라에서는 1999년 4월 23일 이후 미국 달러옵션이 상장 거래되고 있다. 미국 달러옵션의 1계약금액은 [가격(1US$당 원화값)×5만원]이고, 만기는 결제월의 세 번째 월요일이다.[2]
- 금리옵션(interest rate options) : 채권을 기초자산으로 하는 옵션이다. 미국에서 기초자산으로 이용되는 채권으로는 재무성발행 T-bond, T-note, 양도성예금증서(CD), 정부저당채권(GNMA) 등을 들 수 있다. 이 옵션은 채권선물옵션의 형태로 거래되는 경우가 많다.

3. 옵션거래제도

옵션거래(options trading)는 직접 장외시장에서의 매매체결을 통해서도 이루어지지만 대부분은 거래비용이 낮고 원활하며 매매가 보장되어 있는 조직화된 옵션거래소를 통하여 이루어진다.

미국의 경우 조직화된 옵션거래소로서 1973년 4월 시카고 옵션거래소(CBOE : Chicago Board of Options Exchange)가 개설된 후 AMEX, NYSE 등에서도 옵션거래가 이루어지고 있다. 한국에서는 한국거래소(KRX)를 통하여 이루어진다.

(1) 행사가격과 만기의 표준화

이들 조직화된 옵션거래소는 옵션계약들에 있어서 기초증권의 수량, 만기일, 행사가격, 거래단위 등을 표준화시켜 신속하고 저렴한 거래가 이루어지고, 시장의 유동성

2) 2008년도에 많은 수출기업들이 환위험을 관리하고자 투자했던 KIKO(=Knock-In Knock-Out)도 일종의 통화옵션 상품이었다. KIKO는 상하한 환율범위를 설정하여 환율이 하한선(약정 하단)에 도달하면 옵션계약이 소멸(Knock-Out)되고, 상한선(약정 상단) 내에서는 통화옵션 유효구간이 되어 시장환율로 매도하거나 행사가격으로 환차익을 얻을 수 있었지만, 약정 상단을 넘어서면 Knock-In되는 구간이 되어 환차손의 2~3배를 은행에 지급하는 조건이었다.

〈표 19-3〉 지수옵션, 주식옵션, 지수선물제도의 비교

	KOSPI 200지수옵션	주식옵션	KOSPI 200지수선물
1계약의 크기	지수×50만원*	프리미엄×10	지수×50만원
행사가격의 간격	현재지수 기준 상하 2.5포인트 간격으로 13개**	행사가격 수준에 따라 차등적으로 9개	없음
상장 월물 수	3월 · 9월 각 1개, 6월 2개, 12월 3개, 기타월 4개(총 11개)	3월 · 9월 각 1개, 6월 2개, 12월 3개, 기타월 2개(총 9개)	3월, 6월, 9월, 12월 (4개 종목), 최장 1년
만기일	각 결제월 두 번째 목요일	지수옵션과 동일	각 월 두 번째 목요일
호가단위 (tick)	옵션가격이 10.0포인트 이상 : 0.05P(가격이 10.0 미만은 0.01P)	옵션가격에 따라 5단계 구분(10~200원)	0.10포인트. 최소가격 변동폭(tick) : 0.05P
가격제한폭	단계별 확대 (±8%, ±12%, ±20%)	단계별 확대 (±10%, ±20%, ±30%)	기준가격±30%
위탁증거금***	개시증거금률 : 9.0% 유지증거금률 : 6.0%	개시증거금률 : 차등화 유지증거금률 : 차등화	개시증거금률 : 9.0% 유지증거금률 : 6.0%

* 1계약의 크기는 2012년 3월 9일부터 10만원에서 50만원으로 증액되었다. 2015년 7월 20일부터 도입된 KOSPI 200 미니옵션과 미니선물의 1계약의 크기(거래승수)는 10만원이다.

** 미국 주식옵션의 경우, 행사가격은 기초주식의 시장가격이 25~200달러이면 5달러 간격으로 설정된다. 옵션계약의 만기는 대부분 1년 미만으로 분기 사이클로 이루어진다. 1월 사이클을 예로 하면 1월, 4월, 7월, 10월이 되고, 옵션의 만기일은 각 월의 셋째 토요일이지만 실제 거래되는 최종일은 각 월의 셋째 금요일이다.

*** 2017.7.6 기준

을 높여 옵션거래를 용이하게 해주고 있다.

지수옵션의 경우 행사가격의 표준화 내용을 〈표 19-3〉에서 보면 현재지수를 기준으로 상하 2.5포인트 간격으로 등가격 1개, 내가격 6개, 외가격 6개, 모두 13개가 제시된다. 만약 현재의 지수가 300.00이면 이 기준으로 콜 옵션은 외가격인 307.5, 310.0 등의 행사가격과 내가격인 297.5, 295.0 등의 행사가격인 지수 콜 옵션상품이 제시된다(〈표 19-4〉 참조). 만기는 연속 3개월물과 3월 · 6월 · 9월 · 12월이 상장되며, 각 월의 두 번째 목요일이 만기일이 된다. 1계약단위는 [지수×50만원]이다.

〈표 19-4〉의 옵션 시세표를 보면 콜 옵션의 경우는 행사가격이 낮을수록 옵션가격이 높게 형성되어 있는 반면에, 풋 옵션의 경우는 행사가격이 높을수록 옵션가격이 높게 형성되어 있음을 볼 수 있다.

〈표 19-4〉 KOSPI 200지수옵션 시세표 (단위 : 포인트, 계약)

	종목명	종 가	전일대비	시 가	고 가	저 가	거래량	미결제약정수량
콜	1707 320.0	0.27	−0.01	0.29	0.34	0.23	79,192	46,211
	1707 317.5	0.47	−	0.50	0.59	0.41	81,707	27,711
	1707 315.0	0.80	−	0.83	0.98	0.70	96,246	27,543
	1707 312.5	1.30	−0.04	1.35	1.55	1.16	81,007	33,923
	1707 310.0	2.03	−0.03	2.03	2.37	1.83	75,423	32,968
	1707 307.5	3.06	0.04	3.02	3.46	2.73	32,646	20,257
	1707 305.0	4.41	0.08	4.31	4.87	4.00	7,842	9,326
	1707 302.5	6.04	0.14	5.91	6.56	5.61	848	3,840
	1707 300.0	7.87	0.12	8.07	8.37	7.48	558	5,703
풋	1707 320.0	13.80	−	13.50	14.10	13.50	8	77
	1707 317.5	11.40	−0.10	11.10	11.80	11.10	342	563
	1707 315.0	9.28	−0.06	9.00	9.61	8.85	235	720
	1707 312.5	7.24	−0.16	7.55	7.68	6.93	515	1,774
	1707 310.0	5.35	−0.41	5.69	5.96	5.07	2,971	5,426
	1707 307.5	3.89	−0.35	4.19	4.39	3.68	13,413	9,722
	1707 305.0	2.72	−0.32	2.92	3.15	2.59	33,968	20,723
	1707 302.5	1.89	−0.28	2.09	2.21	1.80	58,943	17,654
	1707 300.0	1.25	−0.25	1.41	1.52	1.23	81,078	29,572

* 2017.6.16 기준, 당일 KOSPI 200지수=306.79

(2) 옵션청산소와 증거금제도

옵션거래의 결제는 옵션청산소(OCC : Option Clearing Corporation)를 통하여 이루어진다. 옵션계약은 앞서 설명한 것처럼 매수자 입장에서 볼 때 유리한 상황이 전개되면 권리행사의 기회가 되지만 매도자는 의무를 이행해야 하는 계약이다. 따라서 쌍방간에 옵션계약 내용대로 권리와 의무가 이행되도록 중립적이고 신뢰성 있는 기관인 옵션청산소가 결제를 대행한다.

옵션청산소는 옵션의 매수자에 대해서는 실질적인 매도자로서, 매도자에 대해서는 실질적인 매수자로서의 역할을 수행하여 옵션계약의 이행을 보장해 줌으로써, 옵션거래의 신뢰성과 안정성을 높이는 기능을 발휘한다.

우리나라 시장에서 옵션거래를 하려면 기본예탁금을 예치하고, 옵션 매수자는 옵션을 구매한 다음 날 아침까지 옵션가격 전액을 지불해야 한다. 그러나 증거금은 옵션 매수자에게는 요구되지 않는다. 매수자에게는 계약불이행의 위험이 없고, 옵션 자

〈표 19-5〉 KOSPI 200지수옵션 거래규모(일평균) 추이 (단위 : 천 계약, 억원)

구 분	2001	2003	2005	2007	2009	2011	2013	2015	2016
거래량	3,347	11,489	10,182	11,016	11,922	14,805	2,350	2,139	1,491
거래대금	1,925	6,465	5,656	8,877	10,473	17,594	10,643	8,154	5,574

자료 : KRX, 증권선물, 각년호

체에 레버리지효과가 있기 때문이다. 반면에 옵션 매도자는 손실이 무한대로 커질 수도 있으므로 계약이행을 보장하기 위하여 기본예탁금 이외에 옵션청산소에 추가증거금을 거래계좌에 예치 · 유지해야 한다. 추가증거금의 크기는 지수옵션의 경우 5%이고, 주식옵션의 경우는 기초자산 주식의 변동성의 크기에 따라 차등화되어 있다.

이러한 제도적 틀 안에서 이루어지고 있는 우리나라 파생상품시장은 〈표 19-5〉에서 보는 것처럼 KOSPI 200지수옵션의 거래가 2011년에는 일평균 14백만 단위의 계약이 이루어지면서 세계 제1위 수준의 거래규모를 보이기도 했다. 그러나 파생상품시장에서의 불공정거래에 대한 규제가 많아지면서 2016년에는 1/10 수준 정도로 거래규모가 급격히 줄었다. 그렇지만 거래대금 기준으로는 아직도 지수옵션이 지수선물보다 36배 이상 많은 규모이며, ELW의 거래가 증가하면서 우리나라 파생상품시장은 옵션시장이 큰 비중을 차지하고 있다.

제2절 옵션거래의 기능과 이득

옵션계약이 금융상품으로서 선호도가 급격히 증가하는 이유는 그 특성상 적은 투자비용으로 높은 투자수익률을 올릴 수 있고, 투자위험에 대한 좋은 헤징(hedging)수단이 되기도 하며, 원하는 투자이득의 다양한 패턴창출이 가능한 투자전략을 구사할 수 있기 때문이다.

본절에서는 옵션을 이용한 다양한 투자전략이 가져오는 투자이득의 패턴을 이해하기 위한 전단계로 옵션투자의 기능과 옵션거래이득에 대하여 설명한다.

1. 옵션의 기능

옵션은 다음과 같은 투자대상으로서의 기능을 제공한다.

첫째, 옵션은 상대적으로 적은 투자비용으로 높은 투자수익률을 올릴 수 있는 레버리지(leverage) 수단으로 활용될 수 있다. 기초자산의 시장가격보다도 옵션 프리미엄은 훨씬 낮은 가격 수준이어서, 상대적으로 높은 투자수익률을 올릴 수 있다. 예를 들어, A주식의 금일 종가는 98,500원인데, 행사가격이 100,000원인 콜 옵션의 가격(프리미엄)이 11,500원에 형성되었다고 하자. 투자소요 자금면에서 보면 A주식 100주를 매수하는 데에는 9,850,000원(=98,500원×100주)의 자금이 소요되는 반면에 옵션 100주를 매수하는 데에는 단지 1,150,000원(=11,500원×100주)이 소요된다. 여기서 A주식의 주가가 만약 120,000원으로 상승했다면 주식매수의 경우와 옵션매수의 경우 투자수익률은 다음과 같이 계산된다(단위 : 천원).

$$\text{주식투자수익률} = \frac{(120-98.50)\times 100}{9{,}850} \fallingdotseq 22\%$$

$$\text{옵션투자수익률} = \frac{(120-100)\times 100-1{,}150}{1{,}150} \fallingdotseq 74\%$$

이 예에서 보는 것처럼 옵션거래는 주식투자와 비교할 때 적은 투자자금으로 높은 투자수익률을 올릴 수 있는 레버리지효과를 얻을 수 있다.

둘째, 옵션거래는 불리한 가격변동에 대한 헤징 또는 가격보험수단으로 많이 활용된다. 예를 들어 주가가 상승할 것으로 예상하여 주식을 매수했는데, 예상과 달리 주가가 하락하여 큰 손실을 입게 되는 상황이라면 풋 옵션을 매수하여 투자위험을 헤징할 수 있다(이 헤징전략은 다음 2항에서 설명). 이 밖에도 옵션을 이용하여 주가 하락시에 예상되는 손실을 줄이는 다양한 방법이 있다.

셋째, 옵션은 기초주식과 결합하여 투자가 이루어질 때 다양한 투자이득의 패턴을 제공하므로, 포트폴리오 운용자가 원하는 투자기회 패턴을 창출하는 투자전략을 가능하게 한다. 예를 들어 콜과 풋 옵션을 동시에 매수·매도하거나 기초주식과 결합시켜 투자하게 되면 미래의 기초주식가격의 상승이나 하락이 클 때 결합이득이 확대되도록 만들 수 있고, 반대로 기초주식가격의 변동이 미미한 상황이 될 때 결합이득이 확대되도록 만들 수도 있다. 이와 같이 옵션거래를 통해 다양한 투자이득 패턴을 창출해 낼 수 있다.

2. 옵션거래의 손익구조

다양한 투자이득의 패턴을 가져오는 옵션투자전략의 여러 가지 측면을 보기 위하여 먼저 기본포지션의 손익구조를 보고, 콜 옵션과 풋 옵션이 가져오는 손익구조의 특징을 살펴보기로 한다.

(1) 콜 옵션의 손익구조

여러 가지 형태의 투자의 손익구조를 분석하기 위해서는 먼저 기본포지션의 개념을 이해할 필요가 있다. 기본포지션(naked position)이란 하나의 증권만을 매수(long)하거나 매도(short)하는 것으로, 주식매수와 주식공매, 콜 옵션의 매수와 매도, 풋 옵션의 매수와 매도가 해당된다.

우선 주식 자체를 매수하거나 공매한 경우는 처분시점(T)에서의 주가수준(S_T)에 따라서 이득이 달라진다. [그림 19-2](a)에서 보는 것처럼 가격 S_0수준에서 매수했다면 T일에서의 주가(S_T)가 영이 될 때 $-S_0$만큼의 손실을 보게 될 것이고, 주가가 점차 오를수록 손실이 정비례(45° 실선)하여 줄어들다가 S_0수준 이상으로 오를 경우 정비례의 이득을 얻게 된다. 반면에 주식을 공매할 경우에는 이와는 반대로 [그림 19-2](b)에서 보는 것처럼 주가가 오를수록 손실을 보게 된다.

그러면 콜 옵션을 매수하거나 매도(발행)할 경우의 손익(payoff)은 어떤 형태로 나타날 것인가? 약정된 가격(행사가격)으로 일정수량의 기초자산을 매수할 수 있는

[그림 19-2] 주식의 손익구조

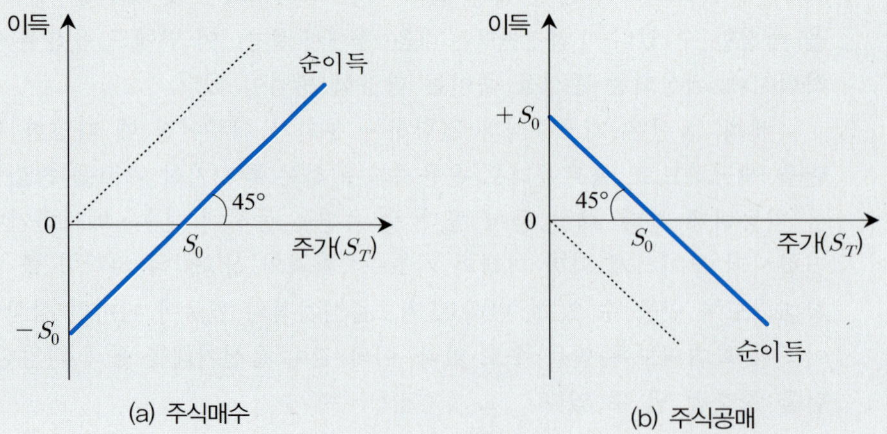

권리가 부여된 콜 옵션의 매수자(call buyer)는 만기일에서의 시장가격(S_T)이 행사가격(X)보다 높게 되면 $S_T - X$의 이득을 얻는다. 주식가격이 상승하면 상승할수록 콜 옵션 매수의 가치는 증가한다. 반면에 시장가격이 행사가격보다 낮으면 매수할 권리를 행사할 수 없으므로 영(0)의 가치를 지니게 된다. 그러므로 콜 옵션 매수자에게 있어서 만기일에서의 가치(payoff)는 다음과 같이 표시할 수 있다.

$$\text{콜 옵션 매수의 가치 : 만약 } S_T > X \text{이면 } (S_T - X) \quad \text{만약 } S_T \leq X \text{이면 } 0 \tag{19.1}$$

단, S_T : 만기일 T시점에서의 주식가격
X : 콜 옵션의 행사가격(이 예에서는 50,000원)

그런데 콜 옵션 매수자가 이러한 매수권리를 행사하기 위해서는 콜 옵션의 매수에 필요한 프리미엄, 즉 콜 가격(C)을 매도자에게 지급해야 하므로 콜 옵션 매수자의 순손익(net gain)은 다음과 같이 표시할 수 있다([그림 19-3](a) 참조).

$$\text{콜 옵션 매수의 순손익 : 만약 } S_T > X \text{이면 } (S_T - X - C) \quad \text{만약 } S_T \leq X \text{이면 } -C \tag{19.2}$$

단, C : 콜 옵션의 매수가격(프리미엄 ; 이 예에서는 5,000원)

[그림 19-3] 콜 옵션의 손익구조(X=50,000원, C=5,000원의 예)

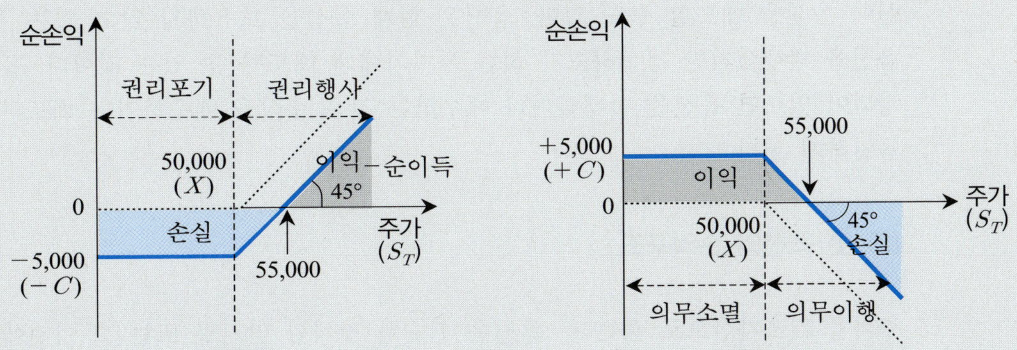

(a) 콜 매수자 (b) 콜 매도자

* [그림 19-3]과 이후 본장에서의 그림에서 점선은 포트폴리오(옵션 또는 주식과 옵션의 결합 등)의 만기에서의 이론적 가치(payoff)를 나타낸다. 한편 실선은 이 포트폴리오 가치에서 옵션투자액 또는 옵션 프리미엄 수입을 빼거나 합한 최종적인 순손익(net gain)을 나타낸다.

한편, 주식 **콜 옵션 매도자**(call writer or seller)는 콜 매수자의 입장과 정반대가 된다. 주식의 시장가격(S_T)이 행사가격(X)보다 낮으면 콜 매수자의 매수권리행사가 없을 것이므로 영(0)의 가치를 지닌다. 그러나 $S_T > X$의 상황이 되면 콜 매수자의 기초주식의 매수요구가 있을 것이므로 주식가격이 상승할수록 낮은 행사가격(X) 수준으로 손실을 보면서 기초주식을 인도하게 되어 $-(S_T - X)$의 손해를 보게 된다. 주가상승 정도가 크면 클수록 더욱 큰 손실을 보게 되는 것이다.

$$\text{콜 옵션 매도의 가치 : 만약 } S_T > X \text{이면 } -(S_T - X)$$
$$\text{만약 } S_T \leq X \text{이면 } 0 \qquad (19.3)$$

그런데 콜 옵션 매도자는 콜 옵션을 매도하면서 프리미엄으로 C만큼의 수입을 얻게 되므로 이 수입을 차감한 순손익은 다음과 같게 된다([그림 19-3](b) 참조).

$$\text{콜 옵션 매도의 순손익 : 만약 } S_T > X \text{이면 } -(S_T - X) + C$$
$$\text{만약 } S_T \leq X \text{이면 } C \qquad (19.4)$$

이상에서는 만기일에 콜 옵션을 행사하는 경우를 중심으로 예를 들었지만 만기일 이전에 콜 옵션이 행사되는 경우의 순손익은 어떻게 되는가? 콜 옵션은 중도에 그 권리를 매도할 수 있기 때문에 만기일 이전에는 좀처럼 행사되지 않는다. 따라서 동일한 순손익을 얻게 된다. 예를 들어, 주가가 60,000원이고 행사가격이 50,000원이라고 가정하면 콜 옵션을 행사함으로써 이득을 얻을 수 있지만, 옵션을 행사하는 대신에 옵션을 매도할 수도 있다. 옵션은 현재 옵션을 보유하지 않고 있는 투자자나 옵션을 발행했지만 청산하고자 하는 투자자에게 매도될 수 있는 것이다. 옵션이 상장되어 있으면 옵션을 발행하거나 매수하는 것은 주식을 매수하거나 매도하는 것과 동일하게 된다.

(2) 풋 옵션의 손익구조

주식을 기초자산으로 하는 풋 옵션은 전술한 것처럼 만기일 또는 그 이전에 약정된 가격으로 일정수량의 주식을 매도할 수 있는 권리이다. 따라서 주식의 **풋 옵션 매수자**(put buyer)는 만기일에서의 시장가격(S_T)이 행사가격(X)보다 높게 되면 매도할 권리를 행사할 수 없는 상황이므로 풋 옵션은 영(0)의 가치를 지닌다. 그러나 $S_T < X$의 상황이 되면 시장가격보다도 높은 행사가격으로 매도할 수 있게 되므로 $(X - S_T)$만

[그림 19-4] 풋 옵션의 손익구조(X=50,000원, P=5,000원의 예)

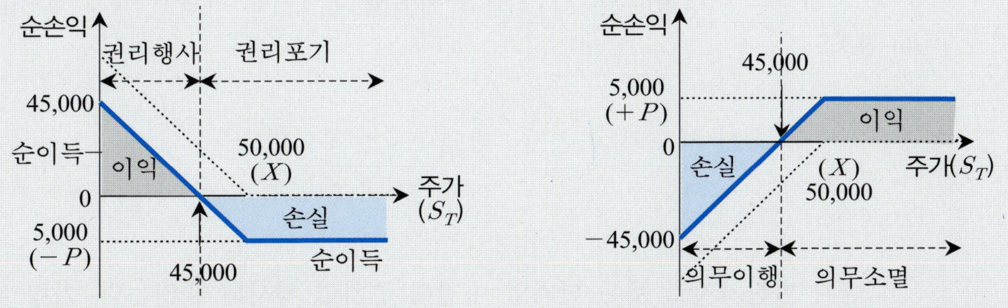

(a) 풋 매수자 (b) 풋 매도자

큼의 가치가 있다. 주식가격이 하락할수록 풋 옵션 매수의 가치는 커진다.

$$\text{풋 옵션 매수의 가치 : 만약 } S_T \geq X \text{이면 } 0$$
$$\text{만약 } S_T < X \text{이면 } (X - S_T) \tag{19.5}$$

그런데 풋 옵션 매수자가 이처럼 유리하게 매도할 수 있는 권리를 지니기 위해서는 먼저 풋 옵션의 매수에 필요한 프리미엄, 즉 풋 가격(P)을 지급해야 하므로 이 지급 프리미엄을 감안한 순손익은 다음과 같다([그림 19-4](a) 참조).

$$\text{풋 옵션 매수의 순손익 : 만약 } S_T \geq X \text{이면 } -P$$
$$\text{만약 } S_T < X \text{이면 } (X - S_T - P) \tag{19.6}$$

단, P : 풋 옵션의 매수가격(프리미엄)

한편, 주식 **풋 옵션 매도자**(put writer or seller)는 이와 반대로 $S_T \geq X$의 상황이면 풋 매수자의 기초주식매도가 없을 것이므로 영(0)의 가치를 지니지만, $S_T < X$의 상황이 되면 풋 매수자의 기초주식의 매도행사에 응하여 높은(비싼) 행사가격에 사들여야 하므로 $-(X - S_T)$의 손실을 보게 된다. 주가하락이 클수록 큰 손실을 본다.

$$\text{풋 옵션 매도의 가치 : 만약 } S_T \geq X \text{이면 } 0$$
$$\text{만약 } S_T < X \text{이면 } -(X - S_T) \tag{19.7}$$

그런데 풋 옵션 매도자는 이러한 손실가능성에 대한 대가로 풋 옵션 프리미엄 P를 수입으로 얻게 되므로 이 수입을 차감한 순손익은 다음과 같게 된다([그림 19-4] (b) 참조).

$$\text{풋 옵션 매도의 순손익 : 만약 } S_T \geq X \text{이면 } P$$
$$\text{만약 } S_T < X \text{이면 } -(X - S_T) + P \qquad (19.8)$$

콜과 마찬가지로 풋은 만기일 이전에 좀처럼 행사되지 않는다. 가령 위의 예에서 주가가 40,000원으로 하락했다고 가정하면, 40,000원에서 옵션을 행사하여 이득을 얻을 수 있지만, 옵션의 행사로 소멸시키는 대신에 풋의 소유자는 그 권리를 매도하는 방법을 택할 수 있기 때문이다.

예 제

〈표 19-4〉에 제시되어 있는 2017년 8월물의 콜 옵션과 풋 옵션 가격을 참고하여 다음을 계산하라. 당일 KOSPI 200지수는 306.79이었고, 8월 둘째주 목요일 만기일까지 보유한다고 가정한다.

(1) 주가상승이 예상되어 행사가격이 310.0이고, 콜 옵션가격이 1계약에 2.03인 콜 옵션을 100계약 매수하였다. ① 만기일에 KOSPI 200지수가 320.0인 경우와 ② 300.0인 경우의 순손익을 계산하라.

(2) 주가하락이 예상되어 행사가격이 315.0이고, 풋 옵션가격이 1계약에 9.28인 풋 옵션을 100계약 매수하였다. ① 만기일에 KOSPI 200지수가 325.0인 경우와 ② 295.0인 경우의 순손익을 계산하라.

해설 (1) 행사가격(X)=310.0, 콜 옵션가격(C)=2.03, 100계약

① 지수가 320.0으로 상승한 경우의 손손익
=[(320.0−310.0]−2.03]×50만원×100계약=+3.985억원 (이익)

② 지수가 300.0으로 하락한 경우의 순손익 : 행사하지 않으므로
=−2.03×50만원×100계약=−1.015억원 (손실)

(2) 행사가격(X)=315.0, 풋 옵션가격(P)=9.28, 100계약

① 지수가 325.0으로 상승한 경우의 손손익 : 행사하지 않으므로
=−9.28×50만원×100계약=−4.640억원 (손실)

② 지수가 295.0으로 하락한 경우의 순손익
=[(315.0−295.0]−9.28]×50만원×100계약=+5.360억원 (이익)

제 3 절 옵션투자전략

앞에서 옵션의 투자이득 패턴을 살펴본 것처럼 콜 옵션은 주가가 상승할 때 그 가치가 상승하므로 콜 매수전략은 강세 주식시장(bull market)이 예상될 때 유효한 전략이다. 반면에 풋 옵션은 주가가 하락할 때 그 가치가 상승하므로 풋 매수전략은 약세 주식시장(bear market)이 예상될 때 유효한 전략이다.[3] 또한 콜 매도는 약세시장에서, 풋 매도는 강세시장에서 상대적으로 이득이 큰 투자전략이다.

옵션이 포함되는 포트폴리오를 구성하면 투자자가 원하는 다양한 투자이득의 패턴을 창출할 수 있음은 앞서 언급하였다. 이제 옵션을 이용한 투자전략을 다음 세 가지 유형으로 나눠 살펴보기로 한다.

① 옵션을 이용한 헤징전략(1개의 주식+1개의 옵션)
② 스프레드 전략(동일한 형태의 2개 이상의 옵션투자)
③ 컴비네이션 전략(동일주식에 대한 콜 옵션과 풋 옵션 투자)

1. 옵션을 이용한 헤징전략

(1) 방어 풋 전략 : 주식매수+풋 옵션 매수

주식투자시의 최대손실은 주가하락으로 투자원금을 모두 잃게 되는 경우이다. 옵션을 이용하면 주식투자를 하더라도 주가하락시에 일정수준 이상의 손실을 보지 않도록 하고, 주가상승시에는 주가상승만큼 이득을 얻게 하는 것이 가능하다. 이 투자전략의 하나가 방어 풋 전략이다.

방어 풋(protective put) 전략은 기초주식을 매수하는 동시에 풋 옵션을 매수하는 포트폴리오 구성전략이다. 이 전략을 구사하면 다음에 보는 것처럼 주가가 하락하

3) 이러한 성격 때문에 풋 옵션 투자는 주가의 폭락 장세에서 큰 투자수익을 올린다. 대표적 한 예는 2001년 9.11 테러사건 때 KOSPI는 540.57에서 475.60으로 12% 하락하였고, 기초자산인 KOSPI 200지수는 전날 66.55에서 58.59로 폭락하였다. 전날 행사가격이 62.5인 풋 옵션 외가격(OTM) 옵션가격은 전일종가가 0.01(1천원)에서 다음 날 5.05(5.05×100,000원=505,000원)로 폭등하였다. 이 풋 옵션에 1천만원 투자한 투자자는 하루 만에 약 '500배'의 수익률을 거둘 수 있었다. 그러나 풋 옵션 매수자가 있으면 매도자가 있게 되는데, 외가격 상태에 있던 이 풋 옵션을 매도(발행)한 한 증권회사는 당일 250억원의 손실을 본 것으로 알려져 있다.

〈표 19-6〉 방어 풋 전략의 포트폴리오 가치와 순손익

포트폴리오	기 초* ($T=0$)	T시점	
		$S_T \le X$	$S_T > X$
주식매수	$-S_0$	S_T	S_T
풋 매수	$-P$	$X-S_T$	0
포트폴리오 가치		X	S_T
포트폴리오의 순이득		$X-S_0-P$	S_T-S_0-P

* 기초($T=0$)에서의 포트폴리오 가치의 부호는 투자, 현금유출은 (−), 투자수입, 현금유입은 (+)로 표시함.

[그림 19-5] 방어 풋 전략의 손익구조

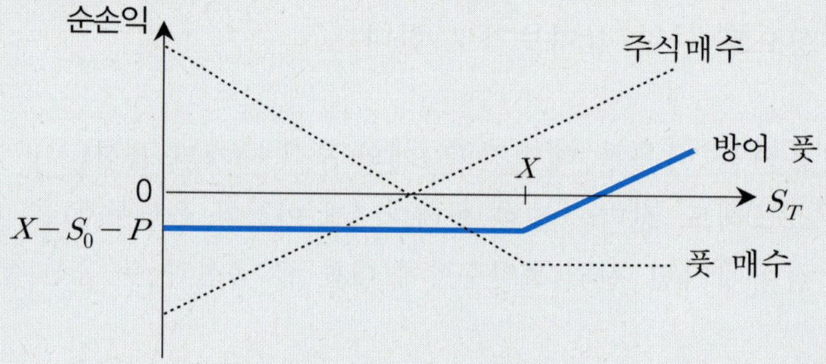

는 상황($S \le X$)에서도 풋 옵션의 행사가격 수준의 이득이 항상 확보되고, 주가가 상승하는 상황($S > X$)에서는 주가상승만큼 이득이 증가하게 된다.

이처럼 주가가 하락하는 상황에서도 행사가격 수준의 일정한 이득이 항상 확보될 수 있는 것은 주가하락시에 시장가격보다도 높은 행사가격으로 팔 수 있는 풋 옵션 행사를 통하여 투자이득이 얻어지기 때문이다. 이제 [그림 19-2]의 주식이득형태와 [그림 19-4](a)의 풋 매수 이득형태를 결합시켜 보면 방어 풋 포트폴리오의 투자성과는 [그림 19-5]와 같이 표시된다.

방어 풋 전략은 이처럼 주가하락시에도 투자손실을 일정한 수준으로 방어하게 하는데, 이러한 측면에서 포트폴리오 보험(portfolio insurance)의 한 형태라고 할 수 있다. 보험에 가입했을 경우 사전에 계약했던 사고나 재난이 발생하면 전액 혹은 일부를 변상받을 수 있지만, 사고가 발생하지 않으면 납부한 보험료만큼의 손해를 보는 것과 같은 구조이다. 방어 풋은 강세시장에 보험을 든 것과 같다.[4)]

4) 방어 풋 전략과 동일한 포트폴리오 가치를 가져오는 다른 전략으로는 콜 매수 · 무위험채권매수전략이 있다. 콜옵션을 매수하고 콜의 행사가격(X)과 동일한 액면가액을 갖고 있는 무위험자산(국공채)을 매수하면 $S_T > X$와

(2) 커버드 콜 전략 : 콜 옵션 매도+주식매수

커버드 콜(covered calls)은 콜 옵션 매도와 동시에 주식을 매수하는 포트폴리오 구성을 말하는데, 콜 매도·주식매수전략이라고도 한다.[5] 커버드 콜의 포트폴리오 가치는 주식가치에서 콜의 가치를 차감한 것이 되므로 각 상황에서 〈표 19-7〉과 같이 나타난다. $S_T > X$이면 행사가격 수준의 일정한 가치를 유지하며, $S_T < X$이면 낮아진 주가수준의 가치를 지니게 된다.

〈표 19-7〉 커버드 콜 전략의 포트폴리오 가치와 순손익

포트폴리오	기 초 ($T=0$)	T시점	
		$S_T \le X$	$S_T > X$
주식매수	$-S_0$	S_T	S_T
콜 매도	C	0	$-(S_T - X)$
포트폴리오 가치		S_T	X
포트폴리오의 순이득		$S_T + C - S_0$	$X + C - S_0$

[그림 19-6] 커버드 콜의 손익구조

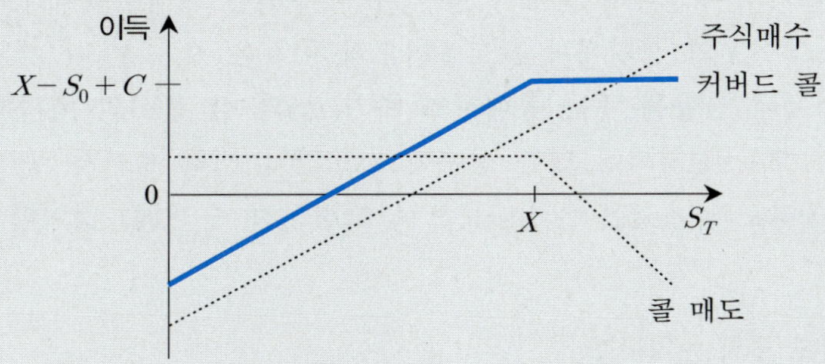

$S_T \le X$ 상황에서 방어 풋 전략과 동일한 성과를 얻게 된다. 따라서 이 전략도 포트폴리오 보험의 한 방법으로 이용될 수 있다.

	$S_T \le X$	$S_T > X$
콜 매수	0	$S_T - X$
무위험채권 매수	X	X
포트폴리오 가치	X	S_T

5) "커버드(covered)"라고 부르는 이유는 콜 매도의 경우 콜 매수자의 요구가 있을 때 기초주식을 인도해야 하는데, 이때 인도하게 될지 모르는 주식을 보유하고 있기 때문이다. 이와 대조적으로 전술한 것처럼 옵션을 발행하거나 매수하는 것과 같이 어느 한 포지션만을 유지하고 있는 경우를 기본포지션(naked position)이라 한다.

이를 그림으로 표시하면 [그림 19-2](a)와 [그림 19-3](b)를 합한 것이므로 [그림 19-6]과 같이 나타난다. 커버드 콜의 순이득은 최종적으로 콜 매도시의 C만큼의 수입이 가산되므로 그림에서 실선으로 표시된 부분과 같게 된다.

이처럼 커버드 콜은 콜 매도, 주식매수 각각의 기본포지션(naked position)에 따른 손실을 헤징시켜 주는 장점 이외에도 투자전략적으로 볼 때 일정한 수준의 목표 매도가격을 설정해 놓고 자산운용을 하는 경우 적절하다. [그림 19-6]에서 보는 것처럼 행사가격(X) 수준에서 자산매도를 계획하고 있으면 커버드 콜을 하는 것이 유리하다. 콜 프리미엄을 추가적인 수입으로 얻음으로써 고정적인 순이득을 확보할 수 있기 때문이다. 이러한 특징 때문에 기관투자자들 사이에서 많이 이용되는 옵션전략이 되고 있다.

(3) 기타 헤징전략

1) 역 커버드 콜 : 주식공매+콜 옵션 매수

역 커버드 콜(reverse of covered call)은 주식을 공매하고 콜 옵션을 매수하여 포트폴리오를 구성하는 전략이다. 향후 주가하락이 예상되기는 하지만 만일 예상과 달리 주가가 상승하여 주식공매로 인한 막대한 손실이 우려될 때 콜 옵션을 이용하여 손실을 일정수준에서 묶고자 할 경우 이용되는 헤징수단이다.

$S_T > X$의 상황에서 포트폴리오의 이득은 $S_0 - X - C$가 된다. 즉 포트폴리오의 이득에 영향을 주는 공매시의 주가(S_0)와 콜 옵션의 행사가격(X), 콜 옵션가격(C)은 모두 결정되어 있는 상수이므로 만기(T)의 주가가 행사가격보다 클 때에는 포트폴리오의 손실은 일정수준으로 고정시킬 수 있는 것이다. 반면 $S_T \leq X$의 경

[그림 19-7] 역 커버드 콜의 손익구조

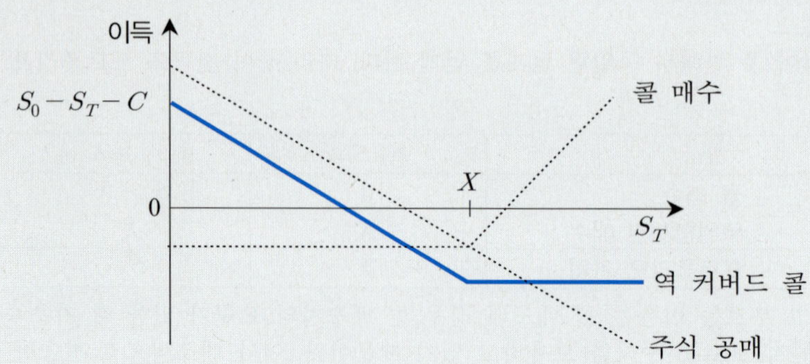

〈표 19-8〉 역 커버드 콜 전략의 포트폴리오 가치와 순손익

포트폴리오	기 초 ($T=0$)	T시점	
		$S_T \le X$	$S_T > X$
주식공매	S_0	$-S_T$	$-S_T$
콜 매수	$-C$	0	S_T-X
포트폴리오 가치		$-S_T$	$-X$
포트폴리오의 순손익		S_0-S_T-C	S_0-X-C

우, 콜 옵션은 행사되지 않고 주식공매로 $[S_0-S_T]$만큼의 이득을 얻을 수 있으므로 포트폴리오의 이득은 $[S_0-S_T-C]$가 됨을 알 수 있다. 따라서 S_T의 주가수준에 따라 비례적으로 이득이 발생하게 된다.

2) 역 방어 풋 : 주식공매와 풋 옵션 매도

역 방어 풋(reverse of protective put)은 주식공매와 풋 옵션 매도로 이루어진 포트폴리오이다. 이 헤징전략은 방어 풋과는 달리 보험회사에 비유할 수 있다. 만기(T)의 주가가 행사가격보다 낮을 때에는 풋 옵션 행사에 따른 손실을 주식공매의 이득으로 보전하여 항상 일정수준의 보험료를 얻고, 만기의 주가가 행사가격보다 높을 때에는 풋옵션가격만큼의 이득으로 주식공매에서 발생하는 손실의 일부분을 보충하여 자신이 지불해야 하는 보험금의 일부를 만회할 수 있기 때문이다.

역 방어 풋의 포트폴리오 순이득은 $S_T > X$인 경우 S_0-S_T+P, $S_T \le X$인 경우 S_0-X+P이다.

[그림 19-8] 역 방어 풋의 손익구조

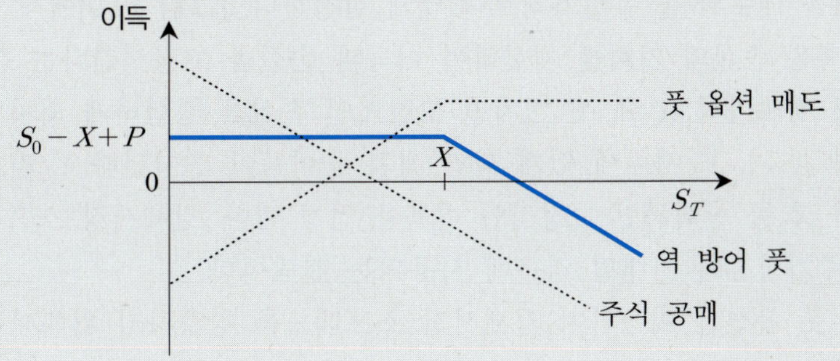

〈표 19-9〉 역 방어 풋의 포트폴리오 가치와 순손익

포트폴리오	기 초 ($T=0$)	T시점	
		$S_T \leq X$	$S_T > X$
주식공매	S_0	$-S_T$	$-S_T$
풋 매도	P	S_T-X	0
포트폴리오 가치		$-X$	$-S_T$
포트폴리오의 순손익		S_0-X+P	S_0-S_T+P

2. 스프레드 전략

스프레드(spread)는 동일한 형태의 2개 이상의 옵션(즉, 1개 이상의 콜 옵션 혹은 1개 이상의 풋 옵션)에 대해 하나는 매수하고 다른 하나는 매도하는 포지션을 취하는 것을 말한다. 스프레드에는 수직 스프레드와 수평 스프레드가 있다. 수직 스프레드(vertical spread)는 한 옵션을 매수하는 동시에 만기일은 같지만 행사가격만 다른 옵션을 매도하는 전략이고, 수평 스프레드(horizontal spread)는 행사가격은 같으나 만기일만 서로 다른 옵션을 하나는 매수, 다른 하나는 매도하는 전략이다.

(1) 강세시장 스프레드 : X_1의 콜 매수 + X_2의 콜 매도($X_2 > X_1$)

강세시장 스프레드(bullish spread) 전략은 동일주식에 대해 행사가격 X_1인 콜 옵션을 매수하고, 보다 높은 행사가격 X_2의 콜 옵션을 매도하는 수직 스프레드의 일종이다. 행사가격이 높을수록 콜 옵션 행사가 이루어질 확률이 줄어들므로 매도된 콜 옵션 가격을 매수된 콜 옵션가격보다 낮게 설정한다. [그림 19-9]에서 보듯이 잠재적인 이득 혹은 손실의 기회를 제한하여 이득과 손실을 고정시킨다는 특징이 있다. 시장가격이 행사가격 X_1에 못 미치면 고정적인 손실을 경험하게 되지만 시장가격이 행사가격 X_1과 X_2 사이에 있게 되면 점차 순이득이 증가된다. 그리고 시장가격이 행사가격 X_2를 상회하면 고정적인 이득을 얻게 된다. 강세시장 스프레드는 이런 특징으로 주가상승이 기대될 경우에 사용되는 전략이다.

풋 옵션을 이용하여 강세시장 스프레드를 창출하기 위해서는 낮은 행사가격을 가진 풋 옵션을 매수하고 높은 행사가격으로 풋 옵션을 발행하면 된다.

[그림 19-9] 강세시장 스프레드 전략의 손익구조(콜 옵션의 경우)

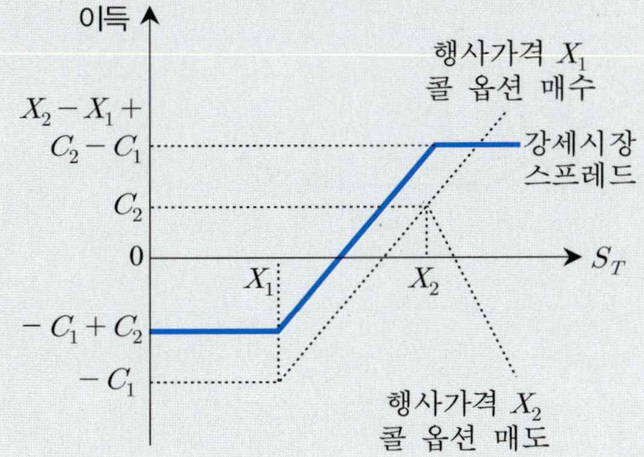

[그림 19-10] 약세시장 스프레드 전략의 손익구조(콜 옵션의 경우)

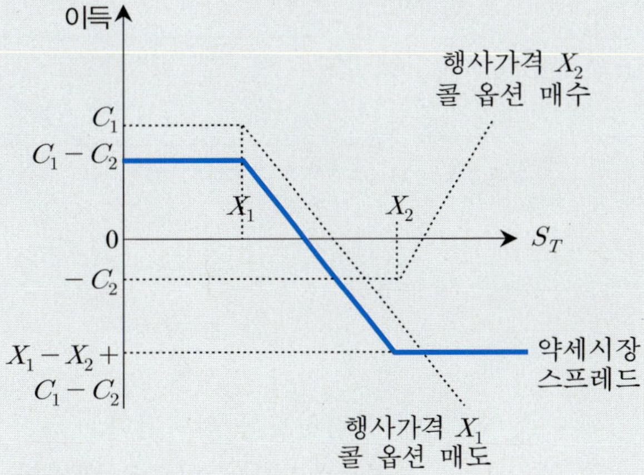

(2) 약세시장 스프레드 : X_1의 콜 매도 + X_2의 콜 매수($X_2 > X_1$)

주가상승시에 강세시장 스프레드를 이용하는 것처럼 주가하락이 예상되면 약세시장 스프레드(bearish spread)를 이용할 수 있다. 강세시장 스프레드처럼 콜 옵션 매수와 콜 옵션 매도로 구성되는데, 전자와의 차이점은 매수한 콜 옵션의 행사가격이 발행한 콜 옵션의 행사가격보다 높다는 점(매수한 콜 옵션의 가격이 발행한 콜 옵션가격보다 크다는 점에 주의)에 있다. [그림 19-10]은 약세시장 스프레드의 순이득 패턴을 나타내고 있다. 행사가격 X_1보다 주가 S_T가 낮으면 고정적인 이득을 얻고, 주가 S_T가 행사가격 X_1과 X_2 사이에 있으면 주가상승에 따라 손실을 경험하며, 행사가격 X_2보다 주가 S_T가 높으면 고정적인 손실을 얻게 된다.

풋 옵션으로 약세시장 스프레드를 구성하려면 낮은 행사가격으로 풋 옵션을 매도하고 높은 행사가격을 지닌 풋 옵션을 매수하면 된다.

(3) 나비모양 스프레드

나비모양 스프레드(butterfly spread)는 행사가격이 다른 3개의 옵션으로 이루어진다. 3개의 옵션 중 가장 낮은 행사가격(X_1)과 가장 높은 행사가격(X_3)을 가진 콜 옵션을 각각 1개씩 매수하고 X_1과 X_3 사이에 있는 행사가격(X_2)을 지닌 콜 옵션 2개를 매도함으로써 포트폴리오를 구성하면 된다. 이 경우 행사가격 X_2는 보통 현재의 주

[그림 19-11] 나비모양 스프레드 전략의 손익구조

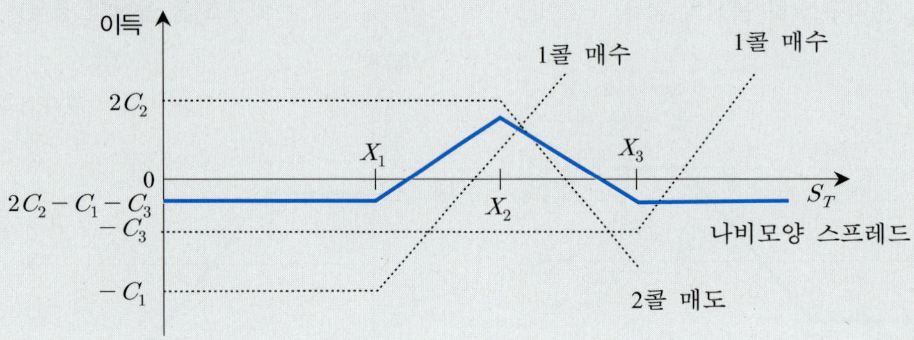

가에 근접하도록 선택된다.

포트폴리오의 이득은 만기의 주가(S_T)가 행사가격(X_2)과 일치할 때 최대의 이득$[(2\times C_2)+(S_T - X_1 - C_1) - C_3]$을 얻으며, 모든 콜 옵션의 행사가 이루어지지 않거나, 모두 행사될 경우 손실을 입게 된다. 손실액은 세 종류의 콜 옵션가격을 더한 금액$(2\times C_2 - C_1 - C_3)$이다. [그림 19-11]에서와 같이 이 전략은 향후 주가변동이 심하지 않아 현재의 주가수준으로 미래의 주가가 결정될 것으로 전망될 경우 사용된다.6)

풋 옵션을 이용하여 나비모양 스프레드를 구성하려면 X_1과 X_3의 행사가격으로 풋 옵션을 매수하고 X_2의 행사가격으로 풋 옵션 2개를 발행하면 된다.

3. 컴비네이션 전략

컴비네이션(combination)이란 동일한 주식에 대해 콜 옵션과 풋 옵션을 동시에 매수 또는 매도하는 방식으로 포트폴리오를 구성하는 옵션투자전략이다. 본항에서는 스트래들, 스트립, 스트랩, 스트랭글 등의 전략을 설명한다.

(1) 스트래들 전략 : 콜 옵션+풋 옵션

스트래들(straddle)은 만기일과 행사가격이 같은 하나의 콜 옵션과 하나의 풋 옵션을 동시에 매수하거나 또는 동시에 매도하는 것이다. 따라서 각 상황에서의 스트래들

6) 만일 향후 주가의 급등락이 예견될 때 고정적인 이득을 얻고자 하면 X_1, X_3의 행사가격으로 콜을 매도하고 X_2의 행사가격을 지닌 콜을 매수하는 역 나비모양 스프레드(reverse of butterfly spread)를 이용한다.

〈표 19-10〉 스트래들 매수전략의 포트폴리오 가치와 순손익

포트폴리오	기 초 ($T=0$)	T시점	
		$S_T < X$	$S_T \geq X$
콜 매수	$-C$	0	$S_T - X$
풋 매수	$-P$	$X - S_T$	0
포트폴리오 가치		$X - S_T$	$S_T - X$
포트폴리오의 순이득		$X - S_T - C - P$	$S_T - X - C - P$

[그림 19-12] 스트래들의 손익구조

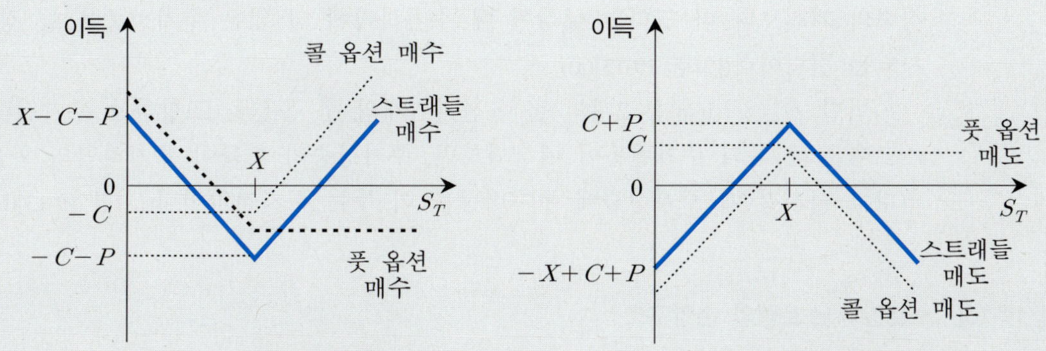

(a) 스트래들 매수 (b) 스트래들 매도

매수전략의 가치와 이득은 〈표 19-10〉과 같고, 이를 그림으로 나타내면 [그림 19-12] (a)와 같다. 이 그림은 콜 매수를 나타내는 [그림 19-3](a)와 풋 매수를 나타내는 [그림 19-4](a)를 결합시킨 것인데, 주식가격이 미래에 큰 폭으로 변동(큰 폭 상승 또는 하락)하는 경우에는 이득이 크지만, 행사가격 수준에 머무르면 손실을 보게 된다. 손실폭이 가장 큰 경우는 $S_T = X$의 상황으로서 콜과 풋의 매수가격인 $(-C-P)$만큼의 손실을 보게 된다. 그러나 주식가격이 어느 방향으로 움직이든지 관계없이 큰 폭으로 변동하게 되면 비례적으로 이득은 증가한다.

스트래들 매수전략은 이러한 특성을 지니고 있으므로 기초자산의 가격 움직임의 방향성(상승 혹은 하락)에 관계없이 변동성이 매우 큰 위험주식에 대하여 구사해 볼 수 있는 옵션전략이다. 예를 들어 어느 회사가 법정소송사건에 연유되어 승소하면 주가의 큰 폭 상승이, 패소하면 주가의 큰 폭 하락이 예상될 때 매우 유효한 전략이 된다.

반면에 스트래들 매도전략은 콜과 풋을 동시에 매도하는 전략인데, [그림 19-12](b)([그림 19-3](b)와 [그림 19-4](b)를 결합시킨 것임)처럼 스트래들 매수전략과 정반대의 순이득 패턴을 보인다. 이 그림에서 볼 수 있는 것처럼 스트래들 매도전략은 주식가격의 등락폭이 작을 때 순이득이 크고, 등락폭이 크면 큰 손실을 보게 되므로 변동성이 적은 주식에 대해 적절한 옵션전략이다.

(2) 스트립과 스트랩 : 1(2)개의 콜 옵션과 2(1)개의 풋 옵션

스트립(strip)은 만기와 행사가격이 같은 1개의 콜 옵션과 2개의 풋 옵션을 조합하는 포트폴리오를 말한다. 미래에 주가변동이 매우 심하지만 주가하락의 가능성이 주가상승의 기회보다 더 크다고 예상될 때 주가하락에 더 많은 투자비중을 둘 경우 구사되는 전략이다([그림 19-13](a)).

반면 스트랩(strap)은 2개의 콜 옵션과 1개의 풋 옵션을 조합하는 투자전략이다. 스트랩은 큰 폭의 주가변동이 예상되지만, 주가상승의 확률이 주가하락의 확률보다 크다고 여겨질 때 주가상승에 투자비중을 더 두는 투자전략이다([그림 19-13](b)).

[그림 19-13] 스트립과 스트랩의 손익구조

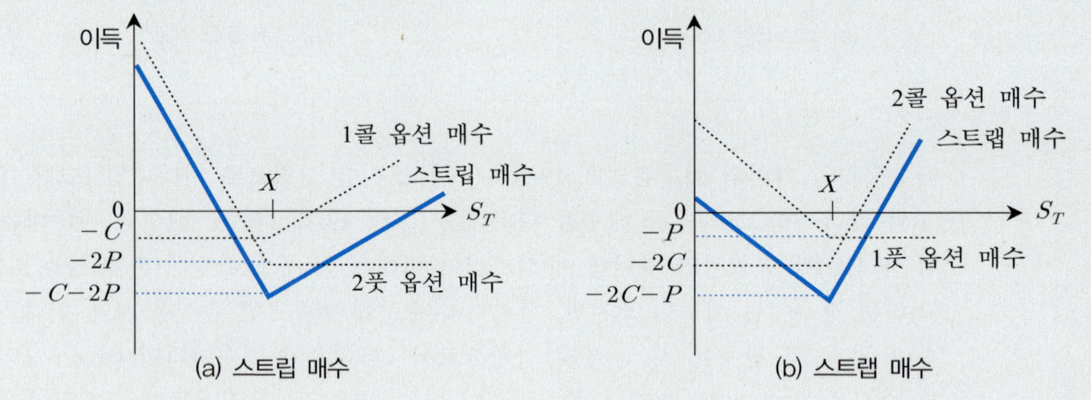

(3) 스트랭글 : X_1의 풋 옵션과 X_2의 콜 옵션($X_2 > X_1$)

스트랭글(strangle) 전략은 만기는 같지만 행사가격이 상이한 콜 옵션과 풋 옵션을 각각 하나씩 매수하는 전략으로 수직 컴비네이션(vertical combination)이라고도 한다. 콜 옵션의 행사가격(X_2)을 풋 옵션의 행사가격(X_1)보다 크게 가져가야 하는데, 스트랭

[그림 19-14] 스트랭글의 손익구조

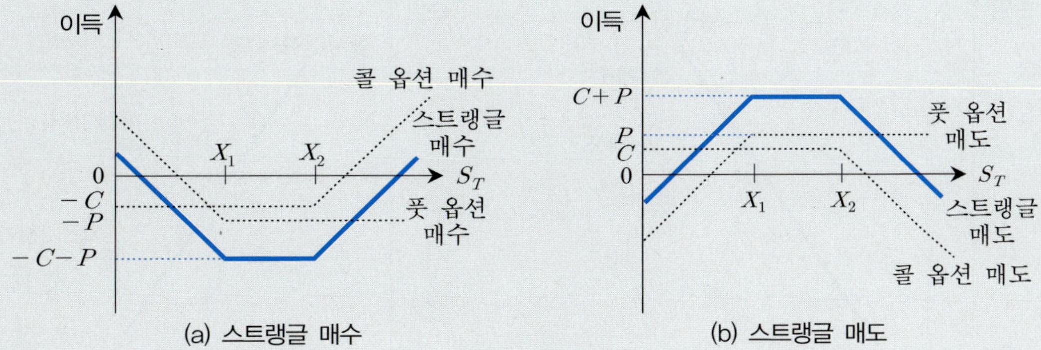

글 매수의 이득패턴은 [그림 19-14](a)와 같다.

스트랭글 매수 역시 주가변동의 폭은 크지만 변동방향을 판단하기 어려울 때 적용할 수 있는 전략이라는 점에서는 스트래들 매수와 같으나, 이익을 실현하는 만기의 주가(S_T)가 스트래들보다 더 크거나 작고, 손실의 정도는 스트래들 매수보다 작다는 차이가 있다. 스트랭글 매수의 이득패턴은 행사가격 X_1, X_2의 간격에 따라 달라진다. X_1과 X_2의 간격이 적을수록 최대손실액은 늘어나는 대신 이득을 달성할 수 있는 기회는 커진다.

한편 스트랭글 매도는 콜 옵션과 풋 옵션을 각각 하나씩 매도하는 전략이다. 스트랭글 매도 역시 매도된 콜 옵션의 행사가격(X_2)은 풋 옵션의 행사가격(X_1)보다 크다. 장차 주가가 극심한 변동을 보일 것 같지 않을 경우 고려되는 전략이라는 점에서 스트래들 매도와 비슷하다. 더욱이 스트랭글 매도는 스트래들 매도처럼 투자자의 잠재적 손실이 무한하다는 점에서 위험스런 투자전략이라 할 수 있다.

4. 합성선물투자전략

상기한 것처럼 주가지수옵션은 풋·콜 옵션간 손익의 상반성 및 기초자산 가격변동에 따른 손익구조의 비대칭성으로 인하여 다양한 투자전략이 가능하다. 또 다른 형태의 옵션투자전략 한 가지는 선물투자효과를 얻는 투자전략이다. 구체적으로 결제월 및 행사가격이 같은 풋 옵션과 콜 옵션을 반대방향으로 동시에 매매하면 선물거래와 같은 효과를 가지게 된다.

[그림 19-15] 풋 · 콜 옵션을 결합한 합성선물

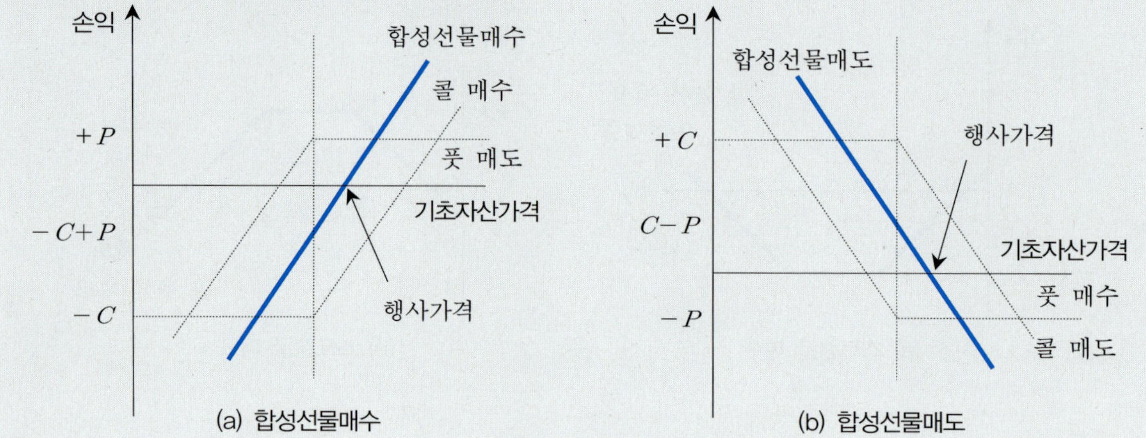

[그림 19-15]의 (a)처럼 콜 옵션을 매수하고 동시에 풋 옵션을 매도하는 것을 합성선물매수라고 하며, (b)처럼 콜 옵션을 매도하고 동시에 풋 옵션을 매수하는 것을 합성선물매도라고 한다.

5. 풋 · 콜 패리티

이상에서 콜 옵션 혹은 풋 옵션의 매수와 매도 그리고 기초주식에 대한 투자를 결합시켜 다양한 투자이득 패턴을 만들어내는 옵션투자전략을 살펴보았다. 이들 옵션투자전략 가운데서 주식매수와 풋 매수로 구성되는 방어 풋(protective put) 전략은 주가상승시에는 주가상승에 비례하여 무제한적인 이득이 발생하고, 주가하락시에는 최소한 행사가격(X) 수준의 수익을 항상 보장받는 포트폴리오 보험전략의 하나이다.

이와 비슷한 위험헤징의 한 방법으로 미래의 주식가격이 어떻게 변동하든지 항상 일정한 투자수익, 즉 무위험투자수익을 얻게 하는 결합방법이 있다. 풋 · 콜 패리티(put-call parity)란 주가변동에 관계없이 무위험포트폴리오를 구성하는 풋 옵션과 콜 옵션의 균형관계를 말한다.

이러한 무위험포트폴리오는 구체적으로 하나의 주식을 매수하고, 또 이 주식에 대한 풋 옵션 하나를 매수하는 동시에 동일한 행사가격을 갖는 콜 옵션 하나를 매도하게 되면 구성된다. 미래의 상황은 주식가격(S_T)과 행사가격(X)의 관계면에서 보면 $S \geq X$인 상황과 $S < X$인 상황 두 가지로 나누어 생각할 수 있는데, 〈표 19-11〉,

〈표 19-11〉 풋 · 콜 패리티 : 무위험포트폴리오의 구성

포트폴리오	기초가치	T 만기일에서의 상황과 가치	
		$S_T < X$	$S_T \geq X$
주식매수	$-S_0$	S_T	S_T
풋 옵션 매수	$-P$	$X-S_T$	0
콜 옵션 매도	C	0	$-(S_T-X)$
포트폴리오 가치	$-(S_0+P-C)$	X	X

[그림 19-16] 무위험포트폴리오의 구성 : 풋 · 콜 패리티

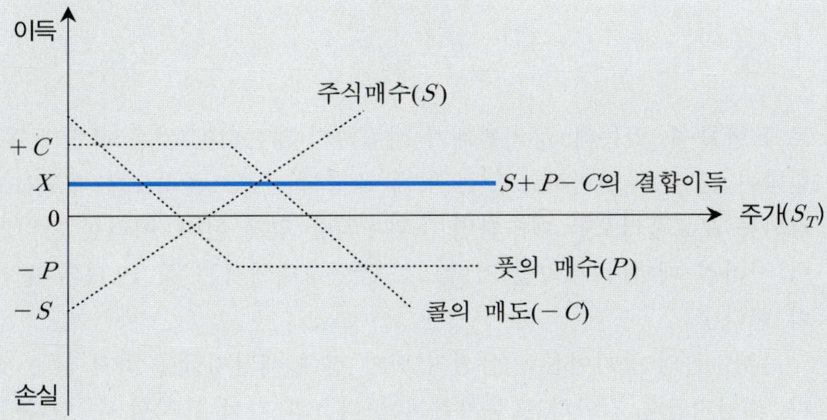

[그림 19-16]에서 보는 것처럼 미래의 주가변동 상황에 관계없이 항상 행사가격(X) 수준의 가치를 얻게 된다.

이와 같이 얻어지는 포트폴리오의 가치 X는 시장이 균형상태라면 무위험자산에 대한 투자의 미래 T시점에서 수익과 일치해야 할 것이다. 즉, 무위험투자수익 X는 만기일(T)에서의 미래가치이므로 현재가치로 환산(무위험이자율을 R_f로 표시)하면 $X/(1+R_f)^T$가 되는데, 이 가치가 기초의 포트폴리오 가치($=S+P-C$)와 일치해야 할 것이다. 따라서 삼자의 관계는 다음과 같이 표시된다.

$$S_0+P-C=\frac{X}{(1+R_f)^T} \tag{19.9}$$

식 19.9를 P에 관하여 표시하면 다음 관계식이 되는데, 이를 풋 · 콜 등가이론

(put-call parity theorem)이라고 한다. 풋 · 콜 패리티를 나타내는 식 19.10에서 기초주식의 현재가격 S_0, 행사가격 X, 무위험이자율 R_f는 주어지는 변수이므로, 풋 옵션가격 P나 콜 옵션가격 C 중 어느 한쪽을 알게 되면 나머지 한쪽의 가격을 구하는 데 이 등가관계식이 이용된다.

$$P = C - S_0 + X(1+R_f)^{-T} \qquad (19.10)^{7)}$$

만약 이 등가관계가 성립하지 않으면 차익거래기회(arbitrage opportunity)가 발생하게 된다. 즉 식 19.10은

$$S_0 + P = C + X(1+R_f)^{-T} \qquad (19.11)^{8)}$$

로 표현할 수 있는데, 등가관계가 성립하지 않는다는 것은 좌변과 우변 중에서 어느 한쪽이 큰 것을 의미하므로 큰 쪽에 해당되는 포트폴리오를 매도하고 작은 쪽에 해당되는 포트폴리오를 매수하면 초과수익을 얻게 된다. 이러한 차익거래는 초과수익이 사라질 때까지 계속될 것이므로 균형상태에서는 식 19.11의 등가관계가 성립해야 한다.

풋 · 콜의 등가이론은 옵션의 만기 전에 배당지급을 하지 않는 경우에만 적용된다. 배당지급을 감안하는 등가관계는 다음과 같이 표시할 수 있다.

$$P = C - S_0 + (X\text{의 현가}) + (\text{배당의 현가})$$

예 제

S통신(주)의 현재 주가는 22,000원이고, 무위험이자율은 연 10.25%이다. 현재 6개월 후 만기에 행사가격이 21,000원인데, 이 주식에 대한 콜 옵션가격(C)은 3,400원이다. 한편 6개월 후 만기에 행사가격이 21,000원인데 풋 옵션가격(P)은 1,000원이다. 한편 6개월 후 원금 21,000원(옵션의 행사가격과 동일수준)을 찾을 수 있는 무위험할인국공채가 거래되고 있다.

---

7) 무위험수익률 R_f를 연속적 복리(continuous compounding) 수익률로 계산하면 다음 관계식으로 표시된다.

$P = C - S_0 + X \cdot e^{-R_f T}$(여기서 e는 자연대수의 밑수)

8) 풋 · 콜의 등가관계는 앞의 1항에서 설명한 방어 풋(protective put) 전략과 콜 매수 · 무위험채권매수전략의 특성으로부터 유도될 수 있다. 주식매수 · 풋 매수의 방어 풋 전략과 콜 매수 · 무위험채권매수전략은 동일한 투자성과를 가져오므로 균형상태에서 양자의 비용은 동일해야 한다. 따라서 식 19.11로 그 관계가 표시된다.

① 풋·콜의 등가관계에서 볼 때 어느 투자자산이 과소 혹은 과대 평가되었는가?
② 등가관계가 아니라면 차익거래는 어떻게 이루어지며, 차익거래에 의한 초과수익은 얼마인가?

해설 ① 식 19.11에 의해서 등가관계를 확인하면 다음과 같다.

$$S_0 + P \stackrel{?}{=} C + X/(1+R_f)^T$$

$$22{,}000 + 1{,}000 \stackrel{?}{=} 3{,}400 + 21{,}000 / (1.1025)^{\frac{1}{2}}$$

$$23{,}000 < 23{,}400$$

방어 풋 전략(주식매수·풋 매수)이 상대적으로 싸고, 콜 매수·무위험채권매수전략이 비싸다.

② 따라서 차익거래기회가 존재하는데, 상대적으로 싼 "주식과 풋" 결합 포트폴리오를 매수하고, 비싼 "콜과 무위험채권" 포트폴리오를 매도(환언하면 콜을 매도하고 $21{,}000/(1.1025)^{\frac{1}{2}}=20{,}000$원을 차입, 6개월 후 원리금 21,000원 상환)하면 초과수익은 다음과 같이 400원이 얻어진다.

포트폴리오	기초가치	6개월 후의 현금흐름	
		$S_T > 21{,}000$	$S_T \le 21{,}000$
주식매수	−22,000	S_T	S_T
풋 옵션 매수	−1,000	0	$21{,}000 - S_T$
콜 옵션 매도	+3,400	$-(S_T - 21{,}000)$	0
20,000원 차입	+20,000	−21,000	−21,000
계	+400	0	0

6. 옵션투자전략의 최대이익과 최대손실

옵션투자의 장점은 기초자산과 여러 가지 옵션을 적절히 결합시키면 다양한 투자이득 패턴의 창출이 가능하다는 것이다. 이상에서 살펴본 여러 가지 형태의 옵션투자 전략별로 기대할 수 있는 최대이익과 최대손실을 요약하면 〈표 19-12〉와 같다.

옵션투자의 이러한 장점이 자산운용업에서 금융공학에 활용되고 있다. 금융공학(financial engineering)은 기초자산, 옵션, 선물 등을 결합하여 고객의 필요에 맞도록 원하는 특정 투자이득의 패턴을 가져오는 포트폴리오를 창조하는 것을 말한다. 지금까지 금융공학을 통하여 만들어진 새로운 금융상품은 선진 여러 나라의 경우 대부분이 기관투자자들의 필요에 따라서 설계된 것이었다.

금융공학을 통하여 만들어진 신금융상품 중에 매우 성공적인 것으로 평가된 것

〈표 19-12〉 옵션투자전략별 최대이익과 최대손실

전략 구분	포트폴리오 구성	최대이익	최대손실
[A : 헤징전략]			
방어풋	주식매수+풋 매수 [=콜 매수+무위험채권 매수]	무한정	$X-S_0-P$
커버드 콜	콜 매도+주식 매수	$X-S_0+C$	무한정
[B : 스프레드 전략]			
강세시장 스프레드	X_1콜 매수+X_2콜 매도($X_2>X_1$)	$X_2-X_1+C_2-C_1$	$-C_1+C_2$
약세시장 스프레드	X_1콜 매도+X_2콜 매수($X_2>X_1$)	C_1-C_2	$X_1-X_2+C_1-C_2$
[C : 컴비네이션 전략]			
스트래들 매수	콜 매수+풋 매수	무한정	$-C-P$
스트래들 매도	콜 매도+풋 매도	$C+P$	무한정
스트랭글 매수	X_2콜 매수+X_1풋 매수($X_2>X_1$)	무한정	$-C-P$ (단, $X_1\sim X_2$ 구간)
스트랭글 매도	X_2콜 매도+X_1풋 매도($X_2>X_1$)	$C+P$ (단, $X_1\sim X_2$ 구간)	무한정

의 하나는 메릴 린치(Merrill Lynch)사에 의해서 만들어진 LYON(liquid yield option notes)이다. 이 LYON은 제로쿠폰, 주식 전환가능, 콜 옵션과 풋 옵션 사용가능의 채권(zero coupon, convertible, callable, putable bond)으로 상환되는 특징이 있다. 구체적으로 Waste Management사에 의해서 발행된 LYON은 발행가격 250달러의 제로쿠폰채권, 2001년 만기시 1,000달러 상환(중도전환 또는 옵션관리가 행사되지 않으면 만기수익률 9%), 중도에 WM사 주식 4.36주로 전환가능, 정해진 행사가격으로 풋 옵션 행사가능, WM사는 투자자로부터 콜 옵션 행사가능의 조건이 부여되었다. 전환가능조건은 주가상승시 이익을 크게 하는 기회를 만들고, 풋 옵션조건은 가격하락에 대한 방파제 역할을 하며, 콜 옵션조건은 이자율 하락시 WM사가 다시 자금조달할 수 있는 길을 열어 놓고 있다. 발행회사나 투자자 모두의 위험을 같이 줄일 수 있는 특성을 이 신금융상품에 가미함으로써 성공을 거둔 것이다.

예 제

(1) 현재 주가가 20,000원인 기초주식을 100주 매수하고, 행사가격이 18,000원인 풋 옵션을 1단위당 1,000원에 100계약을 매수하였다. 만기까지 주가가 외가격으로 형성되었다면 최대손실액은 얼마인가?

(2) 행사가격이 18,000원인 콜 옵션의 가격은 3,000원이고, 행사가격이 24,000원인 콜 옵션의 가격은 1,000원이다. ① 강세시장 스프레드 전략을 구사하였는데 만기까지 주가가 30,000원까지 상승하였다. 옵션을 만기에 행사한다면 1계약당 투자이익은 얼마인가? ② 만약 주가가 16,000원까지 하락하였다면, 1계약당 손실액은 얼마인가?

(3) 만기가 같고 동일주식에 대한 콜 옵션과 풋 옵션의 가격과 행사가격이 다음과 같은 상황에서 스트래들 매수전략을 구사하였다. 최대이익, 최대손실은 얼마인가?

콜 옵션 : 옵션가격=2,500원, 행사가격=30,000원

풋 옵션 : 옵션가격=2,000원, 행사가격=27,500원

해설 (1) 방어 풋의 최대손실 $= X - S_0 - P = (18,000 - 20,000 - 1,000) \times 100$단위 $= -300,000$원

(2) ① 강세시장 스프레드 전략의 이익 $= X_2 - X_1 + C_2 - C_1 = 24,000 - 18,000 + 1,000 - 3,000$

$= 4,000$원

② 강세시장 스프레드 전략의 손실 $= -C_1 + C_2 = -3,000 + 1,000 = -2,000$원

(3) 스트래들 매수전략의 최대이익=무한대

스트래들 매수전략의 최대손실 $= -C - P = -2,500 - 2,000 = -4,500$원

주요용어

콜 옵션	풋 옵션	행사가격
만기일	기초자산	옵션가격(프리미엄)
파생증권	내가격, 외가격, 등가격	유러피언 옵션
아메리칸 옵션	통화옵션	금리옵션
지수옵션	선물옵션	옵션거래소
옵션청산소	옵션거래 증거금	옵션거래의 손익
옵션의 기능	옵션의 헤징전략	포트폴리오 보험
방어 풋	커버드 콜	기본포지션
스트랭글	합성선물투자전략	스프레드 전략
컴비네이션 전략	풋·콜 패리티	금융공학

연습문제

1. [옵션투자의 특징] 옵션투자가 주식투자나 선물투자에 비하여 어떤 장점을 지니는가?

2. [옵션의 개념 (1)] 내가격, 등가격, 외가격 옵션의 의미를 설명하라.

3. [옵션의 개념 (2)] 옵션계약의 매수자와 매도자가 지니는 권리와 의무를 구분하여 설명하라.

4. [옵션의 손익구조와 특징]
   ① 콜 옵션과 풋 옵션의 매수자와 매도자에게 돌아가는 순이득 패턴의 특징, 권리와 의무에 대해 설명하라.
   ② 주가가 상승할 때 손실이 가장 큰 옵션전략에는 어떤 것이 있는가?
   ③ 주가가 하락할 때 손실이 가장 작은 옵션전략에는 어떤 것이 있는가?

5. [KOSPI 200지수옵션]
   (1) 우리나라 KOSPI 200지수옵션 제도의 주요 특징을 설명하라.
   (2) 본문에서는 주식을 기초자산으로 할 경우의 콜 옵션 손익구조를 살펴보았다. 기초자산으로 주가지수를 대상으로 투자할 경우도 마찬가지이다. KOSPI 200지수 콜 옵션의 만기일에서의 손익구조와 권리·의무 사항을 콜 옵션 매수자와 매도자 각각의 입장에서 ① KOSPI 200지수 > 행사가격, ② KOSPI 200지수 ≤ 행사가격의 상황으로 나누어 제시하라.

(3) KOSPI 200지수 풋 옵션의 만기일에서의 손익구조와 권리 · 의무의 행사(이행) 여부를 풋 옵션의 매수자와 매도자 각각의 입장에서 ① KOSPI 200지수 < 행사가격, ② KOSPI 200지수 ≥ 행사가격의 상황으로 나누어 제시하라.

6. [옵션투자전략]

(1) 옵션을 이용한 포트폴리오 보험전략에 대하여 설명하라.

(2) 옵션투자를 활용하여 다음 포트폴리오를 구성하고, 그 순이득의 형태를 그림으로 표시하라.

① 강세시장에서 투자이득이 커지는 포트폴리오
② 약세시장에서 투자이득이 커지는 포트폴리오
③ 약세시장에서 일정한 이득을 보장하는 포트폴리오
④ 강세시장에서 일정한 이득을 얻는 포트폴리오
⑤ 주가변동이 클 경우 투자이득이 커지는 포트폴리오
⑥ 주가변동이 작을 경우 투자이득이 커지는 포트폴리오

(3) 풋 · 콜 등가관계를 설명하고, 이 등가관계가 유지되지 않으면 어떤 현상이 발생하는가?

7. [다양한 이득패턴의 창출과 투자손익]

(1) 옵션전략의 하나로 가장 낮은 행사가격(X_1)과 가장 높은 행사가격(X_3)을 가진 콜 옵션을 각각 1개씩 매수하고 X_1과 X_3 사이에 있는 행사가격(X_2)을 지닌 콜 옵션 2개를 매도함으로써 포트폴리오를 구성하면 소위 나비모양 스프레드(butterfly spread)라고 불리는 포트폴리오가 구성된다(행사가격 X_2는 보통 현재의 주가에 가깝도록 선택). 이 포트폴리오의 손익구조를 그림으로 나타내라.

(2) 현재 주가가 100,000원인 기초주식을 10주 매수하고, 행사가격이 90,000원인 풋 옵션을 1단위당 5,000원에 10계약을 매수하였다. ① 만기까지 주가가 외가격으로 형성되었다면 최대손실액은 얼마인가? ② 만약 주가가 80,000원이 되었다면 이득은 얼마인가?

(3) 행사가격이 36,000원인 콜 옵션의 가격은 6,000원이고, 행사가격이 48,000원인 콜 옵션의 가격은 2,000원이다. ① 약세시장 스프레드 전략을 구사하였는데 만기에 주가가 30,000원까지 하락하였다. 옵션을 만기에 행사한다면 1계약당 투자이익은 얼마인가? ② 만약 주가가 56,000원까지 상승하였다면, 1계약당 손실액은 얼마인가?

(4) 만기가 같고 동일주식에 대한 콜 옵션과 풋 옵션의 가격과 행사가격이 다음과 같은 상황에서 스트래들 매도전략을 구사하였다. 최대이익, 최대손실은 얼마인가?

콜 옵션 : 옵션가격=5,000원, 행사가격=60,000원
풋 옵션 : 옵션가격=4,000원, 행사가격=55,000원

8. **[포트폴리오 보험]** Q화학(주)의 현재 주가는 110,000원이고 무위험이자율은 연 10.25%이다. 이 주식에 대한 콜 옵션과 풋 옵션의 행사가격과 옵션가격은 다음과 같다.

콜 옵션 : 만기 6개월, 행사가격＝105,000원, C＝17,000원
풋 옵션 : 만기 6개월, 행사가격＝105,000원, P＝ 3,000원

한편 6개월 후에 원금 105,000원을 상환하는 무위험할인국공채가 있다.

① 포트폴리오 보험이란 무엇인가? 이를 구성하는 방법에는 어떤 것이 있는가?

② 어느 포트폴리오 구성방법이 상대적으로 과대평가되었는가?

③ 차익거래기회가 존재한다면 어떠한 투자전략이 가능하고, 얼마의 초과수익이 얻어지는가?

제 20 장

옵션가격결정모형

앞장에서는 옵션거래의 제도적 측면과 콜 옵션, 풋 옵션, 기초자산의 결합이 가져오는 다양한 손익구조의 특징, 이에 근거하여 구사될 수 있는 옵션투자전략에 대하여 살펴보았다. 그러면 이러한 특성을 지니는 옵션의 균형가격은 어떻게 결정되는가?

본장에서는 옵션가격의 평가와 관련하여 옵션가격의 결정요인, 옵션가격을 구하는 방법, OPM을 투자전략에 활용하는 방법, 전환사채(CB)와 신주인수권부사채(BW)의 평가방법에 대하여 다룬다. 다음은 본장의 학습목표로서 이해해야 할 주요 사항들이다.

- 옵션의 내재가치와 시간가치, 옵션가격의 결정요인
- 이항분포의 가정하에서 옵션가격을 구하는 방법
- 완전헤지 포트폴리오의 구성과 헤지비율의 결정
- 블랙 · 숄즈의 OPM과 투자전략에의 활용방법
- 전환사채(CB)와 신주인수권부사채(BW)의 평가방법
- ELS(주가연계증권)의 평가

제 1 절 옵션가치의 결정요인과 범위

본절에서는 옵션가격결정모형을 도출하는 전단계로 옵션의 가치를 결정짓는 요인에 대하여 살펴본다.

1. 옵션의 내재가치와 시간가치

옵션의 가치는 현재와 만기 사이, 어느 시점에서 평가되느냐에 따라서 그 가치가 다르다. 주식 콜 옵션은 약정된 행사가격으로 특정주식을 매수할 수 있는 권리가 부여된 것이기 때문에, 주식의 현재가격(S_0)이 행사가격을 상회하는 내가격(in-the-money) 옵션의 상황이 되면 당장 콜 옵션을 행사할 수 있게 된다. 이때의 옵션가치를 옵션의 내재가치(intrinsic value)라고 한다.

콜 옵션의 경우 내가격 옵션의 상황($S_0 > X$)이 되면 내재가치는 $[S_0 - X]$이 되고, 외가격 또는 등가격(out-of-the-money 또는 at-the-money) 옵션의 상황($S_0 \leq X$)이 되면 내재가치는 영(0)이 된다. 따라서 콜 옵션의 내재가치는 $\max[S_0 - X,\ 0]$이다.

그러나 콜 옵션을 지금 당장 행사한다고 할 경우의 내재가치 $[S_0 - X]$는 사실 정확한 추정이 되지 못한다. 왜냐하면 행사가격 X는 만기시점에서의 금액이므로 당장 행사된다면 X의 현가($PV(X)$: present value)만큼의 가치를 지니기 때문이다. 따라서 콜 옵션을 지금 당장 행사한다고 할 경우의 정확한 내재가치는 $[S_0 - PV(X)]$가 된다.

실제의 콜 옵션가격은 당장 행사할 경우의 내재가치의 크기와 차이가 나게 형성된다. 만기시점까지 시간이 경과하면서 주식가격 변동으로 인하여 옵션가치가 더 커질 수 있는 가능성이 있기 때문이다. 그래서 주식 콜 옵션의 경우 주식가격이 행사가격보다도 낮은 외가격 옵션의 상황에서도 실제의 콜 옵션가격은 正(+)의 가치를 지닌다. 만기까지 시간이 흐르면서 주가가 상승할 가능성이 남아 있기 때문이다.

옵션의 시간가치(time value)란 옵션의 실제가격과 당장 행사될 경우의 내재가치의 차이를 말한다. 만기까지 시간이 흐르면서 유리한 주가변동으로 인하여 가치가 증가할 것으로 기대하는 시간 프리미엄(time premium)의 성격을 지닌다. 그래서 [그림 20-1]에서 보는 것처럼 현 주식가격이 행사가격과 큰 차이가 없는 상황이면 상대적으로 향후에 주가가 행사가격을 크게 상회할 기회가 많아지고, 따라서 유리한 주가

[그림 20-1] 만기 전의 콜 옵션가치

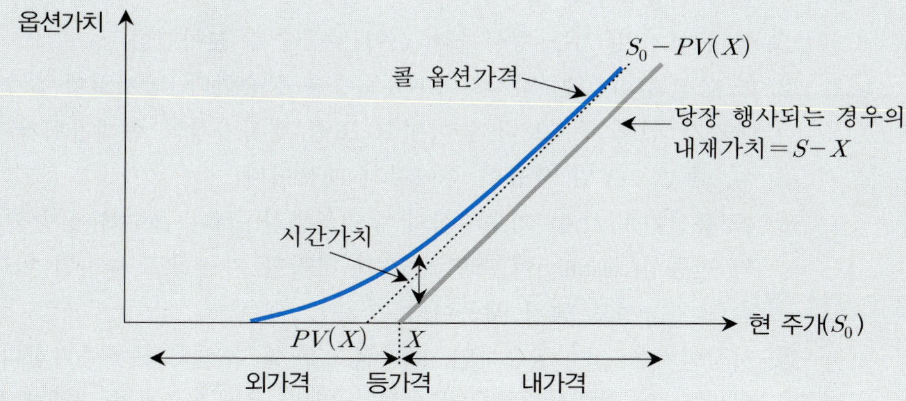

변동의 가치(volatility value) 역시 커지므로 실제가격과 내재가치의 차이, 즉 옵션의 시간가치는 커진다. 그러나 주식가격이 행사가격보다 매우 높은 상황이 되면 유리한 주가변동의 가치가 작아지므로 시간가치는 거의 없어진다.

2. 옵션가치의 결정요인

앞에서 설명한 것처럼 옵션계약은 만기일까지의 기초주식의 시장가격 수준에 따라서 옵션행사 여부가 결정되므로 옵션가치를 결정짓는 가장 중요한 요인은 기초주식의 시장가격(S)이다. 옵션가치는 이 밖에도 행사가격(X), 만기일(T), 기초주식수익률의 분산(σ^2), 시장이자율(r), 기초주식의 배당성향(D) 등의 요인에 의해서도 영향을 받게 된다.

$$C \text{ 또는 } P = f(S,\ X,\ T,\ \sigma^2,\ r,\ D) \tag{20.1}$$

그러면 이러한 요인들은 어느 방향으로 영향을 미치는가? 먼저 콜 옵션의 가치는 제19장에서 설명한 것처럼 만기일에서 $S>X$의 상황이 되면 기본적으로 $[S-X]$값이 正이 될 것이고, 반대의 경우이면 권리행사가 안 될 것이므로 영(0)의 가치를 지닌다. 따라서 $[S-X]$값이 증가하는 방향으로 여러 변수가 영향을 미치면 콜 옵션의 가치는 커진다. 다음은 만기일에서 $S>X$일 확률이 높아져 콜 옵션가치(C)가 커지는 경우이다.

① 콜 옵션가치(C)는 다른 조건이 동일하다면, 현재의 기초주식의 주가(S)가 높으면 높을수록 상승한다.

② 콜 옵션가치(C)는 행사가격(X)이 낮을수록 높아진다.

③ 콜 옵션가치(C)는 만기일(T)이 길수록 상승한다. 만기일이 길수록 만기일의 주가가 현재 주가보다 높아지고 또한 행사가격의 현재가치가 작아질 가능성, 즉 $S>X$일 확률이 높아지기 때문이다.

④ 콜 옵션가치(C)는 기초주식의 수익률분산(σ^2)이 클수록 상승한다. 주식가격의 변동성(volatility)이 크면 주가가 하락할 가능성도 높지만 반대로 크게 상승할 가능성도 높기 때문이다.

⑤ 시장이자율(r)이 상승하면, 일반적으로 콜 옵션가치는 증가한다고 볼 수 있다. 주가의 기대상승률은 상승하는 반면, 옵션소유자가 미래에 받게 될 현금흐름의 현재가치는 감소하는데, 전자는 콜 옵션가치(C)를 증가시키지만 후자는 감소시킨다. 일반적으로 전자의 효과가 후자의 효과보다 크다. 즉 이자율이 상승하면 콜의 가격이 증가한다고 할 수 있다.[1] 또한 이자율이 높아질수록 콜 매수자가 만기시에 지불해야 할 행사가격의 현재가치는 낮아진다. 따라서 높은 이자율은 행사가격을 낮추어 콜 옵션가치를 증가시킨다.

⑥ 콜 옵션가치(C)는 기업의 배당성향(D)이 높을수록 감소한다. 주식투자수익률 중에서 배당수익률이 높으면 상대적으로 시세차익수익률이 낮아지는데, 이는 주식가격의 상승가능성이 둔화됨을 뜻하고 $S>X$의 가능성이 낮아지기 때문이다.

한편 풋 옵션의 가치는 제19장에서 설명한 것처럼 만기일에서의 주가(S)가 행

〈표 20-1〉 옵션가치의 결정요인 (↑상승, ↓하락)

변수들	(1) 콜 옵션가치	(2) 풋 옵션가치
주식가격↑	↑	↓
행사가격↑	↓	↑
만　기↑	↑	↑
변 동 성↑	↑	↑
이 자 율↑	↑	↓
배당성향↑	↓	↑

1) 풋 옵션의 경우는 이 두 효과 모두 풋 옵션의 가치를 감소시키는 경향이 있다. 따라서 이자율이 상승하면 풋 옵션가격은 하락한다.

사가격(X)보다 적으면 기본적으로 $[X-S]$의 값이 正이고, 반대로 $S>X$이면 권리 행사를 하지 않을 것이므로 영(0)의 가치를 지닌다. 따라서 $[X-S]$의 값이 증가하는 방향으로 결정요인들이 영향을 미치면 풋 옵션의 가치는 커진다. 이를 염두에 두면 주식가격, 행사가격, 만기, 변동성, 이자율, 배당성향의 요인들은 〈표 20-1(2)〉에 나타난 것과 같은 방향으로 풋 옵션가치에 영향을 미친다.

3. 옵션가격의 범위

2항에서는 옵션가치의 결정요인과 옵션가치의 관계에 대하여 살펴보았다. 그러면 구체적인 옵션가격결정모형의 도출에 앞서서 먼저 옵션가격이 어떤 범위 내에서 결정되는지를 보기로 한다. 콜 옵션가격은 다음과 같은 범위 내에서 결정된다.

① 옵션은 유리한 경우에만 권리가 행사되는 것이기 때문에 콜 옵션가격(C)은 負(−)가 될 수 없다. 즉, $C\geq 0$의 관계가 있다.

② 콜 옵션가격(C)은 기초주식의 가격(S)보다 클 수 없다. 즉 $S\geq C$의 관계가 있다. 왜냐하면 만약 $S<C$라면 투자자는 콜 옵션을 발행하고 주식을 저렴한 가격인 S에 매수하는 차익거래를 통하여 $[C-S]$만큼의 무위험초과수익을 얻을 수 있기 때문이다.

③ 콜 옵션가격(C)은 기초주식의 주가(S)에서 행사가격의 현재가치 $X(1+R_f)^{-T}$를 차감한 것보다 크다. 즉 시간가치 때문에 $C\geq S-X(1+R_f)^{-T}$의 관계가 있다.

[그림 20-2] 콜 옵션가격의 범위

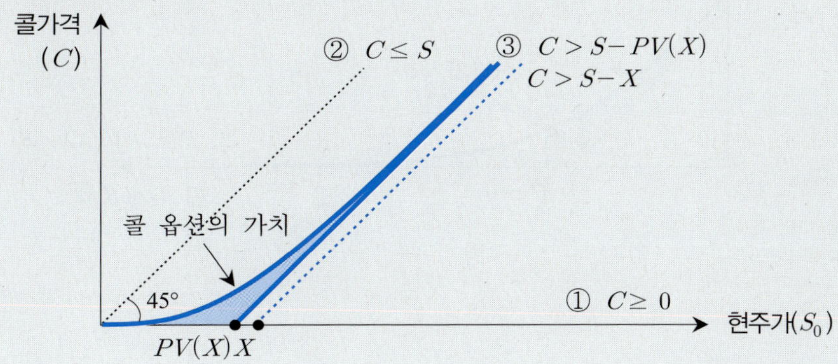

이상의 세 가지 조건을 종합하여 그림으로 표시하면 콜 옵션의 가격은 [그림 20-2]에서 음영으로 나타나는 범위 내에서 형성될 것이다. 이 그림에서 보는 것처럼 콜 옵션가격(C)은 기초주식의 주가(S)의 증가함수로서 우상향하는 곡선(③)으로 나타난다.

한편 풋 옵션가격(P)은 동일한 방법으로 분석하면 다음 범위 내에서 결정된다.

① $P \geq 0$
② $P \leq X$
③ $P \geq X(1+R_f)^{-T} - S$

이상의 세 조건을 종합하여 그림으로 표시하면 풋 옵션의 가격은 [그림 20-3]에서 음영으로 나타나는 범위 내에서 형성될 것이다. 이 그림에서 보는 것처럼 풋 옵션가격(P)은 기초주식의 주가(S)의 감소함수로서 우하향하는 곡선(③)으로 나타난다.

지금까지 옵션가격의 주요 결정요인과 범위에 대해서 살펴보았다. 그러면 이러한 특성을 지니고 있는 옵션의 균형가격은 얼마이어야 하는가?

이를 설명하는 모형으로서 이항옵션가격결정모형과 블랙 · 숄즈의 옵션가격결정모형이 있다. 이들 모형에서 주식 1단위에 대하여 매도해야 할 옵션수의 비율인 헤지비율(hedge ratio)의 결정방법을 이해하는 것이 중요하다.

[그림 20-3] 풋 옵션가격의 범위

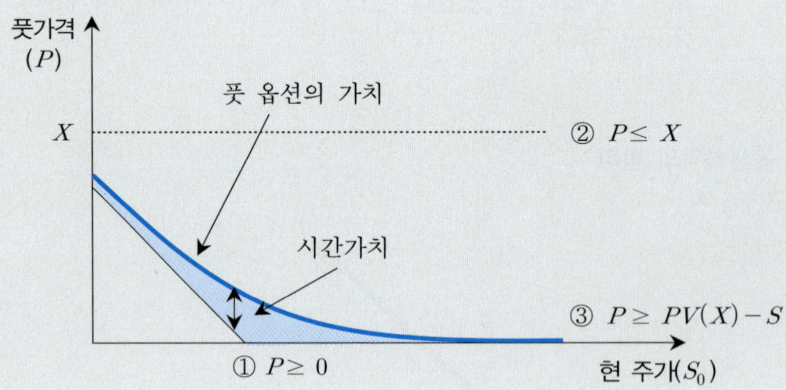

제 2 절 이항옵션가격결정모형

옵션가격결정모형(OPM : option pricing model)은 여러 가지가 제시되고 있지만 이 중에 가장 단순한 형태가 이항분포 접근방법이다. 이는 옵션가격을 결정짓는 기초주식의 주가변동이 일정한 수준의 높은 가격으로 상승하거나 또는 일정한 수준의 낮은 가격으로 하락하는 두 가지 가능성만 있는 것으로 가정하는 이항분포(binomial distribution)를 따른다고 가정하는 모형이다.

1. 이항분포와 완전헤지 포트폴리오

미래의 상황이 주가가 일정한 가격수준으로 오르는 경우와 내리는 경우의 두 가지 가능성(이항분포)만 있는 상황을 가상하여, 이제 기초주식의 주가(S_0)가 현재 45,000원인데, 90,000원으로 상승하거나 22,500원으로 하락할 두 가지 가능성이 있고, 또한 차입이자율과 대출이자율이 12.5%라고 가정하자. 이러한 가정하에서 만기일이 1년 후이고 행사가격(X)이 56,250원인 콜 옵션의 현재가치는 얼마가 되는지를 알아보자.

이 주식에 대한 콜 옵션가치(C)는 만기일(1년 후)에서의 주가수준(S_T)이 90,000원으로 상승하면 33,750원($=S_T-X$), 주가수준이 22,500원으로 하락하면 0의 가치를 지닌다.

주식가격

현 재	1년 후
45,000	90,000
	22,500

콜 옵션가치 : 행사가격 56,250원

현 재	1년 후
C	33,750
	0
$2C$	67,500
	0

이제 콜 옵션가격을 추정하는 한 방법으로 만기일에서의 주가수준에 관계없이 항상 투자수익이 일정한 완전헤지 포트폴리오(perfectly hedged portfolio)를 구성해 보기로 하자. 이를테면 앞의 예에서 주식 한 주를 매수하고 두 개의 콜을 매도하는 포

트폴리오를 구성하면, 아래에서 보는 것처럼 1년 후의 주가수준(S_1)에 관계없이 항상 22,500원의 투자수익을 얻게 되는, 사실상 무위험포트폴리오를 구성하게 된다.

포트폴리오	기초현금흐름	1년 후 현금흐름	
		S_1 =90,000원	S_1 =22,500원
1주식매수	−45,000	90,000	22,500
2콜 매도	$2C$	−67,500	0
계	$-(45,000-2C)$	22,500	22,500

따라서 기초에서의 투자액 $45,000-2C$는 22,500원을 무위험이자율로 할인한 현재가치, 즉 22,500/1.125=20,000원과 같아야 한다. $45,000-2C=20,000$에서 C를 구하면 콜 옵션가격이 12,500원임을 알 수 있다.

이 가격은 이 콜 옵션의 적정가격(fair price)이다. 왜냐하면 12,500원과 다른 가격에 거래되면 차익거래에 의한 초과수익이 획득될 수 있기 때문이다. 예를 들어 이 콜 옵션이 과대평가되어 13,000원의 가격에 거래되고 있다면, 다음에서 보는 것처럼 1주식 매수, 2콜 매도, 19,000원 차입(이자율 12.5%, 1년 후 21,375원 상환)하는 포트폴리오를 구성하면, 순투자액은 0이면서 1년 후 주가수준(S_1)에 관계없이 항상 1,125원을 얻게 되는 차익거래가 가능하게 된다. 이 같은 차익거래는 초과수익이 사라질 때까지 계속될 것이다. 따라서 콜 옵션의 적정가격은 12,500원이어야 한다.

	기초현금흐름	1년 후 현금흐름	
		S_1 =90,000원	S_1 =22,500원
1주식매수	−45,000	90,000	22,500
2콜 매도	26,000	−67,500	0
19,000원 차입	19,000	−21,375	−21,375
계	0	1,125	1,125

2. 헤지비율과 옵션가격의 추정

이상에서 무위험의 완전헤지 포트폴리오를 구성하여 콜 옵션가격을 추정하는 방법을 살펴보았다. 이때 핵심이 되는 과제는 주가수준에 관계없이 기말에서의 투자수익이 일정하도록 하는 포트폴리오의 구성, 즉 주식 1단위에 대하여 매도해야 할 옵션수의 비율인 헤지비율(hedge ratio)을 결정하는 일이다. 위의 예에서는 헤지비율이 2(=1주식 매수/2콜 매도)였는데, 왜 콜의 매도가 2단위일까?

미래의 상황을 두 가지(일정한 가격으로 오르는 경우와 내리는 경우)만으로 가정하면 주식과 옵션 수익은 완전 正(+) 혹은 負(−)의 상관관계를 지니므로 기말에서의 주식투자의 수익범위 대 옵션투자의 수익범위의 비율을 헤지비율로 하면 된다. 위의 예에서 1단위 옵션투자의 수익범위는 33,750~0원이었고, 1단위 주식투자의 수익범위는 90,000~22,500원이므로 이들 범위의 비율은 2가 된다. 따라서 1단위 주식에 대하여 2단위의 콜을 매도하면 헤지된다.

일반적으로 두 가지 상황의 가정하에서 완전헤지 포트폴리오를 구성할 수 있는 헤지비율(α)은 다음과 같이 구해진다.

$$\alpha = \frac{\text{기말에서의 주식가치의 범위}}{\text{기말에서의 옵션가치의 범위}} = \frac{S^+ - S^-}{C^+ - C^-} \tag{20.2}$$

단, α : 헤지비율

C^+, C^- : 기말에서 콜 옵션가치가 지닐 수 있는 최대값과 최소값

S^+, S^- : 기말에서 주식가격의 최대값과 최소값

1단위 주식매수에 대하여 식 20.2에서 구해지는 수만큼 옵션을 매도하면 이 포트폴리오 가치는 기말에서의 주가수준에 관계없이 일정한 투자수익을 얻게 된다.

요약하면 완전헤지 포트폴리오 구성에 의하여 적정 옵션가격을 평가하는 방법은 다음과 같이 정리할 수 있다.

① 기말에서 예상되는 주가수준의 범위(S^+, S^-)와 옵션이 지니는 가치의 범위(C^+, C^-)를 계산한다.

② 두 가지 범위의 비율을 계산(식 20.2)하여 헤지비율(α)을 찾는다.

③ 주식 1주 매수와 옵션 α 단위 매도로 구성되는 포트폴리오가 가져오게 되는 기말투자수익을 추정한다.

④ ③에서 구해지는 투자수익은 기말에서의 가치이므로 무위험이자율로 할인한 현재가치를 구한다.

⑤ ③에서의 포트폴리오 가치와 ④에서의 현재가치를 일치시켜 주는 옵션가격(C)의 값을 구한다.

예 제

A사의 현재 주식가격(S_0)은 90,000원이고, 1년 후 150,000원과 40,000원의 가능성이 있다. 행사가격(X)이 95,000원인 콜 옵션의 가격은 얼마인가? 헤지포트폴리오를 구성하여 추정하라. 무위험이자율은 10%이다.

해설 ① 가격범위 : $\begin{cases} S^+ = 150,000 \\ S^- = 40,000 \end{cases}$ $\begin{cases} C^+ = 55,000 \\ C^- = 0 \end{cases}$

② 헤지비율 $\alpha = \dfrac{S^+ - S^-}{C^+ - C^-} = \dfrac{150,000-40,000}{55,000-0} = 2$

주식 1주에 대하여 콜 옵션 2단위를 매도하면 완전헤지 포트폴리오가 구성된다.

③ 기말의 무위험투자수익

포트폴리오	기 초	기 말	
		$S_1 = 150,000$	$S_1 = 40,000$
1주식 매수(S_0)	$-90,000$	150,000	40,000
2단위 콜 매도($2C$)	$2C$	$-110,000$	0
계	$-(90,000-2C)$	40,000	40,000

④ 기말 무위험투자수익의 현재가치와 콜 옵션가격

$$90,000 - 2C = \frac{40,000}{1.1} = 36,364 \qquad \therefore C = 26,818\text{원}$$

3. 단일기간 이항옵션가격결정의 일반화

위에서는 예제를 통하여 단일기간 두 가지 상황의 가정하에서 옵션가격이 어떻게 결정되는지를 설명하였다. 이제 옵션가격결정원리를 일반화시키기 위하여 다음과 같이 표시하기로 하자.

μ : 1+주가상승률, 즉 0에서 1시점까지 주가상승시 1에 주가변화율을 더한 값(상승배수). 따라서 주가상승시의 주가 $S^+ = S_0 \cdot \mu$

d : 1−주가하락률, 즉 0에서 1시점까지 주가하락시 1에서 주가변화율을 뺀 값(하락배수). 따라서 주가하락시의 주가 $S^- = S_0 \cdot d$

α : 주식 1주 매수에 대하여 매도할 콜 옵션의 수(헤지비율)

C_μ : 주가상승시 콜 옵션의 가치($\max[0,\ \mu S_0 - X]$), 식 20.2에서의 C^+

C_d : 주가하락시 콜 옵션의 가치($\max[0,\ d S_0 - X]$), 식 20.2에서의 C^-

r : 1+무위험이자율

〈표 20-2〉 완전헤지 포트폴리오 구성

포트폴리오	기초현금흐름	1년 후 현금흐름	
		$S_1=\mu\cdot S_0$	$S_1=d\cdot S_0$
1주식 매수	$-S_0$	$\mu\cdot S_0$	$d\cdot S_0$
α콜 매도	$\alpha\cdot C$	$-\alpha\cdot C_\mu$	$-\alpha\cdot C_d$
계	$-(S_0-\alpha\cdot C)$	$-\alpha\cdot C_\mu+\mu\cdot S_0$	$-\alpha\cdot C_d+d\cdot S_0$

주식 1주 매수에 대하여 콜 옵션 α를 매도하여 완전헤지 포트폴리오를 구성하면 기초와 기말에서의 현금흐름은 〈표 20-2〉와 같게 된다. 여기서 매수의 경우는 현금유출이 있게 되므로 (−)의 부호, 매도의 경우는 현금유입이 있게 되므로 (+)의 부호로 표시하여 그 관계를 보여주고 있다.

완전헤지 포트폴리오의 기말에서의 현금흐름은 기말의 주가수준(S_1)이 $\mu\cdot S_0$ 이든지 $d\cdot S_0$ 이든지 관계없이 동일해야 하므로 다음 식 20.3의 관계가 성립해야 한다. 이 관계에서 헤지비율 α를 구하면 식 20.4와 같게 된다. 식 20.4의 헤지비율은 식 20.2에서 구해진 것과 같이 기말에서의 주가변동폭에 대한 옵션가치 변동폭의 비율을 의미한다.

$$-\alpha\cdot C_\mu+\mu\cdot S_0=-\alpha\cdot C_d+d\cdot S_0 \tag{20.3}$$

$$\therefore\ \alpha=\frac{S_0(\mu-d)}{C_\mu-C_d} \tag{20.4}$$

한편 무위험의 헤지포트폴리오(1주식 매수, α콜 옵션 매도)의 기초시점에서의 현금흐름의 가치는 기말현금흐름의 현재가치와 일치해야 한다(식 20.5).

$$S_0-\alpha\cdot C=\frac{d\cdot S_0-\alpha\cdot C_d}{r} \tag{20.5}$$

식 20.5를 옵션가격 C에 대해서 정리하여 표시하면 식 20.6과 같아지고, 다시 이 식 20.6에 헤지비율 α를 구하는 식 20.4를 대입하고 $P=(r-d)/(\mu-d)$로 정의하면, $1-P=1-(r-d)/(\mu-d)=(\mu-r)/(\mu-d)$가 되므로 콜 옵션가격을 구하는 식은 식 20.7과 같게 된다.

$$C=\frac{r\cdot S_0+\alpha\cdot C_d-dS_0}{\alpha\cdot r} \tag{20.6}$$

$$C = \frac{C_\mu \cdot P + C_d \cdot (1-P)}{r} \tag{20.7}$$

예 제

앞의 예제(A사의 현재 주식가격(S_0)=90,000원, 1년 후 150,000원과 40,000원의 가능성, 행사가격(X)=95,000원, 무위험이자율은 10%)에서 콜 옵션의 가격을 식 20.7의 이항OPM을 이용하여 추정하고, 앞의 결과와 비교하라.

해설

$C = \frac{C_\mu \cdot P + C_d \cdot (1-P)}{r}$ 에 의한 평가

$$P = \frac{r-d}{\mu-d} = \frac{1.1-(40/90)}{(150/90)-(40/90)} = \frac{1.1-0.444}{1.667-0.444} = \frac{0.6556}{1.222} = 0.5364$$

$1-P = 1-0.5364 = 0.4636$

$\therefore\ C = [55{,}000 \cdot (0.5364) + 0 \cdot (0.4636)]\ /\ 1.1 = 26{,}818$원

4. 다기간 이항옵션가격결정모형

이상에서 살펴본 옵션가격결정모형은 단순하게 단일기간(a single period)만을 고려한 것이다. 그러면 다기간(multi-period)에 걸쳐 주가가 계속적으로 변동할 때 콜 옵션의 가격은 어떻게 평가될 수 있는가?

두 기간에 걸쳐 기초주식 주가가 움직일 때 콜 옵션가격을 구하는 것은 식 20.7을 두 번 반복적으로 활용하면 된다. 단일기간에서 콜 옵션가격을 추정할 때에는 1기말의 C_μ와 C_d에 근거하여 C를 추정했던 것처럼, 2기말의 $C_{\mu\mu}$, $C_{\mu d}$, C_{dd}에 근거하여 1기말의 C_μ와 C_d를 식 20.7의 방법에 의하여 구하고, 다시 이렇게 구해진 1기말의 C_μ와 C_d에 근거하여 현재시점의 콜 옵션가격을 구하면 되기 때문이다.

두 기간에서의 기초주식가격의 움직임

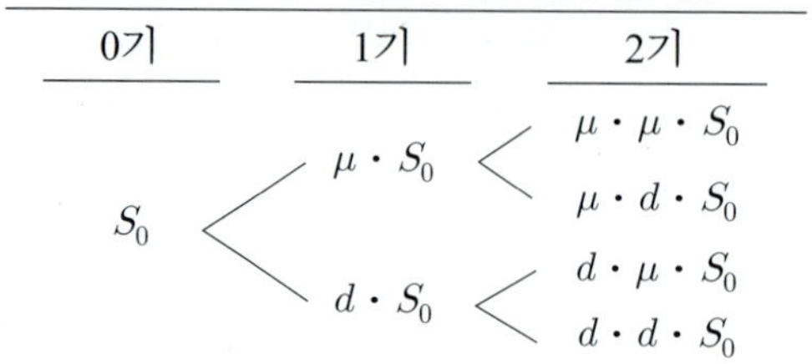

두 기간에서의 콜 옵션의 가치

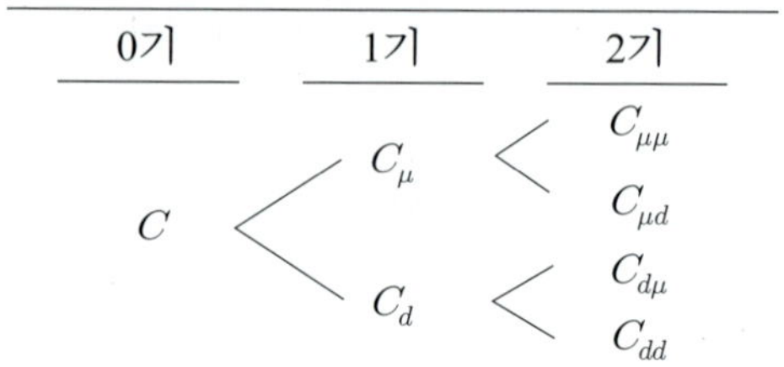

이를 정리하여 2기간인 경우 콜 옵션가격을 식으로 표시하면 다음과 같다.

$$C = \left[P^2 \cdot C_{uu} + 2P(1-P)C_{du} + (1-P)^2 C_{dd}\right]/r^2 \tag{20.8}$$

단, C_{uu} : $\max[0,\ u^2S-X]$

C_{dd} : $\max[0,\ d^2S-X]$

$C_{du} = C_{ud}$: $\max[0,\ udS-X]$

이제 1년의 단일기간을 셋의 하위기간으로 나누어 주가변동의 상황을 고려하면 8개의 주가움직임 패턴이 네 가지 경우(① 상승·상승·상승 패턴 1건, ② 상승 2회·하락 1회 패턴 3건, ③ 상승 1회·하락 2회 패턴 3건, ④ 하락·하락·하락 패턴 1건)로 압축된다. 이러한 경우도 식 20.7을 반복적으로 활용하면 콜 옵션가격을 추정할 수 있게 된다.

이처럼 주가변동의 기간이 t회로 무수히 확장되더라도 동일한 방법으로 추정하면 된다. 주목할 점은 하위기간이 증가할수록 주가움직임 패턴의 수도 기하급수적으로 증가하게 되는데, 계속적으로 상승하거나 계속적으로 하락하는 것과 같은 극단적인 패턴의 수는 드문 반면에 상승과 하락이 혼합되어 있는 패턴의 수는 매우 많게 된다는 점이다. 즉 확률적으로 보면 혼합되어 나타나는 패턴의 경우가 훨씬 많다. 위에서 든 3기간의 예에서도 ②나 ③이 일어날 확률이 3/8으로서 높다. 결국 각 패턴이 일어날 확률은 이항분포(binomial distribution)를 따르게 되는데, t번 시행될 때의 이항확률을 고려하여 콜 옵션가격(C)을 구하면 다음과 같게 된다.

$$C = \left\{\sum_{n=0}^{t} \frac{t!}{(t-n)!n!} P^n (1-P)^{t-n} \cdot \max[0,\ u^n \cdot d^{t-n} \cdot S - X]\right\}/r^t \tag{20.9}$$

단, t : 주가변동의 총횟수

n : 주가상승 횟수

이 방법에 따르면 각 기간마다 무위험수익률이 얻어지도록 헤지포트폴리오를 계속적으로 구성해 나가는 동태적 헤징(dynamic hedging)이 필요하다. 따라서 이 방법은 많은 연산작업을 요하므로 이용에는 컴퓨터의 도움을 필요로 한다. 다음에 설명하는 블랙·숄즈 OPM은 모형의 도출과정 자체는 복잡하지만, 이용자는 최종공식을 바로 적용하여 쓸 수 있다는 장점을 지닌다.

제3절 블랙 · 숄즈의 옵션가격결정모형

앞절에서는 기초증권의 수익률이 이항분포를 따른다는 가정하에 옵션가격결정모형을 도출하였다. 이항옵션가격결정모형은 그 기간을 무한히 분할하면 주가의 연속적 변화를 가정하는 다른 형태의 OPM을 도출할 수 있다. 본절에서는 블랙 · 숄즈의 OPM 내용을 소개하고, 투자결정에의 활용방법에 대해 살펴본다.

1. 블랙 · 숄즈의 OPM

블랙 · 숄즈(F. Black & M. Scholes)는 옵션가격을 평가하는 모형을 도출하기 위하여 다음의 가정을 내세우고 있다.

① 옵션의 만기일 전에는 배당지급이 없다.
② 무위험이자율과 주식수익률의 분산은 일정(constant)하다.
③ 주가움직임은 연속적(continuous)이다. 즉, 충격적 호재 또는 악재에 의해서 일어나는 주가의 갑작스러운 폭락이나 폭등(sudden big jumps)이 없다.

이들 가정하에서 블랙 · 숄즈는 다음의 OPM을 도출하고 있다.[2)]

$$C = S_0 \cdot N(d_1) - \frac{X}{e^{r_f t}} N(d_2) \tag{20.10}$$

$$d_1 = \frac{\ln(S_0/X) + \left(r_f + \frac{1}{2}\sigma^2\right)t}{\sigma\sqrt{t}}$$

$$d_2 = \frac{\ln(S_0/X) + \left(r_f - \frac{1}{2}\sigma^2\right)t}{\sigma\sqrt{t}} = d_1 - \sigma\sqrt{t}$$

2) 블랙 · 숄즈 OPM의 자세한 도출과정은 다음 문헌들을 참고할 것. F. Black & M. Scholes, "The Pricing of Options and Corporate Liabilities," *Journal of Political Economy* 81, No. 3(May-June 1973), pp.637~654 ; J. Cox & S. Ross, "The Valuation of Options for Alternative Stochastic Process," *Journal of Financial Economics* 3, No. 112(Jan.-Mar. 1976), pp.145~166.

단, C : 콜 옵션의 현재가치
S_0 : 주식의 현재가격
X : 옵션의 행사가격
r_f : 연속적 복리 무위험이자율
e : 2.7183…(자연대수의 밑수)
t : 1년을 1로 하여 표시되는 만기일까지의 잔여시간
σ : 연속적 연복리주가수익률의 표준편차
$\ln(S/X)$: S/X의 자연로그
$N(d)$: d에서의 누적정규분포의 값

블랙 · 숄즈 OPM에서 핵심이 되는 것은 $N(d)$의 값이다. 여기서 $N(d)$는 옵션이 만기까지 내가격(in the money) 옵션이 될 위험조정확률이라고 할 수 있다. 만약 옵션행사의 가능성이 매우 높아서 $N(d)$의 값이 거의 1에 가까우면 콜 옵션가치는 $S_0 - X \cdot e^{-r_f t}$의 값(현가로 표시한 내재가치)에 근접한다. 반면에 옵션행사가능성이 거의 없어서 $N(d) \approx 0$이면 옵션가치는 영(0)의 값에 근접한다.

내가격 옵션이 될 위험조정확률 $N(d)$의 값은 시장가격(S)이 행사가격(X)보다 큰 정도에 달려 있는데, 이 공식에서 $\ln(S_0/X)$항은 이를 측정하고 있으며, 또한 기초주식의 변동성(σ^2)이 크고 만기까지의 기간(t)이 길수록 옵션가치가 커지는 측면이 반영되고 있다.

식 20.10의 블랙 · 숄즈모형을 보면 옵션의 가치를 평가하기 위해서 필요한 자료는 현재 주가, 옵션의 행사가격, 옵션만기까지의 잔여기간, 누적정규확률표, 무위험이자율, 연속적 연복리 주가수익률의 표준편차이다. 표준편차를 제외한 모든 변수는 쉽게 관찰가능하다. 가장 문제가 되는 것은 연속적 연복리 주가수익률의 표준편차를 추정하는 것인데, 주가수익에 대한 역사적 자료를 이용하여 다음 식과 같이 n 기간 주식수익률의 분산을 계산하는 방법이 주로 이용되고 있다.

$$\sigma^2 = \frac{n}{n-1} \sum_{t=1}^{n} \frac{(r_t - \bar{r})^2}{n}$$

단, $\bar{r}$: 평균수익률

주의할 점은 t시점의 수익률(r_t)을 구할 때 연속적 복리수익률에 일치하는 수익률을 구하기 위해서 자연대수, 즉 $\ln(S_t / S_{t-1})$의 방법으로 계산해야 한다는 점이다. 주식수익률의 표준편차를 구하는 과정에서는 측정오차가 수반되는데 이는 결과적으로 옵션가치가 잘못 평가될 가능성을 높인다. 그래서 실무에서는 콜 옵션의 현재 시장가격을 주어진 것으로 전제하여 역산한 분산을 묵시적 변동성(implied volatility)으

로 보고 시계열자료에서 추정한 분산과 비교하는 방법을 사용하기도 한다.[3)]

식 20.10의 방법으로 콜 옵션의 가격이 추정되면 풋 옵션의 가격을 추정할 수 있다. 풋과 콜 옵션가치의 관계를 나타내는 풋·콜 등가이론(put-call parity theorem, 제19장 식 19.10)에서 연속적 복리이자율을 전제로 한 다음 관계식을 이용하면 된다. 즉, 블랙·숄즈 OPM에 의해서 구해진 콜 가치(C)를 이 식에 대입하면 풋 옵션가치(P)가 구해진다.[4)]

$$P = C - S_0 + X \cdot e^{-r_f t} \tag{20.11}$$

예 제

지금 기초주식가격(S_0)=9,000원, 콜 옵션 행사가격(X)=10,000원, 만기까지의 잔여기간(t)=0.5(6개월), 표준편차(σ)=0.5, 무위험이자율(r_f)=0.1(연 10%)이다.

① 콜 옵션의 가치는 얼마인가?
② 풋 옵션의 가치는 얼마인가?

해설 ① 먼저 d_1과 d_2를 구하면 다음과 같다.

$$d_1 = \frac{\ln(9{,}000/10{,}000) + \left(0.1 + \frac{1}{2}(0.5)^2\right)(0.5)}{0.5\sqrt{0.5}} \fallingdotseq 0.02$$

$$d_2 = \frac{\ln(9{,}000/10{,}000) + \left(0.1 - \frac{1}{2}(0.5)^2\right)(0.5)}{0.5\sqrt{0.5}} \fallingdotseq -0.33$$

또는 $d_2 = d_1 - \sigma\sqrt{t} = 0.02 - 0.5\sqrt{0.5} \fallingdotseq -0.33$

---

3) 블랙·숄즈의 OPM은 배당을 지급하지 않는 주식에 대하여 적용됨을 앞서 밝힌 바 있다. 그러나 배당지급이 있으면 옵션의 조기행사 가능성을 높이므로 이 모형은 조정될 필요가 있다. 본래 배당지급을 감안하여 옵션 평가모형을 도출하는 것은 매우 복잡하나, 간단히 근사치를 구하는 방법은 유러피언 옵션의 경우 만기 전 배당금의 현가만큼 현 주식가격을 낮춘 금액($S_0 - PV$(배당))을 블랙·숄즈 모형에 적용하면 된다. 그러나 만기 전에 옵션행사가 가능한 아메리칸 옵션의 경우는 ① 만기 전 배당금의 현가만큼 현 주식가격을 낮추어 구한 옵션가치와 ② 만기 이전의 행사를 전제로 잔여기간(t)을 조정하여 구한 옵션가치 중에서 큰 것을 택하면 옵션가치의 근사치를 얻게 된다.

4) 풋·콜 등가이론을 이용하지 않고 블랙·숄즈 OPM을 이용하여 풋 옵션가치를 평가하는 방법은 다음과 같다.
$P = X \cdot e^{-r_f t}[1 - N(d_2)] - S_o \cdot [1 - N(d_1)]$

누적정규분포표로부터 $N(d_1)$과 $N(d_2)$는 다음과 같다[$N(d_1)$과 $N(d_2)$의 값을 본서 〈부록〉에 있는 표준정규분포표로부터 누적정규분포값을 구할 경우, 찾으려고 하는 값(Z값)이 正(+)일 때에는 표의 값에 0.5를 더하고 負(−)일 때에는 0.5에서 표의 값을 차감하여 구함].

$N(d_1)=N(0.02)=0.5080,\ N(d_2)=N(-0.33)=0.3707$

그러므로 콜 옵션가치는 다음과 같이 1,046원이 된다.

$$C=9{,}000(0.5080)-\frac{10{,}000}{e^{(0.1)(0.5)}}(0.3707)=1{,}046\text{원}$$

② 풋 옵션의 가치는 식 20.11을 이용하여 추정한다.

$$P=1{,}046-10{,}000+9{,}000\cdot e^{-(0.1)(0.5)}=1{,}558.3\text{원}$$

2. 블랙 · 숄즈 OPM의 활용

(1) 헤지포트폴리오 구성에 활용

옵션을 포함시킨 포트폴리오를 운용·관리할 때 핵심적인 과제의 하나는 가격변동 위험을 헤지하기 위해서 그 포트폴리오 가치가 주가변동에 얼마나 민감한지를 파악하는 일이다.

헤지비율은 이항OPM에서 설명한 것처럼 주식을 보유하는 데에 따르는 가격변동위험을 헤지하기 위하여 필요로 하는 옵션매도의 수를 말한다. 구체적으로 주식가격 변동폭에 대한 옵션가격 변동폭의 비율, 즉 $\Delta S/\Delta C$로 측정한다. 이의 역수를 옵션델타(Δ) 헤지비율이라고도 부르는데, 콜 옵션의 경우는 陽(+)의 값을 가지고 풋 옵션의 경우는 陰(−)의 값을 갖게 된다.

$$\text{옵션델타}(\Delta)=\frac{\Delta C}{\Delta S}=\frac{\text{옵션가격의 변동폭}}{\text{주식가격의 변동폭}}$$

옵션가치는 지금까지 보아온 것처럼 [그림 20-4]와 같이 주식가격의 함수로 나타낼 수 있는데, 옵션델타는 이 그림에서 현재 주식가격에서 평가된 기울기가 된다. 예를 들어 [그림 20-4]의 S_0'에서 평가된 기울기가 0.6이라면 옵션델타는 0.6이 되는데, 이는 주식가격이 1원 증가할 때 콜 옵션가격은 0.6원 증가함을 뜻한다. 따라서 포트폴리오 관리 면에서 보면 6주의 주식매수에 대하여 콜 옵션 10개가 매도될 때

[그림 20-4] 콜 옵션가치와 헤지비율

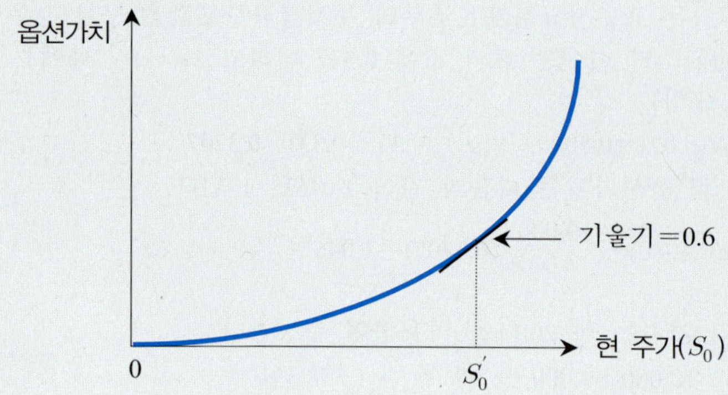

위험이 헤지됨을 의미한다. 이렇게 포트폴리오가 구성되면 실제로 주식가격이 100원 상승했을 때 콜 옵션 매도로 600원(=10개×100원×0.6)의 손실이 발생하지만, 주식매수로 600원(=6주×100원)의 이익이 발생하여 투자위험이 헤지된다. 이처럼 옵션 델타를 이용하여 주식가격의 변동으로부터 포트폴리오의 위험을 회피하는 것을 델타헤징이라 한다.

블랙·숄즈 OPM의 장점은 이 모형으로부터 헤지비율을 쉽게 구할 수 있다는 점이다. 왜냐하면 콜 옵션의 헤지비율은 $N(d_1)$이고, 풋 옵션의 헤지비율은 $N(d_1)-1$이기 때문이다.[5] $N(d)$는 내가격 옵션이 될 위험조정확률이라고 하였는데, 주식가격이 높아질수록 이 값은 상승하여 1에 가까워진다. 마찬가지로 주식가격이 크게 상승하면 그림에서 기울기가 1에 접근하게 되는데, 이는 위험을 헤지하기 위하여 필요한 콜 옵션 매도수가 증가함을 뜻한다.

헤지비율과 구분할 것은 옵션가격의 탄력성(option elasticity)이다. 헤지비율은 옵션 대 주식의 가격변동폭 절대치의 비율인 반면에, 옵션가격 탄력성은 다음 식에서 보는 것처럼 양자의 가격변화율(%)의 비율이다.

$$\text{옵션가격 탄력성} = \frac{\text{옵션가격 변화율(\%)}}{\text{주식가격 변화율(\%)}} \tag{20.12}$$

---

5) 이항OPM의 설명에서는 헤지비율을 $\alpha = \Delta S/\Delta C$로 정의하였다. 그러나 여기에서는 헤지비율 $N(d_1)$을 옵션 델타(Δ)인 $\Delta C/\Delta S$로 정의하고 있음에 주의하라. 이는 주가와 콜 옵션가치의 관계를 나타내는 [그림 20-4]에서 직접 추정되고 있기 때문에 α의 역수로 계산한 것이다.

주식가격보다도 옵션가격은 훨씬 낮은 가격으로 형성되므로 변화율(%)을 기준으로 하면 분자의 수치가 분모의 그것보다도 훨씬 크다. 옵션투자시에 적은 투자비용으로 높은 투자수익률(%)을 올릴 수 있는 레버리지 기능(제19장 제2절 설명)이 기대될 수 있는 것은 이 같은 측면 때문이다.

옵션델타 이외에도 헤지포트폴리오를 관리하는 수단으로서 다음과 같은 옵션세타(θ), 옵션감마(Γ), 옵션람다(Λ), 옵션로우(ρ) 등이 사용된다.

① 세타(θ) : 시간에 대한 포트폴리오 가치의 변화율
만기까지의 시간이 감소할수록 옵션가치가 하락하므로 음(−)의 값을 갖는다.

② 감마(Γ) : 기초자산인 주식가격 변화에 따른 델타(Δ)의 변화율
감마(Γ)가 작으면 델타의 변화가 적으므로 포트폴리오를 재구성할 필요성이 없으나, 감마가 크다면 델타가 기초자산의 가격변화에 민감하게 반응하므로 포트폴리오의 재구성이 시급히 요구된다.

③ 람다(Λ) : 주식가격의 변동성에 대한 포트폴리오 가치의 변화율
람다가 클수록 주가의 작은 변동에도 포트폴리오 가치가 민감하게 반응한다.

④ 로우(ρ) : 이자율의 변화에 따른 포트폴리오 가치의 변화율

(2) 포트폴리오 보험과 합성 풋의 구성

포트폴리오 보험(portfolio insurance)은 주가상승시에서는 무제한적으로 투자수익을 얻지만, 주가하락시에서는 일정수준 이상의 손실을 보지 않도록 포트폴리오를 구성하는 것을 말한다. 포트폴리오 보험의 대표적인 방법은 제19장 제3절에서 설명한 것처럼 방어 풋(protective put)을 구성하는 것이다. 즉, 주식을 매수하고 동시에 풋 옵션을 매수할 경우 [그림 20-5]에서 보는 것처럼 주가가 하락하는 상황이 되면 높은 행사가격(X)으로 팔 수 있는 풋 옵션의 권리를 행사할 수 있으므로 최대한의 손실을 풋 옵션의 매수비용으로 한정할 수 있다. 그리고 주가가 상승하면 무제한적인 시세차익을 획득할 수 있다.

그런데 방어 풋 전략을 포트폴리오 보험의 방법으로 이용하는 데에는 현실적인 문제점이 따른다. 왜냐하면 주식시장지수(market index)를 이용하지 않으면 풋 옵션에 대응되는 특정주식 포트폴리오 구성이 매우 어렵고, 결과적으로 기대성과의 추적오차(tracking error)가 적지 않기 때문이다. 또한 대부분의 옵션은 만기가 짧으므로 만기가 일치하는 풋 옵션을 찾기가 어렵다.

이러한 문제점을 해결하고 방어 풋과 같이 포트폴리오 보험효과를 얻을 수 있

[그림 20-5] 포트폴리오 보험 : 방어 풋

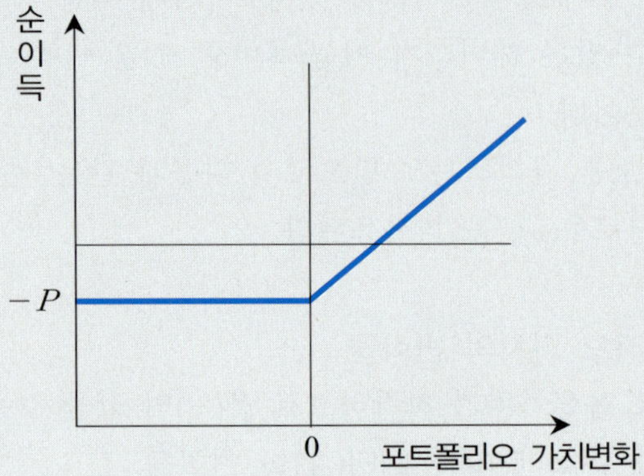

[그림 20-6] 풋 옵션 기울기와 헤지비율

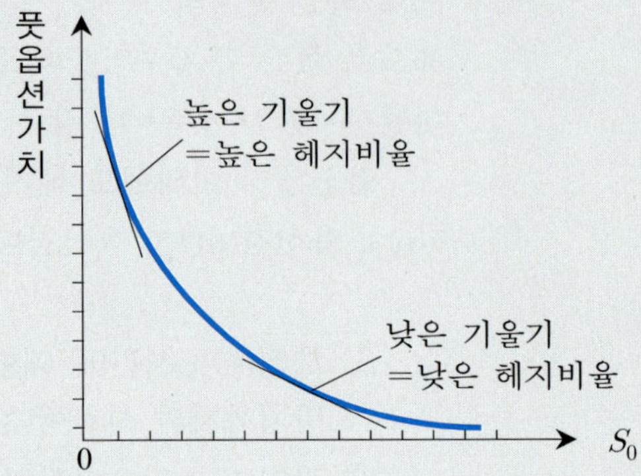

는 방법이 합성 풋을 구성하는 것이다. 합성 풋(synthetic put)은 방어 풋에 의해서 일정수준 이상의 손실을 피할 수 있는 효과를 얻는 것처럼 풋 옵션의 델타(Δ), 즉 헤지비율만큼 주식의 일정 %를 매도하여 그 자금으로 무위험증권을 매수함으로써 동일한 보험효과를 얻는 것을 말한다. 이때 풋 옵션의 델타(Δ)를 구하는 데에는 블랙 · 숄즈 OPM을 이용하게 된다.

예 제

10,000만원의 주식과 500만원의 풋 옵션으로 포트폴리오를 구성하고 있다. 이 풋 옵션은 시장가격이 행사가격과 동일한 수준에서 측정한 옵션델타(헤지비율, $\Delta P/\Delta S$)가 -0.4이다.

① 만약 주식가치가 5%만큼 하락할 경우 이 방어 풋 포트폴리오의 손실액은 얼마인가?

② 만약 매칭되는 풋과 주식이 없어져 합성 풋에 의한 포트폴리오를 구성하여 동일한 보험효과를 얻고자 한다. 어떻게 하면 될 것인가?

해설 ① 방어 풋의 투자성과

주식분의 투자손실	10,000만원×0.05＝500만원
풋의 투자이익	500만원×0.4＝ 200만원
순손실	300만원

② 합성 풋의 구성

주식소유분 중에서 델타 헤지비율인 0.4만큼의 주식 4,000만원을 매도하여 무위험자산을 매수하면 동일한 효과를 얻는다.

주식분의 투자손실	6,000만원×0.05=300만원
무위험자산의 손실	0
순손실	300만원

합성 풋 구성의 문제점은 옵션델타가 계속적으로 변한다는 점이다. 만약 주가가 하락하면 [그림 20-6]에서 보는 것처럼 헤지비율은 높아지게 된다. 따라서 원하는 수준의 헤징을 유지하기 위해서는 더 많은 주식을 매도하여 현금 또는 무위험자산으로 바꾸는 작업이 이루어져야 한다. 헤지비율을 계속적으로 조정해 나가는 동적 헤징(dynamic hedging)이 필요한 것이다.

또 다른 문제점의 하나는 동적 헤징으로 인하여 주가의 변동성이 커질 수 있다는 점이다. 특히 주가가 하락하는 상황에서 합성 풋에 의한 동적 헤징은 주식을 추가적으로 매도해야 함을 뜻하므로 이어지는 주가폭락을 가속화시킬 우려가 있다. 실제의 거래에 있어서는 주식 대신에 주가지수선물을 매도하거나 매수하는 방법을 사용함으로써 선물시장과의 연계성이 높아지는데, 1987년 10월 19일 주가 대폭락 사태는 선물시장과 연계된 포트폴리오 보험이 주가하락을 가속화시킨 데 한 원인이 있는 것으로 지적되고 있다.

(3) OPM에 대한 실증적 연구

블랙·숄즈 OPM에 대한 많은 실증적 연구가 이루어진 바 있는데, 대부분의 연구들은 이 모형이 현실의 옵션가격에 매우 근접한 결과를 제시하고 있는 것으로 평가하고 있다. 그러나 게스케·롤(R. Geske & R. Roll)은 배당지급 때문에 상당한 수준으로 내가격 옵션 상태가 된 콜 옵션은 과소평가되고 상당한 수준으로 외가격 옵션 상태가 된 콜 옵션은 과대평가되고 있음을 지적하고 있다.[6] 이러한 경향은 특히 배당성향이 높은 주식의 옵션에서 더 잘 나타나는 것으로 지적되고 있다.

---

6) R. Geske & R. Roll, "On Valuing American Call Options with the Black-Scholes European Formula," *Journal of Finance* 39(June 1984).

제 4 절 CB, BW, ELS의 평가

주식으로 바꾸거나 주식을 살 수 있는 권리가 붙은 전환사채(CB), 신주인수권부사채(BW) 등은 중간위험수준의 증권이라는 뜻에서 메자닌(mezzanine) 증권이라고 한다. CB, BW, ELS와 같은 증권은 옵션성격의 증권이다. 따라서 앞에서 설명한 OPM에 의해서 평가할 수 있다.

1. 전환사채(CB)의 평가

(1) 전환사채의 의의

전환사채(CB : convertible bond)는 그 증권소유자의 의사에 따라 전환기간 내에 일정한 조건으로 전환사채 발행회사의 주식으로 전환할 수 있는 권리가 부여된 사채를 말한다. 따라서 전환사채의 소유자는 두 종류의 권리를 동시에 보유하게 된다. 그 하나는 사채권자로서 사채에 대한 만기일까지의 원리금 청구권이고, 다른 한 가지는 주식으로 전환할 수 있는 전환권이다. 이 전환권은 일정기간 내에 일반채권으로서의 가치를 포기하고 주식을 취득할 수 있다는 점에서 아메리칸 콜 옵션과 같은 성격을 지닌다.

전환사채가 발행될 때에는 전환비율이나 전환가격이 미리 정해진다. 전환가격(conversion price)은 보통주로의 전환권을 행사할 때의 보통주 매수가격이다. 따라서 콜 옵션에서의 행사가격과 같은 것이 된다. 반면 전환비율(conversion ratio)이란 전환사채 단위당 전환이 인정되는 보통주식의 수를 말한다. 그래서 다음과 같이 전환가격은 사채의 액면가를 전환비율로 나누어 구할 수 있다.

$$\text{전환비율} = \frac{\text{사채의 액면가}}{\text{전환가격}} \quad \text{또는} \quad \text{전환가격} = \frac{\text{사채의 액면가}}{\text{전환비율}}$$

한편 전환가치(conversion value)는 지금 당장 전환사채를 보통주로 전환할 경우의 가치를 의미하는데, 주식의 현재 시장가격에 전환비율을 곱하면 구해진다.

전환가치＝주식의 현재 시장가격×전환비율

또 전환프리미엄(conversion premium)은 전환가격과 발행시 주가의 차이를 말한다. 예를 들어, S전자(주)가 2020년에 만기가 되는 연리 9%의 전환사채 150억원을 발행하는데 만기일 이전에는 언제든지 이 전환사채(액면가 1,000,000원)를 보통주 50주로 전환할 수 있다고 하자. 이 경우에 전환될 사채와 이에 대하여 교환되는 보통주의 비율인 전환비율은 50이다. 50주의 보통주를 받기 위해서는 액면가가 1,000,000원인 전환사채를 회사에 제출해야 한다. 따라서 보통주 1주를 받기 위해서는 액면금액 1,000,000/50＝20,000원을 제출해야 하는 셈이다. 이와 같이 전환에 의해서 발행되는 보통주 1주에 해당되는 사채액면금액(20,000원)을 전환가격이라고 한다. 전환사채의 발행시 이 회사의 주가가 16,000원이었다면 전환프리미엄은 25%(＝20,000/16,000－1)가 된다.

(2) 전환사채의 가격

이상에서 설명한 것과 같은 특징을 지니는 전환사채가 유통시장에서 매매되면 시장가격은 어떻게 결정될 것인가?

전환사채의 가격(price of convertible bond)은 일반사채로서의 가치(bond value)와 주식으로서의 전환가치(conversion value)에 의해 결정된다.

전환사채의 사채가치는 전반적인 이자율수준과 지급불능위험에 대한 투자자의 평가에 좌우된다. 제16장 제1절 채권가격평가모형에서 설명한 것처럼, 미래 현금흐름과 지급불능위험을 고려한 요구수익률을 추정하여 이의 현재가치를 추정하면 사채가치가 평가된다. 사채가치는 전환사채의 가격에 대한 하한선을 나타낸 것인데, 이 수준은 발행기업의 경영상태에 따라 좌우된다. 즉, 발행기업의 경영상태가 악화되면 사채가치는 높을 수 없다. 사채가치는 전환될 수 없는 경우에 지니는 하한선의 가치이다.

[그림 20-7](a)는 주식가격과 사채가치의 관계를 나타낸 것으로 주식가치가 낮으면 사채가치도 낮다. 최악의 경우 주식가치가 존재하지 않으면 사채가치 또한 존재하지 않는다. 반면에 사채가치는 주식가치가 증대됨에 따라 증가한다. 이러한 사채가치의 상한치는 지급불능확률이 영(0)인 경우의 가치가 된다.

전환가치는 소유자가 당장 주식으로 전환한 경우의 가치이다. 전환가치는 전술한 것처럼 주가에 전환비율을 곱함으로써 계산된다. S전자(주)의 전환비율은 50주이므로 주가가 25,000원이라면 전환가치는 50×25,000＝1,250,000원이 된다. [그림 20-7](b)

는 전환가치와 주식가격의 관계를 표시한 것으로 전환가치는 기업가치에 비례한다.

전환사채는 전환가치보다 낮은 가격으로 판매될 수 없다. 전환사채가 전환가치보다 낮은 가격으로 판매된다면, 투자자는 전환사채를 매수하여 주식으로 전환하고 전환된 주식을 매도할 것이다. 전환가치와 전환가격의 차이만큼 차익을 얻을 수 있기 때문이다. 그러므로 전환사채의 가격에는 전환사채의 일반사채가치와 전환가치의 두 하한치가 존재한다. [그림 20-7](c)의 굵은 선은 전환사채의 이 두 가지 결합효과를 나타내고 있다. 기업의 경영상태가 좋으면 전환가치는 높게 되어 즉각적인 옵션행사를 하도록 유인되어 투자자는 전환권을 행사할 것이다. 그러므로 전환사채의 가격은 적어도 전환가치와 동일해야 한다.

전환사채의 실제 판매가격은 [그림 20-7](c)의 점선에 의해서 표시된 것과 같게 된다. 점선과 하한치의 차이는 기업에 대한 콜 옵션의 가치이다. 환언하면 이 차이는 현재의 주식가격에 전환하지 않고 그 옵션의 만기일까지 보다 높은 전환이익(시간가치)을 기대하고 기다리는 권리(옵션)에 대한 가치(프리미엄)라고 할 수 있다. 이러

[그림 20-7] 전환사채의 가격

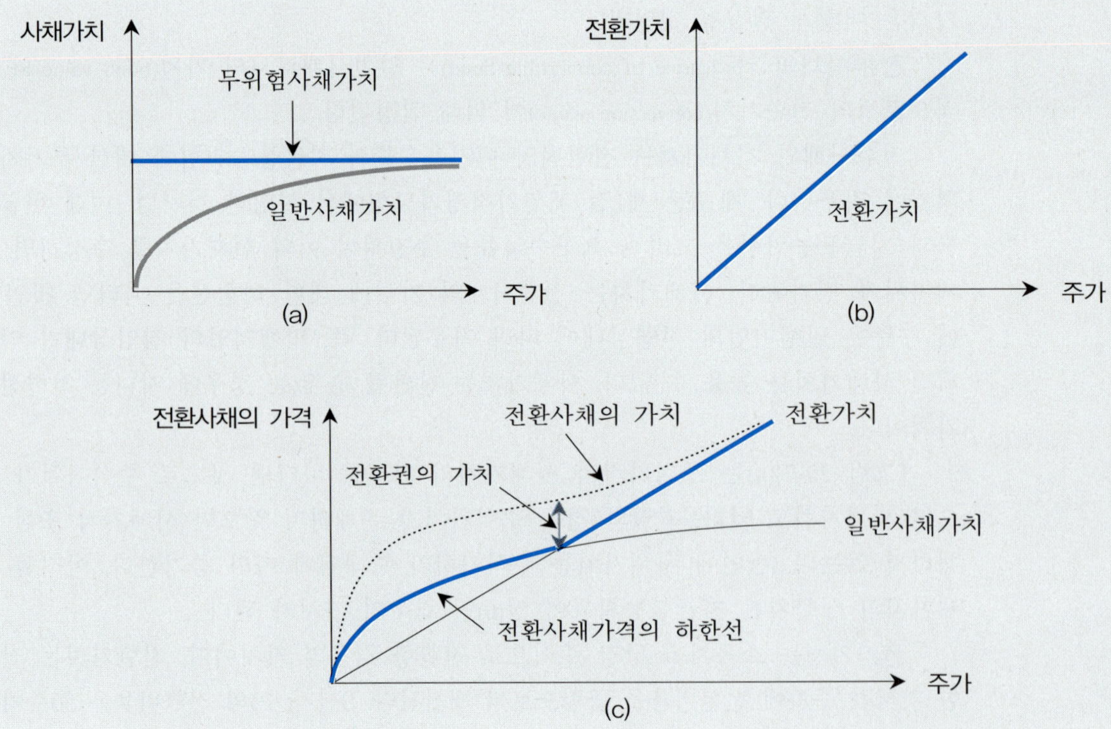

한 전환권은 사채를 포기함으로써 행사될 수 있으므로 사채의 당시 가격이 옵션의 행사가격에 해당하는 콜 옵션인 것이다.

종합적으로 보면 전환사채의 가격(CB)은 일반사채가치(B)와 전환가치(CV) 중에서 큰 것의 값에 전환 콜 옵션의 가치(C)를 합한 것이라고 할 수 있다.

$$CB = \text{Max}(B,\ CV) + C \tag{20.13}$$

2. 신주인수권부사채(BW)의 평가

(1) 신주인수권부사채의 의의

신주인수권부사채(BW : bond with warrants)란 이 사채의 소유자에게 일반 회사채의 권리에 더하여, 일정한 기간 내에 일정한 가격으로 정해진 수의 발행회사 주식을 매수할 수 있는 권리인 신주인수권(warrants)을 함께 부여한 사채를 말한다. 따라서 BW는 일반사채권과 신주인수권이 결합된 증권이다. 특히 신주인수권이 행사될 때에는 매수대금(행사가격)을 납입하고 신주를 인수하게 되므로 콜 옵션과 동일한 성격을 지닌다.

그러나 BW는 투자자에 의해서가 아니라 기업에 의해서 발행된다는 점에서 콜 옵션과 상이하다. 이러한 차이점은 BW를 발행한 기업의 가치에 영향을 미치므로 매우 중요하다. 즉, 신주인수권이 행사될 때 발행된 신주인수권증서의 수는 감소되며, 기업의 발행주식수는 행사되는 주식의 수만큼 증가되고 행사가격만큼 납입되며 기업가치가 변하게 된다.

BW는 사채와 신주인수권이 결합된 하나의 패키지로 거래되는 비분리형과, 신주인수권만을 사채로부터 분리하여 거래되는 분리형이 있다. 우리나라에서의 BW는 기업의 유상증자시에 구주주의 신주인수비율과 동일하게 신주인수권을 부여받고 있다.

(2) 신주인수권부사채의 가격

신주인수권부사채가 지니는 이론적 가치는 일반사채가치와 신주인수권의 가치를 합한 것과 같다.

인수권이 없는 일반사채의 가치는 CB의 경우와 마찬가지로 제16장에서 설명된 채권가격평가모형에 의해서 평가하면 된다. 한편 신주인수권의 가치는 다음 식과 같이 신주인수권의 행사로 인하여 늘어나게 되는 발행주식수와 인수예정가격(행사가격)을 초과하는 주식가격의 크기에 달려 있다.

$$P_w = (S_T - X) \times N_s \quad (20.14)$$

단, P_w : 신주인수권의 가치
S_T : 보통주의 시장가격
X : 인수예정가격(행사가격)
N_s : 인수주식주

예를 들어 (주)S통신이 2017년 2월말 신주인수권부사채를 발행하여 300억원의 자금을 조달했다고 하자. 각 신주인수권부사채는 액면가 1,000,000원으로서 만기가 2026년 1월말이고, 연리 8%인 무보증사채와 10장의 신주인수권증서로 구성되며, 각 신주인수권증서는 33,600원으로 보통주 한 주를 매수할 권리가 있다. 신주인수권부사채 발행시 주가는 28,000원으로 행사가격은 20%의 프리미엄부로 결정되었다. 발행한 즉시 무보증사채가 980,000원에 거래되면 신주인수권증서 한 장은 2,000원(=(1,000,000−980,000)/10)의 가치를 지닌 것으로 거래된다.

이 회사의 신주인수권증서는 33,600원으로 행사될 수 있는 5년 만기의 아메리칸 콜 옵션으로 볼 수 있으므로 [그림 20-8]에서와 같이 신주인수권증서의 가치와 보통주가치의 관계를 그릴 수 있다. (주)S통신의 주가가 33,600원보다 낮으면 신주인수권증서의 가치는 영(0)이고, 주가가 33,600원보다 높으면 하한선은 주가에서 33,600원을 차감한 것과 동일하다. 이 하한치가 신주인수권증서의 이론적 가치이기

[그림 20-8] 신주인수권증서의 가치

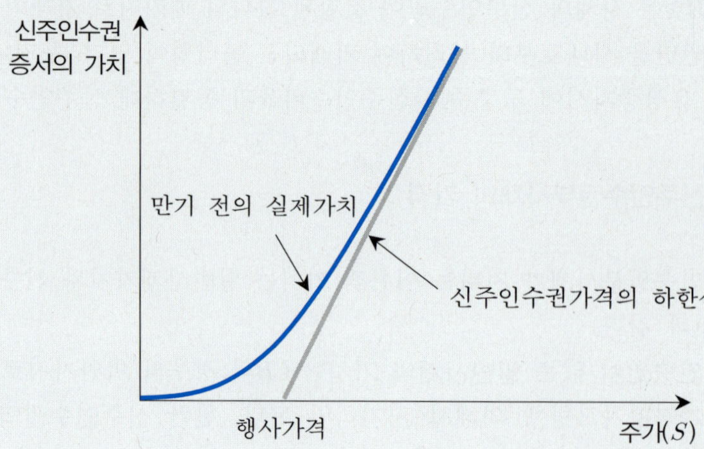

는 하지만, 현실적으로는 최종행사일 이전의 신주인수권증서 가치는 [그림 20-8]의 곡선과 같이 하한치보다 높다. 시간이 경과함에 따라 신주인수권가격은 그 하한선에 접근하게 된다.

이처럼 신주인수권증서는 콜 옵션과 유사하므로 다른 특성을 지니지 않고 무배당이라면, 본장 제3절에서 설명된 블랙·숄즈의 OPM공식에 의해 그 가치가 추정될 수 있다.

3. 주가연계증권(ELS)의 평가

주가연계증권(ELS : Equity Linked Securities)은 개별주식의 가격이나 주가지수에 연동시킨 옵션을 부여하여 만기까지 일정한 조건을 충족하면 정해진 수익률을 제공하는 상품이다. 상품에 따라 반기 또는 분기 단위로 조기상환이 가능한 상품도 있다.

전형적인 ELS는 이를 발행한 증권회사가 대부분의 자금을 국공채 등 우량채권에 투자하여 안정적인 수익을 확보하는 동시에 일부 자금을 주식관련 파생상품(주로 옵션)에 투자하여 초과수익을 확보하도록 설계하고 있다. [그림 20-9]는 원금보장형의 ELS의 상품구조의 특징을 나타낸 것이다.[7)]

[그림 20-9] 원금보장형 주가연계증권(ELS)의 상품구조

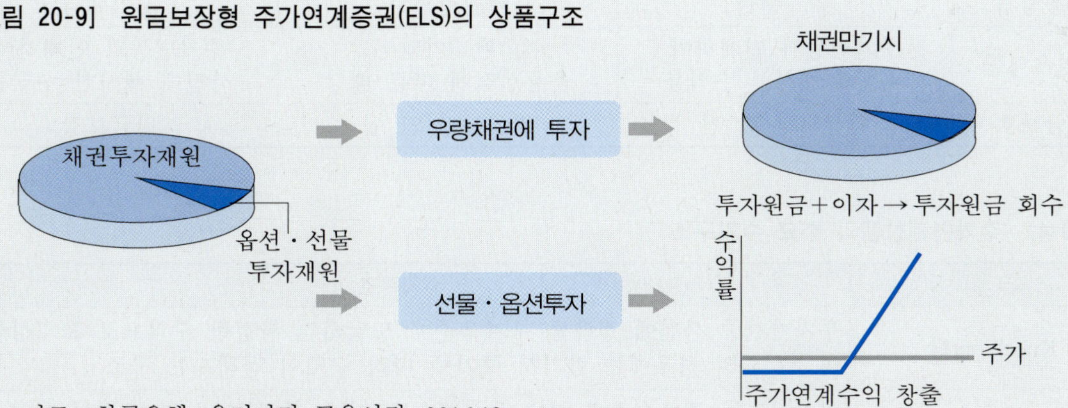

자료 : 한국은행, 우리나라 금융시장, 2016.12

---

7) ELS와 구분할 것은 주식워런트증권(ELW : equity linked warrants)이다. ELW는 제19장에서 설명한 것처럼 본래 특정주식을 미래 일정시점에 미리 정해진 조건으로 매수하거나 매도할 수 있는 권리가 부여된 옵션부 유가증권인데, 증권회사가 발행하는 금융상품이다. 따라서 ELW는 기본적으로 주식옵션과 상품특성이 유사한데, 우리나라 옵션시장에서 거래가 부진한 주식옵션에 대한 대안으로 거래활성화를 강화시키는 장치(유동성공급자(liquidity provider) 선정 의무화 등)를 가미하여 2005년 12월초부터 상장되어 거래되기 시작하였다.

한편 ELS는 상품의 성격에 따라 다음과 같이 구분할 수 있다.

① 원금보장형 : 주식관련 파생상품에 대한 투자비중을 낮게 하여 설계된 상품
② 원금비보장형 : 고수익을 추구하되 파생상품에 대한 투자비중이 높아 원금 손실 가능성이 있게 설계된 상품
③ 주가지수형 : 투자수익률이 주가지수에 연동되도록 설계된 상품
④ 개별종목형 : 투자수익률이 개별종목 주가에 연동되도록 설계된 상품
⑤ 만기상환형 : 만기에 상환하도록 설계된 상품
⑥ 조기상환옵션형 : 일정기간마다 주가가 일정수준에 도달할 경우 높은 수익률로 조기상환하도록 설계된 상품

증권회사가 발행하는 주가연계증권(ELS)과 유사한 상품으로는 자산운용회사가 취급하는 주가연계펀드(ELF : Equity Linked Fund)와, 은행이 취급하는 주가연계예금(ELD : Equity Linked Deposit) 등이 있는데, 이들을 비교하면 〈표 20-3〉과 같다.

〈표 20-3〉 주가연계상품의 비교

	주가연계증권(ELS)	주가연계펀드(ELF)	주가연계예금(ELD)
발행기관	증권회사	자산운용회사	은행 등 예금취급기관
상품성격	유가증권	채권형펀드	정기예금
투자수익률	주가변동과 연계하여 사전에 제시한 수익률	펀드가입 운용실적에 따른 배당	주가변동과 연계하여 사전에 제시한 수익률
예금보호	원금보장 안 됨	원금보장 안 됨	원금보장

〈표 20-4〉 주가연계상품의 주요 수익구조

유 형	수익구조
Knock-out형	투자기간중 사전에 정해둔 주가수준에 도달하면 확정된 수익으로 조기상환되며, 그 외의 경우에는 만기시 주가에 따라 수익이 정해지는 구조
Bull Spread형	만기시점의 주가수준에 비례하여 손익을 얻되, 최대 수익 및 손실이 일정수준으로 제한되는 구조
Digital형	만기시 주가가 일정수준을 상회하는지 여부(상승률 수준과는 무관)에 따라 사전에 정한 두 가지 수익 중 한 가지를 지급하는 구조
Reverse Convertible형	미리 정한 하락폭 이하로 주가가 하락하지만 않으면 사전에 약정한 수익률을 지급하며 동 수준 이하로 하락하면 원금에 손실이 발생하는 구조

한편, 이들 주가연계상품이 갖는 수익구조 형태는 Knock-out형, Bull Spread형, Digital형, Reverse Convertible형으로 나누어 볼 수 있는데, 그 차이점은 〈표 20-4〉와 같다.

이들 주가연계상품은 파생상품을 활용하여 수익구조를 다양하게 설계할 수 있는 장점이 있으나, 환매시 높은 환매수수료를 부담하는 등 유동성이 부족하다는 단점을 지니고 있다.

주요용어

옵션의 내재가치
이항옵션가격결정모형
블랙·숄즈 옵션가격결정모형
옵션가격의 탄력성
전환사채(CB)
신주인수권부사채(BW)
주가연계증권(ELS)
옵션의 시간가치
완전헤지 포트폴리오
옵션델타
포트폴리오 보험
전환가치
신주인수권의 가치
옵션가치의 결정요인
헤지비율
동태적 헤징
합성 풋
전환비율
주가연계펀드(ELF)

연습문제

1. [옵션가격의 특성] 옵션의 내재가치와 시간가치의 차이를 설명하라.

2. [옵션가격결정요인] 옵션가격의 결정요인은 무엇이며, 이 요인들이 콜 옵션과 풋 옵션 가치에 어떤 방향으로 영향을 미치는가?

3. [옵션가격결정의 범위] 유러피언 콜 옵션과 아메리칸 콜 옵션의 가격을 결정하는 범위에 있어서의 차이점을 서술하라.

4. [헤지포트폴리오의 구성과 콜 가격] OK바이오의 현재 주가가 60,000원이다. 앞으로 90,000원으로 상승하거나 45,000원으로 하락할 두 가지 가능성이 있다. 무위험이자율은 5%이다. 이 주식에 대하여 발행된 콜 옵션의 행사가격은 75,000원이다.
   ① 무위험투자수익을 얻을 수 있는 헤지포트폴리오는 어떻게 구성되는가?
   ② 콜 옵션의 가격은 얼마인가?

5. [이항옵션가격결정모형과 헤지비율] Q통신의 현재 주가(S_0)는 19만원인데, 1년 후에 30만원 또는 8만원이 될 것으로 예측되고 있다. 이 주식에 대해서 발행된 콜 옵션의 행사가격은 22만원이다. 한편 무위험이자율은 10%이다.
   ① 무위험 헤지포트폴리오를 구성하고자 한다. 헤지비율을 구하여 헤지포트폴리오 구성방법을 제시하라.
   ② 이 포트폴리오의 기말에서의 투자수익과 이 콜 옵션의 가격을 구하라.
   ③ 내가격 옵션 상태가 될수록 헤지비율은 더욱 높아지는가 아니면 낮아지는가?

6. [블랙 · 숄즈 옵션가격결정모형] 옵션에 관해 주어진 정보가 다음과 같다.

현재가격 : 34,000원	행사가격 : 34,000원	무위험이자율 : 5%
기초주식의 순간적 분산 : 0.16	만기 : 6개월	

① 블랙 · 숄즈의 모형을 이용하여 콜 옵션의 가격을 결정하라.
② 풋 · 콜 패리티를 이용하여 풋 옵션의 가격을 산출하라.

7. [블랙 · 숄즈 OPM, 합성 풋] 기초주식의 주가는 50,000원이다. 이 가격수준에서 주가와 풋 옵션의 관계는 다음 그림과 같다.

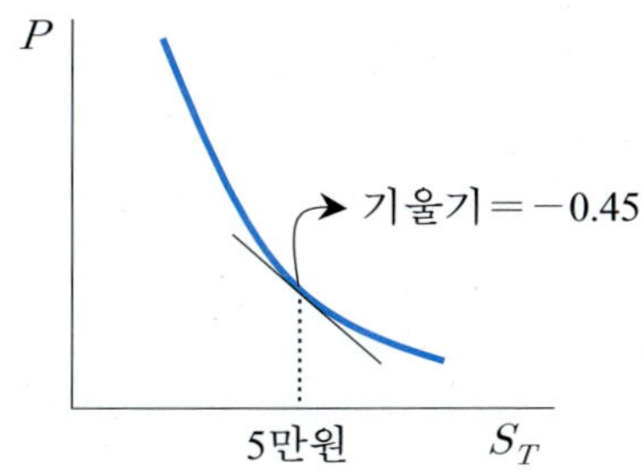

① 헤지포트폴리오를 구성하고자 한다. 주식을 90주 매수하고 있을 경우는 어떻게 해야 하는가? 그 이유를 설명하라.
② 합성 풋이란 무엇인가? 또 옵션을 이용한 프로그램 매매가 이루어질 때 주가의 하락이 주가 대폭락으로 이어질 가능성이 발생할 수 있는 것은 무엇인가?

8. [풋 옵션의 가격평가] 주식 A의 현재 시장가격은 76,000원이다. 만기가 6개월 남아 있고, 행사가격이 90,000원인 콜 옵션과 풋 옵션이 있다. 만약 콜 옵션이 3,920원에 거래되고 있고 무위험이자율이 10%라면 풋 옵션가격은 얼마인가?

9. [옵션델타를 이용한 헤징] K주식을 기초자산으로 하는 콜 옵션의 델타는 0.25, 풋 옵션의 델타는 −0.25이다. K주식 100주를 보유하고 있는 투자자가 주가변동위험을 헤지하기 위해서 선택할 수 있는 가장 적절한 헤지방법은 무엇인가?

10. [전환사채평가] 액면가가 100,000원, 연리 10%의 5년 만기 전환사채가 있다. 전환비율이 20이고 현재 전환사채 발행회사 주식의 가격이 4,000원이라면 전환프리미엄은 얼마인가? 또 이 전환사채와 콜 옵션가격 결정요소들을 연계적으로 비교하여 설명하라.

제 VII 편

자산운용과 투자성과평정

제21장 자산운용과 투자성과평정

지금까지 본서에서는 투자관리의 핵심적인 주제라고 할 수 있는 자산배분결정, 종목선정, 투자시점의 포착, 투자위험관리방법에 대하여 다루었다. 제5장~제9장에서 설명한 포트폴리오 분석은 각급 투자자산에 대한 최적 자산배분과 효율적인 분산투자를 위한 위험관리방법에 대하여, 제11장~제17장에서 설명한 전통적 투자자산인 보통주와 채권을 중심으로 한 기본적 분석의 내용은 초과수익의 여지가 있는 구체적인 종목선정의 방법과 투자전략방법을 제시하고 있다. 제18장~제20장에서 다룬 파생적 증권에 대한 투자분석은 투자위험의 관리에 대한 이론체계를 제공하고 있다.

본 제VII편에서는 전문 자산운용자의 관점에서 투자관리와 관련된 세 가지 주제를 다룬다. 첫째는 최근 전통적 투자에서 범위를 넓혀가고 있는 투자자산인 대체자산 투자에 대하여, 둘째는 기관투자자 입장에서의 자산관리방법에 대하여, 셋째는 투자관리의 마지막 통제과정인 투자성과평정방법에 대하여 설명한다.

제21장

자산운용과 투자성과평정

본서 제1장~제20장에서 다루어 왔던 투자관리의 과제는 주로 전통적인 투자자산인 주식과 채권 투자를 중심으로 한 것이었다. 그러나 자산운용사들은 운용자산을 대체투자로 확대하여 운용하고 있다. 본장에서는 투자관리의 세 가지 주제를 다룬다. 첫 번째 주제는 헤지펀드나 PEF펀드 등과 같은 대체투자에 대한 자산운용의 문제이다. 두 번째 주제는 전문 자산운용가의 입장에서는 개인투자자와는 달리 추가적으로 고려할 사항이 많은데, 기관투자자의 자산운용의 문제이다. 세 번째 주제는 통합적 투자관리 체계의 관점에서 볼 때, 마지막 단계의 사후통제과정인 투자성과평정의 문제이다. 다음은 본장의 학습목표로서 이해해야 할 주요 사항들이다.

- 대체자산의 범주와 투자자산으로서의 특징
- 헤지펀드의 특징과 자산운용사의 주요 투자전략, 투자성과
- PEF펀드의 특징과 투자성과
- 기관투자자가 부담하는 투자위험과 성격, 그리고 ALM의 원칙
- 금융투자회사별로 다르게 적용되는 투자전략
- 투자성과를 평가할 때 사용되는 다기간 운용수익률의 측정
- 투자성과를 평가할 때 투자위험조정 평가척도와 적용방법

제 1 절 대체투자

금융투자업은 자산운용사, 투자자문사, 증권사, 선물사에 의해서 영위되고 있다.[1] 자산운용사는 투자자의 투자목표 설정 및 포트폴리오 구성, 비체계적 위험 제거 등 투자위험 분산, 대체자산을 포함하여 다양한 자산간 탄력적 자산운용, 벤치마크수익률을 상회하는 위험조정수익률의 달성, 고객별 계좌와 거래비용 관리, 투자・세금정보 제공 등의 기능을 수행한다.

자산운용업에서 중요한 변화의 하나는 오랫동안 주식, 채권과 같은 전통적 투자 중심의 자산운용에서 헤지펀드, PEF펀드, 부동산 등의 대체투자로 확대하고 있는 점이다. 본절에서는 대체투자의 의의와 배경, 주요 대체투자 수단인 헤지펀드, PEF 펀드에 대하여 살펴본다.

1. 대체투자

(1) 공모펀드와 사모펀드

자산운용사는 펀드상품을 설계하고 펀드에 모인 자금을 약관의 내용에 맞게 증권, 파생상품, 실물 등의 자산에 투자・운용하는 것을 주요 업무로 영위하는 회사이다. 자산운용사들은 저금리체제가 장기간 지속되면서 주식, 채권과 같은 전통적 투자만으로는 수익률 제고에 한계를 경험하면서 운용자산을 대체투자로 확대하여 운용하고 있다.

대체투자(alternative investment)는 주식, 채권과 같은 전통적 투자자산 범주에 들지 않는, 헤지펀드, PEF펀드, 부동산, 인프라, 천연자원, 실물자산(원자재・금・선박・항공기・미술품・유전 등) 등에 대한 투자를 말한다. 자산운용사가 운용하는 펀드는 투자자 모집방식 면에서 '공모펀드'와 '사모펀드'로 나눌 수 있는데, 대체투자는 대부분 사모펀드의 형태로 운용하고 있다.[2]

---

1) 우리나라에서의 금융투자업은 2017년 6월말 기준 81개의 자산운용사, 153개의 투자자문사, 62개의 증권사, 7개의 선물사에 의해서 영위되고 있다. 자산운용사는 취급영역별로 종합, 증권, 부동산, 특별자산, 기타로 특화 구분되고, 투자자문사는 자문일임, 투자일임, 자문으로 영업영역을 나누고 있다.

2) 펀드는 2009년부터 자본시장법이 시행된 이후 '집합투자증권'이라고 불리고 있다. 공모펀드에도 헤지펀드가

공모펀드는 불특정 다수의 투자자에게 공개적으로 회사 지분을 팔거나 수익증서를 팔아서 조달된 자금을 다양한 자산에 운용하는 펀드로서, 제2장 제5절에서 설명한 뮤추얼펀드(mutual fund)와 수익증권펀드가 대표적 형태이다.

뮤추얼펀드의 경우는 증권투자를 목적으로 하는 투자회사(investment company)가 불특정 다수의 투자자에게 공개적으로 회사 지분권(shares)을 증권 형태로 발행하여 조달된 자금을 주식, 채권, 단기금융상품 등의 포트폴리오에 투자하고, 법적으로 투자회사 주주의 위치에 있는 투자자는 운용한 결과의 포트폴리오 가치(이자, 배당, 자본이득 등의 수익)에 대하여 소유지분을 갖는 형태를 말한다.[3)]

수익증권펀드의 경우는 뮤추얼펀드(회사형 투자신탁)와는 다르게 투자신탁회사(위탁자)가 투자자(수익자)로부터 자금을 모은 다음, 그 재산을 신탁회사나 신탁은행(수탁자)에 위탁하고, 위탁자의 지시에 따라 주식, 채권, 화폐시장펀드 등에 분산투자하면서 운용하게 하고, 투자자에게는 수익증권을 발행하여 운용자산으로부터 얻게 되는 투자수익에 대하여 금융청구권을 행사할 수 있도록 하는 형태이다.[4)]

뮤추얼펀드나 수익증권펀드나 형태에 관계없이 자산운용사에서 운용하는 펀드는 제2장 〈표 2-3〉과 같이 분류할 수 있다. 펀드유형별로 보면 2017년 6월말 기준으로 주식형 24.8%, 채권형 10.6%, MMF 35.0%, 혼합형 9.5%의 비중을 차지하고 있다. 그리고 공모펀드시장에서 개인투자자의 비중은 23.5%를 차지하고 있다.

공모펀드 투자는 특히 소액투자자 입장에서 보면 투자자금의 영세성으로 인하여 분산투자를 충분히 행할 수 없는 한계점과 투자의 전문성 부족으로 체계적인 투자관리에 어려움이 있는 한계점을 극복하는 한 방법이 된다.

반면에 대부분 펀드가 원금보전이 불가능한 점과 적지 않은 수수료를 부담해야 한다는 단점이 있다. 펀드투자와 관련된 수수료와 보수료는 다음과 같이 여러 형태가 있다.

① 판매수수료 : 펀드를 판매하는 증권회사, 은행 등의 금융기관에 돌아가는 수수료인데, 수수료 부과시점에 따라 선취수수료와 후취수수료로 나뉜다.

극히 일부분 제시되기도 한다.

3) 제2장에서 설명한 것처럼 뮤추얼펀드는 회사형 투자신탁이라고도 한다. 이는 회사운영방식 면에서 폐쇄형과 개방형으로 구분된다. 폐쇄형(closed-end)은 펀드의 소지자(주주)가 회사에 대해 직접 상환을 청구할 수 없는 형태로서, 처분을 원하면 증권시장을 통하여 투자자금을 회수하게 된다. 개방형(open-end)은 투자자의 환매요구가 있을 때 언제든지 상환에 응해 주고 회사의 기본자산을 근거로 새로이 펀드를 발행·매출할 수 있는 형태이다. 따라서 환금이 필요할 때 공개적인 증권시장을 이용할 필요가 없다.

4) 수익증권펀드는 투자신탁회사(위탁자), 투자자(수익자), 신탁회사나 신탁은행(수탁자) 간의 신탁계약에 의해서 조직되고 운영되는 계약형 투자신탁이다.

② 환매수수료 : 펀드가 90일 이전에 환매되면 펀드관리에 어려움이 있게 되므로 이익금의 70% 정도에 해당되는 페널티 성격의 환매수수료를 내야 한다.

③ 펀드보수료 : 판매수수료가 가입시 또는 나중에 한 번만 내는 수수료인 반면에, 펀드를 계속 운용해 주는 대가로 매년마다 지급하는 보수료를 말한다. 펀드보수료는 다음과 같이 구분된다.

- 운용보수 : 펀드운용의 대가로 펀드운용회사가 받는 보수
- 판매보수 : 펀드를 판매하는 금융회사가 정기적으로 받는 보수
- 수탁보수 : 자금을 보관·관리하는 수탁회사가 받는 보수
- 일반보수 : 펀드운용단계에서 발생하는 업무처리의 대가로 받는 보수
- 감사보수 : 뮤추얼펀드의 경우 감사보수가 추가됨.

펀드마다 수수료를 부과하는 형태가 다른데, 이를 펀드 클래스(fund class)로 나누어 쉽게 구별할 수 있도록 하고 있다.[5)]

① A클래스 : 가입시에 선취수수료를 부과하는 펀드

② B클래스 : 환매시에 후취수수료를 부과하는 펀드

③ C클래스 : 선취수수료와 후취수수료가 없는 대신 총적립액에 대한 보수료를 부과하는 펀드

사모펀드(private management and advisory firms)는 공모펀드와는 다르게 비공개적으로 소수의 고액자산가의 자금을 모아 고객별로 고유계좌를 개설하고 포트폴리오에 투자 운용하는 형태를 말한다. 운용회사는 소정의 수수료 또는 성과보수를 차감한 운용성과를 투자자에게 돌려주게 된다. 사모펀드의 대표적인 형태는 주된 대체투자 수단이 되는 헤지펀드, PEF펀드 등이 있다.[6)] 조직구조로는 유한합자회사(limited

5) 장기투자(적립식)의 경우는 매기의 보수료가 낮은 A클래스, 단기투자의 경우는 선취수수료가 없는 C클래스가 유리하다. 2016년말 기준 판매선취수수료율은 1% 수준, 펀드보수율은 1.8% 수준이다. 공모펀드에서 투자자가 부담하는 '보수와 기타비용' 총액을 순자산 연평균잔액(보수, 비용 차감 전)으로 나눈 비율인 총비용비율(TER : total expense ratio)은 0.64%로 낮아지고 있는 추세에 있다. 수많은 펀드들의 장단점을 비교할 수 있도록 해주고 펀드투자와 관련된 비용을 낮추는 데 도움을 얻을 수 있는 사이트로는 펀드슈퍼마켓(www.fundsupermarket.co.kr) 참조. 펀드슈퍼마켓에서 파는 펀드는 선취수수료가 없고 펀드 판매보수도 기존 펀드의 3분의 1 수준인 S클래스로 분류되고 있다. 이 밖에도 펀드 관련 정보는 금융투자협회와 금융감독원이 개설하고 있는 '펀드정보One-Click 시스템'[fund.kofia.or.kr] 사이트를 참조.

6) 통상 50인 미만의 소수투자자들로부터 자금을 모아 투자자들의 기호에 맞게 투자하는 방식으로 운용한다. 다수 투자자의 이익을 위하여 법규에서 여러 가지 운용상 제약을 두고 있는 공모펀드에 비해 제약이 훨씬 적다. 소수 고객은 일반적으로 고액 개인투자자(금융자산 5억원 이상), 기관투자자로 구성된다.

〈표 21-1〉 국내 자산운용시장 규모(2017년 3월말 기준) (단위 : 조원)

	공모펀드	사모펀드	투자일임	총규모
2011년 12월	169	111	261	541
2017년 3월	223	264	497	984
연증가율(%)	6%	18%	14%	13%

자료 : 금융투자협회(www.kofia.co.kr) ; 자본시장연구원(KCMI), 자본시장리뷰 2017년 여름호

partnership)의 형태로 투자일임의 운용방식이 일반적이며, 초과수익 알파(alpha)를 추구한다.

투자자문업에서의 자산운용도 비공개적으로 투자일임방식으로 운용된다는 면에서 유사하다. 투자일임은 투자자로부터 금융투자상품에 대한 투자판단의 전부 또는 일부를 일임받아 투자자별로 구분하여 금융투자상품을 취득·처분, 그 밖의 방법으로 운용하는 것을 말한다.

사모펀드는 공모펀드보다도 정보공시를 최소한의 수준으로 줄이고, 공모펀드는 차입이 불가한 반면, 사모펀드는 원금의 2~5배를 차입 투자할 수 있다. 공매도 면에서는 공모펀드가 매우 제한적인 반면에 사모펀드는 규제가 없다. 성과측정 면에서 상대수익률 기준의 공모펀드와 다르게 사모펀드에서는 절대수익률 기준으로 평가한다.

전세계 공모펀드의 규모는 2017년 3월말 기준으로 33.5조 달러에 달한다. 국내 펀드시장 자산운용업의 총운용자산(AUM : asset under management) 규모는 984조원인데, 이 가운데 국내 공모펀드는 223조원(23.0%), 사모펀드는 264조원(25.4%), 투자일임 규모는 483조원(49.1%)이다. 글로벌 금융위기 이후 국내 자산운용시장은 개인투자자 중심의 공모펀드에서 기관투자자들이 주요 고객인 사모펀드 및 투자일임(사모일임)을 중심으로 성장하고 있다. 국내 공모시장의 규모는 정체 감소되고 있는 반면에 사모시장의 규모는 연 18%의 성장률을 보이고 있다(〈표 21-1〉). 기관투자자 중에서 국민연금의 경우는 대체투자의 비중이 2016년 10%의 비중이지만, 2021년까지 16%로 높일 계획이다.

(2) 대체투자의 특징

헤지펀드, PEF펀드 등의 대체투자는 앞서 설명한 것처럼 대부분 사모펀드의 형식으로 자금을 모아 운용된다. 앞서 사모펀드의 비중이 급격히 높아지는 추세는 상당부분 이 대체투자 신장세에 기인한다.

[그림 21-1] 전통자산과 대체투자자산의 초과수익과 베타 : SML상의 비교

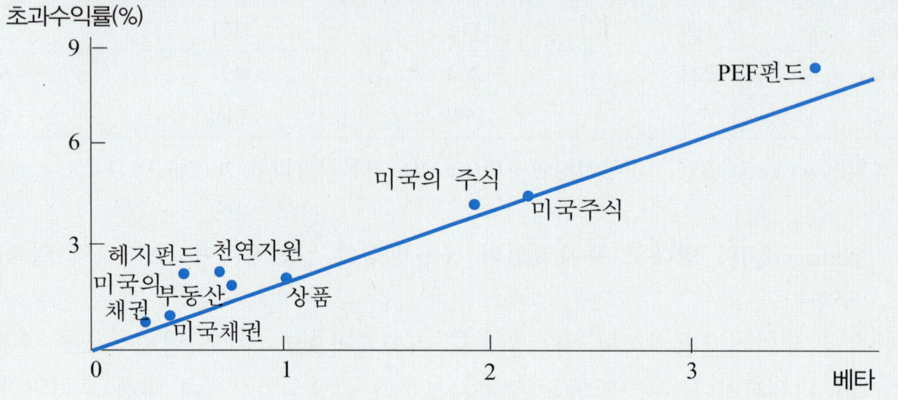

대체자산의 특징을 투자목표 면에서 보면 헤지펀드, PEF펀드 등은 수익추구형인 반면, 부동산 인프라 투자는 위험분산 목적이라고 할 수 있다.

[그림 21-1]은 대체투자자산의 초과수익과 베타의 특성을 전통자산과 SML상에서 비교한 것이다. 베타로 측정되는 투자위험은 헤지펀드, 천연자원, 부동산은 미국주식에 비하여 낮고, 초과수익은 3%에 못 미치고 있다. 반면에 PEF펀드는 미국주식에 비하여 높은 베타에, 9%에 가까운 초과수익을 보이고 있다.[7)]

2. 헤지펀드

헤지펀드(hedge fund)는 실무적으로는 고액자산가로부터 공모방식이 아닌 방식으로 자금을 모집하여 다양한 투자전략과 레버리지를 이용하여 절대수익(absolute return)을 추구하는 사모펀드의 일종으로 정의된다.[8)] 국내에서는 2011년 9월 자본시장법 시행령의 개정을 통하여 이른바 '한국형 헤지펀드'의 제도적 틀이 마련되었고, 2012년 11월 이후 본격적인 등록, 펀드 설정, 운용이 시작되었다.

---

7) B.D. Singer, R. Staub & K. Terhaar, "Determining the Appropriate Allocation to Alternative Investments," *Hedge Fund Management* 10, 2002 ; F.K. Reilly & K.C. Brown, *Analysis of Investments & Management of Portfolios*, 10th. ed., 2012, South-Western. p.905

8) 헤지펀드에 대한 정의는 초과수익을 창출하는 투자방식이 다양하기 때문에 단순 명료하게 내리는 것이 용이하지 않은 면이 있다. 미국의 증권거래위원회(SEC)에서는 헤지펀드를 '투자회사법에 투자회사로 등록되지 않고 증권 및 기타자산을 운용하며, 공모형태로 판매되지 않는 실체'로 정의하고 있다.

헤지펀드는 주식, 채권, 파생상품, 금, 원유 등 거의 모든 분야의 투자자산을 대상으로 롱, 숏, 레버리지를 활용하는 투기적인 성격이 강한 다양한 투자전략을 활용하여 고수익을 추구하는 특성을 지닌다. 헤지펀드의 특성을 정리하면 다음과 같다.

- 전통자산과 상관관계가 낮은 자산에 투자하여 투자위험을 분산시킨다.
- 시장상황과 무관한 절대수익을 추구한다.
- 절대수익을 추구하기 위해 차입 레버리지를 활용한다.
- 뮤추얼펀드보다 유동성이 낮은 자산에 투자한다.
- 초과수익 알파(α)를 추구하되, 체계적 위험을 헤지한다.
- 일시적 시장의 불균형점(misparities)을 찾기 위해 계량적 방법을 사용한다.
- 규제가 덜한 지역, 영역에 투자한다.
- 정보공시를 최소(minimal information)로 한다.
- 파트너십에서 철수・탈퇴하는 데 제약이 있다.
- 높은 운용보수와 성공보수(2/20)를 받는다.

헤지펀드의 이러한 특성으로 인하여 헤지펀드의 운용은 펀드매니저의 개인적 능력에 의존하게 된다. 헤지펀드 운용전략은 주식시장상황, 외환, 이자율, 신용상태, 변동성 등을 감안하여 수립되는데, 다음과 같이 구분할 수 있다.

1) **주식기반전략**(equity-based strategies)

① 롱숏 주식전략(long-short equity) : 펀더멘털 관점에서 가격이 잘못 형성되었다고 판단되는 주식군을 발굴하여 상관성이 높은 종목간에 과소평가된 주식을 매수(롱), 과대평가된 주식을 매도(숏)하는 상대가치 기준(relative value)의 짝짓기 차익거래(pair trading)

② 주식시장 중립(equity market neutral)전략 : 개별종목의 재료보다는 전체시장의 불완전성, 변동성을 이용하여 초과수익을 추구하되, 위험을 상쇄하기 위한 롱숏전략

③ 순수 롱(숏) 주식전략 : 산업, 섹터, 규모별로 특화된 시장(IT, 바이오 등)에 집중하여 롱이나 숏 한쪽의 포지션을 취하는 전략. 헤지하기 위하여 파생상품 사용

2) **차익거래기반 헤지전략**(arbitrage-based strategies)

① 채권 차익거래(fixed-income arbitrage)전략 : 채권시장에서 이자율변동으로 생

긴 비정상적 가격을 이용한 차익거래, 이자율스왑, 미국국채와 미국외 국가정부채 간의 차익거래, 수익률곡선을 이용한 차익거래

② 전환증권 차익거래(convertible arbitrage)전략 : 전환증권을 매수하고 기초자산인 주식을 공매하는 차익거래전략

③ 합병(위험)차익(이벤트 추구)전략(event driven strategy) : 기업합병매수, 구조조정, 파산, 재조직 등의 이벤트를 좇아 이득을 확보하는 전략. 예를 들어 합병이벤트의 경우 합병차익이 클 것으로 예상되는 기업의 합병이 성사될 확률에 대하여 시장보다 그 가능성을 높게 판단할 때 매수, 반대로 합병확률을 시장보다 낮게 판단할 때 매도하는 투자전략

3) 기회주의적 전략(opportunistic strategies)

① 고위험채권, 부실기업(high yield and distressed)투자전략 : 신용도가 극히 불량한 채권이나 부실기업에 투자하여 초과수익을 추구

② 글로벌 매크로(global macro)전략 : 특정국가, 특정 경제권의 거시경제 전망에 기초하여 글로벌 경제의 주된 동향과 큰 변화를 예상하여 자본시장과 파생상품시장에서 롱숏전략

③ 이머징마켓(emerging market)투자전략 : 이머징마켓의 시장 불완전성을 이용하여 초과수익 추구

④ 선물시장에서의 롱숏(managed futures)전략 : 상품, 통화, 금융 선물시장에서 기술적 거래규칙에 따른 거래전략

4) 다중 전략(multiple strategies)

① 재간접펀드(fund of funds) 투자전략 : 펀드의 재산을 여러 개의 다른 헤지펀드에 투자하는 전략. 투자한 다른 펀드의 수익률에 따라 재간접펀드의 수익률이 좌우됨

② 다중 전략 : 두 개 이상의 헤지전략을 동시에 구사하여 초과수익 추구

헤지펀드 투자전략은 상기한 전략 중 어느 하나의 전략을 구사하는 단일 펀드전략(single strategy)을 사용하기도 하지만, 다수의 전략이 혼합된 다중 펀드전략(multi-strategy)을 구사하기도 한다. 단일 펀드전략으로 많이 활용되는 것은 펀더멘털 기준의 주식 롱숏전략, 글로벌 매크로전략, 이벤트추구형 전략 등이다.

2017년 3월말 기준으로 글로벌 헤지펀드 규모는 3.07조 달러에 달한다. 가장 많이 활용되는 운용전략은 글로벌 매크로전략과 이벤트 추구전략으로 알려졌다.

국내 헤지펀드시장의 규모는 2017년 3월말 기준 약정액이 7.7조원, 펀드수는 318개(펀드 평균규모 243억원)인데, 운용투자전략 면에서의 특징을 보면, 펀더멘털 롱숏전략(41%), 멀티전략(30%), 채권차익전략(20%), 이벤트추구형(6%)이 많이 활용되고 있다(자료 : 자본시장연구원(KCMI), 자본시장리뷰 2017년 여름호).

헤지펀드의 투자성과에 관해서는 여러 가지 실증연구결과가 제시되고 있다. 헤지펀드의 투자성과평가에 사용되는 벤치마크 수익률은 시장수익률보다는 절대수익률 관점에서 '단기금리+알파(α)' 기준과 동종집단비교지수(peer group index)를 사용하고 있다. 전반적으로 1990~2010년 기간에는 (+)의 초과수익률을 실현하였지만, 전략별로, 국가별로, 기간별로 큰 변동성을 보였던 것으로 분석되고 있다. 이머징마켓의 경우 1995년은 −16.9%, 1996년은 +34.5% 수익률을 보였던 것처럼 큰 변동성을 보였다. 극단적인 사례는 1987년 11월 금융위기상황에서 블랙스완처럼 참담한 성과를 보였고, 롱텀캐피탈(LTCM)사는 파산하기도 하였다.

성공적인 투자성과의 헤지펀드인 경우, 그 성공투자의 원천이 무엇인지에 대한 설명은 다양하다. 정리하면 ① 자산선택 능력보다는 비유동성 자산(illiquid asset)에 대한 투자로 유동성위험에 대한 보상의 성격이다, ② 12월에 유동성이 떨어지는 자산에서 초과수익이 큰 산타효과(santa effect) 때문이다, ③ 기회주의적 운용에 기인한다 등의 설명이 있다.

헤지펀드는 공모펀드에 비하여 상대적으로 운용이 폐쇄적이고, 투자자가 부담하는 수수료가 운용보수 이외에 성공보수가 추가된다는 특징이 있다. 헤지펀드 운용에는 소위 2/20법칙인 운용보수(management fee) 2%, 벤치마크를 상회하는 수익률에 대해서는 성공보수 20%의 높은 보상을 받는다.[9] 최근에는 경쟁이 심화되면서 실제에서는 평균보수율이 2/20에서 1.51%/19.48%로 다소 하락하고 있다. 성공보수율이 20% 기준인 점은 유리한 상황에서만 권리행사를 하는 콜옵션 구조(기울기 0.20)임을 의미한다. 이로 인해 인센티브가 없는, 성과가 저조한 불량펀드는 폐쇄하는 이른바 '성과배분 물타기'(high-water mark)현상이 나타나기도 한다. 재간접펀드는 이중으로 성공보수를 부담하는 경우도 발생한다.

9) 보수율 계산의 기준이 되는 순자산가치(NAV : net asset value)는 펀드의 자산총액에서 부채총액을 차감한 금액으로서, 펀드의 수익자에게 전적으로 귀속되는 금액이다. 펀드 수익자가 환매시 지분비율만큼을 그대로 인출해 갈 수 있는 자산가액이기도 하다.

3. PEF펀드

PEF펀드(PEF : private equity fund)는 공모펀드에 대응되는 '사모투자펀드'의 한 형태로서, 헤지펀드와 유사한 특성을 지니지만, 헤지펀드와 다른 점은 투기적 운용을 지양하고, M&A, 사업(조직)구조 개편 등을 통하여 기업가치를 높이는 방향의 운용 성격이 강하다는 점이다. PEF펀드는 소수의 투자자들로부터 자금을 모집하여 통상 상법상 '합자회사'(limited partnership)의 형태로 회사를 설립하고, 펀드의 재산을 재무적으로 곤경에 처한 기업 등, 공모시장에서는 거래되기 어려운 자산에 대한 지분투자를 한다.

투자기업의 가치를 높이는 방법으로는 사업(조직)구조 개편, M&A, 경영권 참여, 사업구조 또는 지배구조 개선 등의 방법이 사용되고, 투자자금을 회수하는 방법으로는 상장시키거나, 지분을 다시 매각하여 그 수익을 사원(사모투자회사의 투자자)에게 배분하는 방법을 활용한다.

가장 많은 형태의 PEF펀드의 예는 자금난, 경영난 등으로 인해 정상적인 경영활동이 이루어지지 않는 기업의 주식을 인수하여 자금 및 경영지원 등을 통해 기업을 회복시킨 후, 다시 주식을 매도하여 자금을 회수하는 방법으로 운용하는 펀드이다. 예를 들어 자금난에 처한 바이오회사인 매수 대상기업(사업)이 있을 경우 벤처캐피털회사를 통하여 buyouts펀드를 조성하여 경영을 개선시킨 다음 상장(IPO)하여 투자자금을 회수하는 방식을 취한다.

PEF펀드는 유동성이 떨어지는 자산에 대한 장기투자를 통해 고수익을 추구한다는 특징이 있다. [그림 21-1]에서 확인했던 것처럼 높은 베타위험에 높은 초과수익을 보이고 있다. 또 대체자산 중에서 타 자산과의 상관관계가 제일 낮아 위험분산투자효과가 크다는 특징이 있다. PEF에 대한 투자성과는 비유동성 자산에 대한 장기투자의 성격으로 인해 J커브효과, 즉 초기에는 (−)성과, 장기적으로는 (+)성과를 보이는 특징이 있는데, 펀드에 따라 성과에 큰 차이가 있다.

2017년 3월말 기준 글로벌 PEF펀드시장의 규모는 총 약정액 기준 63.7조 달러에 달한다. 국내시장은 2016년 벤처캐피털의 자기모집과 신규투자가 크게 증가하여 6,672억원 규모로 성장하고 있다. 창업투자회사와 신기술사업금융회사의 신장세가 큰 데 기인한다.

제2절 기관투자자의 자산운용

투자관리과정에서 가장 중요한 것은 적절한 투자목표를 설정하는 것이다. 그런데 이 목표설정은 개인투자자인지, 기관투자자인지 그리고 그 기관의 특성이 어떤지에 따라 달라질 수밖에 없다.

투자금융회사, 은행, 보험, 연·기금과 같은 기관투자자 입장에서는 그 기관이 안고 있는 부채의 성격에 따라 투자목표가 영향받게 된다. 기관투자자가 금융자산에 투자할 때 동일한 투자위험에 노출되더라도 기관마다 부채의 성격이 다르므로 이를 감안하여 포트폴리오에 포함되어야 할 자산을 선택해야 한다.

본절에서는 먼저 금융기관들이 금융자산 투자를 할 때 안게 되는 투자위험의 형태와 부채의 특성, 자산/부채 종합관리(asset/liability management)의 원칙을 설명한다.

1. 금융자산 투자의 위험

제4장 제3절에서 위험보상률에 영향을 주는 투자위험의 원천에 대하여 설명한 바 있다. 자산운용가의 입장에서 금융자산 투자시에 노출되는 투자위험은 다음과 같이 정리할 수 있다.

- 가격위험(price risk) : 매도해야만 하는 시점에서 금융자산의 가격이 매수가격보다 하락하여 발생하는 위험으로서, 모든 금융자산 위험 중에서 가장 주된 위험이다. 가격위험은 수익률의 표준편차, 공분산, 베타계수(제7장), 듀레이션(제17장)으로 측정(계량화)될 수 있다.

  주식투자의 가격위험을 가져오는 가장 주된 원천은 이자율, 환율, 경기변동과 같은 시장 전체의 공통요인이다. 주식의 경우는 베타계수를 계량적 척도로 사용하여 체계적 위험의 정도를 평가할 수 있고, 채권의 경우는 이자율변동위험을 측정하는 듀레이션(duration)으로 평가할 수 있다.
- 신용위험(credit risk) : 채권의 발행자가 정해진 기일에 원금과 이자를 갚지 못할 위험, 채무불이행위험(default risk)을 말한다. 신용위험의 정도는 일반적으로 신용평가전문기관의 신용등급(credit rating)에 의해서 평가된다. 신용위험의 원천은 제16장에서 설명한 것처럼 영업위험(business risk)과 재무위험(financial

risk)이다.

- 인플레이션위험(inflation risk) : 인플레이션으로 인하여 금융자산에서 발생하는 현금흐름의 구매력이 감소하는 위험이다. 1,000만원을 1년 만기, 7% 이자율의 채권에 투자했는데, 인플레이션율이 5%라면, 구매력 감소가 감안된 실질투자수익은 1,070/1.05=1,019만원이 된다. 결과적으로 실질투자수익률은 1.9%가 된다.
- 환위험(exchange rate risk) : 외국통화로 투자했을 경우, 환율변동으로 인하여 발생하는 투자가치 변동위험을 말한다. 만약 매도시점에서 외국통화가 평가절하되면 투자수입에 대하여 환차손이, 평가절상되면 환차익이 발생한다.
- 재투자위험(reinvestment risk) : 투자기간의 중간에 받게 되는 투자수입을 최초 매수시점보다 더 낮은 이자율에 재투자할 수밖에 없는 위험을 말한다. 제16장~제17장 채권투자에서 설명한 것처럼, 중도 이자수입에 대한 재투자수입효과는 이자율과 (+)의 관계에 있지만, 가격효과는 (−)의 관계에 있다.
- 유동성위험(liquidity risk) : 그 자산의 진정가치보다 낮은 가격에 팔 수밖에 없거나 원하는 시점에 팔 수 없는 위험을 말한다. 유동성위험의 정도는 bid-ask spread와 수수료 수준에 의해서 측정하기도 한다.

2. 기관투자자 부채의 특성

기관투자자들은 고객들로부터 자금을 수취하여, 이 자금으로 유가증권, 부동산 등의 대체자산에 투자한다. 기관투자자 입장에서 유가증권, 부동산 등은 자산이고, 고객들로부터 수취한 자금은 미래 시점에 돌려주어야 하는 부채이다.

이 부채는 상환되어야 하는데, 상환금액의 크기(amount)와 부채상환시점(timing)이 확정되어 있는지, 확실성 있게 예측가능한지의 여부에 따라 〈표 21-2〉와 같은 네 가지 유형으로 나누어 볼 수 있다. 이들 부채는 금융자산 위험에 미치는 요인들에 의해서 마찬가지로 영향받는 위험을 지닌다.[10)]

① 유형 Ⅰ의 부채 : 1년 후에 1,100만원을 상환해야 하는 부채처럼, 상환금액과 시점이 미리 확실하게 알려진 부채 형태이다. 일반 시중은행 및 저축은행의 정기예금과 같은 금융상품이 대표적인 예이고, 생명보험회사의 확정지급

10) F.J. Fabozzi, *Investment Management*, 2nd ed., 1999, ch.6. p.105.

〈표 21-2〉 기관투자자 부채의 유형

부채 유형	상환금액의 크기	상환시점
유형 Ⅰ	확실	확실
유형 Ⅱ	확실	불확실
유형 Ⅲ	불확실	확실
유형 Ⅳ	불확실	불확실

보험상품도 이에 해당된다.

② 유형 Ⅱ의 부채 : 돌려주어야 할 금액은 정해져 있지만, 그 지급의 시점은 불확실한 유형의 부채이다. "사망시 3억원의 보험금 지급"과 같은 형태의 생명보험회사의 다수의 보험상품이 이에 해당된다.

③ 유형 Ⅲ의 부채 : 상환시점은 언제인지 알려져 있지만, 그 금액은 불확실한 유형의 부채이다. 2년 만기 변동금리부 양도성예금증서(CD)와 같은 상품이 이에 해당된다.

④ 유형 Ⅳ의 부채 : 부채상환금액의 크기와 그 시점이 모두 불확실한 유형의 부채이다. 보험회사나 연금조합의 금융상품은 대부분 이에 해당된다. 손해보험회사의 화재보험, 자동차보험, 기업연금 중 확정급여형(DB) 등이 대표적 예이다.

금융기관의 입장에서 부채상환금액의 크기와 시점의 불확실성이 높을수록 지급에 대비한 유동성자산을 많이 보유해야 하므로 자산운용의 융통성이 적어지게 된다. 그러면 부채의 특성을 감안하여 자산관리를 어떻게 해야 할 것인가? 다음 항에서 살펴보기로 하자.

3. 기관투자자의 자산/부채 종합관리(ALM)

(1) 자산/부채 종합관리의 의의

금융기관은 자산운용상 두 가지의 목표를 갖는다. 하나는 투자자금에 대하여 적정투자수익률을 올리는 것이고, 다른 하나는 기관의 안정성을 유지할 정도로 부채보다 자산이 많도록 양자의 차이(잉여)를 유지하는 것이다. 금융기관에서 포트폴리오 매니저가 이 과제를 달성하는 것을 자산/부채 종합관리(ALM : asset/liability management), 잉여관리(surplus management)라고 부른다.

ALM 또는 잉여관리에는 두 가지의 위험 ― ① 투자자금에 대해 적정 투자수익률을 확보하는 데 있어서 부담해야 할 위험과, ② 자산가치와 부채가치의 차이인 잉여분이 감소하는 위험 ― 사이의 교환관계(trade-off)를 적절히 관리하는 것이 핵심이 된다. 여기서의 위험은 앞에서 설명한 위험으로서 자산과 부채 모두에 미치는 위험 요인이다.

ALM(잉여관리)에서 중요한 것은 자산가치와 부채가치를 어떤 방법으로 평가(측정)하느냐 하는 점이다. 이 평가방법에 따라서 금융기관의 건전성이 크게 영향받는다. 대표적 평가방법은 양자를 시장가치(market value) 기준으로 평가하는 것인데, 시장가치로 측정된 양자의 차이를 경제적 잉여(economic surplus)라고 한다.

경제적 잉여＝자산의 시장가치－부채의 시장가치(현재가치)

여기서 부채의 시장가치 자료를 얻기 어려울 경우에는 부채의 미래 각 기간에서의 현금흐름을 적절한 이자율(할인율)로 할인한 현재가치를 사용할 수도 있다.

이자율이 상승하는 상황이 되면, 자산가치와 부채가치가 모두 하락한다. 반대로 이자율이 하락하는 상황이 되면, 자산가치와 부채가치가 모두 상승한다. 그러나 양자의 하락 또는 상승하는 정도(폭)는 달라서, 경제적 잉여는 증가, 감소, 불변 중 어느 한 경우가 된다. 그 순효과는 결국 부채 대비 자산의 이자율변동에 대한 상대적 민감도의 차이에 달려 있다. 채권가치의 이자율변동에 대한 민감도를 계량적으로 측정하는 한 방법은 듀레이션(duration)임을 본서 제17장에서 이미 설명한 바 있는데, 어떤 종류의 자산이나 부채도 듀레이션 측정방법으로 이자율변동에 대한 민감도를 측정하여 이를 평가한다.

이제 이자율 상승 또는 하락이 경제적 잉여에 미치는 영향을 보기 위하여 다음 예를 보자. 지금 A금융기관이 금융자산 100조원(듀레이션은 5년), 금융부채 90조원(듀레이션은 3년)을 보유하고 있는데, 이자율이 ① 1% 상승한 경우와 ② 1% 하락한 경우가 발생했을 때, 경제적 잉여에 미친 영향을 본서 제17장 식 17.6에 의하여 평가하면 다음과 같다.[11)]

---

11) 여기서의 듀레이션은 제17장 식 17.3에 의해서 측정된 듀레이션이 아니라, 이를 $(1+r)$로 나눈 수정 듀레이션으로서, 가격변동액은 식 17.6($\Delta P = -dur^{m} \cdot \Delta r \cdot P_0$)에 의해서 측정된 것이다.

① 이자율이 1% 상승한 경우

Δ자산가치＝−5×(1%)×100조원＝−5조원

Δ부채가치＝−3×(1%)×90조원＝−2.7조원

Δ경제적 잉여＝Δ자산가치−Δ부채가치＝−5조원−(−2.7조원)＝−2.3조원

→ 경제적 잉여는 기초에 10조원에서 7.7조원으로 2.3조원 감소

② 이자율이 1% 하락한 경우

Δ자산가치＝−5×(−1%)×100조원＝+5조원

Δ부채가치＝−3×(−1%)×90조원＝+2.7조원

Δ경제적 잉여＝Δ자산가치−Δ부채가치＝5조원−(2.7조원)＝+2.3조원

→ 경제적 잉여는 기초에 10조원에서 12.3조원으로 2.3조원 증가

이 예에서 보는 것처럼 경제적 잉여의 변동이 (+)이기 위해서는 다음 관계가 성립해야 한다.

① 이자율이 상승한 경우 : 자산의 듀레이션<부채의 듀레이션

② 이자율이 하락한 경우 : 자산의 듀레이션>부채의 듀레이션

결론적으로 경제적 잉여에 미치는 순효과는 자산과 부채의 듀레이션(이자율변동에 대한 민감도)에 달려 있으므로 포트폴리오 매니저는 자산가치와 부채가치 변동에 영향을 미치는 요인과 이에 대한 민감도를 측정할 수 있어야 한다.

ALM의 근간이 되는 자산가치와 부채가치를 측정할 때, 시장가치 기준(즉, 경제적 잉여의 측정)뿐 아니라 회계적 기준과 감독규제 기준을 고려해야 하는 상황도 있다. 회계적 기준으로 측정하는 잉여를 회계적 잉여(accounting surplus)라고 하는데, 자산가치와 부채가치를 측정할 때 일반회계기준에 따라 측정하는 것을 말한다.

또 감독규제기관이 요구하는 지침을 반영하는 잉여를 규제적 잉여(regulatory surplus)라고 한다. 따라서 금융기관의 ALM에서는 자산가치와 부채가치 측정에서 최소한의 기준으로 일반회계기준과 감독기관의 규제기준을 고려하되, 금융기관의 수익성과 안전성(위험) 관리에서 중심이 되는 목표는 경제적 잉여인 것은 재론의 여지가 없다.

(2) 금융기관의 특성과 자산/부채 종합관리

1항에서 설명한 투자위험은 금융기관의 자산가치와 부채가치에 모두 영향을 주지만, 금융기관마다 그 기관의 특성에 따라 ALM의 주안점이 다르게 된다. 주요 금융

기관별로 이러한 측면을 살펴보자.

먼저 보험회사는 위험보험기능을 수행하는 금융중개기관으로서 먼저 보험가입자의 권익보호의 차원에서 요구되는 건전성 유지와 관련된 감독기관의 규제조항(위험조정자기자본비율 유지 등)이 있으므로 이 규제기준을 감안해야 한다. 이에 영향받지 않는 자산운용의 측면에서 보면, 먼저 생명보험회사는 상환시기는 불확실하고 상환금액은 확정되어 있는 주된 생명보험상품의 성격상, 회사채와 같은 부채증권을 많이 운용하게 된다. 따라서 이자율변동에 대한 민감도를 고려한 ALM이 요구된다.

반면에 손해보험회사는 상품의 성격이 단기성이고, 상환금액과 상환시기 모두 불확실하며, 이자율변동에 대한 민감도가 덜하다. 따라서 생명보험회사보다는 주식에 대한 투자를 보다 많이 할 수 있다.

연・기금의 경우는 노후 일정시점부터나 퇴직시점부터 자금지출(연금지급)이 시작되는 특징이 있다. 퇴직금제도로서 기업연금에는 확정기여형과 확정급여형이 있다. 확정기여형(DC : defined contribution)은 소속 기업에서 받은 퇴직금을 근로자가 직접 운용하여 그 결과(투자성과와 위험)에 책임을 지는 유형이다. 반면에 확정급여형(DB : defined benefit)은 사용회사가 자산을 운용하여 근로자의 몫이 변함없도록 책임을 지는 유형이다. 따라서 확정기여형과 확정급여형 중 어느 유형인가에 따라 위험부담의 주체가 다르고 부채(연금지급)의 불확실성이 다르다. 이를 위탁받은 금융기관의 입장에서 그 금액과 시기가 어느 정도의 예상가능한 범위에서 이루어진다는 점에

〈표 21-3〉 DB형과 DC형의 비교

구 분	DB형(확정급여형)	DC형(확정기여형)
부담금 납입	연금계산방식에 의해 산출된 부담금액을 기업이 매년 납입	기업부담금액(근로자 연간임금총액의 1/2 이상) 사전 확정, 개인 추가납입가능
적립금 운용	적립금 운용 수익과 손실은 회사 책임	적립금 운용 수익과 손실은 근로자 책임
장점	• 퇴직급여 예상시 고려할 변수(임금인상률, 예상 근속기간 등)가 적음 • 장기근속자에게 유리하고 퇴직 이후 재무설계가 용이 • 회사가 퇴직급여를 보장하므로 업무에 전념	• 퇴직금을 100% 사외에 적립하기 때문에 퇴직급여 100%를 받을 권리가 보장됨 • 직장 이동에 따른 연금의 이동이 편리함 • 개인계좌로 관리되므로 나에게 맞는 다양한 포트폴리오 운용이 가능
단점	• 직장 이동에 따른 연금의 이동이 원활하지 못함 • 기업파산시 퇴직급여의 최대 40%를 못 받을 위험이 있음. 구조조정(명예퇴직, 임금삭감 등)으로 급여가 줄어들 가능성이 있음	• 연금의 운용실적이 나빠지면 퇴직급여가 줄어들 가능성이 있음 • 근로자의 책임하에 연금을 운용하므로 신경을 많이 쓰게 됨

서 혼합된 자산운용이 적용될 수 있다. DB형과 DC형을 비교하면 〈표 21-3〉과 같다.

투자신탁회사, 뮤추얼펀드 등 금융투자회사의 경우는 제2장에서 설명한 것처럼 회사형 투자신탁(뮤추얼펀드)은 폐쇄형(closed-end)과 개방형(open-end)으로 구분된다. 어떠한 형태의 투자신탁, 뮤추얼펀드이든 실제의 운영에 있어서는 운용관리 목표(자산배분비율의 규정 등)가 서로 다른 기금을 설정하고 있으므로 펀드의 성격을 감안하여 투자수익, 위험, 성장성 면에서 분명하게 차별화되는 방향으로 자산을 운용해야 한다. 펀드는 성장성과 안정성의 유형을 고려하여 자산배분과 종목선정을 펀드 특성에 적합하도록 운용한다. 펀드간의 경쟁력은 펀드에 대한 관리 수수료이므로 이를 최소화하는 관리시스템의 도입이 중요하다.

시중은행, 저축은행 등 저축금융기관에서는 주로 고객의 예금을 대출해 주는 자산·부채의 관리이므로 예대마진의 관리가 핵심인데, 위험관리 면에서는 신용위험과 이자율변동위험이 가장 큰 영향을 준다. 적절한 부실채권관리가 경제적 잉여를 높이는 근본이 되고, 금리하락(상승)에 따라 경제적 잉여의 변동이 (+)가 되도록 자산 듀레이션을 부채 듀레이션보다 크게(작게) 유지하는 탄력적 운용이 필요하다.

제3절 투자성과평정

1. 투자관리의 통제과정

통합적 투자관리의 과정은 제1장 [그림 1-5]에서 설명한 것처럼 투자계획(투자목적 설정, 투자분석) → 실행(자산배분과 종목선정) → 사후통제의 과정으로 요약할 수 있다. 본절에서 다루려는 통합적 투자관리의 마지막 과정인 통제과정은 사후적으로 일정기간 포트폴리오를 운용한 후 여건변화를 감안하여 포트폴리오를 수정하거나, 투자성과를 평가하는 과정이다.

포트폴리오 수정(portfolio revision)이란 포트폴리오를 구성한 후 미래 예측이 잘못되었거나, 새로운 상황 전개로 인하여 기존 포트폴리오를 변경해야 하는 경우가 발생했을 때, 보다 바람직한 방향으로 포트폴리오를 개편해 나가는 것을 말한다.

새로운 상황의 전개란 ① 기업이익과 배당에 영향을 주는 영업효율성·재무효율성의 변화, 각종 위험의 변화, 경제외적 여건의 급격한 변화 등이 야기되거나 ②

투자자의 위험수용도에 변화가 있는 상황을 말한다. 이러한 일이 벌어지면 처음에 예상했던 기대수익과 위험에 변화가 있게 되거나 위험회피도가 달라지므로 원하는 기대수익과 위험에 상응하는 포트폴리오로 수정해 나가야 한다. 수정하는 방법에는 리밸런싱과 업그레이딩의 두 가지가 있다.

포트폴리오 리밸런싱(portfolio rebalancing)은 상황변화가 있을 경우 포트폴리오가 갖는 원래의 특성을 그대로 유지하고자 하는 것이다. 주로 구성종목의 상대가격의 변동에 따른 투자비율의 변화를 원래대로의 비율로 환원시키는 방법을 사용한다. 포트폴리오 리밸런싱의 경우 제18장에서 설명한 지수선물을 이용하면 포트폴리오 구성내용을 변경하지 않고서도 체계적 위험을 통제할 수 있게 된다.

포트폴리오 업그레이딩(portfolio upgrading)은 여건변화에 대응하여 위험에 비해 상대적으로 높은 기대수익을 얻고자 하거나, 기대수익에 비해 상대적으로 낮은 위험을 부담하도록 포트폴리오의 구성을 수정하는 것이다. 많은 경우 높은 성과를 지닌 증권을 식별하는 것보다 큰 손실을 가져다주는 증권을 식별하여 그 증권을 포트폴리오에서 제거하는 방법을 사용하기도 한다.

통합적 투자관리의 통제과정에서 또 하나의 중요한 작업은 일정기간 포트폴리오를 운용한 후 사후적으로 투자목표의 달성 여부를 평가하는 투자성과평가과정이다. 투자성과평정(performance evaluation)은 실제의 투자성과가 계획했던 목표나 시장평균 또는 기준성과지표의 투자성과와 어느 정도 차이가 있고, 왜 차이가 발생했는지를 평가하는 것이다. 여기에서 얻어진 결론은 다음 단계의 투자계획을 수립할 때 피드백되어 활용된다. 어느 펀드 또는 어느 포트폴리오 매니저의 투자성과가 우수한지를 평가하는 것은 매우 중요한 과제가 되고 있다.

투자성과를 평가하게 될 때에는 여러 가지 사항이 검토되어야 한다. 과거 일정기간 동안의 투자수익률을 어떻게 측정할 것인가, 부담했던 투자위험의 정도는 성과평정에 어떻게 반영시킬 것인가, 좋고 나쁜 성과의 원인은 어디에 있는가 등에 대한 검토가 필요하다. 본절에서는 이와 같은 투자성과평가와 관련된 주제에 대하여 살펴보기로 한다.[12]

---

12) 금융투자협회에서는 우리나라 펀드매니저의 3년 동안의 운용실적을 공시하고 있다. 금융투자협회 전자공시시스템 www.dis.kofia.or.kr 참조

2. 운용투자수익률의 측정

운용수익률의 측정방법과 특징에 대해서는 제4장에서 이미 설명한 바 있다. 단일기간의 보유투자수익률은 단지 총투자수입을 기초의 투자금액으로 나누어 계산하면 된다. 그러나 기간 중 중도에 자금일부의 회수, 추가적인 투자 혹은 재투자 등 현금유출입이 추가적으로 발생하는 다기간의 경우에는 계산이 복잡해진다. 다기간(multi-period) 투자수익률을 계산할 때에는 산술평균수익률, 기하평균수익률, 내부수익률로 측정하게 된다. 또 미래 예상수익률을 추정할 때에는 기대수익률을 사용한다. 수익률을 측정하는 각 방법의 내용과 특징, 장·단점을 요약하면 〈표 21-4〉와 같다.

〈표 21-4〉 수익률 측정방법의 비교

구 분	측정방법	특징 및 장단점
산술평균수익률	$ARR=({}_0r_1+{}_1r_2+{}_2r_3 \cdots\cdots +{}_{n-1}r_n) \div n$	화폐의 시간가치가 고려되지 않은 계산방법. 기간별 투자금액의 크기가 고려되지 않고 기간에만 가중치가 주어짐. 시간가중평균수익률
기하평균수익률	$GRR=\sqrt[n]{(1+{}_0r_1)(1+{}_1r_2)\cdots\cdots(1+{}_{n-1}r_n)}-1$	중도현금이 재투자되어 증식된 최종시점의 부의 크기가 감안된 계산방법. 기간별 현금흐름의 많고 적음에 영향을 받지 않는 시간가중평균수익률
내부수익률	$P_0=\frac{C}{(1+r)}+\frac{C}{(1+r)^2}+\cdots\cdots+\frac{C+F}{(1+r)^n}$	기간별 상이한 투자금액의 크기에 가중치가 주어짐. 금액가중평균수익률
기대수익률	$E(R)=\sum_{s=1}^{m} p_s \cdot r_s$	투자수익률의 확률분포에서 계산한 평균적으로 기대되는 예상투자수익률

3. 투자위험을 고려한 투자성과평가방법

투자성과를 평가하는 데 일정기간 동안에 걸친 투자수익률만을 단순히 비교하여 우열을 가리는 것은 적절한 평가방법이 되지 못한다. 왜냐하면 포트폴리오를 운용하면서 감수한 위험도 적절히 감안되어야 하기 때문이다.

예를 들어, 甲은 우량 안정주식들로 운용하여 20%의 투자수익률을 거두었고, 乙은 관리대상종목이나 주가변동이 매우 큰 투기종목들로 운용하여 25%의 투자수익률을 올렸다면 乙의 운용성과가 결코 좋은 것이 아니다. 단지 운이 좋아서 투자수익률이 양호한 것이므로 운이 나쁘게 되었을 경우(위험)도 고려한 예상성과 기준으로 평가해야 한다. 결론적으로 성과평정시에는 위험이 조정된 성과척도(risk-adjusted performance measures)를 이용해야 한다.

위험이 조정된 성과척도로는 다음에 상술하는 샤프지수, 트레이너지수, 젠센지수, 정보비율, M^2지수 등이 있다. 이들은 투자위험 중에서 어떤 성격의 위험을 기준으로 투자성과를 평가하느냐에 따라서 차이가 있다. 샤프지수는 총위험을 기준으로 자본시장선(CML)을 이용하여 평가하는 것이며, 트레이너지수와 젠센지수는 체계적 험을 기준으로 증권시장선(SML)을 이용하여 평가하는 것이다. 또 정보비율은 비체계적 위험에 대한 초과수익의 정도를 기준으로 평가하는 것이며, M^2지수는 시장위험 수준을 고려할 경우의 초과수익 정도를 비교하고 있다.

(1) 샤프지수

자본시장선(CML)에서 제시되고 있는 균형관계가 사후적으로도 성립된다고 보고, 이의 기울기를 이용하여 포트폴리오 운용성과를 평가하는 방법이다. 실제로 포트폴리오 p의 총위험 1단위당 무위험이자율을 초과한 실현수익률의 비율, 즉 1단위의 총위험을 감수한 것에 대한 초과수익률의 정도를 측정한 것이다.

$$\text{샤프지수}[RVAR] = \frac{\overline{R_p} - \overline{R_f}}{\sigma_p} \qquad (21.1)[13]$$

단, $\overline{R_p}$: 포트폴리오 p의 실현수익률
$\overline{R_f}$: 무위험이자율의 평균
$\overline{\sigma_p}$: 포트폴리오 p수익률의 표준편차

샤프가 제시한 평가척도(식 21.1의 비율)는 곧 [그림 21-2]에 나타난 투자가능선들의 기울기로서, 제6장에서 사용한 총변동성보수율($RVAR$: reward-to-variability ratio)이다. 이제 [그림 21-2]에서 두 포트폴리오 운용성과 a, b를 평가해 보면, 포트폴리오 a는 포트폴리오 b보다 수익률과 위험이 모두 낮다. 여기서 무위험이자율로 차입이 가능하다면 모든 투자자는 포트폴리오 b보다 포트폴리오 a를 선호할 것이다. 왜

13) W.F. Sharpe, "Mutual Fund Performance," *Journal of Business*(Jan. 1966). 다음 식의 자본시장선에서 양변에 $\overline{R_f}$를 차감한 후 σ_p로 나누면 좌변은 샤프지수 식 21.1과 같이 표시된다.

$$\overline{R_p} = \overline{R_f} + \frac{(\overline{R_m} - \overline{R_f})}{\sigma_m} \cdot \sigma_p$$

단, $\overline{R_m}$: 시장포트폴리오의 실현수익률

[그림 21-2] 각 포트폴리오의 투자가능선과 샤프지수에 의한 성과평가

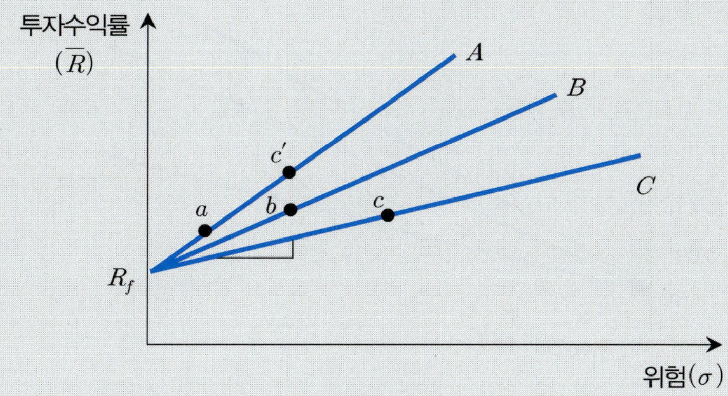

냐하면 무위험이자율로 차입한 자금을 포트폴리오 a에 투자함으로써 포트폴리오 a의 투자가능선인 $R_f A$선상을 따라 오른쪽으로 이동할 수 있기 때문이다. 다시 말하면 [그림 21-2]에서 보는 것처럼 무위험자산과 위험포트폴리오 a의 조합인 $R_f A$상의 $RVAR$이 무위험자산과 위험포트폴리오 b의 조합인 $R_f B$상의 $RVAR$보다 높기 때문이다. 결국 R_f와 각 포트폴리오를 연결하는 직선의 기울기가 클수록 포트폴리오 성과가 보다 우수해짐을 의미한다.

(2) 트레이너지수(Treynor's measure)

증권시장선(SML)에서 제시되고 있는 균형관계가 사후적으로도 성립된다고 보고, 식 21.2와 같이 위험의 측정치로서 분산불능위험인 체계적 위험이 적절하다고 보고, 1단위의 체계적 위험을 감수한 것에 대한 초과수익률의 정도를 비율로 측정하여 운용성과를 평가한다.

$$\text{트레이너지수}[RVOL] = \frac{\overline{R_p} - \overline{R_f}}{\beta_p} \tag{21.2}$$

이를 체계적위험보수율($RVOL$: reward to volatility)이라고도 한다. 위험의 측정치로서 샤프가 제시한 표준편차(총위험 기준)가 아닌 베타계수(체계적 위험 기준)를 이용하여 성과를 측정하는 지수라는 점에서 차이가 있다.[14)]

[그림 21-3] 트레이너지수와 젠센지수

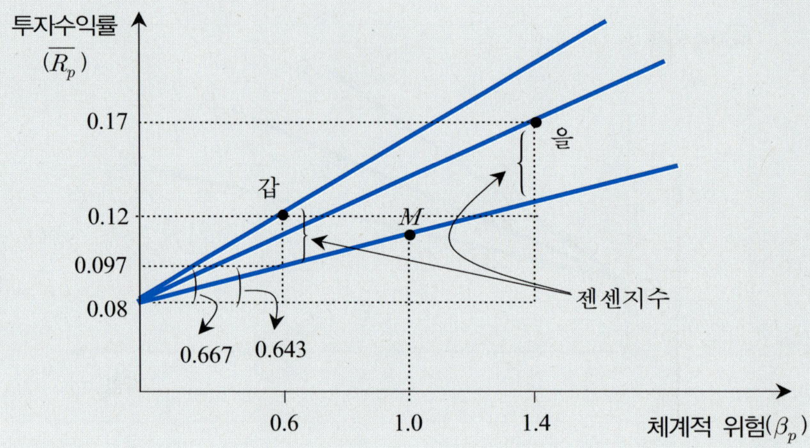

(3) 젠센지수

트레이너처럼 증권시장선(SML)을 이용하되, 1단위의 체계적 위험을 감수한 것에 대한 초과수익률의 상대적 비율로 측정하는 것이 아니라 식 21.3과 같이 실증적 증권시장선을 이용하여 실제 부담한 체계적 위험수준에 상응하는 기대수익률과 실제의 실현수익률의 절대차이 수익률로 포트폴리오의 성과를 측정한다. 이 절대차이 초과수익률을 알파(α_p) 또는 젠센지수(Jensen's measure)라고 부른다.

$$\alpha_p = \overline{R_p} - [\overline{R_f} + (\overline{R_m} - \overline{R_f})\beta_p] = [\overline{R_p} - \overline{R_f}] - [\overline{R_m} - \overline{R_f}]\beta_p \qquad (21.3)$$[15]

단, α_p : 젠센지수(알파)

14) J. Treynor, "How to Rate Management of Investment Funds," *Harvard Business Review*(Jan.~Feb. 1965). 다음의 증권시장선 식에서 양변을 $\overline{R}_f$만큼 차감하고, 이를 β_p로 나누면, 좌변은 식 21.2와 같이 포트폴리오 p의 체계적 위험 1단위당 무위험이자율을 초과하여 실현된 초과수익률의 비율이 된다.

$$\overline{R}_p = \overline{R}_f + [\overline{R}_m - \overline{R}_f] \cdot \beta_p$$

[그림 21-3]에서 운용수익률은 갑이 12%, 을이 17%, 베타는 갑이 0.6, 을이 1.4, 그리고 무위험이자율이 8%이다. $RVOL$이 갑은 6.67(=4/0.6), 을은 6.43(=9/1.4)으로서 갑의 운용성과가 좋다.

15) M. Jensen, "The Performance of Mutual Funds in the Period 1945~1964," *Journal of Finance*(May 1968). [그림 21-3]에서 보면 갑의 젠센지수는 2.3(=12−9.7), 을의 젠센지수는 5(=17−12)로서, 을의 운용성과가 좋다. 트레이너지수에 의한 평가와 반대되는 결과이다.

트레이너지수와 젠센지수는 모두 체계적 위험을 고려한 증권시장선(SML)으로 평가하고 있으나, 전자는 SML의 기울기로서, 후자는 절대수익률의 차이로 성과를 비교한다는 점에서 차이가 있다.

(4) 정보비율

초과수익의 가능성이 높은 소수의 증권들에 집중투자하게 되면 분산투자가 잘 이루어지지 않아 투자위험(비체계적 위험)이 높아지므로 양자간에 균형을 이룰 필요가 있다. 즉 초과수익의 증가와 비체계적 분산가능위험의 감소가 적절한 균형을 이루어야 운용성과가 양호하게 된다.

정보비율(information ratio)은 트레이너지수에서 측정된 초과수익률 α_p를 비체계적 위험 정도를 측정한 잔차표준편차 $\sigma(\epsilon_p)$로 나눈 비율이다. 이 비율이 높을수록 비체계적 위험을 감수하는 것에 대한 대가로 얻는 초과수익의 정도가 높음을 의미하게 된다. 상반되는 양자간에 균형이 이루어지는 정도가 양호함을 뜻하기도 하다. 평가비율(appraisal ratio)이라고도 한다.

$$\text{정보비율} = \frac{\alpha_p}{\sigma(\epsilon_p)} \tag{21.4}$$

이 정보비율은 무위험자산과 소수의 주식포트폴리오에 분산투자하고 있는 경우의 운용성과평가에 적절한 면이 있다.

(5) M^2 지수

M^2지수는 M&M(Modigliani & Modigliani, 1997)에 의해서 개발된 평가척도로서 운용포트폴리오의 위험이 시장지수의 위험과 일치하는 가상포트폴리오(hypothetical portfolio)를 구성하여 식 21.5와 같이 가상포트폴리오 수익률 r_{p^*}과 시장지수 수익률 r_M의 차이로 성과를 평가하는 방법이다.[16] 가상포트폴리오를 구성하는 방법은 가상포트폴리오의 위험을 국공채수익률 수준으로 차입 또는 대출하는 방법을 사용하여 시장지수의 위험과 같도록 만드는 것이다.

16) F. Modigliani & L. Modigliani, "Risk-Adjusted Performance," *Journal of Portfolio Management*(winter 1997), pp.45～54.

예를 들어 운용포트폴리오의 위험이 시장지수의 위험의 1.5배라면, 2/3의 자금은 운용포트폴리오에, 1/3의 자금은 국공채에 투자한 것으로 가정하여 시장지수의 위험과 동일하게 만든 것이다. 만약 운용포트폴리오의 위험이 시장지수의 위험보다 낮으면 차입한 자금으로 포트폴리오에 투자하여 투자위험을 일치시킨다.

$$M^2 = r_{p^*} - r_M \tag{21.5}$$

이제 운용포트폴리오의 수익률과 표준편차는 각각 $r_p = 35\%$, $\sigma_p = 42\%$이고, 시장지수의 수익률과 표준편차는 각각 $r_m = 28\%$, $\sigma_m = 30\%$이며, 국공채수익률 $R_f = 6\%$라고 하자. 가상포트폴리오를 구성하기 위하여 표준편차의 비율을 계산하면 30/42=0.714이므로, 71.4%를 운용포트폴리오에 투자하고, 나머지 28.6%를 국공채에 투자하여, 가상포트폴리오의 수익률을 구하면 26.7%(=0.714×0.35+0.286×0.06)가 된다. 이 수익률 26.7%는 시장지수 수익률 28%보다 낮으므로 투자성과가 불량한 것으로 평가된다.

(6) 평가척도의 선택

이상의 설명과 다음 예제에서 보는 것처럼 투자성과척도에 따라 그 서열이 달라질 수 있다. 그렇다면 어떠한 성과척도를 이용할 것인가? 그것은 평가목적에 비추어 본 위험척도의 타당성과 포트폴리오 평정의 목적에 따라 결정할 수밖에 없다.

앞에서 지적한 것처럼 운용자산 전부가 위험자산으로 구성되어 있을 때에는 샤프지수가 성과평정에 적절하고, 무위험자산과 위험자산이 혼합되어 있으면 정보비율이 적절한 면이 있다.[17] 많은 포트폴리오 중에서 어느 하나의 특정 포트폴리오 성과를 평가할 때에는 트레이너지수나 젠센지수가 유용한 면이 있는데, 트레이너지수는 상대적 비율로써 젠센지수는 절대적 차이로써 평가하는 데 차이가 있다.

하우겐(R. Haugen)도 비슷한 관점에서 여러 지수들의 우열에 관하여 다음과 같은 주장을 하고 있다.[18] 그에 의하면 포트폴리오 관리자의 성과는 관리의 '깊이(depth)'와 '폭(breadth)'의 견지에서 평정해야 하는데, 이때 '깊이'는 획득할 수 있는 초과수익의 크기를 말하고, '폭'은 초과수익을 획득할 수 있는 증권의 수를 의미한다. 그런데 트레이너지수와 젠센지수는 '깊이'만 설명하고 있으나, 샤프지수는 '깊

17) Z. Bodie, A. Kane & A. Marcus, *op. cit.*, pp.805~809.

18) R. Haugen, *op. cit.*, pp.236~241.

이'와 '폭' 모두에 민감하기 때문에 샤프지수가 포트폴리오 성과평정에 보다 적절한 척도라고 설명하고 있다.

예 제

지난 1년간에 걸친 펀드매니저 A와 B의 운영실적과 시장지수 관련 자료이다(국공채수익률 : 6%).

	평균투자수익률	베 타	표준편차	비체계적 위험($\sigma(\epsilon)$)
펀드매니저 A	35%	1.20	55%	18%
펀드매니저 B	20	0.80	25	10
시장지수	28	1.00	30	0

두 펀드매니저의 투자성과에 대하여 샤프지수, 트레이너지수, 젠센지수, 정보비율, M^2지수를 구하고 투자성과를 평가하라.

해설

1) 샤프지수$=(\overline{R_p}-\overline{R_f})/\sigma_p$

$RVAR(\text{A})=(35-6)/55=0.53$

$RVAR(\text{B})=(20-6)/25=0.56$

2) 트레이너지수$=(\overline{R_p}-\overline{R_f})/\beta$

$RVOL(\text{A})=(35-6)/1.2=24.2$

$RVOL(\text{B})=(20-6)/0.8=17.5$

3) 젠센지수 $\alpha=\overline{R_p}-[\overline{R_f}+\beta(\overline{R_m}-\overline{R_f})]$

$\alpha(\text{A})=35-[6+1.2(28-6)]=2.6$

$\alpha(\text{B})=20-[6+0.8(28-6)]=-3.6$

4) 정보비율 : $\alpha/\sigma(\epsilon)$

$A(\text{A})=2.6/18=0.144$

$A(\text{B})=-3.6/10=-0.36$

5) M^2지수 : $M^2=r_{p^*}-r_M$

A : $30/55=0.5454$, $r_{p^*}=(0.5454)(0.35)+(0.4545)(0.06)=21.81\%<28\%(r_M)$

B : $30/25=1.2$, $r_{p^*}=(1.2)(0.2)+(-0.2)(0.06)=22.8\%<28\%(r_M)$

A, B 모두 불량하지만, A가 더 불량하다.

⇒ 샤프지수와 M^2지수로 평가하면 펀드매니저 B가 우월한 것으로 평가된다. 체계적 위험 대비 초과수익률을 트레이너지수와 젠센지수, 정보비율에 의해 평가하면 펀드매니저 A가 우월하다.

주요용어

대체투자	공모펀드	사모펀드
투자회사	뮤추얼펀드	수익증권펀드
공모펀드 수수료	순자산가치(NAV)	헤지펀드
헤지펀드 운용전략	헤지펀드 보수체계	PEF펀드
금융자산 위험의 유형	기관투자자 부채의 특성	자산/부채 종합관리(ALM)
경제적 잉여	회계적 잉여	확정기여(DC)형
확정급여(DB)형	투자성과평정	위험조정성과척도
샤프지수	트레이너지수	젠센지수
정보비율	M^2지수	

연습문제

1. [대체투자] 대체투자가 전통투자자산과 다른 점은 무엇인가? 투자자산으로서 특징은 무엇인가? 대체자산 투자가 증가하고 있는 이유는 무엇인가?

2. [헤지펀드] 헤지펀드의 운용자산으로서의 특성은 무엇인가? 헤지펀드를 운용하는 전략에는 어떤 것이 있는가? 헤지펀드는 초과수익 알파를 달성하는가?

3. [PEF펀드] PEF펀드의 운용자산으로서의 특성은 무엇인가? PEF펀드는 초과수익 알파를 달성하는가?

4. [기관투자자의 금융자산 투자의 위험] 기관투자자들이 금융자산에 투자할 때 안게 되는 투자위험의 형태와 성격에 대하여 설명하라.

5. [기관투자자의 ALM] 기관투자자들의 금융자산투자 원칙으로서 ALM과 경제적 잉여에 대하여 설명하라. 또 경제적 잉여를 극대화시킬 수 있는 자산배분전략에 대하여 설명하라.

6. [투자성과평정] 통합적 투자관리의 과정에서 투자성과평정은 어떤 의의를 지니는가? 이 국면에서 어떤 투자관리의 문제가 다루어지는가?

7. [다기간 운용수익률의 측정방법] (주)수산은 매년 12월 31일 400원의 배당금을 계속적으로 지급하고 있다. 이 회사의 주식을 2년 전 1월 1일에 한 주에 10,000원씩 10주를 매수하였다. 1년이 경과한 작년 1월 1일에 이 중 5주를 11,000원씩에, 2년이 지난 현재시점에서 나머지 5주를 9,500원에 매도하였다. 2년에 걸친 이 투자에 대하여 시간가중평균수익률과 금액가중평균

수익률을 구하고, 어느 수익률이 더 합리적인지를 설명하라.

8. **[투자성과평정척도 (1)]** 포트폴리오 성과평정에서 위험조정 성과척도가 필요한 이유는 무엇인가? 포트폴리오 성과평정척도인 샤프지수, 트레이너지수, 젠센지수, 정보비율, M^2지수에 대하여 설명하고 유사점과 차이점을 비교하라. 또한 이 지수들의 유용성을 설명하라.

9. **[투자성과평정척도 (2)]** 다음은 지난 1년간에 걸친 자금운용자 甲의 운영실적자료와 시장지수 관련자료이다(무위험자산수익률 6%).

	평균투자수익률	베 타	표준편차	비체계적 위험 $\sigma(\epsilon)$
甲포트폴리오	35%	1.20	42%	18%
시장지수	28	1.00	30	0

甲포트폴리오와 시장지수에 대하여 샤프지수, 트레이너지수, 젠센지수, 정보비율, M^2지수를 구하라. 어느 평가척도에 의한 것이 자금운용자 甲의 성과가 시장지수보다도 우월한가?

10. **[투자성과평가 (1)]** 흥부와 놀부가 지난 1년 동안 보유하였던 포트폴리오의 성과는 다음과 같았다. 물음에 답하라.

	수익률	베 타	잔차분산
흥부의 포트폴리오	0.15	1.3	0
놀부의 포트폴리오	0.09	0.9	0.04

$R_f=0.15 \qquad R_m=0.1 \qquad \sigma_m=0.3$

① 두 포트폴리오에 대해 투자성과를 평가하라.
② 시장포트폴리오의 샤프지수를 설명하라.
③ 이상의 결과를 종합해 볼 때 누구의 포트폴리오가 우수한 성과를 거두었다고 말할 수 있겠는가?

11. **[투자성과평가 (2)]** 다음은 12개월간에 걸쳐 자금운용자 甲과 丙이 운용한 포트폴리오와 시장포트폴리오의 운용성과를, 무위험자산수익률을 차감한 초과수익률($\overline{R_p}-\overline{R_f}$)로 표시한 것이다. ① 샤프지수, ② 트레이너지수, ③ 젠센지수, ④ 정보비율, ⑤ M^2지수에 의해 운용성과를 평가하라.

월	甲의 포트폴리오	乙의 포트폴리오	시장포트폴리오
1	11.13%	37.09%	14.41%
2	8.78	12.88	7.71
3	9.38	39.08	14.36
4	−3.66	−8.84	−6.15
5	5.56	0.83	2.74
6	3.58	2.81	2.20
7	−4.91	−1.15	−8.41
8	6.51	2.53	3.27
9	0.78	−1.77	1.41
10	−4.01	−5.68	−3.13
11	7.76	12.09	6.49
12	−7.72	0.85	−15.27
연간 평균초과수익률	2.76	5.28	1.63
표준편차 σ_p	6.17	14.89	8.48
베타 β_p	0.69	1.40	1.00
잔차분산 $\sigma_p^2(\epsilon)$	$(1.95)^2$	$(8.98)^2$	$(0.00)^2$
알파 α_p	1.63	3.00	0.00
결정계수 R^2	0.91	0.64	1.00

부 록

1. EXCEL을 활용한 투자관리
2. 현재 · 미래가치계산표
3. 표준정규분포표

[부록 1] EXCEL을 활용한 투자관리 스프레드시트는 신영사 홈페이지 (www.shinyoung.co.kr)의 자료실에서 내려받을 수 있습니다.

1. EXCEL을 활용한 투자관리

본 〈부록 1〉에서는 본서 제4장~제17장에 결쳐 수익률 계산의 문제, 포트폴리오 구성문제, 채권평가의 문제에 대하여 EXCEL적용의 주요 절차와 방법, 적용하는 예를 설명한다. 신영사 홈페이지의 [부록 1] 자료에는 상세한 설명과 실제 EXCEL적용 스프레드시트, EXCEL실습자료가 제시되어 있다. 효과적 설명을 위하여 스프레드시트는 다음 16개로 구성되어 있다.

〈EXCEL시트의 구성〉

(4장) 수익률 계산	(6장)6-2 분산공분산 행렬
(5장~7장) 실습용 16종목 주가자료	(6장)6-3 효율적 포트폴리오의 도출
(5장)5-1 2종목 단순예제	(6장)6-4 시장포트폴리오의 구성
(5장)5-2 4종목 주가	(6장)6-5 최적 자산배분안의 도출
(5장)5-3 4종목 수익률	(7장)7-1 증권특성선(1)
(5장)5-4 2종목 기대수익 · 위험	(7장)7-2 증권특성선(2)
(5장)5-5 2종목 포트폴리오 MVP 구성	(16장) 채권가격 수익률 추정
(6장)6-1 4종목 포트폴리오 구성	(17장) 듀레이션 추정

제 5 장 2종목 포트폴리오의 구성과 MVP 도출

[EXCEL 5-1] 2종목 기대수익, 위험, 공분산의 측정과 MVP 도출

제5장 예제에서 제시되었던 4주식 중에서 삼성전자와 아모레퍼시픽, 두 주식에 대하여 최소분산 포트폴리오(MVP)를 도출

① 2주식 각각의 기대수익률, 분산, 표준편차, 공분산, 상관계수의 측정
② 2주식 포트폴리오의 기대수익률과 위험의 측정
③ 2주식 포트폴리오 결합선과 최소분산 포트폴리오의 도출

(1) 개별종목의 기대수익률, 분산, 표준편차, 공분산, 상관계수의 측정

[기초자료 : 4개 종목의 주식가격과 종합주가지수에 대한 자료] (시트 (5장)5-2 4종목 주가)

년월일	삼성전자	엔씨소프트	아모레퍼시픽	SK	KOSPI
2013-12-31	1,372,000	248,500	100,026	135,000	2,011.34
2014-01-31	1,280,000	198,500	101,226	125,000	1,941.15
2014-02-28	1,349,000	191,000	117,430	145,000	1,979.99
2014-03-31	1,343,000	218,000	126,032	149,500	1,985.61
2014-04-30	1,343,000	205,000	133,534	141,500	1,961.79
2014-05-31	1,443,000	168,500	144,937	165,500	1,994.96
2014-06-30	1,322,000	182,500	152,439	166,500	2,002.21
2014-07-31	1,343,000	156,000	177,046	168,500	2,076.12
2014-08-31	1,234,000	145,000	211,054	212,500	2,068.54
2014-09-30	1,184,000	134,500	239,262	242,500	2,020.09
2014-10-31	1,244,000	147,000	230,059	242,500	1,964.43
2014-11-30	1,287,000	159,500	250,064	223,000	1,980.78
2014-12-31	1,327,000	182,000	222,057	213,500	1,915.59
2015-01-31	1,365,000	202,000	265,168	235,000	1,949.26
2015-02-28	1,357,000	178,500	285,574	217,000	1,985.80
2015-03-31	1,441,000	181,500	335,586	232,500	2,041.03
2015-04-30	1,410,000	204,500	388,500	254,500	2,127.17
2015-05-31	1,307,000	197,000	404,000	249,500	2,114.80
2015-06-30	1,268,000	198,500	418,000	276,500	2,074.20
2015-07-31	1,185,000	219,500	411,000	306,000	2,030.16
2015-08-31	1,089,000	218,500	378,500	270,000	1,941.49
2015-09-30	1,134,000	189,000	385,000	244,000	1,962.81
2015-10-31	1,372,000	189,500	377,500	267,000	2,029.47
2015-11-30	1,284,000	222,500	403,500	270,000	1,991.97
2015-12-31	1,260,000	213,000	414,500	240,500	1,961.31
2016-01-31	1,150,000	234,500	405,500	236,000	1,912.06
2016-02-29	1,178,000	240,000	367,500	248,000	1,916.66
2016-03-31	1,312,000	253,500	386,500	223,000	1,995.85
2016-04-30	1,245,000	229,000	407,500	224,000	1,994.15
2016-05-31	1,292,000	240,500	417,500	229,000	1,983.40
2016-06-30	1,425,000	236,000	431,500	202,500	1,970.35
2016-07-31	1,539,000	251,000	388,000	208,500	2,016.19
2016-08-31	1,620,000	270,000	386,000	212,000	2,034.65
2016-09-30	1,598,000	295,500	389,000	212,000	2,043.63
2016-10-31	1,639,000	264,500	359,000	223,500	2,008.19
2016-11-30	1,746,000	272,000	328,000	231,500	1,983.48
2016-12-31	1,802,000	247,500	321,500	229,500	2,026.46
2017-01-31	1,973,000	304,000	317,000	216,500	2,067.57
2017-02-28	1,922,000	274,000	301,000	218,000	2,091.64
2017-03-31	2,060,000	305,000	280,500	243,500	2,160.23

〈제1단계〉 주식가격 자료를 주식수익률 자료로 변환하기 [시트 (5장)5–3 4종목 수익률]

[시트 (5장)5–4 2종목 기대수익·위험]

수익률 계산은 복리증식을 전제로 계산되는 연속복리수익률(continuously compounded rate of return)이 적절한 계산방법이다. 따라서 연속복리수익률을 다음과 같이 기말가격을 기초가격으로 나눈 비율에 대해 자연로그값을 취해서 계산한다.

$$r_t = \ln\left(\frac{P_t}{P_{t-1}}\right) \tag{A5.1}$$

EXCEL함수로는 =LN(기말주가/기초주가)

셀 B2(삼성전자 2014년 1월 수익률)의 경우 : =LN을 입력한 다음, '4종목 주가' 시트를 열고 B5/B4를 입력하여 LN수익률을 구한다. 즉, =LN('4종목 주가' !B5/ '4종목 주가' !B4)가 표시되면서 1월 수익률이 계산된다. 나머지 기간의 수익률과 3개 주식의 수익률은 자동채우기 핸들(+)을 드래그하여 계산한다.

B2 =LN('(5장)5-2 4종목주가'!B5/'(5장)5-2 4종목주가'!B4)

일자	삼성전자	엔씨소프트	아모레퍼시픽	SK	종합주가지수
2014-01-31	-0.06941	-0.22465	0.01193	-0.07696	-0.03552
2014-02-28	0.05250	-0.03852	0.14849	0.14842	0.01981
2014-03-31	-0.00446	0.13222	0.07069	0.03056	0.00283
2014-04-30	0.00000	-0.06149	0.05782	-0.05500	-0.01207
2014-05-31	0.07182	-0.19607	0.08194	0.15667	0.01677
2014-06-30	-0.08758	0.07981	0.05047	0.00602	0.00363
2014-07-31	0.01576	-0.15689	0.14965	0.01194	0.03625
2014-08-31	-0.08464	-0.07312	0.17570	0.23201	-0.00366
2014-09-30	-0.04136	-0.07517	0.12545	0.13206	-0.02370
2014-10-31	0.04943	0.08887	-0.03922	0.00000	-0.02794
2014-11-30	0.03398	0.08161	0.08338	-0.08383	0.00829
2014-12-31	0.03061	0.13196	-0.11878	-0.04353	-0.03347
2015-01-31	0.02823	0.10426	0.17743	0.09595	0.01742
2015-02-28	-0.00588	-0.12368	0.07414	-0.07969	0.01857
2015-03-31	0.06006	0.01667	0.16138	0.06899	0.02743
2015-04-30	-0.02175	0.11931	0.14641	0.09041	0.04134
2015-05-31	-0.07586	-0.03736	0.03912	-0.01984	-0.00583
2015-06-30	-0.03029	0.00759	0.03407	0.10275	-0.01938
2015-07-31	-0.06770	0.10056	-0.01689	0.10137	-0.02146
2015-08-31	-0.08448	-0.00457	-0.08238	-0.12516	-0.04466
2015-09-30	0.04049	-0.14504	0.01703	-0.10125	0.01092
2015-10-31	0.19052	0.00264	-0.01967	0.09008	0.03340
2015-11-30	-0.06629	0.16054	0.06661	0.01117	-0.01865
2015-12-31	-0.01887	-0.04363	0.02690	-0.11570	-0.01551
2016-01-31	-0.09135	0.09616	-0.02195	-0.01889	-0.02543
2016-02-29	0.02406	0.02318	-0.09840	0.04960	0.00240
2016-03-31	0.10773	0.05472	0.05041	-0.10626	0.04049
2016-04-30	-0.05242	-0.10164	0.05291	0.00447	-0.00085
2016-05-31	0.03706	0.04900	0.02424	0.02208	-0.00541
2016-06-30	0.09798	-0.01889	0.03298	-0.12298	-0.00660
2016-07-31	0.07696	0.06162	-0.10626	0.02920	0.02300
2016-08-31	0.05129	0.07297	-0.00517	0.01665	0.00911
2016-09-30	-0.01367	0.09025	0.00774	0.00000	0.00440
2016-10-31	0.02533	-0.11083	-0.08026	0.05283	-0.01749
2016-11-30	0.06324	0.02796	-0.09031	0.03517	-0.01238
2016-12-31	0.03157	-0.09439	-0.02002	-0.00868	0.02144
2017-01-31	0.09066	0.20562	-0.01410	-0.05831	0.02008
2017-02-28	-0.02619	-0.10390	-0.05179	0.00690	0.01157
2017-03-31	0.06934	0.10718	-0.07054	0.11062	0.03227
평균	0.01042	0.00525	0.02644	0.01512	0.00183
분산	0.00406	0.01065	0.00655	0.00707	0.00049
표준편차	0.06369	0.10318	0.08096	0.08410	0.02214

〈제2단계〉 개별종목의 기대수익률, 분산, 표준편차, 공분산, 상관계수의 측정

투입정보	Excel함수식
기대수익률	=AVERAGE(수익률의 시작셀 : 수익률의 끝셀)
분산	=VARP(수익률의 시작셀 : 수익률의 끝셀) * 표본자료인 경우는 =VAR 사용
표준편차	=STDEVP(수익률의 시작셀 : 수익률의 끝셀) * 표본자료인 경우는 =STDEV 사용
공분산	=COVAR(주식1 수익률의 셀영역 : 주식2 수익률의 셀영역)
상관계수	=CORREL(주식1 수익률의 셀영역 : 주식2 수익률의 셀영역) 또는 =COVAR(주식1 수익률의 셀영역 : 주식2 수익률의 셀영역)/ [STDEVP(주식1 수익률의 셀영역)*STDEVP(주식2 수익률의 셀영역)]

F4 =AVERAGE(B2:B40)

	A	B	C	D	E	F	G
1	일자	삼성전자	아모레			*2종목 기대수익 위험 공분산*	
2	2014-01-31	-0.06941	0.01193			<수익률 계산방법>	
3	2014-02-28	0.05250	0.14849			삼성전자	아모레
4	2014-03-31	-0.00446	0.07069		월평균	0.0104	0.0264
5	2014-04-30	0.00000	0.05782		월분산	0.0041	0.0066
6	2014-05-31	0.07182	0.08194		월표준편차	0.0637	0.0810
7	2014-06-30	-0.08758	0.05047		연평균	0.1251	0.3173
8	2014-07-31	0.01576	0.14965		연분산	0.0487	0.0786
9	2014-08-31	-0.08464	0.17570		연표준편차	0.2206	0.2804
10	2014-09-30	-0.04136	0.12545		공분산	-0.0008	
11	2014-10-31	0.04943	-0.03922		상관계수	-0.1551	
12	2014-11-30	0.03398	0.08338				
13	2014-12-31	0.03061	-0.11878		F4	=AVERAGE(B2:B40)	
14	2015-01-31	0.02823	0.17743		F5	=VARP(B2:B40)	
15	2015-02-28	-0.00588	0.07414		F6	=STDEVP(B2:B40)	
16	2015-03-31	0.06006	0.16138		F7	=12*F4	
17	2015-04-30	-0.02175	0.14641		F8	=12*F5	
18	2015-05-31	-0.07586	0.03912		F9	=SQRT(12)*F6	
19	2015-06-30	-0.03029	0.03407		F10	=COVAR(B2:B40,C2:C40)	
20	2015-07-31	-0.06770	-0.01689		F11	=CORREL(B2:B40,C2:C40)	

[EXCEL 5-2] 2종목 포트폴리오의 기대수익률과 위험의 측정

[시트(5장)5-5 2종목 포트폴리오 MVP 구성]

E5 =\$D\$2*C5+(1-\$D\$2)*D5

	A	C	D	E
1		*2종목 포트폴리오 구성과 MVP구성*		
2		투자비율(삼성전자)	0.5	
3				
4		삼성전자	아모레	포트폴리오(P)
5		-0.0694	0.0119	-0.0287
6		0.0525	0.1485	0.1005
7		-0.0045	0.0707	0.0331
8		0.0000	0.0578	0.0289
9		0.0718	0.0819	0.0769
10		-0.0876	0.0505	-0.0186
11		0.0158	0.1496	0.0827
12		-0.0846	0.1757	0.0455
13		-0.0414	0.1254	0.0420
14		0.0494	-0.0392	0.0051
15		0.0340	0.0834	0.0587
16		0.0306	-0.1188	-0.0441
17		0.0282	0.1774	0.1028
18		-0.0059	0.0741	0.0341
19		0.0601	0.1614	0.1107
20		-0.0217	0.1464	0.0623
21		-0.0759	0.0391	-0.0184
22		-0.0303	0.0341	0.0019
23		-0.0677	-0.0169	-0.0423
24		-0.0845	-0.0824	-0.0834
25		0.0405	0.0170	0.0288
26		0.1905	-0.0197	0.0854
27		-0.0663	0.0666	0.0002
28		-0.0189	0.0269	0.0040
29		-0.0913	-0.0220	-0.0567
30		0.0241	-0.0984	-0.0372
31		0.1077	0.0504	0.0791
32		-0.0524	0.0529	0.0002
33		0.0371	0.0242	0.0306
34		0.0980	0.0330	0.0655
35		0.0770	-0.1063	-0.0147
36		0.0513	-0.0052	0.0231
37		-0.0137	0.0077	-0.0030
38		0.0253	-0.0803	-0.0275
39		0.0632	-0.0903	-0.0135
40		0.0316	-0.0200	0.0058
41		0.0907	-0.0141	0.0383
42		-0.0262	-0.0518	-0.0390
43		0.0693	-0.0705	-0.0006
44				
45			P의 평균	0.0184
46			P의 표준편차	0.0475
47				

〈제1단계〉 포트폴리오 월별수익률의 측정

두 개의 종목(4종목 중에서 삼성전자와 아모레 선택)으로 구성된 포트폴리오의 기대수익률(평균)과 위험(표준편차)을 측정하기 위해서는 먼저 셀 C5에는 삼성전자에 대한 임의의 투자비율(이 예제에서는 0.5)을 입력한다. 따라서 아모레에 대한 투자비율은 1－C5가 될 것이다.

셀 E5에는 삼성전자와 아모레에 각각 50%씩 투자된 2014년 1월 포트폴리오(P)의 수익률을 나타내주고 있다. 이 투자비율은 기준이 되는 투자비율이므로 절대참조 형식($를 각 셀 주소에 표시하거나, F4 키를 활용)이어야 한다. 나머지 월은 자동채우기 핸들을 사용, 계산한다.

셀 E5 : ＝$D$2*C5＋(1－$D$2)*D5

〈제2단계〉 포트폴리오 기대수익률과 표준편차의 측정

셀 E45와 E46에는 다음 방법으로 각각 포트폴리오 P의 39개월 동안의 기대수익률의 평균과 표준편차가 측정되어 있다.

셀 E45 : ＝AVERAGE(E5 : E40),　　셀 E46 : ＝STDEVP(E5 : E40)

[EXCEL 5-3] 2종목 포트폴리오 결합선과 최소분산 포트폴리오의 도출

[시트(5장)5-5 2종목 포트폴리오 MVP 구성]

〈제1단계〉 2종목 포트폴리오 결합선

투자비율이 달라질 경우의 포트폴리오의 평균수익률과 위험은 Excel의 "데이터(D)-표(T)"의 기능을 활용하여 계산한다.

(1) 기준포트폴리오(삼성전자의 투자비율이 50%인 경우의 포트폴리오 P)의 표준편차와 평균을 계산한 후, 이를 기준(절대)참조하도록 관련 참조 셀 주소를 입력한다

다음 표 E45과 E46에 기준포트폴리오의 평균과 표준편차를 계산한다. 그 다음 셀 D49에 ＝E45를 입력하고 셀 E49에 ＝E46이라고 다시 입력한다. 이렇게 처리하면 나중에 투자비율이 0～120%까지 바뀔 때의 평균값과 표준편차는 D49, E49가 준거점이 되어 계산된다.

E5 fx =$D$2*C5+(1-$D$2)*D5

	C	D	E
39	0.0632	-0.0903	-0.0135
40	0.0316	-0.0200	0.0058
41	0.0907	-0.0141	0.0383
42	-0.0262	-0.0518	-0.0390
43	0.0693	-0.0705	-0.0006
44			
45		P의 평균	0.0184
46		P의 표준편차	0.0475
47			
48	투자비율	P의 표준편차	P의 평균
49		0.0475	0.0184
50	0.0000	0.0810	0.0264
51	0.1000	0.0721	0.0248
52	0.2000	0.0640	0.0232
53	0.3000	0.0569	0.0216
54	0.4000	0.0512	0.0200
55	0.5000	0.0475	0.0184
56	0.6000	0.0461	0.0168
57	0.7000	0.0473	0.0152
58	0.8000	0.0510	0.0136
59	0.9000	0.0566	0.0120
60	1.0000	0.0637	0.0104
61	1.1000	0.0718	0.0088
62	1.2000	0.0805	0.0072
63			
64			
65			
66			
67		삼성전자	아모레
68	평균	0.0104	0.0264
69	분산	0.0041	0.0066
70	표준편차	0.0637	0.0810
71	공분산	-0.0008	
72	상관계수	-0.1551	
73			
74		삼성전자	아모레
75	최적투자비율	0.6023	0.3977
76	MVP의 평균	0.0168	
77	MVP의 분산	0.0021	
78	MVP의 표준편차	0.0461	
79			

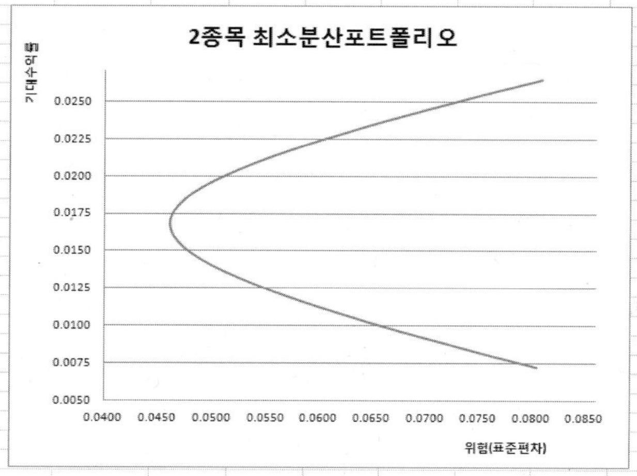

(2) Data Table 표시영역을 설정한다

이제는 주식 X(삼성전자)에 대한 투자비율이 0%에서 120%로 10%씩 증가될 경우에는 기준포트폴리오 월간수익률의 표준편차와 평균이 어떻게 달라지는지를 보여줄 데이터 표를 작성한다(연속데이터를 만드는 방법은 각자 시도). Data Table 영역(C49 : E62)을 마우스로 지정한다.

(3) 2단계처럼 Data Table 작성준비가 완료되었으면, 이제는 표와 같이 메뉴의 데이터(D)-표(T)를 순서대로 클릭한다

〈표 대화상자〉에는 직접 입력하거나 마우스로 클릭하여 반드시 지정해 주어야만 하는 행입력셀(R)과 열입력셀(C)이 있다. 본 예제에서는 투자비율이 열형태로 배열되어 있으므로 열입력셀(C)에 최초에 임의로 투자비율을 지정한 바 있었던 D2셀을 직접 입력해 주거나 D2셀 주소를 마우스로 클릭하면 자동으로 절대셀 형태($D$2)로 변환되어 열입력셀(C)에 나타날 것이다. 마지막으로 〈확인〉 단추를 누르면 data table이 작성된다.

〈제2단계〉 2종목 포트폴리오의 최소분산 포트폴리오의 도출

(1) 차트의 작성

위의 작업이 완료되면 투자비율이 달라질 경우 기준포트폴리오의 기대수익(평균)과 위험(표준편차)을 시각적으로 보기 위한 그림을 그린다.

우선 먼저 그림으로 표현할 데이터영역(D50 : E62)을 마우스로 드래그하여 지정한 다음 메뉴부분에 있는 차트마법사 아이콘을 클릭하여 차트마법사 대화상자에서 작업을 완성해 나간다. 차트마법사 대화상자에서 차트종류(C)로는 분산형을 선택하고, 하위종류(T)로는 2번째를 선택한다. 그 다음 차트제목(T)과 X축 이름, Y축 이름을 입력한다. 차트모양이 확대되도록 적절히 편집한다.

(2) 최소분산 포트폴리오의 도출

이상에서는 투자비율의 간격을 10%로 하여 작성한 MVP투자비율이 대략 $w_X^* = 0.6$임을 짐작할 수 있다. 그러나 보다 정확한 MVP의 투자비율(w^*) 계산방법은 앞서 다룬 바 있는 식을 활용한다.

$$w_X^* = \frac{\sigma_Y^2 - \sigma_{XY}}{\sigma_X^2 + \sigma_Y^2 - 2\sigma_{XY}} = \frac{\sigma_Y^2 - \sigma_X\sigma_Y\sigma_{XY}}{\sigma_X^2 + \sigma_Y^2 - 2\sigma_X\sigma_Y\sigma_{XY}} \qquad \text{(A5.16)}$$

(3) 차트의 편집 및 최소분산 포트폴리오(MVP) 표시

삼성전자의 최적투자비율	D75 : =(E69−D71)/(D69+E69−2*D71)
아모레의 최적투자비율	E75 : =1−D75
MVP의 평균	D76 : =D75*D68+E75*E68
MVP의 분산	D77 : =D75^2*D69+E75^2*E69+2*D75*E75*D70*E70*D72
MVP의 표준편차	D78 : =SQRT(D77)

제 6 장 효율적 포트폴리오, 최적포트폴리오의 구성

[EXCEL 6-1] n 종목 포트폴리오 결합선과 최소분산 포트폴리오의 도출

[시트 (6장)6-1 4종목 포트폴리오 구성]

n 종목으로 구성되는 포트폴리오 결합선을 도출하기 위해서는 다음 단계별 과정이 필요하다.

① n 종목 포트폴리오의 기대수익률과 분산(표준편차) 측정
② 임의의 두 포트폴리오간의 결합
③ n 종목 포트폴리오 결합선과 최소분산 포트폴리오 도출

여기서 임의의 두 포트폴리오를 기준으로 분석하는 이유는 아무리 많은 종목이라도 두 종목의 결합관계에서 분석될 수 있기 때문이다. 다수종목으로 구성되는 서로 다른 두 포트폴리오에 대해서 투자비율을 달리하여 얻어지는 것이 n 종목 포트폴리오 결합선이다. 4종목인 경우를 예로 하여 도출 과정을 설명한다.

(1) 4종목 포트폴리오의 기대수익률 측정

① 기대수익률 $E(R_p) = w_1 E(R_1) + w_2 E(R_2) + w_3 E(R_3) + w_4 E(R_4)$

EXCEL에서는 행렬연산방법으로 이것의 해를 구한다.

$$E(R_p) = [w_1,\ w_2,\ w_3,\ w_4] \begin{bmatrix} E(R_1) \\ E(R_2) \\ E(R_3) \\ E(R_4) \end{bmatrix} \qquad \text{(A6.3-1)}$$

$$= W \cdot E(R)$$

단, $W = [w_1, w_2, w_3, w_4]$: 개별종목 각각의 투자비율 행벡터(row vector)

$$E(R) = \begin{bmatrix} E(R_1) \\ E(R_2) \\ E(R_3) \\ E(R_4) \end{bmatrix}$$: 개별종목 각각의 기대수익률 열벡터(column vector)

EXCEL에서는 이 두 벡터의 곱을 MMULT(matrix multiplication)함수로 처리하고 있다. 그래서 $E(R_p)$를 측정하기 위해서는 다음과 같이 입력한다.

포트폴리오 기대수익률 : =MMULT(투자비율 행벡터, 기대수익률 열벡터)

4종목의 분산 · 공분산 행렬과 기대수익률은 주어진 자료("4종목 포트폴리오 구성" 시트)와 같다.

이제 다수종목의 결합도 두 포트폴리오의 결합관계에 의해서 분석될 수 있으므로 투자비율을 다음과 같이 서로 다르게 투자한 임의의 두 포트폴리오를 port 1, port 2라 하자.

포트폴리오 \ 투자비율	(w_1)	(w_2)	(w_3)	(w_4)
port 1	0.3	0.4	0.2	0.1
port 2	0.6	0.2	0.1	0.1

이들 4주식에 대하여 투자비율을 0.3, 0.4, 0.2, 0.1씩 투자한 port 1의 기대수익률은 다음과 같은 방법으로 추정한다.

port 1의 기대수익률 : 셀 C14 = MMULT(투자비율 열벡터, 기대수익률 행벡터)
= MMULT(C9 : F9, I3 : I6)

투자비율을 0.6, 0.2, 0.1, 0.1씩 투자한 port 2의 기대수익률도 동일한 방법으로 측정한다.

port 2의 기대수익률 : 셀 D14=MMULT(C10 : F10, I3 : I6)

(2) 4종목 포트폴리오의 위험 측정

$$\begin{aligned}\sigma_p^2 &= \sum_{i=1}^{4}\sum_{j=1}^{4} w_i w_j \sigma_{ij} = w_1^2\sigma_1^2 + w_2^2\sigma_2^2 + w_3^2\sigma_3^2 + w_4^2\sigma_4^2 \\ &\quad + 2(w_1 w_2 \sigma_{12} + w_2 w_3 \sigma_{23} + \cdots\cdots + w_4 w_1 \sigma_{41}) \\ &= [w_1, w_2, w_3, w_4]\begin{bmatrix}\sigma_{11}, \sigma_{21}, \sigma_{31}, \sigma_{41} \\ \sigma_{12}, \sigma_{22}, \sigma_{32}, \sigma_{42} \\ \sigma_{13}, \sigma_{23}, \sigma_{33}, \sigma_{43} \\ \sigma_{14}, \sigma_{24}, \sigma_{34}, \sigma_{44}\end{bmatrix}\begin{bmatrix}w_1 \\ w_2 \\ w_3 \\ w_4\end{bmatrix} \\ &= W_i \cdot S \cdot W_i^T\end{aligned} \tag{A6.5-1}$$

단, W_i, W_i^T : 주식 i의 투자비율 행벡터와 투자비율의 전치행렬
S : 분산공분산 행렬

• 투자비율의 전치행렬의 생성방법

포트폴리오 분산을 구하기 위해서는 투자비율 행렬(W_i)만이 아니라 투자비율의 전치행렬(W_i^T)도 필요하다. 전치행렬을 생성하는 방법은 다음과 같다.

셀 영역 B9 : F10에 port 1과 port 2의 투자비율을 각각 직접 입력한다. 그런 다음, 전치행렬을 생성하고자 하는 셀영역(G13 : H17)을 마우스로 드래그한 다음, 수식입력 부분에 =TRANSPOSE(B9 : F10)이라고 입력한다. 수식입력이 완료되었으면, Ctrl+Shift+Enter↵ 키를 동시에 클릭한다. 그러면 표에서 보는 것 같이 전치행렬이 생성된다.

EXCEL에서 분산과 표준편차를 구하는 행렬연산은 다음과 같이 입력하면 구해진다.

port 1의 분산(셀 C15) : =MMULT(C9 : F9, MMULT(C3 : F6, G14 : G17))

port 2의 분산(셀 D15) : =MMULT(C10 : F10, MMULT(C3 : F6, H14 : H17))

port 1의 표준편차(셀 C16) : =SQRT(셀 C15)

port 2의 표준편차(셀 D16) : =SQRT(셀 D15)

C14 : =MMULT(C9 : F9, I3 : I6)　　C15 : =MMULT(C9 : F9, MMULT(C3 : F6, G14 : G17))

C16 : =SQRT(C15)　　C17 : =MMULT(C9 : F9, MMULT(C3 : F6, H14 : H17))

C18 : =C17/(C16*D16)　　D14 : =MMULT(C10 : F10, I3 : I6)

D15 : =MMULT(C10 : F10, MMULT(C3 : F6, H14 : H17))　　D16 : =SQRT(D15)

C23 : =$C$20*C14+(1−$C$20)*D14

C24 : =$C$20^2*C15+(1−$C$20)^2*D15+2*$C$20*(1−$C$20)*C16*D16*C18

C25 : =SQRT(C24)

C14 =MMULT(C9:F9,I3:I6)

	A	B	C	D	E	F	G	H
1		[4종목 포트폴리오 구성]	분산공분산 메트릭스(S)					
2			삼성전자	엔씨소프트	아모레퍼시픽	SK		
3		삼성전자	0.00406	0.00066	-0.00080	-0.00002		
4		엔씨소프트	0.00066	0.01067	-0.00146	0.00010		
5		아모레퍼시픽	-0.00080	-0.00146	0.00681	0.00226		
6		SK	-0.00002	0.00010	0.00226	0.00709		
7								
8		투자비율(W)						
9		port1	0.3	0.4	0.2	0.1		
10		port2	0.25	0.25	0.25	0.25		
11								
12		각 포트폴리오의 통계량					전치행렬(W^T)	
13			port 1	port 2			port1	port2
14		평균	0.0120	0.0143			0.3	0.25
15		분산	0.0023	0.0019			0.4	0.25
16		표준편차	0.0484	0.0434			0.2	0.25
17		공분산	0.0019				0.1	0.25
18		상관계수	0.8887					
19								
20		port 1에 대한 투자비율	0.3					
21								
22			port 3					
23		평균	0.0136					
24		분산	0.0019					
25		표준편차	0.0438					

(3) 두 포트폴리오의 공분산, 상관계수 측정

$$cov(P1,\ P2) = W_i \cdot S \cdot W_j^T \quad \text{(A6.5-2)}$$

단, W_i : port i(여기서는 port 1)에 대한 투자비율 행렬
W_j^T : port j(여기서는 port 2)에 대한 투자비율의 전치행렬
S : 분산공분산 행렬

포트폴리오들간의 공분산(셀 C17) : =MMULT(C9 : F9, MMULT(C3 : F6, H14 : H17))
포트폴리오들간의 상관계수(셀 C18) : =C17/(C16*D16)

(4) port 1과 port 2로 구성된 새로운 포트폴리오 port 3의 기대수익, 위험 측정

port 1과 port 2에 대한 투자비율을 임의로 각각 0.3, 0.7로 하는 포트폴리오를 port 3이라고 정의하고, 이 port 3의 기대수익률과 분산 그리고 공분산을 계산해 보기로 하자. port 3의 기대수익률과 분산은 2개 종목의 경우와 동일하다.

이제 port 1에 대한 투자비율(w)이 30%인 경우를 보기 위해 C20에 0.3이라고 입력하고, 다음의 EXCEL함수식을 실행하면 port 3의 기대수익률(C23), 분산(C24), 표준편차(C25)를 구할 수 있다.

(5) 4종목 포트폴리오 결합선과 최소분산 포트폴리오

port 1과 port 2에 대한 투자비율이 0~100%로 10%씩 변화될 때 port 3의 기대수익과 위험의 계산은 [EXCEL 5-3]에서 적용한 방법과 동일하게 "데이터(D)-표(T)" 기능을 활용하면 된다.

(1단계) Data Table을 작성할 준비를 한다.
(2단계) 데이터영역 설정 및 표(T) 기능 이용
(3단계) Data Table의 완성
(4단계) 차트의 작성

O33

	B	C
17	공분산	0.0019
18	상관계수	0.8887
20	port 1에 대한 투자비율	0.3
22		port 3
23	평균	0.0136
24	분산	0.0019
25	표준편차	0.0438

G	H
0.1	0.25

K	L	M	N	O
SK	-0.00002	0.00012	0.00218	0.00707

port 3

투자비율	표준편차	평균
	0.0438	0.0136
-0.50	0.044944	0.015450
-0.40	0.044413	0.015222
-0.30	0.043987	0.014994
-0.20	0.043670	0.014766
-0.10	0.043464	0.014538
0.00	0.043371	0.014310
0.10	0.043392	0.014081
0.20	0.043526	0.013853
0.30	0.043772	0.013625
0.40	0.044128	0.013397
0.50	0.044593	0.013169
0.60	0.045161	0.012941
0.70	0.04583039	0.01271246
0.80	0.04659579	0.0124843
0.90	0.04745275	0.01225614
1.00	0.0483964	0.01202799
1.10	0.04942177	0.01179983
1.20	0.05052388	0.01157167
1.30	0.05169784	0.01134351
1.40	0.05293885	0.01111536
1.50	0.05424232	0.0108872

(식5-16)에 의한 투자비율	
0.032	
최소분산 포트폴리오(MVP)	
평균	0.01424
분산	0.00188
표준편차	0.04337

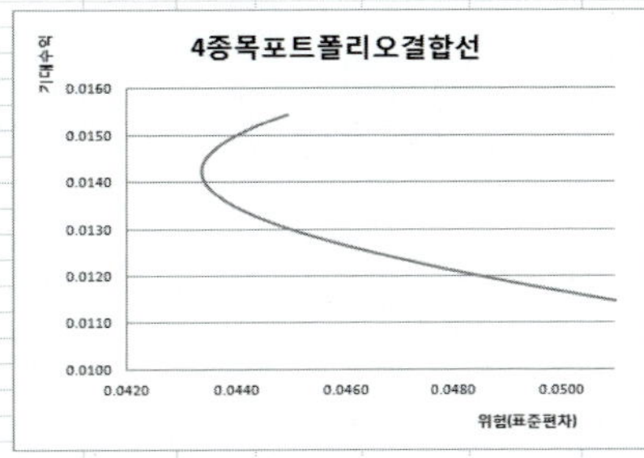

[EXCEL 6-2] 분산공분산 행렬의 추정

[시트 (6장)6-2 분산공분산 행렬]

$$\text{분산공분산 매트릭스 } S = [\sigma_{ij}] = \frac{A^T \cdot A}{N} \tag{A6.5-3}$$

단, N: 관찰치의 수(증권종목 수가 아님)

〈제1단계〉 초과수익률의 측정

EXCEL에 의해서 분산공분산 행렬을 계산하는 과정은 다음과 같다.

ⓐ 개별 주식수익률의 평균과 초과수익률을 계산한다.
ⓑ 초과수익률 행렬의 전치행렬을 구한다.
ⓒ ⓐ와 ⓑ를 곱하여 분산공분산 행렬을 구한다.

먼저 각 개별수익률에서 각 개별수익률의 평균을 차감하여 셀영역 H3 : K41과 같이 초과수익률을 측정한다. 그 다음 셀영역 C42 : AO45와 같이 초과수익률의 전치행렬을 구한다. 그리고 최종적으로 초과수익률의 전치행렬과 초과수익률 행렬을 서로 곱하여 분산공분산 행렬을 구한다.

H3 =C3-$C$43

	B	C	D	E	F	G	H	I	J	K	L
1		월말수익률		*분산 공분산 행렬의 추정*			초과수익률				
2	일자	삼성전자	엔씨소프트	아모레퍼시픽	SK		삼성전자	엔씨소프트	아모레퍼시픽	SK	
3	2014-01-31	-0.0694	-0.2247	0.0119	-0.0770		-0.0798	-0.2351	0.0015	-0.0874	
4	2014-02-28	0.0525	-0.0385	0.1485	0.1484		0.0421	-0.0489	0.1381	0.1380	
5	2014-03-31	-0.0045	0.1322	0.0707	0.0306		-0.0149	0.1218	0.0603	0.0201	
6	2014-04-30	0.0000	-0.0615	0.0578	-0.0550		-0.0104	-0.0719	0.0474	-0.0654	
7	2014-05-31	0.0718	-0.1961	0.0819	0.1567		0.0614	-0.2065	0.0715	0.1463	
8	2014-06-30	-0.0876	0.0798	0.0505	0.0060		-0.0980	0.0694	0.0400	-0.0044	
9	2014-07-31	0.0158	-0.1569	0.1496	0.0119		0.0053	-0.1673	0.1392	0.0015	
10	2014-08-31	-0.0846	-0.0731	0.1757	0.2320		-0.0951	-0.0835	0.1653	0.2216	
11	2014-09-30	-0.0414	-0.0752	0.1254	0.1321		-0.0518	-0.0856	0.1150	0.1216	
12	2014-10-31	0.0494	0.0889	-0.0392	0.0000		0.0390	0.0784	-0.0496	-0.0104	
13	2014-11-30	0.0340	0.0816	0.0834	-0.0838		0.0236	0.0712	0.0730	-0.0943	
14	2014-12-31	0.0306	0.1320	-0.1188	-0.0435		0.0202	0.1215	-0.1292	-0.0540	
15	2015-01-31	0.0282	0.1043	0.1774	0.0959		0.0178	0.0938	0.1670	0.0855	
16	2015-02-28	-0.0059	-0.1237	0.0741	-0.0797		-0.0163	-0.1341	0.0637	-0.0901	
17	2015-03-31	0.0601	0.0167	0.1614	0.0690		0.0496	0.0062	0.1510	0.0586	
18	2015-04-30	-0.0217	0.1193	0.1464	0.0904		-0.0322	0.1089	0.1360	0.0800	
19	2015-05-31	-0.0759	-0.0374	0.0391	-0.0198		-0.0863	-0.0478	0.0287	-0.0303	
20	2015-06-30	-0.0303	0.0076	0.0341	0.1028		-0.0407	-0.0028	0.0236	0.0923	
21	2015-07-31	-0.0677	0.1006	-0.0169	0.1014		-0.0781	0.0901	-0.0273	0.0910	
22	2015-08-31	-0.0845	-0.0046	-0.0824	-0.1252		-0.0949	-0.0150	-0.0928	-0.1356	
23	2015-09-30	0.0405	-0.1450	0.0170	-0.1013		0.0301	-0.1555	0.0066	-0.1117	
24	2015-10-31	0.1905	0.0026	-0.0197	0.0901		0.1801	-0.0078	-0.0301	0.0797	
25	2015-11-30	-0.0663	0.1605	0.0666	0.0112		-0.0767	0.1501	0.0562	0.0008	
26	2015-12-31	-0.0189	-0.0436	0.0269	-0.1157		-0.0293	-0.0541	0.0165	-0.1261	
27	2016-01-31	-0.0913	0.0962	-0.0220	-0.0189		-0.1018	0.0857	-0.0324	-0.0293	
28	2016-02-29	0.0241	0.0232	-0.0984	0.0496		0.0136	0.0128	-0.1088	0.0392	
29	2016-03-31	0.1077	0.0547	0.0504	-0.1063		0.0973	0.0443	0.0400	-0.1167	
30	2016-04-30	-0.0524	-0.1016	0.0529	0.0045		-0.0628	-0.1121	0.0425	-0.0059	
31	2016-05-31	0.0371	0.0490	0.0242	0.0221		0.0266	0.0386	0.0138	0.0117	
32	2016-06-30	0.0980	-0.0189	0.0330	-0.1230		0.0876	-0.0293	0.0226	-0.1334	
33	2016-07-31	0.0770	0.0616	-0.1063	0.0292		0.0665	0.0512	-0.1167	0.0188	
34	2016-08-31	0.0513	0.0730	-0.0052	0.0166		0.0409	0.0625	-0.0156	0.0062	
35	2016-09-30	-0.0137	0.0902	0.0077	0.0000		-0.0241	0.0798	-0.0027	-0.0104	
36	2016-10-31	0.0253	-0.1108	-0.0803	0.0528		0.0149	-0.1212	-0.0907	0.0424	
37	2016-11-30	0.0632	0.0280	-0.0903	0.0352		0.0528	0.0175	-0.1007	0.0247	
38	2016-12-31	0.0316	-0.0944	-0.0200	-0.0087		0.0211	-0.1048	-0.0304	-0.0191	
39	2017-01-31	0.0907	0.2056	-0.0141	-0.0583		0.0802	0.1952	-0.0245	-0.0687	
40	2017-02-28	-0.0262	-0.1039	-0.0518	0.0069		-0.0366	-0.1143	-0.0622	-0.0035	
41	2017-03-31	0.0693	0.1072	-0.0705	0.1106		0.0589	0.0968	-0.0810	0.1002	
42											
43	평균	0.0104	0.0053	0.0264	0.0151						
44											
45	초과수익률의 전치행렬										
46	삼성전자	-0.0798	0.0421	-0.0149	-0.0104	0.0614	-0.0980	0.0053	-0.0951	-0.0518	0.0390
47	엔씨소프트	-0.2351	-0.0489	0.1218	-0.0719	-0.2065	0.0694	-0.1673	-0.0835	-0.0856	0.0784
48	아모레퍼시픽	0.0015	0.1381	0.0603	0.0474	0.0715	0.0400	0.1392	0.1653	0.1150	-0.0496
49	SK	-0.0874	0.1380	0.0201	-0.0654	0.1463	-0.0044	0.0015	0.2216	0.1216	-0.0104
50											
51	분산 공분산 메트릭스										
52		삼성전자	엔씨소프트	아모레퍼시픽	SK		기대수익률				
53	삼성전자	0.00406	0.00066	-0.00080	-0.00002		0.0104				
54	엔씨소프트	0.00066	0.01067	-0.00146	0.00010		0.0053				
55	아모레퍼시픽	-0.00080	-0.00146	0.00681	0.00226		0.0264				
56	SK	-0.00002	0.00010	0.00226	0.00709		0.0151				
57											

삼성전자 평균수익률 계산 : C43=AVERAGE(C3 : C41)

2014년 1월 초과수익률 계산 : H3=C3−C$43

* 나머지 주식들의 초과수익률은 자동핸들기능(+)을 이용하여 구함

〈제2단계〉 초과수익률 행렬의 전치행렬(A^T) 계산 : =TRANSPOSE함수를 이용

〈제3단계〉 분산공분산 행렬의 계산 : = MMULT(초과수익률 전치행렬, 초과수익률 행렬) / 표본수
= MMULT(C46 : AO49, H3 : K41)/39

수식입력이 완료되었으면, Ctrl + Shift + Enter↵ 키를 동시에 누른다.

[EXCEL 6-3] 효율적 포트폴리오의 도출

[시트 (6장)6-3 효율적 포트폴리오의 도출]

(1) 효율적 포트폴리오를 찾는 방법

효율적 포트폴리오를 찾는 것은 일정한 기대수익률($E(R_p)^*$)이 예상되는 포트폴리오들 중에서 다음 비율 θ를 최대화시키는 포트폴리오를 찾는 것이 된다.

$$\text{maximize} \qquad \theta = \frac{E(R_p)^* - C}{\sigma_p} \tag{A6.10}$$

$$\text{subject to} \qquad \sum_{j=1}^{n} w_j = 1.0$$

단, C는 임의의 수익률

여기서 θ값은 포트폴리오 위험 σ_p에 비하여 C를 상회하는 초과수익률($E(R_p)^* - C$)의 정도, 즉 기울기를 측정한 것인데, 효율적 포트폴리오는 동일한 기대수익률을 가져오는 수많은 포트폴리오 중에서 이 θ값(기울기)이 최대인 경우이다.

한편 효율적 프론티어(efficient frontier)상에는 수많은 효율적 포트폴리오들이 있는데, 이들 효율적 포트폴리오군들은 2개의 효율적 포트폴리오만 계산되면 찾아진다. 왜냐하면 정리(theorem) (두 효율적 포트폴리오 결합 역시 효율적 프론티어상에 놓인다)가 성립하기 때문이다.

따라서 효율적 포트폴리오군들을 찾기 위해서는 2개의 효율적 포트폴리오 X와 Y만 찾아내면 된다. 특정한 2개의 효율적 포트폴리오는 식 A.5에서 C값으로 임의의 2개의 서로 다른 값 $C1$, $C2$를 부여하면 계산된다.

(2) EXCEL을 활용하여 효율적 프론티어를 구성하는 방법

서로 다른 두 상수 C에 대하여 초과수익률 열벡터를 $R-C$로, 공분산행렬을 S로 표시한다.

$$[R-C] = \begin{bmatrix} E(R_1) - C \\ E(R_2) - C \\ E(R_3) - C \\ E(R_4) - C \end{bmatrix} \qquad S = \begin{bmatrix} \sigma_{11} & \sigma_{21} & \sigma_{31} & \sigma_{41} \\ \sigma_{12} & \sigma_{22} & \sigma_{32} & \sigma_{42} \\ \sigma_{13} & \sigma_{23} & \sigma_{33} & \sigma_{43} \\ \sigma_{14} & \sigma_{24} & \sigma_{34} & \sigma_{44} \end{bmatrix}$$

$$Z=\frac{[R-C]}{S} \qquad SZ=[R-C] \qquad S^{-1}\cdot S\cdot Z=S^{-1}\cdot[R-C]$$

$$Z=S^{-1}\cdot[R-C] \tag{A6.10-1}$$

공분산행렬의 역행렬(inverse matrix)인 S^{-1}을 구하여 이것을 초과수익률 열벡터인 $[R-C]$에 곱하면 Z가 구해진다. 그 다음 Z의 구성비를 구하면 이것이 효율적 포트폴리오를 구성하는 최적투자비율이 된다. 역행렬을 구하는 EXCEL명령어는 =MINVERSE(본래 공분산행렬영역)이다.

B18 {=MINVERSE(B3:E6)}

	A	B	C	D	E	F	G	H
1	*효율적포트폴리오의 도출*		분산 공분산 메트릭스				기대수익률	
2		삼성전자	엔씨소프트	아모레퍼시픽	SK			
3	삼성전자	0.00406	0.00066	-0.00080	-0.00002		0.0104	
4	엔씨소프트	0.00066	0.01067	-0.00146	0.00010		0.0053	
5	아모레퍼시픽	-0.00080	-0.00146	0.00681	0.00226		0.0264	
6	SK	-0.00002	0.00010	0.00226	0.00709		0.0151	
7								
8		상수	0.00					
9			0.05					
10								
11		초과수익률(1)	초과수익률(2)					
12		0.0104	-0.0396					
13		0.0053	-0.0447					
14		0.0264	-0.0236					
15		0.0151	-0.0349					
16								
17		분산 공분산 메트릭스 역행렬						
18	삼성전자	254.3543	-11.5954	30.2091	-8.5642			
19	엔씨소프트	-11.5954	97.5519	22.3584	-8.4833			
20	아모레퍼시픽	30.2091	22.3584	173.5034	-55.3567			
21	SK	-8.5642	-8.4833	-55.3567	158.6379			
22								
23		Z값		투자비율				
24		port 1	port 2	P1W	P2W		기대수익률	
25	삼성전자	3.25902	-9.96117	0.35822	0.45358		0.0104	
26	엔씨소프트	0.85445	-4.13713	0.09392	0.18838		0.0053	
27	아모레퍼시픽	4.18241	-4.35331	0.45972	0.19822		0.0264	
28	SK	0.80184	-3.50984	0.08814	0.15982		0.0151	
29								
30								
31								
32	P1WT	0.35822	0.09392	0.45972	0.08814			
33	P2WT	0.45358	0.18838	0.19822	0.15982			
34								
35	port1의 평균	0.0177	port2의 평균	0.0134				
36	port1의 분산	0.0019	port2의 분산	0.0017				
37	port1의 표준편차	0.0441	port2의 표준편	0.0408				
38								

1) 초과수익률의 측정

C=0.00인 경우 초과수익률(1) 열벡터 : B12 =G3-$C$8

C=0.05인 경우 초과수익률(2) 열벡터 : C12 =G3-$C$9

2) 분산공분산 행렬의 역행렬의 측정 : =MINVERSE(B3 : E6)

3) Z값의 측정

B25 : =MMULT(B18 : E21, B12 : B15)　　C25 : =MMULT(B18 : E21, C12 : C15)

4) 최적투자비율의 측정

D25 : =B25/SUM($B$25 : $B$28)　　E25 : =C25/SUM($C$25 : $C$28)

5) 셀영역 B32 : E33 최적투자비율 행렬의 전치행렬을 생성한다.

6) 효율적 포트폴리오 port 1에 대한 평균, 분산, 표준편차, 공분산, 상관계수의 측정(port 2도 동일방법)

평균 B35 : =MMULT(B32 : E32, G25 : G28)
분산 B36 : =MMULT(B32 : E32, MMULT(B3 : E6, D25 : D28))
표준편차 B37 : =SQRT(C36)
공분산 B39 : =MMULT(B32 : E32, MMULT(B3 : E6, E25 : E28))
상관계수 B40 : =B39/(B37*D37)

(3) 효율적 결합선을 도출하는 방법

먼저 port 1과 port 2에 대한 평균, 분산, 표준편차, 포트폴리오간의 공분산과 상관계수를 구한다. 그 다음 port 1에 대한 임의의 투자비율을 지정(셀 C42)한 후, 셀영역 C44에서 C46에 2종목의 경우와 동일방법으로 port 3에 대한 평균, 분산, 표준편차를 측정한다.

최종적으로 엑셀화면의 메뉴에서 "데이터(D)-표(T)" 기능을 활용하여 port 1에 대한 투자비율이 0%에서 170%로 달라질 경우 port 3의 표준편차와 평균을 측정한다. 마지막으로 이를 차트로 표시한다. 다음 그림은 셀영역 C51 : D72를 이용하여 효율적 포트폴리오 결합선을 도시한 것이다.

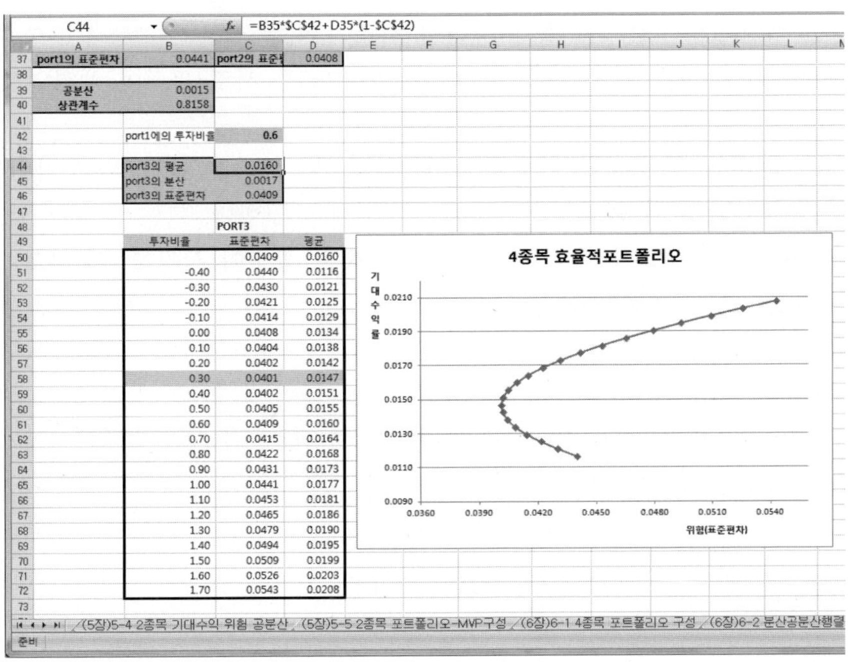

[EXCEL 6-4] 시장포트폴리오의 구성

[시트 (6장)6-4 시장포트폴리오의 구성]

(1) 시장포트폴리오 M을 도출하는 방법

앞의 [EXCEL 6-3]에서는 위험자산으로만 구성된 포트폴리오 중에서 가장 효율적인 시장포트폴리오를 도출하는 방법을 살펴보았다. 시장포트폴리오 M을 도출하는 것은 무위험자산도 포함할 경우에 위험자산 포트폴리오 중에서 가장 효율적인 시장포트폴리오를 도출하는 것이다. 따라서 전 과정이 앞의 [EXCEL 6-3]에서의 도출과정과 동일하게 하되, C_1, C_2 대신 R_f를 차감한 초과수익률에 기초하여 효율적 포트폴리오를 구하면 된다. 이것이 M포트폴리오가 되기 때문이다.

① 먼저 4개의 주식으로 구성된 시장포트폴리오 M을 구하기 위해 4개의 개별주식에 대한 분산공분산 행렬 S와 개별주식의 기대수익률(평균수익률) $E(R)$ 자료를 준비한다([EXCEL 6-3]과 동일).

② 그 다음 무위험자산의 수익률인 무위험이자율(R_f)을 셀 D10과 같이 지정해 준다(주가수익률이 월단위이므로 R_f도 이에 월간 이자율로 맞춘다).

③ 셀영역 C13 : C16과 같이 4개 주식의 초과수익률(셀영역 C13 : C16)을 측정한다($[R-R_f]$ 자료의 생성).

④ 분산공분산 행렬(셀영역 C3 : F6)을 이용하여 이것의 역행렬 S^{-1}(셀영역 C19 : F22)을 구한다.

⑤ 분산공분산 역행렬 S^{-1}과 초과수익률 행렬 $[R-R_f]$를 서로 곱하여 셀영역 C25 : C28과 같이 Z값을 구한다.

⑥ 각 Z값의 구성비를 구하여 셀영역 D25 : D28과 같이 개별주식의 최적투자비율을 구한다.

⑦ 셀영역 C31 : F31과 같이 최적투자비율의 전치행렬을 구한다.

⑧ 최적투자비율의 전치행렬과 기대수익률 행렬을 서로 곱하여 시장포트폴리오 M의 평균수익률, 분산, 표준편차를 측정한다.

평균 C33 : =MMULT(C31 : F31, H3 : H6)
분산 C34 : =MMULT(C31 : F31, MMULT(C3 : F6, D25 : D28))
표준편차 C35 : =SQRT(C34)

	A	B	C	D	E	F	G
7							
8							
9			무위험이자율(연단위	0.06			
10			무위험이자율(월단위	0.005			
11							
12			초과수익률				
13		삼성전자	0.0054				
14		엔씨소프트	0.0003				
15		아모레퍼시픽	0.0214				
16		SK	0.0101				
17							
18		분산 공분산 메트릭스 역행렬					
19		삼성전자	321.94	8.41	58.37	-73.62	
20		엔씨소프트	8.41	150.30	-42.60	0.93	
21		아모레퍼시픽	58.37	-42.60	128.33	-5.92	
22		SK	-73.62	0.93	-5.92	198.82	
23							
24			Z 값	M 투자비율(W)			
25		삼성전자	2.254	0.381			
26		엔씨소프트	-0.820	-0.139			
27		아모레퍼시픽	2.997	0.506			
28		SK	1.487	0.251			
29		합계	5.918				
30							
31		W^T	0.381	-0.139	0.506	0.251	
32							
33		M port의 평균	0.0204				
34		M port의 분산	0.0026				
35		M port의 표준편차	0.0511				

[EXCEL 6-5] 최적 자산배분안의 도출

[시트 (6장)6-5 최적 자산배분안의 도출]

(1) 최적포트폴리오의 구성방법

투자대상으로 위험자산인 주식과 무위험자산에 모두 투자할 수 있는 상황에서 최적포트폴리오를 구성하는 방법은 다음과 같이 요약할 수 있다.

① 위험자산 중에서 유일하게 효율적 포트폴리오인 시장포트폴리오를 찾는다. 시장포트폴리오는 다음의 $RVAR$비율을 최대화시키는 포트폴리오이다.

$$\text{Maximize } RVAR = \frac{E(R_p) - R_f}{\sigma_p}$$

② 위험자산으로는 X, Y 두 자산이 있고, 무위험자산으로는 R_f 수익률의 국공채, 투자자의 효용함수는 $U = E(R_p) - C\sigma_p^2$(C는 위험회피계수)라고 하자.

위험자산 중에서 유일한 효율적 포트폴리오(M) : (이는 [EXCEL 6-4]에서 M포트폴리오를 도출한 방법과 동일하다)

$$w_X^* = \frac{[E(R_X) - R_f]\sigma_Y^2 - [E(R_Y) - R_f]\sigma_{XY}}{[E(R_X) - R_f]\sigma_Y^2 + [E(R_Y) - R_f]\sigma_X^2 - [E(R_X) - R_f + E(R_Y) - R_f]\sigma_{XY}} \quad \text{(A6.24)}$$

$$w_Y^* = 1 - w_X^*$$

셀 E9에 식 A6.24를 적용하여 X에 대한 최적투자비율을 구하고, 셀 E10에 ($1-X$ 투자비율)을 추정한다. 셀 E13, E14에는 두 종목인 경우의 포트폴리오 기대수익률과 위험을 계산한다.

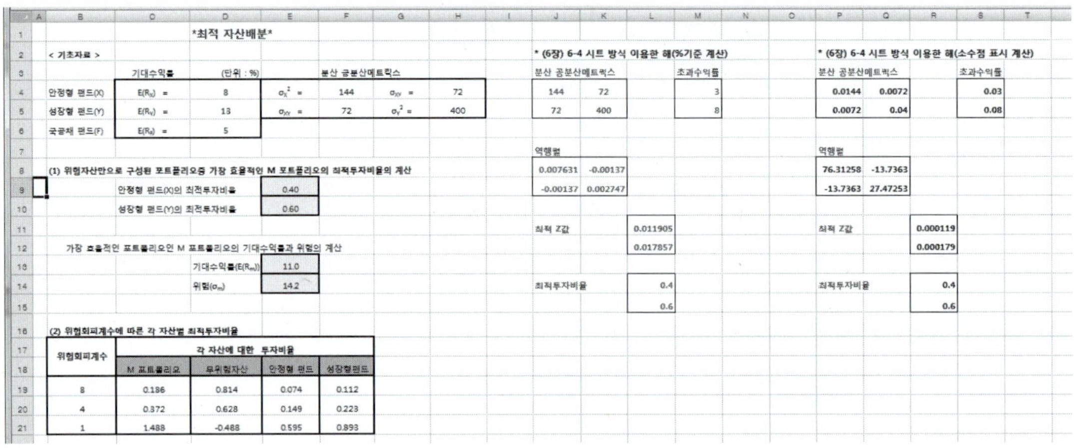

(2) 최적 자산배분안 : 효율적 포트폴리오(M)와 무위험자산에의 최적투자비율을 결정

$$w^* = \frac{E(R_m) - R_f}{2\,C\sigma_m^2} \quad \text{(A6.20)}$$

셀 C19에서 C21까지는 식 A6.20을 이용하여 위험회피계수가 감안된 최적투자비율을 계산한 것이다.

셀 C19 : =($E$13−$D$6)/(0.02*$B19*$E$14^2)　　셀 D19 : =1−C19
셀 C20 : =($E$13−$D$6)/(0.02*$B20*$E$14^2)　　셀 D20 : =1−C20
셀 C21 : =($E$13−$D$6)/(0.02*$B21*$E$14^2)　　셀 D21 : =1−C21
셀 E19 : =$C19*$E$9　　셀 F19 : =$C19*$E$10
셀 E20 : =$C20*$E$9　　셀 F20 : =$C20*$E$10
셀 E21 : =$C21*$E$9　　셀 F21 : =$C21*$E$10

제 7 장 증권특성선의 도출

[EXCEL 7-1] [EXCEL 7-2] 증권특성선의 도출 (1) (2)

[시트 (7장)7-1 증권특성선(1)] [시트 (7장)7-2 증권특성선(2)]

(1) 삼성전자, 엔씨소프트의 β, α의 추정

다음은 4개 주식 중 삼성전자에 대한 α, β, R^2을 구하는 EXCEL함수식이다. 나머지 3개의 주식은 자동채우기 기능을 사용하여 자동 계산한다(KOSPI는 절대참조 형식).

B45 : =INTERCEPT(B2 : B40, $F$2 : $F$40) INTERCEPT(B2 : B37, $F$2 : $F$37)

B46 : =SLOPE(B2 : B40, $F$2 : $F$40)

B47 : =RSQ(B2 : B40, $F$2 : $F$40)

한편, 개별주식과 시장수익률 간의 공분산, 시장수익률의 분산을 구하여 개별종목의 β를 측정하는 EXCEL함수식은 다음과 같다.

B50 : =COVAR(B2 : B40, $F$2 : $F$40), B51 : =VARP(F2 : F40)

B52 : =B51/$B$51

	A	B	C	D	E	F	G	H	I	J	K	L	M
1	날짜	삼성전자	엔씨소프트	아모레퍼시픽	SK	종합주가지수	*증권특성선(1)*	날짜	삼성전자	엔씨소프트	종합주가지수		
2	2014-01-31	-0.0694	-0.2247	0.0119	-0.0770	-0.0355		2014-01-31	-0.0694	-0.2247	-0.0355		
3	2014-02-28	0.0525	-0.0385	0.1485	0.1484	0.0198		2014-02-28	0.0525	-0.0385	0.0198		
4	2014-03-31	-0.0045	0.1322	0.0707	0.0306	0.0028		2014-03-31	-0.0045	0.1322	0.0028		
5	2014-04-30	0.0000	-0.0615	0.0578	-0.0550	-0.0121		2014-04-30	0.0000	-0.0615	-0.0121		
6	2014-05-31	0.0718	-0.1961	0.0819	0.1567	0.0168		2014-05-31	0.0718	-0.1961	0.0168		
7	2014-06-30	-0.0876	0.0798	0.0505	0.0060	0.0036		2014-06-30	-0.0876	0.0798	0.0036		
8	2014-07-31	0.0158	-0.1569	0.1496	0.0119	0.0362		2014-07-31	0.0158	-0.1569	0.0362		
9	2014-08-31	-0.0846	-0.0731	0.1757	0.2320	-0.0037		2014-08-31	-0.0846	-0.0731	-0.0037		
10	2014-09-30	-0.0414	-0.0752	0.1254	0.1321	-0.0237		2014-09-30	-0.0414	-0.0752	-0.0237		
11	2014-10-31	0.0494	0.0889	-0.0392	0.0000	-0.0279		2014-10-31	0.0494	0.0889	-0.0279		
12	2014-11-30	0.0340	0.0816	0.0834	-0.0838	0.0083		2014-11-30	0.0340	0.0816	0.0083		
13	2014-12-31	0.0306	0.1320	-0.1188	-0.0435	-0.0335		2014-12-31	0.0306	0.1320	-0.0335		
14	2015-01-31	0.0282	0.1043	0.1774	0.0959	0.0174		2015-01-31	0.0282	0.1043	0.0174		
15	2015-02-28	-0.0059	-0.1237	0.0741	-0.0797	0.0186		2015-02-28	-0.0059	-0.1237	0.0186		
16	2015-03-31	0.0601	0.0167	0.1614	0.0690	0.0274		2015-03-31	0.0601	0.0167	0.0274		
17	2015-04-30	-0.0217	0.1193	0.1464	0.0904	0.0413		2015-04-30	-0.0217	0.1193	0.0413		
18	2015-05-31	-0.0759	-0.0374	0.0391	-0.0198	-0.0058		2015-05-31	-0.0759	-0.0374	-0.0058		
19	2015-06-30	-0.0303	0.0076	0.0341	0.1028	-0.0194		2015-06-30	-0.0303	0.0076	-0.0194		
20	2015-07-31	-0.0677	0.1006	-0.0169	0.1014	-0.0215		2015-07-31	-0.0677	0.1006	-0.0215		
21	2015-08-31	-0.0845	-0.0046	-0.0824	-0.1252	-0.0447		2015-08-31	-0.0845	-0.0046	-0.0447		
22	2015-09-30	0.0405	-0.1450	0.0170	-0.1013	0.0109		2015-09-30	0.0405	-0.1450	0.0109		
23	2015-10-31	0.1905	0.0026	-0.0197	0.0901	0.0334		2015-10-31	0.1905	0.0026	0.0334		
24	2015-11-30	-0.0663	0.1605	0.0666	0.0112	-0.0187		2015-11-30	-0.0663	0.1605	-0.0187		
25	2015-12-31	-0.0189	-0.0436	0.0269	-0.1157	-0.0155		2015-12-31	-0.0189	-0.0436	-0.0155		

26	2016-01-31	-0.0913	0.0962	-0.0220	-0.0189	-0.0254
27	2016-02-29	0.0241	0.0232	-0.0984	0.0496	0.0024
28	2016-03-31	0.1077	0.0547	0.0504	-0.1063	0.0405
29	2016-04-30	-0.0524	-0.1016	0.0529	0.0045	-0.0009
30	2016-05-31	0.0371	0.0490	0.0242	0.0221	-0.0054
31	2016-06-30	0.0980	-0.0189	0.0330	-0.1230	-0.0066
32	2016-07-31	0.0770	0.0616	-0.1063	0.0292	0.0230
33	2016-08-31	0.0513	0.0730	-0.0052	0.0166	0.0091
34	2016-09-30	-0.0137	0.0902	0.0077	0.0000	0.0044
35	2016-10-31	0.0253	-0.1108	-0.0803	0.0528	-0.0175
36	2016-11-30	0.0632	0.0280	-0.0903	0.0352	-0.0124
37	2016-12-31	0.0316	-0.0944	-0.0200	-0.0087	0.0214
38	2017-01-31	0.0907	0.2056	-0.0141	-0.0583	0.0201
39	2017-02-28	-0.0262	-0.1039	-0.0518	0.0069	0.0116
40	2017-03-31	0.0693	0.1072	-0.0705	0.1106	0.0323
41						
42						
43						
44		삼성전자	엔씨소프트	아모레퍼시픽	SK	종합주가지수
45	a	0.0075	0.0050	0.0242	0.0137	0.0000
46	β	1.5907	0.1317	1.2382	0.7740	1.0000
47	R²	0.3059	0.0008	0.1147	0.0415	1.0000
48						
49	또다른 β계산방법	삼성전자	엔씨소프트	아모레퍼시픽	SK	종합주가지수
50	시장수익률과의 공분산	0.0008	0.0001	0.0006	0.0004	0.0005
51	시장수익률의 분산	0.0005				
52	개별종목의 β	1.5907	0.1317	1.2382	0.7740	1.0000

2016-01-31	-0.0913	0.0962	-0.0254
2016-02-29	0.0241	0.0232	0.0024
2016-03-31	0.1077	0.0547	0.0405
2016-04-30	-0.0524	-0.1016	-0.0009
2016-05-31	0.0371	0.0490	-0.0054
2016-06-30	0.0980	-0.0189	-0.0066
2016-07-31	0.0770	0.0616	0.0230
2016-08-31	0.0513	0.0730	0.0091
2016-09-30	-0.0137	0.0902	0.0044
2016-10-31	0.0253	-0.1108	-0.0175
2016-11-30	0.0632	0.0280	-0.0124
2016-12-31	0.0316	-0.0944	0.0214
2017-01-31	0.0907	0.2056	0.0201
2017-02-28	-0.0262	-0.1039	0.0116
2017-03-31	0.0693	0.1072	0.0323

(2) 증권특성선의 도시 [시트 (7장)7-2 증권특성선(2)]

(1) [표준도구모음]에서 〈차트마법사〉 아이콘을 클릭하여 차트마법사를 활성화시킨다.
(2) 차트종류(C)로는 '분산형'을 선택하고 하위종류(T)로는 '첫 번째'를 선택한다.
(3) 〈차트마법사 3단계〉 대화상자가 나타나면 [제목], X축(A), Y축(V)을 입력한다.
(4) 〈차트마법사 4단계〉 대화상자가 나타나는데 이때 워크시트에 삽입(O)을 선택한다.

증권특성선을 나타내기 위해서는 추세선을 추가시켜야 한다. 다음 그림과 같이 차트의 임의의 한 점을 더블클릭하면 모든 점들의 색깔이 한꺼번에 바뀌는데, 이때 마우스 오른쪽 버튼을 누르면 추세선을 추가시키는 단축메뉴가 나타난다. 추세선 추가를 선택한다. 다음 그림은 4개의 주식 중에서 삼성전자와 엔씨소프트에 대한 증권특성선을 나타낸 것이다.

삼성전자 증권특성선 : $R_j = 0.0075 + 1.5907R_m$
엔씨소프트 증권특성선 : $R_j = 0.0050 + 0.1317R_m$

	A	B	C	D	E	F
1	일자	KOSPI	삼성전자		KOSPI	엔씨소프트
2	2014-01-31	-0.0355	-0.0694		-0.0355	-0.2247
3	2014-02-28	0.0198	0.0525		0.0198	-0.0385
4	2014-03-31	0.0028	-0.0045		0.0028	0.1322
5	2014-04-30	-0.0121	0.0000		-0.0121	-0.0615
6	2014-05-31	0.0168	0.0718		0.0168	-0.1961
7	2014-06-30	0.0036	-0.0876		0.0036	0.0798
8	2014-07-31	0.0362	0.0158		0.0362	-0.1569
9	2014-08-31	-0.0037	-0.0846		-0.0037	-0.0731
10	2014-09-30	-0.0237	-0.0414		-0.0237	-0.0752
11	2014-10-31	-0.0279	0.0494		-0.0279	0.0889
12	2014-11-30	0.0083	0.0340		0.0083	0.0816
13	2014-12-31	-0.0335	0.0306		-0.0335	0.1320
14	2015-01-31	0.0174	0.0282		0.0174	0.1043
15	2015-02-28	0.0186	-0.0059		0.0186	-0.1237
16	2015-03-31	0.0274	0.0601		0.0274	0.0167
17	2015-04-30	0.0413	-0.0217		0.0413	0.1193
18	2015-05-31	-0.0058	-0.0759		-0.0058	-0.0374
19	2015-06-30	-0.0194	-0.0303		-0.0194	0.0076
20	2015-07-31	-0.0215	-0.0677		-0.0215	0.1006
21	2015-08-31	-0.0447	-0.0845		-0.0447	-0.0046
22	2015-09-30	0.0109	0.0405		0.0109	-0.1450
23	2015-10-31	0.0334	0.1905		0.0334	0.0026
24	2015-11-30	-0.0187	-0.0663		-0.0187	0.1605
25	2015-12-31	-0.0155	-0.0189		-0.0155	-0.0436
26	2016-01-31	-0.0254	-0.0913		-0.0254	0.0962
27	2016-02-29	0.0024	0.0241		0.0024	0.0232
28	2016-03-31	0.0405	0.1077		0.0405	0.0547
29	2016-04-30	-0.0009	-0.0524		-0.0009	-0.1016
30	2016-05-31	-0.0054	0.0371		-0.0054	0.0490
31	2016-06-30	-0.0066	0.0980		-0.0066	-0.0189
32	2016-07-31	0.0230	0.0770		0.0230	0.0616
33	2016-08-31	0.0091	0.0513		0.0091	0.0730
34	2016-09-30	0.0044	-0.0137		0.0044	0.0902
35	2016-10-31	-0.0175	0.0253		-0.0175	-0.1108
36	2016-11-30	-0.0124	0.0632		-0.0124	0.0280
37	2016-12-31	0.0214	0.0316		0.0214	-0.0944
38	2017-01-31	0.0201	0.0907		0.0201	0.2056
39	2017-02-28	0.0116	-0.0262		0.0116	-0.1039
40	2017-03-31	0.0323	0.0693		0.0323	0.1072

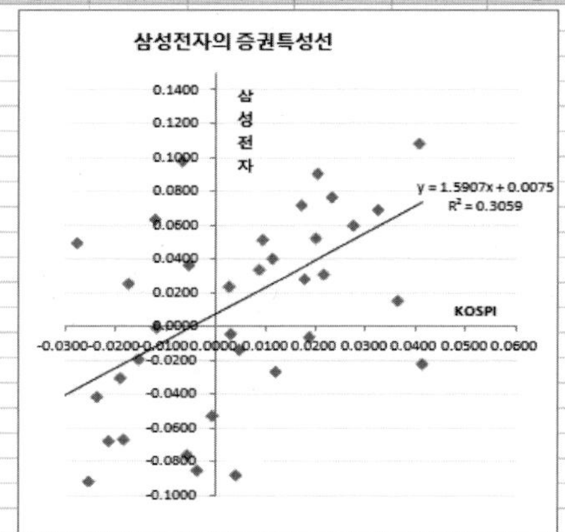

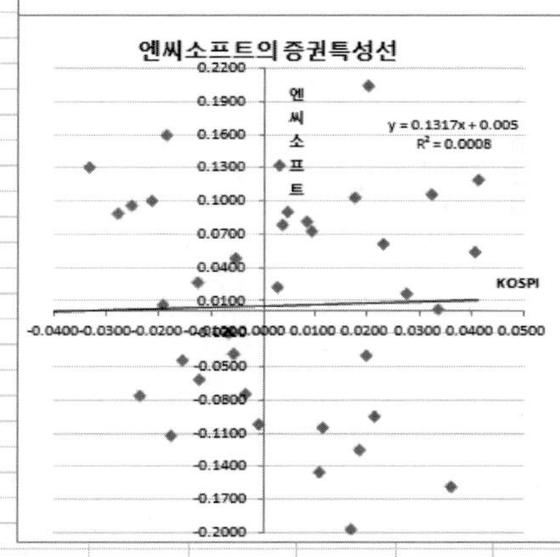

삼성전자의 베타는 1.5907로서 시장보다 높은 공격적 증권, 엔씨소프트의 베타는 0.1317로서 시장베타보다 낮은 방어적 증권임을 보여주고 있다.

(3) 삼성전자의 잔차수익률 [시트 (7장)7-2 증권특성선(2)]

① [메뉴]에서 '데이터'–'데이터분석'을 실행
② '데이터분석'에서 회귀분석과 분산분석 실행

삼성전자의 2016년 6월말의 수익률 9.80%는 KOSPI수익률이 −0.066일 때 증권특성선상의 예측치는 −0.0299이고, 잔차수익률은 10.097%이다. 이는 시장영향을 제거한 삼성전자 고유의 호재로 인한 초과수익으로 해석할 수 있다.

잔차 출력

관측수	예측치 삼성전자	잔차	표준 잔차
1	-0.04899	-0.02042	-0.37980
2	0.03902	0.01348	0.25080
3	0.01202	-0.01648	-0.30650
4	-0.01169	0.01169	0.21747
5	0.03418	0.03764	0.70022
6	0.01328	-0.10086	-1.87633
7	0.06517	-0.04941	-0.91922
8	0.00169	-0.08634	-1.60616
9	-0.03019	-0.01117	-0.20780
10	-0.03694	0.08637	1.60679
11	0.02069	0.01329	0.24722
12	-0.04572	0.07633	1.42005
13	0.03523	-0.00699	-0.13007
14	0.03705	-0.04293	-0.79865
15	0.05115	0.00891	0.16585
16	0.07327	-0.09501	-1.76759
17	-0.00177	-0.07409	-1.37829
18	-0.02333	-0.00697	-0.12961
19	-0.02663	-0.04107	-0.76403
20	-0.06353	-0.02095	-0.38979
21	0.02488	0.01561	0.29040
22	0.06063	0.12988	2.41632
23	-0.02216	-0.04413	-0.82099
24	-0.01717	-0.00170	-0.03168
25	-0.03295	-0.05840	-1.08654
26	0.01133	0.01273	0.23674
27	0.07191	0.03582	0.66647
28	0.00615	-0.05857	-1.08963
29	-0.00109	0.03815	0.70965
30	-0.00299	0.10097	1.87847
31	0.04409	0.03287	0.61148
32	0.02201	0.02929	0.54484
33	0.01451	-0.02819	-0.52439
34	-0.02032	0.04565	0.84930
35	-0.01219	0.07543	1.40322
36	0.04161	-0.01004	-0.18678
37	0.03946	0.05120	0.95255
38	0.02592	-0.05211	-0.96943
39	0.05883	0.01050	0.19543

요약 출력

회귀분석 통계량	
다중 상관계수	0.55307
결정계수	0.30588
조정된 결정계수	0.28712
표준 오차	0.05447
관측수	39.00000

분산 분석

	자유도	제곱합	제곱 평균	F 비	유의한 F
회귀	1.00000	0.04838	0.04838	16.30501	0.00026
잔차	37.00000	0.10980	0.00297		
계	38.00000	0.15818			

	계수	표준 오차	t 통계량	P-값	하위 95%	상위 95%	하위 95.0%	상위 95.0%
Y 절편	0.00751	0.00875	0.85788	0.39648	-0.01023	0.02524	-0.01023	0.02524
KOSPI	1.59071	0.39394	4.03795	0.00026	0.79251	2.38891	0.79251	2.38891

(4) 삼성전자의 체계적 위험의 비중 [시트 (7장)7-2 증권특성선(2)]

총위험 중 체계적 위험이 차지하는 비중은 회귀분석 결과의 통계량 중 결정계수 값과 동일하다. 결정계수 값에 기초하면 총위험 중 체계적 위험이 차지하는 비중은 0.3058이다.

제16장 채권가격과 채권수익률의 추정

[EXCEL 16-1] 채권가격 평가

제16장 예제에서 제시되었던 채권에 대한 채권가격 평가
[시트 (16장) 채권가격 수익률 추정]

(1) PRICE함수를 이용하는 방법

=PRICE(채권매입일, 채권만기일, 표면이자율, 만기수익률, 원금반환율, 연이자지급횟수)

B11 =PRICE(B5,B6,B7,B8,B9,B10)*100

	A	B	C	D	E
1	**16장 제1절 예제 채권가격의 추정: Price함수 이용**				
2	채권A: 액면가 10,000원 액면이자율 10% 만기5년 만기수익률 13% 이자지급회수 1회				
3	채권B: 액면가 10,000원 액면이자율 15% 만기10년 만기수익률 12% 이자지급회수 4회				
4		채권 A	채권 B		
5	채권매입일(settlement)	2017년 04월 20일	2017년 01월 01일		
6	채권만기일(maturity)	2022년 04월 20일	2027년 01월 01일		
7	표면이자율(coupon)	0.1	0.15		
8	만기수익률(ytm)	0.13	0.12		
9	원금반환율(%)	100	100		
10	연이자지급횟수(frequency)	1	4		
11	**채권가격(price)**	**8,944.83**	**11,733.61**		
12					
13	**B11의 엑셀식**	= PRICE(B4,B5,B6,B7,B8,B9)*100			

(2) NPV함수를 이용하는 방법

= NPV(할인율(만기수익률), 채권의 기간별 현금흐름 영역)

	A	B	C
19	**16장 제1절 예제 채권가격의 추정: NPV함수 이용**		
20	0.13		
21	1000		
22	1000		
23	1000		
24	1000		
25	11000		
26	**채권가격**	8,944.83	
27	**B26의 엑셀식**	= NPV(B20,B21~B25)	

[EXCEL 16-2] 채권수익률 추정

제16장 예제에서 제시되었던 채권에 대한 채권가격 수익률 추정
[시트 (16장) 채권가격 수익률 추정]

(1) EXCEL을 이용한 만기수익률의 추정

IRR(XIRR), RATE 함수를 이용하여 다음과 같이 추정한다.

= IRR(채권의 기간별 현금흐름 영역, 임의의 할인율)

= XIRR(채권의 기간별 현금흐름 영역, 기간 셀 영역, 임의의 할인율)

* XIRR( )함수는 현금흐름의 수치가 상이할 때 사용되는 재무함수임.

= RATE(기간, 정기불입액, 현재가치, 미래가치, 지급시점, 추정값)

29	**16장 제2절 예제 만기수익률의 추정: IRR함수, RATE함수의 이용**				
30	액면가 10,000원 액면이자율 6% 만기3년 현재가격 9,600				
31	-9,600	600	600	10600	
32	**IRR함수의 이용:**	7.539%	**B32의 엑셀식**	= IRR(B31~BD31,임의의 값0.1)	
33	**RATE함수의 이용:**	7.539%	**B33의 엑셀식**	=RATE(기간,정기불입액, 현재가치, 미래가치, 지급시점, 추정값)	

(2) EXCEL을 이용한 기하평균수익률의 추정

= GEOMEAN(1+채권의 기간1수익률), (1+채권의 기간2수익률)······−1

35	**16장 제2절 예제 기하평균수익률의 추정: GEOMEAN함수**				
36	70,000	88,000	100,000		
37		0.257	0.136		
38	GEOMEAN함수 이용:	0.195	**B39의 엑셀식**	= GEOMEAN((1+B38),(1+C38))-1	

[EXCEL 17-1] 듀레이션의 계산

제17장 예제에서 제시되었던 채권에 대한 듀레이션 추정
[시트 (17장) 듀레이션 추정]

듀레이션의 계산에는 DURATION함수, 수정듀레이션 계산에는 MDURATION함수를 이용한다.

=DURATION(채권매입일 셀, 채권만기일 셀, 표면이자율 셀, 만기수익률 셀, 지불횟수 셀, 날짜계산기준 셀)

=MDURATION(채권매입일 셀, 채권만기일 셀, 표면이자율 셀, 만기수익률 셀, 지불횟수 셀, 날짜계산기준 셀)

* 여기서 '지불횟수'는 연간 몇 회 이자를 지불하는지를 나타내며, 날짜계산기준이란 한 달과 1년을 며칠로 보느냐를 의미한다. 여기서 0은 미국 30/360을 의미하고, 1은 실제/실제, 3은 실제/365, 4는 유럽 30/360을 나타낸다.

C10 =DURATION(C4,C5,C6,C7,C8,C9)

	A	B	C	D	E
1		**17장 제1절 듀레이션의 계산**			
2		(1) 채권 듀레이션 계산 예제			
3			채권 A	채권 B	채권 C
4		채권매입일(settlement)	2017년 01월 01일	2017년 01월 01일	2017년 01월 01일
5		채권만기일(maturity)	2020년 01월 01일	2020년 01월 01일	2020년 01월 01일
6		표면이자율(coupon)	0.15	0.15	0.15
7		만기수익률(yld)	0.12	0.12	0.12
8		지불횟수(frequency)	1	2	4
9		날짜계산기준(basis)	1	1	1
10		듀레이션	**2.6386**	**2.5415**	**2.4919**
11		수정듀레이션	**2.3559**	**2.3977**	**2.4193**
12		**C10의 엑셀식**	= DURATION(C4,C5,C6,C7,C8,C9)		
13		**C11의 엑셀식**	= MDURATION(C4,C5,C6,C7,C8,C9)		
14					
15		(2) 채권가격변동률의 계산			
16			만기수익률의 변화율	0.002	(0.2% 변동)
17			채권 A	채권 B	채권 C
18		yld 12% -> 12.2%로 상승시	**-0.4712**	**-0.4795**	**-0.4839**
19		yld 12% -> 11.8%로 하락시	**0.4712**	**0.4795**	**0.4839**
20		**C18의 엑셀식**	= -C11*($D$16)*100		

I25 =MDURATION(B25,C25,D25,E25,F25,G25)

	A	B	C	D	E	F	G	H	I
22									
23		**(3) 17장 제1절의 예제 듀레이션 계산**							
24		채권매입일(settlement)	채권만기일(maturity)	표면이자율(coupon)	만기수익률(yld)	지불횟수(frequer	날짜계산기준(basis)	**듀레이션**	**수정듀레이션**
25		2017년 01월 01일	2020년 01월 01일	0.12	0.08	1	1	**2.7053**	**2.5049**
26					**H25의 엑셀식**	**= DURATION(B25,C25,D25,E25,F25,G25)**			
27					**I25의 엑셀식**	**= MDURATION(B25,C25,D25,E25,F25,G25)**			

2. 현재 · 미래가치계산표

〈표 A-1〉 단일금액 1원의 미래가치 $F_n = (1+r)^n$ 기간이자율(r)

기간수 (n)	1%	2%	3%	4%	5%	6%	7%	8%	9%	10%
1	1.0100	1.0200	1.0300	1.0400	1.0500	1.0600	1.0700	1.0800	1.0900	1.1000
2	1.0201	1.0404	1.0609	1.0816	1.1025	1.1236	1.1449	1.1664	1.1881	1.2100
3	1.0303	1.0612	1.0927	1.1249	1.1576	1.1910	1.2250	1.2597	1.2950	1.3310
4	1.0406	1.0824	1.1255	1.1699	1.2155	1.2625	1.3108	1.3605	1.4116	1.4641
5	1.0510	1.1041	1.1593	1.2167	1.2763	1.3382	1.4026	1.4693	1.5386	1.6105
6	1.0615	1.1262	1.1941	1.2653	1.3401	1.4185	1.5007	1.5869	1.6771	1.7716
7	1.0721	1.1487	1.2299	1.3159	1.4071	1.5036	1.6058	1.7138	1.8280	1.9487
8	1.0829	1.1717	1.2668	1.3686	1.4775	1.5938	1.7182	1.8509	1.9926	2.1436
9	1.0937	1.1951	1.3048	1.4233	1.5513	1.6895	1.8385	1.9990	2.1719	2.3579
10	1.1046	1.2190	1.3439	1.4802	1.6289	1.7908	1.9672	2.1589	2.3674	2.5937
11	1.1157	1.2434	1.3842	1.5395	1.7103	1.8983	2.1049	2.3316	2.5804	2.8531
12	1.1268	1.2682	1.4258	1.6010	1.7959	2.0122	2.2522	2.5182	2.8127	3.1384
13	1.1381	1.2936	1.4685	1.6651	1.8856	2.1329	2.4098	2.7196	3.0658	3.4523
14	1.1495	1.3195	1.5126	1.7317	1.9799	2.2609	2.5785	2.9372	3.3417	3.7975
15	1.1610	1.3459	1.5580	1.8009	2.0789	2.3966	2.7590	3.1722	3.6425	4.1772
16	1.1726	1.3728	1.6047	1.8730	2.1829	2.5404	2.9522	3.4259	3.9703	4.5950
17	1.1843	1.4002	1.6528	1.9479	2.2920	2.6928	3.1588	3.7000	4.3276	5.0545
18	1.1961	1.4282	1.7024	2.0258	2.4066	2.8543	3.3799	3.9960	4.7171	5.5599
19	1.2081	1.4568	1.7535	2.1068	2.5270	3.0256	3.6165	4.3157	5.1417	6.1159
20	1.2202	1.4859	1.8061	2.1911	2.6533	3.2071	3.8697	4.6610	5.6044	6.7275
21	1.2324	1.5157	1.8603	2.2788	2.7860	3.3996	4.1406	5.0338	6.1088	7.4002
22	1.2447	1.5460	1.9161	2.3699	2.9253	3.6035	4.4304	5.4365	6.6586	8.1403
23	1.2572	1.5769	1.9736	2.4647	3.0715	3.8197	4.7405	5.8715	7.2579	8.9543
24	1.2697	1.6084	2.0328	2.5633	3.2251	4.0489	5.0724	6.3412	7.9111	9.8497
25	1.2824	1.6406	2.0938	2.6658	3.3864	4.2919	5.4274	6.8485	8.6231	10.8347
26	1.2953	1.6734	2.1566	2.7725	3.5557	4.5494	5.8074	7.3964	9.3992	11.9182
27	1.3082	1.7069	2.2213	2.8834	3.7335	4.8223	6.2139	7.9881	10.2451	13.1100
28	1.3213	1.7410	2.2879	2.9987	3.9201	5.1117	6.6488	8.6271	11.1671	14.4210
29	1.3345	1.7758	2.3566	3.1187	4.1161	5.4184	7.1143	9.3173	12.1722	15.8631
30	1.3478	1.8114	2.4273	3.2434	4.3219	5.7435	7.6123	10.0627	13.2677	17.4494
35	1.4166	1.9999	2.8139	3.9461	5.5160	7.6861	10.6766	14.7853	20.4140	28.1024
40	1.4889	2.2080	3.2620	4.8010	7.0400	10.2857	14.9745	21.7245	31.4094	45.2593
45	1.5648	2.4379	3.7816	5.8412	8.9850	13.7646	21.0025	31.9204	48.3273	72.8905
50	1.6446	2.6916	4.3839	7.1067	11.4674	18.4202	29.4570	46.9016	74.3575	117.3909
60	1.8167	3.2810	5.8916	10.5196	18.6792	32.9877	57.9464	101.2571	176.0313	304.4816
70	2.0068	3.9996	7.9178	15.5716	30.4264	59.0759	113.9894	218.6064	416.7301	789.7470
80	2.2167	4.8754	10.6409	23.0498	49.5614	105.7960	224.2344	471.9548	986.5517	2048.4002

기간이자율(r)

기간수 (n)	11%	12%	13%	14%	15%	16%	17%	18%	19%	20%
1	1.1100	1.1200	1.1300	1.1400	1.1500	1.1600	1.1700	1.1800	1.1900	1.2000
2	1.2321	1.2544	1.2769	1.2996	1.3225	1.3456	1.3689	1.3924	1.4161	1.4400
3	1.3676	1.4049	1.4429	1.4815	1.5209	1.5609	1.6016	1.6430	1.6852	1.7280
4	1.5181	1.5735	1.6305	1.6890	1.7490	1.8106	1.8739	1.9388	2.0053	2.0736
5	1.6851	1.7623	1.8424	1.9254	2.0114	2.1003	2.1924	2.2878	2.3864	2.4883
6	1.8704	1.9738	2.0820	2.1950	2.3131	2.4364	2.5652	2.6996	2.8398	2.9860
7	2.0762	2.2107	2.3526	2.5023	2.6600	2.8262	3.0012	3.1855	3.3793	3.5832
8	2.3045	2.4760	2.6584	2.8526	3.0590	3.2784	3.5115	3.7589	4.0214	4.2998
9	2.5580	2.7731	3.0040	3.2519	3.5179	3.8030	4.1084	4.4355	4.7854	5.1598
10	2.8394	3.1058	3.3946	3.7072	4.0456	4.4114	4.8068	5.2338	5.6947	6.1917
11	3.1518	3.4785	3.8359	4.2262	4.6524	5.1173	5.6240	6.1759	6.7767	7.4301
12	3.4985	3.8960	4.3345	4.8179	5.3503	5.9360	6.5801	7.2876	8.0642	8.9161
13	3.8833	4.3635	4.8980	5.4924	6.1528	6.8858	7.6987	8.5994	9.5964	10.6993
14	4.3104	4.8871	5.5348	6.2613	7.0757	7.9875	9.0075	10.1472	11.4198	12.8392
15	4.7846	5.4736	6.2543	7.1379	8.1371	9.2655	10.5387	11.9737	13.5895	15.4070
16	5.3109	6.1304	7.0673	8.1372	9.3576	10.7480	12.3303	14.1290	16.1715	18.4884
17	5.8951	6.8660	7.9861	9.2765	10.7613	12.4677	14.4265	16.6722	19.2441	22.1861
18	6.5436	7.6900	9.0243	10.5752	12.3755	14.4625	16.8790	19.6733	22.9005	26.6233
19	7.2633	8.6128	10.1974	12.0557	14.2318	16.7765	19.7484	23.2144	27.2516	31.9480
20	8.0623	9.6463	11.5231	13.7435	16.3665	19.4608	23.1056	27.3930	32.4294	38.3376
21	8.9492	10.8038	13.0211	15.6676	18.8215	22.5745	27.0336	32.3238	38.5910	46.0051
22	9.9336	12.1003	14.7138	17.8610	21.6447	26.1864	31.6293	38.1421	45.9233	55.2061
23	11.0263	13.5523	16.6266	20.3616	24.8915	30.3762	37.0062	45.0076	54.6487	66.2474
24	12.2392	15.1786	18.7881	23.2122	28.6252	35.2364	43.2973	53.1090	65.0320	79.4968
25	13.5855	17.0001	21.2305	26.4619	32.9190	40.8742	50.6578	62.6686	77.3881	95.3962
26	15.0799	19.0401	23.9905	30.1666	37.8568	47.4141	59.2697	73.9490	92.0918	114.4755
27	16.7386	21.3249	27.1093	34.3899	43.5353	55.0004	69.3455	87.2598	109.5893	137.3706
28	18.5799	23.8839	30.6335	39.2045	50.0656	63.8004	81.1342	102.9666	130.4112	164.8447
29	20.6237	26.7499	34.6158	44.6931	57.5755	74.0085	94.9271	121.5005	155.1893	197.8136
30	22.8923	29.9599	39.1159	50.9502	66.2118	85.8499	111.0647	143.3706	184.6753	237.3763
35	38.5749	52.7996	72.0685	98.1002	133.1755	180.3141	243.5035	327.9973	440.7006	590.6682
40	65.0009	93.0510	132.7816	188.8835	267.8635	378.7212	533.8687	750.3783	1051.6675	1469.7716
45	109.5302	163.9876	244.6414	363.6791	538.7693	795.4438	1170.4794	1716.6839	2509.6506	3657.2620
50	184.5648	289.0022	450.7359	700.2330	1083.6574	1670.7038	2566.2153	3927.3569	5988.9139	9100.4382
60	524.0572	897.5969	1530.0535	2595.9187	4383.9987	7370.2014	12335.3565	20555.1400	34104.9709	56347.5144
70	1488.0191	2787.7998	5193.8696	9623.6450	17735.720	32513.165	59293.942	107582.22	194217.03	348888.96
80	4225.1128	8658.4831	17630.941	35676.982	71750.879	143429.72	285015.80	563067.66	1106004.5	2160228.5

〈표 A-2〉 단일금액 1원의 현재가치

$$P_n = \frac{1}{(1+r)^n}$$

기간이자율(r)

기간수 (n)	1%	2%	3%	4%	5%	6%	7%	8%	9%	10%
1	0.9901	0.9804	0.9709	0.9615	0.9524	0.9434	0.9346	0.9259	0.9174	0.9091
2	0.9803	0.9612	0.9426	0.9246	0.9070	0.8900	0.8734	0.8573	0.8417	0.8264
3	0.9706	0.9423	0.9151	0.8890	0.8638	0.8396	0.8163	0.7938	0.7722	0.7513
4	0.9610	0.9238	0.8885	0.8548	0.8227	0.7921	0.7629	0.7350	0.7084	0.6830
5	0.9515	0.9057	0.8626	0.8219	0.7835	0.7473	0.7130	0.6806	0.6499	0.6209
6	0.9420	0.8880	0.8375	0.7903	0.7462	0.7050	0.6663	0.6302	0.5963	0.5645
7	0.9327	0.8706	0.8131	0.7599	0.7107	0.6651	0.6227	0.5835	0.5470	0.5132
8	0.9235	0.8535	0.7894	0.7307	0.6768	0.6274	0.5820	0.5403	0.5019	0.4665
9	0.9143	0.8368	0.7664	0.7026	0.6446	0.5919	0.5439	0.5002	0.4604	0.4241
10	0.9053	0.8203	0.7441	0.6756	0.6139	0.5584	0.5083	0.4632	0.4224	0.3855
11	0.8963	0.8043	0.7224	0.6496	0.5847	0.5268	0.4751	0.4289	0.3875	0.3505
12	0.8874	0.7885	0.7014	0.6246	0.5568	0.4970	0.4440	0.3971	0.3555	0.3186
13	0.8787	0.7730	0.6810	0.6006	0.5303	0.4688	0.4150	0.3677	0.3262	0.2897
14	0.8700	0.7579	0.6611	0.5775	0.5051	0.4423	0.3878	0.3405	0.2992	0.2633
15	0.8613	0.7430	0.6419	0.5553	0.4810	0.4173	0.3624	0.3152	0.2745	0.2394
16	0.8528	0.7284	0.6232	0.5339	0.4581	0.3936	0.3387	0.2919	0.2519	0.2176
17	0.8444	0.7142	0.6050	0.5134	0.4363	0.3714	0.3166	0.2703	0.2311	0.1978
18	0.8360	0.7002	0.5874	0.4936	0.4155	0.3503	0.2959	0.2502	0.2120	0.1799
19	0.8277	0.6864	0.5703	0.4746	0.3957	0.3305	0.2765	0.2317	0.1945	0.1635
20	0.8195	0.6730	0.5537	0.4564	0.3769	0.3118	0.2584	0.2145	0.1784	0.1486
21	0.8114	0.6598	0.5375	0.4388	0.3589	0.2942	0.2415	0.1987	0.1637	0.1351
22	0.8034	0.6468	0.5219	0.4220	0.3418	0.2775	0.2257	0.1839	0.1502	0.1228
23	0.7954	0.6342	0.5067	0.4057	0.3256	0.2618	0.2109	0.1703	0.1378	0.1117
24	0.7876	0.6217	0.4919	0.3901	0.3101	0.2470	0.1971	0.1577	0.1264	0.1015
25	0.7798	0.6095	0.4776	0.3751	0.2953	0.2330	0.1842	0.1460	0.1160	0.0923
26	0.7720	0.5976	0.4637	0.3607	0.2812	0.2198	0.1722	0.1352	0.1064	0.0839
27	0.7644	0.5859	0.4502	0.3468	0.2678	0.2074	0.1609	0.1252	0.0976	0.0763
28	0.7568	0.5744	0.4371	0.3335	0.2551	0.1956	0.1504	0.1159	0.0895	0.0693
29	0.7493	0.5631	0.4243	0.3207	0.2429	0.1846	0.1406	0.1073	0.0822	0.0630
30	0.7419	0.5521	0.4120	0.3083	0.2314	0.1741	0.1314	0.0994	0.0754	0.0573
35	0.7059	0.5000	0.3554	0.2534	0.1813	0.1301	0.0937	0.0676	0.0490	0.0356
40	0.6717	0.4529	0.3066	0.2083	0.1420	0.0972	0.0668	0.0460	0.0318	0.0221
45	0.6391	0.4102	0.2644	0.1712	0.1113	0.0727	0.0476	0.0313	0.0207	0.0137
50	0.6080	0.3715	0.2281	0.1407	0.0872	0.0543	0.0339	0.0213	0.0134	0.0085
60	0.5504	0.3048	0.1697	0.0951	0.0535	0.0303	0.0173	0.0099	0.0057	0.0033
70	0.4983	0.2500	0.1263	0.0642	0.0329	0.0169	0.0088	0.0046	0.0024	0.0013
80	0.4511	0.2051	0.0940	0.0434	0.0202	0.0095	0.0045	0.0021	0.0010	0.0005

기간이자율(r)

기간수 (n)	11%	12%	13%	14%	15%	16%	17%	18%	19%	20%
1	0.9009	0.8929	0.8850	0.8772	0.8696	0.8621	0.8547	0.8475	0.8403	0.8333
2	0.8116	0.7972	0.7831	0.7695	0.7561	0.7432	0.7305	0.7182	0.7062	0.6944
3	0.7312	0.7118	0.6931	0.6750	0.6575	0.6407	0.6244	0.6086	0.5934	0.5787
4	0.6587	0.6355	0.6133	0.5921	0.5718	0.5523	0.5337	0.5158	0.4987	0.4823
5	0.5935	0.5674	0.5428	0.5194	0.4972	0.4761	0.4561	0.4371	0.4190	0.4019
6	0.5346	0.5066	0.4803	0.4556	0.4323	0.4104	0.3898	0.3704	0.3521	0.3349
7	0.4817	0.4523	0.4251	0.3996	0.3759	0.3538	0.3332	0.3139	0.2959	0.2791
8	0.4339	0.4039	0.3762	0.3506	0.3269	0.3050	0.2848	0.2660	0.2487	0.2326
9	0.3909	0.3606	0.3329	0.3075	0.2843	0.2630	0.2434	0.2255	0.2090	0.1938
10	0.3522	0.3220	0.2946	0.2697	0.2472	0.2267	0.2080	0.1911	0.1756	0.1615
11	0.3173	0.2875	0.2607	0.2366	0.2149	0.1954	0.1778	0.1619	0.1476	0.1346
12	0.2858	0.2567	0.2307	0.2076	0.1869	0.1685	0.1520	0.1372	0.1240	0.1122
13	0.2575	0.2292	0.2042	0.1821	0.1625	0.1452	0.1299	0.1163	0.1042	0.0935
14	0.2320	0.2046	0.1807	0.1597	0.1413	0.1252	0.1110	0.0985	0.0876	0.0779
15	0.2090	0.1827	0.1599	0.1401	0.1229	0.1079	0.0949	0.0835	0.0736	0.0649
16	0.1883	0.1631	0.1415	0.1229	0.1069	0.0930	0.0811	0.0708	0.0618	0.0541
17	0.1696	0.1456	0.1252	0.1078	0.0929	0.0802	0.0693	0.0600	0.0520	0.0451
18	0.1528	0.1300	0.1108	0.0946	0.0808	0.0691	0.0592	0.0508	0.0437	0.0376
19	0.1377	0.1161	0.0981	0.0829	0.0703	0.0596	0.0506	0.0431	0.0367	0.0313
20	0.1240	0.1037	0.0868	0.0728	0.0611	0.0514	0.0433	0.0365	0.0308	0.0261
21	0.1117	0.0926	0.0768	0.0638	0.0531	0.0443	0.0370	0.0309	0.0259	0.0217
22	0.1007	0.0826	0.0680	0.0560	0.0462	0.0382	0.0316	0.0262	0.0218	0.0181
23	0.0907	0.0738	0.0601	0.0491	0.0402	0.0329	0.0270	0.0222	0.0183	0.0151
24	0.0817	0.0659	0.0532	0.0431	0.0349	0.0284	0.0231	0.0188	0.0154	0.0126
25	0.0736	0.0588	0.0471	0.0378	0.0304	0.0245	0.0197	0.0160	0.0129	0.0105
26	0.0663	0.0525	0.0417	0.0331	0.0264	0.0211	0.0169	0.0135	0.0109	0.0087
27	0.0597	0.0469	0.0369	0.0291	0.0230	0.0182	0.0144	0.0115	0.0091	0.0073
28	0.0538	0.0419	0.0326	0.0255	0.0200	0.0157	0.0123	0.0097	0.0077	0.0061
29	0.0485	0.0374	0.0289	0.0224	0.0174	0.0135	0.0105	0.0082	0.0064	0.0051
30	0.0437	0.0334	0.0256	0.0196	0.0151	0.0116	0.0090	0.0070	0.0054	0.0042
35	0.0259	0.0189	0.0139	0.0102	0.0075	0.0055	0.0041	0.0030	0.0023	0.0017
40	0.0154	0.0107	0.0075	0.0053	0.0037	0.0026	0.0019	0.0013	0.0010	0.0007
45	0.0091	0.0061	0.0041	0.0027	0.0019	0.0013	0.0009	0.0006	0.0004	0.0003
50	0.0054	0.0035	0.0022	0.0014	0.0009	0.0006	0.0004	0.0003	0.0002	0.0001
60	0.0019	0.0011	0.0007	0.0004	0.0002	0.0001	0.0001	0.0000	0.0000	0.0000
70	0.0007	0.0004	0.0002	0.0001	0.0001	0.0000	0.0000	0.0000	0.0000	0.0000
80	0.0002	0.0001	0.0001	0.0000	0.0000	0.0000	0.0000	0.0000	0.0000	0.0000

〈표 A-3〉 정상연금 1원의 미래가치 $FA_n = \sum_{t=1}^{n}(1+r)^{n-t} = \frac{(1+r)^n - 1}{r}$ 기간이자율(r)

기간수 (n)	1%	2%	3%	4%	5%	6%	7%	8%	9%	10%
1	1.0000	1.0000	1.0000	1.0000	1.0000	1.0000	1.0000	1.0000	1.0000	1.0000
2	2.0100	2.0200	2.0300	2.0400	2.0500	2.0600	2.0700	2.0800	2.0900	2.1000
3	3.0301	3.0604	3.0909	3.1216	3.1525	3.1836	3.2149	3.2464	3.2781	3.3100
4	4.0604	4.1216	4.1836	4.2465	4.3101	4.3746	4.4399	4.5061	4.5731	4.6410
5	5.1010	5.2040	5.3091	5.4163	5.5256	5.6371	5.7507	5.8666	5.9847	6.1051
6	6.1520	6.3081	6.4684	6.6330	6.8019	6.9753	7.1533	7.3359	7.5233	7.7156
7	7.2135	7.4343	7.6625	7.8983	8.1420	8.3938	8.6540	8.9228	9.2004	9.4872
8	8.2857	8.5830	8.8923	9.2142	9.5491	9.8975	10.2598	10.6366	11.0285	11.4359
9	9.3685	9.7546	10.1591	10.5828	11.0266	11.4913	11.9780	12.4876	13.0210	13.5795
10	10.4622	10.9497	11.4639	12.0061	12.5779	13.1808	13.8164	14.4866	15.1929	15.9374
11	11.5668	12.1687	12.8078	13.4864	14.2068	14.9716	15.7836	16.6455	17.5603	18.5312
12	12.6825	13.4121	14.1920	15.0258	15.9171	16.8699	17.8885	18.9771	20.1407	21.3843
13	13.8093	14.6803	15.6178	16.6268	17.7130	18.8821	20.1406	21.4953	22.9534	24.5227
14	14.9474	15.9739	17.0863	18.2919	19.5986	21.0151	22.5505	24.2149	26.0192	27.9750
15	16.0969	17.2934	18.5989	20.0236	21.5786	23.2760	25.1290	27.1521	29.3609	31.7725
16	17.2579	18.6393	20.1569	21.8245	23.6575	25.6725	27.8881	30.3243	33.0034	35.9497
17	18.4304	20.0121	21.7616	23.6975	25.8404	28.2129	30.8402	33.7502	36.9737	40.5447
18	19.6147	21.4123	23.4144	25.6454	28.1324	30.9057	33.9990	37.4502	41.3013	45.5992
19	20.8109	22.8406	25.1169	27.6712	30.5390	33.7600	37.3790	41.4463	46.0185	51.1591
20	22.0190	24.2974	26.8704	29.7781	33.0660	36.7856	40.9955	45.7620	51.1601	57.2750
21	23.2392	25.7833	28.6765	31.9692	35.7193	39.9927	44.8652	50.4229	56.7645	64.0025
22	24.4716	27.2990	30.5368	34.2480	38.5052	43.3923	49.0057	55.4568	62.8733	71.4027
23	25.7163	28.8450	32.4529	36.6179	41.4305	46.9958	53.4361	60.8933	69.5319	79.5430
24	26.9735	30.4219	34.4265	39.0826	44.5020	50.8156	58.1767	66.7648	76.7898	88.4973
25	28.2432	32.0303	36.4593	41.6459	47.7271	54.8645	63.2490	73.1059	84.7009	98.3471
26	29.5256	33.6709	38.5530	44.3117	51.1135	59.1564	68.6765	79.9544	93.3240	109.1818
27	30.8209	35.3443	40.7096	47.0842	54.6691	63.7058	74.4838	87.3508	102.7231	121.0999
28	32.1291	37.0512	42.9309	49.9676	58.4026	68.5281	80.6977	95.3388	112.9682	134.2099
29	33.4504	38.7922	45.2189	52.9663	62.3227	73.6398	87.3465	103.9659	124.1354	148.6309
30	34.7849	40.5681	47.5754	56.0849	66.4388	79.0582	94.4608	113.2832	136.3075	164.4940
35	41.6603	49.9945	60.4621	73.6522	90.3203	111.4348	138.2369	172.3168	215.7108	271.0244
40	48.8864	60.4020	75.4013	95.0255	120.7998	154.7620	199.6351	259.0565	337.8824	442.5926
45	56.4811	71.8927	92.7199	121.0294	159.7002	212.7435	285.7493	386.5056	525.8587	718.9048
50	64.4632	84.5794	112.7969	152.6671	209.3480	290.3359	406.5289	573.7702	815.0836	1163.9085
60	81.6697	114.0515	163.0534	237.9907	353.5837	533.1282	813.5204	1253.2133	1944.7921	3034.8164
70	100.6763	149.9779	230.5941	364.2905	588.5285	967.9322	1614.1342	2720.0801	4619.2232	7887.4696
80	121.6715	193.7720	321.3630	551.2450	971.2288	1746.5999	3189.0627	5886.9354	10950.574	20474.002

기간이자율(r)

기간수 (n)	11%	12%	13%	14%	15%	16%	17%	18%	19%	20%
1	1.0000	1.0000	1.0000	1.0000	1.0000	1.0000	1.0000	1.0000	1.0000	1.0000
2	2.1100	2.1200	2.1300	2.1400	2.1500	2.1600	2.1700	2.1800	2.1900	2.2000
3	3.3421	3.3744	3.4069	3.4396	3.4725	3.5056	3.5389	3.5724	3.6061	3.6400
4	4.7097	4.7793	4.8498	4.9211	4.9934	5.0665	5.1405	5.2154	5.2913	5.3680
5	6.2278	6.3528	6.4803	6.6101	6.7424	6.8771	7.0144	7.1542	7.2966	7.4416
6	7.9129	8.1152	8.3227	8.5355	8.7537	8.9775	9.2068	9.4420	9.6830	9.9299
7	9.7833	10.0890	10.4047	10.7305	11.0668	11.4139	11.7720	12.1415	12.5227	12.9159
8	11.8594	12.2997	12.7573	13.2328	13.7268	14.2401	14.7733	15.3270	15.9020	16.4991
9	14.1640	14.7757	15.4157	16.0853	16.7858	17.5185	18.2847	19.0859	19.9234	20.7989
10	16.7220	17.5487	18.4197	19.3373	20.3037	21.3215	22.3931	23.5213	24.7089	25.9587
11	19.5614	20.6546	21.8143	23.0445	24.3493	25.7329	27.1999	28.7551	30.4035	32.1504
12	22.7132	24.1331	25.6502	27.2707	29.0017	30.8502	32.8239	34.9311	37.1802	39.5805
13	26.2116	28.0291	29.9847	32.0887	34.3519	36.7862	39.4040	42.2187	45.2445	48.4966
14	30.0949	32.3926	34.8827	37.5811	40.5047	43.6720	47.1027	50.8180	54.8409	59.1959
15	34.4054	37.2797	40.4175	43.8424	47.5804	51.6595	56.1101	60.9653	66.2607	72.0351
16	39.1899	42.7533	46.6717	50.9804	55.7175	60.9250	66.6488	72.9390	79.8502	87.4421
17	44.5008	48.8837	53.7391	59.1176	65.0751	71.6730	78.9792	87.0680	96.0218	105.9306
18	50.3959	55.7497	61.7251	68.3941	75.8364	84.1407	93.4056	103.7403	115.2659	128.1167
19	56.9395	63.4397	70.7494	78.9692	88.2118	98.6032	110.2846	123.4135	138.1664	154.7400
20	64.2028	72.0524	80.9468	91.0249	102.4436	115.3797	130.0329	146.6280	165.4180	186.6880
21	72.2651	81.6987	92.4699	104.7684	118.8101	134.8405	153.1385	174.0210	197.8474	225.0256
22	81.2143	92.5026	105.4910	120.4360	137.6316	157.4150	180.1721	206.3448	236.4385	271.0307
23	91.1479	104.6029	120.2048	138.2970	159.2764	183.6014	211.8013	244.4868	282.3618	326.2369
24	102.1742	118.1552	136.8315	158.6586	184.1678	213.9776	248.8076	289.4945	337.0105	392.4842
25	114.4133	133.3339	155.6196	181.8708	212.7930	249.2140	292.1049	342.6035	402.0425	471.9811
26	127.9988	150.3339	176.8501	208.3327	245.7120	290.0883	342.7627	405.2721	479.4306	567.3773
27	143.0786	169.3740	200.8406	238.4993	283.5688	337.5024	402.0323	479.2211	571.5224	681.8528
28	159.8173	190.6989	227.9499	272.8892	327.1041	392.5028	471.3778	566.4809	681.1116	819.2233
29	178.3972	214.5828	258.5834	312.0937	377.1697	456.3032	552.5121	669.4475	811.5228	984.0680
30	199.0209	241.3327	293.1992	356.7868	434.7451	530.3117	647.4391	790.9480	966.7122	1181.8816
35	341.5896	431.6635	546.6808	693.5727	881.1702	1120.7130	1426.4910	1816.6516	2314.2137	2948.3411
40	581.8261	767.0914	1013.7042	1342.0251	1779.0903	2360.7572	3134.5218	4163.2130	5529.8290	7343.8578
45	986.6386	1358.2300	1874.1646	2590.5648	3585.1285	4965.2739	6879.2907	9531.5771	13203.424	18281.310
50	1668.7712	2400.0182	3459.5071	4994.5213	7217.7163	10435.649	15089.502	21813.094	31515.336	45497.191
60	4755.0658	7471.6411	11761.950	18535.133	29219.992	46057.509	72555.039	114189.67	179494.58	281732.57
70	13518.356	23223.332	39945.151	68733.179	118231.47	203201.03	348782.01	597673.46	1022189.6	1744439.8
80	38401.025	72145.696	135614.93	254828.44	478332.53	896429.47	1676557.7	3128148.1	5821071.3	10801137.

〈표 A-4〉 정상연금 1원의 현재가치 $PA_n = \sum_{t=1}^{n} \frac{1}{(1+r)^t} = \frac{1-(1+r)^{-n}}{r}$ 기간이자율(r)

기간수 (n)	1%	2%	3%	4%	5%	6%	7%	8%	9%	10%
1	0.9901	0.9804	0.9709	0.9615	0.9524	0.9434	0.9346	0.9259	0.9174	0.9091
2	1.9704	1.9416	1.9135	1.8861	1.8594	1.8334	1.8080	1.7833	1.7591	1.7355
3	2.9410	2.8839	2.8286	2.7751	2.7232	2.6730	2.6243	2.5771	2.5313	2.4868
4	3.9020	3.8077	3.7171	3.6299	3.5460	3.4651	3.3872	3.3121	3.2397	3.1699
5	4.8534	4.7135	4.5797	4.4518	4.3295	4.2124	4.1002	3.9927	3.8897	3.7908
6	5.7955	5.6014	5.4172	5.2421	5.0757	4.9173	4.7665	4.6229	4.4859	4.3553
7	6.7282	6.4720	6.2303	6.0021	5.7864	5.5824	5.3893	5.2064	5.0330	4.8684
8	7.6517	7.3255	7.0197	6.7327	6.4632	6.2098	5.9713	5.7466	5.5348	5.3349
9	8.5660	8.1622	7.7861	7.4353	7.1078	6.8017	6.5152	6.2469	5.9952	5.7590
10	9.4713	8.9826	8.5302	8.1109	7.7217	7.3601	7.0236	6.7101	6.4177	6.1446
11	10.3676	9.7868	9.2526	8.7605	8.3064	7.8869	7.4987	7.1390	6.8052	6.4951
12	11.2551	10.5753	9.9540	9.3851	8.8633	8.3838	7.9427	7.5361	7.1607	6.8137
13	12.1337	11.3484	10.6350	9.9856	9.3936	8.8527	8.3577	7.9038	7.4869	7.1034
14	13.0037	12.1062	11.2961	10.5631	9.8986	9.2950	8.7455	8.2442	7.7862	7.3667
15	13.8651	12.8493	11.9379	11.1184	10.3797	9.7122	9.1079	8.5595	8.0607	7.6061
16	14.7179	13.5777	12.5611	11.6523	10.8378	10.1059	9.4466	8.8514	8.3126	7.8237
17	15.5623	14.2919	13.1661	12.1657	11.2741	10.4773	9.7632	9.1216	8.5436	8.0216
18	16.3983	14.9920	13.7535	12.6593	11.6896	10.8276	10.0591	9.3719	8.7556	8.2014
19	17.2260	15.6785	14.3238	13.1339	12.0853	11.1581	10.3356	9.6036	8.9501	8.3649
20	18.0456	16.3514	14.8775	13.5903	12.4622	11.4699	10.5940	9.8181	9.1285	8.5136
21	18.8570	17.0112	15.4150	14.0292	12.8212	11.7641	10.8355	10.0168	9.2922	8.6487
22	19.6604	17.6580	15.9369	14.4511	13.1630	12.0416	11.0612	10.2007	9.4424	8.7715
23	20.4558	18.2922	16.4436	14.8568	13.4886	12.3034	11.2722	10.3711	9.5802	8.8832
24	21.2434	18.9139	16.9355	15.2470	13.7986	12.5504	11.4693	10.5288	9.7066	8.9847
25	22.0232	19.5235	17.4131	15.6221	14.0939	12.7834	11.6536	10.6748	9.8226	9.0770
26	22.7952	20.1210	17.8768	15.9828	14.3752	13.0032	11.8258	10.8100	9.9290	9.1609
27	23.5596	20.7069	18.3270	16.3296	14.6430	13.2105	11.9867	10.9352	10.0266	9.2372
28	24.3164	21.2813	18.7641	16.6631	14.8981	13.4062	12.1371	11.0511	10.1161	9.3066
29	25.0658	21.8444	19.1885	16.9837	15.1411	13.5907	12.2777	11.1584	10.1983	9.3696
30	25.8077	22.3965	19.6004	17.2920	15.3725	13.7648	12.4090	11.2578	10.2737	9.4269
35	29.4086	24.9986	21.4872	18.6646	16.3742	14.4982	12.9477	11.6546	10.5668	9.6442
40	32.8347	27.3555	23.1148	19.7928	17.1591	15.0463	13.3317	11.9246	10.7574	9.7791
45	36.0945	29.4902	24.5187	20.7200	17.7741	15.4558	13.6055	12.1084	10.8812	9.8628
50	39.1961	31.4236	25.7298	21.4822	18.2559	15.7619	13.8007	12.2335	10.9617	9.9148
60	44.9550	34.7609	27.6756	22.6235	18.9293	16.1614	14.0392	12.3766	11.0480	9.9672
70	50.1685	37.4986	29.1234	23.3945	19.3427	16.3845	14.1604	12.4428	11.0844	9.9873
80	54.8882	39.7445	30.2008	23.9154	19.5965	16.5091	14.2220	12.4735	11.0998	9.9951

기간이자율(r)

기간수 (n)	11%	12%	13%	14%	15%	16%	17%	18%	19%	20%
1	0.9009	0.8929	0.8850	0.8772	0.8696	0.8621	0.8547	0.8475	0.8403	0.8333
2	1.7125	1.6901	1.6681	1.6467	1.6257	1.6052	1.5852	1.5656	1.5465	1.5278
3	2.4437	2.4018	2.3612	2.3216	2.2832	2.2459	2.2096	2.1743	2.1399	2.1065
4	3.1024	3.0373	2.9745	2.9137	2.8550	2.7982	2.7432	2.6901	2.6386	2.5887
5	3.6959	3.6048	3.5172	3.4331	3.3522	3.2743	3.1993	3.1272	3.0576	2.9906
6	4.2305	4.1114	3.9975	3.8887	3.7845	3.6847	3.5892	3.4976	3.4098	3.3255
7	4.7122	4.5638	4.4226	4.2883	4.1604	4.0386	3.9224	3.8115	3.7057	3.6046
8	5.1461	4.9676	4.7988	4.6389	4.4873	4.3436	4.2072	4.0776	3.9544	3.8372
9	5.5370	5.3282	5.1317	4.9464	4.7716	4.6065	4.4506	4.3030	4.1633	4.0310
10	5.8892	5.6502	5.4262	5.2161	5.0188	4.8332	4.6586	4.4941	4.3389	4.1925
11	6.2065	5.9377	5.6869	5.4527	5.2337	5.0286	4.8364	4.6560	4.4865	4.3271
12	6.4924	6.1944	5.9176	5.6603	5.4206	5.1971	4.9884	4.7932	4.6105	4.4392
13	6.7499	6.4235	6.1218	5.8424	5.5831	5.3423	5.1183	4.9095	4.7147	4.5327
14	6.9819	6.6282	6.3025	6.0021	5.7245	5.4675	5.2293	5.0081	4.8023	4.6106
15	7.1909	6.8109	6.4624	6.1422	5.8474	5.5755	5.3242	5.0916	4.8759	4.6755
16	7.3792	6.9740	6.6039	6.2651	5.9542	5.6685	5.4053	5.1624	4.9377	4.7296
17	7.5488	7.1196	6.7291	6.3729	6.0472	5.7487	5.4746	5.2223	4.9897	4.7746
18	7.7016	7.2497	6.8399	6.4674	6.1280	5.8178	5.5339	5.2732	5.0333	4.8122
19	7.8393	7.3658	6.9380	6.5504	6.1982	5.8775	5.5845	5.3162	5.0700	4.8435
20	7.9633	7.4694	7.0248	6.6231	6.2593	5.9288	5.6278	5.3527	5.1009	4.8696
21	8.0751	7.5620	7.1016	6.6870	6.3125	5.9731	5.6648	5.3837	5.1268	4.8913
22	8.1757	7.6446	7.1695	6.7429	6.3587	6.0113	5.6964	5.4099	5.1486	4.9094
23	8.2664	7.7184	7.2297	6.7921	6.3988	6.0442	5.7234	5.4321	5.1668	4.9245
24	8.3481	7.7843	7.2829	6.8351	6.4338	6.0726	5.7465	5.4509	5.1822	4.9371
25	8.4217	7.8431	7.3300	6.8729	6.4641	6.0971	5.7662	5.4669	5.1951	4.9476
26	8.4881	7.8957	7.3717	6.9061	6.4906	6.1182	5.7831	5.4804	5.2060	4.9563
27	8.5478	7.9426	7.4086	6.9352	6.5135	6.1364	5.7975	5.4919	5.2151	4.9636
28	8.6016	7.9844	7.4412	6.9607	6.5335	6.1520	5.8099	5.5016	5.2228	4.9697
29	8.6501	8.0218	7.4701	6.9830	6.5509	6.1656	5.8204	5.5098	5.2292	4.9747
30	8.6938	8.0552	7.4957	7.0027	6.5660	6.1772	5.8294	5.5168	5.2347	4.9789
35	8.8552	8.1755	7.5856	7.0700	6.6166	6.2153	5.8582	5.5386	5.2512	4.9915
40	8.9511	8.2438	7.6344	7.1050	6.6418	6.2335	5.8713	5.5482	5.2582	4.9966
45	9.0079	8.2825	7.6609	7.1232	6.6543	6.2421	5.8773	5.5523	5.2611	4.9986
50	9.0417	8.3045	7.6752	7.1327	6.6605	6.2463	5.8801	5.5541	5.2623	4.9995
60	9.0736	8.3240	7.6873	7.1401	6.6651	6.2492	5.8819	5.5553	5.2630	4.9999
70	9.0848	8.3303	7.6908	7.1421	6.6663	6.2498	5.8823	5.5555	5.2631	5.0000
80	9.0888	8.3324	7.6919	7.1427	6.6666	6.2500	5.8823	5.5555	5.2632	5.0000

〈표 A-5〉 이상연금 1원의 미래가치

기간이자율(r)

기간수 (n)	1%	2%	3%	4%	5%	6%	7%	8%	9%	10%
1	1.0100	1.0200	1.0300	1.0400	1.0500	1.0600	1.0700	1.0800	1.0900	1.1000
2	2.0301	2.0604	2.0909	2.1216	2.1525	2.1836	2.2149	2.2464	2.2781	2.3100
3	3.0604	3.1216	3.1836	3.2465	3.3101	3.3746	3.4399	3.5061	3.5731	3.6410
4	4.1010	4.2040	4.3091	4.4163	4.5256	4.6371	4.7507	4.8666	4.9847	5.1051
5	5.1520	5.3081	5.4684	5.6330	5.8019	5.9753	6.1533	6.3359	6.5233	6.7156
6	6.2135	6.4343	6.6625	6.8983	7.1420	7.3938	7.6540	7.9228	8.2004	8.4872
7	7.2857	7.5830	7.8923	8.2142	8.5491	8.8975	9.2598	9.6366	10.0285	10.4359
8	8.3685	8.7546	9.1591	9.5828	10.0266	10.4913	10.9780	11.4876	12.0210	12.5795
9	9.4622	9.9497	10.4639	11.0061	11.5779	12.1808	12.8164	13.4866	14.1929	14.9374
10	10.5668	11.1687	11.8078	12.4864	13.2068	13.9716	14.7836	15.6455	16.5603	17.5312
11	11.6825	12.4121	13.1920	14.0258	14.9171	15.8699	16.8885	17.9771	19.1407	20.3843
12	12.8093	13.6803	14.6178	15.6268	16.7130	17.8821	19.1406	20.4953	21.9534	23.5227
13	13.9474	14.9739	16.0863	17.2919	18.5986	20.0151	21.5505	23.2149	25.0192	26.9750
14	15.0969	16.2934	17.5989	19.0236	20.5786	22.2760	24.1290	26.1521	28.3609	30.7725
15	16.2579	17.6393	19.1569	20.8245	22.6575	24.6725	26.8881	29.3243	32.0034	34.9497
16	17.4304	19.0121	20.7616	22.6975	24.8404	27.2129	29.8402	32.7502	35.9737	39.5447
17	18.6147	20.4123	22.4144	24.6454	27.1324	29.9057	32.9990	36.4502	40.3013	44.5992
18	19.8109	21.8406	24.1169	26.6712	29.5390	32.7600	36.3790	40.4463	45.0185	50.1591
19	21.0190	23.2974	25.8704	28.7781	32.0660	35.7856	39.9955	44.7620	50.1601	56.2750
20	22.2392	24.7833	27.6765	30.9692	34.7193	38.9927	43.8652	49.4229	55.7645	63.0025
21	23.4716	26.2990	29.5368	33.2480	37.5052	42.3923	48.0057	54.4568	61.8733	70.4027
22	24.7163	27.8450	31.4529	35.6179	40.4305	45.9958	52.4361	59.8933	68.5319	78.5430
23	25.9735	29.4219	33.4265	38.0826	43.5020	49.8156	57.1767	65.7648	75.7898	87.4973
24	27.2432	31.0303	35.4593	40.6459	46.7271	53.8645	62.2490	72.1059	83.7009	97.3471
25	28.5256	32.6709	37.5530	43.3117	50.1135	58.1564	67.6765	78.9544	92.3240	108.1818
26	29.8209	34.3443	39.7096	46.0842	53.6691	62.7058	73.4838	86.3508	101.7231	120.0999
27	31.1291	36.0512	41.9309	48.9676	57.4026	67.5281	79.6977	94.3388	111.9682	133.2099
28	32.4504	37.7922	44.2189	51.9663	61.3227	72.6398	86.3465	102.9659	123.1354	147.6309
29	33.7849	39.5681	46.5754	55.0849	65.4388	78.0582	93.4608	112.2832	135.3075	163.4940
30	35.1327	41.3794	49.0027	58.3283	69.7608	83.8017	101.0730	122.3459	148.5752	180.9434
35	42.0769	50.9944	62.2759	76.5983	94.8363	118.1209	147.9135	186.1021	235.1247	298.1268
40	49.3752	61.6100	77.6633	98.8265	126.8398	164.0477	213.6096	279.7810	368.2919	486.8518
45	57.0459	73.3306	95.5015	125.8706	167.6852	225.5081	305.7518	417.4261	573.1860	790.7953
50	65.1078	86.2710	116.1808	158.7738	219.8154	307.7561	434.9860	619.6718	888.4411	1280.2994
60	82.4864	116.3326	167.9450	247.5103	371.2629	565.1159	870.4668	1353.4704	2119.8234	3338.2980
70	101.6831	152.9775	237.5119	378.8621	617.9549	1026.0081	1727.1236	2937.6865	5034.9533	8676.2165
80	122.8882	197.6474	331.0039	573.2948	1019.7903	1851.3959	3412.2971	6357.8903	11936.126	22521.402

〈표 A-6〉 이상연금 1원의 현재가치

기간이자율(r)

기간수 (n)	1%	2%	3%	4%	5%	6%	7%	8%	9%	10%
1	1.0000	1.0000	1.0000	1.0000	1.0000	1.0000	1.0000	1.0000	1.0000	1.0000
2	1.9901	1.9804	1.9709	1.9615	1.9524	1.9434	1.9346	1.9259	1.9174	1.9091
3	2.9704	2.9416	2.9135	2.8861	2.8594	2.8334	2.8080	2.7833	2.7591	2.7355
4	3.9410	3.8839	3.8286	3.7751	3.7232	3.6730	3.6243	3.5771	3.5313	3.4869
5	4.9020	4.8077	4.7171	4.6299	4.5460	4.4651	4.3872	4.3121	4.2397	4.1699
6	5.8534	5.7135	5.5797	5.4518	5.3295	5.2124	5.1002	4.9927	4.8897	4.7908
7	6.7955	6.6014	6.4172	6.2421	6.0757	5.9173	5.7665	5.6229	5.4859	5.3553
8	7.7282	7.4720	7.2303	7.0021	6.7864	6.5824	6.3893	6.2064	6.0330	5.8684
9	8.6517	8.3255	8.0197	7.7327	7.4632	7.2098	6.9713	6.7466	6.5348	6.3349
10	9.5660	9.1622	8.7861	8.4353	8.1078	7.8017	7.5152	7.2469	6.9952	6.7590
11	10.4713	9.9826	9.5302	9.1109	8.7217	8.3601	8.0236	7.7101	7.4177	7.1446
12	11.3676	10.7868	10.2526	9.7605	9.3064	8.8869	8.4987	8.1390	7.8052	7.4951
13	12.2551	11.5753	10.9540	10.3851	9.8633	9.3838	8.9427	8.5361	8.1607	7.8137
14	13.1337	12.3484	11.6350	10.9856	10.3936	9.8527	9.3577	8.9038	8.4869	8.1034
15	14.0037	13.1062	12.2961	11.5631	10.8986	10.2950	9.7455	9.2442	8.7862	8.3667
16	14.8651	13.8493	12.9379	12.1184	11.3797	10.7122	10.1079	9.5595	9.0607	8.6061
17	15.7179	14.5777	13.5611	12.6523	11.8378	11.1059	10.4466	9.8514	9.3126	8.8237
18	16.5623	15.2919	14.1661	13.1657	12.2741	11.4773	10.7632	10.1216	9.5436	9.0216
19	17.3983	15.9920	14.7535	13.6593	12.6896	11.8276	11.0591	10.3719	9.7556	9.2014
20	18.2260	16.6785	15.3238	14.1339	13.0853	12.1581	11.3356	10.6036	9.9501	9.3649
21	19.0456	17.3514	15.8775	14.5903	13.4622	12.4699	11.5940	10.8181	10.1285	9.5136
22	19.8570	18.0112	16.4150	15.0292	13.8212	12.7641	11.8355	11.0168	10.2922	9.6487
23	20.6604	18.6580	16.9369	15.4511	14.1630	13.0416	12.0612	11.2007	10.4424	9.7715
24	21.4558	19.2922	17.4436	15.8568	14.4886	13.3034	12.2722	11.3711	10.5802	9.8832
25	22.2434	19.9139	17.9355	16.2470	14.7986	13.5504	12.4693	11.5288	10.7066	9.9847
26	23.0232	20.5235	18.4131	16.6221	15.0939	13.7834	12.6536	11.6748	10.8226	10.0770
27	23.7952	21.1210	18.8768	16.9828	15.3752	14.0032	12.8258	11.8100	10.9290	10.1609
28	24.5596	21.7069	19.3270	17.3296	15.6430	14.2105	12.9867	11.9352	11.0266	10.2372
29	25.3164	22.2813	19.7641	17.6631	15.8981	14.4062	13.1371	12.0511	11.1161	10.3066
30	26.0658	22.8444	20.1885	17.9837	16.1411	14.5907	13.2777	12.1584	11.1983	10.3696
35	29.7027	25.4986	22.1318	19.4112	17.1929	15.3681	13.8540	12.5869	11.5178	10.6086
40	33.1630	27.9026	23.8082	20.5845	18.0170	15.9491	14.2649	12.8786	11.7255	10.7570
45	36.4555	30.0800	25.2543	21.5488	18.6628	16.3832	14.5579	13.0771	11.8605	10.8491
50	39.5881	32.0521	26.5017	22.3415	19.1687	16.7076	14.7668	13.2122	11.9482	10.9063
60	45.4046	35.4561	28.5058	23.5284	19.8758	17.1311	15.0219	13.3667	12.0423	10.9639
70	50.6702	38.2486	29.9971	24.3303	20.3098	17.3676	15.1516	13.4382	12.0820	10.9861
80	55.4371	40.5394	31.1068	24.8720	20.5763	17.4997	15.2175	13.4714	12.0988	10.9946

3. 표준정규분포표

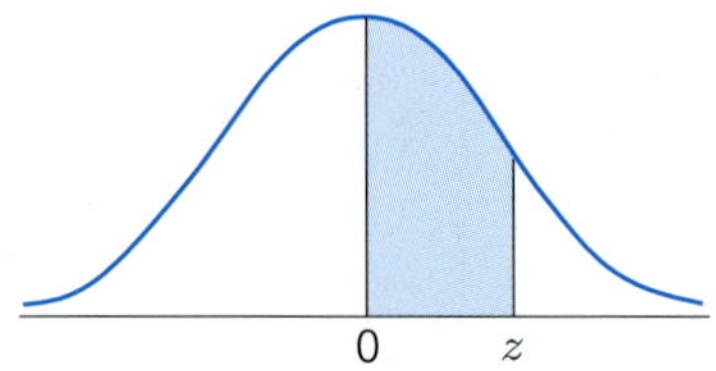

z	.00	.01	.02	.03	.04	.05	.06	.07	.08	.09
0.0	.0000	.0040	.0080	.0120	.0160	.0199	.0239	.0279	.0319	.0359
0.1	.0398	.0438	.0478	.0517	.0557	.0596	.0636	.0675	.0714	.0753
0.2	.0793	.0832	.0871	.0910	.0948	.0987	.1026	.1064	.1103	.1141
0.3	.1179	.1217	.1255	.1293	.1331	.1368	.1406	.1443	.1480	.1517
0.4	.1554	.1591	.1628	.1664	.1700	.1736	.1772	.1808	.1844	.1879
0.5	.1915	.1950	.1985	.2019	.2054	.2088	.2123	.2157	.2190	.2224
0.6	.2257	.2291	.2324	.2357	.2389	.2422	.2454	.2486	.2518	.2549
0.7	.2580	.2612	.2642	.2673	.2704	.2734	.2764	.2794	.2823	.2852
0.8	.2881	.2910	.2939	.2967	.2995	.3023	.3051	.3078	.3106	.3133
0.9	.3159	.3186	.3212	.3238	.3264	.3289	.3315	.3340	.3365	.3389
1.0	.3413	.3438	.3461	.3485	.3508	.3531	.3554	.3577	.3599	.3621
1.1	.3643	.3665	.3686	.3708	.3729	.3749	.3770	.3790	.3810	.3830
1.2	.3849	.3869	.3888	.3907	.3925	.3944	.3962	.3980	.3997	.4015
1.3	.4032	.4049	.4066	.4082	.4099	.4115	.4131	.4147	.4162	.4177
1.4	.4192	.4207	.4222	.4236	.4251	.4265	.4279	.4292	.4306	.4319
1.5	.4332	.4345	.4357	.4370	.4382	.4394	.4406	.4418	.4429	.4441
1.6	.4452	.4463	.4474	.4484	.4495	.4505	.4515	.4525	.4535	.4545
1.7	.4554	.4564	.4573	.4582	.4591	.4599	.4608	.4616	.4625	.4633
1.8	.4641	.4649	.4656	.4664	.4671	.4678	.4686	.4693	.4699	.4706
1.9	.4713	.4719	.4726	.4732	.4738	.4744	.4750	.4756	.4761	.4767
2.0	.4772	.4778	.4783	.4788	.4793	.4798	.4803	.4808	.4812	.4817
2.1	.4821	.4826	.4830	.4834	.4838	.4842	.4846	.4850	.4854	.4857
2.2	.4861	.4864	.4868	.4871	.4875	.4878	.4881	.4884	.4887	.4890
2.3	.4893	.4896	.4898	.4901	.4904	.4906	.4909	.4911	.4913	.4916
2.4	.4918	.4920	.4922	.4925	.4927	.4929	.4931	.4932	.4934	.4936
2.5	.4938	.4940	.4941	.4943	.4945	.4946	.4948	.4949	.4951	.4952
2.6	.4953	.4955	.4956	.4957	.4959	.4960	.4961	.4962	.4963	.4964
2.7	.4965	.4966	.4967	.4968	.4969	.4970	.4971	.4972	.4973	.4974
2.8	.4974	.4975	.4976	.4977	.4977	.4978	.4979	.4979	.4980	.4981
2.9	.4981	.4982	.4982	.4983	.4984	.4984	.4985	.4985	.4986	.4986
3.0	.4987	.4987	.4987	.4988	.4988	.4989	.4989	.4989	.4990	.4990
4.0	.4999685									

(예 : z=1.96일 때 색깔부분의 확률은 0.4750임.)

찾아보기

ㄱ

ㄴ

ㄷ

ㅂ

ㅇ

ㅊ

ㅋ

ㅌ

기타

저자약력

장 영 광

성균관대학교 경영학과 졸업 | University of Michigan(경영학석사) | 고려대학교 대학원(경영학박사) | 한양대학교 상경대학 조교수 | University of Wisconsin 연구교수 | University of Washington 연구교수 | 정부투자기관 경영평가위원 | 공인회계사 시험출제위원 | 성균관대학교 경영대학원장 | 성균관대학교 경영대학장 겸 경영전문대학원장 | 한국증권학회 회장

현, 성균관대학교 경영학부 명예교수(E-mail : chang446@skku.ac.kr)

[저서 및 주요 논문]

현대재무관리(공저, 신영사, 2014) | 증권투자론(신영사, 2015) | 생활속의 경영학(공저, 신영사, 2017) | 경영분석(무역경영사, 2017) | EXCEL 활용 포트폴리오 관리(신영사, 2008) | "상호저축은행 경영실태평가지표 타당성분석 및 도산예측"(2004) | "한국주식시장에서 가치투자전략의 성과와 원천"(2003) | "단기간 증권수익률 구성요소의 상대적 비중 측정"(1999) | "매매거래제도의 변경과 증권시장의 운영효율성"(1998) | "한국증권시장의 미시구조와 주가변동성의 원천에 관한 연구"(1997) 등 다수

이 영 주

성균관대학교 경영학과 졸업 | University of Texas at Austin (경영학석사) | State University of New York at Buffalo (경영학박사) | 삼성증권 리서치센터 수석연구원 | 삼성경제연구소 책임연구원

현, 서강대학교 경영전문대학원 부교수(E-mail : yjlee20@sogang.ac.kr)

[주요 논문]

"Long-Term Effects of a Financial Crisis: Evidence from Cash Holdings of East Asian Firms" (2012) | "Informed Trading before Positive vs. Negative Earnings Surprises"(2014) | "Investment Duration and Corporate Governance"(2015) | "배당정책 변화와 기관투자자 지분율 변화와의 관계"(2015) | "Governance Reforms and Dividend Policy"(2017) | "벤처기업의 상장시점 이익조정에 관한 연구"(2017) |

제6판 **현대투자론**

1988년 7월 15일 제1판 1쇄 발행
2017년 8월 5일 제6판 1쇄 인쇄
2017년 8월 10일 제6판 1쇄 발행

저 자 장영광 · 이영주
발 행 인 권 영 섭
발 행 처 (주)신 영 사

경기도 파주시 심학산로 12(서패동)
등 록 : 1988. 5. 2 / 제406-1988-000020호
전 화 : 031-946-2894(代)
F A X : 031-946-0799
e-mail : sys28945@naver.com
홈페이지 : http://www.shinyoungsa.co.kr

정가 35,000원 ISBN 978-89-5501-611-6